国家社会科学基金
委托资助项目

当代中国社会大事典
（1978—2015）

第二卷

魏礼群　主编

2017年·北京

目　录

第四章　劳动就业与收入分配

一、收入分配 3
　1. 按劳分配理论大讨论 3
　2. 恢复奖金与计件工资制 5
　3. 邓小平鼓励一部分人先富起来的讲话 6
　4. 首钢承包制试点 8
　5. 国务院关于正确实行奖励制度、坚决制止滥发奖金的几项规定 10
　6. 农村家庭联产承包责任制 12
　7. 国营企业工资总额与经济效益挂钩制度 13
　8. 国务院《工资基金暂行管理办法》 15
　9. 1985年机关事业单位工资制度改革 15
　10. 首次开征个人收入调节税 17
　11. 第一张福利彩票发行 17
　12. 允许合法非劳动收入的提出 19
　13. 关于价格、工资制度改革的初步方案 20
　14. 收入分配中的效率与公平 21
　15. 国营企业"破三铁"改革 22
　16. 关于改进完善全民所有制企业经营者收入分配办法的意见 23
　17. 研究开征遗产税 24

18. 1993年机关和事业单位工资制度改革 ... 25
19. 设立工资控制线 ... 26
20. 建立最低工资制度规定 ... 26
21. 建立工资指导线制度 ... 27
22. 按生产要素分配的提出 ... 28
23. 建立城镇居民最低生活保障制度 ... 31
24. 首次发布中国富人榜单 ... 32
25. 开始试点工资集体协商制度 ... 33
26. 进一步深化企业内部分配制度改革的指导意见 ... 34
27. 基尼系数开始超过0.4的国际警戒线 ... 36
28. 个税收入中央和地方按比例分享制度 ... 37
29. 橄榄型收入分配格局 ... 37
30. 北京实施公务员"3581"阳光工资 ... 38
31. 企业年金试行办法 ... 39
32. 公务员工资调查比较制度 ... 40
33. 全面取消农业税 ... 41
34. 公务员工资制度改革 ... 42
35. 事业单位实行绩效工资制度 ... 44
36. 全面建立农村最低生活保障制度 ... 45
37. "提高两个比重"政策思路的提出 ... 47
38. 关于是否进入"刘易斯拐点"的争论 ... 47
39. 中国扶贫成就显著 ... 49
40. 扶贫标准大幅度提高 ... 50
41. 提高个人所得税起征点 ... 51
42. 企业薪酬调查和信息发布制度 ... 52
43. 垄断行业工资总额和工资水平双重调控政策 ... 52
44. 居民收入倍增计划 ... 53
45. 关于灰色收入的讨论 ... 54
46. 关于深化收入分配制度改革的若干意见 ... 55
47. 中央企业负责人薪酬制度改革 ... 56
48. 收入分配21部委联席会议制度 ... 57
49. 国务院关于机关事业单位工作人员养老保险制度改革的决定 ... 58

二、劳动就业 60

1. 调整知识青年上山下乡工作方针 60
2. 国务院关于职工退休、退职的暂行办法 62
3. 劳动服务公司 63
4. "三结合"就业方针 65
5. 广开门路，解决城镇就业问题 66
6. 劳动人事部成立 68
7. 胡耀邦谈怎样划分光彩和不光彩 69
8. 改革劳动制度的"四个暂行规定" 70
9. 国务院《国有企业职工待业保险规定》 72
10. 国务院《劳动就业服务企业管理规定》 73
11. 国务院《全民所有制企业招用农民合同制工人的规定》 74
12. 全民所有制工业企业转换经营机制条例 76
13. 国务院《国有企业富余职工安置规定》 77
14. 农村劳动力跨地区流动有序化工程 78
15. 国务院关于职工工作时间的规定 79
16. 中华人民共和国劳动法 80
17. 再就业工程 82
18. 外国人在中国就业管理规定 84
19. 国有企业职工"下岗分流" 85
20. 劳动力市场"三化"建设 86
21. 公共就业服务体系建设 87
22. "就业是民生之本"的提出 88
23. 《中国劳动和社会保障状况》白皮书 89
24. 积极就业政策 91
25. 就业"春风行动" 92
26. 大学生志愿服务西部计划 93
27. 再就业工作部际联席会议制度 93
28. 农村劳动力开发就业试点 95
29. 《中国的就业状况和政策》白皮书 95
30. 中国就业论坛共识 97
31. 中国就业促进会成立 98

32. 积极引导和鼓励高校毕业生面向基层就业 100
33. 零就业家庭就业援助制度 101
34. 国务院关于解决农民工问题的若干意见 101
35. 统筹城乡就业试点 102
36. "三支一扶"计划 104
37. 农村义务教育教师特岗计划 104
38. 中华人民共和国就业促进法 105
39. 亚洲就业论坛与"体面就业"的提出 106
40. 就业服务与就业管理规定 107
41. 就业援助制度 109
42. 创业型城市创建活动 109
43. 大学生"村官"计划 111
44. 就业工作目标责任制 111
45. 失业预警机制建设 112
46. "三年百万"高校毕业生就业见习计划 113
47. 特别职业培训计划 114
48. 公共就业服务信息化建设 115
49. 高校毕业生就业推进行动 116
50. 关于进一步做好农民工培训工作的指导意见 118
51. 国务院关于加强职业培训促进就业的意见 119
52. 以创业带动就业 120
53. 就业优先战略 121
54. 促进就业规划（2011—2015年） 122
55. 大学生创业引领计划 123
56. 整治事业单位公开招聘问题专项行动 124
57. 构建大众创业万众创新支撑平台 125
58. 关于大力推进大众创业万众创新若干政策措施的意见 126

三、劳动关系 128

1. 放宽国营企业内部分配权 128
2. 国营企业职工代表大会条例 128
3. 企业职工奖惩条例 130

目 录

4. 固定工制度的改革 131
5. 1985年国有企业工资改革 131
6. 打破"铁饭碗" 132
7. 国营企业实行劳动合同制 133
8. 劳动争议处理暂行规定 134
9. 基层工会主席直接选举制度 135
10. 中华人民共和国工会法 137
11. 职工董事、职工监事制度 138
12. 集体合同规定 139
13. 违反劳动法处罚办法 140
14. 违反和解除劳动合同的经济补偿办法 142
15. 劳动行政处罚若干规定 143
16. 劳动行政处罚听证程序 145
17. 劳动预备制度 146
18. 厂务公开制度 146
19. 买断工龄 147
20. 工资集体协商制度 149
21. 国家协调劳动关系三方会议 150
22. "12333"劳动保障咨询电话 152
23. 省际工会联动维护农民工权益机制 153
24. 劳动保障监察条例 154
25. 规范建筑等行业农民工劳动合同管理 155
26. 劳动用工备案制度 156
27. 企业工会工作条例 156
28. 区域性行业性集体协商制度 157
29. 人事争议处理规定 158
30. 中华人民共和国劳动争议调解仲裁法 159
31. 职工带薪年休假制度 160
32. 劳动关系协调员 161
33. 非全日制用工管理 162
34. 农民工简易劳动合同文本 163
35. 劳动争议纠纷案件审判工作 164

36. 非法用工单位伤亡人员一次性赔偿办法 165

37. 煤矿领导带班下井及安全检查监督制度 166

38. 南海本田事件 166

39. 富士康跳楼事件 167

40. 劳动关系和谐温度计 168

41. 劳动争议调解的"北仑经验" 169

42. 企业民主管理规定 171

43. 企业劳动争议协商调解规定 172

44. 对外劳务合作管理条例 173

45. 劳务派遣暂行规定 173

46. 工伤职工劳动能力鉴定管理办法 174

47. 推进实施集体合同制度攻坚计划 176

48. 构建和谐劳动关系 176

第五章 基本公共服务与社会事业

一、基本公共服务体系建设 181

1. 中国共产党第十七届中央委员会第五次全体会议 181

2. 国家基本公共服务体系"十二五"规划 183

3. 促进基本公共卫生服务逐步均等化 184

4. 义务教育学校标准化建设 185

5. 全面改善贫困地区义务教育薄弱学校基本办学条件 186

6. 重点城市义务教育免试就近入学 188

7. 农村学前教育推进工程 189

8. 职业院校教师素质提高计划 190

9. 加强特殊教育教师队伍建设 191

10. 农村义务教育学生营养改善计划 192

11. 进一步完善公共就业服务体系 194

12. 基层劳动就业社会保障公共服务平台和网络建设 195

13. 人力资源市场整合...196

14. 社会保障卡工程...197

15. 养老服务业综合改革...198

16. 综合减灾防灾工程建设...199

17. 城市居民最低生活保障条例...200

18. 孤儿助学工程...202

19. "西新工程"（西部少数民族地区广播电视覆盖工程）...............203

20. 全国地市级公共文化设施建设规划...204

21. 数字图书馆推广工程...205

22. 国家公共文化服务示范区创建工程...206

23. 万名医师支援农村卫生工程...208

24. 全科医生制度...209

25. 流动人口基本公共卫生计生服务...211

26. 服务百姓健康行动...212

27. 国家基本公共卫生服务规范...213

28. 全民健身计划...214

29. "雪炭工程"...216

30. 国务院关于加快棚户区改造工作的意见.......................................217

31. 绿色建筑行动方案...218

32. 安居工程...219

33. 改善农村人居环境...220

34. 国务院关于加强城市基础设施建设的意见...................................222

35. 残疾人阳光家园计划...223

36. 特殊教育提升计划...224

37. 优化公共服务流程，方便群众办事创业.......................................225

二、教育事业..227

1. 全国科学大会...227

2. 恢复重点学校...228

3. 中国科技大学开办少年班...229

4. 中国教育学会成立...230

5.《中学生守则》和《小学生守则》...231

6. 政府大规模派遣大学生、研究生出国留学 232
7. 高校试行学生选课学分制 234
8. 中华人民共和国学位条例 235
9. 中共中央、国务院关于普及小学教育若干问题的决定 236
10. 中共中央、国务院关于加强职工教育的决定 237
11. 关于加速发展高等教育的报告 238
12. 全国中小学勤工俭学暂行工作条例 239
13. 中共中央、国务院关于加强和改革农村学校教育若干问题的通知 240
14. 中共中央、国务院关于引进国外智力以利四化建设的决定 242
15. "三个面向"教育方针 243
16. 国务院关于筹措农村学校办学经费的通知 244
17. 教师节 245
18. 高等学校教职工代表大会暂行条例 246
19. 中共中央关于教育体制改革的决定 247
20. 设立国家教育委员会 249
21. 中国建立博士后制度 250
22. 国务院《高等教育管理职责暂行规定》 251
23. 中华人民共和国义务教育法 253
24. 国务院《征收教育费附加的暂行规定》 254
25. 中小学幼儿教师奖励基金会 255
26. 普通高等学校设置暂行条例 256
27. 高等学校重点学科评选 257
28. 高等学校校长任期制 258
29. 中共中央关于改进和加强高等学校思想政治工作的决定 259
30. 工读学校管理制度 260
31. 关于改革和发展成人教育的决定 261
32. 扫除文盲工作条例 262
33. 严格控制中小学生流失 263
34. 高等教育英语标准化考试 264
35. 幼儿园管理条例 265
36. 高等学校学生行为准则 266
37. 中小学生课业负担过重现象及其治理 268

目录

38. 国家将特殊教育纳入义务教育体系...................................269
39. 拖欠民办教师工资现象及其治理...................................270
40. 中华人民共和国教师法...................................271
41. 高中毕业会考制度...................................272
42. 关于坚决制止中小学乱收费的规定...................................273
43. 中华人民共和国未成年人保护法...................................274
44. 国务院关于大力发展职业技术教育的决定...................................275
45. 高等学校招生考试制度改革...................................276
46. 教育督导制度...................................277
47. 中小学教师职业道德规范...................................279
48. 全国中小学危房改造工程...................................280
49. 中共中央、国务院《中国教育改革和发展纲要》...................................281
50. 特级教师评选规定...................................282
51. "211工程"...................................283
52. 跨世纪优秀人才计划...................................284
53. 民办高等学校设置暂行规定...................................285
54. 教学成果奖励条例...................................286
55. 残疾人教育条例...................................287
56. 加强和改进学校德育工作...................................288
57. 中外合作办学条例...................................289
58. 中华人民共和国教育法...................................291
59. "科教兴国"战略...................................292
60. 国家贫困地区义务教育工程...................................293
61. 中小学学生助学金制度...................................294
62. 关于深化高等教育体制改革的若干意见...................................295
63. 教师资格条例...................................296
64. 中华人民共和国职业教育法...................................297
65. 中华扫盲奖...................................298
66. 国家教育委员会关于师范教育改革和发展的若干意见...................................299
67. 扩大直属高校办学自主权...................................300
68. 家长教育行为规范...................................302
69. 社会力量办学条例...................................302

70. "985 工程" ... 304
71. 普通高等学校党建工作基本标准 ... 305
72. 中华人民共和国高等教育法 ... 306
73. 高等学校筒子楼改造工程 ... 308
74. 面向 21 世纪教育振兴行动计划 ... 309
75. 长江学者奖励计划 ... 310
76. 中共中央、国务院关于深化教育改革全面推进素质教育的决定 ... 311
77. 全国优秀博士学位论文评选 ... 312
78. 高等学校后勤社会化改革 ... 313
79. 鼓励海外高层次留学人才回国工作 ... 314
80. 国家助学贷款制度 ... 316
81. 基本普及九年义务教育和基本扫除青壮年文盲 ... 317
82. 全国中小学网络"校校通"工程 ... 319
83. 国务院关于基础教育改革与发展的决定 ... 320
84. 2001 年 E-9 会议《北京宣言》 ... 321
85. 基础教育课程改革纲要 ... 323
86. 高等学校学生国家奖学金制度 ... 324
87. 中华人民共和国民办教育促进法 ... 325
88. "以县为主"的农村义务教育管理体制 ... 327
89. 国务院关于大力推进职业教育改革与发展的决定 ... 328
90. 教育收费公示制度 ... 329
91. 中国首次举办高规格中外大学校长论坛 ... 330
92. 人才强国战略 ... 332
93. 《从人口大国迈向人力资源强国》报告 ... 333
94. 教育乱收费现象及其治理 ... 334
95. 高等学校教学名师奖 ... 336
96. 国务院关于进一步加强农村教育工作的决定 ... 337
97. 中共中央、国务院关于进一步加强人才工作的决定 ... 338
98. 2003—2007 年教育振兴行动计划 ... 340
99. 高等学校哲学社会科学研究学术规范 ... 341
100. 钱学森之问 ... 343
101. 高校招生"阳光工程" ... 344

目录

102. 高校自主招生制度 ... 345
103. 全国中小学创建和谐校园活动 ... 347
104. 海外高层次留学人才回国绿色通道 ... 347
105. 教育部直属师范大学师范生免费教育实施办法（试行） ... 349
106. 海外高层次人才引进计划（千人计划） ... 350
107. 海外赤子为国服务行动计划 ... 351
108. 留学中国计划 ... 352
109. 国家中长期人才发展规划纲要（2010—2020年） ... 353
110. 全国城乡义务教育实现全免费 ... 355
111. 国务院关于深化中小学教师职称制度改革扩大试点指导意见 ... 356
112. 国家中长期教育改革和发展规划纲要（2010—2020年） ... 357
113. 学前教育三年行动计划 ... 359
114. 全国"教书育人楷模"评选 ... 360
115. 南方科技大学的改革尝试 ... 361
116. 高等学校本科教学质量与教学改革工程 ... 363
117. 留学人员回国服务体系建设 ... 364
118. 国家高层次人才特殊支持计划（万人计划） ... 365
119. 高等学校教师职业道德规范 ... 367
120. 国务院关于加强教师队伍建设的意见 ... 368
121. 教育部关于全面提高高等教育质量的若干意见（"高教30条"） ... 369
122. 高等学校创新能力提升计划（2011计划） ... 370
123. 国务院关于深入推进义务教育均衡发展的意见 ... 371
124. 异地高考 ... 373
125. 校车安全管理条例 ... 374
126. 全国统一中小学生学籍管理制度 ... 375
127. 高等学校章程制定暂行办法 ... 376
128. 高等学校哲学社会科学繁荣计划（2011—2020年） ... 377
129. 全面推进依法治校实施纲要 ... 379
130. 财政性教育经费占GDP比例4%目标实现 ... 380
131. 联合国"教育第一"全球倡议行动 ... 381
132. 国务院关于加快发展现代职业教育的决定 ... 382
133. 国务院关于深化考试招生制度改革的实施意见 ... 383

134. 建立健全高校师德建设长效机制 ... 385
135. 坚持和完善普通高等学校党委领导下的校长负责制 ... 386
136. 国务院关于进一步做好新形势下就业创业工作的意见 ... 387
137. 深化高等学校创新创业教育改革 ... 389
138. 乡村教师支持计划（2015—2020年） ... 390
139. 统筹推进世界一流大学和一流学科建设总体方案 ... 391
140. 进一步完善城乡义务教育经费保障机制 ... 393
141. 改革完善博士后制度 ... 394
142. 全面加强和改进学校美育工作 ... 395

三、文化事业 ... 398

1. 第四次中国文学艺术工作者代表大会 ... 398
2. 中国新时期文学 ... 399
3. 《中国大百科全书》出版 ... 401
4. 全国优秀短篇小说评奖 ... 402
5. 国务院关于加强历史文物保护工作的通知 ... 403
6. 全国优秀电视剧飞天奖和金鹰奖 ... 404
7. 国家古籍整理出版规划 ... 405
8. 茅盾文学奖 ... 406
9. 中国文艺工作者公约 ... 407
10. 中华人民共和国文物保护法 ... 408
11. 中国历史文化名城评选 ... 409
12. 中共中央、国务院关于加强出版工作的决定 ... 410
13. 中国戏剧梅花奖 ... 411
14. 中国国际文化交流中心成立 ... 412
15. 全国青年歌手电视大奖赛 ... 413
16. 鲁迅文学奖 ... 414
17. 骏马文学奖 ... 415
18. 全国优秀儿童文学奖 ... 416
19. 中国艺术节 ... 417
20. 国务院关于严厉打击非法出版活动的通知 ... 417
21. 国务院关于打击盗掘和走私文物的通告 ... 418

目 录

22. 中共中央关于进一步繁荣文艺的若干意见 ... 419
23. 中国戏剧节 ... 420
24. 外国记者和外国常驻新闻机构管理条例 ... 421
25. 中华人民共和国水下文物保护管理条例 ... 422
26. 《汉语大词典》和《汉语大字典》出版 ... 423
27. 关于惩治走私、制作、贩卖、传播淫秽物品的犯罪分子的决定 ... 424
28. 中国电影华表奖、金鸡奖、百花奖 ... 425
29. "五个一工程" ... 427
30. 中国加入《保护文学和艺术作品伯尔尼公约》和《世界版权公约》 ... 427
31. 中国新闻奖、长江韬奋奖 ... 429
32. 关于加强新闻队伍职业道德建设，禁止"有偿新闻"的通知 ... 430
33. 国家图书奖 ... 431
34. 曹禺戏剧文学奖 ... 432
35. "全国百佳新闻工作者"评选 ... 432
36. 中国国际新闻奖 ... 433
37. 关于深入开展农村社会主义精神文明建设活动的若干意见 ... 434
38. 中共中央关于加强社会主义精神文明建设若干重要问题的决议 ... 435
39. 国家社会科学基金 ... 437
40. 著作权涉外代理机构管理暂行办法 ... 438
41. 中国出版工作者职业道德准则 ... 439
42. 百县千乡宣传文化工程 ... 440
43. 国务院关于进一步完善文化经济政策的若干规定 ... 441
44. 文化、科技、卫生"三下乡"活动 ... 442
45. 爱国主义教育示范基地 ... 443
46. "讲文明、树新风"活动 ... 444
47. 涉外文化艺术表演及展览管理规定 ... 445
48. 《中华文化通志》出版 ... 446
49. 出版管理条例 ... 447
50. 广播电视管理条例 ... 448
51. 营业性演出管理条例 ... 449
52. 关于加强革命文物工作的意见 ... 450
53. 《中华大典》面世 ... 451

13

54. 群星奖·文华奖 ... 453
55. 中共中央关于加强和改进思想政治工作的若干意见 ... 454
56. 中国报业自律公约 ... 455
57. 《夏商周年表》公布 ... 456
58. 国家大剧院 ... 457
59. 电影管理条例 ... 459
60. 中国音乐"金钟奖" ... 460
61. 关于进一步加强基层文化建设的指导意见 ... 460
62. 中国小公民道德建设计划 ... 462
63. 国家舞台艺术精品工程 ... 463
64. 关于加强和改善世界遗产保护管理工作的意见 ... 464
65. 中华再造善本工程 ... 465
66. 中国古代文明探源工程 ... 466
67. 中国民间文化遗产抢救工程 ... 467
68. 公民道德建设实施纲要 ... 468
69. 文化信息资源共享工程 ... 470
70. 中共中央关于进一步繁荣发展哲学社会科学的意见 ... 471
71. 马克思主义理论研究和建设工程 ... 472
72. 关于加强我国非物质文化遗产保护工作的意见 ... 474
73. 全民科学素养行动计划纲要 ... 475
74. 中共中央、国务院关于深化文化体制改革的若干意见 ... 476
75. 关于鼓励发展民营文艺表演团体的意见 ... 477
76. "爱读书、读好书"全民阅读活动 ... 479
77. "全国道德模范"评选 ... 480
78. 长城保护条例 ... 481
79. 文化部创新奖 ... 482
80. 关于深化国有文艺演出院团体制改革的若干意见 ... 483
81. 社会主义荣辱观("八荣八耻") ... 484
82. 爱国主义教育基地一号工程 ... 486
83. 娱乐场所管理条例 ... 486
84. 中国公民道德论坛 ... 487
85. 国家知识产权战略 ... 488

86. 炎黄艺术馆 ... 490

87. 国家出版基金 ... 491

88. 中共中央、国务院关于进一步加强和改进大学生思想政治教育的意见 ... 491

89. 乡镇综合文化站管理办法 ... 493

90. 莫言获诺贝尔文学奖 ... 494

91. 文化产业振兴规划 ... 495

92. 文化名家暨"四个一批"人才工程 ... 496

93. "双百人物"评选 ... 497

94. 新闻战线"走基层、转作风、改文风"活动 ... 498

95. 中共中央关于深化文化体制改革推动社会主义文化大发展大繁荣若干重大问题的决定 ... 499

96. 国家公共文化服务体系示范区建设 ... 501

97. 鼓励和引导民间资本进入文化领域 ... 502

98. 关于进一步加强公共数字文化建设的指导意见 ... 503

99. 文化市场综合行政执法人员行为规范 ... 504

100. 浙江等省市试点建立新闻道德委员会 ... 505

101. "打击新闻敲诈，治理有偿新闻"专项行动 ... 507

102. 支持转企改制国有文艺院团改革发展 ... 508

103. 道德领域突出问题专题教育和治理行动 ... 509

104. 国家艺术基金 ... 510

105. 关于培育和践行社会主义核心价值观的意见 ... 511

106. 国务院关于加快发展对外文化贸易的意见 ... 512

107. 文艺工作座谈会召开（2014年北京） ... 513

108. 加快构建现代公共文化服务体系 ... 514

109. 做好政府向社会力量购买公共文化服务工作 ... 516

110. 加强和改进新形势下高校宣传思想工作 ... 517

111. 关于支持戏曲传承发展的若干政策 ... 518

112. 推进基层综合性文化服务中心建设 ... 520

四、卫生事业 ... 522

1. 重建中央爱国卫生运动委员会 ... 522

2. 关于认真贯彻党的中医政策，解决中医队伍后继乏人问题的报告 ... 523

3. 中国红十字会恢复国内工作 ... 524
4. 农村合作医疗章程 ... 525
5. 中华全国中医学会 ... 526
6. 国家允许个体开业行医 ... 527
7. 全国第一次大规模职业病普查 ... 528
8. 《中医大辞典》出版 ... 529
9. 全国医院工作条例 ... 529
10. "发展现代医药和我国传统医药"载入《中华人民共和国宪法》 ... 530
11. 马海德博士获"达米恩·杜顿麻风协会"奖章 ... 531
12. 王琇瑛获"南丁格尔奖章" ... 532
13. 中华人民共和国药品管理法 ... 532
14. 关于卫生工作改革若干政策问题的报告 ... 533
15. 国家中医药管理局成立 ... 535
16. 中华人民共和国国境卫生检疫法 ... 536
17. 野生药材资源保护管理条例 ... 537
18. 全国消灭脊髓灰质炎规划 ... 537
19. 中华人民共和国传染病防治法 ... 538
20. 国务院关于加强爱国卫生工作的决定 ... 539
21. 陈敏章获世界卫生组织"人人享有卫生保健"金质奖章 ... 540
22. 白求恩奖章 ... 541
23. 国际传统医药大会 ... 542
24. 中药品种保护条例 ... 543
25. 卫生部关于深化卫生改革的几点意见 ... 544
26. 中华人民共和国红十字会法 ... 545
27. 国家卫生服务调查 ... 546
28. 医疗机构管理条例 ... 547
29. 中共中央、国务院召开全国卫生工作会议 ... 548
30. 发展和完善农村合作医疗 ... 549
31. 第十届世界烟草或健康大会在北京召开 ... 550
32. 中国预防与控制艾滋病中长期规划（1998—2010年） ... 551
33. 中华人民共和国献血法 ... 552
34. 中华人民共和国执业医师法 ... 553

目录

35. 区域卫生规划......554
36. 卫生监督体制改革......556
37. 城镇医疗机构分类管理......557
38. 第九届世界公共卫生联盟大会在北京召开......558
39. 中华人民共和国职业病防治法......559
40. 中共中央、国务院关于进一步加强农村卫生工作的决定......560
41. 医疗事故处理条例......561
42. 中华人民共和国中医药条例......563
43. 乡村医生从业管理和队伍建设......564
44. 中国医师奖......565
45. 做好新型农村合作医疗试点工作......566
46. 进一步加强精神卫生工作......567
47. 加强卫生行业作风建设......568
48. 打击非法行医专项行动......569
49. "12320"医疗卫生服务热线......570
50. 农村卫生服务体系建设与发展规划......571
51. 陈冯富珍当选世界卫生组织总干事......572
52. 卫生部《中国控制吸烟报告》......572
53. 卫生部撤销全国牙防组......574
54. 扩大国家免疫规划......574
55. "国医大师"评选......575
56. 护士条例......577
57. 中共中央、国务院关于深化医药卫生体制改革的意见......578
58. 公立医院改革试点......580
59. 卫生人才队伍建设......581
60. 屠呦呦获2011年拉斯克临床医学奖......582
61. 首次金砖国家卫生部长会议在北京召开......583
62. 全国医疗卫生系统"三好一满意"活动......583
63. 县级公立医院综合改革......585
64. 中华人民共和国精神卫生法......586
65. 建立全科医生制度......588
66. 国家卫生和计划生育委员会成立......589

67. 国务院关于促进健康服务业发展的若干意见……590
68. 国务院关于进一步加强新时期爱国卫生工作的意见……591
69. 城市公立医院综合改革试点……593
70. 全国医疗卫生服务体系规划纲要（2015—2020年）……594
71. 中医药健康服务发展规划（2015—2020年）……595
72. 推进分级诊疗制度建设……597
73. 推进医疗卫生与养老服务相结合……598
74. 推行大病保险，减轻病患负担……599

五、人口与计划生育事业……601

1. 中国计划生育协会成立……601
2. 中共中央关于控制我国人口增长问题致全体共产党员、共青团员的公开信……602
3. 中国计划生育协会加盟国际计划生育联合会……603
4. 国家计划生育委员会成立……604
5. 第一次亚洲议员人口和发展会议及《北京宣言》……605
6. 中共中央、国务院关于进一步做好计划生育工作的指示……606
7. 全国人口普查……607
8. 计划生育成为基本国策……609
9. 钱信忠获首届联合国人口奖……610
10. 制定全国人口发展区域规划……611
11. 计划生育工作"三为主"方针……612
12. 关于计划生育工作情况的汇报……614
13. 基层计划生育工作管理办法……615
14. 中共中央、国务院关于加强计划生育工作严格控制人口增长的决定……616
15. 中华人口奖……617
16. 中国签署《国际人口与发展会议行动纲领》……618
17. 中国计划生育工作纲要（1995—2000年）……619
18. "幸福工程"——旨在救助贫困母亲的社会公益活动……620
19. 中国人口再生产类型发生历史性转变……622
20. 关于进一步加强计划生育协会工作的报告……623
21. 综合治理出生婴儿性别比升高问题……624
22. 中共中央、国务院关于加强人口与计划生育工作稳定低生育水平的决定……625

23. 计划生育行政执法责任制 626
24. 加强少数民族人口与计划生育工作 628
25. 全面推进计划生育优质服务工作 629
26. 中华人民共和国人口与计划生育法 630
27. 计划生育技术服务管理 631
28. 社会抚养费征收管理制度 633
29. 国家计划生育委员会更名为国家人口和计划生育委员会 634
30. 关爱女孩行动 635
31. 西部地区"少生快富"工程 636
32. 农村部分计划生育家庭奖励扶助制度 637
33. 中共中央、国务院关于全面加强人口和计划生育工作统筹解决人口问题的决定 ... 638
34. 国务院办公厅印发《人口发展"十一五"和2020年规划》 640
35. 关于全面加强农村人口计生工作的若干意见 641
36. 计划生育药具工作管理 642
37. 国家人口发展战略研究报告 643
38. 关于开展出生缺陷一级预防工作的指导意见 645
39. "阳光计生行动" 646
40. "强基提质"工程 647
41. 流动人口计划生育管理 648
42. 国家实施免费孕前优生健康检查 649
43. 幸福家庭创建活动 650
44. 人口文化建设 652
45. 人口计生与扶贫开发相结合 653
46. 单独两孩政策 654
47. 流动人口基本公共卫生计生服务 655

六、体育事业 657
1. 国际奥委会恢复中国的合法地位 657
2. 全国"十佳运动员"评选 658
3. 中国首次参加冬季奥运会 659
4. 《运动员守则》、《教练员守则》和《裁判员守则》 660
5. 体育教练员技术职称暂行规定 661

6. 中国女子排球队获第三届世界杯女子排球赛冠军 662
7. 国家体育锻炼标准 662
8. 李宁在第六届世界杯体操赛上获得六枚金牌 663
9. 中国体育代表团首次参加夏季奥运会 664
10. 中共中央关于进一步发展体育运动的通知 665
11. 全国残疾人运动会 666
12. 全国工人运动会 667
13. 全国少数民族传统体育运动会 668
14. 全国特殊奥林匹克运动会 669
15. 中学生体育合格标准 670
16. 中国参加制定《国际反兴奋剂宪章》 671
17. 全国农民运动会 672
18. 何振梁当选国际奥委会副主席 673
19. 中国举办第11届亚运会 673
20. 学校体育工作条例 674
21. 北京申办2000年奥运会失利 675
22. 中国奥委会反兴奋剂委员会成立 677
23. 体育产业发展纲要 677
24. 全民健身计划纲要 679
25. 中华人民共和国体育法 680
26. 加强体育法制建设 681
27. 国家体委被改组为国家体育总局 682
28. 加强老年人体育工作 683
29. 中国在第27届奥运会上首次进入奥运会金牌榜前三名 684
30. 奥林匹克标志保护条例 685
31. 国务院批准成立国家体育竞赛监察委员会 686
32. 中共中央、国务院关于进一步加强和改进新时期体育工作的意见 687
33. 公共文化体育设施条例 688
34. 国民体质测定标准 689
35. 刘翔打破男子110米栏世界纪录 690
36. 运动员技术等级标准 691
37. 全国农民体育健身工程 692

38. 中共中央、国务院关于加强青少年体育增强青少年体质的意见 693
39. 中国成功举办第29届奥运会 694
40. 全民健身条例 695
41. 中国足协多位高官因操纵比赛涉嫌受贿被查 696
42. 加强职工体育工作 697
43. 加强体育文化工作 698
44. 中国足球改革发展总体方案 699
45. 中国足球协会调整改革方案 700

第四章

劳动就业与收入分配

当/代/中/国/社会大事典(1978—2015)

一、收入分配

1. 按劳分配理论大讨论

按劳分配不仅是一个理论问题，更关系到广大人民群众的切身利益，直接影响着调动人民群众进行社会主义现代化建设的积极性。1977年至1978年间，中国经济学界连续举行了四次按劳分配理论讨论会。1977年4月，中国社会科学院副院长于光远等人联系国家计委宏观经济研究所、中科院经济研究所、国家劳动总局、北京大学、北京师范大学、北京经济学院和北京市委党校等作为发起单位，在北京召开第一次全国按劳分配理论讨论会。6月，又举行了第二次讨论会，参加者由第一次的30多个单位、100余人扩大到100余个单位、400多位经济理论工作者和外地代表；到10月份第三次讨论会举行时，参加者更进一步猛增至800余人，他们来自在京的135个单位和23个省市自治区，会议发言者达百人之多。这三次讨论会的主要内容是批判"四人帮"及过去多年"左"的思想和路线，从思想理论上拨乱反正。

在此期间，邓小平对按劳分配理论讨论给予大力支持。他的态度对1977年就按劳分配理论的讨论起到了直接的推动作用。1978年5月，在邓小平指导下，国务院政治研究室撰写了《贯彻执行按劳分配的社会主义原则》一文，于5月5日以特约评论员名义在《人民日报》发表，使按劳分配的名誉得到了正式的恢复。按劳分配原则涉及广大人民群众的切身利益，邓小平旗帜鲜明地支持这一原则，为党的工作重心转移到经济建设上奠定了坚实的基础。在邓小平的支持下，国务院于1978年5月7日发出了《关于实行奖励和计件工资制度的通知》（以下简称《通知》）。对企业工资制度进行调整，以图通过奖励制度的建立和计件工资的试行，打破分配上的平均主义。《通知》要求当年试点，1979年推广，1980年进行规范。这是"文化大革命"以来针对企业职工分配问题的第一个从一定程度上体现"按劳分配"原则的国家文件。1978年10月，在思想解放浪潮的鼓舞下，中央工作会议前夕，更大规模的第四次全国按劳分配理论讨论会在京召开。《人民日报》对这场讨论会作了报道，并在《按劳分配理论讨论逐步深入》一文中指出："会议开得生动活泼，一扫'四人帮'造成的理论界万马齐喑的沉闷局面，逐渐消除了广大理论工作者心有余悸的精神状态。"这里说的"心有余悸"，主要还不是因为"四人帮"，而是这场讨论所涉及的问题是长期以来占据统治地位的"左倾"理论。这说明"四人帮"虽然被打倒，但思想解放运动还需要进一步深入进行。1976年粉碎"四人帮"后，在国内的理论界，开始进行正本清源。其中首当其冲的理论问题，就是进行关于"按劳分配"的讨论。从1977年开始，国内各大报刊，如《人民日报》等就开始发表讨论"按劳分配"的文章，强调"按劳分配"是社会主义原则，经济学界也开始批判"四人帮"的谬论。1977年2月，由北京的几个经济研究单位和大学共同发起召开经济理论讨论会，确定首先揭发批判"四人帮"在按劳分配方面的谬论。在当年4月、6月、10月至11月间又举行了三次按劳分配问题的理论讨论会。

1977年7月，邓小平复出后多次提出要贯彻执行按劳分配原则，他不仅支持按劳分配问题的讨论，而且让国务院政治研究室的同志参加国务院领导人的有关会议，参与研究实行计件工资、奖金等问题。1978年3月28日，邓小平同国务院政治研究室的同志进行了一番谈话，专门谈到了坚持按劳分配原则问题。邓小平指出：第一，社会主义个人消费品的分配原则只能是"按劳"，不能按政治、按资格，"按劳分配就是按劳动的质量和数量进行分配"。第二，"要有奖有罚，奖罚分明"，特别是要恢复奖金制度。第三，必须实行考核制度，这是贯彻按劳分配的必要条件。邓小平在谈话中体现的基本原则和指导思想，推动了大讨论的深入，对于澄清人们在收入分配问题上的思想混乱，恢复建立和完善按劳分配制度，对于此后的工资改革，都起了重要的指导作用。经济学界的讨论也为中央的高层决策，提供了理论和实际经验的论证。

在1978年5月11日《光明日报》发表《实践是检验真理的唯一标准》这篇著名文章的前几天，《人民日报》发表了署名本报特约评论员的文章《贯彻执行按劳分配的社会主义原则》，这篇由国务院政治研究室起草，经邓小平、李先念等修改和审阅的文章的发表，把关于"按劳分配"的大讨论推向高潮。到党的十一届三中全会前，经济学界又举行了三次关于按劳分配问题的讨论会，参加会议的至少在两千人次以上，并出版了多种文集。这些讨论会十分重视贯彻执行百家争鸣的方针，坚持真理，修正错误。"四人帮"为禁锢人们思想而设置的"禁区"，在分配理论方面就有按劳分配、物质利益原则、计件工资、奖金等，一个个被突破。

作为对经济学界正在进行按劳分配的大讨论的呼应，1978年9月23日中共中央发出的《关于做好改革工资制度调查研究工作的通知》（以下简称《通知》），其中提出我国的工资制度必须要进行一次大的改革。在改革中，一定要坚持贯彻执行不劳动者不得食，各尽所能、按劳分配的原则，确定职工的劳动报酬只能是按劳分配。工资形式实行以计时工资为主，计件为辅，计时加奖金；劳动复杂程度，技术熟练程度和劳动条件不同的，报酬上应当有必要的差别；要把劳动报酬同个人和集体的劳动成果直接联系起来。《通知》强调：否定按劳分配，就是否定社会主义。可以说，《通知》的颁布标志着我国现代意义上的分配制度改革正式启动。

2. 恢复奖金与计件工资制

为发展生产，提高劳动生产率，逐步改善职工生活；同时，为最大限度地保证普通职工的利益，消除计时工资制度所带来的种种弊端，增强激励机制，调动职工积极性，国务院在1978年5月颁布了《关于实行奖励和计件工资制度的通知》，鼓励从全局出发，兼顾国家、集体和个人三方面的利益，把全面完成国家生产计划和扭亏增盈结合起来，根据工农业生产水平，统筹考虑积累消费、工农、城乡等关系，建立奖励和计件工资制度。

从保证国家经济持续发展的角度来说，当时，我国工农业生产水平不高，国家底子薄，建设四个现代化的社会主义强国需要有更多的积累；还要备战、备荒、防御帝国主义的外来侵略。同时，也要考虑工农关系。城市职工只有多生产物美价廉的工业品，更有效地支援农业，才能更快地发展工农业生产，才能从农村换回更多的轻工业原料、粮食和副食品，进一步繁荣城乡经济，改善工农生活，巩固工农联盟。另外，如果离开了发展生产，靠发钞票增加工资，既不是党的政策，也不能真正改善职工的生活。因此，在供、产、销正常，生产任务饱满，管理制度比较健全，各种定额和统计、验收等基础工作做得比较好，各项经济技术指标比较先进的企业，鼓励实行奖励和计件工资制度是正确的，而且也是非常必要的。因此，在1978年，国家恢复实行奖励和计件工资制度。

另外，从维护职工利益的角度来说，按照各尽所能、按劳分配原则，坚持工资增长幅度与企业经济效益增长幅度同步，员工平均实际收入增长幅度与企业劳动生产率增长幅度相适应的原则。结合企业的生产、经营、管理特点，建立起规范合理的工资分配制度。以员工岗位责任、劳动绩效、劳动态度、劳动技能等指标综合考核员工报酬，构建适当工资档次落差，调动员工积极性的激励机制。可以说，计件工资的目的，是准确地反映出劳动者实际付出的劳动量。这样，个人劳动投入与收入就能直接挂钩，激励作用显著，同时能有效反映劳动者之间的生产效率差别，体现多劳多得，员工也比较能接受这种公平性，还能促使工人自觉地改进工作方法，提高技术水平和劳动生产率。

总的来看，采用计件工资制度有多方面好处，一是可以提高员工积极性，提高企业的生产效率。由于是多劳多得，员工完全凭自身能力赚工资，所以能极大地提高职工工作的积极性。二是员工会自发去改进劳动方法，加强劳动技能。可以形成强烈的竞争氛围，让员工与员工之间形成你追我赶、相互竞争的心理。三是让企业的支出相对清楚透明，利于成本控制，有效控制住隐性浪费。然而，采用计件工资制度也存在着一些弊端，如员工容易只讲数量，不讲质量，对品质要求容易产生对抗情绪。另外，实行计件制，就会有不平均的现象发生，社会矛盾较多，如果处理不好，就容易产生波动等问题。

3. 邓小平鼓励一部分人先富起来的讲话

1978年12月，在中共中央工作会议上，邓小平所作的《解放思想，实事求是，团结一致向前看》报告里提出了一个深刻影响中国的"大政策"。他说：在经济政策上，我认为要允许一部分地区、一部分企业、一部分工人农民，由于辛勤努力成绩大而收入先多一些，生活先好起来。一部分人生活先好起来，就必然产生极大的示范力量，影响左邻右舍，带动其他地区、其他单位的人们向他们学习。这样，就会使整个国民经济不断地波浪式地向前发展，使全国各族人民都能比较快地富裕起来。这就是后来他反复阐释的"先富"与"共同富裕"的理论。

邓小平之所以提出"先富"，主要是为了打破当时盛行的平均主义"大锅饭"，打破旧的经济体制的禁锢，调动劳动者的生产积极性，解放和发展生产力，从而实现共同富裕这一社会主义的根本目的。这一政策不仅符合我国各地生产力发展严重不平衡的现状，也有利于在社会主义初级阶段的中国，在商品经济尚不发达、客观条件千差万别、人们的能力和贡献有大有小的情况下，迅速增加社会财富，提高人民生活水平。因而，很快就被实践证明是一项正确的、符合我国基本国情的政策。

鼓励一部分人先富起来的政策在改革开放初期取得重大成效的同时，也引来了不小的争议。对此，邓小平从保护改革、保护勤劳致富的原则出发，对一些争议给出了旗帜鲜明的回答。20世纪80年代初，安徽省芜湖市个体户年广九，他制作的"傻子瓜子"销路很好，因此得以快速致富，并且开始雇工经营。有些人认为他赚了100万元，搞资本主义，就主张对他进行罚没。消息传到邓小平那里，邓小平认为不能动。他说：不能动，一动人们就说是政策变了，人心不安，得不偿失，处理不当会影响改革的全局。针对社会上对"先富"的一些非议，邓小平还说：对这个政策有一些人感到不那么顺眼，我们的做法是允许不同观点存在，拿事实来说话。他鲜明的支持态度，使得"一部分人先富起来"的政策得到了有力地推行。

之后，在邓小平的积极推动下，中共中央在一系列重要文献中，反复强调了"先富"政策的重要意义。党的十二届三中全会通过的《关于经济体制改革的决定》指出：由于一部分人先富起来产生的差别，是全体社会成员在共同富裕道路上有先有后、有快有慢的差别，而绝不是那种极少数人变成剥削者，大多数人陷于贫穷的两极分化。鼓励一部分人先富起来的政策，是符合社会主义发展规律的，是整个社会走向富裕的必由之路。之后，党的十三大再次肯定了"先富"政策的进步作用。

在鼓励"先富"的同时，邓小平也一再强调"共同富裕"，指出：鼓励一部分地区、一部分人先富裕起来，也正是为了带动越来越多的人富裕起来，达到共同富裕的目的。在1986年8月视察天津时，他又说：我的一贯主张是，让一部分人、一部分地区先富起来，大原则是共同富裕。一部分地区发展快一点，带动大部分地区，这是加速发展、达到共同富裕的捷径。因此，在社会主义初级阶段，同步富裕是不可能的，只有允许和鼓励一部分地区、一部分企业和一部分人依靠勤奋劳动先富起来，才能对大多数人产生强烈的吸引和鼓舞作用，并带动越来越多的人走向共同富裕。

在"先富和共同富裕"政策的推动下，中国经济取得了快速发展，到了20世纪90年代，一部分人、一部分地区已经先富起来，邓小平关注和思考的重点随之转向了如何防止两极分化、实现共同富裕上。1990年4月7日，在会见泰国客人时，他说：中国情况是非常特殊的，即使百分之五十一的人先富裕起来了，还有百分之四十九，也就是六亿多人仍处于贫困之中，也不会有稳定。中国搞资本主义行不通，只有搞社会主义，实现共同富裕，社会才能稳定，才能发展。社会主义的一个含义就是共同富裕。1990年12月，在同几位中央负责人谈话时，他又告诫说：共同致富，我们从改革一开始就讲，将来总有一天要成为中心课题。社会主义不是少数人富起来、大多数人穷，不是那个样子。社会主义最大的优越性就是共同富裕，这是体现社会主义本质的一个东西。如果搞两极分化，情况就不同了，民族矛盾、区域间矛盾、阶级矛盾都会发展，相应地中央和地方的矛盾也会发展，就可能出乱子。这表明，随着中国经济的快速发展，邓小平已经在深入地考虑通过"先富"带动"后富"，最终实现共同富裕这个重大问题了。

关于"先富"带动"后富"的途径，邓小平曾作过一些设想。1978年底，他就指出：在西北、西南和其他一些地区，那里的生产和群众生活还很困难，国家应当从各方面给以帮助，特别要从物质上给予有力的支持。在他的推动下，国家有关部门加强了扶贫工作，切实支援落后地区的发展。1983年、1984年，邓小平还几次称赞发达地区和不发达地区搞经济协作区和横向联合的办法，并推荐了上海市以雄厚的技术力量向周围地区辐射，带动苏南地区经济发展的事例。到了20世纪90年代，他开始考虑地区与地区之间如何在经济上互相带动的战略问题。1992年，在南方谈话中，他进一步阐述了由"先富"带动"后富"的途径。他说：社会主义制度就应该而且能够避免两极分化。解决的办法之一，就是先富起来的地区多交点利税，支持贫困地区的发展。发达地区要继续发展，并通过多交利税和技术转让等方式大力支持不发达地区，通过全国范围内的努力，我们一定能够逐步顺利解决沿海同内地贫富差距的问题。总的来说，允许一部分人、一部分地区先富起来，以带动全体人民共同富裕，这是党中央和邓小平根据中国的特殊国情，在经济政策和社会发展道路上所作出的战略选择，也是我国现代化建设战略步骤和战略布局的重要组成部分。

4. 首钢承包制试点

首都钢铁公司在改革初期率先实行了承包制，成为国有企业改革的领头羊。改革前，首钢和其他国有企业一样，产品由国家统购统销，物资由国家统调统配，财务由国家统收统支。这种管理体制对企业统得过死，使企业缺乏活力，限制了企业的发展。1979年3月，首钢公司向北京市委市政府和冶金部上报《关于在首钢进行扩大企业权限试点的请示报告》，申请把首钢作为经济体制改革的试点，提出要扩大企业的计划权、物资权、财务权、直接外贸权和劳动工资管理权。4月，首钢等8家企业和有关部门负责人在北京参加国家经委召开的座谈会，讨论企业体制改革问题。5月，国家经委等六部委联合发出《关于在京、津、沪三市八家企业进行企业管理改革试点的通知》，首钢被列入第一批国家经济体制改革试点企业。从此，这个20世纪初成立的老企业迎来了飞速发展的新时期。1979年，国家对首钢实行的是利润留成办法，即以1979年公司上缴国家利润为基数，将基数利润的8.3%和增长利润的10%留给企业，其余上缴国家。1980年上半年，基数利润留成比例不变，增长利润部分改为20%留给企业。下半年，又由利润留成变为"以税代利，自负盈亏"，企业盈利向国家缴纳"四税两费"（工商税、收入调节税、城市维护建设税、所得税、国有资产占有费、流动资金占用费）后，其余留给企业。1979年、1980年的承包期为一年一包。通过两年实践，这些改革办法都未能从根本上革除高度集权的旧体制带来的种种弊端，企业和职工积极性没有得到充分的发挥。受农业承包制的启发，1981年7月首钢在国务院和北京市委的支持下，改变国家与企业分成的办法，实行定额包干的承包制。

首钢定额承包制的基本内容和特点是：（1）实行上缴国家利润递增包干。1981年，公司实行定额包干，包上缴利润2.7亿元。1982年，实行上缴利润递增包干，即以1981年上缴利润为基数，递增6%。1983年，首钢主动将递增率改为7.2%，一直延续到承包期结束。（2）在承包前提下，通过产品自销进入市场，发展社会主义商品经济。按照首钢承包制试点方案，国家计划内各种产品留给企业 15% 自销，超产产品作为商品由企业自销或留用。（3）留用利润按 6∶2∶2 的比例进行分配，分别用于生产发展、集体福利和工资奖励。（4）工资总额与实现利润按 0.8∶1 的比例挂钩浮动，即实现利润增加或减少 1%，工资总额相应增加或减少 0.8%。新增工资总额部分用于职工工资挂率、浮动升级、目标考核奖励。（5）承包期较长，从 1981 年至 1995 年一包 15 年不变。承包期内，包死基数，确保上交，超包全留，欠收自补，国家不再给予投资。（6）公司承包制实行的是全员承包，而不是少数企业领导人，从总体上确立了广大职工在企业管理中的主体地位。为适应承包制，公司进行了领导体制改革，实行工厂委员会领导下的总经理负责制。工厂委员会是企业最高权力机构——职工代表大会的常设机构。公司党委从贯彻党的基本路线、企业重大问题决策、党的自身建设、干部管理、职工队伍建设、保证职工权益 6 个方面对企业实行政治领导，同时还建立以"包、保、核"为基本内容的内部承包制。"包"是把企业对国家承担的经济责任层层包到每个厂矿、车间、班组，甚至到每个职工；"保"是在"包"的同时，遵循社会化大生产的客观规律，把企业内部单位之间、岗位之间的协作关系作为互保条件，逐级落实到人，成为经济责任制的一项重要内容；"核"是对每个单位、每个岗位的"包、保"任务逐一制订具体的考核办法，并与分配挂钩。

由于有了与承包制相适应的领导体制和责、权、利相结合的内部承包机制，使企业对国家承包指标的实现有了可靠的保证和坚实的基础，经济效益持续增长。1979 年至 1988 年连续十年实现利润年均递增 20%，1989 年、1990 年在外部经营条件十分困难的情况下，利润递增率分别为 17.2% 和 12.36%。到 1990 年，改革 12 年，公司累计上缴国家利税费 983 亿元，扣除改革初期返回投资 25 亿元，国家实得 958 亿元，连同用自有资金为国家新增固定资产 371 亿元，共为国家贡献 133 亿元，是改革前 30 年上缴国家利税总额 3.222 亿元的 41 倍。12 年间，公司投入技术改造和建设资金 42.7 亿元，完成 108 项重点工程，把一个"冶金博物馆"式的、污染严重的老企业改造成具有国际先进技术水平、污染治理达到国家标准的现代化企业。1990 年，首钢成品钢材产量 380.9 万吨，比 1978 年增长 2.25 倍。公司在钢铁工业发展的同时实行多种经营，除拥有机械制造、建筑安装、电子、航运等专业队伍外，还开发旅游、建材、农牧、商贸、饮食、服务等经营项目。首钢靠自我积累、自我改造、自我发展，把一个单纯生产型的钢铁企业发展成为拥有 18 万职工、8 大公司、98 家工厂、44 家合资企业、12 家海外企业或经营网点的跨行业、跨地区、跨国经营的特大型企业集团。在保证国家稳收稳增、企业快速发展的基础上，职工生活也得到显著改善，职工工资 1990 年人均收入比 1978 年增长 3.5 倍。12 年共建职工宿舍 172 万平方米，相当于改革前建房总面积的 17 倍，人均居住面积比改革前增加一倍。为提高职工福利待遇和生活质量，公司还投资兴建农、牧、副食品基地和文化设施。承包后职工收入和福利待遇在当时大大超过北京市一般工业企业的平均水准。首钢改革试点的成功，促进了企业的生机和活力，探索出了一条建设中国特色社会主义国有企业的新路子，为搞活国有大中型企业提供了宝贵的经验，在北京市乃至全国都产生了巨大的影响力。

5. 国务院关于正确实行奖励制度、坚决制止滥发奖金的几项规定

1978年恢复企业奖励制度以来，在调动广大职工的积极性、促进企业改善经营管理、厉行增产节约、提高产品质量、降低生产成本等方面，都起了积极作用，成绩是主要的。但是，由于思想认识上不一致，放松了对职工的思想政治工作，奖励制度和提取奖励基金的办法不完善，企业管理制度不健全，加上某些领导干部把发放奖金当作单纯增加职工收入的手段，致使在实行奖励的过程中，存在着严重的平均主义，有些企业还竞相多发、滥发奖金，使奖金的发放失去了控制。有的企业甚至违法乱纪，任意提高商品价格，不惜损害国家利益和消费者利益，牟取非法利润，借此多发奖金。这种状况如不及时扭转，不仅使奖励违背按劳分配原则，影响职工的团结，而且浪费国家资金，给国民经济的调整增加困难。因此，正确实行奖励制度，坚决制止滥发奖金，已经成为当时抓好调整、稳定经济的一项迫切任务。因此，国务院1981年1月颁发了《关于正确实行奖励制度、坚决制止滥发奖金的几项规定》。

首先，企业实行奖励制度，必须加强对职工的思想政治工作，这有利于国民经济的调整，从而促进企业生产的发展。要教育广大干部和职工树立共产主义的劳动态度，各尽所能地为实现四个现代化多作贡献。要发扬大公无私、先人后己、勤俭建国、艰苦奋斗的革命精神，批判和反对资产阶级损人利己、唯利是图、一切向钱看的腐朽思想。当时，搞好国民经济的调整，稳定经济，安定人民生活，这是大局，是全国人民根本利益所在。实行奖励制度，发放奖金，就必须服从这个大局，兼顾国家、企业、个人三方面的利益，不能只顾一头，特别是要服从国家利益，从而利于搞好国民经济的调整。企业实行奖励制度的目的，是为了更好地调动群众的积极性，促进企业改善经营管理，鼓励职工提高技术业务水平，提高劳动生产率，发展生产，增加社会财富，增加盈利，在增产增收并保证国家多收的基础上，增加职工的收入。奖金是对超额劳动的一种鼓励。因此，实行奖励制度，就必须认真贯彻按劳分配原则，反对平均主义，把职工奖金的多少同企业的生产、经营成果和职工的劳动贡献密切结合起来。企业奖金的增长速度，应当低于生产和利润的增长速度。要把荣誉奖励和物质奖励结合起来，两者并重，不可偏废。对为国家作出突出贡献的集体和个人，要给予必要的荣誉奖励，以进一步激发他们建设社会主义的积极性。

其次，要克服企业之间奖励中的平均主义，严格控制奖金的发放。所有企业必须是在

完成和超额完成国家计划规定的产量、质量、利润、供货合同等主要经济技术指标的条件下，才能提取和发放奖金。奖金的发放要按照一定的办法予以控制，如各省、市、自治区和国务院各部门所属企业，以主管局（或相当局一级的公司）为单位，对全年发放的奖金总额，应控制在所属企业实行奖励制度的职工一个月至两个月标准工资总额之内。各局、各公司全年发放的奖金总额，由省、市、自治区人民政府和国务院各主管部门，根据所属各局、各公司的生产和盈利情况分别核定。有的一个月标准工资总额，有的一个多月，生产好、盈利多的两个月，但不得一律都是两个月标准工资总额。各个企业全年发放的奖金总额，由各企业主管局、各公司在省、市、自治区人民政府和国务院主管部门核定的本局、本公司全年应发放的奖金总额范围内，根据企业完成和超额完成各项主要经济技术指标的不同情况，以及企业利润的增长幅度大小和取得利润的难易程度等条件，作出具体规定，区别对待，先进企业多发，后进企业少发，不得平均发放。另外，一个企业全年发放的各种奖金的最高限额（国家规定的发明、技术改进、合理化建议奖和特定燃料、原材料节约奖除外），一般不得超过本企业职工两个月的标准工资总额，个别企业各项经济技术指标完成得突出，贡献特别大的，经省、市、自治区经委、劳动、财政部门或国务院主管部门批准，可以多发一些，但最多不得超过三个月的标准工资总额。而对于那些有政策性亏损的企业，减少核定的亏损额时，则可以视同增加盈利对待，发给适当的奖金。另外，关停企业不发奖金。计划内的生产任务严重不足并且没有盈利的企业，也不发奖金。但为了鼓励这些企业根据市场的需要，自行承揽生产任务，可以根据其承揽生产任务的多少和取得经济效果的大小，经企业主管局批准，酌情发放适当的奖金。地、县一级所属企业奖金的发放总额，由省、市、自治区人民政府按照上述原则，结合具体情况，自行规定。另外，企业提取的奖励基金在发放奖金后有多余的，可以用于兴建职工住宅和举办其他集体福利事业，或者结转到下一年度使用。

再次，企业奖金的发放，要切实注意经济效果，要与生产相结合，与劳动竞赛相结合，并且不得在车间、科室和职工之间平均分配奖金。各企业有权在本企业应发放的奖金总额范围内，根据生产需要和工作特点，自行拟定本企业的生产奖励办法。企业对各车间、各科室，要明确规定发奖的各项经济技术指标和考核计奖的办法。各车间、各科室对职工个人奖金的发放，应根据其具体生产、工作情况规定。对能够制定劳动定额和有其他生产指标可以考核的生产工人，按其完成和超额完成劳动定额或其他生产指标的多少计发奖金。对不能制定劳动定额和没有其他生产指标考核的人员，按其完成岗位责任和本职工作的情况发放奖金。劳动竞赛中对先进集体、先进个人发放的奖金，从企业奖励基金或企业基金中提取，最多不得超过职工标准工资总额的百分之一。

6. 农村家庭联产承包责任制

农村家庭联产承包责任制是20世纪80年代初期在农村推行的一项重要的改革，是农村土地制度的重要转折，也是现行中国农村的一项基本经济制度。党的十一届三中全会以后，我国的改革最早始于农村改革，农村改革的标志为"包产到户（分田到户）"，后来被称为"家庭联产承包责任制"（俗称"大包干"）。可以说，家庭联产承包责任制是中国农民的伟大创造，是农村经济体制改革的产物。在党中央的积极支持和大力倡导下，家庭联产承包责任制逐步在全国推开，到1983年初，全国农村已有93%的生产队实行了这种责任制。

十年的"文化大革命"，使我国社会生产力遭受严重破坏，特别是广大农民生活水平低下。安徽省凤阳县小岗村18位农民签下"生死状"，将村内土地分开承包，开创了家庭联产承包责任制的先河。当年，小岗村粮食就获得大丰收。1982年1月1日，中共中央批转《全国农村工作会议纪要》，指出农村实行的各种责任制，包括小段包工定额计酬，专业承包联产计酬，联产到劳，包产到户、到组，包干到户、到组，等等，都是社会主义集体经济的生产责任制；1983年中央下发文件，指出联产承包制是在党的领导下我国农民的伟大创造，是马克思主义农业合作化理论在我国实践中的新发展；1991年11月举行的党的十三届八中全会通过了《中共中央关于进一步加强农业和农村工作的决定》。该决定提出把以家庭联产承包为主的责任制、统分结合的双层经营体制作为我国乡村集体经济组织的一项基本制度长期稳定下来，并不断充实完善。家庭联产承包责任制作为农村经济体制改革第一步，突破了"一大二公"、"大锅饭"的旧体制。随着承包制的推行，个人付出与收入直接挂钩，使农民生产的积极性大增，解放了农村生产力。

综合来看，中国农村集体经济经营体制，是以家庭联产承包经营为基础、统分结合的双层经营体制。家庭联产承包责任制，是以集体经济组织为发包方，以家庭为承包主，以承包合同为纽带而组成的有机整体。通过承包使用合同，把承包户应向国家上交的定购粮和集体经济组织提留的粮款等义务同承包土地的权利联系起来；把发包方应为承包方提供的各种服务明确起来。

从当时来看，绝大部分地区采用的是包干到户的形式，主要生产资料仍归集体所有。而在分配方面，实行按劳分配的原则。在生产经营活动中，集体和家庭有分有合。家庭联产承包责任制的实行取消了人民公社，又没有走土地私有化的道路，而是实行家庭联产承包为主，统分结合，双层经营，既发挥了集体经营的优越性，又调动了农民生产积极性，是适应我国农业特点和当前农村生产力发展水平以及管理水平的一种较好的经济形式。家庭联产承包责任制的实质是打破了人民公社体制下土地集体所有、集体经营的旧的农业耕作模式，实现了土地集体所有权与经营权的分离，确立了土地集体所有制基础上以户为单位的家庭承包经营的新型农业耕作模式。

家庭联产承包责任制是特定社会经济条件下的历史选择，该种农业生产组织形式与传统的农业生产组织方式（大集体时期）相比具有较大的进步，在改变农村经济格局的同时，奠定了经济发展和后续改革的基础，调动了农业生产者的积极性，为我国农民脱贫发挥了重要作用，推动了农业生产的快速发展，极大地改变了我国农业生产和农民生活，被邓小平同志誉为中国农村改革与发展的"第一次飞跃"。家庭联产承包责任制的实行，解放了我国农村的生产力，开创了我国农业发展史上的第二个黄金时代，充分体现了社会主义公有制的优越性。而且，以农村为突破口推行的家庭联产承包责任制，"缴够国家的，留够集体的，剩下都是自己的"，这是分配制度的重大改革。

7. 国营企业工资总额与经济效益挂钩制度

1985 年，为了深化国营企业工资制度改革，建立健全工资总量调控机制，促进企业经营机制的转变和经济效益的提高，国务院根据《全民所有制工业企业转换经营机制条例》制定国营企业工资总额与经济效益挂钩制度。其中要求，工资总额同经济效益挂钩（以下简称工效挂钩）是向社会主义市场经济体制转换过程中，确定和调控企业工资总量的主要形式。企业实行工效挂钩办法，必须坚持工资总额增长幅度低于本企业经济效益（依据实现利税计算）增长幅度、职工实际平均工资增长幅度低于本企业劳动生产率（依据净产值计算）增长幅度的原则。

自该制度颁布以来，我国实行工效挂钩的国营企业呈现出不断扩大的趋势。据有关部门提供的资料，到 1988 年，中央批准实行工效挂钩的国营工业企业已达到 19296 户，比 1985 年增长 6.7 倍，占全部国营工业企业总数的 49.2%。再加上各地自行批准实行工效挂钩的企业，估计当时全国实行工效挂钩的企业已达到 70% 左右，职工人数占 80% 左右。可以说，在短短的几年内，煤炭、铁路、建筑、矿山、冶金、港口等不同行业都实行了形式各异的工效挂钩制度，因此工效挂钩迅速成为企业工资分配的重要形式。

实行工效挂钩，从微观效应看，它理顺了国家与企业和职工的分配关系，明确了企业工资总额的增长取决于自身的经济效益，职工的工资增长取决于本人的劳动贡献的新的利益机制，确保了企业在工资分配中的自主权，在很大程度上克服了企业吃国家的大锅饭、职工吃企业的大锅饭的现象。它对于增强企业的活力，调动企业和职工的积极性，提高企业的劳动生产率和经济效益起到了一定的促进作用，受到了企业和职工的欢迎。

然而，实行工效挂钩也在宏观上产生了两个问题。

首先，它冲击了国家财政收入在国民收入中所占的比重，削弱了国家财政收入的增长。在确保国家财政收入稳定增长的宏观目标方面，以对其影响最大的工资总额同上交税利挂钩的实际执行情况来看，结果与初衷相背离。从理论上讲，把工资的增长同企业上交税利的增长直接联系起来，使税利的增长成为工资增长的先决条件和制约因素，这种办法比较合理地划清了国家和企业之间的利益分配关系，有助于确保国家财政收入的稳定增长。但是，实际执行的结果是，实行工资总额同上交税利挂钩，虽然企业上交税利额有所增长，国家财政收入绝对额也在增长，但是，在整个国民收入分配中，国家财政收入所占的比重却连年下降。其冲击点主要集中在以下几个方面：第一，在实行工效挂钩时，采取以放权让利为核心的优惠政策，削弱了国家财政收入的增长水平；第二，实行奖金全部进成本的总挂总提，减少了国家财政收入。据有关部门测算，实行总挂总提的企业占全部工效挂钩企业的66.9%，仅奖金进成本一项，国家直接减少收入约30亿元；第三，在确定企业上交税利基数和核定工资总额时，因缺乏科学的配套方法，出现工资总额普遍偏高，效益基数普遍偏低的现象，致使国家财政减收增支；第四，在挂钩企业，企业留利份额逐年加大，国家所得份额逐年减少，削弱了国家在企业每年新增效益中应得的份额，导致国家财政收入增长水平下降。

其次，它加剧了工资基金乃至消费基金恶性膨胀的势头。虽然国家通过抓工资和税利这两个基数和一个浮动比例来实现国家对企业工资总额的宏观控制，并确保国家财政收入的稳定增长，但是从实际执行情况看，工效挂钩的宏观调控机制极度疲软，基本处于失控状态，并没有达到宏观的预期目的。实行工效挂钩，在实际中不仅削弱了国家财政收入的增长水平，初衷与结果背离，而且还加剧了工资基金乃至消费基金恶性膨胀的势头。实行工资总额同经济效益挂钩，按照当时1:0.75的浮动比例，工资的增长应该始终低于效益的增长，进而保证国家对企业工资基金乃至消费基金增长的有效控制。但是，从实际执行的情况来看，并不是这样。那几年实行工效挂钩的企业，经济效益与工资的增长关系大大超过了国家规定的两者的增长关系，企业工资总额增长呈现了超过效益增长的趋势。据统计，1985年，国营工业企业上交税利与工资总额的增长关系为1:0.73，1986年为1:1.015，1987年为1:1.12，1988年为1:1.04。除了1985年执行结果属正常外，其余年份均形成经济效益同工资倒挂。总的来看，实行企业工资总额同经济效益挂钩，在微观上增强了企业活力，调动了企业和职工积极性，促进了企业劳动生产率和经济效益的提高，但是，在宏观上却削弱了国家利益，并出现了工资基金失控的问题。实践证明，工效挂钩在微观效应上利大于弊，而在宏观效应上则是弊大于利。

8. 国务院《工资基金暂行管理办法》

20世纪80年代初，工资基金管理中存在的主要问题是，企业间相互攀比造成消费基金增长超过劳动生产率和经济效益的增长。尤其是，企业普遍实行了工资总额与经济效益挂钩的办法，按照规定企业职工个人收入应随着企业经济效益增长而提高，并随着企业经济的效益下降而减少。国家一般不再下达企业职工升级办法，企业内部职工的分配可自行确定。但由于企业、部门、地区之间原有的职工工资水平有差别，挂钩后经济效益增长幅度不同，以及其他因素的影响，使企业、部门、地区之间的工资水平差距进一步加大。而各部门、地区为使职工收入能有所增长都采取了相应的措施，其中一些经济效益增长幅度不高或下降的企业，为不影响职工收入水平，往往采取少提折旧或少摊费用的办法，有的甚至采取以亏损挂账的办法达到增长职工收入的目的。为遏制和规范此类现象的发生，国务院在1985年9月颁布了《工资基金暂行管理办法》（以下简称《办法》）。

《办法》要求，凡发给职工个人的劳动报酬和按国家规定发放的津贴、补贴等，不论其资金来源如何，属于国家统计局规定的工资总额组成范围的，均应纳入工资基金管理范围之内。各企业、事业、机关、团体单位，只能在一个银行建立工资基金专户。跨省、自治区、直辖市的企业，在一个银行建立工资基金专户后，在不超过国家下达的工资总额计划的前提下，可由企业向所属单位分配工资总额指标，并抄送其所属单位所在地的开户银行。凡属工资总额组成的支出，不论现金或转账，均应通过开户银行，从工资基金专用账户中列支。而对于具体的工资基金管理，《办法》则规定，企业在执行计划过程中，因实际完成的产值、产量和规定的经济技术指标比计划有增减时，企业由主管部门会同建设银行按照实际完成的产值和核定的工资含量系数计算出工资总额。现有的计划外用工，其工资额应控制在国家规定的工资总额范围内，不得突破，并应按国家规定进行清退，相应核减工资总额。

总的来看，《工资基金暂行管理办法》比较详细地明确了企业工资基金的管理办法，规范了企业各类工资、奖金和福利的发放程序，对企业工资分配作出了严格的年度工资总额计划，这对职工工资分配制度改革打下了良好的基础。

9. 1985年机关事业单位工资制度改革

1985年前，国家机关和事业单位执行的是等级工资制，等级工资制是20世纪50年代制定的，30年来发挥了应有的作用。但到了80年代，劳酬脱节、职级不符的问题越来越严重。首先，工作人员劳酬不符，职务和工资级别脱节。职务等级工资由于没有建立正常的晋级增资制度，工作人员的工资不能随职务的变动而变动，形成了提职不提工资的惯例，职务和工资不符，形成了工资分配的平均主义。其次，工资能上不能下，能增不能减，形成工资待遇终身制。再次，同一行业、工种、职务执行着多种工资标准，同职不同酬现象十分普遍，严重影响了职工的积极性和内部团结。最后，工资管理体制上，权力过于集中中央，政企不分，几十年都是全国统一安排，不利于发挥地方、部门基层的积极性。因此，工资制度亟须改革。当时确定下来四项原则：一是坚持社会主义按劳分配的原则。在机关、事业单位，就是要使职工的工资同本人肩负的责任、贡献和劳绩密切结合起来。二是通过改革使我国工资制度进入一个新的轨道，逐步建立同国家财政状况相适应的正常的晋级制度。新的工资制度不能只是在原等级工资制的基础上小修小补。三是必须实行政企分开，分级管理。四是使工作人员工资有一定增加。鉴于国家财政的承受能力，只能从较低水平起步。国家财政的承受能力，是工资改革的前提条件。国务院讨论并批准了这一方案，并决定从1985年7月起实行新的工资制度。

新的工资制度是以职务工资为主要内容的结构工资制。工资的构成有四个部分：一是职务工资。按照本人实际担任的行政或技术职务，分别按行政或技术职务序列确定职务工资标准。担任什么职务就拿什么工资，随着职务的变动而变动。这是工资构成的主体，也是按劳分配的主要部分。工资档次应该适当拉开，但因受种种因素的制约，特别是国家财政能力的限制，档次还不能拉得太大。在职务工资标准设计上，要充分考虑和照顾现实和历史情况，以后随着国民经济的发展，逐步调整工资标准，使之进一步合理化。二是基础工资。这是国家对工作人员最低生活保障的部分，建立基础工资是以大体维持一个人的基本生活为依据，物价上升基础工资应增加，同时可以起到平衡收入不均的问题。基础工资从国家领导人到一般工作人员，人人都是一样的。三是工龄津贴。这一部分随着工作人员工作年限的增加逐年增长。对中小学教师和医院护士分别实行教龄津贴和护龄津贴。四是奖励工资。

新的工资制度在体现按劳分配原则，又兼顾基本生活需要方面有新的特点：突出了职务和贡献，又考虑到了工龄的长短；既破除了论资排辈的观念，又照顾了工资关系不平衡的历史状况。但这次工资改革的实践中，由于历史原因也出现了一些问题：一是某些同一职务（包括专业技术职务）的干部不论其任职时间长短、原工资高低以及劳绩大小，由于长期未调整工资，实行新工资制度时工资都挤在本职务工资的最低档上，是不合理的。二是工龄津贴的标准太低，每年只有0.5元，未能发挥工龄津贴的应有作用（在设计工资方案时，曾设想工龄津贴最低标准为1元，后因财政困难改为0.5元）。三是科研、教育、卫生等事业单位管理人员执行的工资标准是比照国家机关的标准确定的，没有体现事业单位的特点，没有体现"政事分开"的原则。当时重点考虑的是这次工资制度改革如何先解决"政企分开"的问题，而"政事分开"是有意先避开的。这些问题，随着国民经济的发展和国家财力的增加，需要逐步加以解决。

10. 首次开征个人收入调节税

随着经济体制改革和有计划商品经济的发展，人民的收入水平显著提高。国家鼓励一部分人通过劳动先富起来的政策，调动了劳动人民致富的积极性和创造性，一部分人的收入超过了一般水平，有的还超过许多。同时，中国实行以按劳分配为主的多种分配方式和正确的分配政策，包括承包收入、债券利息、股息和分红，以及私营企业业主的非劳动所得，也增加了一部分人的收入。因此，国家当时考虑的分配政策是，既要有利于善于经营的企业和诚实劳动的个人先富起来，合理拉开收入差距，又要防止贫富悬殊，坚持共同富裕的方向，在促进效率提高的前提下体现社会公平。因此，对于那些过高的个人收入，需要采取有效措施进行调节，运用税收杠杆适当调节各类社会成员的收入水平。正是为了体现国家的分配政策，国务院于1986年9月25日发布了《中华人民共和国个人收入调节税暂行条例》（以下简称《条例》）。

《条例》规定，个人收入调节税的纳税义务人，是具有中国国籍、户籍，并在中国境内居住，取得达到规定纳税标准收入的公民。个人收入调节税征税对象是纳税人的应税收入，包括工资、薪金收入，承包、转包收入，劳务报酬收入，财产租赁收入，专利权转让、专利实施许可和非专利技术的提供、转让取得的收入，投稿、翻译取得的收入，利息、股息、红利收入，以及财政部确定征税的其他收入。个人收入调节税税率分为按个人综合收入计税的超倍累进税率和按个人单项收入计税的比例税率两种。根据国家政策，对若干项目免征个人收入调节税，以示鼓励和照顾。

后来，在1993年10月31日八届全国人大常委会第四次会议上，通过了《关于修改〈中华人民共和国个人所得税法〉的决定》，同时公布了修改后的《中华人民共和国个人所得税法》，自1994年1月1日起施行。原来实施对个人收入征税的《中华人民共和国个人收入调节税暂行条例》和《中华人民共和国城乡个体工商业户所得税暂行条例》即行废止。

11. 第一张福利彩票发行

中国福利彩票是在我国顺应改革开放形势、关爱困难群体的背景下诞生的。在1986年

12月，经国务院常务会议讨论，批复了民政部《关于开展社会福利有奖募捐活动的请示》，同意由民政部组织中国社会福利有奖募捐券发行中心，在全国范围内开展有奖募捐活动。1987年6月3日，中国社会福利有奖募捐委员会在北京成立。1987年7月27日，第一批价格为1元的福利彩票博彩在河北省石家庄市销售，标志着中国当代彩票业的诞生，由此也开启了中国第三次分配体系的逐渐调整和完善。

在起步阶段，由于长期的压制和偏见，福利彩票在这段时间没能被人们充分接受，甚至出现无人问津的现象。全国10个试点省市在1987年的彩票销售额只有1739.5万元，1989年，一些省市的博彩通推出了实物奖品、灵活设奖的小奖组，开始探索集中的大批量销售彩票的方法，当年的销售额达到3.76亿元，且1987年至1989年两年半的时间里，全国福利彩票销售总额为7.768亿元。1988年之后，一些地方、部门、企事业单位自行发行彩票，导致彩票市场混乱。为此，国务院先后三次通知各地各部门进一步加强彩票市场的管理，将彩票发行批准权等收归国务院。

1990年之后，社会福利事业进入平稳发展阶段。彩票逐步被人们接受，销售额逐年增加，1992年部分省市采取大奖组、大场面、大声势以及高奖额、低奖面、多奖级的形式销售福利彩票即开票，开始尝试百万元大奖组销售方式，当年福利彩票销量达13.76亿元，比上年增长56%。同时，1993年中国社会福利有奖募捐券发行中心更名为"中国社会福利奖券发行中心"，1994年正式定名为"中国福利彩票发行管理中心"。

1995年之后，社会福利事业进入巩固提升的阶段。尤其是随着1995年体育彩票的入市，中国彩票市场形成了福利彩票和体育彩票共存的局面。一方面，鉴于彩票的特点，彩票的经营管理可以进行适度的竞争和营销；另一方面，从1994年开始，电脑彩票博彩网进入市场，2000年后现代技术设备全面应用，新型玩法层出不穷，不断改进发行销售方式，全力丰富彩票品种，形成高速发展的状态。福利彩票销售额从1995年的57.3亿元增加到2007年的630多亿元，为社会福利事业作出了重大的贡献。

根据国务院批准的彩票公益金分配政策，彩票公益金在中央和地方之间按50∶50的比例分配，专项用于社会福利、体育等社会公益事业，按政府性基金管理办法纳入预算，实行"收支两条线"管理，专款专用，结余结转下年继续使用。中央集中彩票公益金，在全国社会保障基金、中央专项彩票公益金、民政部和国家体育总局之间分别按60%、30%、5%和5%的比例分配。地方留成的彩票公益金，由省级财政部门协商民政、体育等有关部门研究确定分配原则。

2011年，中央财政当年收缴入库彩票公益金达3174492万元，加上2010年结转收入724358万元，共3898850万元。按上述分配规则，考虑结余结转因素，经全国人大审议批准，2011年安排彩票公益金支出2847222万元。其中，分配给全国社会保障基金理事会

1716285 万元，用于补充全国社会保障基金；分配给中央专项彩票公益金 844889 万元，用于国务院批准的社会公益事业项目，由使用彩票公益金的部门或单位向财政部提出申请，经财政部审核报国务院批准后，组织实施和管理；分配给民政部 143024 万元，按照"扶老、助残、救孤、济困、赈灾"的宗旨，由民政部安排用于资助为老年人、残疾人、孤儿、有特殊困难等人群服务的社会福利设施建设和受助对象直接受益的项目；分配给国家体育总局 143024 万元，由国家体育总局安排用于落实《全民健身计划纲要》和《奥运争光计划》等体育事业项目。彩票公益金收支相抵，结余 1051628 万元。

从福利彩票的运行结果来看，它主要用于社会福利和社会公益事业发展。按照福利彩票"扶老、助残、救孤、济困、赈灾"的发行宗旨，重点用于老年人、残疾人、孤儿、有特殊困难及遭受自然灾害等特殊群体的社会福利设施建设和受助对象直接受益的项目，由此也成为我国三次分配体系建立的稳固基础。

12. 允许合法非劳动收入的提出

改革开放之前，我国进行的都是"劳动创造价值"的观念教育，并且把按劳分配写进了宪法里，对一切非劳动收入都认为是剥削，不劳而获也因此成为剥削的同义词，被认为是不合法的。然而，将劳动视为创造社会财富的唯一源泉，忽视了资金、技术、管理等非劳动因素也可以创造社会财富，甚至在"非劳动收入"和"不劳而获"、"剥削"之间简单地画上了等号，这显然是不科学、不完整、不切合实际的。因此，党的十二大报告提出，要尊重和保护一切有益于人民和社会的劳动。不论是体力劳动还是脑力劳动，不论是简单劳动还是复杂劳动，一切为我国社会主义现代化建设作出贡献的劳动，都是光荣的，都应该得到承认和尊重。一切合法的劳动收入和合法的非劳动收入，都应该得到保护。

一般说来，非劳动收入指的是公民凭借资产所获得的收入，和通过各种渠道所获得的转移性收入。合法的非劳动收入包括两层含义：一是狭义的，即通过资本、管理、技术等要素参与社会生产活动所产生的合法收入。如通过资本要素获得的股金分红、利息等，通过技术要素获得的技术股份分红、出售专利所得等，通过经营管理要素获得的以股权激励方式取得的股份分红等，以及社会公众的实物出租收入、保险收益等，在住户调查指标中体现为财产性收入。二是广义的，即一切非劳动性的合法收入，除了狭义的那部分外，还包括接受遗产、政府救济、亲朋馈赠、社会捐助等非参与社会生产活动的收入。

另外，私营企业主的大多数人作为中国特色社会主义事业的建设者，既有凭借资本等生产要素而获取合法非劳动收入的一面，又有参加劳动而获取劳动收入的一面，私营企业是社会主义经济的有益补充，是受到法律保护的。私营企业主的收入可分为三个部分：一是参加企业经营管理部分。这部分收入是他们从事经营管理、参加科技劳动的报酬，也可以说是工资。二是风险收入部分。市场经济越发展与完善，竞争就越激烈，市场风险也就越大。1986年的一项调查表明，全国私营企业的平均寿命仅为5年左右。因此，必须有一定的风险基金作后备。三是净利润部分。这部分属于非劳动收入。因此，保护这部分合法的收入，有利于调动私营企业主的积极性，能更快地推动经济的发展。

13. 关于价格、工资制度改革的初步方案

1988年，中国正处在新旧两种体制的转换时期，并由此带来一系列问题。其中突出的问题是经济秩序混乱、物价上涨过快，并由此影响到人民群众的生活。为了使中国改革开放得以深入，1988年8月，在北戴河召开的中共中央政治局第十次全体会议上，确定了治理经济环境、整顿经济秩序、全面深化改革的指导方针，要求把今后一段时期的改革和建设的重点，突出地放到治理经济环境、整顿经济秩序上来。然而，8月下旬，即将进行价格改革的消息一经传开，各阶层群众以为新一轮大幅度涨价即将开始，各大中城市立即出现抢购风潮，甚至出现挤兑未到期的定期存款以抢购商品的情况。9月26日至30日，党的十三届三中全会批准中央政治局提出的治理经济环境、整顿经济秩序、全面深化改革的指导方针、政策和措施。全会原则通过《关于价格、工资改革的初步方案》，提出在今后五年或较长一些时间内，根据严格控制物价上涨的要求，并考虑各方面的实际可能，逐步地、稳妥地组织实施。

此次价格和工资改革的总方向是，除少数重要商品和劳务价格由国家管理外，绝大多数商品价格放开，由市场调节，以转换价格形成机制，逐步实现"国家调控市场、市场引导企业"的原则。工资改革总的要求是，在价格改革过程中，通过提高和调整工资、适当增加补贴，保证大多数职工实际生活水平不降低，并随着生产发展而有所改善，同时进一步贯彻按劳分配原则，解决工资分配中一些突出不合理的问题。

然而，此次工资制度改革却引发了价格的快速上涨，并产生了巨大的抢购风潮。8月30日，国务院常务会议发出紧急通知，宣布物价改革的方案还要进一步修改完善，相当于宣布中止价格闯关。并且还强调，为了稳定金融和保护人民群众的利益，由人民银行开办保值储蓄业务，使三年以上的长期存款利息不低于或稍高于物价上涨幅度。此后，物资价格在价格双轨制的机制下继续缓步调整。直到1992年9月1日，国家物价局宣布将571种产品定价权交给企业，22种产品价格下放给省级物价部门，社会的反应虽然激烈，但已不复1988年的疯狂。至此，价格双轨制也走向了尾声。

14. 收入分配中的效率与公平

1992 年，党的十四大提出：在分配制度上，以按劳分配为主体，其他分配方式为补充，兼顾效率与公平。运用包括市场在内的各种调节手段，既鼓励先进，促进效率，合理拉开收入差距，又防止两极分化，逐步实现共同富裕。大会首次明确提出在分配制度上要兼顾效率与公平。

之后，在 1993 年党的十四届三中全会上，又提出收入分配制度的十一项基本原则，它对建立与社会主义市场经济体制相适应的个人收入分配制度作了详细阐述，如"个人收入分配要坚持以按劳分配为主体、多种分配方式并存的制度"，将多种分配方式作为与按劳分配方式长期并存的制度确定了下来；个人收入分配要"体现效率优先、兼顾公平的原则"。在初期，大家认为，提高效率与追求社会公平可以有机地结合起来，只要协调好效率与公平的关系，就能够在提高效率的同时，促进社会的公平。然而，在经历多年的讨论之后，大家一致认为，无论在初次还是再次分配领域都强调公平的话，就很难有效达到效率的目标，因此强调要区别对待不同分配领域，认为"初次分配和再分配都要处理好效率和公平的关系，再分配更加注重公平"。

对一个市场经济体制来说，初次分配处理好效率与公平的关系，其实讲的是公平与效率的统一或同一。或者说，在初次分配中，讲效率就是讲公平，讲公平也就是讲效率，这里所体现的是"唯效率论"的公平观。比如说，在初次分配领域，按生产要素贡献分配，既是有效率的，也是为社会绝大多数成员所认可的。

然而，再分配是根据一定的公平观对初次分配的结果进行调整，这种调整不可能把初次分配造成的收入不平等完全熨平，除非社会秉持的是"唯平等论"的公平观。所以，这里所谓再分配要处理好"效率和公平"的关系，无非是要把收入差距缩小到一定范围内，或者说要以尽可能小的效率损失为代价，换取尽可能大的收入平等。而强调再分配更加注重公平，无非是因为当前收入差距过大，要加大再分配的力度，适当提高收入均等化的程度。

总之，改革开放 30 多年来，我国实现了由"分配上的平均主义"依次向"公平与效率并重"和"效率优先、兼顾公平"的转变，由此促进了我国社会生产力和国民经济持续、稳定、高速的增长，人民的生活水平才有了普遍的大幅度提高，社会才更加和谐。而在收入分配领域之所以还存在着前述许多不公平的现象，并不是因为贯彻了"效率优先、兼顾公平"和按生产要素贡献分配的原则，相反，凡是存在收入分配不公的地方，恰恰是因为偏离了"效率优先、兼顾公平"和按生产要素贡献分配的原则。而纠正上述收入分配不公，不能靠简单地以牺牲效率为代价缩小收入差别，也不能回到"效率和公平并重"，更不能倒退到"公平优先、兼顾效率"或"唯公平论"，其中任何一种选择都会使我们的改革开放停滞和倒退。要做到兼顾效率与公平，首先，要允许和鼓励一部分地区和个人通过诚实劳动和合法经营先富起来，带动其他地区和个人致富，最终达到共同富裕。其次，既要反对平均主义，又要防止收入差距悬殊；既要落实分配政策，又要提倡奉献精神；在鼓励人们创业致富的同时，倡导回报社会和先富帮后富。再次，必须正确处理初次分配注重效率与再分配注重公平的关系。

15. 国营企业"破三铁"改革

由于效益不彰，搞活无策，庞大的冗员越来越成为国营企业不堪其重的负担。从1992年2月份开始，因讨论国营企业生死而声名大噪的《经济日报》刊发一组《破三铁，看徐州》的稿件，继1991年报道"四川企业安乐死"之后又掀起了一股"破三铁"的热潮，这一改革措施得到了中央的首肯，并迅速在国营企业中广泛实施。

"三铁"，分别为"铁饭碗"、"铁交椅"和"铁工资"，是指国营企业的劳动用工、分配和人事制度，"三铁"被认为是国营企业的传统优越性所在，也是其内部机制僵化累赘的症结。所谓"破三铁"，就意味着企业可以辞退工人，工作岗位将不再世袭，企业管理人员之前所称的"干部"也不再是终身制，员工的工资也不再是铁板一块，而将根据效益和绩效浮动。根据报道，江苏省徐州市在1991年，针对"企业办不好，厂长照样当；工厂亏损了，职工钱照拿；生产任务少，谁也减不了"的现状，通过"破三铁"让企业恢复了活力。《经济日报》在不到一个月的时间里发稿36篇，它坚决地认为，"破三铁"是国营企业改革的一次"攻坚战"。新华社也发表述评，称破除"三铁"，是1992年企业改革的主旋律之一。

在某种意义上，大张旗鼓地"破三铁"是一次无可奈何的举措。在媒体的热烈鼓噪和"徐州经验"的启发下，本溪钢铁厂宣布10.6万名职工实行全员合同制，它被认为是中国大型企业第一次打破"铁饭碗"，上海、四川和北京等地的老牌国营企业也纷纷以深化改革为名义大幅度裁员，大批工人下岗回家。有些地方政府官员更直接提出，以"三铁"精神（铁面孔、铁手腕、铁心肠）来"破三铁"。

在"三铁"已破且社会保障体制没有健全的背景下，当时成千上万的工人下岗，一下子变成了无依无靠的社会"弃儿"，严重的失业迅速演变成一场社会危机，一些地方相继发生被裁员工人跳楼自杀和行凶报复的事件。4月，天津市盛传天津手表厂搞"破三铁"出了乱子，工人罢工、女工自杀、厂长免职，此类传言迅速传播至整个华北地区，后经媒体调查,手表厂事件有点出入,然而,满城风雨并非空穴来风,"破三铁"因缺乏相关社会福利制度保障而可能诱发的社会动荡却引起了决策层的警惕。在5月召开的中国经济体制改革研究会上,有人明确提出,转换企业经营体制不能简单地归结为"破三铁"。新华社旗下的《半月谈》刊发权威人士言论,称"破三铁,要谨慎","徐州搞破三铁,市委规定亏损企业工人扣多少,厂长扣多少,政府职能不转变,光扣厂长、工人的工资,企业转换不了机制"。北京大学校长吴树青更论证说:"试图用皮鞭加饥饿的办法搞活国营企业是行不通的,每个公民都有宪法赋予的劳动权利,砸铁饭碗是违法的。"

于是,到年中这场轰轰烈烈的运动就戛然而止了。到1992年7月,改革策略重新回到原来的放权主题上。同年7月,国务院发布《全民所有制工业企业转换经营机制条例》,宣布赋予企业14项经营自主权,其中包括产品销售权、物资采购权、资金支配权等。从该条例的表述看,企业经营者的所有权利都已经被全面地下放,因此它被认为是政府自1978年放权试点、1984年颁布《关于进一步扩大国营工业企业自主权的暂行规定》之后,第三次大规模的放权行动。从实际的执行情况看,这些权限中,有的早已下放,如销售和采购权等,有的定义模糊,如资金支配和投资决策,有的缺乏政策配套,如进出口权始终被国家外贸系统所垄断,其他企业根本不可能染指,还有的则根本不可能落实,如拒绝摊派。在新华社开展的对百家国营企业厂长调查中,90%的厂长承认"在'三铁'已破的前提下,即使有拒绝权也不敢用"。因此,作为国有资产所有者的国家,到底该如何管理国营企业,还有很长的路要走。

16. 关于改进完善全民所有制企业经营者收入分配办法的意见

1988年国务院发布《全民所有制工业企业承包经营责任制暂行条例》以后,它对调动广大企业经营者的积极性,促进企业生产经营发展,起到了重要的作用。但是经营者收入分配的具体办法尚不健全,以致不少经营者,特别是许多国有大中型企业贡献较大的经营者,在收入分配上未得到应有体现;而有的经营者,主要是实行租赁经营的部分小型企业承租者,收入又与职工收入相差悬殊。为了进一步贯彻落实上述文件的有关规定,更好地体现责任、风险、利益相一致的原则,充分调动企业经营者的积极性,劳动部、国务院经济贸易办公室于1992年8月继续提出了《关于改进完善全民所有制企业经营者收入分配办法的意见》。

根据该意见的规定,企业经营者的劳动报酬应该建立在工作实绩考核的基础上,主要与其所在企业的经营成果相联系,把承包经营责任制与经营者的工资、奖金等分配结合起来。经营者的收入应与其他职工合理拉开差距,体现多劳多得,同时也要避免差距过大。

而实行承包经营责任制的全民所有制企业，其经营者收入水平，主要根据本企业完成承包经营合同的情况，生产经营的责任轻重、风险程度等因素合理确定。

该政策还规定，要把确保国有资产的保值、增值和企业发展后劲作为确定经营者收入水平的重要依据之一。虽然企业经营者的收入可以在适当范围内高于普通职工的数倍，但是计算企业经营者年收入与本企业职工年人均收入的倍数关系时，经营者年收入、职工年人均收入系指本年度内按国家规定的工资总额组成之和，不含按国家规定发给的福利性补贴。

可以说，1992年发布的《关于改进完善全民所有制企业经营者收入分配办法的意见》，是我国历史上第一次专门针对企业经营者或主要负责人而出台的收入分配制度，是我国国有企业薪酬制度改革的重要开端，也是国有企业负责人制度改革的根本基础。

17. 研究开征遗产税

新中国成立以后，遗产税的开征问题多次被提上议程，但一直没有具体实施。1990年，国家税务局提出了《关于今后十年间工商税制改革的总体设想》，其中正式提出了开征遗产税和赠与税的设想。

1993年11月14日，党的十四届三中全会通过了《中共中央关于建立社会主义市场经济体制若干问题的决定》。该决定提出："适时开征遗产税和赠与税。"1993年12月15日，国务院发布了《关于实行分税制财政管理体制的决定》，其中将遗产和赠与税收入划为地方财政的固定收入。而后，遗产税的开征又被写入《国家"九五"计划和2010年远景目标纲要》里面。党的十五大报告也指出：调节过高收入，完善个人所得税，开征遗产税等新税种。

2000年10月11日，党的十五届五中全会通过了《中共中央关于制定国民经济和社会发展第十个五年计划的建议》，其中提出要通过开征遗产税等措施强化国家税收对于收入分配的调节功能。2001年3月15日九届全国人大四次会议批准的《中华人民共和国国民经济和社会发展第十个五年计划纲要》，其中提出要适时征收遗产税。而后，有关部门一直未予落实，历届政府也不再作出日程安排。12年后，2013年2月，国务院批转国家发展和改革委员会等部门《关于深化收入分配制度改革的若干意见》，提出研究在适当时期开征遗产税问题。

在"创造条件让群众拥有更多财产"的政策导向下，财产在我国居民生活中的地位日益重要，财产差距也显著增加。然而，居民财产差距过大，很有可能成为各种社会矛盾爆发的突破口。因此，近些年来，不断有群众呼吁要建立一个更加完整的财产再分配制度，特别是遗产税制度，它一方面可以完善财税体制，另一方面能直接缓解当前日益恶化的财产差距，而且能在源头上遏制财产差距的代际传递，从而保障社会的机会公平和起点公平。然而，也有学者认为，在当前的财产分布结构下，持有者普遍相对年轻，现在开征遗产税难以有效调节财产差距，而且考虑到征收过程中的复杂性，组织的遗产税收可能非常有限，从而反对征收遗产税。而且有人认为，利用政府行政手段来开征遗产税，会对宏观经济和个人行为带来新的扭曲，促使富人减少投资和移民，等等。在大家的不断关注和争论之下，政策上对这个问题的回应也非常谨慎。虽然2013年2月，国务院又批转了国家发展改革委、财政部、人力资源社会保障部三部门《关于深化收入分配制度改革的若干意见》，提出"研究在适当时期开征遗产税"，然而，在党的十八届三中全会的决定中并未提及遗产税，开征遗产税的说法就更引起大家的广泛关注。

18. 1993年机关和事业单位工资制度改革

新中国成立以后，我国机关工作人员的工资制度先后经历了1956年和1985年两次大的改革。这两次工资制度改革，在当时都起到了积极的作用。但是，由于未能建立起正常的晋级增资制度，加之工资制度本身也存在一些不足，使工资的职能难以充分发挥。经党中央、国务院批准，在总结和吸收前两次工资制度改革经验的基础上，结合机构改革和公务员制度的推行，对机关工资制度相应进行改革，建立符合其自身特点的职务级别工资制度，以利于进一步调动机关和事业单位工作人员的积极性，提高工作效率，更好地为改革开放和经济建设服务。

1993年工资改革的内容，是将国家机关和事业单位脱钩，国家机关实行职级工资制，包括职务工资、级别工资、基础工资和工龄工资。事业单位实行能体现其行业和业务特点的多种工资制度，将工作人员的工资分为固定部分和活的部分，鼓励有条件的事业单位实行企业管理或企业工资制度，自主经营、自负盈亏。

总的来看，1993年工资改革是因为原有工资制度与市场经济体制要求发生冲突，缺乏生机和活力。因此，1993年的机关、事业单位工资制度改革，就是要根据改革开放和建立社会主义市场经济体制的要求，进一步贯彻按劳分配原则，克服平均主义，建立起符合机关和事业单位各自特点的工资制度与正常的工资增长机制。机关、事业单位工资制度改革，是深化人事制度改革和推行国家公务员制度的重要组成部分，对调动工作人员积极性、理顺工资关系，加快建立社会主义市场经济体制、促进社会主义现代化建设具有重要意义。

19. 设立工资控制线

1994年7月我国颁布的《中华人民共和国劳动法》规定："用人单位根据本单位的生产经营特点和经济效益，依法自主确定本单位的工资分配方式和工资水平。"也就是说，在市场经济体制构建的过程中，企业成为分配主体，实行自主分配。但同时又规定："工资水平在经济发展的基础上逐步提高。国家对工资总量实行宏观调控。"1996年，劳动部、国家计委发布《关于对部分行业、企业实行工资控制线办法的通知》，要求自1996年起，国家对部分行业、企业实行工资控制线的办法。由此，1996年国家对工资总额增速过快、工资水平偏高的13个部门、企业实行了工资控制线办法。因此，在当年，受控制的13个部门、企业工资总额和平均工资分别比上年增长了11.75%和10.26%，低于同期全国12.1%和12.9%的增速，工资总额和工资水平增长过快的势头得到一定程度的控制，行业分配差距扩大问题有所缓解。然而，在1996年，仍有少数部门如电力、金融等超过了国家下达的工资控制计划。对此，劳动部和国家计委在1997年又发布了《关于进一步做好1997年工资控制线工作的通知》，对少数工资偏高、工资总额增速过快的部门、企业实行工资控制线办法。据此，确定交通部等13个部门、企业为1997年工资控制线实施单位。

所以，企业确定的工资水平不仅要与企业自身效益增长水平相适应，还应与整个社会经济发展水平相适应。在收入分配改革不到位，市场机制不健全的情况下，一定程度上还需要政府通过某种形式来对企业工资水平的确定进行宏观控制。

20. 建立最低工资制度规定

最低工资制度是各国政府管制劳动市场的重要手段之一。早在20世纪30年代，美国就通过《公平劳动标准法》确定了联邦最低工资，以保护劳动者的合法权益。在我国，为保障劳动者取得合理的劳动报酬，1994年劳动部也开始实行最低工资制度。所谓最低工资规定，是指劳动者在法定工作时间提供了正常劳动的前提下，其雇主（或用人单位）支付的最低金额的劳动报酬。最低工资不包括加班工资、特殊工作环境、特殊条件下的津贴，最低工资也不包括劳动者保险、福利待遇和各种非货币的收入，最低工资应以法定货币按时支付。

一般来说，最低工资由一个国家或地区通过立法制定。在国外，除了政府可以制定最低工资之外，某些行业的组织也可以自行制定该行业的最低工资。最低工资可以用月薪制定，也可以用每小时的时薪制定。最低工资的制定反映了监管机构对劳动者权益的保护。

通过制定最低工资标准，政府可以保障劳动者的最低收益，维持劳动者的基本生活水平；平衡雇主与雇员在劳动力市场的要价能力，调整经济成果中资本与劳动的分配比例；缩小劳动者之间的工资差距，使低技术工人的工资增长更多。但是，最低工资对劳动市场也可能会产生负面影响。可以说，最低工资制度自设立起就一直处于争议之中。其支持者认为，最低工资是增加穷人收入的手段，有利于改善收入分配格局，防止两极分化；同时，最低工资可能"冲击"雇主，使其更注意技术效率，提高劳动生产率，从而在很大程度上缓解传统经济理论所预期的失业后果。但是，最低工资制度的反对者声称，最低工资并不是帮助在职穷人最好的方法。他们认为，最低工资将增加失业，尤其对低技能劳动力与刚进入劳动力市场的就业者影响更大；此外，最低工资将引起溢出效应，导致未被最低工资法覆盖部门的工资率下降。因此，对最低工资的理论研究也主要围绕最低工资对就业的影响方面。

最低工资制度在我国实施已有二十多年，从实践上看，各地政府在不断提高最低工资标准，但是目前大多数城市的最低工资标准还是很难满足劳动者的基本生活需要；从理论上看，目前我国学术界对最低工资的理论探讨较少。国外最低工资的实行也经历了一些曲折，最低工资制度的实行最初曾备受经济学家的指责，认为它增加了失业并带来了社会资源配置效率的损失。目前经济学家普遍认为现行的最低工资水平尚未达到影响就业的水平，无须过度忧虑最低工资标准的适度增加。新的研究结论已经成为一些国家提高最低工资标准的依据。因此，我国的最低工资标准也应该结合我国的实际情况，在考虑企业的用工成本和社会效率的基础上更多地维护最低工资者的切身利益。

21. 建立工资指导线制度

在计划经济时代，由中央政府给各个企业制定具体的工资控制线是可行的，然而随着市场经济的不断改革和深化，政府很难对每一个企业的生产、销售环节有深入的了解。因此，政府不断放松对企业行政命令式的工资控制，逐渐参考借鉴了新加坡等国的有益经验，制定和实施了工资指导线制度。这是适应建立社会主义市场经济体制的需要，也是深化收入分配制度改革，引导企业合理安排工资增长的需要。

各省的工资指导线就是结合国家对企业工资分配的总体调控政策，综合考虑本地区当年经济增长、物价水平、劳动力市场状况及上年企业工资水平等因素，科学、合理地确定的。制定工资指导线，一要坚持"两低于"原则。即企业工资总额增长低于经济效益增长，职工实际平均工资增长低于劳动生产率增长。在经济发展和经济效益提高的条件下，保证职工的实际工资水平合理增长。二要坚持"效益优先、兼顾公平"原则。即坚持工资与经济效益挂钩的办法,在发展生产和提高效益前提下,不断提高职工工资水平,与此同时要注重调节工资分配关系,避免工资水平差距过大。三要坚持维护职工合法权益的原则。制定工资指导线既要保证国家宏观调控目标的实现,也要保障低收入劳动者的基本生活和纠正少数企业克扣职工工资的行为。四要坚持协商原则。协商原则,即政府与工会、企业家协会共同协商的原则。

一般来说,工资指导线由工资增长预警线、工资增长基准线和工资增长下线组成。工资增长预警线是政府依据对宏观经济形势和社会收入分配关系的分析,对工资水平较高企业提出的工资适度增长的预警线提示。工资增长基准线是政府对大多数生产发展、经济效益正常的企业工资正常增长的基本要求。工资增长下线是政府对经济效益下降或亏损企业工资增长的起码要求。明确规定这类企业的实际工资可以是零增长或负增长,但支付给提供正常劳动的职工的工资不得低于当地最低工资标准。

试行工资指导线制度,有多方面作用:一是进一步完善工资宏观调控体系。工资指导线的适用范围为各种经济类型的企业,较之过去传统的只调控国有企业、城镇集体企业的做法是一大进步,有利于国家宏观调控的整体性和完整性。同时,政府通过实施工资指导线,调控工资总量、工资水平的增长情况,使工资增长与经济增长保持合理的比例关系,促进宏观经济目标的实现。二是引导企业工资适度增长。政府运用工资指导线,向企业提供宏观经济信息,发布工资水平增长指导意见,让企业掌握宏观经济形势和国家政策导向,正确进行工资决策,以实现职工工资正常、适度的增长,达到调动职工生产积极性,合理控制人工成本,增加企业市场竞争能力的目的。三是促进劳动力市场均衡价格的逐步形成。通过实行工资指导线制度,结合个人所得税的实施,限制过高收入,特别是对工资水平偏高,增速过快的职工收入加以抑制,可以逐步解决工资分配中行业间、地区间收入差距过大的问题,促进社会平均工资率的形成,并使社会平均工资率逐步成为劳动力市场价格的信号。四是为企业进行集体协商决定工资水平提供主要依据。政府公布的工资指导线是企业与职工双方集体协商确定工资水平的主要依据,企业针对职工工资增长的意见均应围绕工资指导线提出,劳动部门依据工资指导线制度及其他有关法律、法规对工资集体协商进行指导、协调和监督。

22. 按生产要素分配的提出

党的十五大报告中指出,"发展社会主义市场经济,建立社会主义市场经济体制,将按劳分配与按生产要素分配结合起来,坚持效率优先、兼顾公平,有利于优化资源配置,促进经济发展,保持社会稳定"。这是中国分配理论的又一次重大发展和突破。在 20 世纪 90 年代之前，中国的经济理论中，对按劳分配已经论述详尽，对于按生产要素分配则一直持批判态度。因此，正确认识按生产要素分配的必然性、积极作用和重要意义，有利于科学理解和正确运用这一新的分配方式。党的十五大在分配制度改革上的最大突破，就是解决了生产要素能不能参与收入分配的问题，明确提出要把按劳分配和按生产要素分配结合起来，第一次把其他分配方式科学地概括为"按生产要素分配"。

"要素分配论"，在坚持价值决定与价值分配相统一、物质财富生产和社会财富创造相统一、生产关系与分配关系相统一的基础上，论证了在完善的市场经济条件下，各种生产要素都参与了社会财富的创造，社会财富是按照各生产要素所作出的贡献分配的。根据这一理论，非生产要素按贡献参与分配，不等于剥削，而作为无偿占有他人财富的剥削本身恰恰是对按生产要素贡献分配原则的偏离或否定。因此，只要按生产要素贡献分配，消灭剥削，与保护私有财产和发展非公有制经济就可以并行不悖。这就为保护私有财产和发展非公有制经济提供了必要的理论依据。

第一，生产要素按贡献参与分配是尊重价值规律的具体体现。价值规律是市场上最基本的经济规律，它要求商品要以价值为基础实行等价交换。强调市场在资源配置中的基础性作用，就必然要强调尊重价值规律。在市场经济中，各种生产要素都是商品，都要通过市场交换而获得。各生产要素被使用消耗后，其价值不仅应得到补偿，而且要素所有者也应该从最后生产的成果和实现的效益中获得相应的报酬。在市场经济体制下，各种生产要素的收入主要是由市场供求关系决定。市场上生产要素的多少，反映生产要素的相对稀缺程度。从一定意义上说，生产要素的相对稀缺程度不同，它们的价格就不同，生产要素的投入者所获收入也就不同。随着经济的不断增长，生产资源日益稀缺，劳动对产品的贡献率呈逐年下降的趋势，而资金、技术、信息、管理等要素投入对产品的贡献率却越来越高。这种生产要素的供求状况决定了应该给资金、技术、信息、管理等要素提供者以相应较高的报酬。投入什么要素就取得什么收入，投入多少要素就取得多少要素收入，这正是价值规律所要求的。

第二，生产要素按贡献参与分配适应产业结构调整的客观需要。现代生产要素系统结构巨大变化的有力推动，导致了产业结构的重大调整。一是知识产业的迅速崛起，成为带动国民经济发展的主导产业。尤其是处在知识产业核心领域的计算机与软件业、信息咨询业与高新技术、人才资源开发等行业的兴起，以及它们在经济活动中的重要地位与作用，使它们形成的经济效益在国民生产总值中所占的份额越来越大。二是产业轻型化的态势日益明显。由于知识、技术、信息向重型产业和农业产业部门大量渗透，传统产业在极大程度上被轻型化了。三是现代微电子技术、信息技术向各产业渗透，催生了一批新兴"边缘产业"。随着产业结构的不断调整优化，必然要求加快生产要素结构的改造提升。因此，有效打破传统分配模式的格局，大力构建生产要素按贡献参与分配的新机制，是适应产业结构调整优化的客观需要。

第三，生产要素按贡献参与分配是市场经济的内在要求。市场经济意味着在国家宏观调控下，市场对资源配置起基础作用。生产要素作为物质和劳务产品生产时投入的资源，理所当然地包含在市场调节的范围内，而市场对要素配置的调节又主要是通过要素价格即要素提供者所获报酬的上下波动来实现的。当某一地方某种生产要素投入所获收益高或稀缺性强时，该种要素的价格就会上涨，其他地方的同种要素就会向这一地方集中。如果生产要素所获得的收入与它作出的贡献不相匹配，那么在下一轮的生产过程中，就会发生要素投入的调整。正是在这种不断流动和分化组合中，生产要素不断地按市场的需求得到配置。如果分配政策有不合理之处，就会导致要素流动中出现不合理的倾向，从而影响资源优化配置的程度。

第四，生产要素按贡献参与分配是推动经济增长方式转变的重要途径。在现代生产要素系统结构巨大变化的有力推动下，经济增长方式也发生着重大转变。一是粗放型增长必将被集约型增长所替代。传统经济的增长，主要是靠一般劳动力、资金、原材料等生产要素的投入实现外延型经济增长。而随着现代生产要素的改造重组和极大提升，尤其是现代生产要素的不断智能化和加速流动，在有效降低成本、提高投入的回报上发挥着越来越大的作用。二是国民经济数量扩张趋缓，而质量改善步伐加快。这主要是科技进步对经济增长的贡献率不断提高所带来的积极结果。目前，在经济发达国家和地区，科技进步在经济增长中的贡献率已上升到80%左右。三是生产经营模式向灵活性、多元性、分散性转变。网络技术可以使企业组织分子化、生产过程快捷化、产品特征个性化。随着经济增长方式的重大转变，必然要求生产要素结构发生巨大变化，不同生产要素所发挥的功能将更加显著。因此，有效打破传统分配模式的格局，构建生产要素按贡献参与分配的新机制，是有力推动经济增长方式转变的重要途径。

第五，生产要素按贡献参与分配有利于资源的优化配置和合理利用，实现经济的持续发展。把生产要素按贡献参与分配作为一项基本的分配原则来贯彻，有利于加快生产要素的自由流动，是保证各生产要素合理配置的基本条件。对于要素所有者而言，实行生产要素按贡献参与分配，鼓励资本、技术等生产要素参与收益分配，有利于激励要素所有者投入的积极性，更多地积累资本和有效地使用资本，也有利于加快技术进步的步伐，提高管理人员的积极性，从而有效地利用各种生产要素。

23. 建立城镇居民最低生活保障制度

中国传统的社会救济制度，是 20 世纪五六十年代在计划经济体制下形成的，主要是对无劳动能力、无生活来源、无法定赡养人和抚养人的城镇孤老（简称"三无"人员）、社会困难户、60 年代精减退职职工以及国家规定的一些特殊救济对象的定期定量救济和临时救济，每年的城镇固定救济对象为 60 万至 80 万人，临时救济 200 多万人次。几十年来，这种社会救济形成了一定的工作体系，为保障社会弱者的生活权益、促进社会的稳定和发展发挥了一定的积极作用。然而，随着改革开放的深入和社会主义市场经济体制的建立，城镇贫困人口的构成和规模都发生了很大的变化。尤其是在调整所有制结构，建立现代企业制度，完善分配结构和分配方式的过程中，城市中包括一部分在职、下岗、失业和退休人员中的贫困人口有所增加，成为城市社会救济工作面临的新课题。传统的社会救济制度，由于其救济的范围较窄、救济标准较低、工作制度不够规范，不能适应社会主义市场经济新形势的要求，迫切需要进行改革和完善。

因此，在 1993 年，上海市结合本地实际，借鉴国际上制定贫困线进行规范救济的经验，率先出台了城市居民最低生活保障线制度，取得良好效果。在此基础上，民政部及时总结上海的经验，在 1994 年召开的第十次全国民政会议上明确提出："随着经济体制改革的深入，需要建立健全社会保障制度。""对城市社会救济对象逐步实行按当地最低生活保障线标准进行救济。" 1997 年 9 月，国务院发出《关于在全国建立城市居民最低生活保障制度的通知》，要求 1999 年底前在全国所有城市和县人民政府所在地的镇建立这项制度，使这项工作全面展开。

到 1999 年 9 月，全国 667 座城市和 1638 个有建制镇的县人民政府所在地，全部建立了这项制度，提前三个月完成了国务院规定的工作任务。与此同时，由国务院颁布的《城市居民最低生活保障条例》也于 1999 年 10 月 1 日正式开始施行，使这项工作步入规范化、法制化管理轨道。可以说，城市居民最低生活保障制度，是政府对城市贫困人口按最低生活保障标准进行差额救助的新型社会救济制度，是现代社会保障制度的一项重要内容，也是对中国传统社会救济制度进行的重大改革。

在 1999 年，各地已普遍把在职、下岗、失业和退休人员中的贫困人口纳入城市居民最低生活保障范围。到 1999 年底，全国共有城市居民最低生活保障对象 281 万人。从保障对象的构成来看，"三无"对象占 1/4，在职、下岗、失业、退休人员和其他困难人员占 3/4。但是，最低生活保障标准由各地按照当地基本生活必需品费用和财政承受能力等因素自行制定，由于全国各地经济状况、消费水平有较大差别，因此各地的标准也有很大差异,就是一个省或自治区内各市、县标准也不完全一样。全国36个主要城市(直辖市、省会城市、计划单列市)的保障标准大体这样:标准最高的是深圳319元,其次为厦门315元,接下来是广州281元、上海280元、北京273元、天津241元;标准在200元以上的还有大连、海口、杭州、宁波、济南、青岛等城市;其他城市最低生活保障标准均在200元以下,其中标准最低的是呼和浩特、南昌和银川三市,标准均为143元。这些标准在各省、区、市的保障标准中均为最高标准,大体反映了当地经济发展水平和财政状况。一般除"三无"对象按保障标准进行全额救济外,其他保障对象均按保障标准与其家庭人均实际收入的差额给予救济,基本上保障了城市困难居民的最低生活需求。根据中央的要求,从1999年7月1日起,城市居民最低生活保障标准提高30%,到1999年9月16日,全国31个省、自治区、直辖市和新疆生产建设兵团全部完成调标工作,这项政策使保障对象生活得到进一步改善。

24. 首次发布中国富人榜单

1997年党的十五大将非公有制经济纳入了社会主义初级阶段的基本经济制度框架。1999年3月,九届全国人大二次会议通过《宪法修正案》,第一次将个体经济、私营经济等非公有经济是社会主义市场经济的重要组成部分写入了国家的根本大法。从此,非公有经济经历了一个蓬勃发展的过程,伴随社会经济的持续增长,个人财富也快速积累。

在这种情况下,个人私有财富的排行榜应时而生。胡润百富是追踪记录中国企业家群体变化的机构,是由出生于欧洲卢森堡的英国注册会计师胡润先生于1999年创立的,是中国推出的第一份财富排行榜,也是国内财经榜单里影响最大的一个榜单。该排行榜最初在1999年只排列出前50名,2001年之后才扩展到100名,所以又叫"胡润中国百富榜"(只包含大陆地区)。

从中国富豪蜂拥而现的近十年,大体可以分为三个阶段。第一阶段是1999年至2002年,在此期间,富豪身上的"计划经济"特征甚为明显,这一阶段的企业家们的财富积累方式或命运的分化更多地与体制改革因素相关。第二阶段是2003年至2006年,这一阶段的富豪群体,与中国经济和实体产业结构的联系更为紧密。第三阶段是2007年至今,更多地与房地产、资源价格暴涨紧密相关。在过去的十几年中,首富拥有的财富总额也从1999年的83亿元,暴涨到2014年的1500亿元,并一举成为15年来财富最多的首富,首富的财富年增长率更是高达25%。这也真实地反映了,在改革开放以后,居民私有财产权得以恢复,大量政策措施为私有财产积累铺平了道路,如允许并鼓励私有企业的发展、保护私有产权的合法性,公有住房的私有化改革,推进股票市场和房地产市场的发展等。再加上

30多年来中国经济的高速增长和居民收入快速增加的影响,从而使中国居民家庭财产从无到有,从少到多,经历了一个飞速增长的过程。

然而,在居民财产高速积累的同时,居民财产分布差距也经历了一个显著扩大的过程。目前,中国从过去平均主义盛行的社会转变成一个财产差距巨大的社会。在20世纪80—90年代,全国居民财产分配差距很不明显,如1995年全国财产分配的基尼系数为0.40,财产差距的基尼系数甚至低于收入差距的基尼系数。即使到了21世纪初期,如果把当时中国财产分配差距放在国际背景下来看,其财产差距小于中国的国家并不多见。然而,根据相关的研究,到2010年全国财产基尼系数已超过了0.73,大大超过了收入差距的基尼系数。可以说,居民财产积累和分配格局的变化,虽然为中国经济发展提供了强劲的动力,但是其过大差距,尤其是不正当的财富来源,也对经济发展以及社会稳定产生了消极影响,成为集结多种社会矛盾的重要根源。在经济发展增速放缓的背景下,财产分配不公很有可能成为社会矛盾爆发的突破口,加大社会不稳定的风险。

25. 开始试点工资集体协商制度

在市场经济国家,企业工资由市场决定,国家不干预企业的工资分配,即由劳动力市场形成的劳动力价格决定企业各类劳动者的工资水平,由劳资双方的工资集体谈判确定工资增长幅度,国家对劳资双方集体谈判用立法的形式加以规范和管理。现阶段中国国有企业实行的是由国家对本企业工资总额进行宏观调控管理,工资总额同企业经济效益指标挂钩的制度。同时,随着我国改革开放的深入进行,各种经济成分的企业类型不断增多,如何加强对它们的管理和民主监督,我国实行了分类管理的办法,除对国有独资企业或国家控股、垄断性的企业由政府决定其工资水平外,对外资、私营和其他非国有股份制企业积极稳妥地推行工资集体协商谈判制度。工资集体协商,是指用人单位与本单位职工以集体协商的方式,根据法律、法规、规章的规定,就劳动报酬、工作时间、休息休假、劳动安全卫生、职业培训、保险福利等事项,签订集体的书面协议。

1997年亚洲金融危机过后,经济企稳回暖,珠三角区域却出现了"用工荒"。因为资本习惯了"一言堂",不习惯在劳资对话的平台上,通过谈判实现利益共赢。类似的"不习惯",还有一些职工的劳动所得都是老板一个人说了算,缺少透明度,造成员工没有归属感,从业人员平均年龄低,农民工占从业人员总数比例高,一线员工工资收入低于本地区平均收入,辞职率高。而且,少数企业并没有兑现或者变相不兑现最低工资的现象依然存在。一些用工单位通过搞变通,将加班加点工资、津贴补贴和福利待遇相加,看似是达到或超过了最低工资标准,实际上是远远未达到最低工资。此外,一些行业对文化要求偏低，劳动力供大于求，再加上劳动者缺乏自我维权意识，所以导致不少人不懂或不敢要求用工单位给予其最低工资标准。同时，伴随市场经济的发展，我国政府早已很少直接参与企业职工的工资分配和管理，主要由企业自主确定。不少老板"资本意识"强、"协商意识"弱，员工也不善于或怯于协商。所以要逐步培养法治素养，先要给出法制规范——建立工资集体协商制度，使劳动者真正获得与劳动力等值的工资报酬，真正体现出职工工资确定过程的平等性、民主性、合法性，需要法律的有力保障。

因此，在2000年左右，中国推行工资集体协商制度的条件已基本成熟。由此，劳动和社会保障部依据当时的形势，出台了《工资集体协商试行办法》，由此确立了工资协商的操作规程、内容以及其他有关要求。按照《工资集体协商试行办法》，工资集体协商，是指职工代表与企业代表依法就企业内部工资分配制度、工资分配形式、工资收入水平等事项进行平等协商，在协商一致的基础上签订工资协议的行为。已订立集体合同的，工资协议作为集体合同的附件，并与集体合同具有同等效力。工资集体协商的内容包括：工资协议的期限；工资分配制度、工资标准和工资分配形式；职工年度平均工资水平及其调整幅度；奖金、津贴、补贴等分配办法；工资支付办法；变更、解除工资协议的程序；工资协议的终止条件；工资协议的违约责任等内容。

可以说，建立工资集体协商制度就是维护劳动者自身利益的一种有效途径，它一方面能够维护一线职工的权益，使工资增长与企业效益提高相适应，确保每个职工分享企业发展的成果；另一方面，它还有利于建立和谐稳定的企业劳资关系，增强企业凝聚力，调动所有职工的积极性。在构建和谐社会、全面建设小康社会的背景下，加大收入分配调节力度，重视解决部分社会成员收入差距过分扩大问题是完善社会主义市场经济体制的重要内容，是建立新型劳资关系、实现劳资双赢的需要，也是广大工薪阶层的劳动者共享改革发展成果的现实体现。

26. 进一步深化企业内部分配制度改革的指导意见

为贯彻落实党的十五届四中全会《中共中央关于国有企业改革和发展若干重大问题的决定》和五中全会《中共中央关于制定国民经济和社会发展第十个五年计划的建议》的精神，建立与现代企业制度相适应的工资收入分配制度，在2000年，劳动和社会保障部决定就深化企业内部分配制度改革提出《进一步深化企业内部分配制度改革的指导意见》，其目的就是要建立健全企业内部工资收入分配激励机制，并着重在以下三个方面进行了改革。

首先，建立以岗位工资为主的基本工资制度。按照建立现代企业工资收入分配制度的要求并根据人力资源管理的特点，积极探索建立以岗位工资为主的基本工资制度。提倡推行各种形式的岗位工资制，如岗位绩效工资制、岗位薪点工资制、岗位等级工资制等。要进行科学的岗位设置、定员定额和岗位测评，做到以岗定薪。要以岗位测评为依据，参照劳动力市场工资指导价位合理确定岗位工资标准和工资差距。提高关键性管理、技术岗位和高素质短缺人才岗位的工资水平。岗位工资标准要与企业经济效益相联系，随之上下浮动。职工个人工资根据其劳动贡献大小能增能减。企业内部实行竞争上岗，人员能上能下，岗变薪变。企业可以根据生产经营特点采取灵活多样的工资支付形式，如计件工资、浮动工资以及营销人员的销售收入提成等办法。无论哪一种形式，都应与职工的岗位职责、工作业绩和实际贡献挂钩，真正形成重实绩、重贡献的分配激励机制。结合基本工资制度改革调整工资收入结构，使职工收入工资化、货币化、透明化。把工资总额中的部分补贴、津贴纳入岗位工资，提高岗位工资的比重。清理并取缔企业违规违纪发放的工资外收入，净化收入渠道。通过调整收入结构，提高工资占人工成本的比重。积极推行银行代发工资和企业代扣代缴个人所得税的办法。

其次，实行董事会、经理层成员按职责和贡献取得报酬的办法。要在具备条件的企业积极试行董事长、总经理年薪制。董事会和经理层其他成员的工资分配，执行企业内部工资分配制度，按照其承担的岗位职责和作出的贡献确定工资收入，并实行严格的考核和管理办法。一般情况下，对董事会成员要考核其资产运营和投资决策方面的业绩，主要以资产保值增值为评价标准；对经理层成员要考核其履行经营管理职责和取得业绩情况。要将考核结果与董事会、经理层成员的工资收入相联系，拉开工资收入差距。董事会成员的工资分配办法要通过股东大会讨论决定，经理层成员的工资分配办法要通过董事会讨论决定。

再次，对科技人员实行收入激励政策。科技人员实行按岗位、按任务、按业绩确定报酬的工资收入分配制度。要合理拉开科技人员与普通职工、作出重大贡献的科技人员与一般科技人员的工资收入差距。企业可以根据生产经营需要并参照劳动力市场工资指导价位，同科技人员分别签订工资协议。实行按科技成果奖励办法，如项目成果奖、科技产品销售收入或利润提成等，对作出突出贡献的科技人员给予重奖。奖励办法，公司制企业由企业董事会提出，经股东会讨论后决定；非公司制企业由企业领导班子提出，经职代会讨论后决定。

《进一步深化企业内部分配制度改革的指导意见》的核心目的在于，围绕建立现代企业工资收入分配制度的总体目标，坚持以按劳分配为主体，多种分配方式并存和效率优先、兼顾公平的原则，允许和鼓励资本、技术等生产要素参与收益分配。在国家的宏观指导下，它要求企业结合推进劳动用人制度等项配套改革，根据生产经营特点自主建立科学、规范的工资收入分配制度。由此，充分发挥劳动力市场价格的调节作用，合理确定职工工资水平，拉开各类人员工资收入分配差距。通过改革形成有效的分配激励与约束机制，以及工资能增能减的机制，充分调动各方面的积极性，从而促进企业经济效益的提高。

27. 基尼系数开始超过 0.4 的国际警戒线

基尼系数是意大利经济学家基尼于 1922 年提出的定量测定收入分配差异程度的指标。它的经济含义是：在全部居民收入中用于不平均分配的百分比。基尼系数最小等于 0，表示收入分配绝对平均；最大等于 1，表示收入分配绝对不平均；实际的基尼系数介于 0 和 1 之间。如果个人所得税能使收入均等化，那么基尼系数即会变小。根据世界银行的统计，基尼系数若低于 0.2 表示收入差距高度平均；0.2—0.3 表示比较平均；0.3—0.4 表示相对合理；0.4—0.5 表示收入差距较大；0.5 以上表示收入差距悬殊。所以，在统计经验上，就通常把 0.4 的基尼系数作为收入分配差距的"国际警戒线"。

根据国家统计局的数据，1978 年中国的基尼系数是 0.317，到了 1984 年，全国居民基尼系数降低到 0.24，是改革开放以来的最低水平。从 1984 年之后，中国的收入差距水平呈现稳步提升的态势，国家统计局数据显示，1998 年中国的基尼系数接近 0.4，并在 2000 年首次超过 0.4，到 2008 年已升至 0.49 左右，这不仅超过了国际上 0.4 的警戒线，也超过了世界所有发达国家的水平。由于高收入群体隐性福利的存在，有专家甚至认为中国实际的收入差距可能还要更高，因为在住户数据中，很多高收入人群没有参加调查，从而城市高收入人群的调查样本偏低并导致整体收入差距的低估。尤其是在当前经济新常态的背景下，经济增长由高速转为中低速，低收入居民的就业和收入增长情况都会受到影响，因此还要警惕未来收入差距水平会进一步恶化的可能。

虽然中国的基尼系数有增无减，贫富差距持续扩大，但是并没有像一些西方国家那样出现大规模的社会动乱。究其原因，主要有两个方面：第一，中国的经济总量增长很快，高速的经济增长预期给很多低收入居民带来了改变生活的希望。对于低收入居民来说，虽然横向地与其他群体相比，他们的相对收入在下降，但是纵向地与自己过去的收入相比，当前收入还是处于一个相当稳定的增长过程。第二，城乡各自内部的差距水平并不高。尽管我国居民总体基尼系数已经远超过了 0.4 的警戒线，但是农村和城镇居民内部的收入差距依然在警戒线的范围之内。第三，中国城市化率只有 50% 多一点。从事第一产业的人受经济周期波动的影响较小，且不存在失业问题。在第二和第三产业就业的农民工仍然拥有农村土地，当他们失业时，随时可以回到农村种地，这就形成了一道缓冲失业和生存压力的防线。因此，尽管中国收入差距水平超越了0.4的国际警戒线，但社会整体仍然保持一个稳定发展的态势。

28. 个税收入中央和地方按比例分享制度

随着社会主义市场经济的发展，之前按企业隶属关系划分中央和地方所得税收入的弊端日益显现。它主要是制约了国有企业改革的逐步深化和现代企业制度的建立，客观上助长了重复建设和地区封锁，妨碍了市场公平竞争和全国统一市场的形成，不利于促进区域经济协调发展和实现共同富裕，也不利于加强税收征管和监控。随着政府机构改革的全面推进，企业新财务制度的顺利实施和分税制财政体制的平稳运行，基本具备了进行所得税收入分享改革的必要条件。

1991年，国务院决定试行所得税收入分享改革。实行个税收入中央和地方按比例分享制度的目的在于，通过实施这项改革，不仅要消除现行所得税收入划分办法不科学给国民经济发展带来的消极影响，而且要缩小地区间发展差距，促进社会稳定、民族团结，实现国家长治久安。因此，所得税收入地方分享50%，剩余的50%由中央分享，从而能在全国进行再分配。之后，为了促进社会主义市场经济的健康发展，进一步规范中央和地方政府之间的分配关系，建立合理的分配机制，防止重复建设，减缓地区间财力差距的扩大，支持西部大开发，逐步实现共同富裕，国务院决定从2002年1月1日起实施《所得税收入分享改革方案》，其中规定，所得税收入中央分享60%，地方分享40%。

改革的基本原则是：第一，中央因改革所得税收入分享办法增加的收入全部用于对地方主要是中西部地区的一般性转移支付。第二，保证地方既得利益，不影响地方财政的平稳运行。第三，改革循序渐进，分享比例分年逐步到位。第四，所得税分享范围和比例全国统一，保持财政体制规范和便于税收征管。而改革过程中，对于转移支付资金的分配与使用，中央财政因所得税分享改革增加的收入，按照公平、公正的原则，采用规范的方法进行分配，对地方主要是中西部地区实行转移支付。地方所得的转移支付资金由地方政府根据本地实际，统筹安排，合理使用。因此，从2003年之后，中央和地方的分享比例根据实际收入情况再行考虑。

29. 橄榄型收入分配格局

改革开放30多年来，中国经济连年高速增长，但在经济总量连攀高峰的同时，中国的收入差距却在不断加大。研究表明，我国中等收入者群体近年来还呈现明显下降趋势。因此，我国收入流动性表现出明显的两极分化特征，中间收入层人群收入持续流出，高、低收入层人群比重明显增加，中等收入者群体呈现一种不稳定的状态，占总人口比例呈下降趋势。从这个角度来说，我国收入分配改革的效果是不尽如人意的。根据国家统计局的数据，2002年的基尼系数超过0.4，已经高于世界银行统计认为的0.4的国际警戒线。而且我们也有理由相信，实际的收入分化程度远大于建立在国家统计局数据之上的估值。这主要是因为大量的"灰色收入"实际上并未计入国家统计局的计算，使得国家统计局大大低估了最富阶层的收入水平。

因此，党的十六大提出，我国的分配制度改革要以共同富裕为目标，扩大中等收入者比重，提高低收入者收入水平。这就指明了今后我国要努力形成的收入分配新格局，即中等收入者居人口的多数，并占有大部分收入和财富的格局。与低收入阶层不同，中等收入阶层的收入稳定并呈现刚性特征，边际消费倾向明显，能有效地促进国内需求的稳定增长，因而是社会稳定的基本经济因素。一般认为，如果一个社会的结构是"橄榄型"，也就是说，富豪与权贵、穷人与弱者都是少数，而作为"既存秩序的新的社会基础"的中等收入阶层或中产阶级占据主流，那么，这个社会就会变得稳定、理性、务实、富有建设性，有利于开掘出符合大多数人利益的公正的政治制度与经济制度。因此，建立橄榄型收入分配格局、提高中等收入群体的比例是我国政府努力追求的目标。

不可否认，过去政府在收入分配制度改革上采取了一系列政策和措施，但是相较于经济发展速度，中国分配制度改革是滞后的，橄榄型收入分配格局也远没有建立起来。这主要表现在：一次分配中，没有明确国家、企业、居民三者合理的分配比例关系，没有建立劳动报酬正常增长机制；二次分配中，没有以制度形式明确各级财政用于社会保障以及转移支付的支出比例；三次分配规模小，慈善捐赠的激励机制、管理机制、监督机制等还不健全。如果说做大社会财富是全社会共同的责任，那么，分好财富则是政府的职责所系。

30. 北京实施公务员"3581"阳光工资

2004年6月，北京市委办公厅、市政府办公厅下发了《关于清理整顿机关津贴、补贴、奖金，规范公务员收入的通知》，从而拉开了北京市"阳光工资"改革的帷幕。改革的目的是把各单位自行发放的各种津贴、补贴改为统一发放，从而将一些公务员的隐形收入公开化、透明化。改革后，北京市公务员的全部收入统一由财政局通过基本工资和临时津贴的形式发放，同一级别的公务员所得的薪水应该基本一致，即科级、处级、局级和部级公务员的月收入分别达到3000元、5000元、8000元和1万元左右。改革取消市直各机关自行发放的各类补助，统一津补贴发放标准，年节的补贴也有固定标准，力图用"阳光收入"解决分配不公和"小金库"等问题。在这次工资改革之前，公务员各种名目不同、数量不等的奖金、补助、津贴、补贴令人眼花缭乱，并且各个单位的名目设置还不完全一致。先不论这些名目的设立是否合理，单是条目的繁杂本身就不利于对公务员工资的内部和外部监督，妨碍公务员工资机制规范、公平地运作。在"阳光工资"改革过程中，北京市规定的津贴、补贴和各区自行建立的津贴、补贴进行整合成为工作津贴；过去执行的目标管理奖、经费包干奖、各单位自行建立的奖金统一纳入规范后的绩效奖金；各单位的季度奖金、年终奖金被取消，统一建立了督查考核奖；而如洗理费、交通补贴、子女教育补贴等也在整合后被取消。

全市的公务员工资名目由过去的 20 项上下缩减为统一的 13 项，具体包括：基本工资、工作津贴、绩效奖金、职务补贴、住房提租补贴、通信工具补贴、独生子女费、冬季取暖补贴、警衔津贴、加班工资和值班补助、节日补助、督查考核奖以及年底加发相当于一个月工资额的工资。在工资结构简化之后，人们能够比较容易地对公务员的工资组成进行把握和了解，这为公务员工资实现"阳光化"打下了一个良好的基础。从北京的实践情况来看，推行阳光收入，实行阳光工资，通过收支两条线的管理，消除行政机关之间不合理的收入差距，统一行政机关福利，正在不少省市实行，并已取得一定的成效。

总的来看，"阳光工资"改革消除了那些制度外的工资收入，在规范过程中将制度外的收入整合到制度内，实现了将实权部门过去保留的利益转移一部分给"清水衙门"，从而削平"山峰"填"山谷"。在这此消彼长的过程中，北京市的部门、区域间公务员收入的非正常差距被大大缩小，基本上实现了同级同酬。法院和税务部门是这次改革的"重灾区"，过去相当可观的季度奖和年度奖都被取消；加班费和值班费的发放金额也都被限制在了一个相当有限的范围里；再加上法院的法官办案补贴被取消，任务经费也被取消，几项相加这些部门的公务员年收入可能减少多达总收入的三分之一甚至更多。而改革后，过去的"清水衙门"一般科员平均月工资都上浮了 600 元上下，科级干部上浮近千元，处级干部则上浮 1000 元到 2000 元。据粗略统计，在改革后，全市范围内大概有 70% 的公务员工资有所增长，10% 公务员与以前持平，另外还有 20% 的公务员工资比以前降低了。这使大部分公务员从这次工资改革中受益，公务员队伍中因工资收入不平等的不满情绪得到了缓解。

31. 企业年金试行办法

2004 年 1 月，劳动和社会保障部第 20 号令公布了《关于补充型养老保险的试行办法》，意在通过国家政策规范企业为个人进行的补充型养老保险福利，并大力推行此类型的养老保险，以缓解基本养老保险领取额较低的局面。

企业年金，是指企业及其职工在依法参加基本养老保险的基础上，自愿建立的补充养老保险制度。有研究认为，企业年金是企业的一种福利。其实，企业年金与企业福利有本质上的不同。福利是当期消费，企业年金是未来消费，企业年金的消费权利发生在退休之后；福利体现公平，企业年金体现效率；企业的福利项目一般与生活需求等物质条件直接相关，与人的地位、级别没有关系，福利标准对事不对人，企业年金则不同，重点体现效率，企业经济效益好坏、个人贡献大小等，都可以导致企业年金水平不同；福利属于再分配范畴，企业年金仍然属于一次分配范畴。所以说企业年金是一种更好的福利计划，它在提高员工福利的同时，为企业解决福利中的难题提供了有效的管理手段，真正起到了增加企业凝聚力、吸引力的作用。

企业年金制度是多层次养老保险体系的组成部分，由国家宏观指导、企业内部决策执行。根据法律规范的程度来划分，企业年金可分为自愿性和强制性两类。一是自愿性企业年金。以美国、日本为代表，国家通过立法，制定基本规则和基本政策，企业自愿参加；企业一旦决定实行补充保险，必须按照既定的规则运作；具体实施方案、待遇水平、基金模式由企业制定或选择；雇员可以缴费，也可以不缴费。二是强制性企业年金。以澳大利亚、法国为代表，国家立法，强制实施，所有雇主都必须为其雇员投保；待遇水平、基金模式、筹资方法等完全由国家规定。

32. 公务员工资调查比较制度

2006年实施的《中华人民共和国公务员法》（以下简称《公务员法》）规定，国家要建立公务员工资的正常增长机制，需要实行工资调查制度，定期对公务员和企业相当人员工资水平进行调查比较，并将工资调查比较结果作为调整公务员工资水平的依据。这是新中国成立以来自1956年、1985年和1993年之后实施的第四次大的工资制度改革，目的在于贯彻落实《公务员法》，建立新的公务员工资制度框架，规范公务员收入分配秩序。

我国在公务员工资制度中建立工资水平调查比较机制的尝试，最早始于1993年10月1日施行的《国家公务员暂行条例》。《国家公务员暂行条例》第六十六条指出：国家公务员工资水平与国有企业相当人员的平均工资水平大体持平。而2006年1月1日开始施行的《公务员法》第七十五条这样规定：公务员的工资水平应当与国民经济发展相协调、与社会进步相适应。国家实行工资调查制度，定期进行公务员和企业相当人员工资水平的调查比较，并将工资调查比较结果作为调整公务员工资水平的依据。从"国家公务员工资水平与国有企业相当人员的平均工资水平大体持平"的模糊认识，到"国家实行工资调查制度，定期进行公务员和企业相当人员工资水平的调查比较，并将工资调查比较结果作为调整公务员工资水平的依据"的明确表述，我国公务员工资制度改革的方向已经非常清晰。

工资制度是整个公务员制度良好运行的基础，其核心任务就是合理确定公务员的工资水平和工资结构。考察我国公务员工资制度的改革和发展，可以看到公务员工资制度从无到有到日趋完善的长足进步。但存在的问题也是显而易见的，即改革的背后缺失了一项重要的基础性工作。2006年开始施行的《公务员法》规定：公务员的工资水平应当与国民经济发展相协调、与社会进步相适应。国家实行工资调查制度，定期进行公务员和企业相当人员工资水平的调查比较，并将工资调查比较结果作为调整公务员工资水平的依据。由于工资调查制度的缺失，原先存在于公务员工资制度中的缺陷往往被放大。对于公务员工资的公平问题，尤其是外部公平问题，同时存在公务员和公众两个独立的评价主体，并且其满意取向一般是相悖的。如果没有一个相对客观的经济尺度，不事先取得社会各界的基本共识与接受，任何公开与规范公务员工资的行动都不可避免会带来误解和异议。《公务员法》将这一公平尺度定为企业工资水平（也可称为社会工资水平），有了这样一个公认的原则，我们就可以通过工资水平调查与比较找到公务员和公众心目中共同的公平标准。

公务员的工资水平有两个层次，即整个政府的平均工资水平以及政府中各职位的平均工资水平。因此，从各国的具体实践来看，公务员工资水平的调查比较也主要分为两类：第一类是公务员和企业人员工资总水平（社会平均工资）的比较；第二类是公务员和企业相当人员的工资水平（职位平均工资）比较。随着劳动力市场竞争日趋激烈，工资管理工作日趋细化，后者正在成为主流。而我国正是采用第二类的方法来试行这次工资改革。通过这次改革，达到了明显的效果，主要表现为以下三个方面：首先，规范了公务员的津贴和补贴，确保了不同部门以及不同地区公务员之间的薪酬公平。其次，扩大了公务员工资的最高水平和最低水平之间的差别，由原来的公务员最高工资水平和最低工资水平之间的比例6.6∶1，调整为12∶1。再次，将公务员的职务晋升和工资级别晋升分别独立进行。

33. 全面取消农业税

"国民经济和社会发展第十个五年计划"（2000—2005）之初，中国开始了以减轻农民负担为中心，取消"三提五统"等税外收费、改革农业税收为主要内容的农村税费改革。2000年起从安徽开始，逐步扩大试点省份；2001年，中共中央"一号文件"宣布，从2003年在全国全面铺开，五年内逐步减免农业税，从取消乡统筹、农村教育集资等专门向农民征收的行政事业性收费和政府性基金开始，取消屠宰税，取消统一规定的劳动义务工，调整农业税和农业特产税政策，改革村提留征收使用办法。

从2004年开始,这项改革进入深化阶段,主要内容是:清理化解乡村不良债务;取消牧业税和除烟叶外的农业特产税;实行取消农业税试点并逐步扩大试点范围,对种粮农户实行直接补贴、对粮食主产区的农户实行良种补贴和对购买大型农机具户的农户给予补贴;推进乡镇机构改革、农村义务教育和县乡财政体制改革。这一年,吉林、黑龙江等8个省份全部或部分免征了农业税,河北等11个粮食主产区降低农业税税率三个百分点,其他地方降低农业税税率一个百分点。

2005年,全国有28个省份全面免征了农业税,河北、山东、云南也按中央要求将农业税税率降到2%以下。2005年12月29日,十届全国人大常委会第十九次会议高票通过决定,自2006年1月1日起废止《农业税条例》,取消除烟叶以外的农业特产税、全部免征牧业税,中国延续了2600多年的"皇粮国税"走进了历史博物馆。

2006年全面取消农业税后,与农村税费改革前的1999年相比,中国农民每年减负总额超过1000亿元,人均减负120元左右。全面取消农业税表明中国在减轻农民负担,实行工业反哺农业、城市支持农村方面取得了重要突破。从2006年起,中国全面取消农业税,比原定用五年时间取消农业税的时间表,整整提前了三年。2001至2004年,全国共减免农业税234亿元,免征除烟叶外的农业特产税68亿元,核定农业税灾歉减免160亿元,其中中央财政负担了85亿元,各级农业税征收机关共落实社会减免50亿元,落实种粮大户等其他减免9亿元。2005年全国进一步减轻农民负担220亿元。自2004年,国务院开始实行减征或免征农业税的惠农政策。据统计,免征农业税、取消烟叶外的农业特产税可减轻农民负担500亿元左右,到2005年已有近8亿农民直接受益。2005年岁末免除农业税的惠农政策以法律的形式固定下来,让9亿中国农民彻底告别了缴纳农业税的历史。

全面取消农业税是中国农业发展与世界惯例接轨的标志性事件。从国际上看,当一个国家经济发展到一定程度,无一例外地要对农业实行零税制,并给予相当的财政补贴。在经济全球化的宏观背景下,中国取消农业税,采取"多予、少取、放活"的政策,无疑顺应了时代的要求,适应了世界经济一体化的发展形势。这是中国农民命运开始重大变化的标志性事件。废止农业税条例,标志着中国农民的命运开启了一个不同以往任何历史时期的崭新阶段。

34. 公务员工资制度改革

党的十六届六中全会提出要坚持按劳分配为主体、多种分配方式并存的分配制度,加强收入分配宏观调节,在经济发展的基础上,更加注重社会公平,着力提高低收入者收入水平、逐步扩大中等收入者比重、有效调节过高收入，坚决取缔非法收入，促进共同富裕。中央经过反复研究，决定改革公务员工资制度，规范公务员收入分配秩序。

2006年6月14日，《国务院关于改革公务员工资制度的通知》出台。文件强调要有效调控地区工资差距，逐步将地区工资差距控制在合理的范围内。这次改革除了要求完善津贴补贴发放制度外，也对基本工资结构作了调整：基础工资和工龄工资不再保留，级别工资权重有所加大。同时，公务员工资级别从原来的15级调整为27级。若公务员年度考核达到称职或以上，每两年可在所任职务对应的级别内提升一个工资档，每五年提升一个工资级别。对于公务员的奖金，凡是年度考核称职或以上的工作人员，都有权享受年终一次性奖金，奖金数额相当于本人当年12月份的基本工资，类似于一些发达国家的公务员13个月薪水制。可以说，2006年工资制度改革是新中国成立以来第四次大的改革，与以往历次工资制度改革相比，这次改革涉及内容较多，主要有以下几个方面。

一是改革工资制度和清理规范津贴补贴相结合。这次改革公务员工资制度，从一开始就与清理规范津贴补贴紧密结合。清理规范公务员津贴补贴，既是规范公务员的收入分配秩序，也是为改革制度创造条件。目的是通过改革建立严格的国家统一的工资制度，通过规范秩序促进严肃纪律，建立起新的收入分配机制，为今后继续深化改革奠定基础。因此，这次改革不是简单地增加工资。一方面，在清理津贴补贴、摸清底数的基础上，结合公务员职级工资制改革，将一些地方和部门的部分津贴补贴纳入基本工资，适当提高基本工资占工资收入的比重，优化公务员工资收入结构；另一方面，对津贴补贴进行规范，合理确定水平，科学规范项目，分类分步调控，严格监督管理，为规范公务员和事业单位工作人员工资收入分配秩序奠定基础。

二是简化基本工资结构，增强工资的激励功能。将公务员现行基本工资结构由职务工资、级别工资、基础工资、工龄工资四项构成简化为职务工资、级别工资两项构成，同时，合理设计工资标准，既保证低职务人员适当的工资标准，又适当加大不同职务、级别的工资差距。职务工资主要体现公务员的工作职责大小，一个职务对应一个工资标准，为体现岗位职责的差别，领导职务和非领导职务对应不同的职务工资标准。级别工资主要体现公务员的资历、职务和工作实绩，每一级别设若干个工资档次，公务员根据所任职务、德才表现、工作实绩和资历确定级别和级别工资档次。解决原来切块偏多、功能重叠的矛盾，更好地发挥各部分的作用。适当拉开不同职务级别之间的工资差距，进一步理顺工资关系，更好地体现公务员的职责和贡献大小。

三是适当向基层倾斜。我国公务员绝大部分在县以下基层单位工作和担任科级以下职位，为了鼓励广大基层公务员安心本职工作，缓解都去挤职务这个"独木桥"的矛盾，公务员职级工资制改革方案中采取了相应的倾斜措施。主要包括：适当加大不同职务对应级别的交叉幅度,将公务员对应的级别数由现行15个增加到27个,各职务对应的级别数相应增加,科员、办事员从现在对应6个级别增加到对应9个级别,副科级从现在对应5个级别增加到对应8个级别,给低职务公务员提供了充分的级别晋升空间。加大级别工资的比重,使晋升级别对提高工资发挥更大的作用。实行级别与工资等待遇挂钩,使公务员不晋升职务也能提高待遇。这样既缓解了因职数限制而晋升职务难的问题,又体现了坚持条件,解决的面更为合理、适度的问题。

四是完善正常增资办法,实现工资调整的制度化、规范化。结合公务员基本工资结构的调整,相应调整公务员正常晋升工资的办法。公务员晋升了职务,相应提高职务工资和级别工资;累计两年和五年年度考核合格,可以晋升一个工资档次和级别工资等级。按照《中华人民共和国公务员法》规定,要建立工资调查制度,定期进行公务员工资水平的调查比较,为调整公务员工资标准提供科学依据。今后,国家将根据工资调查比较的结果,结合国民经济发展、财政状况、物价水平等情况,适时调整工资标准。

在改革公务员职级工资制度的同时,相应完善机关工人工资制度。技术工人现在实行岗位技术等级工资制,基本工资由现行技术等级(职务)工资、岗位工资、奖金三项构成。由于奖金没有发挥应有作用,这次适当调整机关工人的级别工资结构,取消奖金,简化为技术等级(职务)工资和岗位工资两项构成。技术等级(职务)工资根据技术水平高低确定,一个技术等级(职务)对应一个工资标准。岗位工资根据工作难易程度和工作质量确定,按初级工、中级工、高级工三个技术等级和技师、高级技师两个技术职务设置,分别设若干工资档次。普通工人级别工资由现行岗位工资、奖金两项构成简化为岗位工资一项构成。同时,相应制定了机关工人从现行工资制度过渡到新工资制度的改革办法。

35. 事业单位实行绩效工资制度

针对事业单位现行工资制度岗位因素体现不足、简单与机关对应、收入分配政策不完善、调控机制不健全等突出矛盾和问题,2006年的工资改革提出实施事业单位绩效工资制度。这次事业单位的收入分配制度改革是为了适应深化事业单位改革的需要,逐步建立起宏观上注重公平,微观上体现激励,关系合理、秩序规范的岗位绩效工资制度。一是与深化事业单位体制改革相适应。事业单位收入分配制度改革是事业单位整体改革的重要组成部分,与事业单位分类管理、人事制度、财务制度、养老保险制度等改革密切相关。这次事业单位收入分配制度改革,在内容和方法步骤上,都充分考虑了相关配套改革的要求和进程,既有利于深化收入分配制度改革,也有利于推动事业单位其他各项改革。

二是建立体现事业单位特点的收入分配制度。事业单位在功能性质、资源配置、管理方式、用人机制等方面都不同于机关，收入分配制度改革必须体现自身的特点，进一步实现与公务员工资制度脱钩。新的岗位绩效工资制度，在制度模式上，突出岗位、绩效的激励功能，工作人员的收入与其岗位职责、工作业绩和实际贡献相联系，事业单位的总体收入水平与单位完成社会公益目标任务及考核情况相联系，充分调动工作人员积极性，促进事业单位不断提高公益服务水平。在运行机制上，适应事业单位聘用制和聘期管理的需要，工作人员按考核结果实行每年增加一级薪级工资。岗位绩效工资包括岗位工资、薪级工资、绩效工资和津贴补贴四部分，其中岗位工资和薪级工资为基本工资。

三是完善工资正常调整机制。事业单位在收入分配制度改革的基础上，逐步建立适应事业单位整体改革要求的工资正常调整机制，在运行机制上体现事业单位的特点；建立基本工资标准和津贴补贴标准的动态调整机制，使事业单位工作人员收入水平与国民经济社会发展相协调。

四是完善高层次人才的分配激励约束机制。完善高层次人才收入分配激励机制，是贯彻党中央人才工作会议精神，体现尊重知识、尊重人才，鼓励创新创造，增强自主创新能力，进一步加大对高层次人才的倾斜力度，使知识、技术、管理等生产要素参与分配的一项重要措施。通过进一步完善各项激励措施，在继续执行政府特殊津贴的同时，采取一次性奖励、建立特殊津贴、建立重要人才国家投保制度等措施，对部分急需人才实行协议工资、项目工资等灵活多样的分配办法，实现一流人才、一流业绩、一流报酬，充分调动高层次人才的积极性、主动性和创造性。

五是建立分级管理体制，健全收入分配宏观调控机制。为适应社会主义市场经济体制和分级管理财政体制的要求，这次改革要进一步明确中央、地方和部门的管理权限，分级管理、分级调控，完善收入分配调控政策，加强工资收入支付管理，进一步理顺分配关系，规范分配秩序，充分发挥地方和部门在调控管理和监督检查等方面的作用，逐步形成统分结合、权责清晰、运转协调、监督有力的宏观调控体系。

36. 全面建立农村最低生活保障制度

农村最低生活保障是对传统农村社会救济工作的改革和创新，是按照最低生活保障标准保障农村贫困群众基本生活的新型社会救助制度。2006年，党中央、国务院决定在全国建立农村低保制度，中央财政安排专项补助资金支持财政困难地方。2007年1月，胡锦涛总书记作出重要指示，强调要抓紧建立农村低保制度，为困难群众雪中送炭。3月5日，温家宝总理在十届全国人大五次会议上所作的政府工作报告指出，在全国建立农村低保制度，这是构建社会主义和谐社会的重要举措。5月23日，温家宝总理主持国务院常务会议对全面建立和实施农村低保制度作出部署。6月26日，国务院在北京召开全国建立农村最低生活保障制度工作会议，回良玉副总理明确提出要求：今年要在全国农村全面建立低保制度，并确保在当年内将最低生活保障金发放到户。7月11日，国务院正式下发了《关于在全国建立农村最低生活保障制度的通知》（以下简称《通知》）。农村低保制度的全面建立和实施，是消除贫困、统筹城乡发展的重要制度安排，也是继农村税费改革后的又一项重大惠农政策，在我国农村反贫困事业中具有里程碑意义。

首先，关于农村低保标准。《通知》规定，农村低保标准由县级以上地方人民政府按照能够维持当地农村居民全年基本生活所必需的吃饭、穿衣、用水、用电等费用确定，并报上一级地方人民政府备案后公布执行。农村低保标准要随着当地生活必需品价格变化和人民生活水平提高适时进行调整。由于我国地域辽阔，各地经济社会发展水平和自然环境条件差异很大，各地要从实际出发，合理确定当地的保障标准。在具体工作中，要靠科学的调查和测算，既不能定得过低，起码不应低于国家公布的绝对贫困线，否则会影响解决困难群众温饱问题的实际效果；也不能定得太高，使一部分人产生依赖思想，乃至影响其他群众的生产积极性。从目前工作实际看，除少数东部发达地区，多数地方都是参考国家每年公布的贫困标准确定农村低保标准。从2006年实施农村低保的23个省份的情况来看，平均补助水平为月人均35.4元，其中，北京等9个东部省份平均50.9元，河北等9个中部省份平均25.3元，内蒙古等5个西部省份平均25.5元。同时，各地正在形成低保标准和补助水平的动态调整机制，根据当地经济发展和人民生活水平的提高，考虑物价变化等情况，适时、适度提高低保标准，让困难群众能够分享改革发展的成果。

其次，关于农村低保对象。《通知》规定，农村低保对象是家庭年人均纯收入低于当地低保标准的农村居民，主要是因病、因残、年老体弱、丧失劳动能力以及生存条件恶劣等原因造成生活常年困难的农村居民。凡家庭年人均纯收入低于当地低保标准的农村居民，均可申请低保。为此，建立这项制度较晚的地区必须进一步加大工作力度，加紧完善和落实低保政策，尽快实现"应保尽保"。

再次，关于农村低保资金。《通知》规定，农村低保资金的筹集以地方为主，地方各级人民政府要将农村低保资金列入财政预算，省级人民政府要加大投入，中央财政对财政困难地区给予适当补助。各地应根据排查摸底的情况，按照低保对象人数等因素足额安排预算；省级有关部门要统筹规划本地农村低保制度的实施步骤和要求，加大对财政困难县（市）的支持力度，确保所有县（市）都能建立起较为规范和稳定运行的农村低保制度。同时，各地要结合实际情况，采取以奖代补、编列预算等方式安排好农村低保工作经费，确保基层"有钱办事"。从当年开始，中央财政已安排农村低保补助资金，支持财政困难地方建立和实施农村低保制度，地方各有关部门要合理分配好管理好使用好这些资金；要督促市、县落实本级预算资金，确保低保资金不打折不拖欠，足额到位，及时发放。

37. "提高两个比重"政策思路的提出

进入 21 世纪以来，中国居民可支配收入占国民可支配总收入的比重呈逐年下降趋势，收入初次分配和再分配过程中存在明显向政府和企业倾斜的态势。企业可支配收入比重从 1996 年的低点 15.3% 逐年攀升到 2009 年 21.2%；政府可支配收入比重由 1996 年的 14.6% 上升到 2009 年的 18.3%；相应地，这一时期的居民收入可支配比重则由 1996 年的 70.1% 快速下降至 2009 年的 60.5%，下降了 9.6 个百分点，平均每年下滑 0.74 个百分点。这里面，一方面随着国有企业改革的深化和非国有企业的迅猛发展，企业盈利能力明显增强，企业经济效益显著改善，企业可支配收入比重进一步上升；同时，各级地方政府千方百计通过各种途径，招商引资，扩大生产规模为地方创造更多税收，由此使得政府获得的生产税净额增长大大快于经济增长，政府初次分配收入占国民总收入的比重不断上升。另一方面，在收入再分配过程中政府继续扩大收入比例。近年来，政府在经常转移中获得的收入税和社会保险交款等转移收入增长远快于社会补助等转移支出，导致政府经常转移净收入占国民可支配总收入比重持续上升。

出现这种现象的直接原因是：中国财税体制不完善（主要以生产税特别是增值税为主）；经济增长方式粗放（主要通过消耗大量资源和污染环境获取经济快速增长）；地方政府政绩考核机制存在弊端（主要是鼓励地方政府过度投资）。政府收入过快增长带来的负面影响是：一方面，政府财政收入的快速增长一定程度地挤压了居民收入增长的空间；另一方面，政府转移支付和社会保障支出的不足，又导致居民消费倾向下降。

收入分配中存在的这些问题，对经济和社会发展正在产生越来越明显的不利影响。因此，党的十七大针对收入分配领域存在的突出问题，提出要逐步提高居民收入在国民收入分配中的比重，提高劳动报酬在初次分配中的比重；加大收入初次分配的调节力度，确保城乡居民初次分配收入增长不慢于经济增长，扭转居民初次分配收入占国民总收入比重不断下滑的趋势，进一步完善税收体制，加大运用税收手段调节三者收入分配的力度。初次分配和再分配都要处理好效率和公平的关系，再分配更加注重公平。

38. 关于是否进入"刘易斯拐点"的争论

面对 2004 年中国东南沿海地区出现的"民工荒"、"返乡潮"、"技工荒"等问题，蔡昉等人于2005年首次提出,"民工荒"现象是我国农村剩余劳动力由无限供给向有限剩余过渡的一个转折性标志。从此以后,城镇劳动力市场开始感受到普通劳动者的短缺,并引起了工资的快速增长。蔡昉认为,2004年农业剩余劳动力的比例为23.5%,还不到全部农村劳动力的1/4。真正剩余的农村劳动力中50%是40岁及以上的经济活动人口,也就是说,40岁以下的农村剩余劳动力充其量只有5800万人,剩余比例只有11.7%。40岁以上的劳动力大多不愿意流动,20—30岁的劳动力数量在逐年下降,未来农业劳动力为经济发展提供的人力供给将是非常有限的。劳动力无限供给到劳动力有限剩余的转变正在发生,这意味着局部性和结构性的劳动力短缺将经常出现,"刘易斯拐点"正在来临。

蔡昉认为,"民工荒"就是劳动力市场变化的征兆。根据测算,随着工厂生产线从沿海向内地转移和大量基础设施项目启动,中西部出现许多新的就业机会,分别吸引农民工总数的17%及20.3%。而留在东部的农民工占比则减少了近8个百分点。而且,在过去30年时间,我国经济增长充分享受了人口红利带来的好处。在这一过程中,劳动力资源相对丰富,抚养负担轻,储蓄率高。我国人均GDP的增长速度中有27%的贡献来自于人口抚养比的下降。但是,我国的人口红利时代即将结束。目前,"劳动力短缺的出现将不可避免","应对好劳动力短缺的局面,对中国未来的经济发展至关重要"。同时,蔡昉还认为,随着劳动成本的上升,劳动力相对于资本变得更加昂贵,这会增加企业用工的成本,降低企业的利润。劳动力成本的这种变化趋势,已经对外商投资倾向和企业经营状况产生了一定的影响。随着刘易斯拐点的到来,传统增长方式赖以作用的条件就发生了变化,经济增长方式向主要依靠生产率提高的转变迫在眉睫。

针对刘易斯拐点是否到来的问题,以樊纲等为代表的一些专家、学者则提出了不同的看法。他们认为,"民工荒"只是劳动力供给的短期性、结构性短缺。"民工荒"出现的原因:一是经济发展带来就业机会增多;二是新生代农民工的利益诉求有了更多新内容,不再满足于只是得到生活保障。年年出现"民工荒",根源在于劳动力技能结构问题。我国从人口红利时代跨入"刘易斯拐点",至少还有5—15年的路要走。周天勇也认为,目前,我国农业剩余劳动力供给的"刘易斯拐点"并未到来,理由主要有以下五个方面:(1)我国的城市化水平还很低,农村人口还要继续向城镇流动,包括劳动力。从统计来看,我国2009年的城市化水平为46.59%,处于低城市化水平国家。只有城市化水平达到70%时,说"刘易斯拐点"来临,才比较接近现实。(2)按照劳均耕地来看,中国农业中有大量剩余劳动力。从大数估计,全国近7.8亿劳动力中,城镇固定劳动力大约为2.8亿人,农民工2亿人,在农村从事农业的有3亿人。目前,农业的劳动生产率很低,农业劳动力从全世界看,也属于极度过剩的国家。(3)"刘易斯拐点"来临的一个重要标志,是农村的劳动生产率和工资水平与城镇的劳动生产率和工资水平基本接近,中国农业和城镇在这方面还差得太远。(4) 分析"刘易斯拐点"是不是来临,既要看供给曲线,也要看劳动力需求曲线和需求趋势。无论是从所有制结构、产业结构,还是从每千人拥有的企业,特别是能吸收劳动力就业的小企业数量来看,中国还没有到劳动力需求把农村剩余劳动力吸收得已经没有的时候。王志浩(Stephen Green)在向渣打银行提供的特别报告中,反驳了蔡昉的论断,指出中国还没有进入"刘易斯拐点"。他利用2005年中国国家统计局的数据进行预测,认为2005年中国20—30岁的劳动力数量下降只是暂时的,2010年将达到1.9亿人,2015年达到2.15亿人,未来几年内,中国依然能为非农部门的发展提供充足的剩余劳动力。另外,他还指出,研究中国的劳动力进入城市时,必须在其从事农业收入所能获得的基础上额外提供一定金额的工资,这样农村劳动力才愿意转移。而最近几年中国政府大力进行了新农村建设,实施各项有利的农业政策,免除农业税,加大农村投资,促进了农村平均实际收入的增加。

39. 中国扶贫成就显著

贫困问题是当今人类社会共同面临的最严峻的挑战之一,消除绝对贫困并让贫困人口共享改革发展的成果是各国努力的目标。2000年9月,在联合国千年首脑会议上,世界各国领导人就消除贫穷、饥饿、疾病等商定了一套有时限的目标,即旨在将全球贫困水平在2015年之前降低一半(以1990年的水平为标准),并彻底消灭极端贫穷和饥荒。

过去的10多年中,虽然世界很多地区的贫困率都大幅降低,尤其是东亚以及近些年来的南亚,但是非洲大部分地区和其他地区的贫困率仍然很高。整体来说,亚洲的发展水平都不错,而非洲的减贫过程存在反复。从绝对减贫角度来看,1981—2004年期间,全部发展中国家贫困人口的绝对数量从15亿减少到了11亿,其中大部分来自于亚洲。而在亚洲的减贫人口中,绝大部分又来自于中国,虽然整个亚洲的发展水平都不错,但中国的表现尤为出色。

世界银行的数据表明,从1981年到2004年的23年间,全部发展中国家贫困人口的绝对数量从15亿减少到了11亿,其中中国为世界反贫困所作的贡献是巨大的。中国贫困线以下(人均日消费低于1美元)人口所占的比例从65%下降到10%,贫困人口的绝对数量从6.52亿降至1.35亿;而到了2010年,中国的农村贫困人口更是降低到只有3000万。按当时的农村扶贫标准,2008年的农村贫困人口剩下4000万,比2000年减少了5400万,2000—2008年贫困人口下降幅度达到58%。到2010年底,农村贫困人口减少到3000万,贫困发生率下降到3%左右。

因此说,改革开放以后的30年,中国经济保持了稳定的高增长率,贫困人口也大幅度下降。不管按照何种标准，贫困人口的减少幅度都是非常显著的。可以说，在如此短时间里使得如此多的人摆脱了贫困，对于全人类来说是史无前例的。

40. 扶贫标准大幅度提高

在过去几十年中，中国的扶贫工作取得了很大的成就，贫困人口和贫困发生率都大幅度下降，由此成为全球减贫成就最大的国家。然而，由于巨大的人口基数，我国的贫困人口仍然相当多，而且扶贫标准也与发达国家存在明显的差异。因此，在2011年，中央召开扶贫开发工作会议，决定进一步提高农村扶贫水平，将农民人均年纯收入2300元作为新的国家扶贫标准，新标准比2009年提高了92%。把更多低收入人口纳入扶贫范围。

按照新的扶贫标准，我国农村贫困人口将从2688万人增加到1.28亿人，占农村户籍人口的13.4%。可以说，这是社会发展的进步，是扶贫力度加大的重要措施。这一积极举措，不仅是实现"两不愁，三保障"的扶贫总体目标，即到2020年稳定实现扶贫对象不愁吃、不愁穿，保障其义务教育、基本医疗和住房的需要，也是正视社会现实的具体表现，更是推进社会发展进步，加大扶贫力度的重要措施。大幅提高扶贫标准的积极意义，其实还体现在更多方面。比如，经济发达地区可根据自身实际和能力确定更高的本地扶贫标准，此举将大幅度提高扶贫"托底"的范围，在更广范围内助推特困地区扶贫攻坚，对于改善当前我国区域发展不平衡，进一步做好城乡统筹起到良好的促进作用。

在新的扶贫标准和经济新形势下，我国贫困问题依然十分突出。一是贫困人口多，按照国家的新扶贫标准，到2013年底我国还有8200多万贫困人口。二是贫困程度深，贫困人口不仅收入水平低，一些贫困地区还面临着吃水、行路、用电、上学、就医、养老等诸多困难。三是扶贫攻坚任务艰巨。我们大部分贫困地区的贫困人口集中分布在生产生活条件差、自然灾害多、基础设施落后的连片特困地区，这是2020年全面建成小康社会的一个短板，必须进一步动员全国、全社会的力量，齐心协力打好扶贫攻坚战。尽管贫困人口数量在持续降低，但不难发现减贫速度出现了递减趋势。相对于2011年，2012年农村贫困人口减少近2000万，2013年比2012年减少约1700万。贫困监测区域情况类似，贫困发生率分别下降6.0和3.9个百分点。事实上，减贫规模递减的趋势从21世纪初期已经出现，它可以说是扶贫工作中的一种长期规律。尤其是在新的形势下，随着经济发展进入中低速增长通道，财政收入增幅也明显下降；同时，在经过多年的扶贫攻坚之后，剩下的贫困人口通过政策进一步脱贫的难度也大大增加。

41. 提高个人所得税起征点

1980年9月10日公布的《中华人民共和国个人所得税法》，是中华人民共和国建国以来颁布的第一部个人所得税法，当年个税收入总额只有500万元，月均收入能够达到800元个人所得税费用扣除标准的中国公民少而又少，其余都是外籍在华高级职员交纳的。1986年9月25日，国务院发布了《中华人民共和国个人收入调节税暂行条例》，自1987年1月1日起，把对中国国内公民的个人所得征收的个人所得税改为征收个人收入调节税，从此个人所得税成为对在中国有所得的外籍人员征收的一种涉外税收。国务院于1994年1月28日发布了《中华人民共和国个人所得税税法实施细则》，这次修改个人所得税法的主要内容之一，就是将个人所得税、个人收入调节税和城乡个体工商业户所得税合并为统一的个人所得税，结束了中国个人所得税税制不统一的局面，使中国个人所得税制步入统一、规范与符合国际惯例的轨道。1999年8月，《中华人民共和国个人所得税税法》第二次被修改，新开征"储蓄存款利息税"。

2005年8月23日，拖延数年的新一轮个税改革再次开启帷幕，十届全国人大常委会第十七次会议开始审议国务院提交的《个人所得税法修正案（草案）》。此次改动最大之处是费用扣除额从800元调至1600元；同时高收入者实行自行申报纳税。这也是个税法制定以来的第三次修订。2005年9月27日，中国个人所得税"起征点"（即工薪所得减除费用标准）立法听证会举行。2011年4月20日，十一届全国人大常委会第二十次会议召开，个人所得税费用扣除标准调至3500元。

在当前，继续提高个人所得税免征额的说法又被提到议事日程。特别是，由于我国收入分配差距较大，所以继续调高个人所得税免征额来缩小收入差距被寄予厚望。尤其是有研究认为当前我国个人所得税制度不但没有起到有效缩小贫富差距的目的，反倒在一定程度上恶化了收入差距状况。中产阶级是当前高累进所得税结构的最大受害者，而中产阶级又是消费的主力军。中国目前实行3%—45%的累进税率，起征点只有3500元/月，最高边际税率45%针对的标准是全月应纳税所得额超过8万元的人群。显然，几乎所有的"白领"都成为个人所得税的主要贡献者。相反，那些高收入群体可以很容易地避税。这样的个人所得税制度，在客观上就进一步拉大了收入差距水平。

同时，在过去的十年中，居民收入占国民收入比重几乎每年下降一个百分点，国民收入分配日益失衡，这是消费难以成为经济增长关键动力的深层次原因。因此，在新形势下，必须要减少中低收入居民的税收征缴力度，提高居民的可支配收入比例，提高居民收入在国民收入分配中的比重，提高劳动报酬在初次分配中的比重。所以，改革中国个人所得税政策来改善收入分配秩序,已日益成为经济转型的需要。在这种情况下,个人所得税改革可以作为直接税改革的一个先行探索,从高收入的富裕家庭入手,突出社会财富调节的重点,同时又不影响广大中低收入人群,从而有效缓解贫富分化和改善收入分配。

42. 企业薪酬调查和信息发布制度

为了有效解决企业对职工薪酬定价的问题,国家人力资源和社会保障部决定于2011年在全国范围内开展企业薪酬调查制度试运行。所谓的企业薪酬调查,就是通过一系列标准、规范和专业的方法,对市场上各职位进行分类、汇总和统计分析,形成能够客观反映市场薪酬现状的调查报告,为企业提供薪酬设计方面的决策依据及参考。薪酬调查是薪酬设计中的重要组成部分,重点解决的是薪酬的对外竞争力和对内公平性问题,薪酬调查报告能够帮助企业达到个性化和有针对性地设计薪酬的目的。

建立企业薪酬调查和信息发布制度是深化工资制度改革的重要内容。开展企业薪酬调查,掌握不同职位劳动者的工资报酬和不同行业人工成本状况,是做好企业工资收入分配改革一项重要的基础性工作。中国从2011年全面开展薪酬调查工作以来,得到了被调查企业的全力支持与配合。企业按照统一的软件,填写企业人工成本情况和企业在岗职工工资调查情况,包括企业规模,企业从业人员平均人数,企业主要经济指标,从业人员劳动报酬、福利费用、教育经费、保险费用、劳动保护费用、住房费用,在岗职工的职业、用工形式、基本工资、绩效工资、津补贴、加班加点工资,等等。企业自行填报相关数据,并自行检查无误后,上报给当地劳动保障部门。

建立企业薪酬调查和信息发布制度,以此进一步完善对人力资源市场工资指导价位和行业人工成本信息指导,这对监测企业工资收入分配、支持宏观决策和调控、引导市场工资分配、建立公务员与企业相当人员工资调查比较制度具有重要的意义。

43. 垄断行业工资总额和工资水平双重调控政策

中国国有企业职工收入分配存在一些明显的问题。比如,部分行业国有企业凭借其垄断地位,职工工资收入水平过高、增长速度过快。国家目前对国有企业工资总额的管控方式主要是工资总额预算、工效挂钩等方式,但无论是工资总额预算管理还是工效挂钩方式,由于难以剔除垄断带来的非劳收益,导致部分行业职工工资水平过高、增速过快,行业和企业之间的工资收入差距不断拉大。同时,目前国有企业内部工资分配关系不尽合理,国有企业职工的技术、知识等要素参与分配的机制尚未建立健全。目前国有企业中以实际贡献为评价标准，体现技术、知识、技能等要素参与分配机制的协议工资、项目工资、员工持股、岗位分红权等在国有企业职工工资分配中尚未真正建立健全，直接制约了国有企业职工合理的工资决定机制和正常增长机制的建立健全。

为了解决上述问题，国务院提出要对垄断行业工资总额和工资水平双重调控。

首先，对部分过高收入行业的国有及国有控股企业，严格实行企业工资总额和工资水平双重调控政策，逐步缩小行业工资收入差距。对部分过高收入行业特别是垄断程度较高行业，由国家有关部门直接管理和控制其工资总额和职工工资水平。同时，以国家发展和改革委员会牵头的深化收入分配制度改革部际联席会议为平台，组织协调政府有关部门定期或不定期检查工资水平过高企业的工资总额、人工成本、工资增长执行情况，发现问题限期整改，重大问题通报批评，并对相关国有企业负责人予以行政处分。

其次，积极推动具备条件的国有企业实行员工持股等中长期激励约束机制，优化企业内部收入分配关系。积极推动具备公司治理结构健全、综合竞争力较强、建立以工资集体协商为主要形式的工资收入分配决定机制和工资水平调整机制、合理确定与调整劳动定额或者计件报酬标准、职工工资增长与单位经济效益提高相协调、以法定货币形式按时足额支付职工工资等条件的国有企业，按照党的十八届三中全会提出的"允许混合所有制经济实行企业员工持股，形成资本所有者和劳动者利益共同体"的决策部署，实行员工持股等中长期激励约束机制，以深化国有企业职工收入分配制度为契机进一步建立健全国有企业的现代企业制度。

再次，建立国有企业职工工资分配的信息披露机制。除上市公司外，非上市的国有企业职工工资分配也要逐步实施信息披露。具体可以分步实施：第一步考虑由国家发展和改革委员会牵头的深化收入分配制度改革部际联席会议为披露主体，将全国国有企业职工工资分配信息向各级政府主管部门、人大信息披露；第二步考虑在有关条件成熟时主动向全社会公开。

44. 居民收入倍增计划

2012年11月党的十八大报告中提出：2020年实现国内生产总值和城乡居民人均收入比2010年翻一番。居民收入倍增目标明确纳入党的政治报告在我国还是第一次。实现收入倍增的途径主要有三个：一是转变经济增长方式；二是实现高质量的就业；三是抓好收入分配。GDP年均增速达到7.1%左右，人均收入年均增速7%左右，未来8年就可以实现收入翻一番。即使从经济不景气的2012年来看，GDP年增长必然超过7.1%，人均年收入增速也必然超过7%。再加上收入分配改革的"提低"、"扩中"以及减税、推进工资集体协商等举措，收入翻一番很有可能成为现实。

党的十八大在重申国民生产总值比2010年翻一番的同时，提出实现城乡居民人均收入的倍增计划，就政策层面的意义而言，无疑是具有里程碑意义的。十八大报告在提及国民收入倍增目标时，特别提到国民收入的倍增，建立在"转变经济发展方式取得重大进展，在发展平衡性、协调性、可持续性明显增强的基础上"。

国民收入倍增计划是涵盖经济发展方式转变、经济结构的战略性调整的综合性的一揽子计划。这个计划的本质是通过提升经济增长的质量，通过收入分配的调整和产业格局的变化，实现包容增长，共享改革成果。

45. 关于灰色收入的讨论

在经济转型过程中，中国居民收入差距不断拉大，从而引发了人们对于收入差距走势的关注，也使得人们更为关注真实的收入分配特征。而对居民收入分配特征的描述基本上都是建立在住户抽样调查基础上。在这方面，国家统计局开展的较大规模的全国居民收支调查及其获取的数据为我们了解我国居民收入水平，收入增长及其收入分配基本情况提供了必要的基础信息。然而，这项调查面临着越来越多的挑战，其中一个很重要的挑战是在城镇居民收入快速增长的同时，调查的城镇居民收入出现了一定程度的低估问题，在城镇调查中这一问题变得越来越明显。出现这个问题的原因一是调查样本中高收入样本比例严重偏低，这是由于这个人群不愿参加调查导致的；二是样本中高收入样本户低报自己的收入，造成了调查收入低于真实收入。这两个问题不仅受到学术界的关注，也得到了国家统计局调查部门的认同。应该说，这并不是中国所特有的问题，在大多数国家的住户调查中也都不同程度地存在着这个问题。

如何解决这个问题，不同的学者提出了不同的方法。如世界银行专家马丁·拉瓦利恩提出了通过获取不愿意参与调查的人员比例来对样本偏差进行修正的方法；李实、罗楚亮提出了利用媒体公布的富人榜和其他途径收集到的高收入人群的收入信息对高收入人群收入低估问题加以修正。而在社会上引起强烈反响的则是王小鲁的观点。他利用自己收集的两次住户调查数据，使用匹配恩格尔系数的办法，将自己收集的抽样数据与国家统计局公布的不同收入组的收入水平进行比较，进而认为国家统计局公布的人均收入水平和收入差距都存在非常严重的低估，并将低估的收入称之为灰色收入或隐性收入。根据他的估计，这部分收入规模相当庞大，2005年为4.8万亿，2008年为9.3万亿（相对于城乡住户收入统计）或5.4万亿（相对于经济普查结果）。

然而，从王小鲁使用的数据和采取的方法来看，他只是试图解决国家统计局住户样本中高收入人群收入低报问题，而对调查样本中高收入人群样本代表性不足问题并没有涉及。也就是说，如果考虑到后一种情况带来的收入低估问题，那么所谓的灰色收入或隐性收入就会更大。带着这个问题，罗楚亮、岳希明、李实认为王小鲁的推算过程存在着较为严重的缺陷，主要表现在以下几个方面：（1）利用恩格尔系数匹配推算收入的做法缺乏稳健的方法论基础；（2）所采用的数据搜集方式并不能解决他所指出的统计局数据失真问题；（3）根据其推算的分组收入所得到的收入差距以及两个年份的收入差距变动缺乏合理的解释；（4）对灰色收入的推算缺乏合理的逻辑基础。

当然，不管估计结果怎样，应当承认灰色收入的讨论触及了中国收入分配格局中一些隐蔽而又具有强烈社会反应的问题，但是对灰色收入的推算方法及其得出的一些推算结果仍存在讨论的必要性。尽管一些研究的推算方式和推算结果存在着一定程度的缺陷，但这并不意味着要否认住户收入调查中所存在的问题。事实上，现行收入统计中的两个缺陷确实存在，灰色收入的事实不仅存在，而且还比较严重，仅从灰色收入推算结果所具有的社会影响来看，公众对收入分配的基本态度以及对收入分配秩序改革的期待已经成为当今社会所必须正视的问题。党的十八大以来，全面从严治党，对取消灰色收入起到了极大震慑作用。

46. 关于深化收入分配制度改革的若干意见

改革开放以来，中国收入分配制度改革不断推进，与基本国情、发展阶段相适应的收入分配制度基本建立。同时，收入分配领域仍存在一些亟待解决的突出问题，城乡区域发展差距和居民收入分配差距依然较大，收入分配秩序不规范，隐性收入、非法收入问题比较突出，部分群众生活比较困难。当前，中国已经进入全面建成小康社会的决定性阶段。要继续深化收入分配制度改革，优化收入分配结构，调动各方面积极性，促进经济发展方式转变，维护社会公平正义与和谐稳定，实现发展成果由人民共享，为全面建成小康社会奠定扎实基础。

因此，在2013年，国务院批转了国家发展改革委、财政部、人力资源社会保障部制定的《关于深化收入分配制度改革的若干意见》（以下简称《意见》），要求各地区、各部门认真贯彻执行。《意见》共分为七个部分：一、充分认识深化收入分配制度改革的重要性和艰巨性；二、准确把握深化收入分配制度改革的总体要求和主要目标；三、继续完善初次分配机制；四、加快健全再分配调节机制；五、建立健全促进农民收入较快增长的长效机制；六、推动形成公开透明、公正合理的收入分配秩序；七、加强深化收入分配制度改革的组织领导。

《意见》中强调，深化收入分配制度改革，要坚持共同发展、共享成果。倡导勤劳致富、支持创业创新、保护合法经营,在不断创造社会财富、增强综合国力的同时,普遍提高人民富裕程度。坚持注重效率、维护公平。初次分配和再分配都要兼顾效率和公平,初次分配要注重效率,创造机会公平的竞争环境,维护劳动收入的主体地位;再分配要更加注重公平,提高公共资源配置效率,缩小收入差距。坚持市场调节、政府调控。充分发挥市场机制在要素配置和价格形成中的基础性作用,更好地发挥政府对收入分配的调控作用,规范收入分配秩序,增加低收入者收入,调节过高收入。坚持积极而为、量力而行。妥善处理好改革发展稳定的关系,着力解决人民群众反映突出的矛盾和问题,突出增量改革,带动存量调整。

除了提出基本改革方向之外,意见还明确了一些具体的目标,这包括:(1)城乡居民收入实现倍增。到2020年实现城乡居民人均实际收入比2010年翻一番,力争中低收入者收入增长更快一些,人民生活水平全面提高。(2)收入分配差距逐步缩小。城乡、区域和居民之间收入差距较大的问题得到有效缓解,扶贫对象大幅减少,中等收入群体持续扩大,"橄榄型"分配结构逐步形成。(3)收入分配秩序明显改善。合法收入得到有力保护,过高收入得到合理调节,隐性收入得到有效规范,非法收入予以坚决取缔。(4)收入分配格局趋于合理。居民收入在国民收入分配中的比重、劳动报酬在初次分配中的比重逐步提高,社会保障和就业等民生支出占财政支出比重明显提升。

47. 中央企业负责人薪酬制度改革

2002年,国家开始推行国有企业高管年薪制,规定其年薪不得超过职工平均工资的12倍。但随着经济发展和国有企业盈利的增长,这一比例早已被突破,而且这一规定的执行力度也不大。到2009年,中央企业负责人平均年薪达68万元,远高于社会平均工资。因此,在2009年,人力资源和社会保障部等6部门联合出台《关于进一步规范中央企业负责人薪酬管理的指导意见》,对中央企业发出高管"限薪令",提出应进一步严格规范国有企业、金融机构经营管理人员的薪酬管理,建立根据经营管理绩效、风险和责任确定薪酬的制度。同时,严格控制和监管职务消费,使其合理化、规范化、公开化。

在2009年"限薪令"的作用下,中央企业负责人的薪酬水平得到一定程度的控制,但是在实行过程中仍然存在一些突出的问题,如部分行政任命的国有企业负责人薪酬水平偏高、过高。以中央管理企业负责人为例,当时国家副部级公务员的平均薪酬水平为10多万元左右,而部分中央管理企业负责人的薪酬水平达到100多万元,后者是前者的10多倍,两者收入差距显著偏大,总体而言,与相似级别的国家公务员相比,国有企业负责人特别是行政任命的负责人薪酬水平显著偏高、过高。而且,还存在一些其他问题,如国有企业负责人的薪酬核定没有区分不同功能性质，导致不同国有企业之间负责人的薪酬差距不尽合理。国有企业负责人高薪与高额职务消费并存。部分国有企业负责人在拥有高薪的同时，仍保留大量的职务消费以及其他隐性收入。

针对这些问题，2014 年 8 月，中共中央政治局召开会议，审议并通过了新的《中央管理企业负责人薪酬制度改革方案》，强调坚持分类分级管理，建立与中央企业负责人选任方式相匹配、与企业功能性质相适应的差异化薪酬分配办法，严格规范中央管理企业负责人薪酬分配。一方面，要建立与国有企业领导人分类管理相适应、选任方式相匹配的企业高管人员差异化薪酬分配制度；另一方面，对部分过高收入行业的国有及国有控股企业，严格实行企业工资总额和工资水平双重调控政策，逐步缩小行业工资收入差距。这包括以国有企业负责人分类管理为基础，对行政任命的国有企业高管人员薪酬水平实行直接限高，合理确定并严格规范其薪酬水平及增长；区分国有企业的不同功能性质，改进完善国有企业负责人绩效考核办法，合理确定不同功能性质负责人的薪酬差距；严格规范国有企业负责人职务消费，将国有企业负责人的福利性收入纳入薪酬分配统筹管理；对部分过高收入行业的国有及国有控股企业，严格实行企业工资总额和工资水平双重调控政策，逐步缩小行业工资收入差距。对部分过高收入行业特别是垄断程度较高行业，由国家有关部门直接管理和控制其工资总额和职工工资水平等。

48. 收入分配 21 部委联席会议制度

近年来，我国收入差距水平始终保持高位运行，贫富分化已经成为制约经济社会发展的重要因素之一。虽然政府出台了一系列的政策措施，但是仍然没有解决收入差距扩大和分配秩序混乱的问题。这是因为在特定的历史背景下，我国收入分配政策自推行之初就缺乏长远的规划；在条块分割的管理体制下，各部门之间交叉管理、职能重叠、信息不畅，从而使得收入分配制度设计缺乏战略性，呈现出碎片化的现状，因此也难以从根本上解决收入差距扩大的问题。

因此，为贯彻党的十八届三中全会关于形成合理有序收入分配格局的精神，加强对深化收入分配制度改革的统筹协调，国务院发布《关于同意建立深化收入分配制度改革部际联席会议制度的批复》，并于 2013 年建立深化收入分配制度改革部际联席会议制度。该联席会议的协调范围主要包括：一是收入分配规划和政策等重大问题的统筹协调；二是指导各部委与各省市之间的行政协作，对协调会议的召开、行政任务的签订等问题进行协调；三是研究提出收入分配建设的路线图与时间表，以及与之相应的中央补助资金需求；四是组织检查和监督收入分配政策的统筹实施情况；五是掌握和汇总相关数据和政策执行情况；六是在省、市、县层面构建相对应的协同联动机制，定期对收入分配工作进行纵向协调。

可以说，国务院建立的收入分配联席会议制度，可以较好地整合目前散落在各种法规、行政规章和地方性法规有关收入分配的规定。在此基础上，能够科学界定部门职责，细化职责分工，减少部门间职能交叉和重叠，由此可以改变部门繁多、职能交叉的现象。通过建立收入分配管理的大部制模式，集中相关职能，变部门间协调为内部协同，明确部门责任，使部门设立更符合收入分配调节的实际需要，使国家和社会更清楚部门的角色定位，从而有效建立起部门对国家、对社会公众的责任机制，并真正落实《国务院办公厅关于深化收入分配制度改革重点工作分工的通知》中所规定的各项职责。

49. 国务院关于机关事业单位工作人员养老保险制度改革的决定

1955年，我国开始建立机关事业单位退休制度。半个多世纪以来，该项制度对于保障退休人员基本生活、稳定干部队伍发挥了非常重要的作用。社会主义市场经济体制的逐步确立和完善，特别是企业职工养老保险制度的建立和发展，为我国机关事业单位养老保险制度的改革创造了良好条件。党的十八大和十八届三中全会明确提出，要推进机关事业单位养老保险制度改革，社会保险法和国家"十二五"规划也作出了相应规定，一些地方还进行了试点和探索。

2015年1月14日，为了统筹城乡社会保障体系建设，并建立更加公平、可持续的养老保险制度，在总结实践经验、深入研究论证的基础上，按照党的十八大和十八届三中、四中全会精神，根据《中华人民共和国社会保险法》等相关规定，国务院印发了《关于机关事业单位工作人员养老保险制度改革的决定》，决定从2014年10月1日起，对机关事业单位工作人员养老保险制度进行改革；同时决定，统一提高全国城乡居民基本养老保险基础养老金最低标准，再次提高全国企业退休人员基本养老金标准。该决定的出台，既是我国全面深化改革的重要内容，也是统筹推进社会保障体系建设，建立更加公平、可持续养老保险制度的又一重大举措。

决定强调，机关事业单位养老保险制度改革要坚持全覆盖、保基本、多层次、可持续的方针，以增强公平性、适应流动性、保证可持续性为重点，改革现行机关事业单位工作人员的退休制度，逐步建立起独立于机关事业单位之外、资金来源多渠道、保障方式多层次、管理服务社会化的养老保险体系。同时，改革应遵循公平与效率相结合、权利与义务相对应、保障水平与经济发展水平相适应、改革前与改革后待遇水平相衔接和解决突出矛盾与保证可持续发展相促进的基本原则。

决定要求，机关事业单位实行社会统筹与个人账户相结合的基本养老保险制度，由单位和个人共同缴费；改革基本养老金计发办法，待遇水平与缴费相关联，建立多缴多得、长缴多得的激励机制；建立基本养老金正常调整机制，统筹考虑机关、企事业单位退休人员和城乡居民的基本养老金调整；加强养老保险基金管理和监督，确保基金安全；做好养老保险关系转移接续工作，促进人员合理流动；同步建立职业年金制度，形成多层次的养老保险体系；建立健全养老保险筹资机制，确保待遇发放；逐步实行社会化管理服务，不断提高管理服务水平。

鉴于此项制度改革直接关系亿万群众的切身利益，涉及面广、政策性强，国务院要求各地区、各部门充分认识实施这一系列改革、政策的重要意义，从党和国家工作大局出发，切实加强领导，精心组织实施，确保改革顺利推进，更好地保障和改善民生，促进社会公平正义、稳定和谐。

总之，国务院在全国范围同步实施机关事业单位养老保险制度改革的决定，有利于统筹推进城乡养老保障体系建设，促进人力资源合理流动和优化配置，建立与其他职工统一的、社会化的养老保险制度，并逐步化解待遇差距大的矛盾。

二、劳动就业

1. 调整知识青年上山下乡工作方针

1978年党的十一届三中全会的召开,成为我国政治社会生活的历史转折点,也是城镇知青上山下乡运动的重大转折点。从那时起,尤其是全国开展"实践是检验真理的唯一标准"的大讨论后,人们开始理智地审视过去走过的道路,包括重新认识上山下乡运动。邓小平在1978年曾说:国家花了三百个亿,买了三个不满意。知青不满意,家长不满意,农民也不满意。

但因当时亟须保持社会稳定,考虑到国营农场知青集中管理,条件好,问题少,故而采取"稳"农场、"放"农村的策略。中央政治局确定知青工作的基本方针是:继续鼓励支持知青安心农村,有步骤、有计划、稳而不乱地解决他们的问题。具体对策是:国营农场的知青要基本稳定不动,对插队知青调离农村的条件进一步放宽。

农村插队知青人数虽多,但因为分布范围广,历年招工、招生、征兵的指标多,返城的机会相应也多。而国营农场招工、招生、征兵的指标历来较少,返城的人数远远低于农村插队知青,两者差距很大,引起兵团和农场知青的不满。加之,联系到婚姻、恋爱、生活艰苦、探亲路远等因素,不满情绪更大。

兵团和农场知青利用集体居住、人数集中、联系方便等有利条件,飞速组织起来,研究对策,开始行动。于是,云南、新疆、黑龙江等垦区的知青游行、请愿、示威、罢工和冲击政府机关等事件相继发生,形成了席卷全国的返城上访大浪潮。

云南垦区知青起事最早、最厉害。那里有10多万上海、重庆、成都、昆明知青,上海知青是主力,他们主要从事天然橡胶种植业。1978年10月底,西双版纳景洪农场上海知青、共青团员丁惠明执笔起草《致邓副总理的公开信》,反映云南知青的种种困难,表达了要求返城的强烈愿望，签名者 974 人。信件发出后，杳无音信，而且受到了农场领导的严厉批评。半个月后，他们又发出第二封信，依然无人问津。

于是，他们发起罢工，成立罢工委员会，先后征集数万人在请愿书上签名，发表罢工宣言。派出以丁惠明为代表的上访团进京请愿，并在知青中为上访团募集资金。一场声势浩大的罢工活动，迅即在西双版纳垦区展开，而且很快波及河口、文山、金平、临沧等垦区 50 多个农场，3 万多知青参加集体罢工，形势紧张。另一批城镇知青，在云南西部的勐定农场，又兴起了更大的风潮。该场先后安置了 7000 多名知青，成都知青有 5000 人，其余为上海知青。勐定农场是滇西最大的天然橡胶农场，比邻缅甸，位置重要，影响很大。那里的知青不仅搞罢工，而且闹绝食。

1000 多人连续绝食三天，此事惊动了中南海，中央办公厅紧急通知农林部副部长兼国家农垦总局局长和国务院知识青年上山下乡领导小组副组长赵凡，火速前往处理。一场惊动中南海的千人绝食风波，宣告平息。

赵凡迅速向国务院汇报，并按中央指示分别同上海、北京、成都、重庆等各大城市紧急联系，希望他们在知青返城问题上能有积极态度。然而，这几个城市都确有难处，因为，当时大家都在全力以赴拨乱反正，落实政策，面临一大堆麻烦问题要处理。如今又有这么多知青返城，返城后要就业、要吃饭、要住房，负担重，难度大，所以态度都不积极。经过反复磋商，四川省委开会研究后首先表示：凡按照政策应该回四川的知青，我们全部负责接收安排。当时，在国务院主持工作的李先念同志极为高兴，立即表扬，并向上海作了通报。上海市委顾虑较多，因为这几年他们已先后批准在各地上山下乡的 3 万知青返回上海，待批的还有 8 万人。大家担心大批知青像潮水一样返城，人口高密度的上海势必更加混乱。但经反复工作，上海最终还是表示顾全大局，同意按中央调查组的意见办理。

云南农场知青兴起返城浪潮，并非孤立、偶然事件，它在某种程度上具有代表性和普遍性。知青返城浪潮声势浩大，严重影响安定团结的局面，国务院知青领导小组深感震惊。1979 年 8 月 17 日，在京紧急召开部分省、市知青上山下乡先进代表座谈会，会议开了半个月，30 日才结束。党和国家领导人出席，大力表彰知青先进典型，表扬他们为中国青年找到了方向，促进了社会风气进步等，原希望通过表彰先进，鼓励知识青年"扎根农村"，遏制汹涌的返城大潮。然而，会后知青返城浪潮势头有增无减。原先全国在乡知青尚有 502 万人，1980 年 6 月只剩 150 万人，而且返城势头还在继续发展。中央书记处再次进行专题研究，万里副总理表示："以后不要再提倡上山下乡了。"

与此同时，一些专家学者也大胆指出：人类社会发展历史表明，农业人口逐渐向城市转移，让农村多余劳动力从土地中分离出来，逐步走城市化道路，这是世界各国经济发展和社会进步的必然趋势，也是世界经济发展的共同规律。在世界经济发展的大潮流中，我们一方面发动城市知青上山下乡，一方面又严格控制农村人口向城市流动，显然违背经济发展规律，实际也挡不住这一时代潮流。

鉴于沉痛的历史教训，中央书记处审时度势，果断决定：从当年（1980年）暑假起，应届毕业生不再上山下乡，一律作为待业青年，根据实际需要统筹安排。从此，新中国成立后倡导了近30年之久的上山下乡运动宣告结束。

2. 国务院关于职工退休、退职的暂行办法

1978年5月24日，五届全国人大常委会第二次会议原则批准《国务院关于工人退休、退职的暂行办法》（以下简称《暂行办法》）。《暂行办法》第一条列明了退休的条件。全民所有制企业、事业单位和国家机关、人民团体的工人，符合下列条件之一的，应该退休：一、男年满六十周岁，女年满五十周岁，连续工龄满十年的；二、从事井下、高空、高温、特别繁重体力劳动或者其他有害身体健康的工作，男年满五十五周岁，女年满四十五周岁，连续工龄满十年的，本项规定也适用于工作条件与工人相同的基层干部。三、男年满五十周岁，女年满四十五周岁，连续工龄满十年，由医院证明，并经劳动鉴定委员会确认，完全丧失劳动能力的。四、因工致残，由医院证明，并经劳动鉴定委员会确认，完全丧失劳动能力的。

《暂行办法》实施后，大量年老和完全丧失劳动能力的工人办了退休、退职，从而使企业的劳动力得到了更新。但是，也发生了一些严重问题。主要是一些部门和单位，由于没有严格执行《暂行办法》规定，随便放宽退休、退职的条件，任意扩大招收退休、退职工人子女的范围，致使一些不合退休、退职条件的工人办了退休、退职，不合招工条件的工人子女进了工厂、机关、学校；而一些应该退休、退职的工人则没有退休、退职。上述情况很不利于生产和企业管理，有的单位还聘用了不合条件而退休、退职的工人，并给他们高工资、高福利，影响了职工队伍的稳定，也不利于待业青年的安置。为了妥善解决这些问题，更好地贯彻执行《暂行办法》，进一步做好退休、退职工人的管理工作，1981年11月7日，《国务院关于严格执行工人退休、退职暂行办法的通知》，明确要求必须按照《暂行办法》的规定，严格掌握退休、退职的条件，凡是符合退休、退职条件的，就应当动员他们退休、退职。如生产上确实需要，必须缓退的，要经过上级主管部门批准，没有经过批准，超过退休年龄继续工作的时间不计算"连续工龄"。对于应当退休、退职的工人，经过多次动员，仍然坚持不退的，可以停发其工资，改发退休费或退职生活费。

《暂行办法》的实施，基本构建了中国退休制度的雏形，即男年满六十周岁，女年满五十周岁应该退休。但是，这一制度实施30多年来，一直没有对退休年龄做调整，而同

期，我国人口的预期寿命，已经从1978年的68岁提高到2010年的75岁，因此，延迟退休的问题得到了社会的关注。人力资源和社会保障部部长尹蔚民在2015年全国"两会"的记者会上正式表态称，希望能在今年之内，把延迟退休年龄的政策方案制定出来；2016年报中央同意后征求社会意见修改完善；到2017年正式出台完整方案，并在至少五年之后开始实施。尹蔚民同时透露的"小步徐趋、渐进到位"，"每年只会延长几个月的退休年龄"，"经过相当长的时间达到规定的法定退休年龄"，也让延迟退休实施的路径图初露端倪。

3. 劳动服务公司

劳动服务公司发端于20世纪70年代末80年代初，可称之为奏响中国就业制度改革的第一乐章。当时，大批上山下乡知识青年返城，形成新中国成立以来罕见的就业高峰。在巨大的就业压力面前，1978年开始，在一些省市出现了一种新型的，由劳动部门倡导，集安置就业、开展培训、进行管理于一体的组织形式，受到社会各方面的欢迎。

最早的劳动服务公司是1979年4月由厦门市劳动部门举办的，它在安置城镇待业青年和作为城镇劳动力"蓄水池"方面发挥积极作用，迅速发展成为管理和联系待业人员、促进待业者就业的一种卓有成效的组织形式。

中共中央、国务院对劳动服务公司给予充分肯定，在1980年全国劳动就业工作会议上得到肯定和推广。1981年中共中央、国务院颁布的《关于广开门路，搞活经济，解决城镇就业问题的若干决定》对劳动服务公司的性质、功能、资金来源等作出规定：劳动服务公司既可以由地方劳动部门建立，也可以由有条件的厂矿企业和机关、团体等事业单位根据需要举办。地方的劳动服务公司，可以是事业单位，也可以是企业单位，受同级劳动部门领导。劳动服务公司既担负着组织社会劳动力，进行经济活动的任务，又担负着劳动部门的部分行政职能。它可以直接推动待业人员自力更生、因陋就简地发展各种行业的集体经济事业，以至自谋职业；可以组织就业训练，对待业青年传授职业技能和进行管理教育；可以按照企业需要介绍职工。应当使之逐步发展成组织经济事业、统筹劳动就业、输送和管理企业临时用工、开展就业训练的一种综合性机构。劳动服务公司主要坚持自力更生、勤俭节约的原则，国家财政只提供适当的补助费，补助费主要来源于列入地方财政包干使用的知青安置经费。

在党中央的大力倡导和要求下，劳动服务公司很快在全国普及开来。一方面承担起组织管理社会劳动力和促进就业的多种职能，成为以后就业服务体系的雏形；另一方面创办集体经济事业，广开生产服务门路，扩大就业。到1980年各级政府和劳动部门领导下的劳动服务公司有831个，组织待业人员150万人，其中正式就业者为45万人。

到1985年末，全国共建立各级各类劳动服务公司45659个，其中属于省、地、市、县、区各级政府劳动部门举办的2951个，街道、县、镇（乡）举办的7648个，企业、机关、团体、部队和学校等事业单位举办的34963个，共安置待业人员614.57万人，组织培训177.16万人，管理临时工123.8万人。到1986年末，在劳动服务公司就业的还有70多万人，大约平均每年递增百万人。

劳动服务公司是具有中国特色的公共就业服务机构，其成立以后很长时期定位比较模糊，行政管理和进行经济活动的双重职能难以协调，容易造成运用行政手段向企事业单位塞人和以谋利为目的从事经济活动而忽略公共性目标这两种倾向，不利于公共就业服务工作的开展。

为贯彻中央关于清理整顿公司的要求，促进劳动服务公司更好地发挥其社会和经济作用，1989年，劳动部提出将县以上各级地方劳动部门原设置的劳动服务公司作为承担政府行政职能的就业服务管理机构，改为就业服务局，不再称劳动服务公司，由此开始建立了中国公共就业服务体系的框架。同时，对企业、事业单位创办的劳动服务公司，规定任务不变，继续保留原来名称，由此形成了中国就业型企业群。

1989年1月劳动部《关于劳动服务公司发展和建设中若干问题的意见》指出，劳动服务公司不同于一般的经营性公司，其基本任务是开展劳动就业服务，运用建立劳动生产基地、就业训练基地和职业介绍所等手段，吞吐、调节社会劳动力，促进劳动力资源的开发和利用。劳动部是全国的劳动服务公司的主管行政部门；各级地方劳动服务公司是各级地方劳动部门直接领导下实现劳动就业任务的工作机构，它在全面开展劳动就业服务工作的同时，负责本地区各类劳动服务公司的管理和指导；省、自治区、直辖市设立的劳动服务公司或管理本地区劳动服务公司的机构，在省劳动厅（局）领导下，主要负责本地区劳动就业服务工作和劳动服务公司的管理工作；地、市、县设立的劳动服务公司在同级劳动部门领导下，具体从事就业服务工作；街、镇、乡设立的劳动服务公司或劳动服务站，作为地方劳动服务公司的基层组织，可以由街、镇、乡政府部门直接领导管理，也可以作为区、县劳动服务公司的派出机构，从事具体服务工作；行业、部门（包括大型企业、事业单位）设立的管理劳动服务公司的机构，在主管部门领导下开展工作，业务上受地方劳动服务公司指导；企业、事业、机关等单位兴办的劳动服务公司，一般是自主经营、自负盈亏、独立核算、依法承担经济责任的经济组织，在管理体制上，受主办单位领导，业务上受所在地方的劳动服务公司指导。

1989年底，劳动部《关于服务公司清理整顿工作的实施意见》中明确规定："县以上各级地方劳动部门原设置的劳动服务公司是承担政府行政职能的就业管理机构，其名称可改为就业服务局。"从此以后，县以上的劳动服务公司就逐渐变更为就业服务局，为建立覆盖全国的就业服务体系打下了基础。

1990年11月,国务院颁布《劳动就业服务企业管理规定》,明确将承担安置城镇待业人员任务,由国家和社会扶持,进行生产经营自救的集体所有制经济组织,界定为劳动就业服务企业,并明确了相关扶持政策,鼓励社会各方面依法扶持兴办各种形式的劳动就业服务企业。20世纪90年代初,劳服企业发展到20多万个,企业从业人员820万人,成为城镇集体经济的重要组成部分和安置就业的重要基地,为缓解就业压力,保证社会安定团结作出了重要贡献。

4."三结合"就业方针

1980年8月,中共中央在北京召开全国劳动就业工作会议,提出了"三结合"就业方针,即在全国统筹规划和指导下,实行劳动部门介绍就业、自愿组织起来就业和自谋职业相结合的方针。劳动部门介绍就业就是国营和大集体企业、事业单位按国家计划指标招工;组织起来就业就是群众自愿组织的各种集体经济单位;自谋职业是指个体劳动者从事个体商业和服务业。"三结合"就业方针实质上是三种经济成分并存的经济政策在劳动就业工作上的体现。

在计划经济时代,中国曾建立了"统包统配"的就业管理体制。这一体制的基本特征是所有新增劳动力的就业由国家统一调配和安置。这种就业管理体制对于解决中国的就业问题,曾发挥过重要的作用。但随着情况的变化,这种就业管理体制的弊端也不断显露出来,突出表现在:一是不管生产和工作是否需要,一律接收,造成许多单位人浮于事;二是劳动者不能根据自己的专长选择合适的工作,单位也不能根据工作的需要选择适当的人员,造成人才浪费;三是养成了劳动者就业靠国家的就业观念。

由于就业体制的僵化,再加上"文化大革命"造成的经济停滞影响,中国城镇就业问题日益突出,到20世纪70年代末已达到了比较严重的程度,特别是"文化大革命"期间下乡的知识青年大量集中返城,给城镇就业带来了更大压力。据统计,仅1978年和1979年这两年中,返城的知识青年就达到了650万人以上。1979年,城镇累计待业人员达到了1500万人,仅在劳动部门登记的城镇失业人员就有568万人,城镇登记失业率达到了5.4%。

"三结合"就业方针解决了劳动力不能与生产资料相结合的问题,是中国就业理论和就业政策的重大突破,是中国就业管理体制改革的开端,对于解决我国城镇就业问题起到了积极的作用。正是在这一就业政策的指导下,开创了劳动就业的新局面。新实施的城镇就业政策对于改善人民生活,维护粉碎"四人帮"后安定团结的局面和新时期各项工作的开展,具有划时代的意义。据统计,1979至1981年这三年,全国共新增城镇就业人员2600多万人,平均每月有70多万人实现就业。到1982年,全国多数地区基本解决了1980年以前积累下来的包括返城知识青年在内的城镇失业问题。

另一方面,"三结合"就业政策促使我国"双轨制"劳动就业市场的形成。"三结合"方针符合劳动就业制度改革的方向,就业机制在此基础上逐渐被一分为二:一块受市场调节,劳动力自由流动,自主谋职;一块仍然受行政调节,由政府控制,企业和职工没有独立决定进入和退出的自主权。整个就业领域表现为典型的双轨运行。"双轨制"的主要特征是:市场机制在非国有经济领域(包括农村和城镇非国有经济以及国有经济的增量部分)广泛发挥作用;国有经济仍然以计划配置为主,实行"统包统配";实行"统包统配"的国有企业职工享受国家提供的各种社会福利,如医疗、托幼、住房、物价补贴等,实行劳动力市场配置的非国有企业劳动者则不能享受国家提供的这类福利措施。

劳动就业"双轨制"在从计划经济向社会主义市场经济转轨的过渡时期,在一定程度上调整了不合理的所有制结构和产业结构,扩大了就业渠道,增加了就业机会,促进了人们传统就业观念的转变,为与社会主义市场经济体制相适应的就业制度的形成打下了一定基础。

但是,"双轨制"与建立社会主义市场经济体制的改革目标之间存在着不可调和的矛盾。随着建立社会主义市场经济体制改革目标的提出和改革进程的推进,就业"双轨制"在运行中暴露出弊端:国有经济部门的劳动效率低下;在国有和非国有经济部门之间存在着劳动力进出的制度障碍,两部门间流动性较差;劳动力资源配置根据两套法则进行,制约了统一的劳动力市场的形成和再就业工程的实施等。经济体制改革提出迫切要求,必须以市场就业为方向对就业"双轨制"进行改革。

5. 广开门路,解决城镇就业问题

1981年10月17日,中共中央、国务院发布《关于广开门路,搞活经济,解决城镇就业问题的若干规定》,肯定了1980年中央召开的全国劳动就业工作会议上提出的"三结合"的就业方针,进一步指出把解决城镇的就业问题与调整所有制结构和产业结构密切结合起来,今后要着重开辟在集体经济和个体经济中的就业渠道,并增加自谋职业的渠道,要不断地调查研究,总结经验,在一段时期内,逐步形成一套有利于发展国民经济和改善人民生活的劳动就业制度。

《关于广开门路,搞活经济,解决城镇就业问题的若干规定》的主要内容包括:

一是广开就业门路应该结合调整产业结构和所有制结构。今后,要着重发展与人民生

活关系密切的商业、服务性行业和消费品生产行业的前景是广阔的,解决城镇劳动就业的潜力是很大的。要把大力发展这些行业作为重要课题,认真研究解决。今后在调整产业结构的同时,必须着重开辟在集体经济和个体经济中的就业渠道。

二是要努力办好城镇集体所有制经济。要在国家统筹规划、指导和支持下,遵循自愿组合、自负盈亏、按劳分配、民主管理等项原则。

三是适当发展城镇劳动者个体经济,增加自谋职业的渠道。对个体工商户,应当允许经营者请两个以内的帮手;有特殊技艺的可以带五个以内的学徒。对于个体劳动者的税收,要规定合理的税率。只要不从事违法活动,就不要从收入水平上卡他们。个体劳动者可以在所在城镇成立个体劳动者协会或联合会,接受工商行政管理部门或当地人民政府指定的部门指导。

四是要保护集体经济和个体经济。各个有关部门,要采取积极态度,坚决地迅速地改变那些歧视、限制、打击、并吞集体经济和个体经济的政策措施,代之以引导、鼓励、促进、扶持的政策措施。要对过去的有关规定限期进行认真的清理,并提出改革的具体办法。集体企业和个体劳动者的财产所有权,正常的经营活动和正当的收入,应当受到法律的保护,任何部门和单位不得非法干涉、平调、升级和并吞。

五是逐步改革国营企业的经济体制和劳动制度,有效地提高经营管理水平和经济效果。国营企业必须坚持体制改革的方向,积极而稳妥地解决存在的问题。招工用人要坚持实行全面考核,择优录用。要实行合同工、临时工、固定工等多种形式的用工制度,逐步做到人员能进能出。

六是建立和健全劳动服务公司的机构,充实人员,更好地发挥它的作用。应即着手筹组中国劳动服务总公司。市、县、区一级的劳动服务公司,可以是事业单位,也可以是企业单位,受同级劳动部门领导。在一个城镇的范围内,可以通过劳动服务公司逐步把待业人员组织起来,进行就业训练和从事临时性的劳动。劳动服务公司可以逐步做到发挥劳动力蓄水池的作用。对于劳动服务公司以及社会各方面所组织的以扩大就业为主要目的的集体经济事业,有关部门要从供产销渠道、银行贷款、经营场地、财政税收政策、开办经费等方面给予必要的支持和帮助。

七是大力加强职业技术培训工作,逐步提高职工的政治思想觉悟和业务技术水平。逐步建立正规的职工教育制度和严格的考核制度,把学习成绩优劣同调资晋级以及工作安排结合起来。对于关键性的技术岗位,要逐步实行未经考核合格不准上岗位的制度。要普遍开展对城镇待业青年就业前的培训,逐步做到使一切需要进行培训的人员,先经过培训以后再就业。

八是严格控制农村劳动力流入城镇。对农村多余劳动力,要通过发展多种经营和兴办社队企业，就地适当安置，不使其涌入城镇。根据目前中国的经济情况，对于农村人口、劳动力迁进城镇，应当按照政策从严掌握。

6. 劳动人事部成立

1982年5月，在改革开放之后的国务院第一次机构改革中，按照分工合理、职责分明、提高工作效率的要求，国家人事局、国家劳动总局、国务院科技干部局、国家编制委员会合并，成立劳动人事部。

时任国务院副总理的万里同志在劳动人事部成立大会上指出，成立劳动人事部，"概括起来，就是要搞好'三大改革'，为'两个建设'服务，为实现'四化'服务"。

万里副总理进一步指出，成立劳动人事部，主要完成三个方面的改革：一是搞好工资制度的改革。"工资制度不改革，整个国家搞不好。现在这种吃'大锅饭'、'铁饭碗'和'终身制'等办法不能适应'四化'的需要，不改不行。劳动人事部要当改革部，不要当保守部。要认真总结新中国成立以来的经验教训，提出改革的办法。"二是搞好劳动制度的改革。党的十一届三中全会提出了搞活经济、广开就业门路的方针。1981年10月，中共中央、国务院又发了决定，已经有了一个良好的开端。但还要从制度上进行改革。国务院发布的《企业职工奖惩条例》规定，对职工要有奖有惩，企业有权开除职工，有权择优录用，这就是为了逐步改变不合理的劳动制度，改变"吃大锅饭"、"铁饭碗"的办法，改革"包"下来的办法。三要搞好人事制度的改革。从人事制度到教育制度都要改，从教育制度改起。现行的制度，限制了人才的培养和使用。人的发展是很不平衡的。有作为的人不少是在40岁以下，但我们的制度是很不适应的。这里还有一个工人培养问题，必须提高工人的质量。现在各级领导班子老化，说明这个问题抓晚了。人事制度和教育制度的改革，必须有利于培养人才，发现人才。只有这样，才能及时把大有作为的人提拔到领导岗位。

1949年9月，中国人民政治协商会议第一届全体会议就决定了设立中央人民政府劳动部。劳动部是新中国最早成立的部之一。

与劳动部相比，人事部的设立要稍晚一些。新中国刚刚成立的时候，并没有设立全国统一的人事管理机构。为了避免在人事的管理上出现机构重叠、工作分散的情况，1950年9月，成立了中央人民政府人事部，统一管理全国在职、在学、在党和非党干部等。

1954年9月，设立国务院劳动部。而根据有关规定，国务院不再设人事部。改为设立国务院人事局，作为国务院直属机构。

在随后的一段时间内，人事、劳动部门的管理、名称不断发生着变化，但其主要职责并没有发生改变。直到1970年6月，中央决定将人事局的工作，一部分交中央组织部，一部分交国务院政工小组。而劳动部则被并入国家计划委员会。五年后，1975年9月，国务院决定将劳动工作从国家计委分出，成立国家劳动总局。

1980年7月，为进一步加强人事工作，国务院决定将民政部政府机关人事局和国务院军队转业干部安置工作小组办公室合并成立国家人事局，负责综合管理政府系统的人事工作。

随着改革开放的不断深入，根据新形势的需要，在1988年4月的国务院第二次机构改革中，中华人民共和国人事部成立，而劳动人事部被撤销，组建了劳动部。

此后，经过十年的发展，我国的市场经济逐步建立并不断完善。而与此同时，社会服务管理部门的职能也在不断发生着变化。为此1998年3月，根据《国务院机构改革方案》，在劳动部基础上组建劳动和社会保障部，建立了统一的社会保障行政机构。

2008年，在新的一轮国务院机构"大部制"改革中，中央决定组建人力资源和社会保障部，并组建国家公务员局，由人力资源和社会保障部管理。不再保留人事部、劳动和社会保障部。

7. 胡耀邦谈怎样划分光彩和不光彩

1983年3月15日，这一天的全国各大报刊几乎都刊登了同一条新闻——《个体户白士明入党》，这一消息震动全国。哈尔滨市个体户白士明在递交入党申请书3年之后，终于实现了自己成为一名中国共产党党员的心愿。在白士明成为首个入党个体户后，当年的3月下旬，白士明又成为首个当选全国人大代表的个体户。这是中国个体私营业主首次登上最高政治舞台，一时引起国内外的轰动。这两则消息在当时被同时代的个体户认为，是为个体户"打开了一扇天窗"。

受旧思维的影响，计划经济体制在人们心目中形成"单位"概念，使人们感到只有"单位"才是最可靠和有保障的，干个体、搞私营经济不是什么光彩的事。例如，在当时，很多人不愿意和个体户结婚，即使有钱，在人们看来也无外乎就是有几个"臭钱"，谁知能干多久，毕竟那不是铁饭碗，说不定哪天政策一变，连一个像样的工作都没有。

1983年8月23日，劳动人事部、国家工商行政管理局、中国社会科学院、全国总工会、共青团中央、全国妇联等部门和单位，在京联合召开发展个体经济安置城镇青年就业先进表彰大会。30日，胡耀邦、万里、习仲勋、王震等党和国家领导人，在中南海会见了300多名全国发展集体经济和个体经济安置城镇青年就业先进代表，并在怀仁堂举行座谈。在座谈会上，胡耀邦即席发表《怎样划分光彩和不光彩》的著名讲话，这是"文化大革命"结束后，中央领导对个体经济发展最明确的一次表态。

胡耀邦的讲话开宗明义，他充满感情地说：党中央和国务院对城镇集体经济和个体经济事业是充分支持的,对从事集体和个体劳动,为国家富强,为方便人民生活作出贡献的同志们表示敬意。

接着他说:现在社会上还有一些陈腐观念,妨碍着我们前进。在社会舆论中,有些是非标准还不很明确。例如,谁光彩,谁不光彩,怎样区分光彩和不光彩,就不是很清楚。到处碰到这种情况,到全民所有制光彩,到集体所有制不大光彩,搞个体的就很不光彩,找对象都困难。还说什么,当干部光彩,没当干部就不光彩;上了大学光彩,没上大学就不光彩;等等。光彩与不光彩,究竟用什么标准来划分?这个问题如果弄不清楚,并且不形成强大的社会舆论,有些是非好坏就分不清楚,就会阻碍我们更好地前进。

胡耀邦鼓励个体劳动者,他说:一切有益于国家和人民的劳动都是光荣豪迈的事业。究竟谁光彩呢?必须有个明确的标准。凡是辛勤劳动,为国家为人民作了贡献的劳动者,都是光彩的。好逸恶劳不光彩,违反劳动纪律不光彩,违法乱纪最不光彩。我们必须把陈腐的观念清除掉,代之以正确的观念。

胡耀邦在讲话中鼓励个体、私营老板们干光彩的事,做光彩的人。他还说:请同志们回去传个话,说中央的同志讲了,集体经济和个体经济的广大劳动者不向国家伸手,为国家的富强、为人民生活方便作出了贡献。党中央对他们表示敬意、表示慰问。这无不令参加座谈会的代表们为之感动。

第二天,国内的很多媒体都刊登了胡耀邦这一"热情洋溢"的讲话,在大连老虎滩公园照相的个体户姜维后来回忆说:"很多个体工商户是一边读着报纸一边不停地哭。"一些年轻人说:"胡耀邦说我们是光彩的。"

10年之后,1994年4月23日,刘永好等十位非公有制经济代表人士发表了"让我们投身到扶贫的光彩事业中来"的倡议书,共同倡议开展以扶贫开发为主题、以互惠互利、自觉自愿为原则、以帮助"老、少、边、穷"地区开发资源、兴办企业、培训人才为主要内容的光彩事业。其名称正是源于胡耀邦的那次著名的讲话。

8. 改革劳动制度的"四个暂行规定"

1986年9月9日,国务院颁布改革劳动制度的四项暂行规定,即《国营企业实行劳动合同制暂行规定》、《国营企业招用工人暂行规定》、《国营企业辞退违纪职工暂行规定》和《国营企业职工待业保险暂行规定》,从10月1日起实行。

这四个暂行规定的颁布实施,是新中国成立以来劳动制度的一次重大改革,是整个经济体制改革的一项重要内容,四个暂行规定的重点是用工、招工制度改革,即国营企业新招收的工人都要实行劳动合同制,取消退休工人"子女顶替"和内部招收职工子女的办法，实行面向社会，公开招工，坚持德智体全面考核，择优录用。按照新的规定，在国营企业的新招工人中，可以突破劳动力的"单位所有制"，使劳动者的特长、志愿和劳动岗位的需要较好地结合起来。

这对提高职工队伍素质，进一步发挥职工的积极性和创造性，加强企业管理，增强企业活力，适应社会主义商品经济发展的需要，推动社会主义生产力的发展具有重要意义。

《国营企业实行劳动合同制暂行规定》指出：企业在国家劳动工资计划指标内招用常年性工作岗位上的工人，除国家另有特别规定者外，统一实行劳动合同制。用工形式，由企业根据生产、工作的特点和需要确定，可以招用五年以上的长期工、一年至五年的短期工和定期轮换工。不论采取哪一种用工形式，都应当按照本规定签订劳动合同。

《国营企业招用工人暂行规定》指出：企业招用工人，必须在国家劳动工资计划指标之内，贯彻执行先培训后就业的原则，面向社会，公开招收，全面考核，择优录用；企业招用工人，必须实行劳动合同制；企业招用工人，实行德智体全面考核，其考核内容和标准，可以根据生产、工作需要有所侧重、招用学徒工，侧重文化考核；直接招用技术工人，侧重专业知识技能考核；招用繁重体力劳动工人，侧重身体条件考核。

《国营企业辞退违纪职工暂行规定》指出：企业对有以下行为之一，经过教育或行政处分仍然无效的职工，可以辞退：一、严重违反劳动纪律，影响生产、工作秩序的；二、违反操作规程，损坏设备、工具，浪费原材料、能源，造成经济损失的；三、服务态度很差，经常与顾客吵架或损害消费者利益的；四、不服从正常调动的；五、贪污、盗窃、赌博、营私舞弊，不够刑事处分的；六、无理取闹，打架斗殴，严重影响社会秩序的；七、犯有其他严重错误的。

《国营企业职工待业保险暂行规定》指出，宣告破产的企业的职工、濒临破产的企业法定整顿期间被精减的职工、企业终止或解除劳动合同的工人、企业辞退的职工适用本规定。该规定还指出了职工待业保险基金的来源和用途。关于职工待业保险基金的来源，主要包括三类：一、企业按照其全部职工标准工资总额的百分之一缴纳的待业保险基金（缴纳所得税前列支）；二、职工待业保险基金存入银行后，由银行按照国家规定支付的利息；三、地方财政补贴。关于职工待业保险基金的开支项目，包括七类：一、宣告破产的企业职工和濒临破产的企业法定整顿期间被精减的职工，在待业期间的待业救济金；二、宣告破产的企业职工和濒临破产的企业法定整顿期间被精减的职工，在待业期间的医疗费、死亡丧葬补助费、供养直系亲属抚恤费、救济费；三、宣告破产的企业离休、退休职工和濒临破产的企业法定整顿期间被精减而又符合离休、退休条件职工的离休、退休金；四、企业辞退的职工和终止、解除劳动合同的工人，在待业期间的待业救济金和医疗补助费；五、待业职工的转业训练费；六、扶持待业职工的生产自救费；七、待业职工和职工待业保险基金的管理费。

上述四项暂行规定的实施，有助于消除现行劳动制度中包得过多、统得过死、能进不能出的弊端，逐步建立起一套能够适应社会主义商品经济发展要求的新型劳动制度，以利于激励广大职工的主人翁责任感和生产积极性，进一步改进企业管理，加强劳动纪律，提高职工素质，增强企业活力，推动生产的发展。

9.国务院《国有企业职工待业保险规定》

为适应增强国营企业活力为中心环节的城市经济体制改革的需要，使国营企业成为独立的经济实体，具有自主权和经营权，对长期经营不善、资不抵债的企业实行破产，中国改变了企业用工制度，由计划经济体制下国家对劳动者采取的统包统配的固定工制度逐渐转变为劳动合同制。这种改变使劳动力有了一定的流动性，并对解除与终止劳动合同的员工、违纪被辞退的员工、破产和整顿企业的下岗员工，不再执行国家的无条件"包下来"的政策。鉴于为保障国营企业职工在待业期间的基本生活需要，国务院在1986年7月12日颁布并于当年10月1日实施了《国营企业职工待业保险暂行规定》（以下简称《暂行规定》），建立了我国的失业保险制度，主要包括以下四方面。

一是失业保险的覆盖面。《暂行规定》规定了失业保险的覆盖范围，即濒临破产的企业法定整顿期间被精简的职员、宣告破产的企业职员、企业终止与解除劳动关系的职员、企业辞退的职员四类人。

二是失业保险的基金。第一，基金的来源。《暂行规定》规定了待业保险基金的来源：企业按全部职员标准工资总额1%交纳的待业保险基金、待业保险基金存入银行后的利息与地方的财政补贴。第二，基金的统筹层次。《暂行规定》规定待业保险基金由省、自治区、直辖市统筹使用。不足时，由财政补贴。第三，基金的支出。《暂行规定》规定为濒临破产的企业法定整顿期间与宣告破产的企业职员的待业救济金、医疗费死亡丧葬补助金及其直系亲属的抚恤金和救济费；企业辞退的职员与终止和解除劳动关系的职员的待业救济金与医疗补助费；待业职员的专业训练费和生产自救费；基金管理费。

三是失业保险的待遇。第一，待遇的资格限制条件。《暂行规定》规定为超过领取期限的；已重新就业的；无正当理由，两次不接受有关部门介绍就业的；待业期间受到劳动教养或者被判刑的。第二，待遇的标准。《暂行规定》中明确规定了职工待业保险基金由企业按照全部职工标准工资总额的1%交纳，救济金标准是按职员的标准工资的50%至75%发放，最长的领取时间为24个月。

四是失业保险的管理。《暂行规定》规定为待业职员与基金的管理，由当地劳动行政主管部门所属的劳动服务公司负责。各地的劳动服务公司设立专职机构或配置专职员工管理。总之,失业保险制度是由政府基于自身对外部环境的认知,通过集体的选择制定而成的,它反映了主体的意愿。

1993年4月12日,国务院颁布了《国有企业职工待业保险规定》,从5月1日起开始实施,原国务院发布的《国营企业职工待业保险暂行规定》同时废止。新的规定除在原《暂行规定》的基础上,继续沿用失业保险制度的组织管理模式、资金筹集等内容外,在覆盖面、失业保险的待遇水平、基金统筹等内容上均进行了调整。

在实践运行中,失业保险的覆盖面窄、失业保险的待遇低、基金支出不合理、基金的管理使用缺乏有效的监督机制等问题仍没有解决。这说明,失业保险制度的实际效力很有限,对失业者个人的保障程度低,仍然不能适应企业深化改革的需要。政府的认知也随着现实的改变而发展,国务院于1999年1月22日发布258号令,发布了《失业保险条例》,同时宣布了1993年4月12日国务院颁布的《国有企业职工待业保险规定》废止。失业保险制度开始起到防范劳动力市场的风险作用,发展成为一项真正的制度。

《中华人民共和国社会保险法》于2010年10月28日,十一届全国人大常委会第十七次会议通过,从2011年7月起实施的《中华人民共和国社会保险法》和2011年7月颁布的《〈中华人民共和国社会保险法〉实施条例》,标志着失业保险制度发展到一个新阶段。

10. 国务院《劳动就业服务企业管理规定》

1990年11月22日,国务院发布《劳动就业服务企业管理规定》(以下简称《规定》)。《规定》对劳动就业服务企业的职能,以及各级政府、行业主管部门、主办或扶持单位的职责作了明确的区分。

关于劳动就业服务企业的概念,《规定》指出:"劳动就业服务企业是承担安置城镇待业人员任务、由国家和社会扶持、进行生产经营自救的集体所有制经济组织。"承担安置城镇待业人员任务,是指:一、劳动就业服务企业开办时,从业人员中百分之六十以上(含百分之六十)为城镇待业人员;二、劳动就业服务企业存续期间,根据当地就业安置任务和企业常年生产经营情况按一定比例安置城镇待业人员。

各级政府的劳动部门对本地区劳动就业服务企业的职责是:一、指导和监督劳动就业服务企业贯彻执行国家有关方针、政策和法律、法规;二、制定劳动就业服务企业的地区发展规划;三、根据国家有关规定,运用就业经费和生产扶持基金,推动劳动就业服务企业的发展,扩大其安置待业人员的能力;四、开展技术培训,开辟物资渠道,组织技术咨询和信息交流,为劳动就业服务企业提供服务;五、指导劳动部门所属的劳动就业服务企业的管理活动及其干部的管理和培养工作，开展评选先进集体和个人的活动；六、省、自治区、直辖市（含计划单列市，下同）人民政府的劳动部门组织本地区的劳动就业服务企业开展产品评优、企业升级的工作。

各行业主管部门对本部门劳动就业服务企业的职责是：一、指导和监督劳动就业服务企业贯彻执行国家有关方针、政策和法律、法规；二、制定劳动就业服务企业的部门发展规划，协助企业筹措发展资金；三、协调劳动就业服务企业与部门内各有关方面的关系；四、开展技术培训，为劳动就业服务企业提供咨询，组织物资、生产、技术等信息交流；五、帮助劳动就业服务企业进行新产品鉴定和科研成果鉴定；六、指导本部门所属的劳动就业服务企业的干部管理和培养工作，开展评选先进集体和个人的活动。

企业、事业单位、机关、团体、部队等主办或者扶持单位（简称主办或者扶持单位）对所主办或者扶持开办的劳动就业服务企业的职责是：一、劳动就业服务企业开办时，为企业筹措开办资金，帮助企业办理审批和工商登记手续；二、为劳动就业服务企业安置待业人员提供一定的生产经营条件；三、协调劳动就业服务企业与各方面的关系；四、在劳动就业服务企业兴办初期，指导企业制定管理制度，任用、招聘或者组织民主选举企业的厂长（经理）；五、尊重并维护劳动就业服务企业在人财物、产供销等方面的管理自主权；六、在平等互利、等价交换的原则基础上，同劳动就业服务企业开展生产经营和服务等方面的合作活动。

11. 国务院《全民所有制企业招用农民合同制工人的规定》

改革开放后，我国部分国营工业企业招用了相当数量的农民合同制工人。例如，浙江省到1982年6月底，全省全民所有制单位的劳动合同制工人达到20.68万人，其中计划内的农民合同工为5万余人，占劳动合同制工人总数的26.26%。

这种发展趋势形成的背景，一是城镇劳动就业矛盾的相对缓和。党的十一届三中全会后，在"三结合"就业方针、广开就业门路等方针政策的指导下，我国大多数城市基本解决了历史上多年遗留下来的城镇待业青年的就业问题。随着就业矛盾的相对缓和，提高了工业比较集中的城市对农村劳动力的迫切需求。二是城市产业结构的调整。随着第三产业兴起，增加了城镇青年的就业机会。城市青年择业意识，从单纯获得就业机会，转向为考虑劳动收入、劳动强度、社会地位、离家远近等多种因素，有选择地实现就业。这就迫使一些劳动强度大、环境条件差的工业企业不得不招用农民合同工。三是农村劳动力的转移。农村经济体制的改革，农业生产率的提高，节约了农业劳动力，从而使大批的农业劳动力进城务工。

在这种背景下，1991 年 7 月 25 日，国务院发布《全民所有制企业招用农民合同制工人的规定》，对农民合同制工人的使用作了新的规定。具体体现在以下 10 个方面：

一是农民合同制工人的概念。归并了企业从农村招用名目繁多工人的名称，明确规定："企业招用农民合同制工人是指从农民中招用的使用期限在 1 年以上、实行劳动合同制的工人，包括从农民中招用的定期轮换工。"

二是招用农民工的权限。明确计划管理的原则，强调企业必须在国家下达的劳动工资计划之内招用农民工，废止了以前实行工效挂钩单位可以自行招用农民工的规定。确定企业招收农民工必须用于国务院劳动行政主管部门确定的需要从农村招用劳动力的生产岗位和工种。

三是劳动合同的签订。对劳动合同的签订作了较大的修改，明确规定企业招用农民工应直接与农民工本人签订劳动合同。改变以前企业招用农民工可以同县、乡签订劳动合同，然后再由县、乡同农民工签订相应的劳动合同，有的也可以由企业直接同农民工签订劳动合同的规定。

四是续订劳动合同。改变了以前合同期限一般为 3 至 5 年，不得延长的规定。明确规定劳动合同期限届满立即终止，经双方当事人同意，可以续订。

五是解除劳动合同。明确规定了企业解除劳动合同的条件和农民工解除劳动合同的条件，使劳动合同的解除有了法规依据。

六是从农民中留转一定比例的生产骨干为城镇户口合同制工人。

七是农民工的权利和工资待遇。明确了农民工在企业工作期间与所在企业其他职工享有同等的权利。农民工应当积极参与企业管理。农民工在企业试用期内享受城镇合同制工人的工资待遇；试用期满考核合格的，按照国家有关规定定级，由企业确定工资形式。农民工的奖金、津贴、保健食品、副食品价格补贴以及节假日等待遇与城镇合同制工人相同。

八是农民工的保险、福利。延长了停工医疗期。农民工患病或非因工负伤，企业根据劳动合同期限长短给予 3 至 6 个月的停工医疗期，比原规定的 3 个月增加了一个幅度，便于企业根据具体情况掌握。改变了非因工死亡统一制定保险福利标准。规定非因工死亡由企业发给丧葬补助费和一次性供养直系亲属救济费，具体发放标准由省（自治区、直辖市）人民政府规定。因工负伤的保险有所提高。完全丧失劳动能力的，按照城镇合同制工人的抚恤标准，按月发给，直至死亡；大部分丧失劳动能力的按照该农民工原标准工资的 70% 按月发给，直至死亡；部分丧失劳动能力的，根据其伤残程度一次性发给。提高了因工死亡的待遇。农民工因工死亡的，由企业按照城镇合同制工人享受的同等待遇，发给其家属丧葬补助费和供养直系亲属抚恤费。

九是实行养老保险制度。企业招用农民工，实行养老保险制度。其中，招用农民轮换工，实行回乡生产补助金制度。这个制度的建立，将对稳定农民工队伍，减少流失率起到积极的作用。

十是重申农民工在农村的待遇。规定重申农民工所分责任田、自留地应予保留。农民工应当享受与其他村民同等的待遇。解除了农民工到企业工作的后顾之忧。

12. 全民所有制工业企业转换经营机制条例

为了更好地贯彻落实党中央、国务院关于搞好国营大中型企业的一系列重要决定，保证《中华人民共和国企业法》的贯彻实施，适应加大改革力度，加快改革步伐的需要，原国家经济体制改革委员会制定了《全民所有制工业企业转换经营机制条例》，并由国务院于1992年7月23日颁布实施。该条例共7章54条，包括总则、企业经营权、企业自负盈亏的责任、企业的变更和终止、企业和政府的关系、法律责任、附则。

一是企业转换经营机制的目标。使企业适应市场的要求，成为依法自主经营、自负盈亏、自我发展、自我约束的商品生产和经营单位，成为独立享有民事权利和承担民事义务的企业法人。

二是转换企业经营机制必须遵循的原则。一、坚持党的基本路线；二、坚持政企职责分开，保障国家对企业财产的所有权，实现企业财产保值、增值，落实企业的经营权；三、坚持责、权、利相统一，正确处理国家和企业、企业和职工的关系，贯彻按劳分配的原则，把职工的劳动所得与劳动成果联系起来；四、发挥中国共产党的基层组织在企业中的政治核心作用，坚持和完善厂长（经理）负责制，全心全意依靠工人阶级；五、坚持深化企业改革与推进企业技术进步、强化企业管理相结合；六、坚持在建设社会主义物质文明的同时，建设社会主义精神文明，建设有理想、有道德、有文化、有纪律的职工队伍。

三是企业经营权的权利。企业经营权是指企业对国家授予其经营管理的财产享有占有、使用和依法处分的权利。

四是企业自负盈亏的责任。企业以国家授予其经营管理的财产，承担民事责任。企业必须建立分配约束机制和监督机制。企业应当每年从工资总额的新增部分中提取不少于10%的数额，作为企业工资储备基金，由企业自主使用。工资储备基金累计达到本企业一年工资总额的，不再提取。企业连续3年全面完成上交任务，并实现企业财产增值的，政府主管部门对厂长或者厂级领导给予相应奖励，奖金由决定奖励的部门拨付。

五是企业和政府的关系。按照政企职责分开的原则，政府依法对企业进行协调、监督和管理，为企业提供服务。企业财产属于全民所有，即国家所有，国务院代表国家行使企业财产的所有权。

六是在转换经营机制中,政府和企业分别担负的法律责任。政府有关部门违反本条例,有下列行为之一的,上级机关应当责令其改正;情节严重的,由同级机关或者有关上级机关对主管人员和直接责任人员,给予行政处分,构成犯罪的,由司法机关依法追究刑事责任:一、超越、滥用管理权限下达指令性计划并强令企业执行的;二、干预企业投资决策权或者审批企业投资项目有重大失误的;三、以封锁、限制或者其他歧视性措施,侵犯企业物资采购权或者产品销售权的;四、干预、截留企业的产品、劳务定价权的;五、限制、截留企业进出口权,或者平调、挤占、挪用企业自主使用的留成外汇的;六、截留或者无偿调拨企业留用资金,或者干预企业资产处置权的;七、强令企业对职工进行奖励、晋级增薪,干预企业录用、辞退、开除职工或者解除劳动合同的;八、未依照法定程序和条件任免厂长、其他厂级领导或者干预厂长行使企业中层行政管理人员任免权的;九、强令企业设置对口机构、规定人员编制和级别待遇,以及违反法律和国务院规定,对企业进行检查、评比、评优、达标、升级、鉴定、考试、考核的;十、非法要求企业提供人力、物力、财力,以及对拒绝摊派的企业进行打击报复的;十一、未依照法定程序和条件,阻止或者强迫企业进行组织结构调整的;十二、不依法履行对企业监督、检查职责,或者有其他非法干预企业经营权侵犯企业合法权益的。

13. 国务院《国有企业富余职工安置规定》

国有企业职工安置问题是在国有企业全面退出竞争性行业的背景下产生的,同时随着国有企业改革的不断深入而引起各界人士的关注和讨论。20世纪90年代,我国社会经济在适应世界经济格局变化的过程中不断调整,为了实现国有企业在市场经济模式下增大竞争优势的目的,一大批国有企业实行改制。虽然市场化取向的改革方向已日渐清晰,但在当时并不是所有国有企业都能够转型成功,改制后的企业还遗留诸多问题,特别是职工安置经济补偿方面的相关问题,主要表现在改制的过程中安置方式的选择和经济补偿金制定标准的不规范、不平衡等方面。其中有身份职工安置问题的解决压力也越来越大。

1993年4月20日,国务院发布了《国有企业富余职工安置规定》(以下简称《规定》)。《规定》称,对国有企业富余职工的安置,应当遵循企业自行安置为主、社会帮助安置为辅、保障富余职工基本生活的原则进行。

《规定》明确企业为安置富余职工而兴办的从事第三产业的独立核算企业,自开业之日起,两年免征、一年减半征收企业所得税,企业开办的劳动就业服务企业,应承担安置本企业富余职工的任务,在资金、场地、原材料和设备等方面给予扶持。企业组织本企业富余职工依法兴办的独立核算企业,可以承担本企业中原由外单位承包的技术改造或者劳务项目。企业可以对富余职工实行待岗和转业培训，培训期间的工资待遇由企业自行确定。经企业职工代表大会讨论同意并报企业行政主管部门备案，企业可以对职工实行有限期的放假，放假期间，由企业发给生活费。

《规定》还明确职工距退休年龄不到5年的，经本人申请，企业领导批准，可以退出工作岗位休养，由企业发给生活费；已经实行退休费用统筹的地方，应当按照有关规定缴纳基本养老保险费；达到国家规定的退休年龄时，按照规定办理退休手续。职工退出工作岗位休养期间视为工龄，与其以前的工龄合并计算。职工可以申请辞职，在办理辞职手续时，企业应按照国家有关规定发给一次性生活补助费。企业因生产经营发生重大变化，必须裁减职工的，对劳动合同制职工，经企业职工代表大会讨论同意，可以提前解除劳动合同，但应按合同的约定履行义务；合同没有约定的，按照其在本企业工作的年限，工龄每满一年，发给相当于一个月标准工资的补偿费。

14. 农村劳动力跨地区流动有序化工程

1992年邓小平南方谈话有力地推进了我国改革开放的进程。沿海地区的工业化和城市化迅速发展，而在一些地区由于经济结构等因素的作用，经济增长不尽如人意，特别是乡镇企业的吸纳能力的下降，使区域间的发展差距拉大。由此，大批农村劳动力从低收入地区迁移到高收入地区，出现了广为人们关注的"民工潮"。据统计，1992年农村劳动力迁移到城市的人数已达到3500多万，1993年一度增加到6200万，其中跨省流动达到2200万。之后，农村劳动力流动进入稳定增长阶段，1994年，从农村转移出来的劳动力达到7000万，1995年为7500万，而同期出省的农村劳动力人数大约为2500万—2800万。

面对大规模的劳动力转移态势，国家开始出台一系列政策措施，引导劳动力跨地区有序流动。1993年11月3日，劳动部发出《关于印发〈再就业工程〉和〈农村劳动力跨地区流动有序化——"城乡协调就业计划"第一期工程〉的通知》，提出要在全国形成与市场经济相适应的劳动力跨地区流动的基本制度、市场信息系统和服务网络，使农村劳动力流动规模较大的主要输入、输出地区实现农村劳动力流动规模的有序化。

实施《农村劳动力跨地区流动有序化——"城乡协调就业计划"第一期工程》的主要目标，是要在全国形成与市场经济相适应的劳动力跨地区流动的基本制度、市场信息系统和服务网络，使农村劳动力流动规模较大的主要输入、输出地区实现流动的有序化。实施该工程的主要任务有四项。

一、建立基本制度。在全国范围内建立起农村劳动力跨地区流动的基本制度，包括大、中城市各类企业用工管理和监察制度，劳动力市场规范，劳动力输入、输出的管理和服务制度，异地就业劳动者的权益保障制度等。

二、发展服务组织。在主要输入、输出地区，鼓励发展为农村劳动力跨地区流动和异地就业的服务组织，包括城市职业介绍所、乡镇劳动服务站、民办中介服务实体、区域性劳务合作组织、省际和区域性劳务协调组织、各类培训组织及为异地就业民工提供住宿、交通服务的其他组织等。

三、完善基础手段。在全国各级劳动力市场信息系统逐步建立的基础上，重点完善农村劳动力跨地区流动的信息传播、监测系统。在劳动力主要输入地建立劳动力需求信息库，在主要输出地建立剩余劳动力资源信息库，完善信息收集、传播手段；分别在华南、华东、华北建立区域性劳动力市场信息交流中心，并形成网络；建立农村劳动力就业和流动状况监测手段，加强劳动力流动信息的收集、整理和反馈。

四、强化协调服务。农村劳动力跨地区流动有序化工程面向全国，有重点地在劳动力主要输入、输出地重点实施。这些地区包括：广东、福建、山东、浙江、江苏等沿海发达地区和京、津、沪等大城市及四川、安徽、湖北、湖南、广西、贵州、江西、河南、河北、甘肃等劳动力输出较多的地区。整个工程从 1993 年 10 月开始至 1996 年 12 月，分四个阶段完成。

15. 国务院关于职工工作时间的规定

1994 年 2 月 8 日，劳动部、人事部联合发布《国务院关于企业职工工作时间的规定》（以下简称《规定》），就国有企业职工劳动时间作了规定。该规定适用于在中华人民共和国境内的国家机关、社会团体、企业事业单位以及其他组织的职工。《规定》自 1995 年 5 月 1 日起施行。1995 年 5 月 1 日施行有困难的企业、事业单位，可以适当延期；但是，事业单位最迟应当自 1996 年 1 月 1 日起施行，企业最迟应当自 1997 年 5 月 1 日起施行。

职工每日工作 8 小时、每周工作 40 小时；在特殊条件下从事劳动和有特殊情况，需要适当缩短工作时间的，按照国家有关规定执行；因工作性质或者生产特点的限制，不能实行每日工作 8 小时、每周工作 40 小时标准工时制度的，按照国家有关规定，可以实行其他工作和休息办法。任何单位和个人不得擅自延长职工工作时间。因特殊情况和紧急任务确需延长工作时间的，按照国家有关规定执行；国家机关、事业单位实行统一的工作时间，星期六和星期日为周休息日；企业和不能实行前款规定的统一工作时间的事业单位，可以根据实际情况灵活安排周休息日。

配合《规定》的发布，劳动部、人事部就《规定》作出说明。一是工时制度在全国应是统一的，适用于中华人民共和国境内的一切机关、社会团体、企业、事业单位以及其他组织的职工。企业包括国有、集体、私营、个体、外商投资等各类单一或混合型经济所有制和矿山、工厂、建筑、交通运输、森林采伐、农场、商业、服务业等行业的单位。

中国对特殊条件下从事劳动和有特殊情况的职工的工作时间有过特殊规定。比如，化工行业对从事有毒有害作业的工人，根据生产的特点和条件分别实行"三工一休"制和 6 小时至 7 小时工作制；煤矿井下实行四班每班 6 小时工作制；纺织业实行"四班三运转"制度；有不满一周岁婴儿的女职工，每天可在工作时间内有 1 小时哺乳时间；等等。在实行本规定后，对在特殊条件下从事劳动和有特殊情况的职工，需要适当缩短工作时间的，仍按照国家有关规定执行。

二是国家机关、事业单位的工作和休息时间必须统一。自《规定》施行之日起，第一周的星期六和星期日为休息日，第二周的星期日为休息日，依此循环，不受月份、年份限制。这样便于全社会各项工作正常运行。至于企业，可根据每日工作 8 小时，平均每周工作 44 小时的规定，结合实际情况作出规定。除国家机关必须统一工作和休息时间外，医院、托幼园、小学校等与人民生活密切相关的单位也要统一，因此将事业单位和国家机关一样统一规定工作和休息时间。民航、铁路等行业的职业，有的每天工作时间超过 8 小时，但平均每周不超过 44 小时。

三是在执行《规定》的过程中，各单位应加强管理，严格纪律，努力挖潜，保证完成生产和工作任务。不增加人员编制和财政支出，不能因实行每周 44 小时工时制度而影响正常工作和经济效益，也不能因此而减少职工的收入。企业和个人均不得擅自延长职工的工作时间。要纠正那种依靠加班加点来完成生产任务的做法。因特殊情况和紧急任务必须延长职工工作时间的，应当按照国家有关规定执行。各社会服务单位，如商业、饮食、公共交通、邮电、运输等单位，在调整生产和工作时间的过程中，必须考虑广大群众的利益，对出现的问题，应采取有效措施，予以解决，为人民群众创造更便利的生活和工作条件。各级劳动、人事部门对《规定》的执行情况进行监督检查，对违反《规定》的，按有关规定予以处罚。

16. 中华人民共和国劳动法

1994 年 7 月 5 日，八届全国人大常委会第八次会议通过《中华人民共和国劳动法》（以下简称《劳动法》），自 1995 年 1 月 1 日施行。《劳动法》的制定，源于邓小平复出后的首倡，成于邓小平南方谈话的推动。1978 年底，为给党的十一届三中全会作准备，中央召开工作会议。在这次会议上，邓小平发表了《解放思想，实事求是，团结一致向前看》的讲话，从此拉开了中国改革开放的序幕。在这篇讲话中，邓小平强调，要加快社会主义法制建设，明确提出尽快制定《劳动法》在内的十部法律。自此,《劳动法》的起草工作开始。可是在修改29稿后,于1989年搁置起来,出现了三年多的停顿。1992年邓小平南行,发表了重要谈话,党的十四大确立了建立社会主义市场经济体制的目标,进一步明确了劳动体制改革的方向和《劳动法》的立法原则。

《劳动法》的实施结束了我国45年没有"劳动法"的历史,填补了我国法制建设中的空白,有助于加快社会主义法制建设和劳动法制建设的进程。《劳动法》也是全面规范劳动工作、明确劳动部门职责、权利和义务的一部法律,是社会主义市场经济体制建立与完善的重要保障。

一是打破所有制界限,建立公平的市场竞争原则。《劳动法》第二条规定:在中华人民共和国境内的企业、个体经济组织(以下统称用人单位)和与之形成劳动关系的劳动者,适用本法。国家机关、事业组织、社会团体和与之建立劳动合同关系的劳动者,依照本法执行。由此可见无论企业大小、性质如何,劳动关系的主体一律平等适用于《劳动法》的规定,打破了按照企业的所有制性质分别立法的状况。

二是突出对劳动者权益的保护。《劳动法》第一条规定:"为了保护劳动者的合法权益,调整劳动关系,建立和维护适应社会主义市场经济的劳动制度,促进经济发展和社会进步,根据宪法,制定本法。"这一规定,突出对劳动者权益的保护。

三是突破固定工制度,全面推行劳动合同。《劳动法》明确规定:"建立劳动关系应当订立劳动合同。"我国长期实行计划经济体制,劳动力由国家统配,基本未采取劳动合同方式。1986年国务院发布《国营企业实行劳动合同制暂行规定》后,以劳动合同方式建立劳动关系有了一定的发展,但由于合同制职工与原有固定工双轨并行,带来了新的身份差别和摩擦。实行劳动合同是建立劳动力市场的重要条件。固定工制度严重阻碍了劳动力的合理配置与流动,也使企业的用人自主权受到限制,同时造成职工心理不平衡,影响劳动关系的和谐稳定。因此,把劳动合同作为确定劳动关系的一种基本形式普遍地推行,为社会主义市场经济下的新型劳动关系奠定了法律基础。

2007年6月29日,十届全国人大常委会第二十八次会议修订通过新的《中华人民共和国劳动合同法》(以下简称新《劳动合同法》),自2008年1月1日起施行。新修订的《劳动合同法》对以下10个方面的问题作了新的规定。

一是民办非企业职工有法可依。新《劳动合同法》扩大了《劳动法》的适用范围,增加了民办非企业单位等组织及其劳动者。二是违法不签合同单位须付双薪。根据该法规定,用人单位自用工之日起满一年仍未与劳动者订立书面劳动合同的,除在超过一个月不满一年期间向劳动者每月支付2倍工资外,还应视为双方已订立无固定期限劳动合同。三是续订"无固定合同"劳动者有权做主。根据规定,在"连续工作满10年"等三种法定情形下,劳动者提出订立无固定期限劳动合同的,用人单位应予签订。四是1年期合同的试用期不得超过2个月。同时,同一用人单位与同一劳动者只能约定一次试用期。五是"违约金"有"上限"。根据规定,违约金的数额不得超过用人单位提供的培训费用。除培训服务期和竞业限制可以约定劳动者违约金之外,其余任何名义的违约金都属违法。六是单位未依法缴社保费,劳动者可随时解除劳动合同。七是劳务派遣员工的劳动合同最短须签2年。在被派遣劳动者合法权益受到侵害时,用工单位与劳务派遣单位承担连带赔偿责任。八是非全日制员工工资不能按月结算。其结算周期最长不得超过15日。九是收取"押金"最高可罚2000元。根据规定,用人单位以担保等名义向劳动者收取财物的,由劳动行政部门责令限期退还劳动者本人,并以每人500元以上2000元以下标准处罚。十是恶意欠薪将加付等额赔偿金。赔偿金的具体标准为应付金额50%以上100%以下。

17. 再就业工程

20世纪90年代,随着中国国有企业改革的推进,出现了结构性的失业。在这种背景下,中国实施了再就业工程。劳动部在1993年提出再就业工程实行办法。1994年以后,随着企业改革的深入,失业和下岗员工的增多,再就业问题成为党和政府的一个首要解决的问题,再就业工程开始在试点城市,如沈阳、上海、青岛等地实施。经国务院的批准,从1995年4月开始,再就业工程在全国范围内启动了。

1995年1月19日,劳动部发出了《关于全面实施〈再就业工程〉的通知》。1996年底,中央经济工作会议将大力推行再就业工程作为1997年的第二件大事去做。1997年1月,国有企业职工再就业会议召开,朱镕基在会上强调要大力推行再就业工程。在1997年初召开的八届全国人大常委会第五次会议上,李鹏明确提出了设立再就业基金的要求。1997年3月2日,国务院发出了《关于在若干城市试行国有企业兼并破产和职工再就业有关问题的补充通知》。该通知明确规定了由国家经贸委负责全国国有企业兼并破产和职工再就业的组织协调工作。该通知还要求,必须妥善安置破产企业职工,各试点的城市人民政府要积极推行上海市实施再就业工程的经验,结合劳动就业、社会保障工作和当地的具体情况,建立再就业服务中心。3月,国务院政府工作报告中也提出了在增效减员的前提下建立再就业基金。5月27日,劳动部、国家计委、国家经贸委等12个部门联合发出了《关于进一步做好企业职工解困和再就业工作的通知》。

1997年7月18日到24日,朱镕基在辽宁考察国有企业时强调,用三年时间使大多数国有大中型亏损企业走出困境,并要着手做好以下方面:第一,继续加强国有企业的领导班子建设;第二,必须坚决走"鼓励兼并、规范破产、下岗分流、减员增效、再就业工程"的道路；第三，要利用多种方式，让国有企业增资减债。9月，党的十五大明确提出鼓励兼并、下岗分流、规范破产与实施再就业工程。

1997年12月，中央经济工作会议召开，会议指出要进一步实施鼓励兼并、规范破产、下岗分流、减员增效和再就业工程，真正形成企业优胜劣汰的机制与劳动力的合理流动机制。会议总结了1997年国民经济运行情况，指出国民经济中存在的突出问题，主要是下岗职工的增多，职工生活困难所致。会议提出要建立和完善社会保障制度，组织好实施再就业工程。主要是妥善解决下岗职工的生活，千方百计地解决下岗职工的再就业，加强职工的职业培训和技术教育等。

1998年2月4日，劳动部印发了《"三年千万"再就业培训计划》。该计划决定，在1998年到2000年间，组织1000万下岗职工参加职业指导和职业培训。2月14日，朱镕基在考察天津工作时指出，能否使国有大中型企业脱困的关键，在于企业的下岗人员是否得到妥善的安置，这也是关系国有企业改革成败的关键。国有企业下岗职工增加的原因在于：重复性的建设；以前建厂没有资本金，依靠银行贷款，难以还本付息；用人过多，吃"大锅饭"，一个人的活三个人干。下岗是有利于经济发展和职工的长远利益的。1998年5月14日到16日，中共中央、国务院在北京召开了国有企业下岗职工基本生活保障和再就业工作会议，部署了国有企业下岗职工基本生活保障和再就业工作。江泽民在会议上指出，此项工作不仅是重大的经济问题，也是重大的政治问题。保障下岗职工的基本生活和再就业，是关系社会经济发展、稳定和国家长远发展的关键问题。朱镕基作了总结性的讲话，认为再就业工程是关系全局的政策，是过渡到完善的社会保障体系的必要桥梁。1998年6月9日，中共中央、国务院发出了《关于切实做好国有企业下岗职工基本生活保障和再就业工作的通知》。通知提出，当前和今后一个时期，主要是解决国有企业下岗职工的基本生活保障和再就业，将保障他们的生活作为首要的任务。并力争在五年的时间内，初步建立起适应社会主义市场经济体制要求的社会保障体系。7月24日，召开的全国养老保险和再就业服务中心建设工作会议，提出要求企业加快建立再就业服务中心，并确保每一名下岗员工都能领到基本生活费。1999年9月22日，党的十五届四中全会通过了《中共中央关于国有企业改革和发展若干重大问题的决定》，该决定第八部分专门论述了再就业与社会保障的工作。

再就业工程的实施取得了明显的成效。据统计，从1998年至2000年底，全国累计有2300万国有企业职工进入再就业服务中心，3年陆续有1650万下岗职工离开服务中心，其中88%实现了再就业。再就业工程的实施，不仅缓解了国有企业和城镇的就业压力，而且加快了体制内劳动力市场的发育。一方面，再就业工程的实施方式本身就带有鲜明的市场导向性质；另一方面，更重要的是使国有企业的用人自主权更加扩大，用人行为更加符合市场规律,更具理性化,向真正意义上的劳动力市场需求主体前进了一大步。

18. 外国人在中国就业管理规定

为了加强外国人在中国就业的管理,规范与此相关的就业和聘用行为,依法保护在中国就业的外国人及聘用外国人的单位的合法权益,1996年1月劳动部、公安部、外交部、对外贸易经济合作部联合制定了《外国人在中国就业管理规定》(以下简称《规定》)。《规定》从适用主体、就业许可、申请审批和劳动管理等方面对外国人在华就业行为进行规范。《规定》自颁布实施以来,填补了我国劳动力市场法规建设的空白,标志着外国人在中国就业的管理从此进入了法制化轨道,也意味着外国人在中国就业的管理工作初步实现了与国际惯例的接轨。

在改革开放初期,外国人来华主要是旅游和经商,来华直接就业的外国人并不多,大多还是中国聘请的外国专家,到20世纪80至90年代,由于经济发展的需要,中国需要大量的人才来壮大我们的人才队伍,因此政府主导引进外国专家来发展中国经济,直到1996年,我国颁布该规定时,在中国就业的外国人还不到1万人。进入21世纪以来,我国的经济快速发展,来中国就业的外国人成倍地增长。根据人力资源和社会保障部发布的《人力资源和社会保障事业发展统计公报》显示,2006年年末持外国人就业证在中国工作的外国人共有18万人,2007年增加到21万人,2008年21.7万人,2009年22.3万人,2010年23.17万人,2011年24.19万人。

《规定》的主要内容如下。

一是指导思想。坚持改革开放,实行规范管理,与时俱进,适应现代化建设的需要,积极引进中国真正需要的外国高级技术、管理人才,严格限制无特殊技能的外国人来我国从事一般劳务,为合法就业者提供服务和法律保护,对非法就业行为严厉处罚。防止无论是否需要一概准予就业和审核不严把外国普通劳务人员放进我国劳动力市场的情况出现。

二是适用主体。该规定对"外国人就业"进行了界定,即没有取得定居权的外国人在中国境内依法从事社会劳动并获取劳动报酬的行为。规定明确外国人入境受雇于我国境内用人单位,从事社会劳动并取得劳动报酬或经营收入,应遵守《外国人在中国就业管理规定》,并接受省级劳动行政部门及其授权的地市级劳动行政部门的管理。

三是就业许可。用人单位聘用外国人须为该外国人申请就业许可,经获准并取得中华人民共和国外国人就业许可证书后方可聘用。用人单位需聘用外国人从事的岗位应是有特殊需要,国内暂缺适当人选且不违反国家有关规定的岗位。

四是申请与审批。我国的外国人就业管理制度实行就业许可和居留许可制,劳动部门为我国政府的主管机关,公安部门负责查处外国人在华非法就业工作。

五是劳动管理。用人单位与被聘用的外国人应依法订立劳动合同。劳动合同的期限最长不得超过五年。劳动合同期限届满即行终止。

19. 国有企业职工"下岗分流"

计划经济时期国有、集体企业长期背负着很多社会责任,解决就业问题(包括吸纳城镇新增劳动力、转业军人、毕业大学生,甚至刑满释放人员)一直是其重要任务。改革前我国采取的是"低工资,高就业","三个人的饭五个人吃"的保障性就业措施,原本显性过剩劳动力转变为隐性过剩劳动力。

20世纪90年代,随着国有企业转换经营机制的推进,改革首先关注的是提高企业效率和效益的问题,早期改革中的优化组合、扩大企业用人权,后来的减员增效等不可避免要出现职工下岗失业问题。

开始,在裁减人员方面,政府和企业都非常小心,特别是出现诸如因为企业采取优化组合、末位淘汰制,下岗职工采取过激行为报复厂长经理事件后,政府更加慎重,规定在改革中,企业不能破产,职工不能下岗。1990年4月27日国务院发布《关于做好劳动就业工作的通知》中就有"要挖掘企业潜力,妥善安置富余人员","企业富余人员主要由企业内部消化,不能推向社会"等要求。直至1995年,吴邦国于《在困难企业职工生活保障和分流安置工作座谈会上的讲话》中还强调,根据我国国情,当前对困难企业要坚持少破产,多兼并,困难企业职工生活保障和分流安置要立足于企业自身的努力。

真正大规模地进行劳动力结构调整是在1997年以后。当时面临的客观形势是,不论是从推进经济结构的战略性调整、实现国有企业改革脱困目标的全局出发,还是从积极应对亚洲金融危机对中国经济影响的需要出发,都现实地提出必须解决企业富余人员问题。再不及时着手解决这一问题,已经在整体上陷入困境的国有企业难以脱困、结构调整无法推进、社会不稳定因素也会增多。为推进国有企业改革,1997年,政府把帮助困难企业摆脱困境的政策归结为"一是规范企业破产,二是鼓励企业兼并,三是减员增效"。这一方针与以往的一个根本区别,在于将解决企业富余人员问题纳入了国有企业改革整体战略,特别是明确地将下岗分流、减员增效与实施再就业工程结合起来,这就使解决企业富余人员问题成为一个配套工程。

由于各种统计口径范围或者方法等的差异,关于下岗失业的数据不尽相同,但是,总体上反映的问题和情况是一致的,即下岗失业现象越来越严重。时任中国劳动和社会保障部办公厅主任在《中国解决国有企业下岗职工问题的基本政策》一文中提到,到2003年底,全国国有企业下岗职工累计达2800多万人,其中1890多万人通过多种渠道和方式实现再就业。大批劳动力从第二产业转到了第三产业,从国有企业转向非公有制经济领域,国有企业就业人员从最多的7500万减少到4400万。

20. 劳动力市场"三化"建设

为贯彻落实党中央、国务院精神,加快全国劳动力市场建设的进程,按照典型引路、以点带面、重点突破、整体推进的工作思路,劳动和社会保障部于1999年1月发出通知,决定在全国100个再就业任务较重、就业服务和失业保险工作基础较好的城市,开展劳动力市场"三化"(科学化、规范化、现代化)建设试点。

经过两年多的试点工作,全国劳动力市场"三化"建设以点带面,整体推进,在网络建设、服务功能、市场管理和工作机制等方面取得了一系列重大进展,主要体现在四个方面、十项成果上。

成果之一:全国自下而上的劳动力市场信息网络初步形成。试点城市中,96个城市的公共职业介绍机构前台服务和89个城市的失业保险前台服务使用了计算机,87个城市建立了劳动力市场信息网络中心和局域网,其中64个城市实现了城区劳动力市场信息实时联网。17个省级劳动和社会保障部门建立了省级劳动力市场信息网监测中心。劳动和社会保障部建立了全国劳动力市场信息网监测中心。

成果之二:信息收集和发布工作全面加强。试点城市普遍建立了专兼职信息人员队伍,通过主动上门服务、开通用工热线、设立信息网站等多种形式收集信息。有87个试点城市有效空岗信息逐年递增幅度达30%以上。

成果之三:劳动力市场职业供求分析信息和工资指导价位信息发布制度初步建立。有91个试点城市开展了职业供求信息分析工作,其中62个城市分析工作基本符合规范要求,被确定为首批定点分析城市。劳动和社会保障部从2001年第一季度起,已开始向社会正式发布全国部分城市劳动力市场供求状况信息。

成果之四:就业服务网络建设取得长足进步。各试点城市通过改建、扩建等方式,依托市、区公共职业介绍机构,建成了功能比较完善的劳动力市场综合性服务场所,为求职者和用人单位提供"一站式"、"一条龙"服务。

成果之五:公共就业服务形象逐步树立。各试点城市普遍开展了针对下岗职工的免费就业服务,其中91个城市还对领取失业救济金的失业人员实行免费服务,免费服务项目从职业介绍扩大到职业指导、就业培训、劳动保障事务代理等各个方面。根据抽样调查,超过20%的下岗职工曾通过职业介绍机构求职,其比例接近于发达国家20%至30%的水平。

2000年全年，全国劳动保障部门办的职业介绍机构受理招聘登记987万人次，求职登记1441万人次。全年职业介绍成功707万人次，其中下岗职工和失业人员占51%。

成果之六：就业服务功能不断延伸。一是职业指导发展迅速，95个试点城市开展了职业指导工作。各地在实践中总结探索了一些有效的职业指导方法，如北京市的"金字塔式"、"情景互动式"、"换位演练"等多维职业指导模式和职业指导方法；上海市的"三五"职业指导法；还有马鞍山市的职业能力测试评估，对残疾人、大龄失业者等特困群体的一对一指导等。二是职业培训与职业介绍实现了更紧密的结合。三是劳动保障事务代理服务已成为各地就业服务的一项重要内容，从过去单一的档案代管，扩展到为劳动者代缴保险、代办退休证明、代办职称申请、为用人单位招收人员甚至代理全部人事管理等一系列代理服务。四是在搞好公益性服务的同时，公共职业介绍机构瞄准市场需求，积极开发其他有社会需求的服务项目。

成果之七：失业保险管理服务日趋完善。试点城市普遍建立了较规范的失业保险金申领发放程序，失业保险金及时发放。94个城市制定了就业服务和失业保险管理统一工作流程。

成果之八：劳动力市场法制建设进程空前加快。各地普遍加强了劳动力市场管理法制建设，有25个省、自治区、直辖市出台了劳动力市场管理的地方性法规或政府规章。94个试点城市出台了劳动力市场管理的法规和办法。

成果之九：劳动力市场秩序明显好转。为规范劳动力市场秩序，劳动和社会保障部将劳动力市场的清理整顿工作纳入了制度化轨道，从1999年起，连续三年对劳动力市场进行清理整顿，清理了9000多个非法机构，取缔了2000多家严重违规的机构。

成果之十：干部队伍素质明显提高。2000年，2400多人通过首次职业指导人员职业资格鉴定，获得统一颁发的职业资格证书。1999年，还在全国开展了首届十佳职业指导员评选活动，涌现出戚秀玉等十名全国十佳职业指导员，在全国树立起了职业指导的榜样和楷模。"三化"建设试点对当时促进下岗失业人员再就业起到积极作用，并为逐步建立市场导向的就业机制创造良好环境。

21. 公共就业服务体系建设

劳动和社会保障部在2000年12月8日发布施行的《劳动力市场管理规定》中，第一次提出了"公共就业服务"的概念，即公共就业服务是指由各级劳动保障部门提供的公益性就业服务，包括职业指导、职业介绍、就业培训、社区就业工作岗位开发服务以及其他一些服务内容。

中国的公共就业服务体系是伴随着劳动力市场的出现而出现，并且成为劳动力市场体系的一个重要的组成部分。改革开放之前，我国对劳动力资源配置采取的是有计划的行政配置方式，在这种配置方式下，劳动者就业由政府统一"包"下来，劳动力供给主体和需求主体都没有选择的权利，而且，劳动者一旦就业就不会失业，也很少在不同部门、地区之间发生流动。因此，这一时期公共就业服务没有存在的必要性。随着我国改革开放的深入，计划经济体制逐渐向市场经济体制转变，原来与计划经济体制相适应的劳动力的计划配置方式已经不适应市场经济体制的要求，建立完善的劳动力市场成为必然要求。

公共就业服务体系形成的三个阶段。一、初步形成阶段。20世纪80年代，当时新组建的劳动和社会保障部明确提出了"劳动就业服务"的口号，并把它作为新的历史条件下劳动服务公司的职能和任务。二、逐步发展阶段。1989年4月，在全国就业工作会议上，把全面开展劳动就业服务，为劳动力供求双方提供职业介绍、就业指导、信息咨询等服务，作为转变就业机制，形成有计划的市场就业的雏形的重要内容。经过逐步发展，劳动部门举办的就业服务机构逐步发展为由职业介绍、就业训练、失业保险、生产自救四项主要服务工作相互配合的就业服务体系。其他各类社会办职业介绍机构也发展迅速。可以说，我国的就业服务体系已经初具规模。三、建立和完善阶段。为解决下岗失业人员再就业的突出问题，确立了政府组织开展公共就业服务的职责，明确了免费服务的对象和范围，并将完善公共就业服务作为积极就业政策的一项重要内容。2004年劳动和社会保障部发出了《关于加强就业服务制度化专业化和社会化工作的通知》，要求将强化就业服务纳入各级政府职责，建立公共就业服务制度。重点完善以下四项具体制度：失业人员登记和免费就业服务制度；就业困难群体再就业援助制度；政府出资购买服务和培训制度；公共就业服务统筹管理制度。

我国公共就业服务制度涵盖的范围。公共就业服务主要是为就业困难群体提供公益性就业服务。就业困难群体主要包括如下几类人员：失业人员、残疾人、享受当地最低生活保障待遇的人员、退出现役的军人和随军家属、当地政府规定的其他就业困难人员或需要特别照顾的人员。各级劳动保障行政部门每年根据政府促进就业、控制失业率的目标以及本地就业困难群体的状况，确定公共就业服务的任务和重点服务对象。

我国公共就业服务制度的主要职能。我国公共就业服务制度经过多年的发展，基本形成了公共职业介绍、公共就业培训、失业保险等职能制度。

22. "就业是民生之本"的提出

2002年9月12日，中共中央、国务院在北京召开全国再就业工作会议。中共中央总书记、国家主席江泽民在会上作了重要讲话。江泽民指出，扩大就业，促进再就业，关系改革发展稳定的大局，关系人民生活水平的提高，关系国家的长治久安，不仅是重大的经济问题，也是重大的政治问题。

在这次会议上，江泽民明确提出"就业是民生之本"的概念。江泽民指出：当前及今后一个较长时期内，我国就业形势仍十分严峻。我国就业方面的主要矛盾，是劳动者充分就业的需求与劳动力总量过大、素质不相适应之间的矛盾。当前主要表现在劳动力供求总量矛盾和就业结构性矛盾同时并存。城镇就业压力加大和农村富余劳动力向非农领域转移速度加快同时出现，新成长劳动力就业和失业人员再就业问题相互交织焦点集中在下岗失业人员再就业上，而且这个问题已经成为一个带有全局性影响的重大经济和社会问题。

江泽民指出，就业问题解决得如何，是衡量一个执政党、一个政府的执政水平和治国水平的重要标志；做好下岗失业人员的再就业工作，就是当前党和国家工作中一项重大而紧迫的当务之急，全党同志对此必须有足够的认识，加紧工作，并有针对性地采取一些政策措施；要逐步走出一条既能够充分促进就业、又能够保证经济持续快速健康发展的路子；要逐步加快培育和发展劳动力市场，完善就业服务体系，建立以劳动者自主就业为主导、以市场调节就业为基础、以政府促进就业为动力的就业机制。

在党的十六大讲话中，江泽民进一步明确指出，全面建设小康社会的目标是……社会保障体系比较健全，社会就业比较充分……扩大就业是我国当前和今后长时期重大而艰巨的任务。国家实行促进就业的长期战略和政策。各级党委和政府必须把改善创业环境和增加就业岗位作为重要职责。以上这些论述充分表明以江泽民为核心的第三代中央领导集体从战略高度重视就业、再就业工作，指明了一段时间内就业工作的目标，提出了解决就业问题的方针和路径，部署了做好就业工作的具体任务。这些思想对于缓解我国就业压力，解决就业问题，促进社会和谐稳定具有十分重要的指导意义。

23.《中国劳动和社会保障状况》白皮书

随着改革开放的深入和市场经济体制的建立，劳动和社会保障方面的改革和发展取得了巨大成就。经过 20 多年的努力，到 21 世纪初，中国初步建立起与社会主义市场经济体制相适应的劳动和社会保障制度。同时随着市场经济体制的建立，各界都非常关注劳动保障方面的情况，为了更好地扩大对外宣传，使更多的人了解中国劳动保障中的情况，关心劳动保障事业，同时加强和世界这方面的合作与联系，进一步推动我国劳动保障制度建设发展，2002 年 4 月 29 日，国务院新闻办公室发表了《中国的劳动和社会保障状况》白皮书。

白皮书回顾了自20世纪70年代末以来，中国在建立和完善社会主义市场经济体制过程中为保障公民的劳动和社会保障权利方面所做的巨大努力和取得的成就。新华社同时用英文和中文向国内外发布了白皮书发表的消息以及白皮书的完整内容。白皮书共1.5万多字，主要包括就业形势总体保持稳定、新型劳动关系基本形成、社会保障体系初步建立和21世纪初期的发展四个部分。

白皮书指出，劳动和社会保障权利是公民的基本权利，关系广大公民的切身利益。中国是世界上最大的发展中国家，人口众多，经济发展水平不高，发展劳动和社会保障事业的任务十分艰巨。中国政府从本国国情出发，依据《中华人民共和国宪法》和《中华人民共和国劳动法》，保障公民的劳动和社会保障权利，努力提高劳动和社会保障管理服务水平，取得了巨大成就。

白皮书介绍了中国政府始终将促进就业作为国民经济和社会发展的战略性任务。通过合理调整就业结构、建立市场导向的就业机制、提高劳动者素质、发展就业服务体系和统筹兼顾城乡就业等措施，保持了就业形势的基本稳定。尤其是在促进下岗职工和失业人员再就业方面，积极实施再就业培训计划和再就业援助行动，1998年至2001年，中国国有企业下岗职工累计有2550多万人，其中1680多万人实现了再就业。到2001年底，全国人口总数为127627万人（不含香港、澳门特别行政区和台湾省），从业人员为73025万人，劳动力参与率为77.03%；城镇登记失业率为3.6%。

白皮书说，中国致力于维护和谐稳定的劳动关系，初步形成了以《中华人民共和国劳动法》为主体的调整劳动关系的法律法规体系。建立了劳动合同和集体合同制度和三方协调机制，逐步完善劳动标准体系，改革工资收入分配制度，与社会主义市场经济相适应的新型劳动关系基本形成。

白皮书还指出，中国政府从20世纪80年代初就开始对社会保障制度进行改革，建立起了包括养老保险、医疗保险、失业保险等一系列制度。目前，社会保险制度的基本政策已经制定并陆续颁布和实施，并覆盖了大多数城镇从业人员和离退休人员。同时还在城市普遍建立了居民最低生活保障制度，为维护下岗职工、离退休人员的合法权益和社会稳定发挥了重大作用。此外，在农村也开始积极推进社会保障制度的建设。经过多年的探索和努力，与社会主义市场经济体制相适应的劳动和社会保障制度已初步建立。

白皮书说，进入21世纪，中国开始了全面建设小康社会、加快推进现代化的新的发展阶段。积极促进就业、维护职工权益、协调劳动关系、增加居民收入、完善社会保障，是新世纪之初，中国劳动和社会保障事业的主要奋斗目标。

白皮书强调，中国政府根据相互尊重、平等互利的原则，积极参加国际劳工事务。在劳动和社会保障领域，中国与国际劳工组织、联合国开发计划署、世界银行、亚洲开发银行等众多国际机构以及许多国家进行了卓有成效的交流与合作，为促进就业、消除贫困和维护劳动者合法权益发挥了积极作用。

24. 积极就业政策

2002年9月，中共中央、国务院颁布《关于进一步做好下岗失业人员再就业工作的通知》，首次提出了积极就业政策，以后随着经济社会与就业形势的发展，积极就业政策不断健全完善，积极就业政策的涵盖范围、政策力度与广度等不断加大，积极就业政策发挥着越来越重要的作用。最初积极就业政策主要是针对当时非常突出的失业人员再就业问题，2002年国有企业改革与产业结构调整升级释放的大量失业人员尚未全部消化，从维护社会稳定与政治因素考虑，亟须解决失业人员再就业问题。因此，当时积极就业政策以促进下岗失业人员再就业为主要目标，以城镇下岗失业人员为政策对象，从积极创造就业岗位、再就业扶持、改进就业服务与完善社会保障这四个方面，构建了当时积极就业政策的主要框架。

2003年国务院召开的全国再就业工作会议在一定程度上完善了积极就业政策，特别强调就业是民生之本，把努力深化劳动就业体制改革与扩大就业放在经济社会发展更加突出的位置，明确要求把深化改革、促进发展、调整结构与扩大就业相结合，大力实施积极的就业政策与促进就业的长期战略，并把就业再就业指标纳入宏观调控目标。2005年国务院发出的《关于进一步加强就业再就业工作的通知》，进一步健全完善了积极就业政策，提出了更加综合性的政策目标与任务，标志着积极就业政策基本成熟。特别强调促进经济增长和扩大就业的良性互动，完善落实就业与再就业政策扶持，促进城乡统筹就业并改进就业服务和强化职业培训，加强就业管理，建立社会保障与促进就业的联动机制。更加强调经济增长与扩大就业良性互动的重大作用，并将城乡统筹就业纳入积极就业政策的涵盖范围，明确规定政策实施对象从下岗失业人员扩大到社会新增劳动力与农民工。同时在具体政策上除对以往内容与措施进行相应延续性调整外，在职业培训、市场建设、就业服务等方面随着经济社会发展的要求补充了相应内容。总的来看，此次文件标志着政府基本奠定了积极就业的政策体系与运行机制。

2006年发布的《中共中央关于构建社会主义和谐社会若干重大问题的决定》进一步丰富完善了积极就业政策的内容。特别强调实现经济发展与扩大就业良性互动，大力发展就业产业、行业与企业多渠道、多方式增加就业岗位，充分关注构建城乡统一的人才市场与劳动力市场的重大作用。重点强调完善促进就业的财税金融政策，努力发挥自主创业与自谋职业的作用。强调构建健全完善的面向全体劳动者的职业技能培训制度，特别关注对于创业培训与再就业培训。针对就业中存在的突出问题,强调在强化政府促进就业职能的基础上,做好城镇新增劳动力就业等特殊群体就业人员的工作,努力帮助零就业家庭与就业困难人员就业。首次强调了和谐劳动关系对于促进就业的重大作用,指出通过完善劳动关系协调机制与加强劳动保护,努力构建和谐劳动关系有效扩大就业。作为最新的积极就业政策,政府扩大就业理念、促进就业重点、政策范围与力度等均较以往政策有了较大的提高,积极就业政策更加成熟与完善。

2007年《中华人民共和国就业促进法》的制定实施,使促进就业的政策体系、制度机制纳入法制化轨道。

25. 就业"春风行动"

随着农村社会经济的发展,越来越多的农民脱离了土地,进入二、三产业。为广大农民工营造良好的就业环境是建立和谐社会的一个重要内容。2003年后,各地陆续开展了就业"春风行动",意在为农村劳动力转移、就业创造良好的环境,维护进城求职农民合法权益,促进农村劳动力有序流动。2004年12月16日,劳动和社会保障部发布《关于开展春风行动完善农民工就业服务的通知》,要求在2015年春节过后,在全国开展"春风行动","开放一批公共职介机构,推荐一批诚信民办职介机构,表彰一批优秀民办职介机构,打击一批非法职业中介组织,净化劳动力市场,改善就业环境,使进城求职农民得到及时有效的就业服务"。

就业"春风行动"的主要内容包括:大中城市公共职业介绍机构要把农村劳动者纳入公益性服务范围,利用农村劳动者集中返城时间,举办形式多样的招聘洽谈会,提供一批适宜的就业岗位并免费服务;并对初次进城务工的农村劳动者免费开展进城务工常识等引导性培训。同时,各地通过推荐一批诚信民办职介机构,表彰一批优秀民办职介机构,打击一批非法职业中介机构,进一步规范劳动力市场,清理整顿劳动力市场秩序,为进城务工农民就业护航。

"春风行动"取得了积极成果。各地劳动保障部门结合实际制订切实可行的实施方案,开展了一系列帮助农民工就业的活动,在车站码头、职介场所向农民工发放5673多万张"春风卡"使农民工获得准确的就业信息,引导他们到可靠的职介机构求职。大中城市开放公共职业介绍机构,开展免费服务,设立专门的服务场所集中为农民工服务。据全国668个大中城市统计,共有663万农民工享受到免费服务。在城市开展岗位需求调查,及时发布企业用工信息,引导农村劳动力有序流动。举办多种形式的招聘洽谈会8430场,提供适合农民工的岗位833万多个,加强劳务输入地和输出地协作,实现劳动力供求的对接,发展有组织的劳务输出和劳务派遣，对农民工实行就业培训和维权的一条龙服务。推荐规范的民办中介机构6430多家，在全国职业中介行业推行诚信服务。

26. 大学生志愿服务西部计划

"大学生志愿服务西部计划"又称"西部计划"。按照《关于实施大学生志愿服务西部计划的通知》精神，2003年共青团中央联合教育部、财政部、人力资源劳动和社会保障部共同组织实施了大学生志愿服务西部计划。目的是引导高校毕业生到西部工作，促进西部贫困地区农技、教育、卫生、扶贫等社会事业的发展，从而培养和造就一批科学文化知识和基层工作经验丰富、社会责任感强的优秀青年。

"西部计划"从2003年开始，按照公开招募、自愿报名、组织选拔、集中派遣的方式，每年招募一定数量的普通高等院校应届毕业生，以志愿服务的方式到西部贫困县的乡镇[主要是内蒙古、广西、四川、重庆、青海、甘肃、云南、贵州、陕西、西藏、宁夏、新疆等西部12个省（区、市）以及海南省、新疆生产建设兵团及湖南湘西州、湖北恩施州、吉林延边州部分地区贫困县的乡镇]从事为期1至2年的教育、卫生、农技、扶贫以及青年中心建设和管理等方面的工作。推进农村共青团工作、全国农村党员干部现代远程教育试点工作、基层检察院、基层人民法院、基层司法援助、西部农村平安建设等方面的志愿服务工作。志愿者服务期满后，鼓励其扎根基层，或者自主择业和流动就业，并在其升学、就业方面给予一定政策支持。

2010年由中央财政支持的全国项目按照公开招募、自愿报名、组织选拔、集中派遣的方式，选派15000名（其中延期志愿者6300名，新招募8700名）的普通高等学校（以下简称"高校"）应届毕业生，到基层乡镇一级从事为期1至3年的志愿服务工作。继续实施支教、支医、支农、基层青年工作、新疆双语教学（原新疆汉语教学）、灾后重建、全国农村党员干部现代远程教育、西部基层检察院、西部基层法律援助、西部基层人民法院、西部农村平安建设和开发性金融等专项行动。

2009年起"西部计划"的服务期由1至2年调整为1至3年。截至2012年，该计划已先后选派10批共17万余名高校应届毕业生到中西部地区基层开展为期1至3年的志愿服务。

27. 再就业工作部际联席会议制度

2003年5月，国务院办公厅发出《关于加快推进再就业工作的通知》（以下简称《通知》），要求各地、各部门认真贯彻落实2002年党中央、国务院召开的全国再就业工作会议精神,加强领导,落实责任,进一步做好就业和再就业工作,千方百计实现今年的工作目标。

《通知》提出要建立再就业工作部际联席会议制度,目标是"加强对就业和再就业的组织协调",《通知》要求:地方各级政府也要相应建立再就业工作领导机构,形成统一领导、分工协作的工作机制。

建立再就业工作部际联席会议制度的背景是,我国就业的压力很大,就业的结构性矛盾相当突出,困难群体再就业问题还未缓解,就业形势依然严峻。特别是非典型肺炎疫情的突发,使我国经济发展环境的不确定因素增加,给就业工作带来了新的困难和不利影响,实现今年工作目标的任务相当艰巨。

《通知》指出,各地要加强领导,落实责任,处理好非典型肺炎防治工作与经济工作的关系,一手抓防治非典型肺炎这件大事,一手抓经济建设这个中心不动摇。各级政府要从实现国家长治久安的高度,把促进就业和再就业作为维护改革稳定大局的一件大事来抓,继续巩固和强化再就业工作"一把手"责任制,切实把这项工作摆在重要议事日程。要把净增就业岗位、落实再就业政策、强化再就业服务、加大再就业资金投入和帮助困难群体就业五项具体工作目标,作为考核各级政府和有关部门工作是否落实的重要内容,层层分解,从措施办法、资金投入和督促检查等方面给予保证,除了非典型肺炎疫情暂时比较严重的地区外,其他地区均要按月、按季落实再就业工作目标的完成进度,落实部门责任制。

2005年,国务院《关于进一步加强就业再就业工作的通知》将再就业工作部际联席会议制度改为就业工作部际联席会议制度。指出:各级人民政府和各有关部门要进一步加强对就业再就业工作的领导和统筹协调。适应新的形势任务要求,国务院决定将再就业工作部际联席会议制度调整为就业工作部际联席会议制度,地方各级人民政府也要对联席会议制度作相应调整,形成统一领导、分工协作的工作机制。在各级人民政府的直接领导下,联席会议各成员单位要认真履行职责,加强协调配合,共同做好就业再就业工作。

就业工作部际联席会议制度建立后,每年召开会议,部署当年的就业工作。2014年国务院就业工作部际联席会议,就2014年的就业工作提出了总体要求,即:深入贯彻落实党的十八大和十八届二中、三中全会精神,全面深化就业领域改革,健全促进就业创业体制机制,充分发挥市场在人力资源配置中的决定性作用,健全政府促进就业责任制度,坚持实施就业优先战略和更加积极的就业政策,重点抓好以高校毕业生为重点的青年就业和化解产能过剩中出现的下岗再就业工作,统筹做好农村转移劳动力、城镇困难人员、退役军人就业工作,确保完成全年城镇新增就业人员1000万人以上,城镇登记失业率控制在4.6%以内的目标,推动实现更高质量的就业。

会议指出,2014年就业工作要点有七项:一是健全促进就业创业体制机制;二是落实完善更加积极的就业政策,特别是要抓好就业政策落实,研究完善促进就业政策,管好用好就业专项资金；三是统筹做好高校毕业生等重点群体就业；四是完善扶持创业的新机制，要不断优化创业环境，加强创业培训和服务；五是加强公共就业服务和职业培训；六是维护劳动者就业权益，积极推动公平就业，健全劳动关系协调机制，加强宣传引导；七是健全完善促进就业协调机制，完善沟通协调机制，进一步转变工作作风。

28. 农村劳动力开发就业试点

1991年1月，劳动部、农业部和国务院发展中心联合下发《关于建立并实施中国农村劳动力开发就业试点项目的通知》（以下简称《通知》）。《通知》确定：利用三年的时间选择部分地区进行劳动力开发试点。在这次试点中提出了"统筹城乡就业"的概念。《通知》在部署工作时提出，试点单位"要按照统筹城乡劳动就业的要求，制定农村劳动力开发就业的规划"。确定了三项任务：一是探索不同自然经济和社会条件下农村劳动力开发就业的具体途径、实现方式和相应的政策措施，二是建立同多种就业方式相配套的社会化服务体系和组织管理形式，三是研究统筹城乡就业的政策法规和实现控制办法。主要目的是为了研究如何让农民实现"就近就地就业"，从而扩大就业，减少向城市流动。试点从县入手，陆续安排了18个省50个县进行。

2000年至2003年间实施农村劳动力开发就业试点，以配合实施农业和农村经济结构调整、推进城市化进程以及西部大开发等重大战略，促进农村劳动力就业。试点的内容包括四个方面：一是在沿海和经济发达地区及部分具备条件的中西部地区，选择一些中小城市或县城，按照城乡统筹就业的原则，逐步建立统一、开放、竞争、有序、城乡一体化的劳动力市场；二是在农村剩余劳动力多、外出务工人员规模大的地区以及输入劳动力多、外来务工人员规模大的地区，选择一些地市，利用各类培训机构，开展农村剩余劳动力向非农产业转移的职业培训；三是以西部省份为依托，建立跨省区的劳务协作关系，规范发展西部地区劳动力市场，同时探索制定西部地区农村就业促进政策，推进那里的劳动力开发就业工作；四是在外出务工人员多的劳动力输出地区，采取多种措施，鼓励和扶持外出务工人员返乡创业。

29.《中国的就业状况和政策》白皮书

2004年4月26日，国务院新闻办发表《中国的就业状况和政策》白皮书。这是中国首次发表关于就业状况和政策的白皮书。白皮书分前言，就业基本状况，积极的就业政策，提高劳动者素质，农村劳动力就业，妇女、青年和残疾人就业以及21世纪前期就业展望等部分。

一是中国就业的基本状况。白皮书说,中国有近13亿人口,是世界上人口最多的国家,解决就业问题任务繁重、艰巨、紧迫。2003年,中国城乡从业人员达到74432万人,其中城镇25639万人,占34.4%,乡村48793万人,占65.6%。2003年底,全国城镇登记失业率为4.3%,城镇登记失业人数为800万人。2004年,中国政府确定就业再就业工作目标为新增就业900万人,下岗失业人员再就业500万人,城镇登记失业率控制在4.7%左右。白皮书说,未来20年,中国16岁以上人口将以年均550万人的规模增长,到2020年劳动年龄人口总规模将达到9.4亿人。

二是解决中国就业问题的总体目标。21世纪前期,中国解决就业问题的总体目标是,按照全面建设小康社会的总体要求,树立和落实科学的发展观,适应经济社会发展对人力资源的开发利用的需求,满足广大劳动者参与劳动和提高收入水平的愿望,努力实现社会就业比较充分,将失业率控制在社会能够承受的范围内。

三是21世纪前20年中国就业压力仍然较大。白皮书指出,受人口基数、人口年龄结构、人口迁移以及社会经济发展进程等因素影响,21世纪前20年中国仍面临较大的就业压力。"十五"期间(2001—2005年)劳动年龄人口增长最为迅速,年均增长1360万人。

白皮书说,在劳动年龄人口持续增长的同时,目前尚有1.5亿农村富余劳动力需要转移,有1100万以上的下岗失业人员需要再就业。在劳动力供求总量矛盾尖锐的同时,劳动力素质与岗位需求不相适应的结构性失业问题也日益凸显。

四是城镇登记失业人员七成在35岁以下。白皮书指出,中国青年就业问题日益突出,城镇登记失业人员中,35岁以下的占70%左右。2003年底,我国城镇登记失业人数为800万人。白皮书说,中国青年人口规模大,每年新增长劳动力数以千万计。为缓解就业压力,中国政府对未能升学的初高中毕业生全面实行1至3年的劳动预备制培训。2003年,有126万城镇未能继续升学的初高中毕业生参加了培训。白皮书说,中国政府还在各类中等职业学校开设了职业指导的必修课程。2003年我国中等职业教育(包括职业高中、普通中专、成人中专和技工学校)共有学校1.48万所,在校生1254万人。

五是2003年有9800多万农村劳动力外出打工。白皮书指出,2003年中国农村劳动力到乡以外地方流动就业的人数已超过9800万人,是1990年1500万人的6倍以上。白皮书说,20世纪90年代后,农民离乡外出就业平均每年以500万人左右的规模迅速增加。中国政府积极探索发展农民工社会保险途径,广东、福建、北京等主要劳务输入地区已经将社会保险覆盖范围向农民工延伸,制定了相应的政策法规,积极开展农民工工伤、医疗、养老等社会保险工作。白皮书指出,中国政府制定了2003—2010年全国农民工培训规划,将在7年内对拟转移的6000万农村劳动力开展引导性培训和职业技能培训,提高农民工整体素质和就业能力。

六是八成多残疾人就业。白皮书指出，中国目前有残疾人 6000 万人，处于劳动年龄段的有 2400 万人，残疾人就业率为 83.9%。白皮书说，我国通过多渠道、多层次、多种形式促进残疾人就业。截至 2003 年底，全国城镇残疾人已就业人数为 403.1 万人，其中集中就业 109.1 万人，分散就业 123.6 万人，个体就业 170.4 万人。农村残疾人已就业人数为 1685.2 万人。

30. 中国就业论坛共识

中国劳动和社会保障部与国际劳工组织于 2004 年 4 月 28 日至 30 日在北京共同举办中国就业论坛。来自中国、国际劳工组织以及其他国家和国际组织的 400 多名代表参加了本次论坛。论坛围绕经济全球化、结构调整与就业促进这一主题，重点讨论促进就业与经济全球化、促进就业与消除贫困和促进就业与劳动力市场建设等问题。经过认真讨论，认识到面对近年来随着经济全球化进程的不断加快，促进就业已经成为国际劳工组织体面劳动议程的一项核心任务，中国与国际劳工组织对过去和当前在这一领域开展的工作以及今后将要进行的共同努力，达成了共识。

一、就业是民生之本，是经济社会持续发展和生活水平提高的关键。就业不仅是劳动世界男女谋生的手段，也是融入社会、给个人和家庭带来希望的重要途径。这使得就业成为社会和谐稳定的一个重要因素。使所有人享有平等就业机会、尊重工人权利和获得充分就业，对于实现社会公正、经济发展和世界和平至关重要。

二、作为世界上人口最多的发展中国家，中国在经济发展和社会进步方面取得了巨大进展，促进就业和消除贫困成果显著。中国在经济转轨过程中，努力将促进就业与建立社会保障制度相结合，将扩大就业同经济结构调整相结合，将提高就业质量与人力资源开发相结合。

三、针对新时期就业的形势和特点，围绕着解决下岗失业人员的再就业问题，中国政府制定并实施了有中国特色的积极就业政策。这一政策的基本内容可概括为：利用宏观政策增加就业机会，通过调整经济结构以及发展小企业创造就业；采取措施帮助就业困难群体再就业；为下岗失业人员提供就业服务和职业培训的劳动力市场政策；完善社会保护和再就业援助的政策措施；完善社会保险的政策措施。上述政策在实践中已取得促进就业的实效，对于其他国家具有示范作用。同时，本次论坛也认识到，由于受巨大的人口和经济发展水平的限制，中国仍然面临很大的就业压力。促进经济增长，进一步培育和完善劳动力市场，不断扩大就业规模，提高就业质量将是中国政府一项长期而紧迫的任务。

四、就业是所有公民享有的基本权利，创造就业机会是各国政府的重要使命。各国应根据本国的国情和经济发展水平，制定实现体面劳动的具体措施，关键是改善那些处于不利地位劳动者群体的就业环境和劳动条件，促进充分就业。与会代表认识到，长期以来，世界各国和各地区源于历史传统、文化习俗、经济水平，形成了多种多样的就业形式。尊重工作中的基本原则和权利，是建立劳动力市场管理机制，促进就业和不同国情国家经济社会发展的基础。因此，无论何种就业形式，劳动者工作中的基本权利应当得到同样的尊重和保护。鼓励社会伙伴参与政策和决策制订过程，这样的社会对话有利于促进就业、减少贫困和发扬民主。为此，与会代表赞赏中国政府批准和有效实施与就业相关的国际劳工标准，特别是第100号《同工同酬公约》、第122号《就业政策公约》、第138号《准予就业最低年龄公约》和第182号《禁止或立即行动消除最恶劣形式童工劳动公约》等重要公约，以及支持国际劳工组织关于工作中的基本原则和权利宣言及其后续措施。

五、在经济和技术日新月异的21世纪，劳动世界面临着前所未有的机遇和挑战。失业和贫困成为制约社会经济发展的一个根本性问题。综观世界，唯有促进充分的生产性就业，包括自主就业，才是实现可持续发展的最佳途径。就业和享受工作中的权利应成为解决贫困和社会排斥现象的首要步骤。通过社会对话促进充分就业应成为社会和经济政策的优先目标，以使劳动者都能从事自由选择的生产性就业，获得有保障的、持续性的生活来源。

六、生产性就业机会的扩大依赖于经济增长、良性经济结构调整，以及通过提升职业技能和改进劳动力市场功能而得以提高的就业能力。然而，如果没有目标明确而行之有效的经济和社会政策以及适宜的参与机制，经济增长将不会自动使就业岗位增加，经济增长所创造的财富也不会为社会各阶层所广泛分享。各国要根据国情通过制定有效的制度和实施适宜的经济社会政策，以促进社会各阶层的男女获得平等就业机会和更加公平的福利。各国还应改进与工作条件、工作时间、工资以及工作和家庭福利相关的就业条件。

31. 中国就业促进会成立

2005年3月31日，中国就业促进会在北京人民大会堂召开成立大会。中国就业促进会的成立，对推动我国实施积极的就业政策，搞好就业再就业服务，团结社会各方面力量做好就业再就业工作，具有重要意义。

中国就业促进会成立的历史背景：中国就业促进会的前身是中国劳动就业服务企业协会（简称中国劳企协会）。中国劳务服务企业诞生于改革开放之初，在发展经济、扩大就业、安置返程知青等方面，发挥了重要的作用。为促进劳务服务企业的发展，1991年诞生了中国劳企协会。中国劳企协会在积极协调建议国务院有关部门制订优惠扶持政策、开展劳服企业年检认证、推动劳服企业改组改制、增强劳服企业发展活力、维护劳服企业合法权益、评比表彰先进劳服企业等方面，起到了重要作用。

中国就业促进会的诞生，顺应了中国社会经济发展的需要和深化改革的要求，标志着中国的就业失业进入了一个新的发展时期。一是就业是建立社会和足以和谐社会的基础，已被列入国家宏观调控的重要目标，列为"民生之本"、"安国之策"，党和国家高度重视中国的就业工作，就业摆在了空前重要的位置；二是中国实行了"劳动者自主就业、市场调节就业、政府促进就业"的就业方针，扩大就业需要全社会的共同努力，就业的范围更加扩大了；三是劳企协会过去的服务对象仅仅是劳服企业，如今，服务的对象不仅有劳服企业，而且要扩大到小企业、就业实体等经济组织和社区服务，以及就业信息服务、劳务派遣服务、各种灵活就业服务、城乡就业统筹服务等，就业服务领域更加宽泛。

中国就业促进会的宗旨：以邓小平理论和"三个代表"重要思想为指导，深入贯彻落实科学发展观，紧密围绕新时期经济社会发展总体规划和就业工作大局，以《中华人民共和国就业促进法》等法律法规为准则，紧密配合政府部门贯彻实施就业优先发展战略和积极就业政策，开展劳动就业理论以及人力资源开发利用研究，开展有助于促进就业和服务于劳动者的实践活动，充分发挥桥梁纽带作用，为推动我国就业事业改革发展服务。

中国就业促进会的业务范围：一、组织开展城乡就业及相关领域的理论政策研究，举办中国就业论坛、研讨会、成果展示等活动，为政府有关部门制定规划、政策提供依据和建议；二、组织开展城乡就业工作实践活动，围绕劳务品牌建设、创业促进就业、公共就业人才服务体系建设、失业保险相关问题，开发示范项目和实验基地，开展就业服务专项活动；三、开展有关就业政策培训和就业能力提升培训，组织编写培训教材，举办各类专项培训活动，开展对劳动者及各类用人单位的就业政策、法律法规等咨询服务活动；四、服务企业发展，组织开展政策咨询、信息交流等活动，搭建劳动力供求信息交流服务平台，为自谋职业和自主创业提供服务，促进多形式多渠道就业，为扩大就业、稳定就业提供服务渠道；五、组织开展促进就业典型经验推广和信息交流，受政府部门委托组织开展促进就业先进集体和先进个人评定、表彰和宣传活动；六、组织开展促进就业的国内、国际项目交流活动，发展同国内外相关机构的友好合作关系；七、开展形式多样的会员服务活动，向政府有关部门反映会员诉求、意见和建议，维护会员的合法权益，搭建会员与政府、会员与会员之间的沟通交流平台；八、开展就业宣传，通过《中国就业》杂志、《就业工作通讯》和中国就业促进会网站，构建三位一体的就业宣传平台，组织开展宣传活动；九、指导各级就业促进会工作，组织开展业务交流活动；十、承办政府部门委托的有关促进就业的其他工作。

32. 积极引导和鼓励高校毕业生面向基层就业

进入新世纪以来,中国高等教育规模不断扩大,已实现了从精英教育向大众教育的转变。连年稳定的高校毕业生保障为中国社会各个领域建设提供了丰富的人力资源。然而持续增加的高校毕业生数量与社会需求之间的矛盾日益明显,高校毕业生就业难问题成为全社会关注的焦点。而同时,基层在发展过程中却存在着人才短缺的现象,急切需要大批有能力、懂技术的高校毕业生充实进来。

在上述背景下,党和国家积极推动高校毕业生向基层就业。2005年6月25日,中共中央办公厅、国务院办公厅印发了《关于引导和鼓励高校毕业生面向基层就业的意见》,明确提出要做好引导和鼓励高校毕业生面向基层就业工作,并提出了具体的意见。

一、完善鼓励高校毕业生到西部地区和艰苦边远地区就业的优惠政策。要完善人才资源市场配置与政府宏观调控相结合的运行机制,进一步消除政策障碍,健全社会保障体系,促进高校毕业生到西部地区、艰苦边远地区和艰苦行业就业。二、积极鼓励、支持高校毕业生到基层自主创业和灵活就业。大力倡导高校毕业生发扬自强自立的精神,在就业时不等不靠、不挑不拣,勇于到市场经济大潮中拼搏竞争。三、大力支持各类中小企业和非公有制单位聘用高校毕业生。各类中小企业和非公有制单位是高校毕业生就业的重要渠道。各级党委和政府要为高校毕业生到这些企业和单位就业营造氛围、疏通渠道、创造条件。四、探索建立高校毕业生就业见习制度。为帮助回到原籍、尚未就业的高校毕业生提升职业技能和促进供需结合,地方政府要创造条件,探索建立高校毕业生见习制度。五、逐步实行省级以上党政机关从具有2年以上基层工作经历的高校毕业生中考录公务员的办法。从2006年开始,省级以上党政机关考录公务员,考录具有2年以上基层工作经历的高校毕业生(包括报考特种专业岗位)的比例不得低于三分之一,以后逐年提高。六、加大选调应届优秀高校毕业生到基层锻炼的工作力度。进一步扩大选调生的规模,各省、自治区、直辖市每年都要选拔一定数量的应届优秀高校毕业生到基层工作,主要充实到农村乡镇和城市街道等基层单位。七、实施高校毕业生到农村服务计划。要重视加强农业推广服务机构和动物防疫体系的建设,搭建吸纳高校毕业生的舞台,既有利于高校毕业生就业,又有利于推动"三农"工作。中央和国家机关有关部门要继续做好"大学生志愿服务西部计划",为西部基层教育、医疗卫生、文化、农技推广服务等公共事业的发展提供阶段性服务,要进一步落实和完善配套支持政策,丰富服务内容。八、大力推广高校毕业生进村、进社区工作。要把引导和鼓励高校毕业生面向基层就业同加强基层组织建设结合起来,从 2006 年起,国家每年有计划地选拔一定数量的高校毕业生到农村和社区就业。

33. 零就业家庭就业援助制度

2005 年以来,辽宁、广东等部分地区劳动保障部门率先将全家有劳动能力的人员都处于失业状态,且生活困难的家庭纳入了就业援助范围,提供特别帮助,作为政府的"民心工程"得到社会的广泛认同,取得了良好的效果。劳动和社会保障部及时总结了这些地区零就业家庭就业援助工作积累的经验,在全国进行了推广。

2006 年 10 月,党的十六届六中全会通过的《中共中央关于构建社会主义和谐社会若干重大问题的决定》中提出:扩大再就业政策扶持范围,健全再就业援助制度,着力帮助零就业家庭和就业困难人员就业。各地积极贯彻六中全会精神,扎实推进零就业家庭就业援助工作。2007 年 6 月初,国务院在沈阳召开就业再就业工作座谈会,国务委员华建敏提出了促进零就业家庭就业,争取到年底现有零就业家庭至少一人实现就业,并实行动态管理,形成长效机制的工作目标。

随后劳动和社会保障部召开全国促进零就业家庭就业和创建充分就业社区经验交流会,全面部署开展零就业家庭就业援助工作。自此,这项深得民心的零就业家庭就业援助工作在全国展开。

根据各地上报的统计汇总,自 2006 年党的十六届六中全会提出零就业家庭就业援助的要求以来,到 2007 年 12 月底,全国累计有零就业家庭 87 万户,已有 86.9 万户零就业家庭实现每户至少一人就业,基本消除了存量和当年新增零就业家庭。2008 年开始实施的《中华人民共和国就业促进法》对零就业家庭的认定和申请就业援助等方面作出了具体规定,从此,对零就业家庭的就业援助作为一项长期的经常性制度以法律的形式被确定下来,各地也相应建立了零就业家庭就业援助的长效机制。

34. 国务院关于解决农民工问题的若干意见

2006 年 3 月 28 日,国务院发布了《关于解决农民工问题的若干意见》(以下简称《意见》)。这个文件由国务院研究室负责研究提出,由国务院常务会议审议通过,《意见》从中国国情出发,对涉及农民工利益的一系列问题如工资、就业、培训、户口、劳动保护、社会保障、子女上学等作了具体规定,回答了当前农民工最关心、最切身的利益问题,凸显了我国政府对农民工群体的关心和爱护。

2005 年 2 月 26 日,温家宝总理在一份反映农民工问题的材料上作了重要批示,指出农民工问题是我国工业化、城镇化和农村小康建设过程中出现的新事物，亿万农民工在国家现代化建设中作出了重要贡献，要维护农民工的合法权益，改善他们的外出工作环境，充分发挥他们在现代化建设中的作用，并明确指示由国务院研究室牵头，会同有关部门深入调研农民工问题，在此基础上，起草一份解决农民工问题的指导性文件。

一、解决农民工问题是建设中国特色社会主义的战略任务。《意见》指出，解决农民工问题是建设中国特色社会主义的战略任务。必须从我国国情出发，顺应工业化、城镇化的客观规律，引导农村富余劳动力向非农产业和城镇有序转移。我们要站在建设中国特色社会主义事业全局和战略的高度，充分认识解决好农民工问题的重要性、紧迫性和长期性。

二、抓紧从根本上解决拖欠、克扣农民工工资问题。《意见》要求严格规范用人单位工资支付行为，确保农民工工资按时足额发放给本人，做到工资发放月清月结或按劳动合同约定执行。劳动保障部门要重点监控农民工集中的用人单位工资发放情况。对发生过拖欠工资的用人单位，强制在开户银行按期预存工资保证金，实行专户管理。《意见》要求各地要严格执行最低工资制度，合理确定并适时调整最低工资标准，制定和推行小时最低工资标准。制定相关岗位劳动定额的行业参考标准。

三、所有用人单位招用农民工必须依法订立并履行劳动合同。《意见》要求所有用人单位招用农民工都必须依法订立并履行劳动合同，建立权责明确的劳动关系。严格执行国家关于劳动合同试用期的规定，不得滥用试用期侵犯农民工权益。劳动保障部门要制定和推行规范的劳动合同文本，加强对用人单位订立和履行劳动合同的指导和监督。

四、各级政府要切实地把解决农民工问题摆在重要位置。《意见》明确，解决好涉及农民工利益的问题，是各级人民政府的重要职责。各级人民政府要切实把妥善解决农民工问题作为一项重要任务，把统筹城乡就业和促进农村劳动力转移纳入国民经济和社会发展中长期规划和年度计划。

五、在全社会形成关心农民工的良好氛围。《意见》指出，要在全社会形成关心农民工的良好氛围。社会各方面都要树立理解、尊重、保护农民工的意识，开展多种形式的关心帮助农民工的公益活动。

《意见》还要求发挥社区管理服务的重要作用，构建以社区为依托的农民工服务和管理平台。同时，加强和改进农民工统计管理工作，推进农民工信息网络建设，实现信息共享，为加强农民工管理和服务提供准确、及时的信息。

35.统筹城乡就业试点

长期以来中国经济社会发展存在着鲜明的城乡二元结构，城乡壁垒难以打破。随着改革开放尤其是农村改革的深入，中国总体上已进入以工促农、以城带乡的发展阶段，进入加快改造传统农业、走中国特色现代化农业道路的关键时刻，进入着力破除城乡二元结构、形成城乡经济社会发展一体化格局的重要时期。中共中央、国务院要求全国深入落实科学发展观，把统筹城乡发展作为全面建设小康社会的根本要求。

统筹城乡就业的思想和思路是在实践中得以确定并进行试点的。2000年7月，劳动保障部等7个部门联合下发《关于进一步开展农村劳动力开发就业试点工作的通知》，选择一些有条件的地区用3年时间进行试点，其中一项基本任务就是"试行城乡统筹就业"。具体任务有三点：一是建立统一的劳动力市场总体规划，分步实施；二是逐步建立统一的就业制度；三是探索建立劳动力一体化管理的制度和政策。这次提出的"统筹城乡就业"的概念内涵与前期迥然不同，内容已经涵盖了统筹城乡就业的主要方面，是一次科学的界定和探索。2004年，国家由农业部牵头在北京朝阳区等13个县市区开展"农村劳动力平等就业试点"，在五个方面实现了突破：一、建立平等的就业准入制度；二、维护进城务工农民的合法权益，建立农民工社会保障体系；三、妥善解决农民工子女就学问题；四、推行一体化户籍管理制度；五、建立农村劳动力转移就业培训体系。2005年6月，国务院办公厅印发《关于引导和鼓励高校毕业生面向基层就业的意见》，实施高校毕业生到农村就业计划，进一步扩大了统筹城乡就业的主体，成为统筹城乡就业的新课题和新的探索方向。2005年，劳动保障部劳动科学研究所发表的蓝皮书报告的题目即为《2005年：中国就业报告——统筹城乡就业》。

2006年7月，劳动和社会保障部、国家发展改革委、财政部和农业部正式部署统筹城乡就业试点，确定从2006年下半年开始启动2008年底结束。农业部组织的农村劳动力平等就业试点（第三期）纳入这次试点，享受相关政策。试点的目标是：建立城乡一体化的劳动力市场，形成保障城乡劳动者平等就业的制度，促进城乡劳动者实现比较充分的就业。试点的任务是建立健全"三个体系"和"两项制度"。三个体系是管理城乡就业的组织体系、覆盖城乡的职业培训体系和公共服务体系。两项制度是用工管理制度和社会保障制度。共确定了20个省48个备选单位，有27个单位正式试点。各试点单位对管理制度、就业失业登记制度、保障制度、统计制度、公共服务制度、劳动力市场、就业援助制度、监察制度、仲裁制度、财政投入制度等进行尝试和探索，一些行之有效的政策上升为国家政策和法律法规，一些切实可行的政策措施纳入了政府部门的行政管理职责体系，同时，试点工作扩大了统筹城乡就业的影响，对统筹城乡就业的体制机制进行了完善和创新，为建立新的体制和长效机制提供了经验和教训，为全国统筹城乡就业提供了示范。

36. "三支一扶"计划

"三支一扶"是支教、支医、支农、扶贫的简称,目的是引导和鼓励高校毕业生为促进农村基层教育、农业、卫生和扶贫等社会事业的发展,建设社会主义新农村和构建社会主义和谐社会作出贡献。

2006年,中组部、人事部等8个部门下发《关于组织开展高校毕业生到农村基层从事支教、支农、支医和扶贫工作的通知》,以公开招募、自愿报名、组织选拔、统一派遣的方式,从2006年开始连续5年,每年招募2万名高校毕业生,主要安排到乡镇从事支教、支农、支医和扶贫工作。服务期限一般为2至3年。招募对象主要为全国普通高校应届毕业生。

2010年4月中央组织部、人力资源社会保障部等8个部门联合下发的《关于做好2010年高校毕业生"三支一扶"计划实施工作的通知》指出,各地要将"三支一扶"大学生就业问题纳入高校毕业生就业工作总体考虑,各级政府部门所属人才服务机构、公共就业服务机构要开设"三支一扶"大学生就业创业绿色通道窗口,为服务期满大学生提供公共服务。各级人力资源和社会保障部门要会同相关部门,认真梳理已经出台的促进"三支一扶"大学生就业的优惠政策,结合各地实际情况,确保"三支一扶"大学生在公务员考录、事业单位工作人员招聘、自主创业、自主择业和继续学习深造等渠道的畅通。通知要求各地做好相关政策衔接。高职(高专)毕业生参加"三支一扶",服务期满考核合格的,可免试入读成人高等学历教育专科起点本科。对已落实就业岗位的大学生,各级"三支一扶"办公室要按规定落实工龄计算、服务年限视同社会保险缴纳年限等政策。

截至2010年,该计划共选派14.3万名高校毕业生,第一阶段工作进展良好。从2011年起,5年内我国将再选派10万名"三支一扶"大学生,紧紧围绕"十二五"时期公共服务体系建设,增加到农业农技、农林建设、医疗卫生、就业和社会保障等公共服务平台的岗位。

37. 农村义务教育教师特岗计划

农村义务教育教师特岗计划,简称"特岗计划",是从2006年开始启动的。当时的背景就是针对西部地区一些"两基"攻坚县教师紧缺的事实,加强充实农村师资力量的计划,由中央财政支持,公开招募高校毕业生到"两基"攻坚县的农村义务教育阶段学校任教,目的是创新农村学校教师引进机制,逐步解决农村学校师资总量不足和结构不合理等问题，从而提高农村师资队伍整体素质。

2006年，财政部、教育部、劳动和社会保障部、中央编办共同组织实施"农村义务教育阶段学校教师特设岗位计划"，该计划从2006年起，按照公开招聘、合同管理的方式，用5年时间组织招募高等师范院校和其他全日制普通高校应届毕业生到"两基"攻坚县农村义务教育阶段学校任教，聘期为3年。

实施"特岗计划"，对于提高农村教育质量，促进义务教育均衡发展和教育公平，对于创新教师补充机制，深化教师用人制度改革，对于引导和鼓励高校毕业生从事农村教育工作，促进高校毕业生就业和青年人才的健康成长，具有一举多得的重要意义。

2006年至2010年的5年间，全国共招聘特岗教师12.4万多人，覆盖中西部地区900多个县、8000多所农村学校，农村学校面貌发生较大变化。2010年起中央增加工作力度，安排5万至7万个特设岗位，实施范围为中西部地区国家扶贫开发工作重点县、西部地区原"两基"攻坚县（含新疆生产建设兵团的部分团场）、纳入国家西部开发计划的部分中部省份的少数民族自治州以及西部地区一些有特殊困难的边境县、少数民族自治县和少数民族县。

38. 中华人民共和国就业促进法

2007年8月30日，十届全国人大常委会第二十九次会议审议通过《中华人民共和国就业促进法》（以下简称《就业促进法》），于2008年1月1日起施行。《就业促进法》的颁布，是中国劳动保障法制建设取得的重大成果，进一步丰富和完善了中国劳动保障法律体系，对于促进劳动者就业、构建社会主义和谐社会，具有重要而深远的意义。《就业促进法》以法律规范的形式将中国长期以来经过实践检验的积极的就业政策措施予以法律化，使中国劳动就业工作有了更加明确的依据。

一、确立就业工作的方针。《就业促进法》第二条规定，国家把扩大就业放在经济社会发展的突出位置，实施积极的就业政策，坚持劳动者自主择业、市场调节就业、政府促进就业的方针，多渠道扩大就业。一是明确"劳动者自主择业"，二是明确"市场调节就业"，三是明确"政府促进就业"。

二、明确政府促进就业的职责。《就业促进法》对政府在促进就业中的职责作出了明确规定，主要包括：一是建立就业工作目标责任制度；二是制定实施有利于就业的经济和社会政策；三是推进公平就业；四是加强就业服务和管理；五是大力开展职业培训；六是建立健全失业保险制度；七是开展就业和失业调查统计工作；八是发挥社会各方面促进就业的作用。

三、促进就业的政策支持体系。为了建立促进就业的长效机制，《就业促进法》将经过实践检验行之有效的积极的就业政策上升为法律规范，并按照促进就业的工作要求，规定了政策支持的法律内容。包括：一是实行有利于促进就业的产业政策；二是实行有利于促进就业的财政政策；三是实行有利于促进就业的税收政策；四是实行有利于促进就业的金融政策；五是实行城乡统筹的就业政策；六是实行区域统筹的就业政策；七是实行群体统筹的就业政策；八是实行有利于灵活就业的劳动和社会保险政策；九是实行就业援助制度；十是实行失业保险促进就业政策。

四、维护公平就业。为了维护劳动者的平等就业权，反对就业歧视，《就业促进法》对公平就业作出了规定，包括：一是明确政府维护公平就业的责任；二是规范用人单位和职业中介机构的行为；三是保障妇女享有与男子平等的劳动权利；四是保障各民族劳动者享有平等的劳动权利；五是保障残疾人的劳动权利；六是保障传染病病原携带者的平等就业权；七是保障进城就业的农村劳动者的平等就业权；八是规定了劳动者受到就业歧视时的法律救济途径。

39. 亚洲就业论坛与"体面就业"的提出

2007年8月13日至15日在北京召开亚洲就业论坛。亚洲就业论坛由国际劳工组织举办，来自亚洲22个国家和地区的政府、雇主和工人三方代表，国际劳工组织和其他有关国际机构的代表共300人出席论坛。

国务委员兼国务院秘书长华建敏出席论坛开幕式并致辞，他代表中国政府对论坛的召开表示祝贺，希望亚洲各国扩大共识、分享经验、加强合作，为实现经济增长、扩大就业、体面劳动的良性互动而共同努力。他指出，中国政府赞赏国际劳工组织为扩大就业、消除贫困、保护劳动者权益作出的积极贡献。减少失业、扩大就业是经济社会发展的基本目标，是各国政府的重要职责，尊重劳动、尊重劳动者是必须遵循的价值导向。这次亚洲就业论坛以"增长、就业与体面劳动"为主题，共同探讨在促进经济增长的同时，确保就业机会的增加和实现体面劳动的政策措施，不仅有利于促进亚洲地区的和平稳定与繁荣发展、造福于本地区人民，对世界各国更好地解决就业问题也将有所裨益。中国有13亿多人口，劳动力资源丰富，就业压力巨大。中国政府坚持科学发展观，致力于构建和谐社会，提出了就业是民生之本，是实现人的全面发展与社会和谐根本保障的理念，把就业工作放在经济社会发展的突出位置，明确提出了实现社会就业比较充分的目标，制定实施了一系列促进就业的政策措施，就业形势良好。华建敏强调，中国将进一步加强与国际劳工组织、亚洲各国的合作，借鉴亚洲各国的好经验好做法，不断充实中国积极就业政策的内容，不断完善促进就业的措施办法，贯彻体面劳动的理念和原则，努力实现社会就业比较充分的目标。

中国劳动和社会保障部部长田成平在会议发言中指出，体面劳动必须以平等就业为核心。中国的实践表明，扩大就业，实现体面劳动，必须妥善处理好经济增长和扩大就业关系，必须充分发挥政策引导、职业培训和就业服务的重要作用，必须强化平等就业，完善社会保障，建立和谐劳动关系。田成平在讲话中指出，中国实现充分就业和体面劳动的任务还十分繁重。今后，一方面将加快法制建设，除了《中华人民共和国劳动合同法》等已经颁布的法律之外，还有社会保险法、就业促进法等法律正在抓紧起草。二是进一步加大监察力度，努力改善就业条件，帮助各类劳动者特别是农民工实现体面劳动。继续加强社会对话，积极发挥工会、妇联、企联等社会各方面在扩大就业、维护权益中的重要作用。

国际劳工组织总干事索马维亚表示，这次会议在中国举办，是国际劳工组织与中国的又一次良好合作。他认为，亚洲各国国情各异，经济发展水平不同，但是都面临一个共同的挑战，这就是促进就业增长。他强调，亚洲是一个"充满希望的大洲"，亚洲在形成新的世界经济格局中扮演着重要角色，亚洲各国既面临前所未有的发展机遇，也面对着扩大就业、减少贫困的重大挑战。他特别指出，中国在经济增长、扩大就业和消除贫困方面取得了积极进展，引起了全球的高度关注。中国在推动经济快速发展的同时，运用积极的就业政策扩大就业、解决失业问题的经验对世界各国都有重要的借鉴意义。中国提出的构建和谐社会的理念，在劳动领域内建立和谐劳动关系，维护劳动者合法权益的实践，对推动各国实现体面劳动的目标有很好的带动作用。

40. 就业服务与就业管理规定

2007年11月5日，劳动和社会保障部颁布了《就业服务与就业管理规定》（以下简称《规定》）。《规定》9章77条，对2007年8月十届全国人大常委会第二十九次会议通过的《中华人民共和国就业促进法》（以下简称《就业促进法》）中关于就业服务与管理、就业援助的相关制度作了进一步细化和完善，对促进就业，培育完善人力资源市场具有重要意义。

颁布《规定》的背景。一是贯彻落实《就业促进法》的需要。《就业促进法》于2008年1月1日施行，对"就业服务和管理"和"就业援助"设立专章，提出了明确要求。因此，尽快制定出台了《就业服务与就业管理规定》，并与《就业促进法》同时施行，以便及时贯彻落实法律的要求。二是培育完善人力资源市场的需要。《就业促进法》首次提出培育完善人力资源市场的要求。劳动和社会保障部2000年12月颁布的《劳动力市场管理规定》的提法与之已不能适应，需要尽快作相应调整。因此根据《就业促进法》的表述，将原《劳动力市场管理规定》改为《就业服务与就业管理规定》，主要是对《就业促进法》中"就业服务和管理"、"就业援助"相关内容作进一步细化。三是进一步推进公共就业服务和就业援助实际工作的需要。中国公共就业服务事业和对就业困难人员的就业援助工作有了长足的发展，积累了丰富的实践经验，确立了一系列政策措施和工作制度。这些都需要以法规的形式明确下来，逐步形成今后工作的长效机制。

《规定》的主要内容包括总则、求职与就业、招用人员、公共就业服务、就业援助、职业中介服务、就业与失业管理、罚则、附则。《规定》主要内容包括：第一，明确了劳动者依法享有平等就业和自主择业的权利，同时也规定劳动者求职时应当如实提供相关信息；第二，明确了用人单位招用人员时的自主用人权利，同时规定了用人单位提供平等就业机会的义务，保护劳动者权益的义务，以及招用台、港、澳人员和外国人的基本程序；第三，明确了公共就业服务的执行部门、免费项目、服务内容、能力建设、信息化建设等；第四，明确了就业援助的计划、援助对象、申报认定办法、援助措施，以及街道、社区的援助职责；第五，明确了职业中介的行政许可制度、职业中介机构可以开展的服务项目、职业中介机构保护求职者权益的义务；第六，完善了就业登记、失业登记制度，明确了就业登记的执行机构、登记证、登记程序和登记内容，明确了失业登记的地点和执行机构，失业人员的权利和义务，失业登记的人员范围，以及注销失业登记的情形。

《规定》突出的亮点一是细化了公平就业的规定。如要求用人单位的招工简章、招聘广告以及职业中介机构发布的就业信息都不得包含歧视性内容。用人单位在招用人员时，除国家法律、行政法规和国务院卫生行政部门规定禁止乙肝病原携带者从事的工作外，不得强行将乙肝病毒血清学指标作为体检标准，《规定》对此还设置了处罚条款。二是完善了公共就业服务制度。根据《就业促进法》对公共就业服务的原则规定，以及工作中的新发展，本《规定》作了进一步完善。主要是确定劳动保障行政部门和公共就业服务机构的相关职责，落实免费就业服务项目，充实职业指导服务、为用人单位服务以及为残疾人服务的内容，要求推进人力资源市场信息化建设，并明确要求公共就业服务机构不得从事经营性活动、招聘会不得向劳动者收取费用等。三是强化了就业援助制度。本《规定》专设"就业援助"一章，确立了公共就业服务机构对于就业援助的工作任务，特别是对街道、社区公共就业服务机构的援助职责作出了明确规定。要求公共就业服务机构建立就业困难人员帮扶制度和零就业家庭即时岗位援助制度，实施优先扶持和重点帮助。四是健全了就业登记和失业登记制度。本《规定》明确，有用人单位的劳动者，由用人单位在招用后到公共就业服务机构为其办理就业登记；从事个体经营或灵活就业的劳动者，由本人到街道、社区公共就业服务机构办理就业登记。凭登记证可享受相应扶持政策。为加强与劳动用工备案工作的衔接，本《规定》将备案程序作为就业登记制度的具体内容，使用工备案工作与就业登记工作有效整合。为使失业登记工作更符合当前全国劳动力大规模流动的实际情况，将失业人员尽量纳入政府促进就业工作的对象范围，本《规定》改变了过去仅对城镇户籍人员在户籍所在地失业登记的方式，将失业登记对象界定为"法定劳动年龄内，有劳动能力，有就业要求，处于无业状态的城镇常住人员"。

41. 就业援助制度

"就业援助"，是就业困难人员通过党和政府各项促进就业扶持政策的贯彻落实以及就业服务机构为主的有关部门的具体帮助，实现再就业，以此达到增加家庭劳动收入，摆脱贫困的目的。"就业援助"与下岗职工基本生活保障、失业保险和最低生活保障制度不同，它是一项从根本上解决就业困难人员家庭困难的措施；它也与计划经济时期安置就业不同，而是通过财政、税收等政策扶持，既促进就业困难人员再就业，又减轻企业负担，降低企业人工成本，增强企业活力，促进经济发展。

2007年8月，全国人大常委会通过《中华人民共和国就业促进法》（以下简称《就业促进法》），提出建立健全就业援助制度。各级人民政府建立健全就业援助制度，采取税费减免、贷款贴息、社会保险补贴、岗位补贴等办法，通过公益性岗位安置等途径，对就业困难人员实行优先扶持和重点帮助。《就业促进法》规定，地方各级人民政府加强基层就业援助服务工作，对就业困难人员实施重点帮助，提供有针对性的就业服务和公益性岗位援助。地方各级人民政府鼓励和支持社会各方面为就业困难人员提供技能培训、岗位信息等服务。县级以上地方人民政府采取多种就业形式，拓宽公益性岗位范围，开发就业岗位，确保城市有就业需求的家庭至少有一人实现就业。同时，国家鼓励资源开采型城市和独立工矿区发展与市场需求相适应的产业，引导劳动者转移就业。对因资源枯竭或者经济结构调整等原因造成就业困难人员集中的地区，上级人民政府应当给予必要的扶持和帮助。

2013年12月18日，在成都举行的2014年就业援助月活动启动仪式上，人力资源和社会保障部发布：我国就业援助制度累计帮助1500多万就业困难人员实现了再就业。

42. 创业型城市创建活动

2008年9月，国务院办公厅转发了11个部门关于促进以创业带动就业工作的指导意见。文件明确提出："要重点指导推动工作基础较好、条件相对成熟的城市，实施以创业带动就业相关扶持政策，在组织领导、创业培训、创业服务和社会参与等方面积极探索，建立以创业带动就业的创业型城市。"

2008年12月召开的中央经济会议上，胡锦涛总书记明确提出：要坚持推进结构升级和扶持就业创业相协调。2009年3月的两会上，温家宝总理在政府工作报告中专门强调：要大力支持自主创业、自谋职业，促进以创业带动就业。在市场准入、财税金融、经营用地等方面提供便利和优惠，鼓励更多劳动者成为创业者。

为贯彻上述精神，2009年3月14日，人力资源和社会保障部在北京召开全国创建创业型城市工作座谈会，全面启动创建创业型城市工作，部署了在82个城市开展创建创业型城市的活动。张德江副总理就这次会议专门作了重要批示，特别强调，促进以创业带动就业，是实施积极就业政策的重要举措，是应对国际金融危机、稳定中国就业形势的有效途径。

2008年10月22日，人力资源和社会保障部发布《关于推动建立以创业带动就业的创业型城市的通知》，明确提出，创建创业型城市的主要任务是建立"五个体系"。

一是建立组织领导体系。在就业工作联席会议机制下，成立由政府领导负责、人力资源社会保障部门牵头、有关方面参加的促进以创业带动就业工作领导小组，建立健全工作制度，制定实施工作计划，研究解决工作中存在的问题，形成政府促进创业的工作推动机制；同时，充分发挥工商联、工会、共青团、妇联、残联以及行业协会、企业家协会的作用，探索建立创业带动就业的社会化运作机制。

二是完善政策支持体系。按照通知要求，针对创业者在市场准入、行政管理、融资渠道等方面遇到的突出问题，积极探索完善政策措施。探索建立创业专项扶持资金，完善积极的就业政策，健全和落实税费减免、小额担保贷款、场地安排等扶持政策。形成促进创业的政策体系和良好的创业环境。

三是健全创业培训体系。扩大创业培训范围，将有创业愿望和培训要求的城乡劳动者全部纳入创业培训对象范围，实现创业培训全覆盖。充分利用现有条件和闲置资源建立健全创业孵化基地，推进创业实训。提高创业培训质量，实现较高的培训后创业成功率。

四是构建创业服务体系。依托公共就业服务体系，建立健全创业指导服务组织，加强创业服务队伍建设，组织和实施创业服务。建立创业服务公共平台，完善创业服务的内容和形式，改善服务手段，建立创业信息服务网络和信息发布机制，建立创业项目市场化运作机制，开发形成基本成熟的创业服务体系。

五是健全工作考核体系。根据当地实际情况，建立完善创业带动就业统计指标体系和统计制度。把创业带动就业的主要工作指标纳入就业工作目标责任制度，作为就业工作主要目标任务的内容，健全当地就业工作目标责任体系，强化责任和考核。

43. 大学生"村官"计划

大学生"村官"是指到农村（含社区）担任村党支部书记或村委会主任助理及其他村"两委"职务的具有大专以上学历的应届或往届大学毕业生。实施"大学生'村官'计划"，是国家作出的一项重要战略决策，是科学发展观的内在要求，对于加快推进社会主义新农村建设，锻造一大批有知识、有文化的党政干部后备人才和接班人具有十分重要的意义。该项目按照自愿报名、综合考察、公示培训、聘用上岗等程序每年选聘2万名30周岁以下全日制普通高校本科及以上学历的应届毕业生到村任党组织书记助理、村委会主任助理、村团组织书记或副书记等职务，工作期限一般为2至3年。

从20世纪90年代中期开始，大学生"村官"从无到有，到快速发展，经历了长时间的积累发展过程。2005年6月，中共中央办公厅、国务院办公厅下发《关于引导和鼓励高校毕业生面向基层就业的意见》。2006年2月，中央组织部、人事部、教育部等八部委下发通知，联合组织开展高校毕业生到农村基层从事支教、支农、支医和扶贫工作。此后，大学生"村官"工作进入大范围试验阶段。

按照《关于选聘高校毕业生到村任职工作的意见（试行）》精神，选聘高校毕业生到村任职工作是2008年起由中组部牵头，财政部、教育部、人力资源和社会保障部、共青团中央等部门共同组织实施的。2008年3月，中央组织部会同教育部、财政部、人力资源和社会保障部召开选聘高校毕业生到农村任职工作座谈会，部署选聘高校毕业生到农村任职工作，大学生"村官"工作进入一个全面的发展时期。

2010年4月29日，中央组织部下发通知，5年内选聘10万大学生"村官"增长为5年内选聘20万大学生村官，2010年全国选聘3.6万名大学生村官。截至2010年，已有11.3万名大学生到村任职；截至2013年底，全国累计选聘41万名大学生村官，在岗22万人，覆盖了超过1/3的行政村。

44. 就业工作目标责任制

中国的就业工作目标责任制，源于再就业工作目标责任制。2005年11月4日，《国务院关于进一步加强就业再就业工作的通知》指出：各级人民政府和各有关部门要继续巩固和强化就业再就业工作目标责任制。继续把新增就业人员和控制失业率纳入国民经济和社会发展宏观调控指标。把解决体制转轨遗留的下岗失业问题、促进城镇新增劳动力就业、推进城乡统筹就业、加强失业调控和实现就业与社会保障制度的联动机制作为主要目标任务,层层分解,并纳入政绩考核的重要内容,定期进行督促检查。

2008年后,受金融危机等因素的影响,中国面临巨大的就业压力。"十一五"期间,全国城镇劳动力平均每年供大于求约1200万人,农村富余劳动力平均每年需转移约900万人。在这样的就业压力下,必须把扩大就业放在经济社会发展的突出位置。

2008年2月19日,国务院发布《关于做好促进就业工作的通知》,提出"把城镇新增就业、控制失业率、失业人员就业、就业困难人员就业及减少有劳动能力长期失业人员、城市居民最低生活保障人员作为就业工作主要目标任务"。通知明确提出要"健全就业工作目标责任制度",要把就业工作的主要目标任务,逐级分解,建立目标责任体系,并作为政府政绩考核的重要指标。要将统筹城乡就业、建立社会保障与促进就业联动机制纳入政府就业工作目标责任。县级以上人民政府要按照目标责任制度的要求,依法加强对所属有关部门和下一级人民政府的考核、检查和监督。2008年,就业再就业工作目标是,全国城镇新增就业1000万人,下岗失业人员再就业500万人(其中就业困难对象再就业100万人),城镇登记失业率控制在4.5%以内。

2012年2月20日,中共中央政治局就实施更加积极的就业政策进行第三十二次集体学习。中共中央总书记胡锦涛在主持学习时强调,实施更加积极的就业政策,把促进就业放在经济社会发展的优先位置,努力实现社会就业更加充分,关系亿万人民群众切身利益,关系改革发展稳定大局,对推动科学发展、促进社会和谐具有十分重要的意义。胡锦涛指出,各级党委和政府要加强对就业工作的领导,把促进就业摆在重要议程,加强就业形势分析和就业重点难点问题研究,实行就业工作目标责任制,实行有利于促进就业的财政政策。

45. 失业预警机制建设

预警机制是指在特殊情况或事件发生之前预先发出警报,从而防范和制止特殊情况发生的工作机制。失业预警机制是通过对反映就业、失业状况的监测指标跟踪分析,当监测指标达到或接近设定的失业预警线时,及时进行事先预报。根据失业预警,用人单位和政府部门可采取相应的对策措施,避免较大规模失业的出现。由于社会经济频繁波动、就业形势不断变化,尤其自2008年底全球金融危机对经济状况和就业形势的巨大冲击,更加凸显出失业预警机制的重要性,政府将失业预警工作提升到了新的高度。

2008年12月26日首次提请十届全国人大常委会第二十六次会议审议的就业促进法草案,提出企业成规模裁减人员,应当遵守有关法律、法规的规定;县级以上人民政府应当建立失业预警制度,预防、调节和控制可能出现的较大规模的失业。这是我国第一次将失业预警工作提升到立法高度。

在政策提升到立法高度的同时，伴随 2009 年国际金融危机的进一步发酵，我国提出并实施了建立失业动态重点监测报告制度的举措，对劳动密集型产业转移和劳动力转移情况进行监测与跟踪，对可能大规模失业的行业、企业进行重点监测；伴随经验的积累和工作质量的提升，逐渐扩大监测范围，细化监测举措，将失业人员的管理和服务工作切实纳入街道和社区工作中，将失业动态监测工作通过国家失业动态监测系统延伸到基层企业，为统计分析、切实掌握失业状况发展形势和重点工作开展方向提供更充分的信息依据，从而对可能发生或正在发生的失业进行预防、调节和控制。

中国做好失业调控工作的基本思路是：以控制失业率为目标，以强化就业服务为手段，以帮助困难群体就业为重点，充分运用扩大就业，促进再就业的政策措施，用几年的时间，初步形成失业调控的政策体系和运行机制，并运用法律、经济和行政手段对城镇失业的源头进行调控，把失业造成的影响控制在社会可承受的程度。

失业预警机制大致包括失业预警监测、失业预警分析和失业预警机制的调控措施三部分。失业预警监测，即建立失业预警制度，主要通过在重点地区和重点行业设立监测点，密切关注企业生产经营、职工队伍、职工生活情况。同时在规定范围内确定一批规模企业，对企业裁员情况进行跟踪监控，督促企业建立裁员预报制度，减少失业人员总量。失业预警分析，通过对"警源"作出可量化的指标分析，然后就是如何把这些"警源"量化，确定预警级别。失业预警机制的调控措施主要包括控制失业源头，规范企业裁员。

46."三年百万"高校毕业生就业见习计划

2009 年，共青团中央、人力资源和社会保障部、教育部、工商行政管理总局、工业和信息化部等 7 部门共同制定了《"三年百万"高校毕业生就业见习计划》（以下简称《见习计划》）。

《见习计划》的总体目标是，2009 年至 2011 年，组织 100 万离校未就业的高校毕业生参加就业见习；拓展和规范一批用人单位作为高校毕业生见习基地；进一步完善离校未就业高校毕业生见习制度；通过努力，提高参加见习的高校毕业生的综合素质和就业能力，丰富工作经验，增强市场就业竞争力。计划任务：2009 年 30 万人，2010 年 35 万人，2011 年 35 万人。

《见习计划》由多部门共同推进，其职责分工是：人力资源和社会保障部门将承担见习的指导和协调工作；中小企业主管部门将推荐一批经营管理规范、效益和信誉好的中小企业作为见习单位；国有资产监督管理部门会组织一批国有大中型企业作为见习单位；工商行政管理部门将充分发挥各级个体劳动者协会、私营企业协会的作用，动员引导一批管理规范、经营稳定、信誉良好的非公有制企业作为见习单位；共青团将继续做好"青年就业创业见习基地"创建工作，其中高校毕业生见习纳入"三年百万"高校毕业生就业见习计划。

确定见习单位的原则是要有较强的社会责任感、管理规范、能够持续提供一定数量的见习岗位。见习单位的行业分布将优先考虑当地重点发展的优势产业，同时尽可能吸纳不同行业的企事业单位参加。所提供的见习岗位应具备一定的技术含量和业务内容。

见习期一般在1年以内，其间由见习单位和地方政府共同负责解决基本生活补助，就业服务机构要免费为其提供人事代理和就业指导等服务。目的是帮助回到原籍且尚未就业的高校毕业生提升职业技能，帮助其尽快就业。

见习期满未被见习单位录用的高校毕业生，可继续享受政府提供的免费就业信息和各类就业服务；对有创业愿望的，有关机构将提供项目开发、方案设计、风险评估、开业指导、融资服务、跟踪扶持等"一条龙"创业服务。

47. 特别职业培训计划

为应对世界金融危机，保持就业局势稳定和经济平衡发展，根据党中央、国务院决策部署，2009年1月，由人力资源和社会保障部、国家发展和改革委员会、财政部三部委联合下发了《关于实施特别职业培训计划的通知》，共同启动实施了特别职业培训计划。该培训计划主要是围绕受金融危机影响的各类劳动者的就业要求，充分发挥职业培训机构的作用，大力开展有针对性的职业技能培训。

在金融危机的特殊时期，组织开展大规模职业培训，主要出于三个目的：一是提高劳动者就业和创业能力，有效地促进就业，减少失业，稳定就业局势；二是配合中央保企业、扩内需等重大决策，通过技能培训，培养和储备一大批技能劳动者，稳定困难企业职工队伍，增强企业发展后劲；三是因经济形势下滑，出现了大量转岗失业人员和返乡农民工，开展职业技能培训，满足他们参加培训、提高技能、尽快实现就业的迫切愿望。

开展特别职业培训计划的总体工作思路是：通过政府购买培训成果的方式，进一步加大职业培训工作力度，扩大培训规模，延长培训期限，增加培训投入，提高培训能力，保持就业局势的基本稳定。

特别培训计划明确以四类人群为重点。

一是实施困难企业职工在岗技能提升和转岗转业培训。培训对象重点是受金融危机冲击大、生产经营困难、劳动力密集型企业的职工，主要采取在岗培训的方式，开展技能提升、转业转岗、安全生产等方面的培训。培训所需资金来源于企业职工教育培训经费、就业专项资金,困难企业还可以申请在岗培训补贴。

二是实施返乡农民工实用技能培训。各地人力资源和社会保障部门针对因失去工作返乡的农民工,开展专项调查统计工作,组织大批干部走村入户,摸情况,搞调研,了解农民工培训和就业意愿,做到"一村一账,一户一册"。结合当地产业结构调整和新建产业用工需求,组织相应的培训项目,提高技能水平。对部分"三有"(有资金、有技术、有创业愿望)的农民工,积极开展创业培训,纳入城镇创业人员小额担保贷款支持范围,提供项目开发、后续服务等全方位培训帮扶,使其实现创业愿望,并带动其他劳动者就业。农民工参加职业培训,可以享受就业专项资金补贴。

三是实施城镇失业人员中短期技能培训。该培训项目根据培训对象的不同分两种情况:一种是对有工作经验的失业人员,结合其技能特长和当地经济发展需要的职业(工种),开展3—6个月的再就业培训,重点开发面向社区就业的服务类技能培训项目,突出培训的实用性和适用性。另一种是对进行失业登记的大学生,结合所学专业,组织参加相关领域的技能培训,强化提高操作技能,提高其就业能力。对有创业意愿的失业人员,组织参加创业培训,享受相关创业扶持政策。开展失业人员中短期培训所需资金,由就业专项资金和失业保险基金给予补贴。

四是实施新成长劳动力中长期技能储备培训。主要是针对以农村应届初、高中毕业生未升学人员为主的新成长劳动力开展培训,组织其参加职业院校学习,进行半年至一年的劳动预备制培训,培养和储备一批有较高素质的后备技能人才。培训所需资金,由就业专项资金补贴。

据人力资源和社会保障部门统计,仅2009年特别职业培训计划,就组织开展各类培训3000余万人次。其中,政府财政补贴的各类职业培训约2160万人次,包括困难企业职工培训260万人次,农村劳动力转移就业培训1100万人次,城镇失业人员再就业培训450万人次,劳动预备制培训240万人次,创业培训110万人次。大规模开展职业培训,对于稳定就业局势、促进劳动者就业、提升劳动者技能水平和整体素质,都起到了积极作用。

48. 公共就业服务信息化建设

2010年7月8日,人力资源和社会保障部召开全国公共就业人才服务信息化建设工作视频会议。专题研究推动公共就业人才服务信息化建设工作,举行"中国就业网"正式上线仪式。公共就业人才服务信息化是人力资源和社会保障信息化建设的重要内容,是人力资源和社会保障信息化总体建设的一个重要组成部分,也是"十二五"人力资源和社会保障信息化建设的重要内容,并纳入了"十二五"人力资源和社会保障信息化专项规划及金保工程二期的建设方案。

公共就业人才服务信息化要实现三大核心功能:一是劳动者就业失业信息集中管理;二是单位岗位招聘信息联网共享;三是实现供求信息的对接和匹配。三大建设任务一是充分利用好金保工程建设成果,数据中心、信息网络、决策支持系统和安全保障体系等四个方面的建设工作,都要按金保工程的要求进行统一建设;二是切实做好业务管理软件开发建设;三是要重视做好就业人才服务网站建设。同时,要着力推进三大平台建设工作。一要建立全国就业监测信息平台,实现享受政策人员的统一管理;二要建立全国招聘信息公共服务平台,实现单位招聘信息的免费查询;三要建立全国应届高校毕业生就业服务平台,实现就业服务与就业管理的全程信息化。

公共就业服务信息化建设的成果体现在以下几个方面:一是信息化基础大大巩固。数据中心正变得越来越统一。"十一五"期间,288个集中、统一、规范的数据中心被建立起来,比"十五"期末增加了62.7%。信息网络架构基本形成。全部实现与部中央数据中心联网的有30多个省级单位,和省级数据中心联网的有90%以上的城市,比"十五"期末提高20个百分点;已被连接到社会保险经办机构和就业服务机构的城域网占92.5%,比"十五"期间增长了27.5个百分点,扩展到街道、社区、乡镇以及定点医疗服务机构,并向人事管理机构扩充。二是信息化应用广泛普及。"十一五"期间,各地普遍建立了支持业务开展的信息系统。随着劳动99、社会保险核心平台等统一应用软件在全国的实施,就业服务、社会保险等工作已基本实现了全程信息化,劳动关系、人才队伍建设、工资收入分配、人事制度改革等业务领域信息化应用也快速推进,养老保险调待政策落实周期大幅缩短、职业供求信息实现区域内乃至跨区域共享、公务员和各类专业技能人才逐步实现精细化管理,各项业务工作的经办效率和管理水平均比"十五"时期大幅度提高。三是信息化服务广大市民的影响日益突显。"十一五"期间,各地积极利用信息技术为管理服务对象提供更直接、更便捷的服务。12333公共服务电话号码在全国很多城市开通,很多地区人力资源和社会保障部门建立了公共政府网站。建立了199个电话咨询服务中心支持的技术平台,或者依赖全省统一的电话咨询服务中心工作,比"十五"时期末增长1.34倍。

49. 高校毕业生就业推进行动

2010年4月7日,人力资源和社会保障部、教育部、财政部联合发出《关于实施2010高校毕业生就业推进行动大力促进高校毕业生就业的通知》,要求开展中国"高校毕业生就业推进行动"。

高校毕业生就业推进行动的总体安排：进一步落实和完善 2009 年《国务院办公厅关于加强普通高等学校毕业生就业工作的通知》所提出的各项政策措施，健全市场机制，广开就业门路，强化就业服务。在 2010 年工作中，要更加注重拓展高校毕业生到城乡基层、中西部地区、中小企业和自主创业的就业渠道；更加注重开展有针对性、实效性的就业服务；更加注重强化高校毕业生就业能力，转变就业观念；更加注重做好基础工作，逐步建立并完善促进高校毕业生就业的长效机制。高校毕业生就业推进行动的目标任务：努力使应届高校毕业生离校时初次就业率达 70% 左右，当年底总体就业率达 80% 以上；有就业意愿的离校未就业高校毕业生都能参与到相关就业准备活动中，得到免费公共就业服务；相关领域制度改革和长效机制建设得到进一步深化。

高校毕业生就业推进行动的具体内容为：一是加大高校毕业生就业政策落实力度。着力拓宽高校毕业生到各类企业就业、到城乡基层就业的渠道，扶持更多的高校毕业生自主创业。要加强政策落实和工作进展情况的督促检查，对政策不落实、工作进展慢的地区要重点督导。二是统筹实施高校毕业生就业项目。加快各类基层就业项目和应届高校毕业生入伍预征工作的进度，组织更多的高校毕业生报名参加。三是积极做好离校未就业高校毕业生的登记管理工作。教育部门和高校要加强对档案和户口仍留在学校的高校毕业生的就业服务工作，人力资源和社会保障部门也要积极协助做好就业服务等工作。对回到原籍的未就业高校毕业生，人力资源和社会保障部门要以人才交流服务机构为主体，做好登记管理工作。要登记造册，摸清底数，建立专人联系制度，实施动态管理。四是大力开展高校毕业生就业服务活动。教育部门和高校要做好毕业生离校前的就业心理辅导和思想政治工作。人力资源和社会保障部门要在第三季度集中开展面向离校未就业高校毕业生的就业服务系列活动，提供就业信息，落实扶持政策，开发一批基层就业岗位。五是认真实施"三年百万"高校毕业生就业见习计划。抓紧发展一批见习基地，进一步完善见习管理制度。见习期间由见习单位和地方政府提供基本生活补助。对中西部财政困难地区应由当地政府所负担的高校毕业生就业见习基本生活补助，可从中央财政就业补助专项转移支付资金中给予适当支持。六是强化对困难高校毕业生的就业援助。各地要将家庭困难毕业生以及长期失业、残疾人等就业困难毕业生列为重点帮扶对象，积极提供就业援助。建立本地生源困难毕业生信息库，提供"一对一"的就业帮扶。通过优先推荐就业和见习岗位、帮助自谋职业和自主创业、开发公益性岗位安置等方式，力争使所有困难毕业生在年底前实现就业。少数民族地区要高度重视少数民族高校毕业生的就业问题，制订专门工作计划。

50. 关于进一步做好农民工培训工作的指导意见

2010年1月25日，国务院办公厅发布了《关于进一步做好农民工培训工作的指导意见》（以下简称《指导意见》）。《指导意见》指出，农民工培训工作的主要目标是，按照培养合格技能型劳动者的要求，逐步建立统一的农民工培训项目和资金统筹管理体制，使培训总量、培训结构与经济社会发展和农村劳动力转移就业相适应；到2015年，力争使有培训需求的农民工都得到一次以上的技能培训，掌握一项适应就业需要的实用技能。

《指导意见》提出，国务院农民工工作联席会议负责全国农民工培训的统筹规划、综合协调和考核评估，联席会议成员单位按照相关政策规定和各自职责，根据统一规划和年度计划，指导各地具体组织实施农民工培训工作。

《指导意见》要求，企业要把农民工纳入职工教育培训计划，确保农民工享受和其他在岗职工同等的培训待遇，并根据企业发展和用工情况，重点加强农民工岗前培训、在岗技能提升培训和转岗培训。

《指导意见》要求，要完善企业与院校联合开展培训的政府激励机制，各级政府和有关部门要积极支持企业开展农民工培训，鼓励企业特别是劳动密集的大型企业与院校联合举办产学结合的农民工培训基地，鼓励中小企业依托职业学校、职业培训机构培训在岗农民工，鼓励有条件的企业为职业学校和培训机构提供实习场所和设备，鼓励有一定规模的企业举办农民工业余学校。

农民工培训工作主要历程。改革开放后，我国经济快速增长，农村剩余劳动力也开始逐步向城市转移，在此背景下农民工就业培训开始发展。进入21世纪后，我国政府对农村劳动力进行培训工作的重视日益加强。2002年《农业部关于做好农村富余劳动力转移就业服务工作的意见》中，着重指出了农民工就业培训的三个重点：第一，要根据外出务工人员的工作需求，对不同行业和领域进行区分，有针对性地开展转业就业培训；第二，要加强农民工对相关政策法规知识的认知，帮助他们及时获取就业创业的相关信息和政策方针，有效提高对自身权益的保护意识；第三，增加农民工对工作安全和职业道德的认知。

2003年农业部印发的《2003—2010年全国新型农民科技培训规划》指出，到2010年，要使参加农业科技培训的农民的整体素质达到一个较高的水准，与小康社会建设和现代农业发展相适应。在具体的任务上，要努力做好"五大工程"，即"绿色证书工程"、"跨世纪青年农民科技培训工程"、"新型农民创业培植工程"、"农村富余劳动力转移就业培训工程"和"农业远程培训工程"。

《2003—2010年全国新型农民科技培训规划》为农村就业培训和农民工培训指明了方

向和目标,提出中国要努力增加培训的范围,在 2006 年后要对近 5000 万的农村劳动力输出人员进行相关的就业培训,并对已经在城镇参加工作的农民工进行岗位培训。

2006 年国务院《关于解决农民工问题的若干意见》对农民工就业服务和培训进一步进行了强调,在全国各地建立健全就业信息的服务网络,积极给予农民工所需要的市场供求状况;免费提供各种相关的政策咨询服务,力争确保农民工具有与城市居民相等的就业机会,取消各种歧视性规定。

2008 年,教育部在《关于进一步深化中等职业教育教学改革的若干意见》中也提出,中等就业培训要充分服务于国家的社会主义新农村建设,大量培养具有专业技能的农民工和新型农民,并与他们就业的实际需求相适应,有针对性地设立相关的专业和课程。

51. 国务院关于加强职业培训促进就业的意见

2010 年 10 月 25 日,国务院发布《关于加强职业培训促进就业的意见》(以下简称《意见》),就全面提高劳动者职业技能水平、加快技能人才队伍建设、加强职业培训促进就业提出了 19 项意见。

《意见》指出,当前和今后一个时期,职业培训工作的主要任务是,适应扩大就业规模、提高就业质量和增强企业竞争力的需要,完善制度、创新机制、加大投入,大规模开展就业技能培训、岗位技能提升培训和创业培训,切实提高职业培训的针对性和有效性,努力实现"培训一人、就业一人"和"就业一人、培训一人"的目标,为促进就业和经济社会发展提供强有力的技能人才支持。

《意见》提出,"十二五"期间,力争使新进入人力资源市场的劳动者都有机会接受相应的职业培训,使企业技能岗位的职工得到至少一次技能提升培训,使每个有培训愿望的创业者都参加一次创业培训,使高技能人才培训满足产业结构优化升级和企业发展需求。

《意见》指出,要大力开展各种形式的职业培训,包括健全职业培训制度、大力开展就业技能培训、切实加强岗位技能提升培训和积极推进创业培训。

《意见》指出,要切实提高职业培训质量,大力推行就业导向的培训模式,加强职业技能考核评价和竞赛选拔,强化职业培训基础能力建设,切实加强就业服务工作,鼓励社会力量开展职业培训工作,完善政府购买培训成果机制。

《意见》要求,要加大职业培训资金支持力度,完善职业培训补贴政策,加大职业培训资金投入,落实企业职工教育经费,加强职业培训资金监管。《意见》还就完善工作机制、科学制定培训规划、加大宣传表彰力度等作出了规定。《意见》要求,对农村转移就业劳动者和城镇登记失业人员,要重点开展初级技能培训,使其掌握就业的一技之长;对城乡未继续升学的应届初高中毕业生等新成长劳动力，鼓励其参加1—2个学期的劳动预备制培训，提升技能水平和就业能力；对企业新录用的人员，要结合就业岗位的实际要求，通过师傅带徒弟、集中培训等形式开展岗前培训；对退役士兵要积极开展免费职业技能培训；对职业院校学生要强化职业技能和从业素质培养，使他们掌握中级以上职业技能。鼓励高等院校大力开展职业技能和就业能力培训，加强就业创业教育和就业指导服务，促进高校毕业生就业。

其中，对民办职业教育也提出了相关的要求和期望。《意见》指出，鼓励社会力量开展职业培训工作。各地要根据国家有关法律法规规定，明确民办职业培训机构的师资、设备、场地等基本条件，鼓励和引导社会力量开展职业培训，在师资培养、技能鉴定、就业信息服务、政府购买培训成果等方面与其他职业培训机构同等对待。同时，要依法加强对各类民办职业培训机构招生、收费、培训等环节的指导与监管，进一步提高民办职业培训机构办学质量，推动民办职业培训健康发展。

52. 以创业带动就业

2011年上半年，人力资源和社会保障部委托中国就业促进会组织专家对85个国家级创建创业型城市进行中期绩效评估，形成《关于对促进以创业带动就业工作（2009—2010）的评估报告》。三年来，85个国家级创业型城市和5个参评城市的创业者人数累计超过1000万人，年均增长率超过15%，每万名经济活动人口中的创业者数量从2008年的130人增加到2010年的168人。张德江同志作出重要批示，要求在认真总结经验的基础上，把创业带动就业和推动创业型城市创建工作引向深入。11月，人力资源和社会保障部召开全国创业带动就业工作推进会，总结交流各地创建工作经验，对进一步推动创业作出安排部署。

创业是劳动者通过自主创办生产服务项目、企业或从事个体经营实现就业的重要形式。由于实行的是自找项目、自筹资金、自主经营、自负盈亏、自担风险这样的机制，有利于最大限度地调动劳动者个人的积极性、创造性来拓展新的就业空间，创造新的就业机会，也可分散和化解失业风险。因此，促进劳动者自谋职业、自主创业是积极就业政策的重要内容和主要导向。2007年以前，作为再就业的一条渠道，就业政策的主要对象是下岗失业人员。随着下岗失业人员再就业等历史遗留问题的基本解决，青年就业渐成为重点，自主就业、自主创业分量大大加重，促进劳动者创业摆上了就业工作的重要日程。党的十七大明确提出将促进以创业带动就业作为促进就业的战略举措。《中华人民共和国就业促进法》也将鼓励劳动者自主创业、自谋职业作为重点内容。2008年9月，国务院办公厅转发了人力资源和社会保障部等 11 个部门的《关于促进以创业带动就业工作的指导意见》，进一步强调了做好以创业带动就业工作的重要意义，明确了工作的指导思想、目标任务和工作重点，对完善创业政策、强化创业培训、健全创业服务和加强对创业工作的组织领导等方面提出了新的部署和要求，目的就是要在新时期推动城乡劳动者更好创业、更多带动就业，开拓我国就业工作新局面。

53. 就业优先战略

进入 21 世纪，我国就业面临存量就业、转轨就业和转移就业并存的问题，就业压力巨大。2012 年城镇需就业的劳动力达 2500 万人，比"十一五"时期的年均人数多了 100 万人。在这种背景下，我国实施了就业优先战略，把促进就业放在经济社会发展的优先位置，作为经济社会发展的优先目标，选择有利于扩大就业的经济社会发展战略，强化政府责任。通过落实就业优先战略和更加积极的就业政策，我国城镇新增就业连续 5 年超过千万，2011 年更是达到了 1221 万。

"十二五"规划提出，要实施就业优先战略，坚持把促进就业放在经济社会发展的优先位置，健全劳动者自主择业、市场调节就业、政府促进就业相结合的机制，创造平等就业机会，提高就业质量，努力实现充分就业。

就业优先战略的内涵。实施就业优先战略，就是要将促进就业作为保障和改善民生的首要任务，将扩大就业摆在经济社会发展的优先位置，作为经济社会发展的优先目标。总体布局上，更加注重选择有利于扩大就业的经济社会发展战略；要素配置上，更加注重通过人力资源的充分开发利用来促进经济增长；目标导向上，更加注重将促进就业融入经济社会发展进程。

中国就业促进会认为，实施就业优先战略有四个内容要素：一是要落实科学发展观，在一定时期内，从全局和战略的角度统筹国家各个层面的经济和社会政策，安排国家经济社会发展的先后顺序，并将促进充分就业作为民生头等大事进行安排。二是要正确处理就业增长与经济增长、物价稳定和国际收支平衡之间的关系，把实施充分就业的目标放在宏观经济调控目标的突出位置。三是要实现就业增长与经济增长互动，就业增长与产业结构调整互动，创造更多的就业岗位，实现全社会劳动力资源的合理配置和充分利用。四是要让每一个劳动者都能通过就业融入经济社会发展的主流，全面提高自身综合素质。

54. 促进就业规划（2011—2015年）

2012年1月24日，国务院批转了《促进就业规划（2011—2015年）》（以下简称《规划》）。《规划》根据《中华人民共和国国民经济和社会发展第十二个五年规划纲要》和《中华人民共和国就业促进法》编制，是首部由国务院批转的促进就业专项规划，主要阐明"十二五"时期国家促进就业的总体思路、发展目标和任务措施，是新时期促进就业工作的行动纲领，是政府履行促进就业职责的重要依据。

《规划》指出，"十一五"时期，在党中央、国务院的领导下，全面实施扩大就业发展战略和更加积极的就业政策，有效应对地震灾害和国际金融危机，就业规模不断扩大，就业结构进一步改善，就业工作取得了显著成效。五年间全国城镇新增就业5771万人，农业富余劳动力转移就业4500万人，城镇登记失业率控制在4.3%以内。

《规划》指出，"十二五"时期，中国就业形势将更加复杂，就业总量压力将继续加大，结构性矛盾更加突出，就业任务更加繁重。一是劳动力供大于求的总量压力持续加大，城镇需就业的劳动力年均2500万人，比"十一五"时期年均增加100万人，还有相当数量的农业富余劳动力需要转移就业。二是就业的结构性矛盾更加突出，主要表现为劳动者技能与岗位需求不相适应、企业用工需求与劳动力供给不相匹配，"招工难"与"就业难"问题并存，解决各类重点群体就业难度也不断加大。三是经济社会环境变化对促进就业提出了一些新的挑战，加快转变经济发展方式、推进城镇化、经济社会转型等都对就业工作提出了新的要求。

《规划》强调，要深入贯彻落实科学发展观，适应加快转变经济发展方式的要求，紧密结合保障和改善民生、构建和谐社会的需要，切实把就业作为民生之本，作为经济社会发展的优先目标，实施更加积极的就业政策，创造平等就业机会，构建和谐劳动关系，努力实现充分就业。同时，《规划》提出，做好"十二五"时期的就业工作，要坚持促进就业与经济社会发展相结合、坚持促进就业与人力资源开发相结合、坚持发挥市场机制作用与政府促进相结合、坚持促进企业发展与维护劳动者权益相结合。

《规划》明确了"十二五"时期促进就业的发展目标，确定了城镇新增就业4500万人、转移农业劳动力4000万人、城镇登记失业率控制在5%以内、高技能人才总量达到3400万人、专业技术人才总量达到6800万人等主要量化指标。

《规划》提出了"十二五"时期就业工作八项主要任务和政策措施：一是提高经济发展对就业的拉动能力。落实就业优先战略，着力发展吸纳就业能力强的产业和企业，促进以创业带动就业，发展家庭服务业促进就业。二是实施更加积极的就业政策。实行有利于促进就业的财政保障、税收优惠、金融支持、对外贸易等政策，以及鼓励劳动者多渠道、多形式就业的扶持政策，不断拓宽就业渠道。三是统筹做好城乡、重点群体就业工作。推进城乡和区域就业统筹协调发展，建立健全城乡劳动者平等就业制度。统筹做好高校毕业生和其他青年群体就业、农业富余劳动力转移就业、淘汰落后产能企业职工安置等各类群体就业工作。加强对残疾人等就业困难群体的就业援助。四是大力开发人力资源。加强专业技术人才队伍建设，健全面向城乡全体劳动者的职业培训制度，加快培养产业发展急需的技能人才，全面提高劳动者职业素质和就业能力。五是加强人力资源市场建设。加快形成统一规范灵活的人力资源市场，加强公共就业和人才服务，为劳动者提供优质高效的就业服务。大力发展人力资源服务业。六是加强失业预防和调控。建立失业统计制度和失业预警机制，建立健全失业预防和调控机制，努力降低失业风险。七是健全劳动关系协调机制和企业工资分配制度。健全劳动标准体系和劳动关系协调机制，构建和谐劳动关系。深入推进工资收入分配制度改革，加强企业工资支付保障制度建设。八是加强劳动保障监察执法和劳动人事争议调解仲裁。加强劳动保障监察工作体制建设，健全违法行为预防预警和综合治理机制。加强劳动人事争议处理效能建设，依法、公正、及时解决争议。

此外，在组织实施方面，《规划》提出了加强组织领导、落实责任分工，加强能力建设、完善工作手段，加强监测评估、营造良好氛围等三项保障措施，确保《规划》顺利实施。

55. 大学生创业引领计划

中国大学生创业兴起于1998年，标志是清华大学举办的首届创业大赛，以这次大赛为契机，全国陆续有一些高校也组织了自己的创业大赛，现在已形成一个全国范围的"挑战杯"创业大赛。

2014年5月22日，为引领和支持更多的大学生创业，人力资源和社会保障部、国家发展和改革委员会、教育部、科技部、工业和信息化部、财政部、中国人民银行、工商行政管理总局、共青团中央发出通知，启动实施大学生创业引领计划。

通知提出，促进大学生创业要坚持政府政策支持与创业者努力相结合，合理运用政府公共资源，充分动员社会其他资源，激发大学生创新活力，以创新引领创业，以创业带动就业。通过实施大学生创业引领计划，使大学生的创业意识和创业能力进一步增强，支持大学生创业的政策制度和服务体系更加完善，政府激励创业、社会支持创业、大学生勇于创业的机制基本形成，大学生创业的规模、比例继续得到扩大和提高，力争实现2014—2017年引领80万大学生创业的预期目标。通知强调，各地有关部门要从普及创业教育、加强创业培训、提供工商登记和银行开户便利、提供多渠道资金支持、提供创业经营场所支持、加强创业公共服务六个方面综合施策，为大学生创业提供支持和服务。

大学生创业主要政策规定是：2003年9月，国家发展和改革委员会下发《关于鼓励中小企业聘用高校毕业生搞好就业工作的通知》，鼓励高校毕业生自主创业。中国人民银行、财政部、劳动和社会保障部在2006年1月13日联合发布《关于改进和完善小额担保贷款政策的通知》，进一步扩大了小额担保贷款对象范围。2008年2月国务院发布了《关于做好促进就业工作的通知》，其中明确指出：改善创业环境，促进创业带动就业。完善支持自主创业、自谋职业政策体系，建立健全政策扶持、创业服务、创业培训三位一体的工作机制。高等学校要全面加强创业教育，积极探索在专业课教学中融入创业教育，出台鼓励大学生自主创业的新政策，推动各地设立大学生创业资金，力争为大学生创业出台税费减免等优惠措施，并在工商注册、办理纳税手续、申请小额担保贷款等方面简化程序，提供方便。

胡锦涛总书记在党的十七大报告中指出，要促进以创业带动就业，使更多劳动者成为创业者。张德江同志在2008年国务院就业工作部际联席会议上强调指出，要将促进创业作为2008年的重点工作。2009年1月国务院办公厅下发《关于加强普通高等学校毕业生就业工作的通知》，明确指出鼓励和支持高校毕业生自主创业。2009年3月5日，温家宝总理在十一届全国人大二次会议政府工作报告中指出，要把高校毕业生就业放在突出位置，加快建设一批投资少、见效快的大学生创业园或创业孵化基地。

56. 整治事业单位公开招聘问题专项行动

2014年9月28日，人力资源和社会保障部召开电视电话会议，对整治事业单位公开招聘突出问题专项行动作出部署。自2005年《事业单位公开招聘人员暂行规定》颁布以来，届时已有3000多万人次参加公开招聘，实际聘用360多万人。公开招聘制度在全国范围内基本实现了全覆盖，成为事业单位进人的主要制度。但不可否认，在极个别地方还是出现了"萝卜招聘"、"绕道进人"等违纪违规问题。例如，有媒体报道，湖南永州江永县部分县级领导干部给子女安排工作，先伪造子女在外地工作的档案，再调动回当地事业单位，有编制，且无须参加统一考试（即"绕道进人"）。在海南省临高县事业单位公开招聘中，出现该县人社局局长"挖坑"，局长亲哥哥高分入围的情况（即"萝卜招聘"）。

对此，人社部会同有关部门在全国统一部署一次全面、集中整治的专项行动。本次专项行动分为两个阶段。专项检查阶段从2014年8月开始，到年底结束，主要开展专项检查、查处违纪违规行为、宣传总结，检查的重点是尚未开展公开招聘，或公开招聘组织实施不规范，特别是发生过违纪违规进人问题的县级事业单位；制度建设阶段，从2014年底开始,到 2015 年底结束,主要是完善公开招聘制度,建立监督检查的长效机制。

一是对涉事单位零容忍。坚持歪风必治、贪腐必反,对任何违纪违规单位,都不"网开一面"。对违纪违规的招聘活动,一经发现,要立即责令纠正,必要时宣布招聘无效。

二是以高压态势严格查处、严肃问责。对违纪违规的领导干部和工作人员,绝不能以单位问题、集体决策虚化责任追究,"板子"要打到具体人身上;对违反公开招聘纪律的应聘人员,视情节轻重取消考试或聘用资格,对违规招聘的受聘人员,要予以清退;对构成犯罪的人员,要移送司法机关处理。

57. 构建大众创业万众创新支撑平台

为解决众创、众包、众扶、众筹"四众"发展过程中面临的行业准入、信用环境、监管机制等方面问题,落实党中央、国务院关于大力推进大众创业万众创新和推动实施"互联网+"行动的有关部署,国务院于 2015 年 9 月发布《关于加快构建大众创业万众创新支撑平台的指导意见》(以下简称《指导意见》)。《指导意见》的主要内容是:

一、把握发展机遇,汇聚经济社会发展新动能。四众有效拓展了创业创新与市场资源、社会需求的对接通道,搭建了多方参与的高效协同机制,丰富了创业创新组织形态。当前我国正处于发展动力转换的关键时期,加快发展四众具有极为重要的现实意义和战略意义,有利于激发蕴藏在人民群众之中的无穷智慧和创造力,加快网络经济和实体经济融合,促进政府加快完善与新经济形态相适应的体制机制,实现机会公平、权利公平、人人参与又人人受益的包容性增长。

二、创新发展理念,着力打造创业创新新格局。坚持市场主导,包容创业创新,公平有序发展,优化治理方式,深化开放合作。

三、全面推进众创,释放创业创新能量。大力发展专业空间众创,鼓励推进网络平台众创,培育壮大企业内部众创。

四、积极推广众包,激发创业创新活力。广泛应用研发创意众包,大力实施制造运维众包,加快推广知识内容众包,鼓励发展生活服务众包。

五、立体实施众扶,集聚创业创新合力。积极推动社会公共众扶,鼓励倡导企业分享众扶,大力支持公众互助众扶。

六、稳健发展众筹,拓展创业创新融资。积极开展实物众筹,稳步推进股权众筹,规范发展网络借贷。

七、推进放管结合,营造宽松发展空间。完善市场准入制度,建立健全监管制度,创新行业监管方式,优化提升公共服务,促进开放合作发展。

八、完善市场环境，夯实健康发展基础。加快信用体系建设，深化信用信息应用，完善知识产权环境。

九、强化内部治理，塑造自律发展机制。提升平台治理能力，加强行业自律规范，保障网络信息安全。

十、优化政策扶持，构建持续发展环境。落实财政支持政策，实行适用税收政策，创新金融服务模式，深化科技体制改革，繁荣创业创新文化，鼓励地方探索。

为构建大众创业万众创新支撑平台，《指导意见》要求首先推进放管结合，完善市场准入制度，建立健全管理制度，创新行业监管方式，优化提升公共服务，促进开放合作发展。其次完善市场环境，加快信用体系建设，深化信用信息应用，完善知识产权环境。再次强化内部治理，提升平台治理能力，加强行业自律规范，保障网络信息安全。最后优化政策扶持，落实财政支持政策，实行适用的税收政策，创新金融服务模式，深化科技体制改革，繁荣创业创新文化，鼓励地方探索先行。

《指导意见》的出台有利于激发全社会创业创新热情，指导"四众"规范发展，进一步优化管理服务；对开辟众人创富、劳动致富、共同富裕的发展新路径，实现新常态下新旧动能的转换具有重要意义。

58. 关于大力推进大众创业万众创新若干政策措施的意见

为改革完善相关体制机制，构建普惠性政策扶持体系，推动资金链引导创业创新链、创业创新链支持产业、产业链带动就业链，国务院于2015年6月发布《关于大力推进大众创业万众创新若干政策措施的意见》（以下简称《意见》）。

《意见》的总体思路是按照"四个全面"战略布局，坚持改革推动，加快实施创新驱动发展战略，充分发挥市场在资源配置中的决定性作用和更好发挥政府作用，加大简政放权力度，放宽政策、放开市场、放活主体，形成有利于创业创新的良好氛围，让千千万万创业者活跃起来，汇聚成经济社会发展的巨大动能。首先要坚持深化改革，营造创业环境；其次要坚持需求导向，释放创业活力；再次坚持政策协同，实现落地生根；最后要坚持开放共享，推动模式创新。《意见》要点如下：

一、创新体制机制，实现创业便利化，完善公平竞争市场环境，深化商事制度改革，加强创业知识产权保护，健全创业人才培养与流动机制。

二、优化财税政策，强化创业扶持，加大财政资金支持和统筹力度，完善普惠性税收措施，发挥政府采购支持作用。

三、搞活金融市场，实现便捷融资，优化资本市场，创新银行支持方式，丰富创业融资新模式。

四、扩大创业投资，支持创业起步成长，建立和完善创业投资引导机制，拓宽创业投资资金供给渠道，发展国有资本创业投资，推动创业投资"引进来"与"走出去"。

五、发展创业服务，构建创业生态，加快发展创业孵化服务，大力发展第三方专业服务，发展"互联网+"创业服务，研究探索创业券、创新券等公共服务新模式。

六、建设创业创新平台，增强支撑作用，打造创业创新公共平台，用好创业创新技术平台，发展创业创新平台。

七、激发创造活力，发展创新型创业，支持科研人员创业，支持大学生创业，支持境外人才来华创业。

八、拓展城乡创业渠道，实现创业带动就业，支持电子商务向基层延伸，支持返乡创业集聚发展，完善基层创业支撑服务。

九、加强统筹协调，完善协同机制，加强组织领导，加强政策协调联动，加强政策落实情况督查。

推进大众创业、万众创新是培育和催生经济社会发展新动力的必然选择，是扩大就业、实现富民之道的根本举措，是激发全社会创新潜能和创业活力的有效途径。《意见》的出台对推动经济结构调整、打造发展新引擎、增强发展新动力、走创新驱动发展道路具有重要意义，是稳增长、扩就业、激发亿万群众智慧和创造力，促进社会纵向流动、公平正义的重大举措。

三、劳动关系

1. 放宽国营企业内部分配权

计划经济体制下，中国传统的、由事先按潜在的劳动能力规定的工资级别和工资标准，在实践中逐渐演化为按身份、按级别、按地位分配，实际上形成了平均主义、大锅饭。工资管理高度统一集中，企业没有分配自主权，特别是"文化大革命"当中，职工工资长期没有调整，严重挫伤了广大劳动者的积极性，工资分配失去了激励作用。

为了贯彻按劳分配原则，调动职工的劳动积极性，1979年7月，国务院制定并发布了《关于扩大国营工业企业经营管理自主权的若干规定》，就企业可拥有部分计划、销售、资金运用、职工福利基金和奖励基金使用等权利作了说明，放权让利使企业获得了一定的经营自主权和部分的分配决策权。随后，《国务院关于实行奖励和计件工资制度的通知》开始恢复和试行计件工资和奖金制度。截至1978年底，全国约有9000多个企业进行试点，1979年全面推行计件工资和奖金制度。1980年4月，国家计划委员会、国家经济委员会和国家劳动总局联合发布了《关于试行国营企业计件工资暂行办法（草案）的通知》，对计件工资试点工作进行指导。1980年开始，我国全民所有制企业推行了经济责任制，实行责、权、利相统一，相应企业职工的工资也开始浮动。1983年，随着国营企业实行利改税，一些试行利改税的企业，奖励基金改由税后留利中提取，企业奖金开始同经济效益联系起来。

2. 国营企业职工代表大会条例

中国的职工代表大会制度产生于社会主义改造期间。1957年党中央在发布的《关于处理罢工罢课的指示》和《关于研究有关工人阶级的几个重要问题的通知》中提出要把企业现行的由工会主持的职工代表会议制,改为党委领导下的常任制的职工代表大会制度,作为职工参加企业管理和监督行政的权力机关。1960年根据鞍山钢铁公司的企业管理经验提出了"两参一改三结合"民主管理体制,并在1961年颁布《国营工业企业工作条例》中进一步规定职工代表大会是实施这一体制的具体形式,同时强调所有企业都要实行职工代表大会制。

在"文化大革命"期间,企业民主管理受到严重的冲击,直到1978年拨乱反正后,职工代表大会制度才得到迅速恢复。

1980年,国家经济委员会颁布《关于扩大企业自主权试点工作情况和今后意见的报告》,进一步明确职工代表大会是企业实行政治、经济和生产民主的基本形式。为建立适应商品经济发展、政企分离的企业民主管理制度,1981年中共中央、国务院联合批发《国营工业企业职工代表大会暂行条例》,1986年国务院正式颁布《全民所有制工业企业职工代表大会条例》,用法规形式明确规定了职工代表大会制度,并赋予职工代表大会广泛的职权,保障了国有企业领导制度改革的加速进行。可见,企业实行厂长责任制时,为了给厂长正确决策、统一指挥提供基础和保证,必须建立和健全职工代表大会和其他民主管理制度,以建立经营者同生产者相互依靠、密切合作的新型关系。

1988年七届全国人大一次会议颁布实施《中华人民共和国全民所有制工业企业法》,其中对职工代表大会进行了专门规定。至此,国家法律首次对职工代表大会的性质、内容、职权作了明确的规定,我国的企业民主管理正式走上法制化和规范化轨道。这一时期曾被称为职代会的"黄金时期"。

职工代表大会在法律上拥有企业重大决策的审议通过权和厂长经理的聘任权等决定权。厂长不仅是受国家的委托,同时也是受职工的委托来管理企业的,厂长既要对职工群众负责,也要接受他们的监督。职代会制度成为制衡厂长责任制的一项重要制度,这个时期的职代会可称为厂长负责制下的职工代表大会制。

职工代表大会制度的进一步完善。1993年通过的《中华人民共和国公司法》对改为公司制企业制度的国有企业保留了职工代表大会作为职工民主管理企业的基本形式:一方面职代会作为职工参与民主管理或保护劳动者合法权益的主要形式与用人单位进行平等协商;另一方面职代会通过职工董事、职工监事制度进入公司治理机构,作为职工董事、职工监事的参谋议事机构在企业决策中发挥作用。1994年颁布的《中华人民共和国劳动法》规定:劳动者依法通过职工代表大会或者其他民主管理形式,参与民主管理或者就劳动者合法权益与用人单位进行平等协商。2004年劳动和社会保障部发布的《集体合同规定》规定企业职工一方可以就劳动报酬、工作时间、休息休假、劳动安全卫生、保险福利等事项，订立集体合同；集体劳动合同草案应提交职工代表大会或全体职工审议通过。2005年修改后的《中华人民共和国公司法》打破所有制界限，明确规定各类公司都要通过职代会或其他形式行使民主管理，一定程度上弥补了1993年《中华人民共和国公司法》的不足。2007年新颁布的《中华人民共和国劳动合同法》明确规定，用人单位在制定、修改或者决定有关直接涉及劳动者切身利益的规章制度或重大事项时，应当经职工代表大会或全体职工讨论。

3. 企业职工奖惩条例

长期以来，《企业职工奖惩条例》（以下简称《条例》）一直是中国企业制定奖惩制度的重要依据，很多企业按照或参照该条例的有关规定来制定内部奖惩制度。虽然该条例仅适用于全民所有制企业和城镇集体所有制企业，但其他所有制性质企业也多援引该条例对员工进行奖惩，该条例对中国企业奖惩发挥了极其重要的作用。

《条例》由国务院于1982年4月10日颁布，规定了对全民所有制企业和城镇集体所有制企业员工进行奖励和惩罚的适用情形，许多其他所有制形式企业也遵循该条例制定企业奖惩制度，该条例直到2008年1月15日被废止，其在我国实施的时间长达25年之久，对中国企业的职工奖惩影响十分深刻。该条例分为"总则、奖励、处分、附则"4章28条。《条例》规定了对职工奖励的8种表现，奖励种类等；还规定了处分的7种表现，7种行政处分和罚款、责令赔偿经济损失、除名等处分形式。中国许多企业一直遵循该条例的规定来约束员工，或直接援引该条例作为企业奖惩的依据，或主要根据该条例制定企业奖惩制度，致使企业奖惩制度体现了浓厚的行政管理色彩，体现了与该条例一脉相承的管理理念。

《条例》具有计划经济色彩和明显的行政管理烙印。《条例》规定了处分、经济处罚或者被除名，要通知本人，并记入本人档案。还规定"职工被开除或除名以后，一般在企业所在地落户。如果本人要求迁回原籍的，应当按照从大城市迁到中小城市、从沿海地区迁到内地或边疆、从城镇迁到农村的原则办理"，等等。但随着《中华人民共和国劳动法》的实施，特别是我国用工市场机制的建立，《条例》及其所依托的固定用工制度便已过时。而且，《条例》仅仅适用于全民所有制和城镇集体所有制企业，与股份制企业、外商投资企业、合伙企业、私营企业等蓬勃兴起的现状并不适应；市场用工是企业当然拥有的自主权，而该条例却规定企业的用工管理权须由上级管理部门备案，如《条例》第13条规定："对职工给予开除处分，须经厂长（经理）提出，由职工代表大会或职工大会讨论决定，并报告企业主管部门和企业所在地的劳动或者人事部门备案。"这与中国现行劳动争议仲裁或诉讼的有关规定明显矛盾。至于将被开除或除名的职工迁到中小城市、内地或边疆、农村的规定早就丧失了可行性,与中国现行的户籍管理有关规定相违背。

4. 固定工制度的改革

计划经济体制下劳动者就业实行统包统配、一次分配定终身,一切由国家包起来。"进了企业的门,就是国家的人",固定工制度是高度集中统一计划经济体制的基本特征。由此人们形成一种观念,误认为固定工制度是社会主义制度优越性的体现,是职工作为国家主人翁的象征。但实践证明,这种制度不能适应市场经济的要求,不符合企业生产的规律,大大削弱了企业的活力,僵化了劳动者就业的能动性。随着以市场经济为取向的经济体制改革的不断深入,以搞活企业为中心环节,以调动劳动者积极性为主线的劳动制度改革逐步展开,特别是围绕劳动合同制度的推行,迈出了用工制度改革的极为关键的步伐。改革作为利益的调整,必然触动原有的利益格局。1986年7月,国务院发布《国营企业实行劳动合同制暂行规定》,这是对原固定工制度的改革。实行劳动合同制,将企业用人的权力还给企业,使企业成为自主的用工主体,国家不再包揽和统管;将劳动者就业和择业的权利还原于劳动者个人,使职工作为企业的员工而不是国家职工。这一重大改革,是对传统用工制度和传统观念的历史性突破。在推进改革过程中,理论上有争论,企业有顾虑,职工有困惑,虽几经反复但终于坚持下来,实属不易。从此,劳动者开始了从国家职工到企业员工的转变,劳动者与企业在劳动合同法律契约的基础上建立和调整劳动关系,依法明确双方的责权利,从而建立了企业自主用工和劳动者自主择业的劳动用工新格局。

5. 1985年国有企业工资改革

1985年工资制度改革有着深刻的时代背景。随着对计划经济体制进行改革,国营企业普遍实行承包经营责任制,特别是第二次利改税,将企业工资分配制度改革提上日程。

1985年初国务院发布《关于国营企业工资改革问题的通知》(以下简称《通知》),与此相配套,1月24日,国家物价局、物资局联合发出《关于放开工业生产资料超产自销产品价格的通知》,无疑为提高企业经济效益打开了一条重要渠道。7月,劳动人事部、财政部联合颁布了《国营企业工资试行办法》,以使工资改革规范化。此次工资体制改革在四个方面有所突破。一是在全国推行了企业工资总额同经济效益挂钩办法,开始探索运用地区、行业工资总挂钩等手段调控企业工资总量,与机关事业单位工资分配脱钩,实行分类分级工资管理体制。二是国家发布国营企业参考工资标准,打破僵化的八级工资制度,许多企业试行了浮动工资制、结构工资制、岗位工资制等基本工资制度,内部分配形式逐步实现灵活多样。三是国家机关、事业单位改革了原有的职务等级工资制，实行了以职务工资为主的结构工资制。四是引入再分配调节手段，开征了工资调节税、奖金税和个人收入调节税等。

《通知》要求各国有企业对工资制度进行改革，克服企业工资分配中的平均主义、吃大锅饭的弊端，明确规定："企业与国家机关、事业单位的工资改革和工资调整脱钩。"《通知》提出在国营大中型企业中，实行职工工资总额同企业经济效益按比例浮动，即工效挂钩模式。其基本内容是：由政府核定企业基期工资总额基数，经济效益指标基数，并确定工资总额随同经济效益浮动的比例，企业工资总额随经济效益指标的增减情况按比例挂钩浮动。从实施的情况来看，企业最主要的挂钩形式是工资总额同上缴利税挂钩。在此基础上，有的地区还实行了"弹性工资计划"，个别企业还试行了"工资集体谈判"制度，这些措施对调动企业和职工的积极性起到了较好的作用。《通知》还提出实行结构工资制度。即国家机关、事业单位的行政人员、专业技术人员通过改革实行的职务工资为主要内容的结构工资制度，它由基础工资、职务工资、工龄津贴、奖励工资四个不同职能的部分组成。结构工资，是一种组合工资形式，是我国构建企业薪酬体系的一次很好的尝试。结构工资制度的实行，首次将企业从国家机关、事业单位脱离出来，其意义不仅仅是全国不再实行统一的工资模式，而是经济体制改革深化的一个重要标志。大多数企业在当年实行了奖励基金随同企业经济效益浮动的办法；在约1800万职工中进行了工资总额随企业生产成果或经济效益浮动的试验；而试行工资同上缴利税一起浮动的大中型企业约占其总数的15%。更多的企业采用的是承包工资、分解工资、计件工资、记分奖励等多种形式的分配办法。

1985年是中国工资制度历史上的转折年，是对中国传统工资制度的全面结构性调整，使企业职工的物质利益与企业效益联系起来，为企业自主分配创造了条件，开始探索企业薪酬制度体系的构建。它不仅是一次宏观工资制度的改革，更是一次微观企业职工劳动报酬制度的改革。

6. 打破"铁饭碗"

1986年，国务院陆续颁布了《国营企业实行劳动合同制暂行规定》、《国营企业辞退违纪职工暂行规定》和《国营企业职工待业保险暂行规定》。1986年4月18日，中共中央、国务院发出《关于认真执行改革劳动制度几个规定的通知》。该通知指出：中国城市经济体制改革正在深入发展，实施上述各项暂行规定，是新中国成立以来劳动制度的重大改革，关系到社会主义经济建设的发展和全体人民的根本利益。这几项暂行规定的实施，将有助于消除现行劳动制度中包得过多、统得过死、能进不能出的弊端，逐步建立起一套能够适应社会主义商品经济发展要求的新型劳动制度，以利于激励广大职工的主人翁责任感和生产积极性，进一步改进企业管理，加强劳动纪律，提高职工素质，增强企业活力，推动生产的发展。

与劳动用工制度改革同时进行的还有分配制度改革。1985年1月，国务院发布了《关于国营企业工资改革问题的通知》。通过落实企业内部的经济责任制，实行了多种形式的工资、奖金分配制度的改革试验，其中包括企业工资总额同上缴利税挂钩，按比例浮动；国家对企业工资进行分级管理；对工资、奖金突破限额的企业，开征工资调节税和奖金税；等等。这些改革措施的实施，对于克服"职工吃企业的大锅饭"、"企业吃国家的大锅饭"的弊端，起到了积极作用。

从1986年10月起，全民所有制工业企业招收新工人全部实行合同制。合同制改革在理解与不理解中，走上了历史舞台，劳动制度改革迈出了重要一步。

1986年12月，国务院发出《关于深化企业改革增强企业活力的若干规定》。规定指出：在国家规定的工资总额（包括增资指标）和政策范围内，对于企业内部职工工资、奖金分配的具体形式和办法，以及调资升级的时间、对象等，由企业自主决定，国家一般不再作统一规定。并要求国家经委、财政部、劳动人事部要研究改进能源、原材料节约奖的提奖办法，解决"鞭打快牛"的问题。

"铁饭碗"、"大锅饭"、"铁交椅"被称为"三铁"，是束缚企业活力的三项制度。随着"铁饭碗"打破，其他的两个方面也开始松动，企业自主权越来越大，企业的活力得到了释放。

7. 国营企业实行劳动合同制

1986年7月12日，国务院发布《国营企业实行劳动合同制暂行规定》（以下简称《暂行规定》）。在第一条就规定了保障劳动者合法权益的立法目的，这一规定既是劳动合同立法的根本要义，也为后来的各项劳动立法的立法目的确立了范式。后来的《中华人民共和国劳动法》、《中华人民共和国劳动合同法》在立法宗旨的确立和立法目的的表述上都始终坚持和遵循了保障劳动者合法权益这一根本。

《暂行规定》规定了劳动合同制工人与所在企业的原固定工在劳动、工作、学习、参政与获得奖励等方面均享有同等的权利。规定了招收录用、劳动合同的订立、变更、终止和解除、在职和待业期间的待遇和退休养老期间的待遇。规定了"国家机关、事业单位和社会团体在常年性岗位上招用的工人，比照本规定执行"。

尤其在第31条明确了"劳动合同双方发生劳动争议时，应当协商解决；协商无效的，可以向当地劳动争议仲裁委员会申诉，由劳动争议仲裁委员会仲裁；对仲裁不服的，可以向当地人民法院起诉"。这一新型的劳动争议解决机制，明显地不同于原固定工与企业发生纠纷时的传统解决之道，为时至今日的劳动争议调解仲裁立法开了先河。

《暂行规定》还存在不少局限性与过渡性特征。例如，双方当事人订立劳动合同的一个重要前提是"企业在国家劳动工资计划指标内招用常年性岗位的工人"，也就是说国家的招工计划仍然是劳动合同订立的预设前提。尤其是在第33条规定"本规定第四、五章（即"在职和待业期间的待遇"和"退休养老期间的待遇"）不适用矿山、建筑、装卸、搬运行业从农村招用的户、粮关系不变的劳动合同制工人，以及从城镇招用的临时工、季节工，他们的劳动报酬、保险福利待遇，按照国家有关规定执行"。如果说，前项规定反映出传统用工模式对新型用工制度的制约，表现出改革的渐进性和制度变革的持续性，后项规定则不仅没有遵循法律规范的统一性，即应当以同一标准调整同一社会关系，而且还为后来造成严重社会影响的"农民工"问题埋下了伏笔。

1994年7月5日全国人大常委会公布《中华人民共和国劳动法》、1999年1月22日国务院发布《失业保险条例》、1997年7月16日《国务院关于建立统一的企业职工基本养老保险制度的决定》后，《国营企业实行劳动合同制暂行规定》废止。

8. 劳动争议处理暂行规定

劳动争议处理制度是指用劳动立法的形式将劳动争议处理的机构、原则、程序等确定下来，专门用以处理劳动争议的一项法律制度。中国劳动争议处理制度的建立始于20世纪80年代中期。当伴随市场经济改革的深入发展开始劳动用工制度改革时，迫切要求改变原来的群众来信方式处理劳动争议的模式，转而以更加法制化的手段来替代。1985年与国营企业用工制度改革同步确立了劳动者与用人单位之间发生的劳动争议可由调解机构、仲裁机关和人民法院管辖的体制。

1987年7月31日，国务院颁布了《国营企业劳动争议处理暂行规定》（以下简称《暂行规定》），确立了劳动争议一调、一裁、两审，仲裁为诉讼前置程序的基本体制，标志着中断了30年的劳动争议处理机制得到恢复。《暂行规定》系统地规定了国营企业劳动争议的处理机构和程序，其他企业单位的劳动争议也在有关立法中加以规定。

劳动争议处理制度的完善。针对《暂行规定》的不足以及形势发展的需要，国务院于1993年发布了《中华人民共和国企业劳动争议处理条例》。原劳动部相继制定了《劳动争议仲裁委员会组织规则》、《劳动争议仲裁委员会办案规则》和《企业劳动争议调解委员会组织及工作规则》，现代意义上的劳动争议处理机制开始建立并发展。1994年，在中国劳动立法以及劳动争议处理制度建设中具有里程碑式意义的《中华人民共和国劳动法》颁布。《中华人民共和国劳动法》以法律的形式，正式确定了"一调、一裁、两审"的劳动争议处理制度。后来，最高人民法院分别于2001年、2006年和2010年出台《最高人民法院关于审理劳动争议案件适用法律若干问题的解释（一）》、《最高人民法院关于审理劳动争议案件适用法律若干问题的解释（二）》和《最高人民法院关于审理劳动争议案件适用法律若干问题的解释（三）》，对劳动争议的司法处理程序进行了规定。2007年，十届全国人大常委会审议通过了《中华人民共和国劳动争议调解仲裁法》，将劳动争议调解和仲裁制度进行了完善。经过二十多年的努力，中国初步建立了一套以劳动实体法为基础，专门的劳动争议处理程序法为核心，以最高人民法院的司法解释和劳动行政机关的行政规章为补充的劳动争议处理制度。

9. 基层工会主席直接选举制度

工会主席直选，就是由基层工会的工会会员大会或会员代表大会，直接选举产生基层工会主席和副主席，有别于由工会委员会全体会议选举产生工会主席、副主席的一种民主选举办法。中国工会章程规定基层工会可以直接选举工会主席，但并没有具体的操作规定。

被认为最早试行基层工会主席直接选举的是深圳蛇口工业区。1987年初，蛇口工业区选择了10家较大的、有代表性的企业，作为民主直选工会委员会的试点，取得了较好的效果，并被全国总工会誉为"蛇口模式"。根据《深圳蛇口工业区工会委员会选举暂行办法》，实行民主直接选举候选人，由会员代表（不足250名会员的工会由全体会员）自主选择候选人名单，按得票多少排列，票多者为正式候选人。候选人每人演讲10分钟，答辩10分钟，接受群众咨询。而后，按20%差额无记名投票选举工会委员，再由工会委员会选举正副主席。

较为典型的基层工会主席直接选举有"两投两选"、"海选"和公推直选三种模式。

"两投两选"模式。这一模式的主要特点是两次投票、两轮选举，第一轮投票选举由工会会员大会或者会员代表大会从推荐的工会委员候选人中投票选举产生工会委员会委员，在此基础上，第二轮投票选举把工会委员会委员作为工会正、副主席候选人，由会员大会或者会员代表大会投票选举产生工会正、副主席。典型的有浙江省杭州市余杭区的选举。该区在1999年率先在余杭塘栖汽车运输有限公司进行直选试点，在试点成功的基础上，2000年7月，余杭市委组织部、余杭市总工会（当时还未撤市建区）联合下发了《余杭市企业基层工会主席直选试点实施意见》，在全区推广直选工作。根据该《意见》，该区基层工会主席直接选举有三个主要步骤：一是提名推荐工会委员候选人，采取工会小组或分厂、车间、科室工会为单位推荐，同级党组织、上级工会和上一届工会委员会推荐，会员自荐和符合法定程序的其他形式推荐，提名推荐的候选人一律平等，只要具备任职条件，任何组织和个人不得调整或更换；二是召开工会会员（代表）大会无记名投票选出工会委员会委员；三是把工会委员直接作为工会主席、副主席候选人，通过竞选演说答辩后，由会员（代表）大会无记名投票选举产生工会主席和副主席。

"海选"模式。这一模式的最大特点是不设工会主席候选人，而用"直接海选"或"两票制海选"选举产生工会主席。典型的有浙江省余姚市的选举。

"直接海选"是指由会员（代表）大会用无记名方式由会员（代表）直接在选票上推荐工会主席及委员，在过半数的被候选人中，按票数多少直接确定工会主席和委员。"两票制海选"是指选举采取两次投票，第一次投票是先召开会员（代表）大会，由会员（代表）直接在选票上推荐工会主席和委员的候选人，按得票数多少确定工会主席和委员的候选人；第二次投票再次召开会员（代表）大会，在候选人中由会员（代表）投票选举产生工会主席和委员。

公推直选模式。这一模式的特点是在先经过民主推荐和测评产生两名工会主席候选人的基础上进行会员（代表）大会的投票选举。典型的有四川省宜宾市的选举。

该市从2002年开始实行公推直选基层工会主席试点工作，主要做法有：一是制定《公推直选工会主席、副主席实施方案》，对工会主席、副主席岗位设置、资格条件进行公开；二是由职工个人书面推荐工会主席候选人，工会主席候选人人数应在6人以上，未满6人的由公推领导小组决定增补人员，并对工会主席候选人进行为期5天的公示，在此基础上正式确定工会主席候选人，并进行面试和笔试。面试由市委组织部、市纪委、市监察局、市总工会和企业职工代表组成面试评委，并对面试成绩当场公布。笔试主要考察候选人的工会法规、工会业务知识情况。三是面试、笔试总成绩前两名的作为工会主席正式候选人，两名候选人在会员大会上进行竞选演讲，接受会员的提问，当场进行无记名投票，选举产生工会主席。同时，由当选的工会主席提名工会委员，并经公推领导小组审核后提交会员大会选举产生，组建工会委员会。

有的学者认为，基层工会主席直选对日益增多的非公有制企业工人具有特殊意义，通过直选疏通了劳工的利益表达和实现的通道，使工会组织真正成了沟通劳资之间、企业与政府之间、企业与社会之间的桥梁。企业直选工会主席，是继中国农村普遍推行基层民主选举之后，中国民主政治领域一件很有意义的事情，这是中国基层民主政治建设从农村向城市的一个延伸，从农民到工人的一个突破。

10. 中华人民共和国工会法

新中国成立以来中国公布过三部工会法：第一部是 1950 年中央人民政府委员会第八次会议通过的《中华人民共和国工会法》（以下简称《工会法》），成为当时国家最早公布的三大法律之一；第二部是 1992 年 4 月七届全国人大五次会议通过的《工会法》，也是中国极为重要的一部基本法；第三部是 2001 年全国人大常委会通过《关于修改〈中华人民共和国工会法〉的决定》后的《工会法》。

与 1950 年的《工会法》相比，1992 年出台的《工会法》已有很大的不同，其中，令人印象深刻的一点是第六条规定："工会必须密切联系职工，听取和反映职工的意见和要求，关心职工的生活，帮助职工解决困难，全心全意为职工服务。"

但是，1992 年颁布的《工会法》带有明显的按所有制立法的痕迹，部分条款规定只适用于全民所有制和集体所有制企业。《工会法》一出台，就面临着改革的需要。一是从《工会法》本身来看，对外商投资企业、私营企业和股份制企业没有作出规定，致使工会在这些企业处于无法可依、无法保障的状况。二是 1992 年后，我国确定要建立社会主义市场经济体制，作为计划经济时代产物的第二部《工会法》刚一出台，就面临着市场经济提出的一系列挑战。

2001 年 10 月 27 日，九届全国人大常委会第二十四次会议通过了《关于修改〈中华人民共和国工会法〉的决定》，对 1992 年《工会法》进行修订（以下简称新《工会法》）。与 1992 年的《工会法》相比，新《工会法》在很多方面都有了明显的改进，主要体现在落实权利和义务方面。《工会法》从原来的 42 条增加到 57 条，并对原有条款进行修订。新《工会法》中带有明显权利义务字眼的，如"有权"、"可以"、"应当"都比以前有所增加。新《工会法》中运用"有权"达 9 处，"可以"达 19 处，"应当"多达 32 处，而原《工会法》使用"有权"有 4 处，"可以"有 9 处，"应当"有 21 处。总体而言，新《工会法》较原《工会法》关于工会的权利义务的规定表达多了 18 处。

具体来说，新《工会法》在四个方面有了明显的改进：一是落实机构。新《工会法》不但将"有会员二十五人以上的企业、事业单位、机关，可以建立基层工会委员会"中的"可以"改为"应当"，使这种单位组建工会成为一种义务，而且针对人数较少的企业的特点提出了解决方案，即不足二十五人的企业、事业单位、机关，可以单独建立基层工会委员会，也可以由两个单位以上的会员联合建立基层工会委员会，也可以选择组织员一人，组织会员开展活动。二是落实人员。新《工会法》从工会干部的任期、工作的调动、罢免程序、劳动合同期限延长等方面进行了完善。对工会干部的任期，新《工会法》明确规定，基层工会委员会每届任期3年或者5年，地方各级总工会委员会和产业工会委员会每届任期5年。三是落实经费。首先，新《工会法》进一步明确企业、事业单位每月按工资总额的2%向工会拨缴的经费必须是在税前列支；其次，从工会经费的保障手段来看，新《工会法》规定："企业、事业单位无正当理由拖延或者拒不拨缴工会经费，基层工会或者上级工会可以向当地人民法院申请支付令；拒不执行支付令的，工会可以依法申请人民法院强制执行。"四是责任落实。新《工会法》用了整整一章对违反工会法的法律责任进行规定，足见新《工会法》对责任的重视，新《工会法》规定的法律责任有几个特点：一、承担法律责任的主体只是企业、事业单位，工会不承担任何责任；二、法律责任由行政机关和司法机关追究；三、法律责任的形式有行政责任、刑事责任以及惩罚性赔偿三种。

11. 职工董事、职工监事制度

职工董事、职工监事制度又称董事会和监事会中的职工代表制，是指依照相关法律规定，通过职工代表大会、职工大会或其他民主形式选举一定数量的职工代表，进入公司董事会、监事会，代表职工行使参与企业决策权利、发挥监督作用的制度，是公司治理结构的重要组成部分，是职工参与公司制企业高层决策的重要渠道。

在中国，职工董事、职工监事制度的实践，始于20世纪80年代国有企业的公司制改革。1993年颁布的《中华人民共和国公司法》（以下简称《公司法》）首次以法律的形式确立了职工董事、职工监事制度的法律地位。1993年《公司法》的第四十五条第二款对职工董事职工监事制度进行了规定："两个以上的国有企业或者两个以上的国有投资主体投资设立的有限责任公司，其董事会成员中应当有公司职工代表。董事会中的职工代表由公司职工民主选举产生。"第五十二条第二款规定："监事会由股东代表和适当比例的公司职工代表组成，具体比例由公司章程规定。监事会中的职工代表由公司职工民主选举产生。"这两条的规定表明中国公司治理结构中必须有职工董事职工监事的参与，职工董事职工监事制度是中国公司法律制度的重要组成部分。

随着《公司法》及其他配套性法律法规的完善，职工董事、职工监事制度在地方立法的探索也在不断地进行中，1993年《公司法》颁布后，全国近20个省、自治区、直辖市都通过民主管理条例、职工代表大会条例、厂务公开条例、实施《中华人民共和国工会法》办法等形式立法，将职工董事、职工监事制度写入地方性法规中。

随着市场经济的进一步发展和现代企业制度进一步建立与健全，《公司法》在1999年进行了第一次修改。这次修改的一个重要内容是关于国有独资公司，这是因为在近十年的企业发展过程中，国有独资公司由于缺乏严密的监管制度，出现了不少问题，造成了国有资产的大量流失。这次修改要求国有独资公司设立监事会对公司的经营管理进行监督，而且规定了监事会中应当有职工代表参加。这次修改使职工监事制度成为中国所有公司制企业一种通行的制度建设。

2005年，中国《公司法》进行了第三次修改，这次修改是在中国现代企业制度已基本建立，资本市场经过初级阶段的发育，基本走上正轨，经济经过高速发展，进入了又一个新的发展阶段的关键时期进行的。这次修订后的《公司法》有关职工董事职工监事制度的内容相对充实，尤其是在总则中明确了公司应当承担社会责任，使中国职工董事监事制度的理论基础更加丰满。虽然在《公司法》中关于社会责任的内容只增加了不足十字，但是这充分说明中国的公司立法理论正在从"股东本位"逐渐向"利益兼顾"转移，在这一理论转变的影响下，《公司法》对职工董事职工监事制度的相关内容也进行了全面修改。第四十五条规定："两个以上的国有企业或者两个以上的其他国有投资主体投资设立的有限责任公司，其董事会中应当有公司职工代表；其他有限公司董事会成员中可以有公司职工代表。"第一百零九条规定：股份有限公司"董事会成员中可以有公司职工代表"；第五十二条、七十一条、一百一十八条分别规定了：有限责任公司、国有独资公司、股份有限公司设监事会，"监事会应当包括股东代表和适当比例的公司职工代表，其中职工代表的比例不得低于三分之一，具体比例由公司章程规定"。

2005年10月，宝钢集团有限公司董事会试点工作会议的召开，标志着第一家央企按照《公司法》规范建立的国有独资公司董事会正式宣告成立，同时因其有限公司董事会中按规定配备了职工董事，这也同时标志着中央企业职工董事制度建设的良好开局。

12. 集体合同规定

为配合《中华人民共和国劳动法》的实施，1994年12月5日，劳动部颁布《集体合同规定》（以下简称《规定》），就集体合同的签订、审查和争议处理作了较具体的规定。在集体合同签订上，《规定》指出，集体合同是集体协商双方代表根据法律、法规的规定就劳动报酬、工作时间、休息休假、劳动安全卫生、保险福利等事项在平等协商一致基础上签订的书面协议。集体合同应当包括以下内容：劳动报酬、工作时间、休息休假、保险福利、劳动安全与卫生、合同期限、变更、解除、终止集体合同的协商程序、双方履行集体合同的权利和义务、履行集体合同发生争议时协商处理的约定、违反集体合同的责任、双方认为应当协商约定的其他内容。在集体合同审查上，《规定》明确县级以上人民政府劳动行政部门的劳动合同管理机构负责集体合同的审查；集体合同签订后，应当在七日内由企业一方将集体合同一式三份及说明报送劳动行政部门，审查的内容包括：合同双方的资格是否符合法律、法规的规定；集体协商是否按照法律、法规规定的原则和程序进行；集体合同中的各项具体劳动标准是否符合法律、法规规定的最低标准。在集体合同争议处理上，《规定》明确："地方各类企业和不跨省（自治区、直辖市）的中央直属企业因签订集体合同发生争议的处理，由省（自治区、直辖市）劳动行政部门确定管辖范围。全国性集团公司、行业性公司以及跨省（自治区、直辖市）的中央直属企业因签订集体合同发生的争议，由国务院劳动行政部门指定有关省（自治区、直辖市）劳动行政部门受理，或由国务院劳动行政部门组织有关方面协调处理。"

根据2002年国务院新闻办公室发布的《中国的劳动和社会保障状况》白皮书：截至2001年底，全国企业签订并报送劳动和社会保障行政部门备案的集体合同已达到27万份，而据另一份统计，到2001年6月底，全国已经建立这种制度的企业有40多万家，覆盖职工7600多人，其中外商投资、私营、乡镇企业为31.88万户，职工1674万人。

改革开放后，集体合同制度演变过程。20世纪80年代中期，城市经济体制改革尤其是企业改革的全面展开，导致了劳动关系的深刻变化，集体合同提上了议事日程。党的十一届三中全会以后，在1983年《中国工会章程》、1986年《全民所有制工业企业职工代表大会条例》和1992年《中华人民共和国工会法》中，都规定了工会可以代表职工与企事业单位签订集体合同，从而使曾经一度中止的集体合同制度，具有赖以恢复的法律依据。在《中华人民共和国劳动法》中，将集体合同置于劳动合同并列的地位，并且对集体合同的内容、订立和效力作了原则性规定。

1995年8月，全国总工会制定了《工会参加平等协商和签订集体合同试行办法》，就工会和集体合同运行各环节的参与，规定了较具体的规则。1996年5月17日，劳动部、全国总工会、国家经贸委和中国企业家协会专门发出《关于逐步实行集体协商和集体合同制度的通知》。2000年11月8日，劳动和社会保障部还专门颁布了《工资集体协商试行办法》。2004年1月20日，劳动和社会保障部重新发布了《集体合同规定》，较之原《集体合同规定》，对集体合同的制度要素作了更为完整和具体的规定。2007年6月29日，十届全国人大常委会第二十八次会议通过了《中华人民共和国劳动合同法》，其中第五章第一节六个法条规定了集体合同相关事项。

13. 违反劳动法处罚办法

1994年12月26日，劳动部发布《违反〈中华人民共和国劳动法〉行政处罚办法》（以下简称《办法》）。经商财政部同意，自1995年1月1日起施行。《办法》共23条，主要内容是：

一是执法主体。县级以上各级人民政府劳动行政部门（以下简称劳动行政部门）依法对本行政区域内的企业、个体经济组织（以下简称用人单位）遵守劳动法律、法规的情况进行监督检查，对违反劳动法行为的行政处罚适用本办法。用人单位制定的劳动规章制度违反法律、法规规定的，应给予警告，并责令限期改正；逾期不改的，应给予通报批评。

二是延长劳动时间的处罚。用人单位未与工会和劳动者协商，强迫劳动者延长工作时间的，应给予警告，责令改正，并可按每名劳动者每延长工作时间一小时罚款100元以下的标准处罚。用人单位每日延长劳动者工作时间超过三小时或每月延长工作时间超过36小时的，应给予警告，责令改正，并可按每名劳动者每超过工作时间一小时罚款100元以下的标准处罚。

三是经济赔偿标准。用人单位有下列侵害劳动者合法权益行为之一的，应责令支付劳动者的工资报酬、经济补偿，并可责令按相当于支付劳动者工资报酬、经济补偿总和的一至五倍支付劳动者赔偿金：一、克扣或者无故拖欠劳动者工资的；二、拒不支付劳动者延长工作时间工资报酬的；三、低于当地最低工资标准支付劳动者工资的；四、解除劳动合同后，未依照法律、法规规定给予劳动者经济补偿的。

四是违反劳动安全保护的处罚。用人单位劳动安全设施和劳动卫生条件不符合国家规定的，应责令限期改正；逾期不改的，可处以5万元以下罚款。用人单位违反规定造成职工急性中毒事故，或伤亡事故的，应责令制定整改措施，并可按每中毒或重伤或死亡一名劳动者罚款1万元以下的标准处罚；情节严重的，提请同级人民政府决定停产整顿。用人单位对发生的急性中毒或伤亡事故隐瞒、拖延不报或谎报的，以及故意破坏或伪造事故现场的，应责令改正，并可处以2万元以下罚款。用人单位未向劳动者提供必要的劳动防护用品和劳动保护设施，或未对从事有职业危害作业的劳动者定期检查身体的，应责令改正，并可处以5000元以下罚款。

五是违反女职工权益的处罚。用人单位有下列侵害女职工和未成年工合法权益行为之一的，应责令改正，并按每侵害1名女职工或未成年工罚款3000元以下的标准处罚：一、安排女职工从事矿山井下、国家规定的第四级体力劳动强度的劳动和其他禁忌从事的劳动；二、安排女职工在经期从事高处、低温、冷水作业和国家规定的第三级以上体力劳动强度的劳动；三、安排女职工在哺乳未满一周岁的婴儿期间从事国家规定的第三级以上体力劳动强度的劳动和哺乳期禁忌从事的其他劳动及安排其延长工作时间和夜班劳动的；四、安排未成年工从事矿山井下、有毒有害、国家规定的第四级体力劳动强度的劳动和其他禁忌从事的劳动。用人单位安排女职工在怀孕期间从事国家规定的第三级以上体力劳动强度的劳动和孕期禁忌从事的劳动的，应责令改正，并按每侵害一名女职工罚款3000元以下的标准处罚。用人单位安排怀孕7个月以上的女职工延长工作时间和从事夜班劳动的，应责令改正，并按每侵害一名女职工罚款3000元以下的标准处罚。

14. 违反和解除劳动合同的经济补偿办法

1994年12月3日劳动部发布《违反和解除劳动合同的经济补偿办法》。自1995年1月1日起执行。全文共十三条。

一是支付办法。对劳动者的经济补偿金，由用人单位一次性发给。

二是补偿标准。一、用人单位克扣或者无故拖欠劳动者工资的，以及拒不支付劳动者延长工作时间工资报酬的，除在规定的时间内全额支付劳动者工资报酬外，还需加发相当于工资报酬25%的经济补偿金。二、用人单位支付劳动者的工资报酬低于当地最低工资标准的，要在补足低于标准部分的同时，另外支付相当于低于部分25%的经济补偿金。三、经劳动合同当事人协商一致，由用人单位解除劳动合同的，用人单位应根据劳动者在本单位工作年限，每满一年发给相当于一个月工资的经济补偿金，最多不超过十二个月。工作时间不满一年的按一年的标准发给经济补偿金。四、劳动者患病或者非因工负伤，经劳动鉴定委员会确认不能从事原工作、也不能从事用人单位另行安排的工作而解除劳动合同的，用人单位应按其在本单位的工作年限，每满一年发给相当于一个月工资的经济补偿金，同时还应发给不低于六个月工资的医疗补助费。患重病和绝症的还应增加医疗补助费，患重病的增加部分不低于医疗补助费的百分之五十，患绝症的增加部分不低于医疗补助费的百分之百。五、劳动者不能胜任工作，经过培训或者调整工作岗位仍不能胜任工作，由用人单位解除劳动合同的，用人单位应按其在本单位工作的年限，工作时间每满一年，发给相当于一个月工资的经济补偿金，最多不超过十二个月。六、劳动合同订立时所依据的客观情况发生重大变化，致使原劳动合同无法履行，经当事人协商不能就变更劳动合同达成协议，由用人单位解除劳动合同的，用人单位按劳动者在本单位工作的年限，工作时间每满一年发给相当于一个月工资的经济补偿金。七、用人单位濒临破产进行法定整顿期间或者生产经营状况发生严重困难，必须裁减人员的，用人单位按被裁减人员在本单位工作的年限支付经济补偿金。在本单位工作的时间每满一年，发给相当于一个月工资的经济补偿金。八、用人单位解除劳动合同后，未按规定给予劳动者经济补偿的，除全额发给经济补偿金外，还须按该经济补偿金数额的50%支付额外经济补偿金。

三是补偿金的计算标准。经济补偿金的工资计算标准是指企业正常生产情况下劳动者解除合同前十二个月的月平均工资。劳动者的月平均工资低于企业月平均工资的，按企业月平均工资的标准支付。

四是补偿金的列支办法。经济补偿金在企业成本中列支，不得占用企业按规定比例应提取的福利费用。

2008年1月1日实施的《中华人民共和国劳动合同法》对补偿办法部分条款作了修订。劳动合同法第46条的规定，用人单位因经济性裁员解除劳动合同的，应当向劳动者支付经济补偿，经济补偿按劳动者在本单位工作的年限，每满一年支付一个月工资的标准向劳动者支付。劳动者工作时间在六个月以上不满一年的，按一年计算；不满六个月的，向劳动者支付半个月工资作为经济补偿。

在劳动者月工资高于用人单位所在直辖市、设区的市级人民政府公布的本地区上年度职工月平均工资三倍的情况下，用人单位应向劳动者支付经济补偿的标准为劳动者月平均工资三倍的数额支付经济补偿金，但向其支付经济补偿的年限最高不超过12年。

同时，《劳动合同法实施条例》对劳动者经济补偿中月工资的构成进行了具体说明，经济补偿的月工资按照劳动者应得工资计算，包括计时工资或者计件工资以及奖金、津贴和补贴等货币性收入。劳动合同解除前12个月平均工资低于当地最低工资标准的，经济补偿金应按照当地最低工资标准支付。

15. 劳动行政处罚若干规定

1996年3月，八届全国人大四次会议通过《中华人民共和国行政处罚法》（以下简称《行政处罚法》），首次在中国的行政法律领域确立了听证程序，在法律体系中为探寻社会公正又开辟了一条新的重要路径。适应《行政处罚法》的要求，劳动部于1996年9月27日发布《劳动行政处罚若干规定》。

劳动行政处罚是指劳动监察部门依法对违反劳动法律、法规和国家劳动政策而尚未构成犯罪行为的劳动关系主体施加的一种制裁措施。劳动行政处罚直接剥夺违法行为人的财产权和活动自由权，所以它是一种严厉的、具体的劳动行政执法行为，是保证劳动法律、法规和国家劳动政策顺利实施的一种有力的惩戒性措施，是搞好劳动监督检查的主要手段。

一、劳动行政处罚的特点。第一，劳动行政处罚权是劳动行政的一项重要内容，只能由劳动监督检查机关行使，其他机关或者团体不享有劳动行政处罚权。第二，劳动行政处罚的对象范围较为广泛，可以是自然人，也可以是法人，也可以是非法人的其他组织。第三，劳动行政处罚是以违反劳动法律、法规及国家劳动政策所规定的义务为前提的，只有当劳动关系主体不履行劳动法律、法规及国家劳动政策所规定的义务时，劳动行政监察机关才可以依法对其进行劳动行政处罚。第四，劳动行政处罚具有强制性。劳动行政处罚是依法直接剥夺违法行为人的财产权和活动自由权的一种法律制裁，违法行为人必须执行；如果违法行为人在法定期限内不提起诉讼又不履行，可以根据《行政诉讼法》第66条的规定,申请人民法院强制执行,或者依法强制执行。

二、劳动行政处罚的种类。劳动行政处罚的种类包括:警告、罚款、没收违法所得、责令停产停业、吊销许可证。第一,警告。警告是国家劳动行政监察机关对违反劳动法律、法规及国家劳动政策,不履行法定义务的劳动关系主体作出谴责和警诫的一种劳动行政处罚。通过对违法情节轻微并尚未造成危害后果的劳动关系主体进行谴责和警诫,纠正其违法行为。第二,罚款。罚款是劳动行政监察机关对违反劳动法律、法规及国家劳动政策,不履行法定劳动义务的劳动关系主体,予以剥夺一定金钱的经济制裁的一种劳动行政处罚。通过对那些严重违反劳动法律、法规及国家劳动政策,并给国家、集体或者他人物质上造成一定经济损失的劳动关系主体,强迫其缴纳一定数额的货币,纠正其违法行为。第三,吊销劳动行政许可证。吊销劳动行政许可证是指劳动行政机关或其他机关对违反劳动法律、法规及国家劳动政策的劳动关系主体,依法采取剥夺(即扣留、收回、撤销、没收)其曾依法取得的从事某种工作或职业权利的许可证的一种劳动行政处罚。通过这种劳动行政处罚,纠正或制止违法行为,防止重大伤亡事故的发生,避免劳动争议。第四,责令停产停业。责令停产停业是劳动行政监察机关责令严重违反劳动安全卫生法律、法规及国家有关安全生产政策的劳动关系主体停止生产或营业的一种劳动行政处罚。通过这种劳动行政处罚,制止违法,加强安全生产管理,防止伤亡事故,减少或消除职业危害,保证广大职工群众在生产过程中的安全和健康,避免劳动争议。第五,征收滞纳金。征收滞纳金是劳动行政监督机关对不按规定期限缴纳劳动社会保险金的单位,就其拖欠的社会保险金数额按月加收一定比例的社会保险金的一种劳动行政处罚。通过这种劳动行政处罚,纠正违法,促使用人单位按照规定缴纳社会保险金,避免或减少劳动争议,稳定社会。

三、劳动行政处罚听证。劳动行政部门在作出责令停产停业、吊销许可证、处以较大数额罚款等重大行政处罚决定前,应当举行听证。对当事人放弃听证权利的,行政执法机构应将拟作出的重大行政处罚决定送本部门法制工作机构或承担法制工作的机构进行初步审查后,再由劳动行政部门负责人集体讨论决定。

四、劳动行政处罚备案制度和统计制度。劳动行政部门应当建立健全行政处罚的备案制度和行政处罚案件统计制度。下级劳动行政部门每半年应向上级劳动行政部门报告一次本地区行政处罚案件的发生情况。劳动行政处罚的备案和行政处罚案件的统计工作,由劳动行政部门的职能机构负责。

五、行政执法。劳动行政执法人员在调查、搜集证据、进行检查或当场处罚时,应出示劳动行政执法证件。

16. 劳动行政处罚听证程序

1996年9月27日,劳动部公布《劳动行政处罚听证程序规定》,就劳动行政处罚的原则、适用范围、具体程序等作出规定。

遵循的原则。劳动行政部门的法制工作机构与劳动行政执法机构为同一机构的,应遵循听证与案件调查取证职责分离的原则。

适用范围。劳动行政部门作出责令停产停业、吊销许可证、较大数额罚款等行政处罚决定之前,应当告知当事人有要求听证的权利;当事人要求听证的,劳动行政部门应当组织听证。当事人不承担组织听证的费用。

听证主持人享有的权利是:一、决定举行听证的时间和地点;二、就案件的事实或者与之相关的法律进行询问、发问;三、维护听证秩序,对违反听证秩序的人员进行警告或者批评;四、中止或者终止听证;五、就听证案件的处理向劳动行政部门的负责人提出书面建议。

听证主持人承担的义务:一、将与听证有关的通知及有关材料依法及时送达当事人及其他有关人员;二、根据听证认定的证据,依法独立、客观、公正地作出判断并写出书面报告;三、保守与案件相关的国家秘密、商业秘密和个人隐私。

听证案件的当事人享有的权利:一、申请回避权。依法申请听证主持人、听证记录员回避;二、委托代理权。当事人可以亲自参加听证,也可以委托一至二人代理参加听证;三、质证权。对本案的证据向调查人员及其证人进行质询;四、申辩权。就本案的事实与法律问题进行申辩;五、最后陈述权。听证结束前有权就本案的事实、法律及处理进行最后陈述。

听证案件的当事人承担的义务:一、按时参加听证;二、如实回答听证主持人的询问;三、遵守听证秩序。

听证的程序:一、由听证主持人宣布听证会开始,宣布听证纪律、告知当事人听证中的权利和义务;二、由案件调查取证人员宣布案件的事实、证据、适用的法律、法规和规章,以及拟作出的行政处罚决定的理由;三、听证主持人询问当事人、案件调查取证人员、证人和其他有关人员并要求出示有关证据材料;四、由当事人或者其代理人从事实和法律上进行答辩,并对证据材料进行质证;五、当事人或者其代理人和本案调查取证人员就本案相关的事实和法律问题进行辩论;六、辩论结束后,当事人作最后陈述;七、听证主持人宣布听证会结束。

17. 劳动预备制度

劳动预备制度是国家为提高青年劳动者素质，培养劳动后备军而建立和推行的一项新型培训就业制度。有关统计数据显示，中国初、高中毕业生，一般未经过必要的职业培训和职业教育就进入劳动力市场直接就业。据测算，我国城乡每年新成长劳动力1400多万人，未经培训直接进入劳动力市场的达400多万人，占新生劳动力总量的30%。这不仅影响青年劳动者队伍整体素质，也影响产品质量和劳动生产率。因此，必须采取切实措施，加快提高劳动者素质。

1997年全国在36个城市开始劳动预备制度试点，但试点情况并不理想。据有关资料显示，全国36个试点城市一年来参加劳动预备制度学习的只有600余人。一些试点城市因参加劳动预备制培训报名的人数太少而难以组班开课。

1998年6月中共中央、国务院《关于切实做好国有企业下岗职工基本生活保障和再就业工作的通知》中明确提出，"要普遍实行劳动预备制度，对城镇未能继续升学的初、高中毕业生，进行1至3年的职业技术培训"。在1999年6月中共中央、国务院《关于深化教育改革全面推进素质教育的决定》中再次重申，积极推行劳动预备制度，坚持实行"先培训、后上岗"的就业制度。1999年6月7日，国务院办公厅转发了劳动保障部、教育部、人事部、国家计划委员会、国家经济贸易委员会和国家工商行政管理总局《关于积极推进劳动预备制度加快提高劳动者素质的意见》，要求在全国城镇全面实施劳动预备制度，对所有新生劳动力普遍进行1至3年的就业前培训和职业教育，严格实行就业准入控制，未经必要的培训不得就业。这是新时期中国培训就业制度的一项重大改革，是贯彻《关于深化教育改革全面推进素质教育的决定》，全面实施素质教育的一项重要举措。

18. 厂务公开制度

厂务公开制度产生于基层。石家庄天同拖拉机有限公司是一家拥有6600名职工的大型企业，1992年开始出现亏损，不到三年就亏损6000多万元，成为石家庄亏损第一大户，企业240名技术骨干纷纷调走。1994年6月该公司领导班子调整后，大力推行"厂务公开，民主管理"，让广大职工知厂情、监厂事、参厂政，从而调动了他们的积极性，濒临倒闭的企业走上了振兴之路。

基层的做法引起了中央领导的重视。1998年8月3日，中共中央政治局常委胡锦涛批示：石拖的经验有普遍意义。它不仅使企业基层政治建设上了新台阶，而且调动了广大职工当家做主的积极性，使企业的管理和效益达到了新水平。建议中华全国总工会派人调查，并认真加以总结。1998年9月2日，胡锦涛在中华全国总工会报送的调查报告上再次批示：河北天同公司实行厂务公开、民主监督的经验很好。在加强企业民主管理、依靠职工办好企业方面作了有益的探索。

根据中央领导的指示，1998年10月，工会十三大把推行厂务公开作为重要内容，写进工作报告，在全国工会系统作了统一部署。1999年1月，中纪委第三次全会把"厂务公开、民主管理"作为加强企业党风廉政建设和反腐败斗争的一项重要任务。1999年2月，为了加大厂务公开制度推广力度，中央纪律监察委员会、国家经济贸易委员会和中华全国总工会联合成立全国厂务公开工作协调小组及其办事机构，负责推行厂务公开的日常工作。协调小组先后举办三期全国性的厂务公开工作骨干培训班，培训600多人。并组织交流活动推广试点单位的经验。1999年3月12日，江泽民总书记在参加九届人大二次会议天津代表团的讨论时，对天津推行厂务公开进一步予以肯定。1999年4月18日到19日，中央纪律监察委员会、国家经济贸易委员会和中华全国总工会再次在天津召开了全国厂务公开经验交流会。

此后，全国各地开始推广厂务公开，很多省市自治区都结合本地实际，出台了相应的政策措施和实施意见。厂务公开制度自1998年开始在全国推行以来，在扩大基层民主、保障公平正义方面的作用是十分明显的。截至2005年9月，全国基层工会所在企事业单位实行厂务公开的有36.4万个，覆盖职工7503.6万人。通过推行厂务公开，推动公司制企业完善企业法人治理结构，帮助非公有制企业建立和完善适合企业实际的民主管理模式，维护职工的知情权、参与权和监督权，促进形成出资者、经营者、劳动者"相互尊重、平等合作、共谋发展"的共赢局面。

19. 买断工龄

长期以来，计划经济体制下形成的国有企业职工的身份事实上是终身制，即职工终身依附于国有企业并终身享受由企业提供的各种福利的"铁饭碗"制度，并已演变成为国有资产对国企职工的无限责任制度。这种制度导致企业内部冗员充斥，人浮于事，形成了隐蔽失业，也导致了企业效率和效益的低下。在向市场经济转轨过程中，这一制度的弊端日益凸显，这与市场经济条件下配置生产要素的机制格格不入，不仅构成国有企业现实的沉重负担，而且成为国有企业真正走向市场的重大障碍。转变职工的身份，妥善处理他们的劳动关系，成为国有企业转制过程中一个不能回避的问题。

在改革初期，离开国有企业的人员与原企业的劳动关系基本上是由职工与企业协商解决,辞职的、停薪留职的、"两不找"的等各种方式都有,到 1998 年国家规定下岗人员全部进入再就业中心,对下岗人员进行了统一管理和实施统一的生活保障制度,但也提出了三年出中心的要求,并在随后统一规定由下岗向失业并轨,国有企业下岗人员与国有企业全面解除劳动关系。

在整个过程中,买断工龄行为大致可分为两个阶段:第一阶段是改革开放之初到下岗再就业中心的建立,在这一阶段,买断工龄行为只是个别职工自愿的,或者小规模的、单个企业的行为。主要发生在一些经济效益不太理想的企事业单位中,部分职工开始"下海",他们大多以"停薪留职"等方式离开了原单位(这部分人后来构成了大规模买断工龄中的"两不找"人员群体)。还有少数职工与原单位解除劳动关系,是以一种职工自愿和协商的方式进行的,是一种自愿选择性买断。

第二阶段是下岗再就业中心建立之后,主要是一种政策性买断。买断工龄作为一种政策性制度安排行为,不再是单个企业赖以求生的权衡之计。1998 年 6 月,中共中央、国务院发布的《关于切实做好国有企业下岗职工基本生活保障和再就业工作的通知》(以下简称《通知》)要求,各地要自下而上地建立再就业服务中心组织体系,凡是有下岗职工的国有企业,都要建立再就业服务中心或类似机构。进入再就业服务中的对象,主要是实行劳动合同制以前参加工作的国有企业的正式职工,因企业生产经营等原因而下岗,但尚未与企业解除劳动关系、没有在社会上找到其他工作的人员。对于实行劳动合同制以后参加工作且合同期满的人员,可按照《中华人民共和国劳动法》和国务院有关规定终止劳动关系;合同期未满而下岗的,也要安排进入再就业服务中心。下岗职工再就业服务中心的期限一般不超过三年;三年期满仍未再就业的,应与企业解除劳动关系,按规定享受失业救济或社会救济。《通知》发出后,买断工龄行为在全国各地开始普遍实行。

到 2001 年,国有企业下岗职工再就业服务中心业已建立三年,滞留在服务中心的人员根据政策规定也需与所在企业解除劳动关系,实行国有企业下岗职工基本生活保障制度向失业保险并轨,国有企业不再建立新的再就业服务中心;企业新的减员原则上也不再进入中心,由企业依法与其解除劳动关系,按规定享受失业保险待遇。此时,国有小企业实现民营化,国有大中型企业实行股份制改造,其中,国有工业企业从 1997 年的 74388 家,减少到 2002 年的 42696 家,五年减少了 30000 多家,国有企业从业人员从 7700 多万减少到 3383 万。国有企业职工的身份也通过买断工龄的方式随之进行转换,国有企业职工人数也锐减,全国领取失业保险金的人数与进再就业服务中心人数之比,由 1999 年末的 17∶100 上升到 2001 年 7 月的 44∶100。1999 年 1 月,全国领取失业保险金的失业人员是 63.3 万人,到 2001 年 12 月达到 312.5 万人。

20. 工资集体协商制度

工资集体协商，是指用人单位与本单位职工以集体协商的方式，根据法律、法规、规章的规定，就劳动报酬、工作时间、休息休假、劳动安全卫生、职业培训、保险福利等事项，签订集体的书面协议。

工资集体协商内容包括：工资协议的期限、工资分配制度、工资标准和工资分配形式、职工年度平均工资水平及其调整幅度、奖金、津贴、补贴等分配办法、工资支付办法、变更、解除工资协议的程序、工资协议的终止条件、工资协议的违约责任、双方认为应当协商约定的其他事项。

1994年八届全国人大八次会议通过的《中华人民共和国劳动法》，将工资集体协商作为调整劳动关系、维护职工合法权益、促进经济发展的重要手段用法律的形式确定下来。1995年，全国总工会下发了《工会参加平等协商和签订集体合同试行办法》，对企业工会与企业进行集体协商作出指导性规定。1996年，全国总工会与劳动部、国家经济贸易委员会、中国企业家协会联合下发了《关于逐步实行集体协商和集体合同制度的通知》，在前期试点的基础上，重点在非国有企业和实行现代企业制度试点的企业推行集体协商。

2000年11月，劳动和社会保障部颁布了《工资集体协商试行办法》，正式推广以集体协商工资为主要形式的企业工资总量决定机制改革，对规范企业工资集体协商行为，推动工资集体协商工作健康发展发挥了重要作用，是工资集体协商的主要依据。根据《工资集体协商试行办法》对于依法订立的工资协议对企业和职工双方具有同等的约束力，双方必须全面履行工资协议规定的义务，任何一方不得擅自变更或解除工资协议。根据《工资集体协商试行办法》第五条，职工个人与企业订立的劳动合同中关于工资报酬的标准，不得低于工资协议规定的最低标准。除上述内容之外，《工资集体协商试行办法》还对工资集体协商的具体内容、协商的代表、协商的程序以及工资协议的审查等方面作出了详细的规定。2001年，全国总工会与劳动和社会保障部、国家经贸委、中国企业联合会/中国企业家协会联合发出《关于进一步推行平等协商和集体合同制度的通知》，开始在各类企业全面推行集体协商，并积极探索推行区域性、行业性集体协商。至此，中国的集体协商制度从法律规定到实践发展逐步建立起来。

2008年6月，全国总工会下发了《关于建立集体协商指导员队伍的意见》，从社会各界从事劳动关系领域工作的人士中聘请集体协商指导员，帮助基层工会同企业进行集体协商，进一步维护职工的合法权益，促进劳动关系的和谐发展。全国31个省（直辖市、自治区）都由政府或有关部门专门就集体协商工作下发了文件。

建立工资集体协商制度就是维护劳动者自身利益的一种有效途径。一方面能够维护一线职工的权益，使工资增长与企业效益提高相适应，确保每个职工分享企业发展的成果。另一方面，有利于建立和谐稳定的企业劳资关系，增强企业凝聚力，调动所有职工的积极性。在构建和谐社会、全面建设小康社会的进程中，加大收入分配调节力度，重视解决部分社会成员收入差距过分扩大问题是完善社会主义市场经济体制的重要内容，是建立新型劳资关系、实现劳资双赢的需要。也是广大工薪阶层的劳动者共享改革发展的成果的现实体现。

21. 国家协调劳动关系三方会议

劳动关系三方协商机制，指政府、雇主组织和劳动者组织之间，就制定与实施经济社会政策而进行的所有交往和活动，是社会对话的一种形式。其内涵是指政府、雇主和劳动者三方代表，在制定劳动法规、处理劳动争议、调整劳动关系等方面，履行各自职责，发挥各自作用，进行协商与对话，消除误解，弱化争议，增加达成协议的机会，共同协调劳动关系的机制。

1990年9月7日，全国人大常委会批准了国际劳工组织1976年第144号《三方协商促进国际劳工标准公约》，对相关原则作出了承诺。

1996年5月，国家劳动部、中华全国总工会、国家经贸委、中国企业家协会在《关于逐步实行集体协商和集体合同制度的通知》中明确提出：有条件的地区应当逐步建立由劳动行政部门、工会组织、经贸部门和企业家协会共同组成的三方协商机制，定期就劳动关系中存在的重大问题进行协商。

2001年8月，国家劳动和社会保障部、中华全国总工会、中国企业联合会／中国企业家协会三方在北京建立了国家一级协调劳动关系三方会议制度，开辟了政府、工会和企业组织在劳动关系方面加强三方沟通协商的重要途径，在协调劳动关系领域提供了一个全新的对话渠道。这也是中国劳动关系三方协商机制正式建立的标志。三方会议由劳动和社会保障部副部长担任主席，中华全国总工会副主席和中国企业联合会／中国企业家协会副会长担任副主席。各方确定相对固定的司、室人员参加三方会议：劳动和社会保障部由办公厅、劳动工资司等部门人员参加；中华全国总工会由办公厅、政策研究室、法律工作部、集体合同部、保障工作部等部门人员参加；中国企业联合会／中国企业家协会由雇主工作委员会、雇主工作部、研究部、维护企业和企业家合法权益委员会等部门人员参加。三方会议办公室设在劳动和社会保障部劳动工资司，负责国家劳动关系三方协商机制的日常工作。根据每次会议的议题，由各方确定参会人员，还可邀请其他有关部门或有关研究机构的人员参加。

2001年10月27日,修正后的《中华人民共和国工会法》第三十四条第二款规定:各级人民政府劳动行政部门应当会同同级工会和企业方面代表,建立劳动关系三方协商机制,共同研究解决劳动关系方面的重大问题。这是首次以国家法律的形式对建立劳动关系三方协商机制作出明确规定,也是中国履行国际劳工组织《三方协商促进国际劳工标准公约》的一个具体措施。

2001年11月,劳动和社会保障部、国家经贸委、中华全国总工会和中国企业联合会/中国企业家协会在南京市联合召开了"全面贯彻实施《劳动法》、《工会法》,推进集体合同劳动合同工作经验交流会"。这次会议标志着中国劳动关系三方协商机制进入一个崭新的发展阶段。

2006年3月14日,十届全国人大四次会议审议批准了《国民经济和社会发展第十一个五年规划纲要》,再次明确提出要建立健全劳动关系三方协商机制,首次将三方协商机制纳入国民经济和社会发展总体布局。

2006年9月25日,国家劳动关系三方协商机制第十次会议审议通过了《国家协调劳动关系三方会议专业委员会组建方案》和《关于调整国家协调劳动关系三方会议办公室组成人员的建议》。

2011年6月2日,人力资源和社会保障部发布《人力资源和社会保障事业发展"十二五"规划纲要》,强调要加强和创新三方机制组织建设,完善三方机制职能,充分发挥政府、工会和企业三方面代表在拟订劳动标准、促进集体协商、调节收入分配等方面的重要作用,努力形成企业和职工利益共享机制。完善依托三方机制及时介入和有效协调处理集体劳动争议的办法。开展和谐劳动关系创建活动。

2011年7月4日,国家劳动关系三方协商机制第十六次会议在北京召开,全国工商联合会正式成为国家三方会议成员单位。会议对国家协调劳动关系三方会议制度予以修订,增加全国工商联合会为国家三方会议成员单位。据此,全国工商联作为企业组织代表,与人力资源和社会保障部、中华全国总工会、中国企业联合会/中国企业家协会,共同组成国家三方会议。全国工商联正式加入国家三方会议,增强了企业组织的代表性,是健全我国劳动关系三方协商机制的必然要求。

2012年2月24日,国家劳动关系三方协商机制第十七次会议在北京召开。会议听取了关于国家协调劳动关系三方会议2011年工作总结的汇报,审议了国家三方会议及办公室组成人员调整建议和《国家协调劳动关系三方会议2012年工作要点》,通报了贯彻落实全国构建和谐劳动关系先进表彰暨经验交流会的情况。这次会议认真回顾总结了2011年国家协调劳动关系三方会议工作取得的重大进展以及国家和各地三方认真贯彻落实全国构建和谐劳动关系先进表彰暨经验交流会会议精神情况、大力推进劳动关系工作取得的新成效，明确了2012年国家协调劳动关系三方会议工作的总体要求、目标任务和具体措施。2012年，国家三方要继续深入贯彻落实全国构建和谐劳动关系会议精神，全面推行劳动合同制度，积极稳妥推进集体协商和集体合同制度实施，大力推进劳动人事调解仲裁工作，继续深化和谐劳动关系创建活动，积极推动劳动关系立法工作，进一步加强协调劳动关系三方机制自身建设。

2001年后，中国相关部门已经有相关政策出台，并将劳动关系三方协商机制工作纳入国家经济和社会发展总体布局中来，中国劳动关系三方协商机制进入一个崭新的阶段。到2012年，中国劳动关系三方协商机制建设取得了很大进展，省级三方机制全部建立，大部分省、自治区、直辖市在市（地）一级建立了三方机制，有的地方已延伸到县（市）、乡镇（街道）和村（社区）。各级三方机制在促进劳动关系的和谐稳定、推动经济社会全面发展方面，发挥了积极作用。到2011年底，全国累计建立三方机制组织约14801个。

22."12333"劳动保障咨询电话

中国12333人力资源和社会保障咨询服务电话，是在2003年由劳动和社会保障部向信息产业部申请并获得批准的公益服务电话号码，随后全国各省陆续开通了12333咨询服务电话。

"12333"全国统一人力资源和社会保障公益服务专用电话号码，主要是面向全国广大群众与用人单位免费提供就业再就业、社会保障、劳动关系等政策法规、业务经办流程和办事指南咨询服务，接受社会监督与投诉举报等。

"12333"咨询热线是利用电话、传真、互联网、自动语音等现代化信息技术，营造的一个直观、温馨、快捷、便利的政策业务咨询服务体系，以适应全国城乡人力资源群体中不同年龄结构、不同文化层次、不同信息需求的需要，是各级人力资源和社会保障部门服务民生的重要公共服务窗口。

通过几年的建设，逐渐形成了体系，取得了一定的成果。体现在：

一、截至2013年底，全国31个省、自治区、直辖市及新疆生产建设兵团的293个地级市（包括省本级）开通了12333电话咨询服务号码，占全部地级市的79.84%，其中使用电话咨询服务系统的237个地级城市（包括省本级），占全部开通地区的80.89%。由于各省政府高度重视民生工作，也由于12333的咨询平台方便、快捷、高效的工作性质，切实发挥了政府与百姓之间的桥梁纽带作用。

二、截至2013年底，全国从事人力资源和社会保障电话咨询服务工作人员2369人，全国12333电话咨询中心座席总数为2590个，座席总数大于100的有7个省份，即浙江省、广东省、上海市、江苏省、湖南省、安徽省和辽宁省，占所有省份的22%；座席总数介于50至100个的有8个省份，即山东省、河北省、四川省、吉林省、湖北省、重庆市、天津市和陕西省，占所有省份25%；座席总数在50个以下的有17个省，占所有省份的53%。咨询平台可提供7×8小时人工服务和7×24小时自助语音服务。

三、自2012年起，确定每年的3月30日为"12333全国统一咨询日"，并于2013年确定全国统一服务标识，树立了12333电话咨询服务品牌，统一了全国人力资源和社会保障电话咨询服务形象，提高了社会公众对12333的认知度和业务部门对12333的认可度。

23. 省际工会联动维护农民工权益机制

省际工会联动维护农民工权益机制，是2004年3月四川省成都与石家庄、福州、温州四城市工会签订维权协议，以及7月新疆克拉玛依发生彭州17名农民工沙漠遇险案，成都市工会委托克拉玛依、乌鲁木齐、昌吉三市工会为其维权案例的启示下萌生的新型维权体系。目前该体系已涵盖了四川、河北、山西、内蒙古、上海、江西、福建、广东、湖南、重庆、云南、贵州、西藏、陕西、甘肃、青海、新疆、江苏及新疆生产建设兵团等19个成员，涉及地域700多万平方公里，覆盖出川农民工820多万，占全部出川农民工的72.7%以上，加上数十万入川农民工，成为覆盖农民工数量最多的维权机制。

2004年，17名在新疆打工的川籍农民工因工资被拖欠离开工地，被老板追打误逃沙漠致1人死亡事件震惊全国，引起党中央、国务院高度重视。2004年12月，胡锦涛总书记在一份有关农民工问题的报告上批示：维护农民工合法权益问题日益突出。工会组织应承担起这一职责，把广大农民工团结在工会组织周围，认真调研，总结经验，研究措施，务必抓出成效。2006年，国务院又专门下发了《关于解决农民工问题的若干意见》。同期，劳动和社会保障部会同其他部门，就解决农民工工资拖欠、工伤赔偿、社会保险等下发多个通知，提出要求和明确责任，有力地推动了机制的建立和发展。

2004年初，成都与石家庄、宁波、福州等四城市工会承诺实施农民工互动维权，2004年7月委托新疆三个城市工会代表成都的农民工实施维权。2005年4月，在四川省总工会的组织领导下，全省21个市（州）工会互签了农民工联动维权协议。但这些机制覆盖面较小，内容不全，效果有限。随着形势的发展和需要，城际工会维护农民工权益机制需要提升和完善，需要广泛借助工会组织的力量，突破其局限性，扩大异地维权覆盖面，更加有力地实施维权。在此背景下，2005年10月，省际工会联动维护农民工权益机制在四川应运而生，为全国工会异地联动维护农民工权益起到了示范引领作用，带动了不同区域工会联动维护农民工权益机制的诞生和发展。四川率先与上海、江苏、广东、福建签订工会联动维护农民工权益协议，明确双方为输入本区域的农民工实施维权，建立合作机制，开创了省际工会联动维护农民工权益机制的先河。机制的显著特点是农民工输入、输出地都有相应的责任和义务，将"异地维权"转为"当地维权"，并保持高度的互动性。一般性的维权，则充分信任输入地工会和相关部门，无须输出地派员亲往，几乎是全权交由事发地处理。

该机制实行委托维权，解决了异地农民工组织维权的主体问题；突破了政府行政管辖的地域限制，解决了输出地工会直接维权手段有限，耗时过长的难题；此外，通过输入地工会的推动，农民工在异乡的权益从劳动领域向社会生活领域拓展，使单纯的工资、工时、工伤等劳动权益维护，向农民工家庭生活、住房、就医和子女就学等权益的实现发展。

24. 劳动保障监察条例

2004年11月1日，国务院发布了《劳动保障监察条例》。该条例的颁布实施，是我国劳动监察发展史上的重要里程碑，标志着我国劳动保障监察立法上升到了一个更高的层次，它使劳动保障监察有了统一的法规依据，也标志着我国劳动保障监察工作进入了一个新的历史时期。《劳动保障监察条例》以法规形式，对劳动保障监察的主体、对象、职责、范围等方面都作出明确规定。

国务院劳动保障行政部门主管全国的劳动保障监察工作。县级以上地方各级人民政府劳动保障行政部门主管本行政区域内的劳动保障监察工作。县级以上各级人民政府有关部门根据各自职责，支持、协助劳动保障行政部门的劳动保障监察工作。

对企业和个体工商户（以下称用人单位）进行劳动保障监察，适用本条例。对职业介绍机构、职业技能培训机构和职业技能考核鉴定机构进行劳动保障监察，依照本条例执行。

劳动保障行政部门实施劳动保障监察，履行下列职责：一、宣传劳动保障法律、法规和规章，督促用人单位贯彻执行；二、检查用人单位遵守劳动保障法律、法规和规章的情况；三、受理对违反劳动保障法律、法规或者规章的行为的举报、投诉；四、依法纠正和查处违反劳动保障法律、法规或者规章的行为。

劳动保障行政部门对下列事项实施劳动保障监察：一、用人单位制定内部劳动保障规章制度的情况；二、用人单位与劳动者订立劳动合同的情况；三、用人单位遵守禁止使用童工规定的情况；四、用人单位遵守女职工和未成年工特殊劳动保护规定的情况；五、用人单位遵守工作时间和休息休假规定的情况；六、用人单位支付劳动者工资和执行最低工资标准的情况；七、用人单位参加各项社会保险和缴纳社会保险费的情况；八、职业介机构、职业技能培训机构和职业技能考核鉴定机构遵守国家有关职业介绍、职业技能培训和职业技能考核鉴定规定的情况；九、法律、法规规定的其他劳动保障监察事项。

25. 规范建筑等行业农民工劳动合同管理

随着中国工业化、城镇化的进程加快，农村劳动力不断向城市转移，产生了农民工这个庞大就业群体和新型劳动大军。据人力资源和社会保障部《2010年度人力资源和社会保障事业发展统计公报》数据，到2010年我国农民工总量为24223万人，外出农民工数量为15335万人。根据国家统计局《2011年农民工调查监测报告》的抽样调查推算，到2011年全国农民工总量达到25278万人，比上年增加1055万人，增长4.4%。其中，外出农民工15863万人，增加528万人，增长3.4%。农民工已经成为我国产业工人的重要组成部分并在建筑业、制造业、第三产业等领域发挥越来越重要的作用。

随着《中华人民共和国劳动合同法》的实施，建筑等行业农民工劳动合同签约率低、违约率高等问题凸显。体现为：一是劳动合同签订率低。特别是在中小企业尤为严重，农民工群体的劳动合同签订率更低，据2004年劳动执法时调查显示，在餐饮业和建筑业劳动合同签订率仅为20%。不仅用人单位不愿意提供劳动合同，劳动者也由于种种原因不愿签订劳动合同。二是劳动合同短期化现象。在我国劳动力市场中，许多劳动关系即使签订了劳动合同也都呈现出短期化。三是用人单位侵害劳动者的合法权益的行为十分普遍而且形式多种多样。用人单位在劳资关系中处于强势地位，劳动者的法律意识也比较淡薄。所以这种现象十分普遍，例如拖延、克扣工资。随意更改劳动时间，不支付或者少支付加班费，劳动环境差等。在上述背景下，2005年4月18日，劳动和社会保障部、建设部、全国总工会联合发布《关于加强建设等行业农民工劳动合同管理的通知》，规范建筑等行业农民工劳动合同管理，维护农民工权益。

一是规范签订劳动合同行为。用人单位使用农民工，应当依法与农民工签订书面劳动合同，并向劳动保障行政部门进行用工备案。

二是完善劳动合同内容。用人单位与农民工签订劳动合同，应当包括以下条款：一、劳动合同期限。经双方协商一致，可以采取有固定期限、无固定期限或以完成一定的工作任务为期限三种形式。二、工作内容和工作时间。劳动合同中要明确农民工的工种、岗位和所从事工作的内容。三、劳动保护和劳动条件。用人单位要按照安全生产有关规定，为农民工提供必要的劳动安全保护及劳动条件。四、劳动报酬。在劳动合同中要明确工资以货币形式按月支付，并约定支付的时间、标准和支付方式。五、劳动纪律。在劳动合同中明确要求农民工遵守的用人单位有关规章制度，应当依法制定。用人单位应当在签订劳动合同前告知农民工。六、违反劳动合同的责任。劳动合同中应当约定违约责任,一方违反劳动合同给对方造成经济损失的,要按劳动法等有关法律规定承担赔偿责任。

26. 劳动用工备案制度

劳动用工备案是指用人单位按规定向劳动保障行政部门报告劳动用工情况,劳动保障行政部门对其主体资格、用工行为和签订、续订、终止、解除劳动合同等情况进行监督管理并登记备案的行为。

2006年,劳动和社会保障部发布《关于建立劳动用工备案制度的通知》,对劳动合同备案制度的适用范围、目标任务和备案信息等作了规定。

劳动用工备案的适用范围:本行政区域内的企业、民办非企业单位、个体经济组织与劳动者建立劳动关系,订立、解除和终止劳动合同,应当到劳动保障行政部门办理劳动用工备案。国家机关、事业单位、社会团体与劳动者签订劳动合同建立劳动关系的,也应当办理劳动用工备案。

建立劳动用工备案制度的目标任务是:从2007年起,我国境内所有用人单位招用依法形成劳动关系的职工,都应到登记注册地的县级以上劳动保障行政部门办理劳动用工备案手续;到2008年底,全国省、市、县三级都要建立以签订劳动合同为基础的劳动用工备案制度,并依托金保工程劳动保障业务专网,实现国家、省、市三级劳动用工信息数据的交换与共享,基本建立全国劳动用工信息基础数据库。

用人单位进行劳动用工备案的信息应当包括:用人单位名称、法定代表人、经济类型、组织机构代码、招用职工的人数、姓名、性别、公民身份证号码,与职工签订劳动合同的起止时间,终止或解除劳动合同的人数、职工姓名、时间等。各省、自治区、直辖市劳动保障行政部门可根据实际需要适当增加备案信息。

27. 企业工会工作条例

改革开放的不断深化和社会主义市场经济的快速发展,使中国的经济关系和劳动关系发生了不同于以往的深刻变化,突出表现为企业所有制形式的多样化,以及职工队伍内部结构、思想状况的变化等。这种变化,一方面导致大量非公经济组织的产生及其从业人员的迅速增加,另一方面也使企业工会工作面临着新的挑战。在这种背景下,2006年12月11日,中华全国总工会第十四届执行委员会第四次全体会议审议通过的《企业工会工作条例》(以下简称《条例》),这是全面加强企业工会工作的重要的法规性文件。

《条例》规定企业工会是中华全国总工会的基层组织,是工会的重要组织基础和工作基础,是企业工会会员和职工合法权益的代表者和维护者;企业工会具备法人条件的,依法取得社会团体法人资格,工会主席是法人代表人;企业工会受法律保护,任何组织和个人不得随意撤销,或将工会工作机构合并,归属到其他部门;明确了企业工会与企业党组织、行政和上级工会的关系,企业工会接受同级党组织领导为主;等等。从而明确了企业工会的地位,回答了企业工会"是什么"的问题,为更好地保障企业工会合法权益提供了政策依据和制度保障。

在阐述企业工会工作的指导思想、基本任务、工作目标方面,强调企业工会以邓小平理论和"三个代表"重要思想为指导,贯彻科学发展观,坚持全心全意依靠工人阶级根本指导方针,走中国特色社会主义工会发展道路,落实"组织起来,切实维权"的工作方针,团结和动员职工为实现全面建设小康社会宏伟目标作贡献;强调企业工会围绕企业生产经营,履行维护职工合法权益的基本职责,协调企业劳动关系,推动建设和谐企业,促进企业健康发展;突出强调了企业工会在工资协商、安全生产、维护女职工特殊利益等方面的工作,等等,明确回答了企业工会"干什么"的问题。

《条例》还就企业工会组织建设、工会主席职权、干部队伍建设等作出明确规定,如明确了企业工会的建立、会员大会或会员代表大会的职权、企业工会的组织结构、干部配备和积极分子队伍建设等;明确企业工会可根据需要从社会聘用工会工作人员,解决工会力量不足的问题。特别是将企业工会主席专设一章,明确工会主席的配备及产业,工会主席的条件、工会主席的职权以及对工会主席的保护,增强了对工会主席的激励和约束,从而回答了企业工会工作"谁来干"的问题。

《条例》明确规定了企业工会的工作机制、制度、载体和活动方式,如突出了企业工会的劳动合同,平等协商和签订集体合同、职工(代表)大会、厂务公开、职工董事和职工监事、劳动法律监督、劳动争议调解和困难职工帮扶、女职工工作等方面的主要工作和机制;明确了不同类型企业职工(代表)大会的职权、平等协商和签订集体合同的程序;明确了企业工会开展工作的综合性载体是建设职工之家等,回答了企业工会"怎么干"的问题。

28. 区域性行业性集体协商制度

中国集体协商大多是在企业层次上开展的,相对而言,区域性和行业性集体协商起步较晚,协商范围有限,协商能力较弱,还没有形成较为规范的多层次集体协商格局。企业层面的集体协商和集体合同虽然具有灵活性和适应性较强的优点,但根据我国劳动关系的现状看，集体协商和集体合同过于集中于企业层面，缺乏较为合理的层次结构，不利于大力推进非公有制企业的集体协商和集体合同制度建设。我国99%以上的企业是中小型企业，其中大多数是民营企业，对于这些企业，企业或投资方轻易占据强势地位，企业不愿协商，职工不敢协商。

为进一步扩大集体协商特别是工资集体协商的覆盖面，2006年8月，劳动和社会保障部、全国总工会、中国企业联合会/中国企业家协会三方下发了《关于开展区域性行业性集体协商工作的意见》，提出要将职工工资水平、工作时间以及与此直接相关的劳动标准作为重点，对开展区域性行业性集体协商的范围、代表产生方式、内容、程序以及区域性行业性集体合同的效力和争议处理等提出了具体的政策意见，有力地指导和推动了中国区域性行业性集体合同工作的发展。

开展区域性行业性集体协商制度，对于扩大集体合同覆盖面、规范企业劳动用工管理、促进劳动关系和谐发展等起到了重要意义。一是创新了集体合同形式，扩大了集体合同的覆盖面。在区域层面有乡镇、街道、社区、村一级的集体合同，也有各类经济开发区或工业园区一级的集体合同。在行业层面有县区一级行业的集体合同，也有同行业企业集聚地的楼宇、商业城、大市场、行业一条街等灵活多样的集体合同。二是建立健全了利益协调机制，促进了劳动关系的和谐发展。推行区域性集体合同制度的意义在于构建了劳资双方协商谈判的新机制，形成了互利合作的新格局，探索了中小企业尤其是尚未建会企业协调劳动关系的新路子。通过开展区域性行业性集体协商和签订集体合同，工会参与协调劳动关系的力度增强了，参与渠道拓宽了，工会代表和维护职工合法权益的作用更加明显了。三是规范了企业的劳动用工管理，促进了企业发展。区域性行业性集体合同制度的建立，促使许多企业围绕工资分配、工作时间、休息休假、劳动安全卫生、保险福利、女职工特殊权益保护等职工最为关心和具体利益问题开展集体协商，签订集体合同，增强了企业依法管理的意识，规范了企业劳动用工行为，提高了企业管理水平。四是拓展了工会维权空间，切实维护了职工的合法权益。区域性行业性集体合同涵盖了区域内和行业的所有企业，扩大了覆盖面，拓展了工会的维权空间，维护了广大职工的合法权益。

29. 人事争议处理规定

为完善人事争议仲裁制度，进一步推动人事争议仲裁工作发展，充分发挥人事争议仲裁工作在构建社会主义和谐社会中的重要作用，2007年8月9日，中组部、人事部、解放军总政治部联合印发《人事争议处理规定》（以下简称《规定》）。

《规定》是在1997年人事部制定的《人事争议处理暂行规定》的基础上根据新形势的

发展需要进行修订的。《规定》对人事争议仲裁的基本原则、受案范围、组织机构、管辖、人事争议调解、人事争议仲裁的申请、受理、开庭审理、裁决等基本程序及人事争议仲裁与司法的衔接及裁决的执行等进行了规定。

《规定》提出，人事争议仲裁委员会由公务员主管部门代表、聘任（用）单位代表、工会组织代表、受聘人员代表以及人事、法律专家组成。人事争议仲裁委员会下设办事机构，其职责是：负责人事争议案件的受理、仲裁文书送达、档案管理以及仲裁员的考核、培训等日常工作，办理人事争议仲裁委员会授权的其他事宜。办事机构设在同级人民政府人事部门。

《规定》明确了仲裁的受案范围。主要是：实施公务员法的机关与聘任制公务员之间、参照《中华人民共和国公务员法》管理的机关（单位）与聘任工作人员之间因履行聘任合同发生的争议；事业单位与工作人员之间因解除人事关系、履行聘用合同发生的争议；社团组织与工作人员之间因解除人事关系、履行聘用合同发生的争议；军队聘用单位与文职人员之间因履行聘用合同发生的争议；依照法律、法规规定可以仲裁的其他人事争议。

《规定》的修改。为贯彻《中华人民共和国劳动争议调解仲裁法》关于仲裁案件属地管辖的要求，更好地处理人事争议仲裁案件，2011年8月15日，中共中央组织部、人力资源和社会保障部、解放军总政治部发布《关于修改人事争议处理规定的通知》，对2007年的《规定》做了3处修改。一是将第六条第一款"中央机关及所属事业单位人事争议仲裁委员会设在人事部"删去。二是将第十三条第一款"中央机关、直属机构、直属事业单位及其在京所属事业单位的人事争议由中央机关及所属事业单位人事争议仲裁委员会处理"修改为"中央机关、直属机构、直属事业单位及其在京所属单位的人事争议由北京市负责处理人事争议的仲裁机构处理，也可由北京市根据情况授权所在地的区（县）负责处理人事争议的仲裁机构处理"。三是将第十五条最后一句"驻京部队聘用单位与文职人员的人事争议，由中央机关及所属事业单位人事争议仲裁委员会处理"删去。

30. 中华人民共和国劳动争议调解仲裁法

随着改革开放的深入和社会主义市场经济体制的确立，以及各种所有制形式企业的发展，用人单位与劳动者之间的争议日益突出，类型也趋于多元，劳动争议案件也呈逐年上升的趋势。劳动保障部的统计显示，1995年至2006年，劳动争议案件数量增加13.5倍。以2005年为例，根据对31个省、自治区、直辖市及新疆生产建设兵团的统计，2005年全国各级劳动争议仲裁委员会共立案受理劳动争议案件31.4万件，涉及劳动者74.4万人。其中集体劳动争议案件1.9万件，共涉及劳动者41万人。与2004年相比，劳动争议案件立案受理数量增加 5.3 万件，增幅为 20.5%。这是自 2000 年以来除 2003 年（22.7%）以外案件增幅最快的一年。受理案件量是 2000 年的 2.3 倍，是 1995 年的 9.5 倍。

劳动争议案件在数量增多的同时，内容也日趋复杂。早期的劳动争议形式单一、内容也很简单，主要集中在职工惩处方面，如除名、辞退等。随着经济的发展，社会的转型，社会关系类型增多，劳动争议内容也趋于复杂。订立和解除劳动合同时涉及的风险金、保险金、补偿金、赔偿金，劳动报酬、保险、福利等涉及经济方面的劳动争议逐渐增多，标的额也不断增大。

随着改革开放的深入和经济的发展，劳动关系的类型也在发生变化，劳动争议也随之增多，对于劳动争议处理机制的探索和完善也在继续。2005 年，全国人大常委会法制工作委员会开始起草劳动争议调解仲裁法（草案），经过近两年的研究和修改，于 2007 年 12 月 29 日通过了《中华人民共和国劳动争议调解仲裁法》，并于 2008 年 5 月 1 日起正式实施。这部法律虽然在某些制度构建上有待完善，但它健全了劳动争议处理制度，其颁布进一步促进劳动争议纠纷的妥善解决，对发展和谐、稳定的劳动关系具有重要意义。

劳动争议调解仲裁法颁布时，正逢国际金融危机的影响，以及《中华人民共和国劳动合同法》的颁布实施，经过几年的实践运行，初步确立和显现了中国式的"行政主导、多方协作、调解优先、快捷处理"的劳动人事争议处理体制特点。劳动争议调解仲裁法总结了中国劳动争议处理的经验，吸收了国际经验，结合中国劳动关系的实际情况，对原"一调一裁两审"体制进行了一系列修改和完善，加大了对劳动者的保护力度，确保劳动争议处理的公平公正。确立了多元化调解模式，提升了调解的法律地位，强化了调解的法律效能；规定了劳动争议仲裁委员会不按行政区划层层设立，以优化办案资源；提高了劳动争议仲裁员任职条件，以提高仲裁的公信力，保证办案质量；扩大了受案范围，解决了许多新型劳动争议"投诉无门"的问题；延长了仲裁时效，规定了时效的中断和中止制度，对劳动者追索劳动报酬的时效作了特别规定，切实保护了劳动者的合法权益；缩短了仲裁办案的时间，体现了仲裁快捷处理的特点；规定了举证责任倒置制度，有利于劳动者的维权；规定了部分劳动争议案件实行有条件的"一裁终局"，并强化了执行效能，简化了劳动争议处理程序；规定了劳动争议仲裁不收费制度，为保护劳动者的权利提供了保障。

31. 职工带薪年休假制度

早在新中国成立之初，中国就开始实行了每年 12 天的职工带薪年休假制度，只是由于当时特殊的历史背景没能坚持执行下去。在改革开放之后，人们工作和生活的压力也随着市场经济的不断推进而加大，休假制度也越来越受到关注。

《中华人民共和国宪法》第三十三条规定："国家尊重和保障人权。"第四十三条规定："中华人民共和国劳动者有休息的权利。国家发展劳动者休息和休养的设施，规定职工的工作时间和休假制度。"

1991年6月15日中共中央、国务院发布了《关于职工休假问题的通知》，规定：各级党政机关、人民团体和企事业单位，可以根据自身的实际来安排职工的带薪休假。确定职工的休假天数时，要根据工作任务和各类人员的资历、岗位等不同情况有所区别，最多不得超过两周。各级党政机关、人民团体和事业单位职工休假的具体实施办法，由省、自治区、直辖市和各部门制定；企业职工休假，由企业根据具体条件和实际情况，参照该通知的精神自行确定。

1995年1月1日开始正式实施的《中华人民共和国劳动法》第四十五条规定：国家实行带薪休假制度，劳动者连续工作一年以上享受带薪休假。1995年8月4日劳动部颁发了《关于贯彻执行〈中华人民共和国劳动法〉若干问题的意见》的规定：在执行了新的工时制度之后，用人单位还要继续遵照之前的带薪年休假制度进行安排休假，因此一些少数的用人单位便根据党中央国务院在1991年6月15日颁布的《关于职工休假问题的通知》安排本企业职工的年休假。

2007年12月7日国务院通过了《职工带薪年休假条例》，规定连续工作1年以上的职工享受带薪年休假，假期因工龄的差异分为5天、10天和15天。人力资源和社会保障部于2008年9月18日发布了《企业职工带薪年休假实施办法》，该办法进一步明确和细化了《职工带薪年休假条例》中的若干内容。

32. 劳动关系协调员

劳动关系协调员，是指从事宣传和监督劳动保障法律实施、管理劳动合同、参与集体协商、促进劳资沟通、预防与处理劳动争议等协调劳动关系的专业工作人员。劳动关系协调员是用人单位和员工双方利益协调机制、诉求表达机制、矛盾调处机制、权益保障机制的最基层承担者。劳动关系协调工作责任重、专业性强，不仅要求从业人员具有认真负责的态度、客观公正的意识，更要具备劳动关系和劳动保障法律方面的专业知识以及娴熟的沟通与交流技能。

在2007年11月22日，劳动和社会保障部门公布了新的职业信息，其中包括劳动关系协调员，这是2004年以来，公布的十批106个新职业当中最新的一个职业之一。劳动关系协调员的主要工作内容是：劳动标准实施管理；管理劳动合同；参与集体协商与集体合同管理；进行劳动规章制度建设；开展劳资沟通和民主管理；协调处理员工申诉和劳动争议。

该职业共设三个等级，分别为劳动关系协调员（国家职业资格三级）、劳动关系协调师（国家职业资格二级）、高级劳动关系协调师（国家职业资格一级）。申报劳动关系协调员所需的基本文化程度为高中毕业。

33. 非全日制用工管理

由于经济产业结构调整的步伐加快，服务业大力发展，灵活就业的优越性也越来越发挥和体现出来。其中，非全日制用工由于突破了传统用工模式，适应了用人单位灵活用工和劳动者自主择业的需要，已成为促进就业的重要途径。

2003年5月30日，劳动和社会保障部颁布了《关于非全日制用工若干问题的意见》（以下简称《意见》），首次对非全日制用工有了比较详细的规定。对非全日制用工的劳动关系、社会保险、工资待遇、工作条件、劳动争议处理、劳动管理和服务等内容方面都做了较为细致的规定，对规范非全日制用工制度，促进其健康发展起到了良好的推动作用。《意见》对非全日制用工的概念界定采用了世界大多数国家和地区普遍采用的标准，即以小时为标准，在此基础上对非全日制用工在更大的范围内进行界定。《意见》规定：非全日制用工，以小时为计酬标准，劳动者在同一个用人单位的平均每日工作时间不得超过5小时，每周累计工作时间不得超过30个小时。从事非全日制工作的劳动者，可以与一个或一个以上用人单位建立劳动关系，即劳动者可以建立双重或多重劳动关系。同时规定，用人单位与非全日制劳动者建立劳动关系，应当订立劳动合同。劳动合同一般采取书面形式。劳动合同期限在一个月以下的，经双方协商同意，可以采用口头劳动合同的形式订立。但劳动者提出订立书面劳动合同的，应当以书面形式订立。

2008年1月1日起施行的《中华人民共和国劳动合同法》（以下简称《劳动合同法》）第五章第三节专门对非全日制用工进行了规制，这也是非全日制用工首次在法律层面上得以规制。其规定：非全日制用工，主要是以小时计酬为主，非全日制劳动者在同一用人单位平均每日工作时间一般不超过四小时，每周工作时间累计不超过二十四小时。可见，与《意见》相比，《劳动合同法》缩短了非全日制用工形式的工作时间，更加放松了对非全日制用工形式的要求，从某种意义上说，其更加鼓励了非全日制就业形式的发展，更适应现阶段我国就业压力大，劳动力供大于求的现实境地。

各个地方为了更好地规范非全日制用工行为，保护非全日制劳动者的合法权益，促进非全日制就业健康发展，都纷纷针对本地非全日制用工的实际情况，出台了一些地方性法规、行政规范性文件等。如2001年，上海市人大常委会颁布的《上海市劳动合同条例》第五章对非全日制劳动合同进行了专章规定；2003年，北京市劳动和社会保障局制定了《北京市非全日制就业管理若干问题的通知》；2003年，安徽省劳动和社会保障厅制定了《安徽省非全日制用工试行办法》；2003年，新疆维吾尔自治区劳动与社会保障厅制定了《新疆维吾尔自治区非全日制用工试行办法》；2007年深圳市劳动和社会保障局制定了《关于非全日制用工的若干规定》，等等。这些地方性法规和行政规范性文件都对非全日制用工作了专门的规定，以保障各地能够适应当地实际，因地制宜地发展。

34. 农民工简易劳动合同文本

为方便农民工在签署劳动合同的时候，能够简洁明了地理解相关的条款，更好地维护自己的权利，国务院农工办、人力资源和社会保障部为农民工量身定制了一个简易的劳动合同文本。

2008年年初，劳动保障部门在相关工作会议上就明确提出，要大幅提高农民工劳动合同签订率。对零散和小规模就业的农民工要改变过去投亲靠友、口头协议和家族式管理的用工方式，向规范的契约化合同式管理转变；要在流动性大、季节性强、签约时间短、工作时间弹性大的行业，制定和推广适合农民工的简易劳动合同文本；要广泛进行劳动合同法制宣传，严格开展督促检查，努力提高劳动合同签订率。

之后，各地探索公布了适合本地的农民工简易劳动合同文本。例如，广东省的建议劳动合同文本内容包括劳动合同期限、工作内容和工作地点、工作时间和休息休假、劳动报酬、社会保险和福利待遇、劳动保护、劳动条件和职业危害防护、合同的变更、合同的解除和终止等一共13个项目，字数达到了3278字；广西壮族自治区北海市《农民工劳动合同（简易文本）》只有11条，共4页，字数只有1385字。在具体的项目上，简易文本并没有详细罗列《劳动合同法》的相关规定，只是提出：甲乙双方应当按照《劳动合同法》的相关规定履行、变更、解除、终止本合同。符合《劳动合同法》有关规定情形的，甲方应当依法支付乙方经济补偿。此外，合同在"签约须知"中补充说明了试用期、最低工资的标准，以及双方在发生劳动争议时应该采取的措施，并明确指出：本劳动合同为简易文本，与标准劳动合同具有同等法律效力。

2009年3月6日，人力资源和社会保障部公布了《关于推荐使用简易劳动合同文本的通知》。该通知指出，为了稳步实施《中华人民共和国劳动合同法》和《中华人民共和国劳动合同法实施条例》，指导和帮助农民工等流动性较大的劳动者与用人单位签订劳动合同，进一步提高我国劳动合同签订率，这次有关部门印发了建筑业、制造业、餐饮业、采掘业、非全日制等五种类型《简易劳动合同（参考文本）》，供各级协调劳动关系各方面用人单位推荐使用。

35.劳动争议纠纷案件审判工作

针对劳动争议案件增多的情况，2009年7月6日，最高人民法院下发了《关于当前形势下做好劳动争议纠纷案件审判工作的指导意见》（以下简称《指导意见》），提出既要保障劳动者的合法权益，又要保证经济平稳较快发展；法院既要不折不扣地执行法律，又要充分考虑国家为应对国际金融危机出台的一系列方针政策，充分发挥法院审判工作服务大局、应对危机的作用。

据统计，2008年全国法院受理劳动争议案件28万余件，较2007年增长93.93%；2009年上半年受理近17万件，同比增长30%。从部分地域看，有的地区案件增长尤为明显。产生劳动争议案件快速增加的原因，一是受特定经济环境的影响。由于金融危机对中国经济的不利影响，全国许多企业和行业经营困难，持续亏损，一些企业停业、倒闭和破产，用人单位拖薪、欠薪现象普遍，携款逃匿事件时有发生，劳动者与用人单位之间因追索基本工资、加班费等劳动报酬产生的矛盾纠纷日渐突出，直接引发了劳动争议案件数量的激增。二是受两法颁布的影响。《中华人民共和国劳动合同法》与《中华人民共和国劳动争议调解仲裁法》相继颁行后，许多劳动者以此作为维护自身利益的利器，纷纷通过仲裁与诉讼方式解决矛盾。三是仲裁和诉讼的门槛大大降低。根据国务院颁布的《诉讼费用交纳办法》规定，劳动争议案件不论标的大小，均只收10元诉讼费，简易程序审理、调解结案的仅收5元；劳动仲裁则分文不收。

《指导意见》在具体内容上强调了对劳动者的保护，要求各级法院按照"尽快受理、适时调解、及时判决、优先执行"的原则处理因拖欠基本工资引发的劳动争议。该《指导意见》对企业也给予了照顾，规定各级法院要合理采取财产保全措施，对暂时资金周转困难、尚有经营发展前景的负债企业，采用"活扣"、"活封"等诉讼保全方式，慎用冻结、划拨流动资金等方法，不拍卖、变卖厂房设备。此外，《指导意见》还要求法院要建立与劳动争议仲裁委员会的沟通协调机制，及时交流劳动争议处理的新情况。《指导意见》特别强调：仲裁委员会确有正当理由未能在规定时限内作出受理决定或仲裁裁决，劳动者以此为由向法院起诉的，法院应当告知劳动者等待仲裁委员会的决定或裁决。

《指导意见》的出台，对于克服金融危机影响，保障农民权益，构建和谐社会具有重要意义。第一，有利于克服金融危机的影响。受金融危机的影响，中国经济出现放缓。公正高效地审理好劳动争议案件，可以使广大企业，尤其是受宏观经济形势影响较大、生产经营遇到困难的企业,尽早从矛盾纠纷中解脱出来,为实现"保增长、保民生、保稳定"的目标提供有力的司法保障。第二,有利于社会和谐。通过有效处理劳动争议,妥善协调劳动关系,及时化解用人单位与劳动者之间的矛盾,依法平等保护双方当事人的合法权益,对于促进人的全面发展,在全社会形成各尽所能、各得其所、和谐共处的社会关系具有积极意义。第三,有利于保护农民利益。通过妥善处理好工资拖欠、减员裁员等劳动争议纠纷案件,有利于保护广大农民工的切身利益,不断增加农民工收入。第四,有利于改善民生。审理好劳动争议案件,一方面,可以积极回应人民群众对于人民法院维护劳动者合法权益、改善与促进民生的新期待和新要求,切实做到以司法保障民生、以司法改善民生,以司法维护民生;另一方面,可以有效解决工资拖欠和就业稳定问题,不断增加职工收入,提高职工和群众的消费能力,进一步增强消费对经济增长的拉动力。

36. 非法用工单位伤亡人员一次性赔偿办法

在中国,非法用工现象屡禁不止。与该现象相伴生的是,非法用工单位劳动者高发的工伤事故和事故发生后的艰难索赔。早在 2003 年 4 月 27 日国务院公布的《工伤保险条例》和 2003 年 9 月 23 日劳动和社会保障部公布的《非法用工单位伤亡人员一次性赔偿办法》中,中国已对非法用工单位伤亡人员赔偿问题进行了较为详尽的规范。但是,由于制度设置的相对粗犷和救济模式不甚妥当,这些保护性规定实质上将非法用工单位人员伤亡事故置于工伤保险保障与民事侵权赔偿的夹缝之中,似乎两者都能向非法用工单位伤亡人员提供保障,似乎又都存在障碍。《工伤保险条例》授权劳动和社会保障部针对非法用工单位伤亡人员进行专门立法的方式,使得"非法用工单位"一词成为介于"用人单位"与"用工单位"之间的边缘概念。概念的边缘性使得学界对这类群体伤亡赔偿法律问题研究也呈现边缘化,鲜有学者问津。

2010 年 12 月 20 日,《国务院关于修改〈工伤保险条例〉的决定》对 2003 年国务院公布的《工伤保险条例》进行了重大修改。以此为背景和契机,人力资源和社会保障部于 2010 年 12 月 31 日公布了《非法用工单位伤亡人员一次性赔偿办法》,并废止了原劳动和社会保障部颁布的赔偿办法。

《非法用工单位伤亡人员一次性赔偿办法》相对于原劳动和社会保障部的规定,除了进行个别字句的改变外,最大的变化是增加了非法用工单位人员死亡赔偿的项目和数额。新的赔偿办法增加了丧葬补助金,提高了一次性赔偿计发的倍数,并将丧葬补助金和一次性死亡赔偿金计发基数由单位所在地工伤保险统筹地区上年度职工年平均工资,改为上一年度全国城镇居民人均可支配收入,增加了非法用工单位员工死亡能够获得的赔偿。

37. 煤矿领导带班下井及安全检查监督制度

2010年7月19日，国务院下发《关于进一步加强企业安全生产工作的通知》，强调企业主要负责人和领导班子成员要轮流现场带班。煤矿、非煤矿山要有矿领导带班并与工人同时下井、同时升井。发生事故而没有领导现场带班的，对企业给予规定上限的经济处罚，并依法从重追究企业主要负责人的责任。

9月7日，国家安全生产监督管理总局公布《煤矿领导带班下井及安全监督检查规定》（以下简称《规定》），《规定》第四部分的"法律责任"明确指出煤矿领导未按规定带班下井，处以15万元的罚款。对发生事故而没有煤矿领导带班下井的煤矿，依法责令停产整顿，暂扣或者吊销煤炭生产许可证和煤矿安全生产许可证，并处以最高500万元的罚款。对发生事故而没有煤矿领导带班下井的煤矿，对其主要负责人依法暂扣或者吊销其安全资格证和矿长资格证，并处以最高上年年收入80%的罚款。

38. 南海本田事件

2010年5月17日，位于广东省佛山市的本田汽车零部件制造有限公司（以下简称本田零部件公司）数百名员工因对工资和福利不满停工一天，据称由于日籍员工月薪与中国员工月薪差距甚大，而成为这次罢工的导火索。但是当日罢工仅仅持续了半天，而参与这次停工的主要是该厂核心生产部门变速箱组装科和轮轴科车间工人。

5月20日下午，本田汽车零部件制造有限公司高层与员工代表展开谈判，但未达成一致意见。

5月21日晚间七八时许，南海本田零部件公司的工人再次罢工。相对于5月17日的部分性罢工，本次罢工为全厂停工，在勤的四五百名工人全线罢工。工人称，这次的停工是由于工人听到"组装科"传出的"内幕消息"说公司已经到湛江等地大量招工，打算换掉17日参与罢工的所有工人。

5月22日，两名带头停工的工人遭本田辞退。据《每日经济新闻》报道，5月22日中午12时许，本田公司通过广播向所有员工公布两名带头停工的工人。随后得到公司的一份书面通知，"鉴于你有参与集体惰工……行为，以及无正当理由不服从公司命令的行为，违反了公司就业规则，现根据公司就业规则73条之规定予以辞退"。两人被辞退当日下午2时许，停工员工复工。

5月24日，本田零部件公司依据约定日期在下午3时左右通过广播答复将为每个工人提供120元至155元不等的伙食补贴。一位工人称原有伙食补贴为65元。但是对于厂方所给出的答复，工人们并不满意，罢工继续。

5月27日上午，佛山本田要求工人签署一份"不罢工承诺书"，要求员工答应"绝不领导、组织、参与怠工、停工、罢工"，否则公司有权处理。但员工拒绝签署，并表示会继续抗争。

5月28日，罢工继续进行。本田在中国的三家整车厂受到罢工事件影响，现已全部停工，当地政府已经介入协调。因本田汽车零部件公司的停产，本田在华的三家合资企业——本田汽车（中国）有限公司、广州本田和东风本田共四家工厂正面临每天2亿元以上的产值损失。

6月4日，劳资双方经谈判签署集体合同，以提高工人工资待遇。

6月27日，南海本田资方同意：为一线工人每月增加611元工资收入，比原先工资1921元增加了32%。

此次事件被认为是中国劳动关系转型过程中的标志性事件。随着我国改革开放的推进和社会主义市场经济的发展，外资企业、私营企业在数量和规模上不断发展，企业劳动关系日趋复杂多样，企业中各种矛盾的聚集给社会稳定带来巨大的考验，创建和谐的企业劳动关系必将成为工会组织长期的工作主题，成为工会维权工作的一条主线。

目前，中国一些非公有制企业工会由于责任意识不强，积极作为的主动性不够，在了解职工群众的实际困难、把握职工需求、反映职工合理诉求、化解矛盾等方面，往往停留在事后介入的被动状态。例如，工资集体协商遭遇瓶颈性困境，存在"四不"现象：企业不愿谈，怕影响利润；职工不敢谈，怕被资方解雇；职工对工资法规政策不熟悉，不会谈；工会组织不作为，不想谈。

在中国经济转轨、社会转型、社会矛盾多发的特殊历史时期，南海本田事件告诉人们，只要工会扮演好自己的角色，愿意有所作为，就能发挥作用，不辜负广大职工的信赖。从这个意义上讲，南海本田公司工会的敢于作为，更具有标杆意义。

39. 富士康跳楼事件

2010年1月23日至5月26日，在短短4个月的时间内，台湾鸿海精密工业股份有限公司在大陆投资兴办的富士康科技集团位于深圳市龙华园的厂区（以下简称深圳富士康）连续发生了13起职工跳楼或割腕自杀事件（以下简称"富士康事件"），造成了10死3重伤的悲惨后果，这一事件震惊国内外。此事件发生后，深圳富士康先后采取了一系列行动防止再次发生职工自杀事件，特别是两次宣布大幅加薪，调薪幅度超过66%。此外，各地人民政府及劳动行政主管部门先后采取了一系列有针对性的保护劳动者权益的行政干预措施，如深圳市人民政府6月11日宣布，从7月起深圳特区内外最低工资标准统一上调为1100元/月。

富士康事件凸显出中国现行劳动法中的劳动者权益保护机制存在的缺陷。

富士康事件暴露出的一个突出问题是，职工严重超时加班。《中华人民共和国劳动法》第四十一条规定："用人单位由于生产经营需要，经与工会和劳动者协商后可以延长工作时间，一般每日不超过一小时；因特殊原因需要延长工作时间的，在保障劳动者身体健康的条件下延长工作时间每日不得超过三小时，但是每月不得超过三十六小时。"《中华人民共和国劳动法》第九十条规定："用人单位违反本法规定，延长劳动者工作时间的，由劳动行政部门给予警告，责令改正，并可以处以罚款。"

有关资料显示，2009年，一名普通富士康员工的工资单为：底薪900元；正常工作21.75天，平时加班60.50小时，报酬469元；周六日加班75小时，报酬776元；工资总额2149.50元。当月收入的60%靠超时加班挣得，其加班时间比《中华人民共和国劳动法》规定的加班时间上限整整多出100小时。深圳市人力资源和社会保障局对5044名富士康职工的抽样调查也显示：72.5%的职工被安排超时加班，人均月超时加班28.01小时。

富士康事件暴露出的第二个问题是，生产线上机械性的重复劳动非常单调、繁重、密集，工休时间极少，生产和生活管理制度森严等，这些都有损于职工的身心健康。

富士康事件暴露出的第三个问题是，职工底薪过低。深圳富士康尽管工资底薪低，但并未涉嫌违法，它极为巧妙地刚好达到当时的法定最低工资标准。近年来，深圳富士康创造的销售纪录不断地被刷新，然而，其职工的工资水平却一直处于最低工资标准的边缘。

40. 劳动关系和谐温度计

中国先后发生了富士康员工跳楼、本田南海工厂罢工等事件，反映出一些企业劳动关系恶化，员工群体性事件多发，这些事件反映出，企业普遍缺乏劳动关系危机的预防及预警机制。20世纪90年代后期，经中国劳动关系学院和地方政府劳动部门的一些专家学者及实际工作者研究设计，提出了关于劳动关系和谐状况的评价指标体系，通俗地称其为"劳动关系和谐温度计"。这种劳动关系和谐状况评价预警系统的问世，有助于增强劳动关系风险预警能力。

这套预警系统在满意度测评的基础上，引入了敏感度和容忍度的概念，由此判断企业的劳动关系是处于"和谐区"、"安全区"、"敏感区"、"紧张区"，还是"危机区"。通过对劳动关系进行量化测评,了解劳动关系风险的积累过程,从而在矛盾集聚的过程中进行预防和化解,或是在矛盾激化前进行预警和控制。

"劳动关系和谐温度计"从劳方、资方和劳资关系全方位测量劳动关系各要素,具体指标包括劳动就业、薪酬待遇、工作条件及社会保险、企业效益及社会形象、内部关系及争议处理5个一级指标、16个二级指标、60多个三级指标以及更多的四、五级指标。除了少量的深度访谈外,它将重点放在了对所有员工的匿名问卷调查上,利用统计分析方法,用定量的手段,确保数字的真实性;侧重个体层面的逻辑判断和行为动机,进一步保证了测量方法和结果的科学性。

这套系统已经在一些企业进行了实际测评。在某企业中,测试表明有20%的员工对薪酬待遇"敏感",分析显示这部分员工多为月薪1000—3000元的非标准工时的合同制女员工,而且其行为反映并不激烈,很可能采取的行为是暗自抱怨和发牢骚。基于这一测量结果,企业可以识别不同员工的不同关注领域,制定相应对策,将劳动关系稳定在一个和谐或至少是安全的水平。

这套预警系统对于企业的价值在于,帮助其正确把握劳动关系动态和不同层次、不同程度的劳动关系问题,避免结构性、全局性、长时段的管理冲突乃至管理危机,化解劳动管理中制度性危机发生的风险,帮助企业提早预防劳动冲突。当然,"劳动关系和谐温度计"只是降低劳动关系风险的尝试之一,在现实中还可能面对种种不适应、不完善。但它至少迈出了企业、政府和社会三方共同增强劳动关系风险预警能力的第一步。

41. 劳动争议调解的"北仑经验"

宁波市北仑区是浙江省对外开放时间最早、程度最高、国家级开放功能区最为集中的区域。随着经济的快速发展,外来人口已超过本地人口,特别是"80后"新生代农民工占70%以上。随着劳动关系所处环境的变化,劳动争议进入集中显性爆发阶段。按照原来的调解处理模式,劳动保障、法院、信访、工会等部门都承担了一定的劳动争议调处工作。调处资源分散,存在多头申诉、相互牵制、相互推诿的现象,导致维权成本高,调处效率低,不仅影响到劳动者的维权,也干扰了企业的生产经营秩序。

2009年3月15日,由北仑区总工会牵头,联合区司法局、区劳动局成立了北仑区劳动争议联合调解中心,凡是涉及劳动合同、社会保险、福利待遇、职业病、工伤等方面的劳动纠纷,都可以找劳动争议联合调解中心调解。自此,劳动争议调处工作呈现劳动争议案件调解效率明显提高,劳动仲裁、劳动信访、群访事件明显下降的良好态势,被誉为"北仑经验"。

时任中共中央政治局委员、十一届全国人大常委会副委员长、中华全国总工会主席王兆国，时任浙江省委书记赵洪祝，宁波市委书记巴音朝鲁，宁波市委常委、北仑区委书记等多位国家和省市领导相继作出了批示，对北仑区建设社会化劳动争议调处机制的做法予以肯定。2010年7月26日上午，宁波市北仑区政协副主席、区总工会主席应邀到北京，列席中华全国总工会第十五届执行委员会第四次全体会议，并作了《适应劳动关系新变化构建劳动争议调解新机制》的专题发言，全面介绍北仑劳动争议联合调解机制的运作模式、运作成效等情况。

"北仑模式"的核心内容可以概括为"12345"运作模式，即"一个中心、两种机制、三项制度、四大职能、五类方法"。

一个中心，即劳动争议联合调解中心。区劳动争议联合调解中心由区总工会牵头，劳动和社会保障局、司法局、信访局、法院等部门共同参与。主任由区总工会维权部门负责人担任，主要工作人员由工会从各相关部门具有丰富调解经验的业务骨干中抽调，并聘请专职律师担任调解员，日常管理协调由区总工会负责。

两种机制，即劳动争议预警机制和联合调处机制。中心制定出台了《北仑区劳动关系预警机制实施办法（试行）》，建立健全企业劳动争议信息收集报送网络，明确各基层工会主席为企业劳动关系预警机制联系人，凡本单位出现劳动关系紧张或发生群体性争议苗头时，必须向上级工会报告，确保从源头掌控信息，提前发现隐患，及时介入协调。制订了劳动争议联合调解中心工作规范，明确调解原则、范围、程序及有关部门和街道（乡镇）工作职责，做到件件有记录、有跟踪，事事有回音、有结果，上下互动，联合调处。

三项制度，即裁前调解、两级值班和分级调解制度。"裁前调解"，即根据"调解自愿"原则，对进入仲裁的案件尽可能由中心裁前调解，促成妥善解决，缓解仲裁办案压力。"两级值班"，即调解员日常值班制、部门领导和法律顾问定期联合值班制。日常值班负责日常劳动争议咨询、申请、调查和处理。部门领导和法律顾问联合值班，由区总工会、劳动、司法行政三部门负责人与聘请法律顾问每周接待值班一天，并对一周内疑难争议"会诊"协调。"分级调解"，即建立区劳动争议联合调解中心与街道（乡镇）调解分中心和企业劳动争议调解组织工作联系制度，实行统筹协调，分级调解。

四大职能，即承担调解、指导、咨询、宣传四项职能。一是调解辖区内劳动关系矛盾，妥善、快速处理劳动争议。二是指导街道（乡镇）做好劳动争议调解，指导企业把握劳动关系矛盾的性质，正确处理劳动关系矛盾。三是为企业和职工提供法律法规和政策咨询。四是结合劳动争议调解，宣传劳动法律法规和有关政策，增强企业主承担社会责任的自觉性和劳动者依法维护自身权益的意识。

五类方法，即简易、一般、复杂、前期参与和指定等五种调解办法。简易调解，即对事实较为简单、涉及人数较少的争议，通过调解双方和解的，即结束调解并跟踪回访。一般调解，即对分歧不大，但需要调查取证的争议，经调解后制作调解协议书，并对履行情况跟踪回访。复杂争议调解，即对法律关系复杂、分歧较大、当事人较多、影响面较广的争议，迅速到现场调查，在查清事实的基础上，与有关部门联合调解解决。前期参与调解，即在劳动争议初露端倪时即会同街道（乡镇）和企业调解组织第一时间参与协调，做到早发现、早介入、早调处解决。指定调解，即为方便当事人，提高调解效率，对一般性争议，由区劳动争议联合调解中心按照就近就地原则，指定相关街道（乡镇）调解组织进行调解。

社会化劳动争议调处机制建立促进了北仑区劳动关系的改善，劳动争议工作呈现"一提高、三下降"的良好态势，即劳动争议调解成功率明显提高，劳动争议联合调解中心 2009 年 3 月 15 日成立到 6 月底，共接待职工 1928 批次，计 2957 人，立案调解 1382 件，调解成功 1228 件，调解成功率达 88.8%，涉及金额 633 万元；劳动争议仲裁、信访和法院受理案件明显下降，2009 年 3 月至 2010 年 6 月，劳动争议仲裁受理 1799 件，同比下降 50%；发生涉及劳动争议信访 65 批、478 人次，同比下降 70% 以上；群访人次大幅下降，法院受理劳动争议案件 342 件，同比下降 40%。

42. 企业民主管理规定

2012 年 2 月 13 日，中共中央纪委、中共中央组织部、国务院国资委、监察部、中华全国总工会、全国工商联等全国厂务公开协调小组成员单位联合下发了《企业民主管理规定》（以下简称《规定》）。这是 26 年来，中国首次以六部门共同颁布规章的形式全面规范以职工代表大会为基本形式的企业民主管理制度，并且打破了企业所有制界限，明确非公有制企业也应实行民主管理。

《规定》最大的突破在于明确了在社会主义市场经济条件下，所有的企业都要实行民主管理。这意味着非公有制企业建立职工代表大会、厂务公开制度，公司制企业设立职工董事、职工监事有了强有力的法律和政策支持保障，更多企业职工将能够规范有效地行使民主管理权利。

《规定》对职工代表大会的定性和定位问题作了界定。全国厂务公开协调小组办公室负责人表示，《规定》澄清了原有的两种极端认识，即可用其他职工参与企业管理方式取代职工代表大会，或者以企业民主管理替代行政管理。该负责人说，《规定》第一章第三条即明确"职工代表大会是职工行使民主管理权力的机构，是企业民主管理的基本形式"，这表明职工代表大会不是取代企业管理机构的正常管理，其他民主管理方式也不能替代职工代表大会作为企业民主管理的基本制度。

《规定》在对企业职工代表大会职权、组织和工作制度作出统一规范的同时,关照了不同性质、不同规模、不同治理结构企业的实际情况,对国有企业和国有控股企业,公司制企业,县级以下不具备单独建立职工代表大会制度条件的中小企业,集团企业建立职代会制度分别作出了规定,增强了企业实行民主管理的针对性和操作性。

针对企业用工形式多样化的实际,《规定》明确了"与企业签订劳动合同建立劳动关系以及与企业存在事实劳动关系的职工,有选举和被选举为职工代表大会代表的权利",解决了一些企业农民工、劳务派遣工等所谓"非正式职工"不能成为职工代表的问题,扩大了职工代表大会的代表性,有效地保障了普通职工参与企业管理的合法权益。

43. 企业劳动争议协商调解规定

2011年11月,人力资源和社会保障部发布《企业劳动争议协商调解规定》(以下简称《规定》)。该规定分为总则、协商、调解、附则四部分。主要有以下特点:

一是建立企业内部劳资双方沟通协商机制。人社部新发布的规定对企业构建和谐劳动关系、畅通劳动者利益诉求表达渠道、加强对劳动者的人文关怀提出明确要求。

二是着力解决争议处理中最为薄弱的协商问题。新规对劳动关系双方协商的原则、方式、参加人、时限及和解协议效力等作出明确规定。

三是切实加强企业劳动争议调解委员会建设。该规定明确,大中型企业应当依法设立劳动争议调解委员会,有分公司、分店、分厂的企业,可以根据需要在分支机构设立调解委员会。总部调解委员会指导分支机构调解委员会开展预防调解工作。同时,小微型企业可以设立调解委员会,也可以由劳动者和企业共同推举人员,开展调解工作。

四是建立预防在先的工作机制。调解委员会除了具有调解劳动争议,聘任、解聘和管理调解员的基本职责外,还具有"宣传劳动保障法律、法规和政策;参与协调履行劳动合同、集体合同、执行企业劳动规章制度等方面出现的问题;参与研究涉及劳动者切身利益的重大方案;协助企业建立劳动争议预防预警机制"等职责。

五是建立劳动争议调解协议的仲裁审查确认制度。新规定明确"双方当事人可以自调解协议生效之日起15日内共同向仲裁委员会提出仲裁审查申请。仲裁委员会受理后,应当对调解协议进行审查,并根据《劳动人事争议仲裁办案规则》第五十四条规定,对程序和内容合法有效的调解协议,出具调解书"。

六是充分发挥劳动关系三方原则的作用。人力资源和社会保障行政部门应当指导企业开展劳动争议预防调解工作,协调工会、企业代表组织建立企业重大集体性劳动争议应急调解协调机制，共同推动企业劳动争议预防调解工作。

44. 对外劳务合作管理条例

随着中国企业"走出去"规模的扩大，在境外的各类投资合作人员不断增加。截至2012年，中国已累计派出各类劳务人员609万人次，遍及全球160多个国家和地区。2012年，国务院发布《对外劳务合作管理条例》，并于8月1日正式施行，推动着中国对外劳务合作进入良性发展轨道，也意味着未来出国打工人员的安全和权益保障有法可依。

为了严格禁止各种形式的违法对外劳务经营活动，条例明确规定，未依法取得对外劳务合作经营资格并向工商行政管理部门办理登记，任何单位和个人不得从事对外劳务合作；任何单位和个人不得以商务、旅游、留学等名义组织劳务人员赴国外工作；对外劳务合作企业不得允许其他单位或者个人以本企业的名义组织劳务人员赴国外工作；对违法从事对外劳务经营活动的，任何单位和个人有权向商务、公安、工商行政管理等有关部门举报；国务院商务主管部门会同公安、工商行政管理等有关部门建立健全相关管理制度，防范和制止非法从事对外劳务经营活动的行为；对非法从事对外劳务经营活动的，依法予以取缔。

根据该条例的规定，劳务人员在国外实际享有的权益不符合合同约定的，对外劳务合作企业主要有三个层面的责任：一是有责任协助劳务人员维护合法权益，要求国外雇主履行约定义务、赔偿损失。二是劳务人员未得到应有赔偿的，有权要求对外劳务合作企业承担相应赔偿责任。也就是说，对外劳务合作企业协助劳务人员穷尽了合法的救济手段后，劳务人员仍然没有得到赔偿或者没有得到全部赔偿的，有权要求对外劳务合作企业承担相应赔偿责任。三是对外劳务合作企业不协助劳务人员向国外雇主要求赔偿的，劳务人员可以直接向对外劳务合作企业要求赔偿。此外，条例还规定，因对外劳务合作企业隐瞒有关信息或者提供虚假信息等原因，导致劳务人员在国外实际享有的权益不符合合同约定的，对外劳务合作企业应当承担赔偿责任。

45. 劳务派遣暂行规定

劳务派遣是指由劳务派遣机构与派遣劳动者订立劳动合同，是一种新的用人方式，可跨地区、跨行业进行。由实际用工单位向派遣劳动者给付劳动报酬。

中国劳务派遣用工最早出现于20世纪70年代末，主要是为了解决外国企业常驻中国代表机构的用人需求（外国企业常驻中国代表机构属于非法人机构，不能直接用工，一般都由经政府有关部门批准成立的专门机构,如外企人力资源服务公司,向其派遣中国雇员)。20世纪90年代末,为解决下岗职工再就业和农村富余劳动力有序就业,劳务派遣逐步发展起来,成为一种新的用工形式。

2007年,中国颁发的《中华人民共和国劳动合同法》规定了劳务派遣制度。短短几年时间,这一用工形式就在中国各地快速发展。但是,长期以来,我国劳务派遣市场不够规范,乱象丛生。由于门槛太低,一些原本不具有资质的企业进入劳务派遣市场浑水摸鱼不规范经营,扰乱劳务派遣的正常市场秩序;在部分行业和地区,本该是补充用工形式的劳务派遣却成为主要的用工形式,打压用工成本、规避法律责任的问题颇为突出。劳务派遣存在的问题主要包括:部分用工单位超范围使用临时工、部分劳务派遣单位不与临时工签订劳动合同、不依法缴纳社会保险费、临时工与正式工同工不同酬等。而按照以前的法律规定,用工单位在打"擦边球",劳动监察部门很难处理。而按照新修订的劳动合同法则属于应当查处的违法行为。

在上述背景下,2013年12月20日,人力资源和社会保障部第21次部务会审议通过《劳务派遣暂行规定》(以下简称《规定》),自2014年3月1日起施行。

《规定》明确,用工单位应当严格控制劳务派遣用工数量,使用的被派遣劳动者数量不得超过其用工总量的10%。用工单位在规定施行前使用被派遣劳动者数量超过其用工总量10%的,应当制定调整用工方案,于规定施行之日起两年内降至规定比例。用工单位未将规定施行前使用的被派遣劳动者数量降至符合规定比例之前,不得新用被派遣劳动者。

《规定》明确,用工单位应向被派遣劳动者提供与工作岗位相关的福利待遇,不得歧视被派遣劳动者。劳务派遣单位跨地区派遣劳动者的,应当在用工单位所在地为被派遣劳动者参加社会保险,按照用工单位所在地的规定缴纳社会保险费,被派遣劳动者按照国家规定享受社会保险待遇。

劳务派遣单位未在用工单位所在地设立分支机构的,由用工单位代劳务派遣单位为被派遣劳动者办理参保手续,缴纳社会保险费。

《规定》还明确,被派遣劳动者在用工单位因工作遭受事故伤害的,劳务派遣单位应当依法申请工伤认定,用工单位应当协助工伤认定的调查核实工作。劳务派遣单位承担工伤保险责任,但可以与用工单位约定补偿办法。

46. 工伤职工劳动能力鉴定管理办法

劳动能力鉴定是中国社会保险中的一项重要制度。完善劳动能力鉴定制度,公正、准确地实施劳动能力鉴定是工伤职工享受正当的伤残等待遇的前提,也是完善我国基本养老等社会保险制度的必然要求，对化解和协调与人身损害有关的劳动争议、民事损害赔偿争议具有重要意义。

随着参加工伤保险职工人数的增加，劳动能力鉴定工作的重要性日益显现。各地在劳动能力鉴定实践中积累了一些好做法，但也存在鉴定程序不规范、管理相对粗放等问题，劳动能力鉴定工作的相关规定有必要进一步细化。在这样的背景下，2014年2月，人力资源和社会保障部、国家卫生计生委出台了《工伤职工劳动能力鉴定管理办法》（以下简称《办法》），对工伤职工劳动能力鉴定的程序、便捷服务和保障公平公正等做了规范。

公平公正是劳动能力鉴定的生命线。为了保证劳动能力鉴定的公平公正，《办法》明确了四条规定。一是要求公开相关制度。劳动能力鉴定相关政策、工作制度和业务流程应当向社会公开。二是明确专家选择办法。劳动能力鉴定委员会应当视伤情程度从医疗卫生专家库中随机抽取3名或者5名与工伤职工伤情相关科别的专家组成专家组进行鉴定。三是确定了回避制度。劳动能力鉴定委员会组成人员、劳动能力鉴定工作人员以及参加鉴定的专家与当事人有利害关系的，应当回避。四是对违规机构和人员明确了具体处罚措施。

为了给工伤职工提供方便快捷的服务，《办法》明确规定，工作人员要告知申请人补正材料及作出鉴定结论的时限。劳动能力鉴定委员会收到劳动能力鉴定申请后，应当及时审核申请人提交的材料。申请人提供材料不完整的，应当在5个工作日内一次性书面告知申请人需要补正的全部材料。申请人提供材料完整的，劳动能力鉴定委员会应当自收到劳动能力鉴定申请后及时组织鉴定，并在60日内作出劳动能力鉴定结论。伤情复杂、涉及医疗卫生专业较多的，作出劳动能力鉴定结论的期限可以延长30日。对行动不便的工伤职工，劳动能力鉴定委员会可以组织专家上门进行劳动能力鉴定。

工伤患者进行劳动能力鉴定的程序。按照《办法》，工伤患者受伤后，首先要及时申请。职工发生工伤，经治疗伤情相对稳定后存在残疾、影响劳动能力的，或者停工留薪期满，工伤职工或者其用人单位应当及时向设区的市级劳动能力鉴定委员会提出劳动能力鉴定申请。其次，工伤患者要向劳动能力鉴定部门提供全面准确的材料，包括工伤认定决定书原件和复印件；有效的诊断证明、按照医疗机构病历管理有关规定复印或者复制的检查、检验报告等完整病历材料；工伤职工的居民身份证或者社会保障卡等其他有效身份证明原件和复印件；劳动能力鉴定委员会规定的其他材料。再次，工伤患者按时参加现场鉴定。工伤职工应当按照通知的时间、地点参加现场鉴定。工伤职工无正当理由不参加现场鉴定的，或者拒不参加劳动能力鉴定委员会安排的检查和诊断的，当次鉴定终止。

47. 推进实施集体合同制度攻坚计划

2014年4月14日，人力资源社会保障部、全国总工会、中国企业联合会、全国工商联合会等部门联合下发《关于推进实施集体合同制度攻坚计划的通知》（以下简称《通知》），明确提出2014年至2016年，在全国范围内推进实施集体合同制度攻坚计划，确保2015年末集体合同签订率达到80%，2016年继续巩固和提高。

此次攻坚计划将不断扩大集体协商和集体合同覆盖范围，着力提升协商质量和合同实效，逐步形成规范有效的集体协商机制为目标。攻坚计划以非公有制企业为重点对象，积极推进工资集体协商，并引导女职工较多和职业危害较大的企业开展专项协商。同时，强调针对不同企业生产经营情况实施分类指导，做到因企制宜、分企施策。

攻坚计划将行业集体协商作为深入推进集体合同制度建设的重点形式和主攻方向。在县级以下区域内大力推进建筑业、采矿业、餐饮服务业、服装制造业等劳动密集型行业开展集体协商，并逐步向知识密集型产业、新兴产业扩展。同时，具备条件的地区，继续稳妥探索在县级以上区域内开展行业集体协商。

48. 构建和谐劳动关系

2015年3月21日，中共中央、国务院颁布《关于构建和谐劳动关系的意见》（以下简称《意见》）。《意见》对构建和谐劳动关系的指导思想、工作原则和目标任务作了清晰论述，并着重对依法保障职工基本权益、健全劳动关系协调机制、加强企业民主管理制度建设、健全劳动关系矛盾调处机制、营造构建和谐劳动关系的良好环境及加强组织领导和统筹协调作出全面部署。文件的出台，标志着"中国特色和谐劳动关系"治理模式正式形成。

《意见》提出，各级党委和政府要从夺取中国特色社会主义新胜利的全局和战略高度，深刻认识构建和谐劳动关系的重大意义，切实增强责任感和使命感，把构建和谐劳动关系作为一项紧迫任务，摆在更加突出的位置，采取有力措施抓实抓好。

根据《意见》制定的工作目标，要建立规范有序、公正合理、互利共赢、和谐稳定的劳动关系。其一，在宏观层面创新劳动关系三方协调机制。《意见》强调，"加强和创新三方机制组织建设，建立健全协调劳动关系三方委员会"，特别是提出"由同级政府领导担任委员会主任"，成为三方机制的一大创新。《意见》还明确，"依托三方机制完善协调处理集体协商争议的办法，有效调处因签订集体合同争议和集体停工事件"，这也是三方机制建设的重要进展。其二，在中微观层面加强区域和行业工资集体协商制度建设。《意见》

提出,"以非公有制企业为重点对象,依法推进工资集体协商,不断扩大覆盖面、增强实效性,形成反映人力资源市场供求关系和企业经济效益的工资决定机制和正常增长机制"。这是中央对于工资集体协商制度建设的重大部署。

中国特色和谐劳动关系形成过程。对中国劳动关系治理模式的探讨,源于新世纪以来中华全国总工会对中国特色社会主义工会发展道路的探索。

2004年12月召开的中华全国总工会十四届二次执委会,确定了"组织起来、切实维权"的工作方针。2005年7月,全总十四届执委会六次主席团会议通过了《关于坚持走中国特色社会主义工会发展道路的决议》。在这期间,中华全国总工会对"中国特色社会主义新型劳动关系"作了专题研究。

中华全国总工会认为这种劳动关系治理模式既不同于任何类型的资本主义劳动关系,也不同于我国计划经济时期的劳动关系,是一种在国家、社会、企业和劳动者根本利益一致基础上,通过市场调节与国家干预相结合,化解利益冲突和促进社会公正的稳定协调型劳动关系。

劳动关系调整模式亦得到党中央的关注。2006年10月,党的十六届六中全会通过《关于构建社会主义和谐社会若干重大问题的决定》首次提出"发展和谐劳动关系",并将其作为推进以改善民生为重点的社会建设、构建和谐社会的重要任务。此后,我国劳动立法密集出台,仅2008年实施的就有《中华人民共和国劳动合同法》、《中华人民共和国就业促进法》和《中华人民共和国劳动争议调解仲裁法》。

2010年夏,中华全国总工会十五届四次执委会提出"两个普遍",即在三年内,在全国企业中普遍组建工会,在已建工会的企业中普遍建立工资集体协商制度。

2011年8月,全国构建和谐劳动关系先进表彰暨经验交流会在北京举行。这次会议是改革开放以来第一次全国性研究部署构建和谐劳动关系的工作会议。时任中央政治局常委、国家副主席习近平发表重要讲话时指出,各级党委和政府要进一步提高认识、强化责任,把构建和谐劳动关系作为一项重要而紧迫的政治任务抓实抓好。

2012年,党的十八大明确提出构建和谐劳动关系。2013年党的十八届三中全会的相关论述也为中国特色和谐劳动关系理论的形成提供了指导原则。随着《意见》的出台,中国特色和谐劳动关系的理论内涵和制度实践愈加清晰。

本章撰写负责人:刘浩
成员:李实、万海远、熊亮

第五章

基本公共服务与社会事业

当/代/中/国/社会大事典（1978—2015）

一、基本公共服务体系建设

1. 中国共产党第十七届中央委员会第五次全体会议

2010年10月15日至18日，中国共产党第十七届中央委员会第五次全体会议召开，会议审议通过了《中共中央关于制定国民经济和社会发展第十二个五年规划的建议》，第一次提出了建设基本公共服务体系。全会针对基本公共服务体系建设提出了建议。

一、促进就业和构建和谐劳动关系。实施更加积极的就业政策，大力发展劳动密集型产业、服务业和小型微型企业，多渠道开发就业岗位，鼓励自主创业，促进充分就业。健全统一规范灵活的人力资源市场，为劳动者提供优质高效的就业服务。加强职业培训和择业观念教育，提高劳动者就业能力，把解决高校毕业生、农村转移劳动力、城镇就业困难人员就业问题作为工作重点。做好退役军人就业工作。加强劳动执法，完善劳动争议处理机制，改善劳动条件，保障劳动者权益。发挥政府、工会和企业作用，努力形成企业和职工利益共享机制，建立和谐劳动关系。

二、合理调整收入分配关系。坚持和完善按劳分配为主体、多种分配方式并存的分配制度。初次分配和再分配都要处理好效率和公平的关系，再分配更加注重公平。努力提高居民收入在国民收入分配中的比重，提高劳动报酬在初次分配中的比重。创造条件增加居民财产性收入。健全扩大就业增加劳动收入的发展环境和制度条件，促进机会公平。逐步提高最低工资标准，保障职工工资正常增长和支付。规范分配秩序，加强税收对收入分配的调节作用，有效调节过高收入，努力扭转城乡、区域、行业和社会成员之间收入差距扩大趋势。完善公务员工资制度，深化事业单位收入分配制度改革。

三、健全覆盖城乡居民的社会保障体系。坚持广覆盖、保基本、多层次、可持续方针，加快推进覆盖城乡居民的社会保障体系建设。实现新型农村社会养老保险制度全覆盖，完善实施城镇职工和居民养老保险制度，实现基础养老金全国统筹。推动机关事业单位养老保险制度改革。进一步做实养老保险个人账户，实现跨省可接续。扩大社会保障覆盖范围，逐步提高保障标准。发展企业年金和职业年金。发挥商业保险补充性作用。实现城乡社会救助全覆盖。积极稳妥推进养老基金投资运营。大力发展慈善事业。加强社会保障信息网络建设，推进社会保障卡应用，实现精确管理。

四、加快医疗卫生事业改革发展。按照保基本、强基层、建机制的要求，增加财政投入，深化医药卫生体制改革，调动医务人员积极性，把基本医疗卫生制度作为公共产品向全民提供，优先满足群众基本医疗卫生需求。加强公共卫生服务体系建设，扩大国家基本公共卫生服务项目。健全覆盖城乡居民的基本医疗保障体系，逐步提高保障标准。建立和完善以国家基本药物制度为基础的药品供应保障体系，确保药品质量和安全，加强城乡医疗卫生服务体系建设，新增医疗卫生资源重点向农村和城市社区倾斜，加强医学人才特别是全科医生培养，完善鼓励全科医生长期在基层服务政策。积极稳妥推进公立医院改革，探索形成各类城市医院和基层医疗机构合理分工和协作格局。坚持中西医并重，支持中医药事业发展。积极防治重大传染病、慢性病、职业病、地方病和精神疾病。鼓励社会资本以多种形式举办医疗机构，促进有序竞争，加强监管，提高服务质量和效率，满足群众多样化医疗卫生需求。

五、全面做好人口工作。坚持计划生育基本国策，逐步完善政策，促进人口长期均衡发展。提高生殖健康水平，改善出生人口素质，遏制出生人口性别比偏高趋势。坚持男女平等，切实保障妇女合法权益，加强未成年人保护，发展妇女儿童事业。积极应对人口老龄化，注重发挥家庭和社区功能，优先发展社会养老服务，培育壮大老龄服务事业和产业。支持残疾人事业发展，健全残疾人服务体系。

六、加强和创新社会管理。按照健全党委领导、政府负责、社会协同、公众参与的社会管理格局的要求，加强社会管理法律、体制、能力建设。完善法律法规和政策，健全基层管理和服务体系，加强和改进基层党组织工作，发挥群众组织和社会组织作用，提高城乡社区自治和服务功能，形成社会管理和服务合力。健全党和政府主导的维护群众权益机制，完善人民调解、行政调解、司法调解联动的工作体系，整合各方面力量，建立调处化解矛盾纠纷综合平台。畅通和规范群众诉求表达、利益协调、权益保障渠道，建立重大工程项目建设和重大政策制定的社会稳定风险评估机制，正确处理人民内部矛盾，把各种不稳定因素化解在基层和萌芽状态。加大公共安全投入，加强安全生产，健全对事故灾难、公共卫生事件、食品安全事件、社会安全事件的预防预警和应急处置体系。做好流动人口服务管理，加强特殊人群帮教管理和服务工作，加大社会管理薄弱环节整治力度。完善社会治安防控体系，加强城乡社区警务、群防群治等基层基础建设，加强政法队伍建设，严格公正廉洁执法,增强公共安全和社会治安保障能力,加强重点地区社会治安综合治理。严密防范、依法打击各种违法犯罪活动,切实保障人民生命财产安全。

党的十七届五中全会的召开,把建设基本公共服务体系提上日程,对于保障和改善民生,切实保障人民群众的根本利益,转变经济发展方式,建设服务型政府和实现社会和谐具有重要的现实意义。会议审议通过的《中共中央关于制定国民经济和社会发展第十二个五年规划的建议》对建设基本公共服务体系作出了整体部署,我国的基本公共服务体系建设开始全面展开。

2. 国家基本公共服务体系"十二五"规划

基本公共服务是建立在一定社会共识基础上,根据一国经济社会发展阶段和总体水平,为维持本国经济社会的稳定、基本的社会正义和凝聚力,保护个人最基本的生存权和发展权,为实现人的全面发展所需要的基本社会条件。党的十七届五中全会明确提出,逐步完善符合国情、比较完整、覆盖城乡的可持续的基本公共服务体系,提高政府的保障能力,推进基本公共服务均等化。国家"十二五"规划纲要也进一步明确了,把基本公共服务制度作为公共产品向全民提供的重大政策导向。

为此,2012年7月11日,国务院印发《国家基本公共服务体系"十二五"规划》(以下简称《规划》),对我国的基本公共服务体系建设进行整体部署。《规划》是"十二五"乃至更长一段时期我国构建基本公共服务体系的综合性、基础性和指导性文件,是政府履行基本公共服务职责的重要依据。

《规划》包括序言和正文共十五章四十二节,主要阐述了以下内容:一、明确"十二五"时期基本公共服务的范围和项目。在基本公共教育、劳动就业服务、社会保险、基本社会服务、基本医疗卫生、人口和计划生育、基本住房保障、公共文化体育及残疾人基本公共服务领域,确定了44类80个基本公共服务项目,如公共教育领域的义务教育免费、寄宿生生活补助、农村义务教育学生营养改善等。二、按照服务对象、保障标准、支出责任、覆盖水平等四个方面,提出了每一项基本公共服务的国家基本标准,旨在体现公民权利、政府责任和基本公共服务工作目标,以明确基本公共服务在国家层面的管理和技术规范。所有标准的内容均依据现行法律法规和有关政策提出。三、实施一批保障工程,如义务教育学校标准化建设工程、公共卫生服务体系建设工程等,改善各领域基本公共服务基础设施条件,健全服务网络。四、要逐步建立城乡一体化的基本公共服务制度,健全促进区域基本公共服务均等化的体制机制,加大公共资源向农村、贫困地区和社会弱势群体倾斜力度,把更多的财力、物力投向基层,缩小基本公共服务水平差距,促进资源均衡配置、发展机会均等。五、建立与经济发展和政府财力增长相适应的基本公共服务财政支出增长机制，明确政府间事权和支出责任，完善转移支付制度，健全财力保障机制，切实增强各级财政特别是县级财政提供基本公共服务的保障能力。六、加快建立政府主导、社会参与、公办民办并举的基本公共服务供给模式。在坚持政府负责的前提下，充分发挥市场机制作用，鼓励社会力量参与，推动基本公共服务提供主体和提供方式多元化。七、切实加强组织领导和统筹协调，建立健全规划实施机制，明确各地区、各部门责任分工，加强评估、监督和问责。

《规划》是贯彻落实党的十七届五中全会"十二五"规划建议和国家"十二五"规划纲要针对我国基本公共服务建设而制定的总体规划。《规划》的出台象征着我国的基本公共服务体系建设步上新台阶，对于构建社会主义和谐社会、维护社会公平与正义、建设服务型政府具有重要的意义。

3. 促进基本公共卫生服务逐步均等化

为了进一步深化医药卫生体制改革，促进基本公共服务均等化，2009年7月7日，卫生部、财政部、国家人口和计划生育委员会根据《中共中央、国务院关于深化医药卫生体制改革的意见》和《国务院关于印发医药卫生体制改革近期重点实施方案（2009—2011年）的通知》，发布了《关于促进基本公共卫生服务逐步均等化的意见》（以下简称《意见》）。

《意见》提出了促进基本公共卫生服务均等化的工作目标。到2011年，国家基本公共卫生服务项目得到普及，城乡和地区间公共卫生服务差距明显缩小。到2020年，基本公共卫生服务逐步均等化的机制基本完善，重大疾病和主要健康危险因素得到有效控制，城乡居民健康水平得到进一步提高。

《意见》提出了促进基本公共卫生服务均等化的主要任务。一、制定和实施基本公共卫生服务项目。国家根据经济社会发展状况、主要公共卫生问题和干预措施效果，确定国家基本公共卫生服务项目。现阶段，国家基本公共卫生服务项目主要包括：建立居民健康档案，健康教育，预防接种，传染病防治，高血压、糖尿病等慢性病和重性精神疾病管理，儿童保健，孕产妇保健，老年人保健等。二、实施重大公共卫生服务项目。国家和各地区针对主要传染病、慢性病、地方病、职业病等重大疾病和严重威胁妇女、儿童等重点人群的健康问题以及突发公共卫生事件预防和处置需要，制定和实施重大公共卫生服务项目，并适时充实调整。三、提高服务能力。大力培养公共卫生技术人才和管理人才，在农村卫生人员和全科医师、社区护士培训中强化公共卫生知识和技能，提高公共卫生服务能力。转变公共卫生服务模式，城乡基层医疗卫生机构要深入家庭，全面掌握辖区及居民主要健康问题,主动采取有效的干预措施,做到基本公共卫生服务与医疗服务有机结合。四、规范管理。完善基本公共卫生服务规范。在研究制定和推广基本公共卫生服务项目规范中,要积极应用中医药预防保健技术和方法,充分发挥中医药在公共卫生服务中的作用。完善重大公共卫生服务项目管理制度,整合现有重大公共卫生服务项目,统筹考虑,突出重点,中西医并重。建立重大公共卫生服务项目专家论证机制,实行动态管理。五、转变运行机制。进一步深化专业公共卫生机构和城乡基层医疗卫生机构人事管理和分配制度改革。形成促进工作任务落实的有效激励机制,充分调动工作人员的积极性和主动性。

《意见》提出了促进基本公共卫生服务均等化的保障措施。一、加强公共卫生服务体系建设。基本公共卫生服务项目主要通过城市社区卫生服务中心(站)、乡镇卫生院、村卫生室等城乡基层医疗卫生机构免费为全体居民提供。优化公共卫生资源配置,完善以基层医疗卫生服务网络为基础的医疗服务体系的公共卫生服务功能。加强专业公共卫生机构和医院对城乡基层医疗卫生机构的业务指导。二、健全公共卫生经费保障机制。各级政府要根据实现基本公共卫生服务逐步均等化的目标,完善政府对公共卫生的投入机制,逐步增加公共卫生投入。专业公共卫生机构人员经费、发展建设经费、公用经费和业务经费由政府预算全额安排。公立医院承担规定的公共卫生服务,政府给予专项补助。三、强化绩效考核。各级卫生、人口和计划生育行政部门要会同有关部门建立健全基本公共卫生服务绩效考核制度,完善考核评价体系和方法,要充分发挥考核结果在激励、监督和资金安排等方面的作用。

《意见》发布以后,各地根据自身实际制定了相应的实施办法。《意见》和各地实施办法的出台使基本公共卫生服务均等化工作在全国范围内得到普遍开展,对于提高公共卫生服务和突发公共卫生事件应急处置能力,实现基本公共服务均等化,深化医药卫生体制改革具有重要的意义。

4. 义务教育学校标准化建设

长期以来,中国的义务教育学校存在着城乡之间、区域之间的差异。义务教育学校标准化是推动城乡、区域间教育均衡,实现教育公平的重要措施。

中国的义务教育学校标准化最早是针对农村地区中小学校办学条件差、生活用房缺口大、多人一铺、校外住宿等问题提出的。1996年,为加强农村中小学校项目决策和建设的科学管理,提高学校建筑规划设计和建设水平,促进农村教育事业的发展,国家教育委员会负责编制了《农村普通中小学校建设标准(试行)》(以下简称《标准(试行)》),并于1997年6月1日起试行。《标准(试行)》对农村普通中小学校建设规模与项目构成,学校布局、选址与校园规划,校舍建筑面积指标,校园规划建设用地指标,学校建筑标准作出了规定。2008年12月1日,修订版《农村普通中小学校建设标准》(以下简称《标准》)施行,原《标准(试行)》同时废止。《标准》相较《标准(试行)》突出了校舍安全的重要性、增设调整了部分专用教室以及寄宿制学校用房、适度增加了部分用房以及建设用地的面积、修改了卫生方面的要求,成为目前有关农村普通中小学办学条件的最重要的规范文件和参考标准。

2010年7月8日,中共中央、国务院印发《国家中长期教育改革和发展规划纲要(2010—2020年)》(以下简称《教育规划纲要》),提出了2010—2012年实施包括义务教育学校标准化建设工程在内的十大项目。根据《教育规划纲要》对义务教育学校标准化建设经费保障机制、中小学校舍安全工程、小学和初中薄弱学校改造、劳务输出大省和特殊困难地区农村学校寄宿设施改扩建的部署,中国开始启动实施义务教育学校标准化建设项目。2012年6月14日,教育部下发《国家教育事业发展第十二个五年规划》,提出制订各地区义务教育学校标准化建设的实施规划的要求。重点支持革命老区、边境地区、民族地区、集中连片贫困地区和留守儿童较多地区的义务教育学校标准化建设。

2014年12月,教育部确定安徽省合肥市、江西省赣州市、甘肃省兰州市为加强义务教育学校标准化建设提升学校品质项目试点地区,试点期限为2014年12月20日至2016年12月20日。

义务教育学校标准化建设的目的主要是通过完善义务教育长效机制,实施薄弱学校改造计划、初中工程等项目,缩小中西部地区城乡、区域间义务教育学校建设的差距。《教育规划纲要》颁布以来,各省各地区积极探索了符合本地区实际情况的义务教育学校标准化建设方案,取得了一定的效果。但建设过程中仍然存在标准建设城乡二元分立倾向,标准具体落实成效不高,义务教育财政投入不均衡等问题。这些问题严重制约了义务教育学校标准化的进一步发展。

5. 全面改善贫困地区义务教育薄弱学校基本办学条件

改善贫困地区义务教育薄弱学校的办学条件是实现教育资源均衡配置、促进教育公平的重要措施。

2006年修订的《中华人民共和国义务教育法》首次明确规定"国务院和县级以上地方人民政府应当合理配置教育资源,促进义务教育均衡发展"。2010年7月8日,中共中央、国务院印发的《国家中长期教育改革和发展规划纲要(2010—2020年)》提出了"加快义务教育薄弱学校改造,到2020年基本实现区域内义务教育均衡发展"的要求。党的十八大和十八届三中全会明确提出要大力促进教育公平，统筹城乡义务教育资源均衡配置，重点向农村、边远、贫困、民族地区倾斜，切实缩小区域、城乡、校际差距。

为了改善农村地区义务教育学校的办学条件，保障农村孩子享有同等义务教育权利，我国自2010年实施了农村义务教育薄弱学校改造计划、农村初中改造工程等一系列教育重大工程项目，改善了农村义务教育学校办学条件。但是，集中连片特困地区、国家扶贫开发工作重点地区、民族地区和边境地区经济社会发展相对滞后，办学成本较高，教学条件较差，仍然是中国义务教育事业发展的薄弱环节，需要国家以及各级政府进一步加大支持力度。

2013年12月31日，为全面落实《国家中长期教育改革和发展规划纲要（2010—2020年）》，统筹城乡义务教育资源均衡配置，促进基本公共教育服务均等化，教育部、发展改革委、财政部联合发布了《关于全面改善贫困地区义务教育薄弱学校基本办学条件的意见》（以下简称《意见》）。《意见》主要包括两方面的内容：一是提出了改善贫困地区义务教育薄弱学校办学条件的范围和主要目标。范围以中西部农村贫困地区为主，兼顾东部部分困难地区；以集中连片特困地区为主，兼顾其他国家扶贫开发工作重点地区、民族地区、边境地区等贫困地区。目标是经过3—5年的努力，使贫困地区农村义务教育学校教学设施满足基本教学需要；学校生活设施满足基本生活需要；留守儿童学习和寄宿需要得到基本满足，村小学和教学点能够正常运转；县镇超大班额现象基本消除；教师配置趋于合理，数量、素质和结构基本适应教育教学需要；小学辍学率努力控制在0.6%以下，初中辍学率努力控制在1.8%以下。二是提出了改善贫困地区义务教育薄弱学校基本办学条件的重点任务，即保障基本教学条件、改善学校生活设施、办好必要的教学点、妥善解决县镇学校大班额问题、推进农村学校教育信息化、提高教师队伍素质。

2014年7月18日，为进一步加强对各地全面改善贫困地区义务教育薄弱学校基本办学条件工作指导，面向贫困地区，聚焦薄弱学校，确保实现"保基本、补短板"工作目标，教育部办公厅、发展改革委办公厅、财政部办公厅联合印发了《全面改善贫困地区义务教育薄弱学校基本办学条件底线要求》（以下简称《要求》）。《要求》提出了全面改善贫困地区义务教育薄弱学校基本办学条件的20个底线，涵盖了校舍建设标准，教室、宿舍设施配备，体育活动场地和设施设备，供餐、开水设施，厕所、淋浴设施，消防、报警装置，班额设置等方面。

《意见》和《要求》的颁布，是贯彻落实党的十八大和十八届三中全会精神，切实改变贫困地区义务教育面貌的具体体现，对于全面改善贫困地区薄弱学校基本办学条件，推进义务教育学校标准化建设具有十分重要的现实意义。《意见》和《要求》的实施，既是不让贫困家庭孩子输在成长"起点"，守住"保基本"民生底线、推进教育公平和社会公正的有力措施,也是增强贫困地区发展后劲、缩小城乡和区域差距、推动义务教育均衡发展的有效途径,关乎国家长远发展,有利于增进民族团结、维护和谐稳定、促进共同繁荣。

6. 重点城市义务教育免试就近入学

义务教育是一种由国家强制实行的、为了保障每一个适龄儿童少年都能接受教育保障性的基本公共服务。就近入学内在蕴含着义务教育赋予儿童平等的受教育的权利,确保教育的公平原则。义务教育免试就近入学工作关系千家万户,备受人民群众关注。长期以来,由于优质教育资源分布不均衡,群众需求多元,调整需要时间,中国不同程度存在着义务教育择校问题,影响了社会对基本公共教育服务的满意程度,不利于和谐稳定。

早在1986年,中国颁布的第一部《中华人民共和国义务教育法》(以下简称《义务教育法》)就明确规定:"地方各级人民政府适当设置小学、初级中等学校,使儿童、少年就近入学。"成为首部对"就近入学"进行规定的法律。2001年5月,国务院颁布了《关于基础教育改革与发展的决定》,要求地方政府"因地制宜调整农村义务教育学校布局","按照小学就近入学、初中相对集中、优化教育资源配置的原则,合理规划和调整学校布局"。2006年修订的《义务教育法》再次明确规定:"适龄儿童、少年免试入学,地方各级人民政府应当保障适龄儿童、少年在户籍所在地学校就近入学。"首次将免试入学与就近入学结合起来。2013年11月,党的十八届三中全会召开,会议通过的《中共中央关于全面深化改革若干重大问题的决定》提出:"义务教育免试就近入学,试行学区制和九年一贯对口招生。"

2014年1月14日,为进一步贯彻落实《义务教育法》关于适龄儿童、少年免试就近入学规定和党的十八届三中全会要求,进一步完善小升初制度,教育部印发了《关于进一步做好小学升入初中免试就近入学工作的实施意见》,对小升初免试就近入学的招生范围、入学对象、入学手续、随迁子女就学、学区化办学等方面进行了明确的规定,中国的免试就近入学工作开始全面展开。

由于大城市的优质教育资源极端不均衡,存在的义务教育择校问题更为突出。2014年2月17日,为贯彻落实教育部《关于进一步做好小学升入初中免试就近入学工作的实施意见》,解决大城市的义务教育择校问题,维护社会和谐稳定,教育部印发了《关于进一步做好重点大城市义务教育免试就近入学工作的通知》(以下简称《通知》),中国的义务教育免试就近入学开始有了名单和时间表。《通知》要求北京、天津、上海等19个大城市尽快制定完善义务教育免试就近入学工作方案。《通知》主要包括两个方面的内容:一是明确了重点大城市入学工作的目标任务。2014年各重点大城市应制订完善进一步规范义务教育免试就近入学的方案，逐步减少特长生招生学校和招生比例，到 2017 年，重点大城市 95% 以上的初中实现划片入学，每所划片入学的初中 95% 以上的生源由就近入学方式确定。组织考试及与入学挂钩行为得到杜绝，与择校有关的乱收费得到根治。二是纠正影响重点大城市入学工作的违规行为。指出义务教育免试就近入学不得违反《义务教育法》免试规定；不得抢夺生源和举办相关培训班；保持治理择校乱收费高压态势。

义务教育免试就近入学工作的开展对于规范义务教育学校的招生入学行为、实现教育公平、促进社会和谐稳定具有重要的现实意义。义务教育免试入学工作开展以来，各地区制定了符合自身实际的义务教育免试入学实施方案，探索了符合地方特色的免试入学方式。义务教育免试就近入学工作开始在全国范围内展开。

7. 农村学前教育推进工程

学前教育是国民教育体系的重要组成部分，是惠及民生的重要社会公益事业。长期以来，中国一直面临着农村学前教育短缺的问题。近年来，伴随着农村留守儿童的日益增多，农村学前教育短缺问题日益突出。加快发展农村学前教育，扩大教育资源，提高农村学前教育普及程度，关系亿万儿童的健康成长，关系千家万户的切身利益，已成为促进教育公平的迫切需要。

2010 年 7 月 8 日，中共中央、国务院印发《国家中长期教育改革和发展规划纲要（2010—2020 年）》，明确提出 2010—2012 年组织实施包括农村学前教育推进工程在内的 10 个重大项目，提出要"重点发展农村学前教育"，"努力提高农村学前教育普及程度"，"提高教育质量"。2010 年底，为贯彻落实《国家中长期教育改革和发展规划纲要（2010—2020 年）》，教育部、发展改革委联合启动了农村学前教育推进工程。国家发改委率先安排资金 5 亿元，在河北省等 10 个省 50 个县启动了中西部农村学前教育推进工程试点项目，每个省投入 5000 万元左右，用于新建和改扩建乡、村两级幼儿园建设，改善办学条件，提高学前教育普及率。2011 年，试点资金增加至 15 亿元，范围扩大到中西部 23 个省（区、市）、新疆生产建设兵团以及黑龙江省农垦总局，同时适当支持东部地区的贫困地区。

2012 年 12 月 31 日，为贯彻落实《国家中长期教育改革和发展规划纲要（2010—2020 年）》和国务院《关于当前发展学前教育的若干意见》，进一步扩大农村学前教育资源，解决"入园难"问题，教育部、发展改革委印发了《农村学前教育推进工程建设规划》（以下简称《规划》）。《规划》主要包括三个方面的内容：一是规定了工程建设的目标。到 2015 年在全国农村地区新建和改扩建一批布局合理、安全适用、办园规范的普惠性幼儿园，提供公平的、基本的、有一定质量的学前教育，适应区域内农村适龄儿童入园需求，建立和完善农村学前教育公共服务体系。二是规定了工程的实施范围。实施范围主要为中西部地区，包括23个省（自治区、直辖市）和新疆生产建设兵团、黑龙江农垦总局。同时，对确有困难的东部地区部分原中央苏区县、革命老区县、民族自治县将给予适当支持。三是规定了工程的建设内容。在建设层次上，重点支持乡镇中心幼儿园建设，适当支持人口较多行政村建设幼儿园。在建设方式上，以新建幼儿园为主，适当支持现有幼儿园改扩建。在建设内容上，主要支持幼儿活动、生活用房和户外活动场地等设施土建，以及购置必需的玩教具、室外活动器材和卫生保健、床具、主要厨具等生活设备。在园舍设计上，设计办园规模（学位数）不得超过360人，生均建筑面积控制在6—9平方米。四是规定了工程的资金安排。资金由中央和地方共同投入，资金渠道包括中央资金、省级专项资金、市县政府资金和其他投资等组成。

各地围绕农村学前教育推进工程制定了符合当地实际情况的工程建设规划，重点对农村学前教育予以更大的支持，确保如期实现国家提出的农村学前教育发展目标。2011年，全国学前三年毛入园率达到62.3%，提前4年超额完成《国家中长期教育改革和发展规划纲要（2010—2020年）》提出的"2015年学前三年毛入园率达到60%"的目标，"入园难"在全国范围内开始逐步缓解。

通过实施农村学前教育推进工程，全国农村地区新建和改扩建了一批布局合理、安全适用，办园规范，面向区域内适龄儿童的普惠性幼儿园，为加快发展农村学前教育，提高农村学前教育普及程度，努力构建覆盖城乡、布局合理的学前教育公共服务体系奠定了基础。

8. 职业院校教师素质提高计划

职业教育是国民教育体系和人力资源开发的重要组成部分，是广大青年打开通往成功成才大门的重要途径。职业院校教师肩负着培养多样化人才、传承技术技能、促进就业创业的重要职责。职业院校教师的素质决定着职业技能人才的质量。

2011年11月8日，为贯彻落实2011年全国教育工作会议精神和《国家中长期教育改革和发展规划纲要（2010—2020年）》关于职业院校教师培训的要求，进一步推动和加强职业院校教师队伍建设，促进职业教育科学发展，教育部、财政部发布了《关于实施职业院校教师素质提高计划的意见》（以下简称《意见》），决定于2011—2015年在中等职业学校教师素质提高计划的基础上实施职业院校教师素质提高计划。

《意见》主要包括以下内容：一是提出了计划实施的目标任务。2011—2015年，组织45万名职业院校专业骨干教师参加培训；支持2万名中等职业学校青年教师到企业实践；

支持国家职业教育师资基地重点建设 300 个职教师资专业点,加强基地的实训条件和内涵建设,完善适应教师专业化要求的培养培训体系等。二是提出了计划实施的原则。统筹规划,分级实施;财政引导,多方参与;突出重点,强化激励;加强管理,提高质量。三是提出了计划实施的内容。开展职业院校专业骨干教师培训项目,组织开展职业院校专业骨干教师国家级培训和省级培训;实施中等职业学校青年教师企业实践项目,组织遴选 2 万名中等职业学校青年教师到企业进行专业实践;实施职业院校兼职教师推进项目,要支持职业院校设立一批兼职教师岗位;实施职教师资培养培训体系建设项目,支持国家级职业教育师资基地重点建设 300 个职教师资培养培训专业点。四是提出了计划的经费安排。职业院校专业骨干教师国家级培训、中等职业学校青年教师企业实践项目所需经费,以中央财政投入为主;职业院校兼职教师推进项目经费由地方财政和职业院校负担;师资培养培训体系建设项目由中央财政专项支持。

2013 年 5 月 16 日,为保证职业院校教师素质提高计划顺利实施,根据《关于实施职业院校教师素质提高计划的意见》,教育部办公厅和财政部办公厅印发了《职业院校教师素质提高计划中等职业学校专业骨干教师培训项目管理办法》、《职业院校教师素质提高计划中等职业学校青年教师企业实践项目管理办法》、《职业院校教师素质提高计划高等职业学校专业骨干教师培训项目管理办法》三个文件,分别对中等职业学校专业骨干教师培训项目、中等职业学校青年教师企业实践项目、高等职业学校专业骨干教师培训项目的培训对象、培训内容和形式、培训机构、教学管理、学员管理、考核结业、职责分工、经费管理等内容作出了规定。

职业院校教师素质提高计划实施三年以来使得职业教育资源得到有效整合,结构进一步优化,办学效益和质量得到提升,服务经济社会的能力增强,形成了中等职业教育内涵发展、高等职业教育规模快速增长,职业培训广泛开展的基本格局。实施职业院校教师素质提高计划,是《国家中长期教育改革和发展规划纲要(2010—2020 年)》提出的重大项目,对于推动职业教育科学发展、提高职业院校教师队伍整体素质具有重要的意义。

9. 加强特殊教育教师队伍建设

特殊教育是促进残疾人全面发展、帮助残疾人更好地融入社会的基本途径。特殊教育教师肩负着促进残疾人全面发展,促进社会公平正义的重要责任。

2009 年 5 月 7 日,国务院办公厅转发了教育部等部门《关于进一步加快特殊教育事业发展的意见》,明确提出"加强特殊教育师资队伍建设,提高教师专业化水平"的要求。

2010年7月8日，中共中央国务院印发《国家中长期教育改革和发展规划纲要（2010—2020年）》，明确提出2010—2012年组织实施包括特殊教育发展工程在内的10个重大项目，对特殊教育教师进行专业培训，提高教育教学水平。2012年8月20日，国务院发布的《关于加强教师队伍建设的意见》也提出"完善教师培养培训体系建设"，"加强特殊教育教师培训基地建设"的要求。

2012年9月20日，为落实《国家中长期教育改革和发展规划纲要（2010—2020年）》和国务院《关于加强教师队伍建设的意见》，坚持"特教特办"，大力加强特殊教育教师队伍建设，教育部、中央编办、发展改革委等部门在北京发布《关于加强特殊教育教师队伍建设的意见》（以下简称《意见》）。《意见》主要包括六个方面的内容：一是统筹规划特殊教育教师队伍建设。到2015年，基本形成布局合理、专业水平较高的特殊教育教师培养培训体系，到2020年，形成一支数量充足、结构合理、素质优良、富有爱心的特殊教育教师队伍。二是加大特殊教育教师培养力度。制订特殊教育学校教师专业标准，支持一批特教师范院校建设，加强特殊教育专业建设，改革培养模式，开设特殊教育课程。三是开展特殊教育教师全员培训。对特殊教育教师实行5年一周期不少于360学时的全员培训。四是健全特殊教育教师管理制度。制定特殊教育学校教职工编制标准，完善特殊教育教师准入制度，将特殊教育相关内容纳入教师资格考试，探索建立特殊教育教师专业证书制度，制订符合特殊教育教师工作特点的考核评价标准和办法。五是落实特殊教育教师待遇。落实特殊教育津贴，确保特殊教育教师按规定享有医疗养老等社会保障待遇，按规定为特殊教育教师缴纳住房公积金，关注特殊教育教师心理健康，定期开展心理健康咨询。六是营造关心和支持特殊教育教师队伍建设的浓厚氛围。加大优秀特殊教育教师的宣传力度，在全社会大力弘扬特殊教育教师的人道主义精神和奉献精神。

随着《意见》的发布，各地各部门制定了一系列符合自身实际的特殊教育教师队伍建设计划和措施。这些计划和措施的实施将进一步保障残疾人的受教育权利，对于推进教育公平，帮助残疾人全面发展、融入社会，保障和改善民生，构建社会主义和谐社会具有重要的现实意义。

10. 农村义务教育学生营养改善计划

农村义务教育一直是中国教育发展的短板。自2006年起，国务院决定实施农村义务教育经费保障机制改革，全面免除了农村义务教育阶段学生的学杂费、书本费，补助家庭经济困难寄宿学生生活费，农村义务教育保障水平不断提高。但是，由于长期以来中国城乡经济社会发展不平衡，农村中小学生营养不良问题仍然存在，贫困地区尤为突出。

2011年11月23日，为贯彻落实《国家中长期教育改革和发展规划纲要（2010—2020年）》，提高农村学生尤其是贫困地区和家庭经济困难学生健康水平，国务院办公厅发布了《关于实施农村义务教育学生营养改善计划的意见》（以下简称《意见》）。《意见》提出了农村义务教育学生营养改善计划的具体措施：一是在集中连片特殊困难地区开展试点，中央财政按照每生每天3元的标准为试点地区农村义务教育阶段学生提供营养膳食补助。试点范围包括680个县（市）约2600万在校生。初步测算，国家试点每年需资金160多亿元，由中央财政负担。二是鼓励各地以贫困地区、民族和边疆地区、革命老区等为重点，因地制宜开展营养改善试点，中央财政给予奖补。三是统筹农村中小学校舍改造，将学生食堂列为重点建设内容，切实改善学生就餐条件。四是将家庭经济困难寄宿学生生活费补助标准每生每天提高1元，达到小学生每天4元、初中生每天5元，中央财政按一定比例奖补。

2012年5月23日，为进一步规范对农村义务教育学生营养改善计划实施工作的管理，切实有效地改善农村学生营养健康状况，教育部等15个部门印发了《农村义务教育学生营养改善计划实施细则》、《农村义务教育学生营养改善计划食品安全保障管理暂行办法》、《农村义务教育学校食堂管理暂行办法》、《农村义务教育学生营养改善计划实名制学生信息管理暂行办法》、《农村义务教育学生营养改善计划信息公开公示暂行办法》五个文件，对计划实施细则、食品安全保障管理、学校食堂管理、学生信息管理、信息公开公示办法作出了规定。

2014年11月，为持续改善集中连片特困地区义务教育阶段学生营养状况和身体素质，针对营养改善计划实施中的困难和问题，中央财政安排资金9.4亿元，将营养改善计划国家试点地区补助标准从3元提高到4元，达到每生每年800元。同时，继续鼓励各地以贫困地区、民族地区、边疆地区、革命老区等为重点，因地制宜开展营养改善地方试点，中央财政对开展地方试点的省份按照不高于国家试点标准的50%给予奖励性补助。

以贫困地区和家庭经济困难学生为重点，启动实施农村义务教育学生营养改善计划，是坚持以人为本、落实科学发展观的具体体现，是维护社会公平、构建社会主义和谐社会的重要举措，是提高民族素质、建设人力资源强国的必然要求。

截至2013年底，中央财政共安排营养改善计划膳食补助资金300.3亿元，安排食堂建设资金300亿元，用于支持集中连片特困地区开展营养改善国家试点和其他地区开展营养改善地方试点，惠及3200万农村义务教育阶段学生。农村义务教育学生营养改善计划自2011年实施以来，受到了试点地区的欢迎和社会的好评，其现实意义和深远影响也日益彰显。

11. 进一步完善公共就业服务体系

公共就业服务是政府为促进社会充分就业、以帮扶就业困难群体为重点，面向全体劳动者提供的公益性就业服务。大力加强公共就业服务体系建设是新时期人事人才工作的重要立足点，也是优化配置人力资源和促进充分、顺利就业的重要保障。中国近年来高度重视公共就业服务体系的建设。2008年1月1日施行的《中华人民共和国就业促进法》规定"县级以上人民政府建立健全公共就业服务体系，设立公共就业服务机构"，为劳动者免费提供相应的服务。2012年7月11日，国务院印发的《国家基本公共服务体系"十二五"规划》也提出了"实施积极就业政策，初步建立起面向全体劳动者的公共就业服务体系"的要求。2012年1月24日，国务院批转的《促进就业规划（2011—2015年）》提出了到2015年"覆盖城乡的公共就业和人才服务体系基本形成"的目标。

2012年12月26日，为了深入贯彻落实就业促进法和国家基本公共服务体系"十二五"规划、"十二五"促进就业规划，进一步加强公共就业服务体系建设，完善公共就业服务机构管理体制，健全公共就业服务经费保障机制，面向社会更好地提供公共就业服务，人力资源和社会保障部、财政部印发了《关于进一步完善公共就业服务体系有关问题的通知》（以下简称《通知》）。《通知》主要阐述了以下内容：

《通知》提出了公共就业服务的基本原则。一是保基本。把握基本公共就业服务的公益性质，明确政府的主体责任。二是可持续。完善财政保障、管理运行和监督问责机制，形成保障基本公共就业服务体系有效运行的长效机制。三是均等化。逐步实现地区间、城乡间基本公共就业服务均等化。

《通知》规范了公共就业服务的范围和主要内容。政府公共就业服务的范围主要是指面向所有劳动者免费提供的基本公共就业服务。服务内容包括：就业政策法规咨询；职业供求信息发布，市场工资指导价位信息和职业培训信息发布；职业指导和职业介绍；组织就业见习，推荐开展职业培训和职业技能鉴定；开展创业服务；对就业困难人员实施就业援助，对高校毕业生、农村转移劳动者等重点群体提供专门就业服务；劳动人事档案管理服务；失业人员管理，办理就业登记、失业登记等事务。

《通知》对公共就业服务体系的建设进行了规定。一是规定了公共就业服务机构设置及职责。省、市、县三级设立公共就业服务机构，县以下街道（乡镇）和社区（行政村）设立基层公共就业服务平台。省、市、县三级公共就业服务机构主要负责制定落实各项公共就业服务政策，县级以下基层公共就业服务平台主要负责开展以就业援助为重点的公共就业服务。二是提出要加强机构职能整合和基层平台服务功能。整合原劳动就业服务机构和人才交流服务机构的就业服务职能,统筹管理辖区内城乡各类劳动者的就业服务工作。要充分利用现有资源,强化服务网点的统筹规划,从服务对象的实际需要和便利出发,确保服务功能不减少,服务能力不下降。

《通知》对如何提升公共就业服务水平进行了规定。主要包括:健全公共就业服务制度;提高公共就业服务专业化、标准化水平;提高公共就业服务信息化水平;健全公共就业服务绩效考核机制。

《通知》是继《进一步加强公共就业服务体系建设的指导意见》发布以来人力资源和社会保障部发布的针对公共就业服务体系建设的又一指导文件,对于完善公共就业服务机构管理体制,提升公共就业服务水平,实现社会和谐具有重要的意义。

12. 基层劳动就业社会保障公共服务平台和网络建设

基层劳动就业社会保障公共服务平台和网络是政府社会管理与公共服务体系的重要组成部分,是人力资源和社会保障政策落实和工作落实的重要载体。随着中国人力资源和社会保障事业不断发展和服务领域不断拓宽,基层劳动就业社会保障公共服务平台和网络不健全、职能不完善、队伍力量弱、服务能力不足等问题日益突出,成为制约人力资源和社会保障事业可持续发展的瓶颈。

2010年3月30日,为提高基层劳动就业社会保障公共服务能力,加快政府职能转变,满足人民群众日益增长的公共服务需求,人力资源和社会保障部印发了《关于进一步整合资源加强基层劳动就业社会保障公共服务平台和网络建设的指导意见》(以下简称《意见》)。《意见》提出了基层劳动就业社会保障公共服务平台和网络建设的总体目标。目标分为两个阶段:第一阶段,从2010年开始到2012年的3年时间内,在全国街道、乡镇和社区、行政村基本建立健全劳动就业社会保障公共服务平台和网络;第二阶段,从2013年开始到"十二五"末,社会保障"一卡通"经过试点全面实施,基本实现基层劳动就业社会保障公共服务的规范化、专业化、信息化、网络化的目标,城乡居民能够就近享受到劳动就业和社会保障公共服务。

《意见》对资源的整合和机构的职责进行了规定。一是将建立健全基层劳动就业社会保障公共服务平台和网络纳入工作规划。有计划、有步骤地建立健全街道、乡镇劳动就业社会保障公共服务平台和社区、行政村劳动就业社会保障公共服务网络。二是完善街道、乡镇劳动就业社会保障公共服务功能。已经建立街道、乡镇劳动就业社会保障公共服务平台的地区,要强化服务功能,逐步增加和健全劳动关系协调、劳动争议调解等功能。三是创新社区、行政村劳动就业社会保障公共服务网络运行模式。社区、行政村劳动就业社会保障公共服务站点一般应与其他公共服务项目整合资源，统筹推进建设，主要通过政府购买服务方式来实现。

《意见》对规范化和标准化建设进行了规定。一是统一机构名称。街道、乡镇劳动就业社会保障公共服务平台可以统称为"××街道（乡、镇）劳动就业社会保障服务中心（所）"，社区、行政村劳动就业社会保障公共服务网络可以统称为"××社区（村）劳动就业社会保障服务站"。二是明确服务场所建设标准。基层劳动就业社会保障公共服务平台和网络的建设要以满足工作需要、方便群众和经济实用为原则，综合考虑服务对象数量、地理交通、服务半径、服务内容等因素，结合当地经济发展水平，适当考虑未来发展需要合理确定。三是明确设备配置标准。街道、乡镇劳动就业社会保障公共服务中心（所）的基本配置包括：计算机及配套设备（服务器、网络）、办公设备、档案存放设备及其他设备。

《意见》对人员的素质进行了规定。主要包括：合理配置工作人员，定岗定责，实行动态管理；优化人员结构，采取公开招聘形式吸纳高校毕业生充实基层劳动就业社会保障公共服务队伍；加强岗位培训，加大岗位培训力度，强化定岗、定向培训，努力实现基层劳动就业社会保障公共服务工作人员一岗多责、一专多能；加强队伍作风建设，发挥先进典型的示范带动作用，激发工作人员的积极性。

《意见》对信息化建设进行了规定。主要包括：支持基础设施建设；保证街道、乡镇服务平台工作经费；优先推进信息化建设，尽快实现基层劳动就业社会保障工作信息联网；逐步统一各项公共服务应用软件；积极推进电子政务和政务公开；大力推行社会保障卡。

基层劳动就业社会保障公共服务平台和网络的建设，对于落实政府扶持政策、做好就业服务和社会保障工作、实现社会和谐具有重要的意义。《意见》发布以来，各地结合自身实际制定了加强基层劳动就业社会保障公共服务平台和网络建设的实施办法，基层劳动就业社会保障公共服务平台和网络建设全面展开，建成了一大批乡镇、街道劳动保障事务所和社区、行政村劳动保障工作站，基本实现了基层公共就业服务全覆盖。

13.人力资源市场整合

"健全人力资源市场，完善就业服务体系"，是党的十八大的重大决策，也是我国经济和社会发展的必然要求。为健全统一规范灵活的人力资源市场，加快推进人力资源市场整合改革，更好地服务就业优先战略和人才强国战略的实施，2013年3月6日，人力资源和社会保障部出台了《关于加快推进人力资源市场整合的意见》（以下简称《意见》），要求各地加快整合人才市场和劳动力市场资源，建立健全功能完善、机制健全、运行有序、服务规范的人力资源市场体系。《意见》提出了人力资源市场整合的主要目标。有效整合人才市场和劳动力市场资源，提高管理水平和服务效率，健全人力资源市场管理制度，提升公共就业和人才服务水平，促进人力资源服务产业健康发展，规范人力资源市场秩序，建立健全功能完善、机制健全、运行有序、服务规范的人力资源市场体系。

《意见》提出要加强对人力资源市场的统筹管理。统一人力资源市场管理制度，加快人力资源市场立法进程，抓紧制定人力资源市场条例；统一人力资源市场监管，实施人力资源服务经营准入管理，规范准入条件，完善许可流程；统一人力资源服务标准，加快人力资源服务标准体系建设进程，建立服务标准的推行、宣传、评估工作体系。

《意见》提出要完善公共就业和人才服务体系。一是要整合加强公共就业和人才服务机构，理顺公共就业和人才服务的管理职能，整合公共就业和人才服务资源，从服务对象的实际需要和便利出发，因地制宜地设立综合性或专业性的服务场所，合理布局服务网点；二是整合基本公共服务功能，切实加强促进就业和人才流动配置领域的公共服务，全面梳理基本公共就业和人才服务项目，明确基本公共服务范围，具有共性的同类服务应实行统一的服务标准和服务规范；三是加强公共就业和人才服务信息化建设，健全统一的信息分类标准和统计指标体系，推动公共就业和人才交流服务信息系统一体化；加强公共就业和人才服务保障明确公共就业和人才交流服务机构公益属性，积极争取编制、财政等部门支持。

《意见》提出要加快推进公共服务与经营性服务分离改革。理顺政府与市场的关系，转变政府职能，切实做好人力资源市场的政策调节、规划建设、市场监管与公共服务等工作；推进经营性业务分离改革，逐步把经营性业务转由服务企业实施，做到职能分开、机构分设、人员分离、分类管理；完善改革配套政策，稳慎推进改革进程，强化管理和监督，确保国有资产不流失。

加快推进人力资源市场整合，健全统一、规范、灵活的人力资源市场体系意义重大，有利于促进我国人力资源合理流动和有效配置，为实现人才强国战略提供有力的支撑。

14. 社会保障卡工程

社会保障卡，是由劳动和社会保障部统一规划，由各地劳动保障部门面向社会发行，用于劳动和社会保障各项业务领域的集成电路卡。社会保障卡工程是劳动和社会保障部门实施的"金保工程"的一部分。2003年12月23日，劳动和社会保障部下发了《关于全面实施金保工程统一建设劳动保障信息系统的意见》，明确了统一建设"金保工程"的各项任务和要求,并对统一社会保障卡的应用作出了规定。此后,社会保障卡工程作为"金保工程"九个子工程之一全面推进。

1999年12月1日,劳动和社会保障部印发了《社会保障卡建设总体规划》,对社会保障卡的主要功能、系统结构和卡内信息、设计、制造、发行和管理作出了明确的规定,全国范围的社会保障卡建设正式起步。2001年9月5日,劳动和社会保障部办公厅印发了《关于社会保障卡建设有关问题的通知》,对社会保障卡建设的规范作出了规定。这些文件的出台使社会保障卡在起步之初即步上规范化轨道。这一时期社会保障卡的功能也主要是支持各地的医保结算业务。

2003年12月23日,劳动和社会保障部下发了《关于全面实施金保工程统一建设劳动保障信息系统的意见》,推动全国劳动保障信息化建设的金保工程正式立项并开始在全国范围内实施,社会保障卡建设作为一项重要内容纳入"金保工程"建设的总体部署当中。随着"金保工程"的推进,用卡环境逐步完善,各地按照"积极稳妥"的原则陆续开始发行、应用统一规范的社会保障卡,除继续支持医保结算外,社会保障卡开始在登记、求职、领取待遇等业务得到探索和应用。

2011年7月26日,人力资源和社会保障部、中国人民银行印发了《关于社会保障卡加载金融功能的通知》。此后加载金融功能后的社会保障卡除具有信息记录、信息查询、业务办理等社会保障卡基本功能外,还可作为银行卡使用,具有现金存取、转账、消费等金融功能。2012年7月11日,国务院印发了《国家基本公共服务体系"十二五"规划》,提出了建立健全覆盖城乡居民的社会保险体系和完成发放8亿张,覆盖60%以上人口的社会保障卡发放目标。

随着统筹城乡社会保障体系的逐步建立,人民群众对公共服务需求日益强烈,社会保障卡的发行、应用进入以"积极推进"为特征的发展阶段。特别是"十二五"以来,社会保障卡建设进度显著加快,并通过加载金融功能显著拓展了服务空间,呈现出健康积极的发展态势,各地开始向多业务用卡、跨地区用卡方向转变,持卡人数显著增加。到2014年底,金融社保卡在全国范围内铺开,全国社会保障卡持卡人数达到7.12亿人。

社会保障卡凝结着党和政府的惠民情怀,代表着人民群众对高效便捷服务的热烈期盼。发行社会保障卡对于促进人力资源和社会保障事业发展,提供惠民、便民服务,建设服务型政府具有重要的意义。

15. 养老服务业综合改革

建立社会养老服务体系和发展老年服务产业是党的十八届三中全会的重大决策,也是中国积极应对人口老龄化的必然要求。2013年9月6日,国务院发布了《关于加快发展养老服务业的若干意见》,提出要加快发展养老服务业,开展养老服务业综合改革试点。根据党的十八届三中全会精神和国务院《关于加快发展养老服务业的若干意见》的要求,为进一步优化养老服务业发展的政策环境,完善体制机制,创新发展模式,拓宽民间资本参与渠道,2013年12月27日,民政部办公厅、国家发展和改革委员会办公厅联合发布了《关于开展养老服务业综合改革试点工作的通知》(以下简称《通知》)。

《通知》提出了试点工作的主要目标。通过开展养老服务业综合改革试点,促进试点地区率先建成功能完善、规模适度、覆盖城乡的养老服务体系,创造一批各具特色的典型经验和先进做法,出台一批可持续、可复制的政策措施和体制机制创新成果,形成一批竞争力强、经济社会效益显著的服务机构和产业集群,为全国养老服务业发展提供示范经验。

《通知》规定了试点工作的主要任务。包括健全养老服务体系,引导社会力量参与养老服务,完善养老服务发展政策,强化城市养老服务设施布局,创新养老服务供给方式,培育养老服务产业集群,加强养老服务队伍建设,以及强化养老服务市场监管。

《通知》规定了试点地区的申报要求。一是试点地区必须是地市级或县级行政区域,以地市级(含副省级城市)为主;二是申报试点地区应根据地方实际,全面推进8项试点任务,在每项任务范围内,要选择重点突破的内容;三是试点地区要制定试点方案,内容包括:试点地区概况,养老服务业发展情况,与试点任务相关的工作基础、有利条件和不利因素,试点主要目标、具体任务、重大项目、保障措施、时间安排等;四是试点方案需经试点地区地方人民政府审议同意,并建立由政府主要负责同志牵头的试点工作领导小组及其办公室,抽调得力人员专门负责实施,以协调解决试点过程中出现的问题,保障试点顺利实施。

人口老龄化日趋发展,成为中国经济社会发展的一个阶段性特征。推动养老服务业综合改革,积极应对人口老龄化,是主动适应经济发展新常态和全面建成小康社会的一项紧迫任务,对全面深化改革、推动经济转型升级、建设服务型政府具有重要的意义。

16. 综合减灾防灾工程建设

2011年11月26日,为贯彻落实党中央、国务院关于加强防灾减灾工作的决策部署,进一步提高防灾减灾能力,最大程度保障人民群众生命财产安全,依据《中华人民共和国国民经济和社会发展第十二个五年规划纲要》以及有关法律法规,国务院办公厅印发了《国家综合防灾减灾规划(2011—2015年)》(以下简称《规划》)。

《规划》提出了防灾减灾的原则与目标。强调防灾减灾要坚持"政府主导,社会参与;

以人为本，依靠科学；预防为主，综合减灾；统筹谋划，突出重点"的原则。明确提出了"十二五"期间的发展目标：一是基本摸清全国重点区域自然灾害风险情况，基本建成国家综合减灾与风险管理信息平台，自然灾害监测预警、统计核查和信息服务能力进一步提高；二是自然灾害造成的死亡人数在同等致灾强度下较"十一五"时期明显下降，年均因灾直接经济损失占国内生产总值的比例控制在1.5%以内；三是防灾减灾工作纳入各级国民经济和社会发展规划，并在土地利用、资源管理、能源供应、城乡建设和扶贫开发等规划体现防灾减灾的要求；四是自然灾害发生12小时之内，受灾群众基本生活得到初步救助，自然灾害保险赔款占自然灾害直接经济损失的比例明显提高，灾后重建基础设施和民房普遍达到规定的设防标准；五是全民防灾减灾意识明显增强，防灾减灾知识在大中小学生及公众中普及率明显提高；六是全国防灾减灾人才队伍规模不断扩大，人才结构更加合理，人才资源总量达到275万人左右；七是创建5000个"全国综合减灾示范社区"，每个城乡基层社区至少有1名灾害信息员；八是防灾减灾体制机制进一步完善，各省、自治区、直辖市以及多灾易灾的市（地）、县（市、区）建立防灾减灾综合协调机制。

《规划》提出了综合防灾减灾的主要任务。为了实现预期目标，要着力加强自然灾害监测预警能力建设、加强防灾减灾信息管理与服务能力建设、加强自然灾害风险管理能力建设、加强自然灾害工程防御能力建设、加强区域和城乡基层防灾减灾能力建设、加强自然灾害应急处置与恢复重建能力建设、加强防灾减灾科技支撑能力建设、加强防灾减灾社会动员能力建设，以及加强防灾减灾人才和专业队伍建设、防灾减灾文化建设等10项主要任务。

《规划》提出了综合防灾减灾的重大项目。为确保国家综合防灾减灾能力形成，兼顾与国家有关专项规划和部门规划的相互衔接，提出了8项重大工程建设项目，即全国自然灾害综合风险调查工程、国家综合减灾与风险管理信息化建设工程、国家自然灾害应急救助指挥系统建设工程、国家救灾物资储备工程、环境减灾卫星星座建设工程、国家重特大自然灾害防范仿真系统建设工程、综合减灾示范社区和避难场所建设工程、防灾减灾宣传教育和科普工程。

编制和实施《规划》，是贯彻落实党中央、国务院关于加强防灾减灾工作决策部署的重要举措，是推进综合防灾减灾事业发展、构建综合防灾减灾体系、全面增强综合防灾减灾能力的迫切需要，对切实维护人民群众生命财产安全、保障经济社会全面协调可持续发展具有重要意义。

17. 城市居民最低生活保障条例

城市居民最低生活保障制度，是中国社会保障体系的重要组成部分。为有效发挥城市居民最低生活保障制度在保障困难居民生活方面的积极作用，保障城市居民基本生活，1999年9月28日，国务院第21次常务会议通过并发布了《城市居民最低生活保障条例》（以下简称《条例》），《条例》自1999年10月1日起施行。

《条例》对适用的对象进行了限定。将对象限定为凡共同生活的家庭成员人均收入低于当地城市居民最低生活保障标准的持有非农业户口的城市居民。

《条例》对地方各级人民政府的职责进行了限定。城市居民最低生活保障制度实行地方各级人民政府负责制。县级以上地方各级人民政府民政部门具体负责本行政区域内城市居民最低生活保障的管理工作；财政部门按照规定落实城市居民最低生活保障资金；统计、物价、审计、劳动保障和人事等部门分工负责，在各自的职责范围内负责城市居民最低生活保障的有关工作。县级人民政府民政部门以及街道办事处和镇人民政府负责城市居民最低生活保障的具体管理审批工作。居民委员会根据管理审批机关的委托，可以承担城市居民最低生活保障的日常管理、服务工作。国务院民政部门负责全国城市居民最低生活保障的管理工作。

《条例》对资金来源进行了规定。城市居民最低生活保障所需资金，由地方人民政府列入财政预算，纳入社会救济专项资金支出项目，专项管理，专款专用。同时国家鼓励社会组织和个人为城市居民最低生活保障提供捐赠、资助；所提供的捐赠资助，全部纳入当地城市居民最低生活保障资金。

《条例》对城市居民最低生活保障标准的确定进行了规定。城市居民最低生活保障标准，按照当地维持城市居民基本生活所必需的衣、食、住费用，并适当考虑水电燃煤（燃气）费用以及未成年人的义务教育费用确定。直辖市、设区的市的城市居民最低生活保障标准，由市人民政府民政部门会同财政、统计、物价等部门制定，报本级人民政府批准并公布执行；县（县级市）的城市居民最低生活保障标准，由县（县级市）人民政府民政部门会同财政、统计、物价等部门制定，报本级人民政府批准并报上一级人民政府备案后公布执行。

《条例》规定对标准内城市低收入人群要区分对待。县级人民政府民政部门经审查，对符合享受城市居民最低生活保障待遇条件的家庭，应当区分下列不同情况批准其享受城市居民最低生活保障待遇：对无生活来源、无劳动能力又无法定赡养人、扶养人或者抚养人的城市居民，批准其按照当地城市居民最低生活保障标准全额享受；对尚有一定收入的城市居民，批准其按照家庭人均收入低于当地城市居民最低生活保障标准的差额享受。

《条例》对审批工作人员的行为进行了规定。对符合享受城市居民最低生活保障待遇条件的家庭拒不签署同意享受城市居民最低生活保障待遇意见的，或者对不符合享受城市居民最低生活保障待遇条件的家庭故意签署同意享受城市居民最低生活保障待遇意见的；

玩忽职守、徇私舞弊，或者贪污、挪用、扣压、拖欠城市居民最低生活保障款物的给予批评教育，依法给予行政处分；构成犯罪的，依法追究刑事责任。

《条例》极大地推动了城市居民最低生活保障工作的开展，将城市居民最低生活保障制度纳入了法制化发展轨道，对化解社会矛盾、维护社会稳定、促进社会公平具有重要的意义。《条例》的颁布是中国政府重视和保障人民群众生存权的重大举措，它充分体现了中国共产党和各级人民政府全心全意为人民服务的根本宗旨和社会主义制度的优越性。

18. 孤儿助学工程

教育是改变个人命运和提高民族素质的希望。当千万适龄儿童和青少年享受着家庭的关爱、在学校中接受教育时，却有数十万计的孤儿因为没有家庭的支撑，难以完成学业。2009年，为进一步落实民政部《关于加强孤儿救助工作的意见》，切实保障孤儿接受教育的权利，促进其健康成长，民政部社会福利和慈善事业促进司面向社会散居孤儿和福利机构集中养育儿童，与民政部直属北京社会管理职业学院共同开展"孤儿助学工程"。

2011年8月19日，为进一步造福广大孤儿，民政部办公厅发布了《关于继续做好孤儿助学工程的通知》（以下简称《通知》）。《通知》对"孤儿助学工程"的助学对象和助学方式作出了明确的规定。助学对象是具有高中文化程度（普通高中、中专、职高）、智力正常、能够随班就读和生活的孤儿（包括残疾孤儿），兼顾各类事实上无人抚养的儿童。助学方式是各地将符合条件的儿童推荐到民政部管理干部学院就读大专预科，学院集中辅导其学习文化基础课程（语文、数学、英语），并统一组织在北京市参加全国成人高考，考试合格，经正式录取后进入学院成人大专班学习。学院免除其在校期间学杂费，并补助其生活费。学习期满成绩合格的学生由学院颁发国民教育系列高等专科毕业证书和相关国家职业资格证书，并积极向社会有关单位推荐就业。学院专业开设有社会工作、民政管理（老人服务与管理方向、现代殡仪技术与管理方向等）、假肢矫形器设计与制造，学制2.5年。

2013年5月17日，民政部办公厅发布了《关于实施2013年孤儿助学工程的通知》，对助学对象、助学方式、助学内容作出了进一步的调整，并对生活补助作出了明确的规定。对参加助学工程的孤儿的年龄作出了限制，将年龄限制在16—20周岁（参加当年全国普通高考的孤儿不受年龄限制）。助学方式除了成人大专班外，还针对具备当年高考条件的孤儿增加了普通高等教育大专班。成人大专班的助学内容更加丰富，增加了公共事务管理（人力资源管理和社会组织管理方向）、民政管理（彩票营销与管理方向）、婚庆服务与管理、老年服务与管理、社区服务与管理（家政管理方向）、物业管理、社会福利事业管理、现代殡仪技术与管理、康复辅助技术与服务等专业。成人大专班和普通高等教育大专班的孤儿每月均补助基本生活费 700 元并全额资助学费及杂费。

自 2009 年起，民政部"孤儿助学工程"已成功实施 6 年。各地根据自身实际，响应民政部号召，通过与地方院校合作，开展了地方孤儿助学实践。"孤儿助学工程"帮助众多孤儿平等地享受了受教育的权利，是关注民生、扶贫助困、利国利民的又一举措。

19. "西新工程"（西部少数民族地区广播电视覆盖工程）

2000 年 1 月，中国的西部大开发战略正式启动。在为西部大开发鼓劲的同时，为了进一步推广广播电视"村村通工程"的成果，2000 年 9 月，西藏、新疆等边疆少数民族地区广播电视覆盖工程（简称"西新工程"）正式启动。"西新工程"是新中国成立以来规模最大的广播电视覆盖工程——西藏、新疆等边远省区广播电视覆盖工程的简称，是遵照江泽民总书记重要指示精神，党中央、国务院领导同志直接部署的一项重要工程。

国家实施"西新工程"的起因缘于中国农工民主党的一条建议。2000 年 6 月 4 日至 21 日，由全国人大常委会副委员长、中国农工民主党中央主席蒋正华为团长的"西部大开发"考察团，对西藏进行了考察。同年 9 月 15 日，在江泽民总书记主持召开的听取党外人士关于实施"西部大开发"战略意见和建议的座谈会上，蒋正华主席建议在西藏建一座大功率中短波发射台，更新改造包括骨干台在内的全区 36 座中短波台，以抵制境外敌台广播。建议引起了江泽民总书记的重视，他作了重要指示。同年 9 月 18 日，中共中央有关领导同志召开专题会议，研究落实江泽民总书记的重要指示，要求从讲政治的高度抓落实，加快实施西藏、新疆等边远地区广播覆盖与实验工程，即"西新工程"。根据中共中央的部署，"西新工程"开始实施。

2000 年 11 月中央宣传部、国家广电总局、国家计委、财政部等部委调集全国广电部门两万人次在戈壁荒漠、在雪域高原克服重重困难高质量地新建、扩建了 389 座发射台。国家对"西新工程"投入 40 多亿元，是国家一次性投资最多的广播电视覆盖工程，得到了西部人民的热烈欢迎。2002 年 2 月 1 日，江泽民总书记亲自来到国家广播电影电视总局考察"西新工程"进展情况，并且亲自通过监测网对一些地区的覆盖情况进行了检查，对工程进展情况给予了充分的肯定。

"十一五"期间，中国开始了"西新工程"第四期工程建设。通过"西新工程"的第四期建设，新疆、西藏、内蒙古、宁夏四自治区和甘肃、四川、云南、青海四省藏族聚居区广播电视覆盖率大幅度提高，广播发射机"三满"（满功率、满时间、满调幅度）播出情况有了根本好转，彻底扭转了广播电视覆盖滑坡的趋势，广播覆盖能力比过去增加 2.5 倍，八省区各地能收听到 10 套左右短波广播，各地、市、县普遍能较好地收到 3 套以上中波或调频广播节目以及3—4套中央和当地电视节目，基本实现了"让党和国家的声音进入千家万户"的目标。

2013年,"西新工程"第五期建设方案启动实施。建设的重点，一是进一步加强民族语言节目建设，按照"广播和电视相结合，节目译制制作和传输覆盖相结合，中央和地方相结合"的原则，统筹规划，实现"听得懂，看得懂"的目标；二是进一步加强新疆、西藏等西部地区省区州、县广播电视基础设施建设，逐步建立广播电视公共服务体系，实现广播电视基本公共服务均等化。

"西新工程"被老百姓称之为"德政工程"、"民心工程"，受到了社会各界积极响应和支持。随着"十二五"规划的逐步进行，"西新工程"将从更大程度上推动西部少数民族地区农村精神文明建设，对于促进民族繁荣，实现民族团结具有重要的意义。

20. 全国地市级公共文化设施建设规划

2012年2月，国家发展改革委、文化部和国家文物局共同研究编制并印发了《全国地市级公共文化设施建设规划》(以下简称《规划》)。该规划是在顺利完成"十五"县级公共图书馆文化馆建设、"十一五"乡镇综合文化站建设规划的基础上，针对地市级公共图书馆、文化馆和博物馆建设出台的专项规划，是贯彻落实党的十七届六中全会精神的重要举措，是完善公共文化服务体系、推进社会主义文化大发展大繁荣的重要内容。

《规划》明确指出，地市级三馆建设要按照科学发展观的要求，坚持以人为本，民生优先，把满足人民群众基本文化需要、方便群众参与公共文化活动、深受群众欢迎作为出发点和落脚点。各地要结合当地文化发展的实际需求和突出特点，根据经济社会发展情况、服务人口、当地文化特色、文物藏品等，科学合理地确定规划选址和建设内容、规模及标准等。

《规划》对文化设施建设的标准作出了规定。在建设标准上，地市级公共图书馆、文化馆主要参照《公共图书馆建设标准》和《文化馆建设标准》，根据服务人口数量确定基本建设规模。地市级博物馆的建设则参照《博物馆建筑设计规范（JGJ 66—91）》，根据馆藏文物数量确定基本建设规模。在实际建设过程中，各地可根据当地的经济实力和发展需要，遵照国家公布的建设标准，对项目规模作相应调整，但超出基本建设规模的部分中央不再补助投资。

《规划》对项目管理作了规定。在项目管理上，《规划》实行项目储备库制度。具体来说，对于现有无馆舍或馆舍面积未达到标准下限且近15年未曾大修过的地市级图书馆、文化馆项目可申请纳入项目储备库，馆藏文物数量不低于6000件、现有面积低于4000平方米的地市级博物馆项目可申请纳入项目储备库。在申请资金时，由各地从项目储备库中筛选前期条件完备的项目，提出年度资金安排申请，国家发展改革委、文化部和国家文物局审核平衡后，编制年度投资计划并按规定下达。如果在"十二五"期间无法完成前期准备工作，将不予安排。

《规划》对投资安排作出了规定。地市级三馆建设的责任主体是当地人民政府，中央视各地财力予以适当补助。中央安排专项投资，重点补助新建项目和中西部欠发达地区、少数民族地区建设项目。对西藏自治区、四省藏区和南疆三地州（含新疆生产建设兵团农三师、农十四师）项目，按核定总投资由中央投资全额安排。西部地区（含中部地区享受西部政策的区域）项目，新建项目中央按核定总投资的70%予以补助，改扩建项目按49%（相当于新建项目补助资金的70%）予以补助。中部地区（含东部地区享受中部政策的区域）项目及西部省会城市，新建项目中央按核定总投资的50%予以补助，改扩建项目按35%（相当于新建项目补助资金的70%）予以补助。"十二五"期间，约需中央补助投资70亿元。

《规划》实施完成后，全国地市级城市将基本实现市市有公共图书馆和文化馆，文物资源特别丰富的地市文物馆藏及展示条件将得到明显改善。3亿多城镇居民和大量流动人口读书看报、进行文化鉴赏、参加大众文化活动的基本文化权益将得到有效保障。地市级"三馆"的完善，将为加快实现社会主义文化大发展大繁荣、弘扬社会主义核心价值观、建设社会主义文化强国奠定坚实基础。

21. 数字图书馆推广工程

公共图书馆是公共文化服务体系建设的重要基础性设施，也是各级政府向人民群众提供公共文化服务的重要场所。数字图书馆是数字化、信息化、网络化环境下图书馆新的发展形态，是利用信息技术拓展公共文化服务能力和传播范围的重要途径。近年来，在党中央的高度重视和大力推动下，中国公共文化服务体系建设呈现出蓬勃发展的良好势头。党的十七大进一步把建设"覆盖全社会的公共文化服务体系"作为实现全面建设小康社会的重要目标之一。构建公共文化服务体系，数字图书馆发挥着重要作用。2011年5月，文化部、财政部共同推出"数字图书馆推广工程"。这是继全国文化信息资源共享工程、公共电子阅览室建设计划后，启动的又一个重要的数字文化建设工程。

2011年5月26日，为进一步加强公共数字文化建设，提高公共文化服务能力，推动覆盖城乡的公共文化服务体系建设，文化部、财政部印发了《关于实施"数字图书馆推广工程"的通知》和《"数字图书馆推广工程"建设方案》（以下简称《方案》），决定于

"十二五"期间在全国实施"数字图书馆推广工程",并对这一推广工程的实施进行了整体部署。

《方案》提出了"数字图书馆推广工程"的建设目标。"数字图书馆推广工程"将推广国家数字图书馆工程的理念、技术、标准,通过建设"一库一网三平台",打造基于新媒体的图书馆服务新业态,即建设分级分布式数字资源库群,形成覆盖全国公共图书馆的数字图书馆虚拟网,建设优秀中华文化展示平台、开放式信息服务平台和国际文化交流平台;借助手机、数字电视、移动电视等新兴媒体,以互联网、移动通信网、广电网为通道,为政府立法决策、教育科研、公民终身学习等提供多层次、多样化、专业化、个性化的数字图书馆服务。

《方案》规定了"数字图书馆推广工程"的建设内容。建设覆盖各级图书馆的数字图书馆虚拟网;建设海量分布式数字资源库群;建设多层次、多样化、专业化、个性化的数字图书馆服务平台。

《方案》对"数字图书馆推广工程"的实施步骤作出了规定。根据数字图书馆推广工程的总体规划,2011—2012年是工程的基础构建阶段,要完成全国所有省级数字图书馆和部分市级数字图书馆的硬件平台搭建工作,并与国家数字图书馆进行网络连接与资源整合,初步建成覆盖全国的数字图书馆虚拟网。2013—2015年为全面推广阶段。除完成所有市级馆的硬件平台搭建工作外,汇聚整合全国各级数字图书馆的文献资源,向全国公众和业界提供统一揭示服务;在扩大数字图书馆覆盖范围的同时,持续增加数字资源数量,加大对新媒体服务的推广力度,不断创新,提高数字图书馆服务能力,提升公共图书馆服务水平。

2011年9月7日,为做好"数字图书馆推广工程"硬件平台搭建工作,文化部办公厅印发了《"数字图书馆推广工程"省级、市级数字图书馆硬件配置标准》,对省、市两级数字图书馆硬件配置进行了标准化规范,我国"数字图书馆推广工程"硬件平台搭建标准开始有据可循。

在网络化、信息化、全球化的时代背景下,文化建设必须适应时代发展的要求,和数字化、高科技、互联网相结合。实施"数字图书馆推广工程"有利于实现全国公共图书馆资源与服务共建共享,对于提升文化软实力,维护国家文化安全,不断增强中华文化影响力和竞争力具有重要的意义。

22. 国家公共文化服务示范区创建工程

"十一五"期间,公共文化服务体系设施建设取得很大成就,覆盖城乡的公共文化服务网络初步形成。但是，公共文化服务体系建设中的突出矛盾和问题并没有解决，公共文化服务体系可持续发展的长效保障机制并没有建立。2010年12月31日，为贯彻落实党的十七届五中全会精神，充分发挥典型的示范、带动作用，分类指导东、中、西部和城乡基层文化建设，推动公共文化服务体系建设科学发展上水平，文化部、财政部印发了《关于开展国家公共文化服务体系示范区（项目）创建工作的通知》、《国家公共文化服务体系示范区（项目）创建工作方案》（以下简称《方案》）和《国家公共文化服务体系示范区（项目）创建标准》（以下简称《标准》），标志着"国家公共文化服务体系示范区（项目）创建工作"正式展开。

《方案》提出了示范区（项目）创建的原则：科学规划、突出重点；制度建设、机制创新；统筹城乡、突出特色；保证基本、惠及全民；加强合作、共建共享。

《方案》规定了示范区（项目）创建的类型。分为两种类型。一类是综合性的"国家公共文化服务体系示范区"，一类是单项的"国家公共文化服务体系示范项目"。"国家公共文化服务体系示范区"主要是积极探索如何形成网络健全、结构合理、发展均衡、运行有效、惠及全民的公共文化服务体系，进一步推动公共文化服务广覆盖、高效能，为构建基本完善的公共文化服务体系提供实践示范和制度建设经验。"国家公共文化服务体系示范项目"主要是就公共文化服务体系的某一方面、某一构成要素进行探索，为完善公共文化服务体系的构成要素、组成方面提供实践示范和制度建设经验。

《方案》规定了申报的基本条件。示范区的申报主体以地级市（区）人民政府（含省直辖的县级人民政府）为主。示范项目的申报主体以地级市（区）文化管理部门（含省直辖的县级文化管理部门）为主。创建"国家公共文化服务体系示范区"的基本申报条件为：文化工作基础较好；地方政府积极性高；公共文化服务体系建设取得突出成绩；制度设计研究取得一定成果；在全国产生较大影响，具有较强的综合示范带动作用。申报创建"国家公共文化服务体系示范项目"的申报基本条件为：公共文化服务体系建设基础较好；在某一方面积极探索并取得显著成效，对推动全国公共文化服务体系建设工作产生较大影响；具有较强的典型性、示范性，形成较为成功的典型经验和做法。

《方案》规定了重点任务和重点创建内容。重点任务包括：紧密结合实际，制定并实施具有地区特色的公共文化服务体系建设规划；整体推进公共文化服务体系建设，努力实现共建共享；深化改革，建立健全公共文化服务保障体系；加强能力建设，提高服务水平。重点创建内容包括：建立覆盖城乡、结构合理、功能健全、实用高效的公共文化设施网络；建立比较完善的公共文化服务人才、资金和技术保障体系；建立比较完善的公共文化产品服务供给体系；建立比较完善的公共文化服务组织支撑体系；建立公共文化服务绩效评估制度；建立制度设计成果资源共享机制。

《标准》对示范区（项目）创建的标准进行了规定。《标准》分别对东、中、西部示范区的创建标准进行了规定，包括公共文化设施网络建设，公共文化服务供给，公共文化服务组织支撑，资金、人才和技术保障措施落实，公共文化服务评估等方面。《标准》规定的示范项目的创建标准是形成了较为完善的公共文化服务网络，投入稳定，设施完备，队伍健全，活动丰富，服务效果显著，具有较好的工作基础，包括创新性、导向性、带动性、科学性等条件。

开展公共文化服务示范区（项目）创建工作，有利于更好地解决经费投入、队伍建设、机制创新、资源共享等方面的矛盾和问题，对于整合、集成"十一五"时期建设成果，提升公共文化服务能力，发挥典型的示范、影响和带动作用，以点带面推进公共文化服务体系建设具有重要的作用。

23. 万名医师支援农村卫生工程

为贯彻落实党的十六届三中、四中全会精神，进一步加强农村卫生工作，提高农村医疗服务水平，方便农村患者就近得到较好医疗服务，促进农村经济社会的协调发展，根据中共中央、国务院《关于进一步加强农村卫生工作的决定》，2005年，卫生部、财政部和国家中医药管理局决定实施"万名医师支援农村卫生工程"。

2005年4月20日，卫生部印发了《关于实施"万名医师支援农村卫生工程"的通知》，并发布了《"万名医师支援农村卫生工程"实施方案》（以下简称《方案》）和《"万名医师支援农村卫生工程"项目责任书》，计划在三年内选派城市万余名医师到县医院和乡镇卫生院开展医疗卫生服务和技术培训工作，三年后形成一项制度。

《方案》提出了项目的目标和实施原则。项目的目标是提高县医院医疗服务能力和水平，加强农村常见病、多发病和重大疾病医疗救治，使农民就近得到较高水平的基本医疗服务，缓解看病难问题；加强农村卫生人才培训，提高基层医院管理水平。项目的实施原则是中央指导、地方实施；统筹规划、整体安排；因地制宜、精心组织；积极稳妥，注重实效。

《方案》规定了项目的实施范围。中央财政2004年安排资金支持中西部地区592个国家扶贫开发工作重点县县医院、西藏自治区4所县医院和新疆生产建设兵团4所团场医院，共计600所县医院（其中含10%的县中医院）；东部各省、直辖市和其他省（区、市）根据本方案要求，结合本地区具体情况，组织三级医院开展对本省、市卫生工作基础较差的县医院的支援工作；在总结经验的基础上，第二、三年逐步扩大到其他县医院。

《方案》规定了项目的内容。一是中西部各项目省的省级卫生行政部门、中医药管理部门组织本行政区域内三级医院（综合医院为主）每年向本省国家扶贫开发工作重点县的每个县医院派驻5名（中医院派3名）副主任医师以上人员或高年资主治医师，根据需要也可以派遣一名护理管理人员。每名派驻人员连续工作一年后可以轮换。二是派驻医师要思想作风好、业务水平高、管理能力强、身体健康、能够指导县医院医务人员开展工作。三是派驻医师的工作内容主要是承担农村常见病、多发病、疑难病症的诊疗服务，提高县医院的技术水平；开展临床教学和技术培训，通过组织查房、手术示教、疑难病例和死亡病例讨论等各种临床带教形式培训县医院医务人员，提高其业务素质；对县医院的管理工作提出建议；充分发挥中医药特色与优势，提高农村中医药服务水平。

《方案》规定了项目的经费来源。实施"万名医师支援农村卫生工程"所需工作补助经费的标准，由各省级财政、卫生行政部门根据实际需要和当地支出水平以及财力情况等合理核定。各级财政安排的补助经费，主要用于补助支援医院为派出医师支付的工资、津贴和适当的工作补贴等。

《方案》规定了项目的监督管理。支援工作结束时，受援医院要对派驻人员的工作情况进行考核，考核结果反馈支援医院，作为医务人员年终考核和职称晋升考评的重要内容。省级卫生行政部门、中医药管理部门要加强监督，对协议执行情况进行监督检查。对工作成绩突出的要予以表彰，对问题严重的要及时处理。卫生部负责汇总各地的年度总结和评估报告，对项目实施情况进行抽查并总体评价。

实施"万名医师支援农村卫生工程"是新时期加强城市卫生支援农村卫生的重大决策。实施好这项工程，有利于提高农村常见病、多发病的诊疗水平，缓解农民"看病难"的问题，对于加强农村卫生人才培养、建立新型农村合作医疗制度、促进城市医疗资源的合理流动、推进城乡卫生事业全面协调可持续发展具有重要的意义。

24. 全科医生制度

全科医生是综合程度较高的医学人才，主要在基层承担预防保健、常见病多发病诊疗和转诊、病人康复和慢性病管理、健康管理等一体化服务，被称为居民健康的"守门人"。建立全科医生制度，发挥好全科医生的作用，有利于充分落实预防为主方针，使医疗卫生更好地服务人民健康。

2009年3月17日，中共中央、国务院发布《关于深化医药卫生体制改革的意见》，明确提出要健全基层医疗卫生服务体系。加强基层医疗卫生人才队伍建设，特别是全科医生的培养培训，建立全科医生制度开始提上日程。2010年3月25日，国家发展改革委、卫生部、中央编办、教育部、财政部、人力资源社会保障部制定了《以全科医生为重点的基层医疗卫生队伍建设规划》，提出通过规范化培训和转岗培训两个途径，加快建立全科医生培养制度。

2011年7月1日，为深入贯彻医药卫生体制改革精神，促进医疗卫生服务模式转变，提高基层医疗卫生服务水平，国务院发布了《关于建立全科医生制度的指导意见》（以下简称《意见》），对全科医生制度建立的总体目标、全科医生的培养模式、规范化培养方法和内容、执业准入条件、全科医学专业学位授予标准、培养渠道、执业方式、激励机制等方面作出了规定。

《意见》提出建立全科医生制度的总体目标是：到2020年，在我国初步建立起充满生机和活力的全科医生制度，基本形成统一规范的全科医生培养模式和"首诊在基层"的服务模式，全科医生与城乡居民基本建立比较稳定的服务关系，基本实现城乡每万名居民有2—3名合格的全科医生，全科医生服务水平全面提高，适应人民群众基本医疗卫生服务需求。

《意见》提出，全科医生培养逐步规范为"5＋3"培养模式，即先接受5年的临床医学（含中医学）本科教育，再接受3年的全科医生规范化培养。全科医生规范化培养以提高临床和公共卫生实践能力为主，在国家认定的全科医生规范化培养基地进行，实行导师制和学分制管理，参加培养人员在培养基地临床各科及公共卫生、社区实践平台逐科（平台）轮转。注册全科医师必须经过3年全科医生规范化培养取得合格证书，并通过国家医师资格考试取得医师资格。具有5年制临床医学本科及以上学历者参加全科医生规范化培养合格后，符合国家学位要求的授予临床医学（全科方向）相应专业学位。全科医生培养的渠道包括基层在岗医生转岗培训、强化定向培养全科医生的技能培训、提升基层在岗医生的学历层次、鼓励医院医生到基层服务等方式。

《意见》提出要改革全科医生的执业方式。引导全科医生以多种方式执业、政府为全科医生提供服务平台、推行全科医生与居民建立契约服务关系、积极探索建立分级医疗和双向转诊机制、加强全科医生服务质量监管。

《意见》提出要从按签约服务人数收取服务费、规范全科医生其他诊疗收费、合理确定全科医生的劳动报酬、完善鼓励全科医生到艰苦边远地区工作的津补贴政策、拓宽全科医生的职业发展路径等方面建立全科医生的激励机制。

2010年12月30日，卫生部办公厅印发了《关于开展基层医疗卫生机构全科医生转岗培训工作的指导意见（试行）》、《基层医疗卫生机构全科医生转岗培训大纲（试行）》，对全科医生转岗培训的基本原则、工作目标、培训对象、培训内容、培训方式、培训时间、培训基地、培训师资、考核与结业等方面作出了明确的规定。

2012年7月2日，卫生部制定了《全科医生规范化培养标准（试行）》，对全科医生规范化培养的目标、年限和方式、内容和要求、考核作出了明确的规定。

建立全科医生制度是提高基层医疗卫生服务水平的客观要求,也是促进医疗卫生服务模式转变的重要举措,对于优化医疗卫生资源配置、缓解群众"看病难、看病贵"的状况、深化医药卫生体制改革具有重要的意义。

25. 流动人口基本公共卫生计生服务

为贯彻党的十八大和十八届三中全会关于有序推进农业转移人口市民化的精神,落实好国务院《关于进一步推进户籍制度改革的意见》,更有效、更有力地推进流动人口基本公共卫生和计生服务均等化,2014年10月30日,国家卫生计生委与中央社会治安综合治理委员会办公室、国务院农民工工作领导小组办公室、民政部、财政部等相关部门联合印发了《关于做好流动人口基本公共卫生计生服务的指导意见》(以下简称《指导意见》)。《指导意见》主要包括以下三个方面:

一、提出了流动人口基本公共卫生计生服务工作的总体目标。按照创新社会治理体制、深化医药卫生体制改革和落实计划生育基本国策的总体要求,以推动流动人口服务管理体制改革为动力,在推进户籍制度改革中不断创新工作机制,到2020年基本建立起"政策统筹、保障有力、信息共享、科学评估"的流动人口基本公共卫生计生服务均等化运行机制;完善覆盖流动人口、方便可及的卫生计生服务网络体系,基层服务能力和水平明显提升。

二、明确了流动人口基本公共卫生计生服务工作的主要任务。《指导意见》提出落实工作职责,加强部门协作,将流动人口基本公共卫生计生服务均等化工作纳入基层综治中心、农民工综合服务中心(平台)、流动人口服务中心、社区卫生计生服务中心等职责之中;将流动人口纳入社区卫生计生服务对象,充分利用基层社区卫生计生服务机构,针对流动人口特点,突出服务的针对性和有效性,提高服务能力和服务效率;建立与统一城乡户口登记制度相适应的卫生计生机制;全面落实流动人口基本公共卫生和计生服务;建立健全流动人口信息共享机制;调动社会力量,创新服务模式。

三、明确了流动人口基本公共卫生计生服务的工作要求。《指导意见》提出了各级要加强组织领导,落实职责分工,强化督导检查,完善考评机制等要求。各省(区、市)和重点联系城市要将推进流动人口基本公共卫生计生服务均等化工作纳入地方经济社会发展总体规划和党委政府的重要议事日程,中央财政按照常住人口数量拨付基本公共卫生服务经费,并纳入综合治理和农民工工作的总体部署。明确在全国选择40个流动人口集中的城市(城区)作为开展流动人口基本公共卫生和计生服务均等化工作重点联系城市,以利于五部门开展相关工作指导,形成工作合力。

《指导意见》对于推进流动人口基本公共卫生和计生服务均等化,稳步实现城镇基本公共服务常住人口全覆盖,加强卫生计生服务管理,加快转变政府职能、创新社会治理体制,具有十分重要的意义。

26. 服务百姓健康行动

为深入开展党的群众路线教育实践活动,建设人民满意的医疗卫生计生服务体系,适应人民群众健康需求,推动卫生计生事业科学发展,2013年8月1日,中共国家卫生和计划生育委员会党组印发了《"服务百姓健康行动"实施计划》(以下简称《实施计划》),决定实施"服务百姓健康行动"(简称"健康行动")。

《实施计划》提出了"健康行动"的基本要求。要求各类医疗卫生服务机构和计划生育技术服务机构紧密结合教育实践活动,围绕提高人民健康水平和出生人口素质,突出直接面向社会、服务群众的特点,进一步加强工作创新和能力建设,提升服务质量和服务水平,推行便民惠民措施,普及医学和健康知识;同时,重视维护医务人员的合法权益,制定调动医务人员积极性的具体办法。

根据《实施计划》的要求,"健康行动"主要围绕四个方面开展。

第一,"学习先进找差距"。行动目标是:要学习对照卫生计生系统先进人物、先进单位,查找自身存在的问题和差距。从我做起,从现在做起,从本职岗位做起,普遍提高思想认识,明确努力方向。行动要点有:一、党员干部特别是处级以上领导干部要结合教育实践活动的要求,结合本岗位工作实际对照先进找差距,要增强参与和推动"健康行动"的自觉性,根据"健康行动"计划,提出本单位落实进度和目标要求;二、在全国卫生计生系统挑选一批先进工作者(全国卫生、计划生育先进工作者,白求恩奖章获得者,南丁格尔奖获得者等),组织干部职工特别是窗口单位的干部职工认真学习他们的先进事迹,营造学先进、赶先进、争当先进的氛围;三、开展"面对面大讲堂"、"读讲一本书"、干部培训等活动,相互学习、取长补短,相知相融、携手共进,提高干部职工的综合素质和卫生计生业务能力。

第二,"健康促进为百姓"。行动目标是:要发挥窗口单位和服务行业优势,加强医学知识和健康知识的普及,提升健康意识和医疗服务科学认知水平,引导健康需求,改善方式方法,探索有效路径,努力提高人民健康水平。行动要点有:一、结合教育实践活动大调研,围绕卫生计生改革发展和基层群众关心的重点难点问题,深入基层,广泛调研;二、优化卫生计生资源配置,整合拓展现有项目,在推动实施"健康行动"项目上有新进展；三、普及医学科学知识和大众健康知识。

第三，"优质服务树形象"。行动目标是：要继续深入推进"三好一满意"、"平安医院"、"优质服务先进单位"创建活动，进一步加强卫生计生行业作风和医德医风建设，加快政府职能转变，进一步简政放权，创建便民服务窗口，建立便民惠民服务机制，提升优质服务水平，树立部门新形象。行动要点有：一、继续抓好职能转变，做好行政审批项目清理工作，减少行政审批事项；二、继续发挥卫生计生服务热线的作用，及时掌握群众需求，着力推动群众反映强烈的办证难、办事难等突出问题的解决；三、在继承的基础上创新载体推动"健康行动"。

第四，"提高群众满意度"。行动目标是：要强化宗旨意识，从群众不满意的地方改起，促进党群干群关系进一步密切，提高人民群众满意度；同时，完善人事、分配和绩效考核激励机制，帮助解决医务人员的后顾之忧，努力提升医务人员幸福感。行动要点有：一、在深化医改过程中，做好破除"以药养医"、创新体制机制、调动医务人员积极性三篇大文章；二、通过召开座谈会、设立意见箱、问卷调查、信访接待、政务服务大厅和"12320"、"12356"热线电话等多种途径，广泛及时收集群众需求信息和改进作风建议，主动接受群众监督；三、在窗口单位通过加强对口支援、远程诊疗、医疗联合体建设，让基层、边远地区更多的群众享受优质的医疗卫生资源和优质服务；促进基层专业人才队伍建设和能力建设，提高基层医疗服务水平。

《实施计划》发布后，国家卫生计生委、国家中医药管理局、总后勤部卫生部等部门围绕服务百姓健康行动开展了全国大型义诊等活动，各地也根据自身实际开展了服务百姓健康的相关活动。服务百姓健康行动的开展对于建设人民满意的医疗卫生计生服务体系，推动卫生计生事业科学发展，建设健康中国、全面建成小康社会、实现中华民族伟大复兴具有重要的意义。

27. 国家基本公共卫生服务规范

为促进基本公共卫生服务均等化，深化医药卫生体制改革，2009年7月10日，国务院启动了国家基本公共卫生服务项目。2009年10月10日，为规范国家基本公共卫生服务项目管理，卫生部在总结各地实施基本公共卫生服务项目经验的基础上，组织制定了《国家基本公共卫生服务规范（2009年版）》（以下简称《规范（2009年版）》）。项目的启动和《规范（2009年版）》的制定使得我国城乡基层医疗卫生服务得到了普遍开展。

伴随着经济社会发展、公共卫生服务需要变化和财政承受能力提高，卫生部根据实际情况对《规范（2009年版）》进行修订。2011年，为进一步规范国家基本公共卫生服务项目管理，卫生部在《规范（2009年版）》基础上，组织专家对服务规范内容进行了修订和完善，形成了《国家基本公共卫生服务规范（2011年版）》（以下简称《规范（2011年版）》），后又增加了婚前保健和中医健康管理（包括老年人中医健康管理和0—36个月儿童中医健康管理）的内容。

现行的《规范（2011年版）》包括13项内容，即：城乡居民健康档案管理、健康教育、预防接种、0—6岁儿童健康管理、孕产妇健康管理、老年人健康管理、高血压患者健康管理、2型糖尿病患者健康管理、重性精神疾病患者管理、传染病及突发公共卫生事件报告和处理以及卫生监督协管服务规范、婚前保健和中医健康管理。在各项服务规范中，分别对国家基本公共卫生服务项目的服务对象、内容、流程、要求、考核指标及服务记录表等作出了规定。

《规范（2011年版）》所列基本公共卫生服务项目主要由乡镇卫生院和社区卫生服务中心负责组织实施，村卫生室、社区卫生服务站分别接受乡镇卫生院和社区卫生服务中心的业务管理，并合理承担基本公共卫生服务任务。城乡基层医疗卫生机构开展国家基本公共卫生服务应接受当地疾病预防控制、妇幼保健、卫生监督等专业公共卫生机构的业务指导。其他医疗卫生机构提供国家基本公共卫生服务也可参照《规范（2011年版）》执行。

《规范（2011年版）》是乡镇卫生院、村卫生室和社区卫生服务中心（站）等城乡基层医疗卫生机构为居民免费提供基本公共卫生服务的参考依据，也是各级卫生行政部门开展基本公共卫生服务绩效考核的依据。地方各级卫生行政部门根据《规范（2011年版）》的基本要求，结合当地实际情况制订了本地区的基本公共卫生服务规范。《规范（2011年版）》的制定和实行对促进我国基本公共卫生服务均等化、深化医药卫生体制改革具有积极的作用。

28. 全民健身计划

新中国成立以来，中国体育事业取得了很大成就。群众性体育活动蓬勃开展，参加体育活动的人数不断增加，人民体质与健康状况有了很大改善，全民健身工作日益受到社会的重视和支持。随着我国经济的发展，社会的进步对人民的整体素质提出了新的更高要求。但是，全民健身工作的现状还不能适应社会主义现代化建设的需要。

1995年6月20日，为了更广泛地开展群众性体育活动，增强人民体质，推动我国社会主义现代化建设事业的发展，经国务院批准，国家体育运动委员会发布了《全民健身计划纲要》（以下简称《纲要》），提出全民健身工作到2010年的奋斗目标和任务，确定了以全国人民为实施对象,以青少年和儿童为重点,系统地加强全民健身工作的对策和措施。

到 2010 年,"全民健身"已家喻户晓、深入人心。实践证明,"国家推行全民健身计划"已经成为发展我国群众体育事业的成功经验与宝贵模式。2010 年《纲要》实施工作即将结束,需要制定新的全民健身计划,明确今后一个时期全民健身发展的目标任务和主要措施,继续有计划、有步骤地推动全民健身事业全面、协调、持续发展,更好地为国家经济建设和社会发展服务。2011 年 2 月 15 日,国务院发布《全民健身计划(2011—2015年)》(以下简称《计划》)。

《计划》的目标是到 2015 年,经常参加体育锻炼人数进一步增加;城乡居民身体素质进一步提高;体育健身设施有较大发展;全民健身活动内容更加丰富;全民健身组织网络更加健全;全民健身指导和志愿服务队伍进一步发展;科学健身指导服务不断完善;全民健身服务业发展壮大。

《计划》提出的工作措施包括:一是深入开展全民健身宣传教育,借助广播电视、专栏及各种体育活动加强宣传,倡导健康生活方式,开展"终身体育"教育,在全社会形成崇尚和参加体育健身的社会风气;二是大力发展城市社区体育,不断改善社区居民体育健身环境和条件,提供基本公共服务;三是加快发展农村体育,逐步建成城乡一体化的全民健身公共服务体系,增强农村基层体育公共服务能力;四是积极发展少数民族体育,建立健全基层少数民族体育协会;五是切实加强青少年体育,把增强学生体质作为学校教育的基本目标和重要评价内容;六是重视发展老年人体育,建立健全老年人体育协会、体育健身俱乐部、体育健身团队;七是大力推进残疾人体育,建立健全残疾人体育组织,组织开展残疾人体育健身活动;八是着力推动职工体育,充分发挥行业体育协会、机关企事业单位工会、职工体育协会作用,开展符合单位特点和职工喜闻乐见的体育健身和竞赛活动;九是继续推行体育锻炼标准和体质测定标准,修订完善《国家体育锻炼标准》,采取多种形式广泛开展达标活动;十是传承发展民族民间传统体育;十一是广泛开展全民健身活动;十二是组织举办全民健身运动会。

《计划》提出的保障措施:一是加大各级财政全民健身事业投入;二是鼓励社会兴办全民健身事业;三是有计划地建设公共体育设施;四是提高体育设施利用率;五是加强社会体育指导员队伍建设;六是广泛开展全民健身志愿服务活动;七是不断加大科学健身指导的力度;八是做好信息、科研和法制建设工作。

《计划》的制定和实施是贯彻落实科学发展观、全面建设小康社会的客观要求,对于提高全民族身体素质、健康水平和生活质量,促进人的全面发展,促进社会和谐和文明进步,建设体育强国具有积极的意义。

29."雪炭工程"

"雪炭工程"是国家体育总局贯彻《全民健身计划纲要》,为满足"老、少、边、穷"地区日益增长的体育健身需求,自2001年,利用彩票公益金在全国范围内援建综合性公共体育设施的活动。

2001年,随着三峡水库工程建设的进展,湖北省、重庆市库区20个县(区)体育场地设施全部或部分淹没。经过三峡库区体育工作者几代人艰苦奋斗建设起来的绝大多数体育设施将被平毁后沉入库底。为贯彻落实国务院关于对口支援三峡库区建设的部署,解决三峡库区体育工作的困难,国家体育总局于2001年6月12日在重庆组织召开了全国体育系统对口支援三峡库区体育工作的会议。会议决定:集中体育彩票公益金4650万元,在全国体育系统开展支援三峡库区体育设施建设行动,为20个淹没、半淹没的县(区)各援建一处主要用于群众健身和业余训练的设施。并由此开始推出体育彩票的"雪炭工程",以雪中送炭的精神,分期在老少边穷地区,依据当地的实际紧迫需要,援建公用体育健身设施。

2003年6月11日,为认真落实中央8号文件关于"要继续实施援建全民健身设施的'雪炭工程',积极扶持中西部地区和少数民族地区发展体育事业"的要求,加强"雪炭工程"制度化、规范化的建设与管理,不断提高"雪炭工程"的社会影响及效益,扶持贫困落后地区体育事业的发展,在总结前两期"雪炭工程"实施工作经验的基础上,国家体育总局制定了《"雪炭工程"实施办法》(以下简称《办法》)。

《办法》对援助的对象作出了规定。主要是革命老区、边疆少数民族地区、贫困地区、资源枯竭和下岗职工较多的地区、受灾受损严重的地区。援助对象必须具备当地党委、政府重视发展体育事业,体育工作有一定的群众基础,并取得较好成绩;当地政府能够提供建设用地并解决援建项目的配套资金。

《办法》对援建项目建设的原则与标准进行了规定。"雪炭工程"援建项目坚持"从实际出发、量力而行、因地制宜、以人为本、小型多样、经济实用、讲求效用、服务群众"的原则,不搞统一模式。援建项目的建设标准可以是室内设施、室外设施或室内与室外相结合的设施,无论建设哪类设施,均要建一处较具规模(器材在20件以上)并与环境绿地相配套的全民健身路径园区。

《办法》对援建资金的筹集与使用进行了规定。总局每年在本级体育彩票公益金中安排5000万元用于实施"雪炭工程",体育彩票发行较好的省(区、市)体育局从本级体育彩票公益金中匹配一定资金。每个援建项目的援建资金视地区人口数及援建项目情况确定。

到目前为止,"雪炭工程"已成功实施 14 年。"雪炭工程"为改善我国欠发达地区体育设施落后状况起到积极作用,营造了良好的人居氛围,推动了基层群体活动的开展,取得了一定的社会效益,深受援建地区群众的欢迎,彰显了社会主义实现社会公平的本义。"雪炭工程"不仅仅是体育工程,也是一项民心工程、德政工程,它温暖了库区人民的心,体现了党中央和全国人民对"老、少、边、穷"地区人民的亲切关爱。

30.国务院关于加快棚户区改造工作的意见

棚户区改造是重大的民生工程和发展工程。2008 年以来,各地区、各有关部门贯彻落实党中央、国务院决策部署,将棚户区改造纳入城镇保障性安居工程,大规模推进实施。2008 年至 2012 年,全国改造各类棚户区 1260 万户,有效改善了困难群众住房条件,促进了经济增长与社会和谐。但仍有部分群众居住在棚户区中。为进一步加大棚户区改造力度,让更多困难群众的住房条件早日得到改善,有效拉动投资、消费需求,带动相关产业发展,推进以人为本的新型城镇化建设,2013 年 7 月 4 日,国务院发布了《关于加快棚户区改造工作的意见》(以下简称《意见》)。

《意见》确定了棚户区改造的基本原则是:科学规划,分步实施;政府主导,市场运作;因地制宜,注重实效;完善配套,同步建设。

《意见》提出要全面推进各类棚户区改造。一是城市棚户区改造,在加快推进集中成片城市棚户区改造的基础上,逐步将其他棚户区、城中村改造,统一纳入城市棚户区改造范围,稳步、有序推进;二是国有工矿棚户区改造,位于城市规划区内的国有工矿棚户区,要统一纳入城市棚户区改造范围;三是国有林区棚户区改造,对国有林区(场)之外的其他林业基层单位符合条件的住房困难职工,纳入当地城镇住房保障体系筹解决;四是国有垦区危房改造;四是将华侨农场非归难侨危房改造,统一纳入国有垦区危房改造中央补助支持范围,加快实施改造。

《意见》对配套政策支持进行了规定。一是资金的筹集,要采取增加财政补助、加大银行信贷支持、吸引民间资本参与、扩大债券融资、企业和群众自筹等办法筹集资金;二是确保建设用地供应,棚户区改造安置住房用地纳入当地土地供应计划优先安排,并简化行政审批流程,提高审批效率;三是落实税费减免政策,对棚户区改造项目,免征城市基础设施配套费等各种行政事业性收费和政府性基金;四是完善安置补偿政策,棚户区改造实行实物安置和货币补偿相结合,由棚户区居民自愿选择。

《意见》对棚户区改造的规划、建设进行了规定。一是要优化规划布局,棚户区改造安置住房实行原地和异地建设相结合,优先考虑就近安置;二是完善配套基础设施建设,棚户区改造项目要按照有关规定规划建设相应的商业和综合服务设施；三是确保工程质量安全，要落实工程质量责任，严格执行基本建设程序和标准规范，特别是抗震设防等强制性标准。

《意见》对各级、各地政府的职责进行了规定。省级人民政府对本地区棚户区改造工作负总责，落实年度建设计划，加强目标责任考核。市、县人民政府要明确具体工作责任和措施。住房城乡建设部会同有关部门督促各地尽快编制棚户区改造规划，监察部、住房城乡建设部等有关部门建立有效的督查制度，定期对地方棚户区改造工作进行全面督促检查。

各省各地区根据《意见》制定了相应的实施办法，棚户区改造工作在全国范围内得到普遍开展。棚户区改造工作，对于改善困难群众住房条件，缓解城市内部二元矛盾，提升城镇综合承载能力，促进经济增长与社会和谐具有重要的意义。

31. 绿色建筑行动方案

绿色建筑是在建筑的全寿命期内，最大限度地节约资源、保护环境和减少污染，为人们提供健康、适用和高效的使用空间，与自然和谐共生的建筑。为深入贯彻落实科学发展观，建设资源节约型、环境友好型社会，提高生态文明水平，改善人民生活质量，2013年1月1日，国务院办公厅转发了发展改革委、住房城乡建设部制定的《绿色建筑行动方案》（以下简称《方案》）。

《绿色建筑行动方案》主要包括以下几个方面的内容：

《方案》确定的主要目标：一是对于新建建筑，"十二五"期间，完成新建绿色建筑10亿平方米；到2015年末，20%的城镇新建建筑达到绿色建筑标准要求。二是对于既有建筑的节能改造，"十二五"期间，完成北方采暖地区既有居住建筑供热计量和节能改造4亿平方米以上，夏热冬冷地区既有居住建筑节能改造5000万平方米，公共建筑和公共机构办公建筑节能改造1.2亿平方米，实施农村危房改造节能示范40万套，到2020年末，基本完成北方采暖地区有改造价值的城镇居住建筑节能改造。

《方案》实施的基本原则：全面推进，突出重点；因地制宜，分类指导；政府引导，市场推动；立足当前，着眼长远。

《方案》确定的绿色行动的重点任务：一、抓好新建建筑节能工作，科学做好城乡建设规划，大力促进城镇绿色建筑发展，积极推进绿色农房建设，严格落实建筑节能强制性标准；二、大力推进既有建筑节能改造，加快实施"节能暖房"工程，积极推动公共建筑节能改造，开展夏热冬冷和夏热冬暖地区居住建筑节能改造试点，创新既有建筑节能改造工作机制；三、开展城镇供热系统改造，推广"吸收式热泵"和"吸收式换热"技术，提高集中供热管网的输送能力;四、推进可再生能源建筑规模化应用,普及太阳能热水利用,积极推进被动式太阳能采暖;五、加强公共建筑节能管理,建立完善的公共机构能源审计、能效公示和能耗定额管理制度,加强能耗监测和节能监管体系建设;六、加快绿色建筑相关技术研发推广,加强绿色建筑技术标准规范研究,开展绿色建筑技术的集成示范;七、大力发展绿色建材,积极支持绿色建材产业发展,组织开展绿色建材产业化示范;八、推动建筑工业化,支持集设计、生产、施工于一体的工业化基地建设,开展工业化建筑示范试点;九、严格建筑拆除管理程序,完善建筑拆除的相关管理制度,探索实行建筑报废拆除审核制度;十、推进建筑废弃物资源化利用,开展建筑废弃物资源化利用示范,研究建立建筑废弃物再生产品标识制度。

《方案》确定的绿色行动的保障措施:一、强化目标责任,将绿色建筑行动目标完成情况和措施落实情况纳入省级人民政府节能目标责任评价考核体系;二、加大政策激励,通过完善财政支持政策、税收优惠政策、土地转让政策等,确保绿色行动方案的贯彻实施;三、完善标准体系,完善建筑节能标准,健全绿色建筑评价标准体系;四、深化城镇供热体制改革,各地区出台完善供热计量价格和收费办法;五、严格建设全过程监督管理,通过规划审查、土地出让监管、工程规划许可、施工各个方面的监督,保障绿色建筑行动的实施;六、强化能力建设,提高统计的准确性和及时性,强化绿色建筑评价监管机构能力建设,强化人员培训;七、加强监督检查,开展绿色建筑行动专项督查;八、开展宣传教育,积极宣传绿色建筑法律法规、政策措施、典型案例、先进经验,加强舆论监督,营造开展绿色建筑行动的良好氛围。

开展绿色建筑行动,是贯彻落实科学发展观、大力推进生态文明建设的重要内容。以绿色、循环、低碳理念指导城乡建设,严格执行建筑节能强制性标准,扎实推进既有建筑节能改造,集约节约利用资源,提高建筑的安全性、舒适性和健康性,对转变城乡建设模式,破解能源资源瓶颈约束,改善群众生产生活条件,培育节能环保、新能源等战略性新兴产业,具有十分重要的意义和作用。

32. 安居工程

"安居工程"是政府的一项"德政工程",是政府解决中低收入居民的住房问题的一种手段。我国的"安居工程"最早出现于 20 世纪 90 年代。

为解决城市居民及国有大中型企业职工的住房困难问题,加快解危解困,改善居民的住房条件,1994 年 5 月 21 日,建设部印发了《建设部 1994 年实施"安居工程"意见》。1995 年 2 月 6 日,国务院住房制度改革领导小组发布了《国家"安居工程"实施方案》,

标志着国家安居工程的正式启动。

进入21世纪之后,为解决城市低收入家庭、农村村民以及游牧民的住房问题,中国开始推进保障性安居工程。保障性安居工程包括三类。第一类是保障性住房建设,包括廉租住房、经济适用住房、公共租赁住房、限价商品住房;第二类是棚户区改造,包括城市棚户区、国有工矿棚户区、林区棚户区、垦区棚户区和煤矿棚户区;第三类是农村危房改造和游牧民定居工程。

2005年3月14日,国家发展改革委、建设部印发了《城镇廉租住房租金管理办法》。同年7月7日,建设部、民政部印发了《城镇最低收入家庭廉租住房申请、审核及退出管理办法》。2007年8月7日,国务院发布了《关于解决城市低收入家庭住房困难的若干意见》,提出进一步建立健全城市廉租住房制度,改进和规范经济适用住房制度,逐步改善其他住房困难群体的居住条件,包括加快集中成片棚户区的改造,积极推进旧住宅区综合整治以及多渠道改善农民工居住条件等。以此为开端,中国开始大规模建设保障性住房。

2011年9月28日,为全面推进保障性安居工程建设,进一步加强和规范保障性住房管理,加快解决中低收入家庭住房困难,促进实现住有所居目标,国务院办公厅发布了《关于保障性安居工程建设和管理的指导意见》(以下简称《意见》)。《意见》提出了到"十二五"期末,全国保障性住房覆盖面达到20%左右,使城镇中等偏下和低收入家庭住房困难问题得到基本解决,新就业职工住房困难问题得到有效缓解,外来务工人员居住条件得到明显改善的目标。《意见》提出要大力推进以公共租赁住房为重点的保障性安居工程建设,根据实际情况继续安排经济适用住房和限价商品住房建设,加快实施各类棚户区改造,加大农村危房改造力度。要确保用地供应,加大政府投入,规范利用企业债券融资,加大信贷支持,落实税费减免政策,以保障安居工程的顺利实施。

保障性安居工程,是党中央、国务院作出的重要战略部署,是转方式、调结构、惠民生的重大举措,对于建设社会主义和谐社会具有重大的意义。安居工程实施以来,在各地区、各有关部门共同努力下,全国保障性安居工程建设取得重大进展和明显成效,住房保障体系逐步完善,建设力度持续加大,政府投入大幅增加,广大群众得到了实惠,上千万户住房困难家庭搬进了新居,感受到党和政府的温暖,保障性安居工程成为重大民心工程。

33. 改善农村人居环境

近年来,中国积极推进农村基础设施建设和城乡基本公共服务均等化,农村人居环境逐步得到改善。但是,目前中国农村人居环境总体水平仍然较低,在居住条件、公共设施和环境卫生等方面与全面建成小康社会的目标要求还有较大差距。为进一步改善农村人居环境，2014年5月16日，国务院办公厅发布了《国务院办公厅关于改善农村人居环境的指导意见》（以下简称《意见》）。

《意见》提出了改善农村人居环境的基本原则。一是因地制宜、分类指导，科学确定不同地区的具体目标、重点、方法和标准；二是量力而行、循序渐进，优先安排保障农民基本生活条件的项目，防止大拆大建；三是城乡统筹、突出特色，逐步实现城乡基本公共服务均等化；四是坚持农民主体地位，广泛动员农民参与项目组织实施。

加快村庄规划，确定整治重点。加快编制村庄规划，根据镇、村人口变化等情况，科学论证，明确重点镇和一般镇、中心村和一般村的布局，明确不同区位、不同类型村庄人居环境改善的重点和时序。注重村庄规划的可实施性，符合农村实际，满足农民需求，体现乡村特色。同时，合理确定整治重点，根据不同村庄人居环境现状，规划编制要兼顾中长期发展需要，分类确定整治重点，分步实施。

循序渐进改善农村人居环境建设。一是全力保障基本生活条件，建立健全农村基本住房安全保障长效机制。加强农房建设质量安全监管，做好农村建筑工匠培训和管理；继续推进农村饮水安全工程，因地制宜推行城乡区域供水；实施村内道路硬化工程，基本解决村民行路难问题；大力推进水电新农村电气化县建设，实施新一轮农村电网升级改造工程。二是大力开展村庄环境整治，重点治理农村垃圾和污水。推行县域农村垃圾和污水治理的统一规划、统一建设、统一管理；建立村庄保洁制度，推行垃圾就地分类减量和资源回收利用；深入开展全国城乡环境卫生整洁行动。三是稳步推进宜居乡村建设，加强对村域的规划管理，开展农房及院落风貌整治和村庄绿化美化。

完善农村人居环境的机制建设。一是创新投入方式，建立政府主导、村民参与、社会支持的投入机制，以县级为主加强涉农资金整合，完善村级公益事业建设一事一议财政奖补机制，调动农民参与农村人居环境建设的积极性；二是建立管护长效机制，逐步实现城乡管理一体化，培育市场化的专业管护队伍，提高管护人员素质，加强基层管理能力建设，逐步将村镇规划建设、环境保护、河道管护等管理责任落实到人；三是强化农民主体地位，建立农村人居环境治理自下而上的民主决策机制，以多数群众的共同需求为导向，推行村内事"村民议村民定、村民建村民管"的实施机制；四是加强组织领导，省级人民政府对本地区改善农村人居环境工作负总责，科学编制规划，统筹安排年度建设任务。各有关部门认真履行职责，强化协调配合，加强对各地改善农村人居环境工作的指导。

改善农村人居环境是全面建设小康社会、促进社会和谐的重要内容。《意见》的发布对于全面改善农村人居环境，增强农村发展活力，建设"生产发展、生活宽裕、乡风文明、村容整洁、管理民主"的社会主义新农村具有重要的意义。

34. 国务院关于加强城市基础设施建设的意见

城市基础设施是城市正常运行和健康发展的物质基础,对于改善人居环境、增强城市综合承载能力、提高城市运行效率具有重要作用。当前,我国城市基础设施仍存在总量不足、标准不高、运行管理粗放等问题。基于以上问题,2013年9月6日,国务院印发《关于加强城市基础设施建设的意见》(以下简称《意见》)。

《意见》指出,加强城市基础设施建设,要围绕推进新型城镇化的重大战略部署,切实加强规划的科学性、权威性和严肃性,坚持先地下、后地上,提高建设质量、运营标准和管理水平。要深化投融资体制改革,在确保政府投入的基础上,充分发挥市场机制作用,吸引民间资本参与经营性项目建设与运营,改善城市人居生态环境,保障城市运行安全。

《意见》明确了当前加快城市基础设施升级改造的重点任务。一是加强城市供水、污水、雨水、燃气、供热、通信等各类地下管网建设和改造。开展城市地下综合管廊试点。到2015年,建设完成污水管网7.3万公里,完成全国城镇燃气8万公里和北方采暖地区城镇集中供热9.28万公里老旧管网改造任务。二是加强城市排水防涝防洪设施建设,解决城市积水内涝问题。到2015年,重要防洪城市达到国家规定的防洪标准。用10年左右时间建成较完善的城市排水防涝、防洪工程体系。三是加强城市污水和生活垃圾处理设施建设。到2015年,全国所有设市城市实现污水集中处理,城市污水处理率达到85%,生活垃圾无害化处理率达到90%左右,污水处理设施再生水利用率达到20%以上。四是加强城市道路交通基础设施建设。发挥地铁等的公共交通骨干作用,到2015年,全国轨道交通新增运营里程1000公里。积极发展大容量地面公共交通,增强城市路网的衔接连通和可达性、便捷度。尽快完成城市桥梁安全检测和危桥加固改造。加强行人过街、自行车停车等设施建设。五是加强城市电网建设。到2015年,全国中心城市基本形成500(或330)千伏环网网架,大部分城市建成220(或110)千伏环网网架。推进城市电网智能化,提高电力系统利用率、安全可靠水平和电能质量。六是加强生态园林建设。提升城市绿地蓄洪排涝、补充地下水等功能。到2015年,设市城市至少建成一个具有一定规模,水、气、电等设施齐备,功能完善的防灾避险公园。

《意见》要求,要保持城市基础设施规划建设管理的整体性、系统性,坚决杜绝"拉链马路"、窨井伤人现象。在科学规划和充分论证的基础上,加快在建项目建设,积极推进新项目开工,做好后续项目储备。落实地方政府责任,省级人民政府要加大监督、指导和协调力度,结合已有规划和各地实际,出台具体政策措施并抓好落实;城市人民政府要切实履行职责,科学确定项目规模和投资需求,抓好项目落实,接受社会监督。中央各有关部门要加强协调配合，完善法规政策，强化监督指导，严格责任追究，确保各项任务落到实处。

《意见》的发布既利当前更利长远，既能增强城市综合承载能力、造福广大群众、提高以人为核心的新型城镇化质量，又能拉动有效投资和消费、扩大就业、促进节能减排、推动经济结构调整和发展方式转变。《意见》的发布，是新一届政府统筹稳增长、调结构、促改革，以薄弱环节建设为抓手，促进民生改善和经济持续健康发展的重要举措。

35. 残疾人阳光家园计划

关心残疾人，是社会文明进步的重要标志。残疾人事业是中国特色社会主义事业的重要组成部分。2008年4月24日，十一届全国人大常委会第二次会议修订通过的《中华人民共和国残疾人保障法》（以下简称《残疾人保障法》），对开展残疾人托养服务提出了新的更高的要求。这部法律规定：地方各级人民政府对无劳动能力、无扶养人或者扶养人不具有扶养能力、无生活来源的残疾人，按照规定予以供养。

为落实《残疾人保障法》的相关规定，2009年11月22日，中国残联和财政部制定了《阳光家园计划——智力、精神和重度残疾人托养服务项目（2009—2011年）实施方案》，中央财政从2009年至2011年共安排6亿元专项资金，用于补助各地开展就业年龄段智力、精神和重度残疾人托养服务工作。2012年5月3日，中国残联印发了《阳光家园计划——智力、精神和重度残疾人托养服务项目（2012—2015年）实施方案》（以下简称《阳光家园计划》），中央财政2012年至2015年每年安排2.5亿元，用于补助各地开展残疾人托养服务工作。为确保达到预期效果，《阳光家园计划》对资助范围和标准、申请资助的条件等均作出了明确规定。

《阳光家园计划》的资助范围。地方各级政府及其有关部门和残联兴办的公益性残疾人托养服务寄宿制机构和日间照料机构；其他社会组织和个人兴办的不以营利为目的的残疾人托养服务寄宿制机构和日间照料机构；享受低保且无业的智力、精神和重度残疾人居家托养服务家庭。

《阳光家园计划》的资助标准和资助内容。《阳光家园计划》中央专项资金分配将综合考虑各地区经济社会发展水平差异、残疾人托养服务需求、残疾人托养服务工作成效等因素确定。《阳光家园计划》的资助标准由省级残联会同同级财政部门按照本计划各项要求，参考中央财政专项资金分配因素，结合本地残疾人托养服务工作进展、年度任务分解、资金匹配等实际情况研究确定。中央财政专项资金，用于补助各地开展残疾人托养服务工作，包括为符合条件的托养服务机构开展残疾人职业康复训练、技能培训、无障碍环境改造及生产生活等服务设施设备购置给予资助；为符合条件的残疾人家庭接受居家生活照料、家政服务、康复护理以及购买社会服务等提供资助等。

申请《阳光家园计划》资助的条件。申请资助的残疾人托养服务机构，应当具备的条件：一是依法建立，手续完备，经县级以上残疾人联合会确认开展残疾人托养服务；二是具备基本的托养设施设备，配备满足基本服务的工作人员，规章制度健全，且正常运营三个月以上；三是与托养服务对象或其家属（监护人）签订了一年以上托养服务协议；四是符合《方便残疾人使用的城市道路和建筑物设计规范》的建设要求；五是托养服务对象持有《中华人民共和国残疾人证》（第二代）。

实施《阳光家园计划》，是深入学习实践科学发展观，促进残疾人事业发展，推进残疾人社会保障体系和服务体系建设的重大举措，是公共财政直接投入残疾人保障与服务的政府阳光工程，是推动建立残疾人特殊保障制度的民生大事。对于缓解当前智力、精神和重度残疾人托养服务供需矛盾，建立残疾人专项补贴制度，提高对残疾人的服务水平，推动残疾人状况改善，促进社会稳定和谐，都具有重要意义。

36. 特殊教育提升计划

发展特殊教育是推进教育公平、实现教育现代化的重要内容，是坚持以人为本理念、弘扬人道主义精神的重要举措，是保障和改善民生、构建社会主义和谐社会的重要任务。为贯彻落实党的十八大和十八届二中、三中全会精神，深入实施《国家中长期教育改革和发展规划纲要（2010—2020年）》，加快推进特殊教育发展，大力提升特殊教育水平，切实保障残疾人受教育权利，2014年1月，教育部、发展改革委、民政部、财政部、人力资源和社会保障部、卫生计生委、中国残联共同制定了《特殊教育提升计划（2014—2016年）》（以下简称《计划》）。

《计划》规定了特殊教育提升的总体目标和重点任务。经过三年努力，初步建立布局合理、学段衔接、普职融通、医教结合的特殊教育体系，办学条件和教育质量进一步提升。建立财政为主、社会支持、全面覆盖、通畅便利的特殊教育服务保障机制，基本形成政府主导、部门协同、各方参与的特殊教育工作格局。到2016年，全国基本普及残疾儿童少年义务教育，视力、听力、智力残疾儿童少年义务教育入学率达到90%以上，其他残疾人受教育机会明显增加。特殊教育提升的重点任务是提高普及水平、加强条件保障、提升教育教学质量。

《计划》提出了提升特殊教育的主要措施。一是扩大残疾儿童少年义务教育规模。扩大普通学校随班就读规模，尽可能在普通学校安排残疾学生随班就读，加强特殊教育资源教室、无障碍设施等建设。二是积极发展非义务教育阶段特殊教育，将残疾儿童学前教育纳入当地学前教育发展规划，列入国家学前教育重大项目，支持普通幼儿园创造条件接收残疾儿童。普通高中和中等职业学校要积极招收残疾学生，鼓励特殊教育学校根据需要举办残疾人高中部（班）。有计划地在高等学校设置特殊教育学院或相关专业，满足残疾人接受高等教育的需求。三是加大特殊教育经费投入力度。切实保障特殊教育学校正常运转，义务教育阶段特殊教育学校生均预算内公用经费标准要在三年内达到每年6000元。针对义务教育阶段残疾学生的特殊需要，在"两免一补"基础上进一步提高补助水平。四是加强特殊教育基础能力建设。继续实施特殊教育学校建设项目，合理布局，科学规划，支持残疾人中等职业学校和高等院校新建或改扩建一批急需的基础设施，扩大残疾人接受中、高等教育的规模。五是加强特殊教育教师队伍建设。完善教师管理制度，各省（区、市）要落实特殊教育学校开展正常教学和管理工作所需编制，配足配齐教职工。提高教师专业水平，研究建立特殊教育教师专业证书制度，制订特殊教育学校教师专业标准，推动地方确定随班就读教师、送教上门指导教师和康复训练人员等的岗位条件。六是深化特殊教育课程教学改革。健全课程教材体系，根据国家义务教育课程标准，结合残疾学生特点和需求，制订盲、聋和培智三类特殊教育学校课程标准。改革教育教学方法，加强个别化教育，增强教育的针对性与有效性，开展"医教结合"实验，提升残疾学生的康复水平和知识接受能力。

《计划》的制定和实施对于保障残疾人受教育权利，帮助残疾人全面发展和更好地融入社会具有重要的意义。

37. 优化公共服务流程，方便群众办事创业

为切实解决基层群众"办证多、办事难"问题，进一步提高公共服务质量和效率，为基层群众提供公平、可及的服务，更好地推动大众创业、万众创新，激发市场活力和社会创造力，国务院办公厅于2015年11月印发《关于简化优化公共服务流程方便基层群众办事创业的通知》。

总体要求：一、服务便民利民，简化办事环节和手续，优化公共服务流程，让群众办事更方便、创业更顺畅。二、办事依法依规，规范公共服务事项办理程序，推进公共服务制度化、规范化。三、信息公开透明，切实保障群众的知情权、参与权和监督权。四、数据开放共享，加快推进"互联网＋公共服务"，推动信息互联互通、开放共享。

主要任务：一、全面梳理和公开公共服务事项目录，各地区、各部门要根据法律法规规定，对本地区、本部门以及相关国有企事业单位、中介服务机构的公共服务事项进行

全面梳理，列出目录并实行动态调整，要对所有公共服务事项逐项编制办事指南；二、坚决砍掉各类无谓的证明和繁琐的手续，凡没有法律法规依据的证明和盖章环节，原则上一律取消，探索由申请人书面承诺符合相关条件并进行公示，办事部门先予以办理，再相应加强事后核查与监管，进一步减少由申请人提供的证明材料，提高办事效率；三、大力推进办事流程简化优化和服务方式创新，最大限度精简办事程序，减少办事环节，缩短办理时限，改进服务质量；四、加快推进部门间信息共享和业务协同，推进公共服务信息平台建设，加快推动跨部门、跨区域、跨行业涉及公共服务事项的信息互通共享、校验核对；五、扎实推进网上办理和网上咨询，逐步构建实体政务大厅、网上办事大厅、移动客户端、自助终端等多种形式相结合、相统一的公共服务平台，为群众提供方便快捷的多样化服务；六、加强服务能力建设和作风建设，要践行"三严三实"要求，从群众利益出发，设身处地为群众着想，建立健全文明服务规则，提升运用新技术新方法为民服务的能力。

工作措施：一、尽快推出新举措，各地区、各部门要重点针对群众期盼解决的热点难点问题，认真查找现行公共服务流程存在的不足，找准症结，尽快整改，拿出具体解决方案，以改革的实际成效取信于民；二、回应关切促服务，各地区、各部门要及时了解群众需求，在改进公共服务中汲取群众智慧，主动回应社会关切，接受社会监督；三、协同推动抓落实，各地区、各部门要把简化优化公共服务流程、方便基层群众办事创业摆到突出位置，主动作为、相互协同，面向群众提供公共服务的国有企事业单位及中介服务机构，也要按照本通知要求，切实改进工作，不断优化服务，相关行业主管部门要加强指导和监督。

《通知》对创新和改进公共服务，加快转变政府职能，推进简政放权、放管结合、优化服务具有重要意义。

二、教育事业

1. 全国科学大会

十年"文化大革命"给我国科学技术造成了严重破坏,大批科学家遭受迫害,绝大多数科研工作陷于停顿。粉碎"四人帮"之后,党中央把在20世纪末实现四个现代化作为全国人民的奋斗目标,科学技术的现代化是实现四个现代化的关键。

1977年5月30日,中国科学院党组负责人方毅等人向中共中央政治局汇报科学院工作,提出召开全国科学大会的请求。8月,党的十一大在北京举行,十一大报告正式宣布:中央决定,在适当的时候召开全国科学大会。9月,中央政治局会议审议通过并发布了《关于召开全国科学大会的通知》。该通知指出:中央决定,1978年春在北京召开全国科学大会。全国科学大会的任务是,高举毛泽东思想的伟大旗帜,贯彻执行党的第十一次全国代表大会的路线,深入揭批"四人帮",交流经验,制定规划,表扬先进,特别要表扬有发明创造的科学技术工作者和工农兵群众,动员全党全军全国各族人民和全体科学技术工作者,向科学技术现代化进军。

1978年3月18日,全国科学大会在北京人民大会堂隆重开幕。大会由中共中央主席华国锋主持,中共中央副主席、国务院副总理邓小平作了重要讲话。邓小平说,四个现代化,关键是科学技术的现代化。党中央决定召开这次全国科学大会,目的就是动员全党全国重视科学,制订规划,表彰先进,研究加速发展科学技术的措施。他主要讲了三个问题:第一,对科学是生产力的认识问题。他说,科学技术是生产力,这是马克思主义历来的观点;科学技术作为生产力越来越显示出巨大的作用;在社会主义社会里,知识分子中大多数已经是工人阶级和劳动人民自己的知识分子,因此也可以说,已经是工人阶级自己的一部分。从事体力劳动的,从事脑力劳动的,都是社会主义社会的劳动者。第二个问题是对"红"与"专"怎样理解和要求。他说，我们向科学技术现代化进军，要有一支浩浩荡荡的工人阶级的又红又专的科学技术大军，要有一大批世界第一流的科学家、工程技术专家，要打破常规去发现、选拔和培养杰出人才。第三个问题是科学技术部门中怎样实现党委领导下的分工负责制。他说，能不能把我国的科学技术尽快地搞上去，关键在于我们党是不是善于领导科学技术工作；为了适应我国社会主义革命和社会主义建设新发展时期的需要，我们党的工作重点、工作作风也都应当有相应的转变。

中共中央政治局委员、国务院副总理、国家科学技术委员会主任方毅在会上作了报告。报告共分三部分：一、我国社会主义科学技术发展的新阶段；二、树雄心、立壮志"向科学技术现代化进军"；三、全党动员、大办科学。华国锋作了《提高整个中华民族的科学文化水平》的报告，强调这是实现现代化的直接需要，也是在全国范围内造就有社会主义觉悟的有文化的亿万劳动者，攀登科学技术高峰的战略任务。大会还制定了《1978年至1985年全国科学技术发展纲要（草案）》，表彰了826个先进集体，1192名先进科技工作者和7657项优秀科研成果的完成单位和个人。在闭幕式上，宣读了中国科学院院长郭沫若的热情洋溢的书面讲话《科学的春天》，讲话中说：我们民族历史上最灿烂的科学的春天到来了。

出席这次大会的有全国各省、市、自治区，中央直属机关和国家机关，中国人民解放军和国防工业部门的近6000名代表。他们当中有来自各个行业的优秀科学技术工作者，技术革新能手，科学种田的模范，忠诚科学事业的干部，包括24个民族，年龄最大的达90岁高龄，最小的只有22岁，具有广泛的代表性。

这次全国科学大会是中国共产党在粉碎"四人帮"之后，国家百废待兴的形势下召开的一次重要会议，题在科技，意在全局。它确立了科学技术工作正确的指导思想，让知识和教育重新赢得了人们的尊重，让整个社会再一次萌生了对科学的崇敬。它是中国科技发展史上一次具有里程碑意义的盛会，是动员全党、全军和全国各民族人民向科学技术现代化进军的盛会，对推动我国现代化事业特别是科学技术现代化起到了重要作用。这次大会之后，中国科技事业开始全面复苏。

2. 恢复重点学校

十年动乱，使我国高等学校的人才培养能力和教育质量大幅度下降，为尽快恢复办学水平，发挥高等学校在社会主义建设中的积极作用，国务院1978年2月转发教育部《关于恢复和办好全国重点高等学校的报告》（以下简称《报告》），决定恢复和办好一批全国重点高等学校。

《报告》指出，办好全国重点高等学校，不仅是教育部门的任务，各省、市、自治区和各部委都要给予足够的重视，加强对有关院校的领导，积极支持全国重点高等学校的工作。国务院要求各全国重点高等学校要深刻理解所肩负的重要责任，要谦虚谨慎，戒骄戒躁，树雄心，立壮志，兢兢业业，艰苦奋斗；深入开展教育革命，努力在规划的时间内使教学和科研水平进入国际先进行列，为在20世纪内把我国建设成为具有四个现代化的社会主义强国作出更大的贡献。

根据有利于加强党的领导，有利于发挥中央和地方两个积极性，有利于在教学和科学研究工作中早见成效的原则，《报告》提出对全国重点高等学校要实行统一领导，分级管理。面向全国和面向地区的全国重点高等学校，除少数院校实行有关部委直接领导外，多数院校实行有关部委和省、市、自治区双重领导，以部委为主。面向本省、市、自治区的全国重点高等学校，原则上由本省、市、自治区领导，有关部委要给予支持。要加强党的领导，抓紧各院校领导班子的建设，要加强师资队伍的建设。健全后勤机构，认真做好后勤工作，切实保证教学、科研、生产和生活的必要条件。

《报告》还指出，在教育革命的实践中，全国重点高等学校要带动一般院校共同前进；一般院校要推动全国重点高等学校向更高的水平发展。重点带一般，一般促重点，相互提高，加速发展，根据社会主义革命和建设的需要，及国民经济的可能，逐步扩大全国重点高等学校的范围，使高等教育事业为建设社会主义现代化强国，贡献更大的力量。

恢复和办好全国重点高等学校是一项战略性措施，对于迅速提高高等教育的水平，推动我国教育事业的快速发展，具有重要意义。至1981年底，全国共有重点高等学校98所。

3. 中国科技大学开办少年班

少年班是我国少数重点大学开办的一种特殊班级，所招学生都是年龄属少年期的智力超常的学生。我国关于举办少年班的构想最早是在1974年5月由著名物理学家、诺贝尔物理学奖获得者李政道教授提出来的。在回国访问期间，李政道看到"文化大革命"给国家带来了全面危机，人才培养几乎完全停止，于是通过周恩来向毛泽东建议可参照招收和培训芭蕾舞演员的办法，从全国选拔很少数，十三四岁左右的，有潜力的少年到大学去培训，培养一支"少而精的基础科学工作队伍"。虽然毛泽东同意了他的建议，但由于种种原因，李政道的建议在当时并没有付诸实施。

1977年5月，邓小平发表《尊重知识，尊重人才》的讲话，恢复高考的消息开始在民间涌动流传，不少人充满了期待。10月，教育部拿出了可行性方案——《关于1977年高等学校招生工作的意见》。几乎就在同时，一封由江西冶金学院教师倪霖书写的举荐信摆到了当时担任国务院副总理的方毅面前，倪霖书向方毅举荐江西赣州13岁的天才少年宁铂。11月3日，这封信得到了方毅的亲笔批示，也正是这封信直接促成几个月后中国科技大学少年班的诞生。

随着高考制度的恢复，创办少年班也有了可能，首先付诸实施的是中国科技大学。1978年，中国科技大学开始了高考的招生工作，其间发现了一批成绩优秀，年龄只有十三四岁的中小学生，他们大都未能参加统一的高考，但已经较好地掌握了中学的基础科学知识。为了能使这些少年受到更好的教育，中国科技大学开始派人奔赴上海、长沙、沈阳等城市，对这些少年逐个地进行多次笔试和口试，再经过体检，最后挑选了21名智力超常的少年，他们被中国科技大学破格录取，成为少年班的首批学生。1978年3月8日，中国科技大学举行了第一期少年班开学典礼。少年班创办的消息引发了海内外广泛的关注，随着中国科技大学少年班的创办，各地高等院校也纷纷跟进，掀起了少年班创办热潮。1983年12月28日，邓小平明确批示：科大少年班可以搞。1985年1月，教育部决定，继中国科技大学之后，在北京大学、清华大学、北京师范大学、吉林大学、西安交通大学等12所全国重点高校开办少年班，扩大试点。

改革开放后，中国科技大学开办少年班的方式为我国培养人才作了有益的探索，但随着我国高等教育人才培养的规范化、科学化的推进及高等教育的办学体制的不断完善，少年班的人才培养方式与我国的高等教育体制出现了诸多不相适应之处。20世纪80年代后，大部分高校的少年班停办，只有中国科技大学等少数高校作为特殊人才培养的试验仍在保留。

4. 中国教育学会成立

中国教育学会成立于1979年4月12日，是新中国成立最早、规模最大的全国性教育学术团体。中国教育学会第一届理事会会长为董纯才，名誉会长杨秀峰、成仿吾、陈鹤琴，第二届至第四届理事会会长为张承先，第五届、第六届理事会会长为顾明远，第七届及现任理事会会长为钟秉林。

1984年7月25日第二届理事会第一次全体会议讨论通过的章程确定了中国教育学会的宗旨是：坚持四项基本原则，贯彻"双百"方针和理论联系实际的原则，团结和组织有志从事教育科学研究的广大教育工作者，以马克思列宁主义、毛泽东思想为指导，进行教育科学理论与实践问题的研究。坚持"教育要面向现代化，面向世界，面向未来"，推动教育改革，为发展社会主义教育事业，建立具有中国特色的社会主义教育科学体系，实现社会主义现代化作出贡献。

建会 30 多年来,中国教育学会已形成覆盖基础教育阶段所有学科和教育工作领域的专业组织体系,成为具有广泛学术影响和教育教学改革引领能力的教育学术组织。学会遵循学术为本、服务立会的办会方针,坚持公益性和群众性组织原则,团结、凝聚广大教育理论和实践工作者以及热心教育事业的各方面人士,大力普及、繁荣、发展教育科学,积极参与教育公共服务和公共治理,主动服务政府教育决策,助推中小学校长、教师职业进步和专业成长,为构建中国特色社会主义现代教育体系贡献力量。

中国教育学会拥有理论研究、学术交流、书刊编辑、业务培训、专业展览、国际合作、咨询服务等广泛的业务。主要学术活动有:组织召开全国性的学术年会、中(小)学校长大会、未来教育家成长论坛和基础教育科研成果网络博览会。受教育部委托,承担"基础教育国家级教学成果奖"的组织评审、教学名师评选和中小学教育教学成果推广等工作职能。目前开展的专业服务项目有:中小学教育质量综合评价改革实验区建设、中国大学先修课程试点、中小学校长教师高端研修、中国教育数字博览馆建设、中国中小学幼儿园安全设置与评价标准研制与实施等;组织教育科学研究和教育教学改革实验成果的评价、鉴定与推广;研制相关的教育教学专业标准;开展国际教育学术交流与合作。

目前中国教育学会拥有 54 个分支机构、97 个单位会员和上万名个人会员。编辑出版《中国教育学刊》、《未来教育家》、《中小学数学》等教育专业期刊,开设官方网站(www.cse.edu.cn)。中国教育学会常设办事机构是秘书处。

中国教育学会成立以来,培养了大批教育科研人才,提高了中国教育工作者素质,加强了学术交流与合作,促进了我国教育事业的发展和改革。

5.《中学生守则》和《小学生守则》

《中学生守则》和《小学生守则》是我国广大中、小学生在学习和日常生活中必须遵守的行为规则。新中国成立以来,我国对《中学生守则》和《小学生守则》进行了多次修订。1955 年教育部就分别公布了《中学生守则》和《小学生守则》。"文化大革命"时期,《中学生守则》和《小学生守则》被践踏,良好风气被败坏。1979 年 8 月,教育部重新颁发了《中学生守则》和《小学生守则》的试行草案,经过补充和修改,1981 年 8 月由教育部正式颁布。

随着社会的发展变化,中小学生思想道德建设面临着一些新情况、新问题,原来的《中学生守则》和《小学生守则》已不能适应新时代对中小学生的要求。为此,2004 年教育部在广泛征求意见的基础上,对原来的《中学生守则》和《小学生守则》进行了修订,对原来沿用了 20 多年的《中学生守则》和《小学生守则》作了相应调减与补充，合并成为《中小学生守则》。修订后的《中小学生守则》于 2004 年 3 月由教育部发布，2004 年 9 月 1 日起执行。

2004 年版的《中小学生守则》共 10 条：一、热爱祖国，热爱人民，热爱中国共产党。二、遵守法律法规，增强法律意识。遵守校规校纪，遵守社会公德。三、热爱科学，努力学习，勤思好问，乐于探究，积极参加社会实践和有益的活动。四、珍爱生命，注意安全，锻炼身体，讲究卫生。五、自尊自爱，自信自强，生活习惯文明健康。六、积极参加劳动，勤俭朴素，自己能做的事自己做。七、孝敬父母，尊敬师长，礼貌待人。八、热爱集体，团结同学，互相帮助，关心他人。九、诚实守信，言行一致，知错就改，有责任心。十、热爱大自然，爱护生活环境。

为了使《中小学生守则》更能适应新时代的要求，教育部于 2012 年再一次启动了守则的修订工作，经过两年的调研、修订，意见稿将《中小学生守则》和与之配套的《小学生日常行为规范》、《中学生日常行为规范》合而为一，原本 70 条 2000 余字，精简为 9 大准则 300 余字，去掉某些口号化的语句，增加了贴近时代、贴近学生实际的表述。2014 年版《中小学生守则（征求意见稿）》共 9 条：一、热爱祖国。尊敬国旗国徽，奏唱国歌肃立，升降国旗行礼，了解国情历史。二、爱学习。勤思好问，乐于探究，上课专心听讲，勇于发表见解，按时完成作业，养成阅读习惯。三、爱劳动。自己事自己做，积极承担家务，主动清洁校园，参与社会实践，热心志愿服务，体验劳动创造。四、讲文明。尊敬父母师长，平等友善待人，言行礼貌得体，自觉礼让排队，保持公共卫生，爱护公共财物。五、讲诚信。守时履约，言行一致，知错就改，有责任心，不抄袭不作弊，不擅动他人物品，借东西及时归还。六、讲法治。遵守校纪校规，参与班级管理，养成规则意识，了解法律法规，不做违法之事。七、护安全。红灯停绿灯行，防溺水不玩火，会自护懂求救，远离毒品，珍惜生命。八、护健康。养成卫生习惯，不吸烟不喝酒，控制上网时间，抵制不良信息，坚持锻炼身体，保持阳光心态。九、护家园。节粮节水节电，践行垃圾分类，爱护花草树木，低碳环保生活，保护生态环境。

6. 政府大规模派遣大学生、研究生出国留学

"文化大革命"结束之后，为加速人才培养，学习吸取国外先进的科学技术与经营管理经验，以适应国家四个现代化建设的需要，1978 年 6 月 23 日，邓小平副主席在听取教育部负责人蒋南翔等关于清华大学的工作汇报时，作出了关于扩大增派留学生的重要指示。

邓小平指出，我赞成留学生的数量增大，主要搞自然科学。这是五年快见成效，提高

我国水平的重要方法之一。要成千成万地派，不是只派十个八个。为什么要这样派？这是提高我们科学教育水平的重要方法之一，同时也是为了科技强国。为了科技强国我们花多少钱都值得。要从外语好的高中毕业生中选派一批到外国进大学，今年选三四千，明年派万把人。这段讲话被比较广泛地认为是奠定了1978年以后中国向西方发达国家扩大派遣留学生的政策原则。

为落实邓小平的重要指示，教育部迅速制定计划，采取措施，在最短的时间内确定了"突出重点、统筹兼顾、保证质量、力争多派"的国家公派出国留学生选派原则，于当年7月11日向中央提出了《关于加大选派留学生的数量的报告》，同时作出了3000人派遣计划。1978年7月美国卡特总统科技顾问弗兰克·普雷斯（Dr. Frank Press）向方毅副总理发出邀请，请中国政府派代表团去美商谈中美互派留学生的有关事宜。与美国达成协议后，国家教委陆续与西方15国达成交换留学生协议。与西方世界隔绝了30多年之后，1978年12月首批50名赴美留学人员到达华盛顿，进入各高等学校。

1979年教育部在全国11家高校建立出国留学人员培训部，负责国家公派出国留学人员的行前外语培训和思想教育工作。同年12月26日，改革开放后的首批访问学者起程赴美。1979年初，邓小平率团访问美国，在与美国总统卡特所签的协议中，将中美关于派遣留学生的口头谅解作为正式协议加以签署，从而载入史册。此后，中国政府和民间教育代表团纷纷出访日本、加拿大等国，同时也接待了各国访华代表团，商谈互派留学生事宜，签订了一系列合作协定和执行计划。随之，赴英、日、德、法等西方发达国家的中国留学生陆续踏上求学征程，掀起了中国近现代以来最大规模的出国留学热潮。

1992年，邓小平视察珠海留学人员高科技企业时说，所有出国学习的人，希望他们都回来；要作出贡献，还是回国好。同年8月12日，国务院办公厅发布由国家教委起草的《关于在外留学人员有关问题的通知》，明确提出了"支持留学"的意见。1993年，"支持留学，鼓励回国，来去自由"的出国留学方针被写进党的十四届三中全会文件。2001年，人事部联合多部委发布《关于鼓励海外留学人员以多种形式为国服务的若干意见》，强调"在鼓励海外留学人员回国工作的同时，吸引他们以多种形式为国服务"。2007年，教育部发布了《关于进一步加强引进海外优秀留学人才工作的若干意见》，在吸引高层次留学人才的道路上又迈出了坚实的一步。

改革开放30多年来，中国出国留学人员总数已经达到264余万人。中国已经成为世界第一大留学生输出国，留学生集中在美国、日本、英国等100多个国家。大量派遣留学生赴国外学习深造的中国留学政策，搭建起中国通向世界的国际人才培养通道，为改革开放和中国全球化积累了大批国际化人才。

7. 高校试行学生选课学分制

学分制是在选课制发展的基础上产生的一种高等学校教学管理制度。美国从19世纪70年代起开始实行学分制；日本等发达国家在第二次世界大战后也普遍实行学分制。我国的大学在20世纪30年代至50年代初，也曾尝试实行美国式的学分制，但从50年代初起开始采用苏联大学的学年学时制，学分制未能继续实行。

1978年以后，我国部分高等学校开始酝酿教学制度改革，尝试实行学分制，武汉大学从1978年开始全面试行这一制度。1986年7月底，国家教委召开了部分高等学校试行学分制工作座谈会。会上各校交流了几年来试行学分制和加强学籍管理工作的经验，讨论了试行学分制过程中若干重要问题，进一步明确了试行学分制的指导思想和试行学分制需要具备的一些最基本条件。1987年2月，国家教委印发了《部分高等学校试行学分制工作座谈会纪要》（以下简称《纪要》），作为试行学分制的指导性文件。《纪要》指出：新中国成立以来，我国高等教育取得了很大成就，但在专业划分、教学计划、教学方法等方面还存在一些弊端，未能充分调动学生学习的主动性、积极性和创造性。而实行学分制能较充分地贯彻因材施教的原则，学生可以在教师的指导下根据专业教学计划的要求和本人的能力、志向有计划地选修课程，扩大知识面，克服和弥补当前教学中的不足，培养出适应新时代需要的人才。自1978年我国少数高等学校试行学分制以来，到1986年，全国本科院校约有三分之一已不同程度地在试行这种制度，并取得了很大成就。尽管这种教学制度具有许多优越性，但目前仍处于试验阶段，需要总结完善，全面推广还不成熟，对已试行的学校也不能划一要求。

《纪要》还强调，试行学分制应做好以下几方面工作：切实加强对学生选课的指导，以免出现学生选课的盲目性；实行学分绩点制，把学生修读的量与质结合起来，促进教学质量的稳步提高；进一步健全和完善选课制，提高教学组织艺术，为学生选课创造条件；试行主辅修制度，扬学分制灵活性之长，并纳入复合型人才培养的健康轨道；在学籍管理中，要正确处理放活与管严的关系，努力做到管而不死，活而不乱。

1993年，《中国高等教育改革和发展纲要》提出，要在全国高等院校逐步实行学分制。此后，学分制逐渐成为我国高等教育教学管理的一项基本制度。

事实证明，学生选课学分制为提高学生的学习积极性，促进学生的健康成长成才发挥了积极作用，是促进高等教育质量提升的一种行之有效的制度。

8. 中华人民共和国学位条例

改革开放以后，随着我国教育事业的发展，建立与国外相一致的学位制度、按照不同层次培养各类社会所需人才，已成为教育改革的一项重要任务。1980年2月五届全国人大常委会第十三次会议审议通过《中华人民共和国学位条例》（以下简称《学位条例》），于1981年1月1日起施行。根据2004年8月28日十届全国人大常委会第十一次会议《关于修改〈中华人民共和国学位条例〉的决定》的修正，新修订的《学位条例》共20条，主要内容如下：

一、凡是拥护中国共产党的领导、拥护社会主义制度，具有一定学术水平的公民，都可以按照本条例的规定申请相应的学位。

二、学位分学士、硕士、博士三级。高等学校的本科毕业生，成绩优良，较好地掌握本门学科的基础理论、专门知识和基本技能，具有从事科学研究工作或担负专门技术工作的初步能力者，授予学士学位。高等学校和科学研究机构的研究生，或具有研究生毕业同等学力的人员，通过硕士学位的课程考试和论文答辩，成绩合格，在本门学科上掌握坚实的基础理论和系统的专门知识，具有从事科学研究工作或独立担负专门技术工作的能力者，授予硕士学位。高等学校和科学研究机构的研究生，或具有研究生毕业同等学力的人员，通过博士学位的课程考试和论文答辩，成绩合格，在本门学科上掌握坚实宽广的基础理论和系统深入的专门知识，具有独立从事科学研究工作的能力，在科学或专门技术上作出创造性的成果者，授予博士学位。

三、国务院设立学位委员会，负责领导全国学位授予工作。学士学位，由国务院授权的高等学校授予；硕士、博士学位，由国务院授权的高等学校和科学研究机构授予。学位授予单位，应当设立学位评定委员会，并组织有关学科的学位论文答辩委员会。

四、对于在科学或专门技术上有重要的著作、发明、发现或发展者，经有关专家推荐，学位授予单位同意，可以免除考试，直接参加博士学位论文答辩。对于通过论文答辩者，授予博士学位。

五、对于国内外卓越的学者或著名的社会活动家，经学位授予单位提名，国务院学位委员会批准，可以授予名誉博士学位。

六、在我国学习的外国留学生和从事研究工作的外国学者，可以向学位授予单位申请学位。对于具有本条例规定的学术水平者，授予相应的学位。

七、学位授予单位对于已经授予的学位，如发现有舞弊作伪等严重违反本条例规定的情况，经学位评定委员会复议，可以撤销。

《学位条例》颁布30多年来，使我国的学位制度从无到有，研究生培养能力从弱到强，研究生培养规模从小到大，极大地提高了我国学术科研水平，为我国经济社会发展各项事业培养了大批优秀的高级专门人才，对我国社会进步和发展作出了历史性的贡献。

9. 中共中央、国务院关于普及小学教育若干问题的决定

我国由于人口多、底子薄、经济落后、教育经费短缺等因素，再加上曾经的工作上的种种失误，特别是"文化大革命"的破坏，直到1980年我国尚未普及五年制小学教育，新文盲继续大量产生。这种情况与我国社会主义现代化建设事业及人才培养很不适应，同经济发展对人才培养的要求很不适应，同建设现代化的、高度民主、高度文明的社会主义强国的要求很不适应。为切实改变上述状况，促进我国小学教育的发展，以利于新时期总任务的实现，1980年，中共中央、国务院作出《关于普及小学教育若干问题的决定》（以下简称《决定》）。

一、明确教育事业在四化建设中具有重要作用。社会主义现代化建设，不仅要建设高度的物质文明，还要建设高度的精神文明；没有文化教育事业的充分发展，就不可能有完全的社会主义。必须调整教育与经济之间的比例关系，把加强教育事业列为重要内容；在国民经济长远规划、调整计划、年度计划中，都要提出教育规划和实现规划的措施；必须逐步地提高教育投资的比重，改变教育经费过少的状况。

二、在20世纪80年代，全国应基本实现普及小学教育的历史任务，有条件的地区还可以进而普及初中教育。小学教育是整个教育的基础，要提高教育质量，提高全民族的科学文化水平，必须从小学抓起；普及小学教育应当根据各地区经济、文化基础和其他条件的不同，由各省、自治区、直辖市进行分区规划，提出不同要求，分期分批予以实现，不搞"一刀切"。

三、必须坚持"两条腿走路"的方针，以国家办学为主体，充分调动社队集体、厂矿企业等各方面办学的积极性，还要鼓励群众自筹经费办学。国家应加强师范教育，负责训练合格的教师，中小学教师应主要由国家派遣，由教育行政部门管理，也允许社队、企业自行招聘；正确处理普及与提高的关系，应当首先集中力量办好一批重点学校，创造经验，典型示范；农村小学的校舍修建和课桌凳的购置，一般应由社队主要负责，国家酌情给以补助。

四、必须造成尊师的良好社会风气，提高教师的社会地位，建设一支稳定、合格的教师队伍。要采取有效措施改变中小学民办教师比重过大、待遇过低、队伍不稳定的状况；各级教育部门必须大力做好教师队伍的整顿和培训、提高工作；为充实和加强教师队伍，

对过去改行做机关工作的教师，各地应采取措施使他们归队。

五、必须切实改革普通教育的领导管理体制，大力加强对这一事业的领导。各级党委和政府应该把普及小学教育工作纳入重要议事日程，省、地、县党委和政府的主要负责人要亲自关心教育工作，县和公社的党、政机关要对本地普及小学教育工作切实负起责任。

《决定》对普及小学教育工作的开展具有重要指导意义。为使《决定》的内容得到切实落实，1982年12月，五届全国人大五次会议批准的第六个五年计划（1981—1985）提出：到1985年，争取全国绝大部分县普及或基本普及小学教育；其他地区也要积极创造条件，使更多的适龄儿童入学。之后，普及小学教育的活动在全国开展起来。

10. 中共中央、国务院关于加强职工教育的决定

职工教育是开发智力、培养人才的重要途径，是国民经济持续发展的可靠保证，与现代化建设的成败有极其密切的关系。为加强职工教育工作，中共中央、国务院于1981年2月作出了《关于加强职工教育工作的决定》（以下简称《决定》）。

一、要求各级党政领导和所有厂矿企业、事业单位的党委、行政、工会、共青团都要十分重视职工教育；各级政府要把职工教育纳入国民经济和国民教育计划的轨道，要把职工教育列入长远规划和年度计划，并且要把它作为一项经常性的重要工作办好。

二、各地区、各部门、各企业事业单位应根据实际情况，制订职工教育的长远规划和具体计划，对广大工人、技术人员、经营管理人员、领导干部等提出不同的训练要求；近两三年内，要把职工教育的重点，放在对领导干部的训练和对"文化大革命"以来入厂的青壮年职工进行政治思想教育和文化、技术补课方面。

三、在调整国民经济期间，要采取有效措施，大力开展职工教育；利用停产时间和厂房，组织干部、职工学习；关停并转的企业，主要领导干部要亲自抓好干部、职工的培训工作，要建立强有力的培训机构，做好政治思想工作、教学管理工作和行政后勤工作，以保证培训工作的正常进行。

四、要因地制宜，广开学路，提倡多种形式办学；职工教育要尽量逐步做到正规化，做到任务明确、要求具体、制度严格、进度合理、成效显著；除主要由企业事业单位举办外，还要发动业务部门、教育部门、群众团体等社会各方面力量积极办学。

五、各级各类职工教育都应制订教学计划，明确培养目标与达到目标的标准；要建立严格的考试制度，考试合格的发给文凭，作为晋级和安排工作的根据之一；职工学完中等专业或高等学校的课程，按规定考试及格者，应承认其学历，并与全日制院校同类专业的毕业生享受同等的工资待遇。

六、积极建设一支以专职教师为骨干、与兼职教师相结合的教师队伍；要选调那些能胜任教学的职工和技术人员担任专职或兼职教师；在晋级、调资、奖励和福利方面，对企业中的教师和科室技术人员要一视同仁，地区性职工学校的教师要和普通学校的教师享受同等待遇。

七、要勤俭办学，认真解决必要的办学条件；建立必要的职工教育基地；职工教育经费不足的问题，要妥善地予以解决；国务院责成财政部会同有关部门，制定《关于职工教育经费管理和开支标准的暂行规定》。

八、职工教育除了依靠工矿企业和地区性职工学校外，还要充分发挥普通学校的作用；普通高等院校和中等专业学校都应当承担一定的在职培训任务，在保证完成招生任务的原则下，为在职人员进修开设专门的班级。

九、建立全国职工教育管理委员会，作为国务院指导全国职工教育工作的机关；各省、市、自治区人民政府要成立职工教育管理委员会，或充实、加强原有的工农教育委员会，委员会设办事机构，配备必需的专职工作人员，负责日常工作；基层企业事业单位，在党委统一领导下，由行政负责主管本单位的职工教育工作，充分发挥工会、共青团等有关方面的作用。

十、由全国职工教育管理委员会、教育部组织有关部门着手起草《职工教育法》，明确规定：职工教育的地位和任务；领导管理体制和各方面的责任；职工的学习权利和师生的待遇；办学形式、经费来源和师资配备等，为进一步开展职工教育提供法律依据。

《决定》是我国开展职工教育工作的重要文件，对于建立正规的教育制度，造就大批又红又专的专门人才，具有重要意义。

11. 关于加速发展高等教育的报告

为尽快扭转教育同国民经济和社会发展不相适应的局面，加速发展高等教育，采取多层次、多种规格和多种形式加快高等教育的发展，为四化建设培养和输送数量较多、质量较高的各类专门人才，国务院于1983年4月批转教育部、国家计委《关于加速发展高等教育的报告》(以下简称《报告》)。《报告》的主要内容如下：

一、基本原则。《报告》提出加速发展我国高等教育必须遵循五项原则：（一）高等教育事业既要千方百计地克服困难加速发展，又要注意实际可能。（二）要采取多种形式，开辟新的门路，调动各方面的积极性，继续贯彻"两条腿走路"的方针。（三）要在扩大高等教育规模的过程中，根据国家四化建设的需要，调整改革高等教育内部结构，增加专科和短线专业的比重。（四）要分层次规定不同的质量要求，同时抓紧重点学校和重点专业的建设。（五）要把今后四五年的发展，统筹规划，全面安排，使招生人数持续上升，防止大起大落，造成困难和浪费。

二、奋斗目标。《报告》提出5年内中国高等教育发展的奋斗目标：（一）全日制高校年度招生人数由1982年的31.5万人，增加到1987年的55万人，增加75%。（二）1987年在校学生将达176万人，比1982年增长53%，平均每年增加在校生12.1万人。（三）当年招生安排36万人，比1982年增加4.5万人，增长14%。（四）电大、夜大学、函授大学、职工大学等其他形式的高等院校招生人数由1982年的29万人增加到1987年的110万人，增长2.8倍。（五）在校学生由1982年的64万人增加到1987年的237万人，增长2.7倍。

三、保障措施。为完成和实现上述目标，经国务院批准，有关部门决定采取保障措施：（一）充分发挥现有高等学校，特别是老校的潜力。一方面要根据需要尽可能再多招些学生，有条件的本科院校，要办些专科；另一方面可以分出一批教师和干部，采取"下蛋"办法，举办分校或夜大学。（二）积极提倡大城市、经济发展较快的中等城市和大企业，举办高等专科学校和短期职业大学。（三）大力发展广播电视大学、函授大学、夜大学，扩大招生规模，加强国家急需的专业。百万人口以上的大城市，要逐步成立教育电视台，增加财经、政法和应用文科等科类的专业。（四）为了改善人才结构，有关部门要采取措施，积极发展中等专业教育，增加中专招生人数。（五）根据需要和可能，按照上述原则，有计划地适当新建一些全日制高等院校。

四、办学条件。考虑到国家当时的实际困难，本着尽可能挖潜力，又要增加必要的投资和人力的精神，五年内高等教育（不包括研究生、留学生等）需增加的办学条件如下：（一）在1982年高教事业费约22亿元的基础上，经与财政部商议，"六五"后三年在原定"六五"计划的基础上共追加3亿元，1986年和1987年的数字另行商定。（二）在1982年高教基建投资9.5亿元的基础上，每年平均增加2.5亿元，五年共计增加12.5亿元。（三）为了促进重点院校、重点专业的建设，争取在下一阶段的世界银行贷款中使大学建设的贷款额比过去有较多的增加。（四）高等学校急需增加的基础课教师，首先在现有院校教师中调剂，确实不足的，国家计委适当分配一些今年毕业的大学生、研究生。

12. 全国中小学勤工俭学暂行工作条例

为全面贯彻党的教育方针，促进学生德、智、体、美、劳全面发展，1983年2月国务院批转了由教育部、国家计划委员会、国家经济委员会、财政部共同制定的《全国中小学勤工俭学暂行工作条例》（以下简称《条例》）。《条例》包括总则、生产劳动、校办工业、校办农业、劳动工资、组织领导、附则共7章27条，其主要内容是：

一、明确勤工俭学活动的地位：开展勤工俭学活动、实行教育与生产劳动相结合，是坚持马克思主义教育思想，全面贯彻党的教育方针，培养德、智、体全面发展的有社会主义觉悟的有文化的劳动者的有效途径之一；是学校教育工作的组成部分。

二、勤工俭学的主要任务是：（一）通过劳动实践对学生进行思想政治教育，培养学生的优良道德品质；（二）培养学生运用理论知识解决实际问题的能力，掌握一定的生产知识和劳动技能；（三）搞好生产，创造物质财富，用于改善办学条件和师生福利。

三、地方各级人民政府的有关部门对学校开展勤工俭学活动要给予积极配合和支持，协商解决出现的问题，在场地、资金以及产品的供、产、销等方面给予适当照顾和优惠，保证学校勤工俭学的合法权益不受侵犯；开展勤工俭学要按照国家制订的教学计划执行，加强领导和管理，不得随意增减教学和劳动时间；学校的勤工俭学必须遵守国家和地方工商行政部门的有关规定，一般不搞纯商业经营，应把经济效益和人才效益结合起来，优先安排教育战线所需产品的生产。

四、各校办工厂、农场要按照精简的原则，建立一支具有一定数量的政治思想好，有一定文化、技术水平，懂教学、会管理的又红又专的职工队伍，保证生产的有效进行和指导学生参加生产劳动；各级劳动人事部门和教育行政部门应给予适当的编制，职工的劳动工资和调配由教育行政部门按国家有关规定办理，其工资福利待遇根据厂（场）的生产情况并参照当地同行业的有关标准执行，要建立考核制度、奖惩制度，以充分调动职工的积极性，并充分发挥学校的优势开展职工培训，以期服务于社会。

五、各级教育行政部门可根据当地的实际情况建立和健全勤工俭学管理机构，其主要职能是：贯彻执行党的教育方针和国家的有关政策，拟定有关的规章、制度，组织、指导勤工俭学工作的开展；做好勤工俭学规划，并负责组织实施、监督和总结；代表所属校办厂（场）与当地有关业务部门联系，帮助解决供、产、销问题和研制、开发新产品，引进新技术及其他有关问题。

六、该《条例》适用于所有小学、中学、职业中学、农业中学、中等师范学校、职业学校，从公布之日起实行。

《条例》是在总结我国多年来开展勤工俭学活动的经验和针对所存在问题的基础上制定出来的，为规范开展勤工俭学活动提供了指导。标志着我国勤工俭学活动的制度化和法治化，对勤工俭学活动起到了很大推动作用。

13. 中共中央、国务院关于加强和改革农村学校教育若干问题的通知

为了加强农村教育的改革与发展，提高广大农村劳动者的科学文化水平，促进农村社

会主义建设，1983年5月6日，中共中央、国务院发出《关于加强和改革农村学校教育若干问题的通知》，主要内容如下：

一、规定农村教育要适应农村新形势需要。在我国农村普遍实行多种形式的农业生产责任制后，农村经济迅速发展，加快了传统农业向现代化农业转化的过程，广大农民迫切要求掌握文化科学知识，新的形势向农村学校教育提出了新的更高的要求。

二、明确农村学校的主要任务。要提高新一代和广大农村劳动者的文化科学水平，促进农村社会主义建设。一定要适应广大农民发展生产，劳动致富，渴望人才的要求；一定要引导广大学生热爱农村，热爱劳动，学好知识和本领；通过宣传教育，采取切实措施，纠正目前社会上片面追求升学率的倾向。

三、加强农村各类教育。（一）全力抓好普及初等教育。力争1990年前在我国除少数山高林深、人口特别稀少的地区外，基本普及初等教育。对普及工作成绩显著的地区、学校和个人，应予表彰奖励。农村小学的办学形式要灵活多样，学制五年、六年并存，并可实行高低年级分段。高年级应适当增加农村应用知识和技能的内容。（二）努力改革农村中等教育结构，发展职业技术教育。力争1990年农村各类职业技术学校在校学生数达到或略超过普通高中。

四、培养农村教师队伍。（一）有关高等学校要为农村培养和输送专门人才，为农村各类学校培训师资。有关高等学校要加强农业科技的研究和推广工作，为农村提供更多的技术服务。农、林、商、工等科院校在办好本科的同时，要注意发展专科。改革高等学校的招生和毕业生分配制度，打开人才通向农村的路子。（二）建设一支稳定的、合格的教师队伍。各级党政领导必须认真落实知识分子政策，以极大的热情关心教师，提高教师的政治地位、社会地位和工资待遇，注意改善其工作条件和生活条件，在全社会形成尊重教师的良好风尚。教育部应从速制定中小学教师的职称制度，在整顿教师队伍的基础上经过试点逐步推开。对民办教师应逐步实行社队统筹工资制等。

五、加强农村教育的管理。（一）办好农村学校教育，要坚持"两条腿走路"的方针，通过多种渠道切实解决经费问题。中央和地方要逐年增加教育经费，厂矿、企业单位、农村合作组织都要集资办学，还应鼓励农民在自愿基础上集资办学和私人办学。校校无危房，班班有教室，学生人人有课桌凳，是最起码的办学条件，各地应定出切实的规划和措施，力争尽快实现。学校的校产要严加保护，不受侵犯。（二）各级领导要加强对农村教育的领导。各级党委和政府必须把它列入重要议事日程，加强政治思想领导，并从人力、财力、物力上切实予以支持。

《通知》对我国农村学校教育的地位、任务以及加强、改革和完善措施都作了明确的规定，对今后农村教育的健康发展起了积极的推动作用。

14. 中共中央、国务院关于引进国外智力以利四化建设的决定

在开创和推进改革开放伟大事业的历史进程中，以邓小平为核心的党的第二代中央领导集体高瞻远瞩，深刻把握国内国际形势，不失时机地提出利用外国智力的重要思想，作出利用外国智力扩大对外开放的战略决策。

1983年7月，邓小平发表了著名的《利用外国智力和扩大对外开放》重要谈话，明确提出了外国智力的概念和利用外国智力加速现代化建设的重要思想，深刻揭示利用外国智力和扩大对外开放的内在联系，是党在对外开放条件下指导引进国外智力的纲领性文献，是新时期引智事业蓬勃发展的宣言书。同年8月，中共中央、国务院颁布《关于引进国外智力以利四化建设的决定》（以下简称《决定》）。

一、明确提出，引进国外人才是加速我国四化建设的战略方针。党的十二大确定了我国社会主义现代化建设的战略目标，为实现这一宏伟目标，必须重视知识，重视人才，依靠科学技术。在充分发挥国内人才作用的同时，还应把海外可以利用的智力资源吸引到我国四化建设中来；应当把引进国外智力当作一项重要的战略方针，坚持不懈地长期贯彻执行下去。

二、广开渠道，采取各种方式引进人才。引进人才要充分利用各种渠道，包括官方的、半官方的、民间的，以及各种国际组织的；驻外使馆应该把引进国外人才作为一项重要工作，还要充分发挥我国各个学术团体、科技团体和校友会等群众组织在联络和团结国外人才方面的作用。

三、提出引进国外人才的重点：在人才群体方面，在国外智力资源中，华侨华裔人才应当是我们引进的重点；在人才专业技能方面，引进人才要从我国现代化建设的迫切需要出发，把重点放在引进工程技术和经济管理人才方面。

四、要充分发挥应聘国外专家的作用，这是保证引进国外人才这一战略方针取得成效的关键。一方面，我们要在政策措施、规章制度以至领导方法、工作方法上作出必要的改革和转变，学会一整套同国外专家合作共事的领导艺术，以有利于发挥国外专家的作用；另一方面，我们要为来我国的国外专家提供良好的生活条件，尤其要为他们创造必要的比较良好的工作条件和工作环境。

五、要有组织地开展引进人才的工作，迅速地切实地研究制定有关的政策和措施。引进国外人才，要从认识上有一个根本的转变，态度上要积极，不能坐而论道；同时，行动上必须统一规划，统一政策，有组织有计划地进行、扎扎实实地做好工作，不能无准备地一哄而上。为了加强集中领导和统一管理，中央决定成立引进国外人才领导小组来负责这

项工作,并由国务院科技领导小组办公室进行统一规划和必要的协调。

《决定》下发后,我国引智事业进入全面开创、前所未有的历史发展时期。引智工作紧紧围绕改革开放、国民经济发展、工农业生产中迫切需要解决的技术和管理问题,以派留学生出国深造、吸引华裔学者回国工作、选派工商企业人员出国(境)培训、聘请外国退休专家学者等方式组织实施,有效解决了现代化建设中经验不足、知识不足和人才不足的问题,以及能不能大胆利用外国智力的问题,为顺利实现党和国家工作中心的转移、扩大对外开放和加速现代化建设提供了重要的海外人才和智力保障。

15. "三个面向"教育方针

1983年9月9日,邓小平为景山学校题词:教育要面向现代化,面向世界,面向未来。在邓小平题词以前,北京景山学校给邓小平写信,汇报该校教育改革试验情况。景山学校实行中小学一贯制,在中国科技大学和其他大学以及科研单位的协助下,着手对高年级的课程设置、教学方法、教学内容、教学手段进行全面改革试验,并开始在高年级开设现代经济知识和新学科知识课程。

教育要面向现代化,是"三个面向"思想的核心,是中国教育工作的基本出发点和立足点。教育要面向现代化,就是要大力改革和发展教育事业,努力提高全民族的思想道德和科学文化水平,进一步提高劳动者素质,培养大批人才,建立适应社会主义现代化建设需要的教育体系,更好地为社会主义现代化建设服务。

教育要面向世界,强调了教育改革、发展不仅要着眼于中国,而且要放眼世界,追踪了解世界教育发展的潮流,结合中国国情,大胆吸收和借鉴人类社会的一切先进文明成果,推进中国的教育现代化。

教育要面向未来,强调了教育不仅要考虑当前,而且要着眼于未来,教育自身的特点决定了它是面向未来的前瞻性事业。

"三个面向"是一个有机统一的整体,其基础和前提是要面向现代化,坚定不移地为建设社会主义现代化服务,面向现代化就必然要求面向世界和未来。

1993年2月,中共中央、国务院印发的《中国教育改革和发展纲要》明确提出,20世纪90年代教育改革和发展的任务是:全面贯彻教育方针,面向现代化,面向世界,面向未来,加快教育的改革和发展,进一步提高劳动者素质,培养大批人才,建立适应社会主义市场经济体制和政治、科技体制改革需要的教育体制,更好地为社会主义现代化建设服务。

1999年6月,中共中央、国务院《关于深化教育改革全面推进素质教育的决定》指出:全面推进素质教育,要面向现代化、面向世界、面向未来,使受教育者坚持学习科学文化与加强思想修养的统一，坚持学习书本知识与投身社会实践的统一，坚持实现自身价值与服务祖国人民的统一，坚持树立远大理想与进行艰苦奋斗的统一。

2000年10月11日，《中共中央关于制定国民经济和社会发展第十个五年计划的建议》再次强调：发展教育，要面向现代化、面向世界、面向未来，走改革和创新之路。

"三个面向"为党和国家在新时期确立科教兴国和人才强国战略奠定了坚实的理论根基，开启了改革开放新时期教育事业大发展的序幕。

16. 国务院关于筹措农村学校办学经费的通知

发展教育事业，是关系到我国经济振兴的大事。而农村地区是我国教育发展的薄弱环节，农村学校办学条件差，办学经费不足，中小学教师待遇偏低，严重影响了农村教育事业的发展。为此，我国提出了要在20世纪80年代使我国农村在绝大部分地区基本普及小学教育，在经济条件较好的地区有计划地普及初中教育，同时大力举办学前教育，积极发展农业技术教育，以适应经济发展的需要。

为了切实解决农村学校办学经费不足的问题，1984年12月，国务院专门印发了《关于筹措农村学校办学经费的通知》（以下简称《通知》），其主要内容如下：

一、明确提出要开辟多种渠道筹措农村学校办学经费。除国家拨给的教育事业费外，乡人民政府可以征收教育事业费附加，并鼓励社会各方面和个人自愿投资在农村办学；这些经费要实行专款专用，任何部门和单位不得挪用和平调。

二、国家拨给的教育事业费，在原有基础上要实行包干，由县下达到乡，不能减少，不得截留；包干办法由各省、自治区、直辖市人民政府自定；今后国家和地方政府逐年增加的教育事业费，重点用于发展师范教育和补助贫困地区。

三、由乡人民政府征收教育事业费附加，对农业、乡镇企业都要征收，可以按销售收入或其他适当办法计征，但不要按人头、地亩计征，附加率可高可低，贫困地区可以免征；由于各地经济发展不平衡，教育事业的发展也不平衡，因此各地教育事业费附加率和计征办法，不强求统一，可由乡人民政府每年按本乡经济状况，群众承受能力和发展教育事业的需要提出意见，报请乡人民代表大会讨论通过后，报上一级人民政府批准执行；这项附加收入要取之于乡，用之于乡。

四、乡人民政府在不增加行政编制的前提下，可设立教育事业费管理委员会，负责管好用好全乡农村学校办学经费；乡教育事业费管理委员会每年要向乡人民代表大会报告教育事业费收支情况，并接受县教育、财政部门的指导与监督。

五、要采取有效措施，逐步改变中小学教师生活待遇偏低的状况，使教师成为最受人羡慕的职业之一；农村中小学民办教师全部实行工资制，逐步做到不再分公办、民办；贫困地区农村教师增加工资，可从国家拨给的教育事业费的增加部分中予以补助；在学校工作的职工的工资、福利也要相应提高。

六、各省、自治区、直辖市人民政府可根据上述原则，结合当地情况，制定具体方案和实施办法，先进行试点，再逐步推开。

《通知》是国务院为解决农村学校办学经费紧张问题而下发的专门文件，其中提出的征收教育事业费附加的办法得到了很好的贯彻执行，对于缓和农村教育经费紧张状况、提高农村中小学教师的生活待遇和改善农村办学条件，起了很大作用。

17. 教师节

1985年1月21日，六届全国人大常委会第九次会议同意国务院关于建立教师节的议案，决定每年9月10日为我国教师节。

我国历史上曾建立过教师节。1931年教育界一些人士在南京中央大学集会，并发表宣言：改善教师待遇，保障教师工作和增进教师修养。为此，议定6月6日为教师节。后来，国民政府改9月27日（孔子生日）为教师节。新中国成立后，教师的社会地位和生活水平有了提高。为了纪念当年团结斗争的日子，又恢复了6月6日教师节。中央人民政府教育部曾通告各地教育工作者团体，可以根据实际情况自行组织庆祝活动。全国教育工会成立，教育工作者被确认为工人阶级的一部分。1951年4月19日，教育部长和全国教育工会主席发表书面谈话，以"五一"为教师节。但执行结果，"教师节"实际已不再存在。

1982年开始，不少教师和大中学生建议建立"教师节"，一些地方并建立了当地的"教师节"。1985年1月11日，六届全国人大常委会第九次会议提出关于确定每年9月10日为"教师节"的议案。教育部长何东昌在会议上就建立"教师节"问题作了说明，确定每年全国大、中、小学新学年开始的9月10日为"教师节"，目的是为了开展表彰教师功绩，激励教师的光荣责任感，帮助教师解决实际困难，以鼓励教师终生从事教育事业的活动。

1985年9月10日是共和国第一个教师节。9月9日，国务院副总理李鹏通过中央电视台、中央人民广播电台向全国一千万人民教师和全体教育工作者致以节日的祝贺和亲切的慰问。10日，首都隆重举行庆祝第一个教师节大会，党和国家一些领导人出席了大会，国务院副总理万里在大会上讲了话，同一天，国家主席李先念发出了《致全国教师的信》。

教师节的建立，有助于提高教师的政治地位和社会地位，形成尊师重教的、尊重人才的社会风尚；促进教师队伍的建设，调动广大教师教书育人的积极性。国家建立了教师节,并且在《中华人民共和国教师法》中对教师节作明文规定,对进一步促进我国教育事业的发展必将起到十分积极的作用。

18. 高等学校教职工代表大会暂行条例

学校教职工代表大会,简称教职工代表大会或教代会,是教职工依法参与学校民主管理和监督的基本形式。根据邓小平在中国工会第九次代表大会上致辞的精神,为了完善管理制度,充分发挥学校教职工的主人翁作用,群策群力办好学校,1985年1月,教育部和全国教育工会颁布了《高等学校教职工代表大会暂行条例》(以下简称《暂行条例》)。《暂行条例》共6章20条,主要内容如下:

一、为实现党的第十二次全国代表大会提出的建设高度社会主义民主这一根本任务,完善管理制度,高等学校要建立和健全党委领导下的教职工代表大会制;高等学校教职工代表大会(以下简称教代会)是教职工群众行使民主权利、民主管理学校的重要形式;教代会应坚持四项基本原则,遵照党的方针、政策和国家的法律、指令,在学校党委的领导下,按照民主集中制的原则行使职权。

二、教代会的主要职权:(一)听取校长的工作报告,讨论学校的年度工作计划、发展规划等重大问题,并提出意见和建议;(二)讨论通过岗位责任制方案、教职工奖惩办法,以及其他与教职工有关的基本规章制度,由校长颁布施行;(三)讨论决定教职工的住房分配、福利费管理使用的原则和办法,以及其他有关教职工的集体福利事项;(四)监督学校各级领导干部,可以进行表扬、批评、评议、推荐,必要时可以建议上级机关予以嘉奖、晋升,或予以处分、免职。

三、教职工代表以系、处或教研室、科室、班组为单位,由教职工直接选举产生。(一)代表实行常任制,任期三年;(二)教职工代表按照规定的程序,有权提出提案和议案,有权就大会的各项议程充分发表意见、参加表决,有权对教代会的工作提出批评和建议,有权对有关部门提出询问,因行使正当民主权利而遭受打击报复时,有权向有关部门申诉、控告;(三)教职工代表的义务:努力学习并模范地执行党的方针政策和国家的法律、指令,认真做好本职工作,积极参加教代会的活动,密切联系群众,听取和反映群众的意见和要求,做好群众工作。

四、组织制度:(一)召开教职工代表大会时,主席团成员应由学校各方面人员组成,其中包括党政工团主要领导干部,教师应占多数;(二)教职工代表大会每三年一届,定期开会,一般应每学年开一次,遇有重要问题,或根据三分之一以上代表的要求,可以提前召开大会或召开临时代表会议;(三)教代会的议题,应根据学校的中心工作和群众迫切关心的问题,广泛吸收教职工的意见,经大会主席团审议后,请大会通过;(四)教代会的工作应向教职工公布,接受群众监督;(五)教代会以系、部门为单位建立代表小组(或代表团),选举产生正副组(团)长;(六)教代会根据需要可以组织若干专门工作委员会或举行有关人员的专题会议,其任务是对教代会要讨论的重大问题和代表提出的重要提案进行调查研究,提出建议,检查有关部门贯彻教代会决议和处理提案的情况,以及大会交办的其他事项。

五、学校工会委员会承担教代会工作机构的任务,在党委的领导下,会同有关部门做好下列工作:(一)做好大会的筹备工作和会务工作,组织选举教职工代表,征集和整理提案,提出大会方案和主席团人选建议名单,经党委批准后,召开大会;(二)大会闭幕期间,组织代表组(团)及各专门工作委员会(小组)的活动,组织代表传达贯彻大会精神,督促检查大会决议及提案的落实;(三)大会闭幕期间,遇有重要问题,可召集代表组(团)长会议或组织代表讨论,必要时可按规定的程序,召集临时代表会议;(四)向代表和教职工群众进行宣传教育,保障他们的民主权利,接受他们的申诉;(五)处理教代会交办的其他有关事项。

《暂行条例》的制定和实施促进了高校教职工代表大会制度的发展与完善,带动了各级各类学校教职工参与民主管理和监督的进程。

19. 中共中央关于教育体制改革的决定

党的十一届三中全会以后,经过指导思想的拨乱反正,党中央对教育工作作出了一系列新的决策,我国的教育事业开始走上了蓬勃发展的道路。但是,教育体制还存在着严重弊端,教育工作不适应社会主义现代化建设需要的局面还未根本扭转。为此,1985年5月27日,中共中央作出《关于教育体制改革的决定》(以下简称《决定》),深刻地阐述了教育体制改革的极端紧迫性,对改革的目的、重点、方针、原则等作了明确规定。

一、教育体制改革的根本目的是提高民族素质,多出人才、出好人才。《决定》明确提出,教育必须为社会主义建设服务,社会主义建设必须依靠教育的思想。同时,指出了现行教育体制存在诸如政府有关部门对学校主要是高等学校统得过死,该管理的事情,却没有管理好;基础教育薄弱,学校数量不足、质量不高,合格的师资和必要的设备严重缺乏;以及在教育思想、教育内容、教育方法上等方面的问题,使教育不同程度地脱离了经济和社会发展的需要,落后于当代科学文化的发展。中央认为,要从根本上改变这种状况,必须从教育体制入手,有系统地进行改革。改革管理体制,实行简政放权,扩大学校的办学自主权;调整教育结构,改革劳动人事制度。还要改革同社会主义现代化不相适应的教育思想、教育内容、教育方法等。

二、实行基础教育由地方负责、分级管理的原则。根据全国各地的不同情况，决定把全国大体划为三类地区：一是约占全国人口1/4的城市、沿海各省中的经济发达地区和内地少数发达地区；二是约占全国人口一半的中等发展程度的镇和农村；三是约占全国人口1/4的经济落后地区。这三类地区要因地制宜地先后实现普及义务教育的任务。《决定》指出：建立一支有足够数量的、合格而稳定的师资队伍，是实行义务教育，提高基础教育水平的根本大计。为此，要采取特定的措施提高中小学教师和幼儿教师的社会地位和生活待遇，鼓励他们终身从事教育事业。基础教育管理权属于地方。除大政方针和宏观规划由中央决定外，具体政策、制度、计划的制定和实施，以及对学校的领导、管理和检查，责任和权力都交给地方。

三、调整中等教育结构，大力发展职业技术教育。职业技术教育是当前我国整个教育事业中最薄弱的环节，所以，一定要采取有效的措施改变这种状况，力争使职业技术教育有一个大的发展。同时积极发展高等职业技术院校，逐步建立起一个从初级到高级、行业配套、结构合理又能与普通教育相互沟通的职业技术教育体系。

四、改革高等学校的招生计划和毕业生分配制度，扩大高等学校办学自主权。我国高等教育发展的战略目标是：到20世纪末，建成科类齐全，层次、比例合理的体系，总规模达到与我国经济实力相当的水平；高级专门人才的培养基本上立足于国内；能为自主地进行科学技术开发和解决社会主义现代化建设中重大理论问题和实际问题作出较大贡献。为了实现这个目标，当前高等教育体制改革的关键，就是改变政府对高等学校统得过多的管理体制，在国家统一的教育方针和计划的指导下，扩大高等学校的办学自主权，加强高等学校同生产、科研和社会其他各方面的联系，使高等学校具有主动适应经济和社会发展需要的积极性和能力。实行国家计划招生、用人单位委托招生、国家计划以外招收少数自费生三种形式。实行中央、省（自治区、直辖市）、中心城市三级办学的体制。

五、加强领导，调动各方面积极因素，保证教育体制改革的顺利进行。在教育体制改革中，必须尊重教育工作的规律和特点，坚持实事求是，一切从实际出发。大政方针必须集中统一，具体办法应该灵活多样，决不可一哄而起，强制推行。改革既要坚决，又要谨慎，注重试验。在整个教育体制改革的过程中，必须牢牢记住改革的根本目的是提高民族素质，多出人才、出好人才。

《决定》为教育体制改革确定了方针、政策、措施，指明了发展教育的方向，是指导教育体制改革的纲领性文献，是新时期我国教育发展的里程碑。《决定》颁布以来，我国的教育事业发生了根本性的变化，整个教育事业紧紧贴近经济建设的发展。教育必须为经济建设服务，经济建设必须依靠教育，已经成为全社会的共识。

20. 设立国家教育委员会

新中国成立后到现在,负责我国教育事业的国家行政机构先后有两个名称,即教育部和国家教育委员会。我国于 1949 年 11 月 1 日成立教育部,1952 年曾一度分设教育部和高等教育部,1958 年又合并为教育部。1964 年恢复高等教育部,1966 年高等教育部并入教育部。"文化大革命"中教育部一度撤销,1975 年恢复教育部。

改革开放后,我国教育事业有了很大发展。发展教育事业,改革教育体制,不仅涉及基础教育、高等教育,而且涉及职业教育、成人教育;不仅要调动教育部门的积极性,而且要调动各部门、各地区、各行各业办教育的积极性。为了保证和推动教育事业的健康发展,统一部署和指导教育体制的改革,国务院需要有一个主管教育工作的综合部门。而当时的教育部很难起到统筹安排教育工作全局的作用。为加强国家对各级各类教育的宏观管理,国务院提请全国人大常委会批准设立国家教育委员会。1985 年 6 月,六届全国人大常委会第十一次会议决定撤销教育部而设立国家最高教育行政机关国家教育委员会,任命李鹏为国家教育委员会主任(兼)。

国家教育委员会的主要职责是:一、贯彻执行党中央、国务院有关教育工作的路线、方针,拟定教育工作的指导思想、政策、基本法规和重要规章制度;二、编制有关教育事业的发展规划,研究确定教育事业的发展重点、规模、速度和步骤;三、组织和指导教育改革,建立适应社会主义建设需要的教育体制和运行机制;四、从宏观上管理和指导全国基础教育、高等教育、职业技术教育、成人教育、师范教育、民族地区教育和广播电视教育等工作;五、指导和推动高等学校的科学研究工作,指导、管理高等学校和科学研究机构培养研究生的工作;六、拟定普通高等学校、成人高等学校、中等专业学校以及研究生招生和毕业分配计划,以及提出改革的方针、政策,并指导贯彻实施;七、指导全国高等教育、中等专业教育的学历考试,参与指导资格考试和证书管理工作;八、统筹规划各级各类教师队伍的建设和培养工作,主管各级各类学校教师的职务评聘工作,参与拟定教师工资待遇政策;九、拟定教育系统劳动、工资、人事管理工作的具体政策和规章制度,指导各级教育行政干部队伍的建设,按照干部管理权限任免直属高等学校、代管单位和委属企、事业单位的主要干部;十、拟定教育基建投资、事业经费、人员编制和统配物资设备的管理制度及定额标准的原则,拟定筹措基建投资,教育经费的方针、政策和法规,管理国外对我国的教育贷款和援款;十一、拟定教育外事工作的方针、政策与规定,归口管理教育对外交流工作,出国留学人员工作和来华留学人员工作,以及同港、澳、台地区的教育交流,负责实施对外智力开发援助计划;十二、检查和监督地方政府及教育行政部门贯彻执行中央和国务院关于教育工作的方针、政策及有关法规的情况；十三、规划和实施国家教育管理的情报的统计、信息系统的开发和建设工作；十四、办好国家教委机关报刊，负责指导教育方针、政策的宣传和舆论监督工作；十五、做好直属高等院校和直属企事业单位的服务、管理工作。

1998年3月，新一届国务院机构改革方案经九届全国人大一次会议通过，国家教育委员会又更名为教育部。此后，教育部的名称沿用至今。

21. 中国建立博士后制度

1983年3月5日，著名美籍华裔科学家李政道教授向有关方面提出设立"科研流动站"的初步建议，提议设立几十个研究站，以解决留学回国的博士做进一步工作的需要，并使之成为"推动青年科技人员流动的永久方法之一"。1984年5月16日，李政道教授又进一步提出了《如何安排博士后科技青年的一些建议》，正式建议"建立和完善博士后科技流动站制度"。

根据中共中央和国务院领导批示，1985年5月11日，国务院批转了国家科委、教育部和中国科学院提出的《关于试办博士后科研流动站的报告》，提出设站的范围是基础学科和应用科学的有关领域，1985年和1986年两年拟招收博士后研究人员250名，设立博士后科学基金，成立博士后科研流动站管理协调委员会，并对设站的条件、规模和人员流动做了规定。国务院同意这个报告，要求有关部门贯彻执行。1985年7月17日，博士后管委会正式建立。主任由国家科委副主任朱丽兰担任，成员共7人，聘请李政道为顾问。1985年8月14日，国家科委发出《关于试办博士后科研流动站申请办法的通知》，公布了申请建站单位的条件为：有博士学位授予权和高水平的博士导师；学术气氛浓厚而活跃，科研工作在国内处于领先地位；有必需的实验设备，科研后勤条件良好；单位领导积极热心。11月23日，国家科委发出《关于建立博士后科研流动站若干问题的通知》，经专家审议、博士后管委会批准，确定在全国73个单位建站102个。1986年3月13日，经博士后管委会第三次会议讨论通过，国家科委发布《博士后研究人员管理工作暂行规定》（以下简称《暂行规定》）。

《暂行规定》提出，博士后人员资格应是新近在国内、外获得博士学位，品学兼优，身体健康，年龄在35岁以下，尚未正式分配工作的优秀青年；凡申请作博士后者，在完成博士论文之后，即可向本学科领域的建站单位提交申请书和两位本学科领域博士生导师的推荐信及其他证明文件。《暂行规定》指出，博士后的研究方向和研究课题，在力求结合建站单位承担的重点项目的前提下，由本人提出，并征求建站单位有关专家意见后，报建站单位领导批准。博士后在站工作期限一般为两年,期满后,必须流动出站或转到下一站。在不同的站流动总期限不得超过四年。还规定,博士后的日常经费,按每人每年1.2万元的标准由国家科委科技干部局按实有人数拨给建站单位;用于科研工作的费用,一般不得低于博士后日常经费的75%;博士后的工资在第一个站工作期间暂按工资改革后讲师工资的最低标准发给,并可享受每月100元的生活补贴。在站工作期间计算工龄。《暂行规定》要求,博士后专用公寓仅供本站博士后及其配偶和未成年子女使用;博士后流动期间,在建站单位落常住户口,其配偶及其未成年的子女可以随本人流动,落暂住户口。流动期满的博士后,可由国家科委科技干部局会同建站单位的上级主管部门根据国家需要,结合本人志愿安排工作,也可以根据用人单位聘任的专业技术职务和条件应聘去工作。

建立博士后制度,有利于造就适应现代化建设和当代科学发展的高水平科研人才;有利于促进人才流动,使科研、教学队伍始终保持朝气蓬勃的活力;有利于学术交流,博采众长,避免在学术上出现"近亲繁殖"的现象;有利于取得博士学位的人员和用人单位都有更多的机会相互挑选,以使人尽其才,才尽其用。

22. 国务院《高等教育管理职责暂行规定》

1985年5月,中共中央发布了《关于教育体制改革的决定》。为全面贯彻落实《关于教育体制改革的决定》,加强和改进对高等教育的宏观指导和管理,扩大高等学校的管理权限,进一步调动学校和广大师生员工、办学单位和用人部门等各方面的积极性,使高等教育更好地为社会主义现代化建设服务,1986年5月,国务院颁布了《高等教育管理职责暂行规定》(以下简称《暂行规定》)。《暂行规定》的主要内容是:

一、国家教育委员会在国务院的领导下,主管全国高等教育工作;国务院有关部门在国家教育委员会的指导下,管理其直属高等学校;省、自治区、直辖市人民政府管理本地区内的高等学校。国家教育委员会的主要职责是:(一)制定高等教育工作的具体政策和规章,指导、检查各地区、部门和高等学校对国家有关教育的方针、政策、法律、法规的贯彻执行。(二)组织进行全国专门人才需求预测。(三)编制全国高等教育事业发展规划和年度招生计划,调整高等教育的结构和布局,审批高等学校和研究生院校的设置。(四)制订高等学校的基本专业目录与专业设置标准,组织审批专业设置。(五)统筹安排用于调节高等教育协调发展和支持重点学科建设固定资产投资、事业费和人员编制。(六)规划和组织高等学校师资队伍建设。(七)领导和检查高等学校思想政治教育、科学研究等各项工作,确定各类学生的修业年限和培养规格,组织评估高等学校的教育质量等。

二、为增强高等学校适应经济和社会发展需要的能力,《暂行规定》还对扩大高等学校管理权限作出了八项规定:(一)在保证完成国家下达的培养人才任务的前提下,可以按照国家规定的比例实行跨部门、跨地区的联合办学,接受委托培养生和自费生;可以提出招生来源计划建议,按照国家有关规定,录取学生,处理和淘汰不合格的学生;落实国家下达的毕业生分配计划,制定毕业生分配方案,并向用人单位推荐部分毕业生。(二)执行勤俭办学的方针,并在遵守国家财务制度的前提下,按照"包干使用,超支不补,积余留用,自求平衡"的经费预算管理原则,可以安排使用主管部门核定的年度事业经费;接受委托培养生、自费生,举办干部专修科、函授、夜大学及社会技术服务和咨询取得的收入,按照国家有关规定安排用于发展事业、集体福利和个人奖励。(三)按照主管部门批准的总体设计任务书、总体规划、长远和年度基本建设计划,在向主管部门实行投资包干的前提下,可以自行选择设计施工单位;在保证实现投资效益的前提下,经过主管部门批准可以自行审定设计文件,调整长远和年度基建计划;包干投资,节余留成使用,超支不补。(四)按照干部管理权限,可以根据规定的干部条件,编制和选拔步骤由校长提名报请任免副校长及其他各级行政人员,聘任、辞退教师和辞退职工。(五)经批准的高等学校,可按国家有关规定,评定教授、副教授的任职资格,审定授予硕士学位的学科、专业,增补博士研究生导师。(六)根据党和国家的教育方针政策及修业年限、培养规格,可以按社会需要调整专业服务方向,制订教学计划(培养方案)、教学大纲、选用教材,进行教学内容和方法的改革。(七)在保证完成国家下达的科学研究任务的前提下,可以自行决定参加科学研究项目的投标,承担其他单位委托的科学研究任务,面向社会开展技术服务和咨询;在不需要主管部门增加基本建设投资、事业经费和人员编制的情况下,可以自行决定单独设立或与其他单位合办科学研究机构或教学、科研、生产联合体,可以接受企业单位的资助并决定其使用重点。(八)在国家外事政策和有关规定的范围内,积极开展对外交流活动,凡属学校自筹经费(含留成外汇),经过上一级主管部门批准认为可以接受对方资助或在主管部门下达的经费外汇限额内,可以决定出国和来华的学术交流人员。

《暂行规定》在一定程度上明晰了高等学校的管理者、办学者之间的职责划分,有利于改变政府集高校的举办权、办学权、管理权于一身,而高校缺乏自身的办学自主权的弊端,有利于引导各级政府和高等教育主管部门逐步转变职能,形成"中央和省级政府两级管理、以省级政府管理为主"和"高等学校面向社会依法自主办学"的科学的高等教育管理体制。

23. 中华人民共和国义务教育法

为了保障适龄儿童、少年接受义务教育的权利，保证义务教育的实施，提高全民族素质，六届全国人大四次会议于1986年4月通过《中华人民共和国义务教育法》（以下简称《义务教育法》），于1986年7月1日起施行。新《义务教育法》由十届全国人大常委会第二十二次会议于2006年6月修订通过，自2006年9月1日起施行。1986年《义务教育法》只有18条原则性的法律条文，2006年新《义务教育法》增加到63条，在立法水平、立法技术和立法质量方面有了质的飞跃。

一、规定义务教育是国家统一实施的所有适龄儿童、少年必须接受的教育，是国家必须予以保障的公益性事业。实施义务教育，不收学费、杂费。国家建立义务教育经费保障机制，保证义务教育制度实施。凡具有中华人民共和国国籍的适龄儿童、少年，不分性别、民族、种族、家庭财产状况、宗教信仰等，依法享有平等接受义务教育的权利，并履行接受义务教育的义务。

二、关于学生的规定。凡年满六周岁的儿童，其父母或者其他法定监护人应当送其入学接受并完成义务教育；条件不具备的地区的儿童，可以推迟到七周岁。适龄儿童、少年免试入学。地方各级人民政府应当保障适龄儿童、少年在户籍所在地学校就近入学。禁止用人单位招用应当接受义务教育的适龄儿童、少年。

三、关于学校的规定。县级以上地方人民政府根据本行政区域内居住的适龄儿童、少年的数量和分布状况等因素，按照国家有关规定，制定、调整学校设置规划。新建居民区需要设置学校的，应当与居民区的建设同步进行。学校建设，应当符合国家规定的办学标准，适应教育教学需要；应当符合国家规定的选址要求和建设标准，确保学生和教职工安全。

四、关于教师的规定。教师享有法律规定的权利，履行法律规定的义务，应当为人师表，忠诚于人民的教育事业，在教育教学中应当平等对待学生，关注学生的个体差异，因材施教，促进学生的充分发展。教师应当取得国家规定的教师资格。教师的平均工资水平应当不低于当地公务员的平均工资水平。

五、关于教育教学的规定。教育教学工作应符合教育规律和学生身心发展特点，面向全体学生，教书育人，将德育、智育、体育、美育等有机统一在教育教学活动中，注重培养学生独立思考能力、创新能力和实践能力，促进学生全面发展。

六、关于经费保障的规定。国家将义务教育全面纳入财政保障范围，义务教育经费由国务院和地方各级人民政府依照本法规定予以保障。学校的学生人均公用经费基本标准由国务院财政部门会同教育行政部门制定,并根据经济和社会发展状况适时调整。义务教育经费投入实行国务院和地方各级人民政府根据职责共同负担,省、自治区、直辖市人民政府负责统筹落实的体制。

《义务教育法》是根据我国宪法和实际情况制定的旨在发展基础教育,促进社会主义物质文明和精神文明建设的第一部义务教育法,它的颁布和贯彻执行,是关系国家和民族未来的一项具有战略意义的重大措施,标志着我国普及基础教育工作进入了一个新阶段。

24. 国务院《征收教育费附加的暂行规定》

为贯彻落实《中共中央关于教育体制改革的决定》,加快发展地方教育事业,扩大地方教育经费的资金来源,国务院于1986年4月发布了《征收教育费附加的暂行规定》。此后,进行过三次修订,根据1990年6月《国务院关于修改〈征收教育费附加的暂行规定〉的决定》第一次修订,根据2005年8月《国务院关于修改〈征收教育费附加的暂行规定〉的决定》第二次修订,根据2011年1月《国务院关于废止和修改部分行政法规的决定》第三次修订,主要内容如下:

一、教育费附加征收对象。凡缴纳消费税、增值税、营业税的单位和个人,除已缴纳农村教育事业费附加的单位外,都应当依照本规定缴纳教育费附加。

二、教育费附加的计征率。教育费附加,以各单位和个人实际缴纳的增值税、营业税、消费税的税额为计征依据,教育费附加率为3%,分别与增值税、营业税、消费税同时缴纳。除国务院另有规定者外,任何地区、部门不得擅自提高或者降低教育费附加率。

三、教育费附加的征收和管理。教育费附加由税务机关负责征收。依照现行有关规定,除铁道系统、中国人民银行总行、各专业银行总行、保险总公司的教育附加随同营业税上缴中央财政外,其余单位和个人的教育费附加,均就地上缴地方财政。教育费附加纳入预算管理,作为教育专项资金,根据"先收后支、列收列支、收支平衡"的原则使用和管理。

四、教育费附加的使用。地方各级人民政府应当依照国家有关规定,使预算内教育事业费逐步增长,不得因教育费附加纳入预算专项资金管理而抵顶教育事业费拨款。教育费附加的征收管理,按照消费税、增值税、营业税的有关规定办理。企业缴纳的教育费附加,一律在销售收入(或营业收入)中支付。

五、明确有关部门承担教育费用的管理。第一,地方征收的教育费附加,按专项资金管理,由教育部门统筹安排,提出分配方案,商同级财政部门同意后,用于改善中小学教学设施和办学条件,不得用于职工福利和发放奖金。第二,地方各级教育部门每年应定期向当地人民政府、上级主管部门和财政部门,报告教育费附加的收支情况。第三,办有职工子弟学校的单位,应当先按本规定缴纳教育费附加;教育部门可根据它们办学的情况酌情返还给办学单位,作为对所办学校经费的补贴。第四,征收教育费附加以后,地方各级教育部门和学校,不准以任何名目向学生家长和单位集资,或者变相集资,不准以任何借口不让学生入学。

《征收教育费附加的暂行规定》是对教育行政部门、学校进行检查、督导评价的重要依据,为教育事业的发展增加了投资渠道,有力地支持了中小学教育的发展,成为国家教育经费不可缺少的重要组成部分。

25. 中小学幼儿教师奖励基金会

为表彰我国优秀教师,提高教师的社会地位,鼓励他们终身从事教育事业,推动全社会关心和支持教育,促进我国基础教育事业的发展,弘扬尊师重教的社会风尚,在全国人大教育科学文化卫生委员会、国家教育委员会和中国教育工会的积极倡导下,1986年9月10日,国务院副总理兼国家教委主任李鹏在全国教育系统优秀教师、先进集体表彰大会上宣布成立中国中小学幼儿教师奖励基金会,中共中央顾问委员会副主任王震任理事长。中小学幼儿教师奖励基金会的宗旨是表彰优秀教师的功绩,提高教师的社会地位,鼓励他们终身从事社会主义基础教育事业,推动全社会关心和支持教育,促进基础教育的发展。

1987年2月,中国中小学幼儿教师奖励基金会第一次理事会议在京举行,会议通过了中国中小学幼儿教师奖励基金会的章程、基金募集和管理使用办法及奖励优秀教师的试行条例。《中国中小学幼儿教师奖励基金会章程》(以下简称《章程》)规定:基金会是国家核准的全国性社会团体,在国家教育委员会指导下,从事募集奖励基金,奖励优秀教师的活动;基金会的领导机构为基金会理事会,理事由有关方面协商产生或调整;理事会设理事长一人,副理事长若干人,并设常务副理事长一人,均在理事中推选产生。《章程》还规定,基金来源为:一、社会各界的捐助;二、国内外友好团体、企事业单位和个人的捐赠;三、港澳台同胞、海外华侨团体和个人的捐赠;四、国家机关各部门的资助;五、其他。基金用途为:一、开展各种奖励优秀教师的活动;二、根据捐赠者的意愿设立专项基金奖;三、开展基金会的正常业务和各种筹集奖励基金的活动。该基金会成立后,一些省市也纷纷成立中小学幼儿教师奖励基金会,对于推动全国范围内的尊师重教,发展普教事业,起到重要作用。

2004年国务院颁布《基金会管理条例》后,根据该条例的规定,中小学幼儿教师奖励基金会制定了新的章程,组建了新的理事会,并于2006年10月在民政部完成注册登记。

2009年2月，民政部批复中国中小学幼儿教师奖励基金会关于更名的申请，同意其更名为"中国教师发展基金会"。

中国教师发展基金会的发展实践表明，基金会集社会之力，兴千秋大业，对于提高教师社会地位，鼓励教师献身教育工作，弘扬中华民族尊师重教的优良传统，促进我国教育事业的发展，发挥了积极作用。基金会成立以来，通过奖励教师，开展教师奖励性质的活动，资助农村和边远贫困地区教师等，在全国产生了巨大的影响。

26. 普通高等学校设置暂行条例

普通高等学校担负着培养高级专门人才和发展科学技术文化的重要任务，其发展建设同实现社会主义现代化的关系极大。为了加强高等教育的宏观管理，保证普通高等学校的教育质量，促进高等教育事业有计划、按比例地协调发展，国务院于1986年12月发布《普通高等学校设置暂行条例》（以下简称《条例》）。《条例》共6章28条，主要内容如下：

一、普通高等学校，是指以通过国家规定的专门入学考试的高级中学毕业学生为主要培养对象的全日制大学、独立设置的学院和高等专科学校、高等职业学校。普通高等学校的设置，由国家教育委员会审批。

二、国家教育委员会应当根据经济建设和社会发展的需要、人才需求的科学预测和办学条件的实际可能，编制全国普通高等教育事业发展规划，调整普通高等教育的结构，妥善地处理发展普通高等教育同发展成人高等教育、中等专业教育和基础教育的关系，合理地确定科类和层次。

三、国家教育委员会应当根据学校的人才培养目标、招生及分配面向地区以及现有普通高等学校的分布状况等，统筹规划普通高等学校的布局，并注意在高等教育事业需要加强的省、自治区有计划地设置普通高等学校。凡通过现有普通高等学校的扩大招生、增设专业、接受委托培养、联合办学及发展成人高等教育等途径，能够基本满足人才需求的，不另行增设普通高等学校。

此外，《条例》还对设置普通高等学校应具备的师资、校舍、图书等标准作了明确规定；对新设置高等学校称为大学、学院、高等专科学校、高等职业学校名称作了明文规定；对设置高等学校的审批验收程序作了明确规定；对违反规定的检查处理办法作了明确规定。对《条件》施行前设置或变更学校名称的普通高等学校，应当参照本条例，进行整顿。整顿办法，由国家教育委员会另行制定。《条例》的解释权属于国家教育委员会。

《条例》的颁布，对规范普通高等学校设置，保证高等学校教育质量具有重要意义。

27. 高等学校重点学科评选

为增强科学研究能力，培养高质量专门人才，1985 年 5 月颁布的《中共中央关于教育体制改革的决定》提出，要改进和完善研究生培养制度，并根据同行评议、择优扶植的原则，有计划地建设一批重点学科，重点学科比较集中的学校，将既是教育中心，又是科学研究中心。为贯彻这一决定，国家教委于 1987 年 8 月制定了《关于评选高等学校重点学科的暂行规定》，对评选高等学校重点学科的相关事项作了具体规定。

一、重点学科的评选和建设必须根据国家四化建设对培养高级专门人才的需求、科技发展的趋势和国家财力的可能，综合考虑后确定；重点学科的门类要比较齐全，科类结构比例和布局应力求合理，要有利于促进学科间的横向联合，逐步形成高校科研优势。

二、重点学科点应从符合条件的博士点中选定，应承担教学、科研双重任务，做到能够自主地、持续地培养与国际水平大体相当的博士、硕士、学士；能够接受国内外学术骨干人员进修深造，进行较高水平的科学研究；能够解决四化建设中重要的科学技术问题、理论问题和实际问题；能为国家重大决策提供科学根据，为开拓新的学术领域、促进学科发展作出较大贡献。

三、重点学科点应具备的条件：

（一）已形成意义重大、具有特色的学科发展研究方向，其中至少有一个研究方向已处于本学科发展前沿，并对我国当前及长远经济发展、社会发展、科技发展和学科建设具有重要意义，有组织发挥跨学科合作研究的优势。

（二）应有学术造诣深、治学严谨、坚持社会主义方向、善于教书育人、具有创新的学术思想、组织能力强、办事公正的学术带头人（一般为博士生导师），有较强的学术骨干，学术梯队结构合理，能坚持四项基本原则，坚持改革、开放、搞活的总方针、总政策，坚持理论联系实际，有良好的素质、学风与较大的潜力，能形成国家水平的研究队伍。

（三）已有良好的教学、科研工作基础，已培养了高质量的博士生、硕士生，得到社会公认和好评；科研成果显著，近期已发表在国内外一级杂志的学术论文、专著以及获得省（市）、部门级以上奖励的科研成果多，其学术水平在国内处于领先地位，在国际上也有一定影响；或已取得了重大的经济、社会效益，为四化建设作出了重要贡献，目前正承担着对国家的社会、经济、科技发展和学科建设有重要意义的重大科研项目或课题，科研经费较充足。

（四）已有一定的科研实验设备与图书资料基础，科研后勤条件良好，管理制度健全，能为持续、稳定地进行高水平的教学、科研工作提供必要的物质条件；有良好的国内外学术交流与合作的基础。

四、重点学科点采取学校申报、主管部门推荐、同行专家评选、国家教委审核批准的办法择优确定；评选工作一般五年进行一次，对国家急需发展的新兴学科中成绩卓著、有权授予博士学位的学科、专业点，经申报、审核，可参照上述条件及时评选增列；对已确定的重点学科点要定期评估，根据评估结果进行适当调整；评选和评估工作均在全国范围内选聘学术水平高、办事公正的有关专家进行。

五、重点学科的总体规划、学科点的确定、评估和调整工作，由国家教委统一组织领导进行，重点学科点的建设和日常管理工作由所在学校及其主管部门负责；建设资金可采取国家扶植、学校主管部门投资以及学校自筹等多种渠道共同扶植的办法，根据需要和可能分批建设。

国家重点学科评审共进行了三次，分别于1988年、2002年、2007年公布评审结果。2014年《国务院关于取消和下放一批行政审批项目的决定》发布，国家重点学科审批被取消。

28. 高等学校校长任期制

领导干部实行任期制，是打破干部终身制，实行干部制度改革，逐步实现干部制度科学化的重要措施。也是高等学校实行校长负责制的前提条件之一。1980年12月，中央组织部和教育部党组《关于加强高等学校领导班子建设的意见》中提出：今后任命专业人员担任正副校院长时，实行任期制。为推进干部制度改革，有利于在高等学校全面试行校长任期制，经过几年的试点和不断总结经验，国家教育委员会于1987年3月发出《高等学校校长任期制试行办法》（以下简称《办法》），对高等学校校长任期制作出了新的具体规定。

《办法》的主要内容如下：一、高等学校的校长、副校长，均实行任期制。二、高等学校的校长、副校长的任期一般为四年，学制为五年以上的学校，任期可为五年。三、高等学校的校长、副校长任期届满，根据工作需要和本人条件，经上级任免机关批准，可以连任。四、校长应在任职后半年内提出本届工作规划，由校党委（实行校长负责制的学校由校务委员会）讨论通过后向全校宣布，并报上级主管部门备案。五、对任期内的校长、副校长，学校每一、二年进行一次民主评议，上级主管部门每两年进行一次全面考核。考核内容包括德、能、勤、绩诸方面，重点考核其能否坚持四项基本原则和社会主义办学方向以及履行岗位责任的实绩。考核结果作为上级主管部门对正副校长奖惩、晋级、任免等的主要依据。六、校长、副校长在任期届满时，上级任免机关应提前确定其是否连任并通知本人。继续连任的校长，要制定下届工作规划；不再连任的校长，应向下届校长妥善移交工作。七、对任期内的校长、副校长，上级任免机关有权调整、调动、变更其领导职务。凡已达到国家规定的离休、退休年龄的，除少数正职确因工作需要留任外，都应退出领导岗位。八、校长、副校长在任职期间提出辞职的，需由本人向上级提出书面报告，经批准后生效。上级任免机关应在接到辞职报告后三个月内作出决定。九、兼搞专业技术工作的校长、副校长任期届满后，应给予一年（任满一届）或二年（任满两届以上）左右的学习进修时间。学校及上级主管部门应为其提供必要的条件。十、全面试行校长任期制的范围，由学校的上级主管部门确定。

高等学校校长任期制，有利于规范学校的行政管理，推进学校的教育改革，促进教育事业的发展。

29. 中共中央关于改进和加强高等学校思想政治工作的决定

改革开放后，关于改进和加强高等学校思想政治工作的问题被提上议事日程。为把学生培养成为有理想、有道德、有文化、有纪律的人才，在开展坚持四项基本原则、反对资产阶级自由化思潮的普遍学习和总结思想政治工作经验教训的基础上，1987年5月，中共中央颁发了《关于改进和加强高等学校思想政治工作的决定》（以下简称《决定》），其主要内容是：

一、进一步明确办学指导思想，坚持高等教育的社会主义方向。《决定》指出，高等学校培养出来的学生，应当有坚定正确的政治方向，爱祖国、爱社会主义，拥护共产党的领导，努力学习马克思主义；应当热心于改革和开放，有艰苦奋斗的精神，努力为人民服务，为实现具有中国特色的社会主义现代化而献身；应当自觉地遵纪守法，有良好的道德品质；应当勤奋学习，努力掌握现代科学文化知识；高等学校培养出来的人是否具备这样的素质，是否德才兼备，是否能满足社会主义建设的实际需要，是衡量学校办学成效的基本标志，也是教育改革必须遵循的方向。

二、努力改进学校思想政治工作的内容、形式和方法。高等学校的思想政治工作，要从以下方面加以改进：（一）有的放矢地进行马克思主义理论教育和形势政策教育；（二）积极引导学生参加社会主义实践；（三）把思想政治教育与业务教学工作结合起来；（四）把发扬民主与加强法制纪律教育结合起来；（五）对学生要严格要求，积极疏导，引导学生全面认识自己的长处和不足，克服轻视实践、轻视群众的思想；（六）改善学生的学习、生活条件，对学生提出的合理意见，凡能够解决的应及时解决，暂时解决不了的，要解释清楚；（七）认真培养学生骨干队伍；（八）加强和改进研究生的思想政治工作。

三、加强教职工队伍的思想建设，大力提倡教书育人、服务育人。办好社会主义的高等学校，培养德才兼备的学生，教职工队伍起着重要作用；加强教职工队伍的思想政治工作，帮助其进一步树立为人民服务、为教学科研服务的思想，勤勤恳恳做好本职工作是高等学校思想政治工作的重要方面。

四、建设一支坚强的马克思主义理论队伍和思想政治工作队伍。马克思主义理论课教师和思想政治工作人员，是高等学校进行思想政治教育的骨干力量，必须十分重视这支骨干队伍的培养和建设，学校党委和校长要共同抓好这项工作；国家教委要选择若干所有条件的高等学校，建立马克思主义理论课教师的培训基地，尽快提高和壮大这支队伍。

五、提高高等学校领导班子的思想政治水平，加强和改善对思想政治工作的领导。贯彻党和国家的教育方针，改进和加强思想政治工作关键在校、系两级领导；高等学校的领导干部不仅应有较高的专业和知识水平，而且应有较高的思想政治水平，较强的领导管理能力，能够正确理解和执行党的路线、方针、政策，懂得如何办好学校、培育合格人才。党委书记和校长，应当努力成为社会主义的教育家；有些学校的领导班子不能适应这个要求，各主管部门要在调查研究的基础上，加以提高、充实或整顿。

六、全党全社会都应关心青年学生的健康成长。各省、自治区、直辖市党委和党中央、国务院有关部门应当切实加强对高等学校的领导，并协调各有关方面，共同做好高等学校的思想政治工作；地方党委对高等学校思想政治工作应负主要领导责任，每年要专门讨论一两次师生的思想政治状况，并提出相应的政策和措施；领导同志要经常深入学校，直接同学生对话，讲解一些他们关心的，特别是需要由领导机关回答的问题，并形成制度，长期坚持下去。

《决定》是我国有关高等学校思想政治工作的重要文件，对于促进我国高等学校思想政治工作的有效开展发挥了重要指导作用。

30. 工读学校管理制度

1987年6月17日国务院办公厅转发国家教育委员会、公安部、共青团中央《关于办好工读学校的几点意见》（以下简称《意见》）的通知。《意见》对以下问题作出明确规定。

一、工读学校的性质、任务和办学指导思想。（一）工读学校是对有违法和轻微犯罪行为的中学生进行特殊教育的半工半读学校，是普通教育中的一种特殊形式。也是实施九年义务教育的一种不可缺少的教育形式。（二）工读学校的任务是全面贯彻执行教育方针，把有违法和轻微犯罪行为的学生教育、挽救成为有理想、有道德、有文化、有纪律并掌握一定生产劳动技术和职业技能的社会主义公民。（三）工读学校要坚持"立足教育，挽救孩子，科学育人，造就人才"的指导思想，要关心、爱护、尊重学生，不能歧视、厌弃他们。

二、思想政治教育和学生管理。（一）工读学校必须以转变学生的思想为首要任务，要把思想政治教育渗透到学校的各项具体工作中去。（二）要紧密结合学生思想实际，切实加强爱国主义教育，社会主义道德教育，社会主义民主、法制教育和理想、前途、人生观教育。（三）要坚持正面教育为主的原则，深入了解学生违法犯罪的原因，随时掌握他们的思想动态和心理特点，做艰苦、细致的思想转化工作。对学生要热情关怀，严格要求，启发诱导，耐心教育。要注意调动学生的积极因素，表扬和鼓励先进。防止简单粗暴，严禁体罚和变相体罚。（四）要建立严格的科学管理制度。工读学校的学生应当集中食宿，集中管理。对学生要提出严格的要求，组织学生过有纪律的生活，要区别学生的不同情况，分层次地进行管理教育。（五）工读学校应实行男、女生分别编班或男、女生分别建校。每班配备1—2名得力的班主任。女生班要配备女教师担任班主任。（六）工读学校应建立学生会、班委会等群众组织，也可以建立共青团组织，并充分发挥他们的作用。

三、教学工作。（一）各校要搞好教学改革，努力提高教学质量，使学生逐步达到九年义务教育的基本要求。（二）工读学校的学习年限，根据学生原有文化程度和接受教育的表现，一般可确定为2—3年。（三）工读学校主要开设思想政治、语文、数学、历史、地理、体育、音乐、美术和职业技术教育等课程，以及生理卫生常识等讲座。（四）思想政治课以道德教育和法制教育为主。文化课根据学生的实际程度制定教学计划和进度，选用普通中学的教材或自编教材和补充教材。

此外，《意见》还对工读学校的职业技术教育和生产劳动、工读学校的招生、工读学校学生的出路、教师队伍、领导管理、机构设置和人员编制、经费、教育科学研究等方面作出了规定。该《意见》是维护工读学校秩序、保障工读学校各项工作正常运转的基本依据。

31. 关于改革和发展成人教育的决定

成人教育是当代社会经济发展和科学技术进步的必要条件。随着中国社会主义物质文明、精神文明建设的发展以及经济体制、政治体制、科技体制和教育体制改革的逐步深入，大力发展成人教育，不断提高亿万劳动者的思想道德素质和科学文化素质，使经济和社会的发展具有更加坚实可靠的人才基础，对于把我国建设成为高度民主、高度文明的社会主义现代化国家具有重要的战略意义。为此，1987年6月，国务院批转了国家教育委员会发布的《关于改革和发展成人教育的决定》（以下简称《决定》），其主要内容是：

一、提高全社会对成人教育在社会主义现代化建设中的重要地位和作用的认识。指出成人教育是当代社会经济发展和科学技术进步的必要条件，是中国教育的重要组成部分；在整个教育事业中，它与基础教育、职业技术教育、普通高等教育同等重要。

二、把开展岗位培训作为成人教育的重点。把提高从业人员本岗位需要的工作能力和生产技能作为重点，广泛地开展岗位培训，是成人教育的一项重大改革，也是提高劳动生产率和工作效率的重要手段；要逐步做到各类从业人员走上岗位以前，都按照岗位规范的要求进行培训，走上岗位以后和转换岗位时，要根据生产和工作中提出的新要求，经常地培训提高。

三、改革成人学校教育，提高办学效益和质量。各级各类成人学校要根据生产、工作的实际需要和成人教育的特点进行各项改革，发展不同形式的横向联合，提高质量，增进效益，更好地为社会主义建设服务。

四、积极开展大学后继续教育和专业培训、实践培训，对于提高专业技术人员、管理人员素质，提高我国新技术、高技术发展水平和现代化管理水平，具有极其重要的作用。

五、制定相应的政策措施，充分调动地方和企业事业单位举办成人教育的积极性，是改革和发展成人教育，激发广大从业人员学习积极性，并把这些积极性引导到正确方向的重要方面。

六、加强宏观管理，积极为基层服务。成人教育是涉及全社会的事业，范围广大，门类繁多，形式多样，必须充分发挥各地区、各部门和社会各方面力量的积极性，实行多渠道办学。

《决定》是成人教育的宏观指导性文件，它总结了新中国成立以来，特别是党的十一届三中全会以来，中国成人教育取得的经验，也吸收了一些国外好的作法，提出了今后一个时期内，我国改革、发展成人教育的指导思想、方针、任务、重点、政策和领导体制，为促进中国成人教育事业的发展发挥了重要作用。

32. 扫除文盲工作条例

为了提高中华民族的文化素质，促进社会主义物质文明和精神文明建设，根据《中华人民共和国宪法》的有关规定，国务院于1988年2月颁发《扫除文盲工作条例》（以下简称《扫盲条例》）。《扫盲条例》共17条，主要内容如下：

一、什么是文盲。《扫盲条例》规定：凡15周岁至40周岁的文盲、半文盲公民，除不具备接受扫盲教育能力的以外，不分性别、民族、种族，均有接受扫盲教育的权利和义务。鼓励40周岁以上的文盲、半文盲公民参加扫除文盲的学习。扫除文盲与普及初等义务教育应当统筹规划，同步实施。

二、脱盲标准。（一）个人脱盲的标准是：农村识1500个汉字，企业和事业单位职工、城镇居民识2000个汉字，能够看懂浅显通俗的报刊、文章，能够记简单的账目，能够书写简单的应用文。(二)基本扫除文盲单位的标准和要求是：15周岁至40周岁人口中非文盲人数，在农村达到85%以上，在企业、事业单位和城镇达到90%以上；组织脱盲人员继续学习提高，防止出现复盲现象；农村的乡（镇）、城市的街道还必须同时符合普及初等教育的要求。

三、扫盲管理。(一)扫除文盲与普及初等义务教育应当统筹规划，同步实施。已经实现基本普及初等义务教育，尚未完成扫除文盲任务的地方，应在五年以内实现基本扫除文盲的目标。(二)地方各级人民政府应当加强对扫除文盲工作的领导，制订本地区的规划和措施，并按规划要求完成扫除文盲任务。(三)扫除文盲教育应当讲求实效，把学习文化和学习技术知识结合起来。(四)扫除文盲教学应当使用全国通用的普通话。(五)扫除文盲实行验收制度。扫除文盲的学员由所在乡（镇）人民政府、城市街道办事处或同级企业、事业单位组织考核，对达到脱盲标准的，发给"脱盲证书"。(六)地方各级人民政府应当制定措施，督促基本扫除文盲的单位制订规划，继续扫除剩余文盲，使十五周岁至四十周岁人口中的非文盲人数，达到95%以上。(七)扫除文盲教师由乡（镇）、街道、村和企业、事业单位聘用，并给予相应报酬。(八)地方各级人民政府应当在教育事业编制中，充实县、乡（镇）成人教育专职工作人员，加强对农村扫除文盲工作的管理。(九)扫除文盲工作实行行政领导责任制。扫盲任务应当列为县、乡（镇）、城市街道和企业、事业单位行政负责人的职责，作为考核工作成绩的一项重要内容。

四、扫盲经费。扫除文盲教育所需经费采取多渠道办法解决，鼓励社会力量和个人自愿资助扫除文盲教育。除下列各项外，由地方各级人民政府给予必要的补助：(一)由乡（镇）人民政府、街道办事处组织村民委员会或有关单位自筹；(二)企业、事业单位的扫除文盲经费，在职工教育经费中列支；(三)农村征收的教育事业费附加，应当安排一部分用于农村扫除文盲教育。

五、扫盲奖励。国家教育委员会定期对在扫除文盲工作中作出突出贡献的单位或个人颁发"扫盲奖"。地方各级人民政府也应当对在扫除文盲工作中成绩显著的单位或个人予以表彰、奖励。

《扫盲条例》的颁布标志着扫盲教育进入了一个规范化、法制化的新阶段，具有重大意义。

33. 严格控制中小学生流失

为严格控制中小学学生辍学，减少新文盲的产生，提高中国劳动者素质和整个民族素质，国家教育委员会于1989年1月30日发出《关于严格控制中小学生流失问题的若干意见》(以下简称《意见》)。

一、要认真贯彻执行《中华人民共和国义务教育法》。要求政府、社会各界、家庭和学校严格履行法律规定的义务和职责,从根本上解决中小学生流失的问题。为此,要求深入地进行《中华人民共和国义务教育法》的宣传教育,使干部、群众树立起依法治教的观念。

二、加强中小学学生学籍管理,建立学生流失情况的报告制度。学生无故不到学校上课,班主任老师应即向校长报告,并分析原因,采取措施,进行教育,使其到校上课。经过教育仍未到校上课的,农村中小学校长应向乡(镇)人民政府报告;城市中小学校长应向市、区人民政府(或其指定的单位)报告。属于社会、家庭因素造成流失的,还应报告有关原因和建议。

三、认真贯彻执行劳动部等单位《关于严禁使用童工的通知》,发现城乡企业单位和个体工商户违反国家规定,擅自招用学龄儿童少年做工、从商的,应交当地劳动、工商等行政管理部门处理。情节严重、屡教不改的,应责令其停业整顿,或吊销其营业执照。诱骗虐待童工的包工头,应交人民法院依法追究刑事责任。对不按规定送儿童少年入学的父母或其他监护人,当地人民政府应及时进行批评教育,经教育仍不改正错误的,应强制其送子女入学。

四、地方教育行政部门要指导中小学端正教育思想,改进教育教学工作,大面积提高教育质量。对学习有困难的学生,要认真辅导,热情帮助。留级生的数量要严格控制,一般不得超过学生数的 50%。防止学生因多次留级丧失学习信心,流入社会。中小学在办学形式、教育内容等方面,都要从实际出发进行改革,探索文化知识教育同劳动技术教育结合的途径。对因年龄较大、不宜随班就读的小学生,和未考入初中的小学毕业生,可因地制宜地采取非正规教育形式组织他们学习。

五、重视解决造成农村中小学女学生流失的特殊性问题。在少数民族聚居地区,还可根据群众需要,举办女童班、女子中小学、女子职业技术学校。加强对中小学收费工作的管理。学校一律不得自立项目、自订标准、滥收费用。建立责任制和检查制度。乡(镇)政府主要负责人员和分管负责人员、中小学校长、教师对中小学学生辍学,不掌握情况,不分析原因,不采取措施解决,也不如实向上级报告的,应视为失职行为。

经过各地的大力工作,到 1989 年秋季开学时,小学在校学生的流失已基本得到控制。

34. 高等教育英语标准化考试

恢复高考后,中国教育事业逐渐步入正轨,但英语教学却没有受到应有的重视。由于受到外界社会环境和教学师资力量等原因的影响和制约,大学英语的教学质量难以保证。

直到20世纪80年代初，中国高校"公共英语"（后来改为《大学英语》）教学才逐步恢复。

为促进大学英语教育的发展，我国于1985年和1986年分别制定了《大学英语教学大纲（理工科用）》和《大学英语教学大纲（文理科用）》。这两份大纲的共同核心是分级教学，将大学英语课程分为六个等级，并制定了定量指标来规定每个等级所应达到的要求，其中一至四级为必修课，五至六级为选修课。

1985年2月，国家教委发出《关于印发〈大学英语教学大纲〉（高等学校理工科本科用）的通知》。该通知指出，《大学英语教学大纲》确定的教学目的和要求反映了当前国家对高等专业人才外语方面的要求，是国家教委今后检查大学英语教学质量的依据，鉴于各高校在新生入学水平、办学条件等方面存在差异，重点院校一般应达到基础阶段四级教学要求，非重点院校应达到的级别由各校自定。凡执行本大纲的学校，国家教委将对结束四、六级学习的学生进行统一的标准考试。这里所说的标准考试就是"大学英语四、六级标准化考试"。

从1987年秋开始，国家教委开始对结束四、六级学习的学生进行统一的标准测试，这标志着我国大学英语课程考试制度的正式创立。1999年，教育部颁布《大学英语教学大纲》修订本，对原来的《大学英语教学大纲》进行了修订，对大学生的英语综合水平提出了更高的要求，强调提高学生英语口语交流和书面表达能力，全面培养学生的一定的听、说、读、写、译的能力。根据1999年大纲的新要求，大学英语四、六级考试也进行了相应的调整。

2005年2月，教育部公布了《全国大学英语四、六级考试改革方案（试行）》。改革方案主要包括三个方面：一、对考试形式和内容进行了重大改革，开发起用新题型，加大了主观题的比重，突出强调对听说能力的测试；二、采取全新的考试成绩报道方式，从2005年6月起，大学英语四、六级考试成绩将原来的100分制改为710分的记分体制，不设及格线，成绩报道方式由原来的考试合格证书改为成绩单报告单，报道内容包括总分和单项分；三、改革考试管理体制，从2005年4月开始，大学英语四、六级主管单位由原来的教育部高教司改为教育部高等教育司和教育部考试中心共同管理。

作为改革开放以来高校大学英语课程实行分级教学的一项重要配套措施，大学英语四、六级考试经过多年的发展，为提高学生的英语水平、促进英语教学事业的发展发挥了重要作用。

35. 幼儿园管理条例

为了加强幼儿园的管理，促进幼儿教育事业的健康发展，国家教育委员会于1989年9月发布《幼儿园管理条例》（以下简称《条例》）。《条例》共6章32条，主要内容如下：

一、幼儿园管理的基本原则。(一)我国幼儿园的管理实行地方负责,分级管理和各有关部门分工负责的原则。(二)国家教育委员会主管全国的幼儿园管理工作。(三)幼儿园的保育和教育工作应当促进幼儿在体、智、德、美诸方面和谐发展。(四)幼儿园的设置应当与当地居民人口相适应。

二、举办幼儿园的基本条件。(一)举办幼儿园必须具有与保育、教育的要求相适应的园舍和设施。举办幼儿园应当具有符合下列条件的保育、幼儿教育、医务和其他工作人员。(二)医师应当具有医学院校毕业程度,医生和护士应当具有中等卫生学校毕业程度,或者取得卫生行政部门的资格认可。(三)保健员应当具有高中毕业程度,并受过幼儿保健培训。(四)保育员应当具有初中毕业程度,并受过幼儿保健职业培训。(五)举办幼儿园的单位或个人必须具有进行保育、教育以及维修或扩建、改建幼儿园的园舍与设施的经费来源。

三、举办幼儿园的审批程序。国家实行幼儿园登记注册制度,未经登记注册,任何单位和个人不得举办幼儿园。城市幼儿园的举办、停办,由所在区、不设区的市人民政府教育行政部门登记注册。农村幼儿园的举办、停办,由所在乡、镇人民政府登记注册,并报县人民政府教育行政部门备案。

四、幼儿园的保育、教育工作。(一)幼儿园应当保障幼儿的身体健康,培养幼儿的良好生活、卫生习惯;应当使用全国通用的普通话;应当以游戏为基本活动形式。(二)幼儿园可以根据本园的实际,安排和选择教育内容与方法,严禁体罚和变相体罚幼儿;应当建立卫生保健制度,防止发生食物中毒和传染病的流行。(三)幼儿园应当建立安全防护制度。

此外,《条例》还规定了幼儿园管理工作相关的奖励与处罚的情形。《条例》的颁布,有利于加强幼儿园各项工作的条理化和系统化,对于提高工作效能和形成良好园风具有重要意义。

36. 高等学校学生行为准则

为加强思想政治教育,引导学生奋发向上、健康成长,根据各地区、学校的经验,国家教育委员会思想政治工作司起草了《高等学校学生行为准则(试行)》,经过三次修订,于1989年11月正式颁布试行。

为进一步全面贯彻党的教育方针,加强高等学校学生思想政治教育工作,引导学生坚定理想信念,形成良好的道德品质,养成文明行为习惯,勤奋学习,强健体魄,成为社会主义合格建设者和可靠接班人,教育部对原国家教育委员会制定的《高等学校学生行为准则（试行）》作了修订，于 2005 年 3 月颁布。修订后的《高等学校学生行为准则》（以下简称《准则》）共 8 条。

一、志存高远，坚定信念。努力学习马克思列宁主义、毛泽东思想、邓小平理论和"三个代表"重要思想，面向世界，了解国情，确立在中国共产党领导下走社会主义道路、实现中华民族伟大复兴的共同理想和坚定信念，努力成为有理想、有道德、有文化、有纪律的社会主义新人。

二、热爱祖国，服务人民。弘扬民族精神，维护国家利益和民族团结；不参与违反四项基本原则、影响国家统一和社会稳定的活动；培养同人民群众的深厚感情，正确处理国家、集体和个人三者利益关系，增强社会责任感，甘愿为祖国为人民奉献。

三、勤奋学习，自强不息。追求真理，崇尚科学；刻苦钻研，严谨求实；积极实践，勇于创新；珍惜时间，学业有成。

四、遵纪守法，弘扬正气。遵守宪法、法律法规，遵守校纪校规；正确行使权利，依法履行义务；敬廉崇洁，公道正派；敢于并善于同各种违法违纪行为作斗争。

五、诚实守信，严于律己。履约践诺，知行统一；遵从学术规范，恪守学术道德，不作弊，不剽窃；自尊自爱，自省自律；文明使用互联网；自觉抵制黄、赌、毒等不良诱惑。

六、明礼修身，团结友爱。弘扬传统美德，遵守社会公德，男女交往文明；关心集体，爱护公物，热心公益；尊敬师长，友爱同学，团结合作；仪表整洁，待人礼貌；豁达宽容，积极向上。

七、勤俭节约，艰苦奋斗。热爱劳动，珍惜他人和社会劳动成果；生活俭朴，杜绝浪费；不追求超越自身和家庭实际的物质享受。

八、强健体魄，热爱生活。积极参加文体活动，提高身体素质，保持心理健康；磨砺意志，不怕挫折，提高适应能力；增强安全意识，防止意外事故；关爱自然，爱护环境，珍惜资源。

与 1989 年颁布的《高等学校学生行为准则（试行）》相比，2005 年修订后颁布的《高等学校学生行为准则》对大学生言论和行为应遵循的基本原则更加宏观和简洁。修订后的《准则》从如何处理好与国家、社会、学校、个人四个层面的关系上，对大学生从政治、思想、学习、道德、健康等八方面提出原则性基本要求。《准则》不是具体行为规范，也不是学校具体管理规定，在修订后的《准则》中取消了原来的"按时熄灯就寝，不在禁烟区吸烟"等一些具体规定，还调整了用词角度，取消了原《准则》中"不得"、"要"等外在的要求性表达，为各高校根据本校的实际制定相关的要求留下了很大的空间。

37. 中小学生课业负担过重现象及其治理

高考恢复之后，由于升学竞争等原因，中小学生的课业负担问题日益凸显，不利于儿童少年在德、智、体诸方面的健康成长。为了切实解决中小学生课业负担过重问题，促进儿童、少年身心健康发展，国家采取了一系列措施。

1994年11月，国家教委下发了《关于全面贯彻教育方针，减轻中小学过重课业负担的意见》，要求各地高度重视学生课业负担过重的问题，切实予以解决。1995年2月，国家教委、中国科协联合下发《关于停办各级各类奥林匹克学校（班）的紧急通知》，严格控制各类竞赛评奖活动，停办各种奥林匹克校（班）。2000年1月教育部又下发了《关于在小学减轻学生过重负担的紧急通知》，从教学方式、复习资料、教师违规、课外作业、各类考试、免试入学、竞赛等方面严格政策执行和落实，切实减轻中小学生过重课业负担。

2010年5月，国务院总理温家宝主持召开国务院常务会议，审议并通过了《国家中长期教育改革和发展规划纲要（2010—2020年）》（以下简称《纲要》）。《纲要》指出：过重的课业负担严重损害青少年身心健康，危害民族未来；通过减轻课业负担，保证学生生动活泼学习、健康快乐成长；减轻学生过重课业负担是全社会的共同责任，政府、学校、家庭、社会必须共同努力，标本兼治，综合治理；把减负落实到中小学教育全过程，率先实现小学生减负；各级政府要把减负作为教育工作的重要目标，统筹规划，整体推进；调整教材内容，科学设计课程难度；改革考试评价制度和学校考核办法；规范办学行为，建立学生课业负担监测和公告制度；不得以升学率对地区和学校进行排名，不得下达升学指标；规范各种社会补习机构和教辅市场；学校要把减负落实到教育教学各个环节，给学生留下了解社会、深入思考、动手实践的时间；充分发挥家庭教育在青少年成长过程中的重要作用；家长要树立正确的教育观念，掌握科学的教育方法，尊重子女的健康情趣，加强与学校的合作，共同减轻学生课业负担；关心社会教育，帮助子女养成良好习惯，促进学生健康成长。

为贯彻落实党的十八大精神和教育规划纲要，努力减轻义务教育阶段学生过重课业负担，在继续采取均衡发展九年义务教育、加快招生考试制度改革和加强教师队伍建设等治本之策的同时，教育部于2013年3月下发通知，决定于2013年3月起，在全国范围内开展以"宣传典型经验、规范办学行为、更新教育观念、营造良好氛围"为主题的义务教育阶段学校"减负万里行"活动。"减负万里行"活动为减轻中小学课业负担过重发挥了积极作用，为继续标本兼治减轻学生过重课业负担，教育部于2014年3月印发通知，在全国范围内部署开展义务教育阶段学校"减负万里行•第2季"活动。通知要求：各地要深化综合改革,从源头上减轻学生过重课业负担;加大治理力度,坚决纠正不规范办学行为。

经过一系列整治,我国中小学生课业负担过重问题在一定程度上得到了缓解,为减轻中小学生过重的课业负担,保障其健康成长发挥了积极作用。

38.国家将特殊教育纳入义务教育体系

1989年5月4日,国务院办公厅转发国家教育委员会等部门《关于发展特殊教育的若干意见》(以下简称《意见》)的通知。《意见》的主要内容如下:

一、发展特殊教育的方针与政策。(一)发展特殊教育要贯彻普及与提高相结合,以普及为重点的原则。在当前和今后一个时期,发展特殊教育事业的基本方针是:着重抓好初等教育和职业技术教育,积极开展学前教育,逐步发展中等教育和高等教育。(二)把残疾少年儿童教育切实纳入普及义务教育的工作轨道。各级教育部门要把残疾少年儿童教育同当地实施义务教育工作统一规划,统一领导,统一部署,统一检查。今后,要将残疾少年儿童教育发展规划执行情况作为检查、验收普及初等教育的内容之一。(三)各级各类特教学校都应贯彻执行德、智、体、美、劳全面发展的方针,在对残疾学生进行思想品德教育、文化教育和身心缺陷补偿的同时,切实加强劳动技能和职业技术教育,为他们参与社会生活,适应社会需要创造条件。(四)发展残疾少年儿童教育应遵循地方负责,中央给予指导帮助,有关部门分工协作,社会各界积极支持的原则。(五)多种渠道办学,充分调动各方面办学的积极性。(六)多种形式办学,加快特殊教育事业的发展。

二、发展特殊教育的目标与任务。要采取多种措施,使盲童、聋童的入学率从现在的不足6%,分别提高到10%和15%,弱智儿童入学率要有大幅度提高;发达地区的残疾儿童入学率应有更大的提高。

三、发展特殊教育的领导与管理。(一)加强特殊教育的法制建设工作,尽快制定有关残疾人教育方面的法规,保障残疾人受教育的权利。(二)在各级人民政府的统一领导下,以教育部门为主,民政、卫生、劳动、计划、财政和残疾人联合会等部门和组织紧密配合,各司其职,共同做好特殊教育工作。(三)多渠道筹措办学经费和基建投资。(四)加强师资队伍建设,各地根据本地需要和实际情况,本着师资先行的原则,在5年内,积极创造条件筹办特教师资培训机构。(五)改善特教学校(班)和残疾儿童福利机构教职工的待遇,提高他们的社会地位。高度重视特殊教育的科学研究和教改实验工作。(六)各地应根据特教学校(班)的特点和实际需要,本着节约、精简的原则尽快制定各类特教学校(班)的公用费标准和人员编制比例。(七)特教教材工作由国家教委有关机构归口管理,负责组织教材的编写、审定,并会同有关部门做好出版、发行工作。(八)要高度重视特殊教育的科学研究和教改实验工作。

国家将特殊教育纳入义务教育体系，对促进残疾人自强自立，平等参与社会生活，从而成为社会主义建设的参加者具有重要意义。

39. 拖欠民办教师工资现象及其治理

民办教师指我国某些农村小学和初级中学中，不在国家编制，由集体推荐或学校聘用，以国家或群众集资补贴为其生活来源的教师。20世纪90年代初，全国许多地方出现了拖欠中小学教师工资的情况。从调查情况看，各地拖欠的数额不同，有的省多达上亿元，拖欠的时间有的几个月有的甚至一两年，其中拖欠民办教师工资的情况尤为严重。

拖欠民办教师工资不仅严重侵犯了教师的合法权益，影响了教师队伍的稳定，影响了教育教学工作的正常进行，也影响了社会的稳定，严重损害了党和政府的诚信。为切实解决民办教师工资拖欠问题，国家教育委员会办公厅于1990年4月下发了《国家教育委员会办公厅关于认真解决民办教师工资拖欠问题的通知》。该通知指出，拖欠民办教师工资现象在不少地方都是存在的，必须引起普遍重视；国家教委要求各地教育部门在当地人民政府领导下，同有关部门一起，认真检查拖欠民办教师工资问题是否得到解决；如果问题尚未解决，或又发现了新的欠款，应即提请当地人民政府组织有关乡、镇、村负责人研究切实办法，务求将所欠民办教师工资尽快还清；在保证国家补助部分的同时，还应根据当地实际情况，制订出民办教师工资乡镇统筹部分的筹措办法，通过乡镇人民代表大会，或村民组织，或地方人民政府形成决议，切实保证今后民办教师工资能够如期如数拨发。

1993年11月，国务院办公厅又下发《关于采取有力措施迅速解决拖欠教师工资问题的通知》。该通知指出：近年，不少地区民办教师工资拖欠有增无减，公办教师工资拖欠也大面积出现，问题相当严重；拖欠教师工资，严重影响教师生计，挫伤广大教师的工作积极性，影响教师队伍稳定，社会各界对此极为关注；如果问题得不到及时解决，不仅严重影响普及九年制义务教育的实施，且势必影响社会的稳定，引发一系列严重后果；各级人民政府务必高度重视，采取果断有力措施，迅速解决当前拖欠教师工资问题并从根本上杜绝此类问题再度发生。

1997年8月，面对并未得到迅速解决、反而有增无减的教师工资"拖欠又克扣"的新问题，国务院办公厅再次下发《关于保障教师工资按时发放有关问题的通知》，指出：各级人民政府要对教育经费特别是教师工资实行全额预算，足额拨款，不留缺口；对长期拖欠教师工资又不采取切实措施解决的，要追究主要领导的责任；对挪用、截留教育经费而致拖欠教师工资或者以各种名目克扣教师工资的违法行为，要坚决依法惩处。

2003年，国务院又专门召开了农村教育工作会议，颁布了《国务院关于进一步加强农村教育工作的决定》，再次重申要建立和完善农村中小学教职工工资保障机制；落实省长（主席、市长）负责制；各地要抓紧清理补发历年拖欠的农村中小学教职工工资；国务院办公厅对发生新欠农村中小学教职工工资的情况按省（自治区、直辖市）予以通报。

在中共中央、国务院的高度重视及各级人民政府和全社会的共同努力下，以"数额大、范围广、时间长"为特征的拖欠民办教师工资的问题基本得到了遏制，有效地保障了我国民办教师的合法权益，保障了我国教育教学工作的顺利开展。

40. 中华人民共和国教师法

为了保障教师的合法权益，建设具有良好思想品德修养和业务素质的教师队伍，促进社会主义教育事业的发展，八届全国人大常委会第四次会议于1993年10月通过《中华人民共和国教师法》（以下简称《教师法》），共9章43条，主要内容如下：

一、总则。明确规定教师是履行教育教学职责的专业人员，承担教书育人，培养社会主义事业建设者和接班人、提高民族素质的使命；全社会都应当尊重教师；每年9月10日为教师节。

二、规定教师的权利和义务。规定教师享有进行教育教学活动、从事科学研究和学术交流、按时获取工资报酬等权利，应当履行遵守宪法、法律和职业道德，为人师表，贯彻国家的教育方针，对学生进行宪法所确定的基本原则的教育，关心、爱护全体学生等的义务，各级政府和主管部门为此也应当履行有关的职责。

三、规定教师的管理工作。（一）取得教师资格应当具备相应的学历，同时国家实行教师职务制度，学校和其他教育机构还应当逐步实行教师聘任制。（二）各级政府和有关部门应当办好师范教育，制定教师培训规划，培养和培训教师。（三）学校或者其他教育机构应当对教师的政治思想、业务水平、工作态度和工作成绩进行考核，考核应当客观、公正、准确，考核结果是教师受聘任教、晋升工资、实施奖惩的依据。（四）教师的平均工资水平应当不低于国家公务员的平均的工资水平，并逐步提高；中小学教师和职业学校教师享受教龄津贴和其他津贴；地方各级政府和国务院有关部门，对城市教师住房的建设、租赁、出售实行优先、优惠；教师的医疗同当地国家公务员享受同等的待遇；教师退休或退职后，享受国家规定的退休或退职待遇。（五）规定政府和学校对有突出贡献的教师，或教师在教育教学、培养人才、科学研究等方面成绩优异的，都应当予以表彰、奖励。

四、规定相关的法律责任。（一）侵犯教师合法权益、教师违法乱纪这两种情况，各自所应当承担的行政或刑事责任。（二）地方政府对违反本法规定，拖欠教师工资或者侵犯教师其他合法权益的,应当责令其限期改正。(三)违反国家财政制度、财务制度,挪用国家财政用于教育的经费,严重妨碍教育教学工作,拖欠教师工资,损害教师合法权益的,由上级机关责令限期归还被挪用的经费,并对直接责任人员给予行政处分,其中情节严重、构成犯罪的,依法追究刑事责任。

《教师法》是在总结新中国成立40多年来,特别是在吸取改革开放15年来教师队伍建设的成功经验和广泛听取各方面意见的基础上制定的。《教师法》的实施,对维护教师合法权益,提高教师社会地位和待遇,加强教师队伍建设,使教育工作和教师队伍建设走上法制化的轨道,都具有重大意义。

41. 高中毕业会考制度

普通高中毕业会考是国家承认的省级普通高中文化课毕业水平的考试,是检查、评价普通高中教学质量的一种手段,也是考核普通高中学生文化课学习是否达到必修课教学大纲规定的基本要求的重要手段,是与高校招生考试具有不同性质的考试。它是标准参照性考试,其目的是考核高中生文化课学习是否达到教学大纲的基本要求及达到的程度;考试科目一般包括高中阶段教学计划规定开设的九门文化课;考试在学科教学全部结束后进行,学完一门考一门。

1983年,国家教委在《关于进一步提高普通中学教育质量的几点意见》中提出,毕业考试要和升学考试分开进行,有条件的地方可按基本教材命题,试行初、高中毕业会考。1985年,上海率先进行会考试验;随后,试验的省份逐年增多,到1990年扩大到海南、河南等8个省、市。

1990年8月,国家教委印发了《关于在普通高中实行毕业会考制度的意见》(以下简称《意见》),决定从1990年起,用两年左右的时间有计划地在全国逐渐实行普通高中毕业会考制度。《意见》规定,会考采取考试和考查两种方式;考试科目为:语文、数学、外语、政治、物理、化学、生物、历史、地理;考查项目为:劳动技术课和物理、化学、生物的实验操作;体育课由各校按教学大纲规定的内容进行考试;会考考试科目原始得分用百分制,报告学生成绩可用等级分,分四等,即优、良、及格和不及格;考查项目的成绩只分合格、不合格两等,补考一律记为合格、不合格;考试科目由省、自治区、直辖市统一命题,统一施考,统一评卷,统一统计、分析和报告成绩;确有困难的省、自治区、直辖市评卷工作可放在地(市)一级进行,省、自治区、直辖市教委、教育厅(局)要组织力量进行监测抽查;考查项目由市、县根据统一的会考标准命题,并组织实施。此外,《意见》还对各省、自治区、直辖市会考机构的建立和经费的筹措提出了要求。从1992年秋季开始,西藏自治区开始实行普通高中会考制度,至此,高中毕业会考制度在全国全面推开。

实行普通高中毕业会考制度,对于全面贯彻教育方针,落实高中教学计划,加强教学管理,克服文理偏科现象,推动教学改革,全面提高教学质量具有重要意义。

42. 关于坚决制止中小学乱收费的规定

为了认真贯彻中共中央、国务院《关于坚决制止乱收费、乱罚款和各种摊派的决定》,纠正行业不正之风,坚决制止中小学乱收费现象,国家教育委员会于1991年5月发布《关于坚决制止中小学乱收费的规定》(以下简称《规定》),共14条,主要内容如下:

一、小学、初中阶段的学生免收学费,只收取杂费。非义务教育阶段的高级中等学校可收取杂费和学费。杂费和学费的范围、标准及收取办法,由省、自治区、直辖市教育、物价、财政部门根据当地群众经济收入水平研究制订方案,报人民政府批准后执行。

二、中小学校对于确因学生家长工作、生活方面的特殊情况,需接收户口不在本地的学生借读时,必须经当地教育行政部门审查批准,可适当收取借读费。借读办法及收费标准由省、自治区、直辖市教育及物价部门制定。学生正常转学,应按有关规定办理转学手续,学校除按规定的项目和标准收取费用外,不得向学生额外收取其他费用。

三、中小学校不得举办全日制复读班,或接收毕业生插班复读,不得搞"计划外"招生,向学生收取高额费用。有条件的学校在不影响正常教学活动的前提下,举办非全日制的业余文化补习班,应报当地县级以上教育行政部门批准,纳入成人教育系列管理。收费标准和办法由当地县级以上教育、物价部门研究制订。

四、学校应严格控制代购项目。学生课本和练习本,可以由学校统一代购,但必须本着自愿原则办理。学生本人及家长可以自行购买的物品,学校不要代购。确需代购的,学校必须按规定价格收取代购费,不得向学生加收手续费。代购款应及时结算并公布账目。学校不得为其他部门、单位代收各种费用。如确与学生有关的项目,如人身保险等,经学校研究,征得学生家长同意后,报当地县级以上教育行政部门备案,学校可协助办理。

五、中小学校开展勤工俭学活动,不得向学生收钱、收物充当勤工俭学收入。社会捐资助学和群众集资办学,是筹措中小学教育经费,改善办学条件的一条重要渠道。集资办学应贯彻自愿、量力和群众受益的原则,按地方人民政府的有关规定进行。中小学校不得自行向群众和社会硬性摊派费用,也不得向学生征收集资费。民办教师报酬,应由当地人民政府统筹解决,不得按学生人头向学生摊派。

六、中小学校在每学期开学前,应把本学期经批准的收费项目、标准张榜公布,并可由各地人民政府通过广播、电视、报纸等新闻媒介,向群众广为宣传,接受广大群众对中小学收费情况的监督。学生及其家长有权拒绝缴纳未经批准的乱收费项目,学校不得因学生家长拒缴不合理的费用而拒绝学生入学。

七、各级教育行政部门应加强对中小学收费工作的管理,坚持勤俭办学,提高经费的使用效益。要设置举报电话、举报箱,要会同有关部门对中小学收费情况进行监督检查。国家教委每学期将派人到各地专门抽查中小学收费情况,督促各地认真抓好此项工作。各省、自治区、直辖市教育行政部门应于每年10月底,书面向国家教委报告收费与使用的情况。违反本规定、巧立名目向学生乱收费的学校,除退还学生全部乱收的款项外,还应追究经办人员和学校负责人的责任,并予严肃处理。

《规定》是学校贯彻执行国家政策法规的重要内容,也是检查、评价学校坚持正确办学方向的重要标准。

43. 中华人民共和国未成年人保护法

为保护未成年人的身心健康,保障未成年人的合法权益,促进未成年人在品德、智力、体质等方面全面发展,把他们培养成为有理想、有道德、有文化、有纪律的社会主义事业接班人,1991年9月七届全国人大常委会第二十一次会议通过了《中华人民共和国未成年人保护法》(以下简称《未成年人保护法》),于1992年1月1日起施行。《未成年人保护法》共7章56条,其主要内容是:

一、规定未成年人是指未满18周岁的公民;国家、社会、学校和家庭等都有教育、保护未成年人的责任。保护未成年人工作应遵循的原则:保障他们的合法权益,尊重他们的人格尊严,适应他们身心发展的特点,教育与保护相结合。

二、家庭保护:规定了父母或其他监护人在教育、保护未成年人方面的责任,其中包括不得歧视女性未成年人或者有残疾的未成年人,不得使在校接受义务教育的未成年人辍学,应当预防和制止未成年人吸烟、酗酒、流浪以及聚赌、吸毒、卖淫等。

三、学校保护:规定学校(幼儿园)在教育、保护未成年学生方面的责任,其中包括不得歧视品行有缺点、学习有困难的学生,不得随意开除未成年学生,不得使未成年学生在危及人身安全、健康的校舍和其他教育教学设施中活动,在安排集体活动时应当防止发生人身安全事故等。

四、社会保护:规定社会各方面都应当开展多种形式的有利于未成年人健康成长的社会、文化活动,国家应鼓励有关各方创作或提供有益于未成年人健康成长的作品,营业性舞厅等不适宜未成年人活动的场所不得允许未成年人进入,严禁任何组织和个人向未成年人出售、出租或者以其他方式传播淫秽、暴力等的图书、报刊和音像制品,任何组织和个人不得招用未满 16 周岁的未成年人(国家另有规定的除外)等。

五、司法保护:规定对违法犯罪的未成年人,实行教育、感化、挽救的方针,坚持教育为主、惩罚为辅的原则;司法机关对审前羁押或经法院判决服刑的未成年人,都应当与羁押或服刑的成年人分别关押、管理;16 周岁以上不满 18 周岁的未成年人犯罪的案件,一般也不公开审理;免予起诉、免除刑事处罚或宣告缓刑、被解除收容教养或者服刑期满释放的未成年人复学、升学、就业不受歧视等。

六、法律责任:针对侵害未成年人合法权益的各种行为,分别规定了它们各自所应当承担的行政、民事或刑事责任。

为适应新形势的要求,中国于 2006 年对《未成年人保护法》进行了首次修订,修订后的《未成年人保护法》还是 7 章,但从原来的 56 条增加到 72 条,其中有 25 条是新增加的,另外 47 条中,32 条有实质性修改、11 条有文字性修改、未改的仅有 4 条。修订后的《未成年人保护法》于 2007 年 6 月 1 日起施行。

2012 年又对《未成年人保护法》进行了第二次修订,将第五十六条第一款修改为:"讯问、审判未成年犯罪嫌疑人,被告人询问未成年证人、被害人,应当依照刑事诉讼法的规定通知其法定代理人或者其他人员到场。"修改后的《未成年人保护法》自 2013 年 1 月 1 日起施行。

《未成年人保护法》的制定实施和不断完善为保护未成年人的身心健康,保障未成年人的合法权益,促进未成年人在品德、智力、体质全面发展发挥了重要作用。

44.国务院关于大力发展职业技术教育的决定

党的十一届三中全会以来,特别是中共中央《关于教育体制改革的决定》公布以来,中国的职业技术教育有了很大发展。但是中国职业技术教育在规模、规格和质量上都还不能适应经济建设和社会发展的需要,在整个教育事业中仍然是薄弱的环节。党的十三届七中全会再次提出大力发展职业技术教育,为了认真贯彻落实这一决策,国务院于 1991 年 10 月 17 日颁布了《关于大力发展职业技术教育的决定》(以下简称《决定》),主要内容如下:

一、在 20 世纪 90 年代要逐步做到使大多数新增劳动力基本上能够受到适应从业岗位需要的最基本的职业技术训练,在一些专业性、技术性要求较高的劳动岗位,就业者能普遍受到系统的严格的职业技术教育;初步建立起有中国特色的,从初级到高级,行业配套、结构合理、形式多样,能与其他教育相互沟通、协调发展的职业技术教育体系的基本框架。

二、规定20世纪90年代职业技术教育的主要任务。努力办好现有各类职业技术学校；广泛开展短期职业技术培训；在普通教育中积极开展职业指导，因地制宜地在适当阶段引进职业技术教育因素，在不同阶段对学生实行分流教育；重视并积极发展对在职人员进行技术培训的成人教育，同时要制定相应政策稳定中专，积极发挥中专学校在同类职业技术教育中的骨干作用。在广大农村地区，则要积极推进农村教育综合改革，实施"燎原计划"，实行农科教结合，采取更灵活的方式来大力发展职业技术教育。要重视并积极帮助老、少、边、山、穷地区发展职业技术教育。

三、采取有力政策支持职业技术教育发展。要在各级政府的统筹下，发展行业、企事业单位办学和各方面联合办学，鼓励民主党派、社会团体和个人办学；要充分发挥企业在培养技术工人方面的优势。各级政府、各有关主管部门要努力增加对职业技术教育的投入。各类职业学校和培训中心应根据条件，积极发展校办产业，办好生产实习基地。各级政府和有关部门应制定有关法规，有步骤地推行"先培训，后就业"的原则。进行技术等级考核的工种，要逐步实行毕业证书和技术等级或岗位合格证书双证书制度。要逐步建立、健全职业技术教育的研究、教材出版、师资和干部培训等服务体系建设。

四、应加强职业技术教育改革的基本建设。要面向社会实际，合理规划职业技术学校的布局和专业设置，要改革教学内容和教学方法，突出实践性教学环节。各级政府及中央与地方的各有关部门要对职业技术教育分工负责；发展职业技术教育主要责任在地方，关键在市、县，地方政府有权对职业教育进行必要的统筹和决策。同时也要注意发挥各业务部门在发展职业技术教育中的作用。要逐步建立职业技术教育的评估制度。

《决定》对提高全民族的文化技术素质，促进社会主义四化建设具有极其重要的作用。

45. 高等学校招生考试制度改革

在解放思想、大胆改革精神的指导下，高等教育招生考试制度进行了持续不断的改革，其中，普通高校招生考试制度改革一直是全社会广泛关注的焦点。高等学校招生考试制度改革大致可分为以下几个阶段：

从1977年恢复高考到1984年，可以看作是普通高校招生考试制度的重建时期。其间，由于受到国家计划体制和高度集权的高等教育管理体制的制约，恢复建立的普通高校招生考试制度表现出集中统一过多，行政职能过强，服务职能过弱，地方和高校自主性较小，制度刚性有余，弹性不足等诸多问题。

1985年5月，《中共中央关于教育体制改革的决定》强调：要改革高等学校的招生计划和毕业生分配制度，扩大高校的自主权；实行国家计划招生、委托培养招生、在国家计划外招收少数自费生。这一改革使得一向由国家"统包"的招生制度，变成了不收费的国家计划招生和收费的国家调节招生同时并存的"双轨制"。

1987年4月，《普通高等学校招生暂行条例》出台，明确规定了普通高校招生工作的基本原则，全国招生工作的组织领导、各级招生机构组成及其职责权限，招生统一考试及其录取各个环节的要求等。标志着中国普通高校招生管理工作开始走上规范化、法制化的轨道。1989年8月，《普通高等学校招生全国统一考试标准化实施规划》决定在全国进一步推广，到20世纪90年代初期，全国各省、市、自治区各考试科目均实行分卷考试，完成了标准化考试第一阶段的任务。1997年，国家教委讨论决定高考科目设置试行"3+X"方案，到2002年，31个省（自治区、直辖市）全部实行了"3+X"方案。

从2001年起，为适应高等教育大众化发展的需求，中国加快了新一轮普通高校招生考试制度改革的步伐，主要表现在考试政策和招生与录取政策两个方面。在考试政策方面：下放命题权、分省命题；2004年2月，教育部决定普通高考实行"统一考试，分省命题"，并颁布《普通高等学校招生全国统一考试大纲》作为普通高考命题、审题和评价分析的依据；到2004年，上海、北京、天津、辽宁、江苏等共11个省市推行了该项改革，2005年又增加山东、江西、安徽、四川等4省实行高考自主命题。考试科目也从全国各省市统一采用"3+2"的高考模式发展为"3+2"、"3+X"、"3+X+1"等多种模式。

在招生与录取政策方面：第一，启动"阳光工程"，2005年教育部宣布实施高校招生"阳光工程"，明确要求各地和高校在招生中切实做到以公平公正为核心，要求实行招生政策、高校招生资格及有关考生资格、招生计划、录取信息、考试资讯及申诉渠道、重大违规事件及处理结果"六公开"；第二，实行"平行志愿"，为了更尊重考生意愿，2008年，教育部向全国推广"平行志愿"的投档录取方式，即在每个录取批次的学校中，考生可填报若干个平行的学校，然后按"分数优先、遵循志愿"的原则进行投档录取，增加了考生被高校录取的机会；第三，招生计划编制方式改革。2006年中国政法大学对招生制度进行重大改革，招生指标首次按照各省人口比例进行分配，解决高考招生的地域不平衡问题。

46. 教育督导制度

教育督导制度是国家教育行政管理部门依法对下级人民政府的教育工作、下级教育行政部门和学校的工作进行监督、检查、评估、指导的制度。国家教育委员会1991年4月发布了《教育督导暂行规定》，包括总则、机构、督学、督导、罚则、附则等6章23条，规定了国家教育委员会行使教育督导职权，并负责管理全国教育督导工作；行使教育督导职权的机构应设相应的专职督学；教育督导分综合督导、专项督导和经常性检查。

为了加强对各地区、各部门教育工作的宏观管理,保证国家有关教育的方针、政策、法规的执行,推动义务教育的实施和整个中等及中等以下教育的改革与发展,1994年,经中央编制委员会审核,国务院批准,建立国家教育督导团。国家教育督导团在国家教育委员会党组领导下,行使国务院赋予国家教育委员会的教育督导职权。其主要职责是:一、对国家有关教育工作的方针、政策、法规的执行情况进行监督、检查。二、主要就省、自治区、直辖市人民政府及有关职能部门对中等及中等以下教育及有关工作的管理情况进行督导和评估。向国务院和国家教育委员会反映情况,提出建议。三、拟订有关教育督导工作的法规和重要的规章制度。四、制订有关教育督导工作的方针、计划、办法和指导方案,组织实施全国性的教育督导工作。五、指导地方各级教育督导工作。六、指导督导人员的培训和教育督导理论研究工作。

为了保证教育法律、法规、规章和国家教育方针、政策的贯彻执行,实施素质教育,提高教育质量,促进教育公平,推动教育事业科学发展,2012年8月29日国务院第215次常务会议通过《教育督导条例》(以下简称《条例》),自2012年10月1日起施行。

一、教育督导的内容:县级以上人民政府对下级人民政府落实教育法律、法规、规章和国家教育方针、政策的督导;县级以上地方人民政府对本行政区域内的学校和其他教育机构(以下统称学校)教育教学工作的督导。

二、实施教育督导应当坚持以下原则:以提高教育教学质量为中心;遵循教育规律;遵守教育法律、法规、规章和国家教育方针、政策的规定;对政府履行教育工作相关职责的督导与对学校教育教学工作的督导并重,监督与指导并重;实事求是、客观公正。

三、国务院教育督导机构承担全国的教育督导实施工作,制定教育督导的基本准则,指导地方教育督导工作。县级以上地方人民政府负责教育督导的机构承担本行政区域的教育督导实施工作。国务院教育督导机构和县级以上地方人民政府负责教育督导的机构在本级人民政府领导下独立行使督导职能。

四、县级以上人民政府应当将教育督导经费列入财政预算。

五、督学应当符合的条件:(一)坚持党的基本路线,热爱社会主义教育事业;(二)熟悉教育法律、法规、规章和国家教育方针、政策,具有相应的专业知识和业务能力;(三)坚持原则,办事公道,品行端正,廉洁自律;(四)具有大学本科以上学历,从事教育管理、教学或者教育研究工作10年以上,工作实绩突出;(五)具有较强的组织协调能力和表达能力;(六)身体健康,能胜任教育督导工作。

此外,《条例》还从督学、督导的实施、法律责任等方面作了具体的规定。《条例》是中国首部教育督导法规,标志着教育督导走上法制化的轨道,对于推动教育发展方式和管理模式的发展具有重要意义。

47. 中小学教师职业道德规范

为提高中小学教师队伍的职业道德水平，教育部和中国教育工会曾于 1984 年联合颁发了《中小学教师职业道德要求（试行草案）》。随着时间的推移，形势的发展和教育改革的深入，时代对中小学教师队伍建设提出了新的要求。国家教育委员会、全国总工会在总结 1984 年原教育部和中国教育工会颁布的《中小学教师职业道德要求（试行草案）》的基础上，经过修订，于 1985 年正式颁布了《中小学教师职业道德规范》。之后，我国又于 1991 年、1997 年对《中小学教师职业道德规范》进行了修改，使其更加完善。

到 2008 年，修改后的《中小学教师职业道德规范》已施行 11 年，其中的许多内容已不能满足新时代的要求，需要修改完善。为贯彻落实党的十七大精神和胡锦涛总书记"8.31"重要讲话精神，进一步加强教师队伍建设，全面提高中小学教师队伍的师德素质和专业水平，教育部、中国教科文卫体工会全国委员会对 1997 年原国家教委和全国教育工会联合印发的《中小学教师职业道德规范》进行了修订。修订后的《中小学教师职业道德规范》于 2008 年 9 月 1 日由教育部颁布实施，共计六条，其主要内容是：

一、爱国守法。热爱祖国，热爱人民，拥护中国共产党领导，拥护社会主义；全面贯彻国家教育方针，自觉遵守教育法律法规，依法履行教师职责权利；不得有违背党和国家方针政策的言行。

二、爱岗敬业。忠诚于人民教育事业，志存高远，勤恳敬业，甘为人梯，乐于奉献。

三、关爱学生。关心爱护全体学生，尊重学生人格，平等公正对待学生；对学生严慈相济，做学生良师益友；保护学生安全，关心学生健康，维护学生权益。

四、教书育人。遵循教育规律，实施素质教育；循循善诱，诲人不倦，因材施教；培养学生良好品行，激发学生创新精神，促进学生全面发展。

五、为人师表。坚守高尚情操，知荣明耻，严于律己，以身作则；衣着得体，语言规范，举止文明；关心集体，团结协作，尊重同事，尊重家长；作风正派，廉洁奉公。

六、终身学习。崇尚科学精神，树立终身学习理念，拓宽知识视野，更新知识结构。

2008 年版的《中小学教师职业道德规范》继承了中国的优秀师德传统，并充分反映了新形势下经济、社会和教育发展对中小学教师应有的道德品质和职业行为的基本要求，对教师职业道德的发展具有重要意义。

48. 全国中小学危房改造工程

为保证广大师生的人身安全，切实改善基础教育最基本的办学条件，党中央、国务院研究决定从2001年起由中央投入专项资金，地方安排配套资金，由教育部、国家计委、财政部共同组织实施全国中小学危房改造工程（以下简称"危改工程"），以基本消除中小学危房。

危改工程启动后，教育部、国家计划委员会、财政部联合成立了部际协调小组及办公室，制定下发了一系列配套性管理文件，采取切实有效的政策措施，把危改工程与农村中小学布局调整、二期义教工程相结合，在中央专项资金的使用上突出重点，向西部地区和少数民族地区倾斜，优先解决农村中小学D类危房中的教学及教学辅助用房。

为保证危改工程项目建设质量和中央专项资金的使用效益，2002年，全国危改办先后到贵州、黑龙江、安徽等11个省份的70个县开展实地调研和检查活动；在工作中也引入了评估和监督制约机制，组织中介机构分赴辽宁、陕西等8个省份的35个地（市）、67个县（区），对多所中小学的危房鉴定等级和面积、工程规划目标和预算构成进行现场评估。实地调研和现场评估活动，有效地保证了危房改造项目的建设质量。

为加强对危改工程的指导、总结推广先进经验，全国危改办先后编发危改工程简报、汇编危改工程制度和典型经验材料，免费发放到全国各级危改工程组织管理机构；并通过广播、电视、报刊等新闻媒体开展了危改工程宣传工作；在中央和地方各级政府的共同努力下，危改工程取得了显著成效。虽然危改工程取得了巨大成绩，但是全国一些贫困农村中小学危房问题仍然比较严重，继续抓紧改造中小学现有危房，是农村贫困地区基础教育面临的极为迫切问题，直接关系到学校的正常运转和师生的生命财产安全。为此，2003年1月召开的国家科教领导小组第十二次会议研究决定继续实施中小学危房改造工程，由教育部、财政部、国家计委共同研究提出具体方案报国务院审批。继续实施的危改工程，按照中央和地方事权、财权的划分，完善以地方投入为主的机制，加大地方政府的责任，中央继续适当予以补助。2003年，中国又全面启动了第二期全国农村中小学危房改造工程，决定在2003至2005年共投入中央专款60亿元，基本消除全国农村中小学现有D级危房校舍。

危改工程的实施，在一定程度上改善了农村中小学办学条件，遏止了农村中小学危房上升的趋势，有效地保证了师生安全，同时也促进了各地中小学校布局的调整，得到广大师生和人民群众的拥护和支持。

49. 中共中央、国务院《中国教育改革和发展纲要》

为加快教育改革发展，推进中国的现代化建设，党中央、国务院于1993年2月正式颁布了《中国教育改革和发展纲要》（以下简称《纲要》）。《纲要》以建设中国特色社会主义理论和党的基本路线为指导，总结了新中国成立40多年来特别是党的十一届三中全会以来教育改革和发展的经验，分析了中国教育面临的形势与任务，确定了20世纪90年代乃至21世纪初中国教育发展的目标、方针和战略，提出了教育改革的总体思路，并就师资队伍建设和教育经费等重大问题，拟定了若干重要措施。

一、教育面临的形势和任务。《纲要》指出，当前，中国改革开放和现代化建设事业进入了一个新阶段。建立社会主义市场经济体制，加快改革开放和现代化建设步伐，进一步解放和发展生产力，使国民经济总体素质和综合国力都迈上一个新台阶。这对教育工作既是难得的机遇，又提出了新的任务和要求。在新的形势下，教育工作的任务是：遵循党的十四大精神，以建设有中国特色社会主义的理论为指导，坚持党的基本路线，全面贯彻教育方针，面向现代化，面向世界，面向未来，加快教育的改革和发展，进一步提高劳动者素质，培养大批人才，建立适应社会主义市场经济体制和政治、科技体制改革的教育体制，更好地为社会主义现代化建设服务。

二、教育事业发展的目标、战略和指导方针。根据中国社会主义现代化建设"三步走"战略部署，到20世纪末，中国教育发展的目标是：全民教育水平有明显提高；城乡劳动者职前、职后教育有较大发展；各类专门人才的拥有量基本满足现代化建设的需要；形成具有中国特色的、面向21世纪的社会主义教育体系的基本框架。再经过几十年努力，建立起比较成熟和完善的社会主义教育体系，实现教育的现代化。为实现上述目标，应采取深化教育改革，坚持协调发展，增加教育投入，提高教师素质，提高教育质量，注重办学效益，实行分区规划，加强社会参与的战略。指导方针是：要大力加强基础教育；积极发展职业技术教育、成人教育和高等教育；重视和扶持少数民族教育；重视和支持残疾人教育事业；积极发展广播电视教育和学校电化教学，推广现代化教学手段；进一步扩大教育对外开放，增加国际教育交流与合作，大胆吸收和借鉴世界各国发展和管理教育的成功经验。

三、教育体制改革。《纲要》指出，教育体制改革要采取综合配套、分步推进的方针，加快步伐，改革包得过多、统得过死的体制，初步建立起与社会主义市场经济体制和政治体制、科技体制改革相适应的教育新体制。教育体制改革要有利于坚持教育的社会主义方向，培养德智体全面发展的建设者和接班人；有利于调动各级政府、全社会和广大师生员工的积极性,提高教育质量、科研水平和办学效益;有利于促进教育更好地为社会主义现代化建设服务。

四、全面贯彻教育方针,全面提高教育质量。《纲要》提出,各级各类学校要认真贯彻"教育必须为社会主义现代化建设服务,必须与生产劳动相结合,培养德、智、体全面发展的建设者和接班人"的方针,努力使教育质量在20世纪90年代上一个新台阶。

五、教师队伍建设。《纲要》指出,建设一支具有良好政治业务素质、结构合理、相对稳定的教师队伍,是教育改革和发展的根本大计。要下决心,采取重大政策和措施,提高教师的社会地位,大力改善教师的工作、学习和生活条件,努力使教师成为最受人尊重的职业。教师是人类灵魂工程师,必须努力提高自己的思想政治素质和业务水平;热爱教育事业,教书育人,为人师表;精心组织教学,积极参加教育改革,不断提高教学质量。

六、教育经费。改革和完善教育投资体制,增加教育经费。各级政府、社会各方面和个人都要增加对教育的投入,确保教育事业优先发展。要逐步建立以国家财政拨款为主,辅之以征收用于教育的税费、收取非义务教育阶段学生学杂费、校办产业收入、社会捐资集资和设立教育基金等多种渠道筹措教育经费的体制。通过立法,保证教育经费的稳定来源和增长。

《纲要》提出了中国教育改革和发展的基本思路,对教育体制改革、全面贯彻教育方针、全面提高教育质量、教师队伍建设和教育经费等问题作了全面论述和政策规定,为20世纪90年代乃至21世纪初我国教育改革和发展,为实现教育现代化绘制了基本蓝图。

50. 特级教师评选规定

特级教师是国家为表彰特别优秀的中小学教师而特设的一种最高荣誉,是既有荣誉性、先进性,又有专业性的称号。特级教师应是师德的表率、育人的模范、教学的专家。

为解决特级教师评选工作中存在的问题,更好地把评选工作继续下去,进一步做好特级教师的评选工作,国家教委、人事部、财政部在广泛征求意见的基础上,将1978年颁布的《关于评选特级教师的暂行规定》修订为《特级教师评选规定》(以下简称《规定》),并于1993年6月发布实施,同时废止原来的暂行规定。

一、《规定》明确提出,"特级教师"是国家为了表彰特别优秀的中小学教师而特设的一种既具有先进性、又有专业性的荣誉称号;评选工作应有计划、经常性地进行;各省、自治区、直辖市在职特级教师总数一般控制在中小学教师总数的1.5‰以内,评选的重点是中小学教育教学第一线的教师。

二、《规定》明确了评选特级教师的条件:(一)坚持党的基本路线,热爱社会主义祖国，忠诚于人民的教育事业；认真贯彻执行教育方针；一贯模范履行教师职责，教书育人，为人师表。（二）具有中小学高级教师职务；对所教学科具有系统的、坚实的理论知识和丰富的教学经验；精通业务、严谨治学，教育教学效果特别显著；或者在学生思想政治教育和班主任工作方面有突出的专长和丰富的经验，并取得显著成绩；在教育教学改革中勇于创新或在教学法研究、教材建设中成绩显著；在当地教育界有声望。（三）在培训提高教师的思想政治、文化业务水平和教育教学能力方面作出显著贡献。

三、《规定》要求特级教师由学校提名，地（市）、县教育行政部门通过全面考核，确定推荐人选，经省、自治区、直辖市教育行政部门审核，报省、自治区、直辖市人民政府批准。

四、《规定》适用于普通中学、小学、幼儿园、师范学校、盲聋哑学校、教师进修学校、职业中学、教学研究机构和校外教育机构的教师。

《规定》的颁布和实施为鼓励广大中小学教师长期从事教育事业，进一步提高中小学教师的社会地位起到了积极作用，对我国教育事业尤其是基础教育事业的发展起到了促进作用。

51. "211 工程"

为贯彻落实《中国教育改革和发展纲要》提出的"面向 21 世纪，分期分批重点建设 100 所左右的高等学校和一批重点学科，使其到 2000 年在教育质量、科学研究、管理水平及办学效益等方面有较大提高，在教育改革方面有明显进展，争取有若干所高等学校在 21 世纪初接近或达到国际一流大学的学术水平"的要求，国家首先鼓励有条件的国家部委（总公司）和省、自治区、直辖市政府，按照列入"211 工程"重点建设的高等学校和重点学科的条件，集中较大财力，重点建设代表本地区和本行业先进水平的一两所高等学校和重点学科点。国家教委将根据"211 工程"预备立项程序，邀请全国高校具有较高学术造诣和较丰富的学校管理经验的专家组成专家组，选择一部分整体条件较好、建设资金落实的高等学校，分批滚动列入国家的"211 工程"计划。

1994 年 10 月，经国务院批准，国家教委组成专家组，相继对清华大学、北京大学、浙江大学、南京大学、复旦大学、上海交通大学等 6 所高校进行了"211 工程"部门预审。专家组分别对学校进行实地考察，对学校申请进入"211 工程"的规划报告及学校的办学水平和条件进行了认真的评议，并提出了预审意见。专家组评审认为，清华大学、北京大学等 6 所高校具有较长的办学历史、良好的办学传统及校风、学风，师资力量雄厚、学术水平较高，特别是经过"七五"、"八五"国家重点建设及国家"八五"重点倾斜投资，学校办学实力显著增强,办学水平明显提高,已具备进行"211工程"建设的良好基础和条件。专家们一致建议通过6校的"211工程"部门预审,并呼吁国家有关部门和地方政府视可能条件增加对6校的投入,支持其能早日实现规划的目标。随后,国家教委又先后对申报列入"211工程"的一些高校进行了预审。国家要求对预审合格批准列入"211工程"的高校和重点学科点,要采取进一步扩大办学自主权和更多的政策倾斜措施,增强自身发展的活力。对经过评估达不到建设要求的学校和重点学科点,要及时采取调整措施,直到取消进一步的投资。

实施"211工程",是积极发展和深化改革中国高等教育事业,培养大批高层次专门人才,迎接21世纪激烈的国际经济和科技竞争,保证实现中国现代化建设第三步战略目标的一件大事,是一项跨世纪的巨大的高等教育基础工程。实施"211工程",对于提高中国高等教育的教学质量和科研水平,实现高层次人才的培养立足于国内;对于保证在21世纪中叶实现中国现代化建设第三步的战略目标;对于推动高等教育管理体制和投资体制的改革,调动各方面的积极性和创造性;对于提高中国的综合国力,增强参与国际经济、科技和人才竞争的能力,都具有深远的重要意义。

52. 跨世纪优秀人才计划

为了迅速培养造就和启用新一代青年学科带头人与骨干,国家教育委员会科技司提出了旨在国家层次上实施一项以培养学科带头人的《跨世纪优秀人才计划》的建议,并上报中央领导和向国家教委党组作了汇报。1993年5月,国家教委制定《跨世纪优秀人才计划》的实施意见。

一、培养目标。到2000年,在全国范围培养造就4000名左右具有较高学术造诣和良好思想品德、事业心强、有组织能力的优秀青年学科带头人,兼顾其他学科的发展,其中一些(500名左右)期望成为杰出的人才,基本解决博士学科点后继带头人问题,适当兼顾其他方针原则。

二、基本原则:(一)立足国内,内外结合,国内培养为主,国外培养为辅,稳定国内人才和吸引留学人员并举。(二)大胆使用,严格要求,大胆地把优秀人才放到关键岗位,尽早给年轻人压担子,既要重视年轻人业务水平的提高,又要重视思想品德和治学态度的培养。(三)平等竞争,鼓励进取,激发年轻人的积极性、创造性,对特别优秀的人才进行重点扶植。(四)既要创造良好的工作环境,也要切实改善其物质和精神生活条件。

三、主要措施。(一)设置《跨世纪优秀人才计划》专项基金,以现有渠道和国家财政专款相结合,主要资助培养优秀学科带头人的科研费。(二)以重点学科点和国家重点实验室为主体,办好一批国内研究和深造的先进基地。(三)国家和地方政府的大型科技计划要积极吸收年轻人才参加,特别是基础研究、高技术和科技攻关任务,尽可能给年轻人才承担一定份额。(四)创造条件帮助年轻教师提高教学能力,包括支持年轻教师开新课和带研究生。(五)在各类评审咨询专家组织中,保证中青年专家占有一定比例。(六)为优秀年轻人才参加国内外学术活动积极创造条件。(七)为年轻学科带头人成长建立良好的教学科研集体。(八)奖励和其他精神、物质性激励措施要对青年人才有所倾斜。(九)改善优秀年轻人才的生活条件。(十)加强宣传引导,争取全社会的关心和支持。

四、实施与管理。(一)由国家教委归口,会同有关部门共同实施。(二)分层次组织实施。国家教委会同有关部门着重抓好重点学科点、国家重点实验室和工程研究中心学科带头人的培养工作,其他层次原则上由各主管部门组织各校、各单位进行。(三)在争取多渠道支持的同时,请求国家财政拨出专款,由国家教委统一掌握,与各类经费统筹安排使用,实行基金制管理。(四)学科带头人后备人员由专家和行政管理系统相结合进行推荐和遴选。

1993年10月,国家教委党组原则同意按照上述实施方案选择若干学科领域进行试点,并在已有的科技经费渠道和专项基金中落实了经费。由若干大学校长、资深专家和管理人员组成综合评议组,在学校和专家共同推荐的基础上,评选出8个领域共42名年轻专家,首批入选《跨世纪优秀人才计划》并获得基金资助。其中教授31人(19位博士生导师),副教授11人。

53. 民办高等学校设置暂行规定

为积极鼓励、正确引导民办学校,维护民办高等学校的合法权益,完善对民办高等学校的管理,国家教育委员会于1993年8月颁布了《民办高等学校设置暂行规定》(以下简称《暂行规定》)。《暂行规定》共7章35条,其主要内容如下:

一、明确规定,民办高校是指除国家机关和国有企业事业组织以外的各种社会组织以及公民个人自筹资金,依照本规定设立的实施高等学历教育的教育机构,是我国高等教育事业的组成部分;设置民办高等学校要适应经济建设和社会发展的需求,与现有各类高等教育统筹规划,有利于高等教育布局、层次、科类结构的改善;民办高等学校及其教师和学生享有与国家举办的高等学校及其教师和学生平等的法律地位;招收接受学历教育的学生,纳入高等教育招生计划;学生毕业后自主择业,国家承认学历。

二、设置民办高等学校,应满足以下基本条件:(一)配备坚持党的基本路线,大学本科毕业以上文化水平,具有高等教育工作经验,管理能力较强,并能坚持正常工作的专职正、副校长,还应配备有副教授以上职称的专职学科、专业负责人;(二)配备政治素质较高、业务能力与专业设置和在校学生人数相适应的稳定的教师队伍;(三)设置的专业数一般在三个以上,在校学生规模应达到500人以上,其中高等学历教育在校学生规模应不少于300人;(四)有固定、独立、相对集中的土地和校舍;(五)按所设专业和学生人数配备必要的教学仪器设备和适用图书;(六)要有与建校相应的建设资金和稳定的经费来源。

三、申请正式建校要报送的材料:省级人民政府的审核意见;正式建校的可行性论证;资金数量、来源及证明文件;学校组织机构、领导班子、教工队伍情况和骨干教师名单及其职称、专业;学校规模、学制、招生专业、人数、生源面向;批准筹办学校的结业学生参加自学考试情况;已有校园、校舍建筑面积、图书资料及教学仪器设备情况。

四、民办高等学校的设置申请,经国家教育委员会形式审查后,对申报程序符合规定、申报材料齐备、基本办学条件达到要求的,委托全国高等学校设置评议委员会进行评议;对申报程序不符合规定、申报材料不完备、基本办学条件未达要求的设置申请,国家教育委员会暂不委托全国高等学校设置评议委员会进行评议,并及时通知申报者。

五、民办高等学校由所在地方省级教育行政部门负责管理;校长的任免须报省级教育行政部门核准;民办高等学校不得办分校和设校外办学点,也不得将本校承担的教育教学任务委托其他单位或个人实施。

《暂行规定》的颁布实施,为维护民办高等学校的合法权益,完善对民办高等学校的管理,具有重要意义。此后,我国民办高等教育机构迅速发展。

54. 教学成果奖励条例

为奖励取得教学成果的集体和个人,鼓励教育工作者从事教育教学研究,提高教学水平和教育质量,国务院于1994年3月发布了《教学成果奖励条例》(以下简称《条例》)。《条例》共16条,主要内容如下:

一、教学成果,是指反映教育教学规律,具有独创性、新颖性、实用性,对提高教学水平和教育质量、实现培养目标产生明显效果的教育教学方案。各级各类学校、学术团体和其他社会组织、教师及其他个人,均可依照本条例的规定申请教学成果奖。

二、教学成果奖,按其对提高教学水平和教育质量,实现培养目标产生的效果,分为国家级和省(部)级,申请国家级教学成果奖,需要具备以下三个条件:国内首创的;经过2年以上教育教学实践检验的;在全国产生一定影响的。国家级教学成果奖分为特等奖、一等奖、二等奖3个等级,授予相应的证书、奖章和奖金。国家级教学成果奖的审批、批准和授予工作,由国家教委负责,其中授予特等奖的,需报经国务院批准。

三、申请国家级教学成果奖,由成果的持有单位或个人,按照其行政隶属关系,由省、自治区、直辖市人民政府教育行政部门或教育管理机构向国家教委推荐。不属于同一省、自治区、直辖市或者国务院部门的两个以上单位或者个人共同完成的教学成果项目申请国家级教学成果奖的,由参加单位或者个人联合向主持单位或者主持人所在地省、自治区、直辖市人民政府教育行政部门或者国务院有关部门教育管理机构提出申请,由受理申请的教育行政部门或者教育管理机构向国家教育委员会推荐。

四、国家教委对申请国家级教学成果奖的项目,在收到推荐之日起,90日内予以公布;对该教学成果权属有异议的单位或个人,可在公布之日内提出,报国家教委裁定。国家级教学成果奖每4年评审一次。省(部)级教学成果奖的评奖条件、奖励等级、奖金数额、评审组织和办法,由省、自治区、直辖市人民政府及国务院有关部门参照本条例制定。教学成果奖的奖金,归项目获奖者所有,任何单位或者个人不得截留。获得教学成果奖,应当记入本人考绩档案,作为评定职称、晋级增薪的一个重要依据。弄虚作假或剽窃他人成果获奖的,由授奖单位予以撤销,收回证书、奖章和奖金,并责成有关单位给予行政处分。

55. 残疾人教育条例

为保障残疾人受教育的权利,发展残疾人教育事业,根据《中华人民共和国残疾人保障法》和国家有关教育的法律,国家教委、民政部、中国残疾人联合会联合制定了《残疾人教育条例》(以下简称《条例》)。《条例》经国务院批准,于1994年8月颁布实施,其主要内容如下:

一、明确规定残疾人教育是国家教育事业的组成部分;发展残疾人教育事业,实行普及与提高相结合、以普及为重点的方针,着重发展义务教育和职业教育,积极开展学前教育,逐步发展高级中等以上教育;残疾人教育应当根据残疾人的残疾类别和接受能力,采取普通教育方式或者特殊教育方式,充分发挥普通教育机构在实施残疾人教育中的作用;各级人民政府应当加强对残疾人教育事业的领导,统筹规划和发展残疾人教育事业,逐步增加残疾人教育经费,改善办学条件。

二、地方各级人民政府应当将残疾儿童、少年的义务教育纳入当地义务教育发展规划并统筹安排实施;残疾儿童、少年接受义务教育的入学年龄和年限,应与当地儿童、少年接受义务教育的入学年龄和年限相同;必要时,其入学年龄和在校年龄可适当提高;残疾儿童、少年特殊教育学校(班)的课程计划、教学大纲和教材,应适合残疾儿童、少年的特点。

三、各级人民政府要将残疾人职业教育纳入职业教育发展的总体规划，建立残疾人职业教育体系，统筹安排实施；残疾人职业教育应当重点发展初等和中等职业教育，开展以实用技术为主的中期、短期培训；残疾人职业教育学校和培训机构，应当根据社会需要和残疾人的身心特性合理设置专业，并根据教学需要和条件，发展校办企业，办好实习基地；普通高级中等学校、高等院校、成人教育机构必须招收符合国家规定的录取标准的残疾考生入学，不得因其残疾而拒绝招生；残疾人所在单位应当对本单位的残疾人开展文化知识教育和技术培训。

四、各级人民政府应当重视从事残疾人教育的教师培养、培训工作，并采取措施逐步提高他们的地位和待遇，鼓励教师终身从事残疾人教育事业；从事残疾人教育的教师，应当热爱残疾人教育事业，并掌握残疾人教育的专业知识和技能；国家实行残疾人教育教师资格证书制度；残疾人特殊教育学校主管单位，应当根据残疾人特殊教育学校教师编制标准，为学校配备承担教学、康复等工作的教师。

五、残疾人教育经费由各级人民政府负责筹措，予以保证，并随教育事业费的增加逐步增加；地方各级人民政府用于义务教育的财政拨款和征收的教育附加费，应当有一定比例用于发展残疾儿童、少年义务教育；国家鼓励社会力量设置残疾人教育机构或者捐资助学；县级以上各级人民政府及其有关部门应当采取优惠政策和措施，支持研究、生产教育仪器、设备，支持残疾人教育机构兴办校办企业和福利企业。

《条例》是中国第一部有关残疾人教育的专项法规，它的颁布实施，从法律上进一步保障了残疾人平等受教育的权利，对促进残疾人教育事业的发展具有重要意义。

56. 加强和改进学校德育工作

为了进一步加强和改进学校德育工作，以适应深化改革、扩大开放和加快社会主义现代化建设步伐的新形势的要求，中共中央于1994年8月31日发布了《关于进一步加强和改进学校德育工作的若干意见》（以下简称《意见》）。

一、分析德育工作面临的形势和任务。《意见》指出在新形势下，如何坚持社会主义意识形态的主导地位，用马列主义、毛泽东思想和邓小平同志建设有中国特色社会主义理论教育青少年；如何教育青少年正确认识国情，树立民族自尊、自信、自强、自立的精神；如何引导学生逐步树立正确的世界观、人生观和价值观，培养良好的道德品质和坚强的意志品质，这些都是学校德育工作需要研究和解决的问题。

二、如何改进德育工作。分别对德育内容、方法、自身建设和育人环境等方面提出了改进意见：（一）强调要以邓小平建设有中国特色社会主义理论为中心内容，改革德育和政治理论课程。要向青年学生简明扼要地讲授马克思列宁主义的基本观点，学习毛泽东的重要哲学著作。（二）要从学生思想实际出发，紧密结合改革开放和社会主义现代化建设的丰富实践，回答学生普遍关心的问题。（三）要深入持久地进行爱国主义、集体主义和社会主义思想教育。爱国主义教育要以中国近、现代史和国情教育为依托，形成贯穿小、中、大学各教育阶段，由浅入深的稳定的教育序列，要对学生进行以集体主义为核心的价值观教育，要对学生进行坚持党的领导和社会主义道路的教育。（四）要深入进行国情教育、中华民族传统美德教育和革命传统教育；加强养成教育、社会公德教育和职业道德教育，进行美育和健康心理教育等。

三、重视学校德育环境建设。大力开展丰富多彩、积极向上的学术、科技、体育、艺术和娱乐活动，建设以社会主义文化和优秀的民族文化为主体的健康生动的校园文化。同时，学校要主动同家长及社会各方面密切合作，使三方面的教育互为补充、形成合力。要建立校外教育网点，使学校德育向校外延伸，动员、组织社会各方面力量支持学校做好德育工作。

四、整体规划学校德育体系。遵循青少年思想品德形成的规律和社会发展的要求，科学地规划各教育阶段的具体内容、实施途径和方法。各种教育的深浅和侧重点，要针对不同年龄及学习阶段的理解和接受能力而有所不同，小学、初中、高中、大学各阶段的德育课程、教学大纲、教材、读物、教育和管理方法、学生思想品德表现的评定标准及方式，要各有重点并整体衔接，防止简单重复或脱节。

五、加强和改进学校德育工作的措施。积极开展培训工作，加强德育队伍建设，建设一支专兼结合、功能互补、信念坚定、业务精湛的德育队伍。加强各地党委、政府对学校德育工作的领导，为学校德育工作在人、财、物等方面创造必要的条件，切实解决好学校德育工作中存在的实际困难和问题。

《意见》是新形势下学校德育工作的纲领，是加强和改进学校德育工作的指南。《意见》的贯彻落实，对于全面贯彻教育方针，推动《教育改革和发展纲要》的实施，进一步加强和改进学校德育工作，培养合格的社会主义事业的建设者和接班人，促进全社会的精神文明建设具有重大的现实意义和深远的历史意义。

57. 中外合作办学条例

为规范中外合作办学活动，加强教育对外交流与合作，促进教育事业的发展，根据《中华人民共和国教育法》、《中华人民共和国职业教育法》和《中华人民共和国民办教育促进法》，国务院发布了《中华人民共和国中外合作办学条例》（以下简称《办学条例》），该《办学条例》自2003年9月1日起施行。《办学条例》的主要内容是：

一、明确规定，中外合作办学属于公益性事业，是中国教育事业的组成部分；国家对中外合作办学实行扩大开放、规范办学、依法管理、促进发展的方针；中外合作办学者可以合作举办各级各类教育机构，但是，不得举办实施义务教育和实施军事、警察、政治等特殊性质教育的机构；国务院教育行政部门负责全国中外合作办学工作的统筹规划、综合协调和宏观管理。

二、申请设立中外合作办学机构的教育机构应当具有法人资格，申请筹备设立中外合作办学机构，应当提交下列文件：（一）申办报告，内容主要包括：中外合作办学者、拟设立中外合作办学机构的名称、培养目标、办学规模、办学层次、办学形式、办学条件、内部管理体制、经费筹措与管理使用等；（二）合作协议，内容包括：合作期限、争议解决办法等；（三）资产来源、资金数额及有效证明文件，并载明产权；（四）属捐赠性质的校产须提交捐赠协议，载明捐赠人的姓名、所捐资产的数额、用途和管理办法及相关有效证明文件；（五）不低于中外合作办学者资金投入15%的启动资金到位证明。

三、具有法人资格的中外合作办学机构应当设立理事会或者董事会，不具有法人资格的中外合作办学机构应当设立联合管理委员会，理事会、董事会或者联合管理委员会的中方组成人员不得少于1/2。中外合作办学机构的理事会、董事会或者联合管理委员会行使下列职权：（一）改选或者补选理事会、董事会或者联合管理委员会组成人员；（二）聘任、解聘校长或者主要行政负责人；（三）修改章程，制定规章制度；（四）制定发展规划，批准年度工作计划；（五）筹集办学经费，审核预算、决算；（六）决定教职工的编制定额和工资标准；（七）决定中外合作办学机构的分立、合并、终止；（八）章程规定的其他职权。

四、中外合作办学机构应当按照中国对同级同类教育机构的要求开设关于宪法、法律、公民道德、国情等内容的课程；中外合作办学机构根据需要，可以使用外国语言文字教学，但应当以普通话和规范汉字为基本教学语言文字；中外合作办学机构的招生简章和广告应当报审批机关备案；国务院教育行政部门或者省、自治区、直辖市人民政府教育行政部门及劳动行政部门等其他有关行政部门应当加强对中外合作办学机构的日常监督。

五、中外合作办学机构应当依法建立健全财务、会议制度和资产管理制度，并按照国家有关规定设置会计账簿；在存续期间，所有资产由中外合作办学机构依法享有法人财产权，任何组织和个人不得侵占；中外合作办学机构的收费项目和标准应依照国家有关政府定价的规定确定并公布，未经批准，不得增加项目或者提高标准。此外，《办学条例》还对中外合作办学机构的变更与终止、法律责任等相关内容作出了具体规定。

2013年7月，国务院对《办学条例》进行了修订，删去了第二十五条第二款；并将第四十三条第二款修改为：中外合作办学机构住所、法定代表人的变更，应当经审批机关核准，并办理相应的变更手续。中外合作办学机构校长或者主要行政负责人的变更，应当及时办理变更手续。

《办学条例》的出台实施及修订对我国中外合作办学工作具有重要意义，使中外合作办学进入规范化、法制化阶段。

58. 中华人民共和国教育法

为了发展教育事业，提高全民族的素质，促进社会主义物质文明和精神文明建设，八届全国人大三次会议于1995年3月通过《中华人民共和国教育法》（以下简称《教育法》）。《教育法》共10章84条。

一、《教育法》作为教育的根本大法，把落实教育优先发展的战略地位、推动教育健康发展，作为立法的根本指导思想。《教育法》明确规定，国家坚持以马列主义、毛泽东思想和建设有中国特色社会主义理论为指导，遵循宪法确定的基本原则，发展社会主义教育事业。教育必须为社会主义现代化建设服务，必须与生产劳动相结合，培养德、智、体等方面全面发展的社会主义事业的建设者和接班人。教育是社会主义现代化建设的基础，国家保障教育事业优先发展。第一次以国家法律的形式确立了教育的战略地位和优先发展教育的基本原则。

二、《教育法》确定了国家建立以财政拨款为主、其他多种渠道筹措教育经费为辅的体制。要求各级人民政府的教育经费支出按照事权和财权统一的原则，在各级财政预算中单独列项。教育财政拨款要遵循"三个增长"的原则，逐步增加对教育的投入。这些规定为《中国教育改革和发展纲要》提出的到20世纪末教育经费支出占国民生产总值的比例要达到4%的目标提供了法律保证。此外，《教育法》在设立教育专项资金，征收教育费附加，开征地方教育附加费，鼓励发展校办产业，完善和规范教育集资，鼓励捐资助学，运用金融、信贷手段支持教育发展，以及对学校基本建设用地及所需物资，对于用于学校教育和科学研究的进口资料和设备，对发展卫星电视教育和电化教育实行优惠政策等方面，提供了必要的法律依据。

三、《教育法》规定，国家实行学前教育、初等教育、中等教育、高等教育的学校教育制度；实行九年义务教育制度；实行职业教育制度和成人教育制度；实行教育考试制度；实行行业证书制度；实行学位制度等。以法律的形式确定了中国教育基本制度。为推动教育事业的健康发展，《教育法》还对涉及教育全局的重大问题，如教育原则，学校及其他教育机构的设立、变更、终止以及应履行的权利和义务，教师和其他教育工作者的权益、义务，教育与社会的关系，教育对外交流与合作，法律责任等，作出相应的规定。这将有利于巩固教育改革成果，引导和保障教育改革的深入进行，保护学生、教师、学校等各类教育关系主体在教育活动中的合法权益。系主体在教育活动中的合法权益。

2005年，十一届全国人大常委会第十次会议决定，对《教育法》中明显不适应社会主义市场经济和社会发展要求的规定作出了简单修改。《教育法》的颁布是关系中国教育改革与发展和社会主义现代化建设全局的一件大事，为落实教育优先发展的战略地位，促进教育的改革与发展，建立具有中国特色的社会主义现代教育制度，维护教育关系主体的合法权益，加速教育法制建设，提供了根本的法律保障。《教育法》的颁布，标志着中国教育工作进入全面依法治教的新阶段，对中国教育事业的改革与发展，以及社会主义物质文明和精神文明建设将产生重大而深远的影响。

59. "科教兴国"战略

改革开放以来，中国经济迅速增长，但增长方式主要是依靠资源、资金和廉价劳动力推动的外延式、粗放式的增长。要实现国民经济持续、快速、健康发展，必须依靠科技进步，以解决好产业结构不合理、技术水平落后、劳动生产率低、经济增长质量不高等问题，从而加速国民经济增长从外延型向效益型的战略转变。为此，中国于1995年宣布，决定实施"科教兴国"战略。

所谓科教兴国，是指全面落实科学技术是第一生产力的思想，坚持教育为本，把科技和教育摆在经济、社会发展的重要位置，增强国家的科技实力及向现实生产力转化的能力，提高全民族的科技文化素质，把经济建设转移到依靠科技进步和提高劳动者素质的轨道上来，加速实现国家的繁荣昌盛。

中共中央、国务院1995年5月颁布的《关于加速科学技术进步的决定》第一次明确提出实施科教兴国战略。该决定指出：实施科教兴国战略，是全面落实科学技术是第一生产力思想的战略决策，是保证国民经济持续、快速、健康发展的根本措施，是实现社会主义现代化宏伟目标的必然抉择，也是中华民族振兴的必由之路。党的十一届三中全会以后，党的工作重点转移到以经济建设为中心，实施科教兴国战略，是这一战略转移的进一步深化和向更高阶段的发展，将使生产力产生新的飞跃。1996年3月，八届全国人大四次会议通过《中华人民共和国国民经济和社会发展"九五"计划和2010年远景目标纲要》，将实施科教兴国战略上升到国策的高度。2002年，党的十六大将实施科教兴国战略和可持续发展战略的内容写入了修改后的党章总纲。

实施科教兴国战略的方针措施有：一、发挥科技是第一生产力的重要作用，注重依靠科技进步和提高劳动者素质，改善经济增长质量和效益；二、加强基础研究和高技术研究，推进关键技术创新和系统集成，实现技术跨越式发展；三、鼓励科技创新，在关键领域和若干科技发展前沿掌握核心技术和拥有一批自主知识产权；四、深化科技和教育体制改革，加强科技教育同经济的结合，完善科技服务体系，加速科技成果向现实生产力转化；五、推进国家创新体系建设；六、发挥风险投资的作用，形成促进科技创新和创业的资本运作和人才汇集机制；七、完善知识产权保护制度。

科教兴国战略，是继 1956 年号召"向科学进军"、1978 年全国科学大会之后，中国科技事业发展进程中第三个重要里程碑。它把科技、教育进步作为经济和社会发展的强大动力，是确保国民经济持续、快速、健康发展，增强国际竞争力的根本措施，对建设国家创新体系，促进科技创新与产业化，促进科技自主创新能力的提高，实现跨越式发展具有重要意义。

60. 国家贫困地区义务教育工程

为帮助贫困地区发展教育事业，促进全国普及义务教育工作，国家教育委员会和财政部决定从 1995 年起到 2000 年，利用中央普及义务教育专款和地方各级政府的配套资金，组织实施"国家贫困地区义务教育工程"。时任中共中央总书记江泽民、国务院总理李鹏分别为该工程题词，江泽民的题词是："认真实施教育扶贫工程，大力提高中华民族素质。"李鹏的题词是："实施教育扶贫工程，大力提高民族素质。"

"国家贫困地区义务教育工程"总投入将超过 100 亿元，其中中央义务教育专款增量为 39 亿元，地方各级财政按不低于 1:2 的比例拨款。5 月 7 日，两部委同河北、山西、福建、海南、湖北、湖南、河南、安徽、陕西、江西、黑龙江、四川等 12 省签订了"国家贫困地区义务教育工程"项目责任书，重点改善这类地区小学、初中的办学条件，主要包括修建校舍、购置教学仪器设备及图书资料和课桌凳、培训师资等。到 2000 年"国家贫困地区义务教育工程"结束时，使这些贫困地区基本实现普及义务教育的目标。

国务院副总理李岚清指出，各级政府要切实重视这项工作，把它纳入重要议事日程，统一认识，统一步调，建立健全教育经费保障机制，做到专款专用。并强调，在农村特别是贫困地区实施义务教育工程要注重实际效果，实行基础教育、职业教育、成人教育"三教统筹"，农科教相结合，把提高农村人口素质同当地脱贫致富发展经济结合起来，做到学以致用。

"国家贫困地区义务教育工程"是贯彻落实"科教兴国"战略，确保"九五"计划实现的一项重要举措，是中国有史以来规模最大、中央专项投资最多的全国性教育扶贫工程，对于推动普及义务教育的进程，实现普及义务教育的目标，改变贫困地区落后面貌，带动当地经济和社会发展，具有十分重要的战略意义和深远的政治影响，充分体现了中国共产党和政府对贫困地区的关心，也向全世界表明了中国政府改变贫困地区落后面貌的决心和魄力。

61. 中小学学生助学金制度

《中华人民共和国义务教育法》颁布实施以来，各省、自治区、直辖市相继恢复或建立了中小学贫困学生助学金制度（以下简称助学金制度），对于帮助贫困学生就学，保证各地按时完成普及九年义务教育的目标起了很大的作用。但是，全国仍有一部分中小学生因家庭经济困难而面临着上学难的问题。

为保证九年义务教育的实施，为适龄儿童、少年就学提供可靠保障，进一步健全助学金制度，并加强管理，国家教委和财政部于1995年7月下发了《关于健全中小学学生助学金制度的通知》（以下简称《通知》）。《通知》要求各地根据本地的实际情况在初级中等学校和部分小学实行助学金制度，并对享受助学金的条件、助学金的经费来源等内容作了具体规定。

一、要求各地、各部门要以"三个代表"重要思想为指导，进一步落实和完善助学金制度，切实保证义务教育阶段的学生不因家庭经济困难而辍学。

二、为推动各地做好对中小学贫困学生资助工作，中央财政设立"国家义务教育贫困学生助学金"专款，重点支持西部贫困的革命老区、少数民族聚居地区和边境地区，同时适当兼顾其他特别贫困地区。

三、助学金经费来源按照财政体制和教育管理体制，实行以地方为主、分级管理、分级负担的办法，主要从各级财政安排的教育事业费中统筹解决；扶贫资金也要根据扶贫开发规划的总体要求予以适当支持；同时，广泛吸收社会各界捐款，资助贫困学生。

四、助学金主要用于抵减贫困学生的杂费、课本费以及补助寄宿制贫困学生生活费等；助学金原则上集中分配到校，不直接发给学生本人；助学金的发放对象主要为因家庭经济困难，无力负担杂费、书本费、寄宿生活费而未入学和可能辍学者；对家庭经济困难的少数民族儿童、孤残儿童应优先资助。

五、针对贫困程度不同的学生，应相应设立不同等级的助学金，可全额免收杂费、书本费、寄宿生活费，也可部分减免。

为进一步保障适龄儿童、少年顺利就学和正常完成学业，教育部、财政部、国务院扶贫开发领导小组办公室又于 2001 年 9 月发出《关于落实和完善中小学贫困学生助学金制度的通知》，对进一步落实和完善中小学助学金制度的相关内容作出了具体规定。

中小学贫困学生助学金制度的建立和完善有利于帮助家庭困难的中小学生顺利完成学业，有利于中国九年义务教育的普及，对提高中国国民素质发挥了重要作用。

62. 关于深化高等教育体制改革的若干意见

1995 年 7 月 19 日，国务院办公厅转发了国家教育委员会 5 月 29 日呈报的《关于深化高等教育体制改革的若干意见》（以下简称《意见》），要求照此贯彻执行。

《意见》首先回顾了中国高等教育发展取得的成绩和存在的问题，指出中国高等教育体制在历史上的几次变动基本上适应了当时社会主义建设的需要，为经济建设和社会发展作出了重要贡献。党的十一届三中全会以后，中国高等教育得到了长足发展，但从总体上说，高等教育体制改革的进程仍然滞后于经济体制改革和社会发展，与社会主义市场经济体制的建立不相适应：高等学校的举办者、管理者、办学者之间的责、权、利没有明确划分和规范，政府直接管理的职能没有完全转变，学校仍然缺乏面向社会自主办学的应有权利和自我约束机制；条块分割局面尚未根本扭转，学校、专业的结构和地区布局不够合理；单科类型、行业性强的学校过多，专业面过窄，办学效益不高。

《意见》认为，解决上述问题的根本出路是深化高等教育体制改革。目前，要特别着重抓好高等教育管理体制改革。高等教育管理体制改革涉及高等学校布局及结构、中央与地方的职责分工、政府与学校的关系等对教育发展有全局性影响的改革，是高等教育体制改革的重点和难点。要按照《中国教育改革和发展纲要》的要求，认真总结历史经验教训，要方向明确、态度积极，努力探索、措施得力，步子稳妥、逐步到位。高等教育管理体制改革的目标是，争取到 2000 年或稍长一点时间，基本形成举办者、管理者和办学者职责分明，以财政拨款为主多渠道经费投入，中央和省级人民政府两级管理、分工负责，以省级人民政府统筹为主，条块有机结合的体制框架。要积极促进那些专业通用性强、地方建设又需要的中央部门所属院校转由省、自治区、直辖市人民政府领导和管理。对一些行业性强、地方不便管理的学校，有关部门要继续办好。

《意见》指出，要积极推进中央部门与地方政府共同建设、共同管理高等学校的改革试验，淡化学校单一的隶属关系观念，拓宽学校的服务面，加强条块结合；要积极开展多种形式的合作办学试验，距离相近的不同类型、不同学科的学校，开展校际合作办学，实行资源共享、优势互补、学科交叉、协同发展，共同提高办学水平和效益。要积极创造条件，促进部分学科互补的或一些规模较小、科类单一、设置重复的学校进行合并。有些省、自治区、直辖市规模较小的、单科性的或由地方政府各业务厅局主管的高等学校较多，结构和布局不尽合理，应结合中央各有关部门在本地区所办高等院校的情况，加强统筹规划进行必要的调整和合并，优化结构和布局，提高办学水平和效益。在合并和调整中，不应将高等专科学校升格为本科院校而影响专科教育的发展；不能改变师范院校的性质而削弱师范教育；原则上，不宜将地方院校并入中央部门所属院校而扩大中央部门所属院校规模。《意见》鼓励企业、企业集团、科学研究单位积极参与高等学校的办学和管理。参与办学和管理的企业、科研单位可以通过参加相应的管理机构，也可以通过与学校签订协作办学协议等方式，探索促进产学研结合、互惠互利、共同发展的途径。

《意见》要求各级领导要加强调查研究，统一认识，制定总体计划和切实可行的措施，切实解决改革过程中可能出现的各种问题，积极推进高等教育体制改革的深入发展，为使高等教育的办学水平、教育质量和办学效益上一个新台阶而作出贡献。

63. 教师资格条例

为提高教师素质，加强教师队伍建设，依据《中华人民共和国教师法》（以下简称《教师法》），国务院于 1995 年 12 月发布了《教师资格条例》（以下简称《条例》）。《条例》包括总则、教师资格分类与适用、教师资格条件、教师资格考试、教师资格认定、罚则、附则共 7 章 23 条。

一、规定教师资格分为：幼儿园教师资格，小学教师资格，初级中学教师和初级职业学校文化课、专业课教师资格，高级中学教师资格，中等专业学校、技工学校、职业高级中学文化课、专业课教师资格，中等专业学校、技工学校、职业高级中学实习指导教师资格，高等学校教师资格；成人教育的教师资格，按照成人教育的层次确定；取得教师资格证的公民，可在本级及其以下等级的各类学校和教育机构担任教师，取得职业学校实习指导教师资格的公民只能在职业类学校担任实习指导教师；高级中学教师资格与中等职业学校教师资格相互通用。

二、不具备《教师法》规定的教师资格的公民，申请获得教师资格，应当通过国家举办的或者认可的教师资格考试；教师资格考试科目、标准和考试大纲由国家教育行政部门审定；幼儿园、小学、初级中学、高级中学、中等职业学校的教师资格考试和中等职业学校实习指导教师资格考试，每年进行 1 次；参加教师资格考试，考试科目全部及格的，发给教师资格考试合格证明；当前考试不及格的科目，可在下一年度补考，补考仍有一门或一门以上科目不及格的，应当重新参加全部科目的考试；高等学校教师资格考试根据需要举行，申请参加高等学校教师资格考试的，应当学有专长，并有两名相关专业的教授或副教授推荐。

三、具备《教师法》规定的学历或者经教师资格考试合格的公民，可申请认定其教师资格；认定教师资格，应当由本人提出申请；教育行政部门和受委托的高等学校每年春季、秋季各受理一次教师资格申请，教育行政部门或受委托的高等学校在接到公民的教师资格认定申请后，应当对申请人的条件进行审查，符合认定条件的，应当在受理期限终止之日起30日内颁发相应的教师资格证书，对不符合认定条件的，应当在受理期限终止之日起30日内将认定结论通知本人；非师范院校毕业或者教师资格考试合格的公民去申请认定幼儿园、小学或者其他教师资格的，应当进行面试和试讲，考察期教育教学能力，根据实际情况和需要，教育行政部门或者受委托的高等学校可以要求申请人补修教育学、心理学等课程；教师资格证书在全国范围内适用，教师资格证书由国务院教育行政部门统一印制。

四、丧失教师资格的，不能重新取得教师资格，其教师资格证书由县级以上人民政府教育行政部门负责收缴；参加教师资格考试有作弊行为的，其考试成绩作废，三年内不得再次参加教师资格考试。此外，《条例》还对教师资格认定中的一些违规行为的处罚也作了说明。

《教师资格条例》的颁布是贯彻《中华人民共和国教育法》、《教师法》的重大措施，是中国教师队伍建设走向法制化、规范化管理的重要保证。

64. 中华人民共和国职业教育法

为实施科教兴国战略，发展职业教育，提高劳动者素质，促进社会主义现代化建设，根据《中华人民共和国教育法》和《中华人民共和国劳动法》制定的《中华人民共和国职业教育法》（以下简称《职业教育法》）是中国第一部专门规范职业教育活动的法律，它包括总则、职业教育体系、职业教育的实施、职业教育的保障条件、附则，共5章40条。《职业教育法》于1996年5月由八届全国人大常委会第十九次会议审议通过，于1996年9月1日起施行。

一、明确规定职业教育是国家教育事业的重要组成部分。要发展职业教育，推进职业教育改革，建立、健全适应社会主义市场经济和社会进步需要的职业教育制度。实施职业教育必须贯彻国家教育方针，对受教育者进行思想政治教育和职业道德教育，传授职业知识，培养职业技能，进行职业指导，全面提高受教育者的素质；应当根据实际需要，同国家制定的职业分类和职业等级标准相适应，实行学历证书、培训证书和职业资格制度。

二、要根据不同地区的经济发展水平和教育普及程度，实施以初中后为重点的不同阶段的教育分流，建立、健全职业学校教育与职业培训并举，并与其他教育相沟通的职业教育体系。将职业教育分为初等、中等、高等职业学校教育。初等、中等职业学校教育分别由初等、中等职业学校实施，高等职业学校教育根据需要和条件由高等职业学校实施，或者由普通高等学校实施。职业培训包括就业前培训、专业培训、学徒培训、在岗培训、转岗培训及其他职业性培训，职业培训分别由相应的职业培训机构、职业学校实施。

三、县级以上地方各级人民政府应当举办发挥骨干作用和示范作用的职业学校、职业培训机构，对农村、企业、事业组织、社会团体、其他社会组织及公民个人依法举办的职业学校和职业培训机构给予指导和扶持。企业应根据本单位的实际，有计划地对本单位的职工和准备录用的人员实施职业教育。国家鼓励事业组织、社会团体、其他社会组织及公民个人按有关规定举办职业学校职业培训机构。职业学校和职业培训机构的设立、变更和终止，应当按国家有关规定进行。对接受职业教育、职业培训的人员，按国家有关规定发给学历证书、培训证书。

四、国家鼓励通过多种渠道依法筹集发展职业教育的资金，各级人民政府、有关部门用于举办职业教育的财政性经费逐步增长，企业应当承担对本单位的职工和准备录用的人员进行职业教育的费用。

《职业教育法》的制定和实施，为职业教育的改革和发展提供了更加完备的法律保障，使职业教育的发展进入了一个新阶段，对逐步建立健全适应社会主义市场经济和社会进步需要的职业教育制度，依法保障职业教育制度，依法保障职业教育的发展具有重要意义。

65. 中华扫盲奖

扫除文盲，满足人们最基本的识字需要，是保障所有社会成员进行学习、理解、沟通的基本前提，是改变命运，融入现代生活的必由之路。为推动扫盲工作深入开展，表彰、奖励在扫盲工作中作出突出贡献的先进单位和个人，在全国扫盲工作部际协调小组成员单位的支持下，国家教委决定自1996年起在全国设立"中华扫盲奖"。为更好地开展"中华扫盲奖"的评选，国家教委于1996年8月制定了《"中华扫盲奖"评选奖励办法》。

一、"中华扫盲奖"由国家教育委员会设立，并得到全国扫盲工作部际协调小组的积极支持，设立若干奖项奖励在扫盲工作中作出突出贡献的单位和个人。

二、"中华扫盲奖"奖励经费主要来源于政府及部门、团体、企事业单位和个人等捐赠的扫盲奖励资金以及境外组织、机构、企业、事业单位和个人的捐款。

三、分别具体规定了农村中小学、农村成人学校及其他各类学校评选的基本条件；群众团体、企事业单位等有关组织机构评选的基本条件；扫盲教师、管理人员、志愿扫盲者评选的基本条件；各级政府、有关部门和群众团体中及社会各界有关人员参与评选的基本条件。

四、国家教育委员会聘请有关专家、学者和管理人员组成"中华扫盲奖"评审委员会,以协商、投票等方式,提出获奖单位和个人名单,经国家教育委员会审定,并向全国扫盲工作部际协调小组通报评选情况,每年"国际扫盲日"(9月8日)公布评选结果,举行颁奖仪式。

五、"中华扫盲奖"的奖励经费由国家教育委员会牵头筹集管理,有关经费筹措及使用情况,每年向全国扫盲工作部际协调小组及捐款单位(个人)公布一次,接受监督。

1996年9月10日,首届"中华扫盲奖"颁奖仪式在人民大会堂隆重举行,共表彰奖励了200名获奖个人和98个单位,决定授予安徽省副省长杜宜瑾"中华扫盲奖"荣誉奖;授予马景武等10人"中华扫盲奖"特等奖;授予吕凤等200人和秦安县千户乡永乐学、黎平县茅贡乡成人文化技术学校、唯溪县妇联等98个农村中小学、农村成人学校等单位"中华扫盲奖"。

"中华扫盲奖"的设立有效激励了基层扫盲工作者,促进了中国扫盲事业的发展。

66. 国家教育委员会关于师范教育改革和发展的若干意见

为办好师范教育,培养和培训高水平的教师,国家教育委员会于1996年12月制定了《关于师范教育改革和发展的若干意见》(以下简称《意见》),其主要内容如下:

一、明确师范教育改革和发展的指导思想和主要任务。要以建设有中国特色社会主义理论为指导,坚持"教育要面向现代化、面向世界、面向未来"的方针,以《教育法》、《教师法》和《中国教育改革和发展纲要》及其实施意见为依据,全面落实师范教育在教育事业中优先发展的战略地位。要全面贯彻教育方针,坚持社会主义办学方向,以教学改革为核心,全面推进师范教育各项改革,全面提高教育质量和效益。

二、健全和完善有中国特色的师范教育体系。健全和完善以独立设置的各级各类师范院校为主体,非师范类院校共同参与,培养和培训相沟通的师范教育体系。

三、积极推进办学体制和管理体制改革。要进一步完善由政府举办、社会积极参与支持的办学体制;建立中央宏观管理、宏观调控,以省(自治区、直辖市)统筹为主,分级管理的师范教育管理体制;进一步理顺中央和地方、政府和学校的关系;在高等师范学校实行党委领导下的校长负责制,中等师范学校实行校长负责制。

四、进一步改革和完善招生就业制度和办法。推进高等、中等师范学校招生并轨改革,原则上师范专业学生免交学费,并享受专业奖(助)学金。对免交学费,享受师范专业奖(助)学金的学生,毕业后实行五年任教服务期制度。

五、深化教学改革，加强科学研究。各级各类师范院校要坚定不移地为中小学教育服务，认真落实教学工作的中心地位，进一步转变教育思想，改革教学内容、方法和手段，提高教师培养培训质量。

六、加强中小学教师培训工作。要坚持多渠道、多层次、多形式和业余、自学、短训为主的原则，坚持分类指导，按需施教，讲求实效，学用结合。

七、加强师范院校教师队伍建设。各级各类师范院校要制定教师队伍建设规划，逐步建立教师定期进修制度，抓好梯队建设，提高教师的教学、科研水平，建设一支政治业务素质良好、结构优化、富有活力的教师队伍。

八、各级政府要努力增加师范教育投入。要贯彻《教育法》精神，使师范教育财政拨款的增长高于财政经常性收入的增长，并使按在校学生人数平均的教育费用逐步增长，切实保证师范院校教师工资和生均公用经费逐步增长。

九、加快法规建设，加强科学管理。要认真实施《教育法》、《义务教育法》、《教师法》，加快师范教育立法步伐。抓紧制定《师范教育条例》、《中小学教师进修规定》、师范院校规程等行政法规和部门规章。各地要从实际出发，制定和完善师范教育法规，使师范教育走上依法治教的轨道。

十、加强领导，认真落实师范教育在教育事业中优先发展的战略地位。各级党政部门要加强对师范教育的领导。凡重大的改革要充分论证，经主管部门批准，先试点，再推广。

《意见》的出台，对于办好师范教育，培养和培训高水平的教师，对发展教育事业，提高民族素质，实施科教兴国和可持续发展战略，推动经济发展和社会全面进步具有深远影响。

67. 扩大直属高校办学自主权

为促进国家教育委员会简政放权，推动直属高等学校（以下简称学校）转换运行机制、增强自主办学活力，国家教育委员会于1992年发布了《关于国家教育委员会直属高校深化改革，扩大办学自主权的若干意见》（以下简称"十六条"）。

到1997年，虽然"十六条"的大部分规定仍然适用，但随着社会主义现代化事业不断发展和高等教育改革的逐步深化，为适应新形势的要求，须进一步理顺国家教委和直属高校之间的关系，明确双方的职责、权利和义务，逐步建立政府宏观管理、社会积极参与、学校自主办学相结合的运行机制。为此，国家教委于1997年提出了《关于转变职能，加强宏观管理，扩大直属高校办学自主权的若干意见》（以下简称《意见》）。

一、关于学校事业发展与年度事业计划管理。国家教委根据国家高等教育事业发展规划和学校办学条件，核定学校事业发展的总体规划，审定学校的年度事业计划；在办学条件允许的前提下，学校可根据国家特别是区域经济建设和社会发展需要，对国家下达的年度普通本专科招生计划提出调整意见，在规定的期限内报国家教委审核备案；可根据生源数量和质量情况，对普通本专科招生来源计划进行适当调整；可根据国家特别是区域经济建设和社会发展的需要，在国家教委核定的年度硕士研究生招生计划外，适当招收符合国家录取标准的委托培养和自筹经费研究生。

二、关于本专科招生考试录取办法。为使学校招生录取工作有利于基础教育逐步摆脱"应试教育"的影响，促其向素质教育的转化和有利于高等教育改革，国家教委将加快上海等地区高等学校招生录取工作改革的步伐；有条件并经过国家教委批准的学校，可在高等学校统一招生考试的基础上自行确定部分学生的录取办法，或参加地方高考改革的试点工作。

三、关于学生层次结构的调整。学校应逐步减少招收普通专科生的数量，以本科教育为主的学校，应把主要力量投入到培养高质量的本科人才工作中；研究生培养工作应适当集中在科学研究条件较好、研究生培养质量较高的学校；国家教委在安排其研究生年度招生计划特别是博士生招生计划时，将使其计划内招生数量增长不低于或略高于平均增长率。

四、关于与地方"共建"学校的管理。要加强地方政府对所在地区学校的统筹权，国家教委逐步淡化以"条条"为主的管理办法，促进"条块"的有机结合，进一步发挥学校在区域经济建设和社会发展中的作用。

五、关于学费标准。依照国务院最近批准的《高等学校收费管理暂行办法》（第八条），学校可根据生均教育培养成本的一定比例和所在地区经济发展水平及群众的承受能力，提出年度学费的收费标准，经国家教委同意后，报所在省、直辖市教育部门，按规定程序由省级人民政府批准后执行。

六、关于加强社会参与办学和管理。进一步改进管理决策体系，加强社会参与是国家教委转变职能，加强对学校宏观管理的重要内容之一；国家教委要逐步建立健全教育改革与发展的决策咨询研究机构、高等学校设置审议机构、学位授予资格审议机构、教育教学评估机构、考试与资格证书机构以及教委直属高等学校咨询委员会等机构，并充分发挥其作用。

七、关于改革试点。建立政府宏观管理、社会积极参与、学校自主办学的新体制，是一项艰巨复杂的系统工程，需要有一个探索、实验并逐步完善的过程。目前应当采取积极试点、分步实施的方式进行探索。国家教委将选择少数深化改革与校内管理条件较好的学校进行整体的或单项的改革试点工作。

《意见》为促进简政放权，扩大直属高校自主办学活力发挥了积极作用，对于推动我国高等教育事业的发展具有重要意义。

68. 家长教育行为规范

1980年我国颁布的《中华人民共和国婚姻法》和1986年颁布的《中华人民共和国义务教育法》中都规定了父母抚养教育子女的职责和义务。我国政府于1990年正式签署的《儿童权利公约》也承诺，家庭和父母承担照顾和保护儿童的主要责任，并且国家有义务协助他们履行这些职责。

为贯彻落实中央关于进一步加强和改进未成年人思想道德建设精神，指导和推进家庭教育，国家教委、全国妇联于1997年3月联合颁发了《家长教育行为规范》（以下简称《规范》），《规范》的主要内容是：一、树立为国教子思想，自觉履行教育子女的职责；二、重在教子做人，提高子女思想道德水平、培养子女遵守社会公德习惯、增强子女法律意识和社会责任感；三、关心子女的智力开发和科学文化学习，培养良好的学习习惯，要求要适当，方法要正确；四、培养和训练子女的良好生活习惯，鼓励子女参加文娱体育和社会交往活动，促进子女身心的健康发展；五、引导子女参加力所能及的家务劳动，支持子女参加社会公益劳动，培养子女的自理能力及劳动习惯；六、爱护、关心、严格要求子女，不溺爱、不打骂、不歧视，保障子女的合法权益；七、要举止文明、情趣健康、言行一致、敬业进取，各方面为子女做榜样；八、保持家庭和睦，创建民主、平等、和谐的关系，形成良好的家庭教育环境；九、学习和掌握教育子女的科学知识及方法，针对子女的年龄特征、个性特点实施教育；十、要和学校、社会密切联系，互相配合，保持教育的一致性。

之后，国家教委、全国妇联向各地发出通知，要求各级教育行政部门、妇联要主动争取当地党委、政府的领导和支持，将贯彻落实《规范》纳入当地精神文明建设总体规划。把倡导广大家长遵守《规范》，与开展"五好文明家庭"创建活动有机结合起来。《规范》发布后，得到社会广泛支持，已在全国试行。

这是新中国成立以来，中国第一个规范家长教育行为的指导性条例，提出了对父母教育行为的最基本的要求，对改善家庭教育起到了指导作用。

69. 社会力量办学条例

为了鼓励社会力量办学，维护举办者、学校及其他教育机构、教师及其他教育工作者、受教育者的合法权益，促进社会力量办学事业健康发展，中国于1997年制定了《社会力量办学条例》(以下简称《条例》)。

一、明确规定社会力量办学事业是社会主义教育事业的组成部分,各级人民政府应当加强对社会力量办学工作的领导,将社会力量办学事业纳入国民经济和社会发展规划。国家对社会力量办学实行积极鼓励、大力支持、正确引导、加强管理的方针,保障社会力量举办的教育机构的合法权益。社会力量应当以举办实施职业教育、成人教育、高级中等教育和学前教育的教育机构为重点;社会力量举办教育机构,不得以营利为目的;社会力量举办的教育机构及其教师和学生依法享有与国家举办的教育机构及其教师和学生平等的法律地位。

二、申请举办教育机构的单位,应当具有法人资格;申请举办教育机构的个人,应当具有政治权利和完全民事行为能力;申请举办教育机构的,举办者应当向审批机关提交下列材料:(一)申办报告;(二)举办者的资格证明文件;(三)拟任校长或者主要行政负责人以及拟聘教师的资格证明文件;(四)拟办教育机构的资产及经费来源的证明文件;(五)拟办教育机构的章程和发展规划;(六)审批机关要求提供的其他材料。

三、审批教育机构应当以教育机构的设立条件、设置标准为依据,并符合国家利益和社会公共利益以及合理的教育结构和布局的要求;申请举办实施学历教育的教育机构的,审批机关于每年第三季度前受理,于第二年4月底前以书面形式答复;申请举办其他教育机构的,审批机关应当自受理申请之日起3个月内,以书面形式答复。

四、教育机构可以设立校董会,由校董会提出校长或者主要行政负责人的人选,决定教育机构发展、经费筹措、经费预算决算等重大事项;担任教育机构的董事、校长或者主要行政负责人和担任总务、会计、人事职务的人员之间,实行亲属回避制度;教育行政部门、劳动行政部门和其他有关部门应当加强对社会力量办学工作的监督管理;县级以上地方各级人民政府应当加强对本行政区域内教育机构的办学水平、教育质量的督导评估。

五、教育机构应当依法建立财务、会计制度和财产管理制度,并按照行政事业单位会计制度规定设置会计账簿;教育机构的收费项目和标准,由该教育机构提出,经审批机关审核提出意见,由财政部门、价格管理部门按照职责分工,根据该教育机构的教育、教学成本和接受资助的实际情况核定;在每一会计年度终了时制作财务会计报告,并根据审批机关的要求委托社会审计机构对其财务会计状况进行审计,报审批机关审查。

六、教育机构改变名称、性质、层次,应当报审批机关批准;变更其他事项,应当报审批机关备案。教育机构解散时,应当妥善安置在校学生,审批机关可以予以协助;实施义务教育的教育机构解散时,审批机关应当安排在校接受义务教育的学生继续就学。

七、县级以上各级人民政府教育行政部门、劳动行政部门和其他有关部门对社会力量举办的教育机构在业务指导、教研活动、教师管理、表彰奖励等方面,应当与对国家举办的教育机构同等对待。

《条例》是推进我国教育事业改革和发展的重要行政法规,对于调动、保护和发挥社会力量办学的积极性,维护举办者、教育机构及其教职工和学生的合法权益,全面规范社会力量办学活动,全面提高办学水平和教育教学质量,加强和规范对社会力量办学的管理,促进社会力量办学健康发展,都发挥了重要作用。

之后,为进一步促进中国民办教育事业的发展,中国制定了《中华人民共和国民办教育促进法》,并于2003年9月1日起施行,《社会力量办学条例》随即废止。

70."985工程"

1998年5月4日,中共中央总书记、国家主席江泽民在北京大学建校100周年庆祝大会上指出:为实现现代化,我国要有若干所具有世界先进水平的一流大学。据此,教育部决定在实施《面向21世纪教育振兴行动计划》中,重点支持北京大学、清华大学等部分高等学校创建世界一流大学和高水平大学,并以江泽民在北京大学100周年校庆的讲话时间(1998年5月)命名为"985工程"。

最初只有北大和清华被确认为建设"世界一流大学",两校各自获得教育部18亿元的拨款额度。2000年,全国十几所大学都把奋斗目标定为"世界一流大学"。到2001年底,复旦大学、上海交通大学、浙江大学、南京大学、西安交通大学共5所高校获批进入"985工程"。但这5所大学被划为中央与地方共建的范畴,教育拨款由教育部和地方等额支付。此外,中国科技大学、哈尔滨工业大学分别获得教育部、学校所在省市和所属部委的两方或三方等额拨款。这使得第一批"985"定格为2+7所,此九所高校之后组成九校联盟,简称C9。

进入"985工程"的高校,一期共34所:清华大学、北京大学、中国科技大学、南京大学、复旦大学、上海交通大学、西安交通大学、浙江大学、哈尔滨工业大学、南开大学、天津大学、东南大学、华中科技大学、武汉大学、厦门大学、山东大学、湖南大学、中国海洋大学、中南大学、吉林大学、北京理工大学、大连理工大学、北京航空航天大学、重庆大学、电子科技大学、四川大学、华南理工大学、中山大学、兰州大学、东北大学、西北工业大学、同济大学、北京师范大学、中国人民大学。二期共5所:中国农业大学、国防科技大学、中央民族大学、西北农林科技大学、华东师范大学。

为适应建设创新型国家、加快推进社会主义现代化建设对人才和科技的要求,充分发挥高等学校学科的综合优势,国务院决定于2006年开始建设"985工程优势学科创新平台"项目,由教育部和财政部共同负责。"985工程优势学科创新平台"项目从属于"211

工程"建设的学校但不属于"985 工程"建设的学校中遴选。"985 优势学科创新平台"高校多所：中国政法大学、中国石油大学、中国地质大学、中央财经大学、北京中医药大学、华北电力大学、北京化工大学、中国矿业大学、北京科技大学、中国传媒大学、北京邮电大学、北京交通大学、北京林业大学、哈尔滨工程大学、东北林业大学、南京理工大学、中国药科大学、河海大学、江南大学、南京农业大学、南京航空航天大学、上海财经大学、华东理工大学、合肥工业大学、西南大学、电子科技大学、四川大学、西南交通大学、西南财经大学、华中师范大学、中南财经政法大学、华中农业大学、武汉理工大学、长安大学、陕西师范大学、西安电子科技大学、暨南大学。

"985 工程"的实施促进了世界一流大学和高水平大学的建设，有效推动了中国高等教育事业的发展。

71. 普通高等学校党建工作基本标准

为加强和改善党对普通高等学校的领导，加强普通高等学校党的建设工作，适应社会主义现代化建设对各类人才培养的需要，提高办学的质量和效益，按照党中央在新的历史时期关于加强党的建设的要求，根据《中国共产党章程》和《中国共产党普通高等学校基层组织工作条例》的规定，1998 年 6 月，中组部、中宣部、教育部党组联合发布了《普通高等学校党建工作基本标准》（以下简称《标准》）。《标准》共 30 条，从 6 个方面对普通高等学校党建工作进行了规范。

一、党委对学校工作的领导。要坚持党的基本理论、基本路线和基本纲领，执行党和国家的教育方针、教育法规，坚持社会主义办学方向；坚持把培养德智体等方面全面发展的社会主义事业建设者和接班人作为学校的根本任务；解放思想，实事求是，切实领导学校的改革与发展；不断深化和完善学校内部管理体制改革。

二、领导班子建设。要重视领导班子的组织建设，按期召开党员代表大会或党员大会，审议工作，选举学校党委领导班子；重视领导班子思想理论建设，认真组织领导班子成员学习党的路线、方针和政策；重视领导班子思想作风建设，要有勤政廉洁、监督制约的严格规定和措施；重视干部队伍建设，坚持党管干部的原则，按照干部队伍革命化、年轻化、知识化、专业化的方针和德才兼备的原则选拔任用干部。

三、党的总支、支部建设。党委应重视总支、支部建设，明确责任，把总支、支部建设列入了重要工作日程；重视系（处）级单位党组织建设，系（处）级单位党总支（党委、直属党支部）要能按时换届选举，特别是要认真选配好党总支（党委、直属党支部）书记；定期进行党支部改选，特别是要选配好党支部书记；加强和改进党员的教育管理工作，紧紧围绕学校根本任务和中心工作。

四、思想政治教育工作。学校党委统一领导思想政治工作；坚持对师生员工进行思想政治教育；结合国内外形势，围绕学校根本任务和中心工作，针对师生员工思想实际，利用多种形式、多种渠道开展思想政治教育；学校德育体制、机构、队伍健全，适应工作需要，符合中央和省、自治区、直辖市要求；重视校园文化建设，积极开展安全文明校园建设活动。

五、组织机构和党务干部队伍建设。党委办公室、组织部、宣传部、学生工作部、统战部等工作部门要健全，职能作用要发挥好；党的纪律检查机构要健全，认真做好党的纪律检查工作；重视党校建设，组织健全，办学方向明确，并有人员、设施和经费保证；本着精干、高效原则，按规定和条件配备党务工作干部；落实党务干部的各项政策。

六、对工会、共青团、教代会、学生会和统战工作的领导。党委应重视研究工会、共青团、学生会等群众组织工作中的重大问题，支持并指导它们依照国家法律和各自的章程独立自主地开展工作；建立教代会制度，支持教代会正确发挥其职能作用；重视共青团工作，指导、帮助共青团搞好思想政治建设和组织建设；关心学生会、研究生会建设，党委领导成员支持并经常参加学生会、研究生会组织的重大活动。

《标准》的制定和实施为加强和改善党对普通高等学校的领导，加强普通高等学校党的建设工作，适应社会主义现代化建设对各类人才培养的需要，提高办学的质量和效益发挥了重要作用。

72. 中华人民共和国高等教育法

为发展高等教育事业，实施科教兴国战略，促进社会主义物质文明和精神文明建设，根据宪法和教育法，1998年，九届全国人大常委会第四次会议通过了《中华人民共和国高等教育法》（以下简称《高等教育法》）。《高等教育法》最初的研究、起草工作可以追溯到20世纪80年代中期，当时的国家教委分别委托北京大学和上海市高教局作前期的调研起草工作。在认真总结高等教育发展的经验并借鉴国外发展高等教育方面好的做法的基础上，经过深入调查研究、反复论证，广泛征求各地方、各部门的意见并多次到各级各类高等教育机构调查，起草了《中华人民共和国高等教育法（送审稿）》。送审稿报送国务院后，国务院法制局在进一步广泛征求意见的基础上，又会同国家教委对送审稿反复研究、修改，形成了《中华人民共和国高等教育法（草案）》。该草案于1997年6月4日国务院第57次常务会议讨论通过。通过的《高等教育法》共八章六十九条，自1999年1月1日起施行。

一、明确《高等教育法》制定的依据，指导思想，高等教育的任务及高等教育的管理等内容。国家坚持以马克思列宁主义、毛泽东思想、邓小平理论为指导，遵循宪法确定的基本原则，发展社会主义的高等教育事业；高等教育必须贯彻国家的教育方针，为社会主义现代化建设服务，与生产劳动相结合，使受教育者成为德、智、体等全面发展的社会主义事业的建设者和接班人；高等教育的任务是培养具有创新精神和实践能力的高级专门人才，发展科学技术文化，促进社会主义现代化建设。

二、规定了高等教育基本制度。高等教育分为专科教育、本科教育和研究生教育；采用全日制和非全日制教育形式；由高等学校和其他高等教育机构实施。国家实行高等教育自学考试制度，经考试合格的，发给相应的学历证书或者其他学业证书；实行学位制度，学位分为学士、硕士和博士。

三、高等学校的设立。明确规定设立高等学校应当符合国家高等教育发展规划，符合国家利益和社会公共利益，不得以营利为目的。设立高等学校由国务院教育行政部门审批，其中设立实施专科教育的高等学校，经国务院授权，也可以由省、自治区、直辖市人民政府审批。对不符合规定条件审批设立的高等学校和其他高等教育机构，国务院教育行政部门有权予以撤销。

四、高等学校的组织和活动。高等学校自批准设立之日起取得法人资格，校长为高等学校的法定代表人。高等学校应当以培养人才为中心，开展教学、科学研究和社会服务，保证教育教学质量达到国家规定的标准；根据社会需求、办学条件和国家核定的办学规模，制定招生方案，自主调节系科招生比例；依法自主设置和调整学科、专业；根据教学需要，自主制定教学计划、选编教材、组织实施教学活动。

五、高等学校教师和其他教育工作者。高等学校实行教师资格制度，中国公民凡遵守宪法和法律，热爱教育事业，具有良好的思想品德，具备研究生或者大学本科毕业学历，有相应的教育教学能力，经认定合格，可以取得高等学校教师资格。不具备研究生或者大学本科毕业学历的公民，学有所长，通过国家教师资格考试，经认定合格，也可以取得高等学校教师资格。此外，还对教师职务制度，教师聘任制，教育职员制度及考核，奖惩制度等相关内容作了规定。

六、高等学校的学生。高等学校的学生应遵守法律、法规，遵守学生行为规范和学校的各项管理制度；应当按照国家规定缴纳学费；在课余时间可以参加社会服务和勤工助学活动，但不得影响学业任务的完成。高等学校应当为毕业生、结业生提供就业指导和服务；国家鼓励高等学校毕业生到边远、艰苦地区工作。

七、高等教育投入和条件保障。主要包括资金投入的渠道，投入资金的管理等内容。国家建立以财政拨款为主、其他多种渠道筹措高等教育经费为辅的体制，使高等教育事业的发展同经济、社会发展的水平相适应。高等学校的举办者应当保证稳定的办学经费来源，不得抽回其投入的办学资金。

《高等教育法》的颁布和实施，是我国高等教育发展史上一件具有里程碑意义的大事，对于依法规范高等教育活动，推动高等教育改革和发展，落实科教兴国战略具有重要的意义。

73. 高等学校筒子楼改造工程

为提高筒子楼和危房改造工程投资效益，加快改造工作进度，教育部办公厅于1998年10月转发了建设部《关于贯彻国办发〔1998〕105号文件加快高等院校筒子楼和危房改造工作的通知》，其主要内容如下：

一、各地建设和城市规划行政主管部门要充分认识国务院关于加快高校筒子楼和危房改造的工作部署，对于改善高校青年教师现有住房条件，保证青年教师安居乐教，发展我国高等教育事业，实施"科教兴国"战略，具有重要的意义。将这项工作列入重要日程，采取有力措施，切实抓紧抓好。

二、各地建设和城市规划行政主管部门要加强对高校筒子楼和危房改造工作的协调和指导，要尽快协助本地高校对筒子楼和危房进行技术鉴定，科学界定有改造价值的筒子楼和危房，帮助学校确定相应的改造方式。要主动指导、帮助学校，将实施城市规划与实现筒子楼和危房改造的目标有机地统一起来。要加强对工程施工的监督管理，帮助本地高校切实做到精心组织、精心设计、精心施工，保证按期完成改造任务。

三、各地建设、城市规划和房地产行政主管部门要按照中央的要求，在有关的政策和管理上给予积极支持。在办理城市规划、施工审批手续和相应的许可证件时，要本着特事特办、优先优惠以及既要依法行政、又要确保改造工作按期顺利完成的原则，从速从简，提供方便。工程竣工后，房地产管理部门要及时办理房产登记和发证工作。上述工作所涉及的有关部门的收费一律免除。

四、各地建设和城市规划行政主管部门要积极配合学校和有关部门，在筒子楼和危房改造工程的规划、设计、质量、安全等方面提供业务和技术服务，帮助学校根据校园规划和相关的城市规划进行改造工作，选择具有相应资质的队伍承担改造工程的规划、设计及施工，以保证改造后具有较好的居住环境，确保工程质量和安全，保证工程进度及工期。要增强服务意识，切实改进工作作风，采取"一条龙"服务、现场办公等方式，提高工作效率和质量，确保筒子楼和危房改造工程按国务院的要求如期完成。

高校筒子楼改造工程是党中央、国务院落实"科教兴国"战略的重要举措，它关系到高校青年教师的生活起居，而高校青年教师关系到中国高等教育的未来，在我国的具体国情下认真解决好他们的住房问题，对中国教育事业的发展具有重要意义。

74. 面向 21 世纪教育振兴行动计划

为实现党的十五大所确定的目标与任务，落实科教兴国战略，全面推进教育的改革和发展，提高全民族的素质和创新能力，教育部于 1998 年 12 月制定了《面向 21 世纪教育振兴行动计划》，国务院于 1999 年 1 月对此行动计划作了批转。《面向 21 世纪教育振兴行动计划》（以下简称《教育振兴行动计划》）在贯彻落实《中华人民共和国教育法》以及《中国教育改革和发展纲要》的基础上提出了跨世纪教育改革和发展的施工蓝图。

到 2000 年，全国基本普及九年义务教育，基本扫除青壮年文盲，大力推进素质教育；完善职业教育培训和继续教育制度，城乡新增劳动力和在职人员能够普遍接受各种层次和形式的教育与培训；积极稳步发展高等教育，高等教育入学率达到 11% 左右，瞄准国家创新体系的目标，培养造就一批高水平的具有创新能力的人才；加强科学研究并使高校高新技术产业为培育经济新的增长点作贡献；深化改革，建立起教育新体制的基本框架，主动适应经济社会发展。

到 2010 年，在全面实现"两基"的目标的基础上，城市和经济发达地区有步骤地普及高中阶段教育，全国人口受教育年限达到发展中国家先进水平；高等教育规模有较大扩展，入学率接近 15%，若干高校和一批重点学科进入或接近世界一流水平；基本建立起终身学习的体系，为国家知识创新体系以及现代化建设提供充足人才支持和知识贡献。

为实现上述目标，《教育振兴行动计划》还作了如下规定：一、实施"跨世纪素质教育工程"，提高国民素质；二、实施"跨世纪园丁工程"，大力提高教师队伍素质；三、实施"高层次创造性人才工程"，加强高等学校科研工作，积极参与国家创新体系建设；四、继续并加快进行"211 工程"建设，大力提高高等教育的知识创新能力；五、创建若干所具有世界先进水平的一流大学和一批一流学科；六、实施"现代远程教育工程"，形成开放式教育网络，构建终身学习体系；七、实施"高校高新技术产业化工程"，带动国家高新技术产业的发展，为培育经济新的增长点作贡献；八、贯彻《高等教育法》，积极稳步发展高等教育，加快高等教育改革步伐，提高高等教育质量和办学效益；九、积极发展职业教育和成人教育，培养大批高素质劳动者和初中级人才，尤其要加大教育为农业和农村工作服务的力度；十、深化办学体制改革，调动各方面发展教育事业的积极性；十一、依法保证教育经费的"三个增长"，切实增加教育的有效投入；十二、高举邓小平理论的伟大旗帜，加强高校党的建设和思想政治工作，把高校建设成为社会主义精神文明的重要阵地。

《教育振兴行动计划》被称为"教育战线落实科教兴国战略的具体举措和跨世纪教育改革和发展的施工蓝图",对促进中国教育事业的快速发展、全面落实科教兴国战略具有重要意义。

75. 长江学者奖励计划

为落实科教兴国战略,延揽海内外中青年学界精英,培养造就高水平学科带头人,带动国家重点建设学科赶超或保持国际先进水平,1998年8月,在国务委员、教育部部长陈至立同志的亲自主持下,教育部和李嘉诚基金会共同启动实施了"长江学者奖励计划"。该计划包括实行特聘教授岗位制度和"长江学者成就奖"两项内容。

"长江学者奖励计划"实施后取得了巨大成效,为贯彻落实《国家中长期教育改革和发展规划纲要(2010—2020年)》和《国家中长期人才发展规划纲要(2010—2020年)》,大力吸引、培养造就一批具有国际影响的学科领军人才,深入推进人才强校,全面提高高等教育质量,教育部决定从2011年起,实施新的"长江学者奖励计划",并制定了《"长江学者奖励计划"实施办法》。

一、继续实施特聘教授、讲座教授项目,每年支持高校聘任150名特聘教授、50名讲座教授;特聘教授聘期为5年,聘期内享受每年20万元人民币奖金;讲座教授聘期为3年,聘期内享受每月3万元人民币奖金,按实际工作时间支付;增设支撑服务专项,重点支持长江学者创新团队建设,举办"长江学者论坛"、出版"长江学者文集"、推荐"长江学者精品课程",发挥长江学者在创新团队建设、人才培养、协同创新等方面的辐射带动作用。

二、与"海外高层次人才引进计划"、"青年英才开发计划"等共同构成国家高层次人才培养支持体系。坚持育引并举,同条件、同平台、同标准,着力培养和吸引学术新锐。在吸引海外人才方面,讲座教授人选全部面向海外知名大学教授,与"千人计划"形成衔接;特聘教授人选面向海外知名大学副教授,与"千人计划"形成梯队。

三、由中央财政专项经费支持,面向全国高等学校,加大对人文社科、中西部高校的支持力度,取消申报限额,鼓励通过个人自荐、专家推荐、驻外使(领)馆举荐等多种形式应聘。长江学者实行岗位聘任制,高校自主设置岗位,面向海内外公开招聘,择优推荐,经教育部组织同行专家评审通过后,由高校聘任。

"长江学者奖励计划"开辟了人才使用的新模式,是集选才、引才、奖励、支持四位一体的高层次人才计划;有力地推动了高校人事制度改革,促进了高校国际合作与交流,带动了地方和高校高层次人才队伍建设;其制度内涵包括的"按需设岗、公开招聘、竞争上岗、合同管理"和"以岗定薪、优劳优酬"的理念,为高校用人和分配制度改革提供了有益借鉴。

76. 中共中央、国务院关于深化教育改革全面推进素质教育的决定

为全面贯彻落实党的十五大精神,深化教育改革,全面推进素质教育,构建一个充满生机的中国特色的社会主义教育体系,为实施科教兴国战略奠定坚实的人才和知识基础,1999年6月,中共中央、国务院颁布了《关于深化教育改革全面推进素质教育的决定》。该决定从素质教育实施的目标、条件以及领导等方面作出了具体的规定和说明。

一、实施素质教育要以提高国民素质为根本宗旨,以培养学生的创新精神和实践能力为重点,造就"有理想、有道德、有文化、有纪律"的德智体美等全面发展的社会主义事业建设者和接班人。

二、在实施素质教育的过程中,要特别重视德育工作,有针对性地开展爱国主义、集体主义和社会主义教育,并要不断改进德育工作的方式,要讲究实际效果,克服形式主义倾向;智育工作要转变观念,改革人才培养模式,积极实行启发式和讨论式教学,激发学生独立思考和创新意识,切实提高教学质量;学校还应切实加强体育和美育工作,使学生掌握基本的运动技能和良好的运动习惯,通过形式多样的课外文化艺术活动,来增强学生的美感体验,培养学生欣赏美和创造美的能力。

三、提出适应素质教育实施的教育改革方略:(一)调整现有教育体系结构,扩大高中阶段教育和高等教育规模,拓宽人才成才的道路,减缓升学压力;(二)构建与社会主义市场经济体制和教育内在规律相适应、不同类型教育相互沟通、相互衔接的教育体制,为学校毕业生提供继续学习深造的机会;(三)进一步简政放权,加大省级人民政府发展和管理本地区教育的权力以及统筹力度,促进教育与当地经济社会发展相结合;(四)进一步解放思想、转变观念,积极鼓励和支持社会力量以多种形式办学,满足人民群众日益增长的教育需求,形成以政府办学为主体、公办学校和民办学校共同发展的格局;(五)加快改革招生考试和评价制度,改变"一次考试定终身"的状况;(六)调整和改革课程体系、结构、内容,建立新的基础教育课程体系,试行国家课程、地方课程和学校课程;(七)大力提高教育技术手段的现代化水平和教育信息化程度;(八)努力改变教育与经济、科技脱节的状况,促进教育与经济、科技的密切结合。

四、把提高教师实施素质教育的能力和水平作为师资培养、培训的重点,并通过建立优化教师队伍的有效机制,合理配置教师资源,来提高教师队伍的整体素质;努力造就能够带领广大教师和教育工作者积极实施素质教育的学校领导以及管理干部队伍。

五、切实加强党和政府的领导,各级党委和人民政府要切实落实教育优先发展的战略地位,充分认识到实施素质教育的重要性和紧迫性,为素质教育创造良好的政策环境;各级政府和部门必须做到依法行政,加大教育执法力度,健全教育督导机构和制度,保证教育方针的全面贯彻执行;要努力采取有效措施,切实加大教育投入,逐步实现国家财政性教育经费支出占国民生产总值4%的目标;整个社会必须转变传统的人才观,形成使用人才重素质、重实际能力的良好风气。

中共中央、国务院颁布的《关于深化教育改革全面推进素质教育的决定》对各级各类学校实施素质教育起到了十分重要的导向作用,成为各级各类学校实施素质教育的行动指南。

77. 全国优秀博士学位论文评选

全国优秀博士学位论文评选是教育部学位管理与研究生教育司组织开展的一项工作,旨在加强高层次创造性人才的培养工作,鼓励创新精神,提高我国研究生教育特别是博士生教育的质量。1999年,教育部和国务院学位委员会组织进行了首届全国优秀博士学位论文评选。整个评选工作贯彻"科学公正、注重创新、严格筛选、宁缺毋滥"的原则,在调动各级学位与研究生教育主管部门和各学位授予单位提高研究生培养质量的积极性,支持创造性人才继续成长等方面发挥了积极作用。

为贯彻落实《面向21世纪教育振兴行动计划》,进一步做好全国优秀博士学位论文评选工作,教育部和国务院学位委员会在总结首届评选工作经验的基础上,制定了《全国优秀博士学位论文评选办法》(以下简称《办法》)。

一、明确规定全国优秀博士学位论文评选工作在教育部和国务院学位委员会领导下,由教育部研究生工作办公室负责组织进行。其主要职责为:(一)部署评选工作;(二)组织通讯评议和专家审定工作;(三)接受和处理有关异议事项;(四)研究处理评选工作中的其他问题。

二、评选工作每年进行一次,每次评选出的全国优秀博士学位论文不超过100篇;评选工作要遵循"科学公正、注重创新、严格筛选、宁缺毋滥"的原则。

三、全国优秀博士学位论文的评选标准为:(一)选题为本学科前沿,有重要理论意义或现实意义;(二)在理论或方法上有创新,取得突破性成果,达到国际同类学科先进水平,具有较好的社会效益或应用前景;(三)材料翔实,推理严密,文字表达准确。

四、参加评选的学位论文,一般为在评选年份的上一学年度,在国内学位授予单位获得博士学位者的学位论文;在该学年度以前两个学年度内获得博士学位者的学位论文,如确属优秀的，也可以参评；参加评选的学位论文应以中文撰写。

五、全国优秀博士学位论文入选名单经过推荐、初选和复评后产生；参评论文由学位授予单位向其所在省（自治区、直辖市）的学位委员会、研究生教育主管部门或教育部研究生工作办公室指定的其他部门推荐。

六、省级学位委员会、研究生教育主管部门或教育部研究生工作办公室指定的其他部门，根据教育部研究生工作办公室下达的初选名额对推荐论文进行初选，初选所需经费由负责组织初选的部门自行筹措；教育部研究生工作办公室负责组织对初选出的论文进行复评，复评工作包括同行专家通信评议和专家审定会审定。

七、全国优秀博士学位论文入选名单由教育部研究生工作办公室公布。任何单位或个人，如发现入选论文存在剽窃、作假或论文的主要研究结论不能成立等严重问题；可在入选论文名单公布之日起 60 日内，以书面方式向教育部研究生工作办公室提出异议。

八、全国优秀博士学位论文名单由教育部和国务院学位委员会批准并予以公布。在异议期结束之日起 60 日内异议事项仍未处理完毕的论文不列入批准的论文名单。

九、对已批准的全国优秀博士学位论文，如发现有剽窃、作假或论文的主要研究结论不能成立等严重问题，教育部和国务院学位委员会将撤销对作者的奖励并予以公布。

全国优秀博士学位论文评选是对博士培养质量进行监督和激励的一项重要举措，对加强高层次创造性人才的培养工作，鼓励创新精神，提高我国研究生教育特别是博士生教育的质量具有积极作用。据教育部官网公布，自 2014 年起，不再评选全国优秀博士学位论文。

78. 高等学校后勤社会化改革

从 20 世纪 80 年代开始，中国不少高校积极探索后勤改革，首先改革食堂管理模式，实行单项定额承包、综合定额承包，逐步发展到"小机关、大实体、大服务"模式，引入企业化管理，组建后勤服务集团，改变由学校直接管理的行政管理体制，向后勤社会化过渡。1985 年 5 月，中共中央《关于教育体制改革的决定》中指出：高等学校后勤服务工作的改革对于保证教育改革的顺利进行，极为重要，改革的方向是实行社会化。1993 年 2 月，中共中央、国务院颁发的《中国教育改革和发展纲要》也提出：学校的后勤工作，应通过改革逐步实现社会化。1999 年 6 月，中共中央国务院颁发的《关于深化教育改革全面推进素质教育的决定》中再次提出：加大学校后勤改革力度，逐步剥离学校后勤系统，推进后勤工作社会化。2000 年国务院办公厅转发了教育部、国家计委、财政部、建设部等部门联合制订的《关于进一步加快高等学校后勤社会化改革的意见》，其主要内容如下：

一、高等学校后勤社会化改革的主要目的是要实现高等学校后勤管理模式与运行机制的根本转变，各种高等学校后勤服务实体，要与学校、教育行政部门保持必要的责、权、利关系，要依靠并充分利用现有高等学校的后勤资源。

二、确定改革的目标与步骤。高等学校后勤社会化改革的总体目标是：从2000年起，用3年左右的时间，在全国绝大部分地区基本实现高等学校后勤社会化，建立起有中国特色、符合高等教育特点与需要的新型高等学校后勤保障体系。明确改革的目标要分两步实施，并具体规定了每一步的具体任务。

三、指出改革的重点和办法。高等学校后勤社会化改革的重点，是学生生活后勤改革。在对新建的学生宿舍及其他后勤服务设施的资金投入方面，应坚持主要依靠并充分利用社会的力量和资金的方针；中央和省、市人民政府，还应区别情况，给予必要的经费支持。所有学生宿舍及其他后勤服务设施，均要采用新机制经营、管理。

四、政府要采取扶持政策，加快改革步伐。高等学校新增建的学生宿舍及其他后勤服务设施，由省或市教育行政部门统一规划，专项从快审批，并在减少基建前期规费方面实行相应优惠政策；需另征用土地的，应比照市政基础设施建设政策无偿划拨。

五、加强领导统筹，确保改革顺利实施。高等学校后勤社会化改革仅靠高等学校自身是无法完成的，必须加强省、市政府的领导和统筹；全国高等学校后勤社会化改革由教育部牵头，会同国家计委、财政部、建设部、中国人民银行和国家税务总局负责规划、指导、协调、督办工作。

高校后勤的社会化改革有利于提高服务质量和管理水平，减轻学校和学生个人负担；有利于降低服务成本，提高办学效益；有利于提高高校的办学活力，促进高校的可持续发展。

79. 鼓励海外高层次留学人才回国工作

海外留学人员是中国人才资源的重要组成部分。有组织、有计划地吸引海外高层次留学人才回国工作对于实施人才强国战略、提高中国的国际竞争力具有重要的意义。

1997年9月，中国共产党第十五次全国代表大会召开，会议提出了"鼓励海外留学人员回国工作或以适当方式为祖国服务"，首次传达了鼓励海外高层次留学人才回国工作的精神。

为了提高中国金融机构、高等院校、科研院所、国有大型企业的国际竞争能力，适应加入世贸组织的需要，经党中央、国务院批准，国家人事部2000年7月8日出台了《关于鼓励海外高层次留学人才回国工作的意见》（以下简称《意见》），对海外高层次留学人才的遴选标准、国外居留权、报酬、待遇、家属就业和入学等进行了规定，旨在有组织、有计划地吸引、鼓励海外高层次留学人才回国工作。

《意见》包括 8 个方面。

一、对海外高层次留学人才进行了界定，将海外高层次留学人才界定为我国公派或自费出国留学，学成后在国外金融机构、跨国公司、国际组织、著名高校、科研院所等从事金融、工程技术、教学、科研、管理等工作，取得显著成绩，并为国内急需的中青年高级经营管理人才、专业技术人才、学术技术带头人，拥有具有产业化开发前景的专利、发明或专有技术等人才。

二、鼓励银行、保险、证券业和国有大型企业自主引进海外高层次留学人才，其所需资金由用人单位自行解决；高等院校、科研院所引进海外高层次留学人才，由国务院主管部门制定办法，所需资金按现行资金渠道解决。

三、对海外高层次留学人才的遴选标准和国外居留权进行了规定。认为海外高层次留学人才的遴选，要保证质量，并根据岗位急需，通过公平竞争，择优聘用，也可以通过其他形式，经适当渠道考察确定。回国工作的海外高层次留学人才，可保留国外长期或永久居留权（如绿卡）。根据工作需要，符合任职条件者，经一定时间任职并放弃长期或永久居留权，可担任单位法定代表人。

四、对海外高层次留学人才的报酬进行了规定。认为回国工作的海外高层次留学人才的报酬，应与其本人能力水平、对国家的贡献和所创造的经济社会效益挂钩，并建立竞争激励机制，根据其职务、岗位变化和贡献大小，进行调整。

五、对海外高层次留学人才的住房进行了规定。采取发放一定住房补贴的办法，由其按照国家有关政策规定租住或购买。

六、对海外高层次留学人才的待遇进行了规定。海外高层次留学人才回国工作，在聘用期间，享受与用人单位其他工作人员相同的医疗、保险待遇。

七、对海外高层次留学人才家属的就业和入学进行了规定。对随同海外高层次留学人才回国的家属（含外籍配偶）在国内就业，用人单位有接收条件的，应为其安排工作。子女在国内上初中、小学的，由工作单位所在地的教育行政部门就近安排到条件较好的学校。

八、要通过思想政治工作等方式处理好本单位已经回国工作的高层次留学人才、国内有突出贡献的高层次人才的关系。

2013 年 11 月 9 日党的十八届三中全会召开，会议通过了《中共中央关于全面深化改革若干重大问题的决定》，提出"增强人才政策开放度，广泛吸引境外优秀人才回国或来华创业发展"，体现了新一代中央领导集体继续实施人才强国战略、鼓励海外高层次留学人才回国的立场和决心。近年来，在党中央、国务院的重视关怀下，一些地区和部门通过实施各类人才引进计划，不断加大投入，吸引了一批高层次留学人才回国服务，有效增强了中国相关领域科技创新能力和竞争力。2015 年留学人员回国服务工作部际联席会议的数据显示,改革开放以来,我国留学人员回国总量达到180万,其中有近100万是过去三年回来的。

鼓励海外高层次人才回国工作对于实施人才强国战略、提高中国的国际竞争力、实现中华民族伟大复兴具有深远的意义。

80. 国家助学贷款制度

为促进教育事业的发展,依据《中华人民共和国中国人民银行法》、《中华人民共和国商业银行法》、《中华人民共和国教育法》等法律的有关规定,1999年6月国务院办公厅转发《中国人民银行、教育部、财政部关于国家助学贷款的管理规定(试行)》,决定从1999年9月1日起在北京、上海、天津、重庆、沈阳、武汉、南京、西安等8个城市试点,主要内容是:

一、贷款范围为高等学校中经济确实困难的全日制本、专科学生,可贷款的费用包括学生在校期间的学费和日常生活费。

二、指定中国工商银行独家承办国家助学贷款,明确国家助学贷款属于商业性贷款,纳入正常的贷款管理。

三、教育部、财政部、中国人民银行和中国工商银行组成全国助学贷款部际协调小组;教育部设立全国学生贷款管理中心,作为部际协调小组的日常办事机构;各省、自治区、直辖市设立相应的协调组织和管理中心;各校指定专门机构统一管理本校的国家助学贷款工作。

四、学生申请国家助学贷款必须有经办银行认可的担保,学生所借贷款利息50%由财政贴息,50%由学生个人负担,学生所借贷款本息必须在毕业后四年内还清。贷款利率按法定利率和国家有关利率政策执行。

2000年8月,中国人民银行、教育部、财政部发布《关于助学贷款管理的补充意见》,由8个试点城市拓展到全国,经办银行由中国工商银行扩大到四大国有商业银行;同时,中国人民银行把贷款的范围扩大至研究生,并要求开展无担保(信用)助学贷款,有条件的地方要开展一般商业性助学贷款。2001年6月,全国国家助学贷款工作会议召开,为进一步推进助学贷款工作,工作会议产生两项举措:取消"一校一行"的规定和免征金融机构开展国家助学贷款业务利息收入营业税。同时,中国人民银行、教育部和财政部出台了"四定"(定学校、定范围、定额度和定银行)和"三考核"(按月考核经办银行申请国家助学贷款的人数和金额、考核已审批的贷款人数和贷款合同金额、考核实际发放贷款人数和贷款金额)。

2004年6月,教育部、财政部、中国人民银行、银监会联合制定了《关于进一步完善国家助学贷款工作的若干意见》,对国家助学贷款政策进行了重大调整,主要内容是:

一、改革财政贴息方式:改变目前在整个贷款合同期间,对学生贷款利息给予50%财政补贴的做法,实行借款学生在校期间的贷款利息全部由财政补贴,毕业后全部自付的办法,借款学生毕业后开始计付利息。

二、改革还贷政策:改变目前自学生毕业之日起即开始偿还贷款本金、4年内还清的做法,实行借款学生毕业后视就业情况,在1至2年后开始还贷、6年内还清的做法;对毕业后自愿到国家需要的艰苦地区、艰苦行业工作,服务期达到一定年限的借款学生,经批准可以奖学金方式代偿其贷款本息。

三、改革经办银行确定办法:改变目前由国家指定商业银行办理国家助学贷款业务的做法,实行由政府按隶属关系委托全国和省级国家助学贷款管理中心通过招投标方式确定国家助学贷款经办银行。

四、建立风险补偿机制:建立国家助学贷款风险补偿专项资金,给予经办银行适当补偿。具体办法是按贷款当年发生额的一定比例(上限为15%,具体比例在招标时确定),由财政和普通高校各承担5%,每所高校承担的部分与该校毕业生的还款情况挂钩。

五、对普通高校实行借款总额包干办法。普通高校每年的借款总额原则上按全日制普通本专科学生(含高职学生)、研究生以及第二学士学位在校生总数20%的比例、每人每年6000元的标准计算确定。

国家助学贷款是党中央、国务院为实施科教兴国战略,加速人才培养,特别是使经济较困难优秀青年得以深造的重大决策,进一步完善了高等学校经济困难学生的资助政策体系,缓解了高校资助经费不足的矛盾,为公民获得公平、公正的教育机会提供了社会保障机制。

81. 基本普及九年义务教育和基本扫除青壮年文盲

基本普及九年义务教育和基本扫除青壮年文盲(以下简称"两基"),是提高整个民族素质的奠基工程,是教育发展的"重中之重"。实现"两基",是党中央、国务院的一项战略决策,是全党、全社会一项紧迫而艰巨的历史任务。

1992年10月,在中国共产党第十四次全国代表大会上,江泽民总书记向全党全国人民发出号召:我们必须把教育摆在优先发展的战略地位,努力提高全民族的思想道德和科学文化水平,这是实现我国现代化建设的根本大计。这次大会确定了将"到本世纪末,基本普及九年义务教育,基本扫除青壮年文盲"作为90年代我国教育事业发展的重要目标。

1993年3月，中共中央、国务院印发的《中国教育改革和发展纲要》，正式将实现"两基"作为中国20世纪90年代的奋斗目标。同年，国家教委决定建立对普及九年义务教育县（市、区）和扫除青壮年文盲县（市、区）进行评估验收的制度；各省（自治区、直辖市）根据当地实际制定了实施"两基"工作规划，开始在经济条件、教育基础较好的地区进行评估验收工作。国家教委于1994年开始对全国各省"两基"评估验收的工作进行抽查。

1994年，第二次全国教育工作会议确定"两基"为中国教育工作的"重中之重"，并进一步明确提出了90年代我国教育事业发展的目标、任务、战略、指导方针和实施步骤。1996年，八届全国人大四次会议审议通过的《国民经济和社会发展"九五"计划和2010年远景目标纲要》明确将"2000年全国基本普及九年义务教育，基本扫除青壮年文盲"作为社会发展的主要指标，列入"九五"规划。

1997年，党的十五大站在时代和历史高度，把实施"两基"作为落实"科教兴国"和"可持续发展"战略的重要组成部分，再次提出要"发挥各方面积极性，大力普及九年义务教育，扫除青壮年文盲"。从而将实施"两基"的目标写进党的文件，写进国家法规，成为全党全国关注的大事。

为了使"两基"目标尽快变成各级党委、政府的具体行动，各地切实把教育放在优先发展的战略地位，纷纷建立了"两基"工作目标管理责任机制，层层签订"两基"目标责任书。各级政府依法履行职责，把完成"两基"纳入政府任期目标，并以此作为评价政府工作、考核衡量领导干部政绩的重要内容，实行"一票否决"。全国上下出现了"党以重教为先，政以兴教为本，民以支教为荣，师以从教为乐"的浓郁的社会风气。在党中央的高度重视和领导下，各省、自治区、直辖市党委和政府把教育放在优先发展的战略地位，把"两基"作为教育工作的"重中之重"，采取有力措施加强对"两基"工作的领导，努力加大教育投入，为确保"两基"的实施发挥了重要作用。

经过全国人民的不懈努力，中国"两基"工作取得了显著成绩。到2000年底，中国基本普及了九年义务教育，全国青壮年人口中的文盲率下降到5%以下，如期实现了党中央、国务院提出的到2000年全国基本扫除青壮年文盲的宏伟目标。2001年1月1日，中华人民共和国国家主席江泽民在全国政协新年茶话会上的讲话中向全世界庄严宣布：中国如期实现了基本普及九年义务教育和基本扫除青壮年文盲的战略目标。

"两基"是一项全民运动和世纪工程，实现"两基"，是20世纪中国教育史上最有标志性的成就，是中国教育史上的空前壮举，是中国教育史上的光辉篇章，是中国教育发展的里程碑。

82. 全国中小学网络"校校通"工程

为加快在中小学普及信息技术教育的步伐，提高中小学信息技术水平，促进中小学教育信息化，教育部于 2000 年 11 月下发《关于在中小学实施"校校通"工程的通知》（以下简称"校校通"工程）。

一、"校校通"工程的目标。（一）用 5—10 年时间，使全国 90% 左右的独立建制的中小学校能够上网，使中小学师生都能共享网上教育资源，提高所有中小学的教育教学质量，使全体教师能普遍接受旨在提高实施素质教育水平和能力的继续教育。（二）具体目标是：2005 年前，争取东部地区县以上和中西部地区中等以上城市的中小学都能上网；西部地区及中部边远贫困地区的县和县以下的中学及乡镇中心小学与中国教育卫星宽带网联通。2010 年前，争取使全国 90% 以上独立建制的中小学校都能上网。不具备上网条件的少数中小学校也可配备多媒体教学设备和教育教学资源。

二、"校校通"工程的基本任务。（一）在东部地区县以上和中西部地区中等以上城市的中小学组织实施上网工程。（二）在中西部县和县以下的中学及乡镇中心小学建立远程教育接收点，配备卫星地面接收站、电视机、VCD 放映机和计算机等必要设备及基本的教学资源光盘，接收和使用优秀教学课和数字化教育资源。（三）开发系列的优秀教学课和丰富的课程资源，建设共享的中小学教育资源库。这些资源包括：中小学主要学科的课程资源和媒体素材。（四）要把地（市）、县教师进修学校纳入"校校通"工程建设规划。对中西部地区的"校校通"工程项目教师和管理人员（每校 2—3 人）进行专题培训，使他们掌握设备的使用、维护和简单的修理技能。

三、"校校通"工程的实施。（一）"校校通"工程是一项包括课程资源开发、传输、使用及教学管理等项内容的系统工程，必须加强领导和统筹。此项工程的实施由教育部"全国中小学信息技术教育领导小组"统一领导，下设工程办公室和专家组，负责指导工程的实施。（二）工程的进度采取分步推进的方式，首批宜在教育信息化工作有一定基础的大中城市和县市进行，具体实施的批次名单由各省、自治区、直辖市负责安排。（三）工程实施要注意和教育信息化的有关项目的衔接，避免重复建设。（四）充分利用现有的教育资源，包括现有的电视机、录像机和编辑机及有关课程资源。原有的部分设备可由有关省、区教育部门负责调配给未列入本工程覆盖范围的村完全小学。（五）国家将对贫困地区实施"校校通"工程给予支持，同时，积极鼓励社会各界以适当的方式参与"校校通"工程的实施，向中小学，特别是边远贫困地区的中小学捐赠所需设备和教育教学资源，这些地区也要以多种形式筹措资金用于工程的建设。（六）各省、自治区、直辖市教育厅（教委）要加强工程的评估和验收工作，并根据各地区工程实施的情况给予奖惩，促进工程的实施。

"校校通"工程将学校与学校的信息交流渠道连通，使学校之间的信息和资源可以实现共享，促进了教育教学信息和优质教育资源的高速流动，促进了教师"教"和学生"学"的根本变革，有利于实现用信息化带动基础教育现代化的目的。

83. 国务院关于基础教育改革与发展的决定

改革开放以来，我国基础教育取得了巨大成就，初步实现了基本普及九年义务教育和基本扫除青壮年文盲（简称"两基"）的目标，素质教育不断推进。但我国基础教育总体水平还不高，发展很不平衡，一些地方对基础教育重视程度不够。为贯彻《中华人民共和国教育法》等有关法律，实施《中华人民共和国国民经济和社会发展第十个五年计划纲要》，大力推进基础教育的改革和健康发展，国务院于2001年5月颁布了《关于基础教育改革与发展的决定》（以下简称《决定》）。《决定》的主要内容如下：

一、确立基础教育在社会主义现代化建设中的战略地位，坚持基础教育优先发展。"十五"期间，地方各级人民政府要坚持将普及九年义务教育和扫除青壮年文盲作为教育工作的"重中之重"，进一步扩大九年义务教育人口覆盖范围，初中阶段入学率达到90%以上，青壮年非文盲率保持在95%以上；高中阶段入学率达到60%左右，学前教育进一步发展。

二、完善管理体制，保障经费投入，推进农村义务教育持续健康发展。实行在国务院领导下，由地方政府负责、分级管理、以县为主的体制；各级人民政府要进一步加强对教师工资经费的监管，实行举报制度；把农村学校建设列入基础设施建设的统一规划，高度重视农村中小学危房的改造，统筹安排相应的校舍建设资金；进一步加强监管和检查，完善举报制度，对违反规定乱收费和挪用挤占中小学收费资金的行为，要及时严肃查处；针对薄弱环节，采取有力措施，巩固普及九年义务教育成果；抓住西部大开发有利时机，推动贫困地区和少数民族地区义务教育发展；巩固扩大扫除青壮年文盲成果，大力推进贫困地区、少数民族和妇女扫除青壮年文盲工作。

三、深化教育教学改革，扎实推进素质教育。切实增强德育工作的针对性、实效性和主动性；加快构建符合素质教育要求的新的基础教育课程体系；贯彻"健康第一"的思想，切实提高学生体质和健康水平；中小学要按照国家规定开设艺术课程，提高艺术教育教学质量；教材编写核准、教材审查实行国务院教育行政部门和省级教育行政部门两级管理，实行国家基本要求指导下的教材多样化；积极开展教育教学改革和教育科学研究；继续减轻中小学生过重的课业负担，尊重学生人格，遵循学生身心发展规律，保证中小学生身心健康成长；改革考试评价和招生选拔制度；大力普及信息技术教育，以信息化带动教育现代化；把普及普通话、用字规范化纳入教育教学要求，提高学生语言文字应用能力和规范意识。

四、完善教师教育体系，深化人事制度改革，大力加强中小学教师队伍建设。完善以现有师范院校为主体、其他高等学校共同参与、培养培训相衔接的开放的教师教育体系；加强骨干教师队伍建设，实施"跨世纪园丁工程"等教师培训计划，培养一大批在教育教学工作中起骨干、示范作用的优秀教师和一批教育名师；加强中小学教师编制管理，大力推进中小学人事制度改革，调整优化教师队伍；依法完善中小学教师和校长的管理体制，改革中小学校长的选拔任用和管理制度。

五、推进办学体制改革，促进社会力量办学健康发展。基础教育以政府办学为主，积极鼓励社会力量办学；积极鼓励企业、社会团体和公民个人对基础教育捐赠，捐赠者享受国家有关优惠政策；稳妥地搞好国有企业中小学分离工作；加强对公办学校办学体制改革试验的领导和管理。

六、加强领导，动员全社会关心支持，保障基础教育改革与发展的顺利进行。各级人民政府要努力实践"三个代表"重要思想和实施科教兴国战略，宁可在别的方面忍耐一点，也要保证教育尤其是基础教育优先发展；坚持依法治教，完善基础教育法制建设；切实加强学校安全工作，建立健全确保师生安全的各项规章制度；加强和完善教育督导制度，积极开展对基础教育热点难点问题的专项督导检查；通过家庭访问等多种方式与学生家长建立经常性联系，加强对家庭教育的指导，帮助家长树立正确的教育观念，为子女健康成长营造良好的家庭环境。

《决定》对我国基础教育的改革与发展作出了具体规定，对促进我国基础教育事业的改革与发展具有重要意义。

84. 2001年E-9会议《北京宣言》

为了回顾实施全民教育所取得的巨大进展，审视国际信息社会迅猛发展给全民教育带来的严峻挑战，探讨全民教育的目标和策略，展望全民教育在各国社会和经济中不可替代的作用和发展前景，2001年8月，来自孟加拉国、巴西、埃及、印度、印度尼西亚、墨西哥、尼日利亚、巴基斯坦和中国九个人口大国的教育部长、政府官员以及教育专家汇聚北京，共商九国全民教育大计，拟定了《北京宣言》，其主要内容如下：

一、回顾了20世纪90年代以来九个人口大国全民教育取得的显著成绩，特别是2000

年达喀尔会议以来取得的新进展：（一）面向终身学习的全民教育理念开始得到广泛认同，全民教育已成为国家的优先发展战略；（二）早期教育被列入国家的整体教育计划，开始得到坚定的实施；（三）初等教育的普及稳步发展，性别差异缩小，质量有所提高；（四）成人文盲率持续下降，妇女扫盲和技能培训取得新进展；（五）旨在增加边远地区学习者学习机会并提高教育质量的远程教育和新的信息与传播技术得到重视和应用；（六）教育革新得到重视和实施，并产生积极影响；（七）国家一级的全民教育数据收集与处理、评估和监测系统的工作能力不断增强。

二、指出面临的挑战：（一）无论是就受教育机会还是学习成绩而言，教育的不平等仍然广泛存在；（二）教育资源的缺乏和配置不当严重限制了全民教育的进步；（三）相对滞后的农村教育仍然是实现有质量的全民教育的难点和重点；（四）对处境不利人群的关注和有效支持依然不足；（五）早期教育和儿童智力开发的发展尚不平衡；（六）教育体制及学校课程缺乏灵活性和适应性，不利于形成人人成功的教育环境；（七）"数字鸿沟"的存在和扩大的趋势势必影响全民教育的发展和质量的提高。

三、确认今后的发展目标：（一）制定切实可行的时间表，加快实现普及初等义务教育，并扫除青壮年文盲；（二）形成适应学习化社会需要的开放灵活的教育体制，满足人们的基本学习需要，培养终身学习的态度和能力；（三）努力普及现代信息和通信技术知识，使学习者掌握获取、处理和使用信息的基本能力；（四）在制定和实施全民教育行动计划时，更加重视促进农村发展和变革的需要；（五）充分考虑不利环境对幼儿发育和成长的影响，积极推进开发儿童心智潜能的早期教育；（六）确保处境不利群体的特殊需求得到重视，促进其受教育机会和质量的提高。

四、提出发展全民教育的 16 项措施：完成全民教育的国家行动计划并且保证按时实施；促进全社会的参与和支持，努力增加对全民教育的财政投入；力争于 2010 年消除性别差异和实现男女平等；加快实施具体项目，满足处境不利群体的学习需要；采取措施满足所有人的学习需要，提高学习质量；在基础教育的全部领域使用信息与传播技术，特别是偏僻边远地区应该得到更多的重视和鼓励；努力提高教师业务培训的质量；利用信息与传播技术对教师、管理人员和其他人员进行全面培训等。

此外，九个人口大国的部长和代表重申共同的承诺，并保证加紧努力，强化政策以实现全民教育的崇高目标。并一致认为，只有扫除文盲、实现男女平等，才能普及教育，新兴的技术为终身学习提供了机遇，尤其是在资源紧张的情况下，新技术不仅可以惠及边缘群体，而且还能提高学习质量。

85. 基础教育课程改革纲要

改革开放以来，我国基础教育课程建设取得了显著成绩。但是，我国基础教育总体水平还不高，原有的基础教育课程已不能完全适应时代发展的需要。为贯彻中共中央、国务院《关于深化教育改革全面推进素质教育的决定》和国务院《关于基础教育改革与发展的决定》，教育部决定实施基础教育课程改革，调整和改革基础教育的课程体系、结构、内容，构建符合素质教育要求的新的基础教育课程体系。为宏观指导和统筹课程改革的推进，教育部组织制定了《基础教育课程改革纲要（试行）》（以下简称《纲要》），经国务院同意，于2001年6月颁布。《纲要》的主要内容如下：

一、课程改革的目标是：改变课程过于注重知识传授的倾向，强调形成积极主动的学习态度；改变课程结构过于强调学科本位、科目过多和缺乏整合的现状，整体设置九年一贯的课程门类和课时比例，并设置综合课程；改变课程内容"难、繁、偏、旧"和过于注重书本知识的现状，加强课程内容与学生生活以及现代社会和科技发展的联系，关注学生的学习兴趣和经验；改变课程实施过于强调接受学习、死记硬背、机械训练的现状，培养学生搜集和处理信息的能力、获取新知识的能力、分析和解决问题的能力以及交流与合作的能力。

二、整体设置九年一贯的义务教育课程，小学阶段以综合课程为主；初中阶段设置分科与综合相结合的课程；高中以分科课程为主；从小学至高中设置综合实践活动并作为必修课程。

三、制定能体现国家对不同阶段的学生在知识与技能、过程与方法、情感态度与价值观等方面基本要求的国家课程标准；制定国家课程标准要依据各门课程的特点，结合具体内容，加强德育工作的针对性、实效性和主动性。

四、教师在教学过程中应与学生积极互动、共同发展，要处理好传授知识与培养能力的关系，注重培养学生的独立性和自主性，引导学生质疑、调查、探究，在实践中学习，促进学生在教师指导下主动地、富有个性地学习；大力推进信息技术在教学过程中的普遍应用，促进信息技术与学科课程的整合，逐步实现教学内容的呈现方式、学生的学习方式、教师的教学方式和师生互动方式的变革。

五、教材改革应有利于引导学生利用已有的知识与经验，主动探索知识的发生与发展，同时也应有利于教师创造性地进行教学，还要积极开发并合理利用校内外各种课程资源；完善基础教育教材管理制度，实现教材的高质量与多样化。

六、建立促进学生全面发展、促进教师不断提高、促进课程不断发展的评价体系；继续改革和完善考试制度，考试命题要依据课程标准，杜绝设置偏题、怪题的现象。

七、为保障和促进课程适应不同地区、学校、学生的要求，实行国家、地方和学校三级课程管理。教育部总体规划基础教育课程，制订基础教育课程管理政策，确定国家课程门类和课时；省级教育行政部门依据国家课程管理政策和本地实际情况，制订本省（自治区、直辖市）实施国家课程的计划，规划地方课程，报教育部备案并组织实施；学校在执行国家课程和地方课程的同时，视当地社会、经济发展的具体情况，结合本校的传统和优势、学生的兴趣和需要，开发或选用适合本校的课程。

八、师范院校和其他承担基础教育师资培养和培训任务的高等学校和培训机构应根据基础教育课程改革的目标与内容，调整培养目标、专业设置、课程结构，改革教学方法；中小学教师继续教育应以基础教育课程改革为核心内容。

九、教育部领导并统筹管理全国基础教育课程改革工作；省级教育行政部门领导并规划本省（自治区、直辖市）的基础教育课程改革工作。

《纲要》是基础教育课程改革的指导性文件，它的颁布与实施对我国基础教育领域推进素质教育产生了重要、积极作用。

86. 高等学校学生国家奖学金制度

为资助家庭经济困难的普通高等学校学生完成学业，激励普通本科高校、高等职业学校学生勤奋学习、努力进取，在德、智、体、美等方面得到全面发展，2002年5月，教育部和财政部决定正式设立国家奖学金，每年在全国范围内定额发放给45000名在校大学生，总规模为每年两亿元。2002年国家奖学金进行首次评选。

为对国家奖学金的评选进行规范，教育部和财政部于2002年联合印发了《国家奖学金管理办法》，该办法对国家奖学金设立的目的、内容、管理办法、申请和评审程序等作出了明确规定。2005年，教育部和财政部又制定了《国家助学奖学金管理办法》，对国家助学金、国家奖学金设立的目的、内容、申请条件和评审程序等内容作了具体规定，该办法自2005年7月6日起施行，教育部和财政部印发的《国家奖学金管理办法》同时废止。

为激励普通本科高校、高等职业学校学生勤奋学习、努力进取，在德、智、体、美等方面得到全面发展，教育部和财政部又于2007年6月制定了《普通本科高校、高等职业学校国家奖学金管理暂行办法》。

一、规定国家奖学金由中央政府出资设立，用于奖励高校全日制本专科（含高职、第二学士学位）学生（以下简称学生）中特别优秀的学生，奖励标准为每人每年8000元。

二、国家奖学金的基本申请条件：（一）热爱社会主义祖国，拥护中国共产党的领导；

（二）遵守宪法和法律，遵守学校规章制度；（三）诚实守信，道德品质优良；（四）在校期间学习成绩优异，社会实践、创新能力、综合素质等方面特别突出。

三、名额分配与预算下达：全国学生资助管理中心于每年 5 月底前，提出各省（自治区、直辖市）和中央部门所属高校国家奖学金名额分配建议方案，报财政部、教育部审批；每年 7 月 31 日前，财政部、教育部将国家奖学金分配名额和预算下达中央主管部门和省级财政、教育部门；每年 9 月 1 日前，中央主管部门和省及省以下财政、教育部门负责将国家奖学金名额和预算下达所属各高校。

四、国家奖学金每学年评审一次，实行等额评审，坚持公开、公平、公正、择优的原则；获得国家奖学金的学生应为高校在校生中二年级以上（含二年级）的学生；高校要根据本办法的规定，制定具体评审办法，并报主管部门备案。

五、奖学金发放、管理与监督：高校于每年 11 月 30 日前将国家奖学金一次性发放给获奖学生，颁发国家统一印制的奖励证书，并记入学生学籍档案；要切实加强管理，认真做好国家奖学金的评审和发放工作，确保国家奖学金用于奖励特别优秀的学生；必须严格执行国家相关财经法规和本办法的规定，对国家奖学金实行分账核算，专款专用，不得截留、挤占、挪用，同时应接受财政、审计、纪检监察、主管机关等部门的检查和监督。

为发展中国特色研究生教育，促进研究生培养机制改革，提高研究生培养质量，我国从 2012 年 9 月起实施研究生国家奖学金制度，每年奖励 4.5 万名在读研究生——博士研究生 1 万名，硕士研究生 3.5 万名。为做好研究生国家奖学金工作，教育部和财政部制定了《研究生国家奖学金管理暂行办法》，自 2012 年 9 月 1 日起施行。该暂行办法分总则、奖励标准与基本条件、名额分配与预算下达、评审组织、评审程序、资金管理与监督、附则共 7 章 23 条，对研究生国家奖学金的相关内容作了详细规定。

中国高等学校学生国家奖学金制度的建立和不断完善对于激励学生勤奋学习、努力进取，在德、智、体、美等方面全面发展具有重要意义。

87. 中华人民共和国民办教育促进法

为实施科教兴国战略，促进民办教育事业的健康发展，维护民办学校和受教育者的合法权益，九届全国人大常委会第三十一次会议于 2002 年 12 月通过《中华人民共和国民办教育促进法》（以下简称《民办教育促进法》），主要内容是：

一、民办教育事业属于公益性事业，是社会主义教育事业的组成部分。国家对民办教育实行积极鼓励、大力支持、正确引导、依法管理的方针。各级人民政府应当将民办教育事业纳入国民经济和社会发展规划。

二、民办学校应当遵守法律、法规，贯彻国家的教育方针，保证教育质量，致力于培养社会主义建设事业的各类人才。

三、民办学校与公办学校具有同等的法律地位，国家保障民办学校的办学自主权。国家保障民办学校举办者、校长、教职工和受教育者的合法权益。

四、国家鼓励捐资办学，国家对为发展民办教育事业作出突出贡献的组织和个人，给予奖励和表彰。

五、国务院教育行政部门负责全国民办教育工作的统筹规划、综合协调和宏观管理。

此外，《民办教育促进法》还从设立、学校的组织与活动、教师与受教育者、学校资产与财务管理、管理与监督、扶持与奖励、变更与终止、法律责任等方面进行了规定。

根据《民办教育促进法》，2004年2月国务院第41次常务会议通过《中华人民共和国民办教育促进法实施条例》（以下简称《实施条例》）。

一、《实施条例》明确规定，国家机构以外的社会组织或者个人可以利用非国家财政性经费举办各级各类民办学校；但是，不得举办实施军事、警察、政治等特殊性质教育的民办学校。对于捐资举办民办学校表现突出或者为发展民办教育事业作出其他突出贡献的社会组织或者个人，县级以上人民政府给予奖励和表彰。

二、民办学校的举办者：（一）国家机构以外的社会组织或者个人可以单独或者联合举办民办学校。（二）民办学校的举办者可以用资金、实物、土地使用权、知识产权以及其他财产作为办学出资。（三）公办学校参与举办民办学校，不得利用国家财政性经费，不得影响公办学校正常的教育教学活动。（四）举办者以国有资产参与举办民办学校的，应当根据国家有关国有资产监督管理的规定，聘请具有评估资格的中介机构依法进行评估，根据评估结果合理确定出资额。（五）民办学校的举办者应当按时、足额履行出资义务，应当依照民办教育促进法和本条例的规定制定学校章程，推选民办学校的首届理事会、董事会或者其他形式决策机构的组成人员。

三、民办学校的设立。设立民办学校的审批权限，依照有关法律、法规的规定执行。民办学校的举办者在获得筹设批准书之日起3年内完成筹设的，可以提出正式设立申请。申请正式设立实施学历教育的民办学校的，审批机关受理申请后，应当组织专家委员会评议，由专家委员会提出咨询意见。

此外，《实施条例》还从民办学校的组织与活动、民办学校的资产与财务管理、扶持与奖励、法律责任等方面做了具体规定。

《民办教育促进法》及《实施条例》的颁布，为我国民办教育提供了更好的法律环境，对于促进我国民办教育事业发展具有里程碑的意义。

88. "以县为主"的农村义务教育管理体制

2001年5月,国务院颁布了《关于基础教育改革与发展的决定》,要求农村义务教育实行"在国务院领导下,由地方政府负责,分级管理,以县为主"的管理体制。为贯彻上述决定,确保新的农村义务教育管理体制在2002年全面运行,国务院办公厅于2002年4月印发了《关于完善农村义务教育管理体制的通知》,其主要内容如下:

一、明确各级政府责任,加强对农村义务教育的领导和管理。农村义务教育实行"在国务院领导下,由地方政府负责,分级管理,以县为主"的体制;县级人民政府对农村义务教育负有主要责任,省、地(市)、乡等地方各级人民政府承担相应责任,中央政府给予必要的支持。县级人民政府负责制定本地区农村义务教育发展规划,组织实施农村义务教育;提出农村中小学教职工编制方案,核定学校的教职工编制;负责农村中小学校长、教职工的管理;统筹安排农村中小学公用经费,改善办学条件;指导农村中小学的教育教学工作;维护学校的治安、安全和正常教学秩序;开展助学活动;对乡(镇)人民政府有关教育工作和农村中小学进行督导评估。

二、建立义务教育经费保障机制,保证农村义务教育投入。农村中小学教职工工资要上收到县集中管理,由县按照国家统一规定的工资项目和标准,统一发放农村中小学教职工工资。县级人民政府负责清理历年拖欠的农村中小学教职工工资,并制定计划,限期补发;按照省级人民政府核定的农村中小学公用经费标准和定额,统筹安排,予以保证;采取有效措施,清理核实农村中小学"普及九年义务教育"欠债,摸清债务来源和使用情况,并尽力偿还。

三、完善人事编制管理制度,加强农村中小学教师队伍建设。县级机构编制部门要会同同级教育、财政部门严格控制农村中小学领导职数、内设机构和教职工编制总量。县级教育行政部门要在核定的编制总额内,按照班额、生源等情况具体分配农村中小学教职工编制,并报同级机构编制部门备案;依法履行对农村中小学教师的资格认定、招聘录用、职务评聘、培养培训、调配交流和考核等管理职能,乡(镇)、村无权聘任农村中小学教职工。

四、建立健全监督机制,保证农村义务教育健康发展。县级人民政府主要负责人是农村义务教育工作的第一责任人,省、地(市)级人民政府主要负责人对农村义务教育工作、保证发放农村中小学教职工工资负有领导责任;要逐级建立责任追究制度,凡是拖欠农村中小学教职工工资的县,不得用财政性资金上新的建设项目,不准机关盖办公楼、买轿车,不准领导干部出国,违者要追究领导责任。

在各级党委、政府和教育行政部门的共同努力下，我国"以县为主"的农村义务教育管理体制改革工作取得了明显成效，促进了我国农村义务教育事业的发展。

89. 国务院关于大力推进职业教育改革与发展的决定

为了进一步贯彻落实《中华人民共和国职业教育法》和《中华人民共和国劳动法》，实施科教兴国战略，大力推进职业教育的改革与发展，2002年8月24日国务院发布《关于大力推进职业教育改革与发展的决定》，主要内容如下：

一、明确"十五"期间职业教育改革与发展的目标：（一）"十五"期间，职业教育要为社会输送2200多万名中等职业学校毕业生，800多万名高等职业学校毕业生。（二）要广泛开展各级各类职业培训，"十五"期间每年培训城镇职工5000万人次，培训农村劳动力1.5亿人次，积极实施国家再就业培训计划，每年为300多万名下岗失业人员提供再就业培训。（三）"十五"期末，中等职业学校面向农村的年招生规模要达到350万人，面向西部地区的年招生规模要达到120万人，为农村和西部地区培养留得住、用得上的实用人才。

二、推进管理体制和办学体制改革，促进职业教育与经济建设、社会发展相结合。（一）推进职业教育管理体制改革，建立并逐步完善在国务院领导下，分级管理、地方为主、政府统筹、社会参与的职业教育管理体制。（二）强化市（地）级人民政府在统筹职业教育发展方面的责任。（三）深化职业教育办学体制改革，形成政府主导、依靠企业、充分发挥行业作用、社会力量积极参与的多元办学格局。（四）扩大职业学校的办学自主权，增强其自主办学和自主发展的能力。

三、深化教育教学改革，适应社会和企业对应用型人才的需求。（一）认真贯彻党的教育方针，全面实施素质教育。（二）职业学校和职业培训机构要适应经济结构调整、技术进步和劳动力市场变化，及时调整专业设置，积极发展面向新兴产业和现代服务业的专业，增强专业适应性，努力办出特色。（三）加强实践教学，提高受教育者的职业能力。（四）加强职业教育教师队伍建设。（五）坚持学历教育与职业培训并重，实行灵活的办学模式和学习制度。（六）加强中等职业教育与高等职业教育，职业教育与普通教育、成人教育的衔接与沟通，建立人才成长"立交桥"。

四、采取切实措施，加快农村和西部地区职业教育发展。农村和西部地区职业教育是今后一段时期职业教育发展的重点；加强东部地区和西部地区、大中城市和农村的学校对口支援工作。

五、严格实施就业准入制度，加强职业教育与劳动就业的联系。大力推行劳动预备制度，严格执行就业准入制度；完善学历证书、培训证书和职业资格证书制度；加强职业指导和就业服务，拓宽毕业生就业渠道。

六、多渠道筹集资金，增加职业教育经费投入。各级人民政府要加大对职业教育的经费投入；各类企业要按《中华人民共和国职业教育法》的规定实施职业教育和职工培训，承担相应的费用；利用金融、税收以及社会捐助等手段支持职业教育的发展；加强职业教育经费管理。

七、加强领导，推动职业教育持续健康发展。各级人民政府要加强对职业教育工作的领导，把职业教育工作纳入当地经济和社会发展的总体规划，列入政府重要议事日程，帮助职业学校和职业培训机构解决实际困难和问题；依法治教、依法办学、依法管理。营造有利于职业教育改革与发展的社会氛围。

大力推进职业教育改革与发展，是调整教育结构、创新教育制度、完善教育体系、创新人才培养模式的战略切入点，有利于国家经济转型、产业升级和改善民生，有利于国家实施创新驱动战略。

90. 教育收费公示制度

为加强学校收费行为的透明度，完善监督管理措施，治理教育乱收费，2002年5月，教育部、国家计委、财政部联合印发了《关于建立教育收费公示制度的通知》，决定在全国各级各类学校实行教育收费公示制度。

一、明确教育收费公示制度是学校通过设立公示栏、公示牌、公示墙等形式，向社会公布收费项目、收费标准等相关内容，便于社会监督学校严格执行国家教育收费政策，保护学生及其家长自身合法权益的制度。

二、教育收费公示制度适用于中华人民共和国境内国家举办的小学、初级普通中学、初级职业中学、普通高中、中等职业学校、高等学校，以及幼儿园（托儿所）和其他特殊教育学校的收费；社会力量举办的学校收费也应参照本规定执行。

三、凡按国家规定的审批权限和程序制定的教育收费，包括义务教育学校的杂费、借读费、有寄宿制学校的住宿费和非义务教育学校的学费、住宿费等学校所有的收费，均应实行公示制度；公示的主要内容包括收费项目、收费标准、收费依据（批准机关及文号）、收费范围、计量单位、投诉电话等；对家庭经济困难学生实行收费减免的政策也应进行公示。

四、学校要在校内通过公示栏、公示牌、公示墙等方式，向学生公示收费项目、收费标准等内容；在招生简章中要注明有关收费项目和标准；在开学时或学期结束后，通过收费报告单等方式向学生家长报告本学期学校收费情况，让学生家长了解学校的实际收费与规定的收费是否一致。

五、在学校校内设立的公示栏、公示牌、公示墙的制作材料、规格、样式，应根据实际情况及动态管理、长期置放和清楚方便的要求进行规范；要尽可能独立置放，位置明显，字体端正，实用规范；遇有损坏或字迹不清的，学校要及时更换、维修或刷新。

六、教育收费公示的内容，事前必须经过学校所在地的省级或市、县价格、财政主管部门和教育行政部门的审核；要严格执行规定的收费项目、标准及范围等；禁止将越权收费、超标准收费、自立项目收费等乱收费行为通过公示"合法化"。

七、遇有政策调整或其他情况变化时，学校要及时更新公示的有关内容；省、市、县价格、财政主管部门和教育行政部门要及时做好教育收费政策信息的沟通、传递工作，并督导学校做好公示栏、公示牌、公示墙的更新维护工作。

八、各级价格、财政主管部门和教育行政部门要通过电视、广播、报刊等新闻媒体向社会公示教育收费政策的制定和调整情况，并督促学校做好教育收费公示工作。

九、各地要加强对教育收费公示制度的监督检查；对违反规定的乱收费，按规定应公示而未公示的收费，或公示内容与规定政策不符的，学生有权拒绝缴纳，并有权向价格、财政主管部门和教育行政部门举报；价格、财政主管部门和教育行政部门要按照有关规定进行查处。

十、各省、自治区、直辖市价格、财政主管部门和教育行政部门可结合当地实际情况，制定教育收费公示制度的具体实施办法。

实行教育收费公示制度，让学生及家长能够维护自身的合法权益，监督学校严格执行国家教育收费政策，是规范教育收费行为，促进教育事业健康发展，巩固治理教育乱收费成果，密切党群、干群关系的重大措施。

91. 中国首次举办高规格中外大学校长论坛

为适应我国社会经济发展对高等教育提出的新要求，拓展中国大学校长的国际视野，提升战略思考能力，增强创新意识，充分交流、分享和借鉴国外大学领导和管理的成熟经验，2002年7月，教育部在北京举办了主题为"如何领导、管理好大学"的首届"中外大学校长论坛"。

参加论坛的中方大学校长共81位，来自美国斯坦福大学、哈佛大学等17所世界著名大学校长和专家作了高水平的学术报告，北京大学、清华大学等6位中方大学校长也作了精彩演讲。为进一步提高论坛质量，除正式的论坛交流外，中方大学校长还就"大学发展目标的定位、特色的形成、变革中的发展战略""高素质人才培养模式与教育质量保障机制""大学管理架构、运行机制的改革与调整""高质量师资队伍的建设与相关制度的调整与创新"、"大学的专业调整、学科建设、科研与开发工作"5个专题,以小组为单位与外方大学校长进行演讲前探讨和演讲后座谈,并取得初步成果。

一、通过大会学术报告和多种形式的研讨交流,中方校长更广泛深入地了解了世界著名大学办学的基本理念、治学方面的成熟做法和基本经验,进一步明确了高水平大学领导和管理成功的原则要求及其普遍特征,从广阔的国际视野,对现代大学的管理体制、运行机制和组织架构,对现代大学的人才培养模式、学科专业调整、师资队伍建设、教学质量保证以及资源的开发配置等办学中的实质性问题有了进一步了解和把握。

二、中外大学校长就有关问题进行了研讨,明确了研究的基本思路、主体内容和主要方法,制订了具体的研究计划。特别是对一些重点问题进行了深入思考,达成了基本共识:一是高等学校必须加强宏观思考和战略研究,重视学校建设发展的总体规划;二是高等学校要进一步解放思想、加快发展、提高质量;三是高等学校的改革工作必须坚持以人为本,加强规范管理。

三、论坛以一种新的方式,为中外大学校长之间的交流合作搭建了新的平台。中外大学校长通过论坛建立了更广泛的联系,加深了了解,发展了友谊。许多中国大学校长与国外著名大学校长利用论坛的有利时机,通过多种方式开展交流,共商合作,为进一步加强校际之间的联系打下了基础。

四、论坛主题集中,目的明确,富有强烈的时代感;与会的大学校长层次高、社会影响大、办学经验丰富,在国际、国内都具有广泛的代表性,因而受到社会各界和海内外舆论的广泛关注,使社会各界对高等教育事业改革发展的关注和了解都达到了一个新的高度。

五、为宣传和扩大论坛的成果与影响,并使有关问题的研讨持续深入地进行下去,论坛结束后,由高等教育出版社出版发行了《中外大学校长论坛报告论文集》和《中外大学校长论坛讲演录》。5个专题小组继续对各自承担的专题进行了研究,并在2002年教育部直属高校工作咨询会议上,提交了研究报告。

自2002年首届论坛举办至今,我国共举办了四届中外校长论坛,其中,第二届论坛的主题为"大学发展战略规划、科技创新与科研成果转化";第三届论坛的主题为"大学的创新与服务",第四届论坛的主题是"提高大学人才培养质量"。"中外大学校长论坛"是大学精神和创新思想的高层对话,是分享智慧与凝聚共识的互动平台,已经成为展示我国高等教育国际交流与合作的重要窗口,成为中国教育领域国际合作与交流的品牌项目,产生了独特的辐射效应。

92. 人才强国战略

人才强国战略的核心是"人才兴国"。国家兴盛，人才为本。依靠人才兴邦，走人才强国之路，大力提升国家核心竞争力和综合国力，是人才强国战略的核心要义。

早在改革开放之初，随着党和国家工作的重心转移到社会主义现代化建设上来，中国开始重视人才工作。1978年12月，党的十一届三中全会之后，中央确立了"尊重知识、尊重人才"的国策，使大批知识分子和各类人才走上了经济建设的主战场。进入21世纪，经济全球化深入发展，人才资源成为关系国家竞争力强弱的战略性资源。中国进入全面建设小康社会、加快推进社会主义现代化的关键时期，高层次和高技能人才严重短缺，人才结构不合理，经济社会发展要求与人才资源不足的矛盾日益突出。国际国内形势的新变化，把人才问题推到了国家发展的战略层面。

基于对国际国内形势的分析判断，2000年11月，中央经济工作会议首次提出："要制定和实施人才战略。"2001年3月发布的《中华人民共和国国民经济和社会发展第十个五年计划纲要》则专章提出"实施人才战略，壮大人才队伍"。这是中国首次将人才战略确立为国家战略，将其纳入经济社会发展的总体规划和布局之中，使之成为其中一个重要组成部分。2002年5月7日，面对中国加入WTO后的新形势，以及经济全球化和综合国力竞争的加剧，为保证建设中国特色社会主义事业健康发展，中共中央、国务院制定下发了《2002—2005年全国人才队伍建设规划纲要》（以下简称《纲要》），首次提出了"实施人才强国战略"，对新时期中国人才队伍建设进行了总体谋划，明确了当前和今后一个时期中国人才队伍建设的指导方针、目标任务和主要政策措施。

《纲要》主要包括11个方面的内容。一、人才队伍建设的成绩和面临的形势。新中国成立以来，特别是改革开放以来，中国的人才队伍建设取得了很大的成绩。进入新世纪，国际形势正在发生深刻变化，人才竞争日益激烈，全球范围内的经济结构调整对人才素质提出了更高要求；综合国力的竞争更加倚重于科技进步和人才开发。二、人才队伍建设的指导方针和目标。坚持以人才资源能力建设为主题；坚持以调整和优化人才结构为主线；坚持以培养和选拔党政领导干部、企业家、学科带头人为重点；坚持以改革创新为动力；坚持以为经济和社会发展提供人才支持为根本出发点。人才队伍建设的总体目标是：人才总量有较大增加，人才结构与经济结构基本适应，人才队伍的整体素质明显提高。干部人事制度和人才管理体制改革取得新进展，有利于优秀人才脱颖而出、人尽其才的有效机制逐步建立，人才市场体系和人才管理法规日趋完善，人才成长的环境进一步优化。三、党政人才队伍建设。重点加强党政领导人才队伍建设，加强理论和业务培训，根据选任制干部和委任制干部的不同特点，完善民主推荐、民意测验、民主评议制度。四、企业经营管理人才队伍建设。重点培养造就优秀企业家，努力建设高素质、职业化的企业经营管理人才队伍，形成有利于企业经营管理人才成长的新机制。五、专业技术人才队伍建设。重点培养造就优秀学科带头人，努力建设高素质、社会化的专业技术人才队伍。六、西部地区人才的开发和引进。稳定现有人才，培养急需人才，开发民族人才。落实税收、土地使用和矿产资源开发等优惠政策，吸引海内外人才参与西部大开发。七、海外和留学人才的吸引与使用。鼓励留学人员回国工作或以其他方式为国家服务。吸引和聘用海外高级人才。制定和实施国家紧缺人才引进计划。八、加强教育培训。构建终身教育体系，加强对终身教育的规划和协调，着力培养人才的创新能力，优化整合各种教育培训资源。九、建立健全人才激励机制。完善收入分配制度，建立体现不同事业单位特点的工资分类管理制度，建立与现代企业制度相适应的企业经营管理人员薪酬制度。完善奖励制度和福利制度。十、引导人才合理流动。调整和优化人才结构，建立和完善人才市场体系，建立和完善促进人才流动的有关制度。十一、加强领导，保证人才队伍建设规划的顺利实施。

2003年12月，中共中央首次召开中央人才工作会议，下发了《中共中央、国务院关于进一步加强人才工作的决定》。2007年，人才强国战略作为发展中国特色社会主义的三大基本战略之一，写进了中国共产党党章和党的十七大报告。由此，人才强国战略的实施进入了全面推进的新阶段。

2010年6月，《国家中长期人才发展规划纲要（2010—2020年）》发布，提出了我国人才发展的目标，到2020年培养和造就规模宏大、结构优化、布局合理、素质优良的人才队伍，确立国家人才竞争比较优势，进入世界人才强国行列。

实施人才强国战略是对马克思主义人才观的集成和创新发展，是将巨大人口资源优势转化为人力资源优势的必然选择，是适应经济结构调整升级趋势的需要，对于提升我国自主创新能力，推动科教兴国战略实施，开创中国特色社会主义新局面，实现中华民族伟大复兴具有重大的现实意义。

93.《从人口大国迈向人力资源强国》报告

全面建设小康社会，提高综合国力和国际竞争力，需要强大的人力资源的支撑，使潜在的人口资源优势转化为现实的人力资源优势。2003年2月13日，"中国教育与人力资源问题"课题组公布了最新的研究成果——《从人口大国迈向人力资源强国》。这是我国第一部关于新世纪教育与人力资源战略问题研究的专著。

一、总结了我国教育与人力资源开发的经验：（一）以邓小平理论和"三个代表"重要思想为教育发展与人力资源开发的根本指针，始终坚持以政府为主导，力求实现人力资本积累先于经济的追赶。（二）各级政府对教育和人力资源促进经济、社会发展的作用和地位的认识越来越深刻，全面实施科教兴国战略，教育优先发展的战略方针逐步得到落实。（三）始终坚持相对公平发展的原则，始终坚持以基础教育为发展重点，保障全体公民的基本教育需求。（四）广泛调动全社会投资教育与人力资源开发的积极性，充分吸纳全社会资源，稳步推进办学主体的多元化。（五）逐步实行教育开放，不断提高教育与人力资源开发的国际竞争力。（六）坚持对教育与人力资源开发进行改革创新，不断增强教育发展与人力资源开发的生机和活力。

二、提出我国人力资源问题面临的严峻挑战：国民总体文化程度依然较低，与发达国家相比存在较大差距；人力资源结构矛盾突出，高层次人才极为短缺；地区差距非常明显，农村仍然存在大量的低素质人口。

三、确立人力资源开发和教育发展的总体目标：建成总量充足、配置均衡、能力优先、体系现代的国民教育体系，建设世界最大的全民终身学习型社会，使十几亿人口的人力资源得到全面开发与提升，实现从教育大国变为教育强国，从人力资源大国变为人力资源强国的战略转变，到20世纪中叶，建成教育和人力资源强国。

四、提出人力资源"四个第一"理念：人力资源是经济社会长期持续发展的第一资源；全面开发人力资源是全面建设小康社会的第一目标；全面开发人力资源是实现富民强国的第一国策；全面开发人力资源是各级政府的第一责任。

五、确定六大制度创新：重构教育和人力资源开发公共治理结构；构建公共教育财政制度；健全教育与人力资源开发法律法规保障体系；培育社会参与和市场机制导向制度；建立现代学校制度；建设学习型社会保障制度。

六、提出十项重大举措：成立国家与省级教育与人力资源开发决策审议机构；实行省级政府统筹为主的教育与人力资源开发管理体制；实现九年义务教育全免费制度；加快办学形式多样化的探索；实施以能力建设为本的就业培训制度；整合现有国家科学研究体系，建立大学与科研院所一体化的国家创新体系；提高教育与人力资源开发国际化程度；以教育信息化推动教育与人力资源跨越式发展；积极探索创建学习型社会有效途径；构建国家教育与人力资源发展指标体系平台。

94. 教育乱收费现象及其治理

教育乱收费是指违反国家和省级人民政府的有关法律、法规和规定，擅自出台收费项目、扩大收费范围和提高收费标准的行为。教育乱收费花样名目之多，令人眼花缭乱，给我国造成了严重的不良影响。

2003年,为加强对治理教育乱收费工作的组织协调,统一领导,由教育部牵头,国务院纠风办、国家发展和改革委员会、财政部、审计署、新闻出版总署六部委建立了治理教育乱收费部际联席会议制度。在同年9月召开的全国治理教育乱收费部际联席会议第二次会议上讨论通过了《全国治理教育乱收费专项检查督查工作方案》,并决定组成国务院七部委联合督查组,对全国各地治理教育乱收费工作进行督查。

2004年,发展改革委、教育部联合下发《关于建立和完善教育收费决策听证制度的通知》(以下简称《通知》)。《通知》指出,为规范政府教育收费决策听证行为,提高教育收费决策的科学性和透明度,促进教育收费决策的民主化和规范化,要在全国进一步建立和完善教育收费决策听证制度;要求各部门要充分认识实行教育收费决策听证制度的重要意义;并对教育收费决策听证的范围、形式、代表的构成、代表的产生等内容作了具体规定。

2005年,为认真贯彻落实中央纪委第五次全会和国务院第三次廉政工作会议精神,继续深入开展治理教育乱收费工作,全国治理教育乱收费部际联席会议成员单位联合制定了《关于2005年治理教育乱收费工作的实施意见》,其主要内容如下:

一、坚持以"三个代表"重要思想和科学发展观为指导,以构建社会主义和谐社会,切实解决老百姓反映强烈的教育乱收费问题为目的;坚持教育、制度、监督并重,建立健全治理和预防教育乱收费的体系;坚持"谁主管、谁负责"的原则和相关部门各司其职、齐抓共管的工作格局;坚持依法行政,用改革的办法治理教育乱收费;标本兼治,综合治理,重在治本,推进治理工作深入开展。

二、主要任务:(一)全面实行"一费制"收费办法,采取得力措施,切实规范学校服务性收费和代收费行为,服务性收费必须坚持自愿原则,做到政策透明,让群众充分了解"一费制"、服务性收费、代收费的界限及相关收费政策;(二)继续稳定高等学校收费标准,清理高校收费项目,进一步规范高等学校收费行为,进一步加强高校收费管理,禁止高等学校以任何理由搞"双轨"收费、降分高收费,禁止向学生收取国家规定项目和标准之外的任何费用;(三)进一步规范公办高中招收择校生的"三限"政策,各地对公办高中招收择校生,要做到事前公示,防止出现择校生人数偏多、分数偏低、钱数偏高的现象,要将择校生统一纳入公办高中招生计划,择校生比例不能突破省级人民政府确定的比例上限,不得以其他名义挤占计划生数量;(四)加强学校收费"收支两条线"管理,制止挪用、截留、挤占、平调教育经费和学校收费收入行为;(五)进一步加强中小学教材和教辅材料出版发行选用的管理,坚决遏制教辅材料过多过滥的状况。

三、主要措施:(一)提高认识,加强领导,部际联席会议办公室将适时组织力量,对各省份治理教育乱收费厅（局）际联席会议机构建设及工作开展情况进行检查；（二）不断加大教育投入，确保学校教学工作正常开展，要贯彻落实《中华人民共和国教育法》等相关法规，调整财政支出结构，增加教育投入，采取有效措施，切实提高经费使用效益；（三）严肃纪律，加大监督检查力度，强化领导责任追究制，切实做到令行禁止，确保政令畅通；（四）进一步加大宣传工作力度，努力扩大群众参与和社会监督的范围，积极开展创建规范教育收费示范县活动。

2005年之后，中国又陆续出台了多个关于"规范教育收费治理教育乱收费"的文件，对教育乱收费现象进行治理。经过一系列整治，我国规范教育收费、治理教育乱收费工作取得了一定成绩，教育乱收费现象在一定程度上得到遏制。

95. 高等学校教学名师奖

为了深入贯彻、落实《教育部关于加强本科教学工作提高教学质量的若干意见》精神，表彰能够坚持党的教育方针，长期从事基础课教学，注重教学改革与实践，教学方法先进，教学经验丰富，教学水平高，教学效果好的教授，教育部于2003年4月发出《关于组织开展2003年度高等学校教学名师奖评选表彰工作的通知》，内容如下：

一、评选范围限于普通高等学校（经教育部正式批准）中承担基础课教学任务的专任教师。

二、表彰数额为100名，由教育部授予"教学名师"荣誉称号，颁发奖章和荣誉证书，有关待遇等同于同级同类科技奖。

三、评选条件为：（一）热爱社会主义祖国，坚持四项基本原则，模范遵守职业道德规范，具有强烈的事业心和协作精神。治学严谨，学风端正，教书育人，为人师表。（二）受聘教授职务，能够积极主动承担本、专科基础课教学任务。自1999年以来，直接面向本、专科生的课堂教学工作总量原则上不少于400学时（其中基础课教学工作量应占工作总量的60%以上）。（三）学术造诣高，长期从事科学技术研究，并取得公认的研究成果。有符合时代特点的教学思想，在教学内容、教学方法改革方面取得突出成绩，作出重要贡献。（四）教学效果好，主讲课程在全国同领域内有较大影响，自编有本门课程的高质量教材，有先进的教学方法，学生评价优秀。（五）努力从事主讲课程的教学改革和建设，自觉指导和帮助中青年教师不断提高授课水平，重视助教队伍建设，对形成合理的教学梯队作出重要贡献。

四、评选方法与步骤：（一）符合上述评选条件的教师向所在学校提出申请，由学校择优推荐，报学校所在地的省级教育行政部门评审。（二）各地教育行政部门组织评审后，按申报名额分配方案上报教育部。

2003年8月,教育部印发《关于表彰第一届高等学校教学名师奖获得者的决定》,9月9日,教育部在人民大会堂举行第一届"高等学校教学名师奖"(以下简称教学名师奖)表彰大会。截至2015年5月,教育部共开展了六届教学名师奖的评选表彰工作,共评出600名获奖教师。从第三届教学名师奖评选开始,加大了对从事高等职业教育教师的表彰力度,引导高等职业教育教师队伍建设的正确导向,以推动高等职业教育改革,提高教育教学质量,促进高等职业教育健康快速发展。

教学名师奖的评选,对于加强教师培养培训,改善教师的学习、工作和生活条件,营造尊师重教的社会氛围,吸引更多优秀人才长期从教、终身从教具有重要意义。

96. 国务院关于进一步加强农村教育工作的决定

为认真贯彻落实党的十六大精神,加快农村教育发展,深化农村教育改革,促进农村经济社会和城乡协调发展,进一步加强农村教育工作,国务院于2003年9月17日作出了《关于进一步加强农村教育工作的决定》(以下简称《决定》),其主要内容是:

一、明确农村教育在全面建设小康社会中的重要地位,把农村教育作为教育工作的重中之重;农村教育在全面建设小康社会中具有基础性、先导性、全局性的重要作用,必须从实践"三个代表"重要思想和全面建设小康社会的战略高度,优先发展农村教育;我国在人口众多、生产力发展水平不高的条件下,实现了基本普及九年义务教育和基本扫除青壮年文盲(以下简称"两基")的历史性任务,农村教育管理体制改革取得了突破性进展,但是,我国农村教育整体薄弱的状况还没有得到根本扭转,城乡教育差距还有扩大的趋势,教育为农村经济社会发展服务的能力亟待加强;在新的形势下,要增强责任感和紧迫感,将农村教育作为教育工作的重中之重,一手抓发展,一手抓改革,促进农村各级各类教育协调发展,更好地适应全面建设小康社会的需要。

二、加快推进"两基"攻坚,巩固提高普及义务教育的成果和质量;力争用五年时间完成西部地区"两基"攻坚任务,已经实现"两基"目标的地区特别是中部和西部地区,要巩固成果、提高质量,建立和完善教育对口支援制度。

三、坚持为"三农"服务的方向,大力发展职业教育和成人教育,深化农村教育改革;要明确农村教育教学改革的指导思想;积极推进农村中小学课程和教学改革;以就业为导向,大力发展农村职业教育;以农民培训为重点开展农村成人教育,促进农业增效、农民增收;加强农村学校劳动实践场所建设;高等学校、科研机构要充分发挥在推进"农科教结合"中的重要作用;加大城市对农村教育的支持和服务,促进城市和农村教育协调发展。

四、落实农村义务教育"以县为主"管理体制的要求,加大投入,完善经费保障机制;明确各级政府保障农村义务教育投入的责任;建立和完善农村中小学教职工工资保障机制;建立健全农村中小学校舍维护、改造和建设保障机制;确保农村中小学校公用经费。

五、建立健全资助家庭经济困难学生就学制度,保障农村适龄少年儿童接受义务教育的权利;要在已有助学办法的基础上,建立和健全扶持农村家庭经济困难学生接受义务教育的助学制度;中央财政继续设立中小学助学金,重点扶持中西部农村地区家庭经济困难学生就学,逐步扩大免费发放教科书的范围;广泛动员和鼓励机关、团体、企事业单位和公民捐资助学。

六、加快推进农村中小学人事制度改革,大力提高教师队伍素质;加强农村中小学编制管理;依法执行教师资格制度,全面推行教师聘任制;严格掌握校长任职条件,积极推行校长聘任制;积极引导鼓励教师和其他具备教师资格的人员到乡村中小学任教;加强农村教师和校长的教育培训工作。

七、实施农村中小学现代远程教育工程,促进城乡优质教育资源共享,提高农村教育质量和效益;实施农村中小学现代远程教育工程要按照"总体规划、先行试点、重点突破、分步实施"的原则推进;要着力于教育质量和效益的提高;加快开发农村现代远程教育资源。

八、切实加强领导,动员全社会力量关心和支持农村教育事业;地方各级人民政府要建立健全农村教育工作领导责任制,把农村教育的发展和改革列入重要议事日程抓紧抓好;推进农村教育改革试验,努力探索农村教育改革新路子;农业、科技、教育等部门要充分发挥各自优势,密切配合,共同推进"农科教结合";加强对农村教育的督察工作;广泛动员国家机关、部队、企事业单位、社会团体和人民群众通过各种方式支持农村教育的发展。

《决定》就新时期农村教育工作发展作出了全面部署,重点突出了改革目的、改革内容、改革方向、经费保障、队伍建设等,是新时期推进农村教育工作的纲领性文件。

97. 中共中央、国务院关于进一步加强人才工作的决定

新世纪新阶段,人才工作的根本任务是实施人才强国战略。为实现党的十六大提出的全面建设小康社会宏伟目标,大力实施人才强国战略,建设宏大的高素质人才队伍,2003年12月26日,中共中央、国务院颁布了《关于进一步加强人才工作的决定》(以下简称《决定》)。

《决定》共 23 条，约 1.2 万字，分 8 部分。

一、提出了加强人才工作的必要性，认为人才问题是关系党和国家事业发展的关键问题，实施人才强国战略成为新世纪新阶段人才工作的根本任务。

二、以能力建设为核心，大力加强人才培养工作。首先把人力资源能力建设作为人才培养的核心，重点培养人的学习能力、实践能力，着力提高人的创新能力。其次是着眼国家发展和战略需要，深化高等教育体制改革，加快构建现代国民教育体系，更好地为经济社会全面发展培养人才。最后，在全社会进一步树立全民学习、终身学习理念，鼓励人们通过多种形式和渠道参与终身学习，加快构建终身教育体系，促进学习型社会的形成。

三、坚持改革创新，努力形成科学的人才评价和使用机制。首先，完善人才评价标准，根据德才兼备的要求，从规范职位分类与职业标准入手，建立以能力和业绩为导向、科学的社会化的人才评价机制。其次，建立以公开、平等、竞争、择优为导向，有利于优秀人才脱颖而出、充分施展才能的选人用人机制。

四、建立和完善人才市场体系，促进人才合理流动。根据完善社会主义市场经济体制的要求，全面推进机制健全、运行规范、服务周到、指导监督有力的人才市场体系建设，进一步发挥市场在人才资源配置中的基础性作用。进一步消除人才流动中的城乡、区域、部门、行业、身份、所有制等限制，疏通三支队伍之间、公有制与非公有制组织之间、不同地区之间的人才流动渠道。

五、以鼓励劳动和创造为根本目的，加大对人才的有效激励和保障。首先，完善分配激励机制，完善按劳分配为主体、多种分配方式并存的分配制度，坚持效率优先、兼顾公平，各种生产要素按贡献参与分配。其次，建立规范有效的人才奖励制度，坚持精神奖励和物质奖励相结合的原则，建立以政府奖励为导向、用人单位和社会力量奖励为主体的人才奖励体系，充分发挥经济利益和社会荣誉双重激励作用。最后，建立健全人才保障制度。积极探索机关和事业单位社会保障制度改革，进一步完善企业社会保障制度，为推进人才工作深入发展提供保障。

六、突出重点，切实加强高层次人才队伍建设。首先，实施国家高层次人才培养工程，制定符合我国国情和国际化要求的培养规划，针对不同特点，实行中高级领导干部、优秀企业家和各领域高级专家等高层次人才的分类培养。其次，加大吸引留学和海外高层次人才工作力度。继续贯彻支持留学、鼓励回国、来去自由的方针，鼓励留学人员以不同方式为祖国服务。最后，通过立法维护国家重要人才安全，有效防止重要人才流失。

七、推进人才资源整体开发，实现人才工作协调发展。坚持人才资源开发与经济社会发展相协调，进一步做好西部和民族地区人才工作，重视非公有制经济组织和社会组织人才工作,加强高技能人才和农村实用人才队伍建设,大力抓好青年人才队伍建设。

八、坚持党管人才原则,努力开创人才工作新局面。党管人才主要是管宏观,管政策,管协调,管服务。全面贯彻党管人才原则,必须动员和组织全社会力量,加大投入,完善法制,优化环境。

党的十八届三中全会通过的《中共中央关于全面深化改革若干重大问题的决定》提出"全面深化改革,需要有力的组织保证和人才支撑"。在全面深化改革的新阶段,明确人才工作在全面深化改革中的新定位,既是全面推进人才强国战略的基础,又是打赢全面深化改革攻坚战,推动整个国家继持续发展进步的必然选择。

98.2003—2007年教育振兴行动计划

改革开放以来,我国教育事业迅速发展,教育改革取得了突破性进展,国民受教育程度逐步提高。但是,教育面临的挑战依然十分严峻,整体水平离实现全面建设小康社会目标还有很大差距。为了贯彻党的十六大精神,在顺利实施《面向21世纪教育振兴行动计划》的基础上,教育部于2004年3月又推出了《2003—2007年教育振兴行动计划》(以下简称《计划》)。《计划》的主要内容如下:

一、重点推进农村教育发展与改革。要努力提高普及九年义务教育的水平和质量,为2010年全面普及九年义务教育和全面提高义务教育质量打好基础;深化农村教育改革,发展农村职业教育和成人教育,推进"三教统筹"和"农科教结合";落实"以县为主"的农村义务教育管理体制,加大投入,完善保障机制。

二、重点推进高水平大学和重点学科建设。要继续实施"985工程"和"211工程",努力建设一批高水平大学和重点学科;加大实施"高层次创造性人才计划"力度,构建吸引、培养和用好高层次创新人才的支持体系;推进"研究生教育创新计划",促使拔尖创新人才脱颖而出。

三、实施"新世纪素质教育工程"。加强和改进学校德育工作,把弘扬和培育民族精神作为重要任务,纳入国民教育全过程;加强语言文字规范化工作,优化国家通用语言文字的应用环境。

四、实施"职业教育与培训创新工程"。大力发展职业教育,大量培养高素质的技能型人才特别是高技能人才;以就业为导向,大力推动职业教育转变办学模式;大力发展多样化的成人教育和继续教育。

五、实施"高等学校教学质量与教学改革工程"。进一步深化高等学校的教学改革,以提高高等教育人才培养质量为目的,进一步深化高等学校的培养模式、课程体系、教学内容和教学方法改革；完善高等学校教学质量评估与保障机制，健全高等学校教学质量保障体系。

六、实施"促进毕业生就业工程"。健全毕业生就业工作的领导体制、运行机制、政策体系和服务体系；面向就业需求，深化教育系统内外的各项改革。

七、实施"教育信息化建设工程"。加快教育信息化基础设施、教育信息资源建设和人才培养；全面提高现代信息技术在教育系统中的应用水平。

八、实施"高素质教师和管理队伍建设工程"。全面推动教师教育创新，构建开放灵活的教师教育体系；完善教师终身学习体系，加快提高教师和管理队伍素质；进一步深化人事制度改革，积极推进全员聘任制度。

九、加强制度创新和依法治教。加强和改善教育立法工作，完善中国特色教育法律法规体系；切实转变政府职能，强化依法行政，促进决策与管理的科学化和民主化；健全教育督导与评估体系，保障教育发展与改革目标的实现。

十、大力支持和促进民办教育持续健康协调快速发展。认真贯彻《中华人民共和国民办教育促进法》，积极鼓励和支持民办教育的发展；注重体制改革和制度创新，多种形式发展民办教育。

十一、进一步扩大教育对外开放。加强全方位、高层次的教育国际合作与交流；深化留学工作制度改革，扩大国际高层次学生、学者交流；大力推广对外汉语教学，积极开拓国际教育服务市场。

十二、改革和完善教育投入体制。建立与公共财政体制相适应的教育财政制度，保证经费持续稳定增长；拓宽经费筹措渠道，建立社会投资、出资和捐资办学的有效激励机制。

十三、加强党的建设和思想政治工作。加强和改进学校党的建设工作；实施高等学校马克思主义理论课和思想品德课建设计划；增强高等学校思想政治工作的针对性、实效性和吸引力、感染力。

十四、构建和完善中国特色社会主义现代化教育体系。努力建设和完善中国特色社会主义现代化教育体系；加大对西部地区、少数民族地区、革命老区和东北地区等老工业基地的教育支持力度，促进东、中、西部地区教育协调发展。

《2003—2007年教育振兴行动计划》的制定和实施对我国教育事业的发展产生了重要影响，对推动我国教育事业的发展具有重要指导意义。

99.高等学校哲学社会科学研究学术规范

为规范高等学校（以下简称高校）哲学社会科学研究工作，加强学风建设和职业道德修养，保障学术自由，促进学术交流、学术积累与学术创新，进一步发展和繁荣高校哲学社会科学研究事业，教育部于2004年6月制定了《高等学校哲学社会科学研究学术规范（试行）》（以下简称《规范》）。

一、基本规范。（一）高校哲学社会科学研究应以马克思列宁主义、毛泽东思想、邓小平理论和"三个代表"重要思想为指导，遵循解放思想、实事求是、与时俱进的思想路线，贯彻"百花齐放、百家争鸣"的方针，不断推动学术进步。（二）高校哲学社会科学研究工作者应以推动社会主义物质文明、政治文明和精神文明建设为己任，具有强烈的历史使命感和社会责任感，勇于学术创新，努力创造先进文化，积极弘扬科学精神、人文精神与民族精神。（三）高校哲学社会科学研究工作者应遵守《中华人民共和国著作权法》、《中华人民共和国专利法》、《中华人民共和国国家通用语言文字法》等相关法律、法规。（四）高校哲学社会科学研究工作者应模范遵守学术道德。

二、学术引文规范。（一）引文应以原始文献和第一手资料为原则。凡引用他人观点、方案、资料、数据等，无论曾否发表，无论是纸质或电子版，均应详加注释。凡转引文献资料，应如实说明。（二）学术论著应合理使用引文。对已有学术成果的介绍、评论、引用和注释，应力求客观、公允、准确。伪注、伪造、篡改文献和数据等，均属学术不端行为。

三、学术成果规范。（一）不得以任何方式抄袭、剽窃或侵吞他人学术成果。（二）应注重学术质量，反对粗制滥造和低水平重复，避免片面追求数量的倾向。（三）应充分尊重和借鉴已有的学术成果，注重调查研究，在全面掌握相关研究资料和学术信息的基础上，精心设计研究方案，讲究科学方法。力求论证缜密，表达准确。（四）学术成果文本应规范使用中国语言文字、标点符号、数字及外国语言文字。（五）学术成果不应重复发表。另有约定再次发表时，应注明出处。（六）学术成果的署名应实事求是。署名者应对该项成果承担相应的学术责任、道义责任和法律责任。（七）凡接受合法资助的研究项目，其最终成果应与资助申请和立项通知相一致；若需修改，应事先与资助方协商，并征得其同意。（八）研究成果发表时，应以适当方式向提供过指导、建议、帮助或资助的个人或机构致谢。

四、学术评价规范。（一）学术评价应坚持客观、公正、公开的原则。（二）学术评价应以学术价值或社会效益为基本标准。对基础研究成果的评价，应以学术积累和学术创新为主要尺度；对应用研究成果的评价，应注重其社会效益或经济效益。（三）学术评价机构应坚持程序公正、标准合理，采用同行专家评审制，实行回避制度、民主表决制度，建立结果公示和意见反馈机制。评审意见应措辞严谨、准确，慎用"原创"、"首创"、"首次"、"国内领先"、"国际领先"、"世界水平"、"填补重大空白"、"重大突破"等词语。评价机构和评审专家应对其评价意见负责，并对评议过程保密，对不当评价、虚假评价、泄密、披露不实信息或恶意中伤等造成的后果承担相应责任。(四)被评价者不得干扰评价过程。否则,应对其不正当行为引发的一切后果负责。

五、学术批评规范。(一)应大力倡导学术批评,积极推进不同学术观点之间的自由讨论、相互交流与学术争鸣。(二)学术批评应该以学术为中心,以文本为依据,以理服人。批评者应正当行使学术批评的权利,并承担相应的责任。被批评者有反批评的权利,但不得对批评者压制或报复。

《规范》的制定和实施对加强学风建设和职业道德修养,保障学术自由,促进学术交流、学术积累与学术创新,促进高校哲学社会科学研究事业发展发挥了重要作用。

100. 钱学森之问

"为什么我们的学校总是培养不出人才?"——这个被称为"钱学森之问"的问题不仅是一代大师留给我们的一笔宝贵财富,也是整个教育界乃至社会各界必须回答的一道艰难命题。

2005年7月,温家宝总理探望住在解放军总医院的钱学森时,温总理谈了未来15年科技工作指导方针(自主创新、重点跨越、支撑发展、引领未来)后,钱学森说:"您说的我都同意,但还缺一个。我要补充一个教育问题,培养具有创新能力的人才的问题。现在中国没有完全发展起来,一个重要原因是没有一所大学能够按照培养科学技术发明创造人才的模式去办学,没有自己独特的创新的东西,老是'冒'不出杰出人才,这是很大的问题。"

2009年11月安徽的《新安晚报》刊登了沈正斌等11人给教育部及全国教育界同仁发出的,题为"让我们直面'钱学森之问'"的公开信。信中把钱学森谈的关于什么样的大学办学模式才有利于培养科技创新人才的问题,归纳概括为"为什么我们的学校总是培养不出杰出人才?"并把这句话称之为"钱学森之问"。2009年11月12日,《人民网》记者采访钱学森先生的秘书涂元季先生时,把"钱学森之问"表述为"为什么我们的学校很难培养出杰出人才?"并刊登在次日的《人民日报》上。一周后,《人民日报》以求解"钱学森之问"为题,连续六期刊载了讨论文章。

人们普遍认为"钱学森之问"是关于中国教育的发问,尖锐地指出了中国现行教育体制没有培养出创新型人才缘于我国教育本身存在的严重问题,中国教育体制的弊端和要害在于僵化的教育限制了学生的创新思维,从基础教育到高等教育都没有真正遵循教育规律去办学。

钱学森之问的实质是如何从知识型、技能型人才教育模式向创造型、发明型人才培养方法的转型的问题,其中涉及如何重用自主创新型人才、设立客观的科学的人才评估体系，以及社区的精神文化建设、学校的德才兼备教育与创业园的孵化器建设等诸多方面。

101. 高校招生"阳光工程"

为了进一步规范招生管理，增加招生工作透明度，更好地维护广大考生的合法权益，确保公平公正，教育部决定在高等学校招生工作中实施阳光工程，并于2005年3月下发了《教育部关于高等学校招生工作实施阳光工程的通知》（以下简称《通知》）。《通知》的主要内容如下：

一、明确要求高校招生工作要以邓小平理论和"三个代表"重要思想为指导，坚持科学发展观，把切实维护广大考生的合法权益作为招生工作的出发点和落脚点，以公平公正为核心、制度建设为基础、信息公开为重点、严格管理为根本、优质服务为依托、有效监督为保障，逐步建立和完善与我国社会发展相适应的更加公开透明的高校招生工作体系。

二、进一步完善高校招生各项管理规章制度。加强制度建设是依法管理、从严治招、实施阳光工程的重要基础。各级教育行政部门、招生考试机构和高等学校要根据国家有关规定，进一步修订和完善高校招生工作各项管理规定、实施细则和高校招生章程，依法从严规范招生管理工作，切实做到政策执行不走样。

三、进一步完善招生信息公开制度。各省级教育行政部门、招生考试机构和高等学校要结合高校招生工作的特点和本地区、本学校的实际，建立和完善以"六公开"为主要内容的信息公开制度。规范、明确信息发布的方式、内容、时间和要求，在报名、考试、录取三个主要工作阶段，全面、准确、及时发布相关招生信息。招生政策公开；高校招生资格及有关考生资格公开；招生计划公开，各省级招生考试机构公布经教育部统一分送的高等学校招生来源计划和本省所属高等学校在本地安排的高职（专科）分专业招生计划；录取信息公开；考生咨询及申诉渠道公开，各级教育行政部门、招生考试机构和高等学校公布本地区、本学校招生咨询及接受考生申诉的联系方式；重大违规事件及处理结果公开，各级教育行政部门对在本地区发生的招生重大违规事件及其处理结果及时予以通报，或通过新闻媒体向社会公开。

四、进一步规范招生行为。各级教育行政部门、招生考试机构和高等学校要按照"标本兼治、重点突破"的原则，把高校招生工作实施阳光工程作为一项长期任务和系统工程抓紧抓实。2005年重点强化四个方面的管理：严格高校招生调整计划使用管理；严格高校定向就业招生管理；严格独立学院招生管理；严格高校特殊类型招生管理。

五、加强招生宣传，全面提高服务质量。各省、自治区、直辖市要成立专门的高校招生宣传工作领导小组，正确引导舆论导向。各级招生考试机构和高等学校要结合招生工作进程，充分利用新闻媒体和计算机网络等渠道，以多种形式开展招生宣传工作。要积极探索优化考生志愿填报办法及投档方式，加强为考生服务的针对性和有效性，进一步提高广大考生对招生工作的满意度。

六、明确责任，严肃纪律，加强监督，确保阳光工程目标的实现。完善招生管理责任和责任追究制度。各级教育行政部门、招生考试机构和高等学校的党政主要领导是本部门、本地区、本学校招生工作第一责任人。要按照"谁主管、谁负责"的原则，把招生工作任务落实到人，责任明确到人；各级教育行政部门、招生考试机构、高等学校和全体招生工作人员要严格执行招生工作"六不准"，即：在招生工作中，不准违反国家有关招生规定，不准徇私舞弊、弄虚作假，不准采取任何方式影响、干扰招生工作正常秩序，不准协助、参与任何中介机构或个人组织的非法招生活动，不准索取或接受考生及家长的现金、有价证券，不准以任何理由向考生及家长收取与招生录取挂钩的任何费用。

高校招生工作实施阳光工程是新形势下综合整治招生环境、办好让人民满意的高考的一项重要举措，对于增加招生工作透明度，更好地维护广大考生的合法权益，确保公平公正具有重要意义。

102. 高校自主招生制度

高考制度恢复后，中国一直以统一高考作为人才选拔录取的主要途径。随着社会政治经济的发展，高考这种"用统一试题去衡量各不相同的学生，用全国统一的标准去代替各个高校的不同标准"的方法不仅无法照顾和满足各个高校对生源的特别要求，也无法考察和发现不同考生的真实才能和发展潜能。随着社会对人才需求的多样化，单凭高考这种统一化的考试制度已无法满足社会对人才的多元化需求，改革现行的高校招生考试制度，势在必行。在这样的背景下，中国开始试行高校自主招生制度。

1999年2月，教育部出台了《关于进一步深化普通高等学校招生考试制度改革的意见》，明确提出了我国高考制度改革的指导思想，指出高考制度改革要始终坚持有助于高校选拔人才、有助于中学实施素质教育、有助于高等学校扩大办学自主权的三项原则。在这一背景下，2001年江苏省颁布了《关于深化高等学校教育教学管理改革等若干问题的意见》，批准有条件的高校可以在全国普通高校统一招生考试之前单独组织招考，也可以几所学校联合组织招考。同一年，教育部批准东南大学、南京航空航天大学、南京理工大学三所高校为国家首批自主招生试点院校。2003年教育部颁布了《关于做好高等学校自主选拔录取改革试点工作的通知》，主要内容如下：

一、为了进一步深化高等学校招生录取制度改革，进一步扩大高等学校招生自主权，决定于2003年在北京大学、清华大学、中国人民大学、北京师范大学等22所高校开展自主选拔录取改革试点工作。

二、自主选拔录取改革试点工作要认真贯彻党的教育方针，体现教育创新、素质教育的要求；遵循公平、公正、公开、择优录取的原则。

三、自主选拔录取招生人数控制在试点学校年度本科招生计划总数的5%以内，并作为"预留计划"的一部分在招生来源计划之外由试点学校及有关省级招办单独公布，并报教育部备案。

四、试点学校根据本校的实际情况，制订自主选拔录取方案，并纳入本校招生章程，向社会公布；符合试点学校自主选拔录取条件的应届高中毕业生，由本人提出申请，经所在中学推荐，由中学向试点学校提供考生在校德智体美发展情况以及获奖、特长等证明及写实性材料；试点学校组织专家组，按照自主确定并经公示的标准和考核办法，对推荐的考生材料进行审查，并在进行面试等相关测评、考核后，提出候选人，试点学校招生领导小组审核后确定入选考生名单。

五、各试点学校由主管校领导、学科专家、纪检监察部门、招生部门负责人组成的招生领导小组，应按照"严格程序、加强管理、接受监督"原则，认真把好招生过程的每一关；要增强主体意识，以有利于学生的全面发展和个性特长的充分发挥、有利于高素质创新人才的培养为目标，积极探索、研究，并在实践中不断规范、完善自主选拔录取改革试点工作。

此后，中国高校自主招生政策不断改进和完善，实行自主招生的学校不断增加，到2010年，进行自主招生选拔录取改革试点的高校增加到80所，还形成了以清华大学为首的"华约"联盟、以北京大学为首的"北约"联盟和9所由工业和信息化部和教育部直属的"985工程"大学组成的"卓越"联盟三大自主招生联盟。2013年12月，教育部下发通知，要求自主选拔录取改革试点高校加强考务和录取过程管理，强化信息公开和监督检查。教育部将对试点高校严格执行动态管理和准入退出机制，凡是政策执行不严格、管理不规范、问题突出的，一律停止试点资格，并追究学校及有关人员责任。根据国务院考试招生改革整体精神，从2015年起，中国自主招生考试安排在全国统一高考后进行。

自主招生经过世界很多国家的大量高校反复实践，被证明是比较好的人才选拔和培养制度。中国高校自主招生制度的建立和不断完善对深化高等学校招生录取制度改革，进一步扩大高等学校招生自主权，科学选拔人才具有重要意义。

103. 全国中小学创建和谐校园活动

为推动教育系统进一步贯彻落实中共中央《关于构建社会主义和谐社会若干重大问题的决定》和中共中央、国务院《关于进一步加强和改进未成年人思想道德建设的若干意见》，为学生创造一个平安、健康、文明、和谐的学习环境，保证青少年学生健康成长，教育部决定在全国中小学开展创建和谐校园活动，并于 2006 年 11 月制定了《关于在全国中小学开展创建和谐校园的意见》（以下简称《意见》）。《意见》的主要内容是：

一、明确指导思想和目标任务。创建和谐校园要以邓小平理论和"三个代表"重要思想为指导，以解决事关师生安全、卫生等突出问题为重点，着力抓好规章制度建设、安全卫生设施建设、校园文化和师生和谐建设，充分调动广大学校师生、家长和社区的积极性。目标和任务是：做到师生和校园安全、健康的各项规章制度和机构基本完善，校园安全卫生设施达到国家规定要求，师生的法制观念、安全防范和卫生保健意识进一步增强；校园刑事治安案件和安全卫生事故的发生次数显著下降，重大刑事治安案件、重大安全事故、重大食物中毒和传染病流行得到杜绝；校园秩序井然、环境优美，以育人为本的校园文化建设取得显著成效，大力加强社会主义荣辱观教育，校园文明程度明显提高。

二、创建活动主要内容。注重校园文化建设，提高校园文明水平；强化安全与健康教育，提高师生安全卫生防护能力；完善安全卫生管理制度，建立健全安全卫生管理机构；加强安全卫生设施建设，保障学校安全卫生基本条件；严防重大事故发生，提高师生安全感。

三、要求各地教育行政部门要根据本通知要求，结合本地实际情况制订创建规划、实施方案和创建标准，积极推动创建活动的开展。学校是和谐校园创建活动的主体，学校校长要对创建工作负总责，建立学校领导直接抓，各部门紧密配合，全校师生共同参与的工作机制。创建活动采取以县为主，充分调动社会方方面面积极性，调动广大中小学校长、教师的创造性，将创建活动切实落到实处。创建和谐校园是实践"三个代表"重要思想的具体体现，是树立和落实科学发展观的迫切需要，是构建社会主义和谐社会的重要组成部分。

全国中小学创建和谐校园活动为中小学生创造了一个平安、健康、文明、和谐的学习环境，对保障青少年学生健康成长具有重要意义。

104. 海外高层次留学人才回国绿色通道

留学人才是中国人才资源的重要组成部分，高层次留学人才成为我国建设创新型国家，实现经济社会跨越式发展急需的紧缺人才。2007 年 2 月 15 日，为深入实施科教兴国战略和人才强国战略,积极引进海外高层次留学人才,人事部、教育部、科技部、财政部、外交部等有关部门共同制定并发布了《关于建立海外高层次留学人才回国工作绿色通道的意见》(以下简称《意见》)。《意见》主要内容是:

一、高度重视吸引海外高层次留学人才工作。要把吸引海外高层次留学人才作为开展留学人员回国服务工作的重点,坚持"支持留学、鼓励回国、来去自由"的方针,按照"拓宽留学渠道,吸引人才回国,支持创新创业,鼓励为国服务"的要求,根据少而精的原则,采取灵活多样的方式和特事特办的方法,开辟绿色通道,完善服务措施,围绕建设创新型国家的目标,围绕中国重点发展领域和行业的需要,围绕西部大开发、振兴东北地区等老工业基地、促进中部地区崛起等国家发展战略,有计划、有重点、有针对性地做好高层次留学人才引进工作。增强高层次留学人才引进工作的主动性,根据实际情况不断创新引进方式。要积极吸引海外高层次留学人才回国到企事业单位工作,也要大力支持他们发挥自身优势,引进国外先进技术和资金,创办高新技术企业。

二、积极为海外高层次留学人才回国创造良好条件。海外高层次留学人才回国工作,经有关主管部门批准,可不受编制数额、增人指标、工资总额和出国前户口所在地的限制。回国工作的高层次留学人才的报酬应与其本人能力、业绩、贡献挂钩。国家重大科研项目、重点建设工程和重点基地建设要特别重视吸引高层次留学人才。要充分发挥回国工作的高层次留学人才的作用,支持他们在高起点上出成果、出效益。高层次留学人才回国创办企业,按照国家的产业和区域税收政策享受相应的税收优惠。留学人员创业园区要大力引进海外高层次留学人才回国创业,配备专门人员,为高层次留学人才创业提供服务,简化审批手续,提供厂房、设备和配套设施,并在房租等方面给予优惠。依法保护高层次留学人才的知识产权。妥善安排回国工作的高层次留学人才的配偶和子女。

三、积极为高层次留学人才提供入出境及居留方面的便利。包括《外国人居留许可证》、"F"字签证、《外国人永久居留证》的办理以及国际旅费、仪器设备托运费及安家费等费用的补贴。回国工作的高层次留学人才申请再出国(出境)进修、考察、参加学术会议的,有关部门、单位应积极提供支持。

四、加强对吸引高层次留学人才工作的组织领导。各级政府有关部门,各地区各部门留学人员服务中心、留学人员创业园、留学人员工作站,各驻外使领馆和有关驻外机构、各类留学人员团体、留学人员联谊会等要高度重视吸引高层次留学人才工作,为其提供便利。

2009年9月,为了更好地落实《意见》的要求,进一步引进海外高层次留学人才,为留学人才回国工作提供入出境及居留方面的便利,人社部、公安部和海关总署等部门印发了《关于海外高层次留学人才回国工作绿色通道有关入出境及居留便利问题的通知》(以下简称《通知》),分别对已加入外国籍来华工作的高层次留学人才和来华定居专家办理永久居留手续的问题、已加入外国籍来华工作的高层次留学人才和来华定居专家办理居留许可和多次签证的问题、回国（来华）工作的高层次留学人才和海外科技专家办理进出境物品通关免税手续问题进行了规定。

《意见》和《通知》的发布使中国的海外高层次人才绿色通道正式建立，是中国吸引海外高层次留学人才回国工作的又一重要举措。这些文件的出台对方便海外高层次留学人才回国工作与创业具有现实意义，对实施人才强国战略、提高我国人才竞争优势具有深远的影响。

105. 教育部直属师范大学师范生免费教育实施办法（试行）

为培养大批优秀教师、鼓励更多优秀青年终身做教育工作者，我国决定从2007年开始在教育部直属师范大学实行师范生免费教育，并制定了《教育部直属师范大学师范生免费教育实施办法（试行）》。

一、从2007年秋季入学的新生起，在北京师范大学、华东师范大学、东北师范大学、华中师范大学、陕西师范大学和西南大学六所部属师范大学实行师范生免费教育。

二、免费教育师范生在校学习期间免除学费，免缴住宿费，并补助生活费。所需经费由中央财政安排。

三、部属师范大学师范专业实行提前批次录取，择优选拔热爱教育事业，有志于长期从教、终身从教的优秀高中毕业生。

四、免费师范生入学前与学校和生源所在地省级教育行政部门签订协议，承诺毕业后从事中小学教育十年以上。免费师范毕业生未按协议从事中小学教育工作的，要按规定退还已享受的免费教育费用并缴纳违约金。省级教育行政部门负责履约管理，并建立免费师范生的诚信档案。确有特殊原因不能履行协议的，需报经省级教育行政部门批准。

五、免费师范毕业生一般回生源所在省份中小学任教。有关省级政府要统筹规划，做好接收免费师范毕业生的各项工作，确保每一位到中小学校任教的免费师范毕业生有编有岗；省级教育行政部门负责组织用人学校与毕业生在需求岗位范围内进行双向选择，切实为每一位毕业生安排落实任教学校。

六、有志从教并符合条件的非师范专业优秀学生，在入学二年内，可在教育部和学校核定的计划内转入师范专业，并由学校按标准返还学费、住宿费，补发生活费补助。免费师范生可按照学校规定在师范专业范围内进行二次专业选择。

七、免费师范生毕业前及在协议规定服务期内，一般不得报考脱产研究生。免费师范毕业生经考核符合要求的，可录取为教育硕士专业学位研究生，在职学习专业课程，任教考核合格并通过论文答辩的，颁发硕士研究生毕业证书和教育硕士专业学位证书。

八、部属师范大学要抓住实行师范生免费教育的良好机遇，围绕培养造就优秀教师和教育家的目标，大力推进教师教育改革，特别要根据基础教育发展和课程改革的要求，精心制订教育培养方案。

九、要把培养优秀中小学教师的工作作为评价师范大学办学水平的重要指标。对在实施师范生免费教育工作中作出积极贡献的部属师范大学给予政策倾斜，进一步加大对师范教育的支持力度。

十、各有关地区、部门和学校要深刻认识部属师范大学实行师范生免费教育重大而深远的意义和影响，切实负起责任，扎实工作，保证这项重大举措的顺利实施。

在教育部直属高校实施免费师范生教育，对于培养大批优秀的教师，尤其是对缓解西部地区教师队伍紧缺、提升西部地区教师队伍水平、提升西部地区中小学办学质量，起到了至关重要的作用。

106. 海外高层次人才引进计划（千人计划）

采取积极措施吸引海外人才是世界各国壮大本国人才队伍的通行做法，也是在较短时间内突破技术瓶颈，提升科研水平的一条宝贵经验。进入新世纪后，随着改革开放的深入推进，我国各项事业蓬勃发展，为各方面优秀人才提供了前所未有的发展空间和广阔舞台，吸引大批海外高层次人才的时机已经成熟。为此，中央人才工作协调小组制定了"海外高层次人才引进计划"简称"千人计划"，主要是围绕国家发展战略目标，在国家重点创新项目、学科、实验室以及中央企业和国有商业金融机构，以高新技术产业开发区为主的各类园区等，引进并有重点地支持一批战略科学家和领军人才来华创新创业的计划。

2008年12月23日，为进一步推进人才强国战略，充分发挥海外高层次人才在国家经济社会发展中的作用，中共中央办公厅转发《中央人才工作协调小组关于实施海外高层次人才引进计划的意见》（以下简称《意见》）。《意见》主要内容是：一、对海外高层次人才的使用作出了规定。充分发挥高等院校、科研机构、企业、商业金融机构等用人单位的主体作用，将海外高层次人才吸纳到能够充分发挥其专业和特长的岗位，为他们提供干事创业的舞台。二、对海外高层次人才的工作条件和生活待遇进行了规定。妥善解决海外高层次引进人才在居留和出入境、落户、医疗、保险、住房、子女入学等方面的困难和问题，并建立专门服务窗口，解除他们工作、生活的后顾之忧。三、对海外高层次人才引进工作机制作出了规定。为了便于广大海外留学人员了解相关信息，与国内用人单位联系，人力资源社会保障部、国家外专局、全国青联、中国科协、欧美同学会设立专门窗口，开展咨询和联络工作。

2008年12月为贯彻落实《中央人才工作协调小组关于实施海外高层次人才引进计划的意见》,组织实施"千人计划",中组部制定了《引进海外高层次人才暂行办法》(简称《办法》)。《办法》主要包括三个方面的内容:一是成立海外高层次人才引进工作小组,负责海外高层次人才引进计划的组织领导和统筹协调。二是对引才标准作出了规定,对引才程序进行了规范。"千人计划"引进的人才,一般应在海外取得博士学位,原则上不超过55岁,引进后每年在国内工作一般不少于6个月,并符合下列条件之一,即在国外著名高校、科研院所担任相当于教授职务的专家学者;在国际知名企业和金融机构担任高级职务的专业技术人才和经营管理人才;拥有自主知识产权或掌握核心技术,具有海外自主创业经验,熟悉相关产业领域和国际规则的创业人才;国家急需紧缺的其他高层次创新创业人才。三是对条件保障与日常服务作出了规定。要求有关职能部门在居留和出入境、落户、资助、薪酬、医疗、保险、住房、税收、配偶安置、子女就学等方面制定特殊政策,妥善解决引进人才生活方面的困难和问题。

《意见》和《办法》的出台标志着中央层面的海外高层次人才引进计划全面展开。截至2014年5月底,"千人计划"已分十批引进4180余名海外高层次人才。他们在科技创新、技术突破、学科建设、人才培养和高新技术产业发展等方面发挥了积极作用,正成为创新型国家建设的一支重要生力军。

107.海外赤子为国服务行动计划

留学人才是我国人才资源的重要组成部分,是国家的宝贵财富。在人才国际化进程不断加快,国际人才竞争日趋激烈的新形势下,按照"拓宽留学渠道,吸引人才回国,支持创新创业,鼓励为国服务"的留学工作新要求,在吸引一大批海外高层次人才回国工作的同时,鼓励在海外学习和工作的暂时不能回国的留学人员以其掌握的先进科技和管理知识,通过多种方式为祖国建设服务,是当前一项十分重要和迫切的任务。

2001年5月,人事部印发了《关于鼓励海外留学人员以多种形式为国服务的若干意见》,鼓励在海外学习或完成学业后在国外工作的留学人员及海外留学人员专业团体,以自己的专业和专业团体的优势,通过在国内兼职,接受委托,回国讲学等各种形式,为促进国家经济社会发展服务。2006年11月15日,人事部印发了《留学人员回国工作"十一五"规划》,提出了"在更大范围、更广领域、更高层次上吸引海外留学人员及留学人员团体通过各种适当形式参与祖国建设"。2009年8月27日,为继续做好留学人员为国服务工作,鼓励在海外学习和工作暂时不能回国的留学人员通过多种方式为祖国建设服务,人力资源社会保障部发布了《关于实施海外赤子为国服务行动计划的通知》(以下简称《通知》），并于2010年首次启动实施。

《通知》对"海外赤子为国服务行动计划"的内容、遴选程序和支持形式作出了规定。"海外赤子为国服务行动计划"的内容具体包括六类：一是人力资源社会保障部组织的示范性留学人员为国服务活动；二是人力资源社会保障部留学人员和专家服务中心组织的留学人员为国服务活动；三是人力资源社会保障部与各地方人民政府联合主办大型留学人员人才项目交流及为国服务活动；四是人力资源社会保障部资助支持由地方人力资源社会保障部门具体组织的留学人员为国服务活动；五是人力资源社会保障部资助支持由有关部门具体组织的留学人员为国服务活动；六是人力资源社会保障部资助支持由海外留学人员团体具体组织的为国服务活动。"海外赤子为国服务行动计划"的申报、遴选和组织实施按照各地各部门申报、为人力资源社会保障部遴选并统一规划、各地各部门组织实施的程序进行。人力资源社会保障部将根据各地各部门开展"海外赤子为国服务行动计划"各项活动的不同情况，分别给予政策、资金和人才服务等方面的支持。

自2010年起，"海外赤子为国服务行动计划"已成功实施5年，在这期间"赤子计划"以服务转型发展为宗旨，创新服务形式，拓展服务领域，深入基层一线，受到广大海外人才、部门单位和基层群众的欢迎。在其辐射带动下，各地各部门组织实施了各类为国服务子项目，与海外科技组织建立了长效合作机制，掀起了海外人才为国服务的新高潮。

108. 留学中国计划

为贯彻落实《国家中长期教育改革和发展规划纲要（2010—2020年）》，加强中外教育交流与合作，推动来华留学事业持续健康发展，提高我国教育国际化水平，教育部于2010年9月制定了《留学中国计划》（以下简称《计划》），该《计划》共20条，提出了未来10年来华留学工作的发展目标、主要任务、指导思想、工作方针、发展思路、政策保障、管理体制、工作机制等，并列出了分项目工作进程规划表。

一、到2020年，使中国成为亚洲最大的留学目的地国家；建立与我国国际地位、教育规模和水平相适应的来华留学工作与服务体系；造就出一大批来华留学教育的高水平师资；到2020年，全年在内地高校及中小学校就读的外国留学人员达到50万人次，逐步增加中国政府奖学金名额；促使来华留学人员生源国别和层次类别更加均衡合理。

二、以改革创新为动力，以制度建设为核心；着力推进来华留学教育管理体制、投入体制、办学体制、学校内部管理体制改革；进一步强化政府责任，加大投入力度，分省市制定发展规划，分类指导；不断完善来华留学政策、法规、制度；明确政府、来华留学教育机构和留学人员的权利、义务和责任。

三、教育部负责来华留学工作的宏观管理;省级教育行政部门按照属地化原则负责本地区来华留学管理工作;各地教育行政部门是本地区来华留学的主管部门,协调同级外事、公安、财政、人力资源和社会保障、卫生等部门,相互配合,各司其职。

四、改革来华留学人员招生录取办法,采取国际通行的审核、考查、考试等相结合的灵活招生方式;不断创新来华留学教育培养模式;鼓励来华留学教育机构积极探索,进行学历教育弹性学制试点,以多种形式将来华留学教育延伸到国外。

五、打造品牌专业,优化专业结构,建设对来华留学人员更有吸引力的专业课程体系;构建来华留学教育质量评估体系,加强对来华留学教育条件、培养质量和管理服务水平的评估,促进学校合理定位、增强来华留学工作办学特色。

六、加强来华留学师资队伍建设;结合高等学校人才队伍建设,加强教师外语教学等方面的能力培训,完善来华留学教师业绩评价办法,使一批具有较高学术造诣、精通教学、关爱学生的优秀教师成为来华留学教育的骨干力量。

七、保证中国政府奖学金的规模稳定增加,逐步推行奖学金各项内容货币化改革;鼓励并支持地方政府、学校、企事业单位以及其他社会组织、自然人设立各类来华留学奖学金;构建政府主导、社会参与、主体多元、形式多样的奖学金体系。

《计划》的制定和实施对于加强中外教育交流与合作,推动来华留学事业持续健康发展,提高我国教育国际化水平具有重要意义。

109. 国家中长期人才发展规划纲要(2010—2020年)

人才兴则民族兴,人才强则国家强。历史和现实表明,人才是社会文明进步、人民富裕幸福、国家繁荣昌盛的重要推动力量,是我国经济社会发展的第一资源。当前,我国进入到改革发展的关键阶段,深入落实科学发展观,全面推进经济建设、政治建设、文化建设、社会建设以及生态文明建设,推动工业化、信息化、城镇化、市场化、国际化深入发展,加快转变经济发展方式,全面建设小康社会,必须加快推进人才队伍建设,逐步实现我国由人力资源大国向人才强国的转变。

根据党的十七大提出的更好实施人才强国战略的总体要求,着眼于为实现全面建设小康社会奋斗目标提供人才保证,2010年6月经党中央、国务院批准,由新华社受权全文播发了《国家中长期人才发展规划纲要(2010—2020年)》(以下简称《人才规划》)。《人才规划》是我国第一个中长期人才发展规划,是当前和今后一个时期全国人才工作的指导性文件。制定并实施《人才规划》,是贯彻落实科学发展观、更好实施人才强国战略的重大举措,是在激烈的国际竞争中赢得主动的战略选择,对于加快我国经济发展方式转变、全面建设小康社会，具有重大意义。

《人才规划》全文约19000字，共分序言、人才发展指导方针、战略目标和总体部署，人才队伍建设主要任务，体制机制创新，重大政策，重大人才工程，组织实施7个部分。

《人才规划》提出了我国人才发展的目标和任务。到2020年我国人才发展的总体目标是培养和造就规模宏大、结构优化、布局合理、素质优良的人才队伍，确立国家人才竞争比较优势，进入世界人才强国行列，为在21世纪中叶基本实现社会主义现代化奠定人才基础。围绕这一目标，《人才规划》提出了"服务发展、人才优先、以用为本、创新机制、高端引领、整体开发"的人才发展指导方针，明确了人才队伍建设的主要任务。一是突出培养造就创新型科技人才，努力造就一批世界水平的科学家、科技领军人才、工程师和高水平创新团队，注重培养一线创新人才和青年科技人才；二是大力开发国民经济和社会发展重点领域急需紧缺专门人才，为发展现代产业体系和构建社会主义和谐社会提供人才智力支持；三是统筹推进党政人才、企业经营管理人才、专业技术人才、高技能人才、农村实用人才、社会工作人才等人才队伍建设，培养造就数以亿计的各类人才，数以千万计的专门人才和一大批拔尖创新人才。

《人才规划》提出了人才体制机制创新的总体要求。把深化改革作为推动人才发展的根本动力，坚决破除束缚人才发展的思想观念和制度障碍，构建与社会主义市场经济体制相适应、有利于科学发展的人才发展体制机制。坚持党管人才原则，创新党管人才方式方法，完善党委统一领导，组织部门牵头抓总，充分发挥政府人力资源管理部门作用，有关部门各司其职、密切配合，社会力量广泛参与的人才工作格局。围绕用好用活人才，完善政府宏观管理、市场有效配置、单位用人自主、人才自主择业的人才管理体制。改进宏观调控，推动政府人才管理职能向创造良好发展环境、提供优质公共服务转变，运行机制和管理方式向规范有序、公开透明、便捷高效转变。健全人才市场体系，发挥市场配置人才资源的基础性作用。坚持用法制保障人才，推进人才管理工作科学化、制度化、规范化，形成有利于人才发展的法制环境。坚持以国家发展需要和社会需求为导向，以提高思想道德素质和创新能力为核心，完善现代国民教育和终身教育体系，注重在实践中发现、培养、造就人才，构建人人能够成才、人人得到发展的人才培养开发机制。建立以岗位职责要求为基础，以品德、能力和业绩为导向，科学化、社会化的人才评价发现机制。改革各类人才选拔使用方式，科学合理使用人才，促进人岗相适、用当其时、人尽其才，形成有利于各类人才脱颖而出、充分施展才能的选人用人机制。根据完善社会主义市场经济体制的要求，推进人才市场体系建设，完善市场服务功能，畅通人才流动渠道，建立政府部门宏观调控、市场主体公平竞争、中介组织提供服务、人才自主择业的人才流动配置机制。

《人才规划》提出了要实施的重大人才政策和人才工程。围绕人才工作和人才队伍建设的重点领域和关键环节,提出了"实施促进人才投资优先保证的财税金融政策"、"实施产学研合作培养创新人才政策"、"实施引导人才向农村基层和艰苦边远地区流动政策"、"实施人才创业扶持政策"、"实施有利于科技人员潜心研究和创新政策"、"实施推进党政人才、企业经营管理人才、专业技术人才合理流动政策"、"实施鼓励非公有制经济组织、新社会组织人才发展政策"、"实施更加开放的人才政策"、"实施促进人才发展的公共服务政策"、"实施知识产权保护政策"10项重大政策,确定了"创新人才推进计划"、"青年英才开发计划"、"海外高层次人才引进计划"等12项重大人才工程。

《人才规划》颁布之后,各地各部门围绕《人才规划》要求和长远发展需要,科学制定本地区和重点行业人才发展规划,大力实施"人才强省"、"人才强市"、"人才强企"、"人才强校"、"人才强院"战略,加快重大人才政策制定和重大人才工程实施。"人才支撑发展、发展造就人才"成为社会共识,人才工作呈现整体推进的局面。

110. 全国城乡义务教育实现全免费

早在20世纪80年代,我国就曾提出国家对接受义务教育的学生免收学费的设想,但由于政府财力不足,小学生和初中生仍需缴纳一定的学习费用。这对很多家庭经济困难的学生造成一定的负担。随着社会经济的迅猛发展和国家财力的增强,中国政府开始直面教育投入不足的问题,从2006年至2008年3年间,政府加大投入,逐步完成了从农村到城市,从试点到推广,全面免除城乡义务教育学杂费的进程。

2006年,我国将"国家将义务教育全面纳入财政保障范围",写入新修订的义务教育法,为在西部农村率先实施的农村义务教育经费保障机制改革提供了法律保障。之后,中国建立了中央和地方分项目、按比例分担的农村义务教育保障机制。实施改革的地区,义务教育不仅免除学杂费,还补助学校公用经费、维修改造校舍、免费提供教科书、补助寄宿生生活费等。为了保障新机制的顺利实施,中央财政投入资金130多亿元,各地同时落实资金70多亿元。几乎所有西部农村中小学都拿到了财政拨付的公用经费,多数省份农村义务教育投入水平有了较大程度的提高,"乱收费"现象得到有效遏制,辍学率大大降低,西部地区义务教育普及水平上了一个新台阶。

2007年春,我国在中东部地区推出"免杂费、免书本费、逐步补助寄宿生生活费"的惠民政策,使这项政策在全国范围内实现了全面覆盖。同年11月,教育部、财政部进一步调整完善农村义务教育经费保障机制改革有关政策,明确了中西部地区农村义务教育阶段家庭经济困难寄宿生生活费基本补助标准,规定全国农村义务教育阶段学生全部享受免费教科书政策，提前落实生均公用经费基准定额，提高中西部地区中小学校舍维修改造测算单价标准。为此，全国财政新增400多亿元的经费，以进一步加大农村义务教育经费保障力度，促进义务教育均衡发展。

2008年春，我国在北京、天津、上海等16个省区市和5个计划单列市进行免除城市义务教育学杂费试点。根据部署，免除城市义务教育学杂费的标准为各省级人民政府制定的城市义务教育阶段学校"一费制"中杂费标准，每位学生每年可免交190元至350元不等的费用。在民办学校就读的学生和进城务工人员随迁子女都与当地义务教育阶段学生一样享受政策待遇。对享受城市最低生活保障家庭的义务教育阶段学生，在免除学杂费的同时，继续免费提供教科书，并对确需寄宿的家庭经济困难学生补助生活费。同年7月，国务院总理温家宝主持召开国务院常务会议，研究部署全面免除城市义务教育阶段学生学杂费工作。会议决定，从2008年秋季学期开始，在全国范围内全部免除城市义务教育阶段学生学杂费。至此，全国城乡义务教育实现全免费。

全国城乡义务教育实现全免费，对进一步强化政府对义务教育的保障责任，推动义务教育均衡发展和促进教育公平具有重要意义，标志着我国教育事业站在了一个新的历史起点上。

111. 国务院关于深化中小学教师职称制度改革扩大试点指导意见

为促进教育事业的科学发展，加强中小学教师队伍建设，推进职称制度分类改革，按照党中央、国务院加强人才工作的决定和深化职称制度改革的要求，根据义务教育法有关规定，经国务院同意，教育部、人力资源和社会保障部于2011年9月联合制定了《关于深化中小学教师职称制度改革扩大试点指导意见》（以下简称《意见》），决定在前期中小学教师职称制度改革试点工作基础上，进一步扩大试点范围。《意见》的主要内容如下：

一、深化中小学教师职称制度改革的基本原则：（一）坚持以人为本，遵循中小学教师成长规律和职业特点，提高中小学教师职业地位，促进中小学教师全面发展。（二）坚持统一制度，分类管理，建立统一的制度体系，体现中学和小学的不同特点。（三）坚持民主、公开、竞争、择优，鼓励优秀人才脱颖而出，切实维护中小学教师的合法权益。（四）坚持重师德、重能力、重业绩、重贡献，激励中小学教师提高教书育人水平。（五）坚持与中小学教师岗位聘用制度相配套，积极稳妥、协同推进，妥善处理改革发展稳定的关系。

二、深化中小学教师职称制度改革的主要内容：（一）健全制度体系。改革原中学和小学教师相互独立的职称（职务）制度体系；统一职称（职务）等级和名称，初级设员级和助理级,高级设副高级和正高级;明确统一后的中小学教师职称(职务)与原中小学教师专业技术职务的对应关系;统一后的中小学教师职称(职务)分别与事业单位专业技术岗位等级相对应。(二)完善评价标准。中小学教师专业技术水平评价标准,是中小学教师职称评审的重要基础和主要依据,国家制定中小学教师专业技术水平评价的基本标准条件,并以附件的形式下发。(三)创新评价机制。建立以同行专家评审为基础的业内评价机制,改革和创新评价办法。(四)实现与事业单位岗位聘用制度的有效衔接。中小学教师职称评审是中小学教师岗位聘用的重要依据和关键环节,岗位聘用是职称评审结果的主要体现;在核定的岗位结构比例内进行;坚持中小学教师岗位聘用制度。

三、深化中小学教师职称制度改革扩大试点的组织实施:(一)要充分认识改革的重大意义,将深化中小学教师职称制度改革作为当前加强中小学教师队伍建设的首要任务,予以高度重视,切实加强领导。(二)要紧密结合本地实际,选择二至三个有代表性的地级市(区、州、盟),用一年左右的时间,开展改革试点,积累经验;抓紧制定本地区的改革试点方案,报经人力资源社会保障部、教育部批准后组织实施,平稳过渡,稳慎实施。(三)要充分认识改革的复杂性,妥善做好新老人员过渡和新旧政策衔接工作,确保改革试点顺利有序推进。

《意见》对加强中小学教师队伍建设,推进职称制度分类改革,促进我国教育事业科学发展起到了重要指导作用。

112. 国家中长期教育改革和发展规划纲要(2010—2020年)

为适应全面建成小康社会的新要求、人民群众对教育的新期盼、国际竞争的新形势,党中央、国务院决定研究制定《国家中长期教育改革和发展规划纲要(2010—2020年)》(以下简称《教育规划纲要(2010—2020年)》)。

《教育规划纲要(2010—2020年)》研究制定工作于2008年8月启动,主要从三个方面展开:一是深入调查研究,组织教育等多领域专家、学者开展重大战略专题调研,邀请各民主党派中央、社会研究机构进行平行调研,委托有关国际组织开展专题研究;二是广泛征求意见,向全社会公开征求意见,吸纳各方建议;三是反复论证修改,文本初稿形成后,数次在较大范围征求意见,前后进行了约40轮大的修改。2010年7月,中共中央、国务院正式印发了《教育规划纲要(2010—2020年)》。该纲要除序言和实施外,主要分为以下几个部分:

一、按照党的十七大关于"优先发展教育,建设人力资源强国"的战略部署,提出"基本实现教育现代化,基本形成学习型社会,进入人力资源强国行列"的战略目标。实现更高水平的普及教育,基本普及学前教育,巩固提高九年义务教育水平,高等教育大众化水平进一步提高,扫除青壮年文盲;形成惠及全民的公平教育,坚持教育的公益性和普惠性,保障公民依法享有接受良好教育的机会;提供更加丰富的优质教育,教育质量整体提升,教育现代化水平明显提高,优质教育资源总量不断扩大,更好满足人民群众接受高质量教育的需求;构建体系完备的终身教育,学历教育和非学历教育协调发展,职业教育和普通教育相互沟通,职前教育和职后教育有效衔接;健全充满活力的教育体制,进一步解放思想,更新观念,深化改革,提高教育开放水平,全面形成与社会主义市场经济体制和全面建设小康社会目标相适应的充满活力、富有效率、更加开放、有利于科学发展的教育体制机制。

二、针对我国教育存在的主要矛盾和突出问题,提出"优先发展、育人为本、改革创新、促进公平、提高质量"20字工作方针。把教育摆在优先发展的战略地位,各级党委和政府要把优先发展教育作为贯彻落实科学发展观的一项基本要求,切实保证经济社会发展规划优先安排教育发展,财政资金优先保障教育投入,公共资源优先满足教育和人力资源开发需要;把育人为本作为教育工作的根本要求,要以学生为主体,以教师为主导,充分发挥学生的主动性,把促进学生健康成长作为学校一切工作的出发点和落脚点;把改革创新作为教育发展的强大动力,要以体制机制改革为重点,鼓励地方和学校大胆探索和试验,加快重要领域和关键环节改革步伐;把促进公平作为国家基本教育政策,基本要求是保障公民依法享有受教育的权利,重点是促进义务教育均衡发展和扶持困难群体,根本措施是合理配置教育资源;把提高质量作为教育改革发展的核心任务;树立科学的质量观,把促进人的全面发展、适应社会需要作为衡量教育质量的根本标准。

三、为实现"两基本、一进入"的战略目标,设计了发展、改革、保障三大任务。一是六项发展任务,即学前教育、义务教育、高中阶段教育、职业教育、高等教育、继续教育,特别强调了民族教育和特殊教育。到2020年,普及学前一年教育,基本普及学前两年教育,有条件的地区普及学前三年教育;全面提高义务教育普及水平,全面提高教育质量,基本实现区域内均衡发展,确保适龄儿童少年接受良好义务教育;普及高中阶段教育,满足初中毕业生接受高中阶段教育需求;形成适应经济发展方式转变和产业结构调整要求、体现终身教育理念、中等和高等职业教育协调发展的现代职业教育体系;高等教育结构更加合理,特色更加鲜明,人才培养、科学研究和社会服务整体水平全面提升,建成一批国际知名、有特色、高水平的高等学校,若干所大学达到或接近世界一流大学水平,高等教育国际竞争力显著增强;广泛开展城乡社区教育,加快各类学习型组织建设,基本形成全民学习、终身学习的学习型社会。

二是六项改革任务,即人才培养体制、考试招生制度、学校制度、办学体制、管理体制改革和扩大教育开放。更新人才培养观念，创新人才培养模式，改革教育质量评价和人才评价制度；完善中等学校和高等学校考试招生制度，加强信息公开和社会监督；推进政校分开、管办分离，落实和扩大学校办学自主权，完善中国特色现代大学制度和中小学学校管理制度；坚持教育公益性原则，形成以政府办学为主体、全社会积极参与、公办教育和民办教育共同发展的格局；以转变政府职能和简政放权为重点，深化教育管理体制改革，提高公共教育服务水平；加强国际交流与合作，引进优质教育资源，提高交流合作水平。

三是六项保障任务，即加强党和政府对教育工作的领导、加强教师队伍建设、保障经费投入、加快教育信息化、推进依法治教、实施重大项目和改革试点。加强和改善对教育工作的领导，加强教育宏观政策和发展战略研究，提高教育决策科学化水平；严格教师资质，提升教师素质，努力造就一支师德高尚、业务精湛、结构合理、充满活力的高素质专业化教师队伍；健全以政府投入为主、多渠道筹集教育经费的体制，大幅度增加教育投入；到2020年，基本建成覆盖城乡各级各类学校的教育信息化体系，促进教育内容、教学手段和方法现代化；加快教育法制建设进程，完善中国特色社会主义教育法律法规；成立国家教育体制改革领导小组，研究部署、指导实施教育体制改革工作，根据统筹规划、分步实施、试点先行、动态调整的原则，选择部分地区和学校开展重大改革试点。

《教育规划纲要（2010—2020年）》是21世纪我国第一个中长期教育改革和发展规划，是今后一个时期指导全国教育改革和发展的纲领性文件。制定并实施《教育规划纲要（2010—2020年）》，优先发展教育，提高教育现代化水平，对满足人民群众接受良好教育需求，实现全面建设小康社会奋斗目标、建设富强民主文明和谐的社会主义现代化国家具有决定性意义。

113. 学前教育三年行动计划

为贯彻落实党的十七届五中全会、全国教育工作会议精神和《国家中长期教育改革和发展规划纲要（2010—2020年）》，积极发展学前教育，着力解决当前存在的"入园难"问题，满足适龄儿童入园需求，促进学前教育事业科学发展，国务院于2010年11月制定了《关于当前发展学前教育的若干意见》（以下简称《若干意见》）。

《若干意见》明确提出，要统筹规划，实施学前教育三年行动计划。各省（区、市）政府要深入调查，准确掌握当地学前教育基本状况和存在的突出问题，结合本区域经济社会发展状况和适龄人口分布、变化趋势，科学测算入园需求和供需缺口，确定发展目标，分解年度任务，落实经费，以县为单位编制学前教育三年行动计划，有效缓解"入园难"。2011年3月底前，各省（区、市）行动计划报国家教育体制改革领导小组办公室备案。

为贯彻落实《若干意见》和全国学前教育工作电视电话会议,按照国务院的部署,各地以县为单位编制实施了学前教育三年行动计划。从各省(区、市)行动计划看,主要有五个特点:

一、明确目标任务。各地在全面调查本区域学前教育发展状况,科学测算入园需求和供需缺口的基础上,提出了未来三年学前教育的发展目标,逐年落实建设任务。

二、落实项目和资金。各地围绕扩大普惠性学前教育资源、加强幼儿教师培养培训、提高保教质量等内容,提出了一批工程项目,安排了专项资金,有的省投入力度很大。

三、制定配套政策措施。上海、贵州等地已经出台了幼儿园教职工编制标准。安徽、陕西、四川、广西等省(区)确定了核定和补充公办园教师编制的时间表。天津、甘肃等省市明确了小区配套幼儿园管理政策,要求城市住宅小区配套幼儿园建成后无偿移交县级教育行政部门用于举办公办幼儿园。

四、加强学前教育管理。辽宁、贵州已恢复设立学前教育处,陕西设立了基础教育三处,负责全省学前教育管理。很多地市和区县教育部门也恢复设立了专门管理机构,加强了管理力量。

五、建立健全工作推进机制。各地普遍建立了由政府分管领导牵头,有关部门参加的省(区、市)、地(市)和县(区)三级学前教育联席会议制度或三年行动计划工作领导小组。将学前教育工作实效纳入考核地方各级政府和主要领导干部实绩的评估指标,完善了督促检查和问责机制。

2011—2013年,各地按照国务院统一部署,以县为单位编制实施学前教育三年行动计划,学前教育改革发展取得显著成效,资源快速扩大,财政投入不断增加,教师队伍建设逐步加强,"入园难"问题初步缓解。为巩固成果,加快学前教育发展,进一步解决"入园难"问题;继续深化改革,破解体制机制障碍,促进学前教育可持续发展;我国决定于2014—2016年实施第二期学前教育三年行动计划(以下简称"二期行动计划")。教育部、国家发展改革委和财政部于2014年11月联合制定了《关于实施第二期学前教育三年行动计划的意见》,对实施"二期行动计划"的重要意义、基本原则和主要目的、重点任务、主要措施、组织实施等内容作了具体规定。

114. 全国"教书育人楷模"评选

为切实贯彻全国教育工作会议和《国家中长期教育改革和发展规划纲要(2010—2020年)》,认真落实胡锦涛总书记提出的着力组织广大教师和教育工作者投身教育事业科学发展伟大实践的要求,大力弘扬人民教师的高尚师德,激励广大教师和教育工作者积极投身教育改革发展实践,在全社会进一步营造尊师重教的良好风尚,努力建设一支高素质专业化教师队伍,促进教育事业科学发展,教育部联合中央主要媒体和教育媒体,启动了全国教书育人楷模评选活动。

首届"全国教书育人楷模"评选活动于 2010 年正式启动,评选条件为:忠诚于党和人民的教育事业,全面贯彻党的教育方针,政治坚定;师德高尚,业务精湛,教书育人成绩显著、贡献突出,事迹感人;享有很高社会声誉,具有重要影响力,人民群众公认。31 个省市区和新疆生产建设兵团共推荐 96 名候选人。2010 年 8 月 8 日,《人民日报》、《光明日报》、《中国教育报》、《中国青年报》刊登了候选人名单及简介,教育部门户网站、人民网、新华网、光明网、中国教育新闻网、国视在线网、中国青年网等开辟专题网页刊登候选人名单及详细事迹,接受群众投票,时间为 8 月 8 日至 8 月 28 日。根据投票结果,评选委员会组织专家进行评选,最终确定了 10 名"全国教书育人楷模"和 22 名"全国教书育人楷模"提名奖获得者,并在教师节期间对获奖教师进行了表彰。

2010 年 9 月,教育部下发通知,决定在全国教育系统开展向全国教书育人楷模学习的活动。通知指出,全国教书育人楷模,集中体现了新时期人民教师忠诚党的教育事业,热爱祖国、服务人民,教书育人、为人师表的高尚师德和无私奉献精神,是广大教师和教育工作者的杰出代表。通知还强调,全国教育系统要迅速掀起向全国教书育人楷模学习活动的热潮;各地教育部门和各级各类学校要通过报纸、电视、网络、广播、校报等媒体平台,持续深入地宣传报道全国教书育人楷模的先进事迹,为推进教育事业改革发展、建设人力资源强国作出新的更大的贡献。

截至目前,"全国教书育人楷模"评选活动已成功举办七届,为促进我国教育事业科学发展,形成良好的社会风尚发挥了积极作用。2015 年 4 月,教育部教师司下发《关于协助中央媒体开展全国教书育人楷模推选工作的通知》,开启了 2015 年度全国教书育人楷模推选活动。

115. 南方科技大学的改革尝试

南方科技大学(以下简称南科大)是由广东省领导和管理、深圳市举全市之力创建的一所公办创新型大学,目标是迅速建成国际化高水平研究型大学,建成中国重大科学技术研究与拔尖创新人才培养的重要基地。首任校长为朱清时院士,现任校长为中国科学院院士、北京大学原副校长陈十一教授。2011 年 7 月 1 日深圳市政府五届二十九次常务会议审议通过《南方科技大学管理暂行办法》。

一、规定学校权责。南科大依法行使权利、履行义务,独立承担民事责任,非因法律、法规及本办法规定的事由，不受其他组织和个人的干涉；南科大根据实际需要和精简、效能的原则，设置教学、科学研究、行政管理等内部组织机构；南科大在市机构编制部门确定的编制标准范围内确定人员总额，确因工作需要，需超过编制标准配备人员总额的，应当报市机构编制部门核定；南科大以培养创新型人才为中心，依法设置和调整学科、专业，开展教学、科学研究和社会服务；南科大根据社会需求、办学条件以及国家有关规定，制定招生方案，按照科学、公开、择优的原则探索依法自主招生；南科大按照有关规定向学生收取费用，制定减免收费制度并向社会公开；南科大根据自身办学需要，与境内外高水平大学和研究机构开展科学技术交流与合作。

二、确定学校的治理结构。南科大设理事会、校长、校务委员会和校学术委员会，并根据需要设置必要的学术单位和行政单位等组织机构，按照本办法和章程的规定开展活动；理事会由政府代表，南科大校长及管理团队、教职工等代表和社会知名人士等组成；理事会会议每年至少召开两次，理事会会议应当有三分之二以上的理事出席方可以举行；校长是南科大的法定代表人，全面主持学校的教学、科研和其他行政管理工作，对理事会负责，执行理事会决议，履行法律、法规、规章及章程规定的其他职责，校长每届任期为五年，届满后经理事会同意可以连任，连任两届以上的，应当启动遴选程序并经理事会按相关规定确定。

三、确定师生权责。（一）关于教职工规定：南科大教职工实行聘用制，根据公平、公正、公开原则，面向社会公开招聘；南科大根据岗位要求，参照高等教育人力资源市场薪酬水平状况，合理确定教职工薪酬分配方案；南科大设立教职工代表大会，是教职工参与学校民主管理和监督的重要组织形式，负责选举代表参加理事会和校务委员会。（二）关于学生的规定：南科大应当依法保护学生的合法权益，为学生提供学习、科研、交流和文体活动等必要的设施和条件，并按照有利于培育人才、增进教育效果的原则，对学生进行管理，突出培养学生的自主创新能力；南科大设立奖学金和助学金，并鼓励企业事业组织、社会团体以及其他社会组织和个人按照国家有关规定设立各种形式的奖学金、助学金，对符合条件的学生给予奖励和资助；南科大学生可以依法组织学生团体，组织设立学生会；南科大建立学生申诉制度，保障学生权益。

四、加强管理与监督。南科大建立以财政拨款为主，其他多种渠道筹措经费为辅的办学经费体制；市政府将经理事会审定的对南科大的经费投入纳入财政预算，经市人大常委会审议通过后，由市财政部门及时足额拨付；南科大可以按照国家、省和本市有关规定设立基金会，接受社会捐赠，用于学校的办学和科学研究；南科大转让知识产权以及其他科学技术成果获得的收益，除按规定用于科研人员奖励外，应当用于学校办学；南科大应当建立科学、规范、公开的财务管理制度，完善经费使用内部稽核和内部控制制度；市审计部门依法对南科大实行审计监督；南科大应当将经理事会审议通过的年度工作报告和财务报告提交市政府，并向公众公开，接受社会监督；理事会理事及教职工存在违法违纪行为的，由相关部门依照有关规定和合同的约定追究责任。

南科大着力建立有利于教育公平、创新人才选拔的多元录取机制和先进的全面教育体系。学校率先改革招生制度，采用"基于高考的综合评价录取模式"招收优秀学生。学校采用个性化的培养模式，院士亲自授课、小班制教学、英语教学、书院制管理，努力培养创新人才。未来，南科大将发扬"敢闯敢试、求真务实、改革创新、追求卓越"的创校精神，突出创新、高端、前沿、国际四大办学特色，大力培养创新人才，以期早日实现其办学目标。

116. 高等学校本科教学质量与教学改革工程

为贯彻落实胡锦涛总书记在庆祝清华大学建校 100 周年大会上的重要讲话精神和教育规划纲要，进一步深化本科教育教学改革，提高本科教育教学质量，大力提升人才培养水平，教育部、财政部决定在"十二五"期间启动实施"高等学校本科教学质量与教学改革工程"（以下简称"本科教学工程"）。2011 年 7 月，教育部和财政部印发了《"十二五"期间实施"高等学校本科教学质量与教学改革工程"的意见》，其主要内容如下：

一、建设目标是：通过实施本科教学工程，初步形成中国特色的人才培养质量评价标准；引导高校主动适应国家战略需求和地方经济社会发展需求，优化专业结构，加强内涵建设，改革人才培养模式，形成一批引领改革的示范性专业；建成一批服务国家战略性新兴产业和艰苦行业发展需要的专业点；配合"卓越计划"的实施，形成一批培养高素质人才的支撑专业点；建立与国际实质等效的工程、医学等专业认证体系。

二、建设的主要内容是：（一）组织研究制定覆盖所有专业类的教学质量国家标准，推动省级教育行政部门、行业组织和高校联合制定相应的专业教学质量标准，形成我国高等教育教学质量标准体系；（二）支持高校开展专业建设综合改革试点，在人才培养模式、教师队伍、课程教材、教学方式、教学管理等影响本科专业发展的关键环节进行综合改革，强化内涵建设，为本校其他专业建设提供改革示范；（三）利用现代信息技术，发挥高校人才优势和知识文化传承创新作用，组织高校建设一批精品视频公开课程，广泛传播国内外文化科技发展趋势和最新成果，展示我国高校教师先进的教学理念、独特的教学方法、丰硕的教学成果；（四）整合各类实验实践教学资源，遴选建设一批成效显著、受益面大、影响面宽的实验教学示范中心，重在加强内涵建设、成果共享与示范引领；（五）引导高等学校建立适合本校特色的教师教学发展中心，积极开展教师培训、教学改革、研究交流、质量评估、咨询服务等各项工作，提高本校中青年教师教学能力，满足教师个性化专业化发展和人才培养特色的需要。

三、组织实施：教育部成立本科教学工程领导小组，决定本科教学工程的重大方针政策和总体规划；领导小组下设办公室，具体负责本科教学工程的日常工作；各地教育主管部门和项目承担学校应指定相关部门作为专门机构，统筹负责本地、本校本科教学工程项目的规划和实施。

四、建设资金：本科教学工程项目建设经费由中央财政、地方财政和高校自筹经费共同支持；中央部门所属院校的本科教学工程建设项目和公共系统建设项目的经费由中央财政专项资金支持，地方所属院校的项目列入国家本科教学工程的，建设经费原则上主要由地方财政或高校自筹经费支持；中央财政专项资金按照统一规划、单独核算、专款专用的原则，实行项目管理；财政部会商教育部制定《"十二五"期间"高等学校本科教学质量和教学改革工程"专项资金管理办法》（另发）；地方教育、财政主管部门或高等学校应制定相应的专项资金管理办法；项目承担学校和单位根据相应专项资金管理办法，具体负责经费的使用和管理。

本科教学工程以质量标准建设为基础，探索建立中国特色的人才培养国家标准，对于引导高等学校适应国家经济社会发展、深化教育教学改革、全面提高高等教育质量具有重要意义。

117. 留学人员回国服务体系建设

留学人员是中国人才资源的重要组成部分。吸引广大留学人员回国工作、创业或为国服务，是中国加强人才队伍建设、建设创新型国家的重要途径，也是新形势下实施科教兴国战略和人才强国战略的重要内容。

为贯彻落实《国家中长期人才发展规划纲要（2010—2020年）》，加大海外留学人才引进工作力度，加强对留学人员回国创业的支持，2011年中央组织部、人力资源和社会保障部会同教育部等部门研究制定了《关于支持留学人员回国创业的意见》（以下简称《意见》）。

《意见》提出要积极为留学人员回国创业提供政策支持。要进一步改进和完善创业贷款管理，推进金融产品和服务方式创新，加强对留学人员回国创业的金融服务。留学人员回国创办企业的，按有关规定享受相应的税收优惠政策。外籍或取得海外永久居留权的回国创业留学人员在国内取得的合法收入，依法纳税并持有税务部门出具的对外支付税务证明后，可全部兑换外汇汇出境外。回国创业留学人员以租赁方式使用国有土地进行创业，可享受各地政府优先供应土地等政策。

《意见》提出要积极为留学人员回国创业营造良好环境。对回国创业留学人员出国手续进行简化，对回国创业留学人员本人及其随行配偶、未成年子女进行落户。回国创业留学人员按照国家有关规定参加中国境内各项社会保险。妥善安排回国创业留学人员的配偶工作和子女就学，随迁配偶就业，采取个人联系和组织推荐相结合的方法，用人单位有接收条件的，要优先安排。

2011年4月19日，为进一步做好留学人员回国服务工作，经中央人才工作协调小组同意，人力资源和社会保障部出台《关于加强留学人员回国服务体系建设的意见》（以下简称《意见》），从国家层面对加强留学人员回国服务体系建设作出规定。

《意见》提出了留学人员回国服务体系建设的措施。留学人员回国服务体系建设的措施主要包括：一是完善留学人员回国服务政策，着力在生活待遇、工作条件方面创新完善有关优惠政策，不断完善"回国工作、回国创业、为国服务"三位一体的留学人员回国服务工作政策体系。二是推进留学人员回国服务网络建设，形成政府主导、社会参与、相互配合、上下互动的留学人员回国服务网络。三是加强留学人员回国服务信息平台建设，促进留学人才、项目、政策、资金等信息资源的交流和共享。四是建立完善留学人员回国服务体系运行机制。

《意见》提出了留学人员回国服务工作的内容。留学人员回国服务工作的主要内容包括：一是落实留学人员回国服务各项政策，为他们回国工作、创业和为国服务提供便利和支持。二是开展就业指导，帮助解决就业中遇到的困难和问题，实现充分就业。三是支持回国创业，落实各项鼓励留学人员回国创业措施，为留学人员创新创业提供便捷服务。四是吸引为国服务，组织办好多种形式的留学人才和项目交流会、成果展示会、留学人员为国服务团等活动，支持鼓励留学人员以各种适当形式参与祖国建设。

两项《意见》的出台对于解决留学人员回国工作、生活的后顾之忧，营造良好环境，吸引更多留学人才回国参与现代化建设具有重要意义。近年来，随着留学回国人数逐年增加，各地各部门不断加大留学人员回国服务工作力度，积极探索留学人员回国服务工作的新机制，逐步形成了以留学人员服务中心、留学人员创业园、留学人员工作站为主体的一批服务机构，留学人员回国服务体系逐步健全。

118. 国家高层次人才特殊支持计划（万人计划）

国内高层次人才是建设创新型国家的主体力量，立足国内、着眼长远，加强国内人才自主培养，是推动我国人才发展，增强自主创新能力的根本举措。我国一直高度重视国内高层次人才队伍建设,在2008年实施"千人计划"之初,中央就明确要求适时制定实施国内高层次人才支持计划,加强对国内高层次人才的培养和使用,发挥他们主力军的作用。为此,2012年8月,为加快实施人才强国战略,更好地统筹国内国外两种人才资源,造就宏大的高层次创新创业人才队伍,中央组织部、人力资源社会保障部、中央宣传部、中科院等11个部门联合出台《国家高层次人才特殊支持计划》(亦称"万人计划",以下简称"国家特支计划"),面向国内各领域遴选支持1万名杰出人才、领军人才和青年拔尖人才,加快造就一支为建设创新型国家提供坚强支撑的高层次创新创业人才队伍。

"国家特支计划"提出了突出高端、重点支持、统筹实施、创新机制的原则,并对计划的目标任务和主要构成、遴选以及支持政策与措施进行了规定。

"国家特支计划"的目标任务和主要构成。"国家特支计划"围绕建设创新型国家的战略部署,从2012年起,用10年左右时间,有计划、有重点地遴选支持1万人的高层次创新创业人才队伍建设体系。"国家特支计划"由三个层次、七类人才构成。一是杰出人才层次,计划支持100名。二是领军人才层次,包括科技创新领军人才、科技创业领军人才、哲学社会科学领军人才、教学名师、百千万工程领军人才五类,计划支持8000名。三是青年拔尖人才层次,计划支持2000名。

"国家特支计划"的遴选程序、遴选标准和评价方式。在遴选程序上,实行初评、复评两级评选。初评由各相关工程牵头部门设立评选平台,采取部门推荐或专家联名推荐等方式,面向各行各业开展申报工作。复评由各领域高级专家和有关部门负责同志组成"评选委员会",统筹全局,突出重点,对初选名单提出调整意见。在遴选标准上,注重考察入选者的能力、实绩和品行,而不简单以职称、论文取人。在评价方式上,为确保入选者业内公认、同行信服,遴选工作将按照同行评议的原则进行,实行小同行评议。

"国家特支计划"的支持政策与措施。中央组织部、人力资源社会保障部为"国家特支计划"杰出人才和领军人才授予"国家特殊支持人才"称号,颁发"国家高层次人才特殊支持计划入选证书"。统筹国家重大人才工程支持经费、国家科技计划专项经费和相关基金,为"国家特支计划"人才安排每人不高于100万元的特殊支持。

"国家特支计划"是一项"含金量"较高的、由国家对国内高层次人才提供重点支持的计划。自2012年起,"国家特支计划"已成功实施三年。在"国家特支计划"实施的三年时间里,各地以"万人计划"核心精神为指导,起草了对本地区国内高层次创新创业人才特殊支持实施办法。各高校以实施"万人计划"为契机,加强了学校骨干人才队伍建设。各国有企业以实施"万人计划"为基础,统筹建立起"培养"、"引进"、"激励"三个核心环节有机并重的"人才强企"新格局,进一步激发了企业自主培养人才的创新活力。

119. 高等学校教师职业道德规范

为贯彻落实党的十七届六中全会精神，全面提高高校师德水平，教育部、中国教科文卫体工会全国委员会于 2011 年 12 月研究制定了《高等学校教师职业道德规范》（以下简称《规范》）。《规范》的主要内容如下：

一、爱国守法。热爱祖国，热爱人民，拥护中国共产党领导，拥护中国特色社会主义制度。遵守宪法和法律法规，贯彻党和国家教育方针，依法履行教师职责，维护社会稳定和校园和谐。不得有损害国家利益和不利于学生健康成长的言行。

二、敬业爱生。忠诚人民教育事业，树立崇高职业理想，以人才培养、科学研究、社会服务和文化传承创新为己任。恪尽职守，甘于奉献。终身学习，刻苦钻研。真心关爱学生，严格要求学生，公正对待学生，做学生良师益友。不得损害学生和学校的合法权益。

三、教书育人。坚持育人为本，立德树人。遵循教育规律，实施素质教育。注重学思结合，知行合一，因材施教，不断提高教育质量。严慈相济，教学相长，诲人不倦。尊重学生个性，促进学生全面发展。不拒绝学生的合理要求。不得从事影响教育教学工作的兼职。

四、严谨治学。弘扬科学精神，勇于探索，追求真理，修正错误，精益求精。实事求是，发扬民主，团结合作，协同创新。秉持学术良知，恪守学术规范。尊重他人劳动和学术成果，维护学术自由和学术尊严。诚实守信，力戒浮躁。坚决抵制学术失范和学术不端行为。

五、服务社会。勇担社会责任，为国家富强、民族振兴和人类进步服务。传播优秀文化，普及科学知识。热心公益，服务大众。主动参与社会实践，自觉承担社会义务，积极提供专业服务。坚决反对滥用学术资源和学术影响。

六、为人师表。学为人师，行为世范。淡泊名利，志存高远。树立优良学风教风，以高尚师德、人格魅力和学识风范教育感染学生。模范遵守社会公德，维护社会正义，引领社会风尚。言行雅正，举止文明。自尊自律，清廉从教，以身作则。自觉抵制有损教师职业声誉的行为。

《规范》的制定和实施对于加强与改进高校师德建设，引导广大教师自觉践行社会主义核心价值体系，加强自身修养，弘扬高尚师德，提高高等教育质量具有重要现实意义；对于深入开展社会主义荣辱观教育，全面加强学校德育体系建设，提高全民族文明素质具有广泛的社会意义。

120. 国务院关于加强教师队伍建设的意见

百年大计，教育大计，教师为本。有一流的教师，才有一流的教育，才能建成一流的国家。改革开放特别是党的十六大以来，各地区各有关部门采取一系列政策措施，大力推进教师队伍建设，取得了显著成绩。但我国教师队伍整体素质还有待提高，队伍结构不尽合理，教师管理体制机制还有待完善，农村教师的职业吸引力亟待提升。为深入实施科教兴国战略和人才强国战略，进一步加强教师队伍建设，国务院于2012年8月20日出台了《关于加强教师队伍建设的意见》（以下简称《意见》）。

一、总体目标是：到2020年，形成一支师德高尚、业务精湛、结构合理、充满活力的高素质专业化教师队伍。幼儿园教师队伍建设要以补足配齐为重点，中小学教师队伍建设要以农村教师为重点，高等学校教师队伍建设要以中青年教师和创新团队为重点。

二、加强教师思想政治教育和师德建设。强调要全面提高教师思想政治素质，坚持和完善理论学习制度，创新理论学习的方式和载体，加强中国特色社会主义理论体系教育，不断提高教师的理论修养和思想政治素质；构建师德建设长效机制，建立健全教育、宣传、考核、监督与奖惩相结合的师德建设工作机制；开展各种形式的师德教育，把教师职业理想、职业道德、学术规范以及心理健康教育融入职前培养、准入、职后培训和管理的全过程。

三、大力提高教师专业化水平。完善教师专业发展标准体系，根据各级各类教育的特点，出台幼儿园、小学、中学、职业学校、高等学校、特殊教育学校教师专业标准；提高教师培养质量，完善师范生招生制度，科学制定招生计划，确保招生培养与教师岗位需求有效衔接，实行提前批次录取，选拔乐教适教的优秀学生攻读师范类专业；建立教师学习培训制度，完善教师培养培训体系，培养造就高端教育人才。

四、建立健全教师管理制度。加强教师资源配置管理，逐步实行城乡统一的中小学教职工编制标准，对农村边远地区实行倾斜政策；严格教师资格和准入制度，修订《教师资格条例》，提高教师任职学历标准、品行和教育教学能力要求；加快推进教师职务（职称）制度改革，分类推进教师职务（职称）制度改革，完善符合各类教师职业特点的职务（职称）评价标准；全面推行聘用制度和岗位管理制度，健全教师考核评价制度。

五、切实保障教师合法权益和待遇。完善教师参与治校治学机制，建立健全教职工代表大会制度，保障教职工参与学校决策的合法权利；强化教师工资保障机制，依法保证教师平均工资水平不低于或者高于国家公务员的平均工资水平，并逐步提高，保障教师工资按时足额发放；健全教师社会保障制度，按照事业单位改革的总体部署，推进教师养老保障制度改革，按规定为教师缴纳社会保险费及住房公积金。

六、确保教师队伍建设政策措施落到实处。加强组织领导，各级人民政府要切实加强对教师工作的组织领导，把教师队伍建设列入重要议事日程抓实抓好；加强经费保障，各级人民政府要加大对教师队伍建设的投入力度，新增财政教育经费要把教师队伍建设作为投入重点之一，切实保障教师培养培训、工资待遇等方面的经费投入；加强考核督导，要把教师队伍建设情况作为各地区各有关部门政绩考核、各级各类学校办学水平评估的重要内容，作为评优评先、表彰奖励的重要依据。

《意见》出台之后，教育部又联合多部门颁布了关于大力推进农村义务教育教师队伍建设、加强高校青年教师队伍建设、加强幼儿园教师队伍建设、加强特殊教育教师队伍建设、深化教师教育改革、职业学校兼职教师管理办法等六项意见，多措并举解决教师队伍建设瓶颈问题，对于加强我国教师队伍建设具有重要作用。

121. 教育部关于全面提高高等教育质量的若干意见（"高教 30 条"）

为深入贯彻落实胡锦涛总书记在庆祝清华大学建校 100 周年大会上的重要讲话精神和《国家中长期教育改革和发展规划纲要（2010—2020 年）》，大力提升人才培养水平、增强科学研究能力、服务经济社会发展、推进文化传承创新，全面提高高等教育质量，教育部于 2012 年 3 月发布《关于全面提高高等教育质量的若干意见》，共计 30 条具体措施，故称为"高教 30 条"。

一、坚持内涵式发展。要求高校牢固确立人才培养的中心地位，树立科学的高等教育发展观，坚持稳定规模、优化结构、强化特色、注重创新，走以质量提升为核心的内涵式发展道路。稳定规模，保持公办普通高校本科招生规模相对稳定，高等教育规模增量主要用于发展高等职业教育、继续教育、专业学位硕士研究生教育以及扩大民办教育和合作办学。优化结构，调整学科专业、类型、层次和区域布局结构，适应国家和区域经济社会发展需要，满足人民群众接受高等教育的多样化需求。

二、促进高校办出特色。要求高校探索建立高校分类体系，制定分类管理办法，克服同质化倾向；根据办学历史、区位优势和资源条件等，确定特色鲜明的办学定位、发展规划、人才培养规格和学科专业设置；加快建设若干所世界一流大学和一批高水平大学，建设一批世界一流学科，继续实施"985 工程"、"211 工程"和"优势学科创新平台"、"特色重点学科项目"；加强师范、艺术、体育以及农林、水利、地矿、石油等行业高校建设，突出学科专业特色和行业特色；加强地方本科高校建设，以扶需、扶特为原则，发挥政策引导和资源配置作用，支持有特色高水平地方高校发展。加强高职学校建设，重点建设好高水平示范（骨干）高职学校。

三、完善人才培养质量标准体系。全面实施素质教育，把促进人的全面发展和适应社会需要作为衡量人才培养水平的根本标准。建立健全符合国情的人才培养质量标准体系，落实文化知识学习和思想品德修养、创新思维和社会实践、全面发展和个性发展紧密结合的人才培养要求。会同相关部门、科研院所、行业企业，制订实施本科和高职高专专业类教学质量国家标准，制订一级学科博士、硕士学位和专业学位基本要求。鼓励行业部门依据国家标准制订相关专业人才培养评价标准。高校根据实际制订科学的人才培养方案。

四、优化学科专业和人才培养结构。修订学科专业目录及设置管理办法，建立动态调整机制，优化学科专业结构。落实和扩大高校学科专业设置自主权，按照学科专业设置管理规定，除国家控制布点专业外，本科和高职高专专业自主设置，研究生二级学科自主设置，在有条件的学位授予单位试行自行增列博士、硕士一级学科学位授权点。开展本科和高职高专专业综合改革试点，支持优势特色专业、战略性新兴产业相关专业和农林、水利、地矿、石油等行业相关专业以及师范类专业建设。建立高校毕业生就业和重点产业人才供需年度报告制度，健全专业预警、退出机制。连续两年就业率较低的专业，除个别特殊专业外，应调减招生计划直至停招。

五、创新人才培养模式。实施基础学科拔尖学生培养试验计划，建设一批国家青年英才培养基地，探索拔尖创新人才培养模式。实施卓越工程师、卓越农林人才、卓越法律人才等教育培养计划，以提高实践能力为重点，探索与有关部门、科研院所、行业企业联合培养人才模式。推进医学教育综合改革，实施卓越医生教育培养计划，探索适应国家医疗体制改革需要的临床医学人才培养模式。

"高教30条"对于大力提升高等教育人才培养水平、增强科学研究能力，推进文化传承创新，全面提高高等教育质量具有重要指导意义。

122. 高等学校创新能力提升计划（2011计划）

为贯彻落实胡锦涛总书记在庆祝清华大学建校100周年大会上的重要讲话精神，积极推动协同创新，促进高等教育与科技、经济、文化的有机结合，大力提升高等学校的创新能力，支撑创新型国家和人力资源强国建设，教育部和财政部于2012年3月制定了《关于实施高等学校创新能力提升计划的意见》，决定实施"高等学校创新能力提升计划"（以下简称"2011计划"）。

一、总体目标是：充分发挥高等学校多学科、多功能的优势，积极联合国内外创新力量，有效整合创新资源，构建协同创新的新模式与新机制，形成有利于协同创新的文化氛围；建立一批"2011协同创新中心"，集聚和培养一批拔尖创新人才，取得一批重大标志性成果，成为具有国际重大影响的学术高地、行业产业共性技术的研发基地、区域创新发展的引领阵地和文化传承创新的主力阵营。

二、重点任务是：构建协同创新平台与模式，以人才、学科、科研三位一体的创新能力提升为核心，坚持"高起点、高水准、有特色"，充分利用高等学校已有的基础，汇聚社会多方资源，大力推进高等学校与高等学校、科研院所、行业企业、地方政府以及国际社会的深度融合，探索建立适应于不同需求、形式多样的协同创新模式；建立协同创新机制与体制，坚持政府主导与市场机制相结合，突破制约高等学校创新能力提升的内部机制障碍，打破高等学校与其他创新主体间的体制壁垒，把人才作为协同创新的核心要素，通过系统改革，充分释放人才、资本、信息、技术等方面的活力，营造有利于协同创新的环境氛围。

三、组织实施：教育部、财政部联合成立领导小组，负责顶层设计、宏观布局、统筹协调、经费投入等重大事项决策；领导小组下设办公室，负责规划设计、组织实施、监督管理等工作，办公地点设在教育部。"2011计划"从2012年开始实施，四年为一周期，按照培育组建、评审认定、绩效评价三个阶段开展；在充分培育并达到申报要求的前提下，由协同创新体联合提出"2011协同创新中心"的认定申请；国家每年组织一次评审，按照一定数量和规模，择优遴选不同类型的协同创新中心；发挥协同创新的引导和聚集作用，充分利用现有各类资源和条件，广泛吸纳社会多方面的支持和投入；中央财政设立专项资金，对经批准认定的"2011协同创新中心"，可给予引导性或奖励性支持。

"2011计划"以人才、学科、科研三位一体的创新能力提升为核心任务，以高校、科研机构、企业协同创新中心为载体，以创新发展方式转变为主线，是继"211工程"、"985工程"之后，我国大力提升高校创新能力、全面提高高等教育质量的重大决策，在突破高校内外部机制体制壁垒，释放人才、资源等创新要素活力等方面具有重要意义。

123. 国务院关于深入推进义务教育均衡发展的意见

为贯彻落实《国家中长期教育改革和发展规划纲要（2010—2020年）》，巩固提高九年义务教育水平，深入推进义务教育均衡发展，国务院于2012年9月下发了《关于深入推进义务教育均衡发展的意见》（以下简称《意见》）。

一、基本目标是：每一所学校符合国家办学标准，办学经费得到保障。教育资源满足学校教育教学需要，开齐国家规定课程。教师配置更加合理，提高教师整体素质。学校班额符合国家规定标准，消除"大班额"现象。率先在县域内实现义务教育基本均衡发展，县域内学校之间差距明显缩小。到2015年，全国义务教育巩固率达到93%，实现基本均衡的县（市、区）比例达到65%；到2020年，全国义务教育巩固率达到95%，实现基本均衡的县（市、区）比例达到95%。

二、优化资源配置。（一）推动优质教育资源共享。扩大优质教育资源覆盖面，发挥优质学校的辐射带动作用，鼓励建立学校联盟，探索集团化办学，提倡对口帮扶，实施学区化管理，整体提升学校办学水平；提高社会教育资源利用水平，博物馆、科技馆、文化馆、图书馆、展览馆、青少年校外活动场所、综合实践基地等机构要积极开展面向中小学生的公益性教育活动。（二）均衡配置办学资源。进一步深化义务教育经费保障机制改革，统筹考虑城乡经济社会发展状况和人民群众的教育需求，以促进公平和提高质量为导向，加大投入力度，完善保障内容，提高保障水平；推进义务教育学校标准化建设，省级政府要依据国家普通中小学校建设标准和本地区标准，为农村中小学配齐图书、教学实验仪器设备、音体美等器材，着力改善农村义务教育学校学生宿舍、食堂等生活设施，妥善解决农村寄宿制学校管理服务人员配置问题。（三）合理配置教师资源。改善教师资源的初次配置，采取各种有效措施，吸引优秀高校毕业生和志愿者到农村学校或薄弱学校任教；各地逐步实行城乡统一的中小学编制标准，并对村小学和教学点予以倾斜；实行县域内公办学校校长、教师交流制度。

三、促进教育公平。保障进城务工人员随迁子女平等接受义务教育；建立健全农村留守义务教育学生关爱服务体系；重视发展义务教育阶段特殊教育；关心扶助需要特别照顾的学生；经批准招收适龄儿童少年进行文艺、体育等专业训练的社会组织，要保障招收的适龄儿童少年接受义务教育。

四、加强管理，提高义务教育质量。（一）加强和改进学校管理。完善学生学籍管理办法；规范招生办法；规范财务管理；规范收费行为，各地要强化学校代收费行为监管，规范学校或教育部门接受社会组织、个人捐赠行为，禁止收取与入学升学挂钩的任何费用。（二）加强组织领导和督导评估。省级政府要建立推动有力、检查到位、考核严格、奖惩分明、公开问责的义务教育均衡发展推进责任机制；加强对义务教育均衡发展的督导评估工作，对县域内义务教育在教师、设备、图书、校舍等资源配置状况和校际在相应方面的差距进行重点评估。（三）全面提高义务教育质量。树立科学的教育质量观，以素质教育为导向，促进学生德智体美全面发展和生动活泼主动发展，培养学生的社会责任感、创新精神和实践能力；切实减轻学生过重课业负担。各地不得下达升学指标，不得单纯以升学率对地区和学校排名。

《意见》对深入推进义务教育均衡发展，全面提高义务教育质量，促进教育公平、构建社会主义和谐社会，进一步提升国民素质、建设人力资源强国，具有重要意义。

124. 异地高考

随着城市化的快速推进，城市非户籍常住人口就地高考的呼声日益强烈，如何保障这些同样为城市建设作出贡献的非户籍家庭子女的受教育权，已是不容回避的问题。

2012年全国两会前夕，山东率先"破冰"，允许非户籍考生2014年就地高考，引起社会广泛关注。2012年8月，国务院办公厅转发教育部等部门《关于做好进城务工人员随迁子女接受义务教育后在当地参加升学考试工作的意见》，要求各省、区、市因地制宜，在年底前出台有关随迁子女升学考试的方案，推动异地高考的实现；各地区、各有关部门要加强对随迁子女升学考试工作的组织领导，明确责任分工，密切协作配合，形成齐抓共管的工作格局；各地招生考试委员会要统筹做好随迁子女升学考试工作，教育部门会同有关部门依据随迁子女升学考试人数合理调配资源，做好招生计划编制、考生报名组织、考试实施以及招生录取等工作；发展改革部门要将进城务工人员随迁子女教育纳入当地经济社会发展规划；公安部门要加强对流动人口的服务管理，及时提供进城务工人员及其随迁子女的居住等相关信息；人力资源社会保障部门要及时提供进城务工人员的就业和社保信息。

根据上述文件的要求，北京市于2012年12月制定出台了《进城务工人员随迁子女接受义务教育后在京参加升学考试工作方案》，方案提出要进一步完善进城务工人员服务管理制度，抓紧研究出台与之相挂钩的随迁子女升学考试具体实施办法；在实施办法出台之前和出台后三年内，为了方便随迁子女在京升学考试，实行以下过渡措施：一、自2013年起，凡进城务工人员持有有效北京市居住证明，有合法稳定的住所，合法稳定职业已满3年，在京连续缴纳社会保险已满3年，其随迁子女具有本市学籍且已在京连续就读初中3年学习年限的，可以参加北京市中等职业学校的考试录取；二、自2014年起，凡进城务工人员持有有效北京市居住证明，有合法稳定的住所，合法稳定职业已满6年，在京连续缴纳社会保险已满6年，其随迁子女具有本市学籍且已在京连续就读高中阶段教育3年学习年限的，可以在北京参加高等职业学校的考试录取；三、自2014年起，凡进城务工人员持有有效北京市居住证明，具有合法稳定职业及合法稳定住所，其随迁子女具有本市学籍且已在京连续就读高中阶段教育3年学习年限的，可选择在京借考高考，北京市按教育部相关文件规定，经学生户籍所在省同意后为学生提供高考文化课在京借考服务，学生回户籍所在省参加高校招生录取。

上海市也于2012年12月制定出台了《进城务工人员随迁子女接受义务教育后在沪参加升学考试工作方案》，方案提出于2014年实施与《上海市居住证管理办法》相衔接的进城务工人员随迁子女接受义务教育后在沪参加升学考试的具体方案，以《上海市居住证管理办法》为依据，有梯度地为进城务工人员随迁子女提供接受义务教育后的公共教育服务：一、进城务工人员符合上海市进城务工人员管理制度规定的基本要求并达到一定积分的，其子女可在本市参加高中阶段学校招生考试，接受高中阶段教育（普通高中教育或中等职业教育）；参加高中阶段学校招生考试并完成高中阶段完整学习经历后，可在本市参加普通高等学校招生考试。二、进城务工人员符合上海市进城务工人员管理制度规定的基本要求的，其子女可在上海参加全日制中等职业学校的自主招生考试，接受全日制中等职业教育；参加全日制中等职业学校自主招生并完成全日制中等职业教育完整学习经历后，可在上海市参加普通高等职业学校自主招生考试；参加全日制普通高等职业学校自主招生并完成高等职业教育完整学习经历后，可在本市参加普通高等学校专升本招生考试。

广东省亦于2012年12月制定出台了《关于做好进城务工人员随迁子女接受义务教育后在我省参加升学考试工作的意见》，明确提出：一、异地务工人员、高技能人才及其随迁子女在广东省入户的，随迁子女不受入户年限、就学年限等限制，自2013年起可在广东省报名参加高考，并可与入户地户籍考生同等录取；二、经县（市、区）人民政府主管部门认定的在广东省具有合法稳定职业、合法稳定住所并连续3年以上持有广东省居住证、按国家规定参加社会保险累计3年以上的进城务工人员，其随迁子女具有广东省中职学校3年完整学籍的，自2014年起可在广东省报名参加高等职业学院招收中职学校毕业生招生考试，并可与广东省户籍考生同等录取；三、经县（市、区）人民政府主管部门认定的在广东省具有合法稳定职业、合法稳定住所并连续3年以上持有广东省居住证、按国家规定在广东省参加社会保险累计3年以上的进城务工人员，其随迁子女在广东省参加中考并在父母就业所在城市具有高中阶段3年完整学籍的，自2016年起可在广东省报名参加高考，与广东省户籍考生同等录取。

开放异地高考有利于进一步解决外来务工子女的升学问题，使更多外来务工子女能够更好地享受父母务工所在地的教育资源。

125. 校车安全管理条例

为了加强校车安全管理，保障乘坐校车学生的人身安全，国务院于2012年制定了《校车安全管理条例》（以下简称《条例》）。

一、明确规定国务院所属教育、公安、交通运输以及工业和信息化、质量监督检验检疫、安全生产监督管理等部门依照法律、行政法规和国务院的规定，负责校车安全管理的有关工作。

二、规范学校和校车服务提供者。依法设立的道路旅客运输经营企业、城市公共交通企业，以及根据县级以上地方人民政府规定设立的校车运营单位，可以提供校车服务。配备校车的学校和校车服务提供者应当建立健全校车安全管理制度，配备安全管理人员。县级以上地方人民政府教育行政部门应当指导、监督学校建立健全校车安全管理制度，落实校车安全管理责任，组织学校开展交通安全教育。

三、明确取得校车使用许可应当符合的条件：（一）车辆符合校车安全国家标准，取得机动车检验合格证明，并已经在公安机关交通管理部门办理注册登记；（二）有取得校车驾驶资格的驾驶人；（三）有包括行驶线路、开行时间和停靠站点的合理可行的校车运行方案；（四）有健全的安全管理制度；（五）已经投保机动车承运人责任保险。

四、明确规定取得校车驾驶资格应当符合下列条件：（一）取得相应准驾车型驾驶证并具有3年以上驾驶经历，年龄在25周岁以上、不超过60周岁；（二）最近连续3个记分周期内没有被记满分记录；（三）无致人死亡或者重伤的交通事故责任记录；（四）无饮酒后驾驶或者醉酒驾驶机动车记录，最近1年内无驾驶客运车辆超员、超速等严重交通违法行为记录；（五）无犯罪记录；（六）身心健康，无传染性疾病，无癫痫、精神病等可能危及行车安全的疾病病史，无酗酒、吸毒行为记录。

此外，《条例》还对校车通行安全、校车乘车安全及相关的法律责任等内容作了具体规定。《条例》的制定和施行为加强校车安全管理，保障乘坐校车学生的人身安全发挥了重要作用。

126. 全国统一中小学生学籍管理制度

传统学籍转接工作模式需要家长在两地往返奔波办理转学手续，学籍转接工作效率较低、成本较高。随着流动人口的增加，传统的学籍管理制度已越来越不适应我国发展需要，建立全国统一的学籍管理制度显得十分必要和紧迫。为此，2013年8月，教育部印发了《中小学生学籍管理办法》（以下简称《办法》），标志着全国统一的学籍信息管理制度正式建立。该《办法》共5章30条，分为总则、学籍建立、学籍变动管理、保障措施、附则。

一、规定了学生学籍管理采用的方式和实行的管理体制。学生学籍管理采用信息化方式，实行分级负责、省级统筹、属地管理、学校实施的管理体制；国务院教育行政部门宏观指导各地学生学籍管理工作，省级教育行政部门统筹本行政区域内学生学籍管理工作，地（市）级教育行政部门负责指导、督促县级教育行政部门认真落实国家和本省（区、市）关于学生学籍管理的各项规定和要求，县级教育行政部门具体负责本行政区域内学校的学生学籍管理工作，学校负责学籍信息收集、汇总、校验、上报，应用电子学籍系统开展日常学籍管理工作，确保信息真实、准确、完整。

二、规定了学籍建立的具体要求，学籍档案的内容、形式、转接办法和学籍基本信息修改程序等内容。学生初次办理入学注册手续后，学校应为其采集录入学籍信息，建立学籍档案，通过电子学籍系统申请学籍号；学籍号以学生居民身份证号为基础生成，一人一号，终身不变，学籍号具体生成规则由国务院教育行政部门另行制订；学校不得以虚假信息建立学生学籍，不得重复建立学籍。学籍管理实行"籍随人走"，除普通学校接收特殊学校学生随班就读、特殊教育学校、工读学校外，学校不接收未按规定办理转学手续的学生入学。

三、赋予省级教育行政部门根据国家法律法规和当地实际统筹制定各学段各类学籍变动的具体条件和要求的责任，规定了各类学籍变动发生时的处理办法。各学段各类学籍变动的具体条件和要求由省级教育行政部门根据国家法律法规和当地实际统筹制定；正常升级学生的学籍信息更新，由电子学籍系统完成；学生学籍信息发生变化，学籍进行转接或学生毕业（结业、肄业）时，学校应及时维护电子学籍系统中的有关信息，并将证明材料归入学生学籍档案。

四、提出了学籍管理的保障措施，要求建立学籍复核制度、保密制度和责任追究制度。地方教育行政部门和学校应当为学籍管理提供必要的保障条件，配备或指定学籍管理员，完善管理制度，建立工作机制；应当每学期复核学生学籍，确保学籍变动手续完备、学生基本信息和学籍变动信息准确；各级教育行政部门和学校要建立严格的保密制度；非经学籍主管部门书面批准，学籍信息一律不得向外提供，严防学籍信息外泄和滥用。

加强中小学生学籍管理是加快推进教育现代化、提高科学管理水平、深入实施素质教育的客观要求，是转变基础教育管理方式、改进工作作风的重要内容。《办法》的颁布和实施对于推进义务教育均衡发展，促进教育公平，加强教育监管和提高教育公共服务水平具有十分重要的意义。

127. 高等学校章程制定暂行办法

为完善中国特色现代大学制度，指导和规范高等学校章程建设，促进高等学校依法治校、科学发展，依据教育法、高等教育法及其他有关规定，教育部于2011年11月发布了《高等学校章程制定暂行办法》（以下简称《办法》）。

一、明确规定了高等学校制定章程应当以中国特色社会主义理论体系为指导，以宪法、法律法规为依据，坚持社会主义办学方向，遵循高等教育规律，推进高等学校科学发展；应当促进改革创新，围绕人才培养、科学研究、服务社会、推进文化传承创新的任务，依法完善内部法人治理结构，体现和保护学校改革创新的成功经验与制度成果；应当着重完善学校自主管理、自我约束的体制、机制，反映学校的办学特色。

二、章程应当按照高等教育法的规定，载明以下内容：（一）学校的登记名称、简称、英文译名等，学校办学地点、住所地；（二）学校的机构性质、发展定位，培养目标、办学方向；（三）经审批机关核定的办学层次、规模；（四）学校的主要学科门类，以及设置和调整的原则、程序；（五）学校实施的全日制与非全日制、学历教育与非学历教育、远程教育、中外合作办学等不同教育形式的性质、目的、要求；（六）学校的领导体制、法定代表人，组织结构、决策机制、民主管理和监督机制，内设机构的组成、职责、管理体制；（七）学校经费的来源渠道、财产属性、使用原则和管理制度，接受捐赠的规则与办法；（八）学校的举办者，举办者对学校进行管理或考核的方式、标准等，学校负责人的产生与任命机制，举办者的投入与保障义务；（九）章程修改的启动、审议程序，以及章程解释权的归属；（十）学校的分立、合并及终止事由，校徽、校歌等学校标志物、学校与相关社会组织关系等学校认为必要的事项，以及本办法规定的需要在章程中规定的重大事项。

三、章程应当按照高等教育法的规定，明确学校在以下方面享有办学自主权：（一）开展教学活动、科学研究、技术开发和社会服务；（二）设置和调整学科、专业；（三）制订招生方案，调节系科招生比例，确定选拔学生的条件、标准、办法和程序；（四）制订学校规划并组织实施；（五）设置教学、科研及行政职能部门；（六）确定内部收入分配原则；（七）招聘、管理和使用人才；（八）学校财产和经费的使用与管理；（九）其他学校可以自主决定的重大事项。

此外，《办法》还对章程的制定程序、章程的核准与监督等内容作了具体规定。《办法》的颁布和实施对于指导和规范高等学校章程建设，促进高等学校依法治校、科学发展具有重要意义。

128. 高等学校哲学社会科学繁荣计划（2011—2020 年）

为贯彻落实党的十七届六中全会精神，深入推进高校哲学社会科学繁荣发展，2011 年 11 月，教育部、财政部联合下发了《高等学校哲学社会科学繁荣计划（2011—2020 年）》（以下简称《繁荣计划》）。

一、未来十年高等学校哲学社会科学的主要任务是：积极参与马克思主义理论研究和建设工程，深入开展中国特色社会主义道路、理论体系、制度的研究宣传；以研究解决重大理论和现实问题为重点，凝练学术方向、汇聚研究队伍、增强发展活力，构建哲学社会科学研究创新平台体系；统筹基础理论研究、应用对策研究，重点支持跨学科研究、综合研究和战略预测研究；推进哲学社会科学成果的转化应用，强化哲学社会科学育人功能，普及哲学社会科学知识，大力开展决策咨询研究；构建方便快捷、资源共享的哲学社会科学研究条件支撑体系，全面提高保障水平；造就一批学贯中西、享誉国际的名家大家；坚持"走出去"与"请进来"相结合，加强统筹规划，创新思路办法；深化科研体制机制改革，创新科研组织形式；加强科研诚信和学风建设，完善以创新和质量为导向的科研评价制度。

二、确定重点建设内容是：积极参与马克思主义理论研究和建设工程，深化马克思主义基础理论和基本观点研究，加强马克思主义经典著作研究，深入开展中国特色社会主义道路、理论体系、制度的研究宣传；推进人文社会科学重点研究基地建设，按照立足创新、提高质量、增强能力、服务国家的总体要求，构建特色鲜明、优势突出、结构合理、协调发展的人文社会科学重点研究基地体系；加强哲学社会科学基础研究；加强哲学社会科学应用对策研究；加强哲学社会科学优秀成果推广普及；推动哲学社会科学优秀成果和优秀人才走向世界；加强哲学社会科学基础支撑和信息化建设；开展哲学社会科学优秀成果评奖和表彰。

三、经费保障与组织实施：保障经费投入，由中央财政专项支持，鼓励各地区、各部门、各高等学校在中央财政资金支持的基础上，结合自身特点，积极筹措经费支持《繁荣计划》的实施；加强经费管理，各类建设项目和经费使用坚持公开透明、公平公正原则，完善管理体制，教育部、财政部共同成立《繁荣计划》管理委员会，负责审定《繁荣计划》管理规章制度，决定《繁荣计划》实施中的重大事项；坚持公平竞争、择优立项，繁荣计划管理委员会办公室根据《繁荣计划》建设目标和任务，制定年度项目指南，经繁荣计划管理委员会审议通过后，面向全国高等学校组织申报和评审，提出立项方案报繁荣计划管理委员会审批；坚持项目建设与教育改革试点相结合，充分发挥《繁荣计划》建设项目的导向作用和示范效应，推动教育改革和体制机制创新。

之后，教育部又下发了《关于进一步改进高等学校哲学社会科学研究评价的意见》、《高等学校哲学社会科学"走出去"计划》、《高等学校人文社会科学重点研究基地建设计划》等配套文件，以保障《高等学校哲学社会科学繁荣计划》的顺利实施。

《高等学校哲学社会科学繁荣计划》立足我国实际，谋划未来发展，明确了未来十年我国高校哲学社会科学发展的总体目标和主要任务，提出了高校哲学社会科学重点建设的主要内容，对于促进我国哲学社会科学事业的发展具有重要指导意义。

129. 全面推进依法治校实施纲要

为贯彻落实党的十八大精神，进一步推动《国家中长期教育改革和发展规划纲要（2010—2020年）》的实施，在各级各类学校深入贯彻科学发展观，全面落实依法治国要求，大力推进依法治校，建设现代学校制度，教育部于2012年11月研究制定了《全面推进依法治校实施纲要》（以下简称《纲要》）。

一、提出要深刻认识全面推进依法治校的重要性与紧迫性。推进依法治校，是学校适应加快建设社会主义法治国家要求；是深化教育体制改革，推进政校分开、管办分离，建设现代学校制度的内在要求；是适应教育发展新形势，提高管理水平与效益，实现教育现代化的重要保障。教育部《关于大力加强依法治校工作的通知》下发后，依法办学和依法管理的意识和能力明显提高，但与教育改革发展的新形势、新任务相比，与全面推进依法治国的新要求相比，还存在较大差距。

二、提出全面推进依法治校的总体要求：学校要牢固树立依法办事、尊重章程、法律规则面前人人平等的理念；要以建设现代学校制度为目标，落实和规范学校办学自主权，形成政府依法管理学校，学校依法办学、自主管理，教师依法执教，社会依法支持和参与学校管理的格局；要切实落实师生主体地位，大力提高自律意识、服务意识，依法落实和保障师生的知情权、参与权、表达权和监督权。

三、加强章程建设，健全学校依法办学自主管理的制度体系。高等学校要依据《高等学校章程制定暂行办法》制定或者修改章程，由教育部或者省级教育行政部门核准；普通中小学、幼儿园、中等职业学校章程，由主管教育行政部门核准。学校制定章程或者关系师生权益的重要规章制度，要遵循民主、公开的程序，广泛征求校内外利益相关方的意见。学校要设立或者指定专门机构，按照法制统一的原则，对校内规章制度进行审查。

四、健全科学决策、民主管理机制，完善学校治理结构。依法健全科学民主决策机制；完善决策执行与监督机制；完善民主管理和监督机制；建立中小学家长委员会制度；依法健全社会参与机制，积极探索扩大社会参与学校办学与管理的渠道与方式。

五、依法办学，落实师生主体地位，形成自由平等公正法治的育人环境。依法组织和实施办学活动；依法建设平等校园环境；尊重和保护学生权利；尊重和保障教师权利；建立健全学术自由的保障与监督机制；大力推进信息公开和办事公开，学校配置资源以及实施干部选拔任用、专业技术职务评聘、岗位聘任、学术评价和各种评优、选拔活动，要按照公开公正的原则，制定具体的实施规则，实现过程和结果的公开透明，接受利益相关方的监督。

六、健全学校权利救济和纠纷解决机制，有效化解矛盾纠纷。依法健全校内纠纷解决机制；完善教师学生权利救济制度；健全安全管理及突发事件的应急处理机制，建立学校安全风险管理制度、学生伤害事故调解制度,健全安全风险的事前预防、事后转移机制。

七、深入开展法制宣传教育,形成浓厚的学校法治文化氛围。切实加强对学校领导干部、职能部门工作人员依法治校意识与能力的培养;全面提高教师依法执教的意识与能力;加强和改善学生法制教育,认真落实教育系统普法规划的要求,开展好"法律进课堂"活动。

八、加强组织与考核,切实提高依法治校的能力与水平。完善依法治校工作机制,学校要将依法治校纳入整体工作规划,明确学校领导班子、各级职能部门、工作岗位的职责,建立健全工作要求与目标考核机制;健全依法治校考核评价机制,教育行政部门要把依法治校情况,作为对学校进行综合评估重要方面,在对学校办学和管理评估考核中,更加突出依法治校综合考核的作用。

九、转变政府职能,加强对学校依法治校的保障。切实转变对学校的行政管理方式;依法建立健全对学校的监督和指导机制;深入开展依法治校示范学校创建活动。

《纲要》对学校按照法治精神与原则,转变管理理念和手段、方式提出了系统要求,是一个具有里程碑意义的文件,对推动我国学校行政管理体制和内部治理机制改革具有重大的现实意义和深远的历史意义。

130. 财政性教育经费占 GDP 比例 4% 目标实现

百年大计,教育为本。教育的发展离不开财政的支持,国家财政性教育经费支出占国内生产总值 4% 的指标是国际上衡量教育水平的基础线。据世界银行测算,2000 年教育财政投入全世界平均为 4.4%,其中高收入国家平均为 5.3%,印度亦已达到 4.1%。

而在中国,早在 1993 年,中共中央、国务院发布的《中国教育改革和发展纲要》中就提出,国家财政性教育经费支出占 GDP 比例要达到 4%。但由于中国 GDP 增长速度快、财政收入占 GDP 比例基数较低等多种原因,这一目标未能如期实现。之后,虽然国家财政性教育经费支出占 GDP 比例不断上升,2010 年达到 3.66%,但直到 2011 年,4% 的目标仍未实现。

2012 年 3 月,温家宝总理在十一届全国人大五次会议上明确提出,2012 年中央财政按全国财政性教育经费支出占国内生产总值的 4% 编制预算,地方财政也要相应安排,确保实现这一目标。根据政府工作报告的要求,2011 年 6 月,国务院印发《关于进一步加大财政教育投入的意见》,要求落实法定增长要求,切实提高财政教育支出占公共财政支出比重;拓宽经费来源渠道,多方筹集财政性教育经费;统一内外资企业和个人教育费附加制度,全面开征地方教育附加,从土地出让收益中按比例计提教育资金。

2012年7月，国务院召开全国教育投入和管理工作电视电话会议，中共中央政治局委员、国务委员刘延东出席会议并讲话。会议对进一步加大财政教育投入、切实加强教育经费管理工作进行了部署。为加强4%目标落实工作的协调和指导，教育部、财政部、发展改革委联合成立了设在教育部的4%办公室。

2013年3月5日，国务院总理温家宝在十二届全国人大一次会议上作政府工作报告时说，国家财政性教育经费支出五年累计7.79万亿元，年均增长21.58%，2012年占国内生产总值比例达到4%；教育资源重点向农村、边远、民族、贫困地区倾斜，教育公平取得明显进步。

2013年12月，教育部、国家统计局、财政部发布了2012年全国教育经费执行情况统计公告。公告显示，2012年国家财政性教育经费为22236.23亿元，占GDP比例为4.28%，比上年的3.93%增加了0.35个百分点，如期实现了教育经费占GDP 4%目标，这是中国教育发展史上的重要里程碑。

131. 联合国"教育第一"全球倡议行动

2012年9月，联合国秘书长潘基文在纽约联合国总部启动了"教育第一"全球倡议行动，旨在调动国际社会的广泛支持，将教育作为全球的最优先事项，从而推动联合国千年发展目标和全民教育目标在2015年之前如期实现。联合国在全球范围内选择了10个教育发展取得突出成就的国家作为倡导国，中国是其中之一。

潘基文在启动仪式上发言说，教育代表着希望和尊严、增长和赋权，是社会脱离贫困的基石。更多的教育意味着更少的赤贫和饥饿、更好的健康和基础卫生设施以及对艾滋病病毒、疟疾、霍乱等致命疾病的更有力抗击。这项新的全球倡议行动将关注三方面的优先工作：第一，不论其性别、背景或处境，确保每个孩子都能平等地接受教育；第二，必须提高学习质量，通过更好的科技知识和技能培训使年轻一代适应当今就业市场的需求；第三，教育应充分发挥其培育为人之道的核心作用，培养全球公民意识，帮助人们构建更公平、和谐和包容的社会。潘基文呼吁国际社会将这项教育倡议传到各大洲和各国，并坚持不懈地予以执行，使每个孩子、青年和成年人都获得上学和贡献于社会的机会。

2013年9月"教育第一"全球倡议行动一周年纪念活动在联合国总部举行，中国国家主席习近平应邀在纪念活动上发表了视频贺词。习近平首先代表中国政府和人民，对潘基文秘书长提出的"教育第一"的倡议表示坚定支持。他表示，百年大计，教育为本。教育是人类传承文明和知识、培养年轻一代、创造美好生活的根本途径，中国将继续响应联合国的倡议。中国有2.6亿名在校学生和1500万名教师，发展教育任务繁重。中国将坚定实施科教兴国战略,始终把教育摆在优先发展的战略位置,不断扩大投入,努力发展全民教育、终身教育,建设学习型社会,努力让每个孩子享有受教育的机会,努力让13亿人民享有更好更公平的教育,获得发展自身、奉献社会、造福人民的能力。中国将加强同世界各国的教育交流,扩大教育对外开放,积极支持发展中国家教育事业发展,同各国人民一道努力,推动人类迈向更加美好的明天。

132. 国务院关于加快发展现代职业教育的决定

改革开放后,中国职业教育事业快速发展,体系建设稳步推进,培养培训了大批中高级技能型人才,为提高劳动者素质、推动经济社会发展和促进就业作出了重要贡献。但是,中国职业教育尚不能完全适应经济社会发展的需要,结构不尽合理,质量有待提高,办学条件薄弱,体制机制不够通畅。为加快发展现代职业教育,国务院于2014年5月2日印发了《关于加快发展现代职业教育的决定》(以下简称《决定》),其主要内容是:

一、基本原则:(一)政府推动、市场引导;(二)加强统筹、分类指导;(三)服务需求、就业导向;(四)产教融合、特色办学;(五)系统培养、多样成才。

二、目标任务:到2020年,形成适应发展需求、产教深度融合、中职高职衔接、职业教育与普通教育相互沟通,体现终身教育理念,具有中国特色、世界水平的现代职业教育体系。

三、加快构建现代职业教育体系。巩固提高中等职业教育发展水平,统筹做好中等职业学校和普通高中招生工作;创新发展高等职业教育,加强社区教育和终身学习服务;完善职业教育人才多样化成长渠道,健全"文化素质+职业技能"、单独招生、综合评价招生和技能拔尖人才免试等考试招生办法;积极发展多种形式的继续教育,建立有利于全体劳动者接受职业教育和培训的灵活学习制度,服务全民学习、终身学习,推进学习型社会建设,面向未升学初高中毕业生、残疾人、失业人员等群体广泛开展职业教育和培训。

四、激发职业教育办学活力。引导支持社会力量兴办职业教育,创新民办职业教育办学模式,积极支持各类办学主体通过独资、合资、合作等多种形式举办民办职业教育;健全企业参与制度,研究制定促进校企合作办学有关法规和激励政策,深化产教融合,鼓励行业和企业举办或参与举办职业教育;加强行业指导、评价和服务,加强行业指导能力建设,分类制定行业指导政策;完善现代职业学校制度,扩大职业院校在专业设置和调整、人事管理、教师评聘、收入分配等方面的办学自主权;鼓励多元主体组建职业教育集团,发挥职业教育集团在促进教育链和产业链有机融合中的重要作用;强化职业教育的技术技能积累作用,制定多方参与的支持政策,推动政府、学校、行业、企业联动,促进技术技能的积累与创新。

五、提高人才培养质量。推进人才培养模式创新,坚持校企合作、工学结合,强化教学、学习、实训相融合的教育教学活动,推行项目教学、案例教学、工作过程导向教学等教学模式;建立健全课程衔接体系,建立专业教学标准和职业标准联动开发机制;建设"双师型"教师队伍,完善教师资格标准,实施教师专业标准;提高信息化水平,构建利用信息化手段扩大优质教育资源覆盖面的有效机制,逐步实现所有专业的优质数字教育资源全覆盖;加强国际交流与合作,鼓励中外职业院校教师互派、学生互换。

六、提升发展保障水平。完善经费稳定投入机制,建立与办学规模和培养要求相适应的财政投入制度,改善职业院校基本办学条件;健全社会力量投入的激励政策,鼓励社会力量捐资、出资兴办职业教育;加强基础能力建设,分类制定中等职业学校、高等职业院校办学标准,到2020年实现基本达标;完善资助政策体系,进一步健全公平公正、多元投入、规范高效的职业教育国家资助政策;加大对农村和贫困地区职业教育支持力度,服务国家粮食安全保障体系建设。

七、加强组织领导。落实政府职责,完善分级管理、地方为主、政府统筹、社会参与的管理体制;强化督导评估,完善督导评估办法,加强对政府及有关部门履行发展职业教育职责的督导,落实督导报告公布制度;引导全社会确立尊重劳动、尊重知识、尊重技术、尊重创新的观念,促进形成"崇尚一技之长、不唯学历凭能力"的社会氛围。

《决定》对于加快发展现代职业教育,深入实施创新驱动发展战略,创造更大人才红利,加快转方式、调结构、促升级具有十分重要的意义。

133.国务院关于深化考试招生制度改革的实施意见

为贯彻落实党中央的决策部署,进一步完善中国的考试招生制度,国务院于2014年9月印发了《关于深化考试招生制度改革的实施意见》(以下简称《意见》),其主要内容是:

一、基本原则:坚持育人为本,遵循教育规律;着力完善规则,确保公平公正;体现科学高效,提高选拔水平;加强统筹谋划,积极稳妥推进。

二、总体目标:2014年启动考试招生制度改革试点,2017年全面推进,到2020年基本建立中国特色现代教育考试招生制度,形成分类考试、综合评价、多元录取的考试招生模式,健全促进公平、科学选才、监督有力的体制机制,构建衔接沟通各级各类教育、认可多种学习成果的终身学习"立交桥"。

三、改进招生计划分配方式。(一)提高中西部地区和人口大省高考录取率,继续实施支援中西部地区招生协作计划,在东部地区高校安排专门招生名额面向中西部地区招生；（二）增加农村学生上重点高校人数，继续实施国家农村贫困地区定向招生专项计划，由重点高校面向贫困地区定向招生；（三）完善中小学招生办法破解择校难题，推进九年义务教育均衡发展，完善义务教育免试就近入学的具体办法，试行学区制和九年一贯对口招生。

四、改革考试形式和内容。（一）完善高中学业水平考试，合理安排课程进度和考试时间，创造条件为有需要的学生提供同一科目参加两次考试的机会；（二）规范高中学生综合素质评价，建立规范的学生综合素质档案，客观记录学生成长过程中的突出表现，注重社会责任感、创新精神和实践能力；（三）加快推进高职院校分类考试，高职院校考试招生与普通高校相对分开，实行"文化素质＋职业技能"评价方式，中职学校毕业生报考高职院校，参加文化基础与职业技能相结合的测试；（四）深化高考考试内容改革，依据高校人才选拔要求和国家课程标准，科学设计命题内容，增强基础性、综合性，着重考查学生独立思考和运用所学知识分析问题、解决问题的能力。

五、改革招生录取机制。（一）减少和规范考试加分，2014年底出台进一步减少和规范高考加分项目和分值的意见；（二）完善和规范自主招生，2015年起推行自主招生安排在全国统一高考后进行；（三）完善高校招生选拔机制，建立考试录取申诉机制，及时回应处理各种问题，建立招生问责制，2015年起由校长签发录取通知书，对录取结果负责；（四）改进录取方式，推行高考成绩公布后填报志愿方式，创造条件逐步取消高校招生录取批次；（五）拓宽社会成员终身学习通道，扩大社会成员接受多样化教育机会，中等职业学校可实行注册入学，成人高等学历教育实行弹性学制、宽进严出。

六、改革监督管理机制。（一）加强信息公开，深入实施高校招生"阳光工程"，健全分级负责、规范有效的信息公开制度；（二）加强制度保障，健全政府部门协作机制，健全诚信制度，加强考生诚信教育和诚信档案管理，健全教育考试招生的法律法规，提高考试招生法制化水平；（三）加大违规查处力度，严肃查处违法违规行为，严格追究当事人及相关人员责任，构成犯罪的，由司法机关依法追究刑事责任。

七、启动高考综合改革试点。（一）改革考试科目设置，增强高考与高中学习的关联度，考生总成绩由统一高考的语文、数学、外语3个科目成绩和高中学业水平考试3个科目成绩组成；（二）改革招生录取机制，探索基于统一高考和高中学业水平考试成绩、参考综合素质评价的多元录取机制；（三）开展改革试点，按照统筹规划、试点先行、分步实施、有序推进的原则，选择有条件的省（市）开展高考综合改革试点。

八、加强组织领导。（一）细化实施方案，各省（区、市）要结合实际制订本地考试招生制度改革实施方案，经教育部备案后向社会公布；（二）有序推进实施，要充分考虑教育的周期性，提前公布考试招生制度改革实施方案，给考生和社会以明确、稳定的预期；

（三）加强宣传引导。要加大对改革方案和政策的宣传解读力度，及时回应社会关切，解疑释惑、凝聚共识，营造良好改革氛围。

《意见》的印发标志着我国新一轮考试招生制度改革的全面启动，对完善考试招生制度、提高教育质量、提升国民素质、促进社会纵向流动具有重要意义。

134. 建立健全高校师德建设长效机制

为深入贯彻习近平总书记2014年9月9日在北京师范大学师生代表座谈会上的重要讲话精神，积极引导广大高校教师做有理想信念、有道德情操、有扎实学识、有仁爱之心的党和人民满意的好老师，大力加强和改进师德建设，努力培养造就一支师德高尚、业务精湛、结构合理、充满活力的高素质专业化高校教师队伍，教育部于2014年9月印发了《关于建立健全高校师德建设长效机制的意见》（以下简称《意见》），其主要内容是：

一、深刻认识新时期建立健全高校师德建设长效机制的重要性和紧迫性。加强和改进高校师德建设工作，对于全面提高高等教育质量、推进高等教育事业科学发展，培养中国特色社会主义事业的建设者和接班人、实现中华民族伟大复兴的中国梦，具有重大而深远的意义；各地各高校要充分认识新时期加强和改进高校师德建设工作的重要性和紧迫性，建立健全高校师德建设长效机制，从根本上遏制和杜绝高校师德失范现象的发生，切实提高高校师德建设水平，全面提升高校教师师德素养。

二、建立健全高校师德建设长效机制的原则和要求。建立健全高校师德建设长效机制的基本原则是：坚持价值引领，以社会主义核心价值观为高校教师崇德修身的基本遵循，促进高校教师带头培育和践行社会主义核心价值观；建立健全高校师德建设长效机制的工作要求是：充分尊重高校教师主体地位，注重宣传教育、示范引领、实践养成相统一，政策保障、制度规范、法律约束相衔接，建立教育、宣传、考核、监督与奖惩相结合的高校师德建设工作机制，引导广大高校教师自尊自律自强，做学生敬仰爱戴的品行之师、学问之师，做社会主义道德的示范者、诚信风尚的引领者、公平正义的维护者。

三、建立健全高校师德建设长效机制的主要举措：（一）创新师德教育，引导教师树立崇高理想，将师德教育摆在高校教师培养首位，贯穿高校教师职业生涯全过程；（二）加强师德宣传，培育重德养德良好风尚，把握正确舆论导向，坚持师德宣传制度化、常态化，将师德宣传作为高校宣传思想工作的重要组成部分；（三）健全师德考核，将师德考核作为高校教师考核的重要内容，师德考核不合格者年度考核应评定为不合格，并在教师职务（职称）评审、岗位聘用、评优奖励等环节实行一票否决；（四）强化师德监督，有效防止师德失范行为，将师德建设作为高校教育质量督导评估重要内容；（五）注重师德激励，引导教师提升精神境界，完善师德表彰奖励制度，将师德表现作为评奖评优的首要条件；（六）严格师德惩处，发挥制度规范约束作用，建立健全高校教师违反师德行为的惩处机制。

四、充分激发高校教师加强师德建设的自觉性。广大高校教师要充分认识自己所承担的庄严而神圣的使命，发扬主人翁精神，自觉捍卫职业尊严，珍惜教师声誉，提升师德境界；高校要健全教师主体权益保障机制，根据《教育法》、《高等教育法》、《教师法》等法律法规和高等学校章程，明确并落实教师在高校办学中的主体地位。

五、切实明确高校师德建设工作的责任主体。高校是师德建设的责任主体，主要负责人是师德建设的第一责任人，要明确师德建设的牵头部门，成立组织、宣传、纪检监察、人事、教务、科研、工会、学术委员会等相关责任部门和组织协同配合的师德建设委员会；高校主管部门要把师德建设摆在教师队伍建设的首位，主要领导亲自负责，并落实具体职能机构和人员。

《意见》提出了建立健全教育、宣传、考核、监督、激励、惩处相结合的六条举措，划出了对高校教师具有警示教育意义的师德禁行行为"红七条"，明确了高校师德建设工作的主体责任，建立了问责机制，对于建立健全高校师德建设机制具有重要意义。

135. 坚持和完善普通高等学校党委领导下的校长负责制

为保证中国高等学校社会主义办学方向，推动中国特色现代大学制度的构建，促进高等教育的快速发展和高等学校的持续稳定，中共中央办公厅于2014年10月印发了《关于坚持和完善普通高等学校党委领导下的校长负责制的实施意见》（以下简称《意见》），其主要内容是：

一、党委统一领导学校工作。（一）高等学校党的委员会是学校的领导核心，履行党章等规定的各项职责，把握学校发展方向，决定学校重大问题，监督重大决议执行，支持校长依法独立负责地行使职权，保证以人才培养为中心的各项任务完成；（二）党委实行集体领导与个人分工负责相结合，坚持民主集中制，集体讨论决定学校重大问题和重要事项，领导班子成员按照分工履行职责；（三）党委书记主持党委全面工作，负责组织党委重要活动，协调党委领导班子成员工作，督促检查党委决议贯彻落实，主动协调党委与校长之间的工作关系，支持校长开展工作。

二、校长主持学校行政工作。校长是学校的法定代表人，在学校党委领导下，贯彻党的教育方针，组织实施学校党委有关决议，行使《高等教育法》等规定的各项职权，全面负责教学、科研、行政管理工作；校长要组织拟订和实施学校发展规划、基本管理制度、重要行政规章制度、重大教学科研改革措施、重要办学资源配置方案，组织制定和实施具体规章制度、年度工作计划。

三、健全党委与行政议事决策制度。（一）高等学校应按期召开党员大会，选举产生党的委员会；（二）党的委员会全体会议在党员大会闭会期间领导学校工作，主要对事关学校改革发展稳定和师生员工切身利益及党的建设等全局性重大问题作出决策，听取和审议常委会工作报告、纪委工作报告；（三）常委会主持党委经常工作，主要对学校改革发展稳定和教学、科研、行政管理及党的建设等方面的重要事项作出决定；（四）校长办公会议或校务会议是学校行政议事决策机构，主要研究提出拟由党委讨论决定的重要事项方案，具体部署落实党委决议的有关措施，研究处理教学、科研、行政管理工作；（五）党委会议和校长办公会议要坚持科学决策、民主决策、依法决策。

四、完善协调运行机制。（一）必须坚持党委的领导核心地位，保证校长依法行使职权，建立健全党委统一领导、党政分工合作、协调运行的工作机制；（二）党委书记和校长要树立政治意识、大局意识，相互信任，加强团结；（三）学校领导班子应经常沟通情况、协调工作；（四）坚持领导干部双重组织生活会制度，提高组织生活质量；（五）加强学术组织建设，健全以学术委员会为核心的学术管理体系与组织架构，积极探索教授治学的有效途径；（六）发挥教职工代表大会及群众组织作用，健全师生员工参与民主管理和监督的工作机制。

五、加强组织领导。（一）按照社会主义政治家、教育家目标要求，选好配强高等学校领导班子特别是党委书记和校长；（二）加强学校基层党组织建设，完善院（系）党政联席会议制度，集体讨论决定重大事项；（三）加强和改进思想政治工作，深入开展中国特色社会主义和中国梦宣传教育，引导师生员工坚持正确的政治方向；（四）学校党委要加强对领导班子成员贯彻执行党委领导下的校长负责制情况的监督，发现问题及时纠正；（五）上级党委和有关部门要通过教育培训、经验交流等方式，加强对高等学校贯彻执行党委领导下的校长负责制的工作指导。

《意见》是党中央推进中国特色现代大学制度建设的重要举措，为加强高校党的建设工作、完善高校领导体制和运行机制提供了重要指导，《意见》的贯彻落实，对于新形势下加强和改进党对高校的领导，完善高校内部治理结构，促进高校科学发展，具有十分重要的意义。

136. 国务院关于进一步做好新形势下就业创业工作的意见

随着我国经济发展进入新常态，就业总量压力依然存在，结构性矛盾更加凸显，为了着力培育大众创业、万众创新的新引擎，实施更加积极的就业政策，把创业和就业结合起来，以创业创新带动就业，国务院于 2015 年 4 月 27 日印发《关于进一步做好新形势下就业创业工作的意见》（以下简称《意见》），其主要内容是：

一、深入实施就业优先战略。（一）坚持扩大就业发展战略，把稳定和扩大就业作为经济运行合理区间的下限，将城镇新增就业、调查失业率作为宏观调控重要指标，纳入国民经济和社会发展规划及年度计划；（二）发展吸纳就业能力强的产业，创新服务业发展模式和业态，支持发展商业特许经营、连锁经营，打造新的经济增长点，提高服务业就业比重；（三）发挥小微企业就业主渠道作用，引导银行业金融机构针对小微企业经营特点和融资需求特征，创新产品和服务；（四）积极预防和有效调控失业风险，将失业保险基金支持企业稳岗政策实施范围扩大到所有符合条件的企业。

二、积极推进创业带动就业。（一）营造宽松便捷的准入环境，深化商事制度改革，年内出台工商营业执照、组织机构代码证、税务登记证"三证合一"改革意见，实现"一照一码"，推动"一址多照"、集群注册等住所登记改革；（二）培育创业创新公共平台，加快发展众创空间，鼓励提供适当补贴和成本较低的场所；（三）拓宽创业投融资渠道，加快设立国家中小企业发展基金和国家新兴产业创业投资引导基金；（四）支持创业担保贷款发展，将小额担保贷款调整为创业担保贷款，最高额度统一调整为 10 万元，个人贷款在贷款基础利率基础上上浮 3 个百分点以内的部分由财政贴息；（五）加大减税降费力度，将企业吸纳就业税收优惠的人员范围由失业一年以上调整为失业半年以上，推广职工教育经费税前扣除等试点政策；（六）调动科研人员创业积极性，支持高校、科研院所等专业技术人员在职和离岗创业，对经同意离岗创业的可在 3 年内保留人事关系；（七）鼓励农村劳动力创业，整合创建一批农民工返乡创业园；（八）营造大众创业良好氛围，对劳动者创办社会组织、从事网络创业的，给予创业扶持政策。

三、统筹推进高校毕业生等重点群体就业。（一）鼓励高校毕业生多渠道就业，小微企业新招用毕业年度高校毕业生可享受 1 年社保补贴，困难毕业生求职创业补贴的对象范围扩展到获得国家助学贷款的毕业生；（二）加强对困难人员的就业援助，确保零就业家庭、低保家庭至少有一人就业；（三）做好农村劳动力转移就业和退役军人就业工作。

四、加强就业创业服务和职业培训。（一）提高公共就业创业服务均等化、标准化和专业化水平，加快信息化建设，努力消除城乡、行业、身份、性别、残疾等影响平等就业的制度障碍和就业歧视；（二）城镇常住人员可在常住地进行失业登记；（三）加强职业培训和创业培训，重点实施农民工职业技能提升和失业人员转业转岗培训，支持企业开展新型学徒制培训；（四）允许实现就业或自主创业的最低生活保障对象在核算家庭收入时扣减必要的就业成本。

《意见》的出台对于实施就业优先战略，打造大众创业、万众创新的新引擎，抓好重点群体的就业，特别是高校毕业生、困难人员、农村转移劳动力以及退役军人的就业具有重要意义。

137. 深化高等学校创新创业教育改革

随着社会的发展，我国高等学校创新创业教育不断加强，取得了积极进展，但亦存在一些不容忽视的突出问题，创新创业教育体系亟待健全。为进一步推动大众创业、万众创新，国务院办公厅于 2015 年 5 月印发《关于深化高等学校创新创业教育改革的实施意见》（以下简称《意见》），其主要内容有：

一、基本原则：坚持育人为本，提高培养质量；坚持问题导向，补齐培养短板；坚持协同推进，汇聚培养合力。

二、总体目标：2015 年起全面深化高校创新创业教育改革。2017 年取得重要进展，形成科学先进、广泛认同、具有中国特色的创新创业教育理念，形成一批可复制可推广的制度成果，普及创新创业教育，实现新一轮大学生创业引领计划预期目标。到 2020 年建立健全课堂教学、自主学习、结合实践、指导帮扶、文化引领融为一体的高校创新创业教育体系，人才培养质量显著提升，学生的创新精神、创业意识和创新创业能力明显增强，投身创业实践的学生显著增加。

三、深化高等学校创新创业教育改革的主要任务和措施：（一）完善人才培养质量标准，制订本科专业类教学质量国家标准，修订高职高专专业教学标准和博士、硕士学位基本要求，明确创新创业教育目标要求；（二）创新人才培养机制，建立需求导向的学科专业结构和创业就业导向的人才培养类型结构调整新机制，建立校校、校企、校地、校所以及国际合作的协同育人新机制，建立跨院系、跨学科、跨专业交叉培养创新创业人才的新机制；（三）健全创新创业教育课程体系，根据创新创业教育目标要求调整专业课程设置，开发开设创新创业教育必修课选修课；（四）改革教学方法和考核方式，开展启发式、讨论式、参与式教学，扩大小班化教学覆盖面，改革考试考核内容和方式，注重考查学生分析、解决问题的能力；（五）强化创新创业实践，促进实验教学平台共享，利用各种资源建设大学科技园、大学生创业园、创业孵化基地和小微企业创业基地，建好一批大学生校外创新创业实践基地，举办全国大学生创新创业大赛；（六）改革教学和学籍管理制度，设置合理的创新创业学分，为有意愿有潜质的学生制定创新创业能力培养计划，实施弹性学制，允许保留学籍休学创新创业；（七）加强教师创新创业教育教学能力建设，明确全体教师创新创业教育责任。聘请各行各业优秀人才，担任专业课、创新创业课授课或指导教师，形成全国万名优秀创新创业导师人才库；（八）改进学生创业指导服务，建立健全学生创业指导服务专门机构，健全持续化信息服务制度；（九）完善创新创业资金支持和政策保障体系，整合发展财政和社会资金，支持高校学生创新创业活动，落实各项扶持政策和服务措施，重点支持大学生到新兴产业创业，鼓励社会组织、公益团体、企事业单位和个人设立大学生创业风险基金。

四、加强组织领导：（一）健全体制机制，各地区、各高校要加强指导管理与监督评价，统筹推进本地本校创新创业教育工作；（二）细化实施方案，各地区、各高校要结合实际制定深化本地本校创新创业教育改革的实施方案，明确责任分工；（三）强化督导落实，教育部门要把创新创业教育质量作为衡量办学水平、考核领导班子的重要指标，纳入高校教育教学评估指标体系和学科评估指标体系，引入第三方评估；（四）加强宣传引导，各地区、各有关部门以及各高校要大力宣传加强高校创新创业教育的必要性、紧迫性、重要性，使创新创业成为管理者办学、教师教学、学生求学的理性认知与行动自觉。

深化高等学校创新创业教育改革，是国家实施创新驱动发展战略、促进经济提质增效升级的迫切需要，是推进高等教育综合改革、促进高校毕业生更高质量创业就业的重要举措。《意见》对引导国家实施创新驱动发展战略、促进经济提质增效升级具有重要意义。

138. 乡村教师支持计划（2015—2020年）

为深入推进"四个全面"战略布局，认真贯彻党中央、国务院关于加强教师队伍建设的部署和要求，采取切实措施加强老少边穷岛等边远贫困地区乡村教师队伍建设，缩小城乡师资水平差距，让每个乡村孩子都能接受公平、有质量的教育，国务院办公厅于2015年6月印发《乡村教师支持计划（2015—2020年）》（以下简称乡村教师支持计划）。

乡村教师支持计划的工作目标：到2017年，力争使乡村学校优质教师来源得到多渠道扩充，乡村教师资源配置得到改善，教育教学能力水平稳步提升，各方面合理待遇依法得到较好保障，职业吸引力明显增强，逐步形成"下得去、留得住、教得好"的局面。到2020年，努力造就一支素质优良、甘于奉献、扎根乡村的教师队伍，为基本实现教育现代化提供坚强有力的师资保障。

实施乡村教师支持计划的主要举措是：

一、全面提高乡村教师思想政治素质和师德水平，进一步建立健全乡村教师政治理论学习制度，切实加强乡村教师队伍党建工作，适度加大发展党员力度，落实教育、宣传、考核、监督与奖惩相结合的师德建设长效机制。

二、拓展乡村教师补充渠道，扩大农村教师特岗计划实施规模，重点支持中西部老少边穷岛等贫困地区补充乡村教师，鼓励地方政府和师范院校根据当地乡村教育实际需求加强本土化培养，采取多种方式定向培养"一专多能"的乡村教师。

三、提高乡村教师生活待遇，全面落实集中连片特困地区乡村教师生活补助政策，做好乡村教师重大疾病救助工作，按规定将符合条件的乡村教师住房纳入当地住房保障范围。

四、统一城乡教职工编制标准，乡村中小学教职工编制按照城市标准统一核定，其中村小学、教学点编制按照生师比和班师比相结合的方式核定。

五、职称（职务）评聘向乡村学校倾斜，各地要实现县域内城乡学校教师岗位结构比例总体平衡，切实向乡村教师倾斜，乡村教师评聘职称（职务）时不作外语成绩（外语教师除外）、发表论文的刚性要求。

六、推动城镇优秀教师向乡村学校流动，各地要采取定期交流、乡镇中心学校教师走教等多种途径和方式，重点引导优秀校长和骨干教师向乡村学校流动。

七、全面提升乡村教师能力素质，按照乡村教师实际需求改进培训方式，增强培训的针对性和实效性，从 2015 年起，"国培计划"集中支持中西部地区乡村教师校长培训。

八、建立乡村教师荣誉制度，国家对在乡村学校从教 30 年以上的教师按照有关规定颁发荣誉证书，省（区、市）、县（市、区、旗）要分别对在乡村学校从教 20 年以上、10 年以上的教师给予鼓励。

为保障计划的顺利实施，文件强调，地方各级人民政府是实施乡村教师支持计划的责任主体，要加强组织领导。中央财政通过相关政策和资金渠道，重点支持中西部乡村教师队伍建设，地方各级人民政府要积极调整财政支出结构，加大投入力度。地方各级人民政府教育督导机构要会同有关部门，每年对乡村教师支持计划实施情况进行专项督导，及时通报督导情况并适时公布。

实施乡村教师支持计划，对于解决当前乡村教师队伍建设领域存在的突出问题，吸引优秀人才到乡村学校任教，稳定乡村教师队伍，带动和促进教师队伍整体水平提高，促进教育公平、推动城乡一体化建设、推进社会主义新农村建设、实现中华民族伟大复兴的中国梦具有十分重要的意义。

139. 统筹推进世界一流大学和一流学科建设总体方案

多年来，通过实施"211 工程"、"985 工程"以及"优势学科创新平台"和"特色重点学科项目"等重点建设，带动了我国高等教育整体水平的提升，为经济社会持续健康发展作出了重要贡献。同时，重点建设也存在身份固化、竞争缺失、重复交叉等问题，迫切需要加强资源整合，创新实施方式。为认真总结经验，加强系统谋划，加大改革力度，完善推进机制，国务院于 2015 年 11 月印发《统筹推进世界一流大学和一流学科建设总体方案》（以下简称《方案》）。

推进世界一流大学和一流学科建设的总体目标：到 2020 年，若干所大学和一批学科进入世界一流行列，若干学科进入世界一流学科前列。到 2030 年，更多的大学和学科进入世界一流行列，若干所大学进入世界一流大学前列，一批学科进入世界一流学科前列，高等教育整体实力显著提升。到 21 世纪中叶，一流大学和一流学科的数量和实力进入世界前列，基本建成高等教育强国。总体建设任务是：

一、建设一流师资队伍，深入实施人才强校战略，强化高层次人才的支撑引领作用，加快培养和引进一批活跃在国际学术前沿、满足国家重大战略需求的一流科学家、学科领军人物和创新团队，聚集世界优秀人才。

二、培养拔尖创新人才，坚持立德树人，突出人才培养的核心地位，着力培养具有历史使命感和社会责任心，富有创新精神和实践能力的各类创新型、应用型、复合型优秀人才。

三、提升科学研究水平，以国家重大需求为导向，提升高水平科学研究能力，为经济社会发展和国家战略实施作出重要贡献。

四、传承创新优秀文化，加强大学文化建设，增强文化自觉和制度自信，形成推动社会进步、引领文明进程、各具特色的一流大学精神和大学文化。

五、着力推进成果转化，深化产教融合，将一流大学和一流学科建设与推动经济社会发展紧密结合，着力提高高校对产业转型升级的贡献率，努力成为催化产业技术变革、加速创新驱动的策源地。

建设世界一流大学和一流学科，需要面向经济社会发展需要，立足高等教育发展现状，对世界一流大学和一流学科建设加强总体规划，鼓励和支持不同类型的高水平大学和学科差别化发展，加快进入世界一流行列或前列。创新财政支持方式，更加突出绩效导向，形成激励约束机制。各方共同努力，完善政府、社会、学校相结合的共建机制，形成多元化投入、合力支持的格局。

《方案》要求加强对世界一流大学和一流学科建设的组织管理，有序推进实施。有关部门要抓紧完善配套政策，高校要科学编制建设方案。对建设方案要开展咨询论证，动态监测建设过程，及时跟踪指导并接受社会公众监督。

《方案》有利于全面提高高等教育的能力水平，增强科研人才的国际竞争力；对加快高等教育治理体系和治理能力现代化，提高高等学校人才培养、科学研究、社会服务和文化传承创新水平，支撑国家创新驱动发展战略，促进高等教育内涵发展等方面具有重要意义。

140. 进一步完善城乡义务教育经费保障机制

为解决城乡义务教育经费保障机制有关政策不统一、经费可携带性不强、资源配置不够均衡、综合改革有待深化等问题，统筹城乡义务教育资源均衡配置，推动义务教育事业持续健康发展，国务院于 2015 年 11 月印发《关于进一步完善城乡义务教育经费保障机制的通知》（以下简称《通知》）。

完善城乡义务教育经费保障机制的总体要求：坚持完善机制，城乡一体，适应新型城镇化和户籍制度改革新形势，按照深化财税体制改革、教育领域综合改革的新要求，统筹设计城乡一体化的义务教育经费保障机制，增强政策的统一性、协调性和前瞻性；坚持加大投入，突出重点，继续加大义务教育投入，优化整合资金，盘活存量，用好增量，重点向农村义务教育倾斜，向革命老区、民族地区、边疆地区、贫困地区倾斜，统筹解决城市义务教育相关问题，促进城乡义务教育均衡发展；坚持创新管理，推进改革，大力推进教育管理信息化，创新义务教育转移支付与学生流动相适应的管理机制，实现相关教育经费可携带，增强学生就读学校的可选择性；坚持分步实施，有序推进，区分东中西部、农村和城镇学校的实际情况，合理确定实施步骤，通过两年时间逐步完善城乡义务教育经费保障机制，并在此基础上根据相关情况变化适时进行调整完善。完善城乡义务教育经费保障机制的主要内容是：

一、统一城乡义务教育"两免一补"政策，民办学校学生免除学杂费标准按照中央确定的生均公用经费基准定额执行，免费教科书资金，国家规定课程由中央全额承担（含出版发行少数民族文字教材亏损补贴），地方课程由地方承担，家庭经济困难寄宿生生活费补助资金由中央和地方按照比例分担，贫困面由各省（区、市）重新确认并报财政部、教育部核定。

二、统一城乡义务教育学校生均公用经费基准定额，落实生均公用经费基准定额所需资金由中央和地方按比例分担，提高寄宿制学校、规模较小学校和北方取暖地区学校公用经费补助水平所需资金，按照生均公用经费基准定额分担比例执行。

三、巩固完善农村地区义务教育学校校舍安全保障长效机制，支持农村地区公办义务教育学校维修改造、抗震加固、改扩建校舍及其附属设施，中西部农村地区公办义务教育学校校舍安全保障机制所需资金由中央和地方按照比例分担；对东部农村地区，中央继续采取"以奖代补"方式，给予适当奖励，城市地区公办义务教育学校校舍安全保障长效机制由地方建立，所需经费由地方承担。

四、巩固落实城乡义务教育教师工资政策，中央继续对中西部地区及东部部分地区义务教育教师工资经费给予支持,省级人民政府加大对本行政区域内财力薄弱地区的转移支付力度,县级人民政府确保县域内义务教育教师工资按时足额发放,教育部门在分配绩效工资时,要加大对艰苦边远贫困地区和薄弱学校的倾斜力度。

完善城乡义务教育经费保障机制的实施步骤:从2016年春季学期开始,统一城乡义务教育学校生均公用经费基准定额;从2017年春季学期开始,统一城乡义务教育学生"两免一补"政策;以后年度,根据义务教育发展过程中出现的新情况和新问题,适时完善城乡义务教育经费保障机制相关政策措施。

《通知》要求,各地区、各有关部门要高度重视,加强组织领导,结合人口流动的规律、趋势和城市发展规划,及时调整完善教育布局,将民办学校纳入本地区教育布局规划,科学合理布局义务教育学校;按照经费分担责任足额落实应承担的资金,并确保及时足额拨付到位;加大信息公开力度,将义务教育经费投入情况向同级人民代表大会报告,并向社会公布,接受社会监督;高度重视统一城乡义务教育经费保障机制的宣传工作,广泛利用各种宣传媒介,采取多种方式,向社会进行深入宣传。

建立城乡统一的义务教育经费保障机制,是教育领域健全城乡发展一体化体制机制的重大举措。这有利于推动省级政府统筹教育改革,优化教育布局;有利于深化财税体制改革,推动经济结构调整和产业转型升级;有利于促进基本公共服务均等化,建设人力资源强国。

141. 改革完善博士后制度

为深入实施人才优先发展战略,更好发挥博士后制度在培养高层次创新型青年人才、推动大众创业万众创新中的重要作用,国务院办公厅于2015年12月下发《关于改革完善博士后制度的意见》。

改革完善博士后制度的目标为:通过改革设站和招收方式,完善管理制度,加强培养考核,促进国际交流,充分发挥博士后制度在高校和科研院所人才引进中的重要作用、设站单位在博士后研究人员培养使用中的主体作用、博士后研究人员在科研团队中的骨干作用,推动博士后制度成为吸引、培养高层次青年人才的重要渠道。到2020年,重点高校、科研院所新进教学科研人员和国家重大科技项目中博士后研究人员比例有明显提高,外籍和留学回国博士后新进站人数进一步增加,人才吸引效应显著增强。

一、改革管理制度:(一)明确博士后研究人员定位,博士后研究人员作为国家有计划、有目的培养的高层次创新型青年人才,在站期间是具有流动性质的科研人员;(二)明确设站单位主体地位,充分发挥高校、科研院所、企业在博士后研究人员招收培养中的主体作用；（三）改进设站和培养方式，严格设站条件，严守设站程序，优化设站结构布局，适度控制设站规模，适当下放设站审批权限；（四）全面推开分级管理，逐步健全国家、省（区、市）、设站单位三级管理体制。

二、完善管理办法：（一）完善招收办法，博士后申请者一般应为新近毕业的博士毕业生，年龄应在35周岁以下，申请进入企业博士后科研工作站或人文社会科学领域、人才紧缺基础薄弱的自然科学领域博士后科研流动站的，可适当放宽进站条件；（二）健全培养及评价办法，完善博士后研究人员站内资助办法，博士后研究人员在站期间科研成果可作为在站或出站后评聘职称的依据；（三）畅通退出渠道，明确博士后研究人员退站条件和程序，建立博士后科研流动站、科研工作站与全国人才流动中心、各地人才流动服务机构的协调联动机制。

三、提高培养质量：（一）结合重点科研基地和项目培养，鼓励设站单位、备案的非设站单位依托国家重点科研基地或承担的国家重大科技项目招收培养博士后研究人员；（二）加大交流力度，大力吸引海外博士来华（回国）从事博士后研究，加大博士后研究人员参加国际学术交流力度；（三）完善评估机制，加强博士后研究人员培养质量动态跟踪，对博士后科研流动站、科研工作站实施分类评估。

四、做好保障工作：（一）完善博士后日常经费和科研经费投入机制，整合优化各项博士后人才培养计划，突出特色，提升效率；（二）鼓励社会资金投入，充分利用市场机制；（三）提升服务水平，推进服务平台建设和使用；（四）建设交流平台，将全国博士后人才和科技项目交流信息服务系统纳入"金保工程"统筹建设；（五）发挥社会组织作用，支持博士后发起成立学术性社会组织，搭建学术交流平台。

改革完善博士后制度对提高博士后研究人员质量，创新符合青年人才成长规律及博士后研究人员特点的管理制度，完善体制机制，健全服务体系，提升国际化水平，推动博士后事业科学发展具有重要意义。

142. 全面加强和改进学校美育工作

美育是审美教育，也是情操教育和心灵教育，不仅能提升人的审美素养，还能潜移默化地影响人的情感、趣味、气质、胸襟，激励人的精神，温润人的心灵。为进一步强化美育育人功能，推进学校美育改革发展，国务院办公厅于2015年9月印发《关于全面加强和改进学校美育工作的意见》（以下简称《意见》）。

一、基本原则和总体目标：（一）基本原则：坚持育人为本，面向全体；坚持因地制宜，分类指导；坚持改革创新，协同推进。（二）总体目标：2015年起全面加强和改进学校美育工作；到2018年，取得突破性进展，美育资源配置逐步优化，管理机制进一步完善，各级各类学校开齐开足美育课程；到2020年，初步形成大中小幼美育相互衔接、课堂教学和课外活动相互结合、普及教育与专业教育相互促进、学校美育和社会家庭美育相互联系的具有中国特色的现代化美育体系。

二、构建科学的美育课程体系：（一）科学定位美育课程目标。学校美育课程建设以艺术课程为主体，以审美和人文素养培养为核心，以创新能力培育为重点，对各级各类学校美育课程目标作出科学定位。（二）开设丰富优质的美育课程。学校美育课程主要包括音乐、美术、舞蹈、戏剧、戏曲、影视等，重视和加强艺术经典教育，根据自身优势和特点，开发具有民族、地域特色的地方和校本美育课程。（三）实施美育实践活动的课程化管理。美育实践活动是学校美育课程的重要组成部分，要纳入教学计划，实施课程化管理，建立学生课外活动记录制度，学生参与社区乡村文化艺术活动、学习优秀民族民间艺术、欣赏高雅文艺演出、参观美术展览等情况与表现要作为中小学生艺术素质测评内容。

三、改进美育教育教学：（一）深化学校美育教学改革，建立以提高学校美育教育教学质量为导向的管理制度和工作机制；（二）加强美育的渗透与融合，将美育贯穿在学校教育的全过程与各方面，渗透在各个学科之中；（三）创新艺术人才培养模式，专业设置应与学科建设、产业发展、社会需求、艺术前沿有机衔接；（四）建立美育网络资源共享平台，充分利用信息化手段，扩大优质美育教育资源覆盖面；（五）注重校园文化环境的育人作用，各级各类学校要充分利用广播、电视、网络、教室、走廊、宣传栏等，营造格调高雅、富有美感、充满朝气的校园文化环境，以美感人，以景育人；（六）加强美育教研科研工作，在全国教育科学规划课题和教育部人文社会科学研究项目中设立美育专项课题，并予以一定倾斜。

四、统筹整合学校与社会美育资源：（一）采取有力措施配齐美育教师，各级教育部门和各级各类学校要把师资队伍建设作为美育工作的重中之重，努力建设一支师德高尚、业务精湛、结构合理、充满活力的高素质美育教师队伍；（二）通过多种途径提高美育师资整体素质，促进美育教师培养、培训、研究和服务一体化，切实提高各级各类学校美育师资水平；（三）整合各方资源充实美育教学力量，教育部门要联合和依托文化部门及相关单位，开展"结对子、种文化"活动；（四）探索构建美育协同育人机制，以立德树人、崇德向善、以美育人为导向，充分发挥家庭和社会的育人作用。

五、保障学校美育健康发展：（一）加强组织领导，各地要将美育作为实现教育现代化的一项重要任务摆在突出位置，认真履行发展美育的职责，将美育发展纳入政府重要议事日程；（二）加强美育制度建设，坚持依法治教，运用法治思维和法治方式，深化美育综合改革；（三）加大美育投入力度，地方政府要通过多种形式筹措资金，满足美育发展基本需求，建立学校美育器材补充机制；（四）探索建立学校美育评价制度，各地要开展中小学生艺术素质测评，抓好一批试点地区和试点学校，及时总结推广，发挥示范带动作用；（五）建立美育质量监测和督导制度，中小学校美育课程开课率已列入教育现代化进程监测评价指标体系之中，各地要将其作为对学校评价、考核的重要指标。

《意见》有利于促进学校美育教育的发展，提高学生审美与人文素养、促进学生全面发展，同时对于引领学生树立正确的审美观念，陶冶高尚的道德情操，培育深厚的民族情感，培养造就德智体美全面发展的社会主义建设者和接班人具有重要意义。

三、文化事业

1. 第四次中国文学艺术工作者代表大会

"文化大革命"期间,"四人帮"实施文艺黑线专政,致使我国的文艺事业遭到巨大的破坏,大量的文艺界人士被审查、点名批评、错误处理,大量的文艺作品被当成"毒草"进行批判。"文化大革命"结束后,为了平反冤假错案,调动文艺界的积极性,总结新中国成立以来的文艺战线正反两方面的丰富经验,讨论新时期文艺工作的任务和计划,修订文联和各协会章程,选举文联和各协会新的领导机构,1979年10月30日至11月16日,党中央在北京召开了中国文学艺术工作者第四次代表大会。来自全国各民族的文学界、戏剧界、美术界等领域的3000多名代表参加了会议。10月30日,在第四次文代会开幕式上,中共中央副主席、国务院副总理邓小平向大会致祝词。他提出了文艺发展的指导方针,即:坚持毛泽东提出的文艺为最广大的人民群众服务、为工农兵服务;坚持百花齐放、推陈出新、洋为中用、古为今用的方针,提倡文艺自由创作,提倡文艺学术自由。党的文艺工作应该根据文艺的特征和发展规律,帮助文艺工作者获得条件,不断繁荣文艺事业,提高文艺水平,创作出无愧于人民的优秀文艺作品。与此同时,文艺工作者要继续解放思想,打破林彪、"四人帮"设置的精神枷锁,坚持正确的政治方向。

11月1日,中国文联副主席周扬作了题为《继往开来,繁荣社会主义新时期的文艺》的报告。报告明确了文艺和政治的关系、文艺和人民生活的关系、文艺在继承传统与革新上的关系。关于文艺与政治关系,报告指出文艺和政治的关系,从根本上说,是文艺和人民的关系,新时期的文艺要反映人民的生活,反映人民在各个革命时期的需要和利益。关于文艺与人民的关系,报告指出文艺要培养社会主义的新人,提高人民的精神境界,促进社会的进一步发展和完善,满足人民日益增长的文化生活的需要。关于文艺在继承传统与革新的关系方面，报告指出要借鉴传统优秀文化，反对糟粕文化；要推陈出新，古为今用；要把外国一切好的东西拿来，加以改造，洋为中用。

11月3日至11日，美协、作协、剧协、音协等全国各文艺家协会分别召开会员代表大会。11月16日，中国文学艺术工作者第四次代表大会在人民大会堂闭幕。大会宣布了中国文联名誉主席、主席和副主席的选举结果。最后，全体与会代表以热烈的掌声，一致通过了《中国文学艺术工作者第四次代表大会决议》。

第四次全国文代会是我国文艺发展中一个非常重要的里程碑。它解决了文艺与政治的关系，文艺与人民的关系，文艺与传统的关系；清算了"文化大革命"对文艺界的影响，推动了文艺战线的拨乱反正。会议召开后，大量的文艺界冤假错案得到平反，大量的文艺界人士重新回到了工作岗位。会议提出的文艺指导思想标志着新时期文学的开端，开创了中国社会主义文艺发展的新时期。

2. 中国新时期文学

新时期文学是中国当代文学发展过程中的一个重要阶段，是指1976年以后的中国文学家创作活动，是人们对"文化大革命"后文学的命名。它的发端可追溯到1976年4月的天安门革命诗歌创作。当时缅怀周恩来总理和革命先烈的大量诗文，辗转传抄，播及全国，强烈地反映了广大群众对"文化大革命"及其错误路线的不满和对社会主义现代化宏伟目标的向往，为后来的新时期文学产生了深远的影响。

1976年粉碎林彪、江青反革命集团以后，尤其是从1978年12月党的十一届三中全会起，中央开始全面纠正"文化大革命"中及其以前的"左"倾错误，社会呈现思想大开放的状态。这种开放性的思想文化状态，使文艺工作者普遍开拓了自己的思维空间和创造活力，公众的文化视野得以日益开阔，文学艺术出现崭新的局面。1979年10月第四次全国文学艺术工作者代表大会胜利召开，总结了中国30年社会主义文艺发展的基本经验教训，提出了"文艺为人民、为社会主义服务"的总口号，重申"百花齐放、百家争鸣"的方针，充分肯定和调动了文艺工作者的积极性和创造性，大会结束后，大批的老作家先后重返文坛，大批有才能的年轻作者雨后春笋般涌现，产生了许多地区和少数民族的"作家群"。文学出版物也空前增多，全国仅省、市、自治区创办的文学期刊便有近400种。这时期文学的题材、主题十分广泛，不仅含义丰富的社会主义现实题材获得大幅度开掘，而且长达数千年的历史题材也获得多角度的表现。中国文学发生了历史性的转折变化。

新时期文学的特征包括三个方面：第一，大众化与多样化。随着社会思想意识状态的开放，文艺队伍和文艺接受对象都呈现大众化的时代特征，而正是因为大众化的文艺主体和客体的存在，使得多样化个体的艺术需求日益增长；第二，民族化与现代化。中国是一个具有多民族文化传统的国家，文学艺术的发展必须反映多样的民族性特点。同时随着社会的发展、科学的进步、信息交流的迅速和频繁，现代化也成为文学发展的趋势；第三，激昂与悲凉交织。党的十一届三中全会后的全方面改革使得中国人民建设独立自主、民主富强中国的愿望日趋强烈。同时中华民族的沉重历史使得新时期文学呈现出感慨悲凉的色彩。新时期主要的文学形式包括诗歌、小说、散文。

诗歌方面，新时期诗坛上主要出现过三个潮流，即现实主义的振兴、朦胧诗的崛起和新生代的涌现。这三个潮流，不是像接力赛一样，一个结束，另一个才开始，它们有先后，但有时又是并存的。现实主义振兴时期诗歌的特点是突破把诗歌当作"工具"的观念，恢复诗歌审美、娱乐和教育的多种功能；恢复"五四"新文学以人为本的态度，倡导个性解放和个性自由，批判"左"倾思潮对人的戕害与压制；倡导多元化，鼓励诗人大胆进行艺术探索。主要的代表作品是贺敬之《中国的十月》、李瑛《一月的哀思》、柯岩《周总理，你在哪里？》、白桦《群山耸立盼贺龙》等。朦胧诗与新中国成立后现实主义诗歌不同，其具有鲜明的异质性特点。这个异质性就是现代主义。朦胧诗在思想上所具有的那种怀疑、自省和叛逆精神，在艺术上大量使用象征、变形手法，都是典型的现代主义诗歌的特点。因此可以说，朦胧诗是对新中国成立前现代主义诗歌传统的延续。主要的代表作品有北岛《回答》、顾城《远和近》、谢冕的《在新的崛起面前》、孙绍振《新的美学原则在崛起》等。新生代诗人的特点是他们宣布放弃朦胧诗所坚持的社会责任感和历史使命感，认为诗歌表现的应该是"日常生活"和"凡人的心态"，他们对诗人的社会身份表示怀疑，尤其是对被体制"圈定"的诗人的职责和义务难以认同。在艺术上，他们反对隐喻、象征和深奥等后期象征主义的诗歌观，主张用现代人明白、婉转、充满诙谐情调的口语来写诗。主要的代表作品是韩东《有关大雁塔》、西川《体验》、李亚伟《中文系》等。

小说方面，新时期文学中小说主要出现过多种类型，包括反思小说、改革小说、寻根小说、先锋小说等。随着文学领域的反思改革，最开始是对于十年"文化大革命"在政治和社会层面对人民群众造成的身体和心灵的伤疤进行剖析的伤痕小说。1979年开始，反思小说集中涌现后，小说不再满足于暴露与批判，而是由近至远，由表及里地追溯极左思潮在历史进程中的脉络，并探究其原因，形成反思小说。此外，改革的时代也呼唤着改革的文学，新时期的文学走出"伤痕"之后，在反思中进行着改革，改革文学本身的实践性说明改革是时代的主旋律，与反思小说几乎同时崛起的是改革小说。进入80年代以后，整个文化界弥漫着一种强烈的"寻根"情绪，试图通过对民族文化的挖掘，重新认识自我，认识民族，重新建造新的民族文化观。这种寻根意识强烈地冲击着文学艺术，使其显现出一种新的审美特质，寻根小说浪潮掀起。等到寻根小说由高潮走向低谷时又出现了一种文学形态——先锋小说，这是受西方现代主义和后现代主义文化思潮影响而产生的新文学思潮，主要活跃于1986—1989年间，主要特点是从自我存在出发寻求人生价值和意义。"新写实小说"发端于20世纪80年代中期，这是一种新的文学倾向。其创作方法是以写实为主要特征，特别注重现实生活原生态的还原，真诚直面现实，直面人生，它减退了过去传统的现实主义那种直露、急功近利的政治性色彩，以具有鲜明的当代意识，强烈的历史意识、深刻的哲学意识、追求一种更为丰富博大的文学境界，作者情感冷静而自信，零度介入，阅读者直接参与文本创作，作家——文本——读者共同展示小说这种文学样式的作用。新时期文学小说主要的代表作品有刘心武《班主任》、高晓声《李顺大造屋》、蒋子龙《乔厂长上任记》、王安忆《小鲍庄》、马原《拉萨河女神》、刘恒《狗日的粮食》等。

散文方面，新时期20年散文发展总的线索就是：从"本体复归"到"异向分流"。70年代末与80年代散文出现了悼念性散文、反思性散文和反映变革时代生活的散文，悼念性散文主要是一方面悼念那些在"文化大革命"中死去的人，当时悼亡之作大量问世。代表作有毛岸青、韶华《我爱韶山的红杜鹃》、莫文骅《少奇同志给我一匹马》、何为《临江楼记》等。反思性散文就是对"文化大革命"进行一种历史的、政治的反思。代表作有巴金《随想录》、丁玲《"牛棚"小品》、萧乾《"文革"杂忆》、杨绛《干校六记》等。反映变革时代生活的散文开始广角度地反映生活，天文地理、地域风情、历史典故、现实生活，什么都可以入文，重要的是情真意切，言之有物，而不在乎哪一类题材了。代表作有刘真《望截流》、邓友梅《说说家乡平原》、铁凝《洗桃花水的时节》。进入90年代以后，文坛上突然出现了一股散文热。一是散文选本和散文集热销。二是散文刊物大量出现。散文创作开始呈现两个特点：其一是价值取向受市场经济影响比较大，散文作为文化消费的特点被突出出来，更多地迎合读者的口味，认同现代社会的物质化和消费性追求。其二是更多的学者介入散文创作，张中行、金克木、余秋雨等人的作品，比那些专业散文家的作品更受读者的欢迎。同时这一时期出现了学者散文和女性散文两大类别。这一时期主要的代表作品有王小波《沉默的大多数》、史铁生《我与地坛》、张洁《拣麦穗》等。

3.《中国大百科全书》出版

百科全书是集合专书著作、参考书、工具书、年鉴、手册、图集画册为一体的丛书，全书用科学的方法，系统地、全面地、扼要地叙述和介绍全人类自古以来所积累的各个学科、各个领域的知识，以及今天科学技术所达到的水平和成就。

随着"文化大革命"后拨乱反正的进行，国内人民迫切渴望知识的指引，希望有便于查阅、包罗各种知识、能满足现代生活需求的书籍出现，出版《中国大百科全书》成为历史的必然、客观的需要。党中央和国务院于1978年决定编辑出版《中国大百科全书》，并成立总编辑委员会领导这一工作。同时设立中国大百科全书出版社进行编辑出版的具体工作，出版社配备三四百人的编辑和工作人员，由胡乔木任总编辑委员会主任。《中国大百科全书》编纂工作历时15载，1993年，《中国大百科全书》第一版问世。

全书总体情况是，按学科或领域分成74卷，共收7.8万个条目，计66个学科、1.26亿字，并附有5万余张图片，册叶浩瀚，内容宏富，适于高中以上、相当于大学文化程度的读者使用。

内容分类方面，包括哲学、社会科学、文学艺术、文化教育、自然科学、工程技术以及军事科学等各个学科和领域古往今来的基本知识。不仅涵盖了全人类科学文化成果，而且注重对悠久的中国各民族历史文化遗产和科学技术成就的传承，尤其是充分反映了中国人民在建设中国特色社会主义过程中取得的重要成果，形成了具有鲜明的中国特色和风格的百科知识宝库。

编纂方式方面，条目编排是按照国际上的通行做法，标题全部按其汉语拼音顺序统编排列，更加方便了读者的寻检查阅。从这一意义上说，它是中国第一部符合国际惯例的大型现代综合性百科全书。

1999年10月《中国大百科全书》图文数据光盘面世，使携带、查阅与学习更为方便。2009年出版了《中国大百科全书》第二版，比第一版内容更为全面、丰富。2012年，第三版的修订工作启动，据国务院批准的方案指出，第三版将会在编纂方式、编纂内容和出版方式方面有更大的变化和进步。中国大百科全书的检索，将给读者提供更多的方便，满足更多读者的多种需求。

《中国大百科全书》的出版是中华文化史和出版史上的一座丰碑，是献给中华民族乃至全人类的一份厚礼，它对中国文化事业产生了极大影响，为人类的进步文明作出了重要贡献。

4. 全国优秀短篇小说评奖

"文化大革命"结束后，一批在"文化大革命"期间受到不公正对待和迫害的作家、文艺评论家陆续平反、落实政策，文学领域重新开始活跃，短篇小说作为文学表达上较为直接、精悍的艺术形式也最早进入高潮。

为了促进短篇小说创作进一步繁荣和发展，以适应广大群众在新的历史发展时期的需要,1978 年 10 月《人民文学》编辑部举办了首届全国优秀短篇小说的评选活动,此后,该活动每两年评选一次。1996 年,该奖项与全国优秀中篇小说、全国优秀诗歌奖等奖项合并为鲁迅文学奖,每四年评选一次。首届评选启事公布后,得到了社会的热烈反响,各家文学出版机构纷纷响应,积极推荐作品参选。1979 年 3 月评选委员会在群众评选的基础上,经过反复交换意见,最后评选出优秀短篇小说 25 篇。3 月 26 日,人民文学编辑部在北京举行了首届颁奖大会。获奖代表作品有《班主任》、《湘江一夜》、《献身》、《愿你听到这支歌》等。

评选方式方面,全国优秀短篇小说评奖自设立以来一直采用群众推荐与专家评选相结合的方法。主办方规定,小说评奖必须经群众推荐方能参加,主办方大胆将评价作品的权力移交给群众,群众成为文艺作品最权威的评定者。然而,考虑到文学的专业性,主办方又聘请了一些专家,如茅盾、林默涵、沙汀、冯牧、严文井等人。最终,所有获奖作品的评选都是从群众投票最多的作品中选出。

评选标准和依据方面,首先,专家委员会一致认为,选票的多少只是评选的重要依据,也要看到影响选票其他因素,如各种文艺报刊发行数量的悬殊以及宣传力度对选票的影响等等。因此在评选中在充分重视选票数量的同时,主办方还充分地考量作品的思想、艺术水平等。其次,评选不仅是对优秀的作品进行表扬,还要有所倡导,为短篇小说的创作树立风向标,例如对于新人写的优秀新作特别加以注意。这些标准最后都以制度的形式固定下来。

评选内容方面。每一届的小说评选工作都会根据现实情况在主题、题材和风格方面予以权衡,同时作品要反映新时代、新现象,使得文学作品在建设精神文明的过程中发挥更大的效能。

1978 年的全国优秀短篇小说评奖是空前的、过去没有过的,是新中国成立 30 年来的一个创举。此外,全国优秀短篇小说的评奖开创了群众、专家和领导共同参与的评奖模式。此种评奖模式促进短篇小说的大繁荣和大发展,产生了很多的优秀短篇小说作品,造就了很多优秀的短篇小说家,例如史铁生、彭见明、贾平凹、莫伸等。

5. 国务院关于加强历史文物保护工作的通知

中国是历史悠久的文明古国,是世界上保存文物最多的国家之一。丰富多彩的历史文物遍布中华大地,反映了中华民族上下五千年斗争和发展的历史,具有重要的历史、艺术和科学价值,是全民族最珍贵的历史文化遗产。加强对历史文化遗产的保护,对于提高中国人民的自尊心,促进历史研究以及进行爱国主义教育具有重要意义。然而,十年"文化大革命"期间，我国的历史文物遭到了严重的破坏。有的重点文物被夷为平地，有的地区以搞副业为名乱挖古墓，有的博物馆制度不严，出现了文物大量损失、丢失的现象。

为此，1980年5月国务院办公厅发布了《关于加强历史文物保护工作的通知》（以下简称《通知》），以进一步加强历史文物管理，制止破坏行为发生。《通知》对考古挖掘、文物交易、文物管理等工作作出了明确规定。

关于考古挖掘。《通知》明确规定埋藏在地下的历史文物属于国家财产，任何单位及个人不能擅自挖掘。有关单位在修建房屋和进行农田水利等基本建设时，如果发现古墓、古代遗址以及其他重要历史文物，必须严加保护并立即上报。

关于文物交易。《通知》指出一切历史文物，都不得进行黑市交易；私人出售其收藏的历史文物，必须由国家开设的文物商店议价收购，严禁贩卖走私历史文物和投机倒把活动。

关于文物管理。文物保护部门应认真保护具有历史意义和艺术价值的古建筑、石刻、石窟等历史文物，未经文物保护机构的批准，不得对其进行拆除、改建。各级政府的文物收藏管理机构，应建立严格的统计制度、档案制度、保管制度；要做好防火、防盗、防霉烂、防损伤的工作；应定期对所属文物收藏单位、革命纪念馆和古建筑等进行清仓查库、实施安全防护大检查。

历史文物是不可再生资源，《通知》的发布有利于提高人们文物保护的意识，规范考古挖掘、文物交易以及文物管理工作，及时遏止乱挖、乱建过程中对历史文物的破坏。文件的实施对于保留人们历史记忆、加强历史文物研究、开展爱国主义教育具有重要的意义。

6. 全国优秀电视剧飞天奖和金鹰奖

20世纪80年代，告别了十年浩劫之后，迎来改革开放的大好时机。中国广播电视事业也出现了欣欣向荣的景象，许多电视剧开始与广大受众亲密接触，出现了题材多元化、主题深度化、语言新颖化等发展趋势。

在此时代背景下，为进一步推进电视剧发展，1981年"飞天奖"适时而生。中国电视剧飞天奖是中国广播电影电视部主办的电视剧最高奖项，这一奖项的评选是对上一年（或两年度）电视剧思想艺术成就的一次检阅和评判，1981年开始评第一届，初名"全国优秀电视剧奖"，1992年改为现名。2005年开始由每年一届改为两年一届，与中国电视金鹰奖轮流举办，飞天奖每逢奇数年颁发。

电视剧作为大众电视节目想要生存和发展就必须了解群众。以往广播电影电视部所设立的评奖活动大多是领导和专家对电视剧的评价，没有结合群众的需求，为了弥补电视剧评奖的不足，"金鹰奖"应运而生。金鹰奖是我国第一个由观众投票来评选电视剧的奖项。

1983 年，隶属浙江省广播电视厅的《大众电视》创办金鹰奖，全称"大众电视金鹰奖"；第 16 届"大众电视金鹰奖"改名为"中国电视金鹰奖"；第 18 届"中国电视金鹰奖"全面升级为规格更高的"中国金鹰电视艺术节"。自 2005 年起，改为每两年举办一次。

关于评奖范围。飞天奖的参评作品为上一年度由广播电视行政主管部门批准设立的电视制作单位摄制的、在全国地市级（含）以上电视台播出的电视节目，经过各省、自治区、直辖市有关艺术领导部门推荐选送。金鹰奖评奖的范围为本评选年度在地市级（含）以上的电视台播出的电视节目。

关于评选方式。飞天奖的评委会成员由有成就的电视艺术家及有关方面的领导和专家组成，他们共同讨论评选出结果。金鹰奖由专家组成的评委会在观众投票的基础上评选产生，其中观众投票的方式除以信函投票外，还开通了电话投票和国际互联网投票等渠道。

关于评选类别。飞天奖按照篇幅和题材分为长篇电视剧（9 集以上，含 9 集）、中篇电视剧（3—8 集）、短篇电视剧（1—2 集）、少儿连续剧、少儿短篇电视剧、戏曲连续剧、戏曲短篇电视剧，分别评出一、二、三等奖。另外还有"电视短剧奖"、"合拍电视剧奖"、"译制片奖"以及各单项奖，包括"优秀编剧奖"、"优秀导演奖"、"优秀摄像奖"、"优秀男、女演员奖"等。金鹰奖原设电视剧、电视文艺片、电视纪录片、电视美术片、电视广告片五大门类优秀作品奖和若干单项奖，共 99 个。其中五大类优秀作品奖及电视剧男女主配角奖、歌曲奖，共 76 个，由观众投票评选产生。其他单项奖（含电视剧的编剧、导演、摄像等）共 23 个。现已缩减至 67 个甚至更少。

飞天奖和金鹰奖作为政府奖和群众奖，既从不同角度挑选出优秀的电视作品、电视人呈现在观众的眼前，鼓励了优秀的电视工作者，为电视事业的持续发展提供了强大动力，也为电视事业的进步提供了方向和依据。

7. 国家古籍整理出版规划

古籍整理是指对中国古书进行标点、校注、编辑出版等工作。中国是一个历史悠久的文明古国，古代文化典籍非常丰富，整理古代文化典籍，对于促进科学研究、促进文化传承、汲取传统文化精华具有重要意义。新中国成立后，党和国家对古籍整理事业给予了高度的重视和巨大的支持。1958 年国务院科学规划委员会成立了古籍整理出版规划小组，制定了《三至八年（1960—1967）整理和出版古籍的重点规划》（草案），并指定中华书局为古籍整理出版规划小组的办事机构。从此古籍整理出版工作的计划性、目的性大大增强，《全唐诗》、《全宋词》、《文苑英华》、《艺文类聚》、《永乐大典》等大型古籍大规模出版，其中最有代表性的是"二十四史"和《清史稿》的点校出版工作，被后人誉为新中国最大的古籍整理工程。

1966年"文化大革命"爆发,古籍整理出版工作陷入停顿状态,"二十四史"及《清史稿》的点校工作也全面停止。党的十一届三中全会之后,中国古籍整理出版工作出现了新的转机。1981年,陈云同志先后两次对古籍整理出版工作作出重要指示,指出:古书如果不加标点整理,很难读,如果老一代不在了,后代人根本看不懂,损失很大。

1981年9月,中共中央发出了《关于整理我国古籍的指示》的37号文件,明确指出:整理古籍,把祖国宝贵的文化遗产继承下来,是一项十分重要的、关系到子孙后代的工作。整理古籍是一件大事,得搞上百年。随后,国务院决定恢复古籍整理出版规划小组,1982年8月,《古籍整理出版规划(1982—1990)》(以下简称《规划》)经国务院批准颁布实施,并拨专款用作古籍出版补贴。

新颁布古籍整理规划项目共计3119种,分为文学(924种)、语言(219种)、历史(814种)、哲学(400种)、综合参考(677种)、今译(20种)、研究专著(65种)七类。其中,少数民族文字古籍规划由中央民族学院和民族出版社共同制订;医书、农书、其他科技古籍由卫生、农业及有关科技部门草拟方案;地方志由"地方史志学会"统一规划。

《规划》实施后,全国古籍整理取得了较为丰富的成果。从1982年至1991年,全国共整理出版的古籍图书近4300种(其中的丛书如《丛书集成》、《四部丛刊》等只作一种计),是此前32年古籍图书出版总量的1.9倍,列入规划的《中华大藏经》、《道藏》、《甲骨文合集》、《吐鲁番出土文书》、《古逸丛书三编》、《大唐西域记校注》等大型古籍整理项目都陆续出版,古籍整理出现繁荣景象。

国家古籍整理出版规划工程,通过对祖国传统文化典籍的梳理,取其精华、去其糟粕,古为今用、推陈出新,加强了对我国传统优秀文化的挖掘和阐发,维护了民族文化基本元素,丰富了中华民族自强不息的精神追求,夯实了社会主义先进文化的深厚基础,为建设中华民族共有精神家园提供了重要支撑,有利于提升中华文化影响力。

8. 茅盾文学奖

随着当代文学生机的重现以及短篇小说评奖的成功实践,有关长篇小说的评奖日益得到文学界的关注。1981年,根据茅盾先生遗愿,他捐赠25万元稿费给作协,作为设立长篇小说文艺奖的基金,以鼓励优秀长篇小说创作,推动中国社会主义文学的繁荣。

为实现茅盾先生的遗愿,激励中国长篇小说创作,中国作协于1981年3月成立了茅盾文学奖金委员会。同年10月,中国作协主席团会议正式决定启动"茅盾文学奖"的评选工作,巴金任评委会主任。首届茅盾文学奖在1982年评出,整个评奖工作历时一年,共有《许茂和他的女儿们》、《芙蓉镇》、《将军吟》等 6 部长篇小说获奖，于 1982 年 12 月在北京人民大会堂举行颁奖典礼。

茅盾文学奖自 1982 年评选以来，至 2015 年，共举办八届。该奖从第一届到第七届是每三年评定一次，2008 年后改为每四年举办一次。前四届评奖一直是在没有公开的评奖章程下进行的，只是通过评选委员会在大会上宣读评选范围和评选规则。从第五届起评奖章程开始以制度的形式确定下来。

关于评选范围。凡在评选年度内公开发表与出版，能体现长篇小说完整艺术构思与创作要求，字数 13 万以上的作品，均可参加评选；评选年度以前发表或出版的，经过时间考验的优秀之作，在得到评委会不少于半数委员的赞同后，亦可参评；多卷本长篇小说，一般在全书完成后参加评选；鉴于评选工作所受的语言限制和各种具体困难，凡是用少数民族文字创作的长篇小说，均要求以汉文的译本出版后参加评选；此外，同一作者不宜连届获奖。

关于评选方式。茅盾文学奖由专家评委向评委会联合提名，为评委会提供备选篇目，评委会经过两轮无记名投票，以 2/3 以上票数决定获奖作品。2011 年修订的新的茅盾文学奖评奖条例中将"无记名"投票改为"实名制"，投票、计票在公证机构的监督下进行，评奖委员会主任负责主持评奖工作，不参与投票。

"茅盾文学奖"是中国第一个以个人名字命名的文学奖。作为中国文学的最高奖项，评选出来的作品既反映了时代的深刻变革，又体现了作家成熟的艺术追求，更有中国气派和民族特色。该奖项的设置不仅完善了小说评奖制度，对鼓励长篇小说创作起到了重要作用，而且为长篇小说的发展提供了重要的基础和平台，许多优秀的长篇小说作品在评奖中脱颖而出。

9. 中国文艺工作者公约

文艺工作者是精神文明产品的生产者、创作者、传播者，是社会正能量的积极传递者。文艺工作者的整体素质，关系着文艺作品创作的水平，关系着整个社会的精神文明建设。党的十一届三中全会以来，我国文艺创作和演出取得了显著的成绩，许多文艺工作者积极宣传社会主义精神文明，用共产主义道德标准要求自己，努力使自己成为符合时代要求的文艺工作者。但也有少数文艺工作者表现出个人主义思想严重，道德素质不高，思想作风不正等问题，严重损害了文艺队伍的肌体，阻碍了文艺事业的正常发展。为此，1982 年 6 月 19 日中国文联第四届全委会第二次会议通过了《中国文艺工作者公约》（以下简称《公约》）。《公约》共八条，对文艺工作者的指导思想、文艺创作以及作风建设作出了明确的规定。

《公约》规定了文艺工作者的指导思想，要求所有文艺工作者在文艺创作中坚持四项基本原则，贯彻"双百"方针。要求广大文艺工作者加强艺术修养，提升艺术水平，批判地学习中外文化遗产，用人类创造的知识成果丰富自己的头脑，不断提高为人民服务的专业能力。要求文艺工作者勇于创新，从事精品创作，力戒粗制滥造，努力用高水准的艺术作品满足人民的文化需要。

《公约》明确了文艺工作者的行为规范，要求文艺工作者注重职业道德，端正思想作风，谦虚谨慎，自觉抵制资产阶级思想、封建残余思想和各种不正之风的侵蚀，做一个有理想、讲道德、守纪律、勤恳朴实、品格高尚的文艺工作者；应切实加强文艺队伍的团结，以开阔的胸襟，顾全大局，反对极端个人主义，反对自由主义，反对门户之见；提倡文人相亲，老中青三代相互尊重，互相爱护，互相学习，互相帮助。

中国文联第四届全委会第二次会议通过的《公约》，是新中国成立以来制定的第一个针对我国文艺工作者的公约，反映了党对文艺工作的要求和对文艺队伍建设的关注，也表达了文艺工作者自己的愿望。《公约》的出台，为建设文艺队伍明确了方向，指出了文艺工作者应遵从的道德规范和行动准则。《公约》的实施必将促进我国文艺工作者努力学习马列主义、毛泽东思想，树立共产主义世界观，注重职业道德，提高社会责任感，为发展繁荣社会主义文艺事业作出贡献。

10. 中华人民共和国文物保护法

文物是历史文明的物质载体，是不可再生的文化资源。随着改革开放以及市场经济的发展，中国的文物保护工作出现了一系列的问题，例如：部分政府部门不能正确处理经济建设与文物保护的关系，造成了对不可移动文物的破坏；部分文物收藏单位管理制度不健全，造成了馆藏文物流失、损毁。部分文物保护单位仅仅强调对文物的保护，忽视了对文物价值的合理利用。部分地区文物管理制度不严格，致使盗墓和走私文物的行为猖獗。

为此，1982年11月五届全国人大常委会第二十五次会议通过了《中华人民共和国文物保护法》（以下简称《文物保护法》）。该法规定，在中华人民共和国境内，具有历史、艺术、科学价值的古文化遗址、古墓葬、古建筑、石窟寺和石刻，与重大历史事件、革命运动和著名人物有关的建筑物、遗址、纪念物等以及珍贵的艺术品、工艺美术品等受国家保护。文物保护法对不可移动文物、考古发掘、馆藏文物、民间收藏文物、文物进出境等工作作出了明确规定。

一、加强不可移动文物保护。国务院文物行政部门在省、市、县级文物保护单位中，选择具有重大历史、艺术、科学价值的确定为全国重点文物保护单位。其中，省级文物保护单位,由省级人民政府核定公布,报国务院备案。市级和县级文物保护单位,分别由设区的市和县级人民政府核定公布,并报省级人民政府备案。

二、加强对考古发掘的管理。地下埋藏的文物,任何单位或者个人都不得私自发掘。从事考古发掘工作,必须履行报批手续,获得国务院文物行政部门批准。

三、加强馆藏文物保护。国家兴办的博物馆、图书馆以及其他单位收藏的文物,应该根据文物的等级,设置藏品档案,并建立严格的管理制度,向文物行政部门登记。

四、严格文物出境监管。国有文物、非国有文物中的珍贵文物等,不得出境,其中允许出境的文物,应当由指定的文物进出境审核机构审核,经审核允许出境的文物,由国务院文物行政部门发给文物出境许可证,并从指定的口岸出境。

《文物保护法》施行以来,对于提高全民族的文物保护意识,加强文物保护工作,发挥了重要作用。但是,随着改革开放的深入和社会主义市场经济的发展,文物保护工作出现了一些新情况、新问题,1982年文物保护法的一些规定已不能完全适应形势发展要求,在文物保护工作上出现了一系列的问题。为此,1991年6月七届全国人大常委会第二十次会议对《文物保护法》的第三十条、第三十一条进行了修正。2007年12月十届全国人大常委会第三十一次会议对《文物保护法》进行了第二次修正。2013年6月十二届全国人大常委会第三次会议对《文物保护法》进行了第三次修正。2015年4月24日十二届全国人大常委会第十四次会议重新修订了《中华人民共和国文物保护法》。新修订的《中华人民共和国文物保护法》是中国文化领域一部重要法律,是中国社会主义法治建设的重要成果。该法的实施,标志着中国文物保护与利用逐步走上法治化轨道,开启了中国文物事业发展的新篇章。

11. 中国历史文化名城评选

中国是著名的文明古国,拥有许多著名的历史文化名城。这些城市有的是我国古代政治、经济、文化中心,有的是近代革命运动或是重大历史事件发生地。在这些历史文化名城的地上地下,保存了大量的历史文物和革命文物,体现了中华民族悠久的历史、光荣的革命传统与灿烂的民族文化。为了加强历史文化名城的保护,1982年2月国务院发布批转国家建委、国家城建总局、国家文物局《关于保护我国历史文化名城的请示的通知》(以下简称《通知》)。《通知》公布了第一批历史文化名城,北京、承德、大同、南京、苏州、扬州、杭州、绍兴、泉州、景德镇等24个城市被纳入到历史文化名城保护名单。该名单公布后,各历史文化名城纷纷开展工作,进行调查研究,编制保护规划,采取保护措施,加强历史文物的维护管理,取得了较大成绩。

为进一步推进历史文化名城的保护工作，适时公布第二批国家历史文化名城名单，有关部门于1984年4月着手第二批国家历史文化名城评选工作。此次评选部门采取了自下而上推荐。各省、自治区、直辖市先后推荐了80个城市。全国政协文化组和经济建设组曾专门召集政协委员和专家对第二批国家历史文化名城名单进行了讨论，提出了建议。此后，他们邀请全国历史、文物、考古、革命史、建筑、城市规划、地理等各界的知名专家、教授开会，对第二批国家历史文化名城名单进行了审议。他们在各省、自治区、直辖市推荐的名单基础上，综合各方面的意见，确定了38个城市作为第二批国家历史文化名城，报请国务院核定公布。1986年发布《国务院批转建设部、文化部〈关于申请公布第二批国家历史文化名城名单报告〉的通知》，该通知公布了第二批国家历史文化名城，上海、天津、沈阳、武汉、南昌、重庆等38个城市被列入历史文化名城保护名单。

1982年和1986年，国务院先后进行了两批历史文化名城评选活动，评选活动对促进中国文物古迹的保护抢救，制止"建设性破坏"，保护城市传统风貌等起了重要作用。然而，除已批准的国家历史文化名城之外，还有一些城市文物古迹十分丰富，具有重要历史文化价值及革命纪念意义。为此，评选部门从1991年起，请各省、自治区、直辖市人民政府在认真调查研究的基础上，提出第三批国家历史文化名城推荐名单。1994年《国务院批转建设部、国家文物局〈关于审批第三批国家历史文化名城和加强保护管理请示〉的通知》公布了正定、邯郸、新绛、代县、祁县、哈尔滨等37个城市成为第三批国家历史文化名城。

国家历史文化名城评选活动迄今，共批准130多个国家级历史文化名城。它提升了人们对历史文化名城的保护意识，促进了有关部门对历史文化名城保护政策的制定，制止了一些破坏历史文化名城行为的发生，保存了中国人民的历史记忆，促进了中国社会主义精神文明建设。

12. 中共中央、国务院关于加强出版工作的决定

党的十二大提出了全面开创社会主义现代化建设新局面的宏伟目标，提出在建设高度物质文明的同时，一定要努力建设高度的社会主义精神文明。

党的十一届三中全会召开后，中国进入新的历史发展时期，出版工作面临着新的形势，出现许多新的变化，遇到许多新的问题，例如：出书难、买书难的问题十分突出；图书出版周期太长；部分学生教材和课本不能及时到货；部分书刊的质量不高；部分图书及刊载文章偏离马克思主义、毛泽东思想，偏离社会主义轨道等等。为解决上述出版业的问题，1983年6月6日中共中央、国务院下发了《关于加强出版工作的决定》（以下简称《决定》）。

《决定》强调我国的出版工作必须坚持为人民服务、为社会主义服务的根本方针，宣传马克思列宁主义、毛泽东思想，传播一切有益于经济和社会发展的科学技术和文化知识，丰富人民的精神文化生活。

《决定》明确了我国出版工作的发展目标，即力争在"七五"计划期间做到：出版事业的发展与出书任务基本适应，图书的出版与社会主义现代化建设基本适应，图书的质量提高，品种增加，出版周期缩短，发行及时对路，整个出版事业出现更大的繁荣。为了完成此目标，《决定》提出了加强出版工作的若干重点任务。

一、加强出版队伍建设。出版部门及有关单位要制订规划，充实编辑队伍，并采取多种形式，加强编辑队伍特别是青年编辑的培训，健全和完善各项制度，激发编辑队伍的积极性和主动性；印刷系统要加强职工教育，搞好技术培训，大力培养高中级印刷技术人才。

二、加强印刷、发行工作。要积极发展印刷事业，切实改变书刊印刷管理不善、设备陈旧、技术极端落后、生产能力不足的状况；要改革图书发行体制，增加图书发行能力；要适当增加对出版事业的投资，充分利用国家税收优惠政策，改善出版事业经费不足的问题。

三、进一步加强和改进对出版工作的领导。中央和国家机关的有关部委，要把出版工作列入议事日程，每年至少讨论一次；政府的文化出版部门要进一步发挥主管作用，充实领导班子，改进领导方法和领导作风，抓好各类出版单位的合理分工和统筹安排的工作，加强图书出版的管理。

《决定》作为新中国成立以来第一个也是唯一的一个由党中央和国务院联合作出的出版决定，全面论述了出版工作的指导方针和重要地位，有着很强的思想性、理论性和政策性，是新时期指导出版工作的纲领性文件，为出版事业的发展指明了方向，注入了强大动力，具有长远的指导作用。

13. 中国戏剧梅花奖

受十年"文化大革命"的冲击，中国戏剧舞台出现了萧条沉寂、演员青黄不接的问题。为了使戏剧表演艺术重焕生机，中国戏剧家协会《戏剧报》（即《中国戏剧》前身）杂志社于1983年发起举办了首都戏剧舞台中青年优秀演员奖，旨在表彰取得突出成就的优秀演员，促进国内戏剧表演水平的提高，加强观众与戏剧创作活动的联系，使戏剧更好地为人民服务，为社会主义服务。该奖第一届名为"1983年首都戏剧舞台中青年优秀演员奖"，后更名为"梅花奖"，第23届起又更名为"中国戏剧奖·梅花表演奖"。

中国戏剧梅花奖自评选以来，从1984年的第1届到2005年第22届是每年评选，从2007年第23届起改为两年一评。在此期间，从第11届起增设二度梅，第17届起增评民间职业剧团的演员，第19届起又增设梅花大奖。

梅花奖从1984年举办第一届开始到2015年，已经成功举办了26届，共评选出634人，涵盖了戏曲、儿童剧、歌剧、音乐剧、舞剧等58个剧种，其中44人两次获得梅花奖（二度梅42人，跨剧种2人），7人三次获得梅花奖（即梅花大奖）。

中国戏剧梅花奖自评奖以来，在中国国内外产生了广泛影响，已成为中国最有影响力的戏剧奖，被誉为"中国戏剧的奥斯卡奖"。其作用主要表现在以下三个方面。一是推出了一大批优秀的中青年戏曲演员，例如刘长瑜、李维康、李雪健等人在内的15朵"梅花"，这些人已成为当代中国戏曲的代表人物。二是推动了戏曲创作，一些剧目已成为当代经典，如京剧《曹操与杨修》、《华子良》、《膏药章》、《骆驼祥子》等。三是建立了标准，梅花奖建立了一种戏曲表演艺术评价体系，例如：弘扬中国戏曲的美学精神，坚持中国戏曲的创作原则，把握中国戏曲的本质特点，尊重传统又鼓励创新，看重人品艺德也看重文化修养，重视技艺展示更重视人物塑造等。

14. 中国国际文化交流中心成立

中国国际文化交流中心（英文：China International Culture Exchange Centre，缩写为：CICEC；以下简称"文化中心"）于1984年在北京成立，是第一个经中央批准成立的从事民间国际文化交流的全国性、非营利性、具有社团法人资格的社会团体。其宗旨是：加强中国与世界各国、各地区人民的相互了解和友好合作，开展多层次、多渠道、多形式的对外文化交流，为我国文化繁荣、经济发展、科技进步服务，为世界和平、人类文明作贡献。

文化中心的最高权力机构是理事会全体会议。理事会由科学家、艺术家、企业家、社会活动家及政治外交、文化教育、经济科技、艺术体育领域的著名学者、知名人士组成。文化中心在机构设置上，包括秘书处、办公室、人事部、物业部、对外联络部、经济技术部、文化教育部等部门。此外，文化中心还下辖中国发展战略与政策研究所、国际文化交流音像出版社、中国友谊出版公司、北京黄帝医学康复研究所、中国国际文化艺术公司、北京培训中心等单位。

文化中心主要开展国际文化艺术、经济技术、社会科学等领域的交流活动，开展与各国、各地区的机构团体、专家学者、知名人士建立交流与合作关系，组织国际会议、演出展览、培训讲座及图书音像出版发行、参观访问等。

文化中心成立以来，取得了丰硕成果。迄今已组团出访美洲、欧洲、亚洲20多个国家，接待来自60多个国家和地区的团组2000余批次、33000余人次，举办2000余场次演出展览、会议论坛，涉及文化艺术、科学技术、政治经济、民族宗教、教育管理、新闻出版、学术研究等领域；其下属机构——中国友谊出版公司和国际文化交流传媒有限公司，出版发行了4000多种图书、3000多种音像制品。

文化中心作为中国第一个经中央批准成立的，从事民间国际文化交流的社会团体，成立三十年来，一直积极探索、努力开拓，通过各种形式的交流活动向各国人民介绍中华民族的悠久历史文化，以及中国改革开放以来社会主义建设取得的成就，让世界人民深入了解中国。同时，文化中心还积极引进各国、各地区的优秀文化和先进科技，使中国人民开阔眼界认识世界。

15. 全国青年歌手电视大奖赛

改革开放后，中国文化进入多元化发展时期，呈现文化艺术繁荣与发展态势，在此背景下，中央电视台创办了本土原创的青年歌手电视大赛。

1984年3月，全国电视系统工作会议在北京京西宾馆举行，在这届会议上，时任中央电视台的领导邹友开提出了举办首届全国电视歌手青年大奖赛的建议，立刻引来电视界的响应。经过一个多月的筹备，首届全国青年电视大奖赛（以下简称青歌赛）于1984年5月正式启动，由广电部主办，中央电视台承办，各省、自治区、直辖市电视台协办，旨在繁荣音乐创作、推出歌坛新人、丰富电视荧屏。

唱法分类上，青歌赛从第二届开始分成美声、民族、通俗三种唱法，2006年首次加入了原生态唱法，2013年原生态唱法被取消。

考核标准上，1998年取消了团体比赛和综合素质考核标准，增设了表演环节，即在不同环节分别进行"艺术素质考核"、"表演素质考核"和"音乐素质考核"。此外，青歌赛在原有考核标准之外，还增加了文化修养的考评，促进了歌手文化修养的提高，提升了节目的可看性。2002年的第十届大赛增加了声乐技巧考核。

青歌赛设有业余组、专业组奖项，团体组、个人组奖项，各个唱法分设奖项。但是，到了第十五届青歌赛，只为流行、通俗、美声三种唱法分设金、银、铜三种奖项。

青歌赛坚持"公平、公正、公开"的评比原则，在社会各界特别是音乐界的支持下，推出了一大批优秀的声乐作品和声乐人才，歌手通过青歌赛为大众所了解，尔后走上了专业歌唱演员的道路，为中国的歌唱事业作出了贡献。民族唱法的著名歌唱家有彭丽媛、阎维文、宋祖英等，通俗唱法的歌唱家有毛阿敏、韦唯、解晓东、林依轮等，美声组的歌唱家有梁召今、陈苏威、王传越等。

青歌赛走过的30年发展史，就是一部不断改革创新，不断贴近百姓和生活，不断超越自我，在赛制、赛法、赛程等方面不断适应时代发展，适应我国音乐事业和人才选拔需求,适应广大观众欣赏音乐审美需求的变化的历史。青年歌手大奖赛的举办,受到了广大电视观众的欢迎和音乐专家的肯定,奠定了全国声乐赛事之首的地位,其成功举办为中国音乐事业的发展起到了积极的推动作用。

16. 鲁迅文学奖

鲁迅文学奖是以中国新文化运动的伟大旗手鲁迅先生命名的文学奖,设立于1995年,其前身是1986年新时期文学之初设立的"全国中、短篇小说奖"。鲁迅文学奖是中国最高规格的文学奖项之一,代表着中国文学创作的整体水平。

1981年,在中宣部领导下我国基本建立了多种文学体裁的奖励机制和体制。但没过多久,除"儿童文学奖"和"茅盾文学奖"外,其他文学奖项基本都停办了。这些奖项的停办不但给文学事业带来损失,而且对刚刚建立起来的国家文学奖的体制和机制也造成严重影响。为了改变这一状况,并整合文学奖项的评定,1995年,中国作协党组报请中宣部同意,决定除长篇小说由作协单设"茅盾文学奖"、戏剧作品由文联与剧协单设"曹禺戏剧奖"之外,设立了具有综合性的"鲁迅文学奖"。该奖1997年启动首届评奖,1998年首次颁奖。鲁迅文学奖各单项奖每2年评选一次,每4年评选一次鲁迅文学奖大奖,至2015年5月已举办六届推出了许多代表人物和作品。作家代表人物有:史铁生、冰心、季羡林、王安忆、余秋雨、铁凝等;作品代表作有:葛水平《喊山》、李存葆《大河遗梦》、冷梦《黄河大移民》、何建明《共和国告急》、铁凝《永远有多远》等。

奖项设置方面,鲁迅文学奖目前包括以下奖项:全国优秀中篇小说奖,全国优秀短篇小说奖,全国优秀报告文学奖,全国优秀诗歌奖,全国优秀散文、杂文奖,全国优秀文学理论、文学评论奖,全国优秀文学翻译奖。

参选条件:一、凡属评奖年度内在国家批准出版发行的报纸、刊物、出版社发表和出版的上述文学体裁、门类的作品,均可参加评选(单篇作品以首次发表的时间为准,书籍以版权页标明的第一次出版时间为准)。二、鉴于评选工作的语言限制,凡是用少数民族文字创作的作品,要求以汉文译作参加评选。三、诗歌和散文、杂文作品,以出版的诗集、散文、杂文集参评。文学理论和文学评论著述,单篇作品和理论评论专著,均可参评。四、凡是台湾作家在大陆正式出版的文学作品,都可以参加评选。

评奖主体方面:由于鲁迅文学奖包含奖项名目较多,为了保证评奖的公正性和权威性,评奖工作由按文学体裁、门类分别组成的各奖项评奖委员会承担。各奖项评奖委员会委员,由中国作家协会聘请文学界有影响的作家、理论家、评论家和文学组织工作者担任。每一届评委比上届更新1/2以上。其中,京外评委应占评委总数的1/3以上。各评奖委员会下设该奖项的评奖办公室，协调各奖项的评奖以及负责评奖结果的发布和颁奖大会的组织等事宜。

鲁迅文学奖是中国具有最高荣誉的文学奖之一，旨在奖励优秀中篇小说、短篇小说、报告文学、诗歌、散文杂文、文学理论评论的创作，奖励中外文学作品的翻译，推动中国文学事业的繁荣发展。鲁迅文学奖的创办，不仅标志着停办10年的若干单体文学奖的部分功能得到了再接和延续，同时也标志着中国国家文学奖励机制和体制的恢复和重建。

17. 骏马文学奖

20世纪80年代，少数民族作家关注到在全国文艺界拨乱反正、文艺全面复兴之时，我国少数民族文学依然是一片寂然。因此，民族作家们向国务院反映了少数民族文学的现状。1981年，经时任国务院副总理的杨静仁批示，由中国作协和国家民委共同主办的《民族文学》杂志在北京创刊。同年12月，全国少数民族文学创作评奖活动在北京举行，也就是后来的全国少数民族文学创作"骏马奖"。

1982年4月，中国作协召开书记处会议，将全国少数民族文学创作奖正式定为每3年举办一届；1994年，第五届评奖时，全国少数民族文学创作奖正式改名"骏马文学奖"；2004年在中宣部"对中国作协《关于申报全国性文学评奖项目的报告》的批复"中，全国少数民族文学创作骏马奖被定为国家级文学奖。骏马奖获奖代表作品主要有：玛拉沁夫的电影文学《祖国啊！母亲》、四川藏族作家阿来《尘埃落定》、北京回族女作家霍达的长篇小说《穆斯林的葬礼》等。

评奖范围方面，参赛作品囊括少数民族作家用汉文或少数民族文字出版的长篇小说、中篇小说集、短篇小说集、诗集、散文集、报告文学、理论评论集、翻译等。参赛作品中的少数民族母语创作和翻译作品是骏马奖不同于其他文学奖项的亮点。

评奖方式方面，由评委会以少数服从多数的原则择定，作品获得不少于评委总数的2/3的票数，方可当选。为贯彻"少而精"的原则，本奖项每届评奖的获奖作品，以不超过20篇（部）为宜。

评奖项目方面，骏马奖设有以下奖项：长篇小说；中篇小说集；短篇小说集；诗集；散文集；报告文学集；评论、理论集；翻译；新人新作。

骏马奖的设立，体现了中国共产党的民族政策，体现了中华各民族的大团结，体现了各民族文学交流互补，共同繁荣的盛世气象，它对推动中国少数民族文学创作和鼓励优秀民族作家作品产生了良好效果。同时骏马奖的设立，给少数民族母语文学作品的创作提供了一个平台，在一定程度上对少数民族语言翻译工作起到了鼓励和促进作用，同时体现了党的民族政策,对推动我国少数民族文学创作和鼓励优秀民族作家成长产生了良好的效果。

18. 全国优秀儿童文学奖

为进一步贯彻落实党中央关于全党全社会都来关心少年儿童的健康成长、把少年儿童工作提到战略地位的号召,1986年,中国作协主席团第四次会议通过了《中国作家协会关于改进和加强少年儿童文学工作的决议》(以下简称《决议》),《决议》提出:"设立中国作家协会儿童文学奖,以鼓励优秀创作,奖励文学新人。"

为把《决议》精神落到实处,经中央宣传部批准,中国作协于1986年设立了全国优秀儿童文学奖,每三年评选一次,其宗旨在于鼓励优秀儿童文学创作,推动我国儿童文学的发展、繁荣,为中国3亿多儿童提供更多更好的精神食粮。至2015年5月,全国优秀儿童文学奖已经举办九届。主要的获奖作品有:《舒克和贝塔》(郑渊洁)、《黑猫警长》(诸志祥)、《少女的红发卡》(程玮)、《大头儿子和小头爸爸》(郑春华)、《草房子》(曹文轩)、《我要做好孩子》(黄蓓佳)等。

评奖组织方面,评奖委员会由儿童文学界有影响的作家、理论家、评论家、编辑家组成。每一届评委会成员的组成会有更新,更新名额不少于评委总数的1/2。具体人选由中国作协书记处在广泛征求文学界意见的基础上提名,报告主席团后,报请上级主管部门备案。

评奖要求方面,包括:一、凡在评选年度内出版的个人创作的儿童文学作品集均可参加评选。二、评选的体裁包括:小说、诗歌(含散文诗)、童话、寓言、散文、报告文学(含纪实文学、传记文学)、科学文艺、幼儿文学等。三、单篇(首)作品、在刊物上发表的中、长篇作品而尚未出书者,以及二人以上的作品合集,均不在评选之列。四、鉴于评选工作所受的语言限制和各种具体困难,凡用少数民族语言创作的儿童文学作品,要求以汉文的译本出版后方可参加评选。

评选奖项方面,儿童文学家的奖项设置有:小说奖、童话奖、诗歌奖、散文奖、科幻作品奖、幼儿文学奖、青年作家文学奖。自第五届评奖开始,新增设了"理论批评、青年作者短篇佳作"两个奖项。

全国优秀儿童文学奖自启动以来,不断地向社会和广大的少年儿童推介精品力作,几乎涵盖了八十年代以来老中青三代作家创作的所有优秀之作。此外,该奖项还培养了儿童文坛的中坚力量,使优秀的作者心无旁骛地在儿童文学园地里辛勤耕耘,丰富和壮大了儿童文学。

19. 中国艺术节

为集中展现我国一定时期内艺术创作和演出的优秀成果，丰富人民群众的文化生活，提高人民群众的艺术审美水平，扩大我国与世界各国的文化交往，促进我国各民族艺术事业的繁荣和发展，巩固和发展安定团结的政治局面，加强社会主义物质文明和精神文明建设，1986年10月，文化部颁布了《关于举办中国艺术节的决定》，决定于1987年在北京举办中国艺术节。作为国家级艺术节，它是对我国优秀艺术作品的检阅，也是艺术工作者相互竞赛、切磋技艺、交流经验和进行国际艺术交流的平台。

中国艺术节由文化部和艺术节举办地政府共同主办。申报承办中国艺术节，需要由当地文化主管部门或人民政府向文化部提出承办下届艺术节的报告；根据申报情况和艺术节的侧重点及主题，文化部派考察组对承办地区进行考察；然后根据考察情况研究拟定举办地点，报中央、国务院批准；经必要程序后，在本届艺术节闭幕时宣布下届举办的时间和地点。

中国艺术节的参加作品，由各省、自治区、直辖市及有关部门推荐或艺术节组织委员会特邀，并经评选组严格精选后报艺术节组织委员会审定。要求参加评选的作品在题材、内容、体裁、形式等方面呈现多样化，能够代表国家的最高水平，要求演员具有较高艺术造诣。

中国艺术节的剧目和作品，根据其艺术质量，由文化部颁发"中国艺术节大奖"、"中国艺术节奖"、"中国艺术节特别奖"、"中国艺术节纪念奖"。中国艺术节的各项奖均为国家奖，凡在中国艺术节中获奖的作品，均由文化艺术出版社编辑出版，向国内外发行。

中国艺术节创办26年来，已在北京、昆明、兰州、南京、杭州、武汉等城市举办了10届，推出了一大批精品力作和优秀人才，成为展示中国道路、中国精神、中国力量的艺术盛会。其不仅集中展现了我国近几年来艺术创作和演出的优秀成果，也调动了广大艺术工作者的工作积极性和创造性，促进了文化艺术的交流，满足了人民群众对文化生活和艺术审美的需求。其所创造的成果对于推动社会主义精神文明和物质文明具有重要影响。

20. 国务院关于严厉打击非法出版活动的通知

20世纪80年代中期正值改革开放后国家经济、政治、社会大发展时期，在自由的社会环境下新闻出版业也呈现出一片繁荣的景象。但是这种发展的速度缺乏相关法律法规的跟进和约束，社会上非法出版活动开始猖獗，一些不法分子伪造或盗用合法出版单位名义，大量非法印制有害的书刊和音像出版物。内容低级庸俗，宣扬凶杀、色情、打斗和封建迷信的淫秽和不健康的书刊、音像制品充斥市场，严重影响社会主义精神文明建设。国务院决定，立即在全国范围内开展一次打击非法出版活动的行动。1987年7月6日国务院颁布《关于严厉打击非法出版活动的通知》（以下简称《通知》），《通知》规定1987年8月6日实施。

《通知》指出了此次打击非法出版活动的责任主体是由各级人民政府领导，新闻出版、广播电影电视、工商行政管理、公安部门具体负责，并由其他相关部门密切配合。

《通知》对出版主体和公开、内部出版都给予了明确规定。就公开出版来说，所有出版活动由国家批准的出版单位进行，其他单位和个人不得公开实施出版活动。如果是内部出版活动，必须向上级呈报得到主管单位的批准方可进行。

《通知》还就销售行为予以了规定。任何国营、集体、个体发行单位和个人，均不得销售非法出版物。如有非法出版物，应一律停止销售，主动清理上缴所在地县（含县）以上人民政府指定的新闻出版（文化）行政机关和音像管理机关，就地销毁。

《通知》明确查处出版违法行为的法律责任。这为违法活动的惩处提供了法律依据，同时法律也给予行政主体相应的自由裁量权以适应现实环境的需要，从实际情况出发，实事求是，区别对待，以达到打击极少数严重不法分子、教育大多数的目的，以免发生不合理的处分行为。

1988年全国在开展严厉打击非法出版活动、查缴淫秽出版物和治理整顿书刊市场方面做了大量工作，取得了很大成绩。据不完全统计，全年查缴的非法出版物、淫秽书刊及音像制品达1100万册（份、盒），罚款总金额达700多万元，查处较重大的案件上百起。与此同时，中央有关部门和各地方在打击非法出版活动，查缴淫秽出版物方面还做了许多基础性、建设性的工作。

21. 国务院关于打击盗掘和走私文物的通告

20世纪中后期，文物走私活动日趋集团化、国际化，大量珍贵文物被盗运出境，走私文物充斥港澳市场，当时日、美、英等国家和我国台湾一度派有专人常驻港澳，伺机选购订购。文物走私刺激盗掘古墓葬、古遗址的非法活动不断发生，愈演愈烈。每年都有数以千计的古墓葬、古遗址遭到掘毁。文物走私还诱发了一些犯罪分子直接盗取馆藏珍贵文物，馆藏一级品被盗案件一再发生，甚至有的稀世孤品也被盗窃走私出境。

这些犯罪活动到1987年出现猖獗的局面。为了保护历史文化遗产，严厉、准确地打击犯罪，1987年5月26日中华人民共和国国务院发布《关于打击盗掘和走私文物活动的通告》(以下简称《通告》)。《通告》从文物性质的界定、主管部门到法律追究主体都予以明确。

文物包含范围与归属主体方面，《通告》中明确规定了中国地下、内水和领海中遗存的一切文物，统属国家所有，非经国家文化行政管理部门批准，任何单位和个人，不得以任何借口私自掘取。

文物经营主体方面，《通告》指出，文物购销由文物部门经营，国内外人士不得私自买卖文物，否则将会承担相应的法律责任。

文物的相关管理主体方面，《通告》中提出，国家文化行政管理部门是主体，但是公安、司法、工商、海关和文化行政管理等有关部门要相互配合、密切协作，坚决打击盗掘和走私文物的违法活动。

法律法规配合方面，《通告》中还明确要求各级人民政府认真贯彻《中华人民共和国文物保护法》，做好宣传工作等，希望能够通过群众的积极参与，更好地实现文物保护工作。

法律责任方面，《通告》表态，规定对于违法的私自买卖文物、盗掘文物、窝藏文物，甚至对于上述违法行为知情不报的，都要承担相应的法律后果。与此同时，《通告》明确对于揭发检举犯罪行为和协助破案有功的人员和单位，要给予奖励和表彰。

《通告》是一个法规性的重要文件。它的颁布进一步明确了打击盗掘和走私文物活动，提高了各级文化行政管理部门对文物保护工作的重视。它的实施对于打击盗掘和走私文物行为，保护国家重要珍贵文物有着至关重要的作用。

22. 中共中央关于进一步繁荣文艺的若干意见

党的十一届三中全会以后，党和政府在进行社会主义经济建设的同时，也调整了党对文艺工作的方针。1979年，邓小平在向第四次文代会的讲话中提出：党对文艺工作的领导，不是发号施令，不是要求文学艺术从属于临时的、具体的、直接的政治任务，而是根据文艺的特征和发展规律，帮助文艺工作者获得创作所需的条件，提高文学艺术水平，创作出优秀的文艺作品。至于"写什么和怎么写，只能由文艺家在艺术实践中去解决"。为贯彻讲话精神，1989年2月17日，中共中央发布《关于进一步繁荣文艺的若干意见》(以下简称《若干意见》)。《若干意见》对文艺指导思想、党对文艺工作的领导以及文艺体制改革等重大问题作出了明确的规定。

第一，树立正确的文艺指导思想。中国的文艺工作应该坚持"为人民服务、为社会主义服务"的方向，坚持"百花齐放，百家争鸣"的方针。我国的文艺工作应提倡一切有利于社会主义现代化建设和全面改革的优秀之作，一切有利于激发人们奋发图强、开拓创新、积极进取的优秀之作,一切有利于陶冶人们道德情操的优秀之作。

第二,加强党对文艺工作的领导。党对文艺事业的领导应是政治原则、政治方向的领导。各级领导机关要充分尊重文艺的特点和规律,对具体的文艺作品和学术问题,要少干预、少介入。一切文艺作品,主要不违反宪法、法律和国家的有关规定,在思想上无害、艺术上可取、能给人们带来艺术享受和娱乐,就都允许存在。领导者要努力探索和研究在新的历史条件下领导好文艺工作的方式和方法。

第三,加强文艺体制改革。要理顺党、政府和群众文艺团体之间的关系,明确它们各自的职能;要扩大各文艺事业单位的自主权,引入竞争机制,促进人才流动,以增强文艺事业单位的生机和活力;要建立和完善社会主义文化市场,正确引导群众的文化消费;要对文艺事业税收上给予优惠,在价格政策上适当放活;要对文艺事业比较落后的老、少、边、穷地区,给予更多的扶持和帮助。

《若干意见》是新中国成立以来第一个由中共中央制定颁发的、系统论述文艺方针的政策文件。该文件是对改革开放近10年党对文艺工作的经验总结,受到了文艺界人士的普遍关注和称赞。其发布和实施对我国文艺事业长期稳定地繁荣、发展产生了深远的影响。

23. 中国戏剧节

中国是一个戏曲大国,早在春秋至汉代,就有歌曲、滑稽戏和白戏等,且相当盛行。几千年来,经历代戏曲艺人的不断创新,中国戏曲获得巨大的成就。然而,由于新中国成立以来高度集中的艺术管理体制,严重违背了艺术的发展规律,造成了中国的戏剧舞台出现了萧条的现象,这些现象已经严重地制约了中国戏剧事业的发展。为了解决戏剧发展过程中存在的困境,中国戏剧家协会于1988年创办中国戏剧节,以弘扬民族优秀文化,发展中国戏剧艺术。

中国戏剧节上演的剧目在花色品种上,有戏曲、话剧、歌剧、儿童剧、滑稽戏等,剧种多样,题材、体裁、风格、手法不拘一格。在推荐标准上,要求以近两年内创作和演出的新剧目为主;要求新剧目具有思想性、艺术性、观赏性;要求候选剧目坚持"二为"方向和"双百"方针,弘扬主旋律,提倡多样化。

中国戏剧节具有鲜明的群众性和民间性,每两年举办一次。第一、二届均在北京举办,自第三届起,中国戏剧节走向全国并与当年的中国戏剧梅花奖颁奖活动一起举办。截止到2014年,中国戏剧节已经先后在北京、福州、广州、沈阳、南宁等11个城市举办了十三届。先后评出《探亲公寓》、《续琵琶》、《我那呼兰河》、《大树西迁》、《鲜儿》、《毛泽东在西柏坡的畅想》、《金子》等优秀剧目;程联群、王弋、吴熙、顾芗、张克勤、尚长荣、关栋天、李思源、侯红琴、齐爱云、陈智林等人获得优秀表演奖。此外,还有若干艺术家获得优秀编剧奖、优秀导演奖、优秀舞美奖。

作为中国行业协会举办的民间艺术节,经过几十年的发展,已经成为中国规格最高、规模最大、最具影响力的戏剧活动之一。其成功举办对于搞活戏剧,繁荣舞台,以精彩的戏剧艺术争取青年观众和外国观众,丰富群众的文化生活,产生了积极的影响和作用。

24. 外国记者和外国常驻新闻机构管理条例

外国新闻机构进入中国的历史,如果以19世纪初西方传教士来华办报为开端,至今已有200多年。新中国成立初期,中国政府同世界各国建立新的外交关系,此时,外国驻华记者主要是社会主义国家的新闻机构记者,及西方部分左派政党的党报记者。由于来华外国记者数量有限,中国早期并没有制定专门针对外国驻华记者的法规。改革开放以后,随着中外新闻交流的快速发展,国外新闻机构纷纷在华设立常驻机构,派驻常驻记者,驻华外国记者群体规模日益壮大。

为了加强管理,1981年3月,中国政府发布了《中华人民共和国国务院关于管理外国新闻机构常驻记者的暂行规定》。据此规定,中国对外国新闻机构在华设立常驻机构、派驻常驻记者实行批准注册制。这一暂行规定为中国日后对境外常驻新闻机构和人员的管理奠定了基础。进入90年代后,鉴于外媒出现大量有关中国的失实报道,许多西方涉华报道捕风捉影,造谣生事,甚至试图制造事端并加以无限放大。为保障国家利益和意识形态方面的安全,1990年1月,国务院颁布了《外国记者和外国常驻新闻机构管理条例》(以下简称《条例》),共22条。根据此条例精神,各地又相继制定了更为详细的外国记者采访管理规定,这些共同构成了中国外国新闻记者管理制度。

《条例》明确指出,该条例适用于外国常驻记者、外国短期采访记者(外国常驻记者和外国短期采访记者统称外国记者)和外国常驻新闻机构,并在条例中对以上三个主体予以明确界定。

《条例》对外国新闻机构在华设立常驻新闻机构和派遣常驻记者的手续及在中国境内采访活动的审批手续作了详细规定。包括来华进行短期采访的外国记者在华境内的采访活动"均须履行申请批准程序",且必须"由接待单位负责安排、提供协助"。

《条例》要求外国记者和外国常驻新闻机构应当在注册的业务范围或者商定的采访计划内进行业务活动,不得进行与其身份和性质不符或者危害中国国家安全、统一、社会公共利益等活动,不得在没有相关部门申请同意的地方进行采访活动。

《条例》规定外国记者和外国常驻新闻机构违反本条例规定的,新闻司可以视情节,予以警告、暂停或者停止其业务活动、吊销《外国记者证》或者《外国常驻新闻机构证》。违反《中华人民共和国外国人入境出境管理法》或者其他法律、法规的，由中国有关主管机关依法处理。对于不具有记者身份的外国人擅自在中国境内进行采访报道活动的，由中国公安机关视情节予以相应处罚。

总体上看，在当时特殊的历史背景下，1990年颁布的《条例》对外国记者及新闻机构的驻华采访活动作了较为严格的规定，对于维护国家安全和稳定发挥了重要作用。但毋庸讳言，《条例》的许多规定与正当从事新闻采访工作的外国记者所需要的时效性和灵活性之间存在着矛盾。根据《条例》，外国记者赴国内各地采访，都需要履行审批手续，一旦遇到重大突发新闻事件，完成审批手续之后再赴现场，新闻的时效性就要打折扣，这也导致许多事实上的违规操作行为。

25. 中华人民共和国水下文物保护管理条例

水下文物，是指遗存在水下的具有历史、艺术和科学价值的人类文化遗产。中国是具有悠久历史的文明古国，很早时期就开始了与亚洲、非洲等有关国家开展海上贸易和人员交往，为人类社会留下了许多丰富的文化遗产。其中，散落在我国辽阔海域的众多水下文物，不仅记录和见证了那些风起云涌的岁月，也对弘扬中华民族优秀文化、推动海洋强国战略实施具有重要的价值。改革开放以后，我国逐步拓展的海洋资源综合开发，对水下文物构成了巨大威胁。为加强水下文物保护，1989年10月国务院发布了《中华人民共和国水下文物保护管理条例》（以下简称《条例》）。

《条例》规定遗存于中国内水、领海内的一切文物，遗存于中国管辖海域内的起源于中国的和起源国不明的文物等，都属于国家所有，国家对其行使管辖权。此外，《条例》对水下文物保护机构职责以及考古挖掘等工作作出了明确规定。

《条例》强调文物保护机构应切实履行职责，做好水下文物保护工作。国家文物局应做好水下文物的登记注册、保护管理以及考古勘探及发掘活动的审批工作。地方各级文物行政管理部门应负责本行政区域水下文物的保护工作，会同文物考古研究机构负责水下文物的确认和价值鉴定工作。

《条例》指出任何单位或者个人在中国管辖水域进行水下文物的考古勘探或者发掘活动，必须向国家文物局提出申请，并提供有关资料；外国国家、国际组织、外国法人在中国管辖水域进行水下文物的考古勘探或者发掘活动，必须采取与中国合作的方式进行，其向国家文物局提出的申请，由国家文物局报经国务院特别许可；如果被批准的水下文物考古勘探或者发掘活动涉及港务监督部门管辖水域的，还必须报请港务监督部门核准，由港务监督部门核准划定安全作业区,发布航行通告。此外,实施水下文物考古勘探或者发掘活动时,还必须遵守中国其他有关法律、法规,接受有关部门的管理;遵守水下考古、潜水、航行等规程,确保人员和水下文物的安全;防止水体的环境污染,保护水下生物资源和其他自然资源不受损害;保护水面、水下的一切设施;不得妨碍交通运输、渔业生产、军事训练以及其他正常的水面、水下作业活动。最后,《条例》还规定了保护水下文物保护的法律责任。

根据水下文物保护现实的需要,2011年1月公布的《国务院关于废止和修改部分行政法规的决定》对《条例》进行了修订。水下文物保护是中国历史遗产保护的重要组成部分,此《条例》是改革开放以来制定的第一步专门有关水下文物保护的行政法规,具有重要的意义,其对水下文物考古挖掘工作以及保护机构职责的规定,进一步细化了《文物保护法》的有关内容,对于切实保护水下文物,保留中华记忆具有重要意义。

26.《汉语大词典》和《汉语大字典》出版

汉语是世界上使用人口最多的最重要的语言之一,历史悠久,典籍浩繁,古今变化层出不穷,加上方言分歧,口语、书面语、专科用语和作者习用语在群书中互见迭出,读者很难一一理解。由于我国历史上只有字书,没有现代意义的词典,现代已出版的一些词典或只收古词,或只收今词,或合字典、词典、百科词典于一书,而且篇幅有限,远远不能满足实际需要,因此,编辑出版一部大型的比较完备的贯通古今的汉语词典,十分必要。

1975年,"文化大革命"还在进行之时,周恩来总理批复了《国家出版事业管理局关于中外语文词典编写出版规划座谈会的报告》,这个报告要求从1975年至1985年间完成160部中外语文词典的编写出版任务,改变"大国家,小字典"的落后状况。《汉语大字典》和《汉语大词典》两项最大的工程开始孕育。其中《汉语大词典》由华东五省一市承担,《汉语大字典》由湖北、四川两省承担。

《汉语大词典》是目前规模最大的汉语语文工具书。本书编纂历时18年,由罗竹风主编,中国汉语大词典编辑委员会、汉语大词典编纂处编纂,汉语大词典出版社出版,先后有1000余位语言文字方面的专家学者参与此项工作。全书正文12卷,共收单字2.27万,复词37.5万,约5000万字,并配有插图二千余幅,另有《附录·索引》1卷。1986年11月第一卷出版至1993年11月全书出齐。

著书原则上,该书贯彻"古今兼收,源流并重"的编辑方针,收录古今汉语的一般词语,没有进入一般词语范围内的专科词汇则不收。著书特点上,该词典的一个突出特点就是收录一般词语数量多,它的另一个突出特点是在词语的解释上,力求义项完备、释义准确、层次清楚、书证丰富、资料翔实可靠，注重对词语的历史演变源流作全面阐述。著书内容上，该书中大量的关联条目，反映了两个以上词语间的内在关系，对词语在形体、读音、意义等方面的发展演变，作了清理和考释。该词典按 200 个部首编排，各卷首有部首总表、《广韵》韵目表、《广韵》41 声类表以及本卷部首检字表、难检字表等。通常在其他词典无法找到的词典条目，在该书中都能找到，但它不收录人名和书名。

《汉语大字典》是一本以解释汉字的形、音、义为目的的大型汉语专用工具书。由四川、湖北两省 300 多名专家、学者和教师经过 10 年努力编纂而成。全书约 2000 万字，共收楷书单字 56000 多个，按 200 个部首排列。总体结构上，各卷附检字表，末卷还附总检字表。概述对每个汉字的形、音、义均作了历史、全面地反映，具有字典的典范性。在字形上，选收了能反映形体源流演变关系的、有代表性的甲骨文、金文、篆书和隶书形体，并简要说明其结构的演变。在字音上，采用"三段标注法"，即用汉语拼音标注现代读音，用《广韵》、《集韵》等的反切标注中古音，用韵部标注上古音。在字义上，注意清理源流，反映发展，义项完备，书证丰富。多义字按照本义、引申义、假借义的顺序依次排列义项，不仅注重收列常用字的常用义，而且注意考释常用字的冷僻义和冷僻字的意义。在词性上，对数词、量词、代词、副词以及其他虚词均标明词性。还根据"存字、存音、存源"的原则，在单字下适当收录了少数象声词。

总之，凡古今文献、图书资料中出现的汉字，几乎都可以从中查出。《汉语大字典》是当今世界上规模最大、收集汉字单字最多、释义最全的一部汉语字典。

27. 关于惩治走私、制作、贩卖、传播淫秽物品的犯罪分子的决定

为了惩治走私、制作、贩卖、传播淫秽的书刊、影片、录像带、录音带、图片或者其他淫秽物品的犯罪分子，维护社会治安秩序，加强社会主义精神文明建设，抵制资产阶级腐朽思想的侵蚀，1990 年 12 月七届全国人大常委会第十七次会议通过《关于惩治走私、制作、贩卖、传播淫秽物品的犯罪分子的决定》（以下简称《决定》）。《决定》对打击对象、惩治内容、惩治手段等都予以明确规定。

打击重点方面，《决定》确定了三个方面的内容：一是以牟利或者传播为目的，走私淫秽物品的行为；二是以牟利为目的，制作、复制、出版、贩卖、传播淫秽物品的行为；三是利用淫秽物品进行流氓犯罪活动或者传授犯罪方法的行为。对这三种危害最严重的犯罪行为，规定处以重刑。其中，对前两种犯罪行为规定最高刑为无期徒刑，对第三种犯罪行为中情节特别严重的，还规定可以判处死刑。

惩治内容方面，《决定》为了防止混淆罪和非罪的界限，对什么是淫秽的书刊、影片、录像带、录音带、图片等，给予明确的界定。同时由于具体执行时总有些界限不很清楚的，有争议的书刊、图片不好确定，因此草案同时规定，淫秽物品的具体范围，由国务院有关主管部门确定，以便于具体施行。

惩治对象方面，《决定》对不同的情况进行分类。对于非牟利行为，也没有其他犯罪活动的，情况比较复杂，在处理时必须严格区分罪与非罪的界限，防止扩大打击面。首先，《决定》对组织播放淫秽的电影、录像或者其他音像制品的，在社会上传播淫秽的图片、书刊或者其他淫秽物品、情节严重的，规定为犯罪，追究刑事责任。其次，对观看者和一般参加者，以及在私人之间偶尔传播、情节较轻的，不作为犯罪，可以根据情况，给以批评教育或者纪律处分，也可以依照治安管理处罚条例处罚，对屡教不改的实行劳动教养。最后，中学甚至小学生中传抄、传看淫秽书刊的，主要是教育问题，以不定为犯罪为宜。必要时，学校可给以纪律处分，但对于中、小学生中传抄的淫秽书刊，同样必须认真收缴，对向他们传播淫秽物品的成年人，应当从严惩治，以保护青少年不受毒害。

法律责任方面，《决定》指出一些出版社、印刷厂印刷出版淫秽书刊的违法犯罪情况比较严重，危害极大，各地要求予以严厉打击。《决定》规定，对于单位以牟利为目的，制作、复制、出版、贩卖、传播淫秽物品的，除对单位判处罚金外，对其直接负责的主管人员和其他直接责任人员，依照个人犯制作、复制、出版、贩卖、传播淫秽物品罪的规定处罚。单位走私淫秽物品的，依照全国人大常委会《关于惩治走私罪的补充规定》给予处罚。此外，还规定为他人出版淫秽书刊提供书号的，处三年以下有期徒刑、拘役或者罚金；明知他人用于出版淫秽书刊而提供书号的，以出版淫秽书刊的共犯论处。

《决定》的颁布是我国政府规范文化市场的一件大事，其明确了淫秽物品的标准，加大了对走私、制作、贩卖、传播淫秽物品的处罚力度。其实施，有利于净化我国文化市场，有利于维护青少年的身心健康，有利于促进社会主义精神文明。

28. 中国电影华表奖、金鸡奖、百花奖

中国电影华表奖的前身是 1957 年开始评选的"文化部优秀影片奖"。1994 年文化部将"优秀影片奖"、"文汇奖"等奖项改革合并为华表奖，由国家新闻出版广播电影电视总局主办。2005 年后经文化部正式改革后，两年举办一次。在奖项设置方面，中国电影华表奖设置外国影片优秀译制片奖、优秀故事片奖、优秀导演奖、优秀编剧奖（分原创、改编）、优秀男演员奖、优秀女演员奖、优秀电视电影奖、优秀数字电影奖等奖项，自 2009 年起加设优秀境外华裔演员/导演奖，以鼓励港澳籍电影工作者。在奖项评选标准方面，华表

奖评奖综合考虑影片的艺术性和思想性，以及票房和收入水平。在评选资格方面，参加评奖的影片必须是已获得《电影片公映许可证》后2年内已公映的国产影片，而且一部影片只参加一届评选；影片的总成本与市场的总收入持平，即投入与产出比为1:1；票房总收入达到500万元；在电影频道或其他电视频道的观众收视人次达2200万等。

为了进一步推动电影创作呈现出来的初步繁荣，全面提高电影艺术和技术的水准，第一届由电影艺术家、电影评论家参与评选的专业性电影奖"金鸡奖"颁奖大会于1981年5月在杭州隆重举行。金鸡奖每两年评选一次。中国电影金鸡奖由中国电影家协会和中国文联联合主办，因当年属中国农历鸡年，并以金鸡啼晓象征百家争鸣，激励电影工作者。在评选奖项方面，金鸡奖包括最佳导演、导演处女作奖、最佳男主角"影帝"、最佳女主角"影后"、最佳男配角、最佳女配角、最佳摄影等，共20个奖项。奖项的具体数量也会根据实际情况予以增减。在评选范围上，作品奖评选中港澳籍电影工作者提名的影片制片方必须有中国内地参与，申报单项奖者需要具有中国国籍。评选程序上，实行分类、分时间申报的流程，各制片单位将参赛作品直接报送中国影协金鸡奖办公室。

《大众电影》百花奖由中国电影家协会和中国文联联合主办，简称百花奖，创办于1962年。第2届百花奖刚刚落幕不久，国内政治形势陡然发生变化。文化艺术领域里也开展了文艺整风，百花奖停办。1980年，《大众电影》百花奖在读者的热切的期望中重新恢复，每年举办一次，由《大众电影》的读者评选出获奖国产影片。评选奖项方面，大众电影百花奖设立最佳故事片、最佳编剧、最佳导演、最佳女演员、最佳男演员、最佳男女配角（正角或反角）等15项大奖。评选程序上，从票房和电视播出人次统计较高的影片中，通过观众投票选出候选影片。然后经组委会平衡地区、行业、性别、年龄等因素后，分三次从所有投票观众中抽取101名观众评委，在现场直播的颁奖礼上通过表决器的方式投票获得各个奖项的最终获奖者。评选特点上，百花奖的主要特色在于群众性，从提名奖的候选人和候选作品到最终的获奖者都是由观众投票选举产生。

1992年，为了适应改革开放新形势的需要，进一步促进中国电影事业的繁荣和发展，经中共中央宣传部批准，代表观众意见的"百花奖"和代表专家意见的"金鸡奖"合二为一，简称"中国金鸡百花电影节"。中国金鸡百花电影节每年在中国各地申办城市轮流举办。

中国电影华表奖与金鸡奖、百花奖，一起并称中国电影的三大奖。华表奖是政府奖，金鸡奖是专家奖，百花奖是观众奖，这三个奖是经中共中央批准的三项常设全国性文艺大奖，它们分别代表我国最高艺术水准、最高观众认可、最高政府鼓励的三大电影奖项。这三大奖项支撑了电影评奖制度，为我国电影事业的发展、电影作品的创作、电影新星的发掘提供了有利的平台。

29. "五个一工程"

党的十一届三中全会以来，社会主义物质文明取得了巨大成就，这就要求精神文明也要相应跟进，以实现和物质文明的协同发展。为此，1992年中共中央宣传部组织设立了精神文明建设"五个一工程"评选活动，评选上一年度各省、自治区、直辖市和中央部分部委等单位组织生产的精神产品，包括：一部好的戏剧作品，一部好的电视剧（片）作品，一部好的图书（限社会科学方面），一部好的理论文章（限社会科学方面），一部好电影。1995年度起，将一首好歌和一部好的广播剧列入评选范围，"五个一工程"的名称不变。

"五个一工程"评选活动坚持思想性、艺术性、观赏性相统一，坚持社会效益和经济效益相统一，坚持贴近实际、贴近生活、贴近群众，坚持公平、公正、公开，坚持导向性、权威性、群众性等原则。

中宣部对入选"五个一工程"的参评作品颁发获奖证书和奖金，并对组织这些精神产品生产成绩突出的省、自治区、直辖市党委宣传部和部队有关部门，授予组织工作奖。

"五个一工程"自实施以来，对各地、各单位精神文明产品生产的发展与提高，产生了积极的促进作用。到2014年为止，"五个一工程"评选活动已经举办13届，共有电影122部、电视剧291部、戏剧243部、歌曲193首、广播剧159部获得"五个一工程"奖。"五个一工程"推出了大量深受群众欢迎的优秀作品，例如电影《张思德》、《太行山上》，电视连续剧《恰同学少年》、《延安颂》、《插树岭》，话剧《立秋》，歌剧《野火春风斗古城》，舞剧《红河谷》，歌曲《吉祥三宝》，长篇小说《笨花》、《国家干部》……这些近年银幕荧屏热映、舞台盛演不衰、群众广为传唱、图书市场走红的文艺作品，均在第十届精神文明建设"五个一工程"获奖作品之列。此外，"五个一工程"评选活动还培养出了一批批优秀的文艺工作者，形成了一种以作品带人、以人促作品的生动气象。精品迭出，人才辈出的"五个一工程"，正在发挥着激励、导向、示范、精品、育才五大作用，在构筑社会主义先进文化精神大厦、建设和谐文化、繁荣文艺创作的进程中具有越来越重要的意义。

30. 中国加入《保护文学和艺术作品伯尔尼公约》和《世界版权公约》

中国在改革开放以后，与各国的政治、经济、文化交流与日俱增。然而，由于中国没有加入国际著作权公约，致使我国在与其他国家进行书籍、电影、软件等知识产品的贸易过程中，经常出现摩擦。到了20世纪八九十年代，国际版权保护又出现了一种新趋势，其已不单单局限于文化、科技领域,而逐渐渗透到经济、服务等其他众多领域。此时,中国加入国家著作权公约已是势在必行。

1992年7月,七届全国人大常委会第二十六次会议审议通过我国加入《保护文学和艺术作品伯尔尼公约》(以下简称《伯尔尼公约》)和《世界版权公约》。10月,国家版权局在北京举行新闻发布会,宣布《伯尔尼公约》和《世界版权公约》分别于1992年10月15日和10月30日在中国正式生效。自此中国作品将受到公约其他成员国的保护,公约其他成员的作品也将在中国受到保护。

《伯尔尼公约》主要包括以下几个内容:一、基本原则。(一)国民待遇原则,即所有成员国国民的作品,或在某一成员国首先发表的作品,在其他任何成员国内部享有该国法律给予本国国民作品的同等保护;(二)自动保护原则,既享受国民待遇的作者,在成员国获得的保护,不需要履行任何手续;(三)独立保护原则,即成员国按照本国著作权法保护其他成员国的作品,而不论该作品在本国是否受到保护。二、最低限度规定。各成员国给予著作权人的保护水平不少于公约规定的标准。具体规定有:《伯尔尼公约》规定保护文学、艺术、科学领域的一切作品,而不论其表现形式或表现方法如何;《伯尔尼公约》规定的财产权利包括翻译权、复制权、表演权、改编权、广播权、公开表演权、摄制电影权等;人身权利包括作者身份权、作品完整权;人身权利的保护期在作者死亡后仍然有效,至少到其财产权利保护期届满为止。财产权利的保护期,一般作品保护期为作者有生之年加死亡后50年,电影作品为作品放映或完成后50年,实用艺术作品和摄影作品的保护期不得少于创作完成后25年。三、对发展中国家的规定。为了使发展中国家在不过分增加其经济负担的情况下获得对外国作品的合法使用,《伯尔尼公约》规定了对发展中国家的优惠条款,即翻译和复制的强制许可使用。但是《伯尔尼公约》在规定强制许可时,附加了许多限制条件,因此这项制度并无太大实效。

《世界版权公约》的主要内容是:一、成员国待遇方面,各公约成员国应给予参加公约国作者以相当于本国国民享受的版权保护,在适用国民待遇时也是兼用"作者国籍标准"与"作品地域标准"。二、非自动保护方面,公约规定受保护的作品必须具备一定的形式才适用,同时规定作者享有经济权利的起码要求,但不包括精神权利。三、保护期方面,公约规定一般不少于作者有生之年加死后25年或作品发表后25年,摄影作品和实用艺术作品的保护期不得少于10年。

著作权的保护已成为国际社会的共识,我国先后加入《伯尔尼公约》、《世界版权公约》,符合世界版权保护的趋势,有利于减少我国与其他国家在版权上的纠纷,有利于切实保护我国创作人的利益,规范出版市场秩序。

31. 中国新闻奖、长江韬奋奖

中国新闻奖是由全国新闻工作者协会主办的全国优秀新闻作品最高奖，是经中宣部批准的全国性常设新闻奖。其前身为1980年开评的全国好新闻奖，1991年始改名为中国新闻奖，每年评选一次。自1991年开始评选，至2015年已评选23届。开展这项评奖活动的目的在于检阅中国新闻工作的年度实绩，推动新闻改革，促进新闻作品质量的提高，促进新闻队伍的思想建设、业务建设和作风建设。中国新闻奖可以说是对全国好新闻奖的继承和提高，其中继承主要表现在奖项设置和评选标准上，奖项设置上继承了全国好新闻奖的评选等级和类别划分，评选标准上仍然采用"真、短、快、活、强"的标准。在继承的基础上，中国新闻奖也体现了很多新的特点，显示了很多创新的方面。

奖项设置方面，中国新闻奖共有29个评选项目，其中报纸、通讯社设消息、言论、通讯、系列报道、新闻摄影、报纸版面、新闻漫画和报纸副刊8项，广播、电视设消息、评论、新闻专题、系列报道、新闻性节目编排和新闻现场直播各5项。该奖每届设一等奖，二等奖和三等奖，特别情况下还设个别荣誉奖、特别奖。评选方式上，一、二等奖实行差额评选，差额数不少于设奖数额的20%。三等奖实行等额评选。并且采取不计名投票评选。评选范围方面，参评作品必须是经国家正式批准的报社（报业集团）、通讯社、广播电台、电视台、新闻宣传主管部门和新闻单位主办具有登载新闻业务资质的新闻网站（不含网络版、电子版）原创并在本年度内首次刊播的新闻作品，有全国统一刊号的报刊、图书在本年首次刊发的新闻论文。评选程序方面，首先评选办公室对各报送单位报送的参评作品及有关材料按规定进行审核并在规定网站上公示；然后根据评选细则进行评选；评选结束后，评委名单将随评选结果在相应网站上公示，评选委员会委托中国记协评奖办公室受理公示期间有关举报；核查工作结束并报经中宣部批准后，正式揭晓获奖作品名单并颁奖。

长江韬奋奖，是经中央批准常设的全国优秀新闻工作者最高奖，由中华全国新闻工作者协会组织评选。该奖项为2005年根据中央《全国性文艺新闻出版评奖管理办法》精神由范长江新闻奖和韬奋新闻奖合并而来，虽然两者评选对象不同，但是都是针对新闻界优秀人才的评选，两者合并后节约了成本，使得长江韬奋奖的评选更加全面、权威。该奖项每两年评选一次。

奖项设置上，分为两个系列，长江系列主要奖励那些从事新闻采访报道、新闻类节目播音、主持为主的新闻工作者；韬奋系列主要奖励那些从事新闻编辑、新闻评论、新闻校对、新闻类节目制片为主的新闻工作者。每届评选20名获奖者（其中长江系列10名，韬奋系列 10 名），可以缺额，不能超过。评选范围上，在经国家正式批准的相关单位从事新闻工作 5 年以上、持有国家新闻出版广电总局颁发记者证、5 年内无不良记录、未曾获过该奖的新闻记者、编辑、评论员、校对检查和新闻类节目播音员、主持人、制片人。其中，新闻单位副部级（含）以上负责人不参评。评选机制上，长江韬奋奖实行新闻单位推荐、报送单位初评和评选委员会定评三级评选机制。评选期间会将参评材料和评选结果予以公示，接受社会评议，对评议意见，将提交评委会主任会议研究决定。

中国新闻奖是优秀新闻作品最高奖，长江韬奋新闻奖是优秀新闻工作者最高奖。两奖的设立有力地激发了中国新闻工作者的热情，选拔了中国最优秀的新闻工作者，他们中的许多人至今仍活跃在新闻一线岗位上，两奖的评选活动促进了中国新闻事业的发展。

32. 关于加强新闻队伍职业道德建设，禁止"有偿新闻"的通知

20 世纪 90 年代初，新闻队伍中出现了违反职业道德准则的问题，一些新闻单位和新闻工作者，利用采访和报道搞"有偿新闻"，甚至向被采访和报道的单位、个人索要财物。这种不正之风损害新闻工作信誉，腐蚀新闻队伍，必须坚决制止。

1993 年 7 月中共中央宣传部、国家新闻出版署向各省、自治区、直辖市党委宣传部、新闻出版局和中央各新闻单位发出《关于加强新闻队伍职业道德建设，禁止"有偿新闻"的通知》（以下简称《通知》）。

《通知》密切联系新闻工作实际，在充分肯定新闻队伍主流是好的，富有敬业创业精神的基础上，对制止"有偿新闻"作出 5 个方面的严格规定。

一、确定新闻队伍的基本准则。《通知》规定新闻单位和新闻工作者要认清党和人民赋予的使命和职责，继承和发扬新闻工作的优良传统，坚持新闻工作的党性原则和真实性原则，遵纪守法，廉洁奉公，恪尽职守，维护新闻工作的良好形象和信誉。

二、规定新闻队伍的义务。《通知》指出，新闻单位和新闻工作者不得接受被采访或被报道者以任何名义赠送的礼金和有价证券。不得向被采访或被报道者索要钱物；各单位不得以任何名义向新闻单位和新闻工作者赠送礼金和有价证券，也不得以重奖办法吸引新闻工作者到本地区、本单位采访报道。

三、划分新闻与广告界限。《通知》规定，新闻与广告必须严格分开，不得以新闻报道的形式为被报道单位做广告。凡属新闻报道，新闻单位不得向被报道者收取任何费用；凡收取费用而刊播的，应标明为"广告"。

四、区分新闻报道与经营活动。《通知》明确规定，两者必须严格分开。记者、编辑不得从事广告业务，从中牟利。

五、加强新闻队伍的自我管理。《通知》强调，新闻队伍应该实现自我教育与以奖惩分明的方式实现自我管理。各新闻单位要在新闻工作人员中深入地开展新闻职业道德和法制纪律教育，制定自我监督自我约束的规定，接受社会监督。对新闻队伍中廉洁清正、模范遵守法纪和职业道德的集体和个人，要大力表彰，弘扬正气。对违纪者要严肃处理。

1993年中宣部、新闻出版署在发出《通知》后，"有偿新闻"得到一定程度的遏制。中央和地方两级主要新闻单位加强了管理和教育，加强了制度建设，建立了新闻与广告、新闻报道活动与经营活动严格分开的管理体制和新的工作运行机制。从制度上为有效杜绝"有偿新闻"、加强新闻队伍职业道德建设创造了条件。《通知》实施后，涌现出一批政治强、业务精、作风正、纪律严，受到人民群众广泛好评的新闻工作者。

33. 国家图书奖

为促进社会主义出版事业的发展，鼓励和表彰优秀图书的出版作品，中华人民共和国新闻出版署于1992年10月制订并颁布了《国家图书奖评奖办法》（以下简称《评奖办法》），1993年首次评选。国家图书奖是全国图书评奖中的最高奖励，每两年举办一次。不分档次。

国家图书奖由新闻出版署通过聘请各有关方面的专家、学者及有关部门的负责同志，组成国家图书奖评选委员会，评选委员会下设分委员会及评奖办公室。评委会共聘请评委316人次，他们均是某个领域的学术带头人和学术权威人士。

国家图书奖评选那些对于中华民族的科学文化的发展有重要贡献的，对于宣传马克思主义及党和国家的重大方针政策有重要贡献的，对于国民经济、国防建设有重要贡献的，对于出版事业发展有重要贡献的，有重要思想价值、科学价值、文化艺术价值的国内正式出版、公开发行的图书。

国家图书奖下设九个门类三个奖项。九个门类包括哲学社会科学类、文学类、艺术类、科学技术类、古籍整理类、少儿类、教育类、辞书工具书类、民族文版图书类；三个奖项是指国家图书奖荣誉奖、国家图书奖和国家图书奖提名奖。国家新闻出版署授予获奖图书以"国家图书奖"称号。向获国家图书奖的图书的著（译）者和责任编辑颁发获奖证书，发给奖金；向获国家图书奖图书的出版机构颁发奖状；向获提名奖的图书的著（译）者、责任编辑和出版机构颁发获奖证书。

国家图书奖每两年举办一次，每次授奖额为30个，不分档次。自1993年首次评选以来，截至2003年，国家图书奖已成功举办了六届，共有756种图书获奖（不含第六届的特别奖50种图书），涵盖了1980—2002年出版的图书，集中代表了中国数以万计的优秀图书、精品图书，展示了中国政治、经济、文化、科技等方面的科研成果，体现了中国在相当长一个时期图书出版的整体质量和水平。该评奖工作对引导阅读、繁荣出版业产生的影响是深刻、巨大的，对促进出版繁荣、推进学术发展发挥了重要的推动作用。

34. 曹禺戏剧文学奖

曹禺戏剧文学奖是中国戏剧文学领域一项具有重要影响力的艺术评奖活动。其前身是中国戏剧家协会于1980年创办的全国优秀剧本奖，每年举行一次评奖。该奖由中国戏剧家协会主办、中国戏剧家协会创作委员会和《剧本》杂志社承办，旨在繁荣和发展社会主义戏剧创作。1994年该奖项更名为"曹禺戏剧文学奖"。2005年中宣部对全国文艺评奖活动进行整顿，此项奖的名称改为"中国戏剧奖·曹禺剧本奖"，两年一届。30多年来，这项国家级戏剧文学大奖推出了众多优秀剧作，包括话剧：《陈毅市长》、《田野又是青纱帐》、《黑色的石头》、《天边有一簇圣火》、《同船过渡》等；歌剧：《同心结》、《火把节》、《芳草心》等；儿童剧：《月琴与小老虎》、《之伢子》、《潇洒女孩》等。

评奖标准方面。曹禺戏剧文学奖入选的剧本要求具有较高的思想水平和艺术水平；体现爱国主义、集体主义、社会主义精神和美好的道德情操；塑造出真实、感人的艺术形象，尤其是社会主义新人形象；具有艺术的独创性；在读者、观众中反应较好、影响较大的各种题材、体裁、风格、样式的剧本。

曹禺戏剧文学奖的奖项设置，目前内设剧本奖、剧目奖、评论奖和小品小戏奖。剧本奖已成功举办14届，评出优秀剧本300多部，对当代戏剧文学和戏剧创作的发展起到了重大推动作用。剧目奖专为戏剧节而设立，旨在激励戏剧工作者不断创演优秀剧目。评论奖为戏剧评论的最高奖项，已成功举办两届，有20篇文章获优秀奖。小品小戏奖连续举办8届，深受群众喜爱，在全国产生了广泛的影响。

曹禺戏剧文学奖是我国戏剧剧本创作的最高奖，在戏剧界具有崇高的声誉和广泛的影响。30多年来，曹禺戏剧文学奖评选了400余部优秀剧作，推出了数百名优秀作家，为我国戏剧创作的繁荣发展作出了重要贡献。自全国优秀剧本奖创建，虽然该奖项的名称、评奖的周期有调整，但重视戏剧文学、推动剧本创作的宗旨没有变，中国戏剧奖·曹禺剧本奖已成为中国戏剧界一个响当当的文化品牌。

35."全国百佳新闻工作者"评选

在社会主义现代化建设新形势下，广大新闻工作者在宣传深化改革、扩大开放、发展经济和社会主义精神文明建设等方面发挥了重要作用，采写编发了许多有影响的优秀新闻作品，涌现出一批优秀的记者、编辑、评论员。为表彰他们的先进事迹，弘扬他们的奉献精神，鼓励更多的新闻工作者在本职岗位上创造优异成绩，多出精品，多出人才，中华全国新闻工作者协会按照中央宣传部指示精神，1994年10月决定开展评选表彰"全国百佳新闻工作者"的活动，每两年评选一次，每次评选100名优秀记者、编辑、评论员。

中国记协于1995年3月在北京人民大会堂隆重举行"全国百佳新闻工作者"颁奖大会。首都新闻界的有关领导、"百佳"评委以及首都新闻界近20人出席了颁奖会。共有107位新闻工作者获奖，获奖者中包括记者：宁夏日报王玮、中国日报王勇等；编辑：福建电视台卫小林、大众日报于立利等；评论员：中国国际广播电台王国庆、健康报白景珥、人民政协报刘春建等。

"全国百佳新闻工作者"评选是为培养和造就一大批名记者、名编辑、名评论员、名主持人而进行的评选活动。评选对象方面，主要是为了评选奖励全国优秀记者、编辑、新闻评论员、通联、校对以及新闻节目的制片人、主持人和新闻播音员。参评者要求人品、文品俱佳，并在当届评选年度中有一件以上作品在省级或全国性评奖中获奖。评选方法方面，每届评选获奖者100名，采取组织推荐参评的办法。评选范围方面，评选对象是在有正式刊号、公开发行的报纸、国家通讯社、经正式批准的广播电台（站）、电视台和其他新闻机构从事新闻工作连续5年以上的记者、编辑、新闻评论员、通联、校对、新闻节目制片人、新闻节目主持人和新闻播音员。

为贯彻中央关于整顿、规范评奖工作的精神，1998年中国记协把评选对象和评选办法相近的范长江新闻奖、韬奋新闻奖和全国百佳新闻工作者结合起来，统一届数，统一评选，将第三届"全国百佳新闻工作者"评选直接改称第四届。2006年全国百佳新闻工作者评奖取消。

评选"全国百佳新闻工作者"，在我国新闻史上还是第一次，它对促进我国新闻事业的健康繁荣发展，培养和造就我们自己的名记者、名编辑、名评论员产生了积极的影响。对于加强新闻队伍建设、推动新闻事业发展起到重要作用。

36. 中国国际新闻奖

为了总结和交流国际新闻报道的经验，激励积极开拓、勇于进取的敬业精神，提高这支队伍的政治、业务素质，提高国际新闻报道水平，坚持正确的舆论导向，更好地为贯彻执行我国独立自主的和平外交路线服务，为改革开放和社会主义现代化建设服务，国务院新闻办公室从1995年开始设立"中国国际新闻奖",定期举行国际新闻好稿评奖活动。国务院新闻办公室主办、上海解放日报社承办的第一届"中国国际新闻奖",由于是国家级政府奖,它的举办,受到全国从事国际新闻报道单位的普遍关注。首届评选活动就收到来自中央和地方51家新闻单位的300多件参评作品。1996年3月,评选结果在上海揭晓。人民日报的《中国发展有利于世界和平与进步》、新华社的《美日汽车贸易高级谈判开始》、中央电视台的《外国政治家谈中国》、中国国际广播电台的《只身闯波界》等11篇作品获一等奖,解放日报的《一超四强互动,形成四个三角》等58篇作品分获二、三等奖。另有11篇作品获鼓励奖。

为了规范和理顺新闻评奖体制,使各类新闻奖的设定和评选更加合理和科学,经中央有关领导部门批准,从2004年,国际新闻奖将纳入中国新闻奖系列,第八届改由中国记协主办。在评选项目方面,中国新闻奖分报纸通讯社、广播、电视、网络四大类型,共设消息、评论、深度报道以及网络专题、网络访谈等16个评选项目。评选作品要求,首先应该是有重大影响的国际政治、经济、军事、科技、文化、社会和体育新闻;其次,必须是评选年份的作品。在评选机制方面,在中国新闻奖评定前,举行国际新闻奖复评暨年赛,评选仍执行三级评选机制推荐、报送办法,先由省记协推荐,再由中央外宣办牵头设立国际新闻奖初评委员会进行初评,最后择优进入中国新闻奖定评。此番举措更加鼓励了国际新闻从业人员的积极性,进一步提高了我国国际新闻报道水平。

中国国际新闻奖评选,是对我国年度国际新闻报道的回顾和总结,也是对我国国际新闻报道的成绩和进步的集中展示。自创立以来,在坚持正确舆论导向,把握国际舆论斗争的主动权和提高我国国际新闻报道整体水平,鼓励全国国际新闻报道从业人员等方面,起到积极推动作用,有利于我国改革开放和社会主义现代化建设的国际和平环境和舆论氛围。

37. 关于深入开展农村社会主义精神文明建设活动的若干意见

在我国农村深化改革、扩大开放、建立社会主义市场经济体制的重要历史时期,大力加强社会主义精神文明建设,全面提高农民的思想道德和科学文化素质,塑造有理想、有道德、有文化、有纪律的社会主义新型农民,对于深入贯彻党在农村的各项方针政策,促进农村改革发展稳定和社会全面进步,具有十分重要的意义。然而,我国农村的精神文明建设仍表现出一定的滞后性;部分农民思想观念和科学文化素质与农村现代化建设的要求不相适应,一些地方存在治安秩序混乱,社会风气不好,封建迷信蔓延的问题。为遏制上述行为的发生,中共中央宣传部和农业部于1995年10月联合印发了《关于深入开展农村社会主义精神文明建设活动的若干意见》(以下简称《若干意见》)。

《若干意见》提出了农村社会主义精神文明建设的目标，即培养有理想、有道德、有文化、有纪律的社会主义新型农民，不断提高农民思想道德和科学文化素质的目标。为实现此目标，《若干意见》规定了农村精神文明建设的重要任务。

一、加强农民思想教育。应加强对农民的思想教育，用邓小平同志建设有中国特色社会主义理论武装党员、教育干部和农民，深入宣传党的基本路线和农村基本政策，唱响爱国主义、集体主义和社会主义主旋律，弘扬新时期创业精神；应加强唯物论、无神论基本常识和其他科学知识的宣传，破除迷信等与现代文明不相适应的思想观念。

二、加强农村道德建设。要把道德建设作为农村精神文明建设的重要内容和基础性工作认真抓好，加强农民道德规范建设，开展各种形式的道德建设活动；要移风易俗，转变农村社会风气，坚决遏制封建迷信蔓延、宗族势力抬头的不良风气。

三、大力推动农村文化发展。发展和繁荣农村文化，是实现小康目标的内在要求，是广大农民的迫切愿望，各级部门要将精神文明建设提上日程。要切实解决电影、戏剧下乡问题；积极倡导和组织农民读书，提高农民素质；落实好农村广播电视设施和群众文化工作网络建设；开展各种健康有益的文化体育活动；加强农村文化市场的管理，依法加强对农村图书发行、录像放映以及各种娱乐场所和文艺表演团体的管理，打击非法经营活动。

四、积极开展乡村文明创建活动。创建文明家庭、文明村镇和文明乡镇企业为主要内容的农村群众性精神文明创建活动，是吸引亿万农民参与改造环境、转变风气和建设文明生活的重要途径。要广泛开展创建文明家庭活动，不断提高文明村和文明集镇建设水平，下力量抓好文明乡镇企业创建活动，继续开展各种形式的共建精神文明活动。

五、加强对农村精神文明建设活动的领导。各级党委、政府要切实加强对农村精神文明建设活动的领导。充分发挥乡（镇）党委和农村党支部在精神文明建设中的领导作用。有关部门要在各级党委、政府的统一领导下，充分发挥各自优势，担负起农村精神文明建设的责任。各级党委和政府在开展农村精神文明建设的过程中，应该根据农村的实际情况，加强研究，分类指导。

《若干意见》的发布贯彻了党的十四届五中全会精神，是精神文明建设在农村地区的具体体现，其规定了农村精神文明建设的目标以及主要任务，有利于加强各级党委和政府对农村精神文明建设的重视，加强农民思想道德素质、文化水平，改善农村社会文明程度。

38. 中共中央关于加强社会主义精神文明建设若干重要问题的决议

党的十一届三中全会以来，随着经济体制改革和市场经济的发展，我国的物质文明获得了巨大的成就，在此过程中党和政府逐渐认识到精神文明建设的重要作用，采取了一系列措施和手段，推动社会主义精神文明建设。在我国精神文明建设取得长足发展的同时，一些新问题、新情况又浮现出来。例如部分领导忽视思想教育，忽视精神文明；部分领域道德失范，拜金主义、享乐主义、个人主义滋长；部分地区封建迷信活动和黄赌毒等丑恶现象沉渣泛起，等等。为此，1996年10月党的十四届六中全会通过了《中共中央关于加强社会主义精神文明建设若干重要问题的决议》（以下简称《决议》），《决议》共6部分30条。

《决议》强调我国社会主义精神文明建设，必须以马克思列宁主义、毛泽东思想和邓小平建设有中国特色社会主义理论为指导，坚持党的基本路线和基本方针，加强思想道德建设，发展教育科学文化，以科学的理论武装人，以正确的舆论引导人，以高尚的精神塑造人，以优秀的作品鼓舞人，培育有理想、有道德、有文化、有纪律的社会主义公民，提高全民族的思想道德素质和科学文化素质，团结和动员各族人民把我国建设成为富强、民主、文明的社会主义现代化国家。

《决议》提出了未来15年社会主义精神文明建设的奋斗目标，即实现以思想道德修养、科学教育水平、民主法制观念为主要内容的公民素质的显著提高；以积极健康、丰富多彩、服务人民为主要要求的文化生活质量的显著提高；以社会风气、公共秩序、生活环境为主要标志的城乡文明程度的显著提高；在全国范围形成物质文明建设和精神文明建设协调发展的良好局面。为实现此目标，《决议》明确了思想道德素质建设、文化事业发展、精神文明活动等方面的重大任务。

一、加强思想道德素质建设。应以马克思列宁主义毛泽东思想，特别是用邓小平建设有中国特色社会主义理论武装全党、教育干部和人民；坚持深入持久地开展爱国主义教育，社会公德、职业道德、家庭美德教育，青少年思想道德教育，宪法和法律的教育等；要在广大干部群众中深入持久地进行艰苦创业精神的教育，引导人们正确认识国情，发扬艰苦奋斗、励精图治、知难而进、自强不息的精神；要在全体人民中进行遵守宪法和法律的教育，普及法律常识，增强民主法制观念，使人们懂得公民的权利和义务，懂得依法维护自身的合法权益。

二、促进文化事业发展。发展文学艺术、新闻出版、哲学社会科学等文化事业，满足人民群众日益增长的精神文化需求，对于提高民族素质，促进经济发展和社会全面进步，具有重要作用。文学艺术创作，要坚持为人民服务、为社会主义服务的方向，贯彻百花齐放、百家争鸣的方针，弘扬主旋律，提倡多样化；新闻宣传，必须坚持党性原则，坚持实事求是，坚持团结稳定鼓劲、正面宣传为主，牢牢把握正确的舆论导向；哲学社会科学，必须坚持以马克思列宁主义、毛泽东思想和邓小平建设有中国特色社会主义理论为指导，坚持理论联系实际，为党和政府决策服务，为两个文明建设服务；文化市场建设，要一手抓繁荣，一手抓管理，促进文化市场健康发展；文化体制改革，要符合精神文明建设的要求，遵循文化发展的内在规律，发挥市场机制的积极作用。

三、大力开展群众性精神文明创建活动。要深入持久地开展文明家庭、文明单位和军民共建、警民共建等精神文明创建活动；要以提高市民素质和城市文明程度为目标，开展创建文明城市活动；要以提高农民素质、奔小康和建设社会主义新农村为目标，开展创建文明村镇活动；要以服务人民、奉献社会为宗旨，开展创建文明行业活动。最后，《决议》对社会主义精神文明建设的组织领导作出具体规定。

《决议》明确提出了新形势下加强精神文明建设的指导思想、目标任务、工作方针和重大措施，是指导精神文明建设的纲领性文件。文件下发后，各级党委和政府高度重视精神文明建设，纷纷出台了贯彻《决议》的实施意见，开展了各种形式的精神文明创建活动，显著提高了人们的思想道德素质，促进了各项文化事业的发展。

39. 国家社会科学基金

为鼓励社会科学研究，更好地为党和政府决策服务，为两个文明建设服务，促进我国哲学社会科学繁荣健康发展，1991年国家设立了国家社会科学基金（以下简称"国家社科基金"），国家社会科学基金与1986年设立的国家自然科学基金一样，是中国在科学研究领域支持基础研究的主渠道，面向全国，重点资助具有良好研究条件、研究实力的高等院校和科研机构中的研究人员。

国家社科基金的项目分为重点项目、一般项目和青年项目，其中少数重要研究课题，以国家社科基金特别委托项目的方式，经全国社科规划领导小组负责人审定，单独立项，委托研究。

国家社科基金项目实行三级管理体制，其中全国哲学社会科学规划办公室全面负责国家社科基金项目的管理；各省（自治区、直辖市）社会科学规划办公室负责本地区和本系统的国家社科基金项目的管理；项目负责人所在单位在上级管理机构的指导下，具体负责管理本单位的国家社科基金项目。国家社科基金设有理论经济、应用经济、政治学、社会学、法学等23个学科规划评审小组以及教育学、艺术学、军事学三个单列学科，已形成包括重大项目、年度项目、特别委托项目、后期资助项目、西部项目、中华学术外译项目等六个类别的立项资助体系。

国家社科基金自设立至2010年，基金总量从设立之初的每年500万元增加到2010年的6亿元，年度项目申报数量从每年不到3000项增加到2010年的27171项，资助课题从每年不到500项增加到2010年的2285项，已累计投入26.5亿元资助各类项目24283个，推出研究成果45000多项，其中有3500多项成果获得省部级以上奖励。特别是党的十六大以来，许多成果被纳入党和国家的有关决策。

近年来不断完善国家社科基金评审工作：一是完善限额申报工作，以提高申报质量为出发点，使各地各部门申报与其科研生产力水平相适应。二是着手改进申请书的设计，更加注重考察选题依据、研究重点难点、创新点，让申请人充分展现其学术视野、学术积累、学术水准和研究思路，以及运用科学的方法和手段解决问题的能力等。三是积极推进网络评审工作，提高评审信息化水平。四是积极探索评审意见信息反馈机制。通过不断完善国家社科基金评审立项机制，使基金管理工作更加规范化、科学化。

国家社科基金设立以来，在党中央的高度重视下，在有关方面的大力支持下，基金总量不断增加，覆盖面和影响力不断扩大，学科设置和项目设置不断拓展，项目管理制度日益完善，推出了一大批有深度、有分量的研究成果，培养了一大批功底扎实、锐意进取的学科带头人，国家社科基金项目的导向性、权威性和示范性作用越来越明显，为推动哲学社会科学繁荣发展、巩固马克思主义在意识形态领域的指导地位、服务党和国家工作大局具有重大积极的意义。

40. 著作权涉外代理机构管理暂行办法

国家版权局、国家工商行政管理局1996年4月发布《著作权涉外代理机构管理暂行办法》（以下简称《暂行办法》）。该《暂行办法》规定国家版权局负责涉外著作权代理机构的审批工作，并规定著作权涉外代理机构应当接受国家版权局的业务指导和监督。《暂行办法》对设立著作权涉外代理机构的申请、条件、登记注册、代理机构的主要业务以及违反规定的处罚等都作了明确规定。

第一，对著作权涉外代理和代理机构给予明确定义。著作权涉外代理是指著作权涉外代理机构以委托人的名义，在代理权限范围内办理涉外著作权中财产权的转让或许可使用以及其他有关涉外著作权事宜的民事法律行为；著作权涉外代理机构是指依法成立的，从事著作权涉外代理业务的企业法人。

第二，规定申请设立著作权涉外代理机构的责任主体、资格和程序。申请设立著作权涉外代理机构，应具有3名以上具有二年著作权工作经验的专职著作权代理人，应将申请材料报国家版权局审批，经国家版权局批准的著作权涉外代理机构，应持国家版权局批准文件到工商行政管理机关办理企业法人登记注册并应当接受国家版权局的业务指导和监督。

第三，著作权涉外代理机构的业务范围。《暂行办法》第十条规定符合以下几种情况的，才可以进行著作权涉外代理活动：接受委托，开发作品使用市场；提供著作权法律咨询；代理签订转让或授权使用合同；代理收取版税或以其他形式支付的报酬；接受委托，代理解决著作权纠纷；代理其他有关涉外的著作权事务等。可以补办手续的应在6个月内补办，否则将不得开展业务。

第四，法律责任以及救济途径。《暂行办法》规定著作权涉外代理机构有下列行为之一的，国家版权局和工商行政管理机关将按各自的职责，依法给予行政处罚：申请开办著作权涉外代理业务时，隐瞒真实情况，弄虚作假的；涉外代理机构管理不善，不能开展正常著作权涉外代理活动的；涉外代理机构工作失误，给委托人造成重大损失的；涉外代理机构与第三人串通，损害委托人合法权益的；从事其他非法活动的。同时被处罚的著作权涉外代理机构对国家版权局或工商行政管理机关的行政处罚不服的，可以依法向人民法院起诉。

该暂行办法已于2009年5月，经《国家版权局废止第三批规章、规范性文件的决定》废止，现从事涉外代理业务已无审批要求。

41. 中国出版工作者职业道德准则

1995年1月《中国出版工作者职业道德准则》正式公布试行。《中国出版工作者职业道德准则》是全体出版工作者对社会的庄严承诺，也是行业自律的一个共同纲领，标志着出版行业自律的开始。《中国出版工作者职业道德准则》在规定了若干行业约束的同时，更强调自觉约束，对社会的承诺。职业道德准则的目的不仅仅是为了约束、限制职业行为，更重要的是为了提倡、弘扬正确的职业道德观念。

第一，规定了出版工作的宗旨和原则。《中国出版工作者职业道德准则》指出，为人民服务，为社会主义服务，是我国出版工作的根本宗旨。坚持社会效益第一的原则，对社会负责，对读者负责。出版工作者要坚定地把社会效益放在首位，努力实现社会效益和经济效益的统一，在经济效益与社会效益发生矛盾时，经济效益要服从社会效益。坚持书刊的高质量、高品位。

第二，规定了出版工作的职业道德。制度上，要遵纪守法、廉洁自律。出版工作者要珍视党和政府所赋予的出版权力，严格遵守党和国家的有关政策、法律，遵守出版管理的各项规章制度，自觉抵制行业不正之风。尊重作者的劳动，维护著译者的合法权益。思想上，对读者负责，树立精品意识，大力提高出版质量，多出版发行好作品，不出版发行坏作品。出版各环节都要把好质量关，提高编、排、校、印、发质量。

第三，规定了出版工作的职业要求。工作上，要爱业敬业、团结协作。出版工作者要发扬爱业、敬业的优良传统，提倡奉献精神，树立认真负责、精益求精的工作作风，努力消灭差错。要识大体、顾大局,发扬团结协作精神。同行业之间应建立平等、团结、互助的关系,提倡正当、公平的业务竞争。对外关系上,要在对外交往中维护中国出版工作者的尊严。中国出版工作者在与各国和地区出版界交往中,应不卑不亢、互尊互重、平等互利、友好合作。在对外合作中不得损害国内同行的利益,严格遵守外事纪律,自觉维护祖国的尊严和中国出版工作者的声誉。

1995年1月由中国版协拟订,并报经新闻出版署批准试行的《中国出版工作者职业道德准则》,对出版队伍的思想道德建设发挥了积极作用。1996年10月,党的十四届六中全会通过《中共中央关于加强社会主义精神文明建设若干重要问题的决议》以后,中国版协对《中国出版工作者职业道德准则》(以下简称《准则》)进行了修订。修订后的《准则》主要有两个方面的变化:第一,适用范围扩大。《准则》将适用范围由原来图书出版扩大到图书、期刊、音像、电子出版、印制、发行、物资供应等出版全行业的所有出版工作者。第二,进一步明确了职业道德准则的指导思想。为了贯彻了党的十四届六中全会决议精神,《准则》对提高出版工作者的职业道德修养和加强行业自律提出了比较明确的要求,对严禁买卖书号等不正之风也作出了明确的规定。此后《中国出版工作者职业道德准则》分别于1997年、2005至2006年、2008年进行了三次修订。修订后的《准则》比较简明易行,便于监督检查。

42. 百县千乡宣传文化工程

由于历史原因和自然环境限制,中国中西部地区和少数民族地区文化建设严重滞后。在《国家八七扶贫攻坚计划》公布的592个贫困县中,地处中西部和少数民族地区的就占了538个,这538个贫困县中,75%的乡镇没有固定的宣传文化场所,文化场所的缺乏限制了人们素质的提高,导致了当地经济的落后。中央认识到改善西部地区的落后局面,需要从文化抓起。为此,党的十四届六中全会提出了"加强欠发达地区和少数民族地区文化事业建设"的任务,要求尽快改变欠发达地区基层宣传文化设施严重不足的状况。

为贯彻党的十四届六中全会精神,1998年,中央宣传部、中央文明办和文化部联合发出通知,决定实施百县千乡宣传文化工程。该工程采取定点资助的办法,从1998年底开始实施,到2003年的5年间,从中央级文化事业建设费中安排4亿元资金,同时地方按照1∶1的比例进行配套,资助建设200多个县级宣传文化中心、1500多个乡镇宣传文化站和100多个村宣传文化室,简称"百县千乡宣传文化工程"。

关于组织领导。中央文明办每年将资助名额下达给有关省(区、市)文明办;省(区、市)文明办根据名额于6月底之前,将当年定点乡镇的基本情况、建站方案、财政部门出具的配套资金到位证明,报中央文明办;中央宣传部、中央文明办、文化部会同财政部审查合格后,将经费划拨到省(区、市)财政厅(局)。

关于建设标准。宣传文化站室内实际使用总面积应不低于 200 平方米,应设有图书室(藏书 2000 册以上)、多功能教室(录像放映室)、展览室、文化活动室、室外宣传橱窗等,应配有必要的设备,并能够开展图书借阅、教育培训、科技推广、文化娱乐等多种服务和活动。

"百县千乡宣传文化工程"作为一项造福百姓、着眼于未来的长远工程,其实施以来获得了地方领导的重视,分别成立了由分管书记任组长,宣传部、文明办等部门负责人为成员的"百县千乡宣传文化工程"工作领导小组。各地把宣传文化站的工作纳入到当地乡镇党委、政府的议事日程,围绕经济发展和中心工作,围绕脱贫致富和农牧民增收,结合当地实际,广泛宣传党的方针政策,开展思想道德教育,普及实用科学技术知识,组织健康有益各具特色的精神文明创建活动和文体活动,努力丰富农牧民的精神文化生活。

"百县千乡宣传文化工程"实施以来,对改善欠发达地区宣传文化设施落后状况,加强基层宣传文化事业建设,满足中西部地区和老少边穷地区群众文化需求,推进农村精神文明建设,提高农村文明程度发挥了积极作用,成为农村宣传文化工作和精神文明建设一个新的品牌,成为农村全面建设小康社会的有效载体。

43. 国务院关于进一步完善文化经济政策的若干规定

在社会主义市场经济条件下,文化经济政策是文化繁荣发展的重要保障,是构建公共文化服务体系的重要支撑,是推动文化产业跨越式发展的重要手段,是调控文化市场和文化产品创作生产方向的重要杠杆。落实和完善这些文化经济政策,对进一步深化文化体制改革、推动社会主义文化大发展大繁荣,具有重要作用。改革开放以来,随着社会主义市场经济的深入发展,我国政府逐步提高了对文化经济的认识与重视,文化事业得到一定的发展。然而,有利于文化经济发展的投融资机制却始终未能建立起来。

为此,国务院于 1996 年 9 月 5 日下发《关于进一步完善文化经济政策的若干规定》(以下简称《若干规定》),以解决文化事业筹资机制建设滞后的问题。《若干规定》对文化事业建设费、文化事业捐赠、财税优惠政策以及专项资金制度建设等给予了具体的规定。

一、开征文化事业建设费。《若干规定》提出,从 1997 年 1 月起,在全国范围内开征文化事业建设费,引导和调控文化事业的发展。其中,各种营业性的歌厅、舞厅、卡拉 OK 歌舞厅、音乐茶座和高尔夫球、台球、保龄球等娱乐场所以及广播电台、电视台和报纸、刊物等广告媒介单位以及户外广告经营单位，按经营收入的3%缴纳文化事业建设费。文化事业建设费纳入财政预算管理，分别由中央和省级建立专项资金，用于文化事业建设。

二、鼓励对文化事业捐赠。纳税人通过非营利性的公益性组织对国家重点交响乐团、芭蕾舞团、歌剧团和京剧团及其他民族艺术表演团体等文化事业的捐赠，在年度应纳税所得额3%以内的部分，经主管税务机关审核后，在计算应纳税所得额时予以扣除。

三、加强财税扶持力度。国家应逐步增加对文化事业的资金投入，继续实行财税优惠政策；要建立健全有关专项资金制度，重点完善"宣传文化发展专项资金"、"优秀剧（节）目创作演出专项资金"、"国家电影事业发展专项资金"和"出版发展专项资金"制度等，促进宣传文化事业发展。

《若干规定》是改革开放以来中央发布的第一个有关文化经济政策的文件，具有重要地位。其加大了各级财政对文化事业投入力度，拓宽了文化事业资金投入渠道，逐步形成了适应社会主义市场经济要求的筹资机制和多渠道投入体制，推动了文化事业的繁荣。

44. 文化、科技、卫生"三下乡"活动

农业是我国国民经济的基础，农村的发展状况关系到我国经济社会发展的全局。由于历史原因以及科技、教育资源等分配的不均衡，我国农村和城市在经济和社会发展上出现了巨大的差距，为改善农村的落后状况，党的十四届六中全会审议并通过了《中共中央关于加强社会主义精神文明建设若干重要问题的决议》，要求"各地各部门以提高农民素质和建设社会主义新农村为目标，开展创建文明村镇活动；以服务人民、奉献社会为宗旨，开展创建文明行业活动"。

为了深入贯彻党的十四届六中全会精神，大力推进农村精神文明建设，满足广大农民的精神文化生活需求，1996年12月中央宣传部、国家科委、农业部、文化部、广播影视部、卫生部、国家计生委、新闻出版署、团中央和中国科协等十个单位，联合发出通知，决定在全国农村开展文化、科技、卫生"三下乡"活动。

通知强调开展文化、科技、卫生"三下乡"活动，是在农村贯彻党的十四届六中全会精神的一个重要举措，是我们党全心全意为人民服务宗旨的具体体现，各地各部门都要对这项工作给予高度重视，摆上重要日程，采取有力措施，狠抓工作落实。要求各地各部门从各自的实际出发，制定出明确具体、切实可行的工作计划，并组织好实施。

通知要求各地应根据农村实际卫生需求，把当地已制定的城市卫生支农工作规划与这次活动结合起来，开展对口支援，做好以下工作：一、组织和动员医务人员组成医疗队，到农村巡回医疗，开展健康教育。二、总结推广城市医院对口支援的经验，动员医院在技

术、管理和设备方面扶持当地卫生组织，使之能为农民提供基本医疗、预防、保健服务。三、培训乡、村两级卫生组织的卫生医务人员，提高他们的医疗技术水平和思想道德素质。通知要求开展图书、报刊下乡，送戏下乡，电影、电视下乡，活跃农村文化生活，满足生产发展过程中农民群众日益增长的文化需求，促进精神文明建设。通知要求开展科技信息下乡，把农业科学技术特别是实用农业科学技术送下乡，进行传授推广，帮助农村培训科技人才，提高农民的科学素质，推动实施"科技兴农"。

"三下乡"活动实施以来，中央和各地区积极落实，采取了一系列的措施，取得了明显效果，各地区、各部门通过"三下乡"活动，服务了农民，锻炼了队伍，推动了部门工作，加快了农村的经济和社会的发展。

45. 爱国主义教育示范基地

爱国主义是中华民族的光荣传统，是推动中国社会前进的巨大力量，是各族人民共同的精神支柱，是社会主义精神文明建设的主旋律，同时也是中国培养四有新人的基本要求。1994年8月，中宣部颁布了《爱国主义教育实施纲要》（以下简称《纲要》）。《纲要》论述了爱国主义教育的重要意义，提出了教育的基本原则、主要内容、重点对象以及一系列具体措施。

根据《纲要》的要求，1995年3月，民政部确定了第一批（100处）爱国主义教育基地。爱国主义教育基地就是根据《纲要》建立的具有丰富的爱国主义教育内涵，并具备开展爱国主义教育条件的重点场所。1997年7月，中宣部向社会公布了首批百个爱国主义教育示范基地，并以此影响和带动全国爱国主义教育基地的建设；2001年6月，中宣部公布了以反映党的光辉历史为主要内容的第二批百个爱国主义教育示范基地；2005年11月，中宣部公布了第三批66个全国爱国主义教育示范基地名单；2009年5月，中宣部公布第四批87个全国爱国主义教育示范基地，旨在进一步推动爱国主义教育基地建设，更好地发挥爱国主义教育基地作用。从1997年7月到2011年11月，中宣部相继向社会公布了四批全国爱国主义教育示范基地，共有353个。

入选全国爱国主义教育示范基地必须具备以下条件：一、示范基地社会影响大又有代表性。四批示范基地都主要选择在全国有较大影响，能够有代表性地反映重要历史事件的遗址遗迹、纪念馆、烈士陵园、革命领袖、爱国人士的故居、旧址，反映重要历史文化内容的博物馆、纪念馆以及反映新中国成立以来建设成就的展览馆。二、示范基地本身具备一定的基础。即有富有教育意义的展出内容，有详细生动的讲解材料，有素质较高的讲解员队伍，有形式多样的教育活动，有较为完备的教育设施，有较大的观众流量。三、制度约束完善。示范基地要求规章制度健全,管理工作规范,能够有效地对教育基地进行管理。

全国爱国主义教育示范基地的范围。基地通常包括各类博物馆、纪念馆、陈列馆、烈士陵园文化遗迹、革命遗址、爱国名人遗址、故居,以及反映祖国大好河山的风景名胜和展示社会主义现代化建设成就的先进单位、重大建设工程等。

全国爱国主义教育示范基地的分类。四批全国爱国主义教育示范基地,共有353个。根据基地本身表达内容和属性的不同主要分为四类:第一类,反映中华民族悠久历史文化内容,代表基地有故宫博物院、圆明园遗址公园等;第二类,反映近代中国遭受帝国主义侵略和我国人民反抗侵略、英勇斗争内容,代表基地包括中国人民抗日战争纪念馆、中日甲午战争博物馆等;第三类,反映现代我国人民革命斗争和社会主义建设时期内容,代表基地包括中国人民革命军事博物馆、武昌中央农民运动讲习所旧址纪念馆等;第四类,反映党的光辉历史为主要内容,代表基地包括中国航空博物馆、北京自然博物馆、海军上海博览馆等。

爱国主义教育是提高全民族整体素质的基础性工程,是引导人们特别是广大青少年树立正确理想、信念、人生观、价值观,促进中华民族振兴的一项重要工作。爱国主义教育基地是开展爱国主义教育的重要载体。多年来,在各级党委、政府的关心和社会各界的支持下,这些示范基地在建设、管理和使用方面取得了可喜成绩,成为党员干部了解党的历史、加强党性锻炼的重要场所,广大群众培养爱国情感、培育民族精神的重要阵地,青少年学习革命传统、陶冶道德情操的重要课堂。

46."讲文明、树新风"活动

1997年5月,江泽民总书记在中央精神文明建设指导委员会(简称中央文明委)第一次全体会议上指出,精神文明建设搞好了,人心凝聚,精神振奋,经济建设和其他事业就会全面兴盛。根据江泽民总书记的指示精神,中央文明委组织力量进行细致的调查研究,发现当前很多地方存在环境卫生脏、交通秩序乱、服务质量差、言行举止不文明等问题,已经成为影响城市发展、群众生活、公民素质的突出问题,人民群众对此反应强烈,迫切要求解决。

为此,中央精神文明建设指导委员会7月召开全国电话会议,及时部署开展"讲文明、树新风"活动。其活动内容分别是:文明言行、环境卫生、服务质量、交通秩序。这次活动要着力抓好的重点地区是大中城市,重点部位是公共场所、服务窗口、居民社区。会议对当年的"讲文明、树新风"活动作出具体部署,整个活动分为两个阶段。第一阶段是部署动员、营造氛围、组织战役;第二阶段是扩大战果、延伸范围、把活动引向深入。

"讲文明、树新风"活动要求各级政府部门要强化管理意识,明确管理责任,提高管理水平;要以改革的精神理顺管理体制,使管理同物质文明、精神文明建设发展的需要相适应;要制定公民行为规范,引导人们逐步养成良好的行为习惯;要通过建立一批规章制度,形成解决几个方面突出问题的工作机制,使这方面工作逐步走向科学化、规范化、经常化。各级党委政府以及文明委、有关主管部门要根据活动的整体目标和工作重点,结合本地本部门的实际情况和突出问题,明确工作重点,加强领导,搞好组织协调,做到统一研究、统一部署、督促检查、及时指导,把这次活动扎扎实实地抓好。

"讲文明、树新风"活动开展以来,按照"每年要办几件作用大、影响大的好事、实事"的指导思想和中央文明委提出的主题不变、充实内容,一抓到底、抓出成效及巩固、提高、延伸、辐射的工作思路,取得了明显的成效。在1997年提出重点解决文明言行、环境卫生、服务质量、交通秩序四个突出问题的基础上,以后围绕着"讲文明、树新风"这个主题,利用重要活动和重大部署相继开展了"讲文明、送温暖、献爱心","保护生态环境,倡导文明新风","倡导文明新风,共建美好家园","反对邪教、崇尚文明","讲文明、讲卫生、讲科学、树新风","迎奥运、讲文明、树新风","迎世博、讲文明、树新风"等活动。这些活动得到了各级党委政府和有关部门的大力支持,吸引了各行各业和广大群众的积极参与,产生了广泛的社会影响。如今,"讲文明、树新风"活动仍在继续开展,并将活动范围扩大到了各行各业,话说礼仪、道德治理、文明交通、文明餐桌、公益广告等都成为活动宣传、开展的主题。

实践证明,"讲文明、树新风"活动不仅为加强人们思想道德观念和转变人们行为方式探索了新路子,也为在新的历史条件下深入开展群众性精神文明创建活动提供了新鲜经验,提升了创建活动的号召力、影响力,已成为群众性创建活动一项重大工程。

47. 涉外文化艺术表演及展览管理规定

涉外文化艺术表演活动,是指中国与外国间开展的各类音乐、舞蹈、戏剧、戏曲、曲艺、杂技、马戏等交流活动。涉外文化艺术展览活动,是指中国与外国间开展的各类艺术交流活动。

随着对外开放的推进以及市场经济的建立,我国的涉外文化艺术表演及展览也相应地增多,不但增加了公众对于国外艺术的了解,而且也增进了双方的友谊。然而,随着涉外活动的增多,对涉外活动的管理就显得越来越必要,为此,文化部于1997年6月发布了《涉外文化艺术表演及展览管理规定》(以下简称《规定》)。《规定》分6章49条对涉外文艺表演及展览活动的组织领导、资格认定、项目管理等事项作出了明确规范。

《规定》规定文化部负责全国涉外文化艺术表演及展览活动的归口管理和宏观调控，各省文化厅（局）负责本地区涉外文化艺术表演及展览活动的管理。上述机构对涉外表演及展览活动的组织者资格认定、派出和引进的内容等进行管理。

关于涉外活动组织者的资格认定。《规定》提出文化部对从事涉外文化艺术表演及展览活动的组织者实行资格认定制度。申请从事涉外商业和有偿文化艺术表演及展览（展销）活动的经营机构，必须要具备文化部或各省文化厅（局）所认定的对外文化交流业务能力，具有独立的法人资格和营业执照，具有从事对外文化活动必需的资金、设备及固定的办公地点，拥有从事涉外文化艺术表演及展览活动的专业管理人员等。

关于派出和引进项目。中国鼓励那些能够弘扬中华民族优秀传统文化的，体现当今我国文化艺术水平的，维护国家统一和民族团结的，且能够促进双方人民友谊的项目出国交流；鼓励那些具有世界水平的，内容健康且艺术上有借鉴作用的，有利于提高公众艺术欣赏水平的项目来华交流。

关于项目的审批程序。文化部对涉外演出进行审批，其审批流程是，项目主办（承办）单位按照行政隶属关系，向当地对外文化交流主管部门提出立项申请，并附相关资料；上述主管部门对项目申请及相关资料进行审核，认为合格的，报文化部审批。

随着中国对外开放程度的深入以及对外交流活动的增多，原有的涉外演出管理规定由于层层审批，效率低下，已经不适合涉外文艺表演和展览活动的开展，因此，中国政府对《规定》进行了修正。2004年7月，文化部将原规定的第六条修改为："文化部负责全国涉外文化艺术表演及展览活动的归口管理和宏观调控。"2013年6月，文化部下发的《关于做好取消和下放营业性演出审批项目工作的通知》，对《规定》再次进行了修改，规定从7月起，港澳台地区及外国文艺表演团体、个人来华在非歌舞娱乐场所进行营业性演出的审批，下放至省级文化主管部门。

48.《中华文化通志》出版

《中华文化通志》是一面巨大的历史铜镜，它的编撰出版是一项浩大的文化与出版工程，由开国上将、中华炎黄文化研究会执行会长萧克将军于1990年提出。从1992年7月至1998年11月，编委会在萧克将军的主持下，先后召开了两次作者大会，12次编委会会议，近百次专题会议。1991年5月，新华社全文转发了萧克将军在中华炎黄文化研究会正式成立大会上的讲话，在讲话中萧克将军宣布将着手编撰百卷巨著《中华文化通志》。百卷本《中华文化通志》编辑出版工作从开始到结束历时八年之久，于1998年出版。

《中华文化通志》是中华民族历史上第一部对中华文化由古到今、分门别类进行全面系统概括的巨型著作，全书分为序卷和十典百志，共 101 卷、4000 余万字，全国近 200 位专家历时 8 年完成，由上海人民出版社出版。

《中华文化通志》全书总体内容上，从古至今、分门别类、全方位、多视角地阐明了中华文化的总体结构、历史沿革和重要特征，描述了全国十大地域文化、56 个民族在文化上的贡献及其融合互化的过程，阐述了中国文化与世界其他文化的交流及中华文化在世界文化中的重要地位。该书贯通古今五千年历史，涵盖十大文化领域，包括 56 个民族文化，涉及文史哲经等十个主要学科，阐述详尽，内容丰富。

《中华文化通志》全书主体为十典百志。十典分别为：历代文化沿革典、地域文化典、民族文化典、制度文化典、教化与礼仪典、学术典、科学技术典、艺文典、宗教与民俗典、中外文化交流典。每典十"志"。历代文化沿革典十志按时序排列。地域文化典十志按黄河流域、长江流域、珠江流域排列。民族文化典十志基本上按语系分类排列。中外文化交流十志按照中国与周边及世界各大区域分区排列。其余各典所属各志，俱按内容排列。

这套书为后代研究中华五千年文化留下了珍贵的成果，它不仅是中华民族的巨大宝库，也是人类社会的宝贵财富，具有非常重要的价值。对于传承中华文明的优秀传统，唤醒中华记忆，提升民族文化自豪感、自信心具有重要意义。

49. 出版管理条例

出版事业作为社会主义精神建设的重要组成部分，其发展的状况不但关系到中国公民文化素质的高低、文化事业的繁荣，还关系到社会主义精神文明建设能否实现。改革开放以来，中国政府非常重视出版工作，出台了一系列的规定，对出版管理发挥了重要作用。然而，随着市场经济的发展以及依法治国的深入，国务院在之前发布的有关出版工作的规定，由于等级较低，已经越来越不适应时代对出版工作的要求。为提高出版法定的等级，以加强对出版活动的管理，2001 年 12 月国务院颁布了《出版管理条例》（以下简称《条例》）。

《条例》第一次明确了出版工作的方向，强调中国的出版事业必须坚持为人民服务、为社会主义服务的方向，坚持以马克思列宁主义、毛泽东思想和建设有中国特色社会主义理论为指导，传播和积累一切有益于提高民族素质、有益于经济发展和社会全面进步的科学技术和文化知识，应努力弘扬民族优秀文化，促进国际文化交流，丰富和提高人民的精神生活。从事出版活动，应当将社会效益放在首位，实现社会效益和经济效益的最佳结合。在此方针的指导下，《条例》对出版单位的设立，出版物的出版、印刷、复制、发行、进口等工作进行了规定。

《条例》指出设立出版单位，应由其主办单位向所在地省级出版行政主管部门提出申请；主管部门审核同意后，报国务院出版行政主管部门审批；国务院出版行政主管部门在受理设立出版单位的申请之日的60日内，作出审批决定。

《条例》要求任何出版物不得含有反对宪法确定的基本原则，危害国家统一、主权和领土完整，泄露国家秘密、危害国家安全或者损害国家荣誉和利益，煽动民族仇恨、民族歧视，宣扬邪教、迷信，扰乱社会秩序等的内容。

《条例》规定从事出版物印刷或者复制业务的单位，应当向所在地省级出版行政主管部门提出申请，经审核许可，并依照国家有关规定到工商行政管理部门办理相关手续后，方可从事出版物的印刷或者复制。

《条例》要求设立出版物进口经营单位，应当向国务院出版行政主管部门提出申请，经审查批准，取得该部门核发的出版物进口经营许可证，然后持证到工商行政管理部门依法领取营业执照。此外，出版物进口经营单位还应对其进口的出版物进行内容审查。

随着依法治国方略的深入实施，新闻出版系统已经全面完成了政企分开，新闻出版行政机关的职能发生根本转变，行政管理方式发生重大变化，迫切需要完善行业监管制度。在此背景下，2011年3月国务院对《出版管理条例》进行了第一次修改。新条例增加了对出版单位分类管理的规定。适应了信息时代新技术发展的需要，反映新技术、新业态的管理要求。此外，新条例还在附则中作了授权规定，授权由新闻出版总署另行制定"网络出版审批和管理办法"。在此基础上，2013年7月国务院对《出版管理条例》进行了第二次修订。

《条例》的颁布和施行，是建立有中国特色社会主义出版管理体制的重要步骤和进展，也是在新闻出版领域贯彻中央提出的依法治国方针的重要体现。它规定了出版者、印刷者、复制者、发行者的资格、权利和义务，明确了各级人民政府出版行政部门的管理职责，区分了合法与违法的界限以及相应的法律责任，是出版管理的基本准绳和依据。对于推动、引导和保障建立符合社会主义精神文明建设要求、适应社会主义市场经济体制、反映出版事业自身发展规律的出版管理体制，发展繁荣社会主义出版事业，发挥了重要作用。

50. 广播电视管理条例

截止到1996年底，由国务院制定的广播电视行政法规有四种，由广播电影电视部制定、颁布的部门规章有23件、规范性文件有80多个。然而，在广播电视事业飞速发展过程中，又出现了许多新的情况、新的问题和新的矛盾，急需运用新的法律手段加以解决。

根据上述情势，为了加强广播电视管理，发展广播电视事业，促进社会主义精神文明和物质文明建设，广播电影电视部党组决定制定《广播电视管理条例》。

1996年6月，广播影视部在北京召开全国第三次广播影视法制工作会议，提议在原已起草的《广播电视法》（草案）的基础上加紧调研、协调工作。1997年8月经国务院第61次常务会议审议，《广播电视管理条例》正式通过。11日，国务院发布第228号令实施《广播电视管理条例》，自1997年9月起施行，该条例主要包括六章，总则、广播电台和电视台、广播电视传播覆盖网、广播电视节目、罚则、附则，共55条。2013年，根据国务院简化审批制度的决定，对《广播电视管理条例》第十三条第一款和第四十五条作了部分修改，推动广播电视审批工作由事前审批更多地转为事中事后监管。

《广播电视管理条例》（以下简称《条例》）的主要内容包括以下几个方面：一、《条例》确立了广播电视宣传工作、事业建设和行业管理"三位一体"的具有中国特色的广播电视管理体制。二、各级广播电视行政部门应当按照《条例》的规定，对行政区域内的广播电视传输覆盖网进行规划、组建、开发和管理。三、《条例》规定设立广播电台、电视台（包括有线电视台、教育电视台），应当报国务院广播电视行政部门统一审批。四、《条例》规定了保护广播电台、电视台、广播电视传输覆盖网设施的保护条款，规定任何单位和个人不得破坏广播电视设施。五、广播电视行政部门应按照《条例》规定，加强对广播电视节目制作、播放活动的管理，提高广播电视节目质量。六、各级广播电视行政部门应当按照《条例》的有关罚则规定，对违反法规的行为处以行政处罚。

《广播电视管理条例》是我国广播电视目前最高级别的行政法规，而且也是目前权威性和全面程度最高的一部综合性管理条例。《广播电视管理条例》对广播电台和电视台的设立、广播电视传输覆盖网的建设与管理、广播电视节目的制作与播放等作出较为完整、详尽的规定，是加强我国广播电视业的法制化管理，促进广播电视业进一步繁荣、健康有序发展的有力法制保障。它的颁布无疑是我国广播电视管理法制化进程的一个重要里程碑。

51. 营业性演出管理条例

进入20世纪90年代，随着人们生活水平的提升，中国的营业性表演活动逐渐增多，表演艺术市场日渐活跃。但是从总体上看，中国演出市场的发展与广大人民群众的精神文化需求相比，还有较大差距；农村地区、工矿企业等基层群众仍然看不上演出、看不起演出；一些演出活动存在不健康的内容，扰乱了演出市场秩序等。为此，1997年国务院颁布了中国第一部有关演出市场的行政法规——《营业性演出管理条例》（以下简称《条例》）。《条例》分6章共57条，对演出单位的设立、演出活动监管以及组织领导等作出了明确规定。

《条例》指出设立演出经纪机构，应当向省级人民政府文化主管部门提出申请；该部门应在受理申请的20日内作出审批决定，并向符合规定的颁发申请人营业性演出许可证；申请人在取得许可证后，应持该证到工商行政管理部门办理注册登记领取营业执照；并在领取营业执照之日起20日内在所在地县级人民政府文化主管部门备案。

《条例》规定举办营业性演出，应当向演出所在地县级人民政府文化主管部门提出申请；举办营业性演出的单位应当确保演出场所的建筑、设施符合国家安全标准和消防安全规范，应组织人员落实营业性演出时的安全、消防措施，维护营业性演出现场秩序，确保消费者安全。《条例》还规定任何演出不得有违反宪法，危害国家统一、主权和领土完整，危害国家安全或者损害国家荣誉和利益的等内容的出现。

《条例》要求文化主管部门应加强对营业性演出的监督管理。文化主管部门应切实充分发挥文化执法机构的作用。公安部门应当在演出举办前对营业性演出现场的安全状况进行实地检查，实地检查的过程中，文化主管部门以及公安部门的工作人员不得索要演出门票。此外，《条例》还要求各级人民政府和政府部门不得用公款购买营业性演出门票用于个人消费。各级人民政府应鼓励演艺机构面向农村、工矿企业以及少年儿童等提供公益演出，并对那些表现突出的公益演出给予一定的表彰宣传。最后，《条例》规定了违反条例的惩罚措施。

党的十六大以后，随着文化体制改革的深入，政府对营业性演出市场的关系发生了若干变化，2005年7月国务院对《条例》进行了第一次修订。2008年7月国务院发布的《关于修改〈营业性演出管理条例〉的决定》对《条例》进行了第二次修订。在此基础上，2013年7月国务院发布的《关于废止和修改部分行政法规的决定》，对《条例》进行了第三次修订。

修改后的《条例》扩大了市场开放度，进一步调动市场主体积极性；规范了市场行为，确保了市场健康发展；明确了政府的定位，强化了政府公共服务的职能。《条例》的一系列制度设计，为建立公开、公平、公正的演出市场体制，以及富有活力的演艺产品生产经营机制，创造了良好的法制环境，对于维护消费者合法权益，促进营业性演出市场健康发展具有重要意义。

52. 关于加强革命文物工作的意见

革命文物作为中国各族人民长期革命斗争和建设的实物见证，记录了中华民族和中国共产党的光辉历程，充分体现了中国共产党和人民群众血肉相连、情感相系的巨大力量，在精神文明建设中有着无可替代的特殊地位和作用。然而，随着社会主义建设的推进，中国的革命文物在保护和利用方面出现了一系列的问题。例如：有些地方和部门对革命文物工作的重要性认识不足，部分地方对革命文物保护经费投入欠缺，还有一些濒临毁坏的革命旧址和革命纪念建筑亟待抢救维修等。为了提高各级政府对革命文物工作的重视，加强革命文物的利用和保护，国家教育委员会、中共中央宣传部、文化部、国家文物局等部门于 1998 年联合出台了《关于加强革命文物工作的意见》（以下简称《意见》）。《意见》全文共 8 部分，对加强革命文物工作的基本原则、发挥革命文物教育功能、重视革命文物基础性建设、提升革命文物保护、加强革命文物保护队伍建设等工作提出了具体的要求。

一、加强革命文物教育功能。革命文物的陈列和展览工作，应树立精品意识，实施精品战略；应加强群众工作，优化服务质量；要广泛利用报纸、刊物、广播、电影、电视等现代传播媒介，大力宣传革命文物，不断扩大社会教育面等。

二、重视革命文物基础性建设。要大力加强爱国主义教育基地的建设，促进基地建设向规范化、制度化和网络化方向发展；要进一步加强革命博物馆、纪念馆、陈列馆、展览馆、革命烈士陵园等单位的自身建设。

三、应加强革命文化保护。各级文物行政管理部门对那些反映特定历史环境下具有重大纪念意义的建筑物，应及时纳入到相应级别的文物保护单位，在城市规划和建设中加以妥善保护。

四、加强革命文物队伍建设。要运用马克思主义的立场、观点、方法，研究近现代历史特别是中共党史，多出具有较高水平和较大学术影响的研究成果，多造就一批造诣高、成绩突出的优秀人才；要加强群众教育队伍的建设，特别是讲解员队伍的建设。

《意见》是改革开放以来，党和政府所发布的第一个有关革命文物的政策，是革命文物工作的指导性文件。其深入阐述了革命文物的当代价值，提高了人们对革命文物的重视。其提出的加强革命文物基础设施建设、加强革命文物保护以及人才队伍建设等任务，促进了革命文物工作的推进，为弘扬爱国主义和革命传统，加强公民道德建设，促进公共文化服务体系建设，发挥了重要作用。

53.《中华大典》面世

中国是世界文明古国之一，几千年来聚集的文化典籍浩如烟海。为了便于研究检索使用，我国历代都有官修民编的类书问世。然而，由于历史更迭，王朝变迁，大部分已经亡佚，至今尚存者仅有 200 多种。这些类书十分宝贵，对保存和整理我国古代典籍有很大贡献，成为我们了解和研究古代文化的主要依据。然而，由于上述类书的编纂年代较早，部分内容已经不能满足新时期研究和检索的需要。

鉴于历史与现实的需要，海内外广大专家学者倡议编纂一部新型类书，该倡议得到了国务院的重视和支持，1990年5月国务院正式批准立项，决定编纂《中华大典》，并且列为国家重点古籍整理项目。1992年9月在北京京西宾馆会议大厅召开了《中华大典》工作编纂会议，宣布成立《中华大典》工作委员会和《中华大典》编纂委员会。1999年10月首批著作成书出版，《文学典·宋辽金元文学分典》（1200万字）和《医药卫生典·医学分典》的《基础理论总部》及《儿科总部》（共800万字）展示在世人面前。截至目前，已先后启动9个典（即《文学典》、《医药卫生典》、《历史地理典》、《历史典》、《法律典》、《语言文字典》、《教育体育典》、《哲学典》和《林业典》）总计3亿多字的编纂工作，陆续成书并出版的有近100册，约数亿字。预计2018年全面完成大典出版的各项任务。

《中华大典》是我国继唐、宋、明、清之后启动的一项规模大、难度高的古籍整理工程，该书参照现代图书分类方法，对先秦至1911年2000多年时间里的中国优秀文化典籍进行梳理汇编，涵纳了儒家、诸子百家、佛道诸教以及志书等优秀文献资料，是一部中国历代汉文字古籍的新型类书。它的编撰出版将弥补以前类书的不足，并尽量收入经过整理的古籍版本和考古学成果以及散在国外的资料。

内容方面，《中华大典》所收汉文古籍上起先秦，下迄清末，约3万种，达7亿多字，分为24个典，116个分典，内容广博，规模宏大，前所未有。大典共分哲学典、宗教典、政治典、军事典、经济典、法律典、教育体育典、语言文字典、文学典、艺术典、历史典、历史地理典、民俗典、数学典、物理化学典、天文地学典、医药卫生典、农业典、水利典、林业典、生物典、工业典、交通运输典、文献目录典。典以下有分典、总部、部、分部四级，分部之下的标目根据各学科特点由各典自行拟定。

结构方面，《中华大典》采用经纬目的结构呈现内容，经纬目的设置采用《古今图书集成》经目与纬目相交织的统一框架结构。经目从上至下，一般分为典、分典、总部、部四级。纬目依次按题解、论说、综述、传记、记事、著录、艺文、杂录、图表等9项展开。既吸收我国古代类书编排的优点，又具有现代科学的系统分类的特点，努力突出纬目归类的科学性、条理性和实用性。经目与纬目每一大类的名称，均以现代科学命名，其内容也尽可能纳入现代科学分类体系之中，从而体现新型类书的特点。

《中华大典》的编纂出版工作，有利于全面整理中国古籍，抢救、保存、传承和弘扬中华优秀传统文化；有利于建设社会主义先进文化，推动当代的科学研究，提高学术水准；有利于海内外专家学者考察、研究中国文化，促进国际文化交流和中华文化走向世界。

54. 群星奖·文华奖

中国文化艺术政府奖分为两个子项，一个是群众文化艺术领域的"群星奖"，另一个是专业领域的"文华奖"。

群星奖是文化部为了繁荣群众文艺创作，促进社会文化事业的繁荣发展而设立的全国群众文化艺术政府奖，名称取自群众文化艺术"群星璀璨、异彩纷呈"之意。该奖项自1991年正式设立以来，始终坚持以广大业余文艺爱好者为主要评奖对象，多年来，在评奖周期、奖项设置以及评奖对象等方面发生了较大的发展变化。

在评奖周期方面，群星奖从1991年至2002年期间，每年举办一届，共举办了12届；从2004年第十三届开始，群星奖并入第七届中国艺术节，成为中国艺术节的重要组成部分，评奖周期也调整为每三年举办一届。

在奖项设置方面，群星奖的奖项设置几经改革，目前包括：作品类群星奖，项目类群星奖和群文之星。分7个门类和3个组别，7个门类包括美术、书法、摄影、音乐、舞蹈、戏剧和曲艺等，每个门类还分成老年、成人、少儿三个组别。获奖作品授予"中华人民共和国文化部群星奖"荣誉称号并颁发证书、奖牌。

在评奖对象方面，作品类群星奖的评奖对象是由群众文化工作者和业余文艺爱好者创作、编导、辅导并表演的文艺作品；项目类群星奖的奖励对象是基层优秀的公共文化服务项目和群众文化品牌活动；群文之星的奖励对象是在基层公共文化服务领域表现突出的个人。

群星奖自设立到2014年，已举办16届，先后在浙江、江苏、重庆、广东、山东、湖北、山西等地举办，共推出了3000多件获奖作品，为广大人民群众展示艺术才华、实现艺术理想，搭建了一个平台。其调动了基层群众文艺创作和演出的积极性，对于推动社会文化建设健康发展，推出优秀作品，培养优秀人才，具有重要的意义和作用。

文华奖是中华人民共和国文化部主办的专业舞台艺术政府最高奖。其设立于1991年，旨在促进艺术表演团体出好戏、出人才，推动艺术创作和演出的繁荣与发展。

在评奖周期方面。文华奖自1991年开始，最初为一年一届，1998年起改为两年一届，从2004年第11届文华奖改为三年一届，与"中国艺术节奖"两奖合一，共同在艺术节上评选。

在奖项设置方面。文华奖1991年评选之初，设置了综合奖和单项奖两类奖项。综合奖包括文华大奖、文华新剧目奖、文华新节目奖、文华组织奖；单项奖类包括文华剧作奖、文华词作奖、文华导演奖、文华编导奖、文华音乐创作奖、文华舞台美术设计奖、文华表演奖。2002年文化部对原有的奖项设置进行了调整，撤销了文化新节目奖，在单项奖中撤销了文化词作奖。为了鼓励获奖剧目多演出,文化部还特设了荣誉奖。

在评奖对象方面。文华奖的评奖对象是整台的舞台艺术作品,包括戏曲、话剧、歌剧、音乐剧、舞剧、儿童剧及有整体构思、非组团组台的大型歌舞、乐舞、杂技、曲艺、木偶、皮影剧目等。

文华奖自评奖以来,已先后有《天下第一楼》、《虎将军》、《马可·波罗》、《张骞》等获得文华大奖,《生命之光》、《甲申纪事》、《李白》等获新剧目奖。多年来,文华奖评奖坚持为人民服务、为社会主义服务的方向和"百花齐放、百家争鸣"的方针。其评奖活动激励了大量的艺术家,增强了艺术院团凝聚力,对于促进我国文艺的繁荣发挥了重要作用。

55. 中共中央关于加强和改进思想政治工作的若干意见

高度重视思想政治工作,是我们党的优良传统和政治优势。我们党领导革命和建设的全部历史证明,加强思想教育,是团结全党进行伟大政治斗争的中心环节。在改革开放和发展社会主义市场经济的进程中,紧密结合新的历史条件,充分发挥党的这一政治优势,具有重要的现实意义和长远意义。

1999年9月,中共中央发布《关于加强和改进思想政治工作的若干意见》(以下简称《意见》)。《意见》科学总结了新时期思想政治工作的经验,指出了加强和改进思想政治工作的方向,提出了具体的要求和措施,是做好新时期思想政治工作的纲领性文件。《意见》指出,党的十三届四中全会特别是十四大以来,我们党采取一系列重要措施,加强和改进思想政治工作。坚持用邓小平理论武装全党、教育干部和人民;坚持正确舆论导向,深入进行爱国主义、集体主义、社会主义和艰苦创业精神的教育;广泛开展群众性精神文明创建活动,集中宣传一大批体现时代精神的先进典型,努力丰富人们的精神文化生活;密切党同群众的联系,调动各族人民在社会主义现代化建设中的积极性。

《意见》要求思想政治工作要坚持正确的方针原则。一是必须坚持以马克思列宁主义、毛泽东思想和邓小平理论为指导,坚持党的基本路线和基本方针;二是必须坚持以经济建设为中心,为全党全国工作大局服务;三是必须坚持从实际出发,增强针对性和实效性;四是必须坚持教育与管理相结合;五是必须坚持解决思想问题同解决实际问题相结合;六是必须坚持在党的领导下,依靠全社会共同来做。

《意见》强调,要着重从以下几个方面深入扎实地进行思想政治教育。一要把用邓小平理论武装全党、教育干部和人民作为思想政治工作的首要任务,要密切联系改革、建设中的理论和实践问题,增强工作的针对性和实际效果;二要加强马克思主义唯物论和无神论教育,大力提倡科学精神,坚持不懈地普及科技知识,普及那些与群众日常生活密切相关的自然科学、医疗卫生、科学健身和生老病死等方面的知识；三要加强形势政策、民主法制和维护社会稳定的教育，使干部群众充分认识到，进行现代化建设必须有一个团结稳定的社会环境，自觉维护安定团结的大好局面；四要加强以为人民服务为核心、以集体主义为原则的社会主义道德建设，引导广大群众遵守道德规范，提高道德素质，在社会做个好公民，在单位做个好职工，在家庭做个好成员。

《意见》指出，要把思想政治工作任务落实到基层。企业、农村、学校、科研院所、街道和其他基层单位，都要根据自己的实际，解决好把思想政治工作任务落到实处的问题。企业思想政治工作要结合深化改革、建立现代企业制度、提高经济效益来进行。农村思想政治工作要结合奔小康、建设社会主义新农村来进行。学校的思想政治工作要围绕培养社会主义事业建设者和接班人的根本任务来进行。要把思想政治工作与社区建设、社区管理结合起来，贯穿到创建文明家庭、文明楼院、文明小区的各个环节，形成团结互助、平等友爱的新型人际关系。

《意见》要求，要切实加强党对思想政治工作的领导。各级党委（党组）必须提高认识，把这项工作摆上重要议事日程，经常研究，加强检查。各级党政领导干部务必增强政治意识、大局意识、责任意识，带头做好思想政治工作。针对各类经济组织和社会组织日益增多、大批劳动力在产业间转移和地区间流动的新情况，建立健全党的基层组织，加强对党员的教育和管理。党的基层组织要加强自身建设，充分发挥战斗堡垒作用，做好深入细致的思想政治工作，团结和带领群众坚决同各种歪风邪气作斗争，保证党的路线方针政策的贯彻落实。

党的思想政治工作是经济工作和其他一切工作的生命线，是团结全党和全国各族人民实现党和国家各项任务的中心环节，是我们党和社会主义国家的重要政治优势。《意见》的有效实施，促进了全党和全国各族人民充分发挥思想政治工作这一政治优势的信心和决心，保证了经济工作和其他工作的正确发展方向，巩固和发展了全国各族人民共同奋斗的思想政治基础，为经济工作和其他工作提供了强大的动力与保证。

56. 中国报业自律公约

改革开放以来，我国报刊数量迅速增长，质量不断提高，实力有了很大的发展，但报业的经营管理工作却不够成熟。报纸的发行大战、价格大战、广告大战愈演愈烈，报业间这种不正当的竞争，造成了整个行业的损失。根据中国报协广大会员单位的要求，中国报协决定，制定一部"报业自律公约"。

经中国报协书记处会议讨论通过，1999年12月8日中国报业协会公布实施《中国报业自律公约》（以下简称《自律公约》）。在此基础上，为确保《自律公约》的贯彻落实，中国报协书记处决定，成立《自律公约》执行监督委员会，负责组织公约的签约工作，并检查、监督签约报社的具体执行情况。《自律公约》分为总则、自律条款、签约单位的权利、公约的执行监督及违约行为的制裁、附则。

《自律公约》的目的在于，维护我国社会主义报业良好的社会形象和共同利益，保障报纸坚持正确舆论导向，坚持报业在确保社会效益的前提下合法经营。《自律公约》要求签署会员单位履行公约规定的各项义务。

《自律公约》规定了各会员单位的义务，其义务是严格遵守国家各项新闻活动管理法规，忠实履行报纸的社会责任，不以任何有损社会和国家利益的、格调低下的或未经核实的报道内容作为报纸参与市场竞争的手段；不得违反法律规定，出现虚假、不健康内容，进行不正当的竞争活动；不以任何方式将广告内容与新闻报道内容相混淆，不把新闻采编活动与发行和广告等经营活动相混淆；不得采取不正当手段从其他签约单位挖取各种经营骨干和办报骨干。

《自律公约》规定了各会员单位的权利：一是优先推荐权。中国报业协会将与有关行业组织一起，将所有签约单位列入报纸媒体广告质量认证名单，向国内外广告客户和广告代理机构优先推荐，抢占市场、广告先机，提高信誉度。二是申请调查权。签约会员单位有权申请调查发行量以及其他报业组织的不正当行为。第三是建议修约权。签约单位可以要求修改本公约的各项条款，但必须得到三分之二签约单位的同意。

《自律公约》还规定，中国报业协会具有最高权力。其有权组织或指定专门机构，对签约单位履责情况进行核查和监督。签约单位应无条件接受公约组织及其指定机构对其上述情况进行调查，并承担相应的费用。中国报业协会根据核查过程发现的违约行为，给予通报，直到取消会籍等处分。

《自律公约》的公布实施，有利于报业经营者之间开展公平、公正、规范有序的竞争；有利于维护报业经营者之间的团结、报业的形象和整体利益；有利于报业的发展，特别是主要报纸的发展。它的公布实施是中国报业竞争走向成熟的一个重要标志。

57.《夏商周年表》公布

中华文明是举世公认的具有独立起源的文明之一，与古埃及、古巴比伦和古印度并称，是四大古代文明中唯一没有中断、一直绵延流传的文明。夏商周三代是中国古代文明由兴起到繁盛的重要历史时期。遗憾的是，我国传世文献上记载的古代确切年代只能追溯到西周晚期的共和元年，即公元前841年，这之前的历史纪年几乎都湮没在千古尘烟之中，成为中国历史以及世界历史上的重大缺憾。进入20世纪，中国考古学、历史学、古文献学、古文字学、天文学、科技测年等相关学科的发展，为夏、商、周年代学研究创造了良好条件，使这一时期较为精确的年代学研究成为可能。

1995年下半年，时任国务委员、国家科委主任的宋健邀请在京部分历史学家、考古学家、天文学家和科技测年专家进行座谈。此后，中共中央政治局委员、国务委员李铁映与宋健多次征求专家意见，联络相关部委，酝酿"夏商周断代工程"。1996年5月16日，宋健和李铁映在国务院主持会议，宣布启动国家"九五"重大科研项目"夏商周断代工程"。这一工程集中了中国历史学、考古学、天文学和科技测年学等学科门类的200多名老中青专家学者，依照工程的要求，分别设立了9个课题44个专题，从不同角度、不同侧面，以不同方法、不同方式对夏商周三代的年代学问题进行了全面和全新的研究、考证。与以往千余年传统年代学研究所不同的是，这一工程采取了多学科联合攻关、交叉研究的方法，尤其是对于那些有较大争议、又对整个断代框架至关重要的年代更是采取了非常谨慎的态度，力求使结论得到多线索、多角度的支持。

2000年9月，在各个专题分别通过验收基础上，"夏商周断代工程"提出了有多学科研究成果支撑的、满足了尽可能多条件的、与相关数据尽可能吻合的、各历史阶段年代互洽的《夏商周年表》和《夏商周断代工程阶段性1996—2000年成果报告》，并通过了国家验收。工程专家组和工程验收组认为，这是目前为止"最有科学依据"的夏商周年表，是在现有条件下所能取得的最好成果，代表了年代学研究的最高水平。2000年11月，"夏商周断代工程"正式公布最新成果《夏商周年表》，把中国的历史纪年由西周晚期的共和元年，即公元前841年向前延伸了1200多年，弥补了中国古代文明研究的一大缺憾。2001年以后商务印书馆出版的《新华大字典》、《现代汉语词典》附录部分"中国历代纪元表"都采用了这个年表。这份《夏商周年表》为我国公元前841年以前的历史，建立起1200多年的三代年代框架。工程定夏代始年约为公元前2070年，夏商分界约为公元前1600年，盘庚迁殷约为公元前1300年，商周分界为公元前1046年。工程排出西周10王具体在位年，排出商代后期从盘庚到帝辛（纣）的12王大致在位年。

夏商周年代学研究的阶段性成果，解决了一批中国历史纪年中长期未定的疑难问题，填补了中国古代纪年中的一段空白，为继续探索中华文明起源，揭示五千年文明史起承转合的发展脉络，给后代留下一份完整的文明编年史，打下了基础。

58. 国家大剧院

国家大剧院是中国最高表演艺术中心。早在20世纪50年代，中国政府对长安街的规划就设想了国家大剧院的建设,周恩来批示道,地址"在天安门以西为好",后因财政原因没有实施。1958年党中央为迎接新中国成立十周年庆典决定在首都北京建一批大型公共建筑,后被称为"十大建筑",国家大剧院是设想的十大建筑之一,后因"文化大革命"原因国家大剧院工程一直未能上马。改革开放以后,1997年9月中央政治局常委会决定建设国家大剧院。2001年12月国家大剧院开始开工建设,2007年9月,国家大剧院工程基本完工。

建成后的国家大剧院位于北京市天安门广场西,由国家大剧院主体建筑及南北两侧的水下长廊、地下停车场、人工湖、绿地组成,总占地面积11.89万平方米,总建筑面积约16.5万平方米,其中主体建筑10.5万平方米,地下附属设施6万平方米。国家大剧院外部为钢结构壳体呈半椭球形,其壳体由18000多块钛金属板拼接而成,面积超过30000平方米,中部为渐开式玻璃幕墙,由1200多块超白玻璃巧妙拼接而成。椭球壳体外环绕人工湖,湖面面积达3.55万平方米,各种通道和入口都设在水面下,行人需从一条80米长的水下通道进入演出大厅。演出大厅的歌剧院有2500个席位,音乐厅有2000个席位,戏剧场有1200个席位,小剧场有500个席位。其他配套设施有:艺术展廊、表演艺术研究交流部、艺术商店、快餐厅、咖啡厅和地下停车场等。

国家大剧院自2007年12月建成开业以来,确定了以人民性、艺术性、国际性为办院宗旨,以"艺术改变生活"为核心价值理念,以努力成为国际知名剧院的重要成员、国家表演艺术的最高殿堂、艺术教育普及的引领者、中外文化交流的最大平台、文化创意产业的重要基地为发展愿景。为实现愿景,国家大剧院开展了一系列的活动。

开展艺术教育普及教育。大剧院通过举办各种演出、展览、举行讲座、开展大师授课等方式,使艺术教育为广大人民群众,尤其是青少年、普通家庭服务,全面引导和提升国民的文化素质。截止到2014年国家大剧院共精心策划举办艺术普及教育演出3728场,活动3494场,累计受教育观众超过320万人次。

开展艺术交流。国家大剧院积极开展艺术交流,小泽征尔、阿巴多、西蒙·拉特、杨颂斯、蒂勒曼等数十位世界顶级指挥大师出现在国家大剧院的舞台上,世界排名前十的顶级交响乐团——德国德累斯顿国家管弦乐团、柏林爱乐乐团等曾多次在国家大剧院奏响经典乐章,世界排名前五十的乐团目前已基本都到访过中国国家大剧院。

进行剧目创作。国家大剧院坚持"高水准、高品位、高雅艺术"的节目选取标准。截止到2014年,国家大剧院已制作包括京剧、歌剧、话剧、舞剧等表演形式在内的剧目29部,其中原创剧目11部,树立"大剧院制作"的金字招牌。

国家大剧院开业以来,经过科学的运营,初步实现了其建院的愿景,有力地推动了中国表演艺术的发展,满足了公众的高雅的文化需求,提升了中华文化的影响力,实现了社会效益和经济效益的双丰收。

59. 电影管理条例

新中国成立以来，中国电影事业有了很大的发展，拍摄了几千部、集的各类故事片、纪录片、科教片和美术片等，满足了广大人民群众文化生活的需要，促进了社会主义精神文明建设。然而，随着改革开放的不断深入，社会主义的市场经济体制的建立，在原有计划经济体制下形成的电影业的管理制度，已不能适应电影业健康发展，致使电影业出现了许多乱象，如电影审查执行不力，走私、放映黄色影片，电影作品著作权频频遭到侵犯等。电影立法已成为电影业繁荣发展的迫切要求。

为此，1996年5月国务院第45次常务会议审议通过了《电影管理条例》（以下简称《条例》），同年6月，国务院总理李鹏签发了中华人民共和国国务院第200号令，公布了该条例，并宣布《条例》自1996年7月起开始施行。《条例》对电影制片、审查、进出口、发行、放映等工作作出了明确的规定。

一、关于电影管理体制。国务院广播电影电视行政部门主管全国电影工作，对电影摄制、进口、出口、发行、放映和电影片公映实行许可制度。设立电影制片单位，应由所在地省级人民政府电影行政部门审核同意，并报国务院广播电影电视行政部门审批。

二、关于电影审查。国家实行电影审查制度，电影片禁止载有反对宪法基本原则，危害国家统一、主权和领土完整，以及泄露国家秘密、危害国家安全、破坏民族团结等内容的出现。

三、关于电影进出口。电影进口业务由指定的电影进口经营单位经营。其中，进口供公映的电影片，进口前应当报送电影行政机构审查；出口中外合作摄制的电影片，中方合作者应当持《电影片公映许可证》到海关办理出口手续。

四、关于电影发行和放映。《条例》规定设立电影发行单位，应当向所在地省级人民政府电影行政部门提出申请；所在地电影行政部门在收到申请书之日的60日内，作出审批的决定，并通知申请人；给予批准的，发给《电影发行经营许可证》；然后申请人应当持《电影发行经营许可证》到工商行政管理部门登记，依法领取营业执照。

随着中国加入WTO以及电影管理体制改革的深入，1996年颁布的《电影管理条例》逐渐不适应电影事业发展的要求，因此，国务院在召开的第50次常务会议上通过了新的《电影管理条例》，并宣布1996年《电影管理条例》废止。

《电影管理条例》是我国第一部全面规范电影创作、生产、审查、经营等活动的行政法规。它的颁布实施标志着中国电影业结束了无专门法规的历史，对加强电影行业管理，维护正当权益,规范市场,保护民族电影,促进电影事业的繁荣和发展,建设社会主义物质文明和精神文明,满足广大人民日益增长的文化需求起到了保障作用。

60. 中国音乐"金钟奖"

中国音乐金钟奖创办于2001年,是中宣部批准设立,由中国文联和中国音协共同主办的中国音乐界综合性艺术大奖,其宗旨是:坚持为人民服务和为社会主义服务的方向,坚持"百花齐放、百家争鸣"的方针,表彰和奖掖在音乐工作中贡献较大的音乐工作者(或单位),树立勤学苦练、努力创新、勇于攀登艺术高峰的楷模,促进音乐艺术水平不断提高,进一步繁荣和发展我国社会主义音乐事业,为精神文明建设做贡献。金钟奖名称取其"黄钟大吕"、"振聋发聩"之意。金钟奖自创立以来在奖项设置、比赛方式、报送程序等方面发生了较大的变化。

中国音乐金钟奖首届和第二届分别在廊坊市、厦门市鼓浪屿举行。2003年7月11日,广州市人民政府和中国文联、中国音乐家协会,共同举办了中国音乐金钟奖永久落户广州的签字仪式,标志着中国音乐金钟奖永久在广州举办。

中国音乐金钟奖评选那些近年来创作的优秀声乐、器乐作品;"新时期中国艺术歌曲演唱比赛"中成绩突出的中、青年演员;为推动中国音乐事业的发展作出卓越贡献的老一辈音乐家;著名音乐理论评论家。从2011年第八届开始,经港澳办和台办的批准,港澳台选手也可以参与金钟奖评选。

中国音乐金钟奖创立之初设立了荣誉奖、单项成就奖及特别奖。2003年其撤销了单项成就奖和特别奖,增加了作品奖和表演奖。2004年增设了终身成就奖,巩志伟、宋杨、孟文涛、罗忠镕、楼乾贵5位老一辈音乐家获得了终身荣誉奖。2007年第六届增设了理论评论奖,表演奖中增设了全国合唱比赛和全国流行音乐大赛。

金钟奖从2001年起每年举办一次,自2005年起每两年举办一次。金钟奖通过比赛的方式,激励了优秀的青年演唱人才,为人才培养、剧目创作提供了广阔的平台,促进了我国音乐事业与产业的发展。

61. 关于进一步加强基层文化建设的指导意见

基层文化建设是中国文化建设的重要方面,是推动基层地区先进生产力发展的重要因素,是实现广大人民群众根本利益的重要内容。十五大以来,党和政府高度重视基层文化建设,采取了一系列的行动改善基层文化设施,丰富基层文化生活,基层文化建设获得了较大的发展。然而,从总体上看,我国的基层文化建设还存在一些薄弱环节。例如部分农村,特别是一些经济欠发达地区,文化生活还很贫乏;一些地方出现了愚昧迷信活动抬头,"黄、赌、毒"等社会丑恶现象泛起的问题;还有一些地方非法宗教活动猖獗,影响了社会稳定和基层政权建设。为此,2002年1月30日国务院办公厅转发了文化部、国家计委、财政部《关于进一步加强基层文化建设指导意见》(以下简称《意见》)的通知。

《意见》提出了基层文化建设的总体要求,即始终坚持中国先进文化的前进方向,大力弘扬民族优秀文化,摒弃落后文化,抵制腐朽文化。"十五"期间,以社区和乡镇为重点,全面加强文化阵地、文化队伍、文化活动内容和方式的建设,努力满足广大人民群众日益增长的精神文化需求。为了完成此目标,《意见》提出了若干基层文化建设的重点任务。

第一,加快推进基层文化设施建设。要求中央和地方各级人民政府加大投资力度,加快文化设施建设,满足广大人民群众就近、经常地参加文化活动的需要;要求各级地方政府将文化设施建设纳入城乡建设整体规划,把群艺馆、文化馆、图书馆、文化站作为重点列入建设规划;要求切实加强文化基础设施的管理和利用,防止文化设施被挤占、挪用。

第二,建立一支稳定且专业的文化队伍。要建立健全群艺馆、文化馆、图书馆和乡镇文化机构的工作岗位规范,逐步实行工作人员从业资格制度,并在此基础上,积极推进基层文化机构人事制度改革,逐步建立和完善能上能下、能进能出的用人机制和科学合理的人事管理制度,大力培养和发展民间文化队伍。

第三,积极开展丰富多彩的文化活动。要建立和完善文化信息网络服务体系,加快网络服务平台建设,提高资源共享水平;要充分利用街道文化站、社区服务活动室、文化广场等现有设施,组织开展丰富多彩、健康有益的文化活动,营造良好的文化氛围;要鼓励艺术表演团体、群艺馆、文化馆、图书馆、电影公司发挥作用,深入基层为群众送戏、送书、送电影、送文化科技知识;要加强对娱乐、音像、演出等文化市场的管理,整顿和规范文化市场秩序,坚决制止传播各种色情、暴力、愚昧迷信等内容的违法活动。

第四,切实加强领导并落实各项保障措施。各级政府要把基层文化建设纳入重要议事日程。要加大对基层文化建设的投入,确保文化事业经费的增长不低于当年财政收入的增长幅度,文化事业建设费的安排应向基层文化建设项目倾斜。要切实搞好文化事业建设费的征收、管理和使用,建立健全有关专项资金制度,鼓励对社会公益性活动、项目和文化设施等方面的捐赠。

指导意见出台后,各地方纷纷制定了本地区的基层文化发展的具体意见,开展了一系列的基层文化活动,例如,"四进社区"、"全国服务农民服务基层文化工作先进集体表彰会"、"送书下乡工程"等。此外,各地还兴办了一系列的基层文化设施,制定了一系列有关文化人才队伍建设的保障措施,促进了基层文化的发展。

62. 中国小公民道德建设计划

中国小公民道德建设计划是贯彻落实中共中央《公民道德建设实施纲要》的一项重要举措，是引导和帮助全国儿童加强道德修养、提高自身素质的一项具体实践活动。该活动以提高儿童道德素质为宗旨，重在培养儿童的基本社会道德观念，通过宣传教育，倡导社会、学校、家庭都来重视儿童的道德建设，以丰富多彩的实践活动为载体，增加儿童的理解和体验，培养儿童的社会责任感，养成良好的社会道德行为习惯，为提高全民族的思想道德素质作出贡献。

2002年，中宣部、全国妇联、共青团中央、教育部、国家环保总局、国家广播影视总局等中央六部委联合发文实施"中国小公民道德建设计划"，这是一项以切实提高当代儿童的道德素质的群众性精神文明创建活动。

活动的主要内容是在全国儿童中大力倡导"爱国守法、明礼诚信、团结友爱、勤俭自强、敬业奉献"的基本道德规范，广泛开展"我做合格小公民"的宣传教育、实践创新和评选展示活动。在上述活动的基础上，计划还推出了"小公民"的社会道德"五小"行动，其中，"五小"是指：在家庭做孝顺父母、关心亲人、勤俭节约、热爱劳动的"小帮手"；在社会做热爱祖国、文明礼貌、诚实守信、遵纪守法的"小标兵"；在学校做团结友爱、互相帮助、尊重他人、善于合作的"小伙伴"；在社区和公共场所做爱护公物、讲究卫生、保护环境、遵守秩序的"小卫士"；在独处时做胸怀开阔、心理健康、勤奋自立、勇于创新的"小主人"。

活动发起后，全国31个省、自治区、直辖市的数千万儿童通过论坛、演讲、征文、技能比赛等多种形式参与了这项活动。例如，河北省开展了"文明小乘客、文明小观众、文明小游客、社区小主人"的实践活动。北京西城区官园小学把做"家庭小帮手"行动引进课堂教学，在学校开展了缝扣子、摊鸡蛋、做冷拼、拌水果蔬菜沙拉培训和比赛。重庆在儿童中开展了"抗击非典，从我做起"、"保卫长江、还我绿园"、"洁净家园，从我做起"等形式多样、健康有益的活动。尤为可喜的是，各地还开展了"小手拉大手，朝着文明走"等活动。

为了推进中国"小公民"道德建设计划，加强小公民道德建设，促进儿童健康成长。中国小公民道德建设计划领导小组于2003年初召开了小公民道德建设"四进"行动全国电视电话会议，下发了《中国小公民道德建设指导意见（2003—2008年）》、《小公民道德建设进学校（幼儿园）、进家庭、进社区、进公共场所的意见》等指导性文件，对小公民道德建设活动作出了全面的部署。各地对本地区的小公民道德建设"四进"行动作出了具体安排，积极依托学校（幼儿园）、家庭、社区、公共场所，引导儿童参与小公民道德建设，在基层掀起了小公民道德建设活动的新高潮。各地党政领导也高度重视支持小公民道德建设活动，纷纷成立了活动的领导小组，设立相应的机构，结合本地实际创造性地开展小公民道德建设实践活动，有力地推动了小公民道德建设活动在全国的开展。

中国"小公民"道德建设计划是按照公民道德建设从娃娃抓起的要求，贯彻落实《公民道德建设实施纲要》的一项重要举措，是引导和帮助儿童加强道德修养、提高自身素质的一项具体实践活动。中国小公民道德建设计划功在当代，利在千秋，必将对提高当代儿童的思想道德素质产生积极而深远的影响。

63. 国家舞台艺术精品工程

优秀作品是一个国家、一个时代精神文化水平的集中反映，对艺术生产具有重要的示范作用。党的十六大报告在阐述文化建设和文化体制改革的任务时，提出"逐步建立有利于调动文化工作者积极性，推动文化创新，多出精品、多出人才的文化管理体制和运行机制。"为贯彻上述精神，2002年文化部和财政部联合发布了《国家舞台艺术精品工程实施方案》（以下简称《实施方案》）及其配套措施，以支持优秀作品的创作和生产，繁荣我国文艺事业。《实施方案》规定了国家舞台艺术精品工程第一个五年规划的目标，即到2006年，在全国范围内推出50台左右的精品剧目。为完成此目标，《实施方案》对国家舞台艺术精品工程在项目规划、项目管理以及组织保障等方面作出了规定。

关于舞台艺术精神工程的项目规划。国家舞台艺术精品工程通过发动艺术表演团体和艺术家，创作、改编、移植一批优秀舞台艺术新剧目，同时，挑选一批改革开放以来具有较大影响、基础较好、尚有潜力的舞台艺术作品，通过修改、加工、提高，使之成为常演不衰的经典剧目。此外，该工程组织方还将在社会上广泛征集优秀剧本和音乐总谱，经专家论证后委托给艺术院团演出。

关于舞台艺术精品工程的项目管理。国家舞台艺术精品工程按照"严格选拔，精心打造，总量控制，动态管理"的原则，首先由各省、自治区、直辖市文化厅（局）及文化部直属艺术表演团体等相关部门申报推荐，在此基础上经专家委员会评审，遴选出30台左右的剧目作为该工程初选项目，进行前期资助，待加工修改和接受市场检验后，再评选确定10台剧目作为国家舞台艺术精品工程入选剧目，国家再进行重点投入。

关于舞台艺术精品工程的保障措施。为了确保国家舞台艺术精品工程的顺利实施，文化部和财政部采取了一系列的保障措施。一是设立国家舞台艺术精品工程专项资金，每年国家投入4000万元，总投入将高达2个亿，专款专用。二是成立国家舞台艺术精品工程领导小组,成员由文化部和财政部及相关单位负责人担任。三是设立国家舞台艺术精品工程专家委员会,对全国申报剧目进行论证。

国家舞台艺术精品工程自2002年启动以来,共推出了100余台代表国家艺术形象的精品剧目,200多台优秀剧目。例如《宰相刘罗锅》、《贞观盛事》、《大梦敦煌》、《父亲》、《大红灯笼高高挂》、《变脸》、《万家灯火》等。培育了一大批艺术人才,丰富了人民群众的精神生活,实现了出精品、出人才、出效益,圆满完成了国家舞台艺术精品工程实施方案中的各项任务。此外,精品工程的实施开创了政府扶持艺术创作的新途径——用宏观调控方法推动舞台艺术生产,缓解了艺术院团长期以来创作资金短缺的困境,对我国艺术发展产生了深远的影响。

64. 关于加强和改善世界遗产保护管理工作的意见

中国是历史悠久的文明古国,幅员辽阔,风景秀丽,拥有丰富的文物古迹和自然景观世界遗产。为了加强对文化和自然遗产的保护,减少各类遗产损失,1985年中国加入了《世界遗产公约》,此后,党中央、国务院领导同志高度重视世界遗产保护管理工作并作出诸多重要批示,我国世界文化遗产保护管理工作获得了较大推进,遗产地及周边环境不断改善。然而,随着城市建设和旅游资源的过度开发,我国世界遗产保护管理出现了一系列的问题。例如:一些地方世界文化遗产保护意识淡薄,对世界遗产进行超负荷利用和破坏性开发,使世界文化遗产的真实性、完整性受到损害。为了及时遏制上述行为发生,文化部、国家文物局、国家计委、财政部等9部委于2002年4月联合发布了《关于加强和改善世界遗产保护管理工作的意见》(以下简称《意见》)。《意见》对提高世界遗产保护的意识、加强世界遗产的规划、保护以及利用等五个方面作出具体规定。

第一,各级行政主管部门要进一步端正和提高对保护世界遗产重要性的认识。进一步加强对世界遗产的保护管理工作,做好规划,完善制度。各地要依据有关法规、政策和技术规范,抓紧制订属于本地区的世界遗产保护和管理规划。各地在做好规划和制度建设的同时,应进一步宣传并贯彻好现行有关法规,切实检查法规执行情况,对严重违背法规,损害世界遗产的事件,必须依法查处,予以纠正。

第二,要切实处理好世界遗产保护和利用的关系。世界遗产是具有特殊重要性、珍稀性和脆弱易损性的不可再生资源,一切开发、利用和管理工作,都应该把保护放在第一位。凡涉及世界遗产的重大建设项目、开发利用计划和管理体制的事项,都须符合国家有关保护法规和有关保护规划要求,严格执行环境影响评价制度,并经依法审批。

第三,树立"公约意识",遵守国际规则。作为缔约国,我国应高度重视《世界遗产公约》在国家政策、行政组织、保护措施、教育和文化行动、国际合作等方面的规定，树立"公约意识"，认真、完全地履行申报世界遗产时的承诺。最后，《意见》要求各部门、各单位要明确责任，各司其职，密切配合，多层次、全方位地做好世界遗产的保护管理工作。

《意见》是中国第一部有关世界遗产保护的政策性文件，对于保护中国文物古迹、自然景观，促进我国社会主义精神文明和物质文明建设，扩大中华文化的国际影响力具有积极的作用，为后期的《世界遗产保护管理条例》等相关行政法规以至法律的制定奠定坚实的基础。

65. 中华再造善本工程

目前，全国仅图书馆系统即收藏古籍2750万册，其中善本250万册，传世孤本只有45000余种，准孤本（仅存两部）约4100种。出于保护古籍的需要，它们基本封存于深阁大库，利用率较低。而且，一部分的善本破损严重，亟待抢救、保护。

针对善本古籍当今保管的现状，为保存珍贵典籍，加强对古籍的利用，弘扬优秀传统文化，建设中国特色社会主义先进文化，2002年，由财政部、文化部共同主持的"中华再造善本工程"启动。工程由国家图书馆具体承办，每年投入资金2000万。

工程再造范围。这一工程拟将分藏于国家图书馆和各省、自治区、直辖市图书馆以及高校、科研系统图书馆，乃至博物馆的珍贵古籍善本，有计划地利用现代印刷技术复制，适量出版。根据所选用底本的文物、学术价值和版本特点，采取不同的"再造"方式。例如：选择具有珍贵文物价值的古籍善本，仿真复制后，可以分藏于国家图书馆和各省、自治区、直辖市图书馆；选择部分具有学术研究价值的古籍善本，依据需求适量出版；选择具有特殊意义的古籍善本，进行特别的印装设计，用以作为中外文化交流的馈赠品。选录范围以我国内地收藏为主，后陆续将与我国香港、澳门、台湾地区进行接触，最大范围涵盖中华文化典籍的精髓。

工程再造内容。中华再造善本工程分为五编进行，自唐迄清为《唐宋编》、《金元编》、《明代编》、《清代编》、《少数民族文字文献编》，每编下以经、史、子、集、丛编次。单是宋元以前版本就达750余种，已远远超出了《四部丛刊》的数量。

版本选择方面，为保证再造善本的学术质量，在尽可能选择卷帙完足的版本的同时，采用同书同版配补的原则。同时，兼顾时代早晚，选收版本坚持大抵宋元以前从宽，明清两代从严的原则。"再造善本"所收每一种书均撰写提要，简介作者生平、考辨版本源流、评述其学术价值，在遴选编纂方面体现出系统性、权威性，在出版方面体现出高质量、高品位是"再造善本"的最大特点。国家图书馆、北京图书馆出版社承担了再造善本的编辑出版工作。2002年12月末出版了首批千余种"再造善本",标志着"中华再造善本工程"已经取得了初步成果。

工程再造计划。这项工程分两期完成:第一期是2002年至2008年,中华再造善本工程一期按计划完成唐宋编和金元编以及少量明清编。一期共收唐宋时期、金元时期的善本古籍共758种1394函8974册,约44万页;第二期是2008年至2014年,二期选目主要以明、清两代珍稀古籍为主,同时针对一期选目所遗漏的珍贵古籍查缺补漏,选择的重点是明、清两代版本稀少、文献及学术价值较高的珍贵古籍,其中,大部分属国家一、二级古籍及入选第一批《国家珍贵古籍名录》的古籍。目前最终的出版情况还没发布。

再造善本对确保珍贵典籍的传承安全,为学术界提供更方便地利用善本机会,弘扬优秀传统文化,建设中国特色社会主义先进文化,都具有十分重要的现实意义。它的有效实施,将在古籍整理和中国文化建设史上写下浓重的一笔。

66. 中国古代文明探源工程

中国古代史籍把黄帝和炎帝时期作为中国历史的肇始,中华文明被认为具有五千年的历史。但是,古代文献中对黄帝、炎帝乃至尧舜禹时期的记述均为后代文献的追述,其中还有不少神话的色彩。一般认为,这些记载都属古史传说的范畴,还不能作为信史来证明中华文明五千年。根据这些后世文献的记载,也很难全面地研究中华文明起源、形成和早期发展的历史,更无法判断当时的社会形态。正因如此,在学术界,很多人对中国是否拥有五千年的文明史持怀疑的态度。要想消除社会上及学术界存在的上述怀疑,传世的古代文献资料是无能为力的,只有依靠考古发掘来获得新的资料,让最新的考古学研究成果作为判断中华文明是否有五千年历史的根据。

中华文明探源工程是继国家"九五"重点科技攻关项目——"夏商周断代工程"之后,又一项由国家支持的多学科综合研究中国历史与古代文化的重大科研项目。该项目首先进行了为期三年(2001—2003年)的预研究。在预研究的基础上,2004年夏季,国家"十五"重点科技攻关项目"中华文明探源工程"正式启动,正式名称为"中华文明起源与早期发展研究"。其研究重点选在中原地区六座规模大、等级高的中心性城邑。这些城邑包括:可能与"黄帝"有关的河南灵宝西坡遗址;与传说中"尧"时代时空吻合的山西襄汾陶寺遗址;可能是"禹都阳城"的河南登封王城岗遗址;可能是"夏启之居"的河南新密新砦遗址;还有考古学界公认的夏代中晚期都城河南洛阳二里头遗址以及郑州大师姑遗址。

如果将2002年启动的预研究计算在内,中华文明探源工程迄今为止已经经历三个阶段：第一阶段是2004—2005年。该阶段的项目目标是多学科结合，多角度、多层次、全方位地研究中原地区文明的形成与早期发展的过程，初步探索其背景、原因、道路与特点。涉及学科除了考古学以外，还有文献史学、古文字学、人类学、天文学、科技史等多个学科。第二阶段是2006—2008年。该阶段的技术路线与第一阶段相同。但在第一阶段的基础上，其研究的时间和空间范围都有很大扩展。年代上限向前延伸到公元前3500年，空间范围由中原地区扩展到文明化起步较早、资料丰富的黄河上中下游和长江中下游及西辽河流域。第三阶段是2011—2015年。该阶段的主要任务是对迄今为止相对分散和零散的观点、认识进行整合、提炼，进行理论化的分析，提出中华文明起源形成的一系列成形的观点，包括形成的年代、阶段性以及导致中华文明形成过程及其阶段性的背景、原因、动力。

中华文明探源工程开展以来取得的成果主要有以下几点：一、初步建立起在精确测年基础上的各个地区公元前3500年至公元前1500年期间考古学文化的年代序列，以及各个都邑性遗址及其考古学文化兴衰的绝对年代的范围。二、对公元前3500年至公元前1500年期间各地的自然环境的变化有了较为系统的了解，对环境与各地区文明兴衰演进的关系有了总体性的把握。三、对各地公元前3500年至公元前1500年期间农业和冶金、琢玉、制陶、绿松石等手工业的发展状况有了具体的了解，对文明形成和发展过程中经济和资源所发挥的作用有了较为清晰的认识，等等。

通过对全国七个不同区域的文明进程进行研究，基本了解了它们各自的兴衰过程，而中原地区之所以发展到最后一枝独秀，不再是一个模糊无解的传说，原因复杂，文明探源工程描述了中原地区独特的自然和社会优势——适宜的环境气候和地质地貌，多品种种植的农作物和丰富的家畜饲养，专业化生产的青铜手工业，被权力阶级所控制的高等级手工制品，大规模人群聚集的城市，以及强化的王权制度。其中最重要的，则是礼乐制度的初创。所有这些因素催生了早期的王朝和国家。

67. 中国民间文化遗产抢救工程

中国是一个具有悠久历史的文明古国，民间音乐、舞蹈、礼仪等浩如烟海、博大精深。这些口头传承的民间文化几千年来一直没有系统的调查与登记。改革开放以来，随着中国社会现代化进程的加快以及城市化的发展，存在于传统农业文明中的中国民间文化受到了巨大的冲击，急剧消亡。为此，2001年中国民间文艺家协会发起并实施了中国民间文化遗产抢救工程。

中国民间文化遗产抢救工程就是对中国民间文化遗产的抢救性普查、登记、整理、出版等系列工作。该工程最早由我国著名的文化学者、作家、画家冯骥才力倡并提出。在中国民协的大力倡导下，中国民间文化遗产的抢救工作，得到了文化部、中国文联的高度关注，并给予了强有力的支持。2002年12月中国民间文化遗产抢救工程获准为国家社科基金特别委托项目，2003年2月中国民协在北京人民大会堂召开了该工程的启动仪式。

中国民间文化遗产抢救工程分两期十年完成，第一期从2003年至2007年，主要工作内容包括：一、全国民间美术抢救性普查、搜集、编纂与出版；二、全国民俗抢救性普查和整理出版；三、民俗典型实物征集；四、拍摄大型电视系列专题片《中国民俗》；五、建立"中国民间文化图文资料数据库"；六、建立"中国民间文化"网站。

第二期从2008年至2012年，主要内容包括：一、整理、编纂和出版《中国民俗志》系列、《中国民俗图录》、《中国民俗分布地图集》等；二、确定并编制"中国民间文化遗产代表作名录"；三、向联合国教科文组织申报一批人类口头和非物质文化遗产代表作；四、编纂《中国民间叙事长诗集成》、《中国史诗集成》、《中国民间美术集成》、《中国民间美术分布地图集》等。

经过多年的努力，中国民间文化遗产抢救工程取得了巨大成果。出版了《中国民间美术集成》、《中国民间美术分布地图集》等大型丛书；拍摄了大型电视系列专题片《中国民俗》系列；搜集、收藏了一大批具有代表性的各民族民间美术作品、代表性民俗实物；建立了"中国民间文化图文资料数据库"和"中国民间文化"网站；命名了一批民间文艺之乡，编制了"中国民间文化遗产代表作名录"；等等。

"中国民间文化遗产抢救工程"是21世纪我国首个对民间文化进行国家级抢救、普查、整理和出版的巨大工程，也是文化人进行文化寻根、唤醒民众文化意识、普及优秀文化遗产的重要行动。该工程对于了解文化国情、民情，鉴别良莠，促进文化创造，在全球经济一体化的历史潮流中，增强国家文化实力、维护国家文化主权具有重要的意义。

68. 公民道德建设实施纲要

至2001年，中国已经经过20多年的改革开放，整体步入小康社会，社会主义现代化建设正稳步推进，这都为我国公民道德建设奠定了坚实基础。同时，我们应该看到，我国原有的经济成分已发生了重大变化，这就要求我们建立与社会主义市场经济相适应的新的公民道德观念。

2001年9月，中共中央印发《公民道德建设实施纲要》（以下简称《纲要》）。《纲要》是第一次以中共中央的名义公布的关于公民道德建设的一个全面、系统、完整的纲领性文件。同年10月，中共中央发出通知指出，加强社会主义思想道德建设，是发展先进文化的重要内容和中心环节。各地区、各部门一定要把公民道德建设放在突出位置来抓，认真贯彻执行《纲要》精神。《纲要》全文共8个部分40条。

《纲要》强调，要从"三个代表"重要思想的战略高度，把依法治国和以德治国紧密结合起来，充分强调了加强公民道德建设的重要性、艰巨性、长期性和紧迫性。

《纲要》提出了公民道德建设的基本内容。第一，提出了"公民道德建设"的新概念。"公民道德"，过去国内外有人讲过。但是，"公民道德建设"的提法还未见过，过去从社会"整体"的角度讲社会主义道德，有人觉得那是"社会"的道德，和"我"关系不大。这次提出"公民道德"，是从"个体"的角度讲道德，和公民自身结合得很紧密，有利于公民道德的实践和落实。第二，提出了20字公民"基本道德规范"，即"爱国守法、明礼诚信、团结友善、勤俭自强、敬业奉献"。这些基本道德规范集中反映了千百年来中华民族传统美德和革命道德，是每一个公民讲德、修业、立人之本。第三，对"为人民服务"的思想作了新的阐述和发展。《纲要》在讲为人民服务作为公民道德建设的核心时，指出："它不仅是对共产党员和领导干部的要求，也是对广大群众的要求。每个公民不论社会分工如何、能力大小，都能在本职岗位，通过不同形式做到为人民服务。"这就把为人民服务从对共产党员和领导干部的要求扩大到所有公民。第四，明确提出了要"逐步形成与发展社会主义市场经济相适应的社会主义道德体系"。为此，《纲要》进一步要求增强人们的自立意识、竞争意识、效率意识、民主法制意识和开拓创新精神，"在实践中确立与社会主义市场经济相适应的道德观念和道德规范"。坚持注重效率与维护社会公平相协调，把效率与公平的统一作为社会主义道德建设的重要目标。

关于公民道德的教育和实践方面。第一，提出了家庭、学校、单位、社会"四结合"的道德教育模式。在《纲要》中，明确提出："家庭是人们接受道德教育最早的地方。""学校是进行系统道德教育的重要阵地。""机关、企事业单位是对公民进行道德教育的重要场所。""社会是进行公民道德教育的大课堂。"最后，《纲要》指出："必须把家庭教育、学校教育、单位教育和社会教育紧密结合起来，相互配合，相互促进。"这不仅是对道德教育模式的新发展，而且很有现实性。第二，提出了"深入开展群众性的公民道德实践活动"。《纲要》指出："公民道德建设的过程，是教育和实践相结合的过程。以活动为载体，吸引群众普遍参与，是新形势下加强公民道德建设的重要途径。"每个公民既是道德建设过程的参与者，也是道德建设成果的受益者。

当今世界，国际竞争日趋激烈，科学技术日新月异，我们面临难得的历史机遇，也面临严峻的挑战。一个国家和民族的发展，不仅取决于经济发展水平，而且取决于人民的综合素质。道德是一个民族素质的灵魂和核心。颁布实施《纲要》，不仅能够更好地引导人们的思想，规范人们的行为，而且能够更好地在全社会大力倡导自立意识、竞争意识、效率意识、民主法制意识和开拓创新精神,提高全民素质,增强民族凝聚力、创造力和战斗力,激励人们为实现中华民族的伟大复兴而奋斗。

69. 文化信息资源共享工程

随着知识经济的发展,国家的发展越来越受公民基本文化素质的影响。进入21世纪以来,我国政府采取诸多措施提高普通公民素质,尤其是提升贫困落后地区公民的素质。2001年3月九届全国人大四次会议通过的《中华人民共和国国民经济和社会发展第十个五年计划纲要》(以下简称《纲要》)中明确将繁荣发展社会主义文化事业,不断提高全民族的文化素质纳入"十五"计划建设目标。为贯彻《纲要》精神,2002年文化部和财政部共同在全国范围内实施"全国文化信息资源共享工程"(以下简称"共享工程")。

所谓的"共享工程"是指充分利用现代高新技术手段,将中华民族几千年来积淀的各种类型的文化信息资源精华以及贴近大众生活的现代社会文化信息资源,进行数字化加工处理与整合,建成互联网上的中华文化信息中心和网络中心,并通过覆盖全国所有省市、县以及部分乡镇、街道的文化信息资源网络传输系统,实现优秀文化信息在全国范围内的共建共享。

"共享工程"是一项较大的文化基础设施建设工程,其涉及若干建设任务:一是实现网络联网的"135"计划,建设网络框架。"135"计划是指在建设国家中心的基础上,建设30个以上省级分中心或专业分中心,并借助国家骨干通讯网,在分中心的周围搭建起一个包括全国5000个以上的县、乡、街道和社区图书馆或文化馆、文化站的联网系统,实现数字文化信息资源的广泛传播与利用。二是建立资源框架。其项目内容包括:一、完成全国图书馆、博物馆、美术馆、艺术研究等机构的文化信息资源联合目录。二、完成以"百万册(件)文献共建"与"四个一优秀作品"为核心的数字资源建设,即完成100万册(件)文献、1000台优秀地方剧目、1000部优秀音乐作品、1000部优秀美术作品、1000件珍贵文物的数字化,并提供网上服务。三、整合贴近大众生活的社会文化信息资源。四、建设支持文化信息资源共建的基础信息资源。三是建立服务框架,通过文化信息资源联合目录,建立网上文化信息资源导航系统,并利用该导航系统开展服务。

文化信息资源共享工程实施以来,中央和地方文化部门高度重视,多次下发文件,推动该工程建设,例如:2005年《中共中央办公厅、国务院办公厅关于进一步加强农村文化建设的意见》,2006年《文化部关于印发〈全国文化信息资源共享工程"十一五"规划〉的通知》,2007年《文化部 财政部关于进一步推进全国文化信息资源共享工程的实施意见》。此外,文化部、财政部还成立了全国文化信息资源共享工程领导小组和全国文化信息资源共享工程专家咨询委员会,并设立了"共享工程"的专项资金。

文化信息资源共享工程是公共文化服务体系的基础工程,是政府提供公共文化服务的重要手段,是实现广大人民群众基本文化权益的重要途径,是改善城乡基层群众文化服务的创新工程,对于打破落后地区信息闭塞的状况,缩小"数字鸿沟",提高广大人民的科学文化素质,推进社会主义新农村建设具有重要作用。

70. 中共中央关于进一步繁荣发展哲学社会科学的意见

在全面建设小康社会、开创中国特色社会主义事业新局面、实现中华民族伟大复兴的历史进程中,哲学社会科学具有不可替代的作用。改革开放以来,党和政府逐渐认识到,在促进自然科学发展的同时,更需要努力发展哲学社会科学。在党中央的高度重视下,哲学社会科学获得了一定的发展。然而,与时代和事业发展的要求相比,我国的哲学社会科学还存在诸多方面的问题,例如:哲学社会科学重要的战略地位还没有受到普遍重视,哲学社会科学基础理论研究的教材及学科建设还需要加强,哲学社会科学管理体制需要进一步改革,哲学社会科学的经费投入需要进一步加大,哲学社会科学的理论队伍建设特别是中青年理论人才培养还比较滞后等。针对以上问题,2004年1月中共中央发布了《关于进一步繁荣发展哲学社会科学的意见》(以下简称《意见》)。

《意见》强调繁荣发展哲学社会科学必须坚持马克思主义的指导地位。要用马克思列宁主义、毛泽东思想、邓小平理论和"三个代表"重要思想统领哲学社会科学工作,善于把马克思主义的基本原理同中国具体实际相结合,把马克思主义的立场、观点和方法贯穿到哲学社会科学工作中,用发展着的马克思主义指导哲学社会科学,绝不能搞指导思想多元化。

《意见》明确提出了新时期哲学社会科学发展的总体目标,即努力建设面向现代化、面向世界、面向未来,具有中国特色的哲学社会科学。力争用10年左右的时间,形成全面反映马克思列宁主义、毛泽东思想、邓小平理论和"三个代表"重要思想的教材体系,形成具有时代特点、结构合理、门类齐全的学科体系,形成人尽其才、人才辈出的人才培养选拔和管理机制,充分发挥我国哲学社会科学认识世界、传承文明、创新理论、咨政育人、服务社会的重要作用。为实现此目标,《意见》提出了哲学社会科学发展的若干重点任务。

第一,实施马克思主义理论研究和建设工程。加强马克思主义基本原理研究,破除对马克思主义的教条式理解,引导人们用科学的态度对待马克思主义,用发展着的马克思主义指导新的实践;加强邓小平理论和"三个代表"重要思想研究基地建设,研究回答干部群众关心的重大理论和实际问题,推动理论武装工作深入发展。

第二,积极推进哲学社会科学管理体制改革。其中,国家级的社会科学研究机构和重点高等学校主要承担重大基础理论研究,关系党和国家事业发展全局的战略性、前瞻性问题及重大现实问题的研究;地方社会科学研究机构应主要围绕本地区经济社会发展的实际开展应用对策研究。各级哲学社会科学机构应深化哲学社会科学教学改革,深化哲学社会科学规划体制改革,建立和完善哲学社会科学评价和激励机制。

第三,造就一支高水平的哲学社会科学队伍。要按照政治强、业务精、作风正的要求,造就一批用马克思主义武装起来、立足中国、面向世界、学贯中西的思想家和理论家,造就一批理论功底扎实、勇于开拓创新的学科带头人,造就一批年富力强、政治和业务素质好、锐意进取的青年理论骨干。进一步完善哲学社会科学人才培养选拔和管理机制,加强哲学社会科学队伍的思想道德和学风建设。

最后,《意见》还要求各级党委和政府要高度重视哲学社会科学工作;要经常向哲学社会科学界提出一些需要研究的重大问题,并把哲学社会科学优秀成果运用于各项决策中;要重视对哲学社会科学宣传阵地和哲学社会科学研讨会、报告会、讲座的管理,促进其健康发展。

《意见》的发布和实施,是我国思想文化领域中的一件大事,是指导新世纪新阶段我国哲学社会科学繁荣发展的纲领性文献。其充分反映了党对哲学社会科学重大意义的认识,形成了新形势下繁荣发展哲学社会科学的整体性思路,标志着我国哲学社会科学进入了一个新的发展阶段,必将对开创我国哲学社会科学事业的新局面产生重大而深远的影响。

71. 马克思主义理论研究和建设工程

中国共产党是以马克思主义为指导思想的党,从成立之日起,就把马克思主义鲜明地写在自己的旗帜上,作为党的指导思想,产生了毛泽东思想和包括邓小平理论、"三个代表"重要思想、科学发展观在内的中国特色社会主义理论体系两大理论成果,指导中国革命、建设以及改革开放取得了一个又一个伟大胜利,并形成了自身独特的理论优势。

进入新世纪以来,世情、国情、党情均发生了较大变化,中国特色社会主义站在了一个新的历史起点上。2002年11月,党的十六大明确提出:党在思想理论上的提高,是党和国家事业不断发展的思想保证。必须把党的思想理论建设摆在更加突出的位置。为了贯彻落实党的十六大报告精神,2004年1月,中共中央发出《关于进一步繁荣发展哲学社会科学的意见》,提出实施马克思主义理论研究和建设工程。2004年4月,中央召开工程工作会议，标志工程正式启动。

这项工程的主要任务是：把邓小平理论、"三个代表"重要思想和科学发展观作为研究重点，以重大现实问题为主攻方向，把马克思主义在中国发展的最新理论成果贯穿到哲学社会科学的学科建设、教材建设中，进一步加强马克思主义理论队伍建设。

工程具体包括五个方面工作：一、加强对马克思主义中国化理论创新成果和重大现实问题的研究；二、加强对马克思主义经典著作的编译和研究；三、建设具有时代特征的马克思主义基础理论和哲学社会科学学科体系；四、编写体现当代中国马克思主义最新理论成果的哲学、政治经济学、科学社会主义、政治学、社会学、法学、史学、新闻学和文学等重点学科教材，形成哲学社会科学教材体系；五、建设一支老中青三结合的马克思主义理论研究和教学骨干队伍。围绕工程确定的任务，组建24个主要课题组与基地课题组，确定课题组首席专家和主要成员，成立工程咨询委员会。

自2004年开始实施马克思主义理论研究和建设工程以来，工程建设取得了十分显著的成绩，在推进党的思想理论建设、繁荣发展哲学社会科学方面发挥了重要作用，为推进党和国家事业作出了重要贡献。这些成就具体表现在以下几个方面：第一，马克思主义经典著作的编译工作取得新进展。根据德文和俄文原版重新审核和修订马克思、恩格斯、列宁重点著作的译文和注释，编辑出版了《马克思恩格斯文集》和《列宁专题文集》；第二，马克思主义基本观点的研究工作取得新突破。把马克思主义经典作家的基本观点大致分为18个方面，分别成立了18个子课题组，集中全国200多位专家进行深入研究；第三，中国化马克思主义理论创新成果的研究工作进一步深入。工程编写的《科学发展观学习读本》、《社会主义核心价值体系学习读本》、《中国特色社会主义理论体系学习读本》就是这些研究成果的主要体现；第四，加强了哲学社会科学学科体系和教材体系建设。根据《意见》精神，将马克思主义理论设为一级学科，下设6个二级学科，突出了马克思主义学科的地位。制定高校哲学社会科学重点教材《马克思主义理论研究和建设工程重点编写教材总体规划》，组织编写重点教材；第五，人才培养和队伍建设取得突出成绩。工程实施以来，由中央有关部门联合举办的哲学社会科学教学科研骨干研修班培养了5000多人，成为理论队伍特别是人文社科骨干教师队伍建设的名牌项目。地方研修工作培训了7万多人。工程还组织1500多人次开展国情调研，组织100多人次出国考察，邀请几十个国家的200多位知名学者来华交流。

实施马克思主义理论研究和建设工程，是以胡锦涛为总书记的党中央作出的一项战略决策，是不断开辟马克思主义发展新境界的必然要求，是全面贯彻落实科学发展观、构建社会主义和谐社会的客观需要，是加强党的理论建设、保持党的先进性、巩固党的执政地位的重要保证。

72. 关于加强我国非物质文化遗产保护工作的意见

中国是一个历史悠久的文明古国，不仅有大量的物质文化遗产，而且有丰富的非物质文化遗产。改革开放以来，党中央、国务院对非物质文化遗产保护给予了高度的重视，组织开展了一系列卓有成效的工作，这些工作推动了中国的非物质文化遗产的保护。然而，在取得一定成绩的同时，中国非物质文化遗产保护工作仍面临着十分严峻的形势。例如：一些有历史、科学和文化价值的村落、村寨遭到破坏，一些依靠口头和行为传承的技艺、习俗、礼仪等民间文化正在消失。此外，非物质文化遗产传承还面临后继乏人的困境。为此，2005年3月国务院办公厅发布了《关于加强我国非物质文化遗产保护工作的意见》（以下简称《意见》）以进一步加强非物质文化保护工作，履行公约缔约国的义务。

《意见》提出了非物质文化遗产保护的目标，即通过全社会的努力，逐步建立起比较完备的、有中国特色的非物质文化遗产保护制度，使中国珍贵、濒危并具有历史、文化和科学价值的非物质文化遗产得到有效保护，并得以传承和发扬。

为完成此目标，《意见》明确了非物质文化遗产保护的若干任务：一是建立名录体系，逐步形成有中国特色的非物质文化遗产保护制度。要开展非物质文化遗产普查工作，建立非物质文化遗产代表作名录体系，并在此基础上，加强非物质文化遗产的研究、认定、保存和传播等工作，建立科学有效的非物质文化遗产传承机制。二是加强领导，落实责任，建立有效的工作协调机制。文化部要牵头建立中国非物质文化遗产保护工作部际联席会议制度，统一协调非物质文化遗产保护工作；地方各级政府要加强领导，将保护工作列入重要工作议程，纳入国民经济和社会发展整体规划，纳入文化发展纲要；要加强非物质文化遗产保护的法律法规建设，及时研究制定有关政策措施；要制定非物质文化遗产保护规划，明确保护范围、保护措施和目标。各级政府要不断加大非物质文化遗产保护工作的经费投入和工作队伍建设；要充分发挥非物质文化遗产对广大未成年人进行传统文化教育和爱国主义教育的重要作用。此外，《意见》附上了《国家级非物质文化遗产代表作申报评定暂行办法》、《非物质文化遗产保护工作部际联席会议制度》等配套文件。

《意见》下发后，各地区、各部门高度重视非物质文化工作，纷纷召开会议贯彻落实文件精神，例如文化部于2005年6月在北京召开了"全国非物质文化遗产保护工作会议"。2005年6月，中共中央宣传部等五部委联合下发了《关于运用传统节日弘扬民族文化的优秀传统的意见》。2005年7月文化部在苏州举办了"中国非物质文化遗产保护·苏州论坛"等等。总之，《意见》的发布对于传承中华文明、发展先进文化，落实科学发展观、实现经济社会的全面协调可持续发展，维护国家文化主权具有重要的意义。

73. 全民科学素养行动计划纲要

科学素质是公民素质的重要组成部分。公民具备基本科学素质一般指了解必要的科学技术知识，掌握基本的科学方法，树立科学思想，崇尚科学精神，并具有一定的应用它们处理实际问题、参与公共事务的能力。根据有关调查，我国公民科学素质水平与发达国家相比差距甚大。公民科学素质的城乡差距十分明显，劳动适龄人口科学素质不高；大多数公民对于基本科学知识了解程度较低，在科学精神、科学思想和科学方法等方面更为欠缺，一些不科学的观念和行为普遍存在，愚昧迷信在某些地区较为盛行。公民科学素质水平低下，已成为制约我国经济发展和社会进步的瓶颈之一。

2006年2月，国务院发布了《全民科学素质行动计划纲要（2006—2010—2020）》（以下简称《科学素质纲要》），这标志着中国公民科学素质建设正式纳入了全党全国工作大局，开始了政府推动、全民参与的历史新时期。《科学素质纲要》分为前言、方针和目标、主要行动、基础工程、保障条件、组织实施等六个部分。实施全民科学素质行动计划的方针是"政府推动，全民参与，提升素质，促进和谐"。

《科学素质纲要》指出，公民科学素质建设的主要内容包括四个方面：一、未成年人科学素质。活动计划主要从推进校内外未成年人科学教育的整合、特别关注提高农村未成年人科学教育水平和质量、重视社区和家庭在提高未成年人科学素质中的作用方面入手。二、农民科学素质。《科学素质纲要》指出要提高农民科学素质，首先要把提高农民科学素质与建设社会主义新农村和培养有文化、懂技术、会经营的新型农民的历史任务紧密结合起来。其次，发挥全社会综合优势，建立提高农民科学素质的长效机制，并根据推进城镇化的要求，开展农村富余劳动力转移就业科技培训。同时关注农村妇女及西部欠发达地区、民族地区、贫困地区、革命老区农民科学素质的提高。三、城镇劳动人口科学素质。这方面的素质建设需要就不同的对象和产业进行区分，优化整合教育培训资源，为提高劳动者科学素质提供更多机会和途径，统筹安排，做好从农村富余劳动力到进城务工人员科技培训的衔接。四、领导干部和公务员科学素质行动。主要体现在两个方面：对领导干部和公务员坚持求真务实、勇于创新的科学精神提出高标准严要求；将提高领导干部和公务员科学素质落实到干部人事工作的制度建设上。

配合上述行动计划，《科学素质纲要》提出重点实施四个工程：一、科学教育与培训基础工程。首次对科学教育与培训教师队伍的组成作出了界定，采取多种有效措施，解决科学教育与培训教师紧缺问题；二、科普资源开发与共享工程。从推进科普公共服务公平普惠出发，对科普资源共享，采取有效措施，繁荣科普创作；三、大众传媒科技传播能力建设工程。强调加大各类媒体的科技传播力度，打造科技传播媒体品牌，充分发挥互联网等新型媒体的科技传播功能；四、科普基础设施工程。科普基础设施建设纳入国民经济和社会事业发展总体规划及基本建设计划，加大对公益性科普设施建设和运行经费的公共投入，鼓励社会力量参与科普基础设施建设。

提高公民科学素质，对于增强公民获取和运用科技知识的能力、改善生活质量、实现全面发展，对于提高国家自主创新能力，建设创新型国家，实现经济社会全面协调可持续发展，构建社会主义和谐社会，都具有十分重要的意义。

74. 中共中央、国务院关于深化文化体制改革的若干意见

在全面建设小康社会、实现中华民族伟大复兴的历史进程中，深化文化体制改革，加快文化事业和文化产业发展，对于促进社会主义现代化建设，提升我国综合国力具有重要意义。党的十三届四中全会以来，党和政府对文化体制改革进行了积极探索，积累了有益经验。党的十六大突出强调了文化建设的重要地位和作用，对文化体制改革和发展提出了一系列新的论述，作出了新的部署。党的十六届三中全会明确了深化文化体制改革的总体思路。在党和政府的大力推动下，我国的文化体制改革得到一定的推进。

然而，由于长期的计划管理，我国的文化管理体制仍然没有脱离原有的制度惯性。例如：文化体制与社会主义市场经济体制不适应，与扩大对外开放的新形势不相适应，与加快社会主义法制建设的环境不相适应，与高新技术在文化领域迅猛发展的趋势不相适应等等。为此，2005年12月23日中共中央、国务院印发了《关于深化文化体制改革的若干意见》（以下简称《若干意见》）。

《若干意见》提出了文化体制改革的目标，即以发展为主题，以改革为动力，以体制机制创新为重点，形成科学有效的宏观文化管理体制、富有效率的文化生产和服务的微观运行机制，形成以公有制为主体、多种所有制共同发展的文化产业格局，形成统一、开放、竞争、有序的现代文化市场体系，形成完善的文化创新体系，形成以民族文化为主体、吸收外来有益文化，推动中华文化走向世界的文化开放格局。为实现此目标，《若干意见》提出了文化体制改革的若干重点任务。

一、推进文化事业单位改革。文化主管部门应根据现有文化事业单位的性质和功能，区别对待、分类指导，推进文化事业单位改革。应加大政府投入，调整资源配置，逐步构建公共文化服务体系；应进一步完善鼓励捐赠和赞助等各项政策，拓宽渠道，引导社会资金以多种方式投入文化公益事业。应深化文化事业单位的内部改革，推进人事、收入分配和社会保障制度改革。

二、深化文化企业改革。要规范转制企业做好清产核资、资产评估、产权登记、劳动人事以及社会保障等方面的工作；要按照现代企业制度的要求，加快推进国有文化企业的公司制改造，完善法人治理结构，重塑文化市场主体；要加强对转制企业的监管，对剥离企业的经营方向、资产配置、重大决策、重要干部配备进行管理和监督。

三、加快文化领域结构调整。要科学规划和配置公益性文化事业资源，优化文化产业布局和结构；要大力提高文化产业规模化、集约化、专业化水平，培育和建设一批出版、电子音像、影视等产业基地以及具有较强竞争力和影响力的大型文化企业和企业集团；要大力推进文化领域所有制结构调整，鼓励和支持非公有资本以多种形式进入政策许可的文化产业领域，逐步形成以公有制为主体、多种所有制共同发展的文化产业格局；要大力促进文化产业升级，改造传统的文化创作、生产和传播模式，延伸文化产业链。

四、健全宏观管理体制。各级政府部门要加强和改进文化领域宏观管理，逐步建立党委领导、政府管理、行业自律、企事业单位依法运营的文化管理体制；进一步转变政府职能，明确文化行政管理部门职责，理顺文化行政管理部门与所属文化企事业单位的关系，强化政策调节、市场监管、社会管理和公共服务职能，实现由"办文化"为主向"管文化"为主转变；健全文化法律法规和政策体系，加快制定促进文化事业和文化产业发展、加强社会管理和市场监管、完善公共文化服务体系等方面的法律法规。

《意见》的发布第一次完整表述了文化体制改革基本框架，明确划分了文化事业和文化产业的范围和界限，首次允许转制为企业的文化单位，可以吸收部分社会资本，进行投资主体多元化改革。《意见》的实施对于进一步推进文化体制改革，促进中国文化大发展、大繁荣具有重要作用。

75. 关于鼓励发展民营文艺表演团体的意见

民营文艺表演团体是我国社会主义文化事业的重要组成部分，是社会主义精神文明建设的重要力量。改革开放以后，党和政府日益认识到民营院团的重要作用，1988年文化部出台的《关于加快和深化艺术表演团体体制改革意见的通知》，提出了"双轨制"改革方案，首次提出社会办团的理念。1997年4月文化部出台的《关于继续深化艺术表演团体体制改革的意见》中，提出逐步形成国家保护重点、鼓励社会办团的发展格局。在中央的大力推动下，民营表演艺术团体获得了较大的发展，市场上一度出现众多的民营院团，并成为演艺市场的活跃力量。然而，民营院团在发展过程中也出现了一些问题，例如缺少熟悉市场的职业经理人、有些演出剧目艺术质量不高、优秀演员后继乏人，个别院团违规经营等问题。为此，2005年11月文化部、财政部、人事部、国家税务总局等联合发布了《关于鼓励发展民营文艺表演团体的意见》（以下简称《意见》），《意见》分八个方面对民营文艺表演团体市场准入、演出审批、文艺创作、对外文化交流以及政府监管等工作作出了具体规定。

一、放宽民营文艺表演团体的市场准入。鼓励社会资本以个体、独资、合伙、股份等形式投资兴办民营文艺表演团体，扶持农民和民间艺人自筹资金组建民营文艺表演团体。取消对民营文艺表演团体注册资本限额的特殊规定和个体演员证，允许成立个人独资、合伙的民营文艺表演团体。允许民营文艺表演团体以合资、合作、并购等形式，参与市、县国有文艺院团转企改制。

二、简化民营文艺表演团体的演出审批手续。民营文艺表演团体从事演出活动，在申报、审批等方面与国有文艺院团享受同等权利和义务。演出所在地县级文化部门可直接受理民营文艺表演团体的演出申请，应在规定时限内作出答复，对符合条件的申请发放批准文件。对外埠民营文艺表演团体，不得指定承办单位。有关部门在审批监管中不得收取法律法规规定以外的任何费用。

三、加强对民营文艺表演团体创作演出的指导和支持。文化主管部门要加强对民营文艺表演团体创作演出剧（节）目的指导，使之符合社会主义精神文明的要求。此外，在全国性文艺评奖、文艺表演和表彰活动中，给予民营文艺表演团体同等的待遇。

四、鼓励和支持民营文艺表演团体参加对外文化交流。鼓励民营文艺表演团体参加政府对外文化交流项目的招投标活动，支持有条件的民营文艺表演团体参加国际民间文化交流活动；鼓励有比较优势的民营文艺表演团体到国外演出、投资、注册公司；允许民营文艺表演团体依法邀请国外文艺表演团体或个人参加对外演出活动。

五、完善对民营文艺表演团体的管理。加强对民营文艺表演团体的引导和规范，完善规章制度，健全工作机制。加强对民营文艺表演团体演职人员的职业道德教育和法制培训，增强法制意识，倡导诚实文明经营。严厉打击违法违规演出活动，取缔无证经营行为。严格内容审查，强化现场监管，抵制低俗之风，对危害社会公德和民族优秀文化传统、宣扬淫秽色情和邪教迷信、利用人体缺陷或以展示人体变异等方式招徕观众的表演等演出，给予坚决制止。鼓励民营文艺表演团体及其经纪人和骨干演员加入行业协会，促进行业自律。

《意见》的出台不仅体现了政策制定者培育多元文化市场主体的清晰意图，更是中央对演艺市场结构调整的重要举措。《意见》放宽了民营院团的市场准入门槛，激发了民营院团的发展积极性，标志着民营文艺表演团体将迈入一个全新的发展时代。从长远来看，有利于促进我国表演艺术市场的繁荣，有利于提升中国文化软实力。

76. "爱读书、读好书"全民阅读活动

2005年下半年，新闻出版总署图书出版管理司讨论认为，在近几年我国文化体制改革深入推进的大背景下，在全球的文化与经济、文化与政治相互交融的前提下，一个民族的文化竞争力在综合国力竞争中的地位和作用日益突出。通过开展持久的"全民阅读活动"，不断满足人民群众日益增长的精神文化需求，是提升中国综合国力的战略重任，同时也有利于积极稳妥地推进新闻出版领域的文化体制改革工作。

2006年3月上旬，由中共中央宣传部出版局组织协调11个部委，商定以中共中央宣传部、中央文明办等11家部委的名义，组织和倡导"全民阅读活动"。4月上旬，十一部委联合向社会发出《关于开展全民阅读活动的倡议书》，号召在2006年4月23日"世界读书日"前后，开展"爱读书，读好书"的全民阅读活动，倡导全民为构建社会主义和谐社会和全面建设小康社会，为中华民族的伟大复兴而努力读书，终身学习。开展"全民阅读"活动，也是中央宣传部、中央文明办和新闻出版总署贯彻落实党的十六大关于建设学习型社会要求的一项重要举措。

在全民阅读活动期间，全国相关部门开展了系列活动，如在"世界读书日"这一天，全国各大书店、书城开展优惠售书活动；各地各有关书店在条件成熟的情况下还开展了"向困难群众"赠书等专项活动，做到让全民人人有书读，家家飘书香。在京40余家出版单位还向在京农民工捐赠了价值120多万元的图书。中宣部、新闻出版总署还向在京务工子女学校捐赠了近千个品种、5000多册、价值10多万元的图书。各地各部门也相继开展了丰富多彩的读书阅读活动。

由于政府部门和出版界的齐力推动，在全国掀起了读者购书热潮。据统计，4月23日这一天，北京图书大厦销售247万元，比22日增长100万元，较去年"世界读书日"增长118万元，增幅91%。王府井新华书店当天销售101.4万元，较去年4月23日销售增长49.5万元，增幅95%。中关村图书大厦销售58万元，较去年增长75%。此外，长春书城、浙江图书大厦、四川西南书城、文轩西安书城、云南新华图书大厦、河南中南图书大厦、广州购书中心、湖北崇文书城等大型书城的当日销售量均比平日有大幅攀升。本次"全民阅读活动"的宣传得到了中宣部领导的重视和关注，在中宣部的统一安排和筹划下，人民日报、光明日报、新华社、中央人民广播电台、中央电视台、北京日报、北京电视台等主要新闻媒体均对本次"全民阅读活动"作了重点报道。

此后，中国有关政府部门、学术组织、民间团体等对国民阅读现状做过研究。其中，最具权威和代表性的是由新闻出版总署领导、中国新闻出版研究院主持的"全国国民阅

读与购买倾向抽样调查"。调查结果显示，1999年至2005年，中国国民阅读率持续走低：1999年为60.4%、2001年为54.2%、2003年为51.7%、2005年为48.7%。但是，自从2006年国家实施以"爱读书，读好书"为理念，以倡导全民阅读建设阅读社会为目标的全民阅读工程后，2008年至2011年，中国18—70周岁国民的综合阅读率持续走高，分别为69.7%、72.0%、77.1%和77.6%。此种变化说明，全民参与阅读的积极性、主动性受到激发，热爱读书的全民阅读的良好社会氛围不断形成，全民阅读推广活动已见成效。如今，全民阅读活动已经举办至今，多年来各地开展了各项读书活动，将读书推广到了千家万户。

开展全民阅读活动是我国构建公共文化服务体系的一项重要部署，对培育和践行社会主义核心价值观，提高国民思想道德素质和科学文化素质，建设社会主义文化强国，增强国家文化软实力，实现中华民族伟大复兴中国梦具有重要意义。

77. "全国道德模范"评选

2001年10月，中共中央印发的《公民道德建设实施纲要》颁布实施。《公民道德建设实施纲要》明确了我国公民道德建设的核心、原则和基本要求。为了检验《公民道德建设实施纲要》颁布实施后的效果和更好地推进公民道德教育，由中共中央宣传部、中央文明办、解放军总政治部等部门联合举办的全国道德模范评选表彰活动，自2007年始，每两年评选一次，至2015年共举办了四届。道德模范评选表彰活动既是国家行为主导实施的、以评选表彰活动为载体的道德教育活动，又是对公民进行社会主义荣辱观教育和坚持社会主义道德价值导向的需要，更是新时期新形势下提高公民道德修养、促进社会道德良性发展的重要手段。

2007年9月，中共中央总书记、国家主席、中央军委主席胡锦涛在人民大会堂亲切会见首届全国道德模范，并发表重要讲话。当晚，在中央电视台隆重举行颁奖典礼，中共中央政治局常委李长春等党和国家领导人亲手为模范颁奖。瞬时间，大批普通人因"道德模范"美誉响遍全国，"平民英雄"备受媒体瞩目，有德之人成为社会推崇的"明星"。主要的模范代表人物有丛飞、袁隆平、孟祥斌、郭明义、张丽莉等。

全国道德模范评选表彰设"助人为乐"、"见义勇为"、"诚实守信"、"敬业奉献"和"孝老爱亲"五个奖项，同时，设提名奖。评选活动坚持"群众评、评群众"，让群众参与到推荐、投票、监督的全过程。大体分为五个步骤：宣传发动，通过媒体公布评选标准、办法和程序；群众提名推荐候选人；各地党组织筛选审核候选人，上报全国活动组委会；在中央媒体公示候选人事迹，动员群众投票，根据选票确定道德模范人选；隆重表彰，对生活困难的道德模范进行帮扶，程序严格、操作规范、公开透明、公平公正。

评选表彰全国道德模范活动，意义极其深远。它既是对《公民道德建设实施纲要》发表以来我国在公民道德建设方面所取得的巨大成就的检阅，又是大力弘扬中华民族传统美德，深化我国精神文明建设的重大举措，必将对我国公民道德素质的全面提高，对社会主义和谐社会建设和社会风气的改造产生深远的影响。

78. 长城保护条例

中国长城是世界上规模最大的文化遗产，其建造时间之长，分布地域之广，影响力之大，是其他文物不可比拟的。长城是一个由墙体、关堡、卫所、烽火台等多种防御工事组成的巨型国防军事体系，是国家大遗址保护的重点项目。由于长城空间跨度之大、存在年代之长，不仅使长城建筑本身遭受了自然和人为的破坏，就是其周围的生态环境也受到巨大的破坏，对长城保护管理工作亟须法制化、规范化。

2003年6月，北京市政府出台《北京市长城保护管理办法》，这是中国第一个长城保护地方性专项规章。管理办法要求对影响长城安全和环境风貌的建筑物、构筑物，制定整治搬迁方案；严格控制利用长城拍摄电影、电视和举办大型活动等。继北京市制定长城沿线第一部地方性保护法规后，全国性的长城保护专门法规也很快进入了论证过程之中。2006年9月国务院第150次常务会议审议通过《长城保护条例》（以下简称《条例》），自2006年12月起施行。《条例》成为中国第一个专项的文物单项立法。《条例》主要包括以下内容：

一、规定长城保护总体规划。首先，明确了长城保护的基本要求。《条例》规定，长城保护总体规划应当明确长城保护的标准和保护重点，分类确定保护措施，并确定禁止在保护范围内进行工程建设的长城段落。其次，确保长城保护与经济发展、城乡建设的协调。《条例》明确要求，长城所在地县级以上地方政府制定本行政区域的国民经济和社会发展计划、土地利用总体规划和城乡规划，应当落实长城保护总体规划规定的保护措施。最后，对因工程建设破坏长城问题规定了明确、具体的防范措施。《条例》规定，任何单位或个人不得在长城保护总体规划禁止工程建设的保护范围内进行工程建设。在建设控制地带或长城保护总体规划未禁止工程建设的保护范围内进行工程建设，应当依照文物保护法的规定审批。进行工程建设应当绕过长城；无法绕过的，应当采取挖掘地下通道的方式通过长城；无法挖掘地下通道的，应当采取架设桥梁的方式通过长城。任何单位或个人进行工程建设不得拆除、穿越、迁移长城。

二、规定各级政府在保护长城方面的主要义务。针对长城的特点和保护状况，《条例》

规定,长城所在地省级政府在长城保护方面必须做好以下四项工作:一是按照长城保护总体规划的要求,划定、公布长城的保护范围和建设控制地带;二是在长城沿线的交通路口和其他需要提示公众的地段设立长城保护标志;三是建立长城档案;四是确定长城的保护机构。此外,针对个别地方政府在落实上述职责时的标准和尺度不尽相同以及相互推诿、扯皮等情况,《条例》规定,长城段落为行政区域边界的,其毗邻的县级以上地方政府应当定期召开由相关部门参加的联席会议,研究解决长城保护中的重大问题。

三、发挥全社会参与长城保护的积极性。首先,国家鼓励公民、法人和其他组织通过捐赠等方式设立长城基金,专门用于长城保护。其次,被确定为保护机构的利用单位应当对其所负责保护的长城段落进行日常维护和监测,并建立日志。发现安全隐患,应当立即采取控制措施,并及时向县级政府文物主管部门报告。再次,根据部分地方利用护林员、土地承包户保护长城的实际做法,《条例》规定,地处偏远、没有利用单位的长城段落,所在地县级政府或其文物主管部门可以聘请长城保护员对长城进行巡查、看护。最后,任何单位或个人发现长城遭受损坏,均可向保护机构或所在地县级政府文物主管部门报告。

《长城保护条例》规定了长城保护的总体规划,确定了各级政府在保护长城方面的主要义务,并用法律制度的形式广泛激发全社会参与长城保护的积极性。这一立法在中国历史文化遗产的个别保护上具有特别重要的开创性意义。在它的保护下,作为中华民族精神象征的万里长城必将获得更好的保护,必将作为永久的历史丰碑,始终矗立在中华大地。

79. 文化部创新奖

创新是文化发展的内在动力和显著特征。鼓励、推动和支持文化创新,增强文化发展活力,是发展社会主义先进文化、全面实现建设社会主义文化强国战略目标的重要任务。为鼓励文化艺术领域弘扬科学精神,倡导科学方法,传播科学思想,调动广大文化工作者理论创新、体制创新和科技创新的积极性,促进文化艺术事业的繁荣与发展。2004年文化部设立了文化部创新奖。创新奖从2004年至2009年每两年一届,2009年1月以后改为每三年一届。

文化部创新奖奖励对象是那些在文化体制改革、艺术创作和生产、工艺创意和工艺科技、文化服务、文化市场监管、文化产业发展、艺术教育与人才培养等领域的实践中,以科学理论、科学方法、科学技术进行创新,并取得显著的社会效益、经济效益,为促进文化的发展与繁荣作出突出贡献的单位及项目完成人。

文化部创新奖包括创新特别奖和创新奖。其中创新特别奖奖励那些特别优秀的项目,其奖励数量每届不能超过2个,奖励金额为3万元,2010年奖励金额增加到5万元。创新奖每届不能超过13个，奖励金额为1万元，2010年将创新奖奖励金额增加到2万元。

文化部创新奖评审办公室对申报的参评项目进行资格审查，并对符合条件的项目提交评审委员会评审。各评审专业组对评审办公室提交的参评项目申报书及相关材料进行分组审查，并以分组投票的方式产生初评结果。评审委员会以会议方式对初评结果进行评审，以记名投票表决方式产生终评结果。评审实行回避制度。

文化部创新奖自设立到2014年，共举办四届，先后评选出4个特等奖和62个创新奖项目，涉及文物保护和"非遗"传承、博物馆和图书馆的建设与服务、社会文化服务和文化市场管理、文化体制机制改革等领域。文化部创新奖的设立，对于激励广大文化工作者以科学的态度和方法开展文化建设，促进文化管理体制、机制、观念的创新，促进文化与科技的融合，提升文化生产力产生了重要的作用。

80. 关于深化国有文艺演出院团体制改革的若干意见

国有文艺演出院团是繁荣社会主义文艺的中坚力量，在社会主义精神文明建设中承担着重要使命。党的十六大以后，国有文艺演出院团在部分地区进行了改革，取得了不错的成绩，推出了一批精品力作，形成了一批演艺企业集团，国有文艺演出院团的生产率获得较大幅度的提升。

然而，由于长期计划管理，我国的国有文艺演出院团与文化体制改革的总体要求仍有较大的距离。主要表现在：一是绝大多数国有院团仍保留事业体制，没有形成与市场对接的体制机制，没有成为市场主体，缺乏通过市场竞争做大做强的内在动力；二是现行体制是按照行政区划和级次层层办团，"小而全"、"散而弱"，很难形成有实力的文化品牌，不利于中华文化"走出去"等。为此，2009年7月27日中央宣传部、文化部印发了《关于深化国有文艺演出院团体制改革的若干意见》（以下简称《意见》）。

《意见》强调深化国有文艺演出院团体制改革，应坚持社会主义先进文化的前进方向，坚持面向群众、面向市场，以转企改制为中心环节，全面推进体制机制创新，进一步解放和发展文化生产力，努力满足广大人民群众日益增长的多层次多方面的精神文化需求。

《意见》明确了国有文艺院团改革的目标。即加快转企改制工作步伐，除新疆、西藏外，各省、自治区、直辖市和计划单列市、省会城市2009年底前都要至少完成一家直属院团整体转企改制；2010年后，将国有院团转企改制工作向面上推开。各省、自治区、直辖市要于2010年前选择一至两个试点县，推动县级院团转企改制。为实现此目标，《意见》提出了若干院团改革的任务。

一、坚持把转企改制作为深化国有文艺院团体制改革的中心环节，以多种形式探索转企改制；加快完善法人治理结构，建立适应市场竞争需要的艺术生产机制，形成转企改制院团的企业运行机制；鼓励转企改制院团整合优质资源，与演出中介机构、演出场所等组建综合性演艺集团公司，调整国有文艺演出院团结构；推进县级院团体制改革；深化保留事业体制院团的内部机制和管理制度改革。

二、深化国有文艺演出院团体制改革的政策支持。推动文化行政管理部门逐步实现由办文化为主向管文化为主转变，由管微观向管宏观转变；积极推动演艺领域国有文化资产监管体制改革，切实推进政企分开、政事分开、管办分离；改进现行评奖机制，扩大群众对文艺评奖的参与面，合理增加经济效益在评选指标中的比重；建立文艺演出院团和演艺产品的新型评价体系；完善演艺市场流通体系。

三、加大对转企改制院团的扶持力度。对率先转企改制的院团给予倾斜，帮助其优先获得发展资源，尽快做大做强；大力改善转企改制院团生产经营基本条件；通过政府采购、场次补贴等方式，吸引转企改制院团提供公益性演艺服务；充分利用支持文化体制改革和文化产业发展的有关经济政策；推进有条件的地方探索建立文化艺术发展基金；采取项目补贴、定向资助、贷款贴息和以奖代补等办法，加大对转企改制院团的资金支持力度；等等。

《意见》实施后，原有的院团管理体制被打破，大量的国有表演艺术团体纷纷转制为企业，并逐步开展内部机制建设，形成符合市场规律的现代企业制度和法人治理结构。多数院团在改革后实现了出精品、出效益、出人才的目标。

81. 社会主义荣辱观（"八荣八耻"）

进入新世纪之后，我国经济社会发展的形势总体良好，"十一五"规划纲要描绘的美好生活蓝图，让人民群众满怀信心和期待。但是，社会生活中也存在一些不健康、不文明现象，拜金主义、享乐主义、极端个人主义盛行，少数人思想混乱，道德缺失，是非、善恶、美丑混淆。这些问题的出现和蔓延，对社会道德体系造成了冲击，损害了社会风气，也影响了经济社会的健康发展，人民群众对此强烈不满。

为了引导中国广大干部群众特别是青少年树立社会主义荣辱观，中共中央总书记胡锦涛于2006年3月在全国政协十届四次会议的民盟、民进联组会上发表了"关于树立社会主义荣辱观"的讲话。讲话中强调，要引导广大干部群众特别是青少年树立社会主义荣辱观，坚持以热爱祖国为荣、以危害祖国为耻，以服务人民为荣、以背离人民为耻，以崇尚科学为荣、以愚昧无知为耻，以辛勤劳动为荣、以好逸恶劳为耻，以团结互助为荣、以损人利己为耻,以诚实守信为荣、以见利忘义为耻,以遵纪守法为荣、以违法乱纪为耻,以艰苦奋斗为荣、以骄奢淫逸为耻。社会主义荣辱观简称"八荣八耻"。

"八荣八耻"明确了社会主义社会的是非、善恶、美丑界限,有利于推动形成良好社会风气。胡锦涛关于树立社会主义荣辱观的重要论述,明确了我国社会当前基本的价值取向和行为准则,体现了中华民族传统和改革开放的时代要求,具有很强的思想性和现实针对性。荣辱观古已有之,荣辱心人皆有之。不同的时代,不同的民族,持有不同世界观、人生观、价值观的人们,其荣辱观是不同的。恩格斯说过,"每个社会集团都有他自己的荣辱观"。社会主义荣辱观,回答的是社会主义社会中,什么是光荣,什么是耻辱。

"八荣八耻"体现了社会主义初级阶段的特征。社会主义荣辱观内含着社会主义思想道德建设的指导思想、方针原则和公民的基本道德规范,坚持了以为人民服务为核心,以集体主义为原则,以爱祖国、爱人民、爱劳动、爱科学、爱社会主义为基本要求。"八荣八耻"既有先进性的导向,又有广泛性的要求,引导人们摆正个人、集体、国家之间的关系,正确处理个人与社会、竞争与协作、先富与共富、经济效益与社会效益等关系,确立了在社会主义社会,全体公民普遍认同和自觉遵守的行为准则。

"八荣八耻"反映了市场经济的特点。社会主义市场经济的发展,大大增强了人们的自立意识、竞争意识、效率意识、民主法制意识和开拓创新精神,但市场自身的缺陷和消极因素也会反映到人们的思想道德和人与人的关系上来。市场经济是利益经济、效益经济,更是信用经济、法制经济。"八荣八耻"针对拜金主义、享乐主义、见利忘义、损公肥私、不讲信用、欺骗欺诈等消极现象和社会公害,提出鲜明的是非、善恶界限。它所包含的丰富内涵,为保证社会主义市场经济的健康发展,为建设与社会主义市场经济相适应的道德体系,提供了思想基础。

"八荣八耻"展现了现代社会的特性。随着科技发展和社会进步,人们的公共生活领域不断扩大,相互交往日益频繁,社会分工日益细密,"八荣八耻"在维护公众利益、公共秩序,保持社会稳定方面的作用更加突出,成为公民个人道德修养和社会文明程度的重要表现。"八荣八耻"在公共生活、公共利益等方面,确立了公民应当遵循的行为准则,有利于促进社会的全面进步和人的全面发展。

社会主义荣辱观是凝聚人心、促进社会和谐的坚强纽带。没有共同的理想信念,没有良好的道德规范,是无法实现社会和谐的。以"八荣八耻"为主要内容的社会主义荣辱观,是对与社会主义市场经济相适应、与社会主义法律规范相协调、与中华民族传统美德相承接的社会主义思想道德体系全面系统、准确通俗的表达。

82. 爱国主义教育基地一号工程

"一号工程"是根据中央领导指示和全国未成年人思想道德建设工作会议精神,对反映以毛泽东为代表的老一辈无产阶级革命家领导中国革命斗争光辉历史的示范基地(包括韶山、井冈山和延安)进行重点扶持、综合提高的工程。旨在通过工程的实施,使教育基地在展出内容与展示手段、服务质量与教育效果、内部管理与环境面貌等方面得到显著改善,更好地为加强爱国主义教育、弘扬和培育民族精神服务。

2004年4月中央启动申报全国爱国主义教育基地建设"一号工程"。2005年9月,国家发改委正式立项批复。2005年12月,在纪念毛泽东诞辰112周年系列庆典的车潮人海中,以展示毛泽东生平遗物为主要内容的毛泽东文物馆在韶山破土奠基,这是全国爱国主义教育基地"一号工程"建设正式启动的重要标志。

全国爱国主义教育基地"一号工程"建设项目主要包括三个基地:韶山、井冈山、延安。选择这三个地方的主要原因是韶山、井冈山、延安爱国主义教育示范基地,真实记载了以毛泽东为代表的老一辈革命家领导中国革命斗争的光辉历史。但这三个示范基地建设较早,设施有待更新,表现手段有待创新。为充分发挥这三个示范基地的教育功能,党中央决定对这三个示范基地重点扶持、综合提高,进行建设保护。建设项目包括毛泽东纪念馆改扩建、毛泽东纪念馆陈列布展、毛泽东铜像广场改扩建、韶河及沿线整治、景区道路改造和停车场建设等;保护项目则包括重点文物保护单位全面维修和毛主席遗物保护等;配套工程则涉及通信、监控治理系统、供电网络改造,消防、给排水设施改造等。这三个示范基地主体工程相继于2007年10月、2008年12月、2009年8月完工并开放。

爱国主义教育基地蕴藏着丰富的历史文化内涵,展现了近代中国人民英勇奋斗的壮丽篇章,反映了中国共产党人的光辉业绩和社会主义现代化建设的丰硕成果。爱国主义教育基地是演绎与构建中国特色的社会主义先进文化的重要组成部分,作为传播社会主义精神文明的重要窗口,担负着"以高尚的精神塑造人"的历史重任。

83. 娱乐场所管理条例

随着中国社会主义市场经济的发展,居民收入的增加,娱乐场所越来越多,一定程度上丰富了人们的文化需求。然而,随着娱乐场所的增多,其在管理上出现了混乱局面。例如:一些不法分子利用娱乐场所引诱、教唆他人吸食、贩卖K粉、摇头丸等;一些娱乐场所内还存在卖淫、嫖娼、赌博等违法犯罪活动等。为了加强娱乐场所管理,促进娱乐场所健康有序发展，2006年1月国务院公布了《娱乐场所管理条例》（以下简称《条例》）。《条例》分6章58条，对娱乐场所设立、经营、监督管理、法律责任等进行了规定。

《条例》要求设立娱乐场所，应当向所在地县级人民政府文化主管部门提出申请；受理申请的文化主管部门就书面声明向公安部门或者其他有关单位核查和实地检查，予以批准的，颁发娱乐经营许可证；申请人在取得娱乐经营许可证和有关消防、卫生、环境保护的批准文件后，应到工商行政管理部门依法办理登记手续，领取营业执照，并于15日内向所在地县级公安部门备案。

《条例》指出娱乐场所经营活动不得包含违反国家宪法，危害国家统一、安全，煽动民族仇恨，宣扬淫秽、暴力以及违背社会公德等内容。娱乐场所不得吸食、注射毒品，不得卖淫、嫖娼、赌博等；不得从事邪教、迷信活动等；娱乐场所的主要负责人应对娱乐场所的消防安全负责，确保其建筑、设施符合国家安全标准和消防技术规范，并制定安全工作方案和应急疏散预案；娱乐场所应当与保安服务企业签订保安服务合同，配备专业保安人员；娱乐场所在每日凌晨2时至上午8时不得营业。

《规定》强调各级文化主管部门以及公安部门工作人员，有权进入娱乐场所依法履行监督检查职责，并记录监督检查的情况和处理结果。文化主管部门和公安部门应当建立相互间的信息通报制度，及时通报监督检查情况和处理结果。最后《条例》还对违反上述规定的行为明确了法律责任。

《条例》的发布顺应了当前中国娱乐场所监管的需要。随着行政审批改革的深入，公安部门对设立娱乐场所的审核权限被取消，文化主管部门、公安部门等相关部门的管理手段有所减少，管理力度有所弱化。近来，修订后的《条例》提高了娱乐场所的准入门槛和审批条件，强化了娱乐场所经营业主应承担的法律责任，加大了文化主管部门和公安部门对违法经营娱乐场所的处罚权，客观上有助于增强娱乐场所经营单位及其从业人员的守法经营意识，维护娱乐场所秩序。

84. 中国公民道德论坛

2000年10月，中国共产党十五届中央委员会第五次全体会议提出，从新世纪开始，我国进入了全面建设小康社会。而历史上每一次社会转型和社会进步，社会道德都面临着巨大的冲击和挑战，也都将在重构中实现新的跨越。全面建设小康社会的新形势新任务，既是挑战也是机遇，对公民道德建设提出了新的更高要求。2001年9月党中央印发《公民道德建设实施纲要》以来，公民道德建设呈现出良好发展态势，社会文明程度不断提高。但在道德建设中也还存在不少问题，必须全面改善才能满足建设全面小康的要求。

中国公民道德论坛，是中共中央宣传部根据党中央颁发《公民道德建设实施纲要》的要求，旨在探讨和研究新形势下加强公民道德建设的措施和办法，交流提高公民道德素质和社会文明程度、培育良好道德风尚、促进社会和谐稳定的新鲜经验，引导人民群众大规模参与以道德实践为目的的官方高层论坛。在中共中央印发《公民道德建设实施纲要》三周年和第二个"公民道德宣传日"来临之际，首届中国公民道德论坛2005年在江苏南通举行。此次论坛的主题是"公民道德与全面小康"。来自中央和地方有关负责人、专家学者、先进典型代表100多人围绕论坛主题，探讨和研究新形势下加强公民道德建设的措施和办法，论坛结束时发表了《首届中国公民道德论坛宣言》。

自2005年以来，中国公民道德论坛已经连续举办了十一届。每届论坛都会根据国家的大政方针思想确立新的主题，并在会上发表相关主题的宣言。党的十五届五中全会提出全面建设小康社会后论坛的主题是"公民道德与全面小康"；十六届四中全会提出构建社会主义和谐社会后论坛的主题是"公民道德建设与构建和谐社会"。十届全国政协四次会议提出社会主义荣辱观后论坛主题为"社会主义荣辱观与公民道德建设"等，这些主题的确定都是当时国家和社会领域最为关注的话题，体现了中国公民道德论坛的与时俱进，在新的时代要求下提出新的道德要求和期许，为社会树立新的道德标杆，引导公民实现更高的道德要求。在十一届公民道德论坛上，郭明义、庄仕华、孙茂芳荣获"当代雷锋"的称号，成为全国仅有的三位获此殊荣的道德楷模，为新时代树立了鲜活的道德标杆。

中国公民道德论坛是在《公民道德建设实施纲要》和"公民道德宣传日"之后应运而生的，三者将理论与实际相结合，以开展更加贴近实际、切近群众、贴近生活的活动促进新时代的社会主义道德建设。各省市根据实际情况积极开展各项道德宣传活动和建设活动。中国公民道德论坛为各地开展优秀道德建设活动平台增加展示和宣传的机会，将多年来优秀公民道德建设活动的经验传递给其他地方，为其他地区的道德建设活动提供了鲜活的案例和借鉴。同时，各地经验的交流不仅宣传了好的经验，也可以在交流中减少失败的可能。这种相互的鼓励和借鉴也积极地促进了各地道德建设的积极性。中国公民道德论坛为全国的道德建设提供了理论意义上的指导，也为道德建设提供了一个广阔的交流平台，对中国社会主义新时期的道德建设具有重要意义。

85. 国家知识产权战略

人类进入21世纪以后，发达国家在知识产权上的优势依然明显，发达国家和发展中国家的知识产权不平衡状况加剧，以知识产权作为贸易保护主义有新的表现。我国作为发展中国家，制定和实施中国特色的知识产权战略刻不容缓。

2007年10月，胡锦涛总书记在党的十七大报告中明确提出"实施知识产权战略"。2008年4月，温家宝总理主持召开国务院常务会议，审议并原则通过《国家知识产权战略纲要》。6月，国务院发布《国家知识产权战略纲要》。国家知识产权战略，是指通过加快建设和不断提高知识产权的创造、管理、实施和保护能力，加快建设和不断完善现代知识产权制度，加快造就庞大的高素质知识产权人才队伍，以促进经济社会发展目标实现的一种总体谋划。国家知识产权战略，不是单指知识产权事业自身的发展战略，也不是单指知识产权保护战略，它是一个覆盖许多领域的极为重要的国家战略。

国家知识产权战略的指导思想。实施国家知识产权战略，要坚持以邓小平理论和"三个代表"重要思想为指导，深入贯彻落实科学发展观，按照激励创造、有效运用、依法保护、科学管理的方针，着力完善知识产权制度，积极营造良好的知识产权法治环境、市场环境、文化环境，大幅度提升我国知识产权创造、运用、保护和管理能力，为建设创新型国家和全面建设小康社会提供强有力支撑。

国家知识产权战略的战略目标是到2020年，把我国建设成为知识产权创造、运用、保护和管理水平较高的国家。知识产权法治环境进一步完善，市场主体创造、运用、保护和管理知识产权的能力显著增强，知识产权意识深入人心，自主知识产权的水平和拥有量能够有效支撑创新型国家建设，知识产权制度对经济发展、文化繁荣和社会建设的促进作用充分显现。

国家知识产权战略的范围。国家知识产权战略涵盖了知识产权的全部领域，包括专利、商标、版权与有关权利、集成电路布图设计、地理标记、生物新品种、商业秘密、传统知识、遗传资源、民间文艺，同时也涉及对知识产权的权利限制及禁止滥用知识产权等内容。

国家知识产权战略的制定分为1个《纲要》和20个专题。《纲要》是知识产权战略的总论部分。专题一方面为《纲要》的制定提供必要的基础，另一方面在《纲要》的指导下进一步展开和深化。20个专题分别从知识产权战略的宏观问题、知识产权主要类别、知识产权法制建设、知识产权重要管理环节、知识产权重点行业等五个方面围绕知识产权的创造、管理、保护、运用展开研究。

国家知识产权战略将充分发挥政府的主导作用，来调整和完善知识产权法律法规政策体系，构建体制机制评价指标体系，建立鼓励创新的政策环境。实施知识产权战略有利于构建创新的制度环境和市场环境，促进创新成果的大量涌现和广泛运用；有利于促进自主创新成果的知识产权化，引导企业实现知识产权的市场价值，推动企业成为知识产权创造和运用的主体；有利于加快转变我国外贸增长方式，优化进出口结构，提高中国外向型经济的质量。

86. 炎黄艺术馆

炎黄艺术馆是我国第一座民办公助的大型公益艺术馆,以展示、弘扬中华民族优秀文化传统为办馆宗旨。该馆由著名艺术家、社会活动家黄胄先生倡导,在国家和北京市政府的大力支持下,于1986年开工筹建,1991年9月28日正式落成。

炎黄艺术馆坐落于北京奥运核心区,整体占地面积28亩,建筑面积12000平方米,展厅面积3300平方米,内部设施先进、完备。艺术馆主体建筑地上二层半,地下一层半。内设展厅、多功能厅、画库、画室、艺术商店等。

建成后的炎黄艺术馆,共包括五个部门,分别是院长办公室、展览部、学术典藏部、媒体宣传部、公共教育部、财务人事部。各大部门各尽其责,协调配合,主要开展当代中国画、中国古代字画、文物文献以及其他艺术作品的收藏与研究工作。

在艺术展览方面。为推动对中国优秀艺术传统的学习和研究,炎黄艺术馆曾举办《李可染遗作展》、《中国现代美术奠基人系列·徐悲鸿大型作品展》、《中国现代美术奠基人系列·刘海粟大型作品展》、《中国现代美术奠基人系列·颜文樑大型作品展》等展览,并围绕展览举办相关学术研讨会,学术界重量级嘉宾悉数到场。

在文物和书画收藏方面。建馆伊始,黄胄先生捐赠的数千件文物、书画作品构成了馆藏的基础。截至2013年,炎黄艺术馆共收藏书画、明代家具、玉器、文房用具、瓷器、民间美术、当代艺术等共6000余件。其中包括(宋)《粉鹰图》、(现代)张大千《飞天》、(现代)齐白石《荔枝图》等历代名家名作,以及黄胄创作的《育羔图》、《互助图》等重要代表作。2013年,著名民间美术研究专家冯真教授将其收藏的近千件收藏品捐赠炎黄艺术馆,丰富了炎黄艺术馆在民间美术方面的收藏。

在艺术教育普及方面。炎黄艺术馆在推出高质量的展览之时,也积极开展艺术教育活动,提升全社会对艺术的参与度。目前,炎黄艺术馆的公共教育项目分为以下三类:一是开发与艺术相关的"艺术类"项目,包括"艺术公开课"、"艺术沙龙"等;二是综合观展、绘画、游戏等环节,通过创造性参与活动来发现艺术的"家庭亲子类"活动;三是联合其他文化类机构,打破艺术门类界限,开展包括主题阅读、新书发布等内容的"文化类"项目。

炎黄艺术馆是中国第一座民办公助的大型公益艺术馆,它通过艺术收藏、展览,开展艺术交流、艺术教育普及等工作,有力地提高了人们的艺术素养,提升了普通公众的艺术参与度,实现了社会效益和经济效益的双丰收,有力地推动了中国艺术事业的繁荣发展。

87. 国家出版基金

国家出版基金设立于2007年，其前身是"重大出版工程专项资金"，是继国家社会科学基金、国家自然科学基金之后，第三个以国家名义设立的专项基金，旨在资助优秀公益性项目的出版。该基金主要来源是中央财政拨款，并依法接受自然人、法人或其他组织的捐赠。

出版基金主要资助那些不能通过市场资源完全解决出版资金的优秀公益性出版物的出版，限于出版物的编辑、稿酬、版权费、校对、排印装、复制、原辅材料及资料购置等直接成本费用支出。包括优秀盲文、少数民族文字、"三农"读物、未成年人读物等公益性出版项目。

新闻出版总署、财政部组成"国家出版基金管理委员会"（以下简称"基金委"），负责审定国家出版基金管理规章制度，资助项目及资助金额，决定与国家出版基金管理有关的其他重大事项等。基金委下设"国家出版基金规划管理办公室"（以下简称"基金办"），负责起草资助项目申报指南，建设、使用和管理出版基金专家库，组织资助项目评审、检查、绩效考核等工作。

基金委在每年10月31日以前发布下一年度资助项目申报指南。出版机构按照申报指南申报资助项目，在通过严格的初审、复核、评审程序后，与基金委、主管单位共同签订《国家出版基金资助项目协议书》。项目承担机构应当严格按照协议组织项目实施，并根据国家财经法规和《国家出版基金资助项目管理办法》，确保资助经费的使用效益。基金委每年将有重点地检查项目经费管理使用情况，并对部分资助项目进行期中或结项审计。

为保证国家出版基金的有效运行，基金管理委员会先后出台了《国家出版基金资助项目管理办法》、《国家出版基金财务管理办法》、《国家出版基金资助项目绩效考核管理办法》、《国家出版基金资助项目评审管理办法》、《国家出版基金评审专家管理暂行办法》、《国家出版基金评审专家管理暂行办法》等多项配套政策，规范出版基金申报及审核程序，切实提高国家出版基金使用效益。

国家出版基金自2008年实施以来，投资逐年增加，2014年规模已达4.5亿元，累计投入达19亿元，资助出版的图书1200余项。其设立对于促进我国当代文化创新、文明进步，对于传播中华民族优秀文化、提升中华文化对世界的影响力具有重要意义。

88. 中共中央、国务院关于进一步加强和改进大学生思想政治教育的意见

全球化浪潮的推进，市场经济体制的建立，网络信息化的发展，思想政治教育存在

的问题，使我国思想政治教育面临许多复杂多变的新情况、新问题。为深入贯彻党的十六大精神，适应新形势、新任务的要求，提高大学生的思想政治素质，促进大学生的全面发展，2004年10月14日中共中央、国务院发布《关于进一步加强和改进大学生思想政治教育的意见》（以下简称《意见》）。《意见》共9个部分。《意见》的下发，对大学生思想政治教育具有纲领性的指导意义，使2004年被学术界称作"思政年"。

《意见》首先回答了加强和改进大学生思想政治教育的目标定位。《意见》强调努力提高思想政治教育的针对性、实效性、吸引力和感染力，培养德智体美全面发展的社会主义合格建设者和可靠接班人。这个目标分为两个层次：一层是思想政治教育本身的目标，就是努力提高思想政治教育的针对性、实效性、吸引力和感染力；另一层是思想政治教育的最终目标，就是培养德智体美全面发展的社会主义合格建设者和可靠接班人。二者有机结合起来，实现科学定位，有助于更好地发挥思想政治教育的育人功能和作用。

《意见》明确提出，要科学规划教育内容。《意见》提出加强和改进大学生思想政治教育的主要任务是以理想信念教育为核心，深入进行树立正确的世界观、人生观和价值观教育；以爱国主义教育为重点，深入进行弘扬和培育民族精神教育；以基本道德规范为基础，深入进行公民道德教育；以大学生全面发展为目标，深入进行素质教育。这四个方面的规定，强调了大学生思想政治教育的核心、重点、基础和目标，还蕴纳了新时代对大学生思想政治教育的新要求和新特点。

《意见》指出，加强和改进大学生思想政治教育的关键在于积极探索有效的途径和手段。《意见》强调高等学校思想政治理论课、高等学校哲学社会科学课、加强大学生党员发展、把握网络教育引导的主动权等理论和实践相结合的方式，与时俱进，不断丰富社会实践的形式和内容，加强大学生的思想政治教育，提高大学生思想道德修养和精神境界。

《意见》要求，要想实现加强和改进大学生思想政治教育，就必须大力加强队伍建设，为大学生思想政治教育行动提供组织保障。《意见》将思想政治理论课和哲学社会科学课教师纳入大学生思想政治教育队伍的主体，同时强调所有教师的育人职责。在此基础上，《意见》对三支队伍的职能进行了合理规定，由不同主体的不同职能共同形成了一个完整的职能体系。这对于提高这支队伍的水平具有直接的推动作用。

《意见》提出，加强和改进大学生思想政治教育，形成良好的育人环境和管理体制是重要条件。《意见》突出了党政齐抓共管、专兼队伍相结合、全校紧密配合、学生自我教育，还首次提出建立健全党委统一领导、党政群齐抓共管、有关部门各负其责、全社会大力支持的领导体制和工作机制。《意见》强调把大学生思想政治教育工作作为对高等学校办学质量和水平评估考核的重要指标，纳入高等学校党的建设和教育教学评估体系，使德育为首的思想落到实处。

加强和改进大学生思想政治教育，既是一项长期的战略任务，又是一项紧迫的现实任务。《意见》的下发，有利于鼓励大学生大力弘扬求真务实、开拓创新精神，切实把加强和改进学生思想政治教育工作的各项任务落到实处，努力开创中国学生思想政治教育的新局面。

89. 乡镇综合文化站管理办法

党的十七大把建设覆盖全社会的公共文化服务体系作为全面建设小康社会的重要目标之一，乡镇综合文化站是我国公共文化服务体系的重要组成部分，是党和国家开展农村文化工作的基本阵地，对于保障农民基本文化权益、促进农村经济社会协调发展具有重要作用。改革开放以来，党和政府逐渐重视乡村文化基础设施建设，出台了一系列有关文化管理的相关规定，例如1992年文化部颁布的《文化站管理办法》，乡村综合文化站在中央的大力推动下获得了较快的发展。2008年，全国34304个乡镇中的97.34%建有文化站，数量达到33393个。但我国的乡村文化站建设仍存在一定的问题。例如，部分地方政府及官员对文化站建设重视不够，文化经济投入不足、人才队伍不足；文化站管理体制低效，活动形式单一等。为改善此种情况，加强乡村综合文化站的管理，2009年9月，文化部颁布了《乡镇综合文化站管理办法》（以下简称《办法》）。《办法》针对文化站实际工作中存在的问题，从设施规划建设、经费保障体制、人才队伍建设等方面作出了明确的规定。

第一，加强乡村文化站的规划建设。文化部应会同有关部门组织制定全国文化站建设规划和标准，并对其实施情况进行监督检查。各级地方政府应将文化站建设纳入当地国民经济和社会发展计划，与当地经济社会发展水平相适应。规划的文化站应包括：多功能活动厅、书刊阅览室、培训教室、文化信息资源共享工程基层点和管理用房，以及室外活动场地、宣传栏等配套设施。

第二，切实发挥文化站的功能。建成的文化站应切实开展书报刊借阅、时政法制科普教育、文艺演出活动、数字文化信息服务、公共文化资源配送和流动服务、体育健身和青少年校外活动等。应建立和完善内部管理制度，建立、健全服务规范，并根据其功能、特点向公众开放，保障其设施用于开展文明、健康的文化体育活动。

第三，要加强人员和经费保障。文化站应配备专职人员进行管理，加强对专职人员的培训，其从业人员应取得文化行政部门或其委托有关部门组织的资格考试，取得职业资格证书。各级政府部门应将文化站建设纳入财政预算，保障基本运转经费和业务活动经费，建立公共文化服务经费保障长效机制。《办法》的最后还对文化站的监督、检查工作提出了具体要求。

《办法》对乡镇综合文化站的性质、职能、规划、建设和服务作了详细的规定，并对建立乡镇综合文化站评估制度、人员和经费保障机制提出了明确要求。《办法》的实施，对于发挥文化站职能，满足农村基层文化生活需求，全面建设小康社会具有重要的作用。

90. 莫言获诺贝尔文学奖

诺贝尔文学奖是颁给世界上在文学方面创作出具有理想倾向的最佳作品的人，中国作家获得诺贝尔文学奖，可以提升人们对于我们国家和民族的文化创造力的自信，这对中国的文化建设有着非常积极的意义。多年来，我国作家也多次与诺贝尔文学奖擦肩而过。随着我国改革开放和现代化建设的迅猛发展，中国文学迸发出巨大的创造活力，广大中国作家植根于人民生活和民族传统的深厚土壤，创作出一大批具有中国特色、中国风格、中国气派的优秀作品，莫言就是其中的杰出代表。

2012年10月11日，诺贝尔文学奖名单揭晓，中国作家莫言获得2012年诺贝尔文学奖，成为第一位获得该奖的中国籍作家，举国欢庆鼓舞，委员会授奖词称"他的魔幻现实作品融合了民间传说、历史与当下"。

莫言原名管谟业，1955年生于山东省高密县，童年时的经济贫困和政治上受歧视，直接影响了他后来的小说创作。自1980年代中期起，莫言以一系列乡土作品崛起，充满着"怀乡"以及"怨乡"的复杂情感。虽然早期被归类为"寻根文学"作家，但其写作风格素以大胆新奇著称，作品激情澎湃，想象诡异，语言肆虐。例如成名作《红高粱家族》里，不断出现的血腥场面中充满着强烈的感情控诉，在"屎尿横飞"的场景之间，演义的是现代革命历史。莫言是一位十分勤奋的作家，他已创作出版11部长篇小说、30部中篇小说、80多篇短篇小说和5部散文集，莫言曾经获得大家文学奖、鼎钧双年文学奖、华语文学传媒大奖、意大利诺尼诺国际文学奖、福冈亚洲文化大奖、红楼梦奖、茅盾文学奖等。他的主要作品包括《丰乳肥臀》、《蛙》、《红高粱家族》、《檀香刑》、《生死疲劳》、《四十一炮》等。其中，《红高粱家族》被译为20余种文字在全世界发行，并被张艺谋改编为电影获得国际大奖；长篇小说《蛙》2011年获得第八届茅盾文学奖。

莫言获诺贝尔文学奖，令中国文学界为之沸腾。莫言得奖不仅展现了他个人在文学成就上的造诣，也是对100多年来一代代中国作家的肯定，是对中国当代文学界的肯定，表明中国文学与世界的对话正在非常有力地展开。随着莫言的获奖，世界将把目光更多地投到中国当代作家身上，这是中国文学走向世界非常重要的一步。

91. 文化产业振兴规划

文化产业是市场经济条件下繁荣文化的重要载体，是满足人民群众多样化、多层次、多方面精神文化需求的重要途径，也是推动经济结构调整、转变经济发展方式的重要着力点。进入新世纪以来，党中央、国务院高度重视文化产业发展。2002年党的十六大明确将文化分成"文化事业"和"文化产业"，并提出积极发展文化事业和文化产业的战略任务。2006年9月，中央办公厅、国务院办公厅印发的《国家"十一五"时期文化发展规划纲要》，将文化产业列入重点发展的九大产业。在政府的推动下，我国文化产业呈现出健康向上、蓬勃发展的良好态势，正在成为经济发展新的增长点。然而，文化产业在获得一定发展的同时，也隐藏着一系列的问题，例如：文化产业的发展水平还不高、活力还不强，与人民群众日益增长的精神文化需求还不相适应，与日趋完善的社会主义市场经济体制还不相适应，等等。基于此，2009年7月召开的国务院常务会议，讨论并原则通过了《文化产业振兴规划》（以下简称《规划》）。

《规划》提出了文化产业发展的战略目标，即文化市场主体进一步完善，文化产业结构进一步优化，文化创新能力进一步提升，现代文化市场体系进一步完善，文化产品和服务出口进一步扩大。

为实现这一目标，《规划》提出了振兴文化产业的八个方面的重点任务。一是发展重点文化企业。加快发展文化创意、影视制作、出版发行、印刷复制、广告、演艺娱乐、文化会展、数字内容和动漫等产业为重点，加大扶持力度，完善产业政策体系，实现跨越式发展。二是实施重大项目带动战略。以文化企业为主体，加大政策扶持力度，充分调动社会各方面的力量，加快建设一批具有重大示范效应和产业拉动作用的重大文化产业项目。三是培育骨干文化企业。着力培育一批有实力、有竞争力的骨干文化企业，增强我国文化产业的整体实力和国际竞争力。四是加快文化产业园区和基地建设。加强对文化产业园区和基地布局的统筹规划，坚持标准、突出特色、提高水平，促进各种资源合理配置和产业分工。五是扩大文化消费。不断适应当前城乡居民消费结构的新变化和审美的新需求，创新文化产品和服务，提高文化消费意识，培育新的消费热点。六是建设现代文化市场体系。建立健全门类齐全的文化产品市场和文化要素市场，促进文化产品和生产要素的合理流动。七是落实鼓励和支持文化产品与服务出口的政策，扩大对外文化贸易。

为了保障上述任务的顺利实施，《规划》还提出了振兴文化产业发展的政策措施。一是降低准入门槛，积极鼓励非公有资本、外资进入文化产业领域；二是加大政府投入。通过贷款贴息、项目补贴、补充资本金等方式，支持国家级文化产业基地建设，支持文化产业重点项目及跨区域整合,支持国有控股文化企业股份制改造,支持文化领域新产品、新技术的研发,支持大宗文化产品和服务的出口等;三是认真贯彻落实两个规定通知的有关的税收扶持政策;四是加大金融支持,鼓励银行金融机构加大对文化企业的金融支持力度,支持有条件的文化企业上市;五是设立中国文化产业投资基金。采取中央财政注资引导,吸收国有骨干文化企业、大型国有企业和金融机构认购方式为文化产业发展提供资金支持。

《规划》的发布是我国在世界金融危机背景下,继钢铁、汽车、纺织等十大产业振兴规划后,出台的第11个产业振兴规划,标志着文化产业已经上升为国家的战略性产业。《规划》的实施对于繁荣文化市场,满足人民群众多层次、多方面、多样化的文化需求,培育新的经济增长点,增强国际竞争力具有十分重要的意义。

92. 文化名家暨"四个一批"人才工程

国以才立,业以才兴。一个国家只有人才辈出、群英荟萃,才能兴旺发达、繁荣昌盛。党的十六大以来,为贯彻落实人才强国战略,大力推进高层次宣传文化人才队伍建设,提高建设社会主义先进文化的能力,党中央作出了实施全国宣传文化系统"四个一批"人才培养工程的重大战略决策。根据中央的部署和要求,结合宣传文化工作和人才队伍的实际,2003年8月,中共中央宣传部会同中共中央组织部、人事部下发了《全国宣传文化系统"四个一批"人才培养工作意见》,旨在培养造就一批全面掌握中国特色社会主义理论体系、学贯中西、联系实际的理论家,一批坚持正确导向、深入反映生活、受到人民群众喜爱的名记者、名编辑、名评论员、名主持人,一批熟悉党和国家方针政策、社会责任感强、精通业务知识的出版家,一批紧跟时代步伐、热爱祖国和人民、艺术水平精湛的作家、艺术家。为更好地适应文化事业和文化产业发展需要,国家又相继将宣传文化经营管理人才和专门技术人才纳入"四个一批"人才培养工程。整个工程拟用5到10年时间,选拔培养1300名高层次人才,其中理论界200名,新闻界300名,出版界100名,文艺界400名,经营管理和专门技术人才300名。

"四个一批"工程在人才培养上坚持以人为本的精神,遵循宣传文化人才成长规律,针对人才的不同情况制定培养方案,注重提升人才的思想政治素质、业务能力以及实践能力。"四个一批"人才培养工程实施以来,宣传文化系统做了大量工作,取得了明显成效。截止到2009年,选拔了三批共287名优秀专业人才及156名经营管理和专门技术人才。设立了专项资金,为"四个一批"人才承担重大课题、出版专著、召开研讨会、举办展览等提供资助等。"四个一批"人才培养工程的实施,促进了宣传文化系统优秀人才的快速成长，提高了其工作能力和工作积极性，为中国宣传文化事业发展以及社会主义精神文明建设提供了高素质的人才。

"文化名家工程"则是2010年启动的项目，其每年确定一批哲学社会科学、新闻出版、广播影视、文化艺术和文物保护、文化经营管理、文化科技等方面的名家，对他们承担的重大课题、重点项目、重要演出以及开展创作研究、展演交流、出版专著等活动给予重点资助扶持。文化名家工程的遴选从2011年开始分期分批进行，计划到2020年完成工程目标，届时由国家资助的文化名家将达到2000名。

为保证文化名家工程的推进，由中共中央宣传部牵头成立文化名家工程领导小组，在工程领导小组领导下，分界别组建哲学社会科学人才工作小组、新闻出版人才工作小组、文化艺术和文物保护人才工作小组4个文化名家贯彻工作小组，负责协调组织文化名家的推荐、评议和资助扶持等方面的相关工作。

为适应宣传思想文化工作新任务、新要求，进一步加大人才培养力度，从人才队伍特点和人才工作的实际出发，中共中央宣传部对文化名家工程与全国宣传文化系统"四个一批"人才培养工程进行调整合并，原全国宣传文化系统"四个一批"人才工程整体转为文化名家暨"四个一批"人才工程。

93. "双百人物"评选

在创立和建设新中国的伟大历程中，涌现出许多可歌可泣的英雄模范。他们是民族的脊梁、时代的先锋、祖国的骄傲，是爱国主义教育最生动、最直接的教材。为推动爱国主义教育活动深入开展，迎接新中国成立60周年，2009年5月中央宣传部、中央组织部、中央统战部、中央文献研究室等11个部门联合发出了《关于组织开展"100位为新中国成立作出突出贡献的英雄模范人物和100位新中国成立以来感动中国人物"评选活动通知》（以下简称《通知》），正式启动了"双百"评选活动。

《通知》强调此次评选活动的目的是，通过深切缅怀为新中国成立作出突出贡献的英雄模范人物，讴歌新中国成立60年来涌现出来的先进典型，颂扬他们的感人事迹，弘扬他们的崇高精神，在全社会唱响共产党好、社会主义好、改革开放好、伟大祖国好、各族人民好的时代主旋律，推动社会主义核心价值体系建设，激励全国各族人民继续解放思想，坚持改革开放，推动科学发展，促进社会和谐，为夺取全面建设小康社会新胜利、实现中华民族伟大复兴而努力奋斗。

《通知》指出，"100位为新中国成立作出突出贡献的英雄模范人物"的标准是为了民族独立和人民解放英勇牺牲，值得永远铭记的革命先烈；为了党和人民的事业不懈奋斗的基层优秀共产党员、战斗英雄和革命群众的杰出代表；坚决拥护和支持革命事业，积极从事进步活动的著名民主爱国人士和国际友人；在全民族抗战中顽强奋战、为国捐躯的爱国将士；时间限定在从中国共产党诞生到新中国成立，即1921年到1949年。

"100位新中国成立以来感动中国人物"的标准是坚决贯彻落实党的路线方针政策，坚定理想信念，牢记党的宗旨，廉洁奉公，一心为民的基层优秀党员干部；为国家发展、民族振兴、社会和谐、人民幸福作出重大贡献的各行各业杰出代表；在平凡岗位上作出不平凡业绩的工人、农民、知识分子和解放军官兵、青年学生以及其他先进典型。

《通知》要求评选活动候选人直接由群众提名产生，各地各部门要充分发动广大干部群众和部队官兵参与提名推荐，向社会公布提名推荐的专用电子邮箱、通讯地址、热线电话等，各地还可通过本地互联网、媒体进行推荐，方便广大干部群众和部队官兵参与。各地各有关部门根据干部群众和部队官兵的推荐提名，提出候选人名单报组委会。组委会评审后形成正式候选人名单，在中央主要报刊、都市类媒体和网络媒体刊登。群众可以通过填写报纸选票、网络投票和手机投票等不同方式参与评选活动。组委会最后根据群众投票结果以及评审组意见，向社会公布当选人名单。

经评选，马本斋、方志敏、王若飞、叶挺、左权、刘胡兰、吉鸿昌、江上青等人获英雄模范人物称号。孔繁森、王选、孔祥瑞、王进喜、邓稼先、华罗庚、吴仁宝等获得感动中国人物称号。此次"双百"人物评选活动，为开展群众性爱国主义教育搭建了一个平台，是社会主义核心价值体系建设的一个载体，是学习先进典型的一个创举。

94. 新闻战线"走基层、转作风、改文风"活动

改革开放以来，随着时代的变迁和社会的变化，特别是在市场经济体制建立与完善过程中各种利益关系不断调整所出现的新情况，加上新媒体的出现、新传播技术的运用，改变了新闻工作者原有的一些新闻理念、传播观念以及传播方式和传播手段，致使一些人过于依赖互联网，依赖新的手段和技术，而不愿意延续以往的传统，不愿意深入实际调查研究，这是导致新闻战线一些人在作风和文风方面出现问题的原因之一。

为贯彻胡锦涛总书记在庆祝中国共产党成立90周年大会上的"七一"重要讲话精神，深化"三项学习教育"活动，进一步做好新形势下党的新闻宣传工作的重大部署，同时解决新闻战线上的一系列问题，推动新闻工作者切实将群众观点、群众路线体现在新闻宣传实践中，促进新闻单位深入基层、深入群众进一步制度化、常态化，2011年8月9日，中宣部、中央外宣办、国家广电总局、新闻出版总署、中国记协等五部门召开视频会议，对新闻战线开展"走基层、转作风、改文风"活动进行部署，有针对性地解决突出问题，推

动新闻宣传工作迈上新的台阶,为促进经济社会又好又快发展、全面建设小康社会作出应有贡献。

视频会议后,从中央到各地的新闻媒体积极响应,迅速行动,及时召开动员会议、传达部署中央精神,成立领导小组、制定工作方案。报刊、通讯社、电台、电视台,纷纷开辟专栏、专题、专版,推出记者采自基层、发自现场的新闻报道,根据要求建立基层联系点,组织编辑记者广泛开展蹲点调研活动,认真调查研究群众生产生活的新情况新变化。多家新闻单位还建立起有利于"走转改"活动的体制机制,强化领导带头,形成定期检查制度,加强跟踪指导,纳入员工考核内容,推动"走转改"活动进一步制度化、规范化、常态化。各地党委宣传部门十分注重活动的广泛性,做到全员参与、全面推进、不留空白,都市类媒体、网络媒体均纳入活动范围,并延伸到期刊社和出版社。

思想层面上,"走转改"活动回答了"为了谁"、"依靠谁"、"我是谁"的问题,让新闻记者进一步树立群众观点、强化群众立场,领略"用脚采访"的真谛,在意志品质上受到了一次实践的洗礼。"走转改"活动强调深入基层、走进现场,这对防止虚假报道发挥了积极有效作用。实践层面上,"走转改"活动让编辑记者们纷纷深入基层接地气,加强了对国情、市情、民情的了解,听到了老百姓的心里话,也深刻体会到最美丽的风景在基层、最感人的故事在基层。活动成果在日常报道中得到充分体现,更多鲜活生动的现场新闻出现在媒体版面和荧屏上,更多普通人走进了编辑记者的报道中,更多的百姓生活事成为报道的素材。媒体报道文风通过"走转改"活动得到很大改变,"短、新、实"生动活泼、质朴感人的新闻作品不断涌现,透射出生活热力。

"走基层、转作风、改文风",是坚持党的新闻事业性质宗旨、履行新闻工作责任使命的必然要求,是落实"三贴近"要求、增强新闻宣传吸引力、感染力的重要途径,是加强队伍建设、提高新闻工作者综合素养的有效举措。各级各类媒体和广大新闻工作者要认真贯彻落实中央关于坚持党的群众路线、做好新形势下群众工作的指示精神,以更加深刻的认识、更加自觉的行动,投身"走基层、转作风、改文风"活动,忠诚践行新闻工作者的职责和使命,为推动经济社会又好又快发展、全面建设小康社会作出应有贡献。

95. 中共中央关于深化文化体制改革推动社会主义文化大发展大繁荣若干重大问题的决定

党的十六大以来,党和政府采取一系列措施有力地推动了文化事业和文化产业共同发展,推动文化建设不断取得新成就,走出了中国特色社会主义文化发展道路,巩固了文化建设的重要战略地位。但不可否认,在文化建设中还存在一系列的矛盾和问题。例如:一些地方和单位对文化建设重要性、必要性、紧迫性认识不够；一些领域道德失范、诚信缺失，一些社会成员人生观、价值观扭曲。此外，还存在公共文化服务体系不健全，城乡、区域文化发展不平衡；文化产业规模不大、结构不合理等问题。为解决这些问题，2011年10月党的十七届六中全会审议通过了《关于深化文化体制改革推动社会主义文化大发展大繁荣若干重大问题的决定》（以下简称《决定》）。

《决定》明确了新时期文化体制改革的目标，即到2020年，社会主义核心价值体系建设深入推进，良好思想道德风尚进一步弘扬，公民素质明显提高；适应人民需要的文化产品更加丰富，精品力作不断涌现；覆盖全社会的公共文化服务体系基本建立，努力实现基本公共文化服务均等化；文化产业成为我国国民经济支柱性产业，整体实力和国际竞争力显著增强，公有制为主体、多种所有制共同发展的文化产业格局全面形成；文化管理体制和文化产品生产经营机制充满活力、富有效率；以民族文化为主体、吸收外来有益文化、推动中华文化走向世界的文化开放格局进一步完善；高素质文化人才队伍发展进一步壮大。为实现此目标，《决定》明确文化体制改革的若干任务。

一、大力推进社会主义核心价值体系建设。社会主义核心价值体系是兴国之魂，是社会主义先进文化的精髓，决定着中国特色社会主义发展方向。必须强化教育引导，增进社会共识，创新方式方法，健全制度保障，把社会主义核心价值体系融入国民教育、精神文明建设和党的建设全过程，贯穿改革开放和社会主义现代化建设各领域，体现到精神文化产品创作生产传播各方面，坚持用社会主义核心价值体系引领社会思潮，在全党全社会形成统一指导思想、共同理想信念。要坚持马克思主义指导地位，坚定中国特色社会主义共同理想，弘扬以爱国主义为核心的民族精神和以改革创新为核心的时代精神，树立和践行社会主义荣辱观。

二、大力发展公益性文化事业。满足人民基本文化需求是社会主义文化建设的基本任务。必须坚持政府主导，按照公益性、基本性、均等性、便利性的要求，加强文化基础设施建设，完善公共文化服务网络，让群众广泛享有免费或优惠的基本公共文化服务。

三、加快发展文化产业。发展文化产业是社会主义市场经济条件下满足人民多样化精神文化需求的重要途径。必须坚持社会主义先进文化前进方向，坚持把社会效益放在首位、社会效益和经济效益相统一，按照全面协调可持续的要求，构建现代文化产业体系，形成以公有制为主体、多种所有制共同发展的文化产业格局，推进文化科技创新，扩大文化消费，推动文化产业跨越式发展，使之成为新的经济增长点、经济结构战略性调整的重要支点、转变经济发展方式的重要着力点。

四、推动文化体制改革。必须牢牢把握正确方向，加快推进文化体制改革，建立健全党委领导、政府管理、行业自律、社会监督、企事业单位依法运营的文化管理体制和富有活力的文化产品生产经营机制,发挥市场在文化资源配置中的积极作用,创新文化"走出去"模式,为文化繁荣发展提供强大动力。要深化国有文化单位改革,健全现代文化市场体系,创新文化管理体制,完善政策保障机制,推动中华文化走向世界,积极吸收借鉴国外优秀文化成果。

五、建设宏大文化人才队伍。推动社会主义文化大发展大繁荣,队伍是基础,人才是关键。要坚持尊重劳动、尊重知识、尊重人才、尊重创造,深入实施人才强国战略,牢固树立人才是第一资源思想,全面贯彻党管人才原则,加快培养造就德才兼备、锐意创新、结构合理、规模宏大的文化人才队伍。要造就高层次领军人物和高素质文化人才队伍,加强基层文化人才队伍建设、职业道德建设和作风建设,为社会主义文化大发展大繁荣提供有力人才支撑。

《决定》是中共中央在我国文化体制改革取得重大推进的背景下出台的,是新时期深化文化体制改革的纲领性文件。《决定》明确了我国文化体制改革的方向、原则和目标,提出了深化文化体制改革的若干重点任务。《决定》的贯彻实施将进一步促进我国文化产业和文化事业的发展,提升我国文化软实力。

96. 国家公共文化服务体系示范区建设

党的十六届五中全会以来,党中央、国务院作出了一系列加快公共文化服务体系建设的战略部署,为贯彻会议精神,2010年12月文化部和财政部联合印发了《关于开展国家公共文化服务体系示范区(项目)创建工作的通知》(以下简称《通知》),正式开始了示范区建设。

《通知》指出国家公共文化服务体系示范区工作领导小组,统筹指导示范区(项目)创建工作。领导小组下设示范区(项目)创建工作办公室,工作办公室设在文化部社会文化司,负责示范区(项目)的日常管理工作。此外,领导小组还下设"国家公共文化服务体系建设专家委员会",负责审订创建示范区(项目)评审标准和课题的评估、验收等工作。

《通知》规定国家公共文化服务体系示范区在创建类型上包括"国家公共文化服务体系示范区"和"国家公共文化服务体系示范项目"。其中"国家公共文化服务体系示范区"的申报条件为:文化工作基础较好;地方政府积极性高;公共文化服务体系建设取得突出成绩;制度设计研究取得一定成果;在全国产生较大影响,具有较强的示范带动作用。

"国家公共文化服务体系示范项目"的申报条件为:公共文化服务体系建设基础较好;在某一方面积极探索并取得显著成效,对推动全国公共文化服务体系建设工作产生较大影响；具有较强的典型性、示范性，形成较为成功的典型经验和做法。

《通知》明确了示范区的重点任务，包括：建立覆盖城乡、结构合理、功能健全、实用高效的公共文化设施网络；建立比较完善的公共文化服务人才、资金和技术保障体系；建立比较完善的公共文化产品服务供给体系；建立比较完善的公共文化服务组织支撑体系；建立公共文化服务绩效评估制度；建立制度设计成果资源共享机制。

《通知》还指出了示范区（项目）的评定程序。其评定程序采取地方人民政府主动申报的办法，经省级文化、财政主管部门审核，并报省级人民政府同意后上报，经专家委员会评审，由文化部、财政部批准确定，并对那些经过验收和公示的示范区（示范项目）进行命名和授牌。

开展示范区创建工作，有利于推动整合、集成"十一五"建设成果，提升公共文化服务能力；有利于进一步发挥典型的示范、影响和带动作用，全面推进公共文化服务体系建设；有利于充分发挥政府的统筹职责和作用，为文化工作提供有力抓手；有利于更好地研究解决当前制约公共文化服务体系发展中存在的突出问题和矛盾。

97. 鼓励和引导民间资本进入文化领域

民间资本作为我国文化建设的重要力量，在深化文化体制改革、发展公益性文化事业、繁荣文化产业等方面发挥了重要作用。近年来，国家出台了多部文件，鼓励和引导民间资本参与文化建设。例如2004年文化部出台的《关于鼓励、支持和引导非公有制经济发展文化产业的意见》，2005年文化部、财政部、人事部和国税总局联合出台的《关于鼓励发展民营文艺表演团体的意见》等，都不同程度地促进了民间资本进入文化领域。在此基础上，为了进一步鼓励民间资本参与文化建设，2012年6月，文化部下发了《关于鼓励和引导民间资本进入文化领域的实施意见》（以下简称《实施意见》），共分8部分24条，对民间资本进入文化领域作出具体规定。

一、鼓励民间资本参与国有文艺院团转企改制。鼓励和支持民间资本以投资、控股、项目合作等多种方式，积极参与国有文艺院团转企改制，民间资本参与国有文艺院团转企改制，可享受国家相关优惠政策。

二、鼓励民间资本参与公共文化服务体系建设。鼓励民间资本捐建或捐资助建博物馆、图书馆、文化馆、美术馆等公共文化基础设施，鼓励民间资本通过捐助机构、资助项目、赞助活动、提供设施等形式参与公共文化服务；鼓励民营文化企业的产品和服务进入政府公共文化产品和服务采购目录。

三、鼓励民间资本投资文化产业发展。鼓励和引导民间资本投资演艺、娱乐、动漫、游戏等行业和领域；民营资本进入上述领域，政府对民营文化企业在立项审批、投资核准、项目招投标等方面，与国有文化企业一视同仁；要建立健全多元化、多层次、多渠道的文化产业投融资体系，鼓励和支持民营文化企业借助资本市场做大做强。

四、鼓励民间资本参与非物质文化遗产保护。鼓励民间资本投入非物质文化遗产基础设施建设；鼓励和引导民间资本利用现有优惠政策，参与非物质文化遗产生产性保护；鼓励民间资本建立信息平台和社会中介组织参与非物质文化保护。

五、鼓励民间资本参与对外文化交流。鼓励民间资本以资助、投资、捐赠等多种形式参与对外文化交流和对外文化贸易；支持有良好信誉和资质的民营文化企业参与对外文化交流项目投标；鼓励和引导民营文化企业开拓国际文化市场。

《实施意见》要求各级政府部门应加快推进文化行政部门观念和职能转变，切实推进政企分开、政事分开、管办分离；全面梳理文化领域各项行政审批事项，完善信息公开制度，推动管理内容、标准和程序的公开化、规范化。各级文化行政部门要依照有关法律法规，加快建立和完善管理制度和征信体系；加强对民间资本进入文化领域现状、发展趋势的监测和分析，减少民间投资者盲目投资；加强文化行业协会、促进会、商会、学会、联盟等行业自律组织建设，鼓励其为民间资本进入文化领域提供法律和政策等方面服务。

《实施意见》首次明确将文化部管理的文化领域全面向民间资本开放，并且进一步强调对国有文化单位和民营文化单位一视同仁，扫清了民营资本进入文化领域的障碍，有利于促进文化单位投资主体多元化，优化国民经济结构，繁荣文化市场，促进社会主义文化大繁荣。

98. 关于进一步加强公共数字文化建设的指导意见

构建覆盖全社会的公共文化服务体系，是深入贯彻落实科学发展观，开创经济、政治、文化、社会四位一体的社会主义建设新局面，实现全面建设小康社会的重要任务。公共数字文化作为公共文化服务体系建设的重要组成部分，是利用信息技术拓展公共文化服务能力和传播范围的重要途径。新世纪以来，文化部、财政部共同实施了一系列的公共数字文化工程，例如：全国文化信息资源共享工程、数字图书馆推广工程以及公共电子阅览室建设计划。在上述工程的推动下，我国公共数字文化建设取得了一定的进展。但从总体上来看，当前公共数字文化建设还不能满足人民群众的精神文化需求，其在制度设计、资源整合、服务机制建设等诸多方面均有待加强。因此，2011年11月财政部、文化部印发《关于进一步加强公共数字文化建设的指导意见》（以下简称《指导意见》）。

《指导意见》提出了公共数字文化建设的目标，即以制度体系、网络体系、资源体系、管理体系和服务体系建设为着力点，构建海量分级分布式公共数字文化资源库群，建成内容丰富、技术先进、覆盖城乡、传播快捷的公共数字文化服务体系。为实现此目标，《指导意见》提出了公共数字文化建设过程中若干重要任务。

一、实施重点公共数字文化惠民工程。"十二五"时期，文化主管部门应重点实施文化共享工程、数字图书馆推广工程和公共电子阅览室建设计划三大工程。三大惠民工程既有内在联系又各有侧重，在组织实施上，应统一规划，统筹兼顾；在技术平台和网络建设上，应做好协调，不重复建设；在资源建设上，应各有侧重，突出特色；在标准规范上，应统一规则，相互兼容。

二、提高公共数字文化供给能力，要全面加强公共数字文化的制度体系、网络体系、资源体系、管理体系和服务体系建设，提高公共数字文化供给能力，创新公共数字文化服务机制；要推进公共数字文化建设制度设计，实现科学规划；要发展完善公共数字文化设施网络，实现双向互动；应加强公共数字文化资源建设，实现共建共享；应搭建集中统一的运行管理平台，实现规范管理；应打造基于新媒体的服务新业态，实现创新发展；此外，还要鼓励开放合作的数字文化建设新局面，实现互利共赢。

三、加强领导，完善投入和保障机制。一是高度重视公共数字文化建设工作，将其纳入当地政府文化发展规划和公共文化服务体系建设，切实加强组织领导，做好统筹规划。二是完善投入和保障机制，中央财政应设立专项资金，对三大公共数字文化惠民工程建设所需经费予以补助；各地要积极争取地方党政领导的重视和支持，确保地方财政资金足额按时到位；要鼓励社会力量投资文化建设，逐步形成政府投入为主、社会多渠道筹资为辅的投入格局。三是注重人才培养和队伍建设，充分发挥中央和地方文化单位积极性，通过分级培训的方式，不断提高从业人员的思想水平和业务素质；国家图书馆和全国文化信息资源建设管理中心要组织力量编制教材，面向省级图书馆和省级支中心开办骨干培训班等等；要拓宽视野，把社会工作者、志愿者作为人才队伍建设的有机组成部分。

公共数字文化建设是公共文化服务体系的重要组成部分，具有重要的战略意义。《指导意见》的发布，有利于提升公共文化服务的能力和服务水平，满足公众基本公共文化需求；有利于维护文化安全，防止外部势力对我国的文化入侵；有利于全面提高人民思想道德素质和科学文化素质，提升中华文化软实力。

99. 文化市场综合行政执法人员行为规范

为贯彻落实《文化部关于加强行业作风建设的意见》，规范全国文化市场综合执法人员执法行为,建设一支政治强、业务精、纪律严、作风正、形象好的综合执法队伍,2012年5月文化部办公厅印发了《文化市场综合行政执法人员行为规范》(以下简称《规范》),《规范》共20条,对文化市场综合行政执法人员的行为作出了具体规定。

《规范》指出各级执法部门要切实执行本规范。执法人员开展执法检查时,应当向当事人主动出示执法证件,表明执法身份。执法过程中,执法人员不得通过引诱、欺诈、暴力等违反法定程序的手段进行调查取证。经初步调查核实,发现当事人不存在违法行为的,执法人员应当对其配合执法检查的行为表示谢意;发现当事人涉嫌存在违法行为的,应当责令当事人立即停止或改正违法行为,并对当事人进行法制教育。

《规范》要求执法人员应当穿着文化部统一样式的执法工作服,佩带执法标志。执法过程中应当举止端庄,态度和蔼。接听举报电话或者接待群众来访时,应当使用普通话,音量适宜,文明礼貌,对属于职权范围内的举报,应当及时处理,对不属于职权范围内的举报,应当向对方说明理由。解答问题、办理咨询时应当符合政策法规,对于不清楚的问题不得随意发表意见。执法人员开展执法检查或者执行其他公务时应当使用文明规范用语,应当清晰、准确、得体地表达执法检查或其他意图。

《规范》强调执法人员应当严格遵守工作纪律、组织纪律和廉政纪律,应当严格按照法定职权实施执法行为,不得推诿或者拒绝履行法定职责,不得滥用职权,不得越权执法,不得以权谋私。除办理案件外,执法人员不得动用被暂扣或者作为证据登记保存的物品,不得以各种名义索取、接受行政相对人(请托人、中间人)的宴请、礼品、礼金(含各种有价证券)以及其他消费性活动,不得向行政相对人借款、借物、赊账、推销产品、报销任何费用或者要求行政相对人为其提供服务,不得参与和职权有关的各种经营性活动,不得利用职权为配偶、子女及其他特定关系人从事经营性活动提供便利条件,不得在被管理单位兼职,不得弄虚作假,不得隐瞒、包庇、纵容违法行为,不得为行政相对人的违法行为开脱、说情。非因公务需要,不得在非办公场所接待行政相对人及其亲属,不得单独对当事人进行调查询问。《规范》还指出违反本规范的不良后果。

《规范》是在文化审批权下放,加强文化活动过程管理的背景下发布的。是加强构建文化市场体系的重要组成部分,其实施对于规范文化执法行为,加强文化市场管理,维护文化市场秩序,发展文化产业具有重要的意义。

100. 浙江等省市试点建立新闻道德委员会

当前形势对新闻职业道德建设提出了新的更高要求,值得注意的是,一些违背新闻职业道德的事件还时有发生,有偿新闻、虚假报道、不良广告和低俗之风等新闻界的"四大公害"还没有彻底消除,少数媒体社会责任观念淡薄,文化品位不高、价值导向失当。这些现象虽然在新闻界是极少数的,但是严重影响新闻工作者的社会形象,损害新闻媒体的传播力、公信力和影响力,新闻职业道德建设仍然任重道远。

2013年为了加强新闻道德建设,中宣部、中国记协决定在浙江、上海等五个省市进行试点,建立省一级新闻道德委员会。新闻道德委员会委员人数一般为20人左右,包括主任委员、副主任委员及委员,由新闻界代表和社会各界人士组成,"举报查处为重点、惩治引导相结合"是各省新闻道德委员会突出的工作思路,接受群众举报、查处新闻失德失范行为被作为重点工作来抓。根据《中国记协新闻道德委员会章程(草案)》和《关于试点建立省一级新闻道德委员会的实施方案》,各省都完成了建章立制工作,初步建立了评议、协调、通报、追究、评估和监督等相关制度。2014年以来,第二批试点范围扩大至北京、黑龙江、福建等13省市。截止到2014年11月,全国已成立新闻道德委员会的试点省市和机构达16个。

浙江省新闻道德委员会是全省新闻行业加强职业道德建设的自律机构,依据国家有关新闻工作法律法规和新闻工作者职业道德准则开展工作,借助社会力量,规范职业道德,防范失德行为,推广典型经验,推动行风建设,建立完善内部管理与外部监督相结合、自律与他律相结合的工作机制,实现依法管理、行政管理、社会监督有机结合,督促引导新闻媒体及新闻从业人员自觉接受社会监督,遵守法律法规,承担社会责任,恪守职业道德,自觉维护新闻行业的良好形象。浙江省新闻道德委员会的评议对象是全省范围内所有的新闻机构和新闻从业人员(包括中央新闻单位和外省新闻单位驻浙机构)。

浙江省新闻道德委员会工作机制有两个特点:一是在进一步强化新闻道德自律的同时,强化外部监督,重视借助和动员社会力量,形成监督合力。二是委员会的组成打破了行业界限,绝大多数委员来自与民生领域密切相关的部门和社会各界,具有广泛的代表性,以保障监督的针对性、实效性、权威性。

各试点省市新闻道德委员会成立后,通过重点查处通报一批典型案件,对当地新闻媒体起到了极大的警醒作用,促使当地媒体单位主动与道德委员会对接工作,自觉建立完善本单位内部自律制度。同时及时向社会公布了投诉举报渠道,包括电话举报、网络举报和来信来访等投诉举报途径,并结合举报内容,认真查处了一批违规违纪案件。不少干部群众反映,新闻道德委员会成立后,基层的新闻敲诈、有偿新闻等活动大量减少,群众投诉数量也大幅下降。

新闻道德委员会的成立,强化了行业自律,加速了道德重建,匡正了道德失范,推动了新闻媒体和新闻人尽职尽责,为党的新闻工作优良传统的传承、社会主义核心价值的践行、良好道德风尚的推动、社会正能量的传播发挥了重要作用。

101. "打击新闻敲诈，治理有偿新闻"专项行动

近些年来，新闻出版总署连续开展打击假报刊、假记者站、假记者、假新闻专项行动，新闻出版领域违法违规问题得到初步治理。但是，社会上利用或假借新闻采访活动牟利的问题在部分地区仍然比较突出。为进一步打击真假记者以"曝光"为名进行敲诈勒索等严重违法违规行为，规范新闻采编秩序，维护社会和谐稳定。为党的十八大胜利召开营造良好社会环境，新闻出版总署、全国"扫黄打非"工作小组办公室、中央纪委驻新闻出版总署纪检组决定自 2012 年 5 月至 8 月在全国开展为期三个月的打击"新闻敲诈"、治理有偿新闻的专项行动。本次专项行动打击和治理的范围包括：社会机构或人员假冒新闻单位或新闻记者搞所谓的新闻采访活动及利用"采访"活动敲诈勒索；新闻记者利用采访活动牟取利益，接受企业和公关公司"红包"；报刊出版单位及其工作人员以新闻报道形式发布广告，搞有偿新闻或"有偿不闻"等。

中央对于专项行动的具体要求以通知的形式下发，通知从四个方面提出了要求：第一，各级执法部门要精心部署、认真组织开展查处"新闻敲诈"、有偿新闻专项执法行动；第二，报刊主管、主办单位要认真落实监督管理责任，切实纠正报刊有偿新闻、"有偿不闻"等问题；第三，报刊出版单位要认真贯彻有关规定，加强制度建设和队伍管理，自觉抵制有偿新闻、"有偿不闻"；第四，做好专项行动的材料报送。同时通知还要求，各地以省为单位成立行动领导小组，严厉打击假记者的非法采访活动，严肃查处报刊出版单位搞有偿新闻，严格处理新闻记者搞"新闻敲诈"、有偿新闻、"有偿不闻"等新闻违法活动，坚决维护正常的新闻采访秩序，切实保护新闻记者合法的新闻采访权益；报刊主管、主办单位要认真落实监督管理责任，对于屡次出现记者搞有偿新闻、"有偿不闻"、"新闻敲诈"等严重违法违规问题的，要追究报刊出版单位主要领导、分管领导等相关责任人的责任；报刊出版单位要完善内部管理机制，坚决清退存在不良行为的采编人员，并公布举报电话，处理群众举报、投诉，及时公布核查处理结果。

打击新闻敲诈、治理有偿新闻，是维护正常的新闻采访秩序，树立新闻媒体良好社会形象的一项重要措施，也是一项长期的任务。本次专项整治活动有利于新闻单位和记者完善内部管理机制，自觉抵制有偿新闻或"有偿不闻"等行动，提高公众对新闻领域的信任程度，为新闻媒体的良性运行和发展作出重要贡献。

102. 支持转企改制国有文艺院团改革发展

党中央、国务院高度重视转企国有文艺院团发展，十六大以来，出台了一系列的院团扶持政策，对转制国有文艺院团的投融资、财政税收、资产与土地处置、社会保障等方面给予一定的支持，以增加改革动力，促进了经营类院团转企改制。然而，由于我国演艺市场发育程度比较低，大部分转制院团底子薄、包袱重、经费自给率低、赢利能力弱等，部分转制院团改革后出现了生存危机。为扭转国有文艺院团所出现的上述情况，2013年6月文化部、中央组织部、中央宣传部、中央编办、发展改革委、财政部、人力资源社会保障部、税务总局、工商总局9部门联合发布了《关于支持转企改制国有文艺院团改革发展的指导意见》（以下简称《意见》）。《意见》全文分三个方面对落实转制院团扶持政策、促进转制院团自我发展能力、加强转制院团改革发展支撑体系提出具体意见。

一、落实和强化对转制院团的政策扶持。落实转制院团土地使用政策，加大财税扶持力度，改善转制院团排练、演出条件，加大演艺基础设施建设力度，支持一批重点文艺演出院线企业发展，推动主要城市演出场所连锁经营，鼓励具备条件的地区开展演艺产业集聚区建设。

二、促进转制院团自我发展能力建设。一是国有文艺院团转企改制要规范完成清产核资、企业工商注册登记、核销事业编制、注销事业单位法人、同职工签订劳动合同、按照企业办法参加社会保险等各项任务。二是努力提升转制院团的创新能力、演艺产品营销能力、资本运作能力和知识产权经营能力，实行市场化、企业化的经营者选用机制，形成符合现代企业制度要求的资产组织形式和经营管理模式。三是推动演艺资源向优质企业集中，打造一批具有较强竞争力的骨干演艺企业，推动符合条件的演艺企业上市融资。四是各级政府出资设立的中小企业融资担保平台，要积极为转制院团融资提供担保。

三、加强转制院团改革发展支撑体系建设。工商行政管理部门要为转制院团开展工商注册、股权转让等提供咨询指导，方便企业顺利开展经营活动。鼓励各类资本依法以投资、控股、参股等多种方式，参与国有文艺院团转企改制、股份制改造和演艺经营。进一步完善经纪、代理、评估、推介、咨询等中介机构，支持演艺产业要素交易平台建设。对转制院团经营管理人员进行轮训，推荐优秀演艺人才进入国家各类人才计划。

《意见》是在多数的国有文艺院团完成转制任务的背景下发布的，有利于巩固院团改革的成果，扭转转企院团生存压力；有利于促进转制院团形成符合市场规则的内部运行机制，成为真正的市场主体；有利于扫清院团发展过程中的障碍，为进一步深化改革、转变观念提供动力。

103. 道德领域突出问题专题教育和治理行动

随着经济的不断增长，一些社会矛盾也日益凸显出来。媒体曝光了一波又一波的毒奶粉、苏丹红、瘦肉精、地沟油、毒豆芽、染色馒头等食品安全事件。在老百姓生活中，市场商户缺斤少两、破坏公共设施、乱扔果皮纸屑等不文明行为，严重影响着整个城市的文明形象。除此之外，服务态度差、效率低等窗口行业的道德缺失，也造成了很多社会矛盾，给社会带来了负面影响。因此，在食品行业、窗口行业和公共场所对道德领域突出问题进行专项教育与治理，对当前社会环境的净化、文明指数的提升具有积极而重要的意义。

2011年10月，党的十七届六中全会通过的《中共中央关于深化文化体制改革推动社会主义文化大发展大繁荣若干重大问题的决定》提出，要推进公民道德建设工程，开展道德领域突出问题专项教育和治理，把诚信建设摆在突出位置。为认真贯彻党的十七届六中全会精神，深入推进公民道德建设，中央文明委2012年5月在全国部署开展了道德领域突出问题专项教育和治理活动。中央明确指出，此次活动主要针对食品行业、窗口行业和公共场所中存在的诚信缺失、公德失范现象展开，通过群众自我教育提高与发挥职能部门管理作用相结合、加强思想道德教育与依法依规解决问题相结合、阶段性教育治理与建立健全长效机制相结合的方式，在全国文明城市、文明城区中率先展开，采用以点带面的方式，吸取活动中的经验和教训，再逐步带动全社会道德水平的进一步提升，推动形成知荣辱、讲正气、促和谐的良好风尚。

活动部署开展以来，各地各部门积极响应，认真组织实施。制度上，各城市以向群众报告、让群众参与、请群众监督的方式，积极回应群众关切，以群众力量促进实际问题的解决。各行业进一步规范工作制度、严明纪律要求、整治不正之风，努力树立文明形象。行动上，群众方面，各地通过广泛开展"道德模范故事汇"、"身边好人"专场演出、巡演活动、"道德讲堂"等，大力传播道德模范先进事迹，引导广大市民对照道德模范优良品质，进行自我反躬和自我教育，促进社会公德、职业道德、家庭美德、个人品德的提升，进一步强化社会责任感。除此之外，组织学雷锋志愿者在广场、公园、公交站、车站、电影院等场所开展助残志愿服务活动、文明劝导活动、巾帼志愿服务活动、就业志愿服务活动，很大程度上促进了人与人之间的互帮互助、互相教育学习与和睦共处；在党员干部方面，开展了万名市民"道德领域作风评议"活动、专项整治和服务竞赛活动等，监督党员干部的言行举止。

开展道德领域突出问题专项教育和治理，是党中央从全局和战略出发、深入分析当前形势作出的重大决策，对于提升公民道德水平、促进社会文明进步具有重要意义。

104. 国家艺术基金

为适应中国文化体制改革的新形势，借鉴部分发达国家艺术扶持经验，经国务院批准，国家艺术基金于2013年12月正式成立。作为以国家财政拨款为主，吸引和带动社会资金投入的公益性基金，国家艺术基金旨在繁荣艺术创作、打造和推广原创精品力作、培养艺术创作人才、推进国家艺术事业健康发展。

国家艺术基金的管理机构包括，理事会、管理中心和专家委员会。其中，理事会是基金的决策机构，负责基金的顶层决策。管理中心是理事会的执行部门，具体负责基金管理和组织实施，为加强项目管理与监督，管理中心制定了《国家艺术基金财务管理办法》、《国家艺术基金专家委员会管理办法》、《国家艺术基金项目资助管理办法》等配套文件。此外，国家艺术基金还设立了专家委员会，承担咨询、评审、监督等相关职责，专家委员会的构成包括艺术专家、财务专家和监督管理专家。

国家艺术基金资助范围包括艺术的创作生产、宣传推广、征集收藏、人才培养等方面。其资助项目分为一般项目和特别项目，并根据需要可对项目类型进行调整，项目资助方式包括项目资助、优秀奖励、匹配资助三种。

国家艺术基金面向社会，国有或民营、单位或个人，均可按申报条件申请基金资助。其申报的流程是，先下载表格，填好提交给基金委托的文化行政主管部门、企事业单位、社会团体和机构。上述机构审核汇总后，进入专家评审。国家艺术基金管理中心在开展咨询、评审、监督工作前，从国家艺术基金专家库中随机抽取或遴选相关专家，由理事会聘任，一年一聘，承担咨询、评审、监督等职能，提出咨询意见、评审结果和监督报告等。专家委员会对申报项目可行性、艺术价值、社会价值及经费预算等方面进行评审，提出是否立项及资助金额的建议。通过的评审项目提交基金理事会审定后公示。公示期满，通知申报主体。然后，获资助者需与基金管理中心签订项目资助协议书。

国家艺术基金2014年度共资助舞台艺术创作资助项目、大型舞台剧和作品81项，舞台艺术创作资助项目小型舞台剧目和作品100项，传播交流推广资助项目79项，人才培养资助项目41项，美术书法摄影创作人才资助项目93项，共394项。

国家艺术基金的成立有着深远的历史意义和重要的现实意义，是我国艺术资助评审体制转型的里程碑。其成立，充分表达了政府在全国文化艺术发展中的主导意识、价值导向和引导机制，有助于形成有利于创新、创造的文艺生态环境，有利于提升政府扶持艺术工作的科学性、规范性和专业性水平。

105. 关于培育和践行社会主义核心价值观的意见

培育和践行社会主义核心价值观，是推进中国特色社会主义伟大事业、实现中华民族伟大复兴中国梦的战略任务。积极培育和践行社会主义核心价值观，对于巩固马克思主义在意识形态领域的指导地位、巩固全党全国人民团结奋斗的共同思想基础，对于促进人的全面发展、引领社会全面进步，对于集聚全面建成小康社会、实现中华民族伟大复兴中国梦的强大正能量，具有重要现实意义和深远历史意义。为深入贯彻落实党的十八大和十八届三中全会精神，积极培育和践行社会主义核心价值观，2013年12月中共中央办公厅印发了《关于培育和践行社会主义核心价值观的意见》（以下简称《意见》）。《意见》共6个方面23条，对培育和践行社会主义核心价值观作出了明确规定。

一、把培育和践行社会主义核心价值观融入国民教育全过程。培育和践行社会主义核心价值观要从小抓起、从学校抓起，要努力拓展青少年培育和践行社会主义核心价值观的有效途径，要建设师德高尚、业务精湛的高素质教师队伍。

二、要把培育和践行社会主义核心价值观落实到经济发展实践和社会治理中。首先确立经济发展目标和发展规划，出台经济社会政策和重大改革措施，开展各项生产经营活动，要遵循社会主义核心价值观要求。其次，要把社会主义核心价值观贯彻到依法治国、依法执政、依法行政实践中，落实到立法、执法、司法、普法和依法治理各个方面，用法律的权威来增强人们培育和践行社会主义核心价值观的自觉性。再次，要把践行社会主义核心价值观作为社会治理的重要内容，融入制度建设和治理工作中，形成科学有效的诉求表达机制、利益协调机制、矛盾调处机制、权益保障机制，最大限度增进社会和谐。

三、加强社会主义核心价值观宣传教育。要充分利用社会主义核心价值观引领社会思潮、凝聚社会共识；要发挥新闻媒体传播社会主流价值的主渠道作用；善于运用网络传播规律，把社会主义核心价值观体现到网络宣传、网络文化、网络服务中，用正面声音和先进文化占领网络阵地；要发挥精神文化产品育人化人的重要功能。

四、开展社会主义核心价值观的实践活动。应广泛开展道德实践活动；要广泛开展形式多样的学雷锋实践活动，大力弘扬雷锋精神；要深化群众性精神文明创建活动，不断提升公民文明素质和社会文明程度；要发挥优秀传统文化怡情养志、涵育文明的重要作用；要发挥重要节庆日传播社会主流价值的独特优势；要运用公益广告传播社会主流价值、引领文明风尚。

《意见》强调各级党委和政府要充分认识培育和践行社会主义核心价值观的重要性，把社会主义核心价值观要求体现到经济建设、政治建设、文化建设、社会建设、生态文明建设和党的建设各领域，推动培育和践行社会主义核心价值观同实际工作融为一体、相互促进。

《意见》的发布具有重要意义，它有利于把社会各方面力量动员起来、组织起来、行动起来、坚持下去，用社会主义核心价值观凝聚人心，推动全社会形成共同的价值追求，巩固马克思主义在意识形态领域的指导地位，巩固全党全国人民团结奋斗的共同思想基础，有利于为实现"两个一百年"奋斗目标、实现中华民族伟大复兴的中国梦，提供强大价值引导力、文化凝聚力和精神推动力。

106. 国务院关于加快发展对外文化贸易的意见

党的十六大以来，党中央、国务院高度重视发展对外文化贸易，作出了一系列重要决策部署，有力地推动了对外文化贸易工作，我国对外文化贸易规模不断扩大、结构逐步优化，文化出口企业数量不断增加，文化领域境外投资步伐不断加快。然而，从总体上看，我国对外文化贸易占对外贸易比重仍然较低，文化企业参与国际竞争的能力仍然较弱。在此背景下，国务院于2014年3月3日发布了《关于加快发展对外文化贸易的意见》（以下简称《意见》）。

《意见》提出了对外文化贸易的发展目标，即到2020年，培育一批具有国际竞争力的外向型文化企业，形成一批具有核心竞争力的文化产品，打造一批具有国际影响力的文化品牌，搭建若干具有较强辐射力的国际文化交易平台，使核心文化产品和服务贸易逆差状况得以扭转，对外文化贸易额在对外贸易总额中的比重大幅提高，我国文化产品和服务在国际市场的份额进一步扩大，我国文化整体实力和竞争力显著提升。为实现此目标，《意见》提出了若干促进文化贸易发展的政策措施。

一、明确支持重点内容。鼓励和支持国有、民营、外资等各种所有制文化企业从事国家法律法规允许经营的对外文化贸易业务，并享有同等待遇；进一步完善《文化产品和服务出口指导目录》，定期发布《国家文化出口重点企业目录》和《国家文化出口重点项目目录》，加大对入选企业和项目的扶持力度；鼓励各类企业通过新设、收购、合作等方式，在境外开展文化领域投资合作；鼓励企业开展技术创新，开发具有自主知识产权的关键技术和核心技术。

二、加大财税支持力度。充分发挥财政资金的杠杆作用，加大文化产业发展专项资金等支持力度；综合运用多种政策手段，对国家重点鼓励的文化产品出口实行增值税零税率，对国家重点鼓励的文化服务出口实行营业税免税；结合营业税改征增值税改革试点，逐步将文化服务行业纳入"营改增"试点范围，并对纳入增值税征收范围的文化服务出口实行增值税零税率或免税。

三、强化金融支持措施。鼓励金融机构对符合信贷条件的国家文化出口重点企业和项目提供优质金融服务；支持符合条件的国家文化出口重点企业通过发行企业债券、公司债券、非金融企业债务融资工具等方式融资；鼓励有跨境投资需求的文化企业在境内发行外币债券；支持文化出口企业在国务院批准的额度内，赴香港等境外人民币市场发行债券；鼓励融资性担保机构和其他各类信用中介机构开发符合文化企业特点的信用评级和信用评价方法，为文化企业提供融资担保服务，多渠道分散风险。

四、完善服务保障措施。培育国家文化出口重点企业成为海关高信用企业，享受海关便捷通关措施；减少对文化出口的行政审批事项，简化手续，缩短时限；加强相关知识产权保护，研究开展文化知识产权价值评估，及时提供海外知识产权、法律体系及适用等方面咨询。

《意见》最后要求建立健全对外文化贸易工作联系机制，商务、宣传文化、外交、财税、金融、海关、统计等部门应统筹推进各项政策措施的制订与落实，同时要加强对外文化贸易统计工作，完善文化领域对外投资统计，统一发布对外文化贸易和对外投资统计数据，修订和完善文化产品和服务进出口目录。

《意见》是我国对外文化贸易发展到一定阶段的经验总结，是新时期发展文化产业、推动中华文化走出去、提升开放型经济水平的重要举措。其明确了对外文化贸易工作的指导思想和目标，提出了支持对外文化贸易发展的政策措施，其发布对于促进文化产业发展，改善我国文化企业竞争力，提高中国文化影响力具有重要作用。

107. 文艺工作座谈会召开（2014年北京）

中共中央总书记、国家主席、中央军委主席习近平2014年10月在北京主持召开文艺工作座谈会，座谈会上，中国作协主席铁凝、空政文工团一级编剧阎肃、国家话剧院一级演员李雪健等先后发言。在认真听取上述艺术家发言后，习近平作了重要讲话，他强调，文艺是时代前进的号角，最能代表一个时代的风貌，最能引领一个时代的风气。实现"两个一百年"奋斗目标、实现中华民族伟大复兴的中国梦，文艺的作用不可替代，文艺工作者大有可为。广大文艺工作者要从这样的高度认识文艺的地位和作用，认识自己所担负的历史使命和责任，坚持以人民为中心的创作导向，努力创作更多无愧于时代的优秀作品，弘扬中国精神、凝聚中国力量，鼓舞全国各族人民朝气蓬勃迈向未来。

会议强调社会主义文艺，从本质上讲，就是人民的文艺。文艺要反映好人民心声，坚持为人民服务、为社会主义服务这个根本方向。这是党对文艺战线提出的一项基本要求，也是决定我国文艺事业前途命运的关键。要把满足人民精神文化需求作为文艺和文艺工作的出发点和落脚点，把人民作为文艺表现的主体，把人民作为文艺审美的鉴赏家和评判者，把为人民服务作为文艺工作者的天职。

会议指出推动文艺繁荣发展，最根本的是要创作生产出无愧于伟大民族、伟大时代的优秀作品。文艺工作者应该牢记，创作是自己的中心任务，作品是自己的立身之本，要静下心来、精益求精搞创作，把最好的精神食粮奉献给人民。必须把创作生产优秀作品作为文艺工作的中心环节，努力创作生产更多传播当代中国价值观念、体现中华文化精神、反映中国人审美追求，思想性、艺术性、观赏性有机统一的优秀作品。

会议指出中华优秀传统文化是中华民族的精神命脉，是涵养社会主义核心价值观的重要源泉，也是中国在世界文化激荡中站稳脚跟的坚实根基。广大文艺工作者，要结合新的时代条件传承和弘扬中华优秀传统文化，传承和弘扬中华美学精神。此外，繁荣社会主义文艺，还必须认真学习借鉴世界各国人民创造的优秀文艺，坚持洋为中用、开拓创新，做到中西合璧、融会贯通。

会议强调，各级党委要把文艺工作纳入重要议事日程，贯彻好党的文艺方针政策，把握文艺发展正确方向。要选好配强文艺单位领导班子，把那些德才兼备、能同文艺工作者打成一片的干部放到文艺工作领导岗位上来。要尊重文艺工作者的创作个性和创造性劳动，政治上充分信任，创作上热情支持，营造有利于文艺创作的良好环境。要通过深化改革、完善政策、健全体制，形成不断出精品、出人才的生动局面。要高度重视和切实加强文艺评论工作，运用历史的、人民的、艺术的、美学的观点评判和鉴赏作品，倡导说真话、讲道理，营造开展文艺批评的良好氛围。

此次座谈会是继延安文艺座谈会后一次非惯例文艺座谈会，会议充分肯定了长期以来文艺战线取得的显著成就和作出的重要贡献，深刻论述了文艺工作的战略地位和重要作用，全面分析了文艺工作的基本形势和主要任务，清晰阐释了做好文艺工作的基本原则和主要路径，对文艺工作和广大文艺工作者提出了新要求、新期待，充分体现了党中央对文艺工作的高度重视、对文艺工作者的亲切关怀、对文艺事业繁荣发展的殷切期望。座谈会对繁荣社会主义文艺具有重要意义。

108. 加快构建现代公共文化服务体系

构建现代公共文化服务体系，是保障和改善民生的重要举措，是全面深化文化体制改革、促进文化事业繁荣发展的必然要求。党的十六大之后，在党中央、国务院高度重视下，中国公共文化建设投入稳步增长，覆盖城乡的公共文化服务设施网络基本建立，公共文化服务效能明显提高，人民群众精神文化生活不断改善，公共文化服务体系建设取得显著成效。但是，我国的公共文化服务与当前经济社会发展水平和人民群众日益增长的精神文化需求相比，与基本建成公共文化服务体系的目标要求相比，仍有待提高。为此，中共中央办公厅、国务院办公厅于2015年1月印发了《关于加快构建现代公共文化服务体系的意见》（以下简称《意见》）。

《意见》明确了公共文化服务体系建设的目标，即到2020年，基本建成覆盖城乡、便捷高效、保基本、促公平的现代公共文化服务体系。为完成此目标，《意见》提出了公共文化服务体系建设的若干重点任务。

一、统筹推进公共文化服务均衡发展。各级政府应将城乡基本公共文化服务均等化，纳入当地国民经济和社会发展总体规划及城乡规划；要将老年人、未成年人、残疾人、农民工、农村留守妇女儿童、生活困难群众作为公共文化服务的重点对象，保障特殊群体基本文化权益；要以人民群众基本文化需求为导向，根据国家经济社会发展水平和供给能力，建立基本公共文化服务标准体系；要健全公共文化设施布局、土地使用、建设规模、设计和施工规范以及技术要求等标准，提升公共文化设施建设、管理和服务水平。

二、增强公共文化服务发展动力。要广泛开展公益性文化艺术活动，培养健康向上的文艺爱好，扩大和提升文化消费需求；要进一步简政放权，减少行政审批项目，吸引社会资本投入公共文化领域；要加强对文化类行业协会、基金会、民办非企业单位等社会组织的引导、扶持和管理，促进其规范有序发展；要大力弘扬志愿服务精神，坚持志愿服务与政府服务、市场服务相衔接，构建文化志愿服务体系。

三、加强公共文化产品和服务供给。要建立群众文化需求反馈机制，加大对跨部门、跨行业、跨地域公共文化资源的整合力度，提升公共文化服务效能；进一步发挥国家级评奖和艺术、出版等基金的引导带动作用，丰富优秀公共文化产品供给；要深入开展全民阅读活动，推动全民阅读进家庭、进社区、进校园、进农村、进企业、进机关等群众性文化活动。

四、推进公共文化服务与科技融合发展。要围绕公共文化服务体系建设的重大科技需求，深入实施国家文化科技创新工程，加大文化科技创新力度；要结合"宽带中国"、"智慧城市"等国家重大信息工程建设，加快推进公共文化机构数字化建设；要着眼于形成与我国经济社会发展水平相称的传播能力，加快构建现代文化传播体系。

五、创新公共文化管理体制和运行机制。要建立党委领导、政府管理、部门协同、权责明确、统筹推进的公共文化服务体系协调机制；要理顺政府和公益性文化事业单位之间的关系，探索管办分离的有效形式；要发挥城乡基层群众性自治组织的作用，推动开展公共文化服务参与式管理；要以效能为导向，完善公共文化服务评价工作机制。

六、加大公共文化服务保障力度。各有关部门和单位要进一步认识构建现代公共文化服务体系的重要意义，尽快制定完善相关配套政策、方案等；地方各级党委和政府要将构建现代公共文化服务体系纳入本地区国民经济和社会发展总体规划，纳入重要议事日程，明确责任和时间表、路线图；各级政府要建立健全公共文化服务财政保障机制；要进一步完善选人用人机制，着力培养一批具有现代意识、创新意识的公共文化管理者和基层公共文化服务人才队伍。

《意见》确定了以政府为主导，公共财政为支撑，覆盖城乡、结构合理、功能健全、实用高效的现代公共文化服务体系，该体系是推进中国特色社会主义事业"五位一体"总体布局的重要政策安排，是全面建成小康社会的重要抓手，对于保障文化民生，提高我国公民文化素质具有重要意义。

109. 做好政府向社会力量购买公共文化服务工作

政府向社会力量购买公共文化服务，是规范和引导社会组织健康发展、推动公共文化服务社会化发展的重要途径，对于进一步深化文化体制改革，丰富公共文化服务供给，提高公共文化服务效能，满足人民群众精神文化和体育健身需求具有重要意义。根据《国务院办公厅关于政府向社会力量购买服务的指导意见》有关要求，2015年5月文化部、财政部、新闻出版广电总局、体育总局联合印发了《关于做好政府向社会力量购买公共文化服务工作的意见》（以下简称《意见》）。

《意见》强调政府向社会力量购买公共文化服务，应以社会主义核心价值观为引领，按照深入推进依法行政、深化文化体制改革和构建现代公共文化服务体系的目标和要求，转变政府职能，推动公共文化服务社会化发展，逐步建立起适应社会主义市场经济的公共文化服务供给机制，为人民群众提供更加方便、快捷、优质、高效的公共文化服务。

《意见》明确了政府向社会力量购买公共文化服务的目标，即到2020年，在全国基本建立比较完善的政府向社会力量购买公共文化服务体系，形成与经济社会发展水平相适应、与人民群众精神文化和体育健身需求相符合的公共文化资源配置机制和供给机制，社会力量参与和提供公共文化服务的氛围更加浓厚，公共文化服务内容日益丰富，公共文化服务质量和效率显著提高。

《意见》指出要积极有序地推进政府向社会力量购买公共文化服务工作。一是明确购买主体。购买主体应是承担提供公共文化与体育服务的各级行政机关。二是科学选定承接主体。承接主体主要为具备提供公共文化服务能力，且合法的社会组织、事业单位或企业等社会力量。三是明确购买内容。政府向社会力量购买公共文化服务的内容为符合先进文化前进方向、健康积极向上的，适合采取市场化方式提供、社会力量能够承担的公共文化服务。四是制定指导性目录。各地要结合本地经济社会发展水平、公共文化服务需求状况和财政预算安排情况，制定本地区政府向社会力量购买公共文化服务的指导性目录。五是完善购买机制。各地要建立健全方式灵活、程序规范、标准明确、结果评价、动态调整的购买机制。六是提供资金保障。政府向社会力量购买公共文化服务所需资金列入财政预算，逐步加大政府向社会力量购买公共文化服务的投入力度。七是健全监管机制。加强对政府向社会力量购买公共文化服务的监督管理，建立健全政府购买的法律监督、行政监督、审计监督、纪检监督、社会监督、舆论监督制度。八是加强绩效评价。健全由购买主体、公共文化服务对象以及第三方共同参与的综合评审机制；加强对购买公共文化服务项目的绩效评价，建立长效跟踪机制。

《意见》指出各地要高度重视，切实加强组织领导，建立健全政府统一领导，文化、财政、新闻出版广电、体育部门负责，社会力量广泛参与的工作机制；建立健全政府向社会力量购买公共文化服务的协调机制；各级政府要充分利用各种媒体，为推进政府向社会力量购买公共文化服务营造良好的工作环境和舆论氛围；建立政府向社会力量购买公共文化服务的信用档案。

作为规范政府向社会力量购买公共文化服务的专项制度设计，《意见》立意宏大、目标明确，具有可操作性，反映了当下建设现代公共文化服务体系、深化文化体制改革进程对公共服务模式创新的要求，有利于建立适应社会主义市场经济的公共文化服务供给机制，为人民群众提供更加方便、快捷、优质、高效的公共文化服务。

110. 加强和改进新形势下高校宣传思想工作

意识形态工作是党和国家一项极端重要的工作，高校作为意识形态工作前沿阵地，肩负着学习研究宣传马克思主义，培育和弘扬社会主义核心价值观，为实现中华民族伟大复兴的中国梦提供人才保障和智力支持的重要任务。做好高校宣传思想工作，加强高校意识形态阵地建设，是一项战略工程、固本工程、铸魂工程，事关党对高校的领导，事关全面贯彻党的教育方针，事关中国特色社会主义事业后继有人，对于巩固马克思主义在意识形态领域的指导地位，巩固全党全国人民团结奋斗的共同思想基础，具有十分重要而深远的意义。为此，中共中央办公厅、国务院办公厅 2014 年 10 月印发《关于进一步加强和改进新形势下高校宣传思想工作的意见》（以下简称《意见》）。

《意见》指出加强和改进新形势下高校宣传思想工作，应高举中国特色社会主义伟大旗帜，以马克思列宁主义、毛泽东思想、邓小平理论、"三个代表"重要思想、科学发展观为指导,深入贯彻落实党的十八大和十八届二中、三中全会精神,深入贯彻落实习近平总书记系列重要讲话精神,全面贯彻党的教育方针,强化政治意识、责任意识、阵地意识和底线意识,以立德树人为根本任务,以深入推进中国特色社会主义理论体系进教材、进课堂、进头脑为主线,以提高教师队伍思想政治素质和育人能力为基础,以加强高校网络等阵地建设为重点,积极培育和践行社会主义核心价值观,不断坚定广大师生中国特色社会主义道路自信、理论自信、制度自信,培养德智体美全面发展的社会主义建设者和接班人。

《意见》要求加强和改进新形势下高校宣传思想工作应着力开展以下任务:一是切实推动中国特色社会主义理论体系进教材、进课堂、进头脑。统一使用马克思主义理论研究和建设工程重点教材,建设学生真心喜爱、终身受益的高校思想政治理论课,着力增强大学生思想政治教育针对性、实效性,充分发挥高校哲学社会科学育人功能,提升马克思主义理论学科的引领作用。二是大力提高高校教师队伍思想政治素质。着力加强教师思想政治工作,坚持不懈用中国特色社会主义理论体系武装教师头脑;扎实推进师德建设,落实高校教师职业道德规范;严把教师聘用考核政治关,探索教师定期注册制度。三是不断壮大高校主流思想舆论。扎实推进高校思想理论建设,切实做好高校新闻宣传工作,创新网络思想政治教育。四是着力加强高校宣传思想阵地管理。加强校园网络安全管理,强化高校课堂教学纪律,完善宣传思想阵地管理制度。

《意见》最后指出应切实加强党对高校宣传思想工作的领导。完善高校宣传思想工作机制,高校党委要强化政治责任和领导责任,党委书记、校长要旗帜鲜明地站在意识形态工作第一线,充分发挥高校党委的领导核心作用,坚持和完善党委领导下的校长负责制,建立健全高校党委统一领导、党政工团齐抓共管、党委宣传部门牵头协调、有关部门和院(系)共同参与的工作机制。要配齐建强高校宣传思想工作队伍,统筹推进高校党政干部和共青团干部、思想政治理论课教师和哲学社会科学课教师、辅导员班主任和心理咨询教师等宣传思想工作骨干队伍建设。各级党委和政府要从战略和全局的高度,充分认识加强和改进高校宣传思想工作的极端重要性和现实紧迫性,把这项工作始终摆在重要位置,切实加强领导。

《意见》全面系统地部署了新形势下高校宣传思想工作,对于牢牢掌握高校意识形态工作的领导权、话语权,坚定广大师生中国特色社会主义道路自信、理论自信、制度自信,培养德智体美全面发展的社会主义建设者和接班人具有重要指导意义。

111. 关于支持戏曲传承发展的若干政策

戏曲具有悠久的历史、独特的魅力和深厚的群众基础,是表现和传承中华优秀传统文化的重要载体。为促进戏曲繁荣发展，弘扬中华优秀传统文化，丰富人民群众精神文化生活，国务院于 2015 年 7 月发布《关于支持戏曲传承发展的若干政策》，其主要内容如下：

一、总体目标：力争在"十三五"期间，健全戏曲艺术保护传承工作体系、学校教育与戏曲艺术表演团体传习相结合的人才培养体系，完善戏曲艺术表演团体体制机制、戏曲工作者扎根基层潜心事业的保障激励机制，大幅提升戏曲艺术服务群众的综合能力和水平，培育有利于戏曲活起来、传下去、出精品、出名家的良好环境，形成全社会重视戏曲、关心支持戏曲艺术发展的生动局面。

二、支持戏曲传承发展的主要措施：

（一）加强戏曲保护与传承。2015 年 7 月至 2017 年 6 月，在全国范围内开展地方戏曲剧种普查，实施地方戏曲振兴工程，将其纳入国民经济和社会发展"十三五"总体规划，鼓励地方设立戏曲发展专项资金或基金，扶持本地戏曲艺术发展。

（二）支持戏曲剧本创作。加大对戏曲剧本创作的扶持力度，实施戏曲剧本孵化计划，文化产业发展专项资金对戏曲企业的优秀戏曲剧本创作予以支持。

（三）支持戏曲演出。加大政府购买力度，将地方戏曲演出纳入基本公共文化服务目录，通过政府购买服务等方式，组织地方戏曲艺术表演团体到农村为群众演出。

（四）改善戏曲生产条件。把简易戏台纳入村级公共服务平台建设范围，实行差别化的戏曲教学排练演出设施用地政策，进一步完善有关用地标准和建设标准。

（五）支持戏曲艺术表演团体发展。重点资助基层和民营戏曲艺术表演团体，文化产业发展专项资金对符合条件的县级以下（含县级）转企改制国有戏曲艺术表演团体和民营戏曲艺术表演团体，在购置和更新服装、乐器、灯光、音响等方面给予资金支持，对地方国有戏曲艺术表演团体捐赠收入实行财政配比政策，落实已有的税费优惠政策，鼓励和引导社会力量支持戏曲表演团体。

（六）完善戏曲人才培养和保障机制。强化学校戏曲专业人才培养，对中等职业教育戏曲表演专业学生实行免学费，实施"名家传戏 —— 戏曲名家收徒传艺"计划，完善戏曲艺术表演团体青年表演人才培养机制，畅通引进戏曲优秀专业人员的通道，按照特人特招、特事特办原则引进优秀专业人员，将转制为企业的戏曲艺术表演团体和民营戏曲艺术表演团体中的专业技术人员纳入职称评审范围，切实保障戏曲从业人员社会保障权益。

（七）加大戏曲普及和宣传。加强学校戏曲通识教育，大力推动戏曲进校园，争取每年让学生免费欣赏到一场优秀的戏曲演出，实施优秀经典戏曲剧目影视创作计划，扩大戏曲社会影响力。

（八）加强组织领导。抓好贯彻落实，各省（自治区、直辖市）人民政府要高度重视，加强指导，精心部署，做好政策落地和督查工作。

《关于支持戏曲传承发展的若干政策》坚持扬弃继承、转化创新，保护、传承与发展并重，有利于提升戏曲艺术服务群众的综合能力和水平，培育有利于戏曲活起来、传下去、出精品、出名家的良好环境，形成全社会重视戏曲、关心支持戏曲艺术发展的生动局面，对更好地发挥戏曲艺术在建设中华民族精神家园中的独特作用具有重要意义。

112. 推进基层综合性文化服务中心建设

为贯彻落实中共中央办公厅、国务院办公厅《关于加快构建现代公共文化服务体系的意见》精神，推进基层公共文化资源有效整合和统筹利用，提升基层公共文化设施建设、管理和服务水平，国务院于2015年10月印发《关于推进基层综合性文化服务中心建设的指导意见》（以下简称《指导意见》），其主要内容是：

一、深刻认识推进基层综合性文化服务中心建设的重要性和紧迫性。基层是公共文化服务的重点和薄弱环节，随着我国新型工业化、信息化、城镇化和农业现代化进程加快，城市流动人口大幅增加，基层群众的精神文化需求呈现出多层次、多元化特点，现有的基层文化设施和服务已难以满足广大人民群众的实际需要；党的十八届三中全会明确提出"建设综合性文化服务中心"的改革任务，要从战略和全局的高度，充分认识加强基层综合性文化服务中心建设的重要性和紧迫性，增强责任感和使命感，为巩固基层文化阵地、全面建成小康社会奠定坚实基础。

二、推进基层综合性文化服务中心建设的基本原则和工作目标。基本原则：坚持导向，服务大局；以人为本，对接需求；统筹规划，共建共享；因地制宜，分类指导；改革创新，提升效能。工作目标：到2020年，全国范围的乡镇（街道）和村（社区）普遍建成集宣传文化、党员教育、科学普及、普法教育、体育健身等功能于一体，资源充足、设备齐全、服务规范、保障有力、群众满意度较高的基层综合性公共文化设施和场所，形成一套符合实际、运行良好的管理体制和运行机制，建立一支扎根基层、专兼职结合、综合素质高的基层文化队伍，使基层综合性文化服务中心成为我国文化建设的重要阵地和提供公共服务的综合平台，成为党和政府联系群众的桥梁和纽带，成为基层党组织凝聚、服务群众的重要载体。

三、推进基层综合性文化服务中心建设的基本内容。（一）加强基层综合性文化服务中心建设。科学规划，合理布局，加强基层综合型文化设施建设，加强文体广场建设。（二）明确功能定位。向城乡群众提供基本公共文化服务，整合各级各类面向基层的公共文化资源，开展基层党员教育工作，配合做好其他公共服务。（三）丰富服务内容和方式。广泛开展宣传教育活动，组织引导群众文体活动，创新服务方式和手段。（四）创新基层公共文化运行管理机制。强化政府的主导作用，建立健全管理制度，鼓励群众参与建设管理，探索社会化建设管理模式。（五）加强组织实施。制定实施方案，坚持试点先行，加大资金保障，加强队伍建设，开展督促检查。

《指导意见》对强化资源整合、创新管理机制、提升服务效能，因地制宜推进基层综合性文化服务中心建设，促进基本公共文化服务标准化、均等化具有重要意义，有利于基层公共文化服务得到全面加强和提升，从而为实现"两个一百年"奋斗目标和中华民族伟大复兴中国梦提供精神动力和文化条件。

四、卫生事业

1. 重建中央爱国卫生运动委员会

为支援抗美援朝战争，应对帝国主义势力可能对我国发动的细菌战，营造新中国经济社会建设的良好环境，1952 年 3 月，中华人民共和国政务院通过决议，决定成立中央爱国卫生运动委员会，由周恩来总理担任主任委员，直接领导和指挥全国的群众性公共卫生活动。随后，各地都建立起了由主要党政领导挂帅，各有关部门领导干部组成的爱国卫生运动委员会，在全国范围内开展了轰轰烈烈的爱国卫生运动，有力地支援了抗美援朝战争。此后，这一运动在每年春季都定期开展。社会主义经济建设时期，中共中央于 1960 年 3 月 18 日发出关于卫生工作的指示，提出"以卫生为光荣，以不卫生为耻辱"的口号，把爱国卫生运动与保护广大人民群众身体健康、提高全社会劳动效率、移风易俗、改善工作生活环境紧密地联系起来。

然而，十年动乱期间，爱国卫生运动一度中断，各级爱国卫生运动委员会停止了工作。1978 年 4 月，中共中央、国务院决定重建中央爱国卫生运动委员会，由中共中央副主席李先念担任主任委员。同时，国务院发出了《关于坚持开展爱国卫生运动的通知》，明确指出"爱国卫生运动是移风易俗、改造国家的一场深刻革命"，要求各地各级政府迅速恢复和健全爱国卫生运动委员会及其办事机构，将卫生事业切实领导起来。同年 8 月，中央爱国卫生运动委员会在山东烟台市召开全国爱国卫生运动现场交流会，对开展爱国卫生运动成绩显著的地方进行表彰。此后，先后在内蒙古赤峰市（1981 年）、黑龙江哈尔滨市（1982 年）、山西晋城县（1982 年）分别召开城市和农村现场会议，将"门前三包"（卫生、秩序、绿化）、"四自一联"（自修门前路、自通门前水、自搞门前卫生、自搞门前绿化，统一规划联合集资）等各地在实践中的经验进行总结并在全国范围内推广，提出新时期爱国卫生运动的重点任务是城市整治环境卫生，农村管好水、粪，标本兼治。1979年6月，中央爱国卫生运动委员会、卫生部又发出通知，要求迅速建立健全各级爱国卫生运动委员会常设机构，配备专职干部。

1981年2月，由中央爱国卫生运动委员会牵头，联合全国总工会、全国妇联、共青团中央等9部门发出《在全国开展文明礼貌活动的倡议》。此后，中央把每年3月定为全民文明礼貌月，主要内容是"五讲四美"，即讲文明、讲礼貌、讲卫生、讲秩序、讲道德，心灵美、语言美、行为美、环境美。1988年8月，经国务院批准，中央爱国卫生运动委员会更名为"全国爱国卫生运动委员会"，并沿用至今。

2.关于认真贯彻党的中医政策，解决中医队伍后继乏人问题的报告

新中国成立以来，党和政府高度重视中医工作，在1954年中共中央批转的《关于改进中医工作的报告》中阐明了"团结中医"的政策。此后，卫生部设立中医司，具体负责中医医疗、中医药研究、中医教育、中药材市场管理等工作，使中医事业得到了有效保护和健康发展。然而，十年动乱期间，中医药事业遭到很大破坏，大批有真才实学的中医药专业技术人员受到迫害以致改行，中医队伍大幅度减员，许多珍贵文献被毁，在许多地区造成中医事业萎靡不振、后继乏人的境况。对此，中共中央于1978年9月批转了卫生部党组《关于认真贯彻党的中医政策，解决中医后继乏人问题的报告》（以下简称《报告》），强调"要为中医创造良好的发展与提高的物资条件"。

《报告》提出应当进一步重申党的中医政策，认真贯彻落实党的中医政策，切实纠正对待中医中药人员的错误态度。受"四人帮"打击诬陷的中医药人员，要尽快予以平反昭雪，一切诬蔑不实之词，都要推倒。要认真办好中医院校，积极培育中医中药的新生力量。努力扩大中医中药专业的招生人数，切实抓好现有中医学院的整顿和建设，首先要整顿好领导班子，充实和培养师资力量，改善和加强实验设备，有计划地安排基建指标，解决教学、食堂用房，扩建和新建相应的附属医院。整顿和办好中医医院，各省、市、自治区都要积极创造条件，在三至五年内办好一所500张床左右的省级中医院。加强中医药研究机构的建设，重点加强部属中医研究院的建设，使之逐步成为学科比较齐全、技术力量比较雄厚和具有现代化仪器装备的全国中医药研究中心。继续组织西医学习中医。针对中医机构数量少，条件差，急需加强整顿和建设的现实，卫生部建议各省、市、自治区在安排基建计划时要优先考虑发展中医机构，在分配经费时要重点照顾中医机构。

根据中央指示精神，《报告》在全国得到了迅速贯彻落实，地方党委和各级卫生行政部门在人、财、物各方面都对中医药事业的恢复发展给予了支持，约6万名中医中药人员

归队，被安排了工作。通过严格考核，从集体所有制医疗机构和城乡民间医生中，选拔出1万多名中医药人员，使中医药专业技术人员队伍得到了发展壮大。

3. 中国红十字会恢复国内工作

中国红十字会成立于1904年。新中国成立后，党和政府对红十字事业高度重视，1950年，中央政府对红十字会进行了改组重建，使其成为在人民政府领导下的人民医疗卫生救护团体。在50年代，中国红十字会坚持"以救死扶伤实行革命人道主义"基本宗旨，多次组织医疗队伍到革命根据他、少数民族地区、治淮和荆江分洪等水利工地进行医疗服务；曾组织7个医防服务大队赴朝鲜进行医疗救护工作；协助3万多名在华日侨和千余名获释的日本战争罪犯返回日本。60年代中期，中国红十字会已在25个省、市、自治区建立起各级分支机构，发展会员逾500万人。然而，十年动乱期间，中国红十字会被极左思潮冠以"封资修"的帽子而受到批判，地方各级红十字机构被撤销或终止工作，总会大部分工作人员被调离或被下放到干校，除保留部分国际业务外，国内工作被迫停顿达十年之久。

1978年4月，国务院批转了卫生部、外交部《关于恢复红十字会国内工作的报告》，要求在精简的原则下，健全精干的组织机构，积极支持红十字会的基层卫生组织，办理基层的卫生、防疫和小伤小病处理的红十字卫生站。红十字会在当地党委统一领导下协助卫生部门，进行爱国卫生运动、群防群治、输血和战备救护训练。文件下发后，红十字会总会恢复了国内工作机构，配备了相应干部，并派出人员帮助各地恢复组织机构、开展业务活动。红十字会工作首先在北京、上海、天津、南京等城市得以恢复。

1979年2月，中国红十字会第三次全国会员代表大会召开。会议明确红十字会的主要工作是按照党和政府的要求，结合过去的经验和当前的实际，开展国际活动，做好国内工作，国际国内工作相互配合，为加快实行四个现代化作出应有的贡献。要开展群众性防病治病、计划生育、家庭护理等活动。各地红十字会要以崇高的使命感和责任感，协助有关部门、单位开展家庭护理等工作，动员会员去关心照顾一些老人、病人，积极做好社会服务工作，努力为人民多做好事。

会议要求各地红十字会根据国务院批转的《关于恢复红十字会国内工作的报告》的要求，积极协助卫生部门，进行献血的宣传、动员、组织等工作。在当地卫生部门党委的领导下，积极主动与血站、中心血库取得联系，进行研究，提出计划，具体落实。改革规章制度，整顿献血队伍，逐步做到有计划地在集体组织中发展献血队伍，适应血源的需要。要同有关部门、单位协作，采取通俗文字、幻灯图片、电影广播等多种形式，向会员和群众进行各种卫生科学知识的普及，以提高人民群众的卫生水平。地方红十字会必须在外事部门和总会的部署下完成涉外任务，做好红十字会的国际工作。会议还通过了红十字会章程。《关于恢复红十字会国内工作的报告》的转发，中国红十字会第三次全国会员代表大会的召开，明确了红十字会的发展方向，推动了红十字会组织的重建工作，使我国的红十字事业获得了新生。

4. 农村合作医疗章程

新中国成立后，受农业互助合作运动启发，一些地方由群众自发集资创办了具有公益性质的保健站和医疗站。1956年，全国人大一届三次会议通过了《高级农业生产合作社示范章程》，首次赋予集体介入农村成员疾病医疗的职责。1959年11月，卫生部召开全国农村卫生工作会议，正式肯定了农村合作医疗制度。1965年9月，中共中央批转卫生部党委《关于把卫生工作重点放到农村的报告》，强调要加强农村基层卫生保健工作，极大地推动了农村合作医疗保障事业的发展。到1976年，全国已有90%的农民参加了合作医疗，基本解决了广大农村居民看病难的问题。但是，到了70年代末期，由于各种原因，农村合作医疗事业一度被轻视，在部分地区甚至走向了衰落。为促进农村合作医疗事业健康发展，使医疗卫生工作更好地保护广大农民的身体健康，卫生部于1979年12月颁发了《农村合作医疗章程（草案）》（以下简称《章程》）。

《章程》明确规定，农村合作医疗是人民公社社员依靠集体力量、在自愿互助的基础上建立起来的一种社会主义性质的医疗制度，是社员群众的集体福利事业，对于经济困难的农村基层，国家应给予必要扶植。实行合作医疗的生产大队（即村）应建立合作医疗站（或卫生所），其主要任务是宣传和执行国家制订的各项卫生工作方针、政策，发动群众开展以除害灭病为中心的爱国卫生运动，认真做好医疗工作，努力提高医疗工作质量，全心全意为广大社员服务，积极开展采、种、制、用中草药工作，有条件的地区可对生产队卫生员和接生员进行业务培训和技术指导，宣传晚婚和计划生育，落实节育措施。

《章程》提出，合作医疗的举办形式，要根据当地的实际情况和条件，经社员群众充分讨论确定。实行合作医疗的社队要建立健全由干部、社员代表、卫生人员组成的合作医疗管理委员会或管理小组，其基本职能是负责对合作医疗工作的领导和基金管理，选拔和培训乡村医生，审核经费开支，确定社员看病医药费减免标准。合作医疗基金由参加合作医疗的个人和集体（公益金）共同缴纳组成，各占多少比例应根据需要和可行性，经社员群众讨论决定，合作医疗基金主要用于社员的医疗费。同时，合作医疗站要建立健全疫情报告、转诊、巡诊以及孕产妇检查等必要的业务工作制度。

《章程》规定，赤脚医生（现在的乡村医生）人选要经社员群众讨论产生，要选拔热心为群众服务、劳动好、有一定文化程度的人员,经过培训后担任。赤脚医生的人数,一般可按每五百人左右设立一名。县卫生行政部门应加强对赤脚医生的培训与能力提高工作,制定培训规划,落实培训措施。生产队(村)卫生员应配备必要的药品和器材,在赤脚医生的指导下,开展卫生防疫、小伤小病的治疗和宣传计划生育等工作。接生员要配备接生箱(产包),开展新法接生和产前检查,产后访视等工作。《章程》还规定,县、社、大队、生产队要把合作医疗种药纳入农业生产规划,统筹安排药地、肥料以及必要的物资,合作医疗站要搞好中草药的加工、炮制和药品保管工作,保证药品质量。

5. 中华全国中医学会

中华全国中医学会是我国中医药专业技术人员自愿组成的学术性、公益性、非营利性法人社团,是党和国家联系中医药专业技术队伍的桥梁和纽带,是提高全民健康素质水平的重要社会力量。1979年5月,在中国科协和卫生部的领导下,首届全国中医学术交流会召开,中华全国中医学会正式成立。1991年,中华全国中医学会改名为中国中医药学会。

根据学会章程,学会的宗旨是:团结广大中医药和相关的自然科学技术工作者和管理工作者,弘扬优秀民族医药文化,促进中医药科学技术的繁荣和发展,促进中医药科学技术的普及推广,促进中医药科技人才和管理人才的成长和提高,努力为广大中医药工作者服务。学会贯彻"百花齐放、百家争鸣"和《中华人民共和国宪法》关于"发展现代医药和我国传统医药"的规定及新时期卫生工作方针,坚持"中西医并重,发展中医药",围绕国家科学技术研究重点和卫生工作任务,开展各项活动。遵循继承与创新相结合的原则,坚持中医中药并重,保持和发扬中医药特色和优势,积极利用现代科学技术,促进中医药理论和实践的发展,促进中医中药的协调发展,推动中医药走向世界。学会的业务范围主要包括:开展中医药学的学术交流,推广科学研究成果,组织重点学术课题的讨论和科学考察活动;编辑出版学术期刊;普及中医药学,宣传中医防病治病常识;向有关部门反映会员的意见和建议,做好党和政府的参谋;举办各种培训班、讲习班或进修班,提高中医药工作者的学术水平;开展国际学术交流;做好中医药文化的传承和弘扬工作,扩大中医药文化的影响。

到2009年,学会下设内科、儿科、眼科、外科、骨伤科、肛肠科、耳鼻喉科、推拿科、老年病科、中药、妇科、中医基础理论、气功科学、医古文等60多个专业学会。拥有团体会员单位147个,会员18.4万人,在各省、市、自治区(除台湾省外)设有分会,内蒙古、西藏、新疆等少数民族地区还设立了相应的民族医学会,是全国规模最大的中医药学术团体。学会还主办有《中医杂志》、《中华气功》、《骨伤科杂志》、《肛肠杂志》、《中国医药学报》等学术期刊。

作为全国最大的中医药学术团体，学会多年来积极组织国家重点学术课题研究，开展大量的学术活动，向广大群众进行中医药学的普及与宣传，在海内外具有广泛影响。

6.国家允许个体开业行医

个体开业行医是世界各国普遍采用的医疗服务形式。新中国成立以后，中国政府根据经济社会发展需要允许少数个体医务人员行医。1963年，卫生部制订的《开业行医暂时管理办法（草案）》规定："个体开业医生是独立脑力劳动者，是社会主义卫生事业的补充……可允许极少数适合开业的医生个体开业。"但是，在"文化大革命"十年动乱中，个体开业行医被当作"走资本主义道路"，遭到打击，几乎全部被迫停业。党的十一届三中全会以后，在改革开放路线指引下，随着城乡经济政策的放宽，各地广开门路安排闲散人员就业。与此同时，在"多形式、多层次、多渠道办卫生事业"方针的推动下，曾遭到取缔的个体开业行医又在一些地区陆续出现。为了明确国家对个体开业行医的政策，加强对个体行医人员的管理，国务院于1980年9月批准了卫生部《关于允许个体开业行医问题的请示报告》（以下简称《报告》）。

《报告》首先肯定了个体开业行医的合法性。《报告》认为个体开业行医是医生依靠自身的医疗技术，在国家规定的范围内，从事不剥削他人的个体劳动，为病人服务，符合宪法规定，是应当受到保护的。允许这部分人个体开业，不仅可以解决他们的就业问题，有利于安定团结，而且可以满足某些就诊病人的需要，对群众有利。

《报告》接着指出个体开业行医的现状。许多个体开业行医人员都未经行政机关批准，多数是自行挂牌行医。行医方式主要是自己挂牌看病或在药店坐堂，由街道组织管理的个体开业行医，在集市上摆摊看病流动行医。由于管理不到位，出现了一些不懂医疗技术的人员行医看病，而合乎开业条件且正式申请的人，反而得不到行医机会的问题；一些开业行医人员甚至自订收费标准，乱开药方，多搞收入。

为了规范个体开业行医，《报告》提出，允许个体开业的医生，必须在当地有正式户口，确有一定的技术水平，能独立进行一般诊疗工作，并且经过审查和技术考核合格。地方市（区）、县卫生行政部门行使开业医生的审批权，未经卫生行政部门批准的不得开业。凡符合开业条件的医生，如自愿要求联合举办独立核算、自负盈亏的联合诊所，卫生行政部门应根据其需求和当地群众的需要，酌情审批。开业医生在诊疗业务中只能按规定的收费标准收费，有简易治疗的（如针灸、推拿、按摩等）可收一定的治疗费，其处方由当地指定的医药机构给予配方。根据需要，经过批准的开业医生可配备少量应诊必需的急救药和常用药品，对于草药医，允许他们自主带药。开业医生必须遵守政府的有关政策、法令和规定。

7. 全国第一次大规模职业病普查

为掌握全国不同地区、不同行业、不同工种的车间环境中，铅、苯、汞、有机磷农药和三硝基甲苯（以下简称五种毒物）的浓度情况，了解五种毒物对工人健康的危害，为进一步加强对职业中毒的防治与管理提供科学依据，为制定职业病诊断标准及处理原则奠定基础。1979年2月至1981年12月，卫生部、国家劳动总局、中华全国总工会和国家医药管理总局等四部门，联合组织全国29个省、市、自治区的劳动卫生、职业病防治与研究人员以及其他医务人员共13000余人，对全民所有制和县级以上集体所有制企业中接触五种毒物的工人进行了健康检查，对厂矿车间空气中毒物浓度进行了调查。

本次普查工作委托上海市卫生防疫站、中国医学科学院卫生研究所、北京市工业卫生职业病研究所、江苏省卫生防疫站和辽宁省劳动卫生研究所，分别为铅、苯、汞、有机磷农药和三硝基甲苯中毒调查的牵头单位，负责普查工作的技术指导、资料分析和技术总结工作。为保证普查质量，卫生部先后召开了"统一普查方法座谈会"、"普查经验交流会"和"普查工作总结座谈会"，多次组织技术指导组到各地普查质量。

调查结果显示，全国存在五种毒物的工矿企业共5万多家，接触毒物的职工超过103万人，经初步诊断为慢性中毒者12000余人。其中，铅中毒6000余人，苯中毒2600余人，汞中毒1600余人，有机磷农药中毒500余人，三硝基甲苯中毒1600余人，总患病率为1.3%。根据对99000多个车间作业点的测定，空气中五种毒物浓度的合格率分别为：铅40%、苯64%、汞53%、有机磷农药50%、三硝基甲苯43%，平均合格率为50.46%。

统计分析表明，90%的汞中毒中是由金属汞导致的，主要属于汞冶炼、汞电解和汞仪表行业，集中于贵州、四川、辽宁和天津等地；全国有3700余个汞作业厂矿，危害严重的有42个；苯中毒中，纯苯危害大于混合苯，重度苯中毒者多发生在皮鞋、喷漆、油漆和橡胶等行业，集中于浙江、江苏和安徽等地区；铅中毒主要在铅冶炼和蓄电池行业，集中于贵州和云南地区；有机磷农药中毒中，主要是敌敌畏、敌百虫和苏化203，患病者多为包装工；三硝基甲苯中毒主要发生在煤炭、五机、铁道系统，粉碎工和筛药工的发病率最高。

8.《中医大辞典》出版

《中医大辞典》是中国第一部现代中医大型综合性辞书，于 1995 年正式出版合编本。该辞典作为卫生部 1978—1985 年医学科学发展规划重点课题，于 1974 年 2 月经卫生部批准，并委托中国中医研究院、广州中医学院为主编，由全国 11 个中医科研、教学单位 227 位著名专家和专家分工协作，历时 20 年，分 3 个阶段编写、修订而成。该辞典共收载辞目 36908 条，总字数 402 万，插图 140 幅，内容涵盖中医医史、文献、基础、中药、方剂、内科、外科、妇科、儿科、骨伤科、眼科、五官科、针灸、推拿、养生、气功等，是一部全面反映中医学术，供医疗、教学、科研工作应用的大型工具书。

该辞典于 1979 年完成，并出版了普及试用本《简明中医辞典》，收载词目 12000 余条，先后 7 次印刷，发行 33 万余册。在此基础上，从 1981 年至 1987 年，各编写单位进行分科整理扩充，先后出版了《医史文献分册》、《基础理论分册》、《中药分册》、《方剂分册》、《内科分册》、《妇科、儿科分册》、《外科、骨伤科、五官科分册》、《针灸、推拿、气功、养生分册》共八本，合计收词近四万条，分别作为各学科辞书的试用本。在对普及试用本及各分册进行广泛征集意见的基础上，编写单位认真总结经验，并结合我国改革开放十年来中医药学的发展和面向世界的趋势，于 1990 年开始对该辞典进行全面修订，对 8 个分册中 48.6% 的辞目进行了修改订正，新增辞目 2080 条，扩大了文献范围和传统治法，充实了现代中医术语和养生、食疗、气功词目，增补了藏、蒙、维、壮等少数民族医学词目，现代方剂按目前通行的国家标准计量，经络、穴位增补国际标准代号，选词和释文更注重规范化、标准化，在文字规范与编排方法上也更为严谨。

《中医大辞典》真实全面地反映了中国医药学体系的内涵及其发展的历史继承性，准确地反映了当代中医药的面貌及中西医结合的状况，较好地统一了辞书的稳定性与时代的先进性。该辞典自出版以来广受赞誉，1996 年荣获中国中医研究院基础研究一等奖、1997 年国家中医药管理局部级中医基础研究二等奖、1998 年国家科学技术著作三等奖、1998 年广州仲景中医药杰出成果奖。

9. 全国医院工作条例

为了加强对城市综合医院工作的指导和管理，卫生部于 1964 年颁布了《城市综合医院工作条例（试行草案）》。然而，在十年动乱中，该条例并未得到贯彻落实。1981 年 1 月，卫生部在总结医院整顿经验的基础上，重新制订了《全国医院工作条例（试行草案）》，正式印发了《全国医院工作条例》（以下简称《条例》）。

《条例》强调，医院是治病防病、保障人民健康的社会主义卫生事业单位，必须贯彻党和国家的卫生工作方针政策，遵守政府法令，为社会主义现代化建设服务。医院必须以医疗工作为中心，在提高医疗质量的基础上，保证教学和科研任务的完成，并不断提高教学质量和科研水平。医院实行党委领导下的院长负责制，根据减少层次的原则实行院和科室两级领导制；医院按照规模、任务、特长和技术发展情况，设立业务科室。各级医院要逐步建立民主管理制度，扩大自主权，实行责任制，以加强医院管理，克服平均主义，调动积极性，促进医院的发展。

《条例》规定，医院设立急诊室，并配备一定数量的观察床。挂号、收费、检验、放射、药剂、手术等科室，要密切配合，为急诊提供方便。对住院病人应有固定的医师负责，实行住院医师、主治医师、主任医师（科主任）三级负责制，及时作出正确的诊断和治疗。医院要加强对护理工作的领导，护理部主任或总护士长，在副院长的领导下，负责管理全院的护理工作。科室护理工作实行护士、护士长、科护士长三级负责制或护士、护士长二级负责制。搞好划区分级分工医疗，建立逐级技术指导关系，实行转诊、转院制度。医院要制订人才培养规划，明确要求，积极开展以提高临床医疗、护理水平为主的科研工作。

《条例》要求，医院必须建立以岗位责任制为中心的各项规章制度，明确各级各类人员职责，严格执行医疗护理常规和各项技术操作规程。医院应根据现代医学科学技术发展和实际工作需要，有计划地购置新的诊疗仪器设备，并切实加强管理。对药品材料，实行金额管理、重点统计、实耗实销的管理办法。要加强财务管理和监督，各级卫生主管部门对医院的经费补助，要逐步实行金额管理、定额补助、结余留用的制度。医院总务工作要面向医疗，配合临床，为医疗工作服务，为病人生活服务，主动及时地服务到科室。

为进一步加强对医院的科学管理，建立正常工作秩序，改善服务态度，提高医疗护理质量，在《全国医院工作条例》出台之后，卫生部又颁布了《医院工作制度》和《医院工作人员职责》。

10. "发展现代医药和我国传统医药"载入《中华人民共和国宪法》

新中国成立以来，中医药作为我国卫生保健事业的重要组成部分，党和政府对其发展高度重视，先后制定了一系列保护中医药、支持中医药事业发展的政策措施。1950年，第一届全国卫生工作会议把"团结中西医"作为卫生工作的重要方针。1954年，毛泽东明确指出："重视中医，学习中医，对中医加以研究整理，并发扬光大，这将是我们祖国对全人类贡献中的伟大事业之一。"同年,卫生部设立了专门的中医管理机构。此后,卫生部又建立了中医研究院,积极吸收中医参加城市综合医院的建设工作,扩大和改进中医业务,改进中医进修工作,加强对中药产、供、销的管理,整理出版中医古典医籍,吸收中医参加中华医学会,在北京、上海、广州、成都、天津等地建立了中医学院。1958年10月,毛泽东在对卫生部党组《关于组织西医离职学习中医班总结报告》的批示中指出:"中国医药学是一个伟大的宝库,应当努力发掘,加以提高。"

"文化大革命"期间,中医药事业受到冲击,发展缓慢。改革开放后,中医药工作重新得到党和政府的重视。1978年9月,中央批转了卫生部党组《关于认真贯彻党的中医政策,解决中医队伍后继乏人问题的报告》。此后,卫生行政部门帮助大批中医中药人员回归医疗队伍,恢复已解散或停滞的中医机构,设立了专门的中医药技术职称系列,并从民间选拔具有中医药从业经验的一万名人员充实到中医队伍中。1980年,全国中医和西医结合工作会议召开,确定了中医、西医、中西医结合三支力量长期并存、共同发展的卫生工作方针。

1982年12月,"发展现代医药和我国传统医药"正式写入《中华人民共和国宪法》,标志着中医药为主的中国传统医药在国家医疗体系中的合法地位得到确立。

11. 马海德博士获"达米恩·杜顿麻风协会"奖章

"达米恩·杜顿麻风协会"奖章是为纪念与麻风病斗争而献身的意大利学者达米恩和美国学者杜顿而设置的,每年向与麻风病斗争作出贡献的知名学者颁发。1983年4月15日,马海德在北京被授予美国"达米恩·杜顿麻风协会"1982年度奖章,以表彰他多年从事麻风病的防治工作,为消灭中国的麻风病作出了巨大贡献。马海德成为中国第一位获得该奖项的专家。

马海德(1910—1988年),原名乔治·海德姆,祖籍黎巴嫩,1910年9月26日出生于美国,1933年取得日内瓦医科大学医学博士学位。他于1950年正式加入中国国籍,协助组建了中央皮肤性病研究所,致力于性病和麻风病的防治和研究。他主持建立了中国麻风综合防治研究基地,提出麻风病可防、可治、不可怕的科学论断,扭转了社会上对麻风病根深蒂固的偏见。他尊重科学,提出麻风病防治的"四个转变"工作方法,即强调麻风病防治应由住院隔离治疗转变为社会防治,由单一药物治疗转变为多种化学药物联合治疗,由单纯的治疗转变为治疗与康复并重,由专业队伍孤军作战转变为动员全社会力量共同防治。同时,马海德还积极开展中外医学界的合作与交流,争取国际上的广泛援助,于1980年将国外治疗麻风的新技术——强杀菌联合药疗引进中国。为使其能够尽快在全国范围推广使用，马海德抱病出访了十余个国家，使美国、日本、英国等多个国家的麻风基金会为中国提供了价值上千万美元的药品、医疗器械和交通工具等援助。到 1986 年底，强杀菌联合药疗在全国麻风防治工作中得到推广，增强了麻风病治疗效果，大大推进了麻风病防治工作的进程。

马海德对麻风病防治工作的贡献得到了广泛认可与赞誉，除了获得"达米恩·杜顿麻风协会"奖章，他还于 1985 年获美国加利福尼亚州参议院颁发的国际公共卫生及麻风病防治成就证书，于 1988 年获印度甘地国际麻风奖，被我国卫生部授予"新中国卫生事业的先驱"荣誉称号。2009 年，他被评为 100 位新中国成立以来感动中国人物之一。

12. 王琇瑛获"南丁格尔奖章"

南丁格尔奖是红十字国际委员会为表彰在护理事业中作出卓越贡献人员的最高荣誉奖，由红十字国际委员会在 1907 年第八届国际红十字大会上设立，用以纪念近代护理学和护理教育的奠基人、英国女护士弗洛伦斯·南丁格尔，鼓励护理工作者以人道、博爱、奉献的精神开展工作。1983 年 7 月 11 日，王琇瑛荣获第 29 届南丁格尔奖章，成为我国第一位获此奖项的护理工作者。

王琇瑛（1908—2000 年），中国护理教育及公共卫生护理专家，1931 年毕业于北京协和医学院高等护士学校并获燕京大学理学学位，1935 年留学美国哥伦比亚大学并获硕士学位，曾任中华护理学会副理事长，并创办《护理杂志》。王琇瑛一生致力于提高我国护理教育水平及培养护理人才，热衷于预防、保健的宣传教育工作。1961 年，新中国第一个护理系在北京第二医学院（现首都医科大学）创建，王琇瑛任系主任，为新中国培养了一批高级护理人才。1977 年中华护理学会恢复活动以后，王琇瑛应邀到 28 个省、自治区、直辖市作报告 60 余次，通过各种媒体进行护理知识的科普宣传和教育。此外，王琇瑛还组织护理工作者开展学术交流和科技项目论证鉴定，编辑出版护理专业期刊和书籍，普及、推广护理知识与先进技术。她为繁荣发展我国的护理事业、培养护理人才做了大量有益的工作，推动了我国护理专业的发展。

13. 中华人民共和国药品管理法

为了加强药品监督管理，保证药品质量，增进药品疗效，保障人民用药安全，维护人民身体健康，1984 年 9 月，第六届全国人大常委会第七次会议审议通过了《中华人民共和国药品管理法》（以下简称《药品管理法》）。2001 年、2013 年、2015 年，全国人大常委会对该法作了三次修订,修订后的《药品管理法》主要包括:药品生产企业管理、药品经营企业管理、医疗机构药剂管理、药品管理、药品包装管理、药品价格及广告管理等内容。

《药品管理法》明确指出,国家发展现代药和传统药,充分发挥其在预防、医疗和保健中的作用,由国务院药品监督管理部门主管全国药品监督管理工作。药品监督管理部门有权按照有关规定对报经其审批的药品研制和药品的生产、经营以及医疗机构使用药品的事项进行监督检查,对药品质量进行抽查检验并定期公告药品质量抽查检验的结果。同时,药品监督管理部门应对经其认证合格的药品生产企业、药品经营企业进行认证后的跟踪检查。国家实行药品不良反应报告制度。

《药品管理法》规定,开办药品生产企业、药品批发企业须经企业所在地省、自治区、直辖市人民政府药品监督管理部门批准。药品生产企业生产药品所需的原料、辅料,必须符合药用要求并且对其生产的药品进行质量检验。药品经营企业购销药品,必须有真实完整的购销记录。医疗机构配制制剂,须经所在地省、自治区、直辖市人民政府卫生行政部门审核同意,由省、自治区、直辖市人民政府药品监督管理部门批准。医疗机构配制制剂,必须具有能够保证制剂质量的设施、管理制度、检验仪器和卫生条件。医疗机构及药品经营企业必须制定和执行药品保管制度,购进药品必须建立并执行进货检查验收制度。

《药品管理法》要求,生产新药或者已有国家标准的药品,须经国务院药品监督管理部门批准,并发给药品批准文号,药品生产企业在取得药品批准文号后,方可生产该药品,禁止生产和销售劣药、假药,药品进口须经国务院药品监督管理部门组织审查。国家实行中药品种保护制度,药品实行处方药与非处方药分类管理制度和药品储备制度。药品包装必须适合药品质量的要求,方便储存、运输和医疗使用,并按照规定印有或者贴有标签并附有说明书,直接接触药品的包装材料和容器,必须符合药用要求,符合保障人体健康、安全的标准。药品的生产企业、经营企业和医疗机构应当为用药者提供价格合理的药品,医疗机构应当向患者提供所用药品的价格清单。药品广告须经企业所在地省、自治区、直辖市人民政府药品监督管理部门批准,并发给药品广告批准文号,药品广告的内容必须真实、合法,不得含有虚假的内容。

《药品管理法》的颁布和实施,对于加强药品研发、生产、经营、销售等环节的管理,打击制售假劣药品行为,确保药品质量,保障药品使用者的合法权益具有重要意义。

14. 关于卫生工作改革若干政策问题的报告

为促进卫生工作改革,加快卫生事业发展,缓解人民群众的医疗需要与卫生事业发展水平不相适应的矛盾,国务院于1985年4月批转了卫生部《关于卫生工作改革若干政策问题的报告》(以下简称《报告》)。

《报告》明确指出,卫生工作改革的目的是调动各方面的积极性,改善服务态度,提高服务质量和管理水平,有利于防病治病,便民利民。医院的改革要坚持正确的治疗原则,注意合理用药和合理的检查,避免浪费,不能单纯考虑经济问题。

《报告》认为,为了加快卫生事业的发展,中央和地方应当逐步增加卫生经费和投资。要发展全民所有制的卫生机制和其他部门建立卫生机构,并向社会开放,企业和其他部门也可与卫生部门联合办卫生机构。卫生机构的建设,要实行大、中、小型相结合,以中、小型为主,要注意加强专科重点建设和疗养院、康复机构的建设。要扩大全民所有制卫生机构的自主权,各级卫生机构要积极创造条件实行院、所、站长负责制,院、所、站长实行任期制,其他干部实行聘任制,工人实行合同制。国家对医院的补助经费实行定额包干,单位有权自行支配使用,对现行不合理的收费制度要逐步进行改革。

《报告》指出,各级医疗机构特别是基层医疗机构,要积极开展出诊,大力发展家庭病床,要改革门诊制度,延长门诊时间,方便群众就医。各医疗卫生单位要充分发挥医疗设备的作用,提高利用率,凡能对外提供服务的,都要对外开放。对医疗卫生机构的一些后勤供应,维修服务及生活福利等项目,应积极创造条件走向社会化、企业化。要积极发展集体卫生机构,鼓励和支持集体经济组织、城镇和街道组织举办医疗卫生设施,鼓励民主党派、群众团体办卫生机构,鼓励离退休医务人员集资办卫生机构。集体卫生机构要在人事、财务和经营管理方面有充分的自主权,实行独立核算、自负盈亏、按劳分配、民主管理的制度。要改变国家对现有集体卫生经费补助办法,要按完成医疗预防保健任务的情况进行补助。农村一级卫生机构应根据群众意愿,实行多种形式办医,做到有医有药,能防能治,能进行计划生育宣传和技术指导。卫生行政部门要加强领导和管理,要保证农村预防保健任务的落实,要进一步巩固、完善和提高现有的农村卫生机构,同时要开辟多渠道、多层次、多形式办医疗机构的途径,要把县和乡镇的医疗卫生机构办好,支持集体、个体办医疗卫生事业,方便群众就医。

《报告》提出,要支持个体开业行医。积极组织和支持经过考核、合乎条件的闲散医务人员(包括民族医、草药医和对医药确有一技之长的人员)和离休退休退职医务人员个体开业行医,坐堂看病,办医院,办接生站,开展特别护理,以及各项卫生保健咨询等服务工作。鼓励在职医务人员应聘到附近农村、街道卫生院、门诊部、卫生学校兼职、任教、当技术顾问;允许医生、护士和助产士等在完成定额工作量的前提下,利用业余时间看病、接生、护理病人或从事其他医疗卫生服务工作。

《报告》对于调动办医积极性,加快医疗卫生事业发展,满足人民群众的医疗需求具有重要意义。《报告》的印发,标志着我国医疗卫生体制改革正式启动。

15. 国家中医药管理局成立

改革开放以来，党和国家制定了一系列中医药方针政策，尤其是 1982 年正式将"发展现代医药和我国传统医药"列入《中华人民共和国宪法》，促进了我国中医药事业的快速发展。为了进一步加强中医工作，提高中医在我国医疗卫生事业中的地位，充分发挥中医中药防病治病的作用，1986 年，国务院决定成立国家中医管理局。作为国务院的直属机构，国家中医管理局的主要任务是管理中医事业和中医人才培养等工作，继承发扬中医药学，为建设有中国特色的社会主义卫生事业，提高我国人民的健康水平服务。其后，国务院于 1988 年 5 月决定成立国家中医药管理局，其主要任务是负责全国中医中药工作的行业管理，继承与发扬中医药学，促进中医药事业发展，同时将中药管理职能（中药生产经营行业管理）由国家医药管理局管理划归国家中医药管理局。在随后的历次政府机构改革中，国家中医药管理局的主要职责、机构设置不断充实和调整。目前，国家中医药管理局主要履行以下职责：

一、拟订中医药和民族医药事业发展的战略、规划、政策和相关标准，起草有关法律法规和部门规章草案，参与国家重大中医药项目的规划和组织实施。

二、承担中医医疗、预防、保健、康复及临床用药等的监督管理责任，规划、指导和协调中医医疗、科研机构的结构布局及其运行机制的改革，拟订各类中医医疗、保健等机构管理规范和技术标准并监督执行。

三、负责监督和协调医疗、研究机构的中西医结合工作，拟订有关管理规范和技术标准。

四、负责指导民族医药的理论、医术、药物的发掘、整理、总结和提高工作，拟订民族医医疗机构管理规范和技术标准并监督执行。

五、组织开展中药资源普查，促进中药资源的保护、开发和合理利用，参与制定中药产业发展规划、产业政策和中医药的扶持政策，参与国家基本药物制度建设。

六、组织拟订中医药人才发展规划，会同有关部门拟订中医药专业技术人员资格标准，开展中医药师承教育、毕业后教育、继续教育和相关人才培训工作，参与指导中医药教育教学改革，参与拟订各级各类中医药教育发展规划。

七、拟订和组织实施中医药科学研究、技术开发规划，指导中医药科研条件和能力建设，管理国家重点中医药科研项目，促进中医药科技成果的转化、应用和推广。

八、承担保护濒临消亡的中医诊疗技术和中药生产加工技术的责任，组织开展对中医古籍的整理研究和中医药文化的继承发展，提出保护中医非物质文化遗产的建议，推动中医药防病治病知识普及。

九、组织开展中医药国际推广、应用和传播工作，开展中医药国际交流合作和与港澳台的中医药合作。

十、承办国务院及卫生部交办的其他事项。

16. 中华人民共和国国境卫生检疫法

为了加强我国国境卫生检疫，防止传染病由国外传入或者由国内传出，保护人民健康，第六届全国人大常委会于1986年12月通过了《中华人民共和国国境卫生检疫法》（以下简称《检疫法》）。2007年12月，十届全国人大常委会对《检疫法》作了修订，修订后的《检疫法》主要包括：传染病检疫、传染病监测、卫生监督等内容。

《检疫法》规定，传染病包括检疫传染病和监测传染病，检疫传染病是指鼠疫、霍乱、黄热病以及国务院确定和公布的其他传染病，监测传染病由国务院卫生行政部门确定和公布。国家在国际通航的港口、机场以及陆地边境和国界江河的口岸（以下简称国境口岸）设立国境卫生检疫机关，实施传染病检疫、监测和卫生监督，对于入境、出境的人员、交通工具、运输设备以及可能传播检疫传染病的行李、货物、邮包等物品，只有接受检疫才能入境或者出境。入境的交通工具和人员必须在最先到达的国境口岸的指定地点接受检疫，出境的交通工具和人员必须在最后离开的国境口岸接受检疫。在国境口岸发现检疫传染病、疑似检疫传染病，或者有人非因意外伤害而死亡并死因不明的，国境口岸有关单位应当立即向国境卫生检疫机关报告，并申请临时检疫。接受入境检疫的交通工具来自检疫传染病疫区、被检疫传染病污染、发现有与人类健康有关的啮齿动物或者病媒昆虫，应当实施消毒、除鼠、除虫或者其他卫生处理。在国外或者国内有检疫传染病大流行的时候，国务院有权下令封锁有关的国境或者采取其他紧急措施。

《检疫法》还规定，国境卫生检疫机关负责对入境、出境的人员实施传染病监测，并且采取必要的预防、控制措施。国境卫生检疫机关根据国家规定的卫生标准，对国境口岸的卫生状况和停留在国境口岸的出、入境的交通工具的卫生状况实施卫生监督。对逃避检疫、向国境卫生检疫机关隐瞒真实情况的，未经许可擅自乘坐、离开交通工具或者装卸行李、货物、邮包等物品，不听劝阻的行为，由国境卫生检疫机关可以根据情节轻重，给予警告或者罚款。对违反规定，引起检疫传染病传播或者有引起检疫传染病传播严重危险的，依照刑法有关规定追究刑事责任。

《检疫法》的颁布和实施，使得我国的卫生检疫法规得到完善，对于进一步加强国境口岸入、出境交通工具和人群的疾病监测与卫生监督工作，有效防止传染病传入，保护公民健康具有重要意义。

17. 野生药材资源保护管理条例

我国野生药材资源极为丰富，但乱采滥猎的情况十分严重，为保护和合理利用野生药材资源，国务院于1987年10月30日发布了《野生药材资源保护管理条例》（以下简称《条例》），对野生药材资源的管理原则、野生药材的采猎规则、野生药材资源保护区的建立和管理、野生药材的经营管理等内容作了明确规定。

《条例》明确提出国家对野生药材资源实行保护、采猎相结合的原则，并创造条件开展人工种养。《条例》将重点保护的野生药材物种分为三级，一级是濒临灭绝状态的稀有珍贵野生药材物种；二级是分布区域缩小、资源处于衰竭状态的重要野生药材物种；三级是资源严重减少的主要常用野生药材物种。禁止采猎一级保护野生药材物种；采猎二、三级保护野生药材物种的，不得在禁止采猎区、禁止采猎期进行采猎，不得使用禁用工具进行采猎；采猎、收购二、三级保护野生药材物种的，必须按照批准的计划执行并依法持有采药证，采药证由县以上医药管理部门会同级野生动物、植物管理部门核发。

《条例》规定，建立国家或地方野生药材资源保护区，需经国务院或县以上地方人民政府批准。进入野生药材资源保护区从事科研、教学、旅游等活动的，必须经该保护区管理部门批准。对于野生药材的经营管理，一级保护野生药材物种属于自然淘汰的，其药用部分由各级药材公司负责经营管理，但不得出口；二、三级保护野生药材物种属于国家计划管理的品种，由中国药材公司统一经营管理；其余品种由产地县药材公司或其委托单位按照计划收购。二、三级保护野生药材物种的药用部分，除国家另有规定外，实行限量出口。野生药材的规格、等级标准，由国家医药管理部门会同国务院有关部门制定。

《条例》作为国家对药用野生动植物资源进行保护和管理的行政法规，对于保护野生药材资源、合理利用野生药材、规范和促进野生药材市场发展，发挥了积极作用。

18. 全国消灭脊髓灰质炎规划

脊髓灰质炎又称小儿麻痹症，是严重危害儿童健康的急性传染病。我国是脊髓灰质炎的高发地区，20世纪60年代前，我国每年报告的脊髓灰质炎病例为2万至4.3万人，脊髓灰质炎成为儿童死亡与致残的主要原因。从60年代初期开始，随着脊髓灰质炎疫苗的研制，以及在全国的推广使用，脊髓灰质炎发病率逐年下降。1988年，中国政府积极响应世界卫生组织（WHO）提出的消灭脊髓灰质炎目标，积极回应WHO西太平洋区提出的1995年消灭脊髓灰质炎的目标,制订了《1988—1995年消灭脊髓灰质炎规划》(以下简称《规划》)。

《规划》明确提出,消灭脊髓灰质炎的目标是:1992年全国发病率控制在0.01/10万以下,达到基本消灭;1995年达到无野毒株引起的麻痹型脊髓灰质炎病例。工作指标是:1990年以县为单位,达到98%以上;1995年以县为单位接种率达到95%以上;诊断符合率达到100%,并无疫情漏报、误报。《规划》还提出了消灭脊髓灰质炎的主要技术措施,包括:提高和保持人群免疫水平,提高服苗率,消灭免疫空白点;提高疫苗质量,加强冷链管理,保证接种工作质量;建立和完善各级监测系统,加强消灭脊髓灰质炎的监测工作;快速切断疫情传播,发现脊髓灰质炎病例后,应立即进行现场调查、处理、隔离、治疗病人,将病例控制在两代之内;加强科学研究工作,有目的、有计划、有组织地进行与消灭脊髓灰质炎有关的科学研究工作,为消灭脊髓灰质炎提供科学依据。为做好消灭脊髓灰质炎工作,《规划》提出要深化改革,加强预防保健网建设;完善管理制度,加强科学管理;提高认识,加强领导;广泛开展卫生宣传教育。

为确保消灭脊髓灰质炎目标的实现,在认真研究分析中国脊髓灰质炎流行规律,总结和借鉴国内外消灭脊髓灰质炎工作的经验和教训的基础上,卫生部下发《全国1996—2000年消灭脊髓灰质炎行动计划》。该计划提出,到2000年,要消灭本土脊髓灰质炎野病毒,建立可容纳其他计划免疫监测内容的完善的脊髓灰质炎监测系统,促进计划免疫监测的标准化、规范化;采取有利于提高计划免疫服务质量的措施,全面促进计划免疫工作发展。为此,要提高常规免疫接种率,进行高质量的AFP监测和实验室调查,开展强化免疫活动,在高危地区和监测薄弱地区开展"扫荡"式接种。

在党中央、国务院的领导下,通过社会各界的广泛参与,我国自1994年9月发现最后一例本土脊髓灰质炎野病毒病例后,至2001年已连续7年未发现本土脊髓灰质炎野病毒病例。2000年10月,经世界卫生组织认可,我国实现了消灭脊髓灰质炎的目标。

19. 中华人民共和国传染病防治法

为了预防、控制和消除传染病的发生与流行,保障人体健康和公共卫生,七届全国人大常委会于1989年2月通过了《中华人民共和国传染病防治法》(以下简称《防治法》)。2004年8月、2013年6月,全国人大常委会又两次对《防治法》作了修订,修订后的《防治法》包括:传染病防治、疫情公布和控制、医疗救治、监督管理、保障措施等内容。

《防治法》明确提出,国家对传染病防治实行预防为主的方针,防治结合、分类管理、依靠科学、依靠群众。在中华人民共和国领域内的一切单位和个人,必须接受疾病预防控制机构、医疗机构有关传染病的调查、检验、采集样本、隔离治疗等预防、控制措施,如实提供有关情况。各级人民政府领导传染病防治工作，国务院卫生行政部门主管全国传染病防治及其监督管理工作，各级疾病预防控制机构承担传染病监测、预测、流行病学调查、疫情报告以及其他预防、控制工作，县级以上人民政府卫生行政部门对传染病防治工作履行监督检查职责。国家支持和鼓励单位和个人参与传染病防治工作。

《防治法》规定，传染病分为甲类、乙类和丙类。国务院卫生行政部门根据传染病暴发、流行情况和危害程度，可以决定增加、减少或者调整乙类、丙类传染病病种并予以公布。国家实行有计划的预防接种制度，建立传染病监测制度和传染病预警制度，建立传染病菌种、毒种库。医疗机构必须严格执行国务院卫生行政部门规定的管理制度、操作规范，防止传染病的医源性感染和医院感染。采供血机构、生物制品生产单位必须严格执行国家有关规定，保证血液、血液制品的质量，禁止非法采集血液或者组织他人出卖血液。任何单位和个人发现传染病病人或者疑似传染病病人时，应当及时向附近的疾病预防控制机构或者医疗机构报告，疾病预防控制机构应当主动收集、分析、调查、核实传染病疫情信息，国家建立传染病疫情信息公布制度。

《防治法》规定，医疗机构发现甲类传染病时，应当对病人、病原携带者，予以隔离治疗，隔离期限根据医学检查结果确定；对疑似病人，确诊前在指定场所单独隔离治疗；对医疗机构内的病人、病原携带者、疑似病人的密切接触者，在指定场所进行医学观察和采取其他必要的预防措施。传染病暴发、流行时，县级以上地方人民政府应当立即组织力量，按照预防、控制预案进行防治，切断传染病的传播途径。

《防治法》提出，国家将传染病防治工作纳入国民经济和社会发展计划，对患有特定传染病的困难人群实行医疗救助，减免医疗费用。县级以上地方人民政府将传染病防治工作纳入本行政区域的国民经济和社会发展计划，并加强和完善传染病医疗救治服务网络的建设，指定具备传染病救治条件和能力的医疗机构承担传染病救治任务，或者根据传染病救治需要设置传染病医院。医疗机构应当实行传染病预检、分诊制度，对传染病病人、疑似传染病病人，应当引导至相对隔离的分诊点进行初诊。

《防治法》的颁布，对于进一步完善中国的卫生立法，提升我国的传染病预防、控制和管理水平，保障人民群众健康，促进中国经济社会的发展具有积极意义。

20. 国务院关于加强爱国卫生工作的决定

爱国卫生工作是具有中国特色的一种卫生工作方式，符合我国社会主义初级阶段的国情。采用开展群众性爱国卫生工作、同疾病作斗争的办法是我国创造的成功经验。为了更好地适应经济社会发展的新形势，切实加强爱国卫生工作，国务院于 1989 年 3 月 7 日印发了《关于加强爱国卫生工作的决定》（以下简称《决定》）。

《决定》明确提出，爱国卫生工作的基本方针是政府组织，地方负责，部门协调，群众动手，科学治理，社会监督。全国和各级爱国卫生运动委员会作为国务院和各级人民政府的非常设机构，负责统一领导、统筹协调全国和各地爱国卫生和防治疾病工作。其主要任务是拟定、组织贯彻国家和地方爱国卫生和防治疾病的方针、政策和措施；统筹协调国务院和各级人民政府的有关部门及社会各团体，发动广大群众，开展除四害、讲卫生、防治疾病活动；广泛进行健康教育，普及卫生知识，提高人口卫生素质；开展群众性卫生监督，不断改善城乡生产、生活环境的卫生质量；检查和进行卫生效果评价，提高人民健康水平。

《决定》认为，社会主义初级阶段的爱国卫生工作任务十分繁重，必须牢固树立社会大卫生观念，坚持不懈地抓好卫生工作。要实现"2000年人人享有卫生保健"的战略目标，爱国卫生工作需要运用科学方法，继续组织领导除四害活动；组织有关部门和社会力量，有重点、有步骤地治理大中城市、开放旅游区的内外环境；落实农村改水任务，从根本上控制水传染疾病的发生和流行；大力发展全民健康教育事业，提高群众的自我保健能力；组织协调有关部门制定重大疫情、中毒事故等突发事件的防范措施和应急对策。

《决定》强调，发动群众自觉地同病害和不卫生行为作斗争是爱国卫生工作的基本出发点。要深化改革，探索运用新机制、新方法，加强对爱国卫生工作的管理。建立爱国卫生月制度，通过检查评比竞赛活动，推动卫生预防工作深入发展，强化群众和社会各部门的大卫生观念；加强卫生法制观念，制订爱国卫生工作条例和法规，把爱国卫生工作纳入法制管理轨道，组织群众参与卫生法制监督活动；实行科学管理，落实远、近期规划目标，奖优罚劣，逐步使爱国卫生工作经常化、制度化、规范化。

21. 陈敏章获世界卫生组织"人人享有卫生保健"金质奖章

陈敏章（1931—1999年），浙江杭州人，出生于上海市，曾担任卫生部部长、中国红十字会总会会长、中华医学会会长。他在几十年的医疗工作中，积累了丰富的临床经验，在内科消化系疾病、临床水与电解质平衡，特别是在消化系内镜诊断治疗技术等方面卓有建树。他提出了发展预防保健、农村卫生和继续振兴中医药三项工作重点，组织了多部法律法规的调研和起草工作，主持制定了一系列对卫生工作具有指导意义的文件，积极推进医学教育和医学科学技术的发展。1991年2月，世界卫生组织总干事中岛宏博士在人民大会堂授予其"人人享有卫生保健"金质奖章，以表彰其对中国基层卫生工作和世界卫生事业作出的贡献，并通过他表彰中国全体卫生工作者。这是世界卫生组织首次颁发有关

"人人享有卫生保健"的最高奖，也是中国卫生高级官员在国际上赢得的最高荣誉。

世界卫生组织宪章规定，享受最高标准的健康是每个人的基本人权之一。1981年，第34届世界卫生大会通过了2000年人人享有卫生保健的全球战略及行动要点，认为"人人享有卫生保健"是基于人道主义精神和社会公正的道德原则而提出的一项全球性的卫生发展战略目标，它以"人人健康"作为社会发展的一项理想目标和医德目标，其关键在于实施初级卫生保健，或称社会化保健。"人人健康"是指全世界人民达到最高可能的健康水平，不同国家或地区则应按照自己的社会经济能力，尽力改善人民的健康状况，争取达到这一最高可能的健康水平。"人人享有卫生保健"一经提出，即得到世界各国的广泛支持和参与。1986年，中国政府明确表示了对这一目标的承诺，并把其列入我国社会经济发展总体目标，将有计划、有步骤地实施。陈敏章为"人人享有卫生保健"目标在中国的实现作出了重要贡献。对此，世界卫生组织总干事中岛宏曾赞誉，陈敏章教授自1987年出任卫生部长以来，以坚定的信念、不懈的努力和非凡的才华主持实施中国"2000年人人享有初级卫生保健"计划，使中国提前实现了全球儿童计划免疫目标；尤其是占中国人口80%的农村，医疗保健覆盖面和质量显著提高，许多指标达到了发达工业国家的水平。

22. 白求恩奖章

诺尔曼·白求恩（1890—1939年），是加拿大共产党员，国际主义战士，著名胸外科医师。他于1938年来到中国参加抗日战争，1939年因病逝世。在中国工作的一年半时间里，他为中国抗日革命呕心沥血，毛泽东称他是"一个高尚的人，一个纯粹的人，一个有道德的人，一个脱离了低级趣味的人，一个有益于人民的人"。为了弘扬白求恩毫不利己、对工作极端负责、对同志和人民极端热忱、对技术精益求精的精神，根据卫生部1991年发布的《全国卫生系统荣誉称号暂行规定》，中国设立白求恩奖章。白求恩奖章由人事部、卫生部共同颁发，授予全心全意为病人服务，具有高尚的医德医风、精湛的医术，并在工作中有卓越贡献的医务人员，是全国卫生系统的最高个人荣誉称号之一。

作为卫生系统的最高奖项，白求恩奖章将根据实际情况不定期组织评选。获奖者必须坚持四项基本原则，拥护改革开放的方针政策，遵纪守法，全心全意为人民服务，在本职工作中钻研业务，作出重大贡献，取得显著成效，在全国卫生系统有一定的影响。在评选过程中，要广泛征求群众意见，并经所在单位领导集体讨论同意后向上一级推荐，省、自治区、直辖市卫生厅（局）及省中医（药）管理局统一组织评选或分别组织评选，报卫生部审批。卫生部成立全国卫生系统荣誉称号评审领导小组，由有关领导和专家组成，负责全国卫生系统评审表彰工作。

从1991年到2013年，先后有48人获白求恩奖章，他们是：赵雪芳、方圻、耿士英、郭维淮、南忠、吴蔚然、顾玉东、徐景藩、邓威特、由景瑶、刘炎玲、吴登云、王忠诚、戴宗晴、杨公衍、沈为众、李国桥、韦加宁、邓练贤、叶欣、梁世奎、陈洪光、李晓红、钟南山、王撷秀、任继学、汤钊猷、易为民、王玲、华益慰、乔淑萍、周宪梁、王学诗、桂希恩、陈家祺、王世康、梅莲、冯理达、魏文斌、翁心华、夏桂成、王建安、刘晓林、徐克成、杜丽群、邓前堆、王万青、王军志。他们都是具有全心全意为人民服务的优秀品质和高尚的医德医风，对工作极端热忱的医务人员，他们对技术精益求精，为解除患者的痛苦和人民健康事业长期作出不懈的努力，取得了突出成绩，赢得了社会的尊敬和爱戴，成为广大卫生工作者学习的楷模。

23. 国际传统医药大会

中国政府一贯重视传统医药学的发展，以中医药学为主体的传统医学享有与现代医学同等的法律地位，已经成为国家卫生体系的重要组成部分，在保障人民健康方面发挥着不可替代的作用。为进一步加强传统医药的国际交流与合作，中国国家中医药管理局和世界卫生组织共同发起了国际传统医药大会。

首届国际传统医药大会于1991年10月在北京召开，以"人类健康需要传统医药"为主题，发表了《北京宣言》。《北京宣言》呼吁各国政府、各有关国际组织、非政府组织和各界人士关心和支持传统医药的发展，促进人类健康，为实现人人享有卫生保健的目标而共同奋斗。

1999年4月，第二届国际传统医药大会在北京召开，大会以"21世纪传统医药的发展与应用"为主题，呼吁国际社会加强合作，充分发挥传统医药在现代社会医疗保健中的作用，大会通过了《北京倡议》。《北京倡议》建议，国际社会应在以下方面加强交流与合作：制定相关法律和措施，将传统医药纳入各国卫生保健体系；应用现代科技对传统疗法与药物的安全性、有效性进行研究，尽快建立普遍适用的质量标准体系；在保护传统医药知识产权方面联合采取法律行动；传统医药发展应遵循可持续发展战略，保护生物多样性。

2004年11月，第三届国际传统医药大会在北京举行，大会以"传统医药与人类健康"为主题，就传统医药在卫生保健体系中的作用、如何充分发挥传统医学的优势等问题展开讨论。大会还举办了传统医药产品及成果展览，展示了传统医药在科学研究、技术、产品、设备和服务等方面所取得的成果。

2007年，第四届国际传统医药大会由世界中医药学会联合会主办，新加坡中医师公会承办。大会以"共同推进传统医药的继承"为主题，围绕理论继承与创新、各种疗法的临床经验、优势病种的临床研究、重大传染病与免疫性疾病的防治与疗效等内容展开讨论。

国际传统医药大会的举办，加深了各国传统医学界的友谊，推动了中国中医药与世界各国医药学的交流与合作，促进了世界传统医学的发展。

24. 中药品种保护条例

伴随中医药事业的发展，中药的市场需求不断扩大，中药品种从数量、剂型到主治病种等都得到了迅速发展，但也存在着中成药生产品种混乱、名目繁多、组合不合理、疗效不确切等问题，严重影响到中医临床用药和中医事业的发展。为了提高中药品种的质量，保护中药生产企业的合法权益，促进中药事业的发展，国务院于1992年10月印发了《中药品种保护条例》（以下简称《条例》）。

《条例》提出，国家鼓励研制开发临床有效的中药品种，对质量稳定、疗效确切的中药品种实行分级保护制度，国务院卫生行政部门负责全国中药品种保护的监督管理工作。《条例》强调，受保护的中药品种，必须是列入国家药品标准的品种，经国务院卫生行政部门认定，列为省、自治区、直辖市药品标准的品种，也可以申请保护，受保护的中药品种分为一级和二级。

《条例》对申请中药保护的审批程序作出了明确规定。中药生产企业对其生产的中药品种，可以向所在地省、自治区、直辖市中药生产经营主管部门提出申请；经中药生产经营主管部门签署意见后转送同级卫生行政部门，由省、自治区、直辖市卫生行政部门初审签署意见后，报国务院卫生行政部门；国务院卫生行政部门委托国家中药品种保护审评委员会负责对申请保护的中药品种进行审评，最终由国务院卫生行政部门根据审评结论决定是否给予保护。批准保护的中药品种，由国务院卫生行政部门发给《中药保护品种证书》，对批准保护的中药品种以及保护期满的中药品种，由国务院卫生行政部门在指定的专业报刊上予以公告。

《条例》规定了中药保护品种的保护期限。中药一级保护品种分别为30年、20年、10年，中药二级保护品种为7年。中药一级保护品种的处方组成、工艺制法，在保护期限内由获得《中药保护品种证书》的生产企业和有关的药品生产经营主管部门、卫生行政部门及有关单位和个人负责保密，中药二级保护品种在保护期满后可以延长七年。《条例》指出，对临床用药紧缺的中药保护品种，根据国家中药生产经营主管部门提出的仿制建议，经国务院卫生行政部门批准，由仿制企业所在地的省、自治区、直辖市卫生行政部门对生产同一中药保护品种的企业发放批准文号。对违反《条例》规定，造成泄密的责任人员，由其所在单位或者上级机关给予行政处分；构成犯罪的，依法追究刑事责任。

《中药品种保护条例》的颁布标志着中药品种保护制度在我国正式实施。它在规范中药生产经营秩序、促进中药市场良性竞争、提升中药生产企业研发能力、提高中药品种质量等方面发挥了积极作用，对完善我国中药上市品种再评价管理体系，建立健全药品监督管理体制具有重要意义。

25. 卫生部关于深化卫生改革的几点意见

为全面贯彻落实中共中央、国务院《关于加快发展第三产业的决定》，加快卫生事业发展，建立健全适应社会经济发展和人民小康生活水平的，具有中国特色的卫生服务、监督体系和健康保障制度，最大限度地满足人们日益增长的不同层次的医疗保健需求，加快实现"2000年人人享有卫生保健"的目标，卫生部于1992年9月印发了《关于深化卫生改革的几点意见》（以下简称《意见》）。

《意见》明确提出，要拓宽卫生筹资渠道，完善补偿机制。鼓励采取部门和企业投资、单位自筹、个人集资、银行贷款、社团捐赠、建立基金等多种形式，多渠道筹集社会资金。要遵循价值规律，改革医疗卫生服务价格体系，调整收费结构，保证基本医疗预防保健服务，放开特殊医疗预防保健服务价格。预防保健机构在实行全额补助的前提下，要扩大预防保健有偿服务的范围和覆盖面，合理确定有偿服务收入的分配比例，并大力推广各种形式的预防保健保偿制。同时，要改革现行公费、劳保医疗制度，逐步建立起医药费用由国家、单位、个人适量分担，社会化程度较高的健康保障体系。要积极推广形式多样、项目不同、标准有别的医疗保险制度，争取尽早制订全国性或地方性医疗保险法规。在财政补助政策上，要向农村和预防保健倾斜，要在农村大力推行合作医疗保险制度。

《意见》强调，要加强经营开发，增强卫生经济实力。医疗卫生单位应积极兴办医疗卫生延伸服务的工副业或其他产业，以工助医，"以副补主"；支持有条件的单位办成经济实体或实行企业化管理，做到自主经营、自负盈亏；鼓励冲破部门、单位和地区界限，组建全国性或区域性的专业技术中心、服务公司或产业集团，促进集团化经营。

《意见》要求，要按照精简、统一、高效的原则，对机构重叠、业务交叉的有关部门进行调整。要建立健全卫生监督监测体制，强化卫生行政部门综合监督执法职能，逐步做到卫生监督执法与业务服务分离。要积极推行区域卫生发展规划，实施卫生全行业宏观管理，建立并完善分级管理体系。此外，要转换运行机制，推进劳动人事及工资制度改革，实行干部聘任制、专业技术职务聘任制或全员劳动合同制；鼓励公平竞争，实行双向选择，优化组合，促进卫生人才合理流动；打破平均主义的分配方式，根据不同单位或条件，可分别实行结构工资、职等工资或绩效工资制，拉开分配档次。继续放宽卫生技术劳务政策，鼓励医疗卫生单位扩大医疗卫生服务，并落实按劳分配政策。稳定农村基层卫生技术队伍，扩大农村定向招生、定向培养、定向分配比例，鼓励采取城乡挂钩、横向联合、轮流下派、有偿支援等方式，支持农村卫生事业发展。

《意见》还指出，要不断发展官方和民间、双边和多边的对外合作与交流，大力引进我国需要的资金、人才、先进技术装备、信息和管理经验，加速我国医药卫生科学技术现代化。要充分利用我国传统医药、卫生技术人员等优势，扩大医药卫生技术劳务输出，还要积极吸引留学人员回国服务并为他们创造有利条件。

26. 中华人民共和国红十字会法

为了保护人的生命和健康，发扬人道主义精神，促进和平进步事业，保障红十字会依法履行职责，第八届全国人大常委会于1993年10月审议通过了《中华人民共和国红十字会法》（以下简称《红十字会法》）。

《红十字会法》明确规定，中国红十字会是中华人民共和国统一的红十字组织，是从事人道主义工作的社会救助团体，中华人民共和国公民，不分民族、种族、性别、职业、宗教信仰、教育程度，承认中国红十字会章程并缴纳会费的，可以自愿参加红十字会。县级以上按行政区域建立地方各级红十字会，根据实际工作需要配备专职工作人员，全国性行业根据需要可以建立行业红十字会，全国建立中国红十字会总会，各级红十字会理事会由会员代表大会民主选举产生，理事会民主选举产生会长和副会长，中国红十字会总会具有社会团体法人资格，地方各级红十字会、行业红十字会依法取得社会团体法人资格。中国红十字会根据独立、平等、互相尊重的原则，发展同各国红十字会和红新月会的友好合作关系。

《红十字会法》明确界定了红十字会的职责，包括：开展救灾的准备工作；普及卫生救护和防病知识，进行初级卫生救护培训；开展红十字青少年活动；参加国际人道主义救援工作；宣传国际红十字和红新月运动的基本原则和日内瓦公约及其附加议定书等。此外，红十字会有权处分其接受的救助物资，在处分捐赠款物时，应当尊重捐赠者的意愿。任何组织和个人不得拒绝、阻碍红十字会工作人员依法履行职责。

《红十字会法》还对红十字会的标志、经费等问题作了规定。红十字标志具有保护作用和标明作用，因宗教信仰使用红新月标志的，其使用办法适用红十字标志的使用规定，禁止滥用红十字标志。红十字会经费的主要来源包括：红十字会会员缴纳的会费、接受国内外组织和个人捐赠的款物、动产和不动产的收入、人民政府的拨款。红十字会要建立经费审查监督制度，经费使用情况要依照国家有关法律、法规的规定，接受人民政府的检查监督。任何组织和个人不得侵占和挪用红十字会的经费和财产。

27. 国家卫生服务调查

为了适应我国经济社会的发展，促进卫生事业宏观管理水平和决策能力的提高，加强卫生事业和发展战略目标及其实施过程的监督、监测和评价，《卫生事业第八个五年计划及2000年规划设想》提出："建立卫生发展、管理目标及其监督评价的指标体系和定期的卫生服务总调查制度以及灵活、及时、准确的综合卫生管理信息系统。"根据这一要求，我国先后于1993年、1998年、2003年、2008年和2013年开展了第一、第二、第三、第四和第五次国家卫生服务调查。

国家卫生服务调查分抽样调查和专题调查研究两部分，其中，抽样调查包括家庭健康询问调查、基层医疗卫生机构调查、医务人员调查等；专题调查研究是围绕卫生改革与发展的实际现状或迫切需要研究的问题进行探讨与研究。在保持核心内容的连续性和可比性的同时，每次卫生服务调查都会根据实际需求对调查内容作出相应调整。第一次国家卫生服务调查的内容包括基于人群的家庭健康询问调查和基于机构的卫生服务调查。

第二次国家卫生服务调查围绕卫生改革和发展的目标及重点，通过住户居民健康询问调查和机构调查，对全国城乡及不同类型地区居民健康水平、卫生服务的需要和需求量、医疗保障费用、卫生服务资源及其利用效率进行深入了解和系统分析。调查内容包括两部分：一是居民健康询问调查，通过入户调查居民健康状况、卫生服务需要和需求量、居民卫生服务实际利用量及其影响因素；二是卫生机构调查，调查了解住户居民所在地区（县、乡、村）卫生资源的配置、供给及其利用效率。

第三次国家卫生服务调查基本目的是提供人群健康状况、卫生服务需求量、卫生服务费用、居民对卫生服务的反应性等信息，为制定政策和开展评价提供客观依据，包括家庭健康询问调查和小规模定性调查两部分内容。家庭健康询问调查的对象为全国抽中样本住户的实际人口，小规模定性调查的对象包括所抽中样本地区及卫生服务相关的主要人群，包括：城镇和农村居民、各级卫生服务提供者（包括个体和民营卫生服务提供人员、卫生管理人员）、相关弱势人群（包括贫困人口和流动人口）等。

第四次国家卫生服务调查以建设覆盖城乡的公共卫生服务体系、医疗服务体系、医疗保障体系、药品供应体系，实现人人享有均等化的基本医疗卫生服务制度的卫生改革与发展政策为目标，以为群众提供安全、有效、方便、价廉的医疗卫生服务，使全体人民实现"病有所医"为核心，目的是客观反映几年来卫生改革发展成就及问题，为改善卫生服务公平性、可及性，预测今后卫生服务供需变化的趋势，推进城镇和农村卫生改革和发展、合理制定卫生发展政策提供依据,并为今后改革政策的实施提供基础信息。调查内容包括六方面:城乡居民卫生服务需要、城乡居民卫生服务需求与利用、城乡居民医疗保障、居民的满意度、基层医疗卫生机构服务提供能力与质量、医务人员执业环境与满意度。

第五次国家卫生服务调查主要是通过了解城乡居民卫生服务需要、需求及利用的水平及特点,了解城乡不同医疗保障制度的覆盖水平、重点人群卫生服务利用情况、居民对医疗卫生服务利用的满意度,以及医务人员的工作状况与感受,为合理配置卫生资源、进一步完善医疗保障制度、健全卫生服务体系、改善医疗卫生服务、评价医改对医务人员产生的影响提供依据。

通过卫生调查,能了解居民的健康状况、卫生服务需要和利用的变化规律,预测居民未来的健康状况和卫生服务需求,为我国卫生改革政策的制定和改革实施效果的评估提供依据。

28. 医疗机构管理条例

改革开放以来,中国医疗卫生事业有了很大发展,各类医疗机构数量不断增加。但是,由于归口管理系统不统一,机构审批、规划布局、监督管理等存在问题,未能充分、有效地发挥出现有医疗机构的功能。为了加强对医疗机构的管理,充分发挥其功能,促进医疗卫生事业的发展,国务院于1994年2月颁布了《医疗机构管理条例》(以下简称《条例》)。

《条例》明确指出,医疗机构以救死扶伤,防病治病,为公民的健康服务为宗旨。国家扶持医疗机构的发展,鼓励多种形式兴办医疗机构。国务院卫生行政部门负责全国医疗机构的监督管理工作。县级以上地方人民政府卫生行政部门应当根据本行政区域内的人口、医疗资源、医疗需求和现有医疗机构的分布状况,制定本行政区域医疗机构设置规划,且把医疗机构设置规划纳入当地的区域卫生发展规划和城乡建设发展总体规划。单位或者个人设置医疗机构,必须经县级以上地方人民政府卫生行政部门审查批准,并取得设置医疗机构批准书,方可向有关部门办理其他手续。

《条例》规定,医疗机构执业,必须进行登记,领取《医疗机构执业许可证》。医疗机构的执业登记,由批准其设置的人民政府卫生行政部门办理;医疗机构改变名称、场所、主要负责人、诊疗科目、床位,必须向原登记机关办理变更登记;医疗机构歇业,必须向原登记机关办理注销登记,经登记机关核准后,收缴《医疗机构执业许可证》。《医疗机构执业许可证》不得伪造、涂改、出卖、转让、出借,任何单位或者个人,未取得《医疗机构执业许可证》,不得开展诊疗活动。医疗机构必须将《医疗机构执业许可证》、诊疗科目、诊疗时间和收费标准悬挂于明显处所，按照核准登记的诊疗科目开展诊疗活动。医疗机构必须承担相应的预防保健工作，承担县级以上人民政府卫生行政部门委托的支援农村、指导基层医疗卫生工作等任务。

《条例》提出，国家实行医疗机构评审制度，由专家组成的评审委员会按照医疗机构评审办法和评审标准，对医疗机构的执业活动、医疗服务质量等进行综合评价。县级以上地方人民政府卫生行政部门根据评审委员会的评审意见，对达到评审标准的医疗机构，发给评审合格证书；对未达到评审标准的医疗机构，提出处理意见；对于未取得《医疗机构执业许可证》擅自执业的，由县级以上人民政府卫生行政部门责令其停止执业活动，没收非法所得和药品、器械，并可以根据情节处以罚款。

《条例》的颁布，使得医疗机构登记、执业监督、评审制度得以建立，为医疗机构管理走上正常发展轨道提供了法律保障，对加强医疗机构的管理，充分、有效地发挥出现有医疗机构的功能，探索医疗机构统筹布局机制，促进医疗卫生事业的发展具有重要意义。

29. 中共中央、国务院召开全国卫生工作会议

改革开放以来，中国卫生事业有了很大发展，人民健康水平显著提高。但是，中国卫生事业的发展与经济建设和社会进步的要求还不相适应，地区间卫生发展不平衡，农村卫生、预防保健工作薄弱，医疗保险制度不健全，卫生投入不足，资源配置不够合理，卫生服务质量和服务态度同人民群众的要求还有差距，卫生工作尚未得到全社会的充分重视。在这种背景下，中共中央、国务院于1996年12月在北京召开了全国卫生工作会议。此次会议是新中国成立以来，由党中央、国务院召开的第一次全国卫生工作会议，对于深化卫生体制改革，加强卫生工作，促进卫生事业发展具有重要作用。

江泽民总书记在会议上发表了重要讲话，他指出，卫生事业是造福于人民的事业，在全国实现人人享有卫生保健，不断增进人民健康，提高全民族健康素质，是经济社会发展和精神文明建设的重要目标，是人民生活达到小康水平的重要标志，也是促进经济发展和社会进步的重要保障。建设有中国特色的社会主义卫生事业，要着重抓好以下几项工作：重点加强农村卫生工作；卫生工作要以预防保健工作为主；坚持中西医并重，发展中医药；依靠科技进步，提高专业技术水平；开展爱国卫生运动，动员全社会参与；要努力建设一支高素质的卫生工作队伍。

此次会议总结了新中国成立以来中国卫生事业所取得的成就和经验，讨论和修改了《关于卫生改革与发展的决定》。会议肯定了卫生事业在我国经济社会发展中的重要地位和作用，明确了我国卫生事业的性质和卫生工作的方针，强调了卫生机构必须坚持为人民服

务的宗旨，正确处理社会效益与经济效益的关系，确定了从现在起到 2010 年卫生工作的奋斗目标。会议明确提出，卫生事业的发展必须从我国实际情况出发，与国民经济和社会发展相协调，人民保障福利水平必须与经济发展水平相适应。卫生改革必须适应社会主义市场经济的发展，遵循卫生事业发展的内在规律，走出一条具有中国特色的社会主义卫生事业发展之路。要积极稳妥地进行城镇职工医疗保障制度的改革，各试点城市制定医改方案时，关键是要确定与当地社会生产力发展以及各方面承受能力相适应的基本医疗保障水平。要切实加强农村卫生工作，把健全农村三级医疗预防保健网、巩固乡村医生队伍和建立合作医疗制度结合起来，配套进行改革和建设。

会议结束之后，中共中央、国务院于 1997 年 1 月印发了《关于卫生改革与发展的决定》，明确提出了新时期卫生工作的方针和原则：以农村为重点，预防为主，中西医并重，依靠科技与教育，动员全社会参与，为人民健康服务，为社会主义现代化建设服务。卫生改革与发展应坚持为人民服务的宗旨，正确处理社会效益和经济收益的关系，把社会效益放在首位。以提高人民健康水平为中心，优先发展和保证基本卫生服务，体现社会公平、逐步满足人民群众多样化的需求。合理配置资源，注重提高质量和效率，重点加强农村卫生工作、预防保健和中医药工作。

《关于卫生改革与发展的决定》还提出，要积极推进卫生改革，改革城镇职工医疗保障制度、城市卫生服务体系、卫生管理体制和卫生机构运行机制；要加强农村卫生工作，实现初级卫生保健规划目标，积极稳妥地发展和完善合作医疗制度，加强农村卫生组织建设，完善县、乡、村三级卫生服务网，建立城市卫生机构对口支援农村的制度，做好贫困地区和少数民族地区的卫生工作；要完善卫生经济政策，增加卫生投入，要加强药品管理，促进医、药协调发展。

30. 发展和完善农村合作医疗

为了做好农村卫生工作，减少各类传染病、地方病、慢性非传染性疾病对农民健康的威胁，有效遏制农民因病致贫、因病返贫现象的发生，促进农村经济和社会的发展，中共中央《关于建立社会主义市场经济体制若干问题的决定》提出要发展和完善农村合作医疗制度，中共中央、国务院《关于卫生改革与发展的决定》提出到 2000 年要在农村多数地区建立起各种形式的合作医疗制度。为了认真贯彻落实决定精神，1997 年 5 月，国务院批转了卫生部、农业部等五部门起草的《关于发展和完善农村合作医疗的若干意见》（以下简称《意见》）。

《意见》明确指出，农村合作医疗制度是适合中国国情的农民医疗保障制度，地方各级人民政府应根据各自财力,以不同方式引导、支持农村合作医疗的建立和发展,举办农村合作医疗,要坚持民办公助、自愿量力、因地制宜的原则。筹资以个人投入为主,集体扶持,政府适当支持,农民个人交纳的费用是农村合作医疗资金的主要来源。要因地制宜地根据当地的经济水平和群众的承受能力,确定合作方式、筹资标准和报销比例,经村民会议讨论后写入当地农村合作医疗章程,由农民群众照章办理;乡、村集体经济的投入是农村合作医疗资金的重要组成部分,起到扶持的作用;村提留公益金中应有一定数额用于农村合作医疗,具体比例由集体经济组织依据实际情况确定,应随着经济的发展逐步提高。

《意见》强调,办好农村合作医疗,必须注重科学管理,实行民主监督。要管好用好农村合作医疗资金,专户储存,专款专用,取之于民,用之于民,使农民真正受益。要做到以收定支,量入为出,略有结余。要按照管理和监督分开的原则,加强对农村合作医疗的管理和监督工作,要建立资金筹集、报销、卫生服务、管理监督等制度并认真执行,各级农村合作医疗管理机构应定期向同级人民政府汇报工作,并接受同级人民代表大会的监督。

《意见》要求,各级政府要加强领导,农业、财政、计划、民政、教育、计划生育等有关部门应各负其责,密切配合,共同做好农村合作医疗工作。一是要加强宣传,提高各级干部对农村合作医疗重要意义的认识,使农民了解农村合作医疗。二要认真抓好试点工作,由点到面,逐步推开。三要加强三级医疗预防保健网和农村卫生队伍建设,把合作医疗、三级网、基层卫生队伍三者密切结合起来配套改革和建设。地方各级人民政府要积极支持贫困地区发展和完善农村合作医疗,尽可能安排必要的资金,帮助贫困地区重点解决基础卫生设施,改善饮水条件,防治地方病和传染病。

31. 第十届世界烟草或健康大会在北京召开

世界烟草或健康大会(World Conference on Tobacco or Health)是世界卫生组织、国际抗癌联盟等国际组织为推动全球控制烟草,保障人类健康而组织的重大国际活动。1997年8月,以"烟草:不断蔓延的瘟疫"为主题的第十届世界烟草或健康大会在北京召开,来自世界103个国家和地区的1800多名代表参加了大会。

本届大会由中国主办,中国吸烟与健康协会和中华医学会承办,由全国人大常委会副委员长吴阶平主持,国家主席江泽民出席了开幕式并作重要讲话。江泽民在讲话中指出,中国是一个地域辽阔、人口众多的发展中国家,烟草在我国流行有比较长的历史,各地区烟草的产量、吸烟的人数以及人们对吸烟的认识,都有很大的差别。我国政府从实际情况出发,在控烟工作方面作了很大的努力,今后,中国将继续与世界各国一道,为提高人民的健康水平进行不懈的努力。开幕式上,世界卫生组织总干事中岛宏、世界卫生组织西太区主任韩相泰致辞并颁奖,中国卫生部部长陈敏章、宋庆龄基金会荣获世界卫生组织颁发的烟草或健康纪念奖。

本届大会共举行了8次大会报告会、17场专题报告、19场分组会议和讲座,共收到3800多篇论文,其中有384篇论文作者作了发言。与会代表围绕"烟草:不断蔓延的瘟疫"这一主题,对烟草的危害性、烟草与妇女、烟草与青年、烟草与宗教、烟草贸易和走私、烟草广告限制、烟草与体育文化活动、烟草诉讼与法律、世界烟草流行趋势、控烟政策和措施等议题作了比较全面、深入的交流。大会认为,大量科学证据证明,烟草的使用与日益蔓延的全球性的死亡和疾病的流行有关,同时被动吸烟也有害健康,对妇女、儿童的危害尤为严重。目前全世界每年有350万人死于吸烟,到2025年,这一数字将达到1000万,其中发展中国家占多数,中国又首当其冲。现在世界上大约有11亿烟民,其中有8亿在发展中国家。大会号召"团结起来,共创无烟的世界"、"保障少年儿童在无烟的环境中健康成长",敦促各国政府进一步控制烟草广告、限制烟草产量,禁止向未成年人出售烟草制品,广泛开展控烟教育活动等。

此次大会通过了《第十届世界烟草或健康大会决议》。决议认为,停止使用烟草是拯救成千上万生命的唯一办法。为此,决议提出了八点建议:停止使用烟草;制订一项控烟框架公约并提交2000年第53届世界卫生大会批准;联合国应优先考虑控烟问题;烟草业将支付有关保健、环境、社会和经济的全部损失;鼓励妇女参与控烟;保证发展中国家有较强大代表并担任控烟组织领导;进一步加强对烟草造成的经济损失的分析,并要求通过税收给予补偿;把烟草作为一种有害物质进行非正常化管理;扩大无烟世界的合作关系等。

32. 中国预防与控制艾滋病中长期规划(1998—2010年)

艾滋病是一种目前尚无有效治愈办法、病死率极高的传染病,它在全世界的广泛流行已成为严重的公共卫生问题和社会问题。在20世纪末,艾滋病在中国周边国家的流行日趋严重,而国内由于流动人口数目庞大且难以管理,吸毒、卖淫嫖娼活动在短期内难以禁绝,艾滋病在中国加速流行的趋势十分严峻,亟须加强艾滋病的预防和控制工作。为促进地方各级人民政府及有关部门加强艾滋病防治工作,增强全社会抵御艾滋病的能力,减轻艾滋病给人民健康及国民经济和社会发展带来的危害,1998年10月,卫生部、国家计划委员会、科技部、财政部联合印发了《中国预防与控制艾滋病中长期规划(1998—2010年)》(以下简称《规划》)。

《规划》明确提出,预防与控制艾滋病的总目标是建立政府领导、多部门合作和全社会参与的艾滋病性病预防和控制体系,在全社会普及艾滋病、性病防治知识,控制艾滋病的流行与传播。要坚持实事求是、标本兼治和因地制宜、分类指导、分级管理、分工负责的原则，在控制上以预防为主，在预防上以宣传教育为主，在实施上以经常性工作为主，在研究上以应用研究为主，加强艾滋病的预防和控制。要落实卫生部《关于加强预防和控制艾滋病工作的意见》的各项要求，加强领导，督促部门合作，动员全社会参与，加强宣传教育，规范性病防治管理，落实性病监测和防治的各项措施，严格控制艾滋病病毒经血液、血液制品及医源性传播，营造有利于艾滋病防治的社会环境。

为了做好艾滋病预防和控制工作，《规划》提出了多项措施。一、加强领导，实施综合治理。各级地方政府要将艾滋病防治计划和实施方案纳入经济和社会发展规划，坚持政府投入为主、分级承担、多渠道筹资的原则，保证规划的顺利实施。二、落实规划目标，实行分类指导。建立高度有效的领导、协调和防治监督管理体制，提高医疗卫生系统艾滋病、性病防治服务能力及严格采血供血管理。三、加强宣传，增进群众防病意识。要针对不同人群采取经常性和突击性相结合的工作方式，深入开展对一般人群、重点人群和高危人群的各项宣传教育活动。四、依法管理，强化监督、监测。进一步加强对采供血机构和血液制品生产单位的治理整顿，切实落实对供血者、供血浆者和血液、血液制品的检测和监测措施，完善艾滋病、性病医疗保健服务和咨询服务工作。五、健全机构，加强队伍建设。要有计划地采取多种方式，加紧对不同层次的从事艾滋病和性病防治、科研、宣传教育及管理等工作的人员进行培训，逐步建立一支与防治任务相适应的专业队伍。六、加强科研，积极开展国际合作。科学研究应坚持为防治工作服务的方向，充分发挥我国传统医学和中西医结合的优势；要吸收、借鉴和推广国际先进科学技术及成功经验，积极争取国际社会在信息、技术、资金等方面的交流、合作与援助。

为了保证《规划》的顺利实施，中国将建立目标考核与评价制度，通过自查、抽查、中期考评和终期考评等方法，对实施效果进行综合考核评价，督促指导各项规划目标的贯彻实施，并及时根据考评和变化情况调整规划目标及各项策略和措施。

33. 中华人民共和国献血法

长期以来，中国大部分医疗用血都来自有偿献血，伴随医疗用血需求量的快速增长，血液供给日趋紧张。自从1978年国务院批转卫生部《关于加强输血工作的请示》后，各省、自治区、直辖市相继开展了公民义务献血活动，但是，一些有偿献血者为谋求经济利益，频繁供血，造成血液质量下降；一些不法分子组织他人冒名顶替公民义务献血，甚至强迫他人卖血，从中牟取暴利，为血源性疾病的传播埋下隐患。为保证医疗临床用血需要和安全，保障献血者和用血者身体健康，第八届全国人大常委会于1997年12月审议通过了《中华人民共和国献血法》（以下简称《献血法》）。

《献血法》明确提出，国家实行无偿献血制度。地方各级人民政府领导本行政区域内的献血工作，统一规划并负责组织、协调有关部门共同做好献血工作；县级以上各级人民政府卫生行政部门监督管理献血工作；各级红十字会依法参与、推动献血工作；国家机关、军队、社会团体、企业事业组织、居民委员会、村民委员会，应当动员和组织本单位或者本居住区的适龄公民参加献血。对献血者，发给国务院卫生行政部门制作的无偿献血证书，有关单位可以给予适当补贴。

《献血法》明确规定，血站是采集、提供临床用血的机构，是不以营利为目的的公益性组织。血站应当为献血者提供各种安全、卫生、便利的条件。血站对献血者必须免费进行必要的健康检查，对身体状况不符合献血条件的，血站应当向其说明情况，不得采集血液。血站对献血者每次采集血液量一般为200毫升，最多不得超过400毫升，两次采集间隔期不少于6个月。

《献血法》要求，无偿献血的血液必须用于临床，不得买卖。医疗机构对临床用血必须进行核查，不得将不符合国家规定标准的血液用于临床。为保障公民临床急救用血的需要，国家提倡并指导择期手术的患者自身储血，动员家庭、亲友、所在单位以及社会互助献血。医疗机构临床用血应当制定用血计划，遵循合理、科学的原则，不得浪费和滥用血液。为加强对非法采集血液行为的打击力度，《献血法》规定，对非法采集血液、非法组织他人出卖血液及血站、医疗机构出售无偿献血的血液，由县级以上地方人民政府卫生行政部门予以取缔，没收违法所得，可以并处十万元以下的罚款；构成犯罪的，依法追究刑事责任。

《献血法》的颁布和实施，确立了中国实行无偿献血制度，标志着我国无偿献血工作进入法制化轨道。《献血法》对规范血站的管理，确保采供血工作良性发展，促进无偿献血队伍不断扩大，满足临床用血需求具有重要意义。

34. 中华人民共和国执业医师法

医师是中国医疗卫生技术人员队伍的主体，担负着中国医疗卫生事业发展和保护人民生命健康的重大职责。然而，中国在医师队伍建设方面却存在着一些不容忽视的问题，如：医疗供需矛盾突出、部分医师存在严重的医德医风问题、医患关系紧张、对个体行医监管不足等。为加强对医师队伍的管理，全国人大常委会于1998年6月审议通过了《中华人民共和国执业医师法》（以下简称《医师法》）。

《医师法》明确规定，医师应当具备良好的职业道德和医疗执业水平，发扬人道主义精神，履行防病治病、救死扶伤、保护人民健康的神圣职责。全社会应当尊重医师，医师依法履行职责，受法律保护。国务院卫生行政部门主管全国的医师工作。国家实行医师资格考试制度，医师资格考试分为执业医师资格考试和执业助理医师资格考试。国家实行医师执业注册制度，取得医师资格的，可以向所在地县级以上人民政府卫生行政部门申请注册。医师经注册后，可以在医疗、预防、保健机构中按照注册的执业地点、执业类别、执业范围执业，从事相应的医疗、预防、保健业务。申请个体行医的执业医师，须经注册后在医疗、预防、保健机构中执业满五年，并按照国家有关规定办理审批手续；未经批准的，不得行医。

《医师法》要求，医师应当如实向患者或者其家属介绍病情，但应注意避免对患者产生不利后果。对急危患者，医师应当采取紧急措施进行诊治，不得拒绝急救处置。医师不得利用职务之便，索取、非法收受患者财物或者牟取其他不正当利益。医师发生医疗事故或者发现传染病疫情时，应当按照有关规定及时向所在机构或者卫生行政部门报告，遇有自然灾害、传染病流行、突发重大伤亡事故及其他严重威胁人民生命健康的紧急情况时，医师应当服从县级以上人民政府卫生行政部门的调遣。执业助理医师应当在执业医师的指导下，在医疗、预防、保健机构中按照其执业类别执业。

《医师法》规定，受县级以上人民政府卫生行政部门委托的机构或者组织应当按照医师执业标准，对医师的业务水平、工作成绩和职业道德状况进行定期考核。县级以上人民政府卫生行政部门应当制定医师培训计划，对医师进行多种形式的培训，为医师接受继续医学教育提供条件。医疗、预防、保健机构应当按照规定和计划保证本机构医师的培训和继续医学教育。对于以不正当手段取得医师执业证书的，由发给证书的卫生行政部门予以吊销；对负有直接责任的主管人员和其他直接责任人员，依法给予行政处分。未经批准擅自开办医疗机构行医或者非医师行医的，由县级以上人民政府卫生行政部门予以取缔，没收其违法所得及其药品、器械，并处罚款；对医师吊销其执业证书；给患者造成损害的，依法承担赔偿责任；构成犯罪的，依法追究刑事责任。

《医师法》的颁布和实施，对于加强医师队伍建设，提高医师的职业道德和业务素质，维护医师的合法权益，保障人民健康具有重要意义。

35. 区域卫生规划

随着社会主义市场经济体制的建立和医学模式的转变，特别是职工医疗保障制度的改革，在原有体制下形成的卫生资源条块分割、结构不合理、效率不高等问题越来越突出，卫生资源短缺与浪费并存，已不适应经济社会发展和人民群众医疗保障的需求。对此，中共中央、国务院在《关于卫生改革和发展的决定》中指出，区域卫生规划是政府对卫生事业发展实行宏观调控的重要手段，要将区域卫生规划作为今后一段时间内深化卫生管理体制改革的重要内容和突破口。1999年3月，经国务院批准，国家计委、财政部、卫生部联合印发了《关于开展区域卫生规划工作的指导意见》（以下简称《意见》）。

《意见》明确指出，区域卫生规划是国民经济和社会发展计划的组成部分，实施区域卫生规划是卫生改革和发展的重大举措，是对卫生事业进行宏观调控的重要手段，是区域内合理配置和有效利用卫生资源的必然要求。区域卫生规划的目标是构建与国民经济和社会发展水平相适应，有效、经济、公平的卫生服务体系和管理体制，改善和提高卫生综合服务能力和资源利用效率。开展区域卫生规划要坚持以下原则：要从国情出发，与区域内国民经济和社会发展水平相适应，与人民群众的实际健康需求相协调；要优先发展和保证基本卫生服务，大力推进社区卫生服务，重点加强农村卫生和预防保健；要符合成本效益，提倡资源共享，提高服务质量和效率；要加快卫生管理体制和运行机制改革，对区域内所有卫生资源实行全行业管理；要解放思想，实事求是，因地制宜，敢于冲破现有条条框框的束缚，边规划，边调整。

《意见》提出，区域卫生规划在编制时要分析社会经济、居民健康和卫生资源状况，确定主要卫生问题，制定规划目标和资源配置标准，提出对策措施和实施监督评价。卫生机构的设置，首先要满足社区层次居民卫生服务需求，充分体现社区卫生服务的综合性。在此基础上，规划社区以上卫生机构，不要求层层对口。要明确各层次卫生机构的功能和职责，逐步建立双向转诊制度，引导卫生资源向基层流动。要根据社会经济发展的水平和居民卫生服务的实际需求及变化趋势确定配置标准，最高限额不得超过居民卫生服务实际需要量，在确定结构和比例时，优先考虑区域内主要卫生问题。卫生设备的配置必须与卫生机构层次、功能相适应，提倡应用适宜技术和常规设备，大型医用设备要按照区域卫生规划的要求，严格控制总量，合理布局，实现资源共享。

《意见》指出，各级政府要把区域卫生规划工作摆上重要的议事日程，列入政府的工作目标；要强化全行业管理，打破现有按部门和行政隶属关系形成的条块分割、布局不合理的卫生服务体系，按照区域卫生规划的总体要求，对区域内卫生资源规划、审批、调整、监督、评价，依法进行管理；规划卫生资源总量，调整布局和结构，引导卫生事业以人民健康需求为导向，走注重质量和效益，以内涵建设为主的发展道路，实现健康、协调和可持续发展；要加强社区卫生服务和农村卫生工作，引导卫生资源向预防保健、社区和农村流动；加快卫生机构内部运行机制改革，促使卫生机构优化内部结构激活效率，按"优质、高效、低耗"的原则运行；要完善配套政策改革，加快人事制度改革，规范财政资金供应范围和方式，完善价格政策，取消现行医院、防疫、妇幼机构等级评审制度中不符合区域卫生规划要求的作法与政策;规划与实施调整并进,各地要抓住有利时机,积极探索,勇于实践,积累经验,稳步推进。

36. 卫生监督体制改革

受计划经济体制的影响,我国卫生监督体系存在卫生监督与有偿技术服务行为不分、卫生监督队伍分散、难以形成监管合力、行政效率低下等问题。为了适应依法治国和建设社会主义市场经济体制的要求,更好地保障人民健康,建立办事高效、运转协调、行为规范的卫生监督体制,卫生部于2000年1月印发了《关于卫生监督体制改革的意见》(以下简称《意见》)。

《意见》提出,卫生监督体制改革是卫生改革的重要组成部分,要按照依法行政、政事分开和综合管理的原则,调整卫生资源配置,理顺和完善现行卫生监督体制,建立结构合理、运转协调、行为规范、程序明晰、执法有力、办事高效的卫生监督新体制,努力实现"到2000年,初步建立起具有中国特色的包括卫生服务、医疗保障、卫生执法监督的卫生体系"的目标。卫生监督体制改革要坚持依法行政,强化政府卫生行政执法职能,实现卫生监督工作法制化管理;要政事分开,合理划分和明确卫生监督与卫生技术服务职责,理顺和完善卫生监督体制;要综合管理,解决分散、多头管理的问题,组建统一的卫生监督机构行使卫生监督职能,规范卫生监督行为,建立卫生执法监督统一、高效的机制。

《意见》还提出,各地要规范卫生行政部门的卫生执法监督机构和人员编制的设置,改善监督条件和技术手段;要合理划分卫生监督与卫生技术服务职责,将原来由各卫生事业单位承担的各项卫生监督职能集中,组建卫生监督所,专职承担卫生监督任务;要加强卫生监督队伍的建设,秉公执法,廉洁自律,制止乱收费和乱罚款;要保障卫生执法监督的公正和队伍的廉洁性,将卫生执法监督收入纳入预算管理,卫生监督工作所需经费由同级财政预算安排;要改革、完善卫生监督运行机制,卫生行政部门要建立卫生执法监督制约机制,做好行政处罚的审查、听证和决定,承担行政复议、行政诉讼和行政赔偿等职责,并加强对卫生监督机构的管理和监督。

为了推进卫生监督体制改革工作,2001年,卫生部又印发了《关于卫生监督体制改革实施的若干意见》,强调要按照依法行政、政事分开、加强卫生监督综合管理的要求,进一步明确卫生监督执行机构的工作职责,完善执法运行机制,加强对卫生监督执行机构的管理;建立健全卫生行政执法的错案追究制度、上级对下级的执法稽查制度;要转变工作模式、工作方式和工作作风,规范卫生行政执法行为。在机构设置上,卫生监督所(局)是卫生行政部门行使卫生监督执法职能的执行机构,依法在公共卫生、医疗保健等领域开展综合性卫生监督执法工作。此外，要加强卫生监督队伍的建设与管理，建立一支政治素质优、执法水平高、业务能力强、廉洁自律、秉公执法和办事高效的卫生监督执法队伍。同时，要加强对执法工作的综合管理，推行执法责任制，从根本上改变执法分散、效率低下的现象，不断提高依法行政的水平；要加强内部管理，规范卫生监督执法行为，建立和完善内部制约机制；要加强对卫生监督检验检测机构的管理，不断加强质量管理和规范化建设，注重培养优秀人才，不断拓宽业务领域，提高检验检测方法的技术水准。

2005年，在卫生监督体制改革的基础上，卫生部提出要加强卫生监督体系建设，印发了《关于卫生监督体系建设的若干规定》。该规定指出，卫生监督体系建设包括：加强卫生监督机构和队伍的建设、明确卫生监督的任务和职责、健全卫生监督工作的运行机制和完善卫生监督工作的保障措施。卫生监督工作实行分级管理，由中央、省、设区的市、县级人民政府卫生行政部门内设卫生监督机构并下设卫生监督执行机构，负责辖区内卫生监督工作。县级卫生监督机构可在乡镇派驻卫生监督人员，国家对卫生监督人员实行定期培训和考核制度。各级卫生监督机构应当建立健全规章制度和工作程序，按照法律法规的规定，履行卫生监督管理职责，制定相关政策，负责卫生监督工作的宏观管理、组织协调和信息发布。此外，规定还对各级卫生监督机构的职责作了详细规定。

37. 城镇医疗机构分类管理

为深化卫生体制改革，切实加强对医疗机构的管理，国务院办公厅于2000年2月转发了国务院体改办、国家计委等八部门制定的《关于城镇医药卫生体制改革的指导意见》，提出将医疗机构分为营利性和非营利性两类进行管理的改革措施。在此基础上，为了便于医疗机构分类管理的实施，促进医疗机构之间公平、有序的竞争，2000年7月，卫生部、财政部等四部委联合印发了《关于城镇医疗机构分类管理的实施意见》（以下简称《意见》），该《意见》有助于明确各类医疗机构的功能定位，优化卫生资源配置，促进公立医疗机构体制改革，形成医疗卫生体系内部相互制约和竞争的格局，满足群众多层次的医疗保健需要，推动医疗卫生事业结构调整。

《意见》明确指出，非营利性医疗机构是指为社会公众利益服务而设立和运营的医疗机构，不以营利为目的，其收入用于弥补医疗服务成本，实际运营中的收支结余只能用于自身的发展。营利性医疗机构是指医疗服务所得收益可用于投资者经济回报的医疗机构，政府不举办营利性医疗机构。政府举办的非营利性医疗机构主要提供基本医疗服务并完成政府交办的其他任务，其他非营利性医疗机构主要提供基本医疗服务，政府举办的非营利性医疗机构享受同级政府给予的财政补助，其他非营利性医疗机构不享受政府财政补助。

要依据医疗机构的经营目的、服务任务,以及执行不同的财政、税收、价格政策和财务会计制度,对非营利性和营利性医疗机构按机构整体划分。

《意见》提出,现有医疗机构性质的划分,应遵循自愿选择和政府核定相结合的原则,要使非营利性医疗机构在我国医疗服务体系中占主体和主导地位,要符合区域卫生规划,优化卫生资源配置。对于政府举办的承担基本医疗任务、代表区域性或国家水平的医疗机构,社会捐资兴办的医疗机构,企事业单位设立的为本单位职工服务的医疗机构,一般定为非营利性医疗机构。社会团体和其他社会组织举办的医疗机构、国有或集体资产与医疗机构职工集资合办的医疗机构(包括联合诊所),由其自愿选择,并经卫生行政等部门核定为非营利性医疗机构或转为营利性医疗机构。城镇个体诊所、股份制、股份合作制和中外合资合作医疗机构一般定为营利性医疗机构。医疗机构按《医疗机构管理条例》进行设置审批、登记注册和校验时,需要书面向卫生行政部门申明其性质,由接受其登记注册的卫生行政部门会同有关部门根据医疗机构投资来源、经营性质等有关标准予以核定,在执业登记中注明"非营利性"或"营利性"。医疗机构改变其性质时,须经核发《医疗机构执业许可证》的卫生行政部门和有关部门的批准,并办理变更手续。

《意见》要求,要加强对非营利性医疗机构的国有资产监管,规范非营利性医疗机构职工工资等收入的分配办法,改革医疗机构管理体制;要合理划分中央和地方的事权,打破医疗机构行政隶属关系和所有制界限,加强全行业管理;要从政策上进一步放宽对社会办医疗事业的限制,积极鼓励依靠社会力量兴办医疗机构。

38. 第九届世界公共卫生联盟大会在北京召开

经过多年努力,我国在公共卫生领域取得了举世公认的成就,大部分传染病得到有效控制,实现了人人享有初级卫生保健的阶段目标,但是,我国的公共卫生也面临诸多挑战。为加强与世界各国在公共卫生领域的合作与交流,2000年9月,由世界公共卫生联盟主办,中华预防医学会、中国预防医学科学院承办,中国医学科学院、北京大学医学部、中国中医研究院、中华护理学会协办的第九届世界公共卫生联盟大会在北京召开。

本次大会以"迎接21世纪公共卫生的挑战"为主题,来自世界各国的1000多位公共卫生专家就贫困与健康、经济发展与健康、环境与健康、疾病防治、老龄化问题、营养问题、生殖健康等问题展开讨论。会议在总结20世纪世界公共卫生事业取得的成就与存在的问题的基础上,分析了21世纪世界公共卫生面临的困难和挑战,并提出了相应的建议。

会议通过了《行动起来(草案)》,提出要改革现有的卫生保健体系,关注贫穷和弱势群体，加强对卫生问题的研究；要重视社区工作，充分发挥社区的潜力，以解决与人们衣、食、住、行相关的公共卫生问题；注重领导人才和人力资源开发，尤其是注重青年人的参与。大会倡议各国政府、团体、个人和国际组织，为社会的公平、公正，为人人享有卫生保健而积极行动。

39. 中华人民共和国职业病防治法

近年来，中国职业危害形势日益严峻，职业病发病率呈上升趋势，严重危害劳动者健康。为了预防、控制和消除职业危害、防治职业病，维护劳动者的健康权益，保护劳动者的健康，九届全国人大常委会于2001年10月审议通过了《中华人民共和国职业病防治法》（以下简称《防治法》）。但是，由于在实际执行中，存在着法律执行不严格、不到位，监管体制不顺等问题，2011年12月，十一届全国人大常委会对《防治法》作了修订。

《防治法》明确规定，职业病是指企业、事业单位和个体经济组织等用人单位的劳动者在职业活动中，因接触粉尘、放射性物质和其他有毒、有害因素而引起的疾病。职业病防治工作坚持预防为主、防治结合的方针，建立用人单位负责、行政机关监管、行业自律、职工参与和社会监督的机制，实行分类管理、综合治理。劳动者依法享有职业卫生保护的权利，用人单位应当建立、健全职业病防治责任制，对本单位产生的职业病危害承担责任，应当依照法律、法规要求，严格遵守国家职业卫生标准，落实职业病预防措施，从源头上控制和消除职业病危害。产生职业病危害的用人单位的设立除应当符合法律、行政法规规定的设立条件外，其工作场所还应当符合职业卫生要求。国家实行职业卫生监督制度，建立职业病危害项目申报制度。

《防治法》强调，用人单位应当采取职业病防治管理措施，必须采用有效的职业病防护设施，并为劳动者提供个人使用的职业病防护用品。与劳动者订立劳动合同时，应当将工作过程中可能产生的职业病危害及其后果、职业病防护措施和待遇等如实告知劳动者，并在劳动合同中写明，不得隐瞒或者欺骗。对从事接触职业病危害的作业的劳动者，用人单位应当组织上岗前、在岗期间和离岗时的职业健康检查，并将检查结果书面告知劳动者，职业健康检查费用由用人单位承担。对于职业病病人，用人单位应当保障其依法享受国家规定的职业病待遇。

《防治法》规定，职业卫生技术服务机构依法从事职业病危害因素检测、评价工作，接受安全生产监督管理部门的监督检查；医疗卫生机构承担职业病诊断，应当经省、自治区、直辖市人民政府卫生行政部门批准。在职业病诊断过程中，用人单位应当如实提供职业病诊断、鉴定所需的劳动者职业史和职业病危害接触史、工作场所职业病危害因素检测结果等资料；安全生产监督管理部门应当监督检查和督促用人单位提供上述资料；劳动者和有关机构也应当提供与职业病诊断、鉴定有关的资料。对于职业病诊断争议，由设区的市级以上地方人民政府卫生行政部门根据当事人的申请，组织职业病诊断鉴定委员会进行鉴定，职业病诊断鉴定委员会由相关专业的专家组成。县级以上人民政府职业卫生监督管理部门依照职业病防治法律、法规、国家职业卫生标准和卫生要求，依据职责划分，对职业病防治工作进行监督检查，发生职业病危害事故或者有证据证明危害状态可能导致职业病危害事故发生时，安全生产监督管理部门可以采取必要的临时控制措施。职业卫生监督执法人员应当依法经过资格认定。《防治法》还对建设单位、用人单位、医疗卫生机构、从事职业卫生技术服务的机构、卫生行政部门、安全生产监督管理部门及职业病诊断鉴定委员会组成人员违规行为的处罚，做了相应规定。

《防治法》明确了用人单位、地方政府及有关部门在职业病防治中的职责，加大了对违法行为的处罚力度和责任追究力度，完善了职业病诊断与鉴定制度，明确了对职业病病人的医疗和生活等方面的救助制度，对于推动我国职业病防治工作的开展，保护广大劳动者的健康和权益，促进社会和谐稳定和经济发展具有重大意义。

40. 中共中央、国务院关于进一步加强农村卫生工作的决定

农村是我国卫生工作的重点。改革开放以来，党和政府为加强农村卫生工作采取了一系列措施，农村缺医少药的状况得到较大改善，农民健康水平和平均期望寿命有了很大提高。但是，从总体上看，农村卫生工作仍比较薄弱，体制改革滞后，资金投入不足，卫生人才匮乏，基础设施落后，农村合作医疗面临很多困难，一些地区传染病、地方病危害严重，农民因病致贫、返贫问题突出。为进一步加强农村卫生工作，中共中央、国务院于2002年颁布了《关于进一步加强农村卫生工作的决定》（以下简称《决定》）。

《决定》明确提出，农村工作的目标是：根据全面建设小康社会和社会主义现代化建设第三步战略目标的总体要求，到2010年，在全国农村基本建立起适应社会主义市场经济体制要求和农村经济社会发展水平的农村卫生服务体系和农村合作医疗制度。主要内容包括：建立基本设施齐全的农村卫生服务网络，建立具有较高专业素质的农村卫生服务队伍，建立精干高效的农村卫生管理体制，建立以大病统筹为主的新型合作医疗制度和医疗救助制度，使农民人人享有初级卫生保健，主要健康指标达到发展中国家的先进水平。《决定》要求，各级党委和政府要高度重视农村卫生工作，加强对农村卫生工作的领导，组织协调有关部门，动员全社会力量共同做好农村卫生工作。

《决定》提出：一、要加强农村公共卫生工作，推进农村卫生服务体系建设。明确农

村公共卫生责任，各级政府按照分级管理，以县（市）为主的农村卫生管理体制，对农村公共卫生工作承担全面责任。二、加强农村疾病预防控制，坚持预防为主的方针，提高处理农村重大疫情和公共卫生突发事件的能力，重点控制严重危害农民身体健康的传染病、地方病、职业病和寄生虫病等重大疾病。三、做好农村妇幼保健工作，制定有效措施，加强农村孕产妇和儿童保健工作，提高住院分娩率，改善儿童营养状况。四、大力开展爱国卫生运动，以改水改厕为重点，加强农村卫生环境整治，促进文明村镇建设。五、打破部门和所有制界限，统筹规划、合理配置、综合利用农村卫生资源，建立起以公有制为主导、多种所有制形式共同发展的农村卫生服务网络。发挥农村卫生网络的整体功能，推进乡（镇）卫生院改革，提高农村卫生人员素质。六、发挥中医药在农村卫生服务中的优势与作用，合理配置卫生资源，加强县级中医医院和乡（镇）卫生院中医科建设，为农村中医药发展提供必要的物质条件，逐步形成中医特色和优势。七、促进农村药品供应网络建设，制定乡村医生基本用药目录，规范用药行为。

《决定》强调，政府卫生投入要重点向农村倾斜，合理安排农村公共卫生经费和农村卫生机构经费和建设资金，加强农村卫生经费管理，要加大卫生支农和扶贫力度，建立对口支援和巡回医疗制度。要加大农村卫生投入力度，建立和完善农村合作医疗制度和医疗救助制度，各级政府要积极组织引导农民建立以大病统筹为主的新型农村合作医疗制度，重点解决农民因患传染病、地方病等大病而出现的因病致贫、返贫问题，对农村贫困家庭实行医疗救助。

《决定》要求，要依法加强农村医药卫生监管，强化农村卫生监督管理，加强农村卫生服务质量的评估、管理与监督，重点对乡、村卫生机构医疗操作规程、合理用药和一次性医疗用品、医疗器械消毒进行监督检查，规范农村卫生服务行为，保证农民就医安全。要充实县级药品监管力量，积极为基层培养药品监管人员，改善药品监管装备条件，扩大农村用药监督检查和抽验的覆盖面，保证农民用上合格药品。加强对高毒农药及剧毒杀鼠剂的管理，严格实行农药生产经营许可制度。

41. 医疗事故处理条例

伴随经济社会的发展，法制体系的日益完善，人民群众法制观念不断增强，国务院于1987年6月制定的《医疗事故处理办法》在实施中的局限性日益凸显，已不适应新形势的需要。为了妥善处理医疗事故，保护患者和医疗机构及其医务人员的合法权益，维护医疗秩序，保障医疗安全，促进医学科学的发展，弥补《医疗事故处理办法》的不足，国务院于2002年2月颁布了《医疗事故处理条例》（以下简称《条例》）。

《条例》明确指出，医疗事故是指医疗机构及其医务人员在医疗活动中，违反医疗卫生管理法律、行政法规、部门规章和诊疗护理规范、常规，过失造成患者人身损害的事故。处理医疗事故应当遵循公开、公平、公正、及时、便民的原则，坚持实事求是的科学态度，做到事实清楚、定性准确、责任明确、处理恰当。在医疗活动中，医疗机构及其医务人员应当将患者的病情、医疗措施、医疗风险等如实告知患者，及时解答其咨询。医疗机构应当制定防范、处理医疗事故的预案，预防医疗事故的发生，减轻医疗事故的损害。发生医疗事故的，医疗机构应当向所在地卫生行政部门报告。发生医疗事故争议时，有关治疗、诊断记录和意见应当在医患双方在场的情况下封存和启封。

《条例》规定，根据对患者人身造成的损害程度，医疗事故分为四级。卫生行政部门接到医疗机构关于重大医疗过失行为的报告，或者当事人要求处理医疗事故争议的申请后，对需要进行医疗事故技术鉴定的，应当交由负责医疗事故技术鉴定工作的医学会组织鉴定。医学会应当建立专家库，由专家鉴定组进行医疗事故技术鉴定，实现专家鉴定组合议制和成员回避制度。专家鉴定组应当在事实清楚、证据确凿的基础上，综合分析患者的病情和个体差异，作出鉴定结论，并制作医疗事故技术鉴定书，鉴定结论以专家鉴定组成员的过半数通过，鉴定过程应当如实记载。卫生行政部门接到医疗机构关于重大医疗过失行为的报告后，除责令医疗机构及时采取必要的医疗救治措施，防止损害后果扩大外，应当组织调查，判定是否属于医疗事故。在收到医疗事故技术鉴定书后，卫生行政部门应当对参加鉴定的人员资格和专业类别、鉴定程序进行审核。医疗事故争议由双方当事人自行协商解决的，医疗机构应当自协商解决之日起7日内向所在地卫生行政部门作出书面报告，并附具协议书。

《条例》规定，对于医疗事故赔偿等民事责任争议，医患双方可以协商解决；不愿意协商或者协商不成的，当事人可以向卫生行政部门提出调解申请，也可以直接向人民法院提起民事诉讼。双方当事人协商解决医疗事故的赔偿等民事责任争议的，应当制作协议书。医疗事故赔偿，应当考虑医疗事故等级、医疗过失行为在医疗事故损害后果中的责任程度，以及医疗事故损害后果与患者原有疾病状况之间的关系等因素，确定具体赔偿数额。医疗事故赔偿费用，实行一次性结算，由承担医疗事故责任的医疗机构支付。《条例》还特别指出，非法行医，造成患者人身损害的，不属于医疗事故，触犯刑律的，要依法追究刑事责任；有关赔偿，由受害人直接向人民法院提起诉讼。

《条例》较好地体现了程序公正和保护医患双方合法权益的目的，通过对医疗事故的范围、鉴定、赔偿等问题的详细规定，有助于公平、公正地处理医疗纠纷和事故。

42. 中华人民共和国中医药条例

为了继承和发展中医药学，促进中医药事业的发展，国务院于 2003 年 4 月颁布了《中华人民共和国中医药条例》（以下简称《条例》）。《条例》从法律上明确了中西医结合的地位，同时设定了中西医结合应达到的目标，为开展中西医结合医疗及科学研究活动指明了方向。《条例》的颁布及实施，对加快中医药、中西医结合事业发展具有重要意义。

《条例》明确提出，国家保护、扶持、发展中医药事业，实行中西医并重的方针，鼓励中西医相互学习、相互补充、共同提高，推动中医、西医两种医学体系的有机结合，全面发展我国中医药事业。发展中医药事业应当遵循继承与创新相结合的原则，保持和发扬中医药特色和优势，积极利用现代科学技术，促进中医药理论和实践的发展，推进中医药现代化。国务院中医药管理部门负责全国中医药管理工作，国务院有关部门在各自的职责范围内负责与中医药有关的工作。

《条例》规定，中医医疗机构从事医疗服务活动，应当充分发挥中医药特色和优势，遵循中医药自身发展规律，运用传统理论和方法，结合现代科学技术手段，发挥中医药在防治疾病、保健、康复中的作用，为群众提供价格合理、质量优良的中医药服务。中医从业人员，应当依照有关规定通过资格考试，并经注册取得执业证书后，方可从事中医服务活动，中医从业人员应当遵守相应的中医诊断治疗原则、医疗技术标准和技术操作规范。国家发展中医药教育事业，鼓励开展中医药专家学术经验和技术专长继承工作，培养高层次的中医临床人才和中药技术人才。省、自治区、直辖市人民政府负责中医药管理的部门应当完善本地区中医药人员继续教育制度，制定中医药人员培训规划。国家发展中医药科学技术，将其纳入科学技术发展规划，加强重点中医药科研机构建设。

《条例》要求，县级以上地方人民政府应当根据中医药事业发展的需要以及本地区国民经济和社会发展状况，逐步增加对中医药事业的投入，扶持中医药事业的发展，加强中医药文献的收集、整理、研究和保护工作。国家保护野生中药材资源，扶持濒危动植物中药材人工代用品的研究和开发利用。非营利性中医医疗机构，依照国家有关规定享受财政补贴、税收减免等优惠政策。与中医药有关的评审或者鉴定活动，应当体现中医药特色，遵循中医药自身的发展规律。

《条例》同时规定，对于违反有关规定，造成重大中医药资源流失和国家科学技术秘密泄露、损毁或者破坏中医药文献等，情节严重，构成犯罪的，要依法追究刑事责任；尚不够刑事处罚的，由县级以上地方人民政府负责中医药管理的部门责令改正，对负有责任的主管人员和其他直接责任人员依法给予纪律处分。

43. 乡村医生从业管理和队伍建设

乡村医生是活跃在我国农村基层的一支不脱离农业生产的卫生队伍。在我国社会经济发展相对比较落后的农村地区，特别是缺医少药的贫困地区，乡村医生为解决农民的常见疾病、基本的预防保健问题发挥了重要作用，为保护广大农村居民的健康作出了重大贡献。为了加强对乡村医生从业的管理，根据《中华人民共和国执业医师法》的规定，国务院于2003年7月颁布了《乡村医生从业管理条例》（以下简称《条例》）。

《条例》规定，适用于《乡村医生从业管理条例》的是尚未取得执业医师资格或者执业助理医师资格，经注册在村医疗卫生机构从事预防、保健和一般医疗服务的乡村医生。国务院卫生行政主管部门负责全国乡村医生的管理工作。国家实行乡村医生执业注册制度，申请在村医疗卫生机构执业的人员，应当持村医疗卫生机构出具的拟聘用证明和相关学历证明、证书，向村医疗卫生机构所在地的县级人民政府卫生行政主管部门申请执业注册。乡村医生执业证书有效期为5年，有效期满需要继续执业的，应当在有效期满前3个月申请再注册。

《条例》规定，乡村医生应当协助有关部门做好初级卫生保健服务工作，按照规定及时报告传染病疫情和中毒事件，如实填写并上报有关卫生统计报表，妥善保管相关资料。乡村医生在执业活动中，不得重复使用一次性医疗器械和卫生材料，对使用过的一次性医疗器械和卫生材料，应当按照规定处置。乡村医生应当如实向患者或者其家属介绍病情，对超出一般医疗服务范围或者限于医疗条件和技术水平不能诊治的病人，应当及时转诊。省、自治区、直辖市人民政府卫生行政主管部门应当按照乡村医生一般医疗服务范围，制定乡村医生基本用药目录，乡村医生应当在乡村医生基本用药目录规定的范围内用药。

《条例》要求，省、自治区、直辖市人民政府组织制定乡村医生培训规划，保证乡村医生至少每2年接受一次培训。县级人民政府卫生行政主管部门根据乡村医生培训计划，负责组织乡村医生的培训工作，同时，负责组织本地区乡村医生的考核工作，对乡村医生的考核，每2年组织一次。《条例》还规定，未经注册在村医疗卫生机构从事医疗活动的，由县级以上地方人民政府卫生行政主管部门予以取缔，没收其违法所得以及药品、医疗器械；造成患者人身损害的，依法承担民事赔偿责任；构成犯罪的，依法追究刑事责任。以不正当手段取得乡村医生执业证书的，由发证部门收缴乡村医生执业证书；造成患者人身损害的，依法承担民事赔偿责任；构成犯罪的，依法追究刑事责任。

为了进一步规范乡村医生从业管理，加强乡村医生队伍建设，切实筑牢农村医疗卫生服务网底，推进农村医疗卫生服务体系建设，适应农村居民日益增长的医疗卫生服务需求,国务院办公厅于2015年3月印发了《关于进一步加强乡村医生队伍建设的实施意见》,提出要改革乡村医生服务模式和激励机制,落实和完善乡村医生补偿、养老和培养培训政策,加强医疗卫生服务监管,稳定和优化乡村医生队伍,全面提升村级医疗卫生服务水平。通过10年左右的努力,力争使乡村医生总体具备中专及以上学历,逐步具备执业助理医师及以上资格,乡村医生各方面合理待遇得到较好保障,基本建成一支素质较高、适应需要的乡村医生队伍,促进基层首诊、分级诊疗制度的建立,更好保障农村居民享受均等化的基本公共卫生服务和安全、有效、方便、价廉的基本医疗服务。

为了实现上述目标,该意见提出,要加强乡村医生管理,严格乡村医生执业准入,规范乡村医生业务管理和考核,切实提高医疗卫生服务的安全性和有效性;要优化乡村医生学历结构,加强继续教育,加强农村订单定向医学生免费培养工作;要提高乡村医生岗位吸引力,拓宽乡村医生发展空间,规范开展乡村医生岗位培训;要转变乡村医生服务模式,探索开展乡村医生和农村居民的签约服务,建立乡村全科执业助理医师制度;要保障乡村医生合理收入,综合考虑乡村医生工作的实际情况、服务能力和服务成本,采取购买服务、定额补助、医保支付等方式,保障乡村医生合理的收入水平;要改善乡村医生工作条件和执业环境,加强村卫生室建设,建立乡村医生执业风险化解机制。

44. 中国医师奖

中国医师奖是经卫生部批准设立的行业最高奖,其宗旨是通过表彰奖励医师队伍中作出突出贡献的优秀代表,展示当代医师救死扶伤、爱岗敬业、乐于奉献、文明行医的精神风貌。

中国医师奖评选工作严格按照"中国医师奖评选办法"规定的评选程序进行。为体现医师奖与医学科技奖的区别,在全面掌握评选条件前提下更加注重医德医风及职业道德。同时,在综合考虑基层医师、全科医师及各专业分布的基础上,确定各推荐单位的名额分配,使内科、外科、妇科、儿科、全科、预防、口腔、五官、影像,核医学、检验、中医、民族医、全科医生和基层、社区医师均得到覆盖,而且候选人都来自临床一线。

中国医师奖坚持严格的评选标准,以下人员方能参评:在弘扬医德为本,救死扶伤人道主义的职业道德方面事迹突出,构建和谐医患关系,医德医风堪称楷模;在本职岗位刻苦钻研业务,勇于探索、不断创新,无私奉献,成绩突出,积极参与公共健康知识宣传和普及工作,受到社会和患者广泛好评;在医疗、预防、保健等机构中取得执业医师或执业助理医师资格,并在一线工作满十二年的西医、中医、民族医、中西医结合、口腔、公共卫生等医师;三年内无医疗责任事故和医德医风问题,坚持执行反腐倡廉的规定,无不良行为记录。候选人必须为临床一线医师,对于中国医师协会会员、已获得地方医师协会医师奖或专科分会相关奖项者,优先考虑,卫生行政管理人员原则上不参加评选。

中国医师奖设立以来,从2004年至2014年共举办九届评选和表彰活动,有705名优秀医师获奖,他们均为中国医师的杰出代表,是广大医师学习的优秀榜样,现正在医师行业中发挥着重要的先锋模范和精神引领作用。中国医师奖的设立,起到了推动医德医风建设,树立我国医师良好形象、改善医患关系的作用,受到了广大医师的欢迎和赞誉,获奖医师的事迹不仅在医师队伍中,而且在全社会产生了强烈反响。

45. 做好新型农村合作医疗试点工作

建立新型农村合作医疗制度,是新形势下党中央、国务院为切实解决农业、农村、农民问题,统筹城乡、区域、经济社会协调发展的重大举措,对于提高农民健康保障水平,减轻医疗负担,解决因病致贫、因病返贫问题,具有重要作用。为保证新型农村合作医疗试点工作顺利进行,国务院办公厅于2004年转发了卫生部等部门起草的《关于进一步做好新型农村合作医疗试点工作的指导意见》(以下简称《意见》)。

《意见》明确提出,试点工作的目标任务是研究和探索适应经济发展水平、农民经济承受能力、医疗服务供需状况的新型农村合作医疗政策措施、运行机制和监管方式,为全面建立新型农村合作医疗制度提供经验。要深入细致地做好对农民的宣传和引导工作,把新型农村合作医疗的参加办法、参加人的权利与义务以及报销和管理办法等宣传到千家万户,使广大农民真正认识到建立新型农村合作医疗制度的意义和好处,自觉自愿地参加新型农村合作医疗。对于新型农村合作医疗试点县(市)的选择,应综合考虑县(市)人民政府特别是主要负责人重视程度、县(市)财政状况、县(市)卫生行政部门管理能力和医疗卫生机构服务能力及农村基层组织情况四个方面,原则上由省级人民政府确定。

《意见》强调,要认真开展基线调查,合理确定筹资标准,根据农民收入情况,合理确定个人缴费数额;进一步完善资金收缴方式,合理设置统筹基金与家庭账户,积极探索以大额医疗费用统筹补助为主、兼顾小额费用补助的方式;合理确定补助标准,科学合理地确定大额或住院医药费用补助的起付线、封顶线和补助比例;探索手续简便的报账方式,农民在县(市)、乡(镇)、村定点医疗机构就诊,可先由定点医疗机构初审并垫付规定费用,然后由定点医疗机构定期到县(市)或乡(镇)新型农村合作医疗经办机构核销。此外,要严格资金管理,确保基金安全,各省、自治区、直辖市财政等部门要组织制订新型农村合作医疗基金管理办法和基金会计制度,加强基金监管,新型农村合作医疗经办机构定期主动公开,试点县(市)要对基金收支和管理进行专项审计并公开审计结果。

《意见》要求，各地区要将试点工作同农村卫生改革与发展有机结合起来，大力推进县（市）、乡（镇）、村三级农村医疗卫生服务网的建设，努力改善农村卫生服务条件，提高服务质量。要加强农村药品质量和购销的监管，严格药品批发企业、零售企业标准，规范农村药品采购渠道，切实加强对农村药品质量的监管力度，保证农民用药安全。

46. 进一步加强精神卫生工作

由于我国正处于社会转型期，各种社会矛盾增多，竞争压力加大，严重精神疾病患病率呈上升趋势。同时，儿童和青少年心理行为问题、老年性痴呆和抑郁、药品滥用、自杀和重大灾害后受灾人群心理危机等方面的问题也日益突出，精神卫生已成为重大的公共卫生问题和突出的社会问题。为进一步加强精神卫生工作，国务院办公厅于2004年转发了卫生部、教育部、公安部、民政部、司法部、财政部、中国残联等部门制定的《关于进一步加强精神卫生工作的指导意见》（以下简称《意见》）。

《意见》明确，加强精神卫生工作要按照"预防为主、防治结合、重点干预、广泛覆盖、依法管理"的原则，建立"政府领导、部门合作、社会参与"的工作机制，探索符合我国实际的精神卫生工作发展思路，建立健全精神卫生服务网络，把防治工作重点逐步转移到社区和基层。要加强组织领导，落实政府责任，建立部门协调工作制度，把精神卫生工作列入国民经济和社会发展计划，加强分工协作。卫生、民政、公安、教育、司法、残联、共青团、妇联、老龄委等部门、单位和团体要针对日益突出的精神卫生问题，加大工作力度，并加强协调配合，营造社会氛围，围绕每年"世界精神卫生日"积极开展精神卫生知识宣传和心理健康教育与咨询服务，消除社会对精神疾病患者的偏见。

《意见》强调，要重视儿童和青少年、妇女、老年、职业人群和被监管人群等心理行为问题的预防和干预。加强对学校教师、班主任、校医等的心理健康教育和精神卫生知识培训，加强妇女孕产期心理健康保健和常见心理行为问题的识别及处理工作，建立老年性痴呆干预网络，开展心理健康咨询活动并提供有效的支持和帮助，开展职业人群和被监管人群的精神卫生工作，根据具体情况制订适宜计划，疏导和缓解职工因工作、家庭生活等带来的压力。加强救灾工作中的精神卫生救援，从组织、人员和措施上提供保证，降低灾后精神疾病患病率。同时，还要加强精神卫生科研和疾病监测工作，加快精神卫生国家立法进程，依法保护精神疾病患者的合法权益。

《意见》提出，要加强精神疾病的治疗与康复工作，建立健全精神卫生服务体系和网络建设。地方各级人民政府要根据区域卫生发展规划，统筹规划本地区现有各级各类精神卫生机构，明确功能定位，实现资源整合。充分发挥社区卫生服务体系在精神疾病患者治疗与康复中的作用，根据实际情况在社区建立精神康复机构，并纳入社会福利发展计划。要采取措施为精神分裂症、抑郁症及双相情感障碍、老年性痴呆和抑郁等重点精神疾病患者提供适当的治疗与康复服务。

为了做好精神卫生工作，《意见》提出，要加快精神卫生工作队伍建设步伐，逐步建立专业技术人员资格认定制度，加强对从事心理治疗与咨询工作人员的执业准入管理，加强医学院校在校学生、现有精神专科和非精神卫生专业医护人员以及其他从事精神卫生工作人员的精神卫生知识的培训，提高对常见精神疾病的早期识别和处置能力。

47. 加强卫生行业作风建设

医疗卫生行业与广大人民群众的切身利益密切相关。当前，我国医疗卫生行业的行风建设还存在一些亟待解决的问题，如：一些医疗机构和部分医务人员收受回扣、"红包"、开单提成，开大处方、滥检查、乱涨价、乱收费，医疗事故等损害人民群众利益的行为时有发生。为进一步加强医疗卫生行业作风建设，卫生部于2004年4月印发了《关于加强卫生行业作风建设的意见》（以下简称《意见》）。

《意见》强调，加强医疗卫生行业作风建设，要紧紧围绕改善服务态度、提高服务质量、控制医药费用、减轻群众负担，建立起教育、制度、监督、惩治并重的纠风工作长效机制，重点解决损害人民群众切身利益的突出问题。要加强领导，明确责任，以求真务实精神抓好工作落实。各级卫生行政部门要切实加强对纠风工作的领导，坚决贯彻"谁主管、谁负责"和"管行业必须管行风"的原则，把加强行业管理与行风建设紧密结合。建立健全党组（党委）统一领导，行政领导主抓，相关职能部门各负其责，纪检监察纠风机构组织协调和督促检查的纠风工作领导体制和工作机制，实行严格的纠风工作责任制。

《意见》指出，要加强教育，弘扬正气，树立"以病人为中心"的服务理念。加强医疗卫生行业作风建设，要坚持教育先行；加强思想政治教育和理想信念宗旨教育，发挥党员干部的先锋模范作用；加强法制和纪律教育，增强各级医疗卫生机构和广大卫生医务人员遵纪守法、廉洁诚信的服务意识。要强化监督检查，严肃行业纪律，坚决查处损害群众利益的不良行为。各级卫生行政部门要进一步转变职能，积极推进医疗卫生全行业监管，把监督医疗机构和医疗服务行为作为执法监督的重要内容。要建立医疗机构和人员执业行为的日常监管制度，医院要加强内部管理，完善院长任期目标管理责任制，建立和完善卫生医务人员考核、激励、惩戒等管理制度。

《意见》提出，要进一步推进医疗卫生体制改革和机制创新，促进卫生行风建设。要深化城镇医疗服务体系和医疗机构管理体制改革，加快卫生事业发展，解决医疗资源不足、分布不合理等问题，打破公办大医院垄断医疗服务市场的局面；要采取综合措施，严格规范医疗服务行为。要坚持因病施治，合理用药，合理检查，合理收费，减轻群众医药费用负担；医疗卫生机构要全面实行办事公开制度，积极推进医务公开，接受社会和群众监督。

48. 打击非法行医专项行动

当前，社会经济活动中各种形式的商业欺诈时有发生，在某些地区和领域还出现了蔓延势头。为了严厉打击商业欺诈，整顿和规范市场经济秩序，2005年，国务院办公厅发出了《关于开展打击商业欺诈专项行动的通知》。结合医疗卫生领域的实际情况和国务院办公厅通知的要求，卫生部等七部门于2005年4月联合印发了《打击非法行医专项行动方案》。

根据该行动方案，2005年打击非法行医专项行动的工作重点是：一、严厉打击无证行医行为，重点打击未取得《医疗机构执业许可证》擅自开展诊疗活动的"黑诊所"，打击无任何行医资格的游医、假医，严重危害人民群众身体健康和生命安全的非法行医活动。二、严肃查处医疗机构聘用非卫生技术人员行医的违法行为，清除医疗机构中的假医生，严肃查处医疗机构出租、承包科室的行为。三、重点查处医疗机构将科室或房屋出租、承包给非本医疗机构人员或者其他机构，打着医疗机构的幌子利用欺诈手段开展诊疗活动的行为。四、严肃查处非法从事性病诊疗活动的行为，重点查处未取得《医疗机构执业许可证》擅自开展诊疗活动的"地下性病诊所"和未经审批擅自从事性病诊疗活动的医疗机构。五、严肃查处利用B超非法鉴定胎儿性别和选择性别的终止妊娠手术的行为，重点查处医疗机构和计划生育技术服务机构的工作人员非法为他人进行胎儿性别鉴定或选择性别的终止妊娠手术的行为。

为进一步整顿医疗秩序，切实维护人民群众健康权益，着力解决非法行医突出问题，在打击非法行医日常工作基础上，国家卫生计生委等六部门于2013年9月下发了《进一步整顿医疗秩序 打击非法行医专项行动方案》，决定自2013年10月起，在全国范围内开展为期一年的"整顿医疗秩序 打击非法行医"专项行动。此次专项行动的重点是：一、严厉打击无证行医行为，包括：未取得《医疗机构执业许可证》擅自开展诊疗活动的"黑诊所"；坑害群众利益的游医、假医；未取得《医疗机构执业许可证》擅自从事医疗美容诊疗活动的单位和个人；擅自聘用医师或非医师坐堂行医的零售药店等。二、严肃查处医疗机构、计划生育技术服务机构的违法违规行为，包括：将科室出租、承包给非本医疗机构人员或者其他机构从事诊疗活动的行为；聘用非卫生技术人员行医的行为。三、严肃查处非医学需要的胎儿性别鉴定和选择性别的人工终止妊娠。四、坚决打击"医托"行为。

在一年多的时间里,全国共查处无证行医案件四万多件,医疗机构、计划生育技术服务机构违法违规案件四万多件,刑事立案一千两百多起,有力震慑了不法分子,有效整顿了医疗市场秩序。为了进一步做好对非法行医的打击工作,我国将始终保持对非法行医的高压打击态势,全面加强监管能力建设,不断完善综合治理工作机制,多管齐下,坚持疏堵结合、标本兼治的原则,扎实推进深化医改政策措施,全面加强基层医疗卫生服务体系和能力建设,合理配置医疗资源,让群众就近获得较高质量、较低价格的基本医疗服务,积极推动和规范社会办医,建立事中事后监管的有效机制,从源头上铲除非法行医的生存土壤。

49. "12320" 医疗卫生服务热线

为了贯彻实施《中华人民共和国传染病防治法》、《突发公共卫生事件应急条例》等法律、法规,及时有效地应对公共卫生突发事件和重大公共卫生问题,满足公众日益增长的健康需求,为公众提供一个统一、便于记忆和使用、方便与卫生行政部门沟通的热线号码,卫生部于 2005 年印发了《关于启用"12320"全国公共卫生公益电话的通知》,正式启动全国"12320"公共卫生公益电话网络建设,使其成为公共卫生领域有效的咨询和投诉举报渠道。

"12320"卫生热线建设由卫生部总体设计,各省级卫生行政部门组织建设,通过将"12320"卫生热线建设纳入公共卫生体系和卫生信息化建设总体规划,统筹规划,抓紧实施,逐步构建覆盖全国的"12320"卫生热线服务体系。该体系建成后,将充分利用"12320"呼叫中心、手机短信平台、官方网站和官方微博等手段,为公众提供便捷的卫生政策、法律法规、公共卫生服务、戒烟咨询、健康科普知识咨询以及就医引导等服务,受理传染病、食品安全、职业中毒等突发公共卫生事件与其他卫生应急事件的投诉举报,开展有效的风险沟通工作。

2006 年 9 月,为推动全国各地"12320"热线的建设,卫生部又下发了《关于做好"12320"全国公共卫生公益电话建设工作的通知》,提出了"先行试点,稳步推进"的工作原则,同时成立"12320"工作领导小组。2012 年 3 月,卫生部又印发《关于进一步加强"12320"公共卫生公益电话建设工作的通知》,重新明确了"12320"的定位和职能,要求各地卫生行政部门将"12320"建设纳入本地卫生事业改革发展大局,逐步构建覆盖全国的"12320"卫生热线服务体系。2013 年 3 月,"12320"公共卫生公益电话正式更名为"12320"卫生热线。

50. 农村卫生服务体系建设与发展规划

新中国成立以来，在党和政府的高度重视下，农村卫生事业有了长足的发展，农民健康水平得到较大提高。但是，从整体上看，农村卫生落后面貌仍没有得到根本改变，特别是随着农村经济体制改革不断深化和经济社会的快速发展，城乡之间、东西部之间农民健康水平的差距逐步扩大。为进一步促进农村卫生事业的发展，加强和完善农村卫生服务体系建设，改善农村卫生服务条件，提升农村卫生服务能力，提高农民健康水平，防止农民"因病致贫、因病返贫"，2006年8月，卫生部、国家中医药管理局、国家发展和改革委员会、财政部联合发布了《农村卫生服务体系建设与发展规划》（以下简称《规划》）。

《规划》明确指出，农村卫生服务体系的发展目标是：通过加大投入，改善农村卫生机构的基础设施条件，改革管理体制和运行机制，加强卫生技术人员的培养等措施。到2010年，建立起基本设施比较齐全的农村卫生服务网络、具有一定专业素质的农村卫生服务队伍、运转有效的农村卫生管理体制和运行机制，与建立和完善新型农村合作医疗制度和医疗救助制度协同发展，满足农民群众人人享有初级卫生保健服务需求。农村卫生服务体系的建设原则包括统一规划，分级负责；整合资源，合理布局；整体筹划，分步实施；深化改革，配套推进。

《规划》提出，农村卫生服务体系由政府、集体、社会和个人举办的县、乡、村三级医疗卫生机构组成，以县级医疗卫生机构为龙头，乡（镇）卫生院为中心，村卫生室为基础，农村卫生服务队伍由执业医师、执业助理医师、辅助技术人员和乡村医生、卫生员共同组成。农村卫生服务体系建设与发展规划的主要任务是依据统一的建设标准和规范，对政府举办的乡（镇）卫生院、县医院、县妇幼保健机构和县中医医院及村卫生室的业务用房进行建设，配置基本医疗设备，使其具备开展预防保健和基本医疗服务的条件，完善服务功能，提高服务能力。合理确定农村卫生机构的建设规模和投资，规范项目建设。村卫生室建设标准由各地根据财力状况和医疗卫生服务需要，合理制定。《规划》建设所需投资由中央专项资金、地方财政资金、单位自筹等多渠道筹措解决。中央重点支持的建设项目总投资216.84亿元，其中，中央安排投资147.73亿元，其余69.11亿元由地方安排。

《规划》要求，要加快农村卫生管理体制和运行机制改革。要整合农村卫生资源，改革乡（镇）卫生院管理体制和运行机制，探索多种办医形式，规范农村医疗卫生服务项目。要建立和完善新型农村合作医疗和医疗救助制度，积极稳妥地推进新型农村合作医疗的试点工作，为扩大合作医疗的覆盖面奠定扎实基础。要加强农村卫生服务队伍建设，加大农村适用卫生技术人才的培养力度，建立城市卫生支援农村卫生工作的制度，稳定农村卫生人才队伍，加强乡村医生管理。各级政府要建立稳定的农村卫生投入机制，将农村卫生工作经费纳入年度财政预算，保证农村公共卫生任务的落实。

51. 陈冯富珍当选世界卫生组织总干事

2006年11月8日，世界卫生组织宣布，代表中国参选的陈冯富珍被推选为世界卫生组织总干事。11月9日，该决定获世界卫生大会通过，陈冯富珍成为世界卫生组织成立58年来首位担任该职的中国人。2012年1月，陈冯富珍获得连任，任期至2017年6月30日。

陈冯富珍，女，1947年生于香港，分别于1973年和1977年在加拿大西安大略大学获得文学学士及医学博士学位。她于1978年加入香港卫生署，并于1994年6月成为香港卫生署首位女署长。她不仅为香港社区服务，还积极参加区域和国际会议，加强香港同其他世界卫生组织会员国，特别是西太区各国家的公共卫生合作。1992年，她组织管理了西太区第43届区域委员会会议；1998年，她当选为世卫组织西太第49届区域委员会主席；1999年，她当选为世界卫生组织烟草控制框架公约工作小组副主席。2003年8月，陈冯富珍出任世界卫生组织人类环境保护局局长，主要负责传染病防控事务，成绩卓著，受到许多国家的称赞。1997年，她荣获英女皇伊丽莎白二世颁授官佐勋章，同年，她被授予英国皇家内科医学院公共卫生医学院院士。1999年，泰国国王普密蓬·阿杜德向她颁发了玛希顿亲王公共卫生奖，以表扬她为控制香港禽流感作出的努力。

52. 卫生部《中国控制吸烟报告》

中国政府高度重视控烟工作，积极参与了《烟草控制框架公约》（以下简称《公约》）的谈判和制定，并于2003年11月签署了《公约》，2006年1月9日，《公约》在我国正式生效。为了积极有效地履行《公约》，提高全社会对控制吸烟的认识，从2007年起，卫生部控烟履约办公室每年都邀请专家编写年度《中国控制吸烟报告》。

2007年，首份《中国控制吸烟报告》发布。报告以"创建无烟环境，享受健康生活"为主题，针对公众对被动吸烟的危害缺乏认识的现实，列举了被动吸烟对健康危害的科学证据，提出被动吸烟对妇女和儿童的危害十分严重，不存在所谓的"安全暴露"水平。中国至少有5亿人遭受被动吸烟的危害，接触"二手烟"的人群众多，被动吸烟场所广泛。报告提出，立法是禁止在公共场所吸烟的关键举措，应加快立法进程，使公民远离"二手烟"的危害。

《2008年中国控制吸烟报告》以"禁止烟草广告和促销，确保无烟青春好年华"为主题，报告指出：中国遭受二手烟雾危害的人数高达6500万，青少年吸烟者约有1500万，青少年吸烟开始呈现低龄化趋势。烟草广告和烟草企业的促销和赞助活动、影视中大量的吸烟镜头、购买烟草制品的便利性、学校和家庭中的有烟环境成为青少年吸烟的主要影响因素。报告呼吁社会各界行动起来，广泛禁止各种形式的烟草广告、促销和赞助，采取一切有效措施为青少年营造无烟环境。

《2009年中国控制吸烟报告》指出，烟草制品包装是烟草制品销售的最重要手段，带有健康警示的烟草制品包装可以阻止吸烟，但是，我国公众对烟草危害的认知程度很低，现有烟包的警示性标示对吸烟危害的警示性效果很差。报告认为，公民控烟是"迈向无烟中国"的根本出路，民众的呼声应该成为主导决策的重要力量，政府要切实履行责任。

《2010年中国控制吸烟报告》以"性别与烟草——抵制针对女性的市场营销"为主题。报告指出，女性吸烟的危害甚于男性。为了拓展市场，烟草公司开始瞄准女性，将吸烟与女性要求独立、时尚等愿望相联系，误导女性吸烟。如果不立即采取综合措施，女性吸烟率将会快速上升。为此，呼吁全社会都来关注女性吸烟和被动吸烟的问题，立即采取综合措施，遏制烟草在女性中的流行。

《2011年中国控制吸烟报告》指出，每年全世界有500多万人死于烟草相关疾病，在室内公共场所和室内工作场所设吸烟区或吸烟室不能起到避免"二手烟"危害的作用，完全无烟环境是唯一有效、可以充分保护人们免受二手烟危害的方法。报告呼吁全社会要共同努力，全面推行公共场所禁烟。

2012年，针对中国控烟履约工作任重道远，一些有效的控烟措施尚未得以实施，公众对吸烟的危害普遍缺乏正确认识的现状，卫生部改变了以往发布《中国控制吸烟报告》的方式，专门组织控烟领域以及呼吸、肿瘤等相关学科的国内外权威专家专门编写了《中国吸烟危害健康报告》，系统阐述吸烟及"二手烟"对健康的危害，科学分析烟草依赖的原因，介绍戒烟策略与措施。这是卫生部第一部系统阐述吸烟危害健康的权威报告，对于提高公众对烟草危害的正确认识，推进中国控烟履约的进程具有积极意义。

《2013年中国控制吸烟报告》认为烟草广告、促销和赞助不利于禁烟，虽然我国在禁止烟草广告、促销和赞助方面也采取了一些措施，但是中国人群仍严重暴露于烟草广告、促销和赞助之中。对此，中国应尽快按照《公约》第13条及其实施准则要求修订《广告法》及相关法律法规，落实《中国烟草控制规划（2012—2015年）》的要求，加强宣传和社会监督，加大监督执法力度，保证公众，特别是青少年免受烟草广告、促销和赞助的诱惑，真正地减少烟草消费，保护公众的健康。

53. 卫生部撤销全国牙防组

全国牙病防治指导组（以下简称"全国牙防组"）是1988年经卫生部批准成立的牙病防治组织。全国牙防组自成立以来，在大众口腔健康促进、提高群众自我口腔保健水平、基层专业人员培训，以及协助卫生部制定我国口腔卫生保健工作规划、监测口腔疾病发展、建立覆盖全国的牙病防治组织体系等方面都发挥了积极作用。但是，随着近年来政府公共服务职能的不断强化和行业民间组织的快速发展，牙防组已难以适应卫生事业发展的要求。

2005年7月，全国牙防组、中华中医药学会、中华口腔医学会和中华预防医学会等四家认证机构遭质疑。2005年11月，全国牙防组被状告违法认证，理由是：全国牙防组并非社团，而是卫生部设置的行使一定管理职权的临时机构，却直接从事认证和使用认证标志。2006年3月，全国牙防组召开记者说明会，承认他们的认证与国家认证认可监督管理委员会批准的法定认证不是一回事，牙防组的认证并非权威认证。2006年11月，国家认证认可监督管理委员会与卫生部共同作出决定，要求全国牙防组停止开展口腔保健品认证活动。国家认证认可监督管理委员会将与卫生部加紧建立和推动我国统一的口腔用品认证制度，对口腔用品的认证基本规范、认证规则、认证标准和认证标志实行统一规范和管理。

2007年4月，卫生部发布公告，决定撤销全国牙防组。全国原牙防组承担的工作由卫生部统一安排，群众性牙病预防保健技术工作和有关事务性管理工作，将以委托形式交专业社团或机构承担。同时，卫生部在疾病预防控制局成立口腔卫生处，负责全国牙病防治管理工作。2007年6月，卫生部公布了对全国牙防组1997—2006年财务收支情况审计结果，认定全国牙防组存在违规行为，对此，卫生部将责成有关单位尽快彻底清理全国牙防组的遗留问题，并对相关责任人进行处理。针对此次全国牙防组事件所暴露的问题，卫生部将进一步建立健全有关管理制度，加强对主管社会团体和非法人机构的业务指导和监督管理，尤其是财务收支的管理。同时，卫生部要求有关组织和团体严格遵守法律、法规和国家政策规定开展业务活动。

54. 扩大国家免疫规划

根据《疫苗流通和预防接种管理条例》的规定，国家实行有计划的预防接种制度，推行扩大免疫规划。为了有效预防和控制传染病，促进公共卫生事业和社会经济的协调发展，保障人民群众身体健康，经国务院批准，从2007年起，我国将扩大国家免疫规划疫苗范围。

根据卫生部印发的《扩大国家免疫规划实施方案》，扩大国家免疫规划将按照"突出重点、分类指导、注重实效、分步实施"的原则实施，主要包括两部分内容：一、在现行全国范围内使用的乙肝疫苗、卡介苗、脊髓灰质炎疫苗、百白破疫苗、麻疹疫苗、白破疫苗等 6 种国家免疫规划疫苗基础上，以无细胞百白破疫苗替代百白破疫苗，将甲肝疫苗、流脑疫苗、乙脑疫苗、麻腮风疫苗纳入国家免疫规划，对适龄儿童进行常规接种。二、在重点地区对重点人群进行出血热疫苗接种，在发生炭疽、钩端螺旋体病疫情或发生洪涝灾害可能导致钩端螺旋体病暴发流行时，对重点人群进行炭疽疫苗和钩体疫苗应急接种。扩大国家免疫规划的目标是：继续保持无脊髓灰质炎状态，消除麻疹，控制乙肝，进一步降低疫苗可预防传染病的发病率。到 2010 年，乙肝疫苗、卡介苗、脊髓灰质炎疫苗、百白破疫苗（包括白破疫苗）、麻疹疫苗（包括含麻疹疫苗成分的麻风疫苗、麻腮风疫苗、麻腮疫苗）适龄儿童接种率以乡为单位达到 90% 以上；在全国范围内实现适龄儿童流脑疫苗、乙脑疫苗、甲肝疫苗接种；出血热疫苗目标人群的接种率达到 70% 以上；炭疽疫苗、钩体疫苗应急接种目标人群的接种率达到 70% 以上。

《扩大国家免疫规划实施方案》规定，对于现行的国家免疫规划疫苗，所有达到应接种月（年）龄的适龄儿童都是接种对象；对于新纳入国家免疫规划的疫苗，其接种对象为达到规定年龄条件的儿童；强化免疫的接种对象按照强化免疫实施方案确定；出血热疫苗接种为重点地区 16—60 岁的目标人群；炭疽疫苗接种对象为炭疽病例或病畜的间接接触者及疫点周边高危人群；钩体疫苗接种对象为流行地区可能接触疫水的 7—60 岁高危人群。《扩大国家免疫规划实施方案》还详细规定了乙肝疫苗、卡介苗、脊灰疫苗等 12 种疫苗的接种时间和接种次数。

为了作好扩大国家免疫规划工作，《扩大国家免疫规划实施方案》提出，地方各级卫生行政部门要加强领导，把实施扩大国家免疫规划作为工作重点，精心组织；要广泛宣传，提高公众对扩大国家免疫规划的认识；要加强队伍建设，提高执行国家免疫规划的能力；完善免疫服务形式，规范预防接种行为，提高免疫服务质量；加强冷链建设，保障国家免疫规划疫苗冷链运转；严格规范专项资金的使用管理。2008 年 3 月，卫生部、国家发展和改革委员会、教育部、财政部、国家食品药品监督管理局联合印发了《关于实施扩大国家免疫规划的通知》，就进一步推进扩大国家免疫规划工作作了安排。

55."国医大师"评选

新中国成立以来，特别是改革开放以来，我国中医药事业取得了显著成就，涌现出一大批德高望重、医术精湛的名医大家。为了进一步继承发扬中医药学，弘扬大医精诚的医德医风，大力营造名医辈出的良好氛围，激励广大中医药工作者为人民群众提供更加优质的中医医疗保健服务，人力资源社会保障部、卫生部和国家中医药管理局于2008年10月启动了"国医大师"评选活动，评选出30位"国医大师"。此后，"国医大师"评选活动每五年举办一次。

"国医大师"评选活动面向全国卫生和中医药医疗、科研等机构从事中医药工作的所有工作人员，采取自下而上、逐级推荐的方式进行。候选人一般是省级名中医或全国老中医药专家学术经验继承工作指导老师，以中医药事业发展为己任，忠诚事业、德艺双馨、奖掖后学，从事中医临床或中药临床相关工作50年以上，在社会中享有较高声誉。各级推荐单位对推荐材料审核把关，并对其真实性负责，实行"两审三公示"：由评选机构对省级推荐单位报送的材料进行初步审查，重点审查资格条件和评审程序是否规范；由评审专家对预审合格人员进行再次审核并提出表彰建议人选，报评选表彰工作领导小组确定；在基层单位、省级推荐单位和国家层面分别公示5个工作日，公示内容包括候选人的基本情况、主要事迹等。为了确保评审过程公开透明，评选表彰工作领导小组下设立监督组，对评选过程进行监督。同时，设立专门的监督举报电话和邮箱，并在中医药管理局网站上开设专栏，公布候选人信息，由中国中医药报社出版"国医大师"有效候选人特刊，公布候选人基本情况和主要成就简介，接受社会监督。

2009年4月，我国正式评选出30位"国医大师"，他们是：王玉川、王绵之、方和谦、邓铁涛、朱良春、任继学、苏荣扎布（蒙医）、李玉奇、李济仁、李振华、李辅仁、吴咸中、何任、张琪、张灿玾、张学文、张镜人、陆广莘、周仲瑛、贺普仁、班秀文、徐景藩、郭子光、唐由之、程莘农、强巴赤列（藏医）、裘沛然、路志正、颜正华、颜德馨。

2013年，我国又启动了第二届"国医大师"评选活动，评选出了30位"国医大师"，他们是：干祖望、王琦、巴黑·玉素甫（维医）（已逝）、石仰山、石学敏、占堆（藏医）、阮士怡、孙光荣、刘志明、刘尚义、刘祖贻、刘柏龄、吉格木德（蒙医）、刘敏如（女）、吕景山、张大宁、李士懋、李今庸、陈可冀、金世元、郑新、尚德俊、洪广祥、段富津、徐经世、郭诚杰、唐祖宣、夏桂成、晁恩祥、禤国维。

"国医大师"评选表彰活动全方位展示了国医大师的医德医风、学术思想，有利于营造优秀中医药人才脱颖而出的良好氛围，探索建立符合中医药行业特点的人才激励机制，推动中医药文化的传播普及，使群众切身感受到中医药文化的魅力，在全社会和海内外引起了很大反响。

56. 护士条例

护理工作是医疗卫生事业的重要组成部分,与人民群众的健康和生命安全密切相关,而护士作为护理工作的主体,承担着救死扶伤、保护生命、防治疾病、减轻痛苦的职责,在构建和谐医患关系中发挥着重要作用。为了维护护士的合法权益,规范护理行为,促进护理事业发展,保障医疗安全和人体健康,国务院于 2008 年 1 月颁布了《护士条例》。

《护士条例》明确指出,护士是指经执业注册取得护士执业证书,依照条例规定从事护理活动,履行保护生命、减轻痛苦、增进健康职责的卫生技术人员。护士的人格尊严、人身安全不受侵犯,护士依法履行职责,受法律保护,全社会应当尊重护士。国务院有关部门对在护理工作中作出杰出贡献的护士,应当授予全国卫生系统先进工作者荣誉称号或者颁发白求恩奖章;对长期从事护理工作的护士应当颁发荣誉证书。县级以上地方人民政府及其有关部门对本行政区域内作出突出贡献的护士应给予表彰、奖励。国务院有关部门、县级以上地方人民政府及其有关部门以及乡(镇)人民政府应当采取措施,改善护士的工作条件,保障护士待遇,加强护士队伍建设,促进护理事业健康发展。国务院卫生主管部门负责全国的护士监督管理工作,县级以上地方人民政府卫生主管部门负责本行政区域的护士监督管理工作。

《护士条例》规定,护士执业应当经执业注册取得护士执业证书。申请护士执业注册的条件是:具有完全民事行为能力;在中等职业学校、高等学校完成普通全日制 3 年以上的护理、助产专业课程学习,包括在教学、综合医院完成 8 个月以上护理临床实习,并取得相应学历证书;通过国务院卫生主管部门组织的护士执业资格考试;符合国务院卫生主管部门规定的健康标准。符合条件的,应当向拟执业地省、自治区、直辖市人民政府卫生主管部门提出申请,护士执业注册有效期为 5 年,有效期内变更执业地点的,应当向拟执业地省、自治区、直辖市人民政府卫生主管部门报告,有效期届满需要继续执业的,应当提出延续申请。卫生主管部门应当建立护士执业良好记录和不良记录,并将该记录记入护士执业信息系统。

《护士条例》还规定,护士享有获取工资报酬、享受福利待遇、参加社会保险的权利,任何单位或者个人不得克扣护士工资,降低或者取消护士福利等待遇;有获得与其所从事的护理工作相适应的卫生防护、医疗保健服务的权利,患职业病的,有获得赔偿的权利;有学习、培训、参加专业协会和学术团体的权利;有获得疾病诊疗、护理相关信息的权利,有对医疗卫生机构和卫生主管部门的工作提出意见和建议的权利。同时,护士应当遵守法律、法规、规章和诊疗技术规范的规定,应当尊重、关心、爱护患者,保护患者的隐私，有义务参与公共卫生和疾病预防控制工作。在患者病情危急情况下有采取紧急救护的义务，对医嘱违反法律、法规、规章或者诊疗技术规范规定的，应向医师提出，或向医疗机构管理人员报告。

《护士条例》明确了医疗卫生机构的职责，如配备护士的数量不得低于国务院卫生主管部门规定的标准、应当为护士提供卫生防护用品、为护士足额缴纳社会保险费用、保障护士接受培训的权利、建立护士岗位责任制等。此外，《护士条例》还明确了卫生主管部门、医疗卫生机构、护士的法律责任，并指出，对于扰乱医疗秩序，阻碍护士依法开展执业活动，侮辱、威胁、殴打护士，或者有其他侵犯护士合法权益行为的，应由公安机关依照治安管理处罚法的规定给予处罚；构成犯罪的，依法追究刑事责任。

57. 中共中央、国务院关于深化医药卫生体制改革的意见

虽然改革开放以来，我国医药卫生事业取得了显著成就，但医药卫生事业发展水平与人民群众健康需求之间的矛盾仍十分突出，城乡和区域医疗卫生事业发展不平衡，资源配置不合理，公共卫生和农村、社区医疗卫生工作比较薄弱，医疗保障制度不健全，药品生产流通秩序不规范，医院管理体制和运行机制不完善，政府卫生投入不足，医药费用上涨过快，个人负担过重。为了加快医药卫生事业发展，满足人民群众日益增长的医药卫生需求，使人民共享改革发展成果，中共中央、国务院于2009年3月17日发布了《关于深化医药卫生体制改革的意见》（以下简称《意见》）。

《意见》强调，深化医药卫生体制改革，要坚持公共医疗卫生的公益性质，坚持预防为主、以农村为重点、中西医并重的方针，实行政事分开、管办分开、医药分开、营利性和非营利性分开，强化政府责任和投入，完善国民健康政策，健全制度体系，加强监督管理，创新体制机制，鼓励社会参与，建设覆盖城乡居民的基本医疗卫生制度，不断提高全民健康水平，促进社会和谐。要坚持以人为本，坚持公平与效率统一，统筹兼顾，建立中国特色医药卫生体制。深化医药卫生体制改革的总目标是：建立健全覆盖城乡居民的基本医疗卫生制度，为群众提供安全、有效、方便、价廉的医疗卫生服务。到2011年，基本医疗保障制度全面覆盖城乡居民，基本药物制度初步建立，城乡基层医疗卫生服务体系进一步健全，基本公共卫生服务得到普及，公立医院改革试点取得突破，明显提高基本医疗卫生服务可及性，有效减轻居民就医费用负担，切实缓解"看病难、看病贵"的问题。到2020年，覆盖城乡居民的基本医疗卫生制度基本建立。

《意见》指出，深化医药卫生体制改革，要建设覆盖城乡居民的公共卫生服务体系、医疗服务体系、医疗保障体系、药品供应保障体系。一、全面加强公共卫生服务体系建

设。建立健全公共卫生服务网络，完善以基层医疗卫生服务网络为基础的医疗服务体系的公共卫生服务功能，加强卫生监督服务，加强健康促进与教育。二、进一步完善医疗服务体系。坚持非营利性医疗机构为主体、营利性医疗机构为补充，公立医疗机构为主导、非公立医疗机构共同发展的办医原则，建设结构合理、覆盖城乡的医疗服务体系。三、加快建设医疗保障体系。加快建立和完善以基本医疗保障为主体，其他多种形式补充医疗保险和商业健康保险为补充，覆盖城乡居民的多层次医疗保障体系。四、建立健全药品供应保障体系。加快建立以国家基本药物制度为基础的药品供应保障体系，规范药品生产流通，保障人民群众安全用药。

《意见》认为，促进医药卫生体制改革，需要完善医药卫生的管理、运行、投入、价格、监管体制机制，加强科技与人才、信息、法制建设，保障医药卫生体系有效规范运转。一、建立协调统一的医药卫生管理体制。实施属地化和全行业管理，所有医疗卫生机构均由所在地卫生行政部门实行统一规划、统一准入、统一监管。要强化区域卫生规划，推进公立医院管理体制改革，进一步完善基本医疗保险管理体制。二、建立高效规范的医药卫生机构运行机制，将公共卫生机构收支全部纳入预算管理，转变基层医疗卫生机构运行机制，建立规范的公立医院运行机制，提高工作效率和服务质量。三、建立政府主导的多元卫生投入机制。明确政府、社会与个人的卫生投入中的责任，确立政府在提供公共卫生和基本医疗服务中的主导地位，完善政府对公共卫生、基层医疗卫生机构的投入机制。四、建立科学合理的医药价格形成机制，规范医疗服务价格管理，对非营利性医疗机构提供的基本医疗服务，实行政府指导价，其余由医疗机构自主定价，要改革药品价格形成机制。五、建立严格有效的医药卫生监管体制，完善医疗保障监管，加强药品监管，建立信息公开、社会多方参与的监管制度。六、建立可持续发展的医药卫生科技创新机制和人才保障机制，构建健康和谐的医患关系。七、建立实用共享的医药卫生信息系统，加快医疗卫生信息系统建设，建立和完善医疗保障信息系统，建立和完善国家、省、市三级药品监管、药品检验检测、药品不良反应监测信息网络，建立基本药物供求信息系统。八、建立健全医药卫生法律制度，推进依法行政。

为了使改革尽快取得成效，保障广大群众看病就医的基本需求，《意见》提出，2009—2011年医疗卫生体制改革将着力抓好五项工作。一、加快推进基本医疗保障制度建设，基本医疗保障制度全面覆盖城乡居民，城乡医疗救助制度覆盖到全国所有困难家庭，完善医疗保障管理体制机制，有效减轻城乡居民个人医药费用负担。二、初步建立国家基本药物制度，从2009年起，政府举办的基层医疗卫生机构全部配备和使用基本药物。三、健全基层医疗卫生服务体系，用3年时间建成比较完善的基层医疗卫生服务体系，转变基层医疗卫生机构运行机制和服务模式，完善补偿机制，逐步建立分级诊疗和双向转诊制度，加强全科医生的培养、培训。四、促进基本公共卫生服务逐步均等化，国家制定基本公共卫生服务项目，从 2009 年起，逐步向城乡居民统一提供疾病预防控制、妇幼保健、健康教育等基本公共卫生服务，逐步缩小城乡居民基本公共卫生服务差距。五、推进公立医院改革试点，改革公立医院管理体制、运行机制和监管机制，完善医院法人治理结构和补偿机制，逐步解决"以药补医"问题。

《意见》对于建立和完善适合中国国情的医药卫生体制，促进人人享有基本医疗卫生服务，逐步解决群众"看病难、看病贵"问题，不断提高全国人民的健康水平具有重要意义。

58. 公立医院改革试点

为贯彻中共中央、国务院《关于深化医药卫生体制改革的意见》和国务院《医药卫生体制改革近期重点实施方案（2009—2011 年）》，做好公立医院改革试点工作，卫生部、中央编办、国家发展和改革委、财政部和人力资源和社会保障部制定了《关于公立医院改革试点的指导意见》（以下简称《意见》）。2010 年 2 月，国务院常务会议讨论并原则通过了该《意见》，决定按照先行试点、逐步推开的原则，由各省（区、市）分别选择 1 至 2 个城市或城区开展公立医院改革试点。

《意见》强调，公立医院改革要坚持公立医院的公益性质，把维护人民健康权益放在第一位，实行政事分开、管办分开、医药分开、营利性和非营利性分开，推进体制机制创新，调动医务人员积极性，提高公立医院运行效率，努力让群众看好病。要按照"适度规模、优化结构、合理布局、提高质量、持续发展"的要求，坚持中西医并重方针，统筹配置城乡之间和区域之间医疗资源，促进公立医院健康发展，满足人民群众基本医疗服务需求，切实缓解群众看病难、看病贵问题。改革的原则是：一、坚持公平与效率统一，政府主导与发挥市场机制相结合；二、坚持公立医院的主导地位，鼓励多元化办医，推动不同所有制和经营性质医院协调发展；三、坚持发展、改革和管理相结合，完善服务体系，创新体制机制，加强内部管理；四、中央指导与地方创新相结合；五、坚持总体设计，有序推进，重点突破，系统总结。

《意见》指出，此次公立医院改革试点的目标是：构建公益目标明确、布局合理、规模适当、结构优化、层次分明、功能完善、富有效率的公立医院服务体系，探索建立与基层医疗卫生服务体系的分工协作机制，加快形成多元化办医格局，形成比较科学规范的公立医院管理体制、补偿机制、运行机制和监管机制，加强公立医院内部管理，促使公立医院切实履行公共服务职能，为群众提供安全、有效、方便、价廉的医疗卫生服务，形成公立医院改革的总体思路和主要政策措施，为全面推动公立医院改革奠定基础。改革的任务包括：一、强化区域卫生规划，优化公立医院的结构和布局，完善服务体系；二、改革公立医院管理体制，探索政事分开、管办分开的有效形式，科学界定公立医院所有者和管理者的责权，探索建立医院法人治理结构，推进医院院长职业化、专业化建设；三、改革公立医院补偿机制，探索实现医药分开的具体途径，改变医疗机构过度依赖药品销售收入维持运转的局面，逐步取消药品加成政策，合理调整医疗服务价格，完善基本医疗保障支付方式；四、改革公立医院运行机制，深化公立医院人事制度和收入分配制度改革，加强公立医院内部管理；五、健全公立医院监管机制，实施医院信息公开，完善公立医院绩效考核制度，加强医疗安全质量和经济运行监管；六、形成多元化办医格局。

59. 卫生人才队伍建设

为提高卫生人才队伍的整体素质，推动卫生人才队伍全面、协调、可持续发展，为深化医药卫生体制改革和提供坚强的人才支持和智力保障，卫生部、国家发展和改革委员会、财政部、人力资源和社会保障部、教育部、中央编办等六部门于2009年印发了《关于加强卫生人才队伍建设的意见》（以下简称《意见》）。

《意见》强调，卫生人才队伍建设要紧紧抓住人才培养、吸引和使用三个环节，以用为本，提高卫生人才队伍的整体素质。要逐步建立和完善符合卫生人才发展内在规律、充满生机与活力的人才工作机制，努力造就一支品德高尚、技术精湛、服务优良的卫生人才队伍。到2020年，卫生人才总量基本适应人民群众医疗卫生服务需求，卫生人才素质显著提高，卫生人才配置结构优化，城乡区域分布趋于合理，农村、城市社区的公共卫生和医疗服务人才短缺的局面得到明显改善。

《意见》指出，加强卫生人才队伍建设，一是要大力实施人才强卫战略，牢固树立人才资源是第一资源的观念，充分认识卫生人才对于事业发展的决定性作用，把卫生人才建设作为卫生工作的重中之重。二是要加强卫生人才宏观管理，按照管宏观、管政策、管协调、管服务的要求，建立健全卫生人才宏观管理的体制机制，加强卫生人才队伍建设规划，制定有利于卫生人才发展的政策措施，搞好部门协调和服务，营造良好的卫生人才发展环境。三是要坚持思想道德教育与专业技术培养两手抓，努力提高卫生人员的职业道德素质和业务能力。四是要坚持各类卫生人才协调发展，以农村卫生人才队伍建设为重点，整体推进农村卫生、社区卫生、疾病预防控制、妇幼保健、医疗服务、中医药、卫生监督和卫生管理等各类卫生人才协调发展。要遵循医学人才成长规律，逐步完善卫生人才培养制度和培养体系。

《意见》提出，要加快卫生人才队伍协调发展。加强农村和城市社区卫生人才队伍建设，优化疾病预防控制和妇幼保健人才结构，提高卫生监督人员的综合素质和执法能力，加强护理队伍和技能人才建设，加强中医药人才队伍建设，推进医疗卫生机构管理人员职业化建设，研究制定高层次卫生人才发展规划，完善高层次人才选拔机制，以创新能力建设为核心，以项目为依托，努力建设一支高水平的医学创新队伍。

《意见》要求，要以职业道德和能力建设为核心，加强医学人才培养。深化医学教育改革，完善医学教育协调工作机制，发挥医学院校人才培养基地作用。完善医学人才培养体系，建立符合中国国情的住院医师规范化培训制度，健全医学终身教育制度，促进继续医学教育稳步发展。要完善卫生人才评价体系和使用机制，严格卫生行业技术人员的准入，建立以工作业绩为核心，以品德、知识、能力、服务为主要内容的卫生人才评价指标体系，完善全国卫生专业技术资格考试考评制度。要转换用人机制，健全用人制度，全面建立聘用制度和岗位管理制度。

《意见》指出，要完善卫生事业单位分配机制。卫生事业单位工作人员实行岗位绩效工资制度，基本工资执行国家统一工资政策和标准，绩效工资以综合绩效考核为依据，突出服务质量、数量，注重向优秀人才和关键岗位倾斜，合理拉开收入差距，公共卫生事业单位实施绩效工资所需经费，纳入财政预算全额安排。此外，要建立以政府投入为主、用人单位和社会资助为辅的卫生人才队伍建设投入机制。《意见》还提出，要建立和完善卫生人才市场体系，促进卫生人才的合理流动。

60. 屠呦呦获 2011 年拉斯克临床医学奖

拉斯克奖由享有"现代广告之父"之称的美国广告经理人、慈善家阿尔伯特·拉斯克和夫人玛丽·沃德·拉斯克于 1946 年设立，用以表彰在医学研究领域作出突出贡献的在世科学家、医学研究者和公共服务人员或机构。自设立以来，共有 300 多位优秀科学家获得此奖。中国中医科学院研究员屠呦呦因为发现青蒿素——一种用于治疗疟疾的药物，挽救了全球，特别是发展中国家数百万人的生命，因而获得 2011 年度的拉斯克奖，成为中国大陆地区获得此奖的第一位科学家。

疟疾是一种严重威胁人类生命健康的世界性流行病。据世界卫生组织的报告，全世界约数 10 亿人口生活在疟疾流行区，每年有 2 亿余人患疟疾，百余万人死于疟疾。由于疟原虫对喹啉类药物已产生抗药性，使得已有治疗方式的有效性降低，防治疟疾成为世界各国医药界的重点研究课题。1969 年 2 月，屠呦呦接受了中草药抗疟研究任务，开始利用青蒿提取物对鼠疫、猴疫的抗疟效价进行研究，在临床证实青蒿抗疟有效的基础上，屠呦呦等研究人员还分离提纯出了青蒿有效单体，这种新型化合物被命名为"青蒿素"。青蒿素是一种具过氧基团的"倍半萜内酯",该结构仅含有碳、氢、氧 3 种元素,突破了抗疟药必须具有含氮杂环的理论"禁区"。青蒿素的发现和研制,是人类防治疟疾史上的具有里程碑意义的一件大事。

拉斯克奖评审委员会认为,屠呦呦教授领导的团队将一种古老的中医疗法转化为最强有力的抗疟疾药,使现代技术与传统中医师们留下的遗产相结合,将其中最宝贵的内容带入 21 世纪,既表明了中医药对全球的价值所在及对全人类福祉的意义,又开创了疟疾治疗新方法,使全世界数亿人因此受益,未来还将有更多的人受益。

61. 首次金砖国家卫生部长会议在北京召开

根据金砖国家领导人会议《三亚宣言》的精神,首次金砖国家卫生部长会议于 2011 年 7 月在北京召开。中国、巴西、俄罗斯、印度、南非五国卫生部长率团出席会议,世界卫生组织总干事、联合国艾滋病规划署执行主任作为观察员出席了会议。会议以"全球卫生 —— 药物可及"为主题展开讨论,发布了《首次金砖国家卫生部长会议北京宣言》(以下简称《宣言》)。

《宣言》认为,公共卫生是社会和经济发展的核心因素,应当在国内及国际政策中予以体现。金砖国家尽管国情各异,但面临着许多共同的公共卫生挑战,包括:卫生服务和药品可及性的不公平,日益增长的卫生费用,艾滋病、结核病等传染性疾病,以及越来越多的非传染性疾病的威胁。各国所面临的最大的问题是如何为广大公众,尤其是为最脆弱的人群提供医疗卫生服务。对此,金砖国家将开展合作,加强卫生体系建设,使公众更好地获得可负担的、高质的、有效的、安全的艾滋病、结核病、病毒性肝炎、疟疾以及其他传染性疾病和非传染性疾病的药物、疫苗;开展技术转让,提高创新能力,造福于发展中国家的公共卫生事业;支持世界卫生组织,联合国艾滋病规划署,全球艾滋病、结核病和疟疾基金以及全球疫苗和免疫联盟等国际组织加强与其合作。

《宣言》强调,世界卫生组织应进行必要的改革,增强自身的透明度、效率和责任感,关注核心业务、加强融资、调动资源、战略沟通,充分发挥其在全球卫生治理中的作用。《宣言》还呼吁联合国大会以及其他重要国际会议和论坛将公共卫生纳入会议议程,以开展广泛、持久和共同的公共卫生行动。

62. 全国医疗卫生系统"三好一满意"活动

为切实加强医疗卫生系统行业作风建设,不断提升服务水平,持续改进医疗质量,大力弘扬高尚医德，构建和谐医患关系，争创人民满意医院，努力为人民群众提供安全、有效、方便、价廉的医疗卫生服务。2011年，卫生部印发了《关于在全国医疗卫生系统开展"三好一满意"活动的通知》，决定在全国医疗卫生系统开展"服务好、质量好、医德好，群众满意"活动。

"三好一满意"活动的目标是：一、服务好。服务态度热情周到，服务行为文明规范，服务流程科学合理，服务措施便民利民，服务环境舒适安全，服务信息公开透明。二、质量好。严格依法执业，认真履行职责，规范诊疗行为，实施优质护理服务，做到合理检查、合理用药、合理治疗，确保医疗质量和医疗安全。三、医德好。要爱岗敬业，遵纪守法，廉洁行医，坚决抵制商业贿赂和行业不正之风；尊重患者权利，关爱患者，因病施治，严谨求实。四、群众满意。卫生行业形象持续提升，人民群众感受不断改善，医疗费用不合理增长得到有效控制，社会满意度有较大幅度提高。

开展"三好一满意"活动的主要任务是：一、坚持"全心全意为人民服务"、"以病人为中心"的工作宗旨，坚决纠正群众观念淡薄、漠视群众利益、服务态度生硬等问题，努力树立群众观念，促进医患关系和谐。二、进一步强化服务意识，提高服务水平，精简和规范就医环节，方便群众就医，认真履行手术、麻醉、特殊检查和特殊治疗告知义务，保障患者的知情权。有效解决预约诊疗、健康教育、用药咨询、诊后随访不到位的问题，坚决纠正"生、冷、硬、顶、推"现象。三、进一步健全医疗质量管理与控制体系、纠纷隐患排查整改和应急保障体系，强化重点部门和重点环节的质量安全管理，确保医疗质量和医疗安全，坚决杜绝因责任心问题导致医疗事故发生。四、严肃查处乱收费、以权谋私、以医谋私、收受"红包"、开单提成和医药购销领域商业贿赂等违法违纪行为，严肃行业纪律，弘扬高尚医德，树立行业新风正气。

根据《全国医疗卫生系统"三好一满意"活动2011年工作方案》，全国各级各类医疗机构，特别是二级以上公立医院，要改善服务态度，优化服务流程，广泛开展便民门诊服务，实行预约诊疗服务，推广优质护理服务，不断提升服务水平，推进同级医疗机构检查、检验结果互认，深入开展"志愿服务在医院"活动，建立健全医疗纠纷第三方调解机制和医疗责任保险制度，努力做到"服务好"。要加强质量管理，规范诊疗行为，持续改进医疗质量，努力做到"质量好"。要加强医德医风教育，大力弘扬高尚医德，严肃行业纪律，努力做到"医德好"。要深入开展行风评议，积极主动接受社会监督，努力做到"群众满意"。经过三年的努力，卫生医疗机构在提升服务水平，改善医疗卫生服务质量，加强作风建设方面取得了积极效果。

63. 县级公立医院综合改革

县级公立医院改革是医药卫生体制改革的重要内容，是解决群众"看病难、看病贵"问题的关键环节。为积极稳妥推进县级公立医院改革试点，经国务院同意，国务院办公厅于 2012 年 6 月印发了《关于县级公立医院综合改革试点意见》（以下简称《意见》）。

《意见》明确指出，县级公立医院的主要职责是为县域居民提供基本医疗服务，推广应用适宜医疗技术，为农村基层医疗卫生机构人员提供培训和技术指导，承担部分公共卫生服务，以及自然灾害和突发公共卫生事件医疗救治。县级公立医院综合改革要按照保基本、强基层、建机制的要求，遵循上下联动、内增活力、外加推力的原则，以破除"以药补医"机制为关键环节，以改革补偿机制和落实医院自主经营管理权为切入点，统筹推进管理体制、补偿机制、人事分配、价格机制、医保支付制度、采购机制、监管机制等综合改革，建立起维护公益性、调动积极性、保障可持续的县级医院运行机制。要坚持以改革促发展，加强以人才、技术、重点专科为核心的能力建设，统筹县域医疗卫生体系发展，力争使县域内就诊率提高到 90% 左右，基本实现大病不出县。

《意见》提出，县级公立医院综合改革，一是要改革补偿机制，包括：改革"以药补医"机制，鼓励探索医药分开的多种形式；取消药品加成政策，将试点县级医院补偿由服务收费、药品加成收入和政府补助三个渠道改为服务收费和政府补助两个渠道；提高诊疗费、手术费、护理费收费标准，体现医疗技术服务合理成本和医务人员技术劳务价值；医疗技术服务收费按规定纳入医保支付政策范围，推进医保支付方式改革。

二是要改革人事分配制度，包括：创新编制和岗位管理，科学合理确定人员编制，建立动态调整机制；落实县级医院用人自主权，全面推行聘用制度；完善医院内部收入分配激励机制，加强人员绩效考核，健全以服务质量、数量和患者满意度为核心的内部分配机制，体现医务人员技术服务价值，严禁把医务人员个人收入与医院的药品和检查收入挂钩。

三是建立现代医院管理制度，包括：建立和完善法人治理结构，合理界定政府和公立医院在资产、人事、财务等方面的责权关系，建立决策、执行、监督相互分工、相互制衡的权力运行机制，落实县级医院独立法人地位和自主经营管理权。县级卫生行政部门负责人不得兼任县级医院领导职务，要探索建立以理事会为主要形式的决策监督机构，实行院长任期目标责任考核制度。要优化内部运行管理，健全医院内部决策执行机制，建立以成本和质量控制为中心的管理模式。要完善绩效考核，建立以公益性质和运行效率为核心的公立医院绩效考核体系，考核结果与院长任免、奖惩和医院财政补助、医院总体工资水平等挂钩。

四是提升基本医疗服务能力，包括：合理配置医疗资源，科学制订县域卫生规划和医疗机构设置规划，按照"填平补齐"原则完成县级医院标准化建设，30万人口以上的县（市）至少有一所医院达到二级甲等水平，建立以县级医院为中心的县域急救服务体系，推行检查检验结果医疗机构互认，鼓励有条件的地区探索对医疗资源进行整合、重组和改制，优化资源配置。要提高技术服务水平，重点加强重症监护、血液透析、新生儿、病理、传染、急救、职业病防治和精神卫生，以及近三年县外转诊率排名前4位的病种所在临床专业科室的建设，开展好宫颈癌、乳腺癌、终末期肾病血液透析等重大疾病的救治和儿童白血病、先天性心脏病等复杂疑难疾病的筛查转诊工作，加快推进按病种付费。要加强信息化建设，建设医疗健康信息网。要提高县域中医药服务能力，促进中医药进基层、进农村。要加强人才队伍建设，建立健全继续教育制度，建立医师轮换派驻制度。要开展便民惠民服务，建立以病人为中心的服务模式，实行预约挂号，实行基本医疗保障费用即时结算，完善患者投诉机制。

为了加快县级公立医院改革步伐，2014年3月，国家卫生计生委、财政部等五部委又印发了《关于推进县级公立医院综合改革的意见》，提出县级公立医院是公益二类事业单位，要建立和完善法人治理结构；要建立科学补偿机制，破除以药补医，完善补偿机制，理顺医疗服务价格，落实政府投入责任；要完善药品供应保障制度，改革药品集中采购办法，保障药品供应，建立严格的诚信记录和市场清退制度；要改革医保支付制度，深化支付方式改革，加强医保对医疗服务的监督和制约。2015年4月，国务院办公厅又印发了《关于全面推开县级公立医院综合改革的实施意见》，提出2015年要在全国所有县（市）的县级公立医院破除以药补医，以管理体制、运行机制、服务价格调整、人事薪酬、医保支付等为重点，全面推开县级公立医院综合改革；到2017年，现代医院管理制度基本建立，县域医疗卫生服务体系进一步完善，县级公立医院看大病、解难症水平明显提升，基本实现大病不出县，努力让群众就地就医。

64. 中华人民共和国精神卫生法

精神卫生既是全球性的重大公共卫生问题，也是较为严重的社会问题。当前，我国有严重精神障碍患者高达1600万人，精神疾病已居我国疾病总负担的首位，但由于救助水平偏低、管理不到位，对精神障碍患者的治疗并不乐观。为了发展精神卫生事业，规范精神卫生服务，维护精神障碍患者的合法权益，十一届全国人大常委会第二十九次会议于2012年10月通过了《中华人民共和国精神卫生法》（以下简称《精神卫生法》）。

《精神卫生法》明确规定，精神卫生工作坚持预防为主的方针，坚持预防、治疗和康复相结合的原则，实行政府组织领导、部门各负其责、家庭和单位尽力尽责、全社会共同参与的综合管理机制。国家鼓励和支持开展精神卫生专门人才的培养，鼓励开展精神卫生科学技术研究，发展现代医学、传统医学、心理学，提高精神障碍预防、诊断、治疗、康复的科学技术水平。国务院卫生行政部门主管全国的精神卫生工作，县级以上人民政府领导精神卫生工作，将其纳入国民经济和社会发展规划，建设和完善精神障碍的预防、治疗和康复服务体系，建立健全精神卫生工作协调机制和工作责任制，乡镇人民政府和街道办事处组织开展预防精神障碍发生、促进精神障碍患者康复等工作。

《精神卫生法》强调，精神障碍患者的人格尊严、人身和财产安全、隐私权不受侵犯，精神障碍患者的教育、劳动、医疗以及从国家和社会获得物质帮助等方面的合法权益受法律保护。全社会应当尊重、理解、关爱精神障碍患者，任何组织或者个人不得歧视、侮辱、虐待精神障碍患者，不得非法限制精神障碍患者的人身自由，新闻报道和文学艺术作品等不得含有歧视、侮辱精神障碍患者的内容，精神障碍患者的监护人应当履行监护职责，禁止对精神障碍患者实施家庭暴力，禁止遗弃精神障碍患者。

《精神卫生法》规定，精神障碍的诊断、治疗，应当遵循维护患者合法权益、尊重患者人格尊严的原则，保障患者在现有条件下获得良好的精神卫生服务。除法律规定的，不得违背本人意志进行确定其是否患有精神障碍的医学检查；疑似精神障碍患者的近亲属可以将其送往医疗机构进行精神障碍诊断；对查找不到近亲属的流浪乞讨疑似精神障碍患者，由当地民政等部门将其送往医疗机构进行精神障碍诊断；疑似精神障碍患者发生伤害自身、危害他人安全的行为或危险的，其近亲属、所在单位、当地公安机关应当立即采取措施予以制止，并将其送往医疗机构进行精神障碍诊断。精神障碍的住院治疗实行自愿原则，自愿住院治疗的精神障碍患者可以随时要求出院，医疗机构不得限制患者的通信和会见探访者等权利。医疗机构及其医务人员应当将精神障碍患者在诊断、治疗过程中享有的权利告知患者或者其监护人，禁止利用约束、隔离等保护性医疗措施惩罚精神障碍患者，不得强迫精神障碍患者从事生产劳动。对精神障碍患者使用药物，应当以诊断和治疗为目的。从事精神障碍诊断、治疗的专科医疗机构应具备相应的资质，并配备从事心理治疗的人员，精神障碍的诊断应当由精神科执业医师作出。县级以上地方人民政府卫生行政部门应当定期对从事精神障碍诊断、治疗的医疗机构进行检查。

此外，《精神卫生法》还规定，政府、用人单位、学校、家庭均有责任采取不同措施促进心理健康，加强精神障碍预防，做好精神障碍患者的治疗和康复工作，并对违反法律规定所应承担的相关法律责任作了说明。

《精神卫生法》的出台，填补了我国精神卫生领域的法律空白，切实保障了精神障碍患者的合法权益，有利于建立政府、家庭和社会共同承担、分工合作的工作机制，推动我国精神卫生工作的开展。

65. 建立全科医生制度

全科医生是综合素质较高的医学人才,承担着预防保健、常见病多发病诊疗和转诊、病人康复和慢性病管理、健康管理等职责,被称为居民健康的"守门人"。随着我国经济社会的发展,人民生活水平的提高,人口老龄化进程的不断加快,城乡居民对提高健康水平的要求越来越高,对健康服务的需求也不断增加。为了保障和改善城乡居民的健康状况,满足其医疗需求,提高基层医疗卫生服务水平,促进医疗卫生服务模式转变,进一步深化医药卫生体制改革,有必要建立健全全科医生制度。为此,国务院于2011年发布了《关于建立全科医生制度的指导意见》(以下简称《意见》)。

《意见》强调,建立全科医生制度,要按照深化医药卫生体制改革的总体思路,适应我国经济社会发展阶段和居民健康需求变化趋势,坚持保基本、强基层、建机制的基本路径,遵循医疗卫生事业发展和全科医生培养规律,强化政府在基本医疗卫生服务中的主导作用,注重发挥市场机制作用。要突出实践、注重质量,以提高临床实践能力为重点,规范培养模式,统一培养标准,严格准入条件和资格考试,切实提高全科医生培养质量。要创新机制,改革全科医生执业方式,建立健全激励机制,引导全科医生到基层执业,逐步形成以全科医生为主体的基层医疗卫生队伍,为群众提供安全、有效、方便、价廉的基本医疗卫生服务。到2020年,我国将基本形成统一规范的全科医生培养模式和"首诊在基层"的服务模式,基本实现城乡每万名居民有2—3名合格的全科医生,基本适应人民群众基本医疗卫生服务需求。《意见》指出:

一、要逐步建立统一规范的全科医生培养制度。规范全科医生培养模式,统一全科医生规范化培养方法和内容,规范参加全科医生规范化培养人员管理,统一全科医生的执业准入条件,统一全科医学专业学位授予标准,完善临床医学基础教育,改革临床医学(全科方向)专业学位研究生教育,加强全科医生的继续教育。

二、要多渠道培养合格的全科医生。大力开展基层在岗医生转岗培训,强化定向培养全科医生的技能培训,提升基层在岗医生的学历层次,鼓励医院医生到基层服务,力争到2012年每个城市社区卫生服务机构和农村乡镇卫生院都有合格的全科医生。

三、要改革全科医生执业方式,引导全科医生以多种方式执业。政府要为全科医生提供服务平台,要推行全科医生与居民建立契约服务关系,积极探索建立分级医疗和双向转诊机制,加强全科医生服务质量监管。

四、要建立全科医生的激励机制。推行按签约服务人数收取服务费,规范全科医生其他诊疗收费,合理确定全科医生的劳动报酬,完善鼓励全科医生到艰苦边远地区工作的津贴补贴政策,拓宽全科医生的职业发展路径。

五、要完善相关法律法规,明确全科医生的执业范围和权利责任,保障其合法权益;要加强全科医生培养基地建设,合理规划全科医生的培养和使用,充分发挥行业协(学)会在行业自律和促进全科医生培养中的作用。

66. 国家卫生和计划生育委员会成立

为了更好地坚持计划生育的基本国策,加强医疗卫生工作,深化医药卫生体制改革,优化配置医疗卫生和计划生育服务资源,提高出生人口素质和人民健康水平,党的十八届二中全会审议通过的《国务院机构改革和职能转变方案》提出,将卫生部的职责、国家人口和计划生育委员会的计划生育管理和服务职责整合,组建国家卫生和计划生育委员会,将国家人口和计划生育委员会的研究拟订人口发展战略、规划及人口政策职责划入国家发展和改革委员会,国家中医药管理局由国家卫生和计划生育委员会管理,不再保留卫生部、国家人口和计划生育委员会。2013年3月,十二届全国人大一次会议批准通过了《关于国务院机构改革和职能转变方案的决定》。

此次改革坚持以职能转变为核心,继续简政放权,理顺职责,完善制度机制。一是简政放权,取消和下放了部分职责。二是着力解决职责交叉,提高行政效能,整合、理顺了部分职责,明确了国家卫生计生委与国家发展改革委、国家质检总局、国家食品药品监管总局在人口发展规划、国境卫生检疫、食品药品方面的职责分工和工作衔接关系。三是注重完善制度机制,进一步改善和加强宏观管理,在协调推进医药卫生体制改革和医疗保障的同时,坚持计划生育基本国策,统筹卫生和计划生育服务资源配置。改革后,国家卫生和计划生育委员会主要履行以下职责:

一、负责起草卫生、计划生育、中医药类法律法规草案,拟订政策规划,制定部门规章、标准和技术规范。

二、负责协调推进医药卫生体制改革和医疗保障,统筹规划卫生和计划生育服务资源配置,指导区域卫生和计划生育规划的编制和实施。

三、制定疾病预防控制规划、国家免疫规划、严重危害人民健康的公共卫生问题的干预措施并组织落实,负责突发公共卫生事件预防控制。

四、制定公共卫生标准,组织开展相关监测、调查、评估和监督,负责传染病防治监督。组织开展食品安全风险监测、评估,依法制定并公布食品安全标准,负责食品、食品添加剂及相关产品新原料、新品种的安全性审查。

五、组织拟订并实施基层卫生和计划生育服务、妇幼卫生发展规划和政策措施,指导全国基层卫生和计划生育、妇幼卫生服务体系建设,推进基本公共卫生和计划生育服务均等化,完善基层运行新机制和乡村医生管理制度。

六、制定医疗机构和医疗服务全行业管理办法、计划生育技术服务管理制度并监督实施;制定国家药物政策和国家基本药物制度,提出国家基本药物价格政策的建议。

七、完善生育政策,促进出生人口性别平衡,制定优生优育和提高出生人口素质、流动人口计划生育服务管理的政策措施并组织实施。

八、组织拟订国家卫生和计划生育人才发展规划、科技发展规划、中医药中长期发展规划。

九、指导地方卫生和计划生育工作,完善综合监督执法体系,规范执法行为,监督检查法律法规和政策措施的落实,组织查处重大违法行为。

十、负责卫生和计划生育宣传、健康教育、健康促进和信息化建设等工作,依法组织实施统计调查,参与国家人口基础信息库建设。组织指导国际交流合作与援外工作,开展与港澳台的交流与合作。

十一、承担全国爱国卫生运动委员会、国务院深化医药卫生体制改革领导小组和国务院防治艾滋病工作委员会的日常工作。

十二、承办国务院交办的其他事项。

67. 国务院关于促进健康服务业发展的若干意见

健康服务业包括医疗服务、健康管理与促进、健康保险以及相关服务,涉及药品、医疗器械、保健用品、保健食品、健身产品等产业。加快发展健康服务业,对于深化医改、改善民生、提升全民健康素质,进一步扩大内需、促进就业、转变经济发展方式具有重要意义。为促进健康服务业发展,国务院于2013年9月28日发布了《关于促进健康服务业发展的若干意见》(以下简称《意见》)。

《意见》强调,要在切实保障人民群众基本医疗卫生服务需求的基础上,转变政府职能,加强政策引导,充分调动社会力量的积极性和创造性,大力引入社会资本,着力扩大供给、创新服务模式、提高消费能力,不断满足人民群众多层次、多样化的健康服务需求,为促进人的全面发展创造必要条件。促进健康服务业发展,要坚持以人为本、统筹推进,切实维护人民群众健康权益;要坚持政府引导、市场驱动,强化政府在制度建设、规划和政策制定及监管等方面的职责,发挥市场在资源配置中的基础性作用;要坚持深化改革、创新发展,建立符合国情、可持续发展的健康服务业体制机制。《意见》提出,促进健康服务业发展的目标是：到2020年，基本建立覆盖全生命周期、内涵丰富、结构合理的健康服务业体系，健康服务业总规模达到8万亿元以上，成为推动经济社会持续发展的重要力量。医疗服务能力大幅提升，健康管理与促进服务水平明显提高，健康保险服务进一步完善，健康服务相关支撑产业规模显著扩大，健康服务业发展环境不断优化。

为此，《意见》明确了促进健康服务业发展的主要任务，主要任务是：一、大力发展医疗服务，加快形成多元办医格局，优化医疗服务资源配置，推动发展专业、规范的护理服务；二、加快发展健康养老服务，推进医疗机构与养老机构等加强合作，形成规模适宜、功能互补、安全便捷的健康养老服务网络，发展社区健康养老服务；三、积极发展健康保险，丰富商业健康保险产品，发展多样化健康保险服务，建立商业保险公司与医疗、体检、护理等机构合作的机制；四、全面发展中医药医疗保健服务，提升中医健康服务能力，推广科学规范的中医保健知识及产品；五、支持发展多样化健康服务，发展健康体检、咨询等健康服务，发展全民体育健身，发展健康文化和旅游；六、培育健康服务业相关支撑产业，支持自主知识产权药品、医疗器械和其他相关健康产品的研发制造和应用，大力发展第三方服务，支持发展健康服务产业集群；七、加大人才培养和职业培训力度，促进人才流动，加快推进规范的医师多点执业；八、夯实健康服务业发展基础，推进健康服务信息化，加强诚信体系建设，健全相关信息发布制度。

《意见》还提出了促进健康服务业发展的政策措施，包括：一、放宽市场准入，建立公开、透明、平等、规范的健康服务业准入制度；二、加强规划布局和用地保障，扩大健康服务业用地供给；三、优化投融资引导政策，鼓励金融机构按照风险可控、商业可持续原则加大对健康服务业的支持力度；四、完善财税价格政策，建立健全政府购买社会服务机制，创新财政资金使用方式并加大支持力度；五、引导和保障健康消费可持续增长，完善健康服务法规标准和监管，营造良好社会氛围；六、完善健康服务法规标准和监管，规范有关药品、保健食品、医疗机构的广告和信息发布行为，严厉打击虚假宣传和不实报道，积极营造良好的健康消费氛围。

68. 国务院关于进一步加强新时期爱国卫生工作的意见

爱国卫生运动是中国共产党和中国政府把群众路线运用于卫生防病工作的伟大创举和成功实践，它以解决人民群众生产生活中的卫生问题为主要内容，有力推动了全民卫生素质的提高。然而，随着我国经济社会的快速发展，爱国卫生工作面临许多挑战，影响健康的因素日益复杂、城市卫生管理不容乐观、群众健康素养有待提升、爱国卫生工作方式无法满足现实需求。为了作好新时期的爱国卫生工作，国务院于2014年12月23日印发了

《关于进一步加强新时期爱国卫生工作的意见》（以下简称《意见》）。

《意见》明确指出，开展爱国卫生运动的总体目标是：城乡环境卫生条件明显改善，影响健康的主要环境危害因素得到有效治理；人民群众文明卫生素质显著提升，健康生活方式广泛普及；有利于健康的社会环境和政策环境进一步改善，重点传染病、慢性病、地方病和精神疾病等公共卫生问题防控干预取得明显成效，城乡居民健康水平明显提高。为此，《意见》提出了以下四方面的工作要求：

一是深入开展城乡环境卫生整洁行动。要推行县域城乡生活垃圾和污水统筹治理、垃圾分类收集处理和资源回收利用、畜禽粪污综合治理利用、生态清洁型小流域治理；要切实保障饮用水安全，建立从水源地保护、自来水生产到安全供水的全程监管体系，加快全国城镇供水设施改造和建设，加强饮用水卫生监测能力建设；要加快农村改厕步伐，力争到2020年东部地区和有条件的中西部地区基本完成农村户厕无害化建设改造，有效预防控制肠道传染病、寄生虫病的发生、流行；要科学预防控制病媒生物，建立健全病媒生物监测网络，实施以环境治理为主的综合预防控制策略。

二是全面提高群众文明卫生素质。要加强健康教育，大力开展讲卫生、树新风、除陋习活动，摒弃乱扔、乱吐、乱贴、乱行等不文明行为；要推进全民健身活动，建设健康步道、健康主题公园等支持性环境，改善城乡居民运动健身条件，提高公共体育设施的开放率和利用率，形成覆盖城乡比较健全的全民健身公共服务体系；要落实各项控烟措施，全面推行公共场所禁烟，不断提高公众对烟草危害的正确认识，形成不吸烟、不敬烟、不劝烟的社会风气。

三是积极推进社会卫生综合治理。要深入推进卫生城镇创建，加快卫生基础设施建设，健全卫生管理长效机制，有效破解城镇卫生管理难题，争取到2020年，国家卫生城市数量提高到全国城市总数的40%，国家卫生乡镇（县城）数量提高到全国乡镇（县城）总数的5%；要探索开展健康城市建设，围绕营造健康环境、构建健康社会、培育健康人群等重点，将健康政策相关内容纳入城市规划、市政建设、道路交通、社会保障等各项公共政策并保障落实，打造卫生城镇升级版，促进城市建设与人的健康协调发展；要不断优化健康服务，大力推进基本公共卫生服务均等化，促进卫生服务模式从疾病管理向健康管理的转变。

四是提高爱国卫生工作水平。要积极发挥爱国卫生运动在疾病防控中的统筹协调作用，落实预防为主的方针，坚持群防群控，协调做好突发公共卫生事件处置、重大疫情防控、大型活动卫生防疫保障等工作；要提高爱国卫生工作依法科学治理水平；要改革创新动员群众的方式方法，通过政府转移职能和购买服务等方式，鼓励和吸引社会力量参与；要改进爱国卫生活动形式和内容，动员单位、社会组织和个人通过捐赠、创办服务机构、提供志愿服务、参加义务劳动等方式，参与爱国卫生公益活动；要探索推广居民健康自我管理小组、病友互助小组、健身小组、社区健康讲堂等有效形式，发挥群众组织的积极作用；要加强领导、监督和检查，加强基层工作能力建设。

69. 城市公立医院综合改革试点

自 2010 年国家联系试点城市公立医院改革启动以来，各试点城市积极探索，改革取得明显进展，但也存在一些问题。为进一步加快城市公立医院改革，国务院办公厅于 2015 年 5 月印发了《关于城市公立医院综合改革试点的指导意见》（以下简称《意见》）。

《意见》强调，要充分发挥公立医院公益性质和主体作用，切实落实政府办医责任，着力推进管理体制、补偿机制、价格机制、人事编制、收入分配、医疗监管等体制机制改革；要坚持改革联动，推进医疗、医保、医药联动，促进区域内公立医疗机构同步改革，强化公立医院与基层医疗卫生机构分工协作，与社会办医协调发展；要坚持分类指导，对于不同地区、不同层级、不同类型的公立医院，要在医保支付、价格调整、绩效考评等方面实行差别化的改革政策；要坚持探索创新，突破政策障碍和利益藩篱，建立符合实际的体制机制。到 2017 年，城市公立医院综合改革试点要全面推开。

《意见》提出了城市公立医院综合改革的基本路径：一、建立现代医院管理制度，加快政府职能转变，推进管办分开，完善法人治理结构和治理机制，合理界定政府、公立医院、社会、患者的责权利关系；二、建立公立医院科学补偿机制，以破除以药补医机制为关键环节，通过降低药品耗材费用、取消药品加成、深化医保支付方式改革、规范药品使用和医疗行为等措施，留出空间，同步理顺公立医院医疗服务价格，建立符合医疗行业特点的薪酬制度；三、构建协同发展的服务体系，以基层服务能力建设为基础，以分工协作机制为支撑，综合运用法律、社保、行政和市场手段，优化资源配置，引导合理就医。

《意见》还提出了城市公立医院综合改革的七大任务：一、改革公立医院管理体制，包括：实行政事分开，建立高效的政府办医体制；完善公立医院法人治理结构和治理机制，落实公立医院自主权；建立以公益性为导向的考核评价机制，强化公立医院精细化管理，完善多方监管机制；二、建立公立医院运行新机制，包括：破除以药补医机制，建立科学合理的补偿机制；降低药品和医用耗材费用，实行阳光采购；理顺医疗服务价格，建立以成本和收入结构变化为基础的价格动态调整机制；落实政府投入责任，完善政府购买服务机制；三、强化医保支付和监控作用，包括：深化医保支付方式改革，建立以按病种付费为主，按人头付费、按服务单元付费等复合型付费方式，减少按项目付费；提高保障绩效，缩小政策范围内住院费用支付比例与实际住院费用支付比例间的差距；四、建立符合医疗行业特点的人事薪酬制度,包括:深化编制人事制度改革,逐步实行编制备案制,建立动态调整机制;合理确定医务人员薪酬水平,完善绩效工资制度;强化医务人员绩效考核,医务人员个人薪酬不得与医院的药品、耗材、大型医学检查等业务收入挂钩;五、构建各类医疗机构协同发展的服务体系,包括:优化城市公立医院规划布局,合理把控公立医院数量、布局和结构,鼓励企业、慈善机构、商业保险机构等社会力量办医;引导各级公立医院与基层医疗卫生机构建立目标明确、权责清晰的分工协作机制,加强公立医院与专业公共卫生机构的沟通与协作;加强人才队伍培养,提升服务能力;六、推动建立分级诊疗制度,包括:构建基层首诊、双向转诊、急慢分治、上下联动的分级诊疗模式;完善与分级诊疗相适应的医保政策;七、加快推进医疗卫生信息化建设,包括:构建完善的区域人口健康信息平台,促进医疗卫生、医保和药品管理等系统对接、信息共享;加强医疗卫生机构信息化建设,加快远程医疗系统建设,强化远程会诊、教育等服务功能,促进优质医疗资源共享。

70. 全国医疗卫生服务体系规划纲要(2015—2020年)

为促进我国医疗卫生资源进一步优化配置,提高服务可及性、能力和资源利用效率,指导各地科学、合理地制订实施区域卫生规划和医疗机构设置规划,国务院办公厅于2015年3月发布《全国医疗卫生服务体系规划纲要(2015—2020年)》(以下简称《规划纲要》)。

一、规划的背景。经过长期发展,我国已经建立了由医院、基层医疗卫生机构、专业公共卫生机构等组成的覆盖城乡的医疗卫生服务体系,但是,医疗卫生资源总量不足、质量不高、结构与布局不合理、服务体系碎片化、部分公立医院单体规模不合理扩张等问题依然突出。(一)与经济社会发展和人民群众日益增长的服务需求相比,医疗卫生资源总量相对不足,质量有待提高;(二)资源布局结构不合理,影响医疗卫生服务提供的公平与效率;(三)医疗卫生服务体系碎片化的问题比较突出;(四)公立医院改革还不到位;(五)政府对医疗卫生资源配置的宏观管理能力不强,资源配置需要进一步优化。

二、规划目标和原则。规划目标:实现2020年基本建立覆盖城乡居民的基本医疗卫生制度和人民健康水平持续提升。规划原则:坚持健康需求导向、公平与效率统一、政府主导与市场机制相结合、系统整合、分级分类管理。

三、《规划纲要》提出的重点任务。

(一)合理确定全国2020年医疗卫生资源总量标准。综合考虑人口总量、老龄化、城镇化等因素,结合全国床位数的历史变化趋势,并借鉴经合组织(OECD)国家人均GDP与我国2020年水平相当时的千人口床位数,提出到2020年每千常住人口医疗卫生机构床位数控制在 6 张。

（二）科学布局公立医疗卫生机构。明确各级各类公立医疗机构的建设数量和规模，并明确各级公立医院适宜的单体规模，引导大型公立医院合理把控规模，加强内涵建设。

（三）大力发展非公立医疗机构。从床位标准、设备购置以及政策扶持等方面对社会办医给予支持，明确到 2020 年按照每千常住人口不低于 1.5 张床位为社会办医院预留规划空间，同步预留诊疗科目设置和大型医用设备配置空间，同时，鼓励公立医院与社会力量以合资合作的方式共同举办新的非营利性医疗机构，个体诊所的设置不受规划布局限制等。

（四）着力加强医疗卫生人才队伍建设。明确人才配备、培养和使用三个环节的要求，提出医院、基层医疗卫生机构、专业公共卫生机构的人员配备标准，明确人才培养培训的目标和方向。

（五）强化上下联动与分工协作。整合各级各类医疗卫生机构的服务功能，防治结合，建立分级诊疗模式，为群众提供系统、连续、全方位的医疗卫生服务。

（六）强化监督评价。规范规划编制流程，严格计划实施，建立规划实施的监督评价机制。

《规划纲要》对促进我国医疗卫生资源进一步优化配置，提高服务可及性、能力和资源利用效率，指导各地科学、合理地制定实施区域卫生规划和医疗机构设置规划具有重要意义。这是首次在国家层面制定的医疗卫生服务体系规划，是推动深化医改向纵深发展，解决看病难、看病贵问题，打造健康中国的一项重要举措。

71. 中医药健康服务发展规划（2015—2020 年）

为贯彻落实中共中央、国务院《关于深化医药卫生体制改革的意见》、国务院《关于扶持和促进中医药事业发展的若干意见》和《国务院关于促进健康服务业发展的若干意见》，充分发挥中医药特色优势，加快发展中医药健康服务，国务院办公厅于 2015 年 5 月印发《中医药健康服务发展规划（2015—2020 年）》（以下简称《发展规划》），其主要内容是：

一、发展目标：到 2020 年，基本建立中医药健康服务体系，中医药健康服务加快发展，成为我国健康服务业的重要力量和国际竞争力的重要体现，成为推动经济社会转型发展的重要力量。中医药健康服务提供能力大幅提升；中医药健康服务技术手段不断创新；中医药健康服务产品种类更加丰富；中医药健康服务发展环境优化完善。

二、重点任务：

（一）大力发展中医养生保健服务。（1）支持中医养生保健机构发展。支持社会力量举办规范的中医养生保健机构，鼓励中医医疗机构发挥自身技术人才等资源优势。（2）规范中医养生保健服务。加快制定中医养生保健服务类规范和标准，建立中医健康状态评估方法，推广太极拳、健身气功、导引等中医传统运动，运用云计算、移动互联网、物联网等信息技术开发智能化中医健康服务产品。（3）开展中医特色健康管理。将中医药优势与健康管理结合，加强中医养生保健宣传引导，加快制定信息共享和交换的相关规范及标准，鼓励保险公司开发中医药养生保健、治未病保险以及各类医疗保险、疾病保险、护理保险和失能收入损失保险等商业健康保险产品，指导健康体检机构规范开展中医特色健康管理业务。

（二）加快发展中医医疗服务。（1）鼓励社会力量提供中医医疗服务。建立公立中医医疗机构为主导、非公立中医医疗机构共同发展，基层中医药服务能力突出的中医医疗服务体系，支持社会资本举办中医医院、疗养院和中医诊所。（2）创新中医医疗机构服务模式。转变中医医院服务模式，支持中医医院输出管理、技术、标准和服务产品，推动中医门诊部、中医诊所和中医坐堂医诊所规范建设和连锁发展。

（三）支持发展中医特色康复服务。（1）促进中医特色康复服务机构发展，鼓励社会资本举办中医特色康复服务机构。（2）拓展中医特色康复服务能力。促进中医技术与康复医学融合，推动各级各类医疗机构开展中医特色康复医疗、训练指导、知识普及、康复护理、辅具服务，建立县级中医医院与社区康复机构双向转诊机制。

（四）积极发展中医药健康养老服务。（1）发展中医药特色养老机构。鼓励新建以中医药健康养老为主的护理院、疗养院。推动中医医院与老年护理院、康复疗养机构等开展合作。（2）促进中医药与养老服务结合。支持养老机构开展融合中医特色健康管理的老年人养生保健、医疗、康复、护理服务，建立医疗契约服务关系，开展上门诊视、健康查体、保健咨询等服务。

（五）培育发展中医药文化和健康旅游产业。（1）发展中医药文化产业。发掘中医药文化资源，创作科学准确、通俗易懂、贴近生活的中医药文化科普创意产品和文化精品，借助海外中国文化中心、中医孔子学院等平台，推动中医药文化国际传播。（2）发展中医药健康旅游。开发中医药特色旅游路线，打造中医药健康旅游品牌，支持举办代表性强、发展潜力大、符合人民群众健康需求的中医药健康服务展览和会议。

（六）积极促进中医药健康服务相关支撑产业发展。（1）支持相关健康产品研发、制造和应用。鼓励研制便于操作使用、适于家庭或个人的健康检测、监测产品以及自我保健、功能康复等器械产品，加强产学研医深度协作，提高国际竞争力。（2）促进中药资源可持续发展。大力实施中药材生产质量管理规范（GAP），促进中药材种植业绿色发展，开展中药资源出口贸易状况监测与调查。（3）大力发展第三方服务。开展第三方质量和安全检验、检测、认证、评估等服务,发展研发设计服务和成果转化服务,发挥省级药品集中采购平台作用,探索发展中医药电子商务。

(七)大力推进中医药服务贸易。(1)吸引境外来华消费。鼓励有条件的非公立中医医院成立国际医疗部或外宾服务部,整合中医药科研优势资源。(2)推动中医药健康服务走出去。建立和完善境外营销网络,培育一批国际市场开拓能力强的中医药服务企业或企业集团,鼓励中医药院校赴境外办学,鼓励援外项目与中医药健康服务相结合。

三、完善政策和保障措施:

政策:放宽市场准入,加强用地保障,加大投融资引导力度,完善财税价格政策。

保障措施:(1)加强组织实施。各地区、各有关部门要高度重视,把发展中医药健康服务摆在重要位置,统筹协调,加大投入,创造良好的发展环境。(2)发挥行业组织作用。各地区、各有关部门要支持建立中医药健康服务行业组织,通过行政授权、购买服务等方式,将适宜行业组织行使的职责委托或转移给行业组织,强化服务监管。(3)完善标准和监管。以规范服务行为、提高服务质量、提升服务水平为核心,推进中医药健康服务规范和标准制修订工作。(4)加快人才培养,推动高校设立健康管理等中医药健康服务相关专业,拓宽中医药健康服务技术技能人才岗位设置,逐步健全中医药健康服务领域相关职业(工种)。(5)营造良好氛围,加强舆论引导,营造全社会尊重和保护中医药传统知识、重视和促进健康的社会风气。

《发展规划》有利于满足人民群众基本医疗卫生服务需求,鼓励多元投资,加快市场培育,充分释放中医药健康服务潜力和活力,推动构建中国特色健康服务体系。

72. 推进分级诊疗制度建设

为加快推进分级诊疗制度建设,形成科学有序就医格局,提高人民健康水平,进一步保障和改善民生,国务院办公厅于2015年9月印发《关于推进分级诊疗制度建设的指导意见》(以下简称《意见》)。

一、目标任务:到2017年,分级诊疗政策体系逐步完善,医疗卫生机构分工协作机制基本形成,优质医疗资源有序有效下沉,以全科医生为重点的基层医疗卫生人才队伍建设得到加强,医疗资源利用效率和整体效益进一步提高,基层医疗卫生机构诊疗量占总诊疗量比例明显提升,就医秩序更加合理规范。到2020年,分级诊疗服务能力全面提升,保障机制逐步健全,布局合理、规模适当、层级优化、职责明晰、功能完善、富有效率的医疗服务体系基本构建,基层首诊、双向转诊、急慢分治、上下联动的分级诊疗模式逐步形成,基本建立符合国情的分级诊疗制度。基层首诊、双向转诊、急慢分治、上下联动。

二、工作措施：

（一）加强基层为重点完善分级诊疗服务体系。（1）明确城市二、三级医院、县级医院、基层医疗卫生机构以及慢性病医疗机构等各级各类医疗机构功能定位。（2）加强基层医疗卫生人才队伍建设，实现城乡每万名居民有2—3名合格的全科医生，发挥全科医生的居民健康"守门人"作用。（3）通过组建医疗联合体、对口支援、医师多点执业、鼓励开办个体诊所等多种形式，提升基层医疗卫生服务能力。（4）全面提升县级公立医院综合能力，加强县级公立医院临床专科建设，县域内就诊率提高到90%左右，基本实现大病不出县。（5）整合并开放二级以上医院检查检验等资源，推动区域资源共享。（6）加快推进医疗卫生信息化建设，促进跨地域、跨机构就诊信息共享。

（二）建立健全分级诊疗保障机制。（1）完善医疗资源合理配置机制，制定不同级别、不同类别医疗机构服务能力标准，重点控制三级综合医院数量和规模。（2）建立基层签约服务制度，由二级以上医院医师与基层医疗卫生机构的医务人员组成团队，与居民或家庭自愿签约。（3）推进医保支付制度改革，完善不同级别医疗机构的医保差异化支付政策。（4）健全医疗服务价格形成机制，合理制定和调整医疗服务价格，对医疗机构落实功能定位、患者合理选择就医机构形成有效的激励引导。（5）建立完善利益分配机制，引导二级以上医院向下转诊诊断明确、病情稳定的慢性病患者，基层医疗卫生机构绩效工资向签约服务的医务人员倾斜。（6）以业务、技术、管理、资产等为纽带，建立医疗卫生机构分工协作机制。

分级诊疗制度的建立有利于扭转当前不合理的医疗资源配置格局，解决资源配置不均衡问题，围绕城乡协同医疗卫生服务网络建设，依托广大医院和基层医疗卫生机构，探索合理配置资源、有效盘活存量、提高资源配置使用效率的医疗卫生服务体制架构，有利于推动党和政府为保障人民群众健康所作出承诺的实现。

73. 推进医疗卫生与养老服务相结合

为全面部署进一步推进医疗卫生与养老服务相结合，满足人民群众多层次、多样化的健康养老服务需求，2015年11月，国务院办公厅转发卫生计生委、民政部、发展改革委、财政部、人力资源社会保障部、国土资源部、住房城乡建设部、全国老龄办、中医药局《关于推进医疗卫生与养老服务相结合的指导意见》（以下简称《意见》），其主要内容是：

一、发展目标：到2020年，符合国情的医养结合体制机制和政策法规体系基本建立，医疗卫生和养老服务资源实现有序共享，覆盖城乡、规模适宜、功能合理、综合连续的医养结合服务网络基本形成，基层医疗卫生机构为居家老年人提供上门服务的能力明显提升。所有医疗机构开设为老年人提供挂号、就医等便利服务的绿色通道,所有养老机构能够以不同形式为入住老年人提供医疗卫生服务,基本适应老年人健康养老服务需求。

二、推进医疗卫生与养老服务相结合的重点任务:

(一)建立健全医疗卫生机构与养老机构合作机制,鼓励养老机构与周边的医疗卫生机构开展多种形式的协议合作,通过建设医疗养老联合体等多种方式,为老年人提供一体化的健康和养老服务。

(二)支持养老机构开展医疗服务,养老机构可根据服务需求和自身能力,按相关规定申请开办医疗机构,提高养老机构提供基本医疗服务的能力。

(三)推动医疗卫生服务延伸至社区、家庭,推进基层医疗卫生机构和医务人员与社区、居家养老结合,与老年人家庭建立签约服务关系,为老年人提供连续性的健康管理服务和医疗服务。

(四)鼓励社会力量兴办医养结合机构,在制定医疗卫生和养老相关规划时,要给社会力量举办医养结合机构留出空间,鼓励有条件的地方提供一站式便捷服务。

(五)鼓励医疗卫生机构与养老服务融合发展,统筹医疗卫生与养老服务资源布局,提高综合医院为老年患者服务的能力,提高基层医疗卫生机构康复、护理床位占比,全面落实老年医疗服务优待政策。

在保障措施上,《意见》强调完善投融资和财税价格政策,加强规划布局和用地保障,探索建立多层次长期照护保障体系,加强人才队伍建设,强化信息支撑。在组织实施上要加强组织领导和部门协同,抓好试点示范,加强考核督查。

医疗卫生与养老服务相结合,是社会各界普遍关注的重大民生问题,是积极应对人口老龄化的长久之计,是我国经济发展新常态下重要的经济增长点。加快推进医疗卫生与养老服务相结合,对稳增长、促改革、调结构、惠民生和全面建成小康社会具有重要意义。

74. 推行大病保险,减轻病患负担

为加快推进城乡居民大病保险制度建设,筑牢全民基本医疗保障网底,让更多的人民群众受益,2015年8月,国务院办公厅印发《关于全面实施城乡居民大病保险的意见》(以下简称《意见》),其主要内容是:

一、基本原则和目标:

(一)基本原则:坚持以人为本,保障大病;坚持统筹协调,政策联动;坚持政府主导,专业承办;坚持稳步推进,持续实施。

(二)主要目标:2015年底前,大病保险覆盖所有城镇居民基本医疗保险、新型农村

合作医疗（以下统称城乡居民基本医保）参保人群，大病患者看病就医负担有效减轻。到 2017 年，建立起比较完善的大病保险制度，与医疗救助等制度紧密衔接，共同发挥托底保障功能，有效防止发生家庭灾难性医疗支出，城乡居民医疗保障的公平性得到显著提升。

二、工作举措：

（一）完善筹资机制，从城镇居民基本医疗保险、新型农村合作医疗基金中划出一定比例或额度作为大病保险资金，参保群众不额外缴纳费用。

（二）提高保障水平，大病保险的保障范围与城乡居民基本医保相衔接。参保人患大病发生高额医疗费用，由大病保险对经城乡居民基本医保按规定支付后个人负担的合规医疗费用给予保障，2015 年大病保险支付比例应达到 50% 以上，并随着大病保险筹资能力、管理水平不断提高，进一步提高支付比例，更有效地减轻个人医疗费用负担。

（三）加强不同保障制度衔接，做好基本医保、大病保险、医疗救助、疾病应急救助、商业健康保险及慈善救助等制度间的互补联动，明确分工，细化措施，在政策制定、待遇支付、管理服务等方面做好衔接，努力实现大病患者应保尽保，对经大病保险支付后自付费用仍有困难的患者，民政等部门要及时落实相关救助政策。

（四）规范大病保险承办服务，原则上通过政府招标选定商业保险机构承办大病保险业务，商业保险机构承办大病保险获得的保费实行单独核算，确保资金安全和偿付能力，规范大病保险招标投标与合同管理，遵循收支平衡、保本微利的原则，合理控制商业保险机构盈利率。

（五）严格监督管理，强化大病保险运行的监管，督促商业保险机构提高服务质量和水平，并主动接受社会监督，加强对医疗机构、医疗服务行为和质量的监管，强化诊疗规范，规范医疗行为，控制医疗费用。

（六）强化组织实施，各省（区、市）人民政府和新疆生产建设兵团、各市（地）人民政府要将全面实施大病保险工作列入重要议事日程，进一步健全政府领导、部门协调、社会参与的工作机制，抓紧制定实施方案，细化工作任务和责任部门，明确时间节点和工作要求，确保 2015 年底前全面推开。

城乡居民大病保险是基本医疗保障制度的拓展和延伸，是对大病患者发生的高额医疗费用给予进一步保障的一项新的制度性安排。《意见》的出台对于推动医保、医疗、医药联动改革，促进政府主导与发挥市场机制作用相结合，提高基本医疗保障管理水平和运行效率，缓解因病致贫、因病返贫问题具有重大意义。

五、人口与计划生育事业

1. 中国计划生育协会成立

随着 20 世纪 80 年代人口生育高峰期的到来,中国计划生育工作面临的任务十分艰巨,再加上计划生育工作对外交往和交流活动的增多,迫切需要成立一个能够动员广大群众参与计划生育工作、加强计划生育宣传教育和对外交往的群众团体。为此,1980 年 2 月,国务院计划生育领导小组向国务院提出《关于组成中国计划生育协会领导机构的请示报告》,得到了李先念、陈慕华等多位国务院领导的重视。

1980 年 5 月 29 日,中国计划生育协会在北京成立。成立大会推举出 66 人组成理事会,选举全国政协副主席王首道为会长,栗秀真、林巧稚、吴阶平、林佳楣、于旺等为副会长。根据协会章程,中国计划生育协会是中国共产党领导下的全国性、非营利性群众团体,是党和政府联系广大育龄群众和计划生育家庭的桥梁和纽带,以全心全意为育龄群众和计划生育家庭服务为宗旨,坚持自我教育、自我管理、自我服务的方针,发挥带头、宣传、服务、监督、交流的作用,动员和组织广大群众参与人口发展、生殖健康、计划生育和家庭保健。协会的主要任务是:一、协助政府有关部门贯彻《中华人民共和国人口与计划生育法》和国家其他相关法律法规,推动人口和计划生育工作;二、指导地方计划生育协会依据有关法律法规开展具有自身特点的服务活动;三、普及有关性与生殖健康、计划生育、避孕节育和预防艾滋病的科学知识;四、关心计划生育贫困家庭、育龄群众生殖健康、独生子女、女孩健康成长和基层计划生育工作者;五、反映会员诉求、维护会员和广大育龄群众的合法权益;六、开展计划生育国际交流和对外宣传;七、承办国家人口和计划生育委员会及相关部门交办和委托的事项。计划生育协会的会员分为个人会员和团体会员,在全国各省、市、县、乡成立的计划生育协会为中国计划生育协会的地方组织。中国计划生育协会的最高权力机构是全国会员代表大会，每五年召开一次。

中国计划生育协会成立以来，广泛联系社会各界和群众中的积极分子，动员群众自我教育、自我管理、自我服务，同时，加强同国际组织和各国计划生育民间组织的交往与合作，为推进我国人口计划生育事业的发展作出了重要贡献。

2. 中共中央关于控制我国人口增长问题致全体共产党员、共青团员的公开信

中华人民共和国成立以来，由于长期对人口出生率没有适当控制，人口增长始终过快，在新中国成立以后的30年时间里，人口就净增4亿3000多万人，给全国人民的生活和国家的发展带来了很大困难。为了改善人民生活水平，实现四个现代化，有必要控制人口增长。1980年9月，国务院在五届全国人大三次会议上提出："除了在人口稀少的少数民族地区以外，要普遍提倡一对夫妇只生育一个孩子，以便把人口增长率尽快控制住。"为了使这项政策得到很好的贯彻落实，中共中央于1980年9月25日向全国的共产党员、共青团员发出了《中共中央关于控制我国人口增长问题致全体共产党员、共青团员的公开信》（以下简称《公开信》），要求所有共产党员、共青团员，特别是各级干部，要用实际行动带头响应国务院的号召，并积极负责地、耐心细致地向广大群众进行宣传教育。

首先，《公开信》明确指出了控制人口增长的必要性和可行性。《公开信》指出人口增长过快不仅会增加人民群众的生活困难，影响国家现代化建设，还会加重环境污染。在我国人口增长过快的背景下，必须有效控制人口增长。《公开信》认为，"一对夫妇只生育一个孩子"的号召是能够实现的，因为人民群众是通情达理、顾全大局的，能够拥护和理解党和国家的政策，而且，实践已经证明，仅1979年一年，就比1970年少生了1000万人。

其次，对于提倡"一对夫妇只生育一个孩子"后可能出现的人口的平均年龄老化、劳动力不足、男性数量多过女性、青年夫妇供养的老人会增加等问题，《公开信》认为公众无需担心。当时全国人口约有一半在21岁以下，65岁以上的老年人不到5%，老龄化现象最快也得在40年以后才会出现。而我国约有5亿劳动力，预计20年后还要增加到6亿。当30年以后，紧张的人口增长问题得到缓和，就可以采取不同的人口政策，因而不必担心劳动力不足问题。对于男女性别比失衡问题，《公开信》认为新中国的人民，特别是青年一代，一定要克服重男轻女的旧思想，如果只生了一个女孩，同样要把她抚养好。对于老年人照料问题，只要发展生产，改善人民生活，增加社会福利和社会保险，就可以逐步做到老有所养，使老年人的生活有保障。

再次，《公开信》提出，在提倡一对夫妇只生育一个孩子的同时，还要适当强调晚婚晚育，这不仅有利于减慢人口增长速度，而且对于青年夫妇自己也有好处。而且，为了打

消广大党员、共青团员的顾虑，党和政府将在入托儿所、入学、就医、招工、招生、城市住房和农村住宅基地分配等方面采取一系列保障措施。

最后，《公开信》提出，实现一对夫妇只生育一个孩子，是一场移风易俗的大事。全体共产党员、共青团员特别是各级干部，一定要关心国家前途，对人民的利益负责，对子孙后代的幸福负责，透彻了解这件大事的意义和必要性，以身作则。

《公开信》是新中国成立以来，在人口发展的关键时刻，中共中央第一次以公开信的形式倡导"一对夫妇只生育一个孩子"，要求全体党团员"模范带头实行计划生育"，深刻表明了党中央对当时严峻人口形势的冷静分析和科学决策。《公开信》的发表，有力推动了计划生育工作在全国范围内的推行，为我国人口增长类型从人口高出生、低死亡、高增长向低出生、低死亡、低增长的历史转变作出了重要贡献。

3. 中国计划生育协会加盟国际计划生育联合会

国际计划生育联合会（International Planned Parenthood Federation, IPPF）是计划生育和生殖健康领域最大的国际性非政府组织。它于1952年成立于印度，由美国著名的节育运动领导者玛格丽特·桑格夫人发起，总部设在英国伦敦，设有非洲、东亚与东南亚及大洋洲、欧洲、阿拉伯、西半球、南亚等6个地区组织，其领导机构是中央理事会和中央执委会，每3年召开一次会员大会。国际计划生育联合会的经费主要来自发达国家政府及个人的捐赠，用于向成员协会提供现金资助，提供技术、设备援助、资助培训及计划生育医疗服务等。其宗旨是：促进和维护包括青少年在内的男性和女性的人权，使他们能自主决定生育子女的数量、生育间隔，保障其获得必须的关于性和生殖健康的信息、教育和服务；通过宣传和服务，满足弱势人群的性和生殖健康的需求；关注妇幼保健，消除不安全流产，使人们得到计划生育和安全的流产服务；为妇女争取平等的权利，使她们能够充分参与到社会和经济发展中来。它的主要任务是：推动各会员国在各自的国家内倡导家庭生育计划服务；向会员国提供避孕服务，培训各类专业人员和医务人员；协助开展宣传教育，使人们广泛了解节制生育对个人和国家的益处；研究和开发避孕节育新方法和新技术，改进家庭生育计划的技术服务；促进有关生育方面的科学研究。目前，国际计划生育联合会是联合国经社理事会、教科文组织、粮农组织、国际劳工组织和儿童基金会的组织和机构的顾问机构之一，已有150多个国家和地区的计划生育协会加入了该联合会，在国际上有较大的影响力。

1981年3月，应中国计划生育协会的邀请，国际计划生育联合会会长阿齐札·胡赛因和秘书长卡尔·互伦率团访华，商谈中国计划生育协会加入该组织的问题。同年11月，国际计划生育联合会接纳中国计划生育协会为准会员。其间，还为我国提供了30万美元的援助。1983年，中国计划生育协会被批准为正式会员。1986年，中国计划生育协会加入国际计划生育联合会的东亚、东南亚和大洋洲地区组织。从1987年起，中国计划生育协会开始派代表参加国际计划生育联合会中央理事会和地区执委会。

1981年以来，国际计划生育联合会不仅向中国计划生育协会提供车辆、视听设备以及奖学金名额，而且积极支持中国计划生育协会赴国外考察，学习各国民间计划生育组织的工作经验和方法，推动了我国计划生育和生殖健康事业的发展。

4. 国家计划生育委员会成立

为了加强对计划生育工作的管理，1973年7月，国务院印发了《关于成立国务院计划生育领导小组的通知》，决定成立国务院计划生育领导小组。领导小组下设办公室，主要负责制定人口规划，制定计划生育药具生产计划以及计划生育科研规划，开展节育技术指导，普及节育科学知识，促进人口理论研究等工作。1978年6月，国务院下发《关于调整补充国务院计划生育领导小组成员的通知》，任命陈慕华为领导小组组长，王首道、江一真、苏静、栗秀真为副组长。领导小组下设办公室，简称国务院计划生育办公室，负责日常工作，由卫生部代管。有关全国人口规划、科学研究、计划生育事业经费、基本建设等工作，分别由国家计委、国家科委、财政部、国家物资总局归口管理，纳入国家计划。

1981年3月，五届全国人大常委会第十七次会议通过了设立计划生育委员会的决定，任命国务院副总理陈慕华兼任国家计划生育委员会主任。1982年5月，五届全国人大常委会第二十二次会议任命钱信忠为国家计划生育委员会主任。1988年，根据七届全国人大一次会议批准的国务院机构改革方案，以及《国家计划生育委员会"三定"方案》，国家计划生育委员会作为国务院主管全国计划生育工作的职能部门，其主要职责是：一、研究拟定有关计划生育工作的方针、政策、法规、条例，检查各地执行情况，并进行指导；二、编制人口发展长远规划、中期和年度计划，并负责组织实施和督促、检查；三、负责计划生育统计工作；四、负责组织人口和计划生育的对内、对外宣传工作；五、在卫生部医学科学研究的总体规划指导下，负责制定计划生育应用科学研究的规划并组织实施，协同有关部门做好计划生育技术指导和优生优育工作，推动人口科学研究工作；六、编制计划生育药具计划，制定药具管理的方针、政策，协同有关部门安排药具生产计划；七、负责编制中央财政拨付的计划生育经费预决算；负责安排有关的基本建设项目和投资；八、负责规划和指导计划生育干部培训工作，协同有关方面加强计划生育系统干部队伍的建设；九、负责管理全国计划生育和有关的人口工作的国际交流合作；十、指导中国计划生育协会、中国人口福利基金会等有关社团的工作。《国家计划生育委员会"三定"方案》还规定，国家计划生育委员会内设办公厅、政策法规司、规划统计司、宣传教育司、科学技术司、财务药具司、外事司。1989年9月，印发的《国家计划生育委员会各厅、司（处）职责及有关规定》，明确了各部门的职责。

国家计划生育委员会的成立，为推动中国计划生育工作的开展，有效控制人口过快增长的势头，提供了重要的组织保障。

5. 第一次亚洲议员人口和发展会议及《北京宣言》

1979年8月，由联合国人口活动基金会和国际议会联盟共同倡议，58个国家的议员们在斯里兰卡首都科伦坡召开了关于人口和发展问题的国际会议，发表了《关于人口和发展问题的科伦坡宣言》。该宣言号召各国议员分别在地区范围内召开地区的或分地区的关于人口和发展问题的会议，以便各自介绍本国经验，相互交流情况。会后，有关亚洲国家议员经过磋商，决定在中国举办第一次亚洲议员人口和发展会议。

1981年10月26至30日，第一次亚洲议员人口和发展会议在北京举行。这次会议的主要议题是研究亚洲地区人口、资源和发展的趋势、规划及政策，目的是要继续并进一步加强亚洲各国议会和议员在人口与发展问题上的情况互通、经验交流和密切合作。为此，会议确定了五项具体目标：一、评价亚洲国家现行的人口规划和人口政策；二、把人口规划和人口政策同发展规划和资源需要结合起来；三、促进地区间和国际间在实行人口规划方面的合作；四、探索国家机构、地方机构和村社组织在实行人口规划中的作用；五、明确各国议员在进一步理解人口政策和人口规划以及把二者贯彻到选民中间去的任务。

出席此次会议的有中国、柬埔寨、日本、印度等19个国家的议员，以及联合国所属9个国际组织和14个中外非政府组织的代表。全国人大常委会委员长叶剑英为大会发来贺信，认为亚洲多数国家面临着维护主权和独立、加快建设自己国家的任务，面临着如何使人口与经济发展相协调的问题。亚洲人口和发展问题如能得到很好的协调，不仅有利于发展各国的经济和逐步提高人民的物质和文化生活的水平，而且对于整个世界的人口趋势、对于世界经济的发展，都会起到重要的影响。为了更深入更集中地探讨人口和发展问题，除召开全体会议外，会议还分别组成第一委员会和第二委员会。第一委员会侧重从宏观方面探讨人口与发展相结合的问题，第二委员会侧重探讨国家各级机构在推行人口政策、人口规划中的作用。经过各国议员的努力，会议通过了《人口和发展问题北京宣言》（以下简称《北京宣言》）。

《北京宣言》全文分"序言"、"宗旨"、"呼吁"、"义务"四个部分。"序言"部分概述了亚洲国家过去 20 年在社会经济发展方面作出的努力以及在制定人口政策和实行计划生育方面的主动精神，同时说明亚洲国家已充分认识到人口和经济的现状以及人口与发展相互结合的重要性。《北京宣言》把议员视为立法者、社团领导者和人民代表，他们有义务努力促进人口与发展的结合，因而号召呼吁亚洲各国议会鼓励建立各自关心人口与发展问题的议员团体，以便提高议员们对这个问题的认识，密切各国议员在这个问题上的对话和合作。呼吁亚洲各国政府重视人口与发展的结合，建立国家协调机构以制定并有效地执行人口政策方案，调拨更多的资金用于国内计划生育和实施人口方案，同时着重提出，需要重新审查执行人口和发展方案中现行的指标和目标，以利于 2000 年在亚洲范围内实现 1% 的人口增长率。

《北京宣言》呼吁世界各国政府增加联合国人口活动基金、其他联合国机构和非政府组织的国际援助拨款总额，力争到 1984 年达到每年 10 亿美元人口援助的指标；建议联合国召开一次世界人口会议，以回顾 1974 年布加勒斯特世界人口会议以来所取得的进展，并就下一步的行动提出建议；呼吁设立世界人口日，以增强人们对于人口问题与发展关系的了解与理解。《北京宣言》还建议，今后至少每三年组织召开一次类似此次会议的国际会议，作为一种后续行动。

6. 中共中央、国务院关于进一步做好计划生育工作的指示

20 世纪 70 年代以来，由于计划生育工作的推进，我国的人口自然增长率出现明显下降，10 年累计少生 6000 多万人，初步扭转了人口无计划增长的局面，为国民经济的发展创造了有利的条件。但是，随着 20 世纪 50 年代和 60 年代生育高峰中出生的人陆续进入结婚、生育期；农村实行各种形式的生产责任制后，计划生育工作遇到了许多新情况、新问题，原来的一些办法有的已不适应；再加上新婚姻法实行后，结婚年龄比提倡晚婚的年龄提前了几个年龄组，1981 年结婚人数比 1980 年成倍增长，我国人口自然增长率面临着回升态势。为了巩固计划生育工作的成果，中共中央、国务院于 1982 年 2 月印发了《关于进一步做好计划生育工作的指示》（以下简称《指示》）。

《指示》认为，新中国成立后相当一段时间内，由于对人口问题认识的片面性，强调人多好，致使我国人口增长过快，与生产的发展不相适应，人民在吃饭、穿衣、住房、交通、教育、就业、卫生等方面都遇到很大困难。计划生育作为关系我国社会主义现代化建设成败的大事，要在传统的"多子多福"、重男轻女等旧思想对人民群众的影响还很深广的背景下开展这项工作，党和政府的各级领导和广大干部必须有针对性地向全体人民进行长期的、深入的、坚持不懈的宣传教育，让越来越多的人真正懂得开展计划生育、控制人

口增长的重大意义以及这个任务的迫切性、艰巨性，逐步将其变为大家的自觉行动。

《指示》强调，社会主义事业不但需要人口有计划地发展，同时要求人民德智体全面发展。因此，计划生育工作既要控制人口数量，又要提高人口素质，要继续提倡"晚婚、晚育、少生、优生"，做到：国家干部和职工、城镇居民，除特殊情况经过批准者外，一对夫妇只生育一个孩子；农村普遍提倡一对夫妇只生育一个孩子，确有困难的可生二胎；对于少数民族，也要提倡计划生育，在要求上，要适当放宽一些。

《指示》提出，要保证计划生育工作的顺利开展，需要实行必要的奖励和限制，鼓励各地根据实际情况制定优惠政策。对于《中共中央关于控制我国人口增长问题致全体共产党员、共青团员的公开信》提出的"在入托儿所、入学、就医、招工、招生、城市住房和农村住宅基地分配等方面，要照顾独生子女及其家庭"，教育、卫生、劳动、民政、农委等有关部门和工会应认真研究制定出切实可行的办法。在经济限制方面，国家干部和职工，城镇居民，计划外生第二胎的，要取消其按合理生育所享受的医药、福利等待遇，还可视情况扣发一定比例的工资，或不得享受困难补助、托幼补助。对农村社员超生的子女不得划给责任田、自留地；或对超生子女的社员给予少包责任田，或提高包产指标等限制。对于广大党员、团员和全体干部、职工，如果坚持不遵守计划生育政策的，而且情节恶劣的，除了经济上的限制以外，还要给予必要的纪律或行政处分。

此外，为了做好计划生育工作，《指示》还提出，要加强计划生育的技术指导和药具供应，研究出安全、有效、方便、经济的避孕方法和药物；要提高计划生育技术指导工作的质量和节育手术水平，做到质量第一、安全第一，确保受术者的安全。各级党委和人民政府还要加强对计划生育工作的领导，把人口计划纳入国民经济和社会发展计划，要健全充实各级计划生育管理机构，加快工作队伍建设。同时，要认真对待有关计划生育的来信来访工作，坚决反对和防止违法乱纪的行为。

7. 全国人口普查

人口普查是查清我国国情、国力的一项重要工作。准确地掌握中国人口的分布及构成情况，对于更好地进行社会主义现代化建设，统筹安排人民的物质和文化生活具有重大意义。新中国成立以来，中国先后于1953年、1964年开展了第一次和第二次人口普查。十年"文化大革命"动乱结束之后，为了了解国情，更好地建设社会主义，迫切需要开展一次人口普查。1980年6月，中共中央、国务院决定1982年7月1日进行第三次全国人口普查。1982年2月19日，国务院颁布了《第三次全国人口普查办法》；2月28日，中共中央、国务院发出了《关于认真做好第三次全国人口普查工作的指示》，强调各级党委和人民政府要切实加强领导，切实解决实际工作中的问题，特别要注意选调得力干部，建立和健全各级人口普查机构。经过570多万名户口登记人员和基层干部的努力，第三次人口普查工作顺利完成。1982年10月，国家统计局发布了《关于一九八二年人口普查主要数字的公报》。根据公报，全国人口为1031882511人，1981年我国人口出生率为20.91‰，死亡率为6.36‰。第三次全国人口普查是十年动乱后的第一次人口普查，是新中国成立以来规模最大、普查项目最多、第一次用电子计算机进行数据处理的一次现代化人口普查，不仅在中国人口普查史上具有重要的位置，也为世界所瞩目，是当代国际人口普查史上一个重大事件。

随着改革开放进程的加快，我国人口迁移流动量大大增加，进城务工、经商的人员越来越多，人们的就业范围、职业构成等发生了巨大的变化，社会各界对人口信息的需求也日趋增多。为了适应这种新形势，国务院决定1990年开展第四次人口普查，此次普查工作增加了"五年前居住地"、"原居住地的城乡类型"、"迁移原因"、"户口性质"等内容，改变了前三次人口普查设站登记的普查方式，采取了以入户访问为主的普查登记方法，共动用了700万普查人员。此次人口普查重点加强对超生人口和流动人口的登记，并且在边疆省区的人口普查方面取得了突破，第一次实现了对西藏自治区人口的直接和全面普查。普查结果显示，全国总人口为11.6亿人，年平均增长率为1.48%。

从2000年到2010年，是中国从"三步走"战略的第二步目标向第三步战略目标迈进的关键时期，需要准确可靠的人口普查资料来评估国家经济发展战略目标制定的科学性和实施的可行性，第五次人口普查就是在这一背景下开展的。此次人口普查有以下几方面的特点：一、面对90年代以来，我国农村剩余劳动力向城镇转移的速度加快，流动人口大量增加，劳动力的就业结构和城乡居民的受教育状况发生了深刻变化的现状，此次人口普查增加了有关人口的迁移流动、人口的经济活动、受教育状况等普查项目；二、为了适应国家宏观决策和社会各界研究的需要，这次人口普查还采用了短表长表技术，将普查和抽样调查结合起来；三、为了解决流动人口登记难的问题，专门使用了《暂住人口调查表》；四、在数据录入方面，首次采用了光电录入技术。普查结果显示，全国总人口为12.95亿人，年平均增长率为1.07%。

随着我们经济社会的发展，人口的迁移和流动速度加快，人口的户籍所在地和居住地不一致的问题十分突出，入户调查的难度不断加大，给人口普查工作带来了许多困难。对此，我国在2010年开展第六次人口普查时，采取了一些新的手段：一、扩大了普查对象的范围。前五次人口普查的对象是中国境内的具有中华人民共和国国籍的居民，不包括在中国境内居住的港澳台同胞和外国人，而第六次人口普查将其纳入了普查范围。二、采取居住地登记方式。通俗地讲，就是"逢人就查"、"见人就登"，对于流动人口，在户籍所在地和居住地都要进行登记；对于有多套房屋的人员，如果普查期间曾在多套房屋居住，则每次都需要登记，最终通过系统操作去除重复数据，以此减少漏登。三、运用了新的技术手段，如：利用国家的遥感资料、卫星资料，在电子计算机上生成人口普查的地图和小区图。第六次人口普查结果显示，全国总人口为13.7亿人，年平均增长率为0.57%。

8. 计划生育成为基本国策

计划生育成为中国的一项基本国策经历了漫长的历程。为了适当控制人口增长，1971年7月，国务院在转发的《关于做好计划生育工作的报告》中指出："计划生育，是毛主席提倡多年的一件重要事情，各级领导同志必须认真对待。除人口稀少的少数民族地区和其他地区外，都要加强对这项工作的领导，深入开展宣传教育，使晚婚和计划生育变成城乡广大群众的自觉行动，力争在第四个五年计划期间内作出显著成绩。"1972年，卫生部向国务院报送了《计划生育工作调查报告》。报告总结了全国城乡开展计划生育工作的基本经验，提出要将人口规划纳入国民经济计划，以便按国家计划安排人口再生产。对于如何落实人口计划，报告提出要做到"晚、稀、少、好"（"晚"是男女双方在25岁以上结婚；"稀"是生育要有一定间隔；"少"是一对夫妇生育两个孩子；"好"是培养教育好孩子）。

1978年10月，中共中央转发的《关于国务院计划生育领导小组第一次会议的报告》提出，为完成党中央提出的计划生育工作任务，必须解决好有关计划生育的各项政策，晚婚年龄，农村提倡女23周岁，男25周岁结婚，城市略高于农村。提倡一对夫妇生育子女数最好一个，最多两个，生育间隔三年以上。1979年的《政府工作报告》提出：今年我们要力争使全国人口增长率降到10‰左右，今后要继续努力使它逐年下降，1985年要降到5‰左右。

1980年9月，国务院在五届全国人大三次会议上指出："除了在人口稀少的少数民族地区以外，要普遍提倡一对夫妇只生育一个孩子，以便把人口增长率尽快控制住。"为了争取在20世纪末把我国人口总数控制在12亿以内，国务院向全国人民发出号召，提倡一对夫妇只生育一个孩子。为了使这项政策得到很好的贯彻落实，中共中央于1980年9月向全国的共产党员、共青团员发出了《关于控制我国人口增长问题致全体共产党员共青团员的公开信》，要求所有共产党员、共青团员，特别是各级干部，要用实际行动带头响应国务院的号召。

1981年1月，中共中央批转的《全国农村工作会议纪要》提出："我国人多地少，控制人口、保护耕地是我们的重大国策。"人口问题被提高到了重大国策的位置。2月，中共中央、国务院《关于进一步做好计划生育工作的指示》提出:"要继续提倡晚婚、晚育、少生、优生。具体要求是:国家干部和职工、城镇居民,除特殊情况经过批准者外,一对夫妇只生育一个孩子。农村普遍提倡一对夫妇只生育一个孩子,某些群众确有实际困难要求生二胎的,经过审批可以有计划地安排。不论哪一种情况都不能生三胎。对于少数民族,也要提倡计划生育,在要求上,可以适当放宽一些。"1981年3月,为了加强对计划生育工作的管理,五届全国人大常委会第十七次会议决定成立国家计划生育委员会。

1982年9月1日,中共中央总书记胡耀邦在中国共产党第十二次全国代表大会上所作的《全面开创社会主义现代化建设的新局面》报告中明确指出:"在我国经济和社会的发展中,人口问题始终是极为重要的问题。实行计划生育,是我国的一项基本国策。到20世纪末,必须力争把我国人口控制在12亿以内。我国人口现在正值生育高峰,人口增长过快,不但将影响人均收入的提高,而且粮食和住宅的供应、教育和劳动就业需要的满足,都将成为严重的问题,甚至可能影响社会的安定。所以计划生育工作千万不能放松。"至此,计划生育正式成为我国的一项基本国策。同年12月,五届全国人大五次会议通过的《中华人民共和国宪法》明确规定:"国家推行计划生育,使人口的增长同经济和社会发展计划相适应。"正式确立了计划生育的法律地位。2001年12月,九届全国人大常委会通过了《中华人民共和国人口与计划生育法》,为计划生育工作的开展提供了法制保障。2013年,《中共中央关于全面深化改革的若干问题的决定》提出要在坚持计划生育基本国策的前提下,适当调整计划生育政策,实施"一方是独生子女的夫妇可生育两个孩子"的政策。

9. 钱信忠获首届联合国人口奖

1981年12月17日,第36届联合国大会根据日本、中国和墨西哥等13国的联合提案,通过了设立联合国人口奖基金、颁发联合国人口奖的决议和联合国人口奖章程,旨在鼓励各国努力从事有关人口领域的活动和增进对人口问题的认识,以促进人口问题的解决。联合国人口奖以奖金、奖章和奖状的形式,每年发给对人口工作作出最杰出贡献的一个人、一个集体或一个机构。其经费主要来自一些国家共同筹资建立的人口奖基金,以其年息作为每年的人口奖经费。联合国按地区分配原则选出10个国家为评奖委员会成员国,并从五大洲选出5名对人口活动作出重大贡献的人士作为评奖委员会荣誉成员。1983年3月18日,第一届联合国人口奖评选结果公布。联合国人口奖委员会主席安瓦鲁尔·卡利姆·齐德霍利宣布,我国国家计划生育委员会主任钱信忠获1983年联合国人口奖,同时获奖的还有印度总理英·甘地。钱信忠的获奖理由是,他在组织避孕药品、用具的科研方面很有成就，对人类健康作出了重要贡献，在控制人口上成绩显著。

钱信忠是原卫生部部长、国家计生委主任，长期从事卫生和人口领域的工作。他于1911年出生于江苏省宝山县，1928年在同济大学附属宝隆医院学医，1933年12月担任红25军医院院长。1951年，他赴苏联第一医学院留学，获苏联医学副博士学位。1956年回国，任总后勤部卫生部副部长兼军事医学科学院院长。1955年被授予少将军衔。曾任中国红十字会会长，中华医学会会长，为我国卫生事业的发展作出了重要贡献。

钱信忠在获奖发言中指出，中华人民共和国成立前，我国经济和社会的发展水平很低。中国人被讥为"东亚病夫"，平均寿命只有36岁左右。长时期内，中国的人口属于高出生率、高死亡率、低自然增长率的类型。新中国成立后不久，人口很快就转变为高出生率、低死亡率、高自然增长率的类型。从70年代起，我国政府在城乡普遍开展计划生育工作，促进了人口向低出生率、低死亡率、低自然增长率的类型转变。当前，如何使人口增长与经济社会的发展相协调，如何调节人口与粮食、资源、环境之间的关系，已成为联合国和各国政府共同关心的话题。各个国家的经济社会情况不同，发展需要不同，必然会采取不同的人口政策和措施，这是完全正常的。发展中国家解决人口问题，主要是依靠自己的力量，努力发展本国经济和采取有效的控制人口措施，同时也需要国际间的友好合作。

10. 制定全国人口发展区域规划

为了把实现在20世纪末工农业年总产值翻两番同控制人口在12亿这两个目标结合起来，不仅需要有近期、中期人口规划，而且要有更长远的科学预测；不仅需要有全国总的人口规划，而且需要制定从各省、市（地）、县实际出发的人口区域规划。只有这样，才能对各地进行分类指导，进一步完善计划生育政策，有效地加强计划生育工作的科学管理，切实把人口计划纳入国民经济和社会发展计划的轨道。

国家计划生育委员会曾在1980年底酝酿对各省人口计划进行分类指导，并于1981年7月份，组织六省计划生育统计人员，研究制定了全国至20世纪末人口规划"六五"期间分类指导方案。但由于当时数据资料所限，分类依据不够充分，考虑国家和各省长远人口目标不足，分类指导的对象只有省一级，时间只有四年，该方案难以适应计划生育工作的需要。为此，国家计划生育委员会决定用一年半到两年的时间制定出全国人口区域规划。1983年7月2日，国家计划生育委员会向国务院上报了《关于制定全国人口发展区域规划工作的报告》（以下简称《报告》）。

《报告》指出，各地自然条件和经济条件以及文化、教育、医疗、卫生、就业等社会因素各不相同，在制定人口发展区域规划时，应区别对待，按照"有多少粮、多少钱，能养多少小康生活水平的人"的原则,从全局出发,进行综合平衡,确定到20世纪末各县、各省、市、自治区和全国"七五"、"八五"、"九五"期间的人口规划。

《报告》认为,在制定人口发展区域规划时,必须进行人口发展的预测。对于各地在多长时间,把生育降到什么水平为宜,在每一个地区能够养育的理想人口是多少,推行提倡一胎的政策持续多长时间为宜,继续降低生育水平对未来将会产生什么影响,如对人口老龄化问题的影响,对男女性别比例的影响等问题,只有通过调查研究才能作出回答。在进行人口预测时,要充分考虑自然资源,要从耕地、森林、草原、矿藏、淡水等现状出发,着眼于未来进行国土整治,保护生态平衡,进行人口预测。

制定人口发展区域规划是国家的一项重要基本建设,是确保20世纪末把我国总人口控制在十二亿以内,并保证我国未来人口按理想水平发展的一个重要步骤。为了做好这项工作,国家计划生育委员会在《报告》中建议:一、拟请山东、湖南、新疆三个省、自治区先行试点;其他各省、市、自治区自选一、两个县进行试点,取得经验后再全国展开。二、制定人口发展区域规划涉及计划、经济、统计、农业、商业、水利、环保、气象、民政、公安等许多部门,需要各有关部门积极参加,同时要聘请一些从事人口、经济、农业、社会学研究等方面的专家组成顾问组。三、制定人口发展区域规划工作同国民经济和社会发展规划、国土规划、农业发展区划等工作关系密切,各有关部门应当互相配合,加强协作。

1983年7月,国务院批转了这一《报告》,同意在山东、湖南省和新疆维吾尔自治区试点,其他省、市、自治区可选择一两个县试点,取得经验后,再逐步扩大,全面展开。

11. 计划生育工作"三为主"方针

山东省荣成县在开展计划生育工作的初期,由于缺乏工作经验,习惯于搞突击工作,每年掀几次高潮,大抓流引产。这种工作方式虽然取得了一些成绩,但也有其弊端:一是过分牵扯各级领导的精力,影响其他工作的开展;二是手术集中,超越了技术力量和设备条件,给医院造成很大压力,而且突击手术容易粗糙甚至出现事故;三是影响干群关系。为了解决这些问题,荣成县于1981年初提出了"三为主"的工作方法。

一是坚持宣传教育为主,加强思想政治工作。结合《中共中央关于控制我国人口增长问题致全体共产党员、共青团员的公开信》内容,采取多种形式,广泛宣传;坚持正面教育,表彰好人好事,营造计划生育光荣、只生一个孩子光荣的社会氛围;加强政策教育,启发群众的自觉性。提出了"一胎抓晚育,二胎抓政策,三胎抓杜绝"的工作思路,即农村女性农民23周岁,干部、职工、亦工亦农劳动者25周岁结婚为晚婚,按以上年龄结婚生育的为晚育，除第一个小孩残疾、只有一个孩子的再婚夫妇、双方均为少数民族夫妇等，经个人申请，公社上报、县里批准可以照顾生二胎以外，一律只生一个孩子，三胎要坚决杜绝。

二是坚持避孕节育为主，大力普及节育科学知识。一方面，将已生过一个孩子的育龄妇女为重点，解决好带环和脱环后的避孕问题。各公社以工作片为单位，系统讲解避孕知识，并由妇女根据自己的实际情况提出问题，给以当面解答；对妇女主任、女赤脚医生和计划生育队长等骨干集中培训，回村后随时进行指导。另一方面，抓住新婚夫妇怕羞、爱面子等弱点，通过个别登门宣传指导，解决好一胎晚育的问题。再次，抓住部分对象生理特殊的难点，专人管理，因人制宜地选择避孕方法，解决好多次流产的"老大难"问题。

三是坚持经常工作为主，把基层工作抓细抓实。一方面，健全基层组织。在大队设立计划生育专职干部，生产队设立计划生育队长，六七个相邻的大队成立计划生育工作片，片设片长，自上而下地建立了一个完整的计划生育工作网。另一方面，健全制度，查访结合，对计划生育队长实行分工到户，做到"三勤"：勤走访、勤宣传、勤汇报，"三清"：育龄妇女节育措施清、生育计划落实清、妇女怀孕月份清；"两到人"：做思想工作到人，送避孕药具到人。大队专职干部要坚持月访季查、孕情报告、学习评比等制度。做到情况明，底子清，工作主动。各公社每三个月对节育对象做一次透视检查，脱环者及时补放，不适宜放环者及时更换其他措施，发现计划外怀孕早做补救工作。再次，密切配合，相互促进。县社妇联在开展"三八"红旗手和"五好家庭"等活动中，把计划生育作为重要内容。青年、民兵大抓晚婚、晚育教育。县妇幼保健所组织力量积极开展婴幼儿的卫生保健工作，对独生子女经常检查身体，无病早防，有病早治。全县还大力兴办托儿所、幼儿园，进行农业劳保试点，加强对"五保"老人的照顾。

通过"三为主"的工作方法，荣成县不仅提高了工作质量，而且避孕工作较易落实，流引率明显下降，违法计划生育的人数减少，干群关系得到改善。鉴于荣成县计划生育工作取得的成就，1983年5月，国家计划生育委员会在荣成召开现场会议，将荣成县的工作经验总结为"三为主"：宣传教育与经济措施，以宣传教育为主；避孕与人工流产，以避孕为主；经常工作与突击工作，以经常工作为主。会后，全国各地纷纷结合自身实际开展了"三为主"方针的学习活动。实践证明，坚持这一方针，可以使计划生育工作建立在群众自觉自愿的基础上，逐步走上科学、文明和经常化的轨道，达到既有效地控制人口的增长，又密切党群关系、干群关系，巩固和发展安定团结的政治局面，促进社会主义现代化建设的目的。

12. 关于计划生育工作情况的汇报

党的十一届三中全会以来，我国在控制人口增长方面取得了很大成绩。1979年至1983年的5年，同1971年至1978年的8年比较，平均每年出生人数由2166万人减为1903万人，自然增长率由18.71‰下降为13.28‰。然而，由于计划生育工作尚处于起步阶段，并无经验可循，在工作的开展过程中也存在一些问题。国家计生委党组在1984年3月22日给中央的《关于计划生育工作情况的汇报》（以下简称《汇报》）就指出，各地存在对中央制定的关于计划生育的方针、政策和指示缺乏全面理解、贯彻不力的问题，忽视了改进工作作风、改善党群关系、巩固安定团结，一些地方存在着强迫命令和违法乱纪的现象，亟须采取有力措施加以纠正，加强对基层计划生育工作的指导。

《汇报》提出，对于中央和国家规定的生育政策，要对一胎、二胎和多胎全面考虑，根据不同地区的不同情况提出具体的要求，实行分类指导，不能搞一刀切，也不能以超实际的高指标压下面。要研究如何做好少数民族的计划生育工作。对于计划生育工作的奖励和限制，不能层层加码，在罚的时候不准侵犯或破坏群众的基本生产资料和生活资料。《汇报》强调，要注重改进作风，对于计划生育工作开展过程中存在的强迫命令问题，要通过教育的方式加以纠正。在计划生育任务重，未能达到既定目标的地区，领导干部要多做自我批评，主动承担责任，对徇私舞弊和违法乱纪的行为要严加禁止。此外，要大力提高科学技术水平和药具质量，提高医务工作者医术，要逐渐减少人工流产，特别是引产，严防手术事故的发生，确保受术者健康。要加强基层工作，在开展文明村、五好家庭等活动中，把计划生育作为一项内容，进一步加强计划生育的思想教育工作。

1984年4月，中共中央批准了国家计划生育委员会党组的《汇报》。中央认为，计划生育是我国的基本国策，是关系到中华民族兴旺发达的大事。过去几年的计划生育工作取得了很大的成绩，今后要继续大力抓紧抓好。抓紧抓好的标志是发扬成绩，克服缺点，解决问题。要把计划生育政策建立在合情合理、群众拥护、干部好做工作的基础上。为实现到20世纪末把我国人口控制在12亿以内的目标，要继续提倡一对夫妇只生育一个孩子，同时要进一步完善计划生育工作的具体政策，包括：一、对农村继续有控制地把口子开得稍大一些，按照规定的条件，经过批准，可以生第二胎；二、坚决制止大口子，即严禁生育超计划的二胎和多胎；三、严禁徇私舞弊，对在生育问题上搞不正之风的干部要坚决予以处分；四、对少数民族的计划生育问题，要制定适当的政策。对于人口在1000万以下的少数民族，可以允许一对夫妇生育二胎，个别的可以生育三胎，不准生四胎。具体规定由民族自治地方的人大和政府，有关的省、自治区，根据当地实际情况制定，报上一级人大常委会或人民政府批准后执行。

中央还提出,要大力提倡优生学,宣传生命科学,特别是在少数民族地区和偏远山区,要大力宣传婚姻法,宣传近亲结婚的害处,防止近亲结婚。要大力加强计划生育的科学技术工作,使采取节育措施的人民群众有安全感。避孕要采取综合措施,为控制多胎生育,可以提倡在自愿原则下,生了两个或两个以上孩子的夫妇一方做结扎,但必须区别情况,不搞"一刀切"。

中央强调,计划生育经费要使用得当,要用来做扎扎实实的工作,而不要用于作表面文章。共产党员要干老实事,要讲求实效,不要搞形式主义。要加强对广大基层干部的教育和指导,在调动工作积极性的同时避免计划生育工作中强迫命令行为的发生,严禁采取野蛮做法和违法乱纪的行为。中央还要求各级党委要进一步加强对计划生育工作的领导,要坚决贯彻执行中央的指示,及时地研究新情况、解决新问题,把计划生育工作抓紧抓好,包括:健全基层计划生育的组织机构,配备、充实得力干部,统筹解决不脱产人员的生活补贴等。

13. 基层计划生育工作管理办法

计划生育工作的重点和难点在基层。为了做好基层计划生育工作,国家计生委于1987年出台了《基层计划生育工作管理办法》(以下简称《办法》)。该《办法》共12章56条,内容分为:总则、机构、职责、计划统计、政策实施、宣传教育、技术措施、避孕药具管理、信访、文书档案和附则。

《办法》指出,基层计划生育管理的基本任务是:把党和政府关于计划生育的方针、政策落实到基层;做好晚婚、晚育、少生、优生工作,切实有效地控制人口的数量,提高人口的素质。基层计划生育工作应坚持国家指导与群众自愿相结合的原则,坚持"三为主"方针。基层计划生育工作要服从于、服务于国家的社会经济发展目标,在各部门的互相配合下,努力提高计划生育工作的社会效益。

《办法》对基层计划生育工作的机构和职责作了明确规定。在县(区)人民政府下设计划生育委员会,管理本地区的计划生育日常工作;县(区)计划生育委员会下设计划生育服务站,负责宣传教育、技术指导、药具供应工作;乡(镇)成立计划生育领导小组,下设计划生育办公室;村(店)民委员会成立计划生育领导小组;机关、企事业单位设计划生育办公室或专职干部,负责本单位的计划生育日常管理工作。

《办法》强调,基层计划生育政策应以国家法律和政策为依据,县(区)可结合本地实际制定实施细则,但乡(镇)不得自行制定生育政策。《办法》明确规定生育指标应到女方户口所在的乡（镇）计划生育部门审批或申报，生育一胎的指标由乡（镇）计划生育部门审批；符合生育政策规定的二胎和多胎指标，由县（区）计划生育委员会审批。

《办法》强调，施行计划生育手术要严格执行节育手术常规，提高手术质量，保证受术者的健康和安全。对于避孕药具的管理，实行经费承包、计价调拨、计划供应、归口管理的办法，要建立健全避孕药具管理制度。对于基层计划生育信访工作，实行"分级负责、归口管理"的责任制，要加快办理计划生育信访案件的进度，提高办案质量，减少重信重访和越级上访。

14. 中共中央、国务院关于加强计划生育工作严格控制人口增长的决定

在20世纪90年代初，经过近20年的努力，中国的计划生育工作取得了举世瞩目的成绩，人口出生率已从1970年的33.43‰下降为1990年的21.06‰。然而，中国面临的人口形势依然严峻，控制人口增长的任务十分艰巨。90年代是中国社会主义现代化建设历史进程中非常关键的时期，也是中国控制人口增长的非常关键的时期，尤其是"八五"期间，正值生育高峰的峰顶，计划生育工作显得更为紧迫。在此背景下，中共中央、国务院于1991年5月发布了《关于加强计划生育工作严格控制人口增长的决定》（以下简称《决定》）。

《决定》强调，计划生育是关系到中国现代化建设战略目标能否实现的大事，是关系到民族兴衰的大事，我们必须有高度的历史责任感和时代紧迫感，各级党委和政府务必将其摆到与经济建设同等重要的位置上来，把人口计划纳入本地区国民经济和社会发展总体规划上来，列入重要议事日程。对于我国现行的计划生育政策，必须坚定不移地贯彻落实，不能摇摆，不能松动，不能改变。要严格依照国家法律和有关规定，加强对人口的计划管理，坚决制止早婚早育、多孩生育，努力防止计划外怀孕和计划外生育，各级领导干部要带头遵守和执行计划生育的政策和有关法规。

《决定》提出，计划生育工作的重点在农村，难点也在农村，要重视农村计划生育工作。每个基层党支部都要切实负起责任，充分发挥党员、干部的先锋模范作用；要在基层建设一支思想好、作风正、懂业务、会管理的计划生育工作队伍，还要组织广大的计划生育积极分子队伍，依靠他们做好经常性的计划生育工作；要更好地发挥计划生育协会组织群众自我教育、自我管理、自我服务的作用。

《决定》认为，计划生育事关千家万户，是一项极其艰苦细致的工作，要积极、稳妥、耐心、扎实地做好这项工作。要继续贯彻"三为主"的工作方针，逐步实现经常化、科学化、制度化。要广泛宣传，增强全民的人口意识和人均观念。要在育龄群众中普及避孕节

育、优生优育的科学技术知识，向他们提供避孕节育的优质技术服务，做到安全、有效、经济、简便易行。要把宣传教育同解决实际问题结合起来，关心群众，多办实事，以取得群众的理解和支持，把计划生育变成广大群众的自觉行动。

《决定》强调，实行计划生育是一项庞大的社会工程，全社会各个方面都应重视和支持这项工作。各部门制定有关社会福利、劳动就业以及其他方面的政策和法规，都要有利于鼓励晚婚晚育、少生优生。要加强婚姻登记管理工作，要加强流动人口的计划生育工作，要重视做好妇幼保健和优生优育优教工作，要把农村扶贫工作同计划生育工作紧密联系起来。要广泛深入地做好人口与计划生育宣传工作，各级党校、干校、团校及各类高、中等学校，都要把人口和计划生育的教育作为一项教学内容。为保障计划生育工作的开展，"八五"期间，各级财政用于计划生育的事业费支出要由目前的年人均1元逐步增加到年人均2元，并坚持面向基层，专款专用，对贫困地区和少数民族地区要给予更多的帮助。

15. 中华人口奖

中华人口奖作为中国人口领域的最高奖项，其宗旨是：表彰和奖励为推动中国人口、卫生和计划生育事业发展，全面做好人口工作，促进人的全面发展作出重要贡献的社会各界人士和国际友人，引导全社会牢固树立和实践科学发展观，增强人口意识。该奖由中国人口福利基金会设奖，国家卫生计生委、科技部、人力资源社会保障部、中国计划生育协会、中国人口福利基金会共同主办；中央组织部、教育部、公安部、国家统计局、全国妇联、人民日报社、中央电视台、中国人口学会、北京大学参与协办。首届评选工作从1993年开始，到2015年，已先后举办八届，近百人和组织获得奖励。

中华人口奖为终身荣誉奖，每三年举办一届，从第二届开始设立贡献奖，第三届增设国际合作荣誉奖，现设有三个常设奖项：荣誉奖、工作奖、科学技术奖，每届常设奖项获得者一般不超过10名；三个非常设奖项：特别荣誉奖、国际合作荣誉奖、特别贡献奖，每届各奖项获得者一般不超过2名。其中，特别荣誉奖授予曾对中国人口、卫生和计生事业发展作出突出贡献，现已不再担任公职、已离退休或已故的社会著名人士；国际合作荣誉奖授予积极支持中国人口、卫生和计生事业并有突出贡献的外籍华人和国际友人；特别贡献奖用以表彰为我国人口福利事业发展作出突出贡献的海内外组织和个人。

首届评选工作从1993年4月开始，经过提名、初选、复选和遴选委员会投票表决，产生了11位获奖者。其中，工作奖7名，科学奖3名，特别荣誉奖1名。工作奖获得者是：山东省省长赵志浩、上海市计划生育委员会研究员张德玮、山东省荣成市石岛镇南车村党总支副书记崔培华、浙江省计划生育委员会主任徐爱光、辽宁省计划生育协会会长张知远、江苏省计划生育委员会主任周海珍。科学奖获得者是：北京医科大学妇儿保健中心教授严仁英，中国医学科学院名誉院长、中国计划生育协会副会长吴阶平，中国人口学会会长刘铮。特别荣誉奖获得者是原北京大学校长马寅初。此后，王光美、宋平、彭佩云等人也曾获过此奖。

16. 中国签署《国际人口与发展会议行动纲领》

进入20世纪80年代之后，世界人口形势发生了很大变化，1987年世界人口突破50亿，1994年达到57亿。为了妥善处理人口与发展的关系，共商人类所面临的人口与发展问题，制定人类经济发展与人口增长比例相协调的世界战略，联合国于1994年9月5日至9月13日在埃及开罗召开了第五次世界人口大会，即"国际人口与发展大会"。这次会议级别之高、规模之大、代表面之广，都超过了前几次世界人口大会。会前，中国政府总理李鹏发表书面讲话，阐明了中国政府对人口与发展问题的看法。国务委员兼国家计划生育委员会主任彭佩云率政府代表团出席了大会，并参与了会议的各项活动，为会议取得的积极成果作出了努力。

本次大会的主题是：人口、持续的经济增长与可持续发展。会议总结并交流了过去20年各国执行《世界人口行动计划》所取得的成就与经验，肯定了国际社会和各国政府为之进行的不懈努力，并就以下议题进行了充分讨论：一、人口、持续经济增长和可持续发展问题的原则和互助关系；二、男女平等和妇女权力；三、家庭及其作用、权利、组成和结构；四、人口增长和结构；五、生殖权利、计划生育和保健；六、人口分布与国内外迁移；七、人口、发展、教育和研究；八、人口与发展的国家行动和国际合作；九、政府与非政府组织的伙伴关系等。通过对上述议题的深入探讨、协商，形成了本次国际人口与发展大会的最终决议，并写入《国际人口与发展会议行动纲领》（以下简称《行动纲领》）。

《行动纲领》内容包括：序言，原则，人口、持续经济增长和可持续发展之间的相互关系，男女平等、公平和妇女权力，家庭、其作用、权利、组成和结构，人口的增长及其结构，生殖权利和生殖健康，保健、发病率和死亡率，人口分布、城市化和国内迁移，国际移徙，人口、发展和教育，技术、研究与开发，国家行动，国际合作，与非政府组织的伙伴关系等。《行动纲领》确定了未来20年世界人口发展的战略目标，呼吁各国加强在人口与发展领域的合作，为控制世界人口的增长、刺激经济发展而共同努力，我国签署了这一纲领。

对于人口与发展问题，《行动纲领》提供了许多新的理念和观点：一、对人口与可持续发展之间的关系有更加深刻的认识，强调要在努力提高当代人生活水平和生活质量的同时，应当为后代子孙营造一个良好的生存与发展环境。二、强调应放弃主要靠减缓人口增长速度来解决人口问题的主张，要从更广泛的领域采取综合措施来解决人口问题。三、重视提高妇女在人口和经济社会发展中的地位和作用，认为保障妇女的合法权益，消除对妇女的歧视，改善妇女特别是女童教育的条件，实现男女平等，促进妇女参与政治和经济发展的进程，对于人口问题的解决至关重要。四、强调提高生殖健康和计划生育服务水平，注重保护妇女和青少年的身心健康。反对采取强制做法来推行计划生育，强调不应把人工流产作为计划生育的手段而加以提倡。五、重视非政府组织在制定和实施经济社会发展战略，控制人口增长中所起的重要作用。

17. 中国计划生育工作纲要（1995—2000年）

为进一步做好计划生育工作，实现"控制人口数量，提高人口素质"这一艰巨而紧迫的战略任务，国务院于1995年1月批准了国家计生委编制的《中国计划生育工作纲要（1995—2000年）》（以下简称《纲要》）。

《纲要》提出，1995—2000年我国计划生育工作的基本任务是：认真贯彻中共中央、国务院《关于加强计划生育工作 严格控制人口增长的决定》，确保实现既定的人口控制目标，同时努力提高人口素质，改善人口结构，使之与经济、社会发展相适应，与环境保护、资源利用相协调，以保证经济的持续发展。其主要目标是：到2000年，全国总人口（不包括台湾）控制在13亿以内，人口自然增长率降到10‰以下，人口素质有比较明显的提高，逐步形成具有中国特色的、适应社会主义市场经济需要的人口与计划生育工作机制。

为了实现上述任务和目标，《纲要》强调，要按照解放思想、实事求是的精神，不断改进计划生育工作。要坚持政府第一把手亲自抓，负总责；要把人口与计划生育工作纳入国民经济和社会发展的总体规划，使人口与经济、社会发展相协调；要保持政策的稳定性和连续性，把计划生育纳入法制的轨道；要积极运用经济手段，加强利益导向机制，引导群众少生、快富、奔小康；要把计划生育工作同发展社会主义市场经济、建设社会主义精神文明、建立文明幸福的家庭结合起来；要坚持国家指导与群众自愿相结合，贯彻"三为主"的工作方针；要坚持从实际出发，实行分类指导的工作方法，重点抓好农村，尤其是人口大省和经济欠发达地区农村的计划生育工作；要努力提高计划生育科学技术水平，切实为控制人口数量、提高人口素质服务。

《纲要》提出，要稳定现行政策，制止早婚早育和违反政策的生育，努力减少意外妊娠和计划外生育。应加强法制建设，认真做好《中华人民共和国计划生育法》立法的前期准备工作，切实加强法制宣传教育，教育各级计划生育工作人员全心全意为人民服务。此外，还应加强执法监督，提高执法水平，做到依法行政，正确执法、文明执法，保护群众合法权益，严肃处理违法违纪行为，严厉打击破坏计划生育的犯罪活动。

《纲要》强调，为了切实转变公众的生育观，应把宣传教育放在首位。一是大力发展教育事业，提高国民的科学文化素质和思想道德素质，特别要注意提高妇女的文化水平。二是广泛、深入、持久地开展全民性的人口与计划生育宣传教育，引导群众树立人口意识和文明、进步、科学的婚育观念。三是宣传教育要坚持面向基层、面向群众，与社会主义精神文明建设相结合，努力增强针对性和实效性。四是加强计划生育宣传网络的建设，到2000年，实现全国省级电台、电视台，85%的地、县级电台，70%的地（市）级电视台开设人口与计划生育专题节目。

《纲要》认为，农村是计划生育工作的重点。做好农村的计划生育工作，关键是加强乡（镇）村两级、重点是村一级的基层组织建设，要在基层建设一支数量上和质量上能够适应计划生育工作需要的队伍。同时，要帮助基层认真贯彻落实计划生育工作"三为主"方针，大力加强各项基础工作，逐步实现规范化管理。

为了做好计划生育工作，《纲要》还指出，要发展计划生育科技事业，提高技术服务质量和生殖健康水平，包括：继续完善现有的计划生育科研布局、大力开展避孕节育应用科学和优生科学研究、重视科技成果转化、加强基层计划生育技术服务机构的建设。要加强和改进人口计划管理与人口统计工作，严禁瞒报和虚报，防止漏报。此外，要努力增加投入，加强队伍建设，提高干部素质，加强领导，实行综合治理等。

18. "幸福工程"——旨在救助贫困母亲的社会公益活动

《国家八七扶贫攻坚计划》明确提出，要进一步动员贫困地区妇女积极参与脱贫行动。当时，贫困母亲约占我国8000万贫困人口的1/4，她们生活在极度贫困的状态之下，口粮不足，缺乏收入来源，更享受不到文化教育、卫生保健等基本社会福利。为改善贫困地区母亲的生存状况，中国人口福利基金会于1995年2月联合中国计划生育协会和中国人口报社，共同发起了"幸福工程——救助贫困母亲行动"公益项目（以下简称"幸福工程"），由王光美任首届组委会主任。

"幸福工程"的宗旨是"动员社会资源，关爱贫困母亲；提升发展能力，建设幸福家庭"，其救助对象是农村的贫困母亲（尤其是计划生育贫困母亲）和城市下岗特困母亲，任务是"治穷、治愚、治病"。"幸福工程"采取"小额资助、直接到人、滚动运作、劳动脱贫"的运作模式。同时，鼓励各地因地制宜，探索成本低、效益好、可持续的其他救助方式。具体而言，小额资助是向每位受助母亲（户）提供3000—10000元的救助款；直接到人是县（市）项目办与受助母亲签订协议，将救助资金直接落实到受助母亲，并亲自签字领款；滚动运作是项目实施周期内，受助母亲用款时间由县（市）项目办根据项目内容确定，到期收回继续救助其他贫困母亲；劳动脱贫是通过项目救助，激发贫困母亲参与生产劳动的热情，树立自尊、自信、自强、自立意识。掌握劳动技能，通过自身的劳动增加经济收入，提高社会地位；其他救助方式是在实践的基础上探索创新的"公司＋农户"、"企业＋农户"、"基地＋农户"、"合作社＋农户"等有助于贫困母亲脱贫，有利于资金滚动回收，有益于项目持续发展的救助方式。以下是"幸福工程"比较有特色的几种救助方式：

一、庭院经济。救助资金直接发放给受助母亲，以家庭为单位，开展生产自救助项目。在农村，为母亲提供生产启动资金的同时，给予生产技能培训，帮助她们成为村里致富带头人，赢得生活的尊严。在城市，帮母亲投资经营杂货店、裁缝店、小吃店、家政服务等项目。

二、规模救助。一是将开展相同生产项目的受助母亲集中到同一地区，便于管理、交流、培训、销售。二是一村一品，推动农村发展。救助资金集中使用，帮助她们发展村庄特色农业、绿色农业，提高受助者生活水平，促进村域经济发展，进而带动周边更多村落脱贫致富。

三、民企共赢。受助母亲将救助资金以股金的形式入股小微企业，成为公司员工，以赚取工资并参与年终分红的方式增加自己及家庭的收入。在解决贫困母亲及家庭脱贫问题的同时，帮助小微企业解决融资难问题。

四、互助合作。将从事同一生产项目的受助母亲联合起来，帮助她们建立生产互助组、合作社或行业协会，统一进种、统一培训、统一防疫、统一销售、统一管理，以提高项目的抗风险能力及产品的市场竞争力，提升受助母亲在市场环节中的议价能力。同时，增强了她们的互助精神、公民意识、维权意识和协作能力。

五、结对救助。一是经济较发达地区支援贫困地区；二是单位、个人结对救助；三是开展网络救助，通过探索新型的网络结对救助方式，为更多的爱心人士搭建一个互动性强、易于参与的平台，让更多需要帮助的贫困母亲感受到来自社会的关爱与温暖。

到 2012 年，"幸福工程"已在全国 640 个县开展过项目救助，累计投入资金 8.3 亿元，救助贫困母亲家庭 25 万人（户）。在"治穷"的同时开展"治愚"、"治病"，举办针对贫困母亲的文化、劳动技能培训 17695 期；为 183 万余名贫困母亲开展义诊咨询，治疗妇科疾病患者 63 万人次，产生了良好的经济与社会效益。同时，还促进了精神文明建设，提高了家庭幸福指数，推动了社会和谐。作为一项兼具"人口意识、性别意识和贫富意识"的公益项目，"幸福工程"顺应了当今国际社会的扶贫潮流，对我国扶贫事业起到了示范作用，得到政府的肯定与支持。1997 年国务院扶贫开发领导小组就曾发文，号召各地扶贫部门支持"幸福工程";2008年,"幸福工程"被民政部评为"最具影响力的慈善项目";2010年,"幸福工程"被民政部誉为中国慈善事业的推动者。

19. 中国人口再生产类型发生历史性转变

中华人民共和国成立60年来,通过积极探索适合国情的统筹解决人口问题的道路,中国的人口和计划生育事业取得了举世瞩目的成就。在经济社会尚不发达的条件下,中国用不到50年的时间就完成了发达国家用百年时间走过的人口转变历程,成功改变了人口发展的轨迹,实现了人口再生产类型的历史性转变。

新中国成立初期,由于人民群众生产、生活和医疗卫生条件的改善,中国的人口增长迅速进入了快车道。1953年第一次人口普查数据显示,全国总人口为5.9亿,人口自然增长率高达23‰。此后,我国人口连续突破6亿、7亿和8亿,平均每8年增加1亿人,人口再生产进入"高出生、低死亡、高增长"的阶段,人口的快速增长引起了党和政府及全社会的高度关注。1957年,毛泽东在最高国务会议上多次谈到计划生育,指出:人类要自己控制自己……实现有计划的生育。10月,中共中央在《1956年到1967年全国农业发展纲要(修正草案)》中明确提出:除了少数民族地区以外,在一切人口稠密的地方,宣传和推广节制生育,提倡有计划地生育子女。后来,由于受反右扩大化、"文化大革命"等的影响,以及社会文化和技术条件等诸多限制,计划生育工作遭受大的挫折并一度停滞。

改革开放以后,以邓小平为核心的第二代中央领导集体把计划生育确立为基本国策,把人口问题放在国民经济和社会发展的全局中谋划,探索形成了中国特色统筹解决人口问题的理论框架。1982年,计划生育被写入《中华人民共和国宪法》。进入90年代,以江泽民为核心的第三代中央领导集体则把人口问题提高到可持续发展战略的首要位置,提出要实现人口、资源和环境的协调发展。1991年,中共中央、国务院发布《关于加强计划生育工作严格控制人口增长的决定》。在这一阶段,我国实现了人口再生产类型从"高出生、低死亡、高增长"向"低出生、低死亡、低增长"的历史性转变。总和生育率从1970年的5.8‰下降到1995年的1.8‰左右,自然增长率从25.83‰下降到10.55‰,较好地平抑了第三次出生高峰,总人口控制在12.1亿。

2000年,中共中央、国务院发布《关于加强人口与计划生育工作稳定低生育水平的决定》,明确将主要任务转向稳定低生育水平、提高出生人口素质。2001年,九届全国人大常委会第二十五次会议审议通过了《中华人民共和国人口与计划生育法》。2004年,国家启动人口发展战略研究,为国家制定重大战略规划和政策提供重要依据。2005年,中国人口自然增长率下降到5.89‰,总人口控制在13.1亿,人口增长1亿所需时间延长至10年。

2006年以后，党中央、国务院从全面贯彻落实以人为本的科学发展观和构建社会主义和谐社会的战略高度出发，提出了"稳定低生育水平，统筹解决人口问题，促进人的全面发展"的人口和计划生育工作任务，以及"促进人口大国向人力资源强国转变，促进人口与经济、社会、资源、环境协调和可持续发展"的奋斗目标。这个阶段，中国人口和计划生育工作继续保持健康发展的态势，长效工作机制逐步完善，利益导向政策体系得到加强，低生育水平继续稳定，群众生殖健康水平和满意程度普遍提高。到2011年末，中国人口出生率为11.93‰，自然增长率为4.79‰，全国总人口为13.47亿。

20. 关于进一步加强计划生育协会工作的报告

中国计划生育协会是以倡导人民群众计划生育、生殖健康为目标的全国性群众团体，在中国人口和计划生育工作中发挥着重要作用。1997年，该协会向中共中央、国务院上报了《关于进一步加强计划生育协会工作的报告》（以下简称《报告》），总结了协会数十年的工作经验，并提出了进一步加强计划生育协会建设的建议。该《报告》得到了党中央、国务院领导的肯定，并由中共中央办公厅、国务院办公厅向全党、全国转发。

《报告》指出，经过20多年的努力，中国的计划生育工作走出了一条行政管理与群众工作相结合的具有自己特点的正确道路。中国计划生育协会在协助政府控制人口数量、提高人口素质、推动两个文明建设等方面正在发挥着日益明显的作用，已经成为我国计划生育事业的一支重要力量。具体表现在：一、广泛联系和组织群众，把工作做到千家万户。中国计划生育协会坚持把工作重点放在农村，放在基层，在全国建有各级计划生育协会组织100多万个，发展会员8300多万名。由各界人士、基层的"五老"（老党员、老干部、老模范、老职工、老长辈）、生产骨干、致富能手和育龄群众中的积极分子组成的会员队伍，极大地推动了城乡计划生育工作的开展。二、把计划生育同扶贫开发相结合，发挥计划生育协会参与社区服务的功能，为群众实行计划生育创造良好的社区环境。在农村，围绕"少生快富"的主题，加快农村经济发展，实施以救助贫困母亲为宗旨的"幸福工程"，为独生子女和实行计划生育的夫妇办理养老保险。在城镇，通过开办家庭托幼所、儿童午餐部、老年娱乐室，组织便民服务队等，帮助群众排忧解难。开展计生知识宣传，帮助外来人口解决租房、经营、看病、孩子入学等方面的困难。三、实行民主参与和民主监督，协助政府改进计划生育工作，维护群众的合法权益。四、利用群众团体的有利条件，加强国际交往与合作，宣传我国的计划生育工作。

《报告》认为，计划生育工作从根本上说是一项群众工作，要实现到20世纪末把人口控制在13亿以内，不断提高人口素质的目标，需要在加强行政工作的同时，依靠群众团体，大力加强群众工作。为了进一步加强计划生育协会的建设，使其在基层真正发挥作用，《报告》建议：各级党委和政府要进一步加强对计划生育协会的领导，把群众参与计划生育工作的程度作为衡量计划生育工作水平的重要条件之一。要依靠群众的力量，充分发挥广大会员带头实行计划生育，宣传教育群众，服务群众，协助政府做好计划生育工作的作用。要切实帮助协会解决实际困难，在各方面给予大力支持，为其创造必要的工作条件，包括：为计划生育协会配备专职工作人员，妥善解决其工资福利待遇问题；为计划生育协会提供必要的活动经费等。

21. 综合治理出生婴儿性别比升高问题

出生婴儿性别比，反映的是婴儿出生时男婴与女婴数量上的比例关系，通常表示为平均每100个活产女婴所对应的活产男婴的数量。按照国际上长期的观察，正常的出生婴儿性别比比较稳定，一般在103—107之间。出生婴儿的性别比以及随后各年龄段人口的死亡率共同决定了一个人口群体的性别构成，直接影响着婚姻、家庭的形态和结构，从而对社会经济的健康发展产生重要和深远的影响。然而，近年来我国出生婴儿性别比却呈现出持续偏高的态势。2000年第五次人口普查时，我国出生婴儿性别比已经上升到了116.9，而在海南和广东，其出生婴儿性别比甚至高达135.6和130.3。出生婴儿性别比居高不下，已经成为一个不得不解决的问题。

对于出生婴儿的性别比偏高的问题，早在1986年，我国就召开了全国出生性别比专题研讨会，广泛、深入地分析与探讨了全国及各地区出生性别比偏高的成因及相关问题。1986年9月，卫生部、国家计生委联合转发了《关于不得任意进行胎儿性别预测的通知》；1989年5月，卫生部下发《关于严禁用医疗技术鉴别胎儿性别和滥用人工授精技术的紧急通知》；1993年4月，卫生部、国家计划生育委员会再次下发《关于重申严禁进行胎儿性别预测的通知》。1998年，国家计划生育委员会、卫生部、民政部、公安部、全国妇联联合印发了《关于综合治理出生婴儿性别比升高问题的通知》（以下简称《通知》）。

《通知》指出，保持正常的出生性别比是关系计划生育事业健康发展，维护社会和家庭稳定，以及保护妇女、儿童合法权益的大问题。各级领导务必高度重视，切实加强领导；各有关部门要密切协作，采取综合措施，切实解决好出生性别比日趋升高的问题。具体措施包括：一、加强宣传教育，树立健康文明的社会风尚。通过大力宣传晚婚晚育、少生优生、生男生女都一样、女儿也是传后人，破除重男轻女、男尊女卑等旧的传统观念，树立尊重妇女、男女平等的良好社会风尚。通过加强法制教育，使公民增强法制意识，提高遵守计划生育，保护妇女、儿童合法权益的法律法规的自觉性。二、加强执法力度，保护妇女儿童合法权益。卫生行政部门要依法加强对 B 超等现代医疗设备及相关技术使用的管理，严禁非医学需要的胎儿性别鉴定和选择性人工流产、引产。要认真贯彻《婚姻法》、《妇女权益保障法》等法律法规，同一切歧视、虐待妇女，特别是歧视、虐待生育女孩的妇女和女婴、女童的行为作坚决的斗争，严肃查处溺弃婴儿的犯罪行为。三、加强和改进基层的管理与服务工作，防止出生性别比升高。要积极开展计划生育和生殖保健服务，通过提供服务，及时准确地掌握妇女的孕情和服务需求。加强对人工流产和引产的管理，提高手术质量，防止以性别选择为目的的人工流产和引产，保护妇女的身心健康。对溺弃女婴的不再发放生育证明。四、努力创造良好的社会经济环境，提高妇女地位。广泛开展"双学双比"、"巾帼建功"、"巾帼扶贫"活动，组织妇女参加经济和社会活动，实行男女同工同酬，以提高妇女的经济地位和社会地位。在完善农村社会保障制度中，大力开展计划生育系列保险，以解除计划生育家庭的后顾之忧。

2002 年，中共中央宣传部、国家计生委、教育部、卫生部等 11 个部门联合印发了《关于综合治理出生人口性别比升高问题的意见》，明确了各政府职能部门在出生人口性别比综合治理中的职责，强调各部门要协调配合，自觉地支持、参与、配合出生人口性别比升高问题的综合治理工作。此后，国家又多次发布通知，强调要努力做好出生人口性别比升高问题的综合治理工作。

22. 中共中央、国务院关于加强人口与计划生育工作稳定低生育水平的决定

计划生育政策实施以来，中国在经济不发达的情况下有效地控制了人口过快增长，实现了人口再生产类型的历史性转变。随着 21 世纪的到来，中国人口与计划生育事业进入了一个新的重要发展时期。一方面，人口过多仍是我国首要的问题。未来十几年，中国人口数量还将持续增长，人口素质不高的状况短期内难以根本改变，劳动就业压力进一步加大，人口老龄化问题更加突出，人口与经济、社会、资源、环境之间的矛盾依然尖锐。另一方面，稳定低生育水平的工作要求更高，任务更艰巨。为了进一步做好计划生育工作，稳定低生育水平，中共中央、国务院于 2000 年 3 月发布了《关于加强人口与计划生育工作稳定低生育水平的决定》（以下简称《决定》）。

《决定》指出，稳定低生育水平是今后一个时期重大而艰巨的任务，今后十年我国人口与计划生育工作的目标是：到 2010 年末，全国人口总数（不含香港、澳门特别行政区和台湾省）控制在 14 亿以内，年均人口出生率不超过 15‰；出生人口素质明显提高；出生婴儿性别比趋向正常；育龄群众享有基本的生殖保健服务，普遍开展避孕节育措施的"知情选择"；初步形成新的婚育观念和生育文化；逐步建立调控有力、管理有效、政策法规

完备的计划生育保障体系和工作机制。

《决定》强调，在开展人口与计划生育工作的过程中，要坚持以下方针：一、人口与发展综合决策。把人口与计划生育工作纳入经济和社会发展的总体规划，制定完善各项配套政策，促进人口与经济、社会、资源、环境协调发展。二、稳定现行的生育政策。国家鼓励晚婚晚育，提倡一对夫妻生育一个子女，依照法律法规合理安排生育第二个子女。三、综合治理人口问题。动员全社会力量，建立政府领导、部门指导、各方配合、群众参与的工作机制，采取法律、教育、经济、行政等措施综合治理人口问题。四、国家指导与群众自愿相结合。五、把工作重点放在农村，特别是中西部地区的农村；进一步落实"三为主"方针，推动不同地区人口与计划生育工作均衡发展。六、以人的全面发展为中心。尊重人民群众作为计划生育主人的地位，维护其合法权益。把计划生育工作与发展经济、帮助群众勤劳致富、建设文明幸福家庭有机结合起来。依靠科技进步，提供优质服务。

《决定》指出，中国要完善人口与计划生育工作的调控体系和相关社会经济政策。一是建立完备的调控体系和良好的政策环境；二是加强人口与计划生育工作的法制建设，加快人口与计划生育工作的立法进程；三是建立和完善计划生育利益导向机制，提高计划生育户的生产自救和发展能力，落实对计划生育家庭的奖励和优惠政策，积极发展社会保障事业，解除群众实行计划生育的后顾之忧；四是将人口问题纳入西部大开发战略的总体规划。

《决定》还提出，要建立适应社会主义市场经济体制的人口与计划生育工作管理机制。人口与计划生育工作是一项政策性强、涉及广大群众切身利益的社会系统工程，各级党委和政府要协调有关部门，动员全社会力量实行综合治理。要积极创造条件，把人口与计划生育工作纳入社区基层管理和服务体系。要加强对流动人口的综合管理，努力为流动人口提供多方面的服务。要依靠科技进步，发展计划生育事业，开展以技术服务为重点的优质服务。要利用各种传媒，采用多种方式，大力开展人口与计划生育基础知识的公益性宣传。

23. 计划生育行政执法责任制

为认真贯彻落实国务院《关于全面推进依法行政的决定》，切实提高计划生育依法行政水平，保障计划生育工作稳定、健康、持久发展，国家计生委于 2000 年 4 月印发了《关于建立计划生育行政执法责任制有关问题的通知》（以下简称《通知》）。

《通知》强调，各级计划生育行政机关领导干部要从讲政治的高度认识依法行政和建立行政执法责任制的重要意义，要在明确法定职权的基础上，分解各业务机构的行政执法职责。《通知》指出，行政执法责任制度的主要内容包括：执法主体、执法内容、执法类别（如：行政许可、行政收费、行政奖励、行政检查等）、执法依据、执法权限、执法程序、执法责任等。建立行政执法责任制度，要遵循"职权法定"原则，严格遵守法律、法规和行政规章赋予的职权，不得失职，不得越权。计划生育行政执法主体为各级计划生育行政部门和乡（镇）人民政府、街道办事处。

此外，《通知》还根据机构职能的不同，对计划生育行政部门的执法职责进行了分工。其中：一、信访工作机构负责人民群众来信来访的接待、办理，协调查处重大来信来访案件等；二、政策法规工作机构负责生育证（生育服务证）管理、生育审批、对违反计划生育有关管理制度的行为拟定处罚意见、对落实计划生育奖励与优惠政策的情况进行检查与监督，负责行政复议的受理、行政诉讼案件的应诉，承办本机关国家赔偿案件；三、计划统计工作机构负责人口计划完成情况和统计质量的检查，调查基层在人口统计方面统计不实、弄虚作假等案件并拟定处理意见；四、财务工作机构负责计划外生育费征收、管理、使用情况的检查、监督，拟定对违反财务制度的有关责任人的处理意见；五、宣传教育工作机构负责计划生育法制宣传教育，对宣传人口与计划生育的媒体和宣传品市场进行监督；六、科学技术工作机构负责计划生育技术服务机构执业资格的审批和技术服务人员资格的审批，会同有关部门对违法违纪机构或人员拟定行政处分或行政处罚决定，负责计生类技术鉴定组织和结论拟定，对计划生育技术和避孕药具使用进行指导、监督等。

为进一步强化广大干部，特别是领导干部依法行政的意识，严明法纪，及时、有效地纠正错误，切实提高依法行政水平，《通知》还强调，要建立健全监督保障制度，落实行政执法责任制，包括：计划生育行政执法公示制度、计划生育行政执法检查监督制度、计划生育行政执法过错追究制度、计划生育行政执法评议制度，以及计划生育行政执法人员培训、考核、管理制度等。

《通知》下发后，我国计划生育工作依法行政取得了明显进展，但是，与全面推进依法行政、建设法治政府和稳定低生育水平的目标要求相比，人口和计划生育依法行政现状还不容乐观：部分领导对人口和计划生育依法行政的重要性缺乏足够的认识；一些地方政府及其相关部门的法定职责落实不到位；行政侵权现象在一些工作基础较差的地方仍时有发生；公民生育权、生殖健康权的法律保障机制还未完善；权力与利益挂钩、与责任脱钩的问题没有完全解决；执法监督机制还不健全；干部队伍素质还没有完全适应依法行政的要求；等等。对此，国家人口计生委又于2005年10月下发了《关于进一步推进人口和计划生育依法行政的意见》，就进一步做好人口和计划生育依法行政工作作出安排，包括：建立健全人口和计划生育科学民主决策机制；加强立法，提高人口和计划生育制度建设质量；拓宽监督渠道，完善监督机制，加强执法监督；深入开展法制宣传教育和培训，提高依法行政观念和能力等。

24. 加强少数民族人口与计划生育工作

随着计划生育政策在少数民族地区的实施，中国少数民族和民族地区人口自然增长过快的势头基本得到了控制，少数民族人口素质和育龄群众生殖健康水平有所提高。尽管如此，少数民族计划生育工作还存在许多困难和挑战：大部分少数民族和民族地区的人口再生产类型仍处于转变过程中，一些地区还没有摆脱"越穷越生，越生越穷"的恶性循环；早婚、早育的情况较为普遍，已婚育龄妇女的综合避孕节育率和计划生育率较低，文化素质偏低，文盲、半文盲人口比重较高，出生人口缺陷发生率较高，婴儿死亡率、孕产妇死亡率偏高；基层工作薄弱，经费投入严重不足等。为了进一步做好少数民族和民族地区的计划生育工作，加快民族地区的经济发展，推进社会进步和提高人民生活水平，促进民族团结、社会稳定和各民族共同繁荣，国家计划生育委员会和国家民族事务委员会于2000年11月联合印发了《关于加强少数民族人口与计划生育工作的意见》（以下简称《意见》）。

《意见》指出，到2010年，中国民族地区计划生育工作的目标是：育龄群众的婚育观念发生显著变化，基本实现按政策生育，人口总量得到有效控制，出生人口素质明显提高；育龄群众享有基本的生殖保健服务，逐步开展避孕方法的"知情选择"，努力实现孕前型管理与服务，综合避孕率稳定在80%以上，计划生育手术并发症发生率控制在1‰以下；出生婴儿性别比保持基本正常；基本实现工作思路和工作方法的"两个转变"，形成具有民族地区特色的计划生育管理机制、服务体系和综合治理人口问题的局面。

《意见》强调，做好少数民族地区人口和计划生育工作，应坚持以下原则：一是把人口与计划生育工作纳入西部大开发战略，统筹决策，综合治理。二是坚持和稳定现行的少数民族生育政策。三是坚持分类指导，逐步推进。根据不同民族、不同经济水平和不同的工作基础，确定不同的目标。四是以人的全面发展为中心，维护群众合法权益。五是坚持民族团结，执行民族政策，尊重民族风俗习惯，发挥宗教界和民族代表人士在计划生育工作中的特殊作用。

此外，《意见》还提出了今后一个时期少数民族地区计划生育工作的主要任务。一是通过实行有间隔地生育、将计划生育工作与妇幼保健工作相结合等方式，进一步控制民族地区人口过快增长，实现人口、经济、社会、资源、环境的协调发展和可持续发展。二是坚持以人的全面发展为中心，积极推进以技术服务为重点的优质服务，努力提高出生人口素质，重点实施避孕节育措施的"知情选择"、出生缺陷干预和妇女病的普查防治三大工程，大力开展优生优育、婚前检查、产前诊断、遗传咨询和新生儿疾病筛查等预防性技术服务，不断提高少数民族和民族地区的出生人口素质。三是加强计划生育技术服务网络建设，改善乡级计划生育服务机构的技术服务条件，不断满足少数民族群众对计划生育技术服务的需求。四是深入做好计划生育宣传教育工作，根据民族特点、风俗习惯，开展有针对性的面对面的宣传教育和有民族特色的宣传活动，把做好思想工作同解决少数民族群众生产、生活、生育中遇到的实际困难结合起来。五是广泛开展计划生育"三结合"和"兴边富民"行动，把计划生育工作与发展民族地区经济、帮助少数民族群众脱贫致富、建设文明幸福家庭结合起来。

25. 全面推进计划生育优质服务工作

2000年，中共中央、国务院发布的《关于加强人口与计划生育工作稳定低生育水平的决定》提出要开展以技术服务为重点的计划生育优质服务。为了贯彻这一要求，国家计生委于2000年发布了《关于全面推进计划生育优质服务工作的意见》（以下简称《意见》）。

《意见》强调，要积极稳妥地推行避孕节育方法的知情选择，尊重人民群众作为计划生育主人的地位。要大力宣传普及避孕节育知识，指导育龄群众选择以长效避孕措施为主的安全、有效、适宜的避孕方法。在东部和城市地区，要为各类人群提供针对性强的生殖保健知识和产品信息，逐步实现生殖健康全程服务；在西部和广大农村地区，要通过面对面的咨询指导和随访服务，帮助育龄群众选择适合自身特点的避孕节育方法，认真做好避孕节育全程服务。

《意见》指出，要围绕生育、节育、不育开展生殖保健系列服务。一是努力宣传和普及生殖健康知识，提高高育龄群众，特别是青少年、流动人口等特殊人群的自我保健意识，增强自我保健能力，降低意外妊娠发生率和人工流产率。二是加强技术服务规范化管理，努力降低手术并发症和差错发生率，避免药具严重不良反应和手术事故的发生。三是加强技术指导和咨询服务工作，普及避孕节育、优生优育、生殖保健知识，加强对新生儿护理、婴儿保健、哺乳期避孕和中老年保健的指导；结合计划生育工作，开展不孕症、妇女常见病和性传播疾病的筛查、诊治和随访工作，降低妇女常见病和性传播疾病的发生率。

针对婴儿出生缺陷问题，《意见》强调，要实施出生缺陷干预工程，努力提高出生人口素质。各地要加强对诱发出生缺陷危险因素的调查，要针对不同地区和人群出生缺陷发生的特点，引入相应的出生缺陷预防技术，使本地区可预防的出生缺陷发生率明显降低。为此，应以计划生育技术服务网络为基础，逐步建立和完善有效的省、县、乡三级出生缺陷干预体系，并实施分级管理，逐步形成出生缺陷和病残儿鉴定资料报告制度，建立健全科学的质量管理和质量保证体系，实现出生缺陷干预技术的标准化、规范化和科学化。

为了保障计划生育服务工作的推进,《意见》强调,要坚持依法行政,切实提高工作水平和服务质量。要改进计划生育管理制度,取消一切没有法律依据、侵害群众利益的规定和做法,保障群众按政策生育的权利。要建立服务与管理相结合,寓管理于服务之中的工作机制,改善服务态度,规范办事程序,从根本上改变主要依靠行政手段、突击活动和补救措施推行计划生育的方式。要因地制宜地开展工作,巩固和完善基层服务网络建设,全面提高综合服务能力。要利用现代信息技术,建立基层信息管理系统,形成现代化管理服务体系,及时为育龄群众提供优质的服务。要建立和完善利益导向机制,落实奖励和优惠政策,引导群众自觉遵守计划生育政策。要进一步加大计生工作公开力度,自觉接受群众监督。此外,还要完善考核机制,加强人才队伍建设,加快生殖健康产业发展。

26. 中华人民共和国人口与计划生育法

计划生育是中国的一项基本国策,经过全党和全国人民的不懈努力,中国人口与计划生育工作取得了举世瞩目的成就。但是,由于我国生产力水平还比较低,各地方发展很不平衡,社会保障制度尚不健全,从根本上转变人们的生育观念还需要一个很长的过程。未来几十年中,稳定低生育水平的任务仍然是重大而艰巨的,再加之计划生育工作中还存在着一些问题和困难,如:计划生育政策的贯彻实施很不平衡,有些地方开展计划生育工作比较困难,阻挠计划生育干部执行任务的情况时有发生;计划生育工作涉及多个部门,难以形成综合治理;部分地方存在计划生育干部和基层干部滥用职权、以罚代管的现象。为了贯彻好计划生育基本国策,有必要提高计划生育工作的法制化水平。

1998年底,九届全国人大常委会将制定人口与计划生育法列入当届人大二类立法规划项目。同年底,国家计生委成立了立法领导小组、起草小组和专家咨询组。在广泛深入的立法调研和听取专家意见的基础上,国家计生委于1999年12月底向国务院报送了《中华人民共和国人口与计划生育法(送审稿)》。2001年12月,九届全国人大常委会第二十五次会议审议通过了《中华人民共和国人口与计划生育法》(以下简称《人口与计划生育法》)。

《人口与计划生育法》共七章47条,分为总则、人口发展规划的制定与实施、生育调节、奖励与社会保障、计划生育技术服务、法律责任、附则7个部分。《人口与计划生育法》明确指出,计划生育作为我国的一项基本国策,其目的是实现人口与经济、社会、资源、环境的协调发展,维护公民的合法权益,促进家庭幸福、民族繁荣与社会进步。国家依靠宣传教育、科学技术进步、综合服务、建立健全奖励和社会保障制度,开展人口与计划生育工作。国家要编制人口发展规划,将其纳入国民经济和社会发展计划;要根据国民经济和社会发展状况逐步提高人口与计划生育经费投入的总体水平,对贫困地区、少数民族地区的人口与计划生育工作给予重点扶持。

《人口与计划生育法》强调，人口与计划生育工作应当与增加妇女受教育和就业机会、增进妇女健康、提高妇女地位相结合，禁止歧视、虐待生育女婴的妇女和不育的妇女，禁止歧视、虐待、遗弃女婴，严禁利用超声技术和其他技术手段进行非医学需要的胎儿性别鉴定，严禁非医学需要的选择性别的人工终止妊娠。对于少数民族，也要实行计划生育。各级人民政府及其工作人员在推行计划生育工作中应当严格依法行政，文明执法，不得侵犯公民的合法权益。

《人口与计划生育法》规定，公民有生育的权利，也有依法实行计划生育的义务。国家稳定现行生育政策，鼓励公民晚婚晚育，提倡一对夫妻生育一个子女；符合法律、法规规定条件的，可以要求安排生育第二个子女，对于不符合规定生育子女的公民，应当依法缴纳社会抚养费。计划生育以避孕为主，要保障公民知情选择安全、有效、适宜的避孕节育措施。实施避孕节育手术，应当保证受术者的安全。实行计划生育的育龄夫妻免费享受国家规定的基本项目的计划生育技术服务。国家对实行计划生育的夫妻，按照规定给予奖励，如：晚婚晚育的公民可以获得延长婚假、生育假的奖励或者其他福利待遇。国家建立婚前保健、孕产期保健制度，防止或者减少出生缺陷，提高出生婴儿健康水平；建立健全基本养老保险、基本医疗保险、生育保险和社会福利等社会保障制度，以促进计划生育政策的落实。地方各级人民政府要帮助农村计划生育家庭发展经济，给予资金、技术、培训等方面的支持、优惠；对实行计划生育的贫困家庭，要在扶贫贷款、以工代赈、扶贫项目和社会救济等方面给予优先照顾；对于独生子女发生意外伤残、死亡，其父母不再生育和收养子女的，应当给予必要的帮助。

《人口与计划生育法》的颁布实施，顺应了我国加强社会主义民主法制建设的客观要求。作为我国人口与计划生育工作领域的一部基本法律，它进一步强调了计划生育基本国策的地位，将具有中国特色综合治理人口问题的成功经验上升为国家的法律制度，把国家推行计划生育的基本方针、政策、制度、措施用法律形式固定下来，为进一步做好人口与计划生育工作，综合治理人口问题，为地方人口与计划生育立法提供了法律依据。它的颁布实施，对于加快我国人口与计划生育法制建设，全面提高人口与计划生育工作的管理和服务水平将产生重大而深远的影响。

27. 计划生育技术服务管理

计划生育技术服务是计划生育工作的重要组成部分。为提高计划生育技术工作质量，保障育龄男女的健康，维护计划生育技术工作的正常秩序，卫生部于1992年发布了《计划生育技术工作管理办法》。该办法提出：计划生育技术工作要以预防为主，避孕为主，推广综合节育措施。凡从事计划生育手术的单位及其人员，必须经县及县以上卫生行政部门的审查、考核批准，方可施术；村民委员会、街道居民委员会及各类卫生室指导育龄人群落实节育措施，但不得开展任何计划生育手术。

为了强化计划生育技术工作的服务功能，1995年，国家计划生育委员会发布了《计划生育技术服务工作管理办法（试行）》，明确提出计划生育技术服务工作必须坚持为控制人口数量、提高人口素质服务，为广大育龄群众服务的宗旨，推行综合避孕节育措施。其主要内容包括：开展以生育调节为主要内容的生殖健康教育；开展避孕节育和优生优育指导；开展计划生育手术、进行术后随访；发放避孕药具，并提供咨询服务；防治和鉴定计划生育手术并发症；开展病残儿医学鉴定工作；围绕计划生育工作开展生殖健康服务；开展计划生育技术培训工作；对于技术服务机构和人员进行管理。此外，该办法还规定计划生育技术服务实行专项审批发证制度。

为了进一步加强对计划生育技术服务工作的管理，保障公民的生殖健康权利，2001年6月，国务院公布了《计划生育技术服务管理条例》（以下简称《条例》）。该《条例》首次提出计划生育技术服务实行国家指导和个人自愿相结合的原则，公民享有避孕方法的知情选择权；从事计划生育技术服务的机构施行避孕、节育手术、特殊检查或者特殊治疗时，应当征得受术者本人同意，并保证受术者的安全；国家保障公民获得适宜的计划生育技术服务的权利，国家向农村实行计划生育的育龄夫妻免费提供避孕、节育技术服务，所需经费由地方财政予以保障，中央财政对西部困难地区给予适当补助；任何机构和个人不得进行非医学需要的胎儿性别鉴定或者选择性别的人工终止妊娠。《条例》还提出，国家建立计划生育技术服务统计制度，计划生育技术服务事故、计划生育手术并发症和计划生育药具不良反应的鉴定制度和报告制度。相比上述两个办法，《条例》对计划生育技术服务工作的机构及其人员、监督管理、处罚等事项作了更明确的规定，如：从事产前诊断的，使用辅助生育技术治疗不育症的，应经省级以上人民政府卫生行政部门审查同意，个体医疗机构不得从事计划生育手术；执业许可证等证明文件不得买卖、出借、出租，不得涂改、伪造，违背相关规定的，将被处以警告、责令改正、没收违法所得和有关药品与医疗器械、罚款、吊销执业资格等处罚，甚至追究其刑事责任。

《条例》颁布后，国家计划生育委员会又于同年12月颁布了《计划生育技术服务管理条例实施细则》。细则强调，公民实行计划生育时，有权了解自身的健康检查结果和常用避孕节育方法的作用机理、适应证、禁忌证、优缺点、使用方法、注意事项、可能出现的副作用及其处理方法；在计划生育技术服务人员指导下，负责任地选择适合于自己的避孕节育方法。同时要求，各级计划生育技术服务机构和从事计划生育技术服务的医疗、保健机构，在施行避孕节育手术、特殊检查或者特殊治疗时，应向实行计划生育的服务对象做必要的解释，征得服务对象的同意。从事计划生育技术服务的机构应当坚持"面向基层，深入乡村，服务上门，方便群众"的工作方针，围绕生育、节育、不育，共同做好避孕节育和其他生殖保健服务工作。为了便于计划生育技术服务工作的开展，2004 年，国务院又对《计划生育技术服务管理条例》作了修订，强化了乡级计划生育技术服务机构的职能。

28. 社会抚养费征收管理制度

根据《中华人民共和国人口与计划生育法》第十八条和第四十二条的规定，国家稳定现行生育政策，鼓励公民晚婚晚育，提倡一对夫妻生育一个子女。符合法律、法规规定条件的，可以要求安排生育第二个子女。对于违反这一规定生育子女的公民，应当依法缴纳社会抚养费。为了加强对社会抚养费征收工作的管理，规范计划生育行政执法行为，保护公民的合法权益，国务院于 2002 年 8 月出台了《社会抚养费征收管理办法》（以下简称《办法》）。

《办法》规定：一、不符合人口与计划生育法第十八条的规定生育子女的公民，应当按规定在收到征收决定之日起六十日内一次性缴纳社会抚养费。二、社会抚养费的征收标准，分别以当地城镇居民年人均可支配收入和农村居民年人均纯收入为计征的参考基本标准，结合当事人的实际收入水平和不符合法律、法规规定生育子女的情节，确定征收数额。社会抚养费的具体征收标准由省、自治区、直辖市规定。三、社会抚养费的征收，由县级人民政府计划生育行政部门作出书面征收决定，也可委托乡（镇）人民政府或者街道办事处作出书面征收决定。四、对于一次性缴纳社会抚养费确有实际困难的，当事人应在收到征收决定之日起三十日内向作出征收决定的县级人民政府计划生育行政部门提出分期缴纳的书面申请，并提供有关证明材料。如果当事人未在规定的期限内缴纳社会抚养费，则自欠缴之日起每月加收欠缴社会抚养费的千分之二的滞纳金；仍不缴纳的，由作出征收决定的计划生育行政部门依法申请人民法院强制执行。五、如果当事人对征收决定不服，可以依法申请行政复议或者提起行政诉讼。在行政复议或者行政诉讼期间，征收决定不停止执行；但是，行政复议法、行政诉讼法另有规定的除外。六、社会抚养费及滞纳金应当全部上缴国库，按照国务院财政部门的规定纳入地方财政预算管理，任何单位和个人不得截留、挪用、贪污、私分，否则将按有关规定依法处理。

《办法》的实施对规范社会抚养费征收管理，落实计划生育政策发挥了重要作用，但是，受历史条件的限制，该《办法》也存在一定的不足，如：全国征收标准不统一、征收情形不一致；可操作性不强，各地在执行中缺乏统一的程序规范；由于缺乏有效的执法措施,以及一些地方征收标准较高等原因,社会抚养费实际征收到位率较低;基层在调查取证、征收决定的执行,以及流动人口社会抚养费征收工作中存在困难;部分地区社会抚养费管理不规范,未严格执行收支两条线规定。随着我国计划生育工作的不断推进,社会抚养费征收管理面临的问题越来越突出,迫切需要对《办法》加以修改和完善。2010年以来,根据国务院立法工作计划,国家计生委启动了《办法》修订工作,经反复修改完善,国家卫生计生委于2014年12月向国务院报送了《社会抚养费征收管理办法(送审稿)》。因此次修订内容较多,国家卫生计生委建议废止《办法》,制定《社会抚养费征收管理条例》。相比《办法》,送审稿明确界定了征收对象,缩小了征收范围,强调对符合政策规定,但不符合程序规定生育的,不予征收社会抚养费;统一了征收标准,限制了地方政府的自由裁量权;规范了征收主体,限制了委托征收权限,明确规定征收决定一律由县级计生部门作出,不得委托乡镇(街道)作出征收决定;增加了征收程序,规范征收行为;进一步落实收支两条线,确保全额上缴国库;加大了征收管理工作的透明度,强调社会抚养费征收有关规定必须向社会公布,未经公布的,不得作为社会抚养费征收的依据。

29. 国家计划生育委员会更名为国家人口和计划生育委员会

改革开放以来,中国将实行计划生育作为一项基本国策,加大了控制人口过快增长的工作力度。到20世纪90年代后期,中国基本实现了人口再生产类型的历史性转变,进入世界低生育水平国家行列。但是,由于人口基数大,每年新增人口多,同时,人口素质、人口结构、人口迁移与流动,以及生殖健康等方面的问题日益显现,人口与经济、社会、资源、环境的矛盾仍然十分尖锐。因而,有必要加强对人口发展战略的研究,进一步推动人口与计划生育工作的综合协调和综合治理。2003年3月,十届全国人大一次会议审议通过了《国务院机构改革方案》,决定将国家计生委更名为"国家人口和计划生育委员会"。

此次更名坚持了"加强人口发展战略研究,推动人口与计划生育工作的综合协调和综合治理"的原则,在国家计生委原有职能基础上,适当拓展和调整了部分职能,逐步弱化具体运作,增强宏观协调职能。更名后,国家人口和计划生育委员会将积极开展以下工作:一、坚持稳定现行生育政策,稳定低生育水平,努力实现既定的人口控制目标;二、积极参与人口发展规划的制定工作,并将其纳入国民经济和社会发展的总体规划之中;三、高度重视提高出生人口素质,降低出生人口缺陷发生率,解决出生人口性别比升高问题;四、与各有关方面密切合作,积极应对人口老龄化、劳动力就业、人口流动与迁移,以及预防艾滋病等问题;五、建立和完善计划生育利益导向机制,积极探索建立有利于计划生育家庭的社会救助和保障制度;六、加快建立和完善人口和计划生育财政投入体制,大力提高人口和计划生育系统信息化水平；七、深入开展婚育新风进万家和创建计划生育优质服务先进县（市、区）等活动，进一步提高管理和服务水平；八、深化人口与计划生育工作综合改革，加快建立和完善"依法管理、村（居）民自治、优质服务、政策推动、综合治理"的工作机制；九、加强人口发展领域的国际交流与合作，进一步树立我国人口和计划生育工作的良好形象。

将国家计生委更名为国家人口和计划生育委员会有着重要的意义，是实现新世纪新阶段人口和计划生育工作新任务新要求的需要。21世纪头20年，是我国发展必须紧紧抓住，并且可以大有作为的重要战略机遇期，将国家计生委更名为国家人口和计划生育委员会，能在继续坚持计划生育基本国策的同时，切实加强人口发展战略研究，制定科学的人口发展规划，建立和完善人口和计划生育工作新机制。此外，人口问题涉及经济、社会、资源、环境等诸多方面，必须加强综合协调，实行综合治理，设立国家人口和计划生育委员会有利于加强综合协调工作力度，推动相关部门认真履行人口和计划生育工作职责。

30. 关爱女孩行动

关爱女孩行动是旨在动员社会力量，营造关爱女孩的社会舆论，建立有利于女孩和计划生育女儿户的利益导向机制，加强孕产期保健服务，严肃查处"两非"行为，综合治理出生人口性别比偏高问题的一项社会系统工程。这一行动有着深刻的社会背景。

人类的可持续发展是以男女两性的平衡为前提条件的，性别自然平衡不仅是婚姻和家庭稳定的重要基础，也是社会和谐发展的前提条件。自20世纪80年代以来，我国出生人口性别比呈升高趋势。分孩次比较，孩次越高，偏高越明显；分城、镇、乡比较，依次增加，乡村偏高最为严重；分省比较，中、东、南部地区偏高较为严重。我国现阶段出生人口性别比持续升高，将导致女孩的生存权受到严重侵害。从长期来看，性别比例失衡、出生性别比升高还将使数千万的男性面临无偶可择的难题，这势必为经济社会的正常运行埋下隐患。

为了解决出生人口性别比升高问题，国家计生委宣教司与西安交通大学人口与发展研究所、安徽省计生委于2000—2003年共同在安徽省巢湖市开展了"改善女孩生存环境"试点工作，取得了明显效果，后来发展成为"关爱女孩行动"，在安徽省全省推广。实践证明，关爱女孩行动是贯彻落实有关法律法规比较好的切入点，可以动员社会各界、各有关部门形成齐抓共管的格局，把国家的法律法规落实到千家万户，实现出生人口性别比的自然平衡。2005年12月14日，国务院办公厅转发了国家人口计生委等12个部门《关于广泛开展关爱女孩行动综合治理出生人口性别比偏高问题的行动计划的通知》。根据通知要求，国家计生部门印发了《关爱女孩行动工作指南》（以下简称《指南》），提出关爱女孩行动的工作目标是：从2006年开始，通过10年的努力，有效治理出生人口性别比偏高问题，力争实现出生人口性别比平衡；再经过5年的巩固，力争实现出生人口性别比稳定的自然平衡。到2020年，社会性别平等已成为人们的普遍意识和自觉行为，全面形成有利于女孩及计划生育女儿户的利益导向机制，计划生育和生殖保健优质服务水平进一步提高，自然消除"两非"和溺弃女婴等现象，实现出生人口性别比稳定的自然平衡。

《指南》提出，为了做好关爱女孩行动，不仅要加强舆论宣传，还要在以下几方面努力：一是加强避孕节育和孕产期随访服务，包括：及时落实避孕措施、定期开展查环查孕服务、提供孕期全程服务、倡导住院分娩、加强产后随访。二是建立有利于女孩和计划生育女儿户的利益导向机制，包括：社会经济政策要体现男女平等、同等优先原则，各部门要积极制定落实有利于女孩成长、妇女发展和计划生育女儿户的利益导向和社会经济政策，如：为女孩读书创造条件，拓宽妇女就业门路，在小额贷款、技术培训、项目扶持等方面对农村计划生育户给予帮助。三是加强管理，严肃查处"两非"行为，包括：加强对B超等检查和引产手术的管理、严肃查处"两非"行为、严厉打击溺弃女婴等案件、加强群众监督、建立举报制度。四是做好出生人口性别比的统计监测和考核评估工作。

31. 西部地区"少生快富"工程

随着经济社会的发展，西部地区人口与经济、社会、资源、环境的矛盾越来越尖锐。人口增长过快使得大量的经济发展和扶贫成果被新增人口所抵销，返贫现象严重，一些地区长期不能摆脱贫困，人口增长过快成为制约西部地区经济社会发展的关键问题。为了全面贯彻落实中共中央、国务院《关于加强人口与计划生育工作稳定低生育水平的决定》提出的将人口问题纳入西部大开发战略的总体规划，努力做到"经济要上去，人口数量要控制，人口素质要提高"的要求，积极探索西部地区人口和计划生育工作的新思路和新方法，我国实施了"少生快富"工程。

"少生快富"工程的全称是西部地区计划生育"少生快富"工程，是国家针对西部地区人口和计划生育工作实际，为稳定西部地区低生育水平，实现西部地区人口与资源、环境的协调可持续发展而组织实施的一项工程。该工程旨在通过经济奖励和政策扶持，在生育政策比较宽松的地区，鼓励符合政策规定可以生育3个孩子的夫妇，放弃生育1个孩子，并采取安全、可靠的长效节育措施，以此引导广大群众少生优生，脱贫致富。2000年，宁夏回族自治区在部分地区开展"少生快富"工程试点。2004年，试点范围扩大到青海省和云南省。2006年10月，经国务院同意，人口计生委、财政部印发了《西部地区计划生育

"少生快富"工程实施方案》(以下简称《方案》),决定自 2006 年开始,在内蒙古、海南、四川、云南等八省区全面实施"少生快富"工程。

《方案》规定:一、对于可以生育3个孩子而自愿少生1个孩子,并按各省(区)的有关规定采取了长效节育措施的夫妇,可一次性获得不少于 3000 元的奖励,所需资金由中央和地方财政纳入年度预算予以安排。二、地方政府要帮助其发展生产,选择投资少、收效快、风险低、适宜可行的致富项目,并与扶贫开发、农业开发等项目紧密结合起来,增强计划生育家庭的自我发展能力和抵御市场风险的能力。三、要加强项目实施地区计划生育服务站(所)建设,建立健全各种服务标准和规范,提高计划生育技术服务能力,为目标群体提供优质的计划生育技术服务。《方案》指出,"少生快富"工程坚持政府倡导,群众自愿参与,严禁强迫命令、"一刀切"和下计划指标。为确保资金安全,"少生快富"工程实行"四权分离",即:资格确认和技术服务,由人口计生部门负责;资金管理,由财政部门负责;资金发放,由代理金融机构负责;资金监督,由监察、审计等部门负责。严禁任何单位或个人截留挪用、虚报冒领奖励资金和以扣代罚等各种名目的违规行为。2006年 11 月,人口计生委又下发了《关于明确少生快富工程实施范围及目标人群基本条件的通知》,对"少生快富"工程目标人群的资格做了更严格的规定。

"少生快富"工程实施几年来,取得了积极的效果。一是群众实行计划生育的自觉性明显增强,试点地区人口出生率明显下降。二是拓宽了农村扶贫开发的思路和渠道,计划生育家庭的生活状况明显改善。项目户不仅因少生孩子而减轻了家庭负担,而且在启动资金、政府以及有关部门的扶助下,发展养牛、养羊、大棚生产等养殖、种植业,经济收入明显提高。三是妇女有更多的时间从事生产劳动,其家庭地位和社会地位明显提高,子女受教育机会大大增加。四是密切了党群、干群关系,人口和计划生育工作由以行政推动和经济处罚为主转变为以经济奖励为主,基层干部工作作风也有所改变。

32. 农村部分计划生育家庭奖励扶助制度

为了鼓励农民响应党和国家的号召,自觉实行计划生育,稳定低生育水平,促进农村人口与经济社会协调发展;促进鼓励计划生育的政策措施的落实,形成利益导向机制;引导基层干部更加关注农民的切身利益,促进人口和计划生育工作向依法管理、利益导向、优质服务方向转变;引导更多农民"少生快富",从根本上扭转"越穷越生、越生越穷"的恶性循环,2004 年 2 月,国家人口计生委和财政部向国务院上报了《关于开展对农村部分计划生育家庭实行奖励扶助制度试点工作的意见》(以下简称《意见》)。

《意见》提出,要建立农村部分计划生育家庭奖励扶助制度,对农村只有一个子女或两个女孩的计划生育家庭,夫妇年满60周岁的,由中央或地方财政安排专项资金进行奖励扶助。对于符合条件的农村计划生育夫妻,按人年均不低于600元的标准发放奖励扶助金,直到亡故为止。此项工作从2004年起,首先在四川、云南、甘肃、青海省和重庆市,以及河北、山西、黑龙江、吉林、江西、安徽、河南、湖南、湖北省各1个地(州、市),贵州省遵义市进行试点,同时鼓励东部省份自行试点。试点地区的奖励扶助资金分别纳入当年中央和地方财政预算。

2004年4月,国务院批准了该《意见》,并强调,各地要从本地实际出发,积极探索多种有利于鼓励农民自觉实行计划生育的有效办法,逐步形成有利于计划生育工作的利益导向机制。2004年5月,国家人口计生委和财政部正式印发了《农村部分计划生育家庭奖励扶助制度试点方案(试行)》。该方案提出,试点的目标是:一、引导更多农民自觉实行计划生育,减少不符合法律法规和政策规定出生的人口,稳定低生育水平。二、建立资金管理、资格确认、资金发放、社会监督四个环节相互衔接、相互制约的运行机制,确保奖励扶助资金落实到户到人。三、建立以政策性奖励扶助为主体,多种形式的帮扶活动为补充,经济社会政策相配套的政策体系,逐步完善有利于人口和计划生育工作的利益导向机制。四、帮助计划生育家庭解决面临的困难,逐步减少新增贫困人口,促进消除贫困和全面建设小康社会目标的实现。

和其他社会福利政策相比,农村部分计划生育家庭奖励扶助制度作为一项以国家公共财政政策为支撑的直接奖励扶助政策,着眼于鼓励农民实行计划生育,从而有效控制农村人口增长,具有鲜明的政策导向性。自2004年实施以来,该政策有力地推动了人口和计划生育工作,为有效解决"三农"问题发挥了重要作用。同时,也让农民直接感受到政府的温暖,使干群关系明显改善。2005年的中央1号文件明确提出,要把扩大奖励扶助制度试点作为加强农村工作、提高农业综合生产能力的一项基本政策。

33. 中共中央、国务院关于全面加强人口和计划生育工作统筹解决人口问题的决定

人口问题始终是影响中国经济社会发展的关键因素。21世纪上半叶,中国将迎来总人口、劳动年龄人口和老年人口高峰。今后十几年,人口增长势头依然强劲;人口素质总体水平不高,难以适应激烈的综合国力竞争的要求;劳动年龄人口数量庞大,就业形势更加严峻;人口老龄化日益加重,社会保障面临空前压力;出生人口性别比居高不下,给社会稳定带来隐患;流动迁移人口持续增加,对公共资源配置构成巨大挑战;贫困人口结构趋于多元,促进社会均衡发展的任务十分艰巨。为此,中共中央、国务院于2006年12月17日印发了《关于全面加强人口和计划生育工作统筹解决人口问题的决定》(以下简称《决定》),

从稳定低生育水平、提高出生人口素质、综合治理出生人口性别比偏高问题、完善流动人口管理服务体系、积极应对人口老龄化等方面，对新时期统筹解决人口问题作了重要部署。

《决定》强调，要全面贯彻落实科学发展观，优先投资于人的全面发展，稳定低生育水平，提高人口素质，改善人口结构，引导人口合理分布，保障人口安全，促进我国由人口大国向人力资本强国转变。同时，《决定》提出，人口和计划生育工作的重点、难点在农村，因此必须坚持统筹城乡经济社会发展，把农村作为稳定低生育水平、统筹解决人口问题的重中之重，将农村人口和计划生育工作纳入建设社会主义新农村的总体部署。

《决定》指出，稳定低生育水平是新时期人口和计划生育工作的首要任务，必须坚持计划生育基本国策和稳定现行生育政策不动摇。要求坚持依法行政、思想政治教育同利益导向相结合，建立健全依法管理、村（居）民自治、优质服务、政策推动、综合治理的长效工作机制。提出"计划生育家庭为国家作出贡献，国家应使计划生育家庭优先分享改革发展成果"的理念，要进一步建立和完善政府为主、社会补充的人口和计划生育利益导向政策体系。

《决定》要求，要全面实施出生缺陷干预工程，普及科学知识，倡导科学婚检，加强咨询指导和随访服务，积极开展新生儿疾病筛查和康复等工作，对影响出生缺陷的重大危险因素进行研究、评估。开展婴幼儿早期教育，强化独生子女社会行为教育和培养。

《决定》强调，要建立党政负责、部门配合、群众参与的标本兼治工作机制。深入开展"关爱女孩行动"，消除性别歧视等活动。制定有利于女孩健康成长和妇女发展的社会经济政策，依法保护妇女权益。完善相关法律法规和监管制度，严禁非医学需要的胎儿性别鉴定和选择性别的人工终止妊娠，促进出生人口性别比趋于平衡。

《决定》提出，要加强有利于流动人口的管理和服务，引导人口有序流动的政策措施，建立流动人口计划生育统一管理、优质服务新体制，实行"属地化管理、市民化服务"，保障流动人口合法权益，加强部门之间的信息沟通和协同配合，明确流入地、流出地的职责，实行以流入地为主的目标管理双向考核。

《决定》强调，要把逐步建立覆盖城乡居民的养老保障制度作为社会保障体系建设的重点，构建以居家养老为基础、社区服务为依托、机构照料为补充的养老服务体系；要建设多种形式的养老服务机构、老年活动场所和服务设施，探索建立社会化服务制度，大力发展老龄产业。

《决定》提出，要从财政、基础设施、人力、科技等方面加大对人口和计划生育事业的投入，明确提出财政投入增长幅度、重点保障项目、"十一五"期末人均投入指标等刚性要求。要强化行政部门、服务机构、自治组织、群众团体的管理服务体系，加强队伍职业化建设，加快信息化进程，推动计划生育生殖健康科技创新，大力发展计划生育生殖健康产业。

34. 国务院办公厅印发《人口发展"十一五"和 2020 年规划》

虽然"十五"期间中国人口控制和计划生育工作取得了巨大成就，但随着劳动年龄人口、总人口和老年人口三大高峰的到来，我国面临的人口形势依然十分严峻。一是人口总量大且持续增长，低生育水平不稳定；二是人口素质总体不高，全国有几千万残疾人和精神障碍患者，每年约有 20 万至 30 万肉眼可见先天畸形儿出生，艾滋病开始从高危人群向一般人群扩散；三是人口结构性矛盾日益突出，人口老龄化加快，出生人口性别比持续攀升；四是流动迁移人口规模庞大，给社会管理和公共服务带来严峻挑战；五是人口与资源、环境的矛盾日趋尖锐，促进可持续发展的机制亟待建立健全；六是政府管理体制和社会事业改革滞后，综合治理人口发展问题的局面尚未形成。为了有效应对人口发展面临的严峻形势，国务院办公厅于 2006 年 12 月 29 日印发了《人口发展"十一五"和 2020 年规划》（以下简称《规划》）。

《规划》提出，要坚持以人为本，推进制度创新，优先投资于人的全面发展；要稳定低生育水平，提高人口素质，改善人口结构，引导人口合理分布，保障人口安全；要促进人口大国向人力资本强国的转变，促进人口与经济社会资源环境的协调和可持续发展。"十一五"人口发展的目标是：人口总量控制在 13.6 亿，人口素质明显提高；群众享有基本的医疗保健服务，出生缺陷发生率逐步降低，婴儿死亡率降到 14.9‰ 以下，孕产妇死亡率降到 40/10 万；全面普及九年义务教育，国民平均受教育年限提高到 9 年左右；就业持续增长，社会保障体系比较完善；贫困发生率继续下降；出生人口性别比升高势头得到有效遏制；城镇化水平达到 47%，有效缓解城乡间、区域间差距扩大的势头；人居环境有所改善。2020 年人口发展目标是：人口总量控制在 14.5 亿；人口素质大幅度提高；群众普遍享有较好的医疗保健服务，出生缺陷发生率、婴儿死亡率、孕产妇死亡率持续下降；基本普及高中阶段教育，国民平均受教育年限达 11 年左右；就业比较充分，基本建立覆盖城乡居民的社会保障体系；贫困人口继续减少；出生人口性别比趋于正常；城乡间、区域间差距扩大的趋势得到扭转；人居环境质量明显提高。

为了实现上述目标，《规划》提出：一、要综合运用经济社会发展政策，确保低生育水平稳定，包括：完善政府为主、社会补充的人口和计划生育利益导向政策体系，建立健全稳定低生育水平的社会管理和公共服务体系，建立流动人口计划生育统一管理、优质服务新体制。二、要提高出生人口素质，着力解决人口结构性问题，包括：推行优生优育，防治出生缺陷；加大综合治理力度，有效遏制出生人口性别比升高势头；建立健全养老保障体系和老年社会服务体系，积极应对人口老龄化。三、要坚持教育优先发展，充分开发人力资源,包括:全面实施素质教育,普及和巩固九年义务教育,大力发展职业教育,提高高等教育质量;提高农村劳动力转移就业能力,积极培育新型农民。四、要统筹城乡、区域协调发展,引导人口有序流动和合理分布,包括:在主体功能区建设过程中引导人口自愿有序、平稳流动,在新型工业化、城镇化进程中引导人口合理集聚;坚持"合理引导、公平对待、完善管理、搞好服务"的方针,为农村富余劳动力有序、合理流动提供保障;解决资源型城市和资源枯竭型城市人口与发展问题。五、要发展公共卫生、妇女儿童和社会福利事业,促进社会和谐与公平,包括:构建以预防为主的公共卫生服务体系;促进妇女儿童发展,保障妇女儿童合法权益;改善残疾人平等参与社会生活的物质条件和精神环境;建立健全与经济发展水平相适应的社会保障体系。

35.关于全面加强农村人口计生工作的若干意见

为深入贯彻党的十七大精神以及中共中央、国务院《关于全面加强人口和计划生育工作 统筹解决人口问题的决定》,全面加强农村人口和计划生育工作,2007年11月8日,国家人口计生委、发展改革委、农业部、卫生部等14个部委联合发布了《关于全面加强农村人口计生工作的若干意见》(以下简称《意见》)。

《意见》指出,新时期农村人口和计划生育工作的总体要求是:将其纳入社会主义新农村建设的总体部署,完善利益导向政策,强化服务和管理体系,建立健全依法管理、村民自治、优质服务、政策推动、综合治理的长效工作机制,维护群众实行计划生育的合法权益,引导群众自觉实行计划生育,稳定低生育水平,统筹解决人口问题,为促进建设社会主义新农村、构建社会主义和谐社会、全面建设小康社会创造良好的人口环境。为此,《意见》提出了以下几方面的工作要求。

一是积极推进新农村新家庭计划。充分利用现有资源,为计划生育家庭提供优先优惠的生产、生活以及生育等方面的公共服务;全面开展出生缺陷预防,实施计划生育生殖健康促进计划,做好孕前管理和服务,引导群众知情选择避孕节育措施;开展婴幼儿早期教育,强化独生子女社会行为教育和培养;加强农村社区新型生育文化建设。

二是建立和完善人口和计划生育利益导向政策体系。一、要切实落实法律法规规定的各项计划生育奖励优待政策。全面实施农村部分计划生育家庭奖励扶助制度和"少生快富"工程,落实独生子女父母奖励和计划生育免费基本技术服务制度。加快建立计划生育家庭特别扶助制度,探索建立长效节育措施奖励、节育手术保险等制度。二、做好惠民政策与计划生育奖励优待政策的衔接。三、在制定和落实惠民政策时,要体现对计划生育家庭的优先优惠。农村扶贫开发、宅基地划分、改水改厕、沼气应用、新技术推广等政策或项目，要对农村独生子女户和双女户给予优待和照顾，要将独生子女和双女父母优先纳入劳动力转移"阳光工程"、"雨露工程"培训之中，将计划生育纯女户作为各级各部门结对帮扶的重点对象，推广"幸福工程"等社会公益活动。

三是探索建立农村计划生育家庭养老保障制度。要探索建立农村养老保险制度，创新养老方式，逐步解除农民实行计划生育的养老之忧。落实五保供养制度，解决好"三无"老人的保障问题。继续发挥土地养老的保障作用，巩固家庭养老保障的基本功能。鼓励和调动社会力量，采取公建民营、民办公助等多种形式，加快农村养老机构建设，不断满足农村空巢老人和留守老人的生活照料需求，优先和优惠为身边无子女的计划生育老人提供集中供养服务。对生活不能自理的农村计划生育家庭老年父母，按规定提供适当补助。

四是完善流动人口计划生育服务和管理。流出地要做好外出人员的宣传、教育、培训，落实避孕节育措施，免费办理《流动人口婚育证明》，依法落实流出人口及其家庭应该享有的奖励优惠政策。建立定期联系制度，加强对流动人口，特别是农民工家庭的上门访视工作，帮助计划生育留守家庭及子女解决实际困难。流入地要按照"属地化管理、市民化服务"的原则，为其提供国家政策规定的计划生育、生殖健康基本项目免费服务，逐步做到与户籍人口享有同等的服务。

36. 计划生育药具工作管理

从20世纪90年代起，中国开始引入和提倡生殖健康、优质服务、知情选择等理念，实行"免费发放与市场销售相分离"的药具管理体制。为了进一步做好计划生育药具管理和服务工作，依法保障公民获得安全、有效、适宜的计划生育药具，国家人口和计划生育委员会于2006年出台了《计划生育药具工作管理办法（试行）》（以下简称《办法》），对国家依法免费提供的、用于避孕节育的药具的管理作了明确规定。

《办法》明确指出，国家为实行计划生育的育龄夫妻免费提供计划生育药具，育龄夫妻在户籍所在地或者现居住地可以免费获得计划生育药具。计划生育药具工作坚持以人为本，实行避孕方法的知情选择，为育龄夫妻提供优质服务。

《办法》规定：一、各级计划生育药具管理机构受同级人口和计划生育行政部门委托，承担本辖区计划生育药具有关管理和服务工作。二、在药具的计划与采购方面，按照"安全有效、质量优良、经济便捷、公正公平"的原则，实行政府采购。三、在经费管理方面，药具专项经费必须纳入各级人口和计划生育事业经费部门预算，专款专用，不得挤占、截留和挪用。四、在药具发放方面，药具管理机构应当按照渠道畅通、保障供应、方便群众、提高效率的原则进行计划生育药具的发放与服务，农村要以现有服务网络为发放主体,城市要依托社区、机关、社会团体和企业、事业单位,确保计划生育药具发放的准确有效和及时到位,以满足广大育龄夫妻避孕节育的需求。五、药具管理机构还应当广泛宣传国家发放计划生育药具的方针政策,大力普及避孕节育知识,指导育龄夫妻选择安全、有效、适宜的避孕节育方法,定期做好随访服务。

为了做好计划生育药具的监督与管理工作,该《办法》还规定:禁止将国家免费提供的计划生育药具流入市场销售;要建立计划生育药具需求计划、订购计划和药具专项经费分配与使用的监督和通报制度,以及计划生育药具不良反应的报告制度;各级业务主管部门要加大对计划生育药具经费使用和计划生育药具采购、管理、发放工作的监督。对于违反规定的,要追究其法律责任。

37. 国家人口发展战略研究报告

为落实 2004 年中央人口资源环境工作座谈会关于加强人口发展战略研究的重要指示精神,由蒋正华、徐匡迪和宋健任组长的国家人口发展战略研究课题组,集中了全国 300 多位专家学者,经过两年多广泛、深入的调研和专题研究论证,形成了《国家人口发展战略研究报告》(以下简称《报告》),《报告》于 2007 年 1 月正式对外发布。

《报告》认为,中国自 1973 年全面推行计划生育以来,生育率迅速下降,实现了人口再生产类型的历史性转变,有效缓解了人口增长对经济社会资源环境的压力。但是,在全面建设小康社会时期,人口发展面临着前所未有的复杂局面,人口安全面临的风险依然存在,人口与经济社会资源环境之间的关系总体上仍然处于紧张状态,中国人口发展面临严峻挑战。

一是人口总量持续增长影响全面建设小康社会目标的实现。中国人口(不含香港、澳门特别行政区和台湾省,下同)在未来 30 年还将净增 2 亿人左右,总人口将于 2010 年、2020 年分别达到 13.6 亿人和 14.5 亿人,2033 年前后达到峰值 15 亿人左右。15—64 岁的劳动年龄人口 2016 年将达到高峰 10.1 亿人。

二是人口素质难以适应日趋激烈的综合国力竞争。中国每年先天残疾儿童总数高达 80—120 万人,约占每年出生人口总数的 4%—6%;地方病患者达 6000 万人左右,智力残疾人达 544 万人,艾滋病等有蔓延之势。农村劳动年龄人口小学及以下文化程度的比例高达 47.6%。部分人群失去信仰、理想支撑,道德失范,诚信缺失,社会责任感缺乏。

三是人口结构性矛盾对社会稳定与和谐的影响日益显现。老龄化进程加速,到 2020 年,60 岁以上老年人口将达到 2.34 亿人,比重增长到 16.0%,21 世纪 40 年代后期形成老龄人口高峰平台,60 岁以上老年人口达到 4.3 亿人,比重达 30%。出生人口性别比持续升高，到2020年，20—45岁男性将比女性多出3000万人左右。人口在地区间、产业间的分布不尽合理。

四是人口调控和管理难度不断加大，低生育水平面临反弹风险。目前农村剩余劳动力仍有1.5—1.7亿人，今后20年将有3亿农村人口陆续转化为城镇人口。地区之间人口态势差异明显，现阶段的低生育水平很不稳定。

《报告》得出的基本判断是：一、如果人口总量峰值控制在15亿人左右，全国总和生育率在未来30年应保持在1.8左右，过高或过低都不利于人口与经济社会的协调发展。二、目前的低生育水平反弹势能大，维持低生育水平的代价高，必须创新工作思路、机制和方法。三、确定人口发展战略，必须既着眼于人口本身的问题，又处理好人口与经济社会资源环境之间的相互关系。四、构建社会主义和谐社会，统筹解决人口数量、素质、结构、分布问题，必须调整发展思路，优先投资于人的全面发展。

《报告》提出，解决新时期的人口问题，既要稳定低生育水平，又要统筹人口数量、素质、结构、分布问题；在促进人的全面发展的基础上，实现人口发展自身的协调和可持续，实现人口与经济社会资源环境之间的协调和良性互动。新时期人口发展战略的总体思路是：坚持以人为本，推进制度创新，优先投资于人的全面发展；稳定低生育水平，提高人口素质，改善人口结构，引导人口合理分布，保障人口安全；实现人口大国向人力资本强国的转变，实现人口与经济社会资源环境的协调和可持续发展。

同时，《报告》还提出了中国人口发展的战略目标：到2020年，人口总量控制在14.5亿人，人口素质大幅度提高；群众普遍享有较好的医疗保健，出生缺陷发生率、孕产妇和婴儿死亡率持续下降，出生人口性别比趋于正常；15岁以上人口平均受教育年限达11年左右；基本建立覆盖城乡居民的社会保障体系，贫困人口继续下降；城镇化率达53%以上，城乡间、区域间差距扩大的趋势得到遏制，人居环境质量明显改善。到21世纪中叶，人口峰值控制在15亿人左右，之后人口总量缓慢下降，人均收入达到中等发达国家水平；人口素质和健康水平全面提高，人口分布和就业结构比较合理；建立起比较完善的社会保障体系；创建环境生态良好的现代化人居环境，城镇化水平达到中等发达国家水平，城乡共同进步，基本实现国家现代化。

为了实现上述战略目标，《报告》提出，要以优先投资于人的全面发展为核心，综合运用人口政策及相关社会经济政策，创新体制，依法行政，突出重点，协同推进，具体措施包括：进一步稳定低生育水平，实现人口发展目标；全面提高人口素质，优先开发人力资源；着力解决人口结构性问题，促进社会公平；统筹区域协调发展，引导人口有序迁移和合理分布等。

38. 关于开展出生缺陷一级预防工作的指导意见

中国是人口大国，也是出生缺陷高发国家，每年有近百万例出生缺陷婴儿出生。出生缺陷不但严重影响儿童的健康，给家庭带来沉重的精神和经济负担，而且影响国家综合国力的提升。2007年1月，中共中央、国务院发布的《关于全面加强人口和计划生育工作统筹解决人口问题的决定》指出，出生人口素质事关千家万户的幸福，事关国家和民族的未来，要科学制定提高出生人口素质的规划及行动计划，加强出生缺陷干预能力建设，全面实施出生缺陷干预工程。为了贯彻落实决定精神，科学规范地开展出生缺陷预防工作，国家人口计生委于2007年发布了《关于开展出生缺陷一级预防工作的指导意见》（以下简称《意见》）。

《意见》指出，出生缺陷预防工作要以科学发展观为指导，坚持以人为本的理念，坚持面向社区、面向家庭、面向高危人群，要坚持社会效益，不能以此作为盈利手段。在工作中，要坚持预防为主的原则。其中，最重要的是一级预防，通过健康教育、选择最佳生育年龄、遗传咨询、孕前保健、合理营养、避免接触放射线和有毒有害物质、预防感染、谨慎用药、戒烟戒酒等孕前阶段综合干预，减少出生缺陷的发生；其次是二级预防，通过孕期筛查和产前诊断识别胎儿的严重先天缺陷，早期发现，早期干预，减少缺陷儿的出生；再次是三级预防，对新生儿疾病的早期筛查，早期诊断，及时治疗，避免或减轻致残，提高患儿的生活质量。

《意见》提出，"十一五"期间中国出生缺陷预防工作的主要目标是：一、在全国形成以乡镇和社区计划生育技术服务机构为主体，县（市、区）计划生育技术服务机构为枢纽，以计划生育科研院所（技术指导中心）为依托的出生缺陷一级预防网络；二、在全国广泛开展普及预防出生缺陷知识、做好优生优育咨询指导、倡导健康文明生活方式的活动，提高育龄群众优生优育的知识水平和行为能力；三、制定出生缺陷一级预防相关技术标准、规范，建立质量控制体系，开发一级预防技术和孕前检测试剂，推动出生缺陷一级预防深入开展；四、建立出生缺陷数据库，编撰出生缺陷预防工作指南、培训教材和普及读物；五、组织开展出生缺陷致病因素流行病学调查研究。

《意见》发布后，为了推进出生缺陷预防工作，政府采取了一系列重大举措。一是启动中西部六省出生缺陷防治项目，从2009年到2011年，中央财政又投入3.2亿元，在全国农村地区实施增补叶酸预防神经管缺陷项目，有2356万名农村育龄妇女免费服用了叶酸，使得新生儿神经管缺陷发生率明显下降。二是在全国范围内实施农村孕产妇住院分娩补助，从2009年到2011年，共为2600多万农村孕产妇提供了住院分娩补助，提高了农村住院分娩率,有力地保障了母婴安全,降低了孕产妇死亡率和婴儿死亡率,增强了农村妇女对孕产期保健、出生缺陷干预措施的认识,提高了出生缺陷防治服务的覆盖率和利用率。三是提高农村儿童重大疾病医疗保障水平,逐步将血友病、唇腭裂等纳入新农合重大疾病保障范围。四是实施一系列出生缺陷防治项目,在广西、海南、云南等地区启动地中海贫血防控试点工作,大力推广孕前筛查、产前诊断等地中海贫血综合防控措施,努力降低重型地中海贫血儿出生率;在新疆、云南等西部农村地区实施新生儿疾病筛查补助,促进新生儿遗传代谢性疾病的早诊早治。

39. "阳光计生行动"

为了尊重和保障人民群众对人口和计划生育工作的知情权、参与权、表达权和监督权,从2008年开始,国家人口计生委决定在全国人口计生系统广泛开展"阳光计生行动"。根据国家人口计生委下发的《阳光计生行动方案》,此次行动主要包括三方面内容。

一是以政务公开带动"阳光管理"。以施行《中华人民共和国政府信息公开条例》为契机,全面落实人口和计划生育信息公开;深入推进人口和计划生育行政权力公开透明运行,加快电子政务建设,增强决策透明度,提高科学民主决策水平。着力解决以权谋私、乱收费乱罚款问题,推进依法行政和党员干部带头实行计划生育,防治不正之风。

二是以民主评议推动"阳光服务"。在农村基层深入开展"请农民兄弟姐妹评计生"活动,推动基层转变作风,改善服务态度,提高服务质量,兑现服务承诺;倡导上门服务和村级计生专干代理服务制。在城市社区重点开展"请流动人口评计生"活动,推动城市人口计生部门尊重和保障流动人口计划生育合法权益,倡导建立便民服务大厅,提供"一条龙"服务。在系统内开展"下评上"活动,推动领导机关转变工作作风,提高人口和计划生育服务水平。

三是以社会监督保障"阳光维权"。启用12356"阳光热线",方便群众咨询、投诉和反映意见建议;提高信访工作效率和质量,推行限时办结制和行政问责制。完善特邀监督员制度,积极聘请育龄群众代表和社会知名人士担任行风监督员;完善激励群众监督的实名举报奖励制度,和主动接受舆论监督的制度,逐步形成全面接受群众监督和舆论监督的长效机制。

在两年多的时间里,各级人口计生部门加大投入力度,大力推行政务公开、办事公开、村务公开,明确公开内容,规范公开载体,及时向群众公开计划生育政策、办事程序、办事纪律和维权途径;普遍开展"请农民兄弟姐妹评计生"、"请流动人口评计生"、系统内"下评上",积极参加当地政府组织的民主评议政风行风活动。不少地方坚持以评议为动力，从群众不满意的地方改起，进一步改进工作作风，提高服务质量。"阳光计生行动"作为提高依法管理与计生服务水平、维护群众合法权益和社会公平正义、促进社会和谐稳定的客观要求，作为综合治理乱收费、作风粗暴、弄虚作假和党员干部违纪超生的重要途径，作为提高政府部门公信力、凝聚民心、推进人口计生工作改革发展的重要举措，受到了广大人口计生干部、人民群众、社会各界的广泛欢迎和热烈响应，受到媒体的好评，也得到了国务院纠风办的充分肯定。

40. "强基提质"工程

全面加强人口和计划生育工作，促进人口长期均衡发展，必须要有坚实的人才基础和组织保障。经过30多年的发展，我国人口计生系统已经形成了覆盖全国、省、市、县、乡（街道）、村（社区）的管理和服务网络。该网络不仅在控制人口数量、稳定低生育水平工作中发挥了主力军作用，而且在农村公共服务和社会管理方面发挥着越来越重要的作用。但是，面对稳定低生育水平、统筹解决人口问题、促进人的全面发展的新形势、新任务，人口计生工作队伍建设还有很多不适应的地方，迫切需要加强队伍建设。为了加强人口计生基层基础建设，提升人口计生工作人员的综合素质和基本能力，国家人口计生委决定实施"强基提质"工程，于2009年下发了《关于实施"强基提质"工程的指导意见》（以下简称《意见》）。

《意见》明确提出，要按照加强基层基础工作、明确基本职责、提高综合素质、促进公共服务均等化的要求，稳定和健全县、乡、村人口计生公共服务网络体系，进一步拓展服务内容，不断提高人民群众享有均等人口计生基本公共服务的水平。《意见》强调，"强基提质"工程要坚持以人为本的原则，保障育龄群众的计划生育知情权、生殖健康权，保障计划生育家庭优先分享改革发展成果；要坚持公益性质，强化政府在推进人口计生基本公共服务中的责任和投入；要坚持能力建设，提高基层人口计生组织依法参与社会管理和公共服务的能力与水平。

《意见》提出，到2015年，"强基提质"工程将达到以下目标：一是建立健全人口计生机构或组织。二是建立分级分类培训体系，县级人口计生工作人员具有本科学历的达到80%；乡级具有专科学历的达到80%；村级普遍具有初中以上文化程度，50%以上达到高中（中专）学历。乡级以上人口计生工作人员基本实行职业（执业、职称）资格制度；村级人口计生工作人员基本具备职业资格，群众对工作的满意率达到80%以上。三是县、乡、村级人口计生工作人员的报酬普遍得到落实，村级人口计生专干报酬不低于村委会主要负责人的80%。

为了加强队伍建设，巩固和健全人口计生公共服务网络体系，《意见》提出：一、坚持稳定人口计生工作机构、队伍不动摇，在农村综合改革和政府机构改革中，不得撤并、不得削弱人口计生工作机构。二、保持县乡人口计生队伍稳定，要按照常住人口规模比例配备人口计生工作人员，落实县乡两级人口计生行政工作人员的公务员编制，落实人口计生服务机构人员的事业编制。流入人口较多的地区，要按流动人口的规模配备专兼职协管员。三、加强村级人口计生网络建设，探索村级人口计生主任（专干）"县聘乡管村用"的管理模式，每个行政村要设置1个人口计生服务室。四、加强计划生育群众自治组织建设，实现人口计生公共服务网络体系横向到边、纵向到底、深入基层、进村入户到人。五、推进村人口计生主任（专干）聘用制，落实报酬待遇和相应的社会养老、医疗等保障制度。对在人口计生部门工作20年以上、贡献突出的村人口计生主任（专干），在其离退工作岗位后给予一定的奖励。

41. 流动人口计划生育管理

改革开放以来，随着经济社会的快速发展，我国人口流动速度不断加快。为了切实做好流动人口的计划生育工作，有效地控制人口增长，1991年，我国首次颁布了《流动人口计划生育管理办法》（以下简称《办法》）。该《办法》明确了流动人口计划生育管理工作的权责关系，即地方各级人民政府统一领导本辖区流动人口的计划生育工作。流动人口的计划生育由常住户口所在地和现居住地人民政府共同管理，公安、工商行政管理、劳动、卫生、交通、建设等部门以及其他有关部门，应当配合计划生育行政管理部门共同做好流动人口的计划生育管理工作。该《办法》的颁布，为我国流动人口计划生育工作的开展提供了重要的指导，但其在制度设计上也存在一定的不足。

为使流动人口计划生育管理的各项规定更加切合实际，更具可操作性，国家计生委对《办法》的部分条款作了修订，于1998年发布了修订后的《流动人口计划生育工作管理办法》，提出了"流动人口的计划生育工作由其户籍所在地和现居住地的地方人民政府共同管理，以现居住地管理为主"的工作原则，将《流动人口计划生育证明》改为《流动人口婚育证明》，将管理对象大致分为一般对象和重点管理对象两类，缩小了避孕节育技术服务对象的范围。

2007年，为了完善流动人口管理服务体系，进一步加强和改进流动人口，尤其是农民工的计划生育工作，国家人口计生委发布了《关于切实加强流动人口计划生育工作的意见》（以下简称《意见》）。《意见》提出，要在坚持以现居住地为主，户籍地和现居住地协调配合，建立和完善统一管理、优质服务的新体制的同时，坚持依法行政，切实维护流动人口的合法权益。要坚持管理和服务并重，积极开展便民服务，拓宽服务领域，有针对性地满足流动人口计划生育和生殖健康需求。在做好流动人口婚育管理和服务的同时，还要积极帮助未婚流动人口加强自我保护意识，提高生殖健康水平，逐步做到流动人口与户籍人口享有同等的服务。要坚决维护流动人口的合法权益，严禁流出地跨地区设立管理站，严禁强迫已婚育龄妇女返乡孕检，严禁在签订合同和办理证件时乱收费，或以各种名义收取押金、保证金。

为了适应我国经济社会发展的需要，进一步做好流动人口的计划生育工作，2009年，国务院正式颁布了《流动人口计划生育工作条例》。相比1998年的《流动人口计划生育工作管理办法》，该条例进一步规范了流动人口计划生育工作。条例的主要内容是：一、完善了流动人口计划生育服务管理工作原则，明确了户籍所在地和现居住地乡（镇）人民政府、街道办事处的工作责任，增加现居住地村（居）民委员会的协助义务。二、规定流动人口可在现居住地办理第一孩生育服务登记，流动人口计划生育信息由现居住地和户籍所在地乡（镇）人民政府或者街道办事处负责相互通报、核实，增强了流动人口计划生育管理工作的便民性。三、坚持以人为本，明确规定实行计划生育的流动人口可在现居住地享有的计划生育服务和奖励优待，包括：接受宣传教育、获得避孕药具和国家规定的基本项目的计划生育技术服务、享受晚婚晚育或计划生育手术休假、在生产经营和社会救济方面优先优惠。四、强化流动人口计划生育信息沟通，对建立流动人口计划生育信息管理系统，加强户籍所在地和现居住地的计划生育信息通报，拓宽信息收集渠道等事项作出明确规定。五、进一步明确了政府和相关部门的工作职责，强调要建立健全综合治理工作制度。

42. 国家实施免费孕前优生健康检查

为了从源头上预防出生缺陷，提高出生人口素质，提升中国的国际竞争力，有必要加强对出生缺陷的预防和干预。2010年，经国务院批准，国家人口计生委、财政部印发了《关于开展国家免费孕前优生健康检查项目试点工作的通知》（以下简称《通知》），决定开展国家免费孕前优生健康检查项目试点工作。

《通知》提出，从2010年开始，中国将在河北、吉林、江苏、浙江、安徽、山东、河南、湖北、湖南、广东、广西、重庆、四川、贵州、云南、陕西、甘肃、新疆等18个省（自治区、直辖市）选择100个县（市、区），开展为期1年的试点工作，取得经验后逐步在全国推开，同时鼓励其他地区自行试点。免费孕前优生健康检查项目的目标群体为试点地区符合生育政策、计划怀孕的农村夫妇，包括流动人口计划怀孕夫妇。服务内容包括：

为计划怀孕夫妇提供优生健康教育、体格检查、临床实验室检查、风险评估、咨询指导等孕前优生健康检查服务。其中，医学检查内容有14项，包括实验室检查9项，病毒筛查4项，影像学检查1项。试点地区符合生育政策、计划怀孕的农村夫妇每孩次享受一次免费孕前优生健康检查服务。免费孕前优生健康检查遵循科学规范原则和知情自愿原则，由县级计划生育服务机构牵头，医疗卫生机构配合参与，发挥计生流动服务车功能，派出服务人员在乡（镇）提供服务，乡级计划生育服务人员和村级计划生育专干配合实施。试点期间每对夫妇免费孕前优生健康检查经费结算标准为240元，所需资金由中央财政和地方财政设立专项资金予以保障。

从2010年到2012年，免费孕前优生健康检查项目试点工作已覆盖全国60%的县（市、区），取得显著成效，为提高群众优生知识和意识，减少影响优生的风险因素，提高出生人口素质发挥了积极作用，受到群众的欢迎。为了让更多的群众享受到这项惠民政策，为全面建成小康社会提供良好的人口环境，国家人口计生委、财政部决定自2013年起，在全国全面实施国家免费孕前优生项目。根据国家人口计生委、财政部2013年3月印发的《关于推进国家免费孕前优生健康检查项目全覆盖的通知》，我国将建立免费孕前优生健康检查制度，让每一对计划怀孕夫妇都能享受到免费孕前优生健康检查服务。政策的目标群体需要同时满足以下条件：符合生育政策并准备怀孕的夫妇；夫妇至少一方为农业人口或界定为农村居民户口；夫妇至少一方具备本地户籍或夫妇双方非本地户籍但在本地居住半年以上。2013年，全国所有县（市、区）都将普遍开展国家免费孕前优生项目（部分不具备条件的偏远区县将在条件成熟后开展免费孕前优生健康检查），"政府主导、部门合作、专家支撑、群众参与"的工作机制将初步形成。

43. 幸福家庭创建活动

随着人口发展和经济社会的转型，中国的家庭结构发生了深刻变化。家庭规模缩小，居住离散，独生子女家庭比例升高，家庭在婚姻、生育、教育、就业、医疗、养老等方面出现了许多新情况、新问题。为了做好人口工作，有必要加强对家庭的关注，建立健全家庭发展政策，切实促进家庭和谐幸福。2011年5月，国家人口和计划生育委员会、中国计划生育协会和中国人口福利基金会共同发起了幸福家庭创建活动。

根据国家人口和计划生育委员会印发的《关于开展创建幸福家庭活动试点工作的指导意见》，活动的总体目标是："十二五"期间，通过开展宣传倡导、健康促进、致富发展"三大活动"，进一步弘扬中华民族重视家庭、夫妻和睦、尊老爱幼、邻里互助等传统美德，推动男女平等、计划生育、优生优育优教等文明理念更加深入人心；提高计划生育/

生殖健康水平，降低出生人口性别比，减少出生缺陷发生风险；健全有利于支持家庭发展的经济社会政策，困难家庭得到有效救助，计划生育家庭优先分享改革发展成果，家庭生活质量和幸福指数进一步提高。

此次创建活动围绕"文明、健康、优生、致富、奉献"五方面内容展开：一、文明倡导，推动家庭成员之间、家庭与社会、家庭与自然的友爱、和谐。二、健康促进，培养家庭成员科学文明、低碳环保、健康绿色的工作方式与生活习惯，提高生活保健和生殖健康的意识、能力和水平，促进家庭成员身体健康、心情愉悦，不断增强幸福感。三、优生优育。开展免费孕前优生健康检查，降低出生缺陷发生风险。普及科学育儿知识，注重婴幼儿早期发展，加强青少年健康人格教育，促进人的全面发展。四、致富发展，支持城乡家庭特别是计划生育困难家庭发展生产、勤劳致富。五、奉献社会，强化家庭成员的公民意识和感恩情怀，增强家庭责任感和社会凝聚力，形成人人乐于扶危济困、见义勇为、养老助残、邻里互助、回报社会的良好道德风尚。

在活动期间，还将广泛开展三大活动：一、宣传倡导活动。开展"幸福家庭中国行"，加强婚育文明和家庭文明建设，通过婚育新风进万家、关爱女孩行动、新农村新家庭计划等活动广泛宣传文明进步的家庭观、幸福观。完善健康咨询电子信息服务系统，普及计划生育、生殖保健以及妇女、儿童、老年人、流动人口权益维护的法律法规知识。持续开展打击"两非"（非法进行胎儿性别鉴定和非医学需要的人工终止妊娠）行动，切实降低出生人口性别比。二、健康促进活动。开展生殖健康援助行动，结合创建计划生育优质服务先进单位和推进"强基提质"工程，提升基层服务机构装备水平和服务能力。做好免费孕前优生健康检查工作，深入开展"生育关怀"行动、"双丝带行动"（针对农村妇女的乳腺癌、宫颈癌防治行动），关爱育龄妇女健康。做好"幸福微笑"活动，对唇腭裂儿童、烧烫伤儿童等提供免费康复帮助，提高残障儿童生活能力和生存质量。三、致富发展活动。深入开展"幸福工程"，全面落实农村计划生育家庭奖励扶助制度、西部地区"少生快富"工程和计划生育家庭特别扶助制度。关注城镇困难家庭，创造条件促进就业、创业。关爱流动人口家庭，促进公共服务均等化。加强公益性养老服务设施建设，探索建立"公建民营"的养老机构。

在三年多的时间里，全国各地，特别是12个试点省份和140个试点市积极开展创建活动，为城乡家庭特别是计划生育家庭做好事、办实事、解难事，促进了计生工作转型发展，密切了党群干群关系，增进了社会和谐。为了进一步做好卫生计生工作，促进家庭和谐幸福，国家卫生计生委于2014年下发了《关于全面开展创建幸福家庭活动的通知》，决定在全国范围内开展幸福家庭创建活动。

44. 人口文化建设

人口文化是社会主义先进文化的重要组成部分，在促进人的全面发展、家庭幸福、社会和谐的过程中发挥着重要作用。然而，当前我国的人口文化建设同经济社会发展和人民日益增长的精神文化需求还不完全适应，存在人口文化产业规模小、结构不合理，人口文化基本公共服务体系不健全等问题。为了切实解决这些矛盾和问题，加强人口文化建设，2012年1月，国家人口计生委发布了《关于加强人口文化建设的意见》（以下简称《意见》）。

《意见》强调，人口文化建设要以满足人民精神文化需求为出发点和落脚点，以改革创新为动力，大力发展民族的科学的大众的人口文化，培养高度的人口文化自觉和人口文化自信，提高全社会文化素养和文明素质，为实现人口均衡发展和人的全面发展提供坚强思想保证、强大精神动力、有力舆论支持和良好文化条件。《意见》指出：

一、要使人口均衡型社会建设和新型家庭人口文化深入人心，公民文明素质明显提高。以人的全面发展统筹解决好人口问题，稳定低生育水平，提高人口素质，优化人口结构，引导人口合理分布，保障人口安全；积极拓展和大力推进婚育新风进万家活动、关爱女孩行动、新农村新家庭计划、生育关怀行动、幸福工程、创建幸福家庭活动、阳光计生行动等实践活动，大力弘扬以"计划生育、优生优育、男女平等、敬老养老、生殖健康、家庭幸福"等为主要内容的新型家庭人口文化。

二、要繁荣人口文化事业，初步建立覆盖全国城乡的人口文化基本公共服务体系。加强文化信息资源、设施、活动场所的共享共建，开展人口文化公益服务；以农村和中西部地区为重点，通过实施新农村新家庭计划、西藏和四省藏区幸福家庭等项目，开展人口文化基本公共服务；加大对革命老区、民族地区、边疆地区、贫困地区人口文化服务网络建设的支持和帮扶力度；把流动人口纳入城市人口文化基本公共服务体系。

三、要加快人口文化产业发展。努力创作一批思想性、艺术性、观赏性相统一，体现地域特色，群众喜闻乐见的人口文化精品佳作；引导社会力量和文化企业投资兴建更多适合群众需求的人口文化设施，鼓励创作和生产满足群众需求、适应群众购买能力的人口文化产品。

四、要加强人口文化传播阵地建设。充分利用互联网、手机等新兴媒体开展人口新闻宣传，提高舆论引导和对外宣传能力；完善新闻发布制度，建立健全人口舆情监测、预警和应对的长效工作机制，加强对突发事件和热点问题的对外宣传和舆论引导，及时回应社会关切；整合人口计生系统资源，动员社会各方面力量，加强人口家庭服务中心、新家庭文化屋等人口文化传播阵地建设。

45. 人口计生与扶贫开发相结合

为加强人口计生与扶贫开发工作相结合，稳定贫困地区低生育水平，全面提升人口计生工作水平，促进贫困家庭脱贫致富，实现贫困地区经济社会更好更快发展，根据《中华人民共和国国民经济和社会发展第十二个五年规划纲要》和《中国农村扶贫开发纲要（2011—2020年）》的精神，国家人口计生委、扶贫办起草了《关于进一步做好人口计生与扶贫开发相结合工作的若干意见》（以下简称《意见》）。2012年2月，经国务院同意，国务院办公厅转发了该《意见》。

《意见》强调，要加大对贫困地区人口计生工作的支持力度，加大对计划生育扶贫对象的扶持力度，实现和稳定低生育水平，提高人口素质，优化人口结构，引导人口合理分布，促进贫困地区人口与经济、社会、资源、环境协调发展和可持续发展。为此，要制定完善人口计生与扶贫开发相结合的政策措施，建立健全党政主导、部门配合、社会协同的工作机制。到2015年，力争使国家扶贫开发工作重点县平均人口自然增长率控制在8‰以内，总和生育率控制在1.8左右，计划生育扶贫对象大幅减少，家庭发展能力明显增强，群众生活水平明显提高。到2020年，重点县低生育水平持续稳定，逐步实现人口长期均衡发展。

为了实现上述目标，各地将坚持统筹规划，把人口计生与扶贫开发相结合工作，纳入贫困地区经济社会发展总体规划，融入人口计生、扶贫开发工作之中；坚持因地制宜，根据各地实际，把连片特困地区作为工作重点，实施针对性和操作性强、群众得实惠的具体政策和项目；坚持资源整合，结合社会主义新农村建设、生态建设、环境保护、产业发展工作，统筹专项扶贫、行业扶贫及社会扶贫，推动社会各界支持贫困地区人口计生工作，关怀帮助计划生育扶贫对象。

此外，中国还将健全人口计生利益导向政策体系，进一步完善农村计划生育家庭奖励扶助制度、"少生快富"工程和计划生育家庭特别扶助制度，大力推进"生育关怀行动"、"幸福工程"，开展关怀关爱农村留守儿童、留守老人的活动。同时，将加大对计划生育扶贫对象的扶持力度，易地扶贫搬迁、以工代赈、产业扶贫、"雨露计划"、就业促进等专项扶贫政策或项目向计划生育扶贫对象倾斜，支持计划生育扶贫对象调整产业结构，因地制宜发展种植、养殖、农产品加工、手工艺品制作等产业，提高家庭发展能力，在扶贫开发、农田基本建设、水利设施建设、土地开发、新农村建设等方面向人口计生工作成效突出的贫困村倾斜。此外，还将加强基层人口计生服务能力建设，有针对性地开展宣传教育、健康促进、优生咨询、均衡营养等服务，推进计划生育优质服务，积极创造条件加快在重点县实施免费孕前优生健康检查项目，推动实施贫困地区学龄前儿童营养与健康干预项目，以提高人口素质。

46. 单独两孩政策

计划生育政策实施数十年来，中国人口过快增长的势头得到有效控制，人口再生产类型实现历史性转变，有效缓解了人口对资源环境的压力。但由于人口长时间处于低出生、低死亡、低增长状态，近年，我国出现了劳动力减少、人口红利逐渐丧失的问题。为了促进经济社会的健康发展，使计划生育与人口控制、经济社会发展相协调，有必要对计划生育政策进行适当调整。

2013年，党的十八届三中全会通过的《中共中央关于全面深化改革的若干问题的决定》提出，要坚持计划生育的基本国策，启动实施"一方是独生子女的夫妇可生育两个孩子"的政策（简称单独两孩政策），逐步调整完善生育政策，促进人口长期均衡发展。2013年12月，十二届全国人大常委会第六次会议审议了国务院关于调整完善生育政策的议案，认为人口众多是我国长期面临的基本国情，必须认真贯彻宪法和人口与计划生育法等法律，促进人口长期均衡发展。同时，为了适应我国经济社会的发展和人口形势的变化，有必要逐步调整完善生育政策。为此，同意启动实施"一方是独生子女的夫妇可生育两个孩子"的政策。

2013年12月30日，为稳妥扎实有序地推进调整完善生育政策，中共中央、国务院印发了《关于调整完善生育政策的意见》（以下简称《意见》）。该《意见》认为，我国现行生育政策是在长期实践中逐步形成的，它应随着人口与经济社会发展形势变化不断完善。《意见》强调，调整完善生育政策要总体稳定，确保政策实施过程风险可控，确保生育水平不出现大的波动；要城乡统筹，在城乡同步调整完善生育政策，促进城乡一体化和区域协调发展；要分类指导，在国家统一指导下，各地从实际出发作出安排；要协调发展，统筹人口数量、素质、结构、分布的均衡发展，统筹人口与经济、社会、资源、环境的协调与可持续发展。各省（自治区、直辖市）人民政府应根据人口与计划生育法的规定，在全面评估当地人口形势、计划生育工作基础及政策实施风险的情况下，制定单独两孩政策实施方案。

此外，《意见》提出要健全工作机制，完善计划生育宣传倡导、依法管理、群众自治、优质服务、政策推动、综合治理长效工作机制，推进诚信计生工作。发挥人口计划的调控作用，建立人口监测和预警机制，加强人口变动情况调查，完善出生人口信息报告制度，加快推进国家人口基础信息库建设,实现婚姻、生育、户籍管理等方面的信息共享。继续做好重点地区特别是农村计划生育工作,做好再生育审批,倡导合理的生育间隔,综合治理出生人口性别比偏高问题。同时,要完善配套政策,建立重大经济社会政策人口影响评估机制,做好相关经济社会政策与计划生育政策的有效衔接。2014年1月,国家卫生计生委又发布了《关于贯彻落实〈中共中央国务院关于调整完善生育政策的意见〉的通知》,就实施单独两孩政策作了更具体的安排。

在全面建成小康社会进程中,根据人口形势的发展变化,调整完善生育政策,实行单独两孩政策,具有十分重要的意义。一是有利于经济持续健康发展。及时调整完善生育政策,有利于改善人口结构,保持合理劳动力规模,延缓人口老龄化速度,增强经济发展活力。二是有利于家庭幸福与社会和谐。在家庭的生育、养老等基本功能有所弱化的背景下,调整完善生育政策,有利于促进出生人口性别平衡,提升家庭发展能力,有利于将当前利益与长远利益统一起来,促进社会和谐稳定。三是有利于促进人口长期均衡发展。调整完善生育政策,有利于稳定适度低生育水平,减缓人口总量在达到峰值后过快下降的势头,有利于中华民族长远发展。

47. 流动人口基本公共卫生计生服务

随着经济社会的快速发展,中国人口流动的速度不断加快,到2013年,全国流动人口总量达2.45亿,占全国人口总量的18%,其中80%为农村人口流入城镇。然而,流动人口所获得的基本公共服务与城镇户籍人口相比,却存在明显的差距。为贯彻中国共产党十八大和十八届三中全会关于有序推进农业转移人口市民化的精神,推进基本公共服务均等化,做好流动人口的基本公共卫生计生服务,国家卫生计生委、中央社会治安综合治理委员会办公室、国务院农民工工作领导小组办公室、民政部和财政部于2014年10月印发了《关于做好流动人口基本公共卫生计生服务的指导意见》(以下简称《意见》)。

《意见》提出,要按照创新社会治理体制、深化医药卫生体制改革和落实计划生育基本国策的总体要求,以推动流动人口服务管理体制改革为动力,在推进户籍制度改革中不断创新工作机制,到2020年基本建立起"政策统筹、保障有力、信息共享、科学评估"的流动人口基本公共卫生计生服务均等化运行机制;要完善覆盖流动人口、方便可及的卫生计生服务网络体系,基层服务能力和水平明显提升。

为了实现上述目标,《意见》要求:一、各政府部门要落实工作职责,加强部门协作。要深化人口服务管理体制机制改革,按照属地管理的原则,将流动人口基本公共卫生计生服务均等化工作纳入基层综治中心、农民工综合服务中心(平台)、流动人口服务中心、社区卫生计生服务中心等职责之中。各级综治、民政、财政、农民工工作、卫生计生等部门要加强协作，实现服务资源共享，合力推进流动人口基本公共卫生计生服务均等化。二、要将流动人口纳入社区卫生计生服务对象。充分利用基层社区卫生计生服务机构，针对流动人口特点，突出服务的针对性和有效性，提高服务能力和服务效率，切实改进服务方式方法，为流动人口提供基本公共卫生计生服务，不断提高流动人口的幸福感和满意度。三、要建立与统一城乡户口登记制度相适应的卫生计生机制，落实好流动人口居住证制度。要在流动人口中全面落实11类基本公共卫生服务项目，优先落实好流动人口儿童预防接种、传染病防控、孕产妇和儿童保健、健康档案、计划生育、健康教育等6类基本公共服务。同时，加强严重精神障碍患者管理服务，及时将流动人口中的严重精神障碍患者纳入属地管理，定期随访，进行危险性评估，提供服药依从性及康复指导。四、要建立健全流动人口信息共享机制，逐步实现流动人口信息跨地区、跨部门的互联互通、共建共享，全面掌握流动人口变动和基本公共卫生计生服务的情况。五、要调动社会力量，充分发挥计划生育协会等群团组织和社会组织在流动人口服务管理中的社会协同作用，要创新服务模式，有序推进政府购买卫生计生服务，基本形成卫生计生公共服务资源高效配置的服务体系和供给体系，为流动人口提供更加便捷、优质、高效的基本公共卫生和计生服务。

六、体育事业

1. 国际奥委会恢复中国的合法地位

中国官办体育组织早在 1910 年 10 月成立,1922 年即为国际奥委会所承认。新中国成立后,1954 年 5 月在雅典举行的国际奥委会第 49 届全会上,以 23 票赞成、21 票反对通过决议,承认中华人民共和国在国际奥委会中的合法席位。但在 1956 年第 16 届奥运会时,国际奥委会主席美国人布伦戴奇未经全会讨论,悄然把台湾以"中华民国"的名义列入国际奥委会承认的国家奥委会名单里,企图制造"两个中国"。为了表明反对制造"两个中国"的严正立场,中国奥委会于 1958 年 8 月 19 日宣布断绝与国际奥委会的一切联系,并于 1958 年 6 月至 8 月期间,先后退出了 15 个国际单项体育组织。

20 世纪 70 年代初期,随着中美关系的正常化和中国在联合国合法席位的恢复,中国所面临的国际环境明显改善,国际地位迅速提高,开始陆续加入或者重返各种国际体育组织。国际体育界要求恢复中国在国际奥委会中合法席位的呼声日渐高涨。

1975 年 4 月,中国就恢复中华人民共和国作为中国在奥林匹克运动中唯一合法代表的权利的要求向国际奥委会正式提出申请。1979 年 4 月,国际奥委会在乌拉圭蒙德维的亚举行第 81 届执委会,中国奥委会代表应邀到会发言,阐述了恢复中华人民共和国合法权利的严正立场,赢得了多数委员的理解和支持。1979 年 6 月,国际奥委会在波多黎各举行执委会,再次讨论中国代表权的问题。在中国奥委会代表的努力下,国际奥委会执委会终于建议承认中国奥委会,并以"中国台北奥委会"的名称维持对台北奥委会的承认。同年 11 月 26 日,国际奥委会以通讯表决的方式(62 票赞成、17 票反对、2 票弃权),通过了史称"奥运模式"的"名古屋决议",即决定中华人民共和国奥林匹克委员会的名称为"中国奥林匹克委员会",使用中华人民共和国的国旗和国歌;同时允许设在台北的奥委会以"中国台北奥委会"的名称保留在国际奥委会内,但必须使用"不同于其目前使用的旗、徽和歌"。该决议既体现了一个中国原则,又确认了中国奥委会是中国的唯一合法代表,台湾是中华人民共和国的一部分,同时兼顾了台湾地区的现实情况,符合中国人民和世界人民的共同愿望。中国当即表示接受此决议。至此,中国在国际奥委会合法地位得以最终恢复。同年11月,国内外体育界在北京人民大会堂举行了盛大的庆祝会,邓小平、邓颖超等中央领导人出席。邓颖超发表了讲话,深情地说:"从此中华人民共和国全面登上了世界体育舞台。"

2. 全国"十佳运动员"评选

20世纪70年代,随着中国体育走向世界,中国运动员竞技水平不断提高,国内需要一个有影响力的评选活动来鼓励和激励运动员。1979年,全国"十佳运动员"评选活动创立,其评选对象主要是针对一年来在国内外赛场上表现突出的国内运动员,采取群众投票的方式,按照入选运动员得票多少排列名次。

首次评选活动由国家体育运动委员会机关报《中国体育报》发起倡议,而后与中央电视台、中央人民广播电台、《人民日报》、《中国青年报》等首都另外19家新闻单位联合主办,前后历时4个月,最终从8.5万多件群众来信中评选出陈肖霞、陈伟强、葛新爱、吴数德、容志行、聂卫平、栾菊杰、邹振先、宋晓波、吴忻水等10名年度全国最佳运动员,自此开始了每年度的全国"十佳运动员"评选活动。截至2004年,此项评选共进行26届,共有260人次当选,其中河南籍女子乒乓球选手邓亚萍前后7次获此殊荣,北京籍女子排球选手郎平6次蝉联全国十佳运动员。此后,"十佳"评选所倡导的体育"公正公平"原则逐渐深入人心,其影响力与权威性越来越大。它已经成为中国体育界历史最悠久、群众参与面最广、影响最大、最重要的评选活动,被誉为中国体育届的"百花奖",许多运动员也都把当选"十佳"看作自己运动生涯的至高荣誉。

2004年3月18日,为适应世界一体化大潮,全国"十佳运动员"评选与世界著名的综合性年度体育奖"劳伦斯世界体育奖"结合在一起,推出了首届"中国十佳劳伦斯冠军奖",郭晶晶、王楠、罗雪娟、杨扬、张怡宁、刘翔、申雪、赵宏博、李小鹏、姚明、赵蕊蕊等11位运动员获得了首届中国十佳劳伦斯冠军奖。同年5月31日,中国十佳劳伦斯冠军委员会正式注册成立,十佳评选活动从此有了稳定的专业组织机构。自2005年起,评选一改以往传统十佳运动员评选模式,推出了11项全新的奖项:年度最佳男运动员奖、最佳女运动员奖、最佳男子新人奖、最佳女子新人奖、最佳团队奖、最佳教练员奖、最佳突破奖、最佳人气奖、最佳非奥运项目运动员奖、最佳残疾人运动员奖和终身成就奖。"十佳"与世界体育大奖的牵手,不仅改进了整个组织机制以及奖项评选办法,更是引入了劳伦斯冠军奖的公益理念，通过中华慈善总会十佳冠军基金会将各类公益活动贯穿于评选过程的始终。

"十佳"与"劳伦斯"的结合可谓"全国十佳运动员"评选活动的一个全新发展和升华，不仅借此提升了体育的社会公益形象，而且通过同国际接轨，极大地推动了中国体育走向世界，使得中国的体育文化和体育精神得以在世界体育奖项评选舞台上传播。

3. 中国首次参加冬季奥运会

1980年2月13日至24日，第13届冬季奥林匹克运动会在美国普莱西德湖举行，中国首次派体育代表团参加。此届冬奥会，中国派出了由28名运动员、8名官员组成的体育代表团，参加了速度滑冰、花样滑冰、高山滑雪、越野滑雪和现代冬季两项共5个项目18个单项的角逐。时任中国奥林匹克委员会主席的李梦华担任代表团团长、副秘书长何振梁任副团长。在此次冬奥会上，虽然首次参赛的我国男女选手冬奥会成绩和世界先进水平差距较大，无一人进入前10名行列，但其政治意义远远超过了冬奥会本身。这是自1979年国际奥委会恢复中国合法权利和地位之后，中国体育代表团首次参加冬奥会，也是历史上中国运动员首次征战冬奥会。中华人民共和国五星红旗第一次同奥运会会旗和其他参加国的旗帜一起飘扬在冬奥会赛场上。

之后每届冬季奥运会中国都派团参加。1984年第14届萨拉热窝冬奥会，中国奥委会第二次派团出征，共派出37名运动员参加了26个单项比赛。中华台北队也有14名运动员参加本届冬奥会。这是海峡两岸中国选手第一次同时出现在奥运赛场上。1992年，速度滑冰名将叶乔波在阿尔贝维尔冬奥会上获得女子500米和1000米银牌，成为中国获得冬奥会奖牌第一人，实现了我国冬奥会奖牌"零的突破"。2002年盐湖城冬奥会，杨扬先后夺得了女子短道速滑500米、1000米两项冠军，成为我国冬奥会金牌第一人。2010年温哥华冬奥会，中国运动员以5金、2银、4铜的成绩首次进入奖牌榜前八名，并打破两项世界纪录和4项奥运会纪录，这标志着中国冬季项目实现了重大历史性突破。

截至2014年，我国共参加了10届冬奥会，共获奖牌53枚。历经多年积极参与奥林匹克运动，继哈尔滨首次申办冬奥会失利后，2013年中国再次申办冬奥会。11月3日，中国奥委会正式致函国际奥委会，以北京名义与张家口联合申办2022年冬季奥运会，并于2015年8月申办成功。这对于冬季奥林匹克运动在世界人口最多的国家发展普及，推动建设体育强国，实现中华民族伟大复兴的中国梦都具有重要意义。

4.《运动员守则》、《教练员守则》和《裁判员守则》

体育活动是一项影响极广的社会文化活动，体育工作者在体育活动中所体现出来的道德品质和道德作风，即体育职业道德，与社会体育公德一起，共同构成了体育道德。加强体育道德建设是社会主义思想道德建设的必然要求。新中国成立以后，多数体育工作者胸怀高度的社会责任感和集体主义精神，立足本职、勤学苦练、争取先进、爱岗敬业，逐步形成了中华体育精神和优良的体育道德风尚。

为了进一步保证我国体育事业的持续健康发展，1981年4月4日，中华人民共和国体育运动委员会颁发《运动员守则》、《教练员守则》和《裁判员守则》。从政治思想、训练比赛、学习生活和道德风尚等方面，提出了运动员、教练员和裁判员所共同遵守的准则，为我国社会主义体育道德建设提供了基本依据。

《运动员守则》规定：一、拥护中国共产党，热爱社会主义祖国，热爱体育事业，勇攀高峰，为国争光。二、刻苦训练，钻研业务，尊重教练，认真完成训练任务。三、赛出风格、赛出水平，胜不骄，败不馁，尊重裁判，尊重对方，尊重观众。四、学政治、学科学、学文化，又红又专。五、讲文明、讲礼貌、讲卫生、讲道德、守秩序、守纪律。六、不吸烟、不喝酒，衣着整齐大方，自觉抵制资产阶级思想侵蚀。七、以事业为重，迟恋爱、晚结婚。八、团结友爱，关心集体，勇于批评和自我批评，反对自由主义。九、尊重领导，服从组织，遵守规章法令，反对无政府主义。十、勤俭节约、爱护公物，敢于同不良倾向作斗争。

《教练员守则》规定：一、拥护中国共产党，热爱社会主义祖国，忠诚体育事业，培养又红又专的运动员。二、从难从严，从实战出发，进行科学训练，认真制定教案，努力完成训练计划。三、做好赛前准备和临场指挥，赛后认真总结。四、学习政治理论和体育科学技术，刻苦钻研业务，不断创新。五、严格管理教育，加强思想政治工作，关心运动员全面发展。六、发扬民主，爱护运动员，不准打骂和污辱人格。七、以事业为重，处理好工作、学习和家务的关系。八、坚持真理，发扬正气，在训练、学习和工作等方面做运动员的表率。九、教练员之间要互相学习，互相支持，团结协作。十、遵纪守法，维护社会公德，执行各项规章制度，敢于同不良倾向作斗争。

《裁判员守则》规定：一、拥护中国共产党，热爱社会主义祖国，热爱体育事业，热心体育竞赛裁判工作。二、努力钻研业务，精通本项规则和裁判法，积极参加实践，不断提高业务水平。三、严格履行裁判员职责，做到严肃、认真、公正、准确。四、作风正派，不徇私情，坚持原则，敢于同不良倾向作斗争。五、裁判员之间互相学习，互相尊重，互相支持，加强团结，不搞宗派活动。六、服从领导，遵守纪律；执行任务时，精神饱满，服装整洁，仪表大方。

5. 体育教练员技术职称暂行规定

教练员是体育事业中的重要力量，教练员能力的高低是影响我国体育事业发展水平的关键因素之一。为了鼓励教练员提高教练水平，早在 1958 年 6 月 21 日国家体委就公布了我国第一部教练员技术等级制度——《中华人民共和国教练员等级制度条例（草案）》。在草案基础上，国家体委结合我国当时体育事业发展的具体情况，又于 1963 年 5 月 10 日公布了《中华人民共和国教练员等级制度》。但遗憾的是，以上两项制度均未能施行。终于，1979 年 6 月 12 日，国家体委在沿用 1963 年体育教练员等级划分类型基础上，决定公布试行《教练员技术等级制度（草案）》。

两年后，为了更好地考核、培养和合理使用体育教练员，充分发挥他们的积极性和创造性，鼓励他们努力钻研业务，不断提高体育运动技术水平，1981 年 10 月 19 日，国务院批转国家体委、国家人事局制定的《体育教练员技术职称暂行规定》（以下简称《暂行规定》）。该规定将体育教练员的技术职称定为：国家级教练员、高级教练员、一级教练员、二级教练员、三级教练员。要求确定或晋升技术职称的体育教练员，必须拥护中国共产党的领导，热爱社会主义祖国，认真学习马列主义、毛泽东思想，刻苦钻研业务，提高科学文化水平，努力做好教学训练工作，为迅速提高体育运动的技术水平贡献力量。强调确定或晋升体育教练员技术职称，应当以学识水平、教学训练能力和工作成就为主要依据，并适当考虑学历和从事教练工作的资历。《暂行规定》对各级教练员的评定、晋升标准和条件，基本程序、实施原则和处罚办法也作出了相应的具体规定。《暂行规定》的实施，对加强教练员自身修养、队伍建设和教练水平提高，促进早出人才、多出人才、出好人才，勇攀世界体育高峰，具有重要意义。

自此之后，我国的教练员技术等级制度又经过了几次的调整和完善。1986 年 4 月 2 日，经中央职称改革工作领导小组审核通过后试行国家体委提出的《教练员专业技术职务试行条例》。该条例将教练员的专业技术职务定为：助理教练、教练和主教练，其中主教练为高级职务，教练为中级职务，助理教练为初级职务。1994 年，国家体委又颁布了《体育教练员职务等级标准》，对教练员的等级划分和专业技术职务划分进行整合。规定体育教练员职务名称为三级教练、二级教练、一级教练、高级教练、国家级教练。三级、二级教练为初级职务，一级教练为中级职务，高级、国家级教练为高级职务。总的来看，经过几次调整和完善，我国的教练员技术等级制度渐趋成熟，最终实现了教练员技术等级划分的制度化。

6. 中国女子排球队获第三届世界杯女子排球赛冠军

"文化大革命"结束后，随着思想的解放和工作重点的转移，中国的排球运动在艰苦中酝酿着腾飞。1979年，刚刚重组3年的中国女排战胜日本队获得亚锦赛冠军，在篮、排、足三大球中率先"冲出亚洲"。

1981年11月6日至16日，第三届女子排球世界杯在日本举行，比赛采用单循环制。中国女子排球队在领队张一沛的率领下参加了本届世界杯的比赛，参加的教练和运动员有：袁伟民、孙晋芳、邓慧芳、杨希、周晓兰、郎平、陈亚琼、陈招娣、朱玲、梁艳、张洁云和周鹿敏。比赛中，中国队先后战胜巴西、苏联、南朝鲜、美国、古巴等世界女子排球劲旅，最终以大比分3∶2力压卫冕冠军日本队获得冠军。中国教练袁伟民获最佳教练员奖，运动员孙晋芳获最佳运动员、优秀运动员和最佳二传手奖，运动员郎平获优秀运动员奖。这是我国在世界三大球的比赛中首次荣获世界冠军的称号，是一次历史性的突破。当天，国务院电贺中国女排，并号召全国人民学习女排"团结战斗、艰苦创业"的精神。第二天，《人民日报》头版头条启用鲜红色的大标题："刻苦锻炼　顽强战斗　七战七捷　为国争光"、"中国女排首次荣获世界冠军"，并配发评论员文章：《用中国女排的这种精神去搞现代化建设，何愁现代化不能实现？》。同天的《中国体育报》也刊登了邓颖超题为《各行各业都来学习女排精神》的文章。同年12月，在优秀运动员、教练员年度表彰大会上，国家体委授予中国女排"勇攀高峰运动队"荣誉称号，同时作出向中国女排学习的决定。

此后，中国女排又相继在1982年第九届世界女子排球锦标赛、1984年洛杉矶奥运会、1985年第四届世界杯冠军和1986年第十届世界女排锦标赛上获得冠军，完成了女排世界杯、世锦赛和奥运会的"五连冠"。中国女排历史性的"五连冠"极大地振奋了海内外中华儿女的心。尤其是当时正处于改革开放初期，国人因突然意识到与世界的差距，而变得有些失落和彷徨。在此背景下，国务院以及国家体育运动委员会、共青团中央、全国青年联合会、全国学生联合会和全国妇女联合会再次号召全国人民向女排学习。她们在比赛中表现出的顽强战斗、奋勇拼搏精神，给全国人民以巨大的鼓舞和激励，各行各业的人们都在女排精神的感召下为民族腾飞和社会主义现代化建设而努力奋斗。"女排精神"因此被视为是整个20世纪80年代中国社会奋斗激情的集中体现。

7. 国家体育锻炼标准

《国家体育锻炼标准》是中国开展体育运动的一项基本体育制度，自颁布以来，对促进中国广大人民群众，尤其是青少年学生健康水平和身体素质提高发挥了积极作用。

体育锻炼标准始于20世纪50年代。1954年国家体育运动委员会学习苏联经验，颁布了《准备劳动与卫国体育制度》的暂行条例、暂行项目标准和预备级暂行条例，后于1958年经国务院正式批准公布。1964年，国家体委将劳卫制改为《青少年体育锻炼标准》，并以青少年儿童为施行重点。1975年，经国务院批准，国家体委重新制定并改名为《国家体育锻炼标准条例》，覆盖9岁以上的学生和成年人。

为了鼓励和推动人民群众，特别是青少年、儿童积极参加体育锻炼，在1975年原锻炼标准基础上，1982年8月27日，经国务院批准，国家体委发布施行新修订的《国家体育锻炼标准》（以下简称《锻炼标准》），同时公布新的《锻炼标准》的测验规则和测验成绩评分表（试行）。它在学校和部队全面施行，机关、团体、企业事业单位和农村人民公社则可以根据条件施行。体育运动委员会主管该标准的施行工作。修订后的《锻炼标准》更具科学性、实用性和适应性，不仅划分了体育锻炼的四个分组和体育锻炼、测验的五类项目，还规定了测验办法、评分标准和奖励措施等。仅1983年到1989年6年间，我国达到《国家体育锻炼标准》及格以上的人数就增加了4694万人，年均增长近800万人。《锻炼标准》的推行对推动广大人民群众积极参加体育锻炼，增强体质，提高身体素质发挥了良好的作用。

此后，1990年1月6日，国家体委又发布了《国家体育锻炼标准施行办法》，对原《锻炼标准》中的部分项目和评分标准作出了适当修改。2003年，国家体育总局等部委第三次修订《锻炼标准》，此次修订在执行层面形成了分别针对成年人和学生的两个"标准"，即《普通人群体育锻炼标准》和《国家学生体质健康标准》。但在实际推广应用中，特别在青少年学生中，两套标准未能实现有机统一，两个"标准"并行且相互混淆。为此，2013年12月16日，国家体育总局等第4次颁布施行《国家体育锻炼标准》。新修订的《锻炼标准》实现了6至69岁人群的全覆盖，包括儿童、少年、青年、壮年和老年5个组别，标志着群众体育工作向着适应社会发展需要的应用领域又迈进了一步，进一步完善了我国体育法规体系。

8. 李宁在第六届世界杯体操赛上获得六枚金牌

"文化大革命"结束后我国体育发展战略发生转变。1979年2月的全国体育工作会议将我国体育工作重点从政治运动转移到体育业务上来。随后，国家体育运动委员会确定了我国改革开放以来的第一个体育发展战略，即在80年代，中国体育的总体战略是以发展高水平竞技为先导，带动体育事业全面发展。在此背景下，中国竞技体操开始进入迅猛发展阶段，步入世界最先进的行列，培养出李宁这样的中国体操一代领军人物。

1982年12月22日，在南斯拉夫萨格勒布举行的第六届世界杯体操比赛中，中国体操运动员李宁一人夺得男子全部7枚金牌中的6枚，获单杠、自由体操、跳马、鞍马、吊环和全能6项冠军，创下了世界体操史上的记录。

李宁1963年出生于广西壮族自治区柳州市的一个壮族家庭，1973年加入广西省体操队，1980年入选国家队。1981年在第11届世界大学生运动会上获男子自由体操、吊环和鞍马3项冠军。1982年在第六届世界杯体操比赛中，一人独得6枚金牌；同年，又荣获第9届亚运会体操全能、吊环两项冠军。在1983年第22届世界体操锦标赛男子团体比赛中，因李宁作为主力队员表现优异，中国队战胜体操强队苏联夺冠，这是中国体操史上的第一个体操团体冠军。紧接着第二年在第23届洛杉矶奥运会上，李宁又包揽自由体操、吊环和鞍马三项金牌。1985年第23届体操锦标赛中，获吊环冠军。1986年第十届亚运会，获得男子全能、自由体操和吊环冠军。在同年举行的第七届体操世锦赛上，又收获鞍马和自由体操两枚金牌。直到1988年汉城奥运会退役，在17年的运动生涯中，李宁共获得国内外重大体操比赛金牌106枚，是中国体操运动中获得金牌最多的运动员，被誉为"体操王子"。他所独创的动作"吊环正吊臂后悬垂前摆上接直角支撑"和"双杠大回环转体180度成倒立"，均被国际体联用李宁的名字命名。为了表彰他为中国体操事业作出的杰出贡献，国家体育运动委员会五次颁发给他体育运动荣誉奖章，他更是四次被评选为全国"十佳"运动员。1987年，他被接纳为国际奥委会运动员委员会委员，成为亚洲区唯一代表。1999年，被世界体育记者协会评选为"20世纪世界最佳运动员"，他的名字和拳王阿里、球王贝利、飞人乔丹等25位体坛巨星一道登上了世纪体育之巅。2000年，他还被国际体联收录国际体操名人堂，成为中国运动员中第一个世界体操名人。

9. 中国体育代表团首次参加夏季奥运会

1984年7月28日至8月12日，第23届奥运会在美国洛杉矶举行。阔别奥运会32年之久的中国，派出了以李梦华为团长、共计353人的大型体育代表团，这是中国首次全面登上奥林匹克舞台。共有225名运动员参加了田径、游泳（包括跳水、水球）、体操（包括艺术体操）、篮球、排球、手球、射箭、射击、举重、摔跤、击剑、柔道、自行车、赛艇、皮划艇、帆船等16个项目的比赛和网球表演赛。

洛杉矶奥运会对中国奥运具有特殊的意义。1932年，中国第一次有运动员参加奥运比赛，正是在洛杉矶举行的第十届奥运会。新中国成立后，中国应邀参加了1952年赫尔辛基奥运会。1956年在墨尔本举行的第16届奥运会，由于允许台湾代表团以"中华民国"的名义参赛，在多次抗议无效后中国被迫宣布退出。在此后长达 20 多年的时间里，中国再没有派代表团出席。虽然其间我国台湾运动员多次参加，但从未获得过金牌。1979 年国际奥委会恢复中国合法席位的第二天，中国奥委会主席钟师统就对外宣布：中国将参加 1980 年在莫斯科举办的第 22 届奥运会。遗憾的是为了抗议苏联入侵阿富汗，中国奥委会最终还是决定抵制莫斯科奥运会。本届奥运会是 1979 年恢复了中国在国际奥委会的合法席位后参加的第一届夏季奥运会，也是海峡两岸的体育健儿首次在夏季奥运会上相逢。

在本届奥运会上，中国代表团共夺得 15 枚金牌、8 枚银牌和 9 枚铜牌，金牌总数仅次于美国、罗马尼亚和联邦德国，位居世界第 4 位。27 岁的射击运动员许海峰在男子自选手枪射击比赛中以 566 环的成绩夺得了本届奥运会第一枚金牌，为中国实现了奥运会金牌"零的突破"。"体操王子"李宁在自由体操、鞍马、吊环比赛中一人独得 3 枚金牌之外，还获得 2 银和 1 铜，成为本届奥运会获得奖牌最多的运动员。在排球比赛场上，中国女排在比分落后的情况下转败为胜，直落三局击败美国队拿下金牌，实现了世界杯、世锦赛和奥运会的"三连冠"。

中国在奥运会上取得的成绩震惊了世界，赢得了世界舆论的一片赞扬。美联社在许海峰首日夺金时就发表评论："中国以她一天取得两块金牌的光辉纪录赫然登上奥运会舞台，可以说是旗开得胜。"法新社说："中国健儿们出手不凡，令人刮目。"路透社将中国取得的成绩称为"出人意料的胜利"，并断言中国将以此突出的成就，要求世界承认中国是体育强国。国际奥委会主席萨马兰奇也专门发来贺电，指出"中国运动员在洛杉矶第 23 届奥动会上所取得的优异成绩应该得到最大的赞赏"。中国由此开始跨入世界体育强国的行列。

10. 中共中央关于进一步发展体育运动的通知

1984 年 10 月 5 日，随着改革开放的深入，在中国恢复在国际奥委会的合法席位以及参加第 23 届奥运会这一特定历史背景下，中共中央总结新中国成立以来特别是改革开放之后我国体育工作的基本经验，发出了《关于进一步发展体育运动的通知》（以下简称《通知》），提出了新的历史条件下加快我国体育事业发展的指导思想、主要任务和工作措施。

《通知》强调体育关系到人民的健康，民族的强盛和国家的荣誉，对提高广大人民群众的思想觉悟，实现党在新时期的总任务，发展国际交往与加强同世界人民的团结和友谊，加强国防力量，都有着重大的作用。因此中共中央要求全党全社会都要重视加强体育工作，进一步发展全民族的体育运动。《通知》肯定了新中国成立以来我国体育事业的重大成就，同时也指出目前我国体育事业的发展规模和发展水平同世界先进水平相比，还有很大的差距。《通知》要求体育工作坚持普及与提高相结合的方针，采取有力措施，使体育运动不断向新的广度和高度发展。要积极发展城乡体育活动，努力提高人民健康水平，重点抓好学校体育运动，从少年儿童抓起。在增强学生体质的同时，积极开展业余体育训练。要完善多渠道、多层次的体育人才梯队，改革训练和竞赛体制，积极发展体育科研、教育事业，及时掌握体育情报信息，采用国内外先进技术和设备，加强科学训练，不断革新技术。搞好项目的战略布局，集中力量发展优势项目，大力加强田径、游泳等薄弱环节，同时要把那些短期内能赶上世界先进水平的项目抓上去，争取在今后重大国际比赛中取得更优异的成绩。《通知》还要求建设一支又红又专、有勇有谋的运动员和教练员队伍；要逐步增加体育事业和基建投资，将之纳入各级政府的国民经济和社会发展计划；要加强体育宣传；各级党委加强对体育工作的领导。最后中央在《通知》中希望体育战线的同志和全国各族人民共同努力，使中华民族跻身世界体育强国之林。

此后近20年，各级党委、政府和体育系统在《通知》精神指导下，大力开展全民健身活动，群众体育运动蓬勃开展，城乡居民体育健身意识明显提高，人民体质普遍增强；竞技体育全面登上世界体育舞台，在国际赛场上屡创佳绩。我国的体育事业取得了举世瞩目的成就，对促进经济发展和社会进步起到了重要作用。进入21世纪以来，为了进一步推动我国体育事业的全面发展，2002年中共中央、国务院又下发了《关于进一步加强和改进新时期体育工作的意见》，对新时期体育事业的发展作出了总体部署。

11. 全国残疾人运动会

开展残疾人体育活动是中国残疾人事业的一部分，也是残疾人全面参与社会生活的重要途径之一。全国残疾人运动会每4年举办一次，是专门为肢体残疾、视力残疾和听力残疾人参加体育运动设置的运动会。

1983年10月，天津市市委、民政局、体委、红十字协会联合发起并举办了伤残人体育邀请赛，来自全国13个省、市、自治区的200名盲人和截肢运动员参加了此次比赛。这是新中国成立以来我国举办的规模最大的一次残疾人运动会。邀请赛期间，国家体委、民政部、劳动人事部、教育部、卫生部、中国红十字会、全国总工会、共青团中央等九部委召开了全国伤残人体育工作者和运动员代表会议，成立了中国伤残人体育协会。同年12月20日，国家体委、民政部、劳动人事部等九部委联合发布了《关于积极地、有计划地开展伤残人体育活动的通知》。随后，中央和地方各级残疾人体育协会纷纷成立，残疾人体育事业蓬勃发展，为举办全国的综合性残疾人运动会打下了良好的基础。

1984年10月6日，全国第一届残疾人运动会（当时称为"全国伤残人运动会"）在安徽合肥举行，来自全国29个省（自治区、直辖市）和香港地区的623名运动员参加了田径、游泳、乒乓球三个大项的比赛和轮椅篮球表演赛。来自上海的16岁小将赵继红以4.96米的成绩打破了女盲B级跳远世界纪录，湖南籍运动员冷卫红以3分0秒90的成绩打破了女子截肢A6级800米跑世界纪录。

1987年8月23日至9月1日，第二届全国残疾人运动会在河北省唐山市举行。来自全国29个省（自治区、直辖市）及港澳地区的32个代表队共900多名运动员参加了本届残运会。选手们在田径、游泳、轮椅篮球、轮椅竞速、乒乓球5个项目角逐中，共打破6项世界残疾人纪录，刷新197项全国残疾人纪录。

1992年3月，《中华人民共和国残疾人保障法》公布施行后的第一次全国残疾人体育盛会——第三届全国残疾人运动会在广州举行。从此届运动会开始，全国残疾人运动会被正式列入国务院审批的大型运动会系列，以每四年举办一次的形式固定下来。我国残疾人体育逐步渐入制度化、规范化的发展轨道。

2013年，根据中央节俭举办综合性运动会的要求，全国残疾人运动会和全国特殊奥林匹克运动会，合并为全国残疾人运动会暨特殊奥林匹克运动会，首次合并后的全国第9届残疾人运动会暨第六届特殊奥林匹克运动会于2015年在四川举办。

12. 全国工人运动会

全国工人运动会是由中华全国总工会体育部和国家体委联合主办的综合性体育运动大会。大会目的主要是为贯彻党的体育方针，推动职工体育运动的发展，增强体质，振奋精神，提高职工队伍素质，促进社会主义精神文明和物质文明建设。新中国成立初期，一届全国人大二次会议通过的《中华人民共和国发展国民经济的第一个五年计划》中，提出"在全国人民中，首先是在工厂、学校、部队和机关的青年中，广泛地开展体育运动，以增强人民的体质"的体育工作指导方针。在此方针的指引下，1955年10月2日，第一届全国工人运动会在北京先农坛体育场隆重开幕。17个产业系统的1709名运动员参加了本届运动会的田径、自行车、举重、篮球、排球、足球等6个项目的比赛。

改革开放之后，我国群众体育运动不断发展。时隔30年，1985年9月7日至15日，第二届全国工人运动会在北京举行。这不仅是对我国职工体育运动的大检阅，也是对今后广泛开展群众性体育活动的大动员。本届工运会增设了游泳、乒乓球比赛和武术表演赛，共有8个比赛项目和1个表演项目；有来自各省、自治区、直辖市和火车头体协、银鹰体协、水电体协共32个单位的4800多名运动员参加。在8个项目总共决出的115枚金牌中，山东省代表队成绩最好，获得金牌21枚，北京、上海和火车头体协队紧随其后，广东队、广西队和辽宁队也分别收获了8枚、6枚和5枚金牌。本届工运会还刷新了第一届全国工人运动会的各项纪录,有298人打破全国工人纪录。本届组委会还评选出北京中心赛区14个精神文明运动队和163名精神文明运动员、裁判员。时任国家体委主任的李梦华在闭幕式上表示,在这届运动会上,各路职工健儿展现了新一代工人阶级的雄姿,表现了我国职工队伍高尚的思想品德和振奋的精神面貌。

1995年,《全民健身计划纲要》和《中华人民共和国体育法》相继颁布,工人阶级带头实施。1996年4月30日至10月4日,在北京等17个城市举办了历时5个多月的第三届全国工人运动会。有各省、自治区、直辖市和24个行业部门以及中央国家机关共55个单位的7000多名运动员参加。设有大众体育创编项目、太极柔力球、田径、足球、健美操、游泳、乒乓球、门球、中国象棋、桥牌、篮球11个大项。这次运动会对我国职工体育运动及我国整个体育事业的发展都起到了巨大的推动作用。

13. 全国少数民族传统体育运动会

全国少数民族传统体育运动会是在1953年举办的全国民族形式体育表演和竞赛大会的基础上发展而来的。该项赛事由国家体育运动委员会、国家民族事务委员会联合主办、地方承办,每4年举行一届。运动会以其民族性、广泛性和业余性等特色,成为国内重要的大型综合性体育运动会之一。它的宗旨是展示各少数民族的精神状态、文化特色以及竞技体育的发展水平,体现了各民族同胞之间"更近、更亲、更爱、更康乐、更和谐"的民族体育理念和精神。"参与、交流、欢聚、和谐"是民族运动会的永恒主题。

新中国成立之初,国家就对各民族民间传统体育活动十分重视。1953年11月,国家在天津召开了"全国民族形式体育表演及竞赛大会"。后来(1984年)国家体委、国家民委将此次体育运动会定位为第一届全国少数民族传统体育运动会。改革开放后,由于历史原因一度中断的少数民族传统体育运动会再次被提上日程。1982年9月2日至9月8日,第二届全国少数民族传统体育运动会在内蒙古自治区呼和浩特市恢复举办,此后形成了每4年一届的传统。

此届运动会共有来自全国29个省、自治区、直辖市的56个民族863名运动员和教练员参加,其中少数民族运动员593人。体育活动分竞赛项目和表演项目两大类。竞赛项目有:射箭邀请赛和中国式摔跤。来自内蒙古、新疆、西藏、青海4省区5个民族的24名运动员参加了射箭的角逐并取得了优异成绩。15个省、自治区、直辖市13个民族的56名业余摔跤运动员参加了4个级别的中国式摔跤比赛。表演项目有傣族的孔雀拳、白族的霸王鞭、纳西族的东巴跳等68项。

此后,全国少数民族传统运动会分别在乌鲁木齐、南宁、昆明、北京和拉萨、银川、广州、贵州举办。从第二届到第九届的29年中，少数民族运动会赛事规模不断扩大，参赛运动员从第二届的863人发展到第九届的6771人；比赛项目也由第二届的两个发展到第九届的16个。民族运动会不断走向规范化、制度化。第三届民族运动会首次启用了会徽、会标和会旗，并且制定了比较科学的比赛规则。第四届民族运动会第一次推出了会歌；第一次邀请台湾少数民族代表团参加；第一次为举办民族运动会提出了宗旨和口号；第一次制定了严密的竞赛规则。

作为一项来自于少数民族日常生活的民族运动会，全国少数民族传统体育运动会为发掘整理各民族民间传统体育、弘扬民族体育文化、促进各民族团结作出了积极贡献。2005年，《国务院实施〈中华人民共和国民族区域自治法〉若干规定》明确规定：要定期举办全国少数民族传统体育运动会。少数民族传统体育运动会正式成为国家的一项法定的大型体育赛事。

14. 全国特殊奥林匹克运动会

特殊奥林匹克运动会是智力残疾人参与的体育运动。特奥运动的理念是"重在参与"，特奥运动的口号是"勇敢尝试，争取胜利"就充分表达了这一理念。我国的特奥运动源于特殊教育。1958年，我国第一个弱智教育辅读班在北京西城第二聋哑学校内开设，其开展的活动是我国智力残疾人体育活动的萌芽。改革开放之前，我国特奥运动的开展是自发的、零星的、局部的、不系统的，没有为社会所重视。改革开放之后，我国特奥运动进入快速发展时期。1985年我国弱智人体育协会成立，同年加入国际特奥会组织，成为国际特奥会的成员国。1985年11月国际特奥会主席萨金特·施莱佛先生率团访华并参观了西城培智中心学校，由此点燃了我国特奥圣火。

1987年3月27日至29日，广东省深圳市举办了我国首届全国特殊奥林匹克运动会，选拔出优秀运动员组织参加了第7届世界夏季特奥运动会。从此，在国家领导人的关怀与重视和社会各界的支持下，我国特奥运动会举办形成惯例。首届全国特奥会汇集了来自广东、江苏、湖南、北京、上海、天津、湖北、辽宁、陕西、深圳等13个省、市以及应邀的香港队共304名运动员和100多名工作人员，共参加田径、乒乓球、足球3个项目的比赛。未派团参赛的省市共派出60名观察员。民政部副部长张德江、国家体委副主任何振梁、国家教委副主任邹时炎、中国残疾人福利基金会副理事长王鲁光、深圳市市长李灏以及国际特奥会会长萨金特·施莱佛先生、副会长兼国际特奥会亚太区主席容德根先生等出席了运动会。此后，北京、广州、上海和天津先后举办了地区性运动会，特殊奥林匹克运动在中国得到了广泛的深入和推广。

迄今为止，我国已在全国4个城市成功举办了五届全国性特殊奥林匹克运动会。2013年，按照中央节俭举办综合性运动会的要求，全国第9届残疾人运动会将与全国第6届特殊奥林匹克运动会合并举办。随着我国政府与社会各界对智残人群的重视与关注，全国特奥运动会为众多智残人士提供了一个挑战自我、挖掘潜能、提高技艺；与其他智力残疾人和家人分享快乐、增进友谊，融入社会的良好机会。

15. 中学生体育合格标准

"体育合格标准"是评价中学生个体发展水平、衡量学校教育质量的内容之一。为了全面贯彻国家的教育方针，推动中学体育工作的开展，使学生上好体育课，不断增强体质，提高健康水平，在部分中学多年试验和实践的基础上，国家教委于1987年9月21日正式颁发了《中学生体育合格标准的试行办法》（以下简称《试行办法》）。9月23日，国家教委举行新闻发布会，宣布《试行办法》从1988年开始先后在高中年级实行，然后逐步推广到初中年级。

《试行办法》以法规的形式，规定了全面评价中学生体育成绩的内容，并把体育合格与否和能否毕业、能否报考高一级学校挂起钩来。《试行办法》规定，身体正常的学生，达到下列三项要求，即为体育合格：第一体育课坚持出勤，不无故缺课，体育课成绩及格；第二经常坚持体育锻炼，自觉地参加《国家体育锻炼标准》的测验，养成经常锻炼身体的习惯；第三按照学校规定的时间，每天坚持认真做好早操、课间操。参加课外体育活动每周不得少于两次（每次不少于一课时）。《试行办法》还规定，凡身体正常而体育不及格的学生，不得评为"三好"学生；毕业时，经补考仍不合格者，只发结业证书，不得报考高一级学校；一个班的体育合格率，应作为评先进集体的条件之一。

1988年1月27日，国家教委发出通知，就如何有计划、有组织地实施上述《试行办法》提出意见，要求各地区教育行政部门和学校应切实加强组织领导，广泛宣传，定期检查监督。为了检查《试行办法》的实施情况，次年9月，国家教委办公厅发布《关于检查〈中学生体育合格标准的试行办法〉实施情况的通知》，要求各地区教育行政部门确定一所地方高校，连同国家教委选择的十所面向全国招生的高校一起，对1989年入学的新生进行一次全面的"体育合格标准"检查。检查工作于当年12月底完成。从35所高校的29172名学生的检查来看，《试行办法》的实施极大地推动了学校体育工作的开展，提高了体育在学校教育工作中的地位；但也反映出存在着一些不足。这些不足一定程度上削弱了《试行办法》的作用和权威，以至于有些地区和学校执行不力。

为了使《试行办法》更加完善，1991年5月16日，国家教委将修订后的《中学生体育合格标准实施办法》正式颁发施行。《中学生体育合格标准实施办法》不仅在内容上做到了扬长补短，细化了身体正常学生体育合格标准，补充了评定办法，而且在执行上明确了学校及各级教育部门的职责，并增加了处罚措施。

16. 中国参加制定《国际反兴奋剂宪章》

20 世纪 80 年代以前，我国体育界对于兴奋剂问题了解的并不多。随着中国体育对外交往的扩大特别是体育商业化的兴起，80 年代中后期，反兴奋剂问题逐渐得到我国政府的重视。

1988 年 6 月 26 日至 29 日，第 1 届世界反对在竞技中使用兴奋剂的常设会议在加拿大召开。会上通过了对于国际反兴奋剂合作具有里程碑意义的《反对在体育运动中使用兴奋剂国际奥林匹克宪章》（以下简称《国际反兴奋剂宪章》）。该宪章随后于 1988 年 9 月经国际奥委会第 94 次全会表决通过，并在同年 11 月的联合国教科文组织各国体育部长和高级官员会议上最终通过。中国代表在会上表明了中国奥委会在世界反兴奋剂这一重大问题上的态度。中国成为制定第一个《国际反兴奋剂宪章》的成员国。

《国际反兴奋剂宪章》分为两个部分，即"绪论与原则"和"基本条款"。在第一部分，宪章阐明了国际体育界反对使用兴奋剂的原因和原则，即必须保护运动员的身心健康，捍卫公平竞争和比赛的准则，坚决反对在体育运动中使用兴奋剂和禁用方法；国际体育界在宪章中还就解决兴奋剂"问题需要国际合作和组织协调"达成了一致。在"基本条款"中，宪章对体育团体、各国政府和两者共同承担的责任与义务作出了原则性的规定。

此后，中国一直积极参加国际反兴奋剂事务，在反对使用兴奋剂问题上旗帜鲜明。2003 年，中国在世界反兴奋剂大会上签署了《反对在体育运动中使用兴奋剂哥本哈根宣言》，同意、接受并执行由世界反兴奋剂组织制定的《世界反兴奋剂条例》。2006 年，中国成为亚洲第一个签署联合国教科文组织《反对在体育运动中使用兴奋剂国际公约》的国家。

除此之外，中国在反兴备剂法制化上也作了许多努力。1989 年国家体委发布了首个关于兴奋剂的规范性文件《全国性体育竞赛检查禁用药物暂行规定》。1995 年颁布实施的《中华人民共和国体育法》，第一次将反对使用兴奋剂纳入国家法律范畴。1998 年国家体育总局发布《关于严格禁止在体育运动中使用兴奋剂行为的规定（暂行）》，规范了对使用兴奋剂行为的检查和处罚办法，加大了处罚力度。2004 年国务院颁布实施《反兴奋剂条例》，成为世界上少数几个颁布实施专门的反对使用兴奋剂法律法规的国家之一。2014 年 11 月 21 日，国家体育总局发布《反兴奋剂管理办法》，并于 2015 年 1 月 1 日施行。它取代了已有 17 年历史的"总局一号令"，成为中国反兴奋剂工作的新准则，标志着中国的反兴奋剂工作步入更加规范化的阶段。

17. 全国农民运动会

全国农运会由中国农民体协创办,后由农业部、国家体育总局、中国农民体协主办。农运会每四年一届,与全国运动会、城市运动会、残疾人运动会、少数民族传统体育运动会并列为五大国家级综合体育赛事。我国也是世界上唯一定期举办全国农民运动会的国家。

党的十一届三中全会以来,随着农村经济体制改革的顺利进行,农村经济迅速好转,农民生活状况不断改善。广大农民对体育活动的需求日益迫切。国家体委、文化部、共青团中央于1982年在福建省龙海县角美公社召开了全国农村体育工作会议。随后国务院批转了这次会议纪要,并指出,农村体育工作要加强领导,各级政府要把农村体育事业纳入农村经济和社会发展规划。同时对今后的八点工作作了安排,提出前3年主要是打基础,后5年要力争有大的发展。并提倡在全国范围内评选体育先进县,在条件允许的情况下,举办一次全国农民运动会。1985年起,在全国范围内掀起的创体育先进县热潮,极大地促进了农村体育的发展,为第一届农运会的召开奠定了坚实的基础。

1986年9月,经国务院批准,中国农民体育协会正式成立,并确定每4年举办一届全国农民运动会。经过两年多的筹备,1988年10月9日—16日,首届全国农民运动会在北京先农坛体育场和北京市区、郊区8个场地隆重举行。国家主席杨尚昆、国务院总理李鹏以及万里、王震、田纪云、李铁映、李锡铭、习仲勋、彭冲、王任重、康克清等党和国家领导人出席了开幕式。

第一届全国农民运动会共设乒乓球、篮球、足球、自行车、田径、射击、中国式摔跤等7个比赛项目和武术、蒙古式摔跤两个表演项目。来自全国30个省、自治区、直辖市(台湾除外)的1425名男女运动员参加了角逐。运动会共设46块金牌。自1998年6月起分别在广西玉林、江西丰城、甘肃临泽、黑龙江安达进行了乒乓球预赛;在四川温江、湖北孝感、山东崂山、天津武清进行了篮球预赛;在山西忻州进行了摔跤预赛。取得决赛资格的运动队和运动员进京参加决赛。另外,会上对第二批80个先进体育县和2147名农村体育积极分子进行了表彰。

此后,农运会分别于1992年、1996年、2000年、2004年、2008年、2012年在湖北孝感、上海、四川绵阳、江西宜春、福建泉州、河南南阳举办。其间,农运会比赛项目不断增加和调整,越来越多体现农村特色、反映农民生活的内容都成为比赛项目;参加角逐的农民选手数量和规模也不断增多。农运会的开展,对于提高农民健身意识,增强农民体质,积极投身社会主义新农村建设;推动农村体育发展,推进农村地区基本公共服务均等化,促进农村社会的和谐稳定起到了不可替代的作用。

18. 何振梁当选国际奥委会副主席

1989年8月30日，中国奥委会主席、国际奥委会执委何振梁在波多黎各的圣胡安举行的国际奥委会第95届全体委员会会议上，当选国际奥委会副主席，成为担任国际奥委会副主席的第一位亚洲人，这充分显示了国际奥委会委员对中国的信任。

新中国成立之前，中国曾有过三位国际奥委会委员，他们分别是1922年当选的王正廷，1939年当选的孔祥熙和1947年当选的董守义。当国际奥委会恢复中国合法席位以后，也需要这么一位委员来加强国际奥委会与中国之间的沟通。于是1980年初，按照国际奥委会的规定，我国申报了包括何振梁在内的三位新的国际奥委会委员候选人名单。1981年10月2日，何振梁在联邦德国巴登召开的国际奥林匹克委员会第84届大会上当选为国际奥林匹克委员会委员。1985年，在民主德国东柏林召开的国际奥委会第90次全会上，何振梁又以全票通过，当选为国际奥委会执行委员会委员，任期4年。之后他又分别在1994年9月5日巴黎第103次全会和1999年10月20日汉城第109次全会上两次全票当选。1989年8月30日在国际奥委会第95届全体委员会会议上，何振梁当选为国际奥委会副主席。在国际奥委会的历史上，在担任委员的4年内被选为执委，又在担任执委4年内被选为副主席的只有萨马兰奇、苏联奥委会主席维塔利·斯米尔诺夫和何振梁3人，其中唯有何振梁是全票当选的。

自1981年何振梁当选为国际奥林匹克委员会委员后，他就用自己扎实稳健的作风和卓越的外事活动能力，以及对中国奥运事业独特的贡献，赢得了全体中国人民的赞誉，赢得了国际体育界的赞誉。在两次申奥过程中，何振梁利用他在国际奥委会多年工作确立的地位、威望和影响，广泛游说各国委员，作了大量实际而富有成效的工作，尤其是为2001年北京申奥成功作出了突出贡献。

2015年1月4日15时50分，何振梁在北京协和医院去世，享年86岁。现任国际奥委会主席巴赫高度评价了何振梁为国际奥林匹克运动特别是奥林匹克运动在中国的发展作出的贡献。2015年1月4日，国际奥委会宣布自1月5日起在瑞士洛桑总部降半旗三天对何振梁的逝世表示哀悼并向其致敬。

19. 中国举办第11届亚运会

为了向世界展示中国改革开放的成就，让世界更好地了解中国，1983年中国向亚洲奥林匹克理事会提出申办1990年亚运会的申请。在1984年于韩国汉城（今首尔）召开的亚奥理事会代表大会上，北京以43∶22的票数击败竞争对手日本广岛，取得了1990年亚运会的主办权。

1985年，第11届亚运会组委会在北京成立。为了办好这届亚运会，我国从1986年起，开始兴建20个新建场馆，改建或修缮原有场馆13座，并修建了以这届亚运会主体育场为主的奥林匹克体育中心和亚运村。

经过5年多的筹备，1990年9月22日下午，象征着亚洲人民"团结、友谊、进步"的第11届亚洲运动会在北京工人体育场隆重开幕。这是亚运会自诞生以来首次由中国承办，也是中国首次举办大规模的综合性的国际体育赛事。来自亚奥理事会成员的37个国家和地区的体育代表团6578人参加了这届亚运会。代表团数和运动员数均超过了前十届。中国派出由838人组成的体育代表团，参加全部27个项目和2个表演项目的比赛。中国台湾在阔别亚运会20年后，第一次以"中国台北"的名义重返亚运大家庭。

这届亚运会上，亚洲各国家和地区的运动员创造了优异成绩：中国自行车女选手周玲美以1分13秒899的优异成绩打破了1公里计时赛的世界纪录；韩国射箭运动员先后6次打破女子个人全能、男子个人全能和男子团体3项世界纪录；52人打破42项亚洲纪录；109人打破98项亚运会纪录。这届亚运会的乒乓球、羽毛球、跳水、体操、柔道、射箭、射击、举重、曲棍球等项目比赛，堪称"世界水平的较量"。在强手如林的激烈角逐中，有25个国家和地区的选手夺得这届亚运会的奖牌，其中15个国家和地区的选手获得了金牌。第11届亚运会全面检阅了亚洲体育的总体水平，射箭、跳水、乒乓球、羽毛球等一批具有世界水平的项目，依然显示出雄厚的实力；游泳、自行车等个别项目提高明显，已接近世界水平。在这届亚运会上，中国运动员共获得183枚金牌，位列金牌榜第一。男子游泳运动员沈坚强获5枚金牌，列个人金牌数首位，中国已经从"东亚病夫"蜕变为世界体育强国。

北京亚运会的成功举办，不仅使亚洲各国各地区的人民、运动员之间增进了了解，也使更多的人了解了中国，了解到一个自强不息、勇于进取、勤劳智慧的民族，提升了中国的国际影响力。

20.学校体育工作条例

《学校体育工作条例》（以下简称《条例》）是学校体育工作的重要法规，是指导学校体育工作的重要依据。《条例》在1990年2月20日经国务院批准，随即于3月12日由国家教委、国家体委联合发布实施，目的是保证学校体育工作的正常开展，促进学生身心健康成长。其前身是原教育部、国家体育运动委员会1979年10月5日发布的《高等学校体育工作暂行规定（试行草案）》和《中、小学体育工作暂行规定（试行草案）》。经过十几年的试行，国家教委、国家体委、财政部、人事部和建设部等五部委总结经验，共同组织制定了《学校体育工作条例》。

《条例》对"学校体育工作"进行了明确界定，即指普通中小学校、农业中学、职业中学、中等专业学校、普通高等学校的体育课教学、课外体育活动、课余体育训练和体育竞赛。同时指出，学校体育工作的基本任务是：增进学生身心健康、增强学生体质；使学生掌握体育基本知识，培养学生体育运动能力和习惯；提高学生运动技术水平，为国家培养体育后备人才；对学生进行品德教育，增强组织纪律性，培养学生的勇敢、顽强、进取精神。

《条例》规定，学校体育工作应当坚持普及与提高相结合、体育锻炼与安全卫生相结合的原则，积极开展多种形式的强身健体活动，重视继承和发扬民族传统体育，注意吸取国外学校体育的有益经验，积极开展体育科学研究工作。学校体育工作应当面向全体学生，积极推行国家体育锻炼标准。学校体育工作在教育行政部门领导下，由学校组织实施，并接受体育行政部门的指导。此外，《条例》对体育课教学、课外体育活动、课余体育训练与竞赛、体育教师、场地、器材、设备和经费、组织机构和管理、奖励与处罚等内容，也作出了具体明确的规定。

《条例》的制定和施行，体现了国家对学校体育工作的关心和重视。自颁布施行以来，各地方政府和学校积极贯彻落实《学校体育工作条例》。各级省市教育主管部门不仅认真学习《条例》精神，提出贯彻落实《条例》的重点工作，还从各地区实际出发，分别拟定了《条例》实施办法和检查评估施行办法。许多学校在积极开展落实《条例》各项活动的同时，也注重总结经验，为《条例》的落实献计献策。这一切都有力地推动了学校体育工作的开展，对于提高学生体质健康水平，促进学生德智体美全面发展，提高全民健康素质具有重要意义。

进入新时期新世纪，相继有中共中央、国务院《关于加强青少年体育增强青少年体质的意见》和教育部、发展改革委员会、财政部、体育总局等部门《关于进一步加强学校体育工作的若干意见》出台，学校体育工作的规范化和科学化逐渐增强，学校体育工作正朝着更加成熟完善的方向发展。

21. 北京申办2000年奥运会失利

20世纪初，一个中国学生在《天津青年》杂志上发出了"奥运三问"：中国，什么时候能够派运动员去参加奥运会？我们的运动员什么时候能够得到一块奥运金牌？我们的国家什么时候能够举办奥运会？前两个问题在新中国成立前后均得以实现，但举办奥运会的梦想却始终未能成为现实。

1990年邓小平在视察为举办第11届亚运会而新建的国家奥林匹克体育中心时，就提出了举办奥运会的设想。1991年2月22日，北京市人民政府正式向中国奥委会提出举办2000年第27届奥林匹克运动会的申请。随后经中国奥委会全体委员会议一致通过。2月28日国务院批准了国家体委、外交部、财政部、北京市人民政府4个部门《关于申请在北京承办2000年奥运会的请示》，由此拉开了北京申办2000年第27届奥运会的序幕。

1991年4月1日，北京2000年奥运会申办委员会正式成立。同年12月4日，秉承着"让世界了解中国"的宗旨和目的，北京奥申委代表团在瑞士洛桑向国际奥委会呈交了北京承办2000年奥运会的申请书。同期申办的城市还有柏林、巴西利亚、伊斯坦布尔、曼彻斯特、米兰、悉尼和塔什干。

1992年是北京申办奥运会全面展开的一年，北京奥申委作了大量卓有成效的工作：北京按照申办工作规划开始了市政建设；通过各种媒介和方式，广泛宣传奥林匹克精神和宗旨；提出"广交朋友，多做工作，加深了解，争取支持"的对外联络方针。这一年，北京还确定了申办主体口号：开放的中国盼奥运，充分表达了我们面向世界、全面开放的态度。

1993年1月11日北京奥申委代表团吴重远等5人在洛桑国际奥委会总部正式将《申办报告》呈送给国际奥委会主席萨马兰奇。按照申办程序，同年3月6日至8日，国际奥委会考察团一行12人对北京进行了为期3天的考察。在3天的考察中，考察团称北京给他们留下了深刻的印象，并对中国奥委会所作的工作表示满意。

1993年是申奥的决战之年。然而就在这年，6月10日，美国众议院外交委员会人权小组委员会通过口头决议，借人权之名反对在北京或中国的任何地方举办2000年奥运会。这种粗暴干涉奥林匹克事务、践踏奥林匹克原则的行径遭到了国际奥委会和中国奥委会的一致谴责。但西方舆论还是在9月17日国际奥委会执委会开幕之际制造出所谓的北京"抵制风波"，严重损害了中国的国际形象。9月23日，国际奥委会举行第101次全会，投票表决2000年第27届奥运会主办城市。最终，北京在前3轮投票领先的情况下，最后一轮以两票之差败给悉尼，遗憾落选。但是，在此次申奥过程中所展现出的中国改革开放的巨大成就以及中国对奥林匹克精神的深刻理解，都给国际奥委会、给世界留下了深刻的印象，同时也为2001年申奥成功打下了良好的基础。

22. 中国奥委会反兴奋剂委员会成立

为有效地开展全国的反兴奋剂工作，1992年7月8日中国奥委会反兴奋剂委员会在北京成立。主要职责是根据国家的法律法规和国家体育总局、国际体育组织的有关规定，研究、制定全国反兴奋剂工作的方针、政策和措施；编制全国反兴奋剂工作的规划和计划并组织实施；指导、协调、监督各有关体育组织的反兴奋剂工作。反兴奋剂委员会的日常工作由国家体委科教司负责。反兴奋剂委员会最初由7人组成，时任国家体委副主任的袁伟民担任主任，后于1994年增加至9人。委员会成员均为国家体委下属司（局）的司（局）长担任。

1995年2月，为了进一步加大反兴奋剂工作力度，经国家体委批准，反兴奋剂委员会成立了办公室和检查处。反兴奋剂委员会办公室的具体职责是：研究、提出反兴奋剂工作的方针、政策和措施；编制反兴奋剂工作的规划、计划并组织实施；监督兴奋剂检查计划的制定和执行；管理兴奋剂检测实验室的选择、拟定合同与签约、检测结果；审核有关兴奋剂的处罚；受理涉及兴奋剂处罚的运动员的申诉；组织开展反兴奋剂的科研、宣传；组织开展反兴奋剂对外交流工作；管理、协调质量体系的正常运转。反兴奋剂委员会检查处的具体职责是：研究、提出兴奋剂检查的计划、政策和措施；组织实施兴奋剂检查工作；兴奋剂检查工作人员的招募、培训、教育、考核和管理工作；采购和配备器材工作；兴奋剂检查信息管理工作；反兴奋剂教育工作；承担国外或国际组织委托的兴奋剂检查工作；兴奋剂检查的财务管理工作。

同年3月，国家体委颁布了《禁止在体育运动中使用兴奋剂的暂行规定》，文件明确了我国的反兴奋剂管理体制为"国家体委对全国的反兴奋剂工作实行统一领导，由中国奥委会反兴奋剂委员会组织实施"。反兴奋剂委员会的成立，是我国首次设立反兴奋剂的专门性管理机构，标志着国家体委统一领导、反兴奋剂委员会组织实施的反兴奋剂管理体制的建立，在我国反兴奋剂工作方面发挥了重要作用。

1998年5月国务院机构改革后，原国家体育运动委员会改组为国家体育总局。国务院明确规定了体育总局的职责之一是"组织开展反兴奋剂工作"，由科教司承担相关具体工作。至此，中国奥委会反兴奋剂委员会虽名义上仍然存在，但再也没有承担过实质性工作。

23. 体育产业发展纲要

中国体育产业政策发端于1986年国家体育运动委员会发布的《关于体育体制改革的决

定》，其中提出体育场馆等公共体育设施要"实行多种经营，由行政管理型向经营管理型过渡"，从此开始了我国体育事业产业化的过程。1992年，中共中央、国务院颁布了《关于加快发展第三产业的决定》，首次将体育事业归为第三产业的第三层次。

1995年6月16日，国家体委下发《体育产业发展纲要1995—2010年》（以下简称《纲要》），确定了体育产业发展的指导思想、重点和目标，发展体育产业的基本政策和基本措施等。这是我国首个全面指导体育产业发展的规范性文件，对我国体育产业的兴起和发展起到了重要作用。

《纲要》指出，"发展体育产业是适应社会主义市场经济需要，推进体育改革、增强自我发展能力的一项重大战略举措"。《纲要》强调，发展体育产业必须坚持改革开放。现阶段，我国体育产业包括三大类别：第一类为体育主体产业类，第二类指为体育活动提供服务的体育相关产业类，第三类指体育部门开展的旨在补助体育事业发展的其他各类产业活动。要力争用十五年左右的时间逐步建成适合社会主义市场经济体制，符合现代体育运动规律、门类齐全、结构合理、规范发展的现代体育产业体系。《纲要》明确了发展体育产业的基本政策：要充分调动各方面的积极性；积极培育体育健身娱乐市场；大力发展体育竞赛表演市场；培育和发展体育人才、技术信息等要素市场；扶持体育用品的生产和经营，发展体育相关产业；因地制宜地开展体育系统的多种经营活动；制定和完善体育事业经济政策，为体育产业的发展提供必要的政策支持。对于发展体育产业的基本措施，《纲要》也作出了具体而翔实的规定。

进入21世纪以来，体育产业的发展伴随着体育事业改革的进程不断加快，体育产业政策逐步走向体系化。2000年，国家体育总局发布《2001—2010年体育改革与发展纲要》，提出了十年来的体育产业发展目标、基本战略以及加入WTO后的发展策略，并提出"应尽快着手制定科学的体育产业发展规划和相应的政策法规，加速培育体育市场"。2006年12月国家体育总局公布《体育产业"十一五"规划》，这是我国第一次以五年规划的形式对体育产业的发展进行总体性的指导。2010年国务院办公厅发布的《关于加快发展体育产业的指导意见》，将体育产业引入到了国家战略体系的高度，确立了其在国民经济发展中的重要地位，从宏观角度为体育产业发展指明了方向。这是国家层面首次出台的专门指导体育产业的政策性文件。2014年10月，国务院印发了《关于加快发展体育产业 促进体育消费的若干意见》，意见提出要把体育产业作为推动经济社会持续发展的重要力量，开发体育产业巨大的潜在市场空间，利用体育产业扩大内需，促进消费，并提出到2025年要实现体育产业总规模超过5万亿元。

24. 全民健身计划纲要

《全民健身计划纲要》（以下简称《纲要》）是国家加强社会体育工作的一项重大决策，是发展群众体育事业的纲领性文件。1993 年国家体委下发《关于深化体育改革的意见》，正式提出要制定并实施全民健身计划。经过两年多的研究制订和反复修改，1995 年 6 月 28 日，经国务院批准，国家体委正式颁布实施《全民健身计划纲要》，旨在更广泛地开展群众性体育活动，增强人民体质，推动我国社会主义现代化建设事业发展。从此，群众体育工作真正被纳入到了各级政府的议事日程中。

《纲要》不仅分析了全民健身工作所面临的形势，提出了目标和任务，确定了对象和重点，还指明了对策和措施以及实施步骤。

《纲要》指出，新中国成立以来，我国体育事业取得了很大成就，群众性体育活动蓬勃开展。然而我国经济建设和社会发展不断对人民的整体素质提出新的更高要求。全民健身工作的现状还不能适应社会主义现代化建设的需要。为此，全民健身计划到 2010 年的奋斗目标是：努力实现体育与国民经济和社会事业的协调发展，全面提高中华民族的体质与健康水平，基本建成具有中国特色的全民健身体系。而这一时期的主要任务是：依据实现社会主义现代化建设第二步战略目标的要求，积极发展全民健身事业；依据建立社会主义市场经济体制的要求，深化体育改革。

全民健身计划以全国人民为实施对象，以青少年和儿童为重点。《纲要》提出，机关和企、事业单位要加强职工体育工作，积极发展社区体育，提高农民的体质与健康水平，进一步发展部队体育，积极发展少数民族体育，并积极为知识分子创造体育健身条件。

《纲要》规定，把推行全民健身计划纳入国民经济和社会发展的总体规划，坚持群众体育与竞技体育协调发展的方针；以普遍增强人民体质为重点，加强领导，统筹规划，切实抓出成效。同时，要采取整体规划，逐步实施的方式，分两期实施。第一期工程为 1995—2000 年，第二期工程为 2001—2010 年。

为了深入实施《全民健身计划纲要》，努力完成《纲要》确定的到 2010 年的奋斗目标，2001 年 8 月 14 日，国家体育总局颁布了《〈全民健身计划纲要〉第二期工程（2001—2010 年）规划》，对《纲要》第二期工作的指导思想、目标和任务、对策和措施以及实施步骤都作出了具体安排。

《纲要》实施以来，我国全民健身活动广泛开展，群众的健身意识明显增强，经常参加体育锻炼的人数明显增多，国民体质显著增强；全民健身组织体系日益完善，群众健身场地设施遍布城乡，群众健身的条件和环境大大改善，具有中国特色的全民健身体系基本建成。为保证全民健身工作持续不断地开展下去,在《全民健身计划纲要》的基础上,国务院又于2011年2月15日颁布了《全民健身计划(2011—2015年)》,提出到2015年形成覆盖城乡比较健全的全民健身公共服务体系。

25. 中华人民共和国体育法

为了发展体育事业,增强人民体质,提高体育运动水平,促进社会主义物质文明和精神文明建设,1995年8月29日,经过8年反复酝酿和艰苦起草的《中华人民共和国体育法》(以下简称《体育法》)在八届全国人大常委会第十五次全体会议上全票通过,同日以中华人民共和国主席令第五十五号公布,自1995年10月1日起施行。《体育法》的颁布是我国体育事业发展的一座里程碑,它不仅填补了国家立法的一项空白,而且标志着我国体育工作开始进入依法行政、以法治体的新阶段。

《体育法》是新中国成立以来的第一部体育部门的基本法,对体育工作的基本内容实行了全面的规范。它阐释了国家发展体育事业的基本态度;提出了体育工作的方针、任务、基本原则和重大措施;确立了群众体育的基础地位;明确了各级人民政府、体育性质部门、社会各行业系统、企业事业组织、群众性体育团体和公民个人在参与体育活动和发展体育事业中的权利、责任和义务。《体育法》的主要内容是:

第一章总则。主要规定了《体育法》的立法目的和依据,体育工作的方针,体育的作用,体育工作的主管机关等内容。第二章社会体育。主要规定了提倡公民参加社会体育活动,开展社会体育活动的原则,社会体育的基本制度,城市体育,农村体育,机关企事业单位体育,民族民间传统体育以及老年人体育和残疾人体育等内容。第三章学校体育。主要规定了教育主管部门和学校的体育工作职责,体育课和病残学生的体育活动,实施体育锻炼标准和保证学生在校期间的每天用于体育活动的时间,课外体育活动和训练与竞赛,体育教师、体育场地设施和器材,学生体格健康检查和体质监测等内容。第四章竞技体育。主要规定了国家促进竞技体育的发展,业余体育训练,运动员、教练员、裁判员技术等级别职务制度等内容。第五章体育社会团体。主要规定了国家鼓励体育社会团体按照章程开展活动,各级体育总会、中国奥林匹克委员会、体育科学社会团体和全国单项体育协会在体育事业中发挥作用等内容。第六章保障条件。主要规定了体育事业的财政经费和基本建设投资,自筹体育资金和捐赠与赞助,体育资金的管理,体育经营活动,体育设施的建设与规划,体育设施的管理与开放,体育器材用品的审定,体育专业人才教育等内容。第七章法律责任。主要规定了违犯本法规定者所要承担的法律责任。

《体育法》自颁布实施以来,我国各项体育事业不断发展:全民健身体系不断完善,人民体质普遍增强；竞技运动水平稳步提高，成为世界体育舞台上一支越来越重要的力量；体育产业、体育科技、教育、宣传、对外交往、人才培养和队伍建设等方面都有了长足的进步，取得了显著的成绩。总而言之，《体育法》为保障、促进体育事业的健康有序发展发挥了重要的作用。但是相较于竞技体育、全民健身和体育产业的飞速发展，体育法制建设仍相对滞后，体育事业发展过程中不断涌现出的新问题亟须通过修改、完善《体育法》来加以解决。为此，2009年8月27日，十一届全国人大常委会第十次会议通过《全国人民代表大会常务委员会关于修改部分法律的决定》，对明显不适应社会主义市场经济和社会发展要求的法律规定作出修改，删去了《体育法》第四十七条。

26. 加强体育法制建设

自《中华人民共和国体育法》颁布以来，国家体育运动委员会认真开展体育法制的各项工作，不断提升法制建设在体育发展改革中的重要地位。1997年1月22日，国家体委下发了《关于加强体育法制建设的决定》（以下简称《决定》），进一步强调了"以法治体"。

《决定》指出中国体育法制建设的指导思想是：以邓小平同志建设有中国特色社会主义理论和党的基本路线为指导，按照"依法治国、建设社会主义法制国家"的要求，贯彻执行《中华人民共和国体育法》，加快体育立法，强化体育执法，使体育工作全面纳入规范化、法制化的轨道，开创依法行政、以法治体的新局面。

《决定》指明中国体育法制建设的目标是：在20世纪末21世纪初，初步建立起适应社会主义市场经济需要，符合现代体育运动规律，以宪法为指导，以体育法为龙头，以行政法规为骨干，以部分规章和地方性法规为基础，结构合理、层次衔接有序的体育法规体系和与之相适应的体育执法监督及法律服务体系，建立一支体育执法监督检查队伍，使体育法制建设状况明显改善。争取在2010年前后，使体育工作全面纳入规范化、法制化的轨道。

《决定》明确体育法制建设的任务是：加强法律知识的学习，提高体育队伍的法律素质；广泛开展体育法的宣传，创造良好的体育法制环境；加快配套立法，建立健全体育法规体系；强化体育执法和执法监督检查，完善体育执法监督体系；加强体育法制工作队伍建设，提高依法行政、以法治体水平；加强体育法学研究。

《决定》还提出加强体育法制建设的主要措施和要求：第一，加强对体育法制工作的领导，建立体育法制工作责任制度；第二，各级体育行政部门应当确定管理体育法制工作的机构，或指定专人负责体育法制工作；第三，各级体育行政部门应当建立体育法制学习和培训制度；第四，加大体育法的宣传力度，拓展体育法制宣传渠道；第五，各级体育行政部门要根据体育法的规定，结合本地区、本部门的实际，制定立法规划，抓紧配套立法工作；第六，体育院校要将体育法作为学校教学的一项内容，列入学校的教学计划；第七，各级体育行政部门要组织体育法制工作经验交流，对体育法制工作的先进集体和个人予以表彰和奖励；第八，各级体育行政部门要主动向同级人大、政府汇报体育法制工作，加强与其他部门在体育立法、体育法制宣传教育和执法工作等方面的联系与配合，推动体育法制建设。

2007年11月6日，根据国家体育总局公布的《关于废止和修改部分规章和规范性文件的决定》，该《决定》由于适用期已过而被废止。

27. 国家体委被改组为国家体育总局

国家体育总局的前身是20世纪50年代成立的中华人民共和国体育运动委员会（简称国家体委）。1992年邓小平南方讲话拉开了新一轮经济体制改革的序幕，与此同时，建立新型的、适应社会主义市场经济的行政管理体制已是大势所趋。1993年，国家体委下发了《关于深化体育改革的意见》，确立了90年代体育体制改革的基本思路，即"建立与社会主义市场经济体制相适应，符合现代体育运动规律，国家调控，依托社会，有自我发展活力的体育体制和良性循环的运行机制"。随后，国家体委开始了大刀阔斧的改革。1994年3月4日，国家体委将大部分运动项目的管理职能从机关划出，成立了乒乓球、冬季运动、航空无线电模型等14个运动项目管理中心；1997年又组建了6个新的管理中心，并对3个进行了调整，逐步实现了运动项目由"直接管理"到"间接管理"的转变。同时国家体委也对内设机构进行了相应的精简：1994年，国家体委机关由原来的15个厅、司、局缩减为13个，工作人员由470人缩减为381人。

1998年3月10日，九届全国人大一次会议审议通过了关于国务院机构改革方案的决定，开始了新中国成立以来规模最大的一次政府机构改革。在这次改革中，按照"精简、效能、统一"的原则，原国家体育运动委员会改组为国家体育总局。新改组的国家体育总局由国务院组成部门变为国务院直属机构，内设机构减少到9个，人员编制减少一半。改革的核心内容主要是政事分开，管办分离，把政府对体育工作的管理切实转变到宏观调控上来，加强宏观管理，加强政策研究，加强执法监督，把一些微观的、具体的事务交给事业单位、中介组织和社会去办。其主要职责是：研究拟定体育工作的政策法规和发展规划并监督实施；指导和推动体育体制改革，制定体育发展战略，编制体育事业的中长期发展规划，协调区域性体育发展；推行全民健身计划，指导并开展反兴奋剂工作；管理体育外事工作，开展国际间和香港特别行政区及澳门、台湾地区的体育合作与交流；组织参加和举办重大国际体育竞赛；组织体育领域重大科技研究的攻关和成果推广；研究拟定体育产业政策，发展体育市场，制定体育经营活动从业条件和审批程序；负责全国性体育社团的资格审查；承办国务院交办的其他事项。而运动项目管理中心既是国家体育总局直属事业单位，又是单项运动协会的常设办事机构，具有对运动项目全面管理的职能。4月6日上午，国家体育总局举行了挂牌仪式，标志着新的机构正式开始运行。之后，地方政府的体育行政管理机构也随之调整了部分职能，省级政府一般都撤销了体委而改设体育局。

此次机构改革不仅提高了中国体育行政机关的工作效率，而且在管理手段上也由过去国家直接包办体育转变为以主要依靠政策法规、宏观调控和监管为主的间接管理为主，极大地推动了我国体育事业的蓬勃发展。

28. 加强老年人体育工作

老年人体育工作是中国体育工作的重要组成部分，是贯彻实施《全民健身计划纲要》的重要方面。伴随着改革开放、经济发展和社会进步，我国老年人体育工作在各级党委和政府的关心、重视下不断创新发展，老年人参加体育健身活动的热情不断高涨。1999年10月28日，国家体育总局在我国老龄化社会来临前夕发布了《关于加强老年人体育工作的通知》（以下简称《通知》），旨在满足广大老年人日益增长的体育需求，努力为老年人营造科学、文明的健身环境，发挥体育在丰富老年人生活和促进社会稳定等方面的作用。

该《通知》就老年人体育工作的组织领导、社区体育、深化改革、体育经费、健身活动、站（点）建设、健身指导和科学研究等十个方面提出了具体要求。

《通知》要求，地方各级体育行政部门要在党委和人民政府的领导下，进一步加强老年人体育工作，制定老年人体育发展规划和工作计划；要会同老龄工作委员会、老干部局、退休人员管理委员会等共同做好老年人体育工作；要把老年人体育作为社区体育的重要方面，加强管理，促其健康发展。老年人体育工作要进一步加大改革力度，不断深化改革；老年人体育经费要多渠道筹措，要发挥社会各方面的积极性；老年人体育活动应以日常健身性活动为主。地方各级体育行政部门要重视老年人体育健身指导站（点）的建设，努力为老年人参加体育健身活动创造条件。要发挥社会体育指导员在老年人健身活动中的作用。此外，地方各级体育行政部门还要加强对老年人体育的科学研究工作，要破除迷信，宣传和提倡科学、文明的生活和健身方式。

紧接着，2001年1月3日，国家体育总局又颁布了《老年人体育发展规划》，提出到2015年要"建立与老龄社会相适应的老年人体育工作体制和运行机制，老年人体质的主要指标在现有水平的基础上明显提高，老年人健身活动的环境和条件基本上能满足需要，基本建成具有中国特色的老年人体育健身体系"。这是我国第一部关于老年人体育发展的专门规划。2002年7月22日，中共中央、国务院下发《关于进一步加强和改进新时期体育工作的意见》，要求"根据不同地区、不同人群的不同需求，坚持体育服务的多元化，适应各方面的体育健身需要，保障广大人民群众享有基本的体育服务"。2005年，国家体育总局编制了《体育事业"十一五"规划》，明确提出加强对老年人体育活动的指导，发挥老年人体育协会的作用，并为其开展工作给予必要的支持；倡导老年人经常参加锻炼，举办适合老年人特点的健身展示和交流活动；创造必要条件，开展适合不同人群特点的健身活动，帮助他们丰富体育文化生活，提高生活质量。这一系列政策的出台为老年人体育工作在新世纪的繁荣与发展作出了重要贡献。

29. 中国在第27届奥运会上首次进入奥运会金牌榜前三名

20世纪90年代以来，中国竞技体育有了突飞猛进的发展。在1992年巴塞罗那第25届奥运会和1996年亚特兰大第26届奥运会上，中国体育代表团均以16枚金牌位居金牌榜第四位。2000年9月15日至10月1日，第27届奥运会在澳大利亚举行。来自全球200个代表团的11000多名运动员，参加了20世纪最后一次奥运会28个大项、300个小项的角逐。

第27届奥运会的竞争格局发生了新的变化。在金牌榜上，美国、俄罗斯仍显示出雄厚的整体实力，处在第一集团。从1972年以来一直位居奥运会金牌榜前三名的德国，此次位列第五位。而中国体育代表团成绩比前四届奥运会有了大幅度的提高，共夺得金牌28枚、16枚银牌和15枚铜牌，在金牌榜和奖牌榜上均位列第三位。这是中国首次进入奥运会金牌榜前三名，是一次历史性的突破。

中国运动员在传统优势项目中继续保持着强盛势头，乒乓球包揽了全部4个单项的冠军，女子举重在所参加的4个级别中全部夺金而归，羽毛球金牌5中取4，跳水则在出师不利的情况下连夺5金，与举重一样，成为中国在本届奥运会上收获金牌最多的项目。此外，射击和体操各获3枚金牌。

在本届奥运会跳水比赛中，老将熊倪在男子跳板决赛中顶住压力，击败了劲敌墨西哥的普拉塔斯和俄罗斯的萨乌丁，为中国在本次跳水比赛中夺得了第一块金牌。随后，他又与队友肖海亮合作，在男子3米板双人项目上再次获得金牌。跳水队另一位老将伏明霞也在女子跳板中蝉联了奥运会冠军。在乒乓球的4个单项中，唯一由中国选手与外国选手争夺冠军的男子单打决赛上，中国的孔令辉最终击败乒坛长青树、瑞典老将瓦尔德内尔，确保了中国队包揽奥运会乒乓球项目的全部冠军。羽毛球的5项比赛中，中国除了传统弱项男子双打无缘奖牌外，在其他4个单项中全面开花。在女子举重项目中处于优势地位的中国，依旧在各自级别中如愿夺金。而占旭刚在男子举重 77 公斤级比赛中，也顽强地拼下一金，成为中国第一位连续两届奥运会夺取举重金牌的运动员。

10 月 3 日，载誉归来的中国奥运体育健儿在人民大会堂受到江泽民、李鹏、朱镕基、胡锦涛、尉健行、李岚清等党和国家领导人的亲切会见。江泽民向体育健儿表示热烈的祝贺和亲切的慰问。他指出，中国体育代表团在奥运会上的表现，再一次向世人展示了中国人民自强不息、奋发进取的精神风貌，体现了中华民族自立于世界民族之林的坚强信心和力量。

30. 奥林匹克标志保护条例

《奥林匹克标志保护条例》是为保障北京 2008 年奥运会知识产权而制定的一项专门奥运立法。2001 年北京申奥成功后，我国立即启动了奥林匹克标志保护方面的立法工作。2001 年 11 月 1 日，《北京市奥林匹克知识产权保护规定》开始施行。紧接着 2002 年 1 月 30 日，国务院第 54 次常务会议通过了《奥林匹克标志保护条例》（以下简称《条例》），并于 2 月 4 日以国务院令第 345 号予以公布，同年 4 月 1 日起施行。它将奥林匹克标志保护由此前的地方保护上升到专门的行政法规层次。

该《条例》所称"奥林匹克标志"是指：国际奥林匹克委员会的奥林匹克五环图案标志、奥林匹克旗、奥林匹克格言、奥林匹克徽记、奥林匹克会歌；奥林匹克、奥林匹亚、奥林匹克运动会及其简称等专有名称；中国奥林匹克委员会的名称、徽记、标志；北京 2008 年奥林匹克运动会申办委员会的名称、徽记、标志；第 29 届奥林匹克运动会组织委员会的名称、徽记，第 29 届奥林匹克运动会的吉祥物、会歌、口号，"北京 2008"、第 29 届奥林匹克运动会及其简称等标志；《奥林匹克宪章》和《第 29 届奥林匹克运动会主办城市合同》中规定的其他与第 29 届奥林匹克运动会有关的标志。

《条例》规定，奥林匹克标志权利人依照本条例对奥林匹克标志享有专有权。未经奥林匹克标志权利人许可，任何人不得为商业目的（含潜在商业目的）使用奥林匹克标志。国务院工商行政管理部门依据本条例的规定，负责全国的奥林匹克标志保护工作。县级以上地方工商行政管理部门依据本条例的规定，负责本行政区域内的奥林匹克标志保护工作。取得奥林匹克标志权利人许可，为商业目的使用奥林匹克标志的，应当同奥林匹克标志权利人订立使用许可合同。此外，《条例》还明确了奥林匹克标志的相关法律责任、行政处罚和赔偿责任等。最后，《条例》指出奥林匹克标志除依照本条例受到保护外，还可以依照《中华人民共和国著作权法》、《中华人民共和国商标法》、《中华人民共和国专利法》、《特殊标志管理条例》等法律、行政法规的规定获得保护。

《奥林匹克标志保护条例》自颁布以来在我国得到了严格的执行，各地执法机关查处了大量的侵权案件，仅2002年到2008年，北京奥组委法律事务部配合各地执法机关查处的侵权案件就有千余件。《条例》的施行有力地发挥了惩治犯罪、震慑侵权的功能，很好地保障了奥林匹克标志权利人的合法权益，维护了奥林匹克运动的尊严。国际奥委会主席罗格对中国在奥林匹克知识产权保护方面所作的努力给予高度评价，他表示中国政府和北京奥组委的工作"令人欣慰"，"北京奥运会起到了知识产权保护催化剂的作用"。

31. 国务院批准成立国家体育竞赛监察委员会

"公平、公正、公开"是现代体育竞赛的基本原则。我国政府与体育组织历来十分重视对体育公平竞争的维护。1995年颁布的《中华人民共和国体育法》明确规定，"体育竞赛实行公平竞争的原则"。2002年，国家体育总局发布了《关于加强体育道德建设的意见》，通过加强体育道德建设来维护经济体育竞赛秩序。同年3月28日，为加强对全国体育竞赛的监督检查，坚决纠正体育行业的不正之风，净化体育竞赛环境，充分体现公平竞赛原则，保证体育事业的健康有序发展，根据国务院领导的指示，经国家体育总局、监察部、中央编制委员会办公室及有关部门研究协商，并报国务院批准成立国家体育竞赛监察委员会。国家体育竞赛监察委员会是我国体育竞赛市场监管的专门领导机构，它的成立体现了国务院和有关部门对体育事业的高度重视、关心和支持。

国家体育竞赛监察委员会的主要职责是：指导和协调全国体育竞赛的监督检查工作；负责组织查处体育竞赛中发生的严重问题；指导体育道德建设工作；研究体育竞赛中出现的新情况、新问题，对完善体育竞赛相关法规提出建议。

该委员会由体育总局局长袁伟民任主任，监察部副部长黄树贤任副主任，科技部副部长李学勇、中纪委驻司法部纪检组组长岳宣义、卫生部副部长王陇德、广电总局副局长胡占凡、法制办副主任徐玉麟和中纪委驻体育总局纪检组组长王宝良任委员。委员会在体育总局设立办公室，承办委员会日常工作和交办事项，办公室主任由王宝良兼任。

2002年4月10日，国家体育竞赛监察委员会在北京召开第一次全体会议，传达国务院领导同志关于成立体监会的重要指示和批示，研究讨论了体监会的工作职责、工作思路和工作程序，确定了近期要抓好的几项工作。会议一致认为，这个委员会的成立将有利于促进体育领域的精神文明建设、维护公平竞赛的原则和纠正体育行业的不正之风。

32. 中共中央、国务院关于进一步加强和改进新时期体育工作的意见

1984年10月，中共中央发出了《关于进一步发展体育运动的通知》，提出了加快我国体育事业发展的指导思想、主要任务和工作措施。多年来，在通知的指导下，我国体育工作取得了举世瞩目的成就，全民健身活动蓬勃开展，人民体质普遍增强，竞技体育全面登上世界舞台。进入21世纪，随着我国经济社会的快速发展，我国体育事业迈入新的发展阶段。2001年北京成功赢得2008年奥运会举办权，这既为我国的体育发展注入了新的活力，也提出了新的挑战。

在新形势、新任务下，2002年7月22日，中共中央、国务院发布《关于进一步加强和改进新时期体育工作的意见》（以下简称《意见》），这是指导新时期体育工作的纲领性文件。该意见指出：加快我国体育事业的全面发展，满足广大人民群众日益增长的体育文化需求，并借此推动我国社会主义物质文明建设和精神文明建设的发展，是全党、各级政府和全国各族人民的一项共同任务。

《意见》强调，要充分认识体育在经济、社会发展中的重要地位和作用。体育是社会发展与人类文明进步的一个标志，体育事业发展水平是一个国家综合国力和社会文明程度的重要体现。

《意见》对新时期体育事业的发展提出了明确的指导思想、工作方针和总体要求。新时期体育事业发展的指导思想是：高举邓小平理论伟大旗帜，全面贯彻党在社会主义初级阶段的基本路线和基本纲领，认真实践江泽民同志"三个代表"重要思想，以举办2008年奥运会为契机，以满足广大人民群众日益增长的体育文化需求为出发点，把增强人民体质、提高全民族整体素质作为根本目标，积极开创体育工作新局面，为实现新世纪我国经济、社会发展的战略目标和中华民族的伟大复兴作出应有的贡献。工作方针为：坚持体育为人民服务、为社会主义现代化建设服务的方针，坚持普及与提高相结合，实现群众体育与竞技体育的协调发展和相互促进；坚持以改革促发展，强化体育制度创新；坚持依法行政，加强体育工作的法制建设。总体要求是：从我国国情出发，坚持体育事业与经济、社会协调发展。

《意见》还就推进全民健身计划、实施竞技体育发展战略、深化体育体制改革等方面提出了具体的要求。《意见》认为，开展全民健身活动，增强人民体质，是体育工作的根本任务，是利国利民、功在当代、利在千秋的事业。体育工作一定要把提高全民族的身体素质摆在突出位置。在阐述竞技体育发展战略时，《意见》指出，各有关地区、部门和有关方面要密切配合，开拓创新，把筹备和举办奥运会作为推动我国经济、社会发展的难得

机遇，作为提高我国竞技运动水平和国际大型赛事组织能力的大舞台，进一步提高我国在国际体坛的地位和声望。同时，要重视和支持残疾人运动员的选拔、集训、组团、参赛等工作，按照国际惯例，确保2008年残疾人奥运会的圆满成功。《意见》指出，深化我国体育管理体制改革要明确政府和社会的事权划分，实行管办分离，把不应由政府行使的职能转移给事业单位、社会团体和中介组织。体育行政部门要把工作重点转移到贯彻国家方针、政策，研究制定体育行业政策和发展规划，依法加强行业管理和提供服务上来。要按照责权利统一的原则，进一步明确各级体育管理部门的职责，处理好相互之间的工作关系。

《意见》特别强调，要切实加强对体育工作的组织领导。各级党委、政府要把发展体育事业作为促进人民身体健康，提高全民族整体素质，维护社会稳定，推动经济、社会可持续发展的大事，纳入国民经济和社会发展规划。

随后，各地党委、政府相继印发了有关政策文件，全面贯彻落实《关于进一步加强和改进新时期体育工作的意见》，有效地推动了我国体育事业的发展。

33. 公共文化体育设施条例

2002年中共中央、国务院发布的《关于进一步加强和改进新时期体育工作的意见》中明确提出要"构建群众性的多元体育服务体系"，"建设好群众健身场地"，政府要"重点支持公益性体育设施建设"。2003年6月18日，为了促进公共文化体育设施的建设，充分发挥公共文化体育设施的功能，促进全民健身活动和体育设施贴近生活，经国务院第十二次常务会议通过的《公共文化体育设施条例》（以下简称《条例》）正式颁布，并于同年8月1日起施行。《条例》分总则、规划和建设、使用和服务、管理和保护、法律责任、附则，共六章34条。

该条例所称"公共文化体育设施"，是指由各级人民政府举办或者社会力量举办的，向公众开放用于开展文化体育活动的公益性的图书馆、博物馆、纪念馆、美术馆、文化馆（站）、体育场（馆）、青少年宫、工人文化宫等的建筑物、场地和设备。

该条例所称"公共文化体育设施管理单位"，是指负责公共文化体育设施的维护，为公众开展文化体育活动提供服务的社会公共文化体育机构。

《条例》指出，公共文化体育设施管理单位必须坚持为人民服务、为社会主义服务的方向，充分利用公共文化体育设施，传播有益于提高民族素质、有益于经济发展和社会进步的科学技术和文化知识，开展文明、健康的文化体育活动。任何单位和个人不得利用公共文化体育设施从事危害公共利益的活动。

《条例》规定，国家有计划地建设公共文化体育设施，对少数民族地区、边远贫困地区和农村地区的公共文化体育设施的建设予以扶持。各级人民政府举办的公共文化体育设施的建设、维修、管理资金,应当列入本级人民政府基本建设投资计划和财政预算。国家鼓励企业、事业单位、社会团体和个人等社会力量举办公共文化体育设施;国家鼓励通过自愿捐赠等方式建立公共文化体育设施社会基金,并鼓励依法向人民政府、社会公益性机构或者公共文化体育设施管理单位捐赠财产;国家鼓励机关、学校等单位内部的文化体育设施向公众开放。国务院文化行政主管部门、体育行政主管部门依据国务院规定的职责负责全国的公共文化体育设施的监督管理;县级以上地方人民政府文化行政主管部门、体育行政主管部门依据本级人民政府规定的职责,负责本行政区域内的公共文化体育设施的监督管理。

此外,《条例》还对公共文化体育设施的规划和建设、使用和服务、管理和保护以及相关法律责任等作了具体规定。

《条例》出台以来,中央和地方各级政府多方解决资金投入,新建、改建各类体育场馆,积极推进场馆开放,加强和改进体育场馆管理,大大改善了群众健身的物质条件,人民群众开展文化体育活动的基本需求不断得到满足,体育基本公共服务均等化程度不断提高。

34. 国民体质测定标准

体质是人类生产和生活的物质基础。党和政府历来重视与关心群众的身体健康。1995年《中华人民共和国体育法》第二章第十一条规定:"国家推行全民健身计划,实施体育锻炼标准,进行体质监测。"1995年6月国务院发布的《全民健身计划纲要》中提出要"实施体质测定制度,制定体质测定标准,定期公布全民体质状况"。由此,1996年7月,我国发布了第一个针对成年人体质状况测定的《中国成年人体质测定标准》,填补了国家的空白。

世纪之交,国家体育总局会同10个部门进行了范围最广、人数最多、科学性和权威性最强的一次国民体质监测活动。利用我国国民体质状况数据,在《中国成年人体质测定标准》的基础上经过两年多认真研制,2003年10月11日,我国首部《国民体质测定标准》正式由国家体育总局颁布,随后在全国12个城市的社区建立了国民体质测定健身指导站。该标准与同年5月颁布的《普通人群体育锻炼标准》相辅相成,前者是用来评价一个人的体质状况,而后者为群众提供了锻炼的手段和努力方向。

《国民体质测定标准》的适应对象年龄为3至69岁,根据不同年龄人群在体质方面的特征,分为幼儿、儿童青少年、成年和老年四个部分。该标准对人的体质的评定分为单项评分和综合评级两方面,单项评分包括身高体重评分和其他单项指标评分,采用5分制;

综合评级是根据受试者各单项得分之和确定,共分四个等级。

制定并施行《国民体质测定标准》,是深入实施全民健身计划的又一具体措施,标志着我国群众体育科学化水平有了新的提高。它是国家和各级政府部门了解国民体质状况的科学依据,是在新的历史时期,贯彻党的体育方针,坚持体育为人民服务根本宗旨的具体体现,对激励群众参加体育健身的积极性,科学指导全民健身活动的开展,发挥体育对增强人民体质的积极作用;落实《中华人民共和国体育法》和《全民健身计划纲要》,构建面向大众的体育服务体系,具有重要作用。

35. 刘翔打破男子110米栏世界纪录

2006年7月11日,中国运动员刘翔在2006年瑞士洛桑田径超级大奖赛男子110米栏的比赛中,以12秒88的成绩打破了由英国选手科林·杰克逊保持了13年之久的世界纪录。在当时,刘翔成为该项目中全世界唯一一位跑进12秒90的人。男子110米栏项目世界纪录表上,首次单独写上了一位亚洲运动员的名字。

刘翔,1983年7月13日出生于上海市普陀区,13岁开始练习跨栏,1999年与教练孙海平结缘,并进入一线队伍练习跨栏。仅仅两年,刘翔便初露锋芒。2001年,他分别获得了日本大阪东亚运动会、世界大学生运动会和第九届全运会男子110米栏的冠军。在世界大学生运动会上,他以13秒33的成绩夺冠,这不仅是中国在大运会上的首枚金牌,也是刘翔所拿到的第一个世界冠军。2002年7月,刘翔在瑞士国际田联大奖赛上跑出13秒12的成绩,在打破男子110米栏亚洲纪录的同时,也打破了沉睡24年之久的世界青年纪录。自此,在男子110米栏的赛场上,"刘翔"成为了一个令人敬畏的名字。

2004年,刘翔迎来了自己的首次奥运之旅。在雅典奥运会男子110米栏决赛上,赛前并不被外界看好的刘翔以12秒91的成绩击败美国传奇选手阿兰·约翰逊意外夺冠,取得了中国男子田径的首枚奥运冠军,开启了中国田径的一个崭新时代。

2005年赫尔辛基田径世锦赛上,刘翔以13秒08摘得银牌,取得中国男选手在世界田径锦标赛上的最好成绩。不过一年之后瑞士洛桑田径超级大奖赛,一场普通的比赛却成为了全世界关注的焦点。7月12日,在本站比赛中刘翔跑出了12秒88的好成绩,打破了男子110米栏世界纪录。同年9月9日,在德国举行的国际田联田径大奖赛中,刘翔以12秒93夺得冠军并打破赛会纪录,这也是中国选手第一次夺得国际田联总决赛冠军。刘翔再一次为中国田径书写了新篇章。

2007年8月31日,在第11届世界田径锦标赛男子110米栏决赛上,刘翔以12秒95获得冠军,成为集奥运会冠军、世锦赛冠军和世界纪录保持者于一身的男子110米栏大满贯得主。

经历了北京奥运会的退赛风波后,刘翔在 2009 年重新回到田径场。2012 年 6 月 3 日,在国际田联钻石联赛尤金站比赛中,刘翔以 12 秒 87 的成绩获得冠军,这是他在国际大赛中最后一次登上冠军领奖台。2015 年 4 月 7 日,32 岁的刘翔宣布退役。中国田径协会称他"书写了亚洲田径的新历史和世界田坛的一段传奇",是"中国田径永远的骄傲"。

36. 运动员技术等级标准

运动员技术等级制度是为鼓励运动员刻苦训练、不断提高运动技术水平的一项基本体育制度。它形成于 20 世纪 50 年代中期,是我国竞技体育制度的重要组成部分。新中国成立初期,为了鼓励运动员积极锻炼,努力提高运动技术水平,推动我国体育运动的发展,更好地为社会主义建设服务,我国仿效苏联模式推行运动员技术等级制度。为此,1956 年,国家体委制定了《中华人民共和国运动员等级制度条例(草案)》,将运动员等级划分为运动健将、一级运动员、二级运动员和三级运动员。1958 年 6 月 21 日,国家体委正式发布《运动员技术等级制度》,1963 年 10 月重新修订颁布。后来又经过 1981 年、1984 年、2000 年等几次不同的修订和重新颁布。

2005 年 10 月 1 日,国家体育总局发布关于实施《运动员技术等级管理办法》和各项目《运动员技术等级标准》的通知,宣布以《运动员技术等级管理办法》替代原《运动员技术等级制度》,并修订了各项目《运动员技术等级标准》。在此之前颁发的《运动员技术等级制度》和各项目《运动员技术等级标准》即时废止。这是自 1958 年 6 月《运动员技术等级制度》正式发布以来,我国运动员技术等级制度的又一次大的修订。

《运动员技术等级标准》将运动员等级称号分为国际级运动健将、运动健将、一级运动员、二级运动员和三级运动员,取消了"少年级运动员";将成绩时间限制缩短为 6 个月;删掉了"获得运动员技术等级称号的条件"中第一条"拥护中国共产党领导,热爱社会主义祖国,生产(工作、学习)积极,体育作风好"的要求;再次调整了取消等级称号的条件,对申请到授予称号过程中违法程序、不符合条件、弄虚作假等问题的惩处作出强调;还增加了对技术等级审批的有关单位和人员失职等问题的处罚。

实践证明,运动员技术等级制度的实行,对于激励运动员不断提高竞技水平,培养优秀竞技体育人才,优化运动技术水平训练和运动队伍管理等方面起到了积极作用,为我国成为竞技体育强国发挥了强大的推动作用。此后,《运动员技术等级标准》又历经 2010 年、2013 年两次修订完善。

37. 全国农民体育健身工程

在我国构建和谐社会和全面建设小康社会的进程中,"三农"问题历来是党和政府工作的重中之重。其中农村体育事业和农民身体素质问题更是受到了社会的广泛关注。自1995年国务院颁布《全民健身计划纲要》以来,农村体育事业得到了较快的发展。但由于基础薄弱,欠账过多,投入较少,农村公共体育场地设施严重不足,农民日益增长的健身需求越来越不能得到满足。

《中国国民经济和社会发展第十一个五年规划纲要》和《中共中央国务院关于推进社会主义新农村建设的若干意见》中明确提出要"推动实施农民体育健身工程"。为了落实好这项任务,2006年3月,国家体育总局决定"十一五"期间在全国组织实施"农民体育健身工程"。为保证工程的顺利实施,体育总局还专门出台了《关于实施农民体育健身工程的意见》。随后,农民体育健身工程在河南、江西、湖北、广西、重庆、陕西、山东、浙江等8个省(自治区、直辖市)开始了为期一年的试点工作。

该工程以行政村为主要实施对象,以建设经济、实用、小型的公共体育健身场地设施为重点,同时推动农村体育组织和体育活动点的建设,广泛开展农村体育活动,构建农村体育服务体系。经过近一年的实施,试点工作成效显著,在广大农村地区引起了巨大的社会反响。截至2007年1月底,全国31个省(区、市)共建设农民体育健身工程项目26159个,用于工程建设的总投资达11.87亿元。其中,国家资助的试点项目为5460个,占20.87%;地方自建的项目为20699个,占79.13%,远远超过国家资助项目。

为进一步推动"农民体育健身工程"的实施,2007年7月国家体育总局、国家发改委和财政部联合制定下发了《"十一五"农民体育健身工程建设规划》(以下简称《规划》)。《规划》要求"十一五"期间,在全国完成10万个行政村农民健身场地设施建设,使六分之一的行政村建有公共体育场地设施。经过5年的努力,农民体育健身工程进展顺利,超额完成《规划》任务,达到了预期效果。5年间,中央和地方财政资金共投入118.3亿元,共建设了231306个农民体育健身工程,其中,国家规划10万个,地方自建13.1万个;新增体育场地面积2.3亿平方米,受惠人数3.3亿,农村人均新增场地面积0.7平方米。

农民体育健身工程的顺利开展,不仅引导了农民建立科学文明的生活方式,提高了农民身体素质和健康水平,使农村体育事业迈上新台阶,还丰富了农村业余文化生活,加快了文明和谐的社会主义新农村建设进程。

38. 中共中央、国务院关于加强青少年体育增强青少年体质的意见

党中央、国务院历来高度重视青少年的健康成长，把加强青少年体育锻炼作为提高全民族健康素质的基础工程来抓，学校体育工作取得了很大成绩。然而近年来，青少年健康体质呈现不断滑坡的趋势。2006年教育部发布的2005年全国学生体质与健康调研结果显示，我国青少年耐力、速度、爆发力、力量素质进一步下降；肥胖检出率持续上升；视力不良检出率居高不下。青少年健康体质问题令人担忧。为此，2007年5月7日，中共中央、国务院下发《关于加强青少年体育增强青少年体质的意见》（以下简称《意见》），以进一步加强青少年体育、增强青少年体质。这是新中国成立以来学校体育史上有关加强学校体育工作的规格最高的文件，是指导当前及今后一段时期我国学校体育工作的纲领性文件。

《意见》提出，加强青少年体育工作的总体要求是：认真落实健康第一的指导思想，把增强学生体质作为学校教育的基本目标之一，建立健全学校体育工作机制，充分保证学校体育课和学生体育活动，广泛开展群众性青少年体育活动和竞赛，加强体育卫生设施和师资队伍建设，全面完善学校、社区、家庭相结合的青少年体育网络，培养青少年良好的体育锻炼习惯和健康的生活方式。通过5年左右的时间，使我国青少年普遍达到国家体质健康的基本要求，耐力、力量、速度等体能素质明显提高，营养不良、肥胖和近视的发生率明显下降。通过全党全社会的共同努力，坚持不懈地推动青少年体育运动的发展，不断提高青少年乃至全民族的健康素质。

《意见》系统提出了加强青少年体育、增强青少年体质的各项措施，要求全面实施《国家学生体质健康标准》，把健康素质作为评价学生全面健康发展的重要指标；广泛开展"全国亿万学生阳光体育运动"，鼓励学生走进大自然；切实减轻学生过重的课业负担；确保学生每天锻炼一小时；举办多层次多形式的学生体育运动会，积极开展竞技性和群众性体育活动；帮助青少年掌握科学用眼知识和方法，降低青少年近视率；确保青少年休息与睡眠时间，加强对卫生、保健、营养等方面的指导和保障；加强学校体育设施建设；加强体育安全管理，指导青少年科学锻炼等。

《意见》下发以来，内蒙古、河南、新疆、山东等地纷纷根据自身发展情况研制实施意见，积极深入贯彻文件精神，开展了大量卓有成效的工作，学校体育工作整体水平逐步提升，青少年的体质健康水平下降的趋势有所好转。

2011年，"保证中小学生每天一小时校园体育活动"被写入了政府工作报告。2012年10月22日，国务院办公厅转发了《关于进一步加强学习体育工作的若干意见的通知》，进

一步推动学校体育科学发展。2013年党的十八届三中全会决定提出"强化体育课和课外锻炼，促进青少年身心健康、体魄强健"。学校体育工作越来越融入到经济社会发展大局和教育改革全局中。

39. 中国成功举办第29届奥运会

在中国举办一届奥运会，是中华民族的百年期盼。早在改革开放初期，邓小平就明确表示，中国不但要参加奥运会，而且可以承担举办奥运会的义务。1998年，中国再次踏上申奥的征程。经过近三年艰苦、细致的工作，2001年7月13日，在莫斯科举行的国际奥林匹克委员会第112次全体会议上，北京在第二轮投票表决中，以过半数的绝对优势一举赢得了2008年夏季奥运会的举办权。中国政府坚持贯彻"绿色奥运、科技奥运、人文奥运"理念，发挥举国体制作用，依靠广大人民群众，坚持开展国际交流合作，为北京奥运会的成功举办提供了坚强保障。

2008年8月8日，第29届夏季奥运会在北京开幕。除主办城市北京外，青岛、香港、上海、天津、沈阳、秦皇岛六个城市作为协办城市也承担了部分奥运赛事。北京奥运会是有史以来参赛国家和地区最多的一届奥运会，也是奥运会历史上转播规模最大的一次。北京奥运会的参赛国家和参赛人数均创历史新高。共有来自全球204个国家和地区的16000多名运动员参加了28个大项、38个分项、262个小项的1800多场比赛。此届奥运会上，中国体育代表团取得51枚金牌、21枚银牌、28枚铜牌，第一次位居奥运会金牌榜首位，创造了中国体育代表团参加奥运会以来的最好成绩，是奥运历史上首个登上金牌榜首的亚洲国家。

北京奥运会是一届竞技水平极高的奥运盛会，共有24人8队46次打破38项世界纪录，1人平1项世界纪录，其中两名中国运动员6次改写了4项世界纪录。游泳、田径和举重比赛是三个打破世界纪录的大项。在"水立方"举行的奥运会游泳比赛成为刷新世界纪录最多的赛事。其中美国游泳天才菲尔普斯一人拿下8枚金牌，打破泳坛名将马克·斯皮兹保持了36年的曾被认为无法接近的纪录。中国两名小将刘子歌、焦刘洋在北京奥运会上夺得女子200米蝶泳的冠亚军，两人的决赛成绩都超越了世界纪录。北京奥运会的田径比赛在主会场鸟巢进行，牙买加短跑奇才博尔特无疑是北京最耀眼的田径明星。博尔特率先在男子100米飞人决战中震惊世界，他以9秒69的成绩将人类极限推向新的高度。之后他又刷新了保持12年的男子200米的世界纪录。在男子4×100米接力决赛中，博尔特和队友携手刷新了美国人15年前创造的世界纪录。博尔特独得三枚田径金牌，还打破了三项世界纪录，创造了田径史上的新历史。另外两项田径世界纪录均由俄罗斯女选手创造，

"撑竿跳女皇"伊辛巴耶娃飞跃5.05米的横杆,第24次刷新世界纪录。女子3000米障碍决赛,俄罗斯选手萨米托娃跑入9分之内,成就了新的世界纪录,而她的这一成绩也成为这项比赛第一个奥运会纪录。北京奥运会的举重比赛改写了10项世界纪录,女子项目有两人10次刷新6项世界纪录,男子项目有两人4次破4项世界纪录。

北京奥运会的成功举办,向世界展示了中国改革开放以来的发展变化,展示了中国社会主义现代化建设的巨大成就,展示了中国人民昂扬向上的精神风貌,对于推进中国改革开放和社会主义现代化建设具有十分重要的意义。国际奥委会主席罗格用"这是一届真正的无与伦比的奥运会"的高度评价,为北京奥运会的完美和辉煌作了注解。

40. 全民健身条例

新中国成立以后,特别是改革开放以来,中国体育事业得到了长足发展,取得了举世瞩目的成就:竞技体育成绩斐然,群众体育遍地开花,广大人民群众参与体育健身的需求日益强烈。1995年,国务院颁布实施《全民健身计划纲要》,提出了到2010年基本建成具有中国特色的全民健身体系的奋斗目标。2002年,中共中央、国务院《关于进一步加强和改进新时期体育工作的意见》强调,"开展全民健身活动,增强人民体质,是体育工作的根本任务"。党的十六大进一步将"明显提高全民族健康素质,形成比较完善的全民健身体系",确定为全面建设小康社会的奋斗目标之一。党的十七大继续强调了"广泛开展全民健身运动"的要求,为进一步做好群众体育工作指明了方向。

2008年北京奥运会的成功举办,在充分展示中国体育辉煌成就同时,也进一步激发了广大人民群众的健身热情和健康意识。为了进一步促进全民健身活动的开展,保障公民参加全民健身活动的权利,提高公民身体素质,2009年8月30日,国务院颁布《全民健身条例》(以下简称《条例》),并于当年10月1日起实施。这是我国第一部系统的、专门的全民健身行政法规,标志着全民健身事业的法制化、规范化。

《条例》规定,公民有依法参加全民健身活动的权利,地方各级人民政府应当依法保障公民参加全民健身活动的权利。《条例》指出,国务院制定全民健身计划,明确全民健身工作的目标、任务、措施、保障等内容,国家定期开展公民体质监测和全民健身活动状况调查。《条例》规定,每年8月8日为全民健身日,县级以上人民政府体育主管部门应当在全民健身日组织免费健身指导服务,公共体育设施应当在全民健身日向公众免费开放。《条例》要求,对于依法举办的群众体育比赛等全民健身活动,任何组织或者个人不得非法设置审批和收取审批费用。《条例》还规定,学校应当保证学生在校期间每天参加1小时的体育活动,学校每学年至少举办一次全校性的运动会,有条件的,还可以有计划地组织学生参加远足、野营、体育夏（冬）令营等活动。《条例》指出，学校应当在课余时间和节假日向学生开放体育设施，公办学校应当积极创造条件向公众开放体育设施，公园、绿地等公共场所的管理单位，应当根据自身条件安排全民健身活动场地，居民住宅区的设计应当安排健身活动场地。

随后，各级政府广泛响应，进一步把提高人民群众身体素质摆在经济社会发展的突出位置，积极争取将全民健身事业纳入当地国民经济和社会发展规划，将全民健身工作经费列入当地财政预算。

《全民健身条例》的施行，对于动员广大人民群众积极开展各种健身活动，提高群众身体健康素质；加强和改进群众体育工作，促进群众体育与竞技体育协调发展；加快建设"体育强国"具有十分重要的意义。2011年，我国第四次全国国民体质监测结果显示，全国国民体质监测合格率与2005年相比增长了1.7个百分点，达到了88.9%，我国国民体质健康水平在不断提高。

2014年10月20日，国务院发布的《关于加快发展体育产业促进体育消费的若干意见》，又把全民健身上升为国家战略，把增强人民体质、提高健康水平作为根本目标。

41. 中国足协多位高官因操纵比赛涉嫌受贿被查

自2009年10月开始，中华人民共和国公安部公开在中国足球领域开展一次大规模的追查赌球、行贿、操纵比赛等违法犯罪行为，该事件被称为"中国足坛反腐行动"。

2007年，当时的中国足球超级联赛球队辽宁足球俱乐部梯队组成辽宁广原俱乐部应邀参加新加坡职业足球联赛。但在赛季结束前，辽宁广原俱乐部发生了球队职员、球员涉嫌赌球和打假球的丑闻，最终数名球员被判刑，而球队总经理兼领队王鑫则逃回中国。2008年底，新加坡警方通过国际刑警组织发出红色通缉令全球通缉王鑫。公安部部署辽宁省公安机关协助调查此案，并在4月份将王鑫抓获。调查中发现王鑫不但涉嫌在新加坡操纵球队打假球，在国内也有相似的举动。至此，中国足坛反赌行动拉开序幕。

根据《武汉晚报》2009年11月18日的报道，公安部自1999年就开始酝酿打击中国足球界的赌球行业。2001年，中国足球甲B联赛爆发五鼠案，事件震惊全国，多位中央政治局常委亦表态要求公安部和体育总局对事件严查，虽然惩罚了多个球队，但并未深度调查赌球集团。在此后的数年中，公安部亦连续打掉多个赌球集团，但并未产生大范围的效果。2009年8月25日，公安部指派辽宁省公安厅负责成立"825"专案组，10月以后专案组的工作逐渐引起广泛关注，在全国大范围调查足球界相关人士，国家体育总局和中国足协参与配合。

在这场"中国足坛反腐行动"中,被披露的问题比赛包括 2003 年上海申花对阵上海国际、2006 年广州对阵山西、2006 年广州对阵浙江、2007 年青岛海利丰对阵成都和 2009 年青岛海利丰"吊射门"等。与以往体育界、足球界类似调查不同的是,中国国家体育总局以及负责足球事务的中国足球协会并未直接参与该次行动,只负责配合公安机关行动。在事件进程中,中国足球界的最高领导、原中国足协专职副主席、国家足球运动管理中心主任谢亚龙、南勇,与其下属的杨一民、张建强等中国足协官员被逮捕、撤职,上海申花也被剥夺 2003 年中国足球甲 A 联赛冠军的称号,与中国足球界乃至体育界历次丑闻调查经常无疾而终或者仅处理中下层出现的问题的情况形成了较明显的反差。

这一系列案件的调查与审理对于中国足球产生了重大的影响,为加强反腐倡廉和良好行风建设,国家体育总局先后采取了一系列措施。先是制定实施了《中国足球协会职业联赛管办分离改革方案》,推动足球职业联赛管办分离,探索职业联赛专业化管理模式。而后出台了《中国足球协会职业联赛俱乐部准入和审查办法》、《中国足球协会职业联赛俱乐部准入实施细则》、《关于加强职业足球联赛俱乐部运动员思想教育工作的方案》等制度,以加强健全职业联赛管理监督制度,进一步建立按制度办事、靠制度管人的机制。最后,制定实施了《关于加强足球裁判员队伍建设的意见》,加强裁判员队伍建设,完善裁判员选派机制,加大裁判员考核考评力度,打造公道、正派、廉洁的裁判员队伍。

42. 加强职工体育工作

改革开放以来,随着我国经济社会的发展和人民生活水平的提高,广大职工的体育健身意识明显增强,职工群众性体育健身活动日益活跃。但与此同时,随着企事业单位的组织形式、经营方式、用工方式、分配方式的转变,传统职工体育管理模式遭遇了新问题,职工体育发展面临新挑战。为全面贯彻落实《全民健身条例》,进一步推动我国职工体育工作深入开展,不断提高广大职工的健康素质,2010 年 5 月 31 日,国家体育总局、中华全国总工会联合印发了《关于进一步加强职工体育工作的意见》(以下简称《意见》)。

《意见》指出,广大职工是推动我国社会主义现代化建设的中坚力量。大力发展职工体育,不断提高广大职工的体育意识和健康水平,对建立一支体魄强健、充满活力的高素质职工队伍,促进我国经济社会可持续发展具有重要的现实意义和深远的历史意义,对努力推动我国由体育大国向体育强国迈进具有重要意义。

《意见》要求,要切实加强对职工体育工作的组织领导。明确各级体育行政部门、各级工会组织、机关、企事业单位在职工体育工作中的责任;进一步建立和完善职工体育组织网络体系;加强职工体育骨干队伍建设。

此外,《意见》还提出各级体育部门、工会组织、各类机关、企事业单位等要广泛开展职工体育健身活动,积极为开展职工体育工作创造条件,并且大力宣传和普及职工体育活动和体育科普知识,充分发挥体育科研的理论指导作用,努力营造有利于职工体育发展的社会环境。

《意见》颁布以来,全国总工会积极引导职工参与体育健身活动,不断提高职工整体健康素质。通过举办"全国职工羽毛球、乒乓球大赛"、"全国职工健身排舞赛"、"全国职工滑雪邀请赛"等大型示范性职工体育赛事,促进基层职工体育活动蓬勃开展。另外,全国总工会还联合国家体育总局共同开展了"全国职工体育示范单位创建活动",对于推动职工体育工作的发展产生了良好效果。

43. 加强体育文化工作

体育文化是社会主义文化的重要组成部分,是综合国力、文化软实力和社会文明程度的重要体现。近年来,中国竞技体育、群众体育工作卓有成效,人民群众的体育意识、健康意识空前增强,体育产业蓬勃发展。体育文化工作也越来越受到重视,取得了一些成绩。但总的看来,我国体育文化工作与体育事业发展的要求还不相适应,与人民群众日益增长的体育文化需求还有较大差距,与我国国际体育地位和影响力还不相称。正是在这样的背景下,2012年4月26日,为贯彻落实党的十七大"推动社会主义文化大发展、大繁荣"的精神和十七届六中全会《中共中央关于深化文化体制改革推动社会主义文化大发展大繁荣若干重大问题的决定》,促进体育事业全面、协调、可持续发展,推动我国由体育大国向体育强国迈进,国家体育总局发布了《关于加强体育文化工作的通知》(以下简称《通知》)。

《通知》强调,要充分认识加强体育文化工作的重要性和必要性。加强体育文化建设是我国社会主义建设的必然要求,对于推动社会主义文化大发展、大繁荣具有重要意义。加强体育文化工作是从体育大国迈向体育强国的必然要求。

《通知》提出,加强体育文化工作要坚持以马列主义、毛泽东思想、邓小平理论和"三个代表"重要思想为指导,全面贯彻落实科学发展观,围绕建设体育强国的目标,解放思想,实事求是,与时俱进,牢牢把握先进文化的方向。同时,要以不断满足人民群众日益增长的体育文化需求,提高全民族体育文化意识为目标,逐步形成全面、协调、可持续发展的体育价值观和科学的发展观,充分发挥体育在构建社会主义核心价值体系、建设和谐社会中的作用。

为此,《通知》要求选准切入点,做好几项具体工作:第一,切实加强对体育文化工作的领导；第二，加大对体育文化工作的资金投入；第三，加强体育队伍综合素质建设，加快体育文化人才培养；第四，加强体育文化阵地建设；第五，鼓励和繁荣体育文艺创作，积极开展各类体育文化系列展示、评选活动；第六，积极挖掘、整理和传承优秀体育文化遗产；第七，发展体育产业，推动体育文化建设；第八，进一步扩大对外体育文化交流。

此后，为了深入贯彻落实《通知》的要求，更好地推动体育文化工作开展，国家体育总局于2014年5月继续下发了《关于进一步做好体育文化工作的通知》，要求各省（自治区、直辖市）体育局和直属单位要高度重视体育文化工作，将体育文化工作纳入到全年总体工作中进行统筹和规划，尽快建立体育文化工作机制，在人力、物力和经费方面给予保障，做到领导有分管、干部有专职、经费有专项。

44. 中国足球改革发展总体方案

足球是一项具有广泛的社会影响，深受广大群众喜爱的运动。20世纪90年代初期，足球作为体育改革的突破口，开始了体育职业化改革的进程。然而二十几年的改革历程只给中国足球带来了短暂的荣光，足球发展的社会基础薄弱，行业风气和竞赛秩序混乱，运动成绩持续下滑等问题日益突出。党的十八大以来，以习近平同志为核心的党中央把振兴足球作为发展体育运动、建设体育强国的重要任务摆上日程。2015年2月27日，中央全面深化改革领导小组第十次会议审议通过了《中国足球改革发展总体方案》（以下简称《方案》），后于3月8日经国务院正式发布。这是中国足球史上一个里程碑式的事件。作为中国足球改革与发展的纲领性文件，《方案》指明了中国足球未来发展的方向和道路。

《方案》指出，要把发展足球运动纳入经济社会发展规划，实行"三步走"战略。近期目标是理顺足球管理体制；中期目标则是职业联赛组织和竞赛水平达到亚洲一流，国家男足跻身亚洲前列，女足重返世界一流强队行列；而远期目标内容包括中国成功申办世界杯足球赛，男足进入世界强队行列等。

《方案》要求调整改革中国足球协会，改变中国足球协会与体育总局足球运动管理中心两块牌子、一套人马的组织构架，中国足球协会与体育总局脱钩，在内部机构设置等方面拥有自主权。对于足协的领导机构，《方案》明确规定中国足协将不设行政级别，以保证其专业化。

在资金方面，《方案》要求各级政府加大对足球的投入。同时成立中国足球发展基金会，鼓励各类企事业单位、社会力量和个人捐赠。同时积极研究推进发行以中国足球职业联赛为竞猜对象的足球彩票。

在职业联赛方面,《方案》规定要建立具有独立社团法人资格的职业联赛理事会,负责组织和管理职业联赛。同时完善裁判员公正执法、教练员和运动员遵纪守法的约束机制,足球管理部门与公检法等方面合作反假球。

《方案》还鼓励地方政府创造条件,引导一批优秀俱乐部相对稳定在足球基础好、足球发展代表性和示范性强的城市。《方案》还鼓励地方政府以场馆入股俱乐部,鼓励具备条件的俱乐部逐步实现名称的非企业化,打造百年俱乐部。

为扩大足球的群众基础,从小培养足球人才,《方案》规定各地中小学要把足球列入体育课教学内容,加大学时比重。全国中小学校园足球特色学校在现有5000多所基础上,2020年内达到2万所,2025年内达到5万所,其中开展女子足球的学校占一定比例。

此外,为方便民众有球可踢,有地方踢球,《方案》还要求把兴建足球场纳入城镇化和新农村建设总体规划,同时,将推动学校足球场在课外时间低价或免费向社会开放,建立学校和社会对场地的共享机制。

随着《方案》的出台,中国足球迎来了最好的发展机遇,又一次承担起了探索深化体育管理体制改革新路的重担。

45. 中国足球协会调整改革方案

为理顺中国足协与国务院体育行政部门的关系,改革完善中国足协人事管理制度和财务资产管理制度,2015年8月,足球改革发展工作会议召开,出台了《中国足球协会调整改革方案》(以下简称《方案》),其主要内容是:

一、基本原则和主要目标。基本原则:立足国情与借鉴国际经验相结合,着眼长远与夯实基础相结合,创新重建与问题治理相结合,举国体制与市场机制相结合,发展足球运动与推动全民健身相结合。主要目标:近期目标,改善足球发展的环境和氛围,理顺足球管理体制,制定足球中长期发展规划,创新中国特色足球管理模式,形成足球事业与足球产业协调发展的格局;中期目标,青少年足球人口大幅增加,职业联赛组织和竞赛水平达到亚洲一流,国家男足跻身亚洲前列,女足重返世界一流强队行列;远期目标,中国足球实现全面发展,足球成为群众普遍参与的体育运动,全社会形成健康的足球文化,职业联赛组织和竞赛水平进入世界先进行列;积极申办国际足联男足世界杯;国家男足国际竞争力显著提升,进入世界强队行列。

二、具体措施。

(一)调整改革中国足球协会,明确定位和职能,调整组建中国足球协会,优化领导机构,健全内部管理机制,健全协会管理体系,加强党的领导。

（二）改革完善职业足球俱乐部建设和运营模式，促进俱乐部健康稳定发展，优化俱乐部股权结构，推动俱乐部形成合理的人才结构。

（三）改进完善足球竞赛体系和职业联赛体制，加强竞赛体系设计，调整组建职业联赛理事会，完善竞赛奖励制度，维护竞赛秩序，加强行业管理，促进国际赛事交流。

（四）改革推进校园足球发展，发挥足球育人功能，推进校园足球普及，促进文化学习与足球技能的共同发展，促进青少年足球人才规模化成长，扩充师资队伍。

（五）普及发展社会足球，推动足球运动普及，推动社会足球与职业足球互促共进。

（六）改进足球专业人才培养发展方式，拓展足球运动员成长渠道和空间，加强足球专业人才培训，加强足球管理人才培训，设立足球专业学院和学校，做好足球运动员转岗就业工作。

（七）推进国家足球队改革发展，精心打造国家队，完善队员选拔机制，提高服务保障能力，加强教练团队建设，统筹国家队与俱乐部需求。

（八）加强足球场地建设管理，扩大足球场地数量，对足球场地建设予以政策扶持，提高场地设施运营能力和综合效益。

（九）完善投入机制，加大财政投入，成立中国足球发展基金会，加大彩票公益金支持足球发展的力度，加强足球产业开发，加大中国足球协会市场开发力度，建立足球赛事电视转播权市场竞争机制，鼓励社会力量发展足球。

（十）加强对足球工作的领导，建立足球改革发展部际联席会议制度，把足球工作纳入重要工作日程，加强足球行业作风和法治建设，营造良好舆论环境，发挥典型带动作用。

《方案》的出台有利于建立专业高效、系统完备、民主开放、运转灵活、法制健全、保障有力的体制机制，有利于推动我国足球事业不断迈上新台阶。

本章撰写负责人：朱光明
成员：宋计岚、李祥、卢云庆、李蕾、王甜甜、彭小盼、高鹏